No.1 NATIONAL BESTSELLER

NCERT

CLASS VI-XII

OBJECTIVE

भारत का इतिहास, कला एवं संस्कृति

(HISTORY OF INDIA, ART & CULTURE)

No.1 NATIONAL BESTSELLER

NCERT

CLASS VI-XII

OBJECTIVE

भारत का इतिहास, कला एवं संस्कृति

(HISTORY OF INDIA, ART & CULTURE)

डॉ. रणजीत कुमार सिंह, IAS (AIR-49)

प्र

प्रभात एग्जाम

www.prabhatexam.com

प्रकाशक

प्रभात एग्जाम

प्रभात प्रकाशन प्रा. लि. का उपक्रम

4/19 आसफ अली रोड, नई दिल्ली-110002

फोन - 232289555 • 23289666 • 23289777 • हेल्पलाइन/ 7827007777

इ-मेल : prabhatbooks@gmail.com ❖ वेब ठिकाना www.prabhatexam.com

मूल्य

पाँच सौ पचास रुपए

अ.मा.पु.स. 978-93-5488-308-8

मुद्रक

संजय प्रिंटर, साहिबाबाद

———— ★ ————

NCERT OBJECTIVE

BHARAT KA ITIHAS, KALA EVAM SANSKRITI

Dr. Ranjit Kumar Singh, IAS (AIR-49)

ISBN 978-93-5488-308-8

₹ 550.00

विषय-सूची

प्राचीन भारत

1 पाषाणकाल

1. ताम्रपाषाणिक संस्कृति में शवाधान की प्रथाओं के संदर्भ में, निम्नलिखित कथनों पर विचार कीजिए–

1. अपने स्वामियों के साथ-साथ पालतू कुत्तों का दफनाया जाना नवपाषाणिक संस्कृति में व्यापक रूप से प्रचलित था।

2. पूर्वी भारत में आंशिक शवाधान प्रचलित था।

उपर्युक्त कथनों में कौन-सा/से सही है/हैं?

(a) केवल 1 (b) केवल 2
(c) 1 और 2 दोनों (d) न तो 1, न ही 2

उत्तर (c) उत्तर-पश्चिम में, कश्मीरी नवपाषाण संस्कृति की विशिष्टता उसके निवास के लिए बनाए गड्ढे, मिट्टी के बर्तनों की विविधता, विभिन्न प्रकार के प्रस्तर एवं हड्डी के औजार और सूक्ष्म पाषाण का पूर्ण अभाव है। कश्मीरी नवपाषाण संस्कृति का एक महत्वपूर्ण स्थल बुर्जहोम है, जिसका अर्थ 'भूर्जस्थल' होता है (श्रीनगर से उत्तर-पश्चिम)। स्वामियों की कब्र में घरेलू कुत्तों का रखना भारत के किसी भी अन्य भाग के नवपाषाणिक लोगों की प्रथा नहीं प्रतीत होती है। प्राचीन भारत के विभिन्न क्षेत्रों में शवाधान की प्रथाएं अलग-अलग थी। **इसलिए, कथन सही है।** हालांकि लगभग पूर्ण विस्तारित शवाधान प्रथा पश्चिमी भारत में प्राप्त होती है। दक्षिण भारत में पूर्व-पश्चिम की स्थिति में दफनाया जाता था। आंशिक शवाधान में हड्डियों के ढेर पाए जाते हैं।

2. निम्नलिखित स्थलों में से कहाँ भारतीय उपमहाद्वीप में व्यवस्थित (Settled) कृषि के सर्वाधिक पूर्ववर्ती प्रमाण प्राप्त होते हैं?

(a) धौलावीरा (b) इनामगढ़
(c) कालीबंगा (d) मेहरगढ़

उत्तर (d) ब्लूचिस्तान के कच्छी मैदानों में अवस्थित मेहरगढ़ इस उपमहाद्वीप तथा संभवत: पश्चिम भारत में व्यवस्थित कृषि का सर्वाधिक पूर्ववर्ती प्रमाण प्रस्तुत करता है। इसे सिन्धु घाटी सभ्यता का प्रणेता कहा जाता है।

अतिरिक्त जानकारी : सिन्धु घाटी की बस्तियों में सबसे बड़ी धौलावीरा की मुख्य विशेषता शहर के मध्य में मिले सिंचाई के प्रमाण, स्वर्ण मुद्राओं की खोज इत्यादि हैं।

कालीबंगा स्थल, राजस्थान में घग्घर नदी के तट पर स्थित है तथा हड़प्पा-पूर्व चरण के भारत में सबसे पहले जुती हुई भूमि का प्रमाण प्रस्तुत करता है।

3. निम्न युग्मों पर विचार कीजिए–

स्थल		काल
1. कुरनूल	:	पुरापाषाण काल
2. बागोर	:	मध्य पाषाण काल
3. मेहरगढ़	:	नवपाषाण काल

उपर्युक्त युग्मों में से कौन-सा/से सही सुमेलित है/हैं?

(a) केवल 1 (b) केवल 1 और 3
(c) केवल 3 (d) 1, 2 और 3

उत्तर (d) **सभी युग्म सुमेलित हैं।**

कुरनूल - राख के अवशेष यहाँ पाए गए हैं, जिनसे यह संकेत मिलता है कि यहाँ लोग आग के प्रयोग से सुपरिचित थे।

बागोर - यह स्थल पशुओं को पालतू बनाने के प्राचीनतम प्रमाण प्रस्तुत करता है।

मेहरगढ़ - महिलाओं तथा पुरुषों ने इस क्षेत्र में प्रथम बार जौ तथा गेहूँ उगाना तथा भेड़, बकरियाँ पालना सीख लिया था।

4. मध्य पाषाण युग और उससे सम्बन्धित औजारों के सम्बन्ध में निम्नलिखित कथनों पर विचार कीजिए–

1. यह पाषाण युग और नवपाषाण युग के बीच का एक संक्रमणकारी चरण है।

2. लोगों का जीवन शिकार करने, मछली पकड़ने और भोजन एकत्र करने पर निर्भर था।

3. वे लोग परिष्कृत पत्थरों से बने औजारों, विशेष रूप से पत्थर की कुल्हाड़ी का उपयोग करते थे।

उपर्युक्त कथनों में कौन-सा/से सही है/हैं?

(a) केवल 1 और 2 (b) केवल 2 और 3
(c) केवल 1 और 3 (d) 1, 2 और 3

उत्तर (a) मध्य पाषाणयुगीन स्थल राजस्थान, पश्चिम उत्तर प्रदेश, मध्य और पूर्वी भारत में अच्छी संख्या में पाए जाते हैं। परिष्कृत पत्थर के औजार, विशेष रूप से पत्थर की कुल्हाड़ी नवपाषाण युग (खाद्य उत्पादकों का युग) की विशेषताएँ हैं। मध्य पाषाण युग में सूक्ष्म हथियारों (माइक्रोलिथ) का उपयोग होता था।

5. ताम्रपाषाण संस्कृति के लोगों के संदर्भ में, निम्नलिखित कथनों पर विचार कीजिए–

1. वे मिट्टी के ईंटों से बने मकानों में रहते थे।

2. वे घोड़ों को पालते थे।

3. वे कपास की खेती से परिचित थे।

उपर्युक्त कथनों में कौन-सा/से सही है/हैं?

(a) केवल 1 और 2 (b) केवल 2 और 3
(c) केवल 3 (d) केवल 1 और 3

उत्तर (d) **कथन 1 सही है।** ताम्रपाषाणिक संस्कृति के लोग मिट्टी की ईंटों से बने घरों में रहते थे। इससे पता चलता है कि वे पकी ईंटों से अनभिज्ञ थे। मुख्य रूप से पकी ईंटों से परिचित हड़प्पा संस्कृति को जोड़ा जाता है।

कथन 2 सही नहीं है। वे गाय, भेड़, बकरी, सूअर और ऊँट को पालते थे, लेकिन घोड़ों को नहीं।

कथन 3 सही है। ताम्रपाषाणिक संस्कृति के लोग गेहूँ, चावल, बाजरा और दालों के साथ-साथ कपास की खेती करते थे।

6. निम्नलिखित में से कौन-सी नवपाषाण युग की विशेषता/विशेषताएँ थी/थीं?

1. घास की झोपड़ियों के स्थान पर कच्ची ईंटों के घरों का निर्माण।

2. लोग ऊन और कपास से बने कपड़े पहनते थे।

3. पत्थर के औजारों की पॉलिश और मृदभाण्डों का निर्माण।

नीचे दिए गए कूट का प्रयोग कर सही उत्तर चुनिए-

(a) 1, 2 और 3 (b) केवल 1 और 3
(c) केवल 1 (d) केवल 2 और 3

उत्तर (a) सभी कथन सही हैं।

नवपाषाण कालः मानव सभ्यता में नवपाषाण काल के दौरान उल्लेखनीय प्रगति दिखती है। इसकी कालावधि लगभग 6000 ईसा पूर्व से 4000 ईसा पूर्व है। भारत के विभिन्न भाग में नवपाषाण अवशेष पाए गये हैं। इनमें कश्मीर घाटी, बिहार में चिरांद, उत्तर प्रदेश में बेलन घाटी और दक्कन के कई स्थान सम्मिलित हैं। दक्षिण भारत में उत्खनित महत्वपूर्ण नवपाषाण स्थलों में कर्नाटक में मस्की, ब्रह्मगिरि, हल्लुर और कोडेकल, तमिलनाडु में पय्यमपल्ली एवं आंध्र प्रदेश में उतनूर है।

नवपाषाण संस्कृति की मुख्य अभिलाक्षणिक विशेषताएँ कृषि, पशुपालन, पत्थर के औजारों की पॉलिश करना और मिट्टी के बर्तनों का निर्माण हैं। वास्तव में, कृषि एवं पशुपालन के कारण स्थानबद्ध जीवन पर आधारित ग्राम समुदायों का आविर्भाव हुआ।

उपकरण बनाने की प्रौद्योगिकी एवं मानव द्वारा उपयोग किए जाने वाले अन्य उपकरणों में काफी सुधार हुआ था। पत्थर के औजार अब पॉलिश युक्त हो गए थे। पॉलिश की हुई कुल्हाड़ियाँ शिकार करने और पेड़ काटने के लिए अधिक प्रभावी सिद्ध हुई थीं। घास की झोपड़ियों के स्थान पर कच्ची ईंटों के घर बनाए जाते थे। बर्तन बनाने हेतु चाक का उपयोग किया जाता था। बर्तनों का उपयोग खाना पकाने के साथ-साथ खाद्यान्नों के भंडारण हेतु भी किया जाता था। मृतकों की अंत्येष्टि हेतु ताबूतों के रूप में बड़े कलशों का उपयोग किया जाता था। कृषि में भी सुधार हुआ था। विभिन्न समय-बिन्दुओं पर विभिन्न क्षेत्रों में गेहूँ, जौ, चावल और बाजरे की खेती की जाती थी। पूर्वी भारत में धान की खेती व्यापक स्तर पर की जाती थी। भेड़, बकरी और मवेशियों का पालन-पोषण व्यापक स्तर पर प्रचलित था।

मवेशियों का उपयोग खेती और परिवहन हेतु किया जाता था। नवपाषाण काल के लोग कपास और ऊन से बने परिधानों का उपयोग करते थे।

7. ताम्र पाषाणिक संस्कृतियों के लोगों की सीमाएँ, निम्नलिखित में से कौन-सी थीं?

1. **वे लेखन कला से परिचित नहीं थे।**
2. **वे तांबे के साथ टिन के मिश्रण की कला से अवगत नहीं थे।**
3. **वे कांस्ययुगीन लोगों की भांति नगरों में नहीं रहते थे।**

नीचे दिए गए कूट का प्रयोग कर सही उत्तर चुनिए-

(a) केवल 1 और 2
(b) केवल 2 और 3
(c) केवल 1 और 3
(d) 1, 2 और 3

उत्तर (d) सभी कथन सही हैं।

ताम्रपाषाण संस्कृतियों की सीमाएँ:

ताम्रपाषाण-युगीन लोगों ने मवेशियों और भेड़ों को पालतू बनाया, जिन्हें आँगन में रस्से बाँध कर रखा जाता था। पूरी संभावना है कि पालतू पशुओं का वध भोजन के लिए किया जाता था और दूध व डेयरी उत्पादों के लिए उनका उपयोग नहीं किया जाता था। परिणामस्वरूप, ताम्रपाषाण-युगीन लोग पशुओं का पूर्ण उपयोग करने में सक्षम नहीं थे। आज भी, कुछ जनजातीय लोगों, जैसे कि बस्तर के गोंड लोगों का विश्वास है कि दूध का प्रयोजन केवल पशुओं के छोटे बच्चों के भोज्य पदार्थ के लिए है, इसलिए वे अपने मवेशियों का दूध नहीं निकालते। साथ ही, मध्य और पश्चिमी भारत में कपास की खेती के लिए उपयुक्त काली मिट्टी के क्षेत्र में निवास करने वाले ताम्रपाषाण-युगीन लोग भी बड़े पैमाने पर अथवा गहन कृषि नहीं किया करते थे।

पश्चिमी महाराष्ट्र में बड़ी संख्या में बच्चों को दफनाये जाने से ताम्रपाषाण-युगीन संस्कृतियों की सामान्य कमजोरी प्रदर्शित होती है। खाद्य उत्पादक अर्थव्यवस्था होने के बावजूद शिशु मृत्युदर अति उच्च थी। इसके लिए पोषाहार की कमी, चिकित्सा ज्ञान के अभाव या महामारियों के प्रकोप को जिम्मेदार ठहराया जा सकता है। कारण कुछ भी रहा हो, यह प्रत्येक स्थिति से स्पष्ट होता है कि ताम्रपाषाण-युगीन सामाजिक और आर्थिक स्वरूप दीर्घायु जीवन प्रदान करने में समर्थ नहीं था।

ताम्रपाषाण संस्कृति की पृष्ठभूमि अनिवार्य रूप से ग्रामीण थी। इसके दौरान, ताँबे की आपूर्ति सीमित थी। यद्यपि पूर्वी भारत में हमें ताँबे की खानें प्राप्त होती हैं, लेकिन बिहार और निकटवर्ती राज्यों के ताम्रपाषाण-युगीन स्थलों में ताँबे के कुछ ही उपकरण पाए गए हैं। ये लोग टिन को ताँबे के साथ मिश्रित करने की कला से अनभिज्ञ थे और इसलिए वे कांस्य नामक अधिक मजबूत और उपयोगी धातु को विकसित नहीं कर पाए थे। कांस्य उपकरणों ने क्रीट, मिस्र, मेसोपोटामिया और साथ ही सिन्धु घाटी की प्राचीनतम सभ्यताओं के उदय में महत्वपूर्ण योगदान किया।

ताम्र-पाषाण युगीन लोगों को लेखन कला का ज्ञान नहीं था और न ही वे कांस्य युगीन लोगों की भांति शहरों में निवास करते थे। सभ्यता के ये सभी तत्व सबसे पहले भारतीय उपमहाद्वीप के सिन्धु क्षेत्र में दिखाई देते हैं।

8. निम्नलिखित में से किन स्थलों से उत्तर पुरापाषाण युग के चित्र मिले हैं?

1. **लखुडियार**
2. **भीमबेटका**
3. **बराबर**

नीचे दिए गए कूट का प्रयोग कर सही उत्तर चुनिए-

(a) केवल 1 और 2 (b) केवल 2 और 3
(c) केवल 1 और 3 (d) 1, 2 और 3

उत्तर (a) अल्मोड़ा-बड़ा चिन रोड पर लगभग 20 किमी. दूर लखुडियार में सुयल नदी के तट पर स्थित शैल स्थलों पर उत्तर पुरापाषाण काल के प्रागैतिहासिक चित्र बने हुए हैं। लखुडियार का शाब्दिक अर्थ 'एक लाख गुफाएँ' हैं। यहाँ अवस्थित चित्रों को तीन श्रेणियों में विभाजित किया जा सकता है : मनुष्य, जानवर और ज्यामितीय पैटर्न जो सफेद, काले और लाल गेरूए रंग में बनाये गये हैं। **इसलिए, विकल्प 1 सही है।**

मध्य प्रदेश में भीमबेटका की शैल कला को शैली, तकनीकी और आरोपण (superimposition) के आधार पर विभिन्न समूहों में वर्गीकृत किया गया है। ड्रॉइंग और पेंटिंग को सात ऐतिहासिक अवधियों में वर्गीकृत किया जा सकता है। अवधि-I उत्तर पुरापाषाणिक; अवधि-II मध्यपाषाणिक; अवधि-III ताम्रपाषाणिक। **इसलिए, विकल्प 2 सही है।**

प्रारम्भिक गुफा वास्तुकला में अभी तक ज्ञात सभी गुफाओं का एक विशिष्ट उदाहरण बिहार के बराबर पहाड़ियों में तथाकथित लोमस ऋषि की गुफा है। एक शिलालेख से ज्ञात होता है कि यह गुफा अशोक के समय में आजीवक संप्रदाय हेतु बनवायी गयी थी। **इसलिए, विकल्प 3 सही नहीं है।**

9. स्थायी कृषि और कृषि अर्थव्यवस्था के आरम्भिक प्रमाण किस नवपाषाण कालीन स्थल से प्राप्त होते हैं?

(a) मोहनजोदड़ो
(b) धौलावीरा
(c) मेहरगढ़
(d) राखीगढ़ी

उत्तर (c) मेहरगढ़ में भारत-पाकिस्तान उपमहाद्वीप के उत्तरी-पश्चिमी भाग में पाई गयी, लगभग ईसा पूर्व आठवीं शताब्दी जितनी प्राचीन, कृषि अर्थव्यवस्था की प्रगतिशील स्थापना के प्रमाण मिलते हैं। बकरी, मवेशी और भेड़ को पालतू बनाये जाने के प्रमाण; गर्तावास के प्रमाण इत्यादि भी पाए जाते हैं।

धौलावीरा, राखीगढ़ी और मोहनजोदड़ो हड़प्पा सभ्यता से सम्बन्धित स्थल हैं, ये नवपाषाण युगीन स्थल नहीं हैं।

10. प्रागैतिहासिक अन्न उत्पादक स्थल मेहरगढ़ कहाँ अवस्थित है?
(a) घग्घर नदी के तट पर
(b) कच्छ के रन के पूर्वी भाग में
(c) बोलन नदी के किनारे
(d) पश्चिमी ब्लूचिस्तान में

उत्तर (c) मेहरगढ़ पाकिस्तान के वर्तमान पश्चिमी ब्लूचिस्तान प्रान्त में सात बोलन दर्रे के पास है, जो क्वेटा से लगभग 150 किमी. दूर है। इस नगर की अवधि सात हजार ईसा पूर्व के लगभग मानी जाती है। यहाँ से प्राचीनतम नगरीकरण के साक्ष्यों के अतिरिक्त फसल उत्पादन के भी सर्वप्राचीन प्रमाण मिले हैं। इस क्षेत्र से उत्पादित की जाने वाली प्रमुख फसलों में गेहूँ, जौ तथा कपास आदि प्रमुख था। मेहरगढ़ में पूर्व ताम्र-पाषाणिक संस्कृति तथा प्राक कच्ची मिट्टी के बने आयताकार भवन एवं मृद्भाण्डों के अवशेष प्रमुख उल्लेखनीय पुरातात्विक प्रमाण है।

11. कथन (A) : प्रागैतिहासिक भारत के संदर्भ में अधिकतर कृषीय स्थलों से नव-पाषाणकालीन उपकरण भी उपलब्ध हुए हैं।
कारण (R): स्थायी कृषि गतिविधि के लिए आवश्यक था कि विभिन्न प्रकार के सूक्ष्म पाषाण उपकरणों का विकास तथा उपयोग हो।
निम्नलिखित कूट से अपना उत्तर चुनिए-
(a) A तथा R दोनों सही हैं और R, A की सही व्याख्या है।
(b) A तथा R दोनों सही हैं और R, A की सही व्याख्या नहीं है।
(c) A सही है, किंतु R गलत है।
(d) A गलत है, किंतु R सही है।

उत्तर (c) प्रागैतिहासिक काल को तीन कालों पुरापाषाण काल, मध्यपाषाण काल एवं नवपाषाण काल में विभाजित किया जाता है। पुरापाषाण काल में मानव आखेटक और खाद्य संग्राहक की अवस्था में था। मध्यपाषाण काल तक आते-आते वह पशुपालन सम्बन्धी कार्य भी करने लगा। नवपाषाण काल में पहली बार मेहरगढ़ से लगभग 7000 ईसा पूर्व में कृषि के प्राचीनतम साक्ष्य प्राप्त हुए। नवपाषाण कालीन कृषीय स्थलों से नवपाषाण उपकरण भी मिले हैं, परन्तु सूक्ष्मपाषाण उपकरण मध्यपाषाण की विशेषता है।

12. किस स्थान पर प्रथम भारतीय पुरा-पाषाणकालीन कलाकृति की खोज हुई थी?
(a) दायमाबाद (b) मिर्जापुर
(c) पल्लवरम (d) सोहन घाटी

उत्तर (c) भारत में पाषाणकालीन सभ्यता का अनुसंधान सर्वप्रथम 1863 ई. में प्रारम्भ हुआ, जब भारतीय भूतत्त्व सर्वेक्षण विभाग के विद्वान राबर्ट ब्रूसफूट ने आधुनिक तमिलनाडु में चेन्नई (मद्रास) के पास स्थित 'पल्लवरम' नामक स्थान से पूर्व पाषाण काल का एक पाषाणोपकरण प्राप्त किया। यह पाषाणोपकरण हैंडेक्स था। इसे ही प्रथम भारतीय पुरापाषाण कालीन कलाकृति माना जा सकता है।

13. निम्न में से कौन-सा एक कथन सही नहीं है?
(a) भारत में पुरापाषाणकालीन मानव अग्नि के प्रयोग से परिचित था।
(b) दक्षिण भारत में गुंटूर जिले में पुरापाषाण कालीन चित्रकला मिली है।
(c) कैमूर श्रेणी एवं मिर्जापुर जिले में पुरापाषाणकालीन चित्रकला मिली है।
(d) उत्तर भारत में ताम्र युग तथा आरम्भिक लौह युग की पृथक पहचान की जा सकती है, हालांकि दक्षिण भारत में लौह युग पाषाण युग के तुरंत बाद आरम्भ होता है।

उत्तर (a) यद्यपि निम्न पुरापाषाण काल में अग्नि की खोज हो चुकी थी, परन्तु मानव इस अग्नि का उपयोग करना नहीं जानता था। इसीलिए इस काल में मानव कच्चा मांस या कन्दमूल आदि ही खाता था। वास्तविक अर्थों में, नवपाषाण युग में जाकर ही मानव अग्नि के उपयोग से परिचित हो सका।

14. पुरातत्व में स्तर-विन्यास पद्धति निम्नलिखित में से किसको समझने के लिए प्रयुक्त है?
(a) किसी संस्कृति के विस्तार की सीमा
(b) भौतिक संस्कृति के क्रमिक निक्षेप
(c) बस्ती निवासियों के शारीरिक लक्षण
(d) दुधारू पशुओं की सांख्यिकी संपत्ति

उत्तर (b) किसी पुरातात्विक स्थल पर भिन्न-भिन्न काल की प्राचीन बस्तियों के अवशेष होते हैं, जो क्रमिक निक्षेप के रूप होते हैं। इसी कारण एक स्थल का उत्खनन करने पर दूसरी बस्ती के अवशेष प्राप्त होते हैं।

15. निम्न में से किस एक स्थल से जंगली तथा बोयी जाने वाली दोनों प्रकार की धान की प्रजातियों के प्राचीनतम साक्ष्य मिले हैं?
(a) अहमदगढ़ (b) आहड़
(c) बागोर (d) बेलन

उत्तर (d) इलाहाबाद के समीप बेलन घाटी में स्थित कोल्डिहवा से लगभग 6000 ई.पू. के आस-पास चावल के प्राचीनतम प्रमाण प्राप्त हुए हैं। यह न केवल भारत अपितु विश्व में चावल का प्राचीनतम प्रमाण है। राजस्थान के बागोर और मध्य प्रदेश के आदमगढ़ से पशुपालन के प्राचीनतम प्रमाण मिले हैं। इसके अतिरिक्त दक्षिण-पूर्वी राजस्थान की बनास घाटी में स्थित आहड़ नामक स्थल से ताम्रपाषाणिक संस्कृति के प्रमाण मिले हैं।

16. नीचे दी गई संस्कृतियों का सही कालानुक्रम कौन-सा है?
(a) भग्दालीनी - मोस्तारी - येश्यूली - अबेवीली
(b) अबेवीली - ऐश्यूली - मोस्तारी - भग्दालीनी
(c) भग्दालीनी - ऐश्यूली - मोस्तारी - अबेवीली
(d) अबेवीली -मोस्तारी -ऐश्यूली - भग्दालीनी

उत्तर (b) प्रश्नगत दी गयी संस्कृतियाँ पुरापाषाण काल की तीन संस्कृतियों निम्नपुरापाषाण, मध्यपुरापाषाण एवं उच्चपुरापाषाण से सम्बन्धित है। अबेवीली संस्कृति निम्नपुरापाषाण संस्कृति का प्राचीनतम उदाहरण है। इसका नामकरण उत्तरी फ्रांस की सोम घाटी के एब्बेविल नामक स्थान पर प्राप्त होने के आधार पर किया गया है। इस संस्कृति के उपकरणों में अधिकतर हस्त कुल्हाड़ियां प्राप्त है। सोम घाटी के सेन्ट एश्यूल नामक स्थान से निम्न पुरापाषाणकालीन एश्यूलियन संस्कृति के प्रमाण मिले हैं। यहाँ से भी हस्त निर्मित कुल्हाड़ियां प्राप्त हुई हैं। मोस्तारियन संस्कृति मध्य पुरापाषाण काल की एकमात्र संस्कृति है। इसके निर्माण नियण्डरथल मानवों द्वारा माना जाता है। फ्रांस की मोस्तारी गुफा इस संस्कृति का स्थल था। इस संस्कृति में मुख्यत: फलक उपकरण प्राप्त है। भग्दालीनी संस्कृति में मुख्यत: फलक उपकरण प्राप्त है। भग्दालीनी संस्कृति उच्च पुरापाषाण की सर्वोच्च एवं अंतिम संस्कृति है। इस काल की गुफाओं की चित्रकला में रेडियर के चित्र विशेष उल्लेखनीय है।

17. निम्नलिखित में से किस स्थान से गर्त निवासों का पुरातात्विक साक्ष्य मिलता है?
(a) राखीगढ़ी (b) गुफ्फकराल
(c) मेहरगढ़ (d) बालाकोट

उत्तर (b) डी. टेरा तथा पीटरसन द्वारा 1935 में खोजे गए नवपाषाणिक स्थल गुफ्फकराल से गर्तावास के पुरातात्विक साक्ष्य प्राप्त हुए हैं। यहाँ मानव झील के किनारे गर्तावासों में रहता था। ऐसा वह अत्यधिक ठण्ड से बचने के लिए करता था। गुफ्फकराल का शाब्दिक अर्थ है कुम्हार की गुफा।

18. सूची-I (पुरातात्विक सामग्री मृदभाण्ड) को सूची-II (ऐतिहासिक चरण) के साथ सुमेलित कीजिए और सूचियों के नीचे दिए गए कूटों का प्रयोग कर सही उत्तर का चयन कीजिए-
सूची-I
A. पी. जी. डब्ल्यू.-चित्रित धूसर मृद्भाण्ड
B. काले एवं लाल मृद्भाण्ड
C. एन.बी.पी. डब्ल्यू.-उत्तरी काली पॉलिश वाले मृद्भाण्ड
D. आर. पी. डब्ल्यू.-लाल

सूची-II
1. गुप्तयुग
2. हड़प्पायुग
3. पूर्वकालीन ऐतिहासिक युग
4. मौर्य युग पॉलिश वाले मृदभाण्ड

कूट :

	A	B	C	D
(a)	2	3	4	1
(b)	1	4	3	2
(c)	2	4	3	1
(d)	1	3	4	2

उत्तर (a) यद्यपि पी.जी. डब्ल्यू. चित्रित धूसर मृदभाण्ड का सम्बन्ध उत्तरवैदिक काल से जोड़ा जाता है, परन्तु कुछ उत्तर हड़प्पाई स्थल जैसे–रोपड़, भगवानपुरा, आलमगीरपुर, दधेरी, नागर, कपाटलोन आदि से भी पी. जी. डब्ल्यू. मृदभाण्ड पाए गए हैं। काले एवं लाल मृदभाण्ड का सम्बन्ध पूर्वकालीन ऐतिहासिक युग के नवपाषाण काल से ही स्थापित किया जाने लगा है। इसके साथ ही उत्तरी काली पॉलिश वाले मृदभाण्ड एन.बी.डब्ल्यू. मौर्य युग की विशेषता है, जबकि आर.पी.डब्ल्यू. लाल पॉलिश वाले मृदभाण्ड मौर्योत्तर तथा गुप्त युग की विशेषता है।

19. निम्न में से कौन-सा/से दक्षिण भारत की महापाषाणकालीन संस्कृति से संबद्ध है/हैं?
1. गोलाश्म पाषाणों से समृद्ध शवाधान
2. काले और लाल मृदभाण्डों का प्रयोग
3. आहत सिक्कों का प्रवेश
4. नगरीय बस्तियाँ

कूट:
(a) केवल 1 (b) केवल 1 व 2
(c) केवल 2 व 3 (d) केवल 4

उत्तर (b) दक्षिण भारत में नवपाषाणकालीन संस्कृति के बाद महापाषाणकालीन संस्कृति के प्रमाण मिलते हैं। इस महापाषाण संस्कृति का काल लगभग 1000B.C. से 500 B.C. के मध्य माना जाता है। इस संस्कृति के लोग अपनी कब्रों को बड़े-बड़े पत्थरों से ढक देते थे। इन गोलाश्म पाषाणों से समृद्ध शवाधानों में काले और लाल मृदभाण्ड तथा लोहे के बने औजार प्राप्त हुए हैं।

20. सूची-I (भारत विद्या-विद्) को सूची-II (संस्थान) से सुमेलित कीजिए तथा सूचियों के नीचे दिए गए कूट का प्रयोग कर सही उत्तर चुनिए–

सूची-I (भारत विद्याविद)	सूची-II (संस्थान)
A. विलियम जोन्स	1. भारतीय सर्वेक्षण
B. मार्टिमर व्हीलर	2. दक्कन कॉलेज
C. कॉलिन मैकेन्जी	3. एशियाटिक सोसायटी
D. एच. डी. सांकलिया	4. भारतीय पुरातत्व सर्वेक्षण

कूट:

	A	B	C	D
(a)	3	4	1	2
(b)	1	2	3	4
(c)	3	2	1	4
(d)	1	4	3	2

उत्तर (a) कलकत्ता उच्च न्यायालय के न्यायमूर्ति सर विलियम जोंस ने एशिया के पुरावशेषों, कलाओं, विज्ञानों तथा साहित्यों के अध्ययन सम्बन्धी उद्देश्यों से प्रेरित होकर कलकत्ता में 15 जनवरी, 1784 को रॉयल एशियाटिक सोसायटी की स्थापना की। वैज्ञानिक उत्खनन के समर्थक सर मार्टिमर व्हीलर 1944-60 ई. के बीच भारतीय पुरातत्व सर्वेक्षण विभाग के महानिदेशक थे। इसके अतिरिक्त एच.डी. सांकलिया पूना स्थित दक्कन कॉलेज के प्रोफेसर थे। मैकेन्जी भारतीय सर्वेक्षण विभाग से सम्बन्धित थे।

21. भारतीय पुरातत्व सर्वेक्षण विभाग की स्थापना किसके कार्यकाल में हुई?
(a) वारेन हेस्टिंग्स (b) लार्ड वेलेजली
(c) लॉर्ड कर्जन (d) विलियम बैंटिक

उत्तर (c) भारतीय पुरातत्व सर्वेक्षण विभाग की स्थापना लॉर्ड कर्जन के कार्यकाल में 1904 ई. की गयी थी। इसके तहत भारत के प्राचीन स्मारकों की मरम्मत, प्रतिस्थापन और रक्षण का कार्य किया जाना निर्धारित था। इसकी मरम्मत के लिए सर्वप्रथम 50,000 पौण्ड की रकम निश्चित की गई। यद्यपि भारतीय पुरातत्व सर्वेक्षण विभाग का जन्मदाता अलेक्जेंडर कनिंघम को माना जाता है।

22. नीचे दिए गए शिल्पों में से कौन भारत के प्रागैतिहासिक काल के लिए स्रोत सामग्री के रूप में उपयोगी है?
I जीवाश्म
II हाथ की कुल्हाड़ियाँ
III मृदभाण्ड
IV अस्थि अवशेष

कूट :
(a) केवल I, II व IV
(b) केवल I, II व III
(c) केवल I, III व IV
(d) केवल II, III व IV

उत्तर (a) प्रागैतिहासिक काल हेतु स्रोत सामग्री के रूप में जीवाश्म, हाथ की कुल्हाड़ियां और अस्थि पंजर के साथ पत्थर के औजार उपयोगी है।

23. कथन (A) : दक्षिण भारत के महापाषाण-कालीन मृदभाण्डों का अन्दर का रंग काला है तथा बाहर का रंग लाल है।
कारण (R): इन रंगों के मृदभाण्डों पर अलग से पुताई हुई है।
निम्नलिखित कूट से अपना उत्तर चुनिए-
(a) A तथा R दोनों सही है और R, A की सही व्याख्या है।
(b) A तथा R दोनों सही है परंतु R, A की सही व्याख्या नहीं है।
(c) A सही है, किंतु R गलत है।
(d) A गलत है, किंतु R सही है।

उत्तर (a) महापाषाणिक संस्कृति मुख्यतः अपनी शवाधान प्रणाली के लिए प्रमुख रूप से जानी जाती है। इस काल की कब्रों में लोहे के औजार तथा काले और लाल रंग के मृदभाण्ड अत्यधिक संख्या से मिले हैं। इन मृदभाण्डों के अन्दर का रंग काला तथा बाहर का रंग लाल है, जो इन पर अलग पुताई किये जाने के कारण है।

24. निम्नलिखित युग्मों पर विचार कीजिए–
1. बस्ती स्थल : चिरांद
2. समाधि स्थल : पोरकालम
3. बस्ती एवं समाधि स्थल : पिक्लीहल

इनमें से कौन-से युग्म सही सुमेलित किए गए हैं?
(a) केवल 1 और 2 (b) केवल 1 और 3
(c) केवल 2 और 3 (d) 1, 2 और 3

उत्तर (d) बिहार में स्थित चिरांद से पाषाणकालीन सरकण्डे के घरों के अवशेष प्राप्त हुए हैं। इसके अतिरिक्त कर्नाटक के पिक्लीहल से आवास स्थल एवं समाधि स्थल तथा पोरकालम से केवल समाधि स्थल के साक्ष्य मिले हैं।

25. सूची-I (स्थल) को सूची-II (संस्कृति) के साथ सुमेलित कीजिए तथा सूचियों के नीचे दिए गए कूट का प्रयोग करते हुए सही उत्तर चुनिए–

सूची-I (स्थल)	सूची-II (संस्कृति)
A. चोपानीमाण्डों	1. पुरापाषाण
B. कुल्ली	2. ताम्रपाषाण
C. अथिपक्कम	3. पूर्व-हड़प्पा
D. इनामगाँव	4. मध्य पाषाण

कूट :

	A	B	C	D
(a)	1	3	4	2
(b)	4	2	1	3
(c)	1	2	4	3
(d)	4	3	1	2

उत्तर (d) तमिलनाडु के अथिपक्कम से पुरापाषाणकाल के हैंडेक्स प्राप्त हुए हैं। चोपानीमाण्डों इलाहाबाद के पास स्थित मध्य पाषाणकालीन एक प्रमुख स्थल है, जहाँ से तीनों कालों-पुरापाषाण काल, मध्यपाषाण काल और नवपाषाण काल के प्रमाण मिले हैं। महाराष्ट्र की जोरवे संस्कृति का स्थल इनामगाँव ताम्र-पाषाणकाल से सम्बन्धित है, जबकि पाकिस्तान के ब्लूचिस्तान में स्थित कुल्ली एक पूर्व हड़प्पाकालीन स्थल है।

2 सैन्धव सभ्यता

1. हड़प्पा सभ्यता के संदर्भ में, निम्नलिखित कथनों पर विचार कीजिए–

1. आम लोग दुर्ग में निवास करते थे।

2. वृहत स्नानागार का उपयोग अनुष्ठानिक स्नान के लिए किया जाता था और यह प्रस्तर से बना हुआ था।

3. सड़कें ग्रिड पैटर्न पर बनाई गयीं थीं।

उपर्युक्त कथनों में कौन-सा/से सही है/हैं?

(a) केवल 1 और 2
(b) केवल 2 और 3
(c) केवल 3
(d) 1, 2 और 3

उत्तर (c) हड़प्पा सभ्यता में किले या एक्रोपोलिस नगर के पश्चिमी भाग में बनाए गए थे। यहां पर शासक वर्ग के सदस्य निवास करते थे। प्रत्येक नगर में दुर्ग के नीचे ईंट निर्मित घरों वाला निचला नगर स्थित था, जिसमें आम लोग निवास करते थे। वृहत स्नानागार दुर्ग के टीले पर स्थित था और यह अनुष्ठानिक स्नान के काम आता था। यह पक्की ईंटों से बना था। हड़प्पा नगरों की सबसे विशिष्ट विशेषताओं में से एक सुनियोजित जल निकासी की व्यवस्था थी। सड़कें और गलियां एक-दूसरे को समकोण पर काटती हुई लगभग 'ग्रिड' पैटर्न के साथ बनी हुईं थीं। **इस प्रकार केवल कथन 3 सही है।**

2. निम्नलिखित में से फैशन की कौन-सी वस्तु सिन्धु घाटी सभ्यता के लोगों द्वारा उपयोग की जाती थी?

1. कान की बाली **2. गले का हार**

3. लिपस्टिक **4. फेस पाउडर**

5. आईलाइनर

नीचे दिए गए कूट का प्रयोग कर सही उत्तर चुनिए-

(a) केवल 1, 2 और 3
(b) केवल 3 और 4
(c) केवल 1, 2, 3 और 4
(d) 1, 2, 3, 4 और 5

उत्तर (d) पुरातात्विक निष्कर्षों से यह प्रतीत होता है कि सिन्धु घाटी के लोग फैशन के प्रति जागरूक थे।

बाली, गले का हार, लिपस्टिक, फेसपाउडर (इसके लिए सिंगरिफ का उपयोग किया जाता था), कॉल्लीरियम (आईलाइनर) और पायल का प्रयोग उनके द्वारा किया जाता था।

विभिन्न प्रकार के केश-विन्यास और दाढ़ी भी प्रचलन में थी।

3. सिन्धु घाटी के निवासी किस कला से परिचित थे?

1. मापन

2. कताई

3. नहरों से की जाने वाली सिंचाई

4. नौ-वहन

नीचे दिए गए कूट का प्रयोग कर सही उत्तर चुनिए-

(a) केवल 1 और 2
(b) केवल 2 और 4
(c) केवल 1, 2 और 3
(d) केवल 1, 2 और 4

उत्तर (d) सिन्धु घाटी सभ्यता के लोग निम्नलिखित कलाओं से सुपरिचित थे–

• मापन : सिन्धु घाटी सभ्यता में मापन की चिह्न युक्त छड़ियों की प्राप्ति।

• कताई : सिन्धु घाटी सभ्यता की बस्तियों में तकली के चक्रों का पाया जाना।

• नौवहन : इससे उन्हें मेसोपोटामिया के साथ सुदूर व्यापार में सहायता मिली।

• कुम्हार का चाक : मिट्टी के बर्तन बनाने के लिए।

नहर के सिंचाई का सिन्धु घाटी सभ्यता में ज्ञात होना सत्यापित नहीं है। **इसलिए, कथन 3 असत्य है।**

4. सिन्धु घाटी सभ्यता के स्थलों में निम्नलिखित में कौन-सी वस्तुएँ पाई जाती हैं?

1. कांस्य प्रतिमाएँ

2. स्वर्ण मनके

3. हाथी दाँत की मुहरें (सील)

नीचे दिए गए कूट का प्रयोग कर सही उत्तर चुनिए-

(a) केवल 2 (b) केवल 1 और 2
(c) केवल 3 (d) 1, 2 और 3

उत्तर (d) हड़प्पावासियों में कांस्य ढलाई की कला व्यापक पैमाने पर प्रचलित थी। यहाँ हमें मानव के साथ-साथ पशु आकृतियाँ भी प्राप्त हुई हैं।

पुरातत्वविदों द्वारा हजारों मुहरों की खोज की गयी, जो सामान्यत: सेलखड़ी (स्टिऐटाइट) एवं कभी-कभी गोमेद (Agate), शीस्ट, ताँबे, फॉयन्स (चीनी मिट्टी) एवं टेराकोटा से बनाई गई थी। इन मुद्राओं पर पशुओं के सुन्दर चित्र बने हुए हैं। सोने एवं हाथी दाँत से निर्मित कुछ मुहरें (सीलें) भी पाई गई हैं।

चन्हूदड़ो एवं लोथल से प्राप्त कारखानों से, मनके उद्योग के उन्नत अवस्था में होने के साक्ष्य मिले हैं। स्फटिक, नीलम, जैस्पर, क्रिस्टल, क्वाट्र्ज, सेलखड़ी (स्टिऐराइट), टकॉइज, लाजवर्द, लैजूलाइट आदि से मनके बनाए जाते थे। ताँबा, पीतल और सोने जैसी धातुएँ एवं फॉयन्स (चीनी मिट्टी) एवं टेराकोटा या पकाई हुई मिट्टी का प्रयोग भी मनकों के विनिर्माण के लिए किया जाता था।

5. सिन्धु घाटी सभ्यता के संदर्भ में, 'लॉस्ट वैक्स' तकनीक का प्रयोग मुख्य रूप से निम्नलिखित में से किसमें किया गया था?

(a) चित्रकारी (b) मूर्तिकला
(c) आभूषण (d) मृदभाण्ड

उत्तर (b) हड़प्पावासियों द्वारा कांस्य ढलाई की कला का अभ्यास व्यापक पैमाने पर किया जाता था। उनकी कांस्य मूर्तियाँ 'लॉस्ट वैक्स' तकनीक का उपयोग कर निर्मित की गई थीं, जिसमें मोम की आकृतियों पर पहले मिट्टी की परत चढ़ा दी जाती थी और उसके बाद उसे सुखाया जाता था। तत्पश्चात, मोम को गर्म किया जाता था और मिट्टी के खोल में छोटा-सा छिद्र करके पिघले हुए मोम को निकाल दिया जाता था। इस प्रकार बने खोखले सांचे में पिघली हुई धातु भर दी जाती थी जो वस्तु का मूल आकार ले लेती थी।

जब धातु ठंडी हो जाती थी तो मिट्टी के साँचे को हटा दिया जाता था। कांस्य से बनी मानवीय एवं पशु दोनों आकृतियाँ पाई जाती हैं। आज भी देश के कई भागों में एक निरंतर परंपरा के रूप में इस प्रकार की तकनीकों का प्रयोग किया जाता है।

टेराकोटा का उपयोग मुहर एवं मिट्टी के बर्तन बनाने में किया जाता था। हड़प्पा और मोहनजोदड़ो जैसी प्राचीन सभ्यताओं में सोना, चाँदी, ताँबे तथा हाथीदाँत के बने आभूषण, मृदभाण्ड एवं मनकों की खोज की गई है।

6. निम्नलिखित युग्मों पर विचार कीजिए–

सिन्धु घाटी सभ्यता स्थल		अवस्थिति
1. लोथल	:	गुजरात
2. रोपड़	:	पंजाब
3. मोहनजोदड़ो	:	राजस्थान

उपर्युक्त युग्मों में कौन-सा/से सही सुमेलित है/हैं?

(a) केवल 1 और 2 (b) केवल 1

(c) केवल 2 और 3 (d) केवल 3

उत्तर (a) **केवल युग्म 1 और 2 सुमेलित** हैं। लोथल गुजरात में और रोपड़ पंजाब में स्थित है। जबकि मोहनजोदड़ो पाकिस्तान में स्थित है।

7. सिन्धु घाटी सभ्यता के सम्बन्ध में अभी तक उपलब्ध ऐतिहासिक साक्ष्यों के आधार पर निम्नलिखित में कौन-सा/से अनुमान लगाया/लगाये जा सकता/सकते है/हैं?

1. शहरी आवासों में अनुक्रम की उपस्थिति

2. लंबी दूरी के व्यापार का प्रचलन

3. एक केन्द्रीय सत्ता की उपस्थिति

नीचे दिए गए कूट का प्रयोग कर सही उत्तर चुनिए–

(a) केवल 1 और 2 (b) 1, 2 और 3

(c) केवल 2 और 3 (d) केवल 1

उत्तर (b) **सभी कथन सही हैं।**

सामाजिक संगठन : उत्खनन के नगरीय आवासों में अनुक्रम के संकेत प्राप्त हुए हैं। दुर्ग वह स्थान होता है, जहाँ शासक वर्ग निवास करता था और निचले अंचलों में सामान्य लोग निवास करते थे। मध्य भाग में नौकरशाह और मध्यम वर्ग के व्यापारी निवास करते थें। एक से लेकर बारह कक्षों तक की विभिन्न प्रकार की आवासीय संरचनाओं से सामाजिक विभेदीकरण प्रदर्शित होता है।

व्यापार और वाणिज्य : हड़प्पावासियों के राजस्थान के साथ-साथ अफगानिस्तान एवं ईरान के साथ ही वाणिज्यिक सम्बन्ध थे। उन्होंने उत्तरी अफगानिस्तान में व्यापारिक कॉलोनियों की स्थापना की, जिसने स्पष्ट रूप से मध्य एशिया के साथ व्यापार को सुविधाजनक बनाया। उनके शहरों के दजला (Tigris) और फरात (Euphrates) घाटियों के लोगों के साथ भी वाणिज्यिक सम्बन्ध थे। मेसोपोटामिया से अनेक हड़प्पा मोहरों की खोज की गयी है। हड़प्पावासियों द्वारा लापिस-लाजुली (लाजवर्त) के लिए लंबी दूरियों का व्यापार किया जाता था।

राजनीति : चूँकि एक व्यापक क्षेत्र में व्याप्त हड़प्पा संस्कृति में लगभग एकरूपता पायी जाती है। संभवत: इसका कारण किसी केन्द्रीय प्राधिकरण की उपस्थिति रहा होगा। संभव है कि हड़प्पा संस्कृति में दुर्ग ऐसा क्षेत्र रहा हो, जहाँ नौकरशाह रहते हों या यह सरकार का मुख्यालय रहा हो और मोहनजोदड़ो का विशाल अन्नागार एवं कोषागार हो सकता है। हड़प्पा संस्कृति की परिपक्व अवस्था में राज्य भली प्रकार से स्थापित था।

8. सिन्धु घाटी सभ्यता के संदर्भ में, निम्नलिखित युग्मों पर विचार कीजिए–

मूर्ति		सामग्री
1. दाढ़ीयुक्त पुरोहित	:	टेराकोटा
2. नर्तकी	:	कांस्य
3. मातृदेवी	:	प्रस्तर

उपर्युक्त युग्मों में कौन-सा/से सही सुमेलित है/हैं?

(a) केवल 1 और 2 (b) केवल 2 और 3

(c) केवल 2 (d) केवल 1 और 3

उत्तर (c) हड़प्पा और मोहनजोदड़ों से प्राप्त प्रस्तर की मूर्तियाँ त्रि-आयामी संस्करण का उत्कृष्ट उदाहरण हैं। प्रस्तर की दो पुरुष मूर्तियाँ हैं-पहली लाल बलुआ-पत्थर में धड़ है और दूसरा स्टेटाइट में दाढ़ीयुक्त पुरोहित का वक्ष है। **इसलिए, युग्म 1 सही सुमेलित नहीं है।**

मोहनजोदड़ो में मिली इसी काल की कांस्य की नर्तकी संभवत: हड़प्पा युग के धातुकार्य की महानतम उत्तरजीवी उपलब्धि है। इस विश्व प्रसिद्ध मूर्ति में नर्तकी को इस तरह दर्शाया गया है, जैसे कि नृत्य के बाद विश्राम कर रही हो, दाहिना हाथ उसके कूल्हे पर है और बायाँ हाथ मुक्त रूप से झूल रहा है। उसने अपने दाहिने हाथ पर कुछ जोड़ी और अपने बाएँ हाथ में बड़ी संख्या में कंगन पहने हुए हैं, जो शायद हड्डी या हाथी-दाँत से बने हैं। **इसलिए, युग्म 2 सही सुमेलित है।**

विशाल आकार की मातृ देवी को चित्रित करने वाली टेराकोटा की मूर्ति सर्वाधिक सुरक्षित मूर्तियों में से एक है और मोहनजोदड़ो से प्राप्त हुई है। **इसलिए, युग्म 3 सही सुमेलित नहीं है।**

9. सिन्धु घाटी के सम्बन्ध में निम्नलिखित कथनों पर विचार कीजिए–

1. सिन्धु घाटी के लोग निर्माण कार्य में पत्थरों का उपयोग करते थे।

2. ऊन, सिन्धु घाटी के लोगों को ज्ञात नहीं था।

3. सिन्धु घाटी के मृदभाण्डों में मुख्य रूप से हाथ से निर्मित बर्तन सम्मिलित हैं।

उपर्युक्त कथनों में कौन-से सही नहीं हैं?

(a) केवल 1 और 2 (b) केवल 2 और 3

(c) केवल 1 और 3 (d) 1, 2 और 3

उत्तर (b) इन स्थलों से उत्खनित बड़ी मात्रा में मृदभाण्डों द्वारा अनेक आकारों और शैलियों में प्रयुक्त हुए विभिन्न डिजाइन रूपांकनों का क्रमिक विकास समझना संभव हो सका है। सिन्धु घाटी के मृदभाण्डों में मुख्य रूप से चाक से बने उत्कृष्ट मृदभाण्ड सम्मिलित हैं, बहुत कम ही हाथ से निर्मित हैं। चित्रित मृदभाण्डों की तुलना में सादे मृदभाण्ड अधिक हैं। **इसलिए, कथन 3 सही नहीं है।**

सिन्धु घाटी के घरों में बड़ी संख्या में तकुओं (spindle) और तकुआ चक्रों की खोज से पता चलता है कि कपास और ऊन की कताई बहुत सामान्य बात थी। **इसलिए, कथन 2 सही नहीं है।**

धौलावीरा में पत्थर के अनेक संरचनात्मक अवशेष भी मिले हैं, जिनसे पता चलता है कि सिन्धु घाटी के लोग निर्माण कार्यों में पत्थरों का उपयोग किस प्रकार करते थे। **इसलिए, कथन 1 सही है।**

10. सिन्धु घाटी सभ्यता के संदर्भ में निम्नलिखित कथनों पर विचार कीजिए–

1. यह लौह युग से सम्बन्धित है।

2. सैन्धव लोगों द्वारा हाथी को पालतू नहीं बनाया गया था।

3. वस्त्र का निर्माण करने के लिए कपास का उपयोग किया जाता था।

उपर्युक्त कथनों में कौन-से सही हैं?

(a) केवल 1 और 2 (b) केवल 3

(c) केवल 1 और 3 (d) 1, 2 और 3

उत्तर (b) सिन्धु घाटी सभ्यता कांस्य युग से सम्बन्धित है। सिन्धु घाटी के लोग पत्थर के कई प्रकार के उपकरणों और औजारों का उपयोग करते थे, किन्तु वे कांसे के विनिर्माण एवं उपयोग से भली-भांति परिचित थे। लौह युग वैदिक काल के दौरान आरम्भ हुआ था। **इसलिए, कथन 1 सही नहीं है।**

सिन्धु घाटी के लोगों द्वारा बैल, भैंस, बकरी, भेड़, बिल्ली, सूअर, हाथी इत्यादि पशुओं को पालतू बनाया गया था। **इसलिए, कथन 2 सही नहीं है।**

सिन्धु घाटी सभ्यता के लोग कपास का उत्पादन करने वाले प्रारम्भिक लोग थे और इसका उपयोग व्यापक रूप से वस्त्र निर्माण उद्योग में किया जाता था। **इसलिए, कथन 3 सही है।**

11. सिन्धु घाटी सभ्यता के नगर योजना के संदर्भ में निम्नलिखित कथनों पर विचार कीजिए–

1. सामान्यत: नगरों में प्रत्येक घर में आँगन और कुआँ होता था।

2. हड़प्पाई नगरों की नालियां मेनहोल से युक्त होंती थीं।

उपर्युक्त कथनों में कौन-सा/से सही है/हैं?

(a) केवल 1

(b) केवल 2

(c) 1 और 2 दोनों

(d) उपर्युक्त में से कोई नहीं

उत्तर (c) हड़प्पाई नगरों को उनके युग के दौरान नियोजन के संदर्भ में अग्रणी माना जाता है। उदाहरण के लिए वे घरों के निर्माण के लिए ग्रिड प्रणाली का पालन करते थे अर्थात्, सड़कें एक-दूसरे को 90 डिग्री पर काटती थीं।

उन्होंने साफ-सफाई और स्वच्छता पर विशेष ध्यान दिया। नगरों में अधिकांश घर, कुओं, स्नानगृह और आँगन से युक्त थे। **इसलिए, कथन 1 सही है।**

घरों से पानी नालियों में जाता था, जो कुछ स्थानों पर पकी ईंटों से और अन्य स्थानों पर पत्थर की पट्टियों से ढँकी होती थीं।

सबसे मुख्य विशेषता सड़क की नालियों के मेनहोल थे, जो संभवत: रख-रखाव और सफाई के प्रयोजन के लिए थे। **इसलिए, कथन 2 सही है।**

12. सिन्धु घाटी सभ्यता में निवास करने वाले लोगों द्वारा पूज्य सर्वाधिक महत्वपूर्ण पशु कौन-सा था?

(a) एक सींग वाला गैंडा

(b) कूबड़ युक्त सांड

(c) हाथी

(d) गाय

उत्तर (a) हड़प्पा सभ्यता के लोग जानवरों और वृक्षों दोनों की पूजा करते थे। वे कूबड़ युक्त वृषभ एवं एक सींग वाले एकश्रृंगी प्राणी, जो एक सींग वाले गैंडे के रूप में पहचाना जा सकता है, दोनों की ही पूजा करते थे। हालांकि, एक सींग वाले गैंडे को हड़प्पा सभ्यता के लोगों द्वारा सर्वाधिक महत्वपूर्ण माना जाता था। **इसलिए विकल्प (a) सही है।**

13. निम्नलिखित कथनों पर विचार कीजिए एवं नीचे दिये गए कूट से सही उत्तर चुनिए–

1. मोहनजोदड़ो, हड़प्पा, रोपड़ एवं कालीबंगन सिन्धु घाटी सभ्यता के प्रमुख स्थल हैं।

2. हड़प्पा के लोगों ने सड़कों तथा नालियों के जाल के साथ नियोजित शहरों का विकास किया।

3. हड़प्पा के लोगों को धातुओं के उपयोग का पता नहीं था।

कूट:

(a) केवल 1 एवं 2 सही हैं

(b) केवल 1 एवं 3 सही हैं

(c) केवल 2 एवं 3 सही हैं

(d) 1, 2 एवं 3 सही हैं

उत्तर (a) मोहनजोदड़ो, हड़प्पा, रोपड एवं कालीबंगन सिन्धु सभ्यता के प्रमुख स्थल हैं। इसके अलावा चन्हूदड़ों, लोथल, बनवाली, रंगपुर, धौलावीरा, सुत्कागेंडोर, सुरकोटडा, राखीगढ़ी इत्यादि सिन्धु सभ्यता के स्थल हैं। सैन्धव सभ्यता में सड़कें एक-दूसरे को समकोण पर काटती थीं। सड़कों के दोनों किनारों पर पक्की नालियाँ बनाई जाती थीं, जिन्हें बड़ी ईंटों अथवा पत्थर के टुकड़ों से ढका जाता था। इस समय सोने तथा चाँदी के आभूषण बनाए जाते थे। ताँबे के साथ टिन मिलाकर काँसा तैयार किया जाता था। अत: हड़प्पा के लोगों को धातुओं का पता था।

14. सूची-I (प्राचीन स्थल) को सूची-II (पुरातत्वीय खोज) के साथ सुमेलित कीजिए और नीचे दिए कूट का प्रयोग कर सही उत्तर चुनिए–

सूची I (प्राचीन स्थल)	सूची II (पुरातत्वीय खोज)
A. लोथल	1. जुता हुआ खेत
B. कालीबंगन	2. गोदी-बाड़ा
C. धौलावीरा	3. पकी मिट्टी की बनी हुए हल की प्रतिकृति
D. बनावली	4. हड़प्पन लिपि के बड़े आकार के दस चिह्नों वाला एक शिलालेख

कूट :

	A	B	C	D
(a)	1	2	3	4
(b)	1	2	4	3
(c)	2	1	4	3
(d)	2	1	3	4

उत्तर (c) **लोथल**–ईंट से बना गोदीबाड़ा

–अग्निवेदिकाएँ

–ईरान की खाड़ी क्षेत्र की मुहर

– हाथी दाँत का स्केल

कालीबंगन–जुता हुआ खेत, हल रेखा का साक्ष्य

–सात अग्निवेदिकाएँ

–दो फसलों को उगाने का प्रमाण (अधिक दूरी पर सरसों, कम दूरी पर चना)

–निचला शहर दुर्गीकृत

बनावली–हड़प्पन लिपि के बड़े आकार के दस चिह्नों वाला एक शिलालेख

धौलावीरा–पकी मिट्टी की बनी हुई हल की प्रतिकृति, नगर तीन खण्डों में विभाजित

–जौ, तिल और सरसों का ढेर

–मिट्टी की चूड़ियाँ (Bangles) एवं मातृदेवी की मूर्ति

15. निम्नलिखित पशुओं में से किस एक का हड़प्पा संस्कृति में मिली मुहरों और टेराकोटा कलाकृतियों में निरूपण (Representation) नहीं हुआ था?

(a) गाय (b) हाथी

(c) गैंडा (d) बाघ

उत्तर (a) हड़प्पा संस्कृति की मुहरों और टेराकोटा कलाकृति में हाथी, बाघ, गैंडा इत्यादि पशुओं की कलाकृति है, लेकिन गाय की नहीं।

16. सिन्धु घाटी सभ्यता की विकसित अवस्था में निम्नलिखित में से किस स्थल के घरों में कुओं के अवशेष (Remains) मिले हैं?

(a) हड़प्पा (b) कालीबंगा

(c) लोथल (d) मोहनजोदड़ो

उत्तर (d) मोहनजोदड़ो के प्रत्येक घर में कुएँ थे, जो वृत्ताकार और अण्डाकार थे। इनका व्यास 9.1 मीटर एवं छोटे कुंओं का व्यास 2.1 मीटर था।

17. ताम्रपाषाण काल में महाराष्ट्र के लोग मृतकों के शरीर को फर्श के नीचे किस तरह रखकर दफनाते थे?

(a) उत्तर से दक्षिण की ओर
(b) पूर्व से पश्चिम की ओर
(c) दक्षिण से उत्तर की ओर
(d) पश्चिम से पूर्व की ओर

उत्तर (a) महाराष्ट्र के लोग ताम्रपाषाणिक काल में मृतकों को अपने घर के फर्श के नीचे उत्तर-दक्षिण स्थिति में रखकर दफनाते थे। महाराष्ट्र में इस काल के अवशेष जोर्वे एवं इनामगाँव में मिले हैं।

18. मानव द्वारा सर्वप्रथम प्रयुक्त अनाज था–

(a) गेहूँ (b) चावल
(c) जौ (d) बाजरा

उत्तर (b) इलाहाबाद (उत्तर प्रदेश) जनपद में मेजा तहसील स्थित कोलडिहवा तथा मेहरगढ़ से नवपाषाणयुगीन (लगभग 7000 BC) चावल की खेती के साक्ष्य प्राप्त हुए हैं, जो कि विश्व में प्राचीनतम हैं।

19. भारतीय उप-महाद्वीप में कृषि के प्राचीनतम साक्ष्य प्राप्त हुए हैं–

(a) कोलडिहवा से (b) लहुरादेवा से
(c) मेहरगढ़ से (d) टोकवा से

उत्तर (c) भारतीय उपमहाद्वीप में कृषि के प्राचीनतम साक्ष्य मेहरगढ़ से प्राप्त हुए हैं। मेहरगढ़, जो सिन्ध और बलुचिस्तान में है, से कृषि का पहला और स्पष्ट प्रमाण प्राप्त हुआ है। सम्भवत: इस जगह 7000 ई॰ पू॰ में ही कृषि उत्पादन प्रारम्भ हो चुका था। यहाँ से 5000 ई॰ पू॰ में ही गेहूँ और जौ की विभिन्न प्रजातियों के उगाए जाने का प्रमाण मिलता है।

20. सिन्धु घाटी के निवासियों की सभ्यता को जानने का मूल स्रोत है–

(a) मुहरें
(b) बर्तन, जेवर, हथियार तथा औजार
(c) नगरों के अवशेष
(d) लिपि

उत्तर (b) सिन्धु सभ्यता की लिपि को अभी तक पढ़ा नहीं जा सका है। सिन्धु-घाटी सभ्यता के निवासियों के बारे में जानने का मूल स्रोत पुरातात्विक खुदाई में मिले विभिन्न प्रकार के औजार, बर्तन आदि हैं। हड़प्पाकालीन नगरों के अवशेष से इस सभ्यता के तकनीकी रूप से अत्यधिक विकसित होने के प्रमाण मिलते हैं।

21. निम्नलिखित में से वह कौन-सी नदी है जिससे लोथल का गोदी क्षेत्र एक नहर के द्वारा जुड़ा हुआ है?

(a) भारावी (b) भोगवा
(c) चित्रा (d) चक्रा

उत्तर (b) गुजरात के खम्भात की खाड़ी के ऊपर स्थित सैन्धव सभ्यता के बन्दरगाह नगर लोथल की खोज 1964 ई. में एस. आर. राव ने की थी। इसकी पूर्वी भाग में गोदीबाड़ा के साक्ष्य मिले हैं, जिसका आकार 218×36 मीटर तथा चौड़ाई 3.30 मीटर थी। गोदी की उत्तरी दीवार में 12 मी. चौड़ा एक दीवार था, जिससे जहाज आते-जाते थे और दक्षिणी दीवार में अतिरिक्त जलनिकासी के लिए निकास द्वार था। भोगवा नदी द्वारा निर्मित यह गोदी क्षेत्र एक नहर के द्वारा जुड़ा था।

22. उत्तर-हड़प्पा काल की ताम्र-निधि संस्कृति निम्नलिखित में से किस एक मृद्भाण्ड प्रकार से अंतरिम रूप से पहचानी गई है?

(a) सोठी मृद्भाण्ड
(b) गेरूवर्णी मृद्भाण्ड
(c) चित्रित मृद्भाण्ड
(d) उत्तर काली पॉलिश वाले मृद्भाण्ड

उत्तर (b) उत्तर हड़प्पा काल की ताम्र निधि संस्कृति गेरूवर्णी मृद्भाण्ड से अंतिम रूप से पहचानी गयी।

23. सिन्धु घाटी सभ्यता के संदर्भ में निम्नलिखित पशुओं पर विचार कीजिए–

1. बैल

2. हाथी

3. गैंडा

उपर्युक्त में से किस पशु/किन पशुओं की आकृति/आकृतियों सिन्धु मुद्राओं पर पाई जाती है/हैं?

(a) केवल 1
(b) केवल 1 और 2
(c) केवल 2 और 3
(d) 1, 2 और 3

उत्तर (d) हड़प्पा संस्कृति की मुहरों पर सबसे अधिक एक श्रृंग पशु की आकृतियाँ मिलती है। इसके अतिरिक्त बैल, हाथी, बाघ, भैंसा, गैंडा, कछुआ, घड़ियाल, बन्दर, भेड़, बकरा, खरगोश आदि की आकृतियाँ भी मिलती हैं। सिन्धु सभ्यता की मोहरों पर गाय एवं घोड़े की आकृतियाँ नहीं मिली।

24. निम्नलिखित कथनों पर विचार कीजिए–

1. मोहनजोदड़ो में आवास निर्माण में कभी चूना के गारे का प्रयोग नहीं हुआ।

2. धौलावीरा में आवास निर्माण में कभी पत्थर का प्रयोग नहीं हुआ।

उपर्युक्त कथनों में कौन-सा/से सही है/हैं?

(a) केवल 1
(b) केवल 2
(c) 1 और 2 दोनों
(d) न तो 1, न ही 2

उत्तर (d) मोहनजोदड़ो (जिसका अर्थ है मुर्दों का टीला) हड़प्पा से लगभग 483 किमी. दक्षिण में सिंध के लरकाना जिले में स्थित है। यहाँ भी दो टीले थे। इन टीलों का उत्खनन सर्वप्रथम 1922 में आर. डी. बनर्जी, तत्पश्चात् सरजॉन मार्शल (1922-30), ई.जे.एच. मैके (1927-31), एम.एस.व्हीलर (1930-47) एवं सी.जी.एफ. डेल्स (1961-66) ने किया, जिससे भवनों के सात क्रमिक स्तरों के साथ-साथ सिन्धु सभ्यता के अनेक अवशेष प्रकाश में आए। मोहनजोदड़ो का सबसे प्रसिद्ध भवन विशाल स्नानागार है। दुर्ग क्षेत्र में स्थित यह भवन ईंट के काम का सुन्दर नमूना है। यह एक आयताकार जलाशय है, जो उत्तर से दक्षिण 11.88 मीटर लम्बा, 7.01 मीटर चौड़ा और 1.43 मीटर गहरा है। इसके उत्तरी और दक्षिणी तरफ सीढ़ियाँ हैं, जो जलाशय के तल तक जाती हैं। इसमें जल रिसाव को रोकने के लिए पक्की ईंटों के किनारों को चूने के गारे से जोड़ा गया था तथा बाहरी और भीतरी ईंटों के बीच तारकोल की परत लगाई गयी थी। इसी प्रकार गुजरात के कच्छ जिले के भचाऊ तालुका में स्थित धौलावीरा हड़प्पा सभ्यता का प्रमुख नगर है। सर्वप्रथम इसकी खोज 1967-68 ई. में जे. पी. जोशी ने की थी। किन्तु व्यापक उत्खनन 1990-91 में डॉ. आर. एस. बिष्ट के नेतृत्व में पुरातत्वविदों के एक दल ने किया था। धौलावीरा की अपनी ही किस्म की अनेक विशेषताएँ हैं, जो किसी भी अन्य हड़प्पाकालीन स्थलों में नहीं पाई गई है।

25. कथन (A) : हड़प्पा निवासियों के मेसोपोटामिया के साथ व्यापारिक सम्बन्ध थे।

कारण (R): मेसोपोटामिया में बहुत-सी हड़प्पा मुद्राएँ खोज में मिली है।

नीचे दिए गए कूट से सही उत्तर चुनिए–

कूट :

(a) A तथा R दोनों सही हैं और R, A का सही स्पष्टीकरण है।
(b) A तथा R दोनों सही हैं, परन्तु R, A का सही स्पष्टीकरण नहीं है।
(c) A सही है, परन्तु R गलत है।

उत्तर (a) मेसोपोटामिया वर्तमान ईराक में अवस्थित एक प्राचीन सभ्यता का केन्द्र था। हड़प्पा निवासियों के मेसोपोटामिया के साथ घनिष्ठ व्यापारिक सम्बन्ध थे। इसी क्रम में महत्वपूर्ण है कि मेसोपोटामिया के अनेक नगरों यथा–किश, हमा, लगश, निप्पुर, गावरा आदि से बड़ी संख्या में मुहरें मिली हैं। इस आधार पर निश्चित होता है कि कथन A और R दोनों सही हैं तथा R, A की सही व्याख्या है।

26. हड़प्पा के संदर्भ में निम्नलिखित कथनों पर विचार कीजिए–

(1) धौलावीरा नगर प्राचीर द्वारा संरक्षित समान्तर-चतुर्भुज के आकार में था।

(2) कालीबंगा में नगर प्राचीर के बाहर एक हल द्वारा जोता गया खेत मिला है, जिसमें हल की लीके बनी हैं।

उपर्युक्त कथनों में कौन-सा/से सही है/हैं?

(a) केवल 1
(b) केवल 2
(c) 1 और 2 दोनों
(d) न तो 1, न ही 2

उत्तर (b) धौलावीरा में सैन्धव सभ्यता के रूप में एक ऐसे विकसित नगर विन्यास पाया गया है, जो स्वयं में अद्वितीय है। यह नगर 100 हेक्टेयर क्षेत्रफल में विस्तृत है। इस नगर का विभाजन तीन भागों–दुर्ग, मध्यम नगर तथा निम्न नगर में प्राप्त हुआ है। प्रत्येक भाग की अपनी किलेबन्दी की गयी थी तथा सम्पूर्ण नगर अन्ततः एक रक्षा प्राचीर से घिरा हुआ था। कालीबंगा के पूर्वकालीन स्तर से नगर प्राचीर के बाहर जुते हुए खेत के साक्ष्य मिले हैं। इसमें आड़ी-तिरछी जुताई की गयी है। इस प्रमाण में एक ओर हराइयां पूर्व-पश्चिम में तथा दूसरी ओर उत्तर-दक्षिण दिशा में बनायी गई हैं। कम दूरी वाली हराइयों में चना तथा अधिक दूरी वाली हराइयों में सरसों बोया जाता था। इस प्रकार कालीबंगा से एक ही खेत में दो फसलें उत्पादित करने के साक्ष्य भी प्राप्त होते हैं।

27. निम्नलिखित कथनों पर विचार कीजिए–

1. हड़प्पा के निवासी कपास उगाते थे तथा उसको उपयोग में लाते थे।

2. हड़प्पा के निवासियों को ताँबा व कांस्य का कोई ज्ञान नहीं था।

3. मानक हड़प्पा मुद्रा मिट्टी की बनी होती थी।

उपर्युक्त कथनों में कौन-सा/से सही है/हैं?

(a) केवल 1 (b) केवल 1 तथा 2
(c) केवल 2 और 3 (d) 1, 2 और 3

उत्तर (a) सैन्धव निवासियों का आर्थिक जीवन अत्यन्त विकसित अवस्था में था। सैन्धव निवासियों ने ही सर्वप्रथम कपास की खेती प्रारम्भ की थी। इनके प्रमुख खाद्यान्न गेहूँ और जौ थे। सैन्धवकालीन लोगों को सोना, चाँदी, ताँबा तथा काँसा का ज्ञान था। मोहनजोदड़ो से कांसे का भैंसा तथा भेड़ की मूर्तियाँ मिली हैं। कालीबंगा से प्राप्त ताँबे की वृषभ मूर्ति अद्वितीय है। सैन्धव मुहरें अधिकांशतः सेलखड़ी की बनी होती थी। लोथल और देसलपुर से ताँबे की बनी मुहरें मिली हैं। मोहनजोदड़ो कालीबंगा तथा लोथल से प्राप्त मुद्राओं पर एक ओर सैन्धव लिपि से युक्त मुहर की छाप है तथा दूसरी ओर भेजे जाने वाले माल का निशान अंकित है।

28. मोहनजोदड़ो के विषय में निम्नलिखित में कौन-सा एक कथन सही है?

(a) गृह निर्माण तराशे व ओपदारयुक्त (पालिशदार) पत्थरों से होता था।
(b) कुल्हाड़ियाँ, छेनी, छुरियाँ व मछली पकड़ने के कांटे, यह सब लोहे के बने होते थे।
(c) स्नानागार का फर्श पकी हुई ईंटों का बना था।
(d) वहाँ के निवासियों को स्वर्ण आभूषणों का ज्ञान नहीं था।

उत्तर (c) सैन्धवकालीन भवनों का निर्माण सामान्यतः पकी ईंटों से होता था। मोहनजोदड़ो के भवन पकी ईंटों के बने थे। मोहनजोदड़ो के निवासियों को सोना, चाँदी, ताँबा तथा काँसा का पूरा ज्ञान था। सैन्धव सभ्यता के लोग भाला, कटार, गदा, तलवार, बरछा, कुल्हाड़ी, बसुली, आरा, छेनी, मछली पकड़ने के काँटे आदि का उपयोग करते थे, जो सामान्यतः ताँबा अथवा काँसा के बनाये जाते थे। विशाल स्नानागार, मोहनजोदड़ो का सर्वाधिक महत्वपूर्ण सार्वजनिक स्थल है। स्नानागार जलाशय 39 फीट लम्बा, 23 फीट चौड़ा तथा 8 फीट गहरा है। इसमें उतरने के लिए उत्तर तथा दक्षिण की ओर सीढ़ियाँ बनी हैं। स्नानागार का फर्श पकी ईंटों का बना है। फर्श तथा दीवार की जुड़ाई जिप्सम से की गई है। बाहरी दीवार पर अस्फाल्ट का एक इंच मोटा प्लास्टर किया गया है।

29. किस हड़प्पा सील से नगर के एक ऐसे असामान्य विन्यास के चिह्न मिलते हैं, जिसमें एक ही किले के अन्दर बस्तियों के तीन अलग-अलग सीमांकित क्षेत्र सम्मिलित हैं–

(a) कालीबंगा (b) लोथल
(c) बनवाली (d) धौलावीरा

उत्तर (d) गुजरात के कच्छ जिले के भचाऊ तालुक में स्थित धौलावीरा भारत में स्थित हड़प्पा नगरों में सबसे बड़ा नगर है। स्थानीय रूप से 'कोटडा' के नाम से जाना जाने वाला यह नगर मदसर और मनहर नदियों के बीच खादिर में स्थित है, जो विशाल कच्छ के रण में एक बड़ा अलग-अलग द्वीप है और इसके अवशेष 74 हेक्टेयर के घिरे इलाके में फैले हैं। हालांकि धौलावीरा के उत्खनन के दौरान धौलावीरा में ऐसी कई विशेषताएँ दिखायी पड़ी हैं, जो किसी भी अन्य हड़प्पाकालीन नगर में दिखाई नहीं पड़ता है। सामान्यतः सैन्धव स्थल दो भागों किला या 'नगर-दुर्ग' और निचले नगर में विभाजित थे, किन्तु इनसे भिन्न धौलावीरा तीन प्रमुख भागों दुर्ग, मध्यम नगर तथा निचला नगर में विभाजित था, जिनमें से दो भाग आयताकार दुर्गबंदी या प्राचीरों द्वारा पूरी तरह से सुरक्षित थे। किसी भी अन्य हड़प्पाकालीन नगर में ऐसी उत्कृष्ट नगर-योजना देखने को नहीं मिलती।

30. निम्न में से हड़प्पा सभ्यता से सम्बन्धित कौन-सा एक कथन सही नहीं है?

(a) वहाँ के निवासियों को ज्यामितीय रूपांकनी का प्रयोग आता था।
(b) वहाँ के निवासी पासे के खेल से परिचित थे।
(c) कालीबंगा में अधिकतर निर्माण कच्ची ईंटों का प्रयोग कर किया गया था।
(d) लोथल में निवासियों ने निर्माण के लिए पकी हुई ईंटों का कभी प्रयोग नहीं किया।

उत्तर (d) उपर्युक्त प्रश्न में हड़प्पा सभ्यता के बारे में दिए गए कथनों में विकल्प (d) गलत है, क्योंकि लोथल के निवासियों ने निर्माण के लिए पकी हुई ईंटों का प्रयोग किया था। लोथल में पक्की ईंटों से बना एक भवन (214 ×36 × 4.5 मी.) मिला है, जिसे पुरातत्वविदों ने गोदीबाड़ा की संज्ञा दी है। नगर की अन्य इमारतों में भी पक्की ईंटें प्रयुक्त की गयी थी।

31. सूची-I (हड़प्पा स्थल) को सूची-II (नदी तट जहाँ स्थित हैं) के साथ सुमेलित कीजिए और सूचियों के नीचे दिए गए कूट का प्रयोग करते हुए सही उत्तर चुनिए–

सूची-I (हड़प्पा स्थल)	सूची-II (नदी तट जहाँ स्थित है)
A. आलमगीरपुर	1. सिन्धु
B. कालीबंगा	2. घग्घर

C. हड़प्पा 3. हिंडन

D. मोहनजोदड़ो 4. रावी

कूट :

	A	B	C	D
(a)	3	2	4	1
(b)	4	1	3	2
(c)	3	1	4	2
(d)	4	2	3	1

उत्तर (a) उपर्युक्त हड़प्पाकालीन स्थलों में आलमगीरपुर, उत्तर प्रदेश के मेरठ जिले में हिण्डन नदी के तट पर स्थित था। यह सभ्यता का सबसे पूर्वी ज्ञात स्थल है। कालीबंगा राजस्थान के गंगानगर जिले में प्राचीन सरस्वती एवं दृश्दंती नदियों के बीच स्थित था। सरस्वती का आधुनिक नाम घग्घर एवं दृश्दंती का नाम चौतंग है। हड़प्पा आधुनिक पाकिस्तान के पंजाब प्रांत में मोण्टेगोमरी जिले में रावी नदी के बायें तट पर स्थित था। मोहनजोदड़ो भी पाकिस्तान के सिन्ध प्रान्त के लरकाना जिले में सिन्धु नदी के दाहिने तट पर स्थित था।

32. निम्नलिखित में से किस हड़प्पाकालीन स्थल से एक सूचना पट्ट अभिलेख का साक्ष्य मिला है?

(a) लोथल

(b) मोहनजोदड़ो

(c) धौलावीरा

(d) राखीगढ़ी

उत्तर (c) हड़प्पाकालीन स्थल धौलावीरा में एक बड़ा उत्कीर्ण लेख समवत गिरा हुआ साईनबोर्ड मुख्य प्रवेश द्वार के पास मिला है। इस लेख के वर्ण किसी भी हड़प्पाई नगर से अब तक प्राप्त लिखावट के सबसे बड़े नमूने हैं। यह लिखावट काष्ठ की एक तख्ती पर खुदाई करके उसमें सफेद चूना भरकर तैयार की गयी है। इनमें 10 संकेताक्षर हैं, जिनमें से प्रत्येक की ऊँचाई 37 सेमी. और चौड़ाई 25 सेमी. से 27 सेमी. है।

33. सूची-I (प्राचीन प्राप्तियाँ) को सूची-II (प्राप्ति स्थल) से सुमेलित कीजिए तथा सूचियों के नीचे दिए गए कूट का प्रयोग करते हुए सही उत्तर का चयन कीजिए–

सूची-I

A. काँसे की नर्तकी

B. फारस की खाड़ी की मुद्रा

C. धूसर पाषाण की पुरुष नर्तक आकृति

D. अग्नि वेदिकाओं की श्रृंखला

सूची-II

1. हड़प्पा

2. लोथल

3. मोहनजोदड़ो

4. कालीबंगा

कूट :

	A	B	C	D
(a)	4	2	1	3
(b)	4	1	2	3
(c)	3	1	2	4
(d)	3	2	1	4

उत्तर (d) मोहनजोदड़ो से काँसे की नर्तकी, लोथल से फारस की खाड़ी की मुद्रा, हड़प्पा से धूसर पाषाण की पुरुष नर्तक आकृति और कालीबंगा से अग्नि वेदिकाओं की श्रृंखला प्राप्त हुई है। मोहनजोदड़ो से काँसे की बनी नर्तकी की मूर्ति मिली है। यहीं से विशाल स्नानागार के साक्ष्य मिले हैं। यहीं से एक मनका मिला है, जिस पर तीन बन्दर खुदे हैं। लोथल से प्राप्त फारस की मुद्रा पर दोमुँहे राक्षस का अंकन है। लोथल से ही ममी (mummy) के साक्ष्य मिले हैं। लोथल के एक भाण्ड पर ऐसा चित्र मिला है, जो पंचतंत्र की कहानी 'चालाक लोमड़ी' का रूपांकन लगता है। कालीबंगा में मकान कच्ची ईटों के बने थे। यहीं पर दो फसलों को एक साथ बोने के साक्ष्य मिले हैं।

34. निम्नलिखित में से किस सिन्धु घाटी स्थल से शवाधान हेतु काष्ठ शवपेटिका का साक्ष्य मिला है?

(a) हड़प्पा (b) मोहनजोदड़ो

(c) लोथल (d) कालीबंगा

उत्तर (a) सिन्धु घाटी के स्थल हड़प्पा से R-37 नामक कब्रिस्तान मिला है। यहां से लकड़ी के ताबूत में शवाधान प्राप्त हुआ है, जो संभवत: किसी विदेशी का शवाधान है। इस ताबूत को देवदार की लकड़ी से निर्मित किया गया था। शवपेटिका (ताबूत) इराक में प्रचलित प्रथा थी, अत: माना जा सकता है कि कोई पाश्चात्य देश का व्यक्ति यहाँ दफनाया गया हो। चूंकि ऐसे सभी साक्ष्यों में हड्डी के अवशेष नहीं मिले हैं, अत: माना जा सकता है कि कुछ कब्रों में हड्डियों को पीसकर दफनाया जाता रहा है। दाह क्रिया द्वारा मृतकों का अंतिम संस्कार हड़प्पा सभ्यता की सबसे प्रचलित परम्परा थी।

35. नीचे दिए गए कौन-से एक विकल्प में हड़प्पा संस्कृति की परिकल्पना स्थिति से पूर्ववर्ती अवस्थाएँ हैं?

(a) कब्रिस्तान एच तथा केचीबेग

(b) कब्रिस्तान एच तथा अमरी

(c) कब्रिस्तान एच तथा झूकर

(d) अमरी तथा केचीबेग

उत्तर (d) पाकिस्तान में स्थित सिन्ध के दो स्थल कोटदीजी और अमरी अपने सिन्धु-पूर्व निक्षेपों के लिए प्रसिद्ध हैं। अमरी में हड़प्पा की सभ्यता के शुरू होने के पहले ही अपनी बस्ती की किलेबंदी कर ली गई थी। यहाँ सिन्धु-पूर्व संस्कृति और परवर्ती सिन्धु सभ्यता के बीच का संक्रमण काल परिलक्षित होता है। जबकि कब्रिस्तान H और झूकर संस्कृति हड़प्पोत्तरयुगीन है।

❑❑❑

3 वैदिक काल

1. सरकार की अनिवार्य लक्षण प्रतीत होने वाली 'सभा' और 'समिति' नामक दो लोकप्रिय समूहों को ऋग्वेद में प्रमुखता दी गई थी। इस संदर्भ में कौन-सा/से कथन सही है/हैं?

1. मुख्य रूप से नीतिगत निर्णयों और राजनीतिक व्यवसाय से सम्बन्ध रखने वाली सभा में आम जन सम्मिलित थे।

2. समिति, जो कि चरित्र में कम राजनीतिक थी, बुजुर्गों या सामंतों का अधिक चयनात्मक निकाय थी।

नीचे दिए गए कूट का प्रयोग कर सही उत्तर चुनिए-

(a) केवल 1 (b) केवल 2

(c) 1 और 2 दोनों (d) न तो 1, न ही 2

उत्तर (d) ऋग्वेद में दो लोकप्रिय सभाओं को सभा और समिति कहा जाता था और ऐसा प्रतीत होता है कि इनका गठन सरकार की विशेष आवश्यकताओं की पूर्ति करने के लिए किया गया था। समिति आम लोगों सहित मुख्य रूप से नीतिगत निर्णयों और राजनीतिक व्यापार से सम्बन्धित थी। **अतः कथन 1 गलत है।**

चरित्र में कम राजनीतिक सभा बुजुर्गों या सामंतों का अधिक चयनात्मक निकाय थी। इन दोनों सभाओं के माध्यम से राष्ट्र के महत्वपूर्ण प्रकरणों पर लोगों की इच्छा अभिव्यक्त होती थी। **अतः कथन 2 भी गलत है।**

2. ऋग्वैदिक युग में समाज के संदर्भ में, निम्नलिखित कथनों पर विचार कीजिए-

1. समाज व्यवसाय के आधार पर वर्गीकृत था, न कि जन्म के आधार पर।

2. इस समय व्यवसाय वंशानुगत हो गए थे।

3. एक परिवार के सदस्य एक ही व्यवसाय ग्रहण करते थे और इस प्रकार एक ही वर्ण के अंतर्गत आते थे।

उपर्युक्त कथनों में कौन-सा/से सही है/हैं?

(a) केवल 1 और 3 (b) केवल 1

(c) केवल 2 और 3 (d) 1, 2 और 3

उत्तर (b) ऋग्वैदिक समाज में चार वर्ण, अर्थात् ब्राह्मण, क्षत्रिय, वैश्य और शूद्र सम्मिलित थे। समाज का यह वर्गीकरण लोगों के व्यवसायों पर आधारित था। **अतः कथन 1 सही है।**

शिक्षकों और पुजारियों को ब्राह्मण कहा जाता था, शासकों व प्रशासकों को क्षत्रिय; किसानों, व्यापारियों और बैंकरों को वैश्य तथा कारीगरों व मजदूरों को शूद्र कहा जाता था। इन व्यवसायों का लोग अपनी क्षमता और पसंद के अनुसार चयन करते थे और व्यवसाय वंशानुगत नहीं हुए थे, जैसा कि वे बाद में हो गए। **अतः कथन 2 गलत है।**

एक ही परिवार के सदस्य अलग-अलग व्यवसायों को ग्रहण करते थे और अलग-अलग वर्णों के अंतर्गत आते थे। **अतः कथन 3 भी गलत है।**

3. वैदिक काल के सम्बन्ध में, निम्नलिखित कथनों पर विचार कीजिए-

1. केवल क्षत्रियों तथा ब्राह्मणों को ही उपनयन संस्कार का अधिकार था।

2. उत्तर वैदिक काल में सभा तथा समिति की महत्ता कम हो गयी थी।

3. वैदिक काल में आश्रम भली-भाँति प्रचलित हो चुके थे।

उपर्युक्त कथनों में कौन-सा/से सही है/हैं?

(a) केवल 1 और 2 (b) केवल 2

(c) केवल 1 और 3 (d) 1, 2 और 3

उत्तर (b) **कथन 1 और 3 असत्य हैं।**

सभी तीन उच्च वर्णों में एक उभयनिष्ठ विशेषता थी : उन्हें वैदिक मंत्रों के अनुसार पवित्र धागा या जनेऊ धारण कर उपनयन या अभिषेक संस्कार कराने का अधिकार था। चौथे वर्ण को जनेऊ समारोह तथा गायत्री मंत्र का पाठ करने की मनाही थी।

आश्रम या जीवन की चार अवस्थाएँ वैदिक काल में भली-भाँति प्रचलित नहीं थीं, उत्तर वैदिक कालीन ग्रंथों में केवल 3 आश्रमों (ब्रह्मचारी, गृहस्थ तथा वानप्रस्थ) का उल्लेख है। चतुर्थ चरण या आश्रम (संन्यास) उत्तर वैदिक काल में भी अधिक प्रचलित नहीं था।

4. निम्नलिखित युग्मों पर विचार कीजिए-

उत्तर-वैदिक कालीन अनुष्ठान साहित्य		इनका सम्बन्ध है
1. श्रौतसूत्र	:	सार्वजनिक यज्ञ की अनुमति राजा एवं अन्य तीन उच्च वर्णों के लिए होती थी।
2. गृह्यसूत्र	:	जन्म, विवाह और अंत्येष्ठि से सम्बन्धित पारिवारिक अनुष्ठान।
3. शुल्वसूत्र	:	यज्ञ वेदियों के निर्माण के लिए माप।

उपर्युक्त युग्मों में कौन-सा/से सही सुमेलित है/हैं?

(a) केवल 1 (b) केवल 1 और 3

(c) केवल 2 और 3 (d) 1, 2 और 3

उत्तर (d) सभी उत्तर-वैदिक कालीन अनुष्ठान साहित्य हैं।

श्रौतसूत्र के अनुसार राजा और अन्य तीन उच्च वर्णों (ब्राह्मण, वैश्य और क्षत्रिय) को विशाल सार्वजनिक यज्ञ करने की अनुमति थी। शूद्रों को यज्ञ करने की अनुमति नहीं थी।

गृह्यसूत्र का कार्य जन्म, विवाह और अंत्येष्टि से सम्बन्धित सभी पारिवारिक अनुष्ठान निर्धारित करना था।

शुल्वसूत्र, यज्ञ वेदियों के निर्माण के लिए विभिन्न प्रकार की मापें निर्धारित करता था।

5. वैदिक काल के संदर्भ में, निम्नलिखित कथनों पर विचार कीजिए-

1. ऋग्वैदिक काल में भूमि को निजी संपत्ति माना जाता था।

2. ऋग्वैदिक काल में राजा ने एक स्थायी सेना रखना आरम्भ कर दिया था।

3. वैदिक काल के आरम्भ से ही पशु-वध वर्जित था।

उपर्युक्त कथनों में कौन-सा/से सही है/हैं?

(a) 1, 2 और 3 (b) केवल 1

(c) केवल 2 और 3 (d) केवल 1 और 2

उत्तर (b) ऋग्वैदिक काल में भूमि सुस्थापित निजी संपत्ति के प्रकार का धन थी। गायों के लिए युद्ध किए जाते थे, क्योंकि गायें उत्तम धन मानी जाती थी। उस समय के लोग आध्यात्मिक उन्नति के लिए नहीं अपितु प्रजा, पशु, खाद्य पदार्थों, स्वास्थ्य एवं सम्पत्ति के लिए प्रार्थना किया करते थे। **इसलिए, कथन 1 सही है।**

ऋग्वैदिक युग में स्थायी सेना का कोई ऐतिहासिक प्रमाण प्राप्त नहीं होता है। केवल महाजनपदों के काल से राजा ने स्थायी सेना रखना आरम्भ किया था। **इसलिए, कथन 2 सही नहीं है।**

पशु बलि धार्मिक भेंट का महत्वपूर्ण भाग था। कृषि के प्रारम्भिक चरण में होने का मुख्य कारण खेत की जुताई हेतु पर्याप्त बैल उपलब्ध न होना था। **इसलिए, कथन 3 सही नहीं है।**

6. प्राचीन इतिहास के सम्बन्ध में, वाजपेय और राजसूय से आशय है–

(a) राजाओं द्वारा संपन्न किए जाने वाले अनुष्ठान
(b) सैन्य और राजकोष अधिकारी
(c) जनजातियों के नाम
(d) लोकप्रिय सभाएं

उत्तर (a) राजाओं द्वारा विशिष्ट प्रयोजनों के लिए विशिष्ट अवसरों पर संपन्न किये जाने वाले अनुष्ठान है- भैषज्य यज्ञ, राजसूय, वाजपेय, अग्निष्टोम, सत्रमेध आदि।

7. वैदिक युग के दौरान प्रचलित कबीलाई सभाओं के संदर्भ में, निम्नलिखित कथनों पर विचार कीजिए–

1. उनका उल्लेख ऋग्वेद में किया गया है।
2. वे सैन्य और धार्मिक कार्यों को संचालित करती थीं।
3. महिलाएँ कभी भी इन सभाओं में भाग नहीं लेती थीं।

उपर्युक्त कथनों में कौन-सा/से सही है/हैं?

(a) केवल 1 (b) केवल 1 और 2
(c) केवल 2 और 3 (d) 1, 2 और 3

उत्तर (b) विभिन्न कबीलाई सभाएँ, जैसे सभा, समिति, विदय और गण का उल्लेख ऋग्वेद में मिलता है। **इसलिए, कथन 1 सही है।**

ये सभाएँ और धार्मिक कार्यों को संचालित करती थी। **इसलिए, कथन 2 सही है।**

ऋग्वेद काल में महिलाएँ इन सभाओं की बैठकों (सभा और समितियों) में भाग लेती थीं। हालांकि उत्तर-वैदिक काल में इनके प्रवेश को प्रतिबंधित कर दिया गया था। **इसलिए, कथन 3 सही नहीं है।**

8. प्राचीन भारत के संदर्भ में, 'ब्रह्मदेय' शब्द से आशय है–

(a) ब्राह्मणों पर लगाया जाने वाला एक प्रकार का कर।
(b) गैर-ब्राह्मण किसानों से सम्बन्धित भूमि।
(c) ब्रह्मा के लिए समर्पित मंदिरों के निर्माण हेतु आबंटित भूमि।
(d) ब्राह्मणों को भेंट में दी गई कर मुक्त भूमि।

उत्तर (d) ब्रह्मदेय एकल भूखण्ड या सम्पूर्ण गाँव के रूप में ब्राह्मणों को दिया गया एक कर मुक्त उपहार था। प्रारम्भ में, यह सत्तारूढ़ राजवंशों द्वारा दिया जाता था, लेकिन बाद में मुखियाओं, व्यापारियों, सामंतों आदि द्वारा भी अपना लिया गया। ब्रह्मदेय को ब्राह्मणीय ग्रंथों में योग्यता प्राप्त करने और पापों के विनाश का एक अचूक उपाय बताया गया है।

ब्रह्मदेय ने कृषि अर्थव्यवस्था के विस्तार और नगरीय बस्तियों के उद्भव में सहायता की। इसने राजाओं को अपने शासन के लिए वैचारिक समर्थन प्राप्त करने में भी सहायता प्रदान की। इसके द्वारा कभी-कभी किसानों को उनके भूमि अधिकारों से भी वंचित किया, जिसके कारण सामाजिक तनाव उत्पन्न हुआ और परिणाम स्वरूप ब्राह्मणों, किसानों और राजाओं के बीच हिंसक संघर्ष भी हुए। **इसलिए, विकल्प (d) सही है।**

9. निम्नलिखित में से कौन-सी विशेषता/विशेषताएँ वैदिक कालीन लोगों के सामाजिक जीवन से सम्बन्धित है/हैं?

1. गोत्र व्यवस्था
2. सुस्थापित आश्रम प्रणाली
3. मातृसत्तात्मक परिवार प्रणाली

उपर्युक्त कथनों में कौन-सा/से सही है/हैं?

(a) 1, 2 और 3 (b) केवल 1
(c) केवल 2 और 3 (d) केवल 1 और 3

उत्तर (b) (1) गोत्र व्यवस्था वैदिककालीन सामाजिक जीवन का भाग थी, अत: **1 सही है।**

(2) गलत है, क्योंकि आश्रम प्रणाली सुस्थापित नहीं थी।

(3) गलत है, क्योंकि समाज पितृसत्तात्मक था।

10. ऋग्वैदिक लोगों द्वारा पालन किये जाने वाले धर्म की प्रकृति के सम्बन्ध में, निम्नलिखित में से कौन-सा/से कथन सही है/हैं?

1. ऋग्वैदिक धर्म को प्राकृतिक बहुदेववाद के रूप में वर्णित किया जा सकता है।
2. देवताओं में मनुष्य या पशु रूपों के गुणों का वर्णन किया जाता था।
3. अग्निदेवी की पूजा की जाती थी।

नीचे दिए गए कूट का प्रयोग कर सही उत्तर चुनिए-

(a) केवल 1 (b) केवल 1 और 3
(c) 1, 2 और 3 (d) केवल 2 और 3

उत्तर (c) **सभी कथन सही हैं।**

ऋग्वैदिक लोगों ने वर्षा के आगमन, सूर्य और चंद्रमा की उपस्थिति, नदियों, पहाड़ों और इसी तरह अन्य चीजों की व्याख्या करना मुश्किल पाया। इसलिए उन्होंने प्राकृतिक शक्तियों का मानवीकरण कर दिया और उन्हें सजीव प्राणियों के रूप में देखा, जिनमें उन्होंने मानव या पशु गुणों को आरोपित किया। ऋग्वेद में सर्वाधिक महत्वपूर्ण देवता इंद्र या पुरंदर थे। अन्य प्रमुख देवता अग्नि, वरुण, सोम और मारुत थे। कई स्रोत या मंत्र सरस्वती नदी और अदिती व उषा जैसी अन्य देवियों को समर्पित हैं। इसलिए ऋग्वैदिक धर्म को प्राकृतिक बहुदेववाद के रूप में वर्णित किया जा सकता है।

ऋग्वैदिक धर्म और ईरानी अवेस्ता के मध्य आश्चर्यजनक रूप से समानताएँ विद्यमान थीं। 'अग्नि-संप्रदाय' भारतीय-आर्यों और भारतीय-ईरानियों, दोनों का विशेष लक्षण माना जाता है। अग्निवेदी का 'ऋग्वेद' में उल्लेख किया गया है और अग्नि पूजा 'अवेस्ता' में बहुत महत्वपूर्ण है।

11. ऋग्वैदिक काल की तुलना में उत्तर वैदिक काल में निम्न में कौन-सा/से परिवर्तन देखा गया/ देखे गए?

1. प्रादेशिक राज्यों का उद्भव।
2. ऋग्वैदिक काल के मुख्यत: पशुचारी समाज का कृषि समाज में परिवर्तित होना।
3. वर्ण व्यवस्था का अस्तित्व में आना।

नीचे दिए गए कूट का प्रयोग कर सही उत्तर चुनिए-

(a) 1, 2 और 3 (b) केवल 1 और 2
(c) केवल 3 (d) केवल 2 और 3

उत्तर (b) उत्तर वैदिक काल कुछ महत्वपूर्ण परिवर्तनों का साक्षी बना, जैसे कि क्षत्रिय शासकों के अधीन जनपद नामक क्षेत्रीय राज्यों का उद्भव। युद्ध न केवल मवेशियों पर कब्जे हेतु बल्कि क्षेत्र के लिए भी लड़े जाते थे। **इसलिए, कथन 1 सही है।**

कौरवों और पांडवों के बीच लड़ा गया महाभारत का प्रसिद्ध युद्ध इसी अवधि में माना

जाता है। प्रारम्भिक वैदिक काल का मुख्य रूप से पशुचारी समाज, कृषि समाज में परिवर्तित हो गया था। **इसलिए, कथन 2 सही है।**

कबीलाई पशुचारक किसानों में परिवर्तित होने लगे, जो प्राय: अपने प्रमुख को भेंट अर्पित कर उसका भरण-पोषण कर सकते थे। राजा या जनपदी कहलाने वाले प्रमुखों का विकास कबीलाई कृषकों के आर्थिक सहयोग से हुआ और उन्होंने वैश्य कहलाने वाले आम लोगों के विरुद्ध अपने संरक्षण का समर्थन करने वाले पुरोहितों को मुक्त हस्त से पुरस्कृत किया।

सामाजिक विभाजनों को जन्म देने में योगदान देने वाला सर्वप्रमुख कारक एंग्लो-आर्यों द्वारा स्थानीय मूल निवासियों पर विजय प्राप्त करना था। आर्यों द्वारा स्थानीय दस और दस्यु लोगों को विजित कर लिया गया था और उन्हें गुलाम व शूद्र माना जाता था। ऋग्वेद में कार्यवर्ण और दासवर्ण का उल्लेख है। कबीलाई प्रमुख और पुरोहित लूट का बड़ा भाग प्राप्त करते थे और स्वाभाविक रूप से अपने स्वजनों की अपेक्षा धनी हो गए थे। इससे कबीलों में सामाजिक असमानता पैदा हुई। इस प्रकार कबीलाई समाज, वर्ण प्रणाली में ऋग्वैदिक काल में ही विभाजित हो गया था। **इसलिए, कथन 3 सही नहीं है।**

12. ऋग्वैदिक काल के दौरान निम्न में कौन-सी आर्थिक गतिविधियाँ प्रचलित थीं?

1. पशुचारण 2. काष्ठकर्म

3. कताई 4. कृषि

नीचे दिए गए कूट का प्रयोग कर सही उत्तर चुनिए-

(a) केवल 1 और 4 (b) 1, 2, 3 और 4

(c) केवल 2 और 4 (d) केवल 1 और 2

उत्तर (b) **सभी कथन सही हैं।**

ऋग्वेदिक आर्य पशुचारक लोग थे और उनका मुख्य व्यवसाय पशुपालन था। उनकी सम्पत्ति का आकलन उनके मवेशियों के संदर्भ में किया जाता था। जब वे स्थायी रूप से उत्तर भारत में बसे तो उन्होंने कृषि कार्य आरम्भ किया। लोहे के ज्ञान और उपयोग के माध्यम से वे वनों को साफ कर सके और अधिकाधिक भूमि कृषि कार्य में प्रयुक्त करने में सक्षम हो गए।

काष्ठकर्म (बढ़ईगीरी) एक अन्य महत्वपूर्ण व्यवसाय था और साफ किए गए वनों से प्राप्त काष्ठ (लकड़ी) ने इस व्यवसाय को लाभप्रद बना दिया। काष्ठकर्मियों द्वारा रथों और हलों का निर्माण किया जाता था। धातु-कर्मकार ताँबा, पीतल व लोहे की विविध प्रकार की वस्तुएँ बनाया करते थे।

कताई भी महत्वपूर्ण व्यवसाय था और सूती व ऊनी वस्त्र बनाए जाते थे। सुनार गहने बनाते थे। कुम्हार घरेलू उपयोग हेतु विभिन्न प्रकार के बर्तन बनाया करते थे। व्यापार महत्वपूर्ण आर्थिक गतिविधि थी और नदियाँ परिवहन के महत्वपूर्ण साधन के रूप में कार्य करती थीं। व्यापार वस्तु-विनिमय प्रणाली के आधार पर किया जाता था। बाद के समय में, निष्क नामक सोने के सिक्कों को बड़े लेन-देनों में विनियम के माध्यम के रूप में उपयोग किया जाने लगा था।

13. वैदिक मंत्रोच्चार के सम्बन्ध में निम्नलिखित में से कौन-सा/से कथन सही है/हैं?

1. मंत्रोच्चार का सम्बन्ध ऋग्वेद, सामवेद और यजुर्वेद से है।

2. इसे UNESCO द्वारा भारत की अमूर्त सांस्कृतिक धरोहर घोषित किया गया है।

नीचे दिए गए कूट का प्रयोग कर सही उत्तर चुनिए-

(a) केवल 1

(b) केवल 2

(c) 1 और 2 दोनों

(d) न तो 1, न ही 2

उत्तर (c) भारतीय संगीत का इतिहास वैदिक मंत्रोच्चार की सुरम्य धुनों के साथ आरम्भ होता है। व्याकरण को सन्निहित करने वाला प्राचीनतम संगीत, वैदिक संगीत था। निश्चित ही, ऋग्वेद को विश्व का प्राचीनतम ग्रंथ माना जा सकता है, जो लगभग 5,000 वर्ष पुराना है। 'ऋग्वेद' के श्लोकों को ऋचाएँ कहा जाता है। 'यजुर्वेद' भी धार्मिक मंत्रोच्चार वाला ग्रंथ है। संगीत की सबसे आरम्भिक परंपराओं का प्रादुर्भाव सामवेद से माना जा सकता है। इसमें ऐसे श्लोक हैं, जिन्हें संगीतबद्ध किया गया था। यह निर्धारित करता है कि वैदिक मंत्रों को उतार-चढ़ाव व उच्चारण के एक विशिष्ट तरीके के साथ गाया जाए। **इसलिए, कथन 1 सही है।**

वैदिक मंत्रोच्चार की परंपरा को यूनेस्को द्वारा 2008 में अमूर्त सांस्कृतिक विरासत की सूची में स्थान दिया गया था। **इसलिए, कथन 2 सही है।**

14. संगम और वैदिक ग्रंथों के संदर्भ में निम्नलिखित कथनों पर विचार कीजिए-

1. वैदिक और संगम ग्रंथ दोनों की प्रकृति धार्मिक है।

2. वैदिक ग्रंथों के विपरीत, संगम ग्रंथ लोगों के राजनीतिक और आर्थिक जीवन की कोई जानकारी नहीं प्रदान करते हैं।

उपर्युक्त कथनों में कौन-सा/से सही है/हैं?

(a) केवल 1

(b) केवल 2

(c) 1 और 2 दोनों

(d) न तो 1, न ही 2

उत्तर (d) **कथन 1 सही नहीं है।** वैदिक ग्रंथों में धार्मिक साहित्य सम्मिलित हैं, जबकि संगम ग्रंथ धर्मनिरपेक्ष प्रकृति के हैं।

कथन 2 सही नहीं है। संगम ग्रंथ कांची, कोरकै, मदुरै, पुहार जैसे कुछ नगरों की सूचना प्रदान करते हैं। इनमें ग्रीको-रोमन व्यापार का भी उल्लेख है। संगम युग के नीतिपरक ग्रंथ राजा और उसके दरबार, अन्य सामाजिक समूहों के लिए आचार संहिता प्रदान करते हैं।

संगम राजकीय संरक्षण के अंतर्गत आयोजित तमिल कवियों की सभा को संदर्भित करता है। ये कवि सभा में सम्मिलित हुए और 3 से 4 सदियों की अवधि में कविताओं का संकलन किया। संगम साहित्य का विभाजन 'मेलकनक्कु', जो 18 प्रमुख रचनाएँ हैं और 'कीलकनक्कु', जो 18 लघु रचनाएँ हैं; में किया गया है। इन ग्रंथों से तमिल समाज के सामाजिक विकास के सम्बन्ध में पता चलता है।

15. प्रारम्भिक वैदिक साहित्य में वर्णित 'सूक्त' क्या है?

(a) देवताओं और देवियों की स्तुति गान (पाठ)

(b) बलि की प्रथा

(c) युद्ध में बंदी बनाए गए दास

(d) विभिन्न अनुष्ठान कराने वाले पुरोहित

उत्तर (a) ऋग्वेद में एक हजार से भी अधिक स्तुति गीत (स्तुति गायन) हैं जिन्हें 'सूक्त' कहा जाता है। ये गायन विभिन्न देवी-देवताओं की स्तुति में हैं। तीन देवता विशेष रूप से महत्वपूर्ण हैं : अग्नि (आग के देवता), इंद्र (युद्ध के देवता) और सोम (एक पौधा, जिससे एक विशेष पेय तैयार किया जाता था)। **इसलिए विकल्प (a) सही है।**

कुछ धनसंपत्ति का यज्ञ या बलिकर्म में उपयोग किया जाता था, जिसमें आग में चढ़ावा अर्पित किया जाता था। स्तुति गानों की रचना करने वाले लोगों ने स्वयं को आर्यों के रूप में वर्णन किया और वे अपने विरोधियों को दास या दस्यु कहते थे। ये वे लोग थे, जो यज्ञ नहीं करते थे और संभवत: भिन्न भाषा बोलते थे। आगे चलकर, दास शब्द (स्त्री के सम्बन्ध में दासी) का अर्थ गुलाम हो गया। गुलाम ऐसे स्त्री और पुरुष थे जिन्हें प्राय: युद्ध में बंदी बनाया जाता था।

16. 'वैदिक ग्रंथों में 'निष्क' और 'शतमान' निम्नलिखित में से किसे संदर्भित करते हैं?

(a) मंदिर के पुजारी (b) संपन्न किसान

(c) भूमि की इकाई (d) सोने का वजन

उत्तर (d) वैदिक युग के दौरान विनिमय प्रणाली का उपयोग किया जाता था। आर्य सिक्कों का उपयोग नहीं करते थे, किन्तु सोने के विशिष्ट भार के लिए स्वर्णमुद्रा के रूप में शतमान एवं निष्क का उपयोग किया जाता था।

महाजनपद काल के प्रारम्भिक सिक्के, आहत सिक्के (punchmark coins) थे।

17. उत्तरी काले पॉलिशदार मृदभाण्ड किसके उदय से जुड़े हैं?

(a) हड़प्पा सभ्यता (b) ऋग्वैदिक काल

(c) महाजनपद काल (d) सल्तनत काल

उत्तर (c) सही है, क्योंकि उत्तर वैदिक काल में इसके (उत्तरी काले पॉलिशदार मृदभाण्ड) हल्के प्रमाण मिलते हैं, लेकिन उच्च स्तर पर प्रयोग महाजनपद काल में हुआ।

18. पूर्व वैदिक काल में राजनीतिक प्रशासन के सम्बन्ध में निम्नलिखित कथनों पर विचार कीजिए–

1. वैदिक काल में राजा के पद को राजन कहा जाता था और यह पद पैतृक (वंशागत) रूप से प्राप्त नहीं होता था।

2. राजनीतिक सभाओं में महिलाओं को भागीदारी की अनुमति नहीं थी।

3. नागरिक तंत्र या प्रादेशिक प्रशासन नहीं था।

उपर्युक्त कथनों में कौन-सा/से सही है/हैं?

(a) केवल 1 (b) केवल 1 और 2

(c) केवल 3 (d) 1, 2 और 3

उत्तर (c) वैदिक काल में राजा के पद को राजन कहा जाता था और यह वंशानुगत पद था। लेकिन राजा असीमित शक्ति का प्रयोग नहीं करता था, क्योंकि उसे आदिवासी संगठनों को ध्यान में रखना पड़ता था। **अतः कथन 1 सही नहीं है।**

ऋग्वेद में कई आदिवासी सभाओं, जैसे–सभा, समिति, विदथ, गण का उल्लेख किया गया है। ये सभाएँ विचारात्मक, सैन्य और धार्मिक कार्यों का सम्पादन करती थीं। ऋग्वैदिक काल में महिलाएँ भी सभा और विदथ में भाग लिया करती थीं। **अतः कथन 2 सही नहीं है।**

वहाँ कोई नागरिक प्रणाली या नागरिक तंत्र या प्रादेशिक प्रशासन नहीं होता था, क्योंकि लोग एक दूसरे क्षेत्र की ओर प्रवास करते हुए सदैव घुमंतू अवस्था में रहते थे। **अतः कथन 3 सही है।**

19. प्राचीन ऋग्वैदिक काल में प्रायः 'गविष्टि' नामक एक शब्द का प्रयोग किया जाता था। यह शब्द किसे संदर्भित करता है?

(a) ऋग्वैदिक काल के युद्ध।

(b) चारागाह भूमि का अधिकारी।

(c) वैदिक काल में परिवारों का प्रमुख।

(d) धार्मिक पदाधिकारी।

उत्तर (a) ऋग्वैदिक काल के लोग मुख्य रूप से पशु चरवाहे थे, उनके अधिकांश युद्ध गायों के लिए हुआ करते थे। 'गविष्टि' शब्द का प्रयोग युद्ध के लिए या गायों की खोज के लिए किया जाता था।

वाजपति, चरागाह की भूमि पर प्रभुत्व रखने वाला अधिकारी होता था और वह परिवारों के प्रधानों जिन्हें 'कुलप' कहा जाता था या संघर्ष करने वाले समूह जिन्हें 'ग्रामीणी' कहा जाता था, का नेतृत्व कर्ता था।

ऋग्वैदिक काल में धार्मिक पदाधिकारियों को पुरोहित कहा जाता था।

20. प्राचीन भारतीय इतिहास के संदर्भ में 'भोजक' शब्द किसे संदर्भित करता है?

(a) गाँव का मुखिया

(b) राजस्व अधिकारी

(c) धनी व्यापारी

(d) सैन्य अधिकारी

उत्तर (a) देश के उत्तरी भागों में गांव के मुखिया को भोजक/ग्राम भोजक के नाम से जाना जाता था। आमतौर पर एक ही परिवार के पुरुष पीढ़ी-दर-पीढ़ी इस पद पर आसीन होते थे। दूसरे शब्दों में, वह पद वंशानुगत था।

ग्राम भोजक, आमतौर पर सबसे बड़ा भू-स्वामी होता था।

सामान्यतः उसके पास भूमि पर खेती करने के लिए दास और किराए पर रखे श्रमिक हुआ करते थे। श्रमिकों का उपयोग वह प्रायः गाँव के कर एकत्रित करने के लिए भी किया करता था। वह न्यायाधीश की तरह भी कार्य करता था और कभी-कभी अभिरक्षा अधिकारी (policeman) के जैसे कार्य करता था।

21. किस ग्रंथ में 'पुरुष मेध' का उल्लेख हुआ है, वह है–

(a) कृष्ण यजुर्वेद (b) शुक्ल यजुर्वेद

(c) शतपथ ब्राह्मण (d) पंचविंश ब्राह्मण

उत्तर (c) 'पुरुष मेध' का उल्लेख 'शतपथ ब्राह्मण' में हुआ है। प्राचीन इतिहास के साधन के रूप में वैदिक साहित्य में ऋग्वेद के बाद 'शतपथ ब्राह्मण' का स्थान है। शतपथ ब्राह्मण में गान्धार, शल्य, कैकय, कुरु, पांचाल, कोशल, विदेह आदि राजाओं के नाम का उल्लेख है।

22. नचिकेता और यम के बीच सुप्रसिद्ध संवाद उल्लिखित हैं–

(a) छान्दोग्योपनिषद् में (b) मुण्डकोपनिषद् में

(c) कठोपनिषद् में (d) केनोपनिषद् में

उत्तर (c) नचिकेता और यम के बीच सुप्रसिद्ध संवाद 'कठोपनिषद्' में है। इस संवाद में नचिकेता, यम से मृत्यु के बारे में रहस्य जानने का प्रयास करता है।

23. निम्नलिखित में से कौन-सा प्राचीन भारत में शैव सम्प्रदाय था?

(a) आजीवक

(b) मत्तमयूर

(c) मयमत

(d) ईशानशिवगुरुदेव पद्धति

उत्तर (b) चेदि वंश के अभिलेखों में शैव सम्प्रदाय के उप-सम्प्रदाय 'मत्तमयूर' का उल्लेख है।

24. कथन (A) : उपनिषदों के प्रति जवाहर लाल नेहरू की श्रद्धा नहीं थी।

कारण (R) : उनकी दृष्टि वैज्ञानिक थी।

अब नीचे दिये गए कूट से अपना उत्तर चुनिए–

कूट :

(a) A तथा R दोनों सही हैं और R, A की सही व्याख्या है।

(b) A और R दोनों सही हैं, परन्तु R, A की सही व्याख्या नहीं है।

(c) A सही है, किन्तु R गलत है

(d) A गलत है, किन्तु R सही है

उत्तर (d) उपनिषदों में आत्मा, परमात्मा एवं संसार के संदर्भ में प्रचलित दार्शनिक विचारों का संग्रह मिलता है। पं. जवाहर लाल नेहरू की उपनिषदों के प्रति श्रद्धा थी। ये इसे प्रामाणिक ग्रंथ मानते थे। **अतः कथन A गलत है।**

नेहरूजी को आधुनिक भारत में विज्ञान का प्रणेता माना जाता है। इन्होंने भारत के सामाजिक-आर्थिक विकास के लिए विज्ञान को एक महत्त्वपूर्ण साधन माना तथा उसके विकास पर बल दिया। **अतः कारण R सही है।**

25. वह प्राचीन स्थल, जहाँ 60,000 मुनियों की सभा में सम्पूर्ण महाभारत-कथा का वाचन किया गया था, है–

(a) अहिच्छत्र (b) हस्तिनापुर
(c) काम्पिल्य (d) नैमिषारण्य

उत्तर (d) नैमिषारण्य की वनस्थली में ही सूतजी ने महाभारत की कथा सुनाई, जिसे महाभारत के रचयिता व्यास जी ने सुनी थी।

26. निम्नांकित में से कौन-सा प्रस्थानत्रयी से सम्मिलित नहीं है?

(a) भागवत (b) भगवद्गीता
(c) ब्रह्मसूत्र (d) उपनिषद्

उत्तर (a) प्रस्थानत्रयी में उपनिषद्, ब्रह्मगुप्त, भगवद्गीता को शामिल किया गया है, इसमें भागवत को नहीं रखा गया है।

27. बोगजकोई महत्वपूर्ण है, क्योंकि–

(a) यह मध्य एशिया एवं तिब्बत के मध्य एक महत्वपूर्ण व्यापारिक केन्द्र था।
(b) यहाँ से प्राप्त अभिलेखों में वैदिक देवता एवं देवियों का नामोल्लेख प्राप्त होता है।
(c) वेद के मूल ग्रंथों की रचना यहाँ हुई थी।
(d) उपरोक्त में से कोई नहीं।

उत्तर (b) बोगजकोई से प्राप्त अभिलेखों में भारतीय वैदिक देवी-देवताओं जैसे– इन्द्र, वरुण, मित्र एवं नासत्य आदि का उल्लेख प्राप्त होता है। इससे यह प्रमाणित होता है कि भारतीयों के सम्बन्ध बोगजकाई तक व्याप्त थे। यह सर्वाधिक प्राचीन अभिलेख है, जो मध्य एशिया में लगभग 1400 ई॰ पू॰ का है।

28. निम्नलिखित में से किसमें पुनर्विवाह वर्जित (Prohibits) है?

(a) जातक (b) मनुस्मृति
(c) याज्ञवल्क्य (d) अर्थशास्त्र

उत्तर (b) पुनर्विवाह के सम्बन्ध में मनु ने स्त्रियों के प्रति कठोर और कठिन नियमों का विधान किया है।

29. 'सत्यमेव जयते' शब्द किस उपनिषद् से लिए गए हैं?

(a) मुण्डकोपनिषद्
(b) कठोपनिषद्
(c) ईशोपनिषद्
(d) बृहदारण्यक उपनिषद्

उत्तर (a) 'मुण्डकोपनिषद्' अथर्ववेद से सम्बन्धित है, इसी से 'सत्यमेव जयते' लिया गया है।

30. सुमेलित कीजिए–

A. अथर्ववेद	**1. ईश्वर महिमा**
B. ऋग्वेद	**2. बलिदान विधि**
C. यजुर्वेद	**3. औषधियों से सम्बन्धित**
D. सामवेद	**4. संगीत**

कूट :

	A	B	C	D
(a)	3	1	2	4
(b)	1	2	3	4
(c)	2	3	4	1
(d)	3	4	1	2

उत्तर (a) अथर्ववेद में तन्त्र-मन्त्र का संकलन है तथा भारतीय औषधि विज्ञान से सम्बन्धित जानकारी मिलती है। ऋग्वेद में देवताओं की स्तुतियों का उल्लेख है। सामवेद भारतीय संगीत के इतिहास का महत्वपूर्ण स्रोत है। सामवेद में ऋग्वैदिक सूक्तों को चुनकर धुनों में बाँधा गया है। यजुर्वेद में यज्ञ अनुष्ठानों से सम्बन्धित नियमों की जानकारी मिलती है। इसी ग्रंथ में पहली बार राजसूय तथा वाजपेय जैसे दो राजकीय समारोहों का उल्लेख है।

31. प्रसिद्ध दस राजाओं का युद्ध किस नदी के तट पर लड़ा गया?

(a) गंगा (b) ब्रह्मपुत्र
(c) कावेरी (d) परुष्णी

उत्तर (d) ऋग्वेद के सातवें मण्डल में 'दशराज्ञ युद्ध' का वर्णन मिलता है। परुष्णी रावी नदी का पुराना नाम है। इसी नदी के किनारे यह युद्ध हुआ था।

32. प्रसिद्ध सूक्ति 'तत्वमसि' निम्नलिखित में से एक उपनिषद् में मिलती है?

(a) छांदोग्य (b) मुंडक
(c) माडूक्य (d) ईशावास्य

उत्तर (a) प्रसिद्ध सुक्ति 'तत्वमसि' (वह तू ही है) की अवधारणा छांदोग्य उपनिषद में मिलता है।

33. निम्नलिखित में से किस वैदिक सूक्त में चार वर्णों के उद्गम का संदर्भ मिलता है?

(a) उषस् (b) पुरुष
(c) नासदीय (d) आरण्यानी

उत्तर (b) ऋग्वेद के दसवें मण्डल के पुरुष सूक्त में सर्वप्रथम चारों वर्णों का उल्लेख मिलता है। उसमें कहा गया है कि आदि पुरुष के मुख से ब्राह्मण, भुजाओं से क्षत्रिय, उरु से वैश्य एवं पैरों से शूद्र की उत्पत्ति हुई।

34. निम्नलिखित प्राचीन जनजातियों पर विचार कीजिए–

1. अंग **2. गंधारी**
3. वात्य

उपर्युक्त में से कौन-सी जनजाति/जनजातियाँ वैदिक काल में अस्तित्व में थी/थीं?

(a) 1 और 2 (b) केवल 2
(c) केवल 1 और 3 (d) 1, 2 और 3

उत्तर (b) प्राचीन जनजातियों में मगध के गन्धारी जनजातियाँ अस्तित्व में थी। अथर्ववेद के एक मंत्र में मगध के गन्धारी का उल्लेख कर यह प्रार्थना की गयी है कि तक्मा (ज्वर रोग) इन क्षेत्रों में चला जाय। ऐसा प्रतीत होता है कि प्राचीन युग में मगध और अंग सदृश प्राच्य देश में ऐसी निम्न जातियों का निवास था, जिसके साथ आर्यों का संघर्ष चल रहा था। इसी कारण तक्मा इन देशों में चले जाने की प्रार्थना की।

35. उत्तर वैदिक काल में निम्नलिखित में से कौन-सा अधिकारी करों का संग्राहक होता था?

(a) अक्षावाप (b) भगदुग्ध
(c) पालागल (d) संग्रहित्रि

उत्तर (b) यजुर्वेद की संहिताओं तथा ब्राह्मण ग्रन्थों में कुछ पदाधिकारियों का नाम मिलता है, जिन्हें 'रत्निन' कहा जाता था। ये राजपरिषद के सदस्य थे। रत्नियाँ की सूची में राजा के सम्बन्धी, मंत्री, विभागाध्यक्ष एवं दरबारीगण आते थे। इनकी प्रथम श्रेणी में राजा की पटरानी और प्रिय रानी थी। पुरोहितों का नाम भी रत्नियाँ की सूची में शामिल था। विभागाध्यक्षों में सेनानी (सेनापति), सूत (रथ सेना का नायक), ग्रामीण (गाँव का मुखिया), संग्रहीता (कोषाध्यक्ष) तथा भागदुध (अर्थ मंत्री अर्थात् करों का संग्राहक) के नाम मिलते हैं। दरबारी श्रेणी में क्षता (दैवारिक) अक्षवाप (आय-व्यय गणनाध्यक्ष अथवा द्यूतक्रीड़ा में राजा का साथी) व पालागल (विदूषक) सम्मिलित थे। रत्नियों का प्रशासन में महत्वपूर्ण स्थान था। वाजपेय यज्ञ के समय राजा स्वयं रत्नियों के द्वारा जाता था तथा उन्हें रत्नबलि प्रदान करता था।

36. निम्न कथनों पर विचार कीजिए–

1. न चुकाये गये ऋण के बदले में दासत्व की प्रथा वैदिक काल से लेकर बुद्ध के समय तक प्रचलित में नहीं थी।
2. वैदिक काल में ऊँची जातियों की स्त्रियों को पति की मृत्यु के उपरान्त न तो सम्पत्ति धारण करने का अधिकार था, न ही पुनर्विवाह का अधिकार था।

उपर्युक्त कथनों में कौन-सा/से सही है/हैं?

(a) केवल 1
(b) केवल 2
(c) 1 और 2 दोनों
(d) न तो 1, न ही 2

उत्तर (c) न चुकाये गये ऋण के बदले में बने दास को 'दण्डप्रजीतदास' कहा जाता था। इसका सर्वप्रथम उल्लेख कौटिल्य के 'अर्थशास्त्र' में मिलता है। इस प्रकार दासत्व की यह प्रथा वैदिक काल से लेकर बुद्ध के समय तक प्रचलन में नहीं थी। इसी प्रकार वैदिक काल में ऊँची जातियों की स्त्रियों को पति की मृत्यु के उपरान्त न तो सम्पत्ति धारण करने का अधिकार था और न ही पुनर्विवाह का अधिकार था। यद्यपि विधवा पुनर्विवाह जन सामान्य में प्रचलित था, जबकि विधवा सम्पत्ति का अधिकार सर्वप्रथम गुप्तकाल में रचित 'याज्ञवल्क्य स्मृति' मे मिलता है।

37. निम्नलिखित में से किस में सर्वप्रथम 'गोत्र' शब्द का प्रयोग कुल के अर्थ में किया गया है?

(a) ऋग्वेद (b) अथर्ववेद
(c) ऐतरेय ब्राह्मण (d) अर्थशास्त्र

उत्तर (b) गोत्र प्रथा उत्तर वैदिक काल में प्रचलित हुई, जहाँ इसका अर्थ एक ही मूल पुरुष कुल से उत्पन्न समुदाय से था। परन्तु 'गोत्र' शब्द का सर्वप्रथम उल्लेख 'ऋग्वेद' में मिलता है। जहाँ इसका अर्थ है– गोष्ठ। अर्थात् वह स्थान जहाँ समूचे कुल का गोधन पाला जाता था। जबकि गोत्रप्रथा का उल्लेख अथर्ववेद में मिलता है।

38. प्राचीन भारतीय इतिहास के संदर्भ में पारिप्लव-आख्यान क्या है?

(a) ग्रामीण वरिष्ठों द्वारा न्यायिक सभाओं में दिए गए अभिमत
(b) वैवाहिक समारोह में पुजारी द्वारा किया गया सस्वर पाठ
(c) राजा द्वारा अपनी प्रजा के प्रति किये जाने वाले आचरण के लिए निर्धारित व्यवस्था तथा विनिमय
(d) बलियों के संदर्भ में किये जाने वाले आख्यान कथाओं के सस्वर पाठ

उत्तर (d) प्राचीन भारतीय इतिहास के संदर्भ में पारिप्लव-आख्यान बलियों के संदर्भ में किये जाने वाले आख्यान कथाओं के सस्वर पाठ थे। वैदिक काल में बलि दिये जाने वाले पशुओं को यज्ञ वेदी के पास बने स्तंभों में बाँधा जाता था जिसे 'यूप' कहा जाता था। इसी समय अख्यान कथाओं के सस्वर पाठ किये जाते थे जिन्हें 'पारिप्लव-आख्यान' कहा जाता था। सर्वाधिक यूपों का निर्माण पुरामेघ यज्ञ में किया जाता था।

39. निम्नलिखित कथनों पर विचार कीजिए–

1. ऋग्वेद में राजा द्वारा की जाने वाली न्यायिक प्रक्रिया का विस्तृत विवरण मिलता है।

2. अथर्ववेद में वस्त्र (दूर्व) तथा बकरी की खाल (अजिन) का व्यापारिक वस्तुओं के रूप में उल्लेख मिलता है।

उपर्युक्त कथनों में कौन-सा/से सही है/हैं।

(a) केवल 1
(b) केवल 2
(c) 1 और 2 दोनों
(d) न तो 1, न ही 2

उत्तर (b) भारत की प्राचीनतम पुस्तक 'ऋग्वेद' में राजा द्वारा की जाने वाली न्यायिक प्रक्रिया का विस्तृत विवरण नहीं प्राप्त होता है। राजा सम्भवतः पुरोहितों की सहायता से न्याय कार्य करता था। ऋग्वेद के मंत्रों में सौ गायों के रूप में दिए गये दण्ड अथवा सम्बन्ध विच्छेद वैरदायुद्ध का उल्लेख है। ऋग्वेद में झगड़े निपटाने के लिए मध्यस्थ, अपराधियों, जीवगृभद्ध तथा उन्हें पकड़ने वाले उग्र, पुलिसद्ध का वर्णन है। अथर्ववेद एक लौकिक वेद है। जिसमें वस्त्र, दुर्वद्ध तथा बकरी की खाल, अजिनद्ध का व्यापारिक पस्तुओं के रूप में उल्लेख मिलता है।

40. निम्न में से कौन-सा एक कथन उपनिषदों के विषय में सही नहीं है?

(a) बृहदारण्यक व छांदोग्य गद्य में है।
(b) कठ-उपनिषद प्राचीनतम उपनिषदों में से एक है।
(c) उपनिषद घोषणा करते हैं कि मोक्ष ज्ञान से संभव है न कि आस्था से।
(d) उपनिषद तपश्चर्या के जीवन को मोक्ष के लिए परम आवश्यक नहीं मानते।

उत्तर (b) उपनिषद् शब्द 'उप' और 'निष' धातु से बना है। 'उप' का अर्थ है समीप और 'निष' का अर्थ है बैठना। इसमें छात्र, गुरु के पास बैठकर ज्ञान सीखता था। ये वेदों के अंतिम भाग है। अतः इन्हें 'वेदान्त' भी कहा जाता है। कुल उपनिषदों की संख्या 108 है परन्तु 10 उपनिषद ही प्रामाणिक व विशेष महत्व के है। उपनिषद् गद्य एवं पद्य दोनों रूपों में है। प्रश्नोपनिषद् माण्डक्योपनिषद्, केन उपनिषद, ऐतरेय उपनिषद, तैतिरीय, छान्दोग्य, वृहदारण्यक और कौषीतकी उपनिषदें प्रधानतया गद्य में हैं, जबकि ईश, कठ तथा श्वेताश्वर उपनिषद पद्य में है। इनमें से वृहदारण्यक, छान्दोग्य तथा तैतिरीय प्राचीनतम हैं।

❑❑❑

4 बौद्ध धर्म

1. बौद्ध धर्म में, 'दीपक की लौ जो बुझने से पहले अन्य दीपकों को जलाती है' की उपमा का प्रयोग क्या समझाने के लिए किया जाता है?

(a) आत्मा का देहांतरण

(b) बोधिसत्व

(c) ब्रह्मांड का सतत प्रवाह

(d) उपर्युक्त में से कोई नहीं

उत्तर (a) 'दीपक की लौ जो बुझने से पहले अन्य दीपकों को जलाती है' का प्रयोग उपमा के तौर पर आत्मा के देहांतरण की प्रक्रिया की व्याख्या करने के लिए किया जाता था, जो कि अन्य समकालीन दर्शनों से भिन्न था।

अन्य धर्मों और दर्शनों में एक जीवन से दूसरे जीवन में कुछ स्थानांतरित होता था। जबकि, बौद्ध धर्म के देहांतरण में कुछ भी नहीं स्थानांतरित होता था, बल्कि घटनाओं की शृंखला के रूप में नया जीवन उत्पन्न होता था।

2. निम्नलिखित में से कौन-सा/से बौद्ध सिद्धांत नालंदा विश्वविद्यालय में पढ़ाया जाता था/पढ़ाए जाते थे?

1. थेरवाद **2. महायान**

3. व्रजयान

नीचे दिए गए कूट का प्रयोग कर सही उत्तर चुनिए-

(a) केवल 1

(b) केवल 1 और 2

(c) केवल 2 और 3

(d) 1, 2 और 3

उत्तर (d) नालंदा विश्वविद्यालय उन प्रसिद्ध प्राचीन विश्वविद्यालयों में से एक है, जिसने दक्षिण-पूर्व देश, चीन आदि के सभी भागों से लोगों को आकर्षित किया था।

नालंदा विश्वविद्यालय में छात्रों के लिए कठोर प्रवेश परीक्षा के साथ ही बौद्ध सिद्धांत के सभी तीनों रूप पढ़ाए जाते थे।

थेरवाद : जो बुजुर्गों द्वारा प्रदत्त सिद्धांतों पर आधारित एक बौद्ध धर्म का ही संप्रदाय था, जो त्रिपिटिकों से अपनी आध्यात्मिक प्रेरणा प्राप्त करता है।

महायान : इसे 'महान वाहन' के रूप में भी जाना जाता है। महायानी बुद्ध की मूल शिक्षा में कोई व्याख्या या परिवर्तन किए बिना विश्वास करते थे।

वज्रयान : इन्होंने बोधिसत्व के साथ तारा का समोवश करके बौद्ध धर्म का तांत्रिकीकरण कर दिया।

3. छठी शताब्दी ईस्वी के आस-पास भारत में व्याप्त तांत्रिकावाद/तंत्रवाद के संदर्भ में, निम्नलिखित कथनों पर विचार कीजिए-

1. इसने महिलाओं तथा शूद्रों दोनों को अपने वर्ग में सम्मिलित किया।

2. इसका आविर्भाव ब्राह्मण समाज में मूल निवासियों को बड़ी संख्या में सम्मिलित किये जाने के परिणामस्वरूप हुआ।

3. यह बौद्ध धर्म के अनुयायियों में प्रचलित हो गया था, किन्तु जैन धर्म में नहीं।

उपर्युक्त कथनों में से कौन-सा/से सही है/हैं?

(a) केवल 1 और 2 (b) केवल 2 और 3

(c) केवल 3 (d) 1, 2 और 3

उत्तर (a) लगभग 6ठी शताब्दी से भारत के धार्मिक क्षेत्र में सर्वाधिक अनोखी गतिविधि तंत्रवाद का प्रसार था। इसका उत्थान ब्राह्मण समाज के बड़े पैमाने पर मूल निवासियों को सम्मिलित करने के परिणामस्वरूप हुआ था। इसमें जादुई अनुष्ठानों के प्रयोग पर अत्यंत बल दिया जाता था। उनका अभिप्राय भक्तों की भौतिक इच्छाओं की प्राप्ति तथा रोज-मर्रा के रोगों तथा घावों से मुक्ति दिलाने में सहायता करना था।

तंत्रवाद ने महिलाओं तथा शूद्रों दोनों को अपने वर्ग में सम्मिलित कर लिया। यह जैन धर्म, बौद्ध धर्म, शैव मत तथा वैष्णव मत सब में व्याप्त हो गया।

4. बौद्ध साहित्य के संदर्भ में, निम्नलिखित कथनों पर विचार कीजिए-

1. मिलिन्दपन्हो एक गैर-विहित (गैर-सैद्धांतिक) बौद्ध साहित्य है।

2. जातक कथाएँ, विहित (सैद्धांतिक) बौद्ध साहित्य है।

3. थेरीगाथा साहित्य, भिक्षु के संन्यास के अनुभव का वर्णन करता है।

उपर्युक्त कथनों में से कौन-सा/से सही है/हैं?

(a) केवल 1 (b) केवल 1 और 2

(c) केवल 2 और 3 (d) 1, 2 और 3

उत्तर (b) सैद्धांतिक साहित्य वह साहित्य है, जिसमें धर्म या संप्रदाय के मूल सिद्धांतों का उल्लेख होता है। प्राय: 100 ई. पू. पुराना, मिलिन्दपन्हो नामक बौद्ध ग्रंथ, संत नागसेन से भारतीय-यूनानी राजा मिलिन्द द्वारा बौद्ध ग्रंथ पर पूछे गए प्रश्नों से सम्बन्धित वार्तालाप का अभिलेख है, अत: यह गैर-सैद्धांतिक है।

जातक कथाओं में बुद्ध की कहानियों में बौद्ध धर्म से सम्बन्धित शिक्षाओं और सिद्धांतों का समावेश है, अत: यह सैद्धांतिक है। यह 'सुत्तपिटक' का अंश है।

'थेरीगाथा' साहित्य में बौद्ध तपस्विनियों के गीतों और महिलाओं द्वारा रचित एक आरम्भिक साहित्य का समावेश है।

'सुत्तपिटक' में संवाद रूप में स्वयं बुद्ध की शिक्षाओं का समावेश है।

5. कई आरम्भिक मूर्तिकार बुद्ध को मानव रूप में प्रदर्शित नहीं करते थे, बल्कि इसके स्थान पर वह उनकी उपस्थिति को प्रतीकों के माध्यम से दर्शाते थे। इस संदर्भ में निम्नलिखित युग्मों पर विचार कीजिए-

प्रतीक	निरूपण
1. स्तूप	: ध्यान
2. चक्र	: प्रथम उपदेश
3. बैठने का खाली स्थान	: महापरिनिर्वाण
4. घोड़ा	: गृहत्याग
5. हाथी	: अवतार

उपर्युक्त युग्मों में से कौन-सा/से सही सुमेलित है/हैं?

(a) केवल 1, 2 और 5
(b) केवल 1, 3 और 4
(c) केवल 2, 4 और 5
(d) 1, 2, 3, 4 और 5

उत्तर (c) स्तूप 'महापरिनिर्वाण' का प्रतिनिधित्व करता है, जबकि खाली स्थान, 'ध्यान' को दर्शाता है। पहिए को 'धर्म चक्र' भी कहा जाता है। इसमें आठ तीलियाँ होती हैं, जो बुद्ध के अष्टमार्ग का प्रतिनिधित्व करती हैं। आठ तीलियों वाला धर्म पहिया या 'धम्मचक्र' (संस्कृत) बुद्ध द्वारा सत्य या कानून के पहिए को घुमाने का प्रतीक है।

6. निम्नलिखित में से कौन-सा/से बौद्ध परिषदों से सम्बद्ध है/हैं?

1. अशोक **2. अजातशत्रु**
3. बिम्बिसार **4. महपद्म नन्द**

नीचे दिए गए कूट का प्रयोग कर सही उत्तर चुनिए-

(a) केवल 1, 3 और 4
(b) केवल 1 और 2
(c) केवल 3 और 4
(d) 1, 2, 3 और 4

उत्तर (b) प्रथम बौद्ध संगीति बुद्ध की मृत्यु के शीघ्र बाद आयोजित की थी। हाल के विद्वानों द्वारा इसकी तिथि ईसा पूर्व 400वीं शताब्दी के रूप में बतायी गयी है। तथा इसे राजा अजातशत्रु के संरक्षण में राजगृह (अब राजगीर) की सप्तपर्णी गुफाओं में भिक्षु महाकश्यप की अध्यक्षता में आयोजित किया गया था।

द्वितीय बौद्ध संगीति का आयोजन कालाशोक के संरक्षण में वैशाली में किया गया था।

तृतीय बौद्ध संगीति का आयोजन पाटलिपुत्र में अशोक के संरक्षण में किया गया था।

चतुर्थ बौद्ध संगीति का आयोजन कश्मीर में कनिष्क के संरक्षण में किया गया था।

7. बुद्ध की मूर्ति के संदर्भ में, निम्नलिखित विशेषताओं पर विचार कीजिए-

1. घुँघराले बाल
2. लम्बे कान
3. उभरी हुई आँखें

उपर्युक्त विशेषताएँ निम्नलिखित में से किस कला-शैली का वर्णन करती हैं?

(a) मथुरा शैली (b) अमरावती शैली
(c) गांधार शैली (d) सारनाथ शैली

उत्तर (c) गांधार कला का सम्बन्ध यूनानी कला से होने के कारण इसे हिंद-यूनानी या ग्रीक-रोमन कला भी कहा जाता है। यह कला मात्र बौद्ध धर्म तक ही सीमित थी। इस कला में बुद्ध की प्रतिमाओं में बुद्ध के घुंघराले बाल, लंबे कान, उभरी आँखें, मांसपेशी, मुख मण्डल आदि का बारीकी से अंकन किया जाता था।

8. बौद्ध धर्म में की जाने वाली उपासना की पद्धतियों के संदर्भ में, निम्नलिखित कथनों पर विचार कीजिए-

1. वे प्रतीकों के माध्यम से पूजा करने में विश्वास करते थे।
2. उन्होंने देवी-पूजा निषिद्ध कर दी थी।
3. उन्होंने कभी मूर्ति पूजा नहीं की।

उपर्युक्त कथनों में से कौन-सा/से सही है/हैं?

(a) केवल 1 और 3 (b) केवल 2 और 3
(c) केवल 1 (d) केवल 1 और 2

उत्तर (c) **कथन 1 सही है।** बौद्ध धर्म के प्रारम्भिक चरण के दौरान, बुद्ध को प्रतीकात्मक रूप से पदचिह्नों, स्तूपों, कमल के सिंहासन, चक्र आदि के रूप में दिखाया गया है। यह या तो साधारण पूजा या सम्मान देने को इंगित करता है या कई बार जीवन की घटनाओं के इतिहास का चित्रण करता है। धीरे-धीरे कथा चित्रण बौद्ध परंपरा का एक अंग बन गई। इस प्रकार बुद्ध के जीवन की घटनाएँ एवं जातक कथाएँ, स्तूपों की वेदिकाओं एवं तोरणों पर चित्रित की गई थीं।

कथन 2 सही नहीं है। यक्षों एवं मातृदेवियों की पूजा ईसा पूर्व तीसरी शताब्दी अर्थात मौर्य काल एवं बौद्ध धर्म की स्थापना के बाद भी प्रचलित रही और इसे बौद्ध धर्म और जैन धर्म में ग्रहण कर लिया गया। अत: पूजा के अनेक रूप प्रचलित थे। बौद्ध उपासना परंपरा में देवियों की उपासना को अपनाया गया था।

कथन 3 सही नहीं है। धर्म के महायान और वज्रयान संप्रदाय में मूर्ति पूजा का अनुपालन किया गया था। तारा के चित्र अत्यधिक लोकप्रिय हो गए थे। इन चित्रों में, वह सिंहासन पर आसीन है, जिसके समीप बुद्धिशील वक्रीय विद्वान है और दाहिना हाथ अभय मुद्रा में है।

9. बौद्ध धर्म के संदर्भ में, निम्नलिखित कथनों पर विचार कीजिए-

1. इसने ईश्वर के अस्तित्व को स्वीकार नहीं किया था।
2. इसने विलासिता और तपस्या दोनों की अधिकता के बीच का मध्य मार्ग निर्धारित किया।
3. इसने सांसारिक दुखों का व्यावहारिक समाधान प्रदान किया।

उपर्युक्त कथनों में से कौन-सा/से सही है/हैं?

(a) केवल 2 (b) 1, 2 और 3
(c) केवल 1 और 2 (d) केवल 3

उत्तर (b) बौद्ध धर्म में ईश्वर के अस्तित्व को स्वीकार नहीं किया गया। इस विचार ने जन सामान्य को आकर्षित किया।

गौतम बुद्ध द्वारा उपदेश दिया गया कि व्यक्ति को विलासिता और तपस्या दोनों के अधिकता से बचना चाहिए। इसके लिए उन्होंने मध्य मार्ग या 'मध्यम मार्ग' निर्धारित किया।

बुद्ध एक व्यावहारिक सुधारक सिद्ध हुए, जिनके द्वारा समय की वास्तविकताओं को ध्यान में रखा गया। उन्होंने स्वयं को सांसारिक दुखों से अवगत कराया। उन्होंने कहा कि संसार दुखमय है और लोग के दुखों का मुख्य कारण उनकी इच्छाएँ हैं। यदि इच्छाओं पर विजय प्राप्त कर ली जाए तो निर्वाण की प्राप्ति होगी।

10. बौद्ध काल के दौरान प्रचलित आर्थिक व्यवहारों के संदर्भ में, निम्नलिखित कथनों पर विचार कीजिए-

1. बलि, कबीले के लोगों द्वारा उनके मुखिया को दिया जाने वाला स्वैच्छिक भुगतान था।
2. क्षत्रियों और ब्राह्मणों को करों के भुगतान से छूट दी गई थी।

उपर्युक्त कथनों में से कौन-सा/से सही है/हैं?

(a) केवल 1 (b) केवल 2
(c) 1 और 2 दोनों (d) न तो 1, न ही 2

उत्तर (b) क्षत्रियों और ब्राह्मणों को करों के भुगतान से छूट दी गई थी और यह भार किसानों पर आ पड़ा, जो मुख्य रूप से वैश्य या गृहपति थे। **इसलिए, कथन 2 सही है।**

वैदिक काल में बलि कबीले के लोगों द्वारा उनके मुखिया को दिया जाने वाला स्वैच्छिक भुगतान था, लेकिन बौद्ध काल तक यह किसानों द्वारा किया जाने वाला अनिवार्य भुगतान बन गयी। इसे एकत्र करने के लिए 'बलिसाधक' नामक अधिकारियों की नियुक्ति की जाती थी। **इसलिए, कथन 1 सही नहीं है।**

11. बौद्ध धर्म की जातक कथाओं के संदर्भ में, निम्नलिखित कथनों पर विचार कीजिए-

1. इन कथाओं में बुद्ध के पूर्वजन्मों की घटनाओं को चित्रित किया गया है।

2. उन्हें स्तूपों की वेदिकाओं और तोरणों पर चित्रित किया गया है।

उपर्युक्त कथनों में से कौन-सा/से सही है/हैं?

(a) केवल 1 (b) केवल 2
(c) 1 और 2 दोनों (d) न तो 1, न ही 2

उत्तर (c) जातक कथाएँ मानव और अन्य जीवधारियों के रूप में बुद्ध के पूर्वजन्मों से सम्बन्धित कथाओं का व्यापक साहित्यिक संग्रह है। जातक कथाओं में प्रायः छदंत जातक, विदूर्पंडित जातक, रुरु जातक, सिबि जातक, वेस्सन्तर जातक और साम जातक का चित्रण किया गया है।

जातक कथाएँ स्तूपों के तोरण और वेदिकाओं पर अंकित की जाती थी।

चित्रण परंपरा में मुख्यतः संक्षिप्त कथा, निरंतर कथा और प्रासंगिक कथा का प्रयोग किया गया है। बुद्ध के जीवन से सम्बन्धित घटनाएँ सभी बौद्ध स्मारकों में एक महत्वपूर्ण विषय बन गई, साथ ही जातक कथाएँ मूर्तिकला सजावट के लिए भी समान रूप से महत्वपूर्ण हो गई थीं। बुद्ध के जीवन से सम्बन्धित मुख्य घटनाएँ जैसे जन्म, अपरिग्रह, ज्ञान प्राप्ति, धर्मचक्र-प्रवर्तन और महापरिनिर्वाण (मृत्यु) आदि का चित्रण निरंतर किया गया।

12. बौद्ध धर्म द्वारा निम्नलिखित में से कौन-सा/से योगदान दिया/दिए गया/गए था/थे?

1. **लैंगिक समानता का सिद्धांत**
2. **समतावादी समाज**
3. **तर्कवाद को बढ़ावा**

नीचे दिए गए कूट का प्रयोग कर सही उत्तर चुनिए-

(a) केवल 1 और 3 (b) 1, 2 और 3
(c) केवल 1 (d) केवल 2 और 3

उत्तर (b) बौद्ध धर्म ने शूद्रों और महिलाओं के प्रवेश हेतु द्वार खुले रखे, जिसने समाज पर महत्वपूर्ण प्रभाव डाला। चूँकि ब्राह्मणवाद द्वारा महिलाओं और शूद्रों दोनों को एक ही श्रेणी में रखा गया था, इसलिए उनका न तो यज्ञोपवीत किया जाता था और न ही उन्हें वेदाध्ययन की अनुमति प्रदान की गयी थी। अपना धर्म परिवर्तित कर बौद्ध धर्म अपना लेने पर वे इस प्रकार के प्रतिबंधों से मुक्त हो गए। बौद्ध धर्म ने शारीरिक श्रम को निकृष्ट नहीं माना। बोधगया से प्राप्त दूसरी शताब्दी की एक प्रतिमा में, बुद्ध को बैलों द्वारा खेती करते दिखाया गया है।

बौद्ध धर्म ने लोगों को धन का संचय न करने की सलाह दी। इसके अनुसार निर्धनता से घृणा, क्रूरता और हिंसा को बढ़ावा मिलता है। इन बुराइयों का उन्मूलन करने के लिए बुद्ध ने उपदेश दिया कि किसानों को अनाज एवं अन्य सुविधाएँ, व्यापारियों को धन एवं बेरोजगार को रोजगार उपलब्ध कराया जाना चाहिए। ये उपाय विश्व में निर्धनता के उन्मूलन हेतु अनुशंसित किए गए थे। बौद्ध धर्म ने यह भी उपदेश दिया कि यदि निर्धन लोग भिक्षुओं को भिक्षा देंगे तो वे अगले जन्म में धनी होंगे।

बौद्ध धर्म ने ज्ञान और संस्कृति के क्षेत्र में नई जागरूकता उत्पन्न और विकसित की। इसने यह शिक्षा दी कि तथ्यों का अंधानुकरण नहीं करना चाहिए, बल्कि उनके संदर्भ में तर्क किया जाना चाहिए और उन्हें गुणों के आधार पर परखना चाहिए। कई मायनों में अंधविश्वास का स्थान तर्क ने ले लिया, परिणामस्वरूप लोगों के मध्य तर्कवाद को बढ़ावा मिला। **इसलिए विकल्प (b) सही है।**

13. बौद्ध धर्म के पतन के निम्नलिखित में से कौन-से कारण थे?

1. **उपदेशों के लिए संस्कृत का प्रयोग।**
2. **राजाओं द्वारा बौद्ध भिक्षुओं का उत्पीड़न।**
3. **संपन्न बौद्ध मठों पर तुर्कों का आक्रमण।**

नीचे दिए गए कूट का प्रयोग कर सही उत्तर चुनिए-

(a) केवल 1 (b) 1, 2 और 3
(c) केवल 1 और 2 (d) केवल 1 और 3

उत्तर (b) **सभी विकल्प सही हैं।**

बौद्ध धर्म, ब्राह्मणवाद की उन्हीं बुराइयों का शिकार हो गया, जिसके विरुद्ध इसने सुधार आरंभ किया था। बौद्ध धर्म के अनुयायियों की चुनौतियों का सामना करने हेतु ब्राह्मणों ने अपने धर्म में सुधार किए। उन्होंने पशुधन के संरक्षण की आवश्यकता पर बल दिया और महिलाओं और शूद्रों को स्वर्ग में प्रवेश हेतु आश्वासन दिया। दूसरी ओर बौद्ध धर्म के अंदर विकृतियों में वृद्धि होती रही। धीरे-धीरे बौद्ध भिक्षु जनजीवन की मुख्यधारा से कट गए; उन्होंने पाली भाषा को छोड़ दिया, जो जनता की भाषा थी और संस्कृत को अपना लिया, जो बुद्धिजीवियों की भाषा थी। प्रथम शताब्दी के पश्चात उन्होंने बड़े पैमाने पर मूर्ति पूजा आरंभ कर दी और अपने अनुयायियों से अत्यधिक भेंट प्राप्त की। बौद्ध मठों को उदारतापूर्वक प्राप्त राज-अनुदानों के साथ-साथ इन समृद्ध भेंटों ने भिक्षुओं का जीवन सुखमय बना दिया।

ब्राह्मण शासक पुष्यमित्र शुंग द्वारा बौद्धों पर अत्याचार किए जाने की बात कही जाती है। छठी-सातवीं शताब्दी में अत्याचार/क्रूरता जैसी अनेक घटनाएं हुईं। हूण राजा मिहिरकुल, जो शिव का उपासक था, ने सैकड़ों बौद्धों की हत्या कर दी। शैव शशांक गौड़ ने बोधगया में उस बोधि वृक्ष को काट कर गिरा दिया, जहाँ बुद्ध ने ज्ञान प्राप्त किया था।

मठों की विपुल संपदा पर अधिकार करने हेतु तुर्क आक्रमणकारियों ने उन पर आक्रमण किए। तुर्कों ने बिहार में बड़ी संख्या में बौद्ध भिक्षुओं की हत्याएँ कीं, हालांकि कुछ भिक्षु बच कर नेपाल और तिब्बत जाने में सफल हो गए। इन घटनाओं के परिणामस्वरूप, 12वीं शताब्दी तक बौद्ध धर्म वस्तुतः अपनी जन्म-भूमि से लुप्त हो चुका था।

14. ईसा पूर्व की कलाओं में बुद्ध को मानव रूप में चित्रित नहीं किया गया था। बुद्ध को प्रदर्शित करने हेतु निम्नलिखित में से किन प्रतीकों का उपयोग किया जाता था?

1. **पद चिन्ह** 2. **खाली सिंहासन**
3. **छाता**

नीचे दिए गए कूट का प्रयोग कर सही उत्तर चुनिए-

(a) केवल 1 और 2 (b) केवल 2 और 3
(c) केवल 1 और 3 (d) 1, 2 और 3

उत्तर (d) बौद्ध धर्म के प्रारम्भिक चरण के दौरान, बुद्ध को प्रतीकात्मक रूप से पदचिह्नों, स्तूपों, कमल के सिंहासन, चक्र, छाता आदि के रूप में दिखाया गया है। यह या तो साधारण पूजा या सम्मान देने को इंगित करता है या कई बार जीवन के घटनाओं के इतिहास का चित्रण करता है।

15. गौतम बुद्ध के जीवन के सम्बन्ध में निम्नलिखित युग्मों पर विचार कीजिए-

घटनाएँ		**सम्बन्धित स्थान**
1. जन्म	:	**कुशीनगर**
2. ज्ञानप्राप्ति	:	**सारनाथ**
3. प्रथम उपदेश	:	**बोधगया**

उपर्युक्त युग्मों में से कौन-सा/से सही सुमेलित है/हैं?

(a) 1, 2 और 3
(b) केवल 2
(c) केवल 3
(d) उपर्युक्त में से कोई नहीं

उत्तर (d) गौतम बुद्ध को शाक्य मुनि भी कहा जाता है। बुद्ध के जीवन के सम्बन्ध में दिए गए **सभी युग्म सही सुमेलित नहीं है।**

उनका जन्म स्थान नेपाल के निकट, वर्तमान समय में अवस्थित लुम्बिनी नामक स्थान है।

उन्होंने बोधगया में ज्ञान/निर्वाण प्राप्त किया।

उन्होंने सारनाथ में पहला धर्मोपदेश दिया, इसे बौद्ध धर्म में धर्म-चक्र-प्रवर्तन कहा गया।

16. निम्नलिखित युग्मों पर विचार कीजिए-

बौद्ध संगीति	राजा
1. प्रथम बौद्ध संगीति	: अशोक
2. द्वितीय बौद्ध संगीति	: कालाशोक
3. तृतीय बौद्ध संगीति	: अजातशत्रु

उपर्युक्त युग्मों में से कौन-सा/से सही सुमेलित है/हैं?

(a) 1, 2 और 3

(b) केवल 1

(c) केवल 2

(d) उपर्युक्त में से कोई नहीं

उत्तर (c) प्रथम बौद्ध संगीति बुद्ध की मृत्यु के शीघ्र बाद राजा अजातशत्रु के संरक्षण में राजगृह (अब राजगीर) की सप्तपर्णी गुफा में बौद्ध भिक्षु महाकश्यप की अध्यक्षता में लगभग 400 ईसा पूर्व, जैसा कि हाल के अधिकांश विद्वानों का मत है, में आयोजित की गई थी। **इसलिए युग्म 1 सुमेलित नहीं है।**

द्वितीय बौद्ध संगीति कालाशोक के संरक्षण में वैशाली में आयोजित की गई थी। **इसलिए युग्म 2 सुमेलित है।**

तृतीय बौद्ध संगीति अशोक के संरक्षण में पाटलिपुत्र में आयोजित की गई थी। **इसलिए युग्म 3 सुमेलित नहीं है।**

चतुर्थ बौद्ध संगीति कनिष्क के संरक्षण में कश्मीर में आयोजित की गई थी।

17. बौद्ध धर्म में 'पातिमोक्ख' क्या है?

(a) एक बोधिसत्व का नाम

(b) मोक्ष प्राप्ति से सम्बद्ध एक अनुष्ठान

(c) संघ के नियम

(d) राजा मिनान्डर और नागसेन के बीच एक संवाद का मूल पाठ

उत्तर (c) बौद्ध धर्म में भिक्षुओं के लिए नियमों की लम्बी सूची को 'पातिमोक्ख' कहा जाता है।

थेरवाद बौद्धधर्म में पातिमोक्ख भिक्षुओं के अनुशासनों की मूलभूत संहिता है। विनय पिटक के एक भाग सुत्तविभंग में इसका उल्लेख है।

उपोसथ (उपवस्थ) के समारोह के दौरान भिक्षुओं के नियमों को पातिमोक्ख से पढ़ा जाता था। नियमों से विचलित होने वाले भिक्षु समारोह में अपनी गलतियों को स्वीकार करते थे और यदि वे गंभीर आरोपों के दोषी पाए जाते थे तो उन्हें मठ से निकाल दिया जाता था।

18. गुणों के संक्रमण [(पुण्य के अंतरण) (Transference of merit)] का विचार बौद्ध धर्म के किस संप्रदाय से संबद्ध है?

(a) महायान

(b) हीनयान

(c) वज्रयान

(d) (a) और (b) दोनों

उत्तर (a) गुणों के संक्रमण [पुण्य के अंतरण (Transference of merit)] का विचार बौद्ध धर्म की शिक्षाओं का विशिष्ट अभिलक्षण है। इसके अनुसार सामान्य मनुष्य बोधिसत्वों की सहायता से दु:ख से मुक्ति प्राप्त कर सकता है।

हालांकि, हीनयान बौद्ध धर्म में, प्रत्येक व्यक्ति को निर्वाण प्राप्त करने के लिए अपनी सहायता स्वयं करनी होती है। पुण्य के अंतरण का विचार हीनयान दर्शन के अनुसार लागू नहीं होता था। इसके अनुसार एक व्यक्ति से दूसरे व्यक्ति को केवल सलाह या उदाहरण देकर सहायता की जा सकती हैं, किन्तु निर्वाण प्राप्त करने के लिए प्रत्येक व्यक्ति को स्वयं ही प्रयत्न करना पड़ता है।

वज्रयान बौद्ध धर्म की शिक्षा, निर्वाण प्राप्त करने के लिए पुण्य के अंतरण के स्थान पर जादुई/तांत्रिक प्रक्रियाओं में विश्वास करती हैं।

19. आरम्भिक मध्ययुगीन समय में भारत में बौद्ध धर्म का पतन किस/किन कारण/कारणों से शुरू हुआ?

1. उस समय तक बुद्ध, विष्णु के अवतार समझे जाने लगे और वैष्णव धर्म का हिस्सा बन गए।

2. अन्तिम गुप्त राजा के समय तक आक्रमण करने वाली मध्य एशिया की जनजातियों ने हिन्दू धर्म को अपनाया और बौद्धों को सताया।

3. गुप्त वंश के राजाओं ने बौद्ध धर्म का पुरजोर विरोध किया।

उपरोक्त में से कौन-सा/से कथन सही है/हैं?

(a) केवल 1 (b) केवल 1 और 3

(c) केवल 2 और 3 (d) 1, 2 और 3

उत्तर (a) लगभग प्रत्येक धर्म की उत्पत्ति सुधार की भावना से अनुप्राणित होती है परन्तु कालान्तर में वह उन्हीं कर्मकाण्डों और बुराइयों में फँस जाती है, जिनका उसने विरोध किया था। बौद्ध धर्म के साथ ऐसा ही हुआ।

आरम्भिक मध्ययुगीन समय में (8वीं शताब्दी तक) आते-आते यह अनेक ऐन्द्रजालिक प्रक्रियाओं तथा तंत्र-मंत्र पर आधारित कर्मकाण्डों में फँस गया। हिन्दू धर्म से इसने इतना समझौता कर लिया कि आम जनता को दोनों धर्मों में कोई अन्तर दिखाई नहीं दिया और वे पुन: हिन्दू धर्म में लौट गए। उस समय तक बुद्ध, विष्णु का अवतार समझे जाने लगे और वैष्णव धर्म का हिस्सा बन गए। एक ओर बौद्ध धर्म जटिलता की ओर बढ़ रहा था, वहीं दूसरी ओर हिन्दू धर्म ने अपनी धार्मिक पद्धतियों में कई सुधार किए, 'व्यक्ति आन्दोलन' इसी का परिणाम था। फलस्वरूप जो लोग अपनी हीन सामाजिक स्थिति के कारण बौद्ध धर्म की ओर आकृष्ट हुए थे, वे फिर से हिन्दू धर्म में लौट गए।

लोकप्रिय पाली भाषा को छोड़कर संस्कृत को ग्रहण करना इसके पतन का एक प्रमुख कारण था। इसके अलावा अत्यधिक दान तथा धन संग्रह के कारण बौद्ध मठ भ्रष्टाचार का अड्डा बन गया तथा बौद्ध भिक्षु आलसी और ऐश्वर्य प्रेमी हो गए, जिससे आम जनता में बौद्ध धर्म की छवि खराब हुई।

वज्रयान, हीनयान तथा महायान जैसे अनेक सम्प्रदायों में विभाजन बौद्ध धर्म के पतन का एक कारण था। बौद्ध धर्म का तेजी से विस्तार राजकीय संरक्षण के कारण हुआ था परन्तु कनिष्क के उपरान्त इस धर्म को राजकीय संरक्षण नहीं मिला। इसके विपरीत कई राजाओं ने खासकर गुप्त शासकों ने हिन्दू धर्म को संरक्षण प्रदान किया, हालांकि इन्होंने इसका पुरजोर विरोध नहीं किया था। राजकीय समर्थन के कारण जनता हिन्दू धर्म के प्रति आकर्षित हुई।

कालान्तर में बौद्ध धर्म द्वारा अवतारवाद, देवताओं की पूजा तथा स्वर्ग की अवधारणा को अंगीकृत कर लिया, जो मूलत: हिन्दू धर्म की विशेषता थी। हिन्दू धर्मशास्त्रों ने बुद्ध को भी भगवान के दस अवतारों में से एक अवतार (विष्णु का) मान लिया, जिससे बौद्ध धर्म हिन्दू धर्म में ही विलीन हो गया।

अत्यधिक धन संचय के कारण बौद्ध मठ हूण तथा तुर्क हमलावरों के आक्रमण का मुख्य निशाना बना, जिसके कारण बौद्ध धर्म की रही-सही अस्मिता भी नष्ट हो गई और 12वीं शताब्दी तक बौद्ध धर्म अपनी जन्म-भूमि के करीब-करीब लुप्त हो गया।

20. बौद्ध धर्म के 'महायान' और 'हीनयान' सम्प्रदायों में मौलिक अन्तर है-

(a) अहिंसा पर बल

(b) जाति रहित समाज

(c) मूर्ति-पूजा

(d) स्तूप पूजा

उत्तर (c) कनिष्क के शासनकाल में बौद्ध धर्म दो वर्गों में विभाजित हो गया– (i) हीनयान और (ii) महायान। हीनयान एवं निम्नमार्गी लोग रूढ़िवादी प्रवृत्ति के थे। इन लोगों ने बिना किसी परिवर्तन के बुद्ध के मूल उपदेशों का ग्रहण किया। महायान अथवा उत्कृष्टमार्गी लोग सुधारवादी प्रवृत्ति के थे। इसमें बुद्ध की मूर्ति की पूजा का प्रचलन एवं बुद्ध को अवतार के रूप में मान कर पूजा का प्रावधान है। इस समय इस सम्प्रदाय के लोग तिब्बत, चीन, कोरिया, मंगोलिया एवं जापान में हैं। हीनयान सम्प्रदाय के लोग श्रीलंका, बर्मा, जावा आदि देशों में फैले हैं।

21. प्राचीन भारत के बौद्ध मठों में, 'परवन' नामक समारोह आयोजित किया जाता था जो–

(a) संघपरिनायक और धर्म तथा विनय विषयों पर एक-एक वक्ता को चुनने का अवसर होता था।

(b) वर्षा ऋतु के दौरान मठों में प्रवास के समय भिक्षुओं द्वारा किये गए अपराधों को स्वीकारोक्ति का अवसर होता था।

(c) किसी नए व्यक्ति को बौद्ध संघ में प्रवेश देने का समारोह होता था, जिसमें उसका सिर मुंडवा दिया जाता था और पीले वस्त्र दिये जाते थे।

(d) आषाढ़ की पूर्णिमा के अगले दिन बौद्ध भिक्षुओं के एकत्र होने का अवसर होता था, जब वे वर्षा ऋतु के आगामी चार महीनों के लिए निश्चित आवास चुनते थे।

उत्तर (b) प्राचीन भारत में बौद्ध मठों में 'परवन' नामक समारोह का आयोजन किया जाता था, जो वर्षा ऋतु के दौरान मठों में प्रवास के समय भिक्षुओं द्वारा किये गये अपराधों की स्वीकारोक्ति का अवसर होता था।

22. महायान बौद्ध धर्म में बोधिसत्व अवलोकितेश्वर को और किस अन्य नाम से जानते हैं?

(a) वज्रपाणि (b) मंजुश्री

(c) पद्मपाणि (d) मैत्रेय

उत्तर (c) महायान बौद्ध धर्म में बोधिसत्व अवलोकितेश्वर का अन्य नाम 'पद्मपाणि' था। भारत में चौथी शताब्दी ई० से सातवीं शताब्दी ई० तक बौद्ध धर्म की प्राचीन शाखा महायान के अनुसरण करने वाले बोधिसत्व अवलोकितेश्वर की पूजा करते थे। इसे 'काम का अवतार' भी माना जाता था।

23. बौद्ध दर्शन के अनुसार विचार कीजिए–
कथन (A) : पुनर्जन्म (Rebirth) नहीं होता है।
कारण (R) : आत्मा की सत्ता नहीं है।
निम्नलिखित कूट से अपना उत्तर चुनिए–
कूट :

(a) A तथा R दोनों सही हैं और R, A की सही व्याख्या है।

(b) A और R दोनों सही हैं, परन्तु R, A की सही व्याख्या नहीं है।

(c) A सही है, किन्तु R गलत है।

(d) A गलत है, किन्तु R सही है।

उत्तर (d) बौद्ध दर्शन कर्म एवं पुनर्जन्म में विश्वास करता है। इसके अनुसार जीवन विभिन्न अवस्थाओं की सन्तति है, जो एक-दूसरे पर निर्भर करती हैं। किसी अवस्था की उत्पत्ति उसकी पूर्ववर्ती अवस्था में होती है। **अतः कथन (A) गलत है।**

बौद्ध दर्शन आत्मा के अस्तित्व को स्वीकार नहीं करता है। इसने ब्राह्मण ग्रंथों द्वारा प्रतिपादित वेदों की अपौरुषेयता एवं आत्मा की अमरता के सिद्धान्त को स्वीकार नहीं किया। प्रतीत्य समुदाय ही बुद्ध के उपदेशों का सार है, जिसके अनुसार जिस तरह दुःख का कारण जन्म है, उसी तरह जन्म का कारण धर्म है। **अतः कारण (R) सही है।**

24. 'मिलिन्दपन्हो' राजा मिलिन्द तथा एक बौद्ध भिक्षु के मध्य संवाद रूप में है। वह भिक्षु थे–

(a) नागार्जुन (b) नागभट्ट

(c) नागसेन (d) कुमारिल भट्ट

उत्तर (c) भारतीय यूनानी शासक मिनाण्डर जिसे 'मिलिन्द' नाम से भी जाना जाता है, को नागसेन ने बौद्ध धर्म की दीक्षा दी और इन दोनों के बीच में हुए संवाद का संकलन 'मिलिन्दपन्हो' नामक पुस्तक में प्राप्त होता है।

25. बोधगया में 'बोधि वृक्ष' अपने वंश की इस पीढ़ी का है–

(a) तृतीय (b) चतुर्थ

(c) पंचम (d) षष्ठम

उत्तर (d) गया से 12 किमी. की दूरी पर बोधगया में बोधि वृक्ष (पीपल वृक्ष) के नीचे 'सिद्धार्थ' ज्ञान प्राप्त कर 'गौतम बुद्ध' कहलाए। महात्मा बुद्ध को गया में बोधि वृक्ष (पीपल) के नीचे 35 वर्ष की आयु में समाधिस्थ होने के बाद वैशाख पूर्णिमा की रात्रि को सच्चे ज्ञान (सम्बोधि) की प्राप्ति हुई और वे बुद्ध कहलाए।

26. निम्नलिखित में से कौन-सी बात बौद्ध धर्म तथा जैन धर्म में समान नहीं है?

(a) अहिंसा

(b) वेदों के प्रति उदासीनता

(c) आत्मा दमन

(d) रीति एवं रिवाजों की अस्वीकृति

उत्तर (a) जैन धर्म में अहिंसा का कड़ाई से पालन करने का प्रावधान है, जबकि बौद्ध धर्म अहिंसा के प्रति उदार है।

27. बुद्ध के जीवन की चार महत्वपूर्ण घटनाओं और उनसे सम्बन्धित चार स्थानों के नीचे उल्लेख हैं, यह दो स्तम्भों (I एवं II) में अंकित है, आपको इनका सुमेल करना है–

स्तम्भ I	स्तम्भ II
A. जन्म	1. सारनाथ
B. ज्ञान प्राप्ति	2. बोधगया
C. प्रथम प्रवचन	3. लुम्बिनी
D. निधन	4. कुशीनगर

कूट :

	A	B	C	D
(a)	1	2	4	3
(b)	2	3	1	4
(c)	3	2	1	4
(d)	4	1	3	2

उत्तर (c) महात्मा बुद्ध का जन्म लुम्बिनी (नेपाल) में हुआ। इनको ज्ञान प्राप्ति बोधगया में हुई थी। इन्होंने अपना प्रथम प्रवचन सारनाथ में दिया, जिसे 'धर्मचक्रप्रवर्तन' कहा गया है। इनकी मृत्यु कुशीनगर में हुई थी।

28. शाहजी की ढेरी के स्तूप में प्राप्त पुरावशेष धातु मंजूषा में किनके साथ बुद्ध की आसनस्थ आकृतियाँ हैं?

(a) ब्रह्मा और विष्णु

(b) ब्रह्मा और इन्द्र

(c) शिव और ब्रह्मा

(d) विष्णु और इन्द्र

उत्तर (b) शाह जी की ढेरी के स्तूप से प्राप्त पुरावशेष धातु मंजूषा में बुद्ध की आसनस्थ आकृतियां ब्रह्मा और इन्द्र की आकृतियों के साथ है।

29. बौद्ध मत में पातिमोक्ख से क्या अभिप्राय है?

(a) महायान बौद्धमत का विवरण

(b) हीनयान बौद्धमत का विवरण

(c) संघ के नियम

(d) राजा मिनान्डर के प्रश्न

उत्तर (c) पातिमोक्ख बौद्ध संघ के नियम हैं। इसमें अनुशासन सम्बन्धी विधि-निषेधों तथा उसके भंग होने पर किए जाने वाले प्रायश्चितों का वर्णन है।

30. **महायान बौद्ध मत की दो दार्शनिक शाखाएँ थीं। निम्नलिखित में से किसका महायान बौद्धमत से सम्बन्ध है?**
(a) माध्यमिक और योगाचार
(b) विज्ञानवाद और स्थविरवाद
(c) महासांधिक और थेरवाद
(d) आचार्यवाद और सर्वास्तिवाद

उत्तर (a) 'महायान' बौद्धमत की दो दार्शनिक शाखाएं माध्यमिक या शून्यवाद तथा विज्ञानवाद या योगाचार है। शून्यवाद के प्रवर्तक नागार्जुन है। इस मत को 'सापेक्षवाद' भी कहा जाता है। इसके अनुसार प्रत्येक वस्तु किसी-न-किसी कारण से उत्पन्न हुई है। नागार्जुन ने प्रकृति के समुत्पाद को ही शून्यता कहा है। नागार्जुन की प्रमुख रचना माध्यमिककारिका, शून्यतासप्तती, विग्रहवयावर्तनी है। इस मत के दूसरे प्रभावशाली प्रचारक नागार्जुन के शिष्य आर्यदेव थे। इन्होंने 'चतुशतक' नामक ग्रंथ की रचना की। इस मत से सम्बन्धित अन्य महत्वपूर्ण व्यक्तियों में चन्द्रकृति, शान्तिदेव एवं शान्तिरक्षित थे। विज्ञानवाद या योगाचार मत के संस्थापक मैत्रेय या मैत्रेयनाथ थे। असग तथा वसुबन्धु ने इस मत का विकास किया। यह मत चित्त अथवा विज्ञान को ही एकमात्र सत्ता मानता है।

31. **स्तूप एवं चैत्य निर्माण के निर्देश तथा इनमें स्थापित करने के लिए बुद्ध के अवशेषों को लेकर विवाद का विवरण सर्वप्रथम मिलता है–**
(a) मिलिन्दपन्हो में
(b) मज्झिम निकाय में
(c) महापरिनिर्वाण सूत्र में
(d) ज्ञान प्रस्थान सूत्र में

उत्तर (c) जीवन के अन्तिम वर्षों में महात्मा बुद्ध मल्लों की राजधानी पावा पहुँचे। यहाँ वह चुन्द नामक लुहार की आगवाटिका में ठहरे। उसने खाने के लिए उन्हें सूकरमास व भोज्य सामग्री दिया, जिससे वे अतिसार रोग से पीड़ित हो गए। यहां से वे कुशीनगर चले गए, जहाँ सुभद्र को अन्तिम उपदेश दिया। यहीं पर 80 वर्ष की अवस्था में उनकी मृत्यु हो गयी, जिसे बौद्ध ग्रंथों में 'महापरिनिर्वाण' कहा गया है। बुद्ध के मृत्यु के बाद उनके शरीर को धातु के आठ भाग के रूप में बनाए गए तथा प्रत्येक भाग पर स्तूप बनाए गए। स्तूप व चैत्य निर्माण के निर्देशों तथा इनमें स्थापित करने के लिए बुद्ध के अवशेषों को लेकर उत्पन्न विवाद का वितरण सर्वप्रथम 'महापरिनिर्वाण सूत्र' में मिलता है। महापरिनिर्वाण सूत्र में बुद्ध के शरीर धातु के दावेदारों का नाम इस प्रकार है–

(1) मगध नरेश-अजातशत्रु (2) कपिलवस्तु के शाक्य, (3) वैशाली के लिच्छिवी (4) वेठद्वीप के ब्राह्मण (5) अलकप्प के बुलि (6) पावा के मल्ल (7) पिपलिवन के मोरिय (8) रामग्राम के कोलिय।

32. **बौद्ध धर्म के पवित्र ग्रंथों पर लिखी गयी विस्तृत टीकाएँ, उपदेश शास्त्र तथा विभाषाशास्त्र किस प्रकार तैयार की गयी थीं?**
(a) अशोक के संरक्षण में आयोजित बौद्ध संगीति में मोग्गलिपुत्त तिस्स के नेतृत्व में तैयार की गयी थीं।
(b) कनिष्क के संरक्षण में आयोजित चतुर्थ बौद्ध संगीति में तैयार की गयी थी।
(c) मिलिन्द के संरक्षण में नागसेन द्वारा तैयार की गयी थी।
(d) बट्टगामिनी अभय द्वारा आयोजित महान भिक्षुओं की संगोष्ठी में तैयार की गयी थी।

उत्तर (b) बौद्ध धर्म की चतुर्थ तथा अन्तिम संगीति का आयोजन कुषाण शासक कनष्कि के शासन काल में कश्मीर स्थित कुण्डलवन में हुआ था। इस संगीति में बौद्ध धर्म के कठिन अंशों पर विस्तृत विचार-विमर्श किया गया तथा उन्हें 'विभाषाशास्त्र' नामक टीकाओं के रूप में संकलित किया गया। इस अवसर पर बौद्ध धर्म 'हीनयान' तथा 'महायान' नामक दो स्पष्ट एवं स्वतंत्र सम्प्रदायों में विभाजित हो गया। हीनयान एवं महायान क्रमश: स्थावर एवं महासांधिक नामक पूर्व प्रचलित सम्प्रदायों से उद्धृत हुए थे। वसुमित्र और अश्वघोष इस संगीति के क्रमश: अध्यक्ष एवं उपाध्यक्ष नियुक्त किए गये थे। कनिष्क के काल में आयोजित इस संगीति में महासांधिक सम्प्रदाय का प्रभाव अधिक था।

33. **बौद्धधर्म का सर्वास्तिवादी सम्प्रदाय किस क्षेत्र में प्रबल था?**
(a) तिब्बत व नेपाल (b) मथुरा व कश्मीर
(c) बर्मा व थाइलैण्ड (d) बिहार व बंगाल

उत्तर (b) बौद्ध धर्म का सर्वास्तिवादी सम्प्रदाय मथुरा व कश्मीर क्षेत्र में प्रबल था। बुद्ध के वचनों के अपने-अपने तर्क लगाने के आधार पर आगे चलकर दो प्रधान वर्ग बने–महासांधिक या सर्वास्तिवादी और स्थविरवादी या थेरवादी। महासांधिक यह स्वीकार करते थे कि प्रत्येक व्यक्ति में बुद्धत्व प्राप्ति की स्वाभाविक शक्ति है। स्थविरवादी या थेरवादी मानते थे कि बुद्धत्व की प्राप्ति सबको नहीं हो सकती है। वसुबन्धु ने सर्वास्तिवाद की अभिव्यंजना की थी। वे विज्ञानवादी असंग के कनिष्ठ भ्राता थे। वे प्रारम्भ में हीनयानी सर्वास्तिवाद दर्शन के मीमांसक रहे। सर्वास्तिवाद दर्शन का विकास तीसरी सदी ई.पू. में हो गया था, किन्तु कनिष्क के काल में इस दर्शन का सर्वाधिक उत्थान और प्रसार हुआ। इस समय कनिष्क का शासन कश्मीर से लेकर मथुरा के क्षेत्र तक रहा था। उसके शासन काल में प्राचीन बौद्ध सूत्रों पर टीकाएं की गयी, जिन्हें 'विभाषा' कहा जाता है। सर्वास्तिवाद दर्शन को विभाषा से काफी सहायता मिली, जिसके परिणामस्वरूप यह 'वैभाषिक नय' के नाम से विख्यात हुआ। वसुबन्धु ने इस दर्शन का पल्लवन करते हुए 'अधिधर्म कोष' नामक ग्रंथ की रचना की।

34. **निम्नलिखित में से कौन-सा गांधार शैली की बुद्ध मूर्तियों का लक्षण नहीं है?**
(a) वे लगभग सदैव पद्मासन में बैठे दर्शाए गए हैं
(b) उनके कान लम्बे दर्शाए गए हैं
(c) वे कभी भी मुण्डित सिर नहीं दर्शाए गए है
(d) वे सदैव अभय मुद्रा में दर्शाए गए हैं

उत्तर (d) यूनानी कला के प्रभाव से देश के पश्चिमोत्तर प्रदेशों में कला की जिस नवीन शैली का उदय हुआ, उसे गान्धार शैली कहा जाता है। गान्धार शैली में भारतीय विषयों को यूनानी ढंग से व्यक्त किया गया है। इस पर रोमन कला का प्रभाव स्पष्ट है। इसका विषय केवल बौद्ध है, इसलिए इसे यूनानी-बौद्ध (ग्रीको-बुद्धिस्ट), इण्डो-ग्रीक अथवा ग्रीको-रोमन (यूनानी-रोमीय) कला भी कहा जाता है।

गान्धार कला के अन्तर्गत बुद्ध एवं बोधिसत्वों की बहुसंख्यक मूर्तियों का निर्माण हुआ। मूर्तियाँ काले स्लेटी पाषाण, चूने तथा पकी मिट्टी से बनी हैं। ये ध्यान, पदमासन, धर्म–चक्र प्रवर्तन, वरद तथा अभय आदि मुद्राओं में हैं। इसमें बुद्ध के जीवन तथा पूर्वजन्मों से सम्बन्धित विविध घटनाओं के दृश्यों जैसे–माया की लुम्बिनी यात्रा, बुद्ध का जन्म महाभिनिष्क्रमण, सम्बोधि, धर्मचक्र-प्रवर्तन, महापरिनिर्वाण आदि का अंकन इसी शैली में किया गया है।

तपस्यारत बुद्ध का एक दृश्य गान्धार कला के सर्वोत्तम नमूनों में से है। कलाकार को उपवासरत तपस्वी के शरीर का यथार्थ चित्रण करने में अद्भुत सफलता मिली है। नसों तथा पसलियों को अत्यन्त कुशलतापूर्वक उभारा गया है, पेट अन्दर धंसा हुआ है किन्तु मुखमण्डल पर शान्ति दृढ़ इच्छाशक्ति को प्रकट करती है। बोधिसत्व मूर्तियों में सबसे अधिक मैत्रेय की है। कुछ अवलोकितेश्वर तथा पद्माणि की मूर्तियाँ भी प्राप्त होती है। इनमें मानव शरीर के यथार्थ की ओर विशेष ध्यान दिया गया है।

35. निम्नलिखित में से कौन-सा एक कथन 'वैपुल्यसूत्र' के संदर्भ में सही है?

(a) जैन दर्शन के सारभूत तत्व है
(b) संस्कृत काव्यात्मकता पर व्याख्याएँ
(c) बुद्ध के विस्तारित उपदेश है
(d) पाली भाषा में तर्कशास्त्र का प्रतिपादन है।

उत्तर (c) बौद्ध धर्म के दोनों यानों (महायान तथा हीनयान) के अधिकांश बौद्ध सम्प्रदायों ने पिटको में अपने-अपने पाठ रखे, किन्तु स्थविरवादियों के पाली पिटकों के अतिरिक्त ये पूर्ण रूप से अतिजीवित नहीं रहे और महायान के अधिकांश सम्प्रदायों में उत्तरकालीन ग्रंथ जो प्रधानत: ईसा की प्रारम्भिक शताब्दियों में लिखे गये, उनके स्थानापन्न हो गये। ये संस्कृत में है, जो भारत में महायान की भाषा थी, यद्यपि एशिया के अन्य भागों में उसकी प्रवृत्ति स्थानीय जन-भाषा की ओर थी। इन ग्रंथों में से अनेक प्रगाढ़ रूप से बुद्ध के उपदेश है जो सुत्तपिटकों की अपेक्षा अधिक विस्तृत है, अतएव वे 'वैपुल्यसूत्र' के नाम से विख्यात हुए थे। इसमें कुछ महत्वपूर्ण ग्रंथ है—ललितविस्तार, सधर्मपुण्डरीक, बज्रद्देदिका, सुखावती व्यूह, करण्य व्यूह, अष्टसहस्रिका प्रज्ञापारमिता आदि।

36. प्राचीन भारत के अष्टसहस्त्रिका-प्रज्ञापारमिता साहित्य की मुख्य विषय-वस्तु क्या है?

(a) आत्मा की अद्वैत प्रकृति
(b) बोधिसत्वों द्वारा विकसित आध्यात्मिक सिद्धांत
(c) जैन तप के सिद्धांत
(d) योग मुद्राओं का प्रतिपादन

उत्तर (b) महायान सम्प्रदाय के पोषक महायानियों ने संस्कृत को अपने अनेक ग्रंथों की भाषा बनाया। महायान सूत्रों में वैपुल्य सूत्रों के रूप में प्रसिद्ध कुछ धर्म ग्रंथ बहुत महत्वपूर्ण हैं। इनमें अष्टसहस्त्रिका-प्रज्ञापारमिता का महत्वपूर्ण स्थान है। इसमें बोधिसत्वों द्वारा विकसित आध्यात्मिक सिद्धान्तों का वर्णन है। इस प्रकार 'सुखावती व्यूह' में अमिताभ एवं उनके स्वर्ग के ऐश्वर्य का वर्णन है। 'करण्य व्यूह' में अवलोतिकेश्वर की महानता दी गयी है तथा 'बज्रद्देदिका' में महत्वपूर्ण आत्मज्ञान सम्बन्धी लेख मिलता है।

37. सम्राट कनिष्क ने किसकी अध्यक्षता में एक विराट बौद्ध संगीति का आयोजन किया था?

(a) अश्वघोष (b) संघरक्ष
(c) नागसेन (d) वसुमित्र

उत्तर (d) कनिष्क के शासनकाल में कश्मीर के कुण्डलवन में चतुर्थ बौद्ध संगीति आयोजित की गई। इसकी अध्यक्षता वसुमित्र ने की, जबकि उपाध्यक्ष अश्वघोष थे। इस सभा में महासांधिकों का बोलबाला था। इस संगीति में बौद्ध धर्म स्पष्ट रूप से 'हीनयान' तथा 'महायान' नामक दो सम्प्रदायों में विभाजित हो गया। इसी समय 'विभाषाशास्त्र' नामक एक अन्य ग्रंथ की रचना हुई। इस संगीति से बौद्धों ने संस्कृत को अपनी भाषा के रूप में अपना लिया।

38. किसने स्वर्ण मुद्राओं पर बुद्ध की आकृति के साथ लेख 'बोडो' तथा ताम्र मुद्राओं पर लेख 'शाक्यमानो बोडो' का चलन प्रारम्भ किया?

(a) दिमित्रियस ने
(b) हुविष्क प्रथम ने
(c) कनिष्क ने
(d) विम कडफिस ने

उत्तर (c) कनिष्क कुषाण राजवंश का महानतम शासक था। कनिष्क का नाम और ख्याति मुख्यत: बौद्ध धर्म के साथ उसके घनिष्ठ सम्बन्धों के कारण है। कनिष्क ने पार्श्व के परामर्श पर कश्मीर के कुण्डलवन विहार में बौद्धों की चतुर्थ महापरिषद बुलवाई थी। कनिष्क ने पेशावर के पास एक स्तूप का निर्माण करवाया, जिसमें बुद्ध के अस्थि अवशेष संरक्षित किए गए। कनिष्क के लगभग बारह अभिलेख तथा बहुसंख्यक स्वर्ण एवं ताम्र मुद्राएँ प्राप्त हुई हैं। कनिष्क ने स्वर्ण मुद्राओं पर बुद्ध की आकृति के साथ लेख यूनानी लिपि में 'बोडो' तथा ताम्र मुद्राओं पर 'शाक्यमान बोडो' का चलन आरम्भ किया। कुषाण शासक हुविष्क के सिक्कों पर भारतीय देवी-देवता पहले के कुषाण शासकों से अधिक मिलते हैं। इनमें बुद्ध, शिव, कार्तिकेय, विष्णु, सकर्षण, उमा आदि शामिल हैं।

39. तिब्बती परम्परा के अनुसार किसने बौद्ध धर्म के थेरवाद मत की स्थापना की थी?

(a) नालक
(b) महाकस्सप
(c) नागार्जुन
(d) मोग्गलिपुत्ततिस्स

उत्तर (b) महात्मा बुद्ध के महापरिनिर्वाण के 100 वर्ष बाद 383 ई. पू. में कालाशोक के शासनकाल में, सर्वकामी की अध्यक्षता में बुलायी गयी द्वितीय बौद्ध संगीति में भिक्षुओं में कुछ बातों, जैसे दोपहर के भोजन के बाद विश्राम करना, सोने-चाँदी का दान लेना, गद्देदार बिस्तर का प्रयोग करना आदि को लेकर मतभेद हो गया। जो लोग इस परिवर्तन के पक्ष में थे, वे महासांधिक या सर्वास्तिवादी कहलाये। इनका नेतृत्व वैशाली में महाकस्सप ने किया। जो लोग परिवर्तन के विरोधी थे, स्थविर अथवा थेरवादी कहलाये। इनका नेतृत्व उज्जैन में महाकच्चायन ने किया था। परन्तु तिब्बती परम्परा के अनुसार बौद्ध धर्म के थेरवाद मत की स्थापना महाकस्सप ने की।

40. राजगृह में होने वाली प्रथम बौद्ध संगीति का अध्यक्ष कौन था?

(a) पार्श्वक
(b) संघरक्ष
(c) वसुमित्र
(d) महाकस्सप

उत्तर (d) महात्मा बुद्ध की मृत्यु के तुरन्त बाद 483 ई. पू. में राजगृह की सप्तपर्णी गुफा में अजातशत्रु के शासनकाल में प्रथम बौद्ध संगीति बुलायी गयी। इसकी अध्यक्षता महाकस्सप ने की थी। इस संगीति में बुद्ध के दो प्रमुख शिष्य आनंद और उपालि भी उपस्थित थे। इस संगीति में बुद्ध की शिक्षाओं का संकलन हुआ तथा उन्हें सुत्त और विनय नाम के दो पिटकों में विभाजित किया गया।

❑❑❑

5 जैन धर्म

1. निम्नलिखित राजाओं में से कौन-सा/से जैन धर्म के अनुयायी था/थे?

1. राजराज-I

2. चन्द्रगुप्त मौर्य

3. महेन्द्रवर्मन-I

नीचे दिए गए कूट का प्रयोग कर सही उत्तर चुनिए-

(a) केवल 1 और 2 (b) केवल 2

(c) केवल 2 और 3 (d) 1, 2 और 3

उत्तर (c) राजराज-I चोल साम्राज्य का सर्वाधिक शक्तिशाली राजा था। वह एक महान विजेता भी था। उसने चेरों, पांड्यों तथा चालुक्यों को पराजित किया। वह शैव मत का अनुयायी था। उसी के शासन काल में देवरम को संकलित तथा संहिताबद्ध किया गया। उसने 1010 ई० में तंजौर में बृहदेश्वर मंदिर का निर्माण करवाया।

चन्द्रगुप्त मौर्य ने जैन धर्म को स्वीकार किया तथा संलेखन (जिसमें संसार से मुक्त होने के लिए एक जैन अनुयायी मृत्यु-पर्यंत उपवास करता है) का पालन करने हेतु श्रवणबेलगोला भी गया था।

महेन्द्रवर्मन-I सिंहविष्णु का पुत्र था। इसके शासनकाल में चालुक्यों तथा पल्लवों के बीच झगड़े आरम्भ हुए। उसे पल्लव राज्य का पश्चिमी भाग पुलकेशिन-II के हाथों गंवाना पड़ा। जैन धर्म का अनुयायी होने के बावजूद उसने संत अप्पार के प्रभाव में आकर शैव मत को स्वीकार किया। वह बहुमुखी प्रतिभासंपन्न विद्वान था। उसने भवन निर्माण, चित्रकला तथा संगीत में अपनी उत्कृष्टता के लिए 'चित्रकारपुली' तथा 'विचित्र चित्त' जैसी उपाधियाँ भी धारण कीं। उसने महेन्द्रमंगलम तथा महेन्द्रवाड़ी जैसे शहर बसाए।

2. जैन धर्म के सम्बन्ध में, निम्नलिखित में से कौन-सा कथन सही नहीं है?

(a) इसने वर्ण-व्यवस्था की निंदा की।

(b) इसने जैन सिद्धान्तों का प्रचार करने के लिए प्राकृत भाषा को अपनाया।

(c) इस धर्म का विश्वास सादगीपूर्ण जीवनशैली में था।

(d) बौद्ध धर्म की तुलना में इसे अधिक राज्य-संरक्षण प्राप्त नहीं हुआ।

उत्तर (d) जैन धर्म ने वर्ण व्यवस्था की उसी प्रकार निंदा की, जिस प्रकार बौद्ध धर्म में की गयी थी। महावीर के अनुसार, व्यक्ति पिछले जन्म में अपने द्वारा दिए गए पाप या पुण्य के फलस्वरूप उच्च या निम्न वर्ण में पैदा होता है। उनकी राय में शुद्ध और गुणी जीवन के माध्यम से निचली जातियों के सदस्य भी मुक्ति प्राप्त कर सकते हैं।

जैनों ने मुख्य रूप से ब्राह्मणों द्वारा संरक्षित संस्कृत भाषा को अस्वीकार किया। उन्होंने अपने सिद्धांतों का प्रचार करने के लिए जनसाधारण की भाषा-प्राकृत को अपनाया। इससे न केवल जनता तक पहुँचने में मदद मिली बल्कि इस भाषा और इसके साहित्य के विकास में भी सहायता प्राप्त हुई। प्राकृत से कई क्षेत्रीय भाषाएँ भी विकसित हुईं।

महावीर ने अपने अनुयायियों को पूर्ण रूप से आडंबरहीन जीवन जीने के लिए कहा। यहां तक कि उन्होंने अपने अनुयायियों को सम्पूर्ण रूप से वस्त्र त्याग करने के लिए भी कहा।

जैन धर्म को पर्याप्त राज्य संरक्षण प्राप्त था। राजाओं में बिम्बसार, चन्द्रगुप्त मौर्य, खारवेल, अमोघवर्ष आदि को जैन धर्म का समर्थक माना जाता है।

3. दक्षिण भारत में जैन धर्म का प्रसार हुआ क्योंकि,

1. दक्षिण भारत में ब्राह्मण धर्म कमजोर था।

2. मगध भीषण दुर्भिक्ष से प्रभावित हुआ था।

नीचे दिए गए कूट का प्रयोग कर सही उत्तर चुनिए-

(a) केवल 1

(b) केवल 2

(c) 1 और 2 दोनों

(d) न तो 1, न ही 2

उत्तर (c) **दोनों कथन सही हैं।**

जैन धर्म की शिक्षाओं का प्रसार हेतु महावीर ने अपने अनुयायियों का संघ संगठित किया, जिसमें पुरुषों और महिलाओं दोनों को प्रवेश दिया गया। उन्होंने अपनी शिक्षाओं का प्रचार आम लोगों की भाषा प्राकृत में किया। चूँकि जैन धर्म ने ब्राह्मण धर्म से स्वयं को स्पष्ट रूप से पृथक नहीं किया, इसलिए यह जनसाधारण को आकर्षित करने में विफल रहा। इसके बावजूद, जैन धर्म का धीरे-धीरे दक्षिण और पश्चिम भारत में प्रसार हुआ, जहाँ ब्राह्मण धर्म कमजोर था। दक्षिण भारत में जैन धर्म के प्रसार का दूसरा कारण महावीर की मृत्यु के 200 वर्ष पश्चात मगध के भीषण दुर्भिक्ष को बताया जाता है। यह दुर्भिक्ष 12 वर्षों तक चला, इसीलिए अपने बचाव हेतु अनेक जैन भद्रबाहु के नेतृत्व में दक्षिण की ओर चले गए, हालांकि बाकी स्थलबाहु के नेतृत्व में मगध में ही रुके रहे। प्रवासी जैनों ने दक्षिण भारत में जैन धर्म का प्रसार किया। दुर्भिक्ष के अंत में वे मगध लौट आए, जहाँ उनका स्थानीय जैनियों के साथ मतभेद हो गया। दक्षिण से लौटने वाले लोगों ने दावा किया कि दुर्भिक्ष के दौरान भी उन्होंने धार्मिक नियमों का कड़ाई से पालन किया। उन्होंने यह भी आरोप लगाया कि मगध में रहने वाले जैन संतों ने इस नियमों का उल्लंघन किया है और शिथिल हो गए। इन मतभेदों को सुलझाने और जैन धर्म की मूल शिक्षाओं को संकलित करने के लिए, पाटलिपुत्र (पटना) में एक परिषद बुलाई गयी, लेकिन दक्षिण से लौटने वाले जैनियों ने इसका बहिष्कार किया और इसके निर्णयों को स्वीकार करने से मना कर दिया। तब से, दक्षिणी जैनियों को दिगंबर और मगध के जैनियों को श्वेतांबर कहा जाने लगा।

4. जैन धर्म विश्वास करता है—

1. कर्म सिद्धांत **2. अहिंसा**

3. ब्रह्मचर्य

नीचे दिए गए कूट का प्रयोग कर सही उत्तर चुनिए-

(a) केवल 1
(b) केवल 1 और 3
(c) केवल 2 और 3
(d) 1, 2 और 3

उत्तर (d) जीवित प्राणियों, विशेष रूप से नुष्यों, पौधों और कीड़ों-मकोड़ों को चोट न हुँचाना जैन दर्शन का मूल विचार है। वास्तव अहिंसा के सिद्धांत ने, जिस पर जैन धर्म अत्यधिक बल दिया गया है, समग्र रूप से ारतीय चिंतन पर अपनी छाप छोड़ी है।

जैन मत के अनुसार, जन्म और पुनर्जन्म ा चक्र कर्म के माध्यम से आकार लेता है। र्म के चक्र से अपने आप को मुक्त करने 5 लिए तपस्या और कायाक्लेश आवश्यक है। वल संसार त्यागकर ही इसे प्राप्त किया जा कता है, इसलिए, मठ का अस्तित्व मोक्ष के ए आवश्यक शर्त है। अहिंसा, सत्य, अस्तेय, परिग्रह एवं ब्रह्मचर्य- ये पंचमहाव्रत हैं, जिनका धान जैन भिक्षु और भिक्षुणियों के पालनार्थ िया गया था।

5. निम्नलिखित में से जैन धर्म से संबद्ध विषय-वस्तु क्या है/हैं?

1. अणुव्रत **2. महाव्रत**
3. सल्लेखना

नीचे दिए गए कूट का प्रयोग कर सही उत्तर चुनिए-

(a) केवल 1 और 2 (b) केवल 1 और 3
(c) केवल 2 और 3 (d) 1, 2 और 3

उत्तर (d) जैन धर्म में अहिंसा के मानक 5 आधार पर अन्य सभी क्रियाओं का औचित्य र्धारित किया जाता है। गृहस्थ जीवन में रहने ाले को अणुव्रतों का पालन करने हेतु अहिंसा ा पालन करना आवश्यक होता है, जिसमें िसी भी प्राणी की हत्या नहीं करना शामिल है। किन, महाव्रतों का पालन करने वाले तपस्वी ो अहिंसा के पालन हेतु अत्यधिक सजग और तर्क रहना होता है, जिससे जाने और अनजाने उसके किसी कार्य से किसी भी जीव को ोट न पहुँचे। इस प्रकार अहिंसा न केवल ानव और बड़े जीव-जंतुओं, बल्कि छोटे-छोटे ीट-पतंगों, पौधों और सूक्ष्मजीवों के लिए भी ागू होती है।

वृद्धावस्था, असाध्य रोग, गंभीर अकाल, ात्रु या वन्यजीव द्वारा आक्रमण किए जाने पर ायल होने इत्यादि अवस्थाओं में मृत्यु को अत्यंत मीप जानकर एक गृहस्थ व्यक्ति और तपस्वियों ानों के द्वारा स्वेच्छा से मृत्यु वरण करने को सल्लेखना' कहा जाता है। ऐसे समय में व्यक्ति ीरे-धीरे भोजन और जल छोड़ने जैसे उपवास कर सभी वासनाओं पर विजय प्राप्त करता है और सभी प्रकार की सांसारिक मोह-माया से स्वयं को विरत कर लेता है और साथ ही आत्मा की शाश्वत प्रकृति पर ध्यान लगाता है, शरीर से प्राण निकलने तक यह उपवास जारी रहता है। उपवास की प्रकृति को समायोजित करने के लिए शेष जीवन का अनुमानित आकलन आवश्यक होता है। इस व्रत में उसे सभी कठिनाइयाँ सहन करनी चाहिए, किन्तु यदि वह बीमार पड़ जाता है या किसी अन्य कारण से मन की शांति बनाए नहीं रख पाता, तो उसे सल्लेखना छोड़ देनी चाहिए और भोजन ग्रहण करने और अन्य गतिविधियों को पूर्ववत अपना लेना चाहिए।

सल्लेखना का संकल्प करना अति-विशिष्ट व्रत है। इस व्रत का आधार यह सिद्धांत है कि इस शरीर को छोड़ते समय यदि व्यक्ति सम्पूर्ण मानसिक शान्ति, निर्द्वंद्व, धैर्य, भयमुक्त रहता है तो न केवल आत्मा से जुड़े नवीन कर्मों का अंतर्वाह रोकता है, बल्कि उससे जुड़े पुराने कर्मों का भी नाश करता है।

'सल्लेखना' को अन्य नामों जैसे संन्यास-मरण, समाधि-मरण इत्यादि से भी जाना जाता है।

6. अनेकान्तवाद निम्नलिखित में से किसका क्रोड सिद्धान्त एवं दर्शन है?

(a) बौद्ध मत
(b) जैन मत
(c) सिख मत
(d) वैष्णव मत

उत्तर (b) अनेकान्तवाद जैन धर्म का क्रोड सिद्धान्त एवं दर्शन है, अनेकान्तवाद वस्तु की सापेक्षता का सिद्धात है। जो प्राचीन भारतीय दार्शनिक व्यवस्था की एक अमूल्य निधि मानी जाती है। इसके अनुसार प्रत्येक प्रकार का ज्ञान (मति, श्रुति, अवधि, मन:प्रर्याय) 7 स्वरूपों में व्यक्त किया जा सकता है, जो इस प्रकार है–

(i) है
(ii) नहीं है
(iii) है और नहीं है
(iv) कहा नहीं जा सकता
(v) है किन्तु कहा नहीं जा सकता
(vi) नहीं है और कहा जा सकता
(vii) नहीं है और कहा नहीं जा सकता

अनेकान्तवाद को 'सप्तभंगी ज्ञान' भी कहा जाता है।

7. महान् धार्मिक घटना 'महामस्तकाभिषेक' निम्नलिखित में से किससे सम्बन्धित है और किसके लिए की जाती है?

(a) बाहुबली (b) बुद्ध
(c) महावीर (d) नटराज

उत्तर (a) महामस्तकाभिषेक, जैन धर्म का एक महत्वपूर्ण उत्सव है, जो 12 वर्ष के अन्तराल पर कर्नाटक राज्य के श्रवणबेलगोला शहर में आयोजित किया जाता है। यहाँ पर भगवान (सन्त) गोमतेश्वर बाहुबली की 18 मी. ऊँची मूर्ति स्थापित है।

8. प्राचीन जैन धर्म के सम्बन्ध में निम्नलिखित कथनों में से कौन-सा एक सही है?

(a) स्थलबाहु के नेतृत्व में दक्षिण भारत में जैन धर्म का प्रचार हुआ।
(b) पाटलिपुत्र में हुई परिषद् के पश्चात् जो जैन धर्म के लोग भद्रबाहु के नेतृत्व में रहे, वे श्वेताम्बर कहलाए।
(c) प्रथम सदी ई॰ पू॰ में जैन धर्म को कलिंग के राजा खारवेल का समर्थन मिला।
(d) बौद्धों के विपरीत, जैन धर्म की प्रारम्भिक अवस्था में, जैन धर्म के लोग चित्रों का पूजन करते थे।

उत्तर (c) चौथी शताब्दी ईसा पूर्व में मगध में 12 वर्षों तक भयंकर अकाल पड़ा रहा, जिससे स्थलबाहु अपने शिष्यों के साथ मगध में ही रहे। अकाल के खत्म होने पर जब भद्रबाहु मगध लौटे, तो उन्हें श्वेताम्बर अर्थात् सफेद वस्त्र धारण करने वाला कहा गया। आरम्भ में जैन धर्म में मूर्ति पूजा का प्रचलन नहीं था, लेकिन कालान्तर में श्वेताम्बर सम्प्रदाय के लोगों ने महावीर एवं अन्य तीर्थंकरों की पूजा आरम्भ कर दी। प्रथम सदी ई॰पू॰ में जैन धर्म को कलिंग के राजा खारवेल का समर्थन मिला।

9. निम्न कथनों पर विचार कीजिए–

1. वर्धमान महावीर की माता लिच्छवि के मुख्य चेटक की पुत्री थी।
2. गौतम बुद्ध की माता कोशल राजवंश की राजकुमारी थी।
3. 23वें तीर्थंकर पार्श्वनाथ बनारस से थे।

इन कथनों में कौन-सा/से सही है/हैं?

(a) केवल 1
(b) केवल 2
(c) केवल 2 और 3
(d) 1, 2 और 3

उत्तर (c) जैनधर्म के 23वें तीर्थंकर पार्श्वनाथ काशी नरेश अश्वसेन के पुत्र थे। जैनियों के 24वें तीर्थंकर एवं जैन धर्म के वास्तविक संस्थापक महावीर स्वामी थे। इनके बचपन का नाम वर्धमान था। महावीर का जन्म वैशाली के कुण्डग्राम में 540 ई॰ पू॰ में हुआ था, उनके पिता सिद्धार्थ ज्ञातृक कबीले के प्रधान थे। उनकी माता त्रिशला थी, जो लिच्छवि के मुख्य (प्रधान) चेटक की बहन थी। गौतम बुद्ध या सिद्धार्थ का जन्म 563 ई॰ पू॰ में नेपाल में स्थित लुम्बिनी वन में हुआ था। इनके पिता शुद्धोधन शाक्य गणराज्य के मुखिया थे। इनकी माता महामाया कोसल राजवंश की राजकुमारी थी। इनकी माता का निधन इनके जन्म के कुछ समय उपरान्त ही हो गया था। अतः इनका पालन-पोषण इनकी मौसी प्रजापति गौतमी ने किया।

10. कथन (A) : जैन धर्म के अहिंसा पर बल ने कृषकों को जैन धर्म अपनाने से रोका।
कारण (R) : कृषि में कीटों एवं पीड़कों की हत्या होना शामिल है
नीचे दिए गए कूट से सही उत्तर का चयन कीजिए–

(a) A तथा R दोनों सही हैं, और R, A की सही व्याख्या है।
(b) A और R दोनों सही हैं, किन्तु R, A की सही व्याख्या नहीं है।
(c) A सही है, किन्तु R गलत है।
(d) A गलत है, किन्तु R सही है।

उत्तर (a) जैन धर्म में किसी भी प्रकार की हिंसा न करने को कहा गया है। जैन धर्म में अहिंसा पर अत्यधिक बल देने से कृषकों को जैन धर्म अपनाने से रोका था, क्योंकि कृषि कार्य में कृषि यंत्रों (हल) के प्रयोग से कीटों एवं पीड़कों की हत्या होती है। **अतः उत्तर विकल्प (a) होगा।**

11. सोनगिरी का ऐतिहासिक दिगम्बर जैन तीर्थस्थल स्थित है–

(a) उत्तर प्रदेश में (b) राजस्थान में
(c) मध्य प्रदेश में (d) उड़ीसा में

उत्तर (c) सोनगिरी का ऐतिहासिक मंदिर मध्य प्रदेश के दतिया जिले में स्थित है। यहाँ जैनों के लगभग 100 मंदिर निर्मित हैं।

12. महावीर के देहान्त के बाद निम्नलिखित में से कौन जैन धर्म का आध्यात्मिक नेता बना?

(a) गौतम इन्द्रभूति (b) गोशाल
(c) सुधर्मण (d) जम्बूस्वामी

उत्तर (c) महावीर ने अपने जीवन काल में ही 11 अनुयायियों के एक संघ की स्थापना की। ये 'गणधर' कहे गए। इन्हें अलग-अलग समूहों का अध्यक्ष बनाया गया। इन गणधरों के नामों का उल्लेख कल्पसूत्र, आवश्यक निर्मुक्ति और आवश्यक भूर्णि से मिलता है। इनके नाम हैं–इन्द्रभूति, अग्निभूति, वायुभूति, धक्त, सुधर्मन मंडित, मोरियपुत्र, अंकपति, अचलभ्राता, मेतार्य व प्रभाव। इनमें इन्द्रभूति व सुधर्मन को छोड़कर सभी की मृत्यु महावीर स्वामी के जीवनकाल में ही हो गयी। महावीर स्वामी के बाद सुधर्मन जैन संघ का प्रथम अध्यक्ष बना। सुधर्मन के मृत्यु के बाद जम्बूस्वामी 44 वर्षों तक संघ का अध्यक्ष रहा।

13. निम्नलिखित में से कौन रामकथा के जैन रूपांतर, 'पउमचरियम' का लेखक हैं?

(a) भानुचंद उपाध्याय
(b) हेमचन्द्र
(c) हरि विजय सूरि
(d) विमल सूरि

उत्तर (d) संस्कृत के शब्दों का विभिन्न रूपों में लोक-प्रयोग होने से 'अपभ्रंश' का जन्म हुआ। नाट्यशास्त्र में अपभ्रंश के अनेक रूपों की चर्चा है। धीरे-धीरे यह काव्य भाषा के रूप में भी व्यवहृत होने लगी। जैन, बौद्ध तथा अन्य धर्मावलम्बियों ने जनसाधारण तक अपने संदेश पहुँचाने के लिए 'अपभ्रंश' को अपनाया। इस भाषा में प्रारम्भिक महाकाव्य विमलसूरी का 'पउमचरियम' (पदमचरित) की रचना हुई। यह एक जैन ग्रंथ है। इसमें रामायण की कथा का जैन रूपान्तर दिया गया है। इसका समय चौथी सदी ईस्वी मिलता है।

14. निम्नलिखित में से किसने महावीर के परम ज्ञान के शोध के दौरान छः वर्षों तक उनके साथ कठोर तप किया?

(a) अजीत केशकम्बलिन
(b) पादुक कात्यायन
(c) पूरण कस्सप
(d) मखलिपुत्त गोशाल

उत्तर (d) जैन धर्म के वास्तविक संस्थापक महावीर के साथ परम ज्ञान के शोध के दौरान मखलिपुत्त गोशाल ने छः वर्षों तक कठोर तप किया था। उनकी महावीर से भेंट नालन्दा (बिहार) में हुई थी। इसी अवसर पर मखलिपुत्त गोशाल ने महावीर की शिष्यता ग्रहण की थी। यद्यपि छः वर्षों तक उनके साथ कठोर तप करने के पश्चात् मखलिपुत्त गोशाल ने साथ छोड़कर एक नवीन 'आजीवक' सम्प्रदाय भाग्यवाद के मत से विश्वास करता था, जिसके अनुसार संसार के प्रत्येक वस्तु भाग्य द्वारा पूर्व नियंत्रित एवं संचालित होती है। इसलिए मनुष्य के जीवन पर उसके कर्म का किसी प्रकार का कोई भी प्रभाव नहीं पड़ता है। यद्यपि महावीर के समान वे भी ईश्वर की सत्ता में विश्वास नहीं करते थे और जीव तथा पदार्थ को अलग-अलग तत्व के रूप में स्वीकार करते थे।

15. प्राचीन भारत में एक जैन साधु का जीव कितनी प्रतिज्ञाओं से अनुशासित था?

(a) चार (b) पाँच
(c) छः (d) सात

उत्तर (b) जैन धर्म के चौबीसवें तीर्थंकर महावीर स्वामी का अपने पूर्वगामी तीर्थंकर पार्श्वनाथ से कुछ बातों में मतभेद था। पार्श्वनाथ ने भिक्षुओं के लिए केवल चार व्रतों का विधान किया था–अहिंसा, सत्य, अस्तेय (चोरी न करना), तथा अपरिग्रह (धन संचय का त्याग)। महावीर स्वामी ने इसमें पाँचवाँ महाव्रत 'ब्रह्मचर्य' भी जोड़ दिया तथा उसका पालन करना अनिवार्य बताया। अहिंसा, सत्य, अस्तेय, अपरिग्रह, ब्रह्मचर्य पाँच महाव्रत हैं, जिनका पालन जैन साधुओं के लिए अनिवार्य किया गया था।

16. निम्नलिखित युग्मों पर विचार कीजिए–

1. पार्श्व - निर्ग्रंथ
2. गोशाल - आजीविक
3. अजित केशकम्बलिन - बौद्ध

उपर्युक्त युग्मों में से कौन-सा/से सह सुमेलित है/हैं?

कूट :

(a) केवल 1
(b) केवल 1 और 2
(c) केवल 2 और 3
(d) 1, 2 और 3

उत्तर (b) **पार्श्वनाथ**– जैनों के 23वें तीर्थंकर थे तथा ऐतिहासिक माने जाते हैं। उनका काल महावीर स्वामी से 250 वर्ष पहले माना जाता है। इनका समय ई.पू. आठवीं शताब्दी माना जा सकता है। 30 वर्ष की आयु में गृह त्याग कर संन्यासी हो गए। 83 दिन की घोर तपस्या के बाद इन्हें सम्मेत पर्वत पर ज्ञान प्राप्त हुआ। जैन जनुश्रुति के अनुसार इन्होंने 70 वर्ष तक धर्म का प्रचार किया। जैन ग्रंथों में पार्श्वनाथ को 'पुरुषादनीय' कहा गया है। इनके अनुयायियों को 'निर्ग्रन्थ' कहा जाता था।

मक्खलिपुत्र गोशाल–इन्होंने आजीवक सम्प्रदाय की स्थापना की। पहले ये महावीर के शिष्य थे। इनकी शिक्षा का मूल नियतिवाद (भाग्यवाद) था। इनके अनुसार संसार की प्रत्येक वस्तु भाग्य द्वारा नियंत्रित एवं संचालित होती है। मनुष्य के कर्मों का उसके जीवन पर कोई प्रभाव नहीं पड़ता। परन्तु ये घोर तप एवं संन्यास में विश्वास करते थे। इन्होंने श्रावस्ती को अपना केन्द्र बनाया।

अजित केशकम्बलिन–यह नितान्त भौतिकवादी था। इसे भौतिकवाद का प्रवर्तक माना जाता है। इनका मत था कि मृत्यु के बाद कुछ शेष नहीं बचता। अत: व्यक्ति को अपने आनन्द के लिए जो इच्छा हो वही करना चाहिए। अजित का चिन्तन लोकमत या चार्वाक परम्परा की पुष्टि करता है, हालांकि लोकायत परम्परा के संस्थापक बृहस्पति माने जाते हैं।

17. निम्न में से कौन-सा एक कथन सही नहीं है–

(a) भद्रबाहु ने मगध के राजा उदयन के काल में कल्पसूत्रों की रचना की।
(b) महावीर ने ऋज्जुपालिका नदी के तट पर कैवल्य-ज्ञान प्राप्त किया।
(c) जैन धर्म लिच्छवियों का राजधर्म बन गया था।
(d) हरिन्द्र एक जैन विद्वान था, जो 9वीं शताब्दी ईसवी में जीवित था।

उत्तर (a) भद्रबाहु एक प्रसिद्ध जैन आचार्य थे। इन्होंने 'कल्पसूत्र' नामक प्रसिद्ध जैन ग्रंथ की रचना की, जिसमें जैन तीर्थंकरों की जीवनी मिलती है। भद्रबाहु मगध के शासक चन्द्रगुप्त मौर्य के समकालीन थे, जबकि उदयन हर्यकवंश का शासक था, जिसका काल चन्द्रगुप्त मौर्य के काल से लगभग 150 वर्ष पहले पड़ता है। अत: भद्रबाहु को उदयन के समकालीन मानना गलत है। जैन ग्रंथों में उल्लेख मिलता है कि चन्द्रगुप्त मौर्य के शासनकाल में मगध में में 12 वर्षों का भीषण अकाल पड़ा, जिसके फलस्वरूप चन्द्रगुप्त मौर्य भद्रबाहु के साथ कर्नाटक चला गया। चन्द्रगुप्त मौर्य ने कर्नाटक के श्रवणबेलगोला नामक स्थान पर संलेखना पद्धति से अपने प्राण त्याग दिये थे।

18. 'पउमचरियम' निम्न में से किस एक से सम्बन्धित है–

(a) भारतीय वनस्पति एवं प्राणिजात का एक विवरण
(b) रामायण का एक जैन भाषान्तर
(c) एक दास पुरुष एवं एक स्त्री के मध्य अभिनीत प्रेम-कथा
(d) निर्वाण के प्रश्न का एक बौद्ध विवरण

उत्तर (b) संस्कृत के शब्दों का विभिन्न रूपों में लोक-प्रयोग होने से 'अपभ्रंश' का जन्म हुआ। नाट्यशास्त्र में अपभ्रंश के अनेक रूपों की चर्चा है। धीरे-धीरे यह काव्य भाषा के रूप में भी व्यवहृत होने लगी। जैन, बौद्ध तथा अन्य धर्मावलम्बियों ने जनसाधारण तक अपने संदेश पहुंचाने के लिए 'अपभ्रंश' को अपनाया। इस भाषा में प्रारम्भिक महाकाव्य विमल सूरी का उपमचरियम (पद्मचरित) की रचना हुई। यह एक जैन ग्रंथ है। इसमें रामायण की कथा का जैन रूपान्तर किया गया है।

19. निम्नलिखित कथनों पर विचार कीजिए–

1. अशोक के 12वें शिलालेख में सातवाहनों का उल्लेख मिलता है।

2. जैन परम्परा के अनुसार सिमुक ने बौद्ध एवं जैन दोनों प्रकार के मंदिरों का निर्माण कराया।

उपर्युक्त कथनों में से कौन-सा/से सही है/हैं

(a) केवल 1
(b) केवल 2
(c) 1 और 2 दोनों
(d) न तो 1, न ही 2

उत्तर (b) सातवाहन वंश की स्थापना सिमुक ने लगभग 30 ई.पू. में की थी, जबकि सम्राट अशोक का काल 273 ई. पू. 232 ई.पू. था। अत: अशोक के अभिलेखों में सातवाहनों का उल्लेख नहीं मिलता। जैन गाथाओं के अनुसार सिमुक ने जैन तथा बौद्ध धर्म दोनों प्रकार के मंदिरों का निर्माण कराया था।

20. निम्न में से किस एक के साथ कालजयी रचना 'जीवक चिन्तामणि' सम्बन्धित है?

(a) जैन मत (b) बौद्ध मत
(c) हिन्दू मत (d) सिख मत

उत्तर (a) 'जीवक चिन्तामणि' संगमयुगीन महाकाव्य है। इसे एक जैन पुस्तक माना जाता है। इसकी रचना का श्रेय जैन भिक्षु तिरुतक्कदेवर को दिया जाता है। कहा जाता है कि पहले वह चोल राजकुमार था, जो बाद में जैन भिक्षु बन गया। इस महाकाव्य में एक आदर्श नायक की जीवन कथा है, जो कि युद्ध तथा शान्ति दोनों कलाओं में प्रवीण है। साथ ही वह सन्त तथा प्रेमी भी है। इस कालजयी रचना में श्रेष्ठ काव्य के सभी गुण विद्यमान है।

21. निम्नलिखित में से कौन-सा सद्गुण 23वें तीर्थंकर पार्श्वनाथ द्वारा उपदिष्ट चतुर्याम धर्म में महावीर द्वारा जोड़ा गया?

(a) सत्य (b) अहिंसा
(c) ब्रह्मचर्य (d) अस्तेय

उत्तर (c) जैन धर्म में कुल 24 तीर्थंकर हुए, जिसमें 23वें तीर्थंकर पार्श्वनाथ ऐतिहासिक माने जाते हैं। उन्होंने चार व्रतों का विधान किया। इसमें शामिल था–अहिंसा, सत्य, अस्तेय, और अपरिग्रह। महावीर स्वामी ने इसमें पाँचवाँ व्रत ब्रह्मचर्य भी जोड़ दिया तथा उसका पालन करना अनिवार्य बताया। इसे पंच महाव्रत कहा गया।

22. महावीर के देहावसान के 200 वर्ष के उपरान्त मगध में एक दुर्भिक्ष पड़ा था। उस समय निम्न से कौन मगध छोड़कर दक्षिण भारत की ओर चला गया था तथा जिसको दक्षिण भारत में जैन संप्रदाय ले जाने का श्रेय दिया जाता है?

(a) सुधर्मन (b) इन्द्रभूति
(c) स्थूलभद्र (d) भद्रबाहु

उत्तर (d) महावीर के देहावसान के 200 वर्षों के उपरान्त मगध में दुर्भिक्ष पड़ा, उस समय जैन आचार्य भद्रबाहु चन्द्रगुप्त मौर्य के साथ दक्षिण भारत में श्रवणबेलगोला चला गया। इन्हें ही दक्षिण भारत में जैन सम्प्रदाय ले जाने का श्रेय दिया जाता है।

23. निम्नलिखित में से कौन-से जैन धर्म से सम्बन्धित है?

1. अनेकान्तवाद 2. शून्यवाद
3. स्याद्वाद 4. सर्वास्तिवाद

नीचे दिए गए कूट का प्रयोग कर सही उत्तर चुनिए–

कूट :

(a) केवल 1 व 2 (b) केवल 1 व 3
(c) केवल 2 व 3 (d) केवल 3 व 4

उत्तर (b) अनेकान्तवाद वस्तु और स्याद्वाद ज्ञान की सापेक्षता का सिद्धांत हैं। यह पदार्थ और ज्ञान सम्बन्धी जैन अवधारणा है। स्थविरवाद और सर्वास्तिवाद बौद्ध धर्म के पंथ है। स्थविरवाद की स्थापना अवन्ति के महाकच्चायन ने की थी। इसमें बुद्ध को देवता के साथ-साथ एक दुर्बल पुरुष माना गया है। सर्वास्तिवाद संप्रदाय स्थिरवाद के काफी निकट है। इस सिद्धांत का प्रमुख विचार है– 'सब कुछ अस्तित्वमान है।' राहुलभद्र ने इस संप्रदाय की स्थापना की थी।

24. श्रवणबेलगोला सम्बन्धित हैं–

(a) बौद्ध मत से
(b) जैन मत से
(c) अशोक के धम्म से
(d) नागार्जुन से

उत्तर (b) दक्षिण भारत के कर्नाटक में स्थित श्रवणबेलगोला (मैसूर) जैन धर्म का प्रमुख तीर्थ स्थल है। चन्द्रगुप्त मौर्य अपने शासन के अन्तिम समय में जैन भिक्षु भद्रबाहु के साथ यहाँ तपस्या करने आया था, यहीं पर सलेखना पद्धति से उसने प्राण त्याग दिये। श्रवणबेलगोला भगवान गोमतेश्वर की विशाल प्रतिमा के लिए प्रसिद्ध है।

25. वास्तविकता की बहुलता का सिद्धान्त एक विशिष्ट लक्षण है–

(a) बौद्ध धर्म का

(b) जैन धर्म का

(c) बौद्ध धर्म और जैन धर्म दोनों का

(d) पाशुपत का

उत्तर (b) जैन दर्शन में परम तत्व की व्याख्या के लिए सप्त भगीनाय की कल्पना की गई है। इसे स्वादवाद या अनेकान्तवाद कहा गया है। जैन धर्म में स्यादवाद का विशेष महत्व है। इसके अनुसार अन्तिम रूप से किसी बात को स्वीकार करना अथवा अस्वीकार करना संभव नहीं है। यही जैन धर्म की 'वास्तविकता की बहुलता' का सिद्धान्त है।

26. निम्नलिखित में से किस एक स्थान पर जैन धर्म साहित्य पाँचवीं शताब्दी ई. में संहिताबद्ध किये गये?

(a) वल्लभी (b) वैशाली

(c) राजगृह (d) पाटलिपुत्र

उत्तर (a) गुजरात प्रांत के वल्लभी में 513 या 526 ई. में क्षमाश्रमण की अध्यक्षता में द्वितीय जैन सभा हुई। इसी समय जैन धर्म के साहित्यों को अंतिम रूप से संकलित किया गया जिसमें 12 अंग, 12 उपांग, 10 प्रकीर्ण, 6 छेद सूत्र, 4 मूल सूत्र एवं अनुयोग सूत्र का संकलन हुआ।

27. सुदामा गुफा समर्पित थी–

(a) जैन साधुओं को

(b) बौद्ध भिक्षुओं को

(c) आजीवक संतों को

(d) पाशुपत संतों को

उत्तर (c) अशोक ने गया के पास स्थित बराबर की पहाड़ी में आजीवक संप्रदाय के रहने हेतू सुदामा नामक गुफा का निर्माण करवाया। अशोक के सातवें स्तम्भ लेख में आजीवकों का उल्लेख किया गया है तथा महामात्रों को आजीवकों के हितों का ध्यान रखने को कहा गया है। इस सम्प्रदाय के अन्तर्गत ब्राह्मण तथा ब्राह्मणेत्तर दोनों ही वर्गों के संन्यासी थे।

28. दो जैन तीर्थंकरों के सिवाय, परंपरा में उल्लिखित शेष सभी तीर्थंकर पौराणिक हैं। ये दो अपवाद हैं–

(a) शान्तिनाथ और वर्धमान

(b) पार्श्वनाथ और वर्धमान

(c) शान्तिनाथ और आदिनाथ

(d) पार्श्वनाथ और आदिनाथ

उत्तर (b) जैन धर्म के 24 तीर्थंकरों में अन्तिम दो पार्श्वनाथ और वर्द्धमान ऐतिहासिक माने जाते हैं, शेष 22 तीर्थंकर पौराणिक। पार्श्वनाथ प्रथम ऐतिहासिक तीर्थंकर थे, जो काशी के राजा अश्वसेन के पुत्र थे। 30 वर्ष की अवस्था में गृह त्याग कर उन्होंने सम्मेद पर्वत (गया) पर ज्ञान प्राप्त किया। 24वें तीर्थंकर वर्द्धमान अथवा महावीर स्वामी का जन्म वैशाली के निकट कुण्डग्राम में हुआ था। इनके पिता सिद्धार्थ ज्ञातृक क्षत्रियों के संघ के प्रधान थे।

29. जैनदर्शन के अनुसार, सृष्टि की रचना एवं पालन-पोषण–

(a) सार्वभौमिक विधान से हुआ है

(b) सार्वभौमिक सत्य से हुआ है

(c) सार्वभौमिक आस्था से हुआ है

(d) सार्वभौमिक आत्मा से हुआ है

उत्तर (a) जैन दर्शन के अनुसार, पूरे विश्व के जीव तथा अजीव दो नित्य एवं स्वतंत्र तत्वों से मिलकर बना है। जीव चेतन तत्व है, जबकि अजीव अचेतन जड़ तत्व है। यहाँ जीव से तात्पर्य सार्वभौमिक आत्मा से न होकर व्यक्तिगत आत्मा से है। **अतः विकल्प (a) सही है।**

30. सूची-I को सूची-II से सुमेलित कीजिए तथा सूचियों के नीचे दिए गए कूट का प्रयोग कर सही उत्तर चुनिए–

सूची-I	सूची-II
A. आजीवक	**1. बन्धनों से मुक्त**
B. अर्हन्त	**2. पार-पथ निर्माता**
C. निर्ग्रन्थ	**3. धार्मिक लोगों का संप्रदाय**
D. तीर्थंकर	**4. 'योग्य' अथवा 'विजेता'**

कूट :

	A	B	C	D
(a)	3	2	1	4
(b)	4	3	2	1
(c)	3	4	1	2
(d)	2	1	3	4

उत्तर (c) आजीवक धार्मिक लोगों का एक संप्रदाय था, जिसकी स्थापना मक्खलि पुत्र गोशाल ने की थी। महावीर को जब ज्ञान प्राप्त हुआ, तब वे अर्हन्त अर्थात् योग्य या विजेता कहे गये। महावीर को ही निर्ग्रन्थ अर्थात् बन्धनों से मुक्त की उपाधि दी गयी। जैन तीर्थंकरों को पार-पथ निर्माता अर्थात् संसार रूपी दुःख के सागर से पार कराने वाला कहा गया है।

❑❑❑

6 शैव, भागवत धर्म

1. भागवतवाद के संदर्भ में, निम्नलिखित कथनों पर विचार कीजिए–

1. इसने वैदिक संस्कृति की तरह पशु बलि का समर्थन किया।

2. भागवतवाद में आदिवासी देवताओं के लिए कोई स्थान नहीं था।

नीचे दिए गए कूट का प्रयोग कर सही उत्तर चुनिए-

(a) केवल 1
(b) केवल 2
(c) 1 और 2 दोनों
(d) न तो 1, न ही 2

उत्तर (d) भागवतवाद की उत्पत्ति उत्तर मौर्य काल में हुई थी। वैदिक काल में विष्णु एक मामूली देवता थे, जो सूर्य और प्रजनन क्षमता का प्रतिनिधित्व करते थे। बाद में एक गैर-वैदिक आदिवासी देवता नारायण के साथ उनका विलय हो गया और उसके बाद से वे नारायण-विष्णु के नाम से जाने जाने लगे। नारायण को भागवत कहा जाता था और उनकी पूजा करने वालों को भगत कहा जाता था। इसके अलावा विष्णु, पश्चिमी भारत की वृष्णि जनजाति के एक महान नायक के समान हो गए, जिन्हें कृष्ण-वासुदेव के नाम से जाना जाता था। 200 ई.पू. तक पूजा करने वालों और उनके देवताओं की तीन धाराओं का विलय एक धारा में हो गया, जिसके परिणामस्वरूप भागवतवाद या वैष्णववाद का सृजन हुआ। भक्ति और अहिंसा, भागवतवाद की विशेषता बन गई। अहिंसा का सिद्धांत, कृषि समाज के अनुकूल था और विष्णु से सम्बन्धित उर्वरता प्रदान करने वाले जीवन के पुराने पंथ के अनुरूप था।

2. निम्नलिखित में से कौन-सा प्राचीन भारत में शैव संप्रदाय था?

(a) आजीवक
(b) मत्तमयूर
(c) मयमत
(d) ईशानशिव गुरुदेव पद्धति

उत्तर (b) चेदि राजवंश के अभिलेखों में मत्तमयूर नामक शैव संप्रदाय का उल्लेख मिलता है।

3. निम्नलिखित में से कौन-से भागवतवाद के अंग थे?

1. अहिंसा या पशुओं की हत्या न करने का सिद्धांत

2. देहधारण या अवतार का सिद्धांत

3. विष्णु की उपासना

नीचे दिए गए कूट का प्रयोग कर सही उत्तर चुनिए-

(a) केवल 1 और 3
(b) केवल 1 और 2
(c) 1, 2 और 3
(d) केवल 2 और 3

उत्तर (c) भागवतवाद, विष्णु या भगवत की पूजा पर केन्द्रित है। विष्णु वैदिक काल में एक कम महत्वपूर्ण देवताओं में से थे, किन्तु ईसा पूर्व दूसरी शताब्दी में उन्हें नारायण नामक एक देवता के साथ मिला दिया गया था, जो मूलतः एक गैर-वैदिक, आदिवासी देवता थे। उन्हें भगवत कहा जाता था और उनके उपासकों को भागवत के नाम से पुकारा जाता था। विष्णु को पश्चिमी भारत की वृष्णि जनजाति के कृष्ण वासुदेव के नाम से प्रसिद्ध महान नायक के रूप में भी जाना जाता है। भक्ति (प्रेममय समर्पण) और अहिंसा (जानवरों की हत्या न करना) भागवतवाद की पहचान थे। यह अवतार के सिद्धांत को मान्यता देता था। इतिहास में विष्णु के दस अवतारों को चक्र के रूप में दर्शाया गया था।

4. पाँचरात्र पद्धति किस एक सम्प्रदाय/मत से सम्बन्धित है?

(a) बौद्ध धर्म की हीनयान शाखा
(b) बौद्ध धर्म की महायान शाखा
(c) निर्ग्रंथ मत
(d) वैष्णव मत

उत्तर (d) पाँचरात्र एक धार्मिक सम्प्रदाय है जिसका तादात्म्य वैष्णव धर्म के साथ स्थापित किया जाता है। जब प्राचीन भागवत धर्म के इष्टदेव कृष्ण-विष्णु का सम्बन्ध नारायण से जोड़ा गया, तब वैष्णव धर्म की एक संज्ञा पाँचरात्र धर्म हुई। ऐसा इसलिए हुआ, क्योंकि नारायण के उपासक पाँचरात्र कह जाते थे। नारायण का सर्वप्रथम उल्लेख ब्राह्मण ग्रंथों में मिलता है। उन्हें शतपथ ब्राह्मण में 'परमपुरुष' कहा गया, जिसमें सभी लोक, देवता, वेद तथा प्राण प्रतिष्ठित है। नारायण ने ही सभी का अतिक्रमण करने के उद्देश्य से पाँचरात्र तथा भागवत सम्प्रदायों का एक साथ उल्लेख किया गया है।

5. बेसनगर के स्तंभ पर उत्कीर्ण अभिलेख में एक हिन्द-यूनानी राजा के राजदूत हेलियोडोरस का उल्लेख निम्नलिखित में से किसके भक्त के रूप में है?

(a) वासुदेव (b) पशुपतिनाथ
(c) बुद्ध (d) सूर्य

उत्तर (a) बेसनगर के गरूड़ स्तम्भ पर उत्कीर्ण अभिलेख में तक्षशिला के हिन्द-यूनानी शासक के राजदूत हेलियोडोरस का उल्लेख वासुदेव के भक्त के रूप में किया गया है। इस उत्कीर्ण अभिलेख में हेलियोडोरस को भागवत और वासुदेव के 'देवदेयस' अर्थात् देवताओं का देवता कहकर सम्बोधित किया गया है। बेसनगर अभिलेख भागवत धर्म से सम्बन्धित प्रथम प्रस्तर स्मारक है। इसके अतिरिक्त इस अभिलेखीय साक्ष्य से यह प्रमाण मिलता है कि तक्षशिला के यवन राजदूत वेने बेसनगर स्तंभ की स्थापना कराकर भागवत धर्म ग्रहण किया एवं उसकी उपासना की।

6. प्राचीन भारतीय शिल्प में निम्नलिखित में से किसको प्रतीक स्वरूप एक रिक्त सिंहासन के रूप में दर्शाया गया है?

(a) राम (b) बुद्ध
(c) सूर्य (d) महावीर

उत्तर (c) प्राचीन भारतीय शिल्प में सूर्य को प्रतीक स्वरूप एक रिक्त सिंहासन के रूप में दर्शाया गया है।

7. निम्न में से किस एक स्थल पर शिल्प में विष्णु का वराह अवतार दर्शाया गया है?

(a) उदयगिरि गुफा, विदिशा
(b) एलोरा गुफा, औरंगाबाद
(c) हाथीगुम्फा गुफा, भुवनेश्वर
(d) एलीफेंटा गुफा, मुम्बई

उत्तर (a) चन्द्रगुप्त द्वितीय विक्रमादित्य के उदयगिरि गुहालेख में भगवान विष्णु के वराह अवतार को दर्शाया गया है। पौराणिक मान्यताओं के अनुसार जब हिरण्याक्ष नामक राक्षस ने पृथ्वी को समुद्र में फेंक दिया, तब विष्णु ने वाराह का रूप धारण किया।

8. कौन-सा गुप्तकालीन अभिलेख आर्य उदिताचार्य का भागवत कुशिक के वंशज के रूप में उल्लेख करता है?

(a) दुर्जनपुर स्थित रामगुप्त का जैन प्रतिभा अभिलेख
(b) चन्द्रगुप्त द्वितीय का मथुरा स्तम्भ अभिलेख
(c) स्कन्दगुप्त का जूनागढ़ अभिलेख
(d) चन्द्र का मेहरौली स्तंभ अभिलेख

उत्तर (b) चन्द्रगुप्त द्वितीय कालीन मथुरा लेख में उदिताचार्य नामक एक पाशुपत मतानुयायी का उल्लेख मिलता है, जिसने लिंगों की स्थापना करवायी थी। इस अभिलेख में उदिताचार्य का उल्लेख भगवत कुशिक के वंशज के रूप में किया गया है।

9. निम्न में से कौन-सा एक पुरालेख भागवत धर्म के इतिहास के लिए महत्वपूर्ण है?

(a) मथुरा स्तंभ अभिलेख
(b) बेसनगर स्तंभ अभिलेख
(c) रूम्मिनदेई स्तंभ अभिलेख
(d) तालागुंड स्तंभ अभिलेख

उत्तर (b) शुंगशासक भागभद्र के दरबार में तक्षशिला के यवन राजा अंतलिखित की ओर से दूसरी सदी ई.पू. में हेलियोडोरस को राजदूत नियुक्त किया गया। इस राजदूत ने वैदिक धर्म की व्यापकता से प्रभावित होकर भागवत धर्म स्वीकार कर लिया। इसने भगवान विष्णु के सम्मान में विदिशा के पास बेसनगर में गरूड़-स्तंभ का निर्माण करवाया। यह वैष्णव धर्म का प्राचीनतम अभिलेख है।

10. बेसनगर (विदिशा) स्तंभ अभिलेख में किस हिन्द-ग्रीक शासक का उल्लेख है?

(a) अंतलिखित (b) मिनान्डर
(c) डेमेट्रियस (d) हेलियोडोरस

उत्तर (a) हिंद-ग्रीक शासक अंतलिखित ने अपना राजदूत हेलियोडोरस शुंगवशीय शासक भागभद्र के दरबार में भेजा था। उसने भारत में आने के पश्चात् वैष्णव धर्म स्वीकार कर लिया और वासुदेव के सम्मान में गरूड़ स्तंभ स्थापित करवाया।

11. कौन-सा अभिलेख भागवत उपासकों में से वृष्णि-विरास की पूजा का उल्लेख करता है?

(a) नागवी अभिलेख
(b) बेसनगर अभिलेख
(c) मोरा कूप अभिलेख
(d) मथुरा का चन्द्रगुप्त द्वितीय अभिलेख

उत्तर (c) मथुरा के समीप मोरा से प्राप्त प्रथम सदी के एक लेख से पता चलता है कि तोषा नामक महिला ने वासुदेव के साथ-साथ चतुर्व्यूह की पूजा की और इनकी मूर्तियों को मन्दिर में स्थापित करवाय। ये पाँचों वृष्णि-विरास थे—वासुदेव, संकर्षण, प्रद्युम्न, अनिरूद्ध और साम्ब। वैष्णव धर्म में मूर्ति पूजा का यह प्रथम अभिलेखीय साक्ष्य है।

12. सर्वदर्शन संग्रह क्या है?

(a) यह अद्वैत पर एक पुस्तक है
(b) यह भौतिकवाद से लेकर एकत्ववाद तक की सोलह दार्शनिक विधाओं का एक आलोचनात्मक विवरण है
(c) यह मीमांसा का एक समग्र प्रतिपादन है
(d) यह बौद्ध दार्शनिक पद्धति है

उत्तर (b) पशुपत साम्प्रदाय शैवों का सबसे प्राचीन सम्प्रदाय है, जिसकी उत्पति ईसा-पूर्व दूसरी सदी में हुई थी। पुराणों के अनुसार इस सम्प्रदाय की स्थापना लकुलीश अथवा लकुली नामक ब्रह्मचारी ने की थी। इस सम्प्रदाय के अनुयायी लकुलीश को शिव का अवतार मानते हैं। इस सम्प्रदाय के लोग अपने हाथ में एक लगुड या दण्ड धारण करते थे, जिसे शिव का प्रतीक माना जाता था। माधवाचार्य ने अपनी प्रसिद्ध पुस्तक 'सर्वदर्शन संग्रह' में पाशुपत सम्प्रदाय के सम्बन्ध में लिखा है। सर्वदर्शन संग्रह में भौतिकवाद से लेकर एकत्ववाद तक की सोलह दार्शनिक विधाओं का एक आलोचनात्मक विवरण है।

13. अवतारवाद का संपुष्टीकरण तथा विष्णु के अवतारों की पूजा भागवत धर्म के लक्षण थे–

(a) आरम्भिक वैदिक युग के
(b) उत्तर वैदिक युग के
(c) मौर्य काल के
(d) गुप्त काल के

उत्तर (d) अवतारवाद का विस्तृत उल्लेख 'भगवद्गीता' में मिलता है, जो महाभारत का भाग है। यह पुस्तक अन्तिम रूप से गुप्तकाल में पूर्ण हुई। गुप्त शासकों का राजधर्म वैष्णव धर्म था। अतः अवतारवाद का संपुष्टीकरण तथा विष्णु के अवतारों की पूजा गुप्तकाल के भागवत धर्म के लक्षण थे।

14. भागवत धर्म में वासुदेव के अतिरिक्त सर्वाधिक महत्वपूर्ण देवता था–

(a) बलराम (b) प्रद्युम्न
(c) साम्ब (d) अनिरूद्ध

उत्तर (a) भागवत धर्म में वासुदेव के अतिरक्त सर्वाधिक महत्वपूर्ण देवता संकर्षण अथवा बलराम थे। पाणिनि की 'अष्टाध्यायी' में इन दोनों का उल्लेख मिलता है। संकर्षण जीव के द्योतक थे।

15. निम्नलिखित में से कौन-सा अलवार संत था?

(a) अप्पार (b) कुलशेखर
(c) सम्बन्दार (d) वेंकटनाथ

उत्तर (b) केरल का शासक कुलशेखर अलवार अर्थात् वैष्णव संत था, जबकि अन्य अप्पार, सम्बन्दर, वेंकटनाथ नयनार अर्थात् शैव संत थे।

16. निम्नलिखित वैष्णव अवधारणाओं पर विचार कीजिए–

1. चतुर्व्यूह 2. पंचवृष्णिवीर
3. दशावतार

इन अवधारणाओं का सही कालानुक्रम है–

(a) 1, 3, 2 (b) 1, 2, 3
(c) 3, 1, 2 (d) 2, 1, 3

उत्तर (d) वैष्णव विचार धाराओं में सर्वप्रथम उल्लेख पंचवृष्णिवीर विचारधारा का है, जिसमें वासुदेव, संकर्षण, प्रद्युम्न और अनिरूद्ध की पूजा होती थी। साम्ब को ईरानी देवता से सम्बद्ध कर दिया गया। इस सिद्धान्त का उल्लेख 'ब्रह्मसूत्र' में हुआ है। गुप्तकाल में अवतारवाद का विकास हुआ और विष्णु के दस अवतार अत्यन्त लोकप्रिय हो गये, जिसे दशावतार कहा गया।

17. सूची-I को सूची-II से सुमेलित कीजिए तथा सूचियों के नीचे दिए गए कूट का प्रयोग करते हुए सही उत्तर चुनिए–

सूची-I	सूची-II
A. आचारांग सूत्र	1. वैदिक
B. अंगुत्तर निकाय	2. भागवत
C. पाँचरात्र संहिता	3. जैन
D. वाजसनेयी संहिता	4. बौद्ध

कूट :

	A	B	C	D
(a)	4	3	1	2
(b)	3	4	2	1
(c)	3	4	1	2
(d)	4	3	2	1

उत्तर (b) 'आचारांग सूत्र' जैन धर्म से सम्बन्धित है, जिसमें जैन भिक्षुओं के विधि-निषेधों एवं आचार-विचार का वर्णन है। 'अंगुत्तर निकाय' बौद्ध धर्म से सम्बन्धित है, इसमें षोड्श महाजनपदों का उल्लेख है। 'पाँचरात्र संहिता' भागवत धर्म एवं 'वाजसनेयी संहिता' वैदिक ग्रंथ यजुर्वेद से सम्बन्धित है।

18. कथन (A) : भागवत धर्म गुप्तकाल में लोकप्रिय हुआ।

कारण (R) : गुप्तवंश के शासक कृष्ण के बड़े भक्त थे।

नीचे दिए गए कूट से सही उत्तर चुनिए–

कूट :

(a) A और R दोनों सही हैं और R, A का सही स्पष्टीकरण है।

(b) A और R दोनों सही हैं, परन्तु R, A का सही स्पष्टीकरण नहीं है।

(c) A सही है, परन्तु R गलत है।

(d) A गलत है, परन्तु R सही है।

उत्तर (c) भागवत धर्म गुप्तकाल में लोकप्रिय हुआ। गुप्त शासकों ने 'परमभागवत' की उपाधि धारण की थी। परन्तु वे विष्णु के भक्त थे, न कि कृष्ण के।

19. भारत में भागवत धर्म का सबसे पहला अभिलेखीय प्रमाण मिलता है–

(a) राजा सर्वतात के घोसण्डी प्रस्तर अभिलेख से

(b) हेलियोडोरस के बेसनगर अभिलेख से

(c) सातवाहन रानी नागरिका के नानाघाट गुफा अभिलेख से

(d) चन्द्र के मेहरौली स्तम्भ अभिलेख से

उत्तर (b)

20. भागवत धर्म का उदय सबसे पहले यमुना नदी के चारों ओर मथुरा जिला में होने का साक्ष्य मिलता है–

(a) जस्टिन के विवरण में

(b) एरियन के विवरण में

(c) मेगस्थनीज के विवरण में

(d) स्ट्रेबो के विवरण में

उत्तर (c) यूनानी राजदूत मेगास्थनीज ने जोबारोस (यमुना) नदी के चारों ओर शूरसेन (मथुरा) के लोगों को हेराक्लीज का उपासक बताया। 'हेराक्लीज' वासुदेव कृष्ण का यूनानी नाम है।

21. निम्नलिखित में से भागवत धर्म का सबसे पहला ज्ञात यूनानी अनुगामी था?

(a) डेमेट्रियस

(b) अंतलिखित

(c) हेलियोडोरस

(d) मिनान्डर

उत्तर (c)

22. कथन (A) : भागवत धर्म का प्रसार पश्चिमी भारत में और उत्तरी दक्कन में हुआ।

कारण (R) : मथुरा के यादव सात्वत वृष्णि जनों ने विभिन्न क्षेत्रों में देशान्तरण किया।

कूट :

(a) A और R दोनों सही हैं और R, A का सही स्पष्टीकरण है।

(b) A और R दोनों सही हैं, परन्तु R, A का सही स्पष्टीकरण नहीं है।

(c) A सही है, परन्तु R गलत है।

(d) A गलत है, परन्तु R सही है।

उत्तर (a) भागवत धर्म के प्रवर्तक यदुवंशी या सात्वत कृष्ण थे। 'छान्दोग्य उपनिषद्' में सर्वप्रथम देवकी पुत्र कृष्ण का उल्लेख मिलता है। उनके गुरु का नाम घोर अंगिरस था। कृष्ण का सम्बन्ध मथुरा से लगाया जाता है। मथुरा के यादव-सात्वतवृष्णि जनों ने विभिन्न क्षेत्रों में देशान्तरण किया, जिसके फलस्वरूप भागवत धर्म का प्रसार पश्चिमी भारत और उत्तरी दक्कन में हुआ।

23. सूची-I को सूची-II से सुमेलित कीजिए तथा सूचियों के नीचे दिए गए कूट का प्रयोग करते हुए सही उत्तर चुनिए–

सूची-I	सूची-II
A. बलराम	1. युद्ध की कुल्हाड़ी
B. राम	2. बौना
C. कल्कि	3. धनुष तथा बाण
D. वामन	4. अश्व तथा तलवार

कूट :

	A	B	C	D
(a)	1	2	4	3
(b)	2	3	1	4
(c)	1	3	4	2
(d)	3	1	4	2

उत्तर (c) बलराम का शस्त्र युद्ध की कुल्हाड़ी, राम का धनुष तथा बाण था। भगवान विष्णु ने अपना पाँचवां अवतार वामन अर्थात् बौने के रूप में लिया, जबकि उनका दसवां अवतार कल्कि होगा, जो सफेद घोड़े पर सवार तथा हाथों में तलवार लिए होगा।

24. सूची-I को सूची-II से सुमेलित कीजिए तथा सूचियों के नीचे दिए गए कूट का प्रयोग करते हुए सही उत्तर चुनिए–

सूची-I	सूची-II
A. विश्वनाथ	1. पुरी
B. वासुदेव	2. मदुरई
C. मीनाक्षी	3. काशी
D. एकनासा अथवा भद्र	4. मथुरा

कूट :

	A	B	C	D
(a)	2	1	3	4
(b)	3	1	2	4
(c)	3	4	2	1
(d)	2	3	4	1

उत्तर (c) बाबा विश्वनाथ शिव का मन्दिर काशी में, वासुदेव कृष्ण का मंदिर मथुरा में, मीनाक्षी देवी का मंदिर तमिलनाडु के मुदरई में, जबकि एकनासा अथवा भद्र की प्रतिमा एवं मंदिर पुरी में है।

25. मेगस्थनीज द्वारा डायोनीसस एवं हेराक्लीज के रूप में वर्णित दो भारतीय देवताओं की क्रमशः पहचान किससे की गई थी?

(a) सूर्य एवं कार्तिकेय

(b) शिव एवं कृष्ण

(c) इन्द्र एवं यम

(d) अग्नि एवं वरुण

उत्तर (b) मेगस्थनीज ने 'इंडिका' में लिखा है कि जोबारेस (यमुना) नदी के किनारे स्थित शैरसेनोई जाति के लोग हेराक्लीज और डायोनीसस की पूजा करते थे। हेराक्लीज की पहचान **कृष्ण** से, जबकि डायोनीसस की पहचान **शिव** से की जाती है।

7 छठी शती ई.पू. राजनीतिक दशा (महाजनपद)

1. निम्नलिखित युग्मों पर विचार कीजिए–

महाजनपद	राजधानी
1. वज्जि	: वैशाली
2. चेदी	: पोटन
3. अश्मक	: शुक्तिमति

उपर्युक्त कथनों में से कौन-सा/से सही है/हैं?

(a) केवल 1 (b) केवल 2 और 3
(c) केवल 1 और 3 (d) 1, 2 और 3

उत्तर (a) वज्जि संघ बिहार में गंगा नदी के उत्तर में स्थित आठ गणतांत्रिक कुलों का महासंघ था इसकी राजधानी वैशाली थी। **अतः युग्म 1 सही सुमेलित है।**

चेदी आधुनिक बुंदेलखण्ड क्षेत्र को आच्छादित करता था, जिसकी राजधानी शुक्तिमति थी, **अतः युग्म 2 गलत है।**

अश्मक, नर्मदा और गोदावरी नदियों के बीच स्थित था, जिसकी राजधानी पोटन थी। **अतः युग्म 3 भी गलत है।**

2. महाजनपदों और संघों के संदर्भ में, निम्नलिखित कथनों पर विचार कीजिए–

1. यद्यपि अधिकांश महाजनपद राजतंत्र थे, गण या संघ के नाम से जाने जाने वाले कुछ महाजनपद, कुलीनतंत्र थे।

2. जहाँ बुद्ध एक संघ से सम्बन्ध रखते थे, वहीं महावीर एक महाजनपद से सम्बन्धित थे।

उपर्युक्त कथनों में से कौन-सा/से सही है/हैं?

(a) केवल 1 (b) केवल 2
(c) 1 और 2 दोनों (d) न तो 1, न ही 2

उत्तर (a) प्रारम्भिक बौद्ध और जैन ग्रंथों में, अन्य बातों के अलावा, सोलह राज्यों का उल्लेख है, जिन्हें महाजनपद के नाम से जाना जाता था। यद्यपि इन सूचियों में भिन्नता देखी जाती है, परन्तु फिर भी कुछ नाम जैसे वज्जि, मगध, कोशल, कुरु, पांचाल, गांधार और अवन्ति प्रायः इन सूचियों में आते हैं।

अधिकांश महाजनपदों पर राजाओं का शासन था। लेकिन उसमें से कुछ, जिन्हें गण या संघ के नाम से जाना जाता था, कुलीनतंत्र थे, जहाँ कुछ पुरुषों द्वारा सत्ता को साझा किया जाता था, जिन्हें सामूहिक रूप से प्रायः राजा कहा जाता था।

महावीर और बुद्ध दोनों संघ से सम्बन्धित थे।

3. महाजनपदों के राजा ऋग्वेद में वर्णित राजाओं से भिन्न थे, चूँकि महाजनपदों के राजाओं ने आरम्भ किया–

1. विशाल दुर्गों का निर्माण करना।

2. वृहद् सेनाओं का रख-रखाव।

3. नियमित रूप से कर उगाही।

उपर्युक्त कथनों में से कौन-सा/से सही है/हैं?

(a) केवल 1 और 2 (b) केवल 2
(c) केवल 3 (d) 1, 2 और 3

उत्तर (d) ऋग्वेद में उल्लिखित राजाओं की राजधानियां, राज प्रासाद या सेनाएं नहीं हुआ करती थीं, न ही वे करों की उगाही ही करते थे। सामान्यतः, पुत्र अपने पिता के उत्तराधिकारी के रूप में राजा भी नहीं बना करते थे। कुछ राजाओं को, कदाचित, जन या लोगों के द्वारा चुना गया था।

कुछ लोग बहुत बड़े बलिदानों के माध्यम से राजाओं के रूप में पहचान स्थापित कर पाए। वे जनों के नहीं बल्कि जनपदों के राजा बने। 'जनपद' शब्द का शाब्दिक अर्थ वह भूमि होती थी, जहां जन या लोग आकर बस जाते थे।

लगभग 2,500 वर्ष पूर्व, कुछ जनपद अन्य जनपदों से अधिक किलाबंदी कर दी गयी थी। नए राजाओं ने अब सेना रखना आरम्भ कर दिया। इसी कारण उन्होंने नियमित रूप से करों की उगाही आरम्भ कर दी।

फसलों (कुल उत्पाद का 1/6 भाग इसके लिए नियत किया गया था) तथा वस्तुओं, जिन्हें व्यापार के माध्यम से बेचा या खरीदा जाता था, का संग्रह किया जाता था। कारीगरों, चरवाहों (पशुपालकों), शिकारियों तथा संग्रहणकर्ताओं पर भी कर लगाया गया था।

4. छठी शताब्दी में तांत्रिकवाद के प्रसार के संदर्भ में, निम्नलिखित कथनों पर विचार कीजिए–

1. इसने जादुई कर्मकाण्डों पर अत्यधिक बल दिया।

2. इसका उद्देश्य लोगों की भौतिकवादी आकांक्षाओं की पूर्ति करना था।

3. इसने महिलाओं और शूद्रों को अपने संगठन में सम्मिलित किया।

उपर्युक्त कथनों में से कौन-सा/से सही है/हैं?

(a) केवल 1 और 2 (b) केवल 2 और 3
(c) केवल 1 और 3 (d) 1, 2 और 3

उत्तर (d) **कथन 1 सही है।** तांत्रिकवाद दिव्य रचनात्मक ऊर्जा (शक्ति) से सम्बन्धित रहस्यवादी चिन्तनों पर आधारित होता था। तांत्रिकवाद जादुई कर्मकाण्डों पर बहुत अधिक बल देता है।

कथन 2 सही है। तांत्रिकवाद का उद्देश्य आध्यात्मिक और दिव्य आकांक्षाओं की पूर्ति करना नहीं था, बल्कि भक्तों की भौतिक धनसंपत्ति प्राप्त करने की भौतिकवादी आकांक्षाओं की पूर्ति करना तथा घावों एवं रोगों का दिन-प्रतिदिन का उपचार करना था।

कथन 3 सही है। ब्राह्मण समाज में बड़े पैमाने पर आदिवासी लोगों के प्रवेश से तांत्रिकवाद का जन्म हुआ है। यह किसी भी जाति या लिंग पूर्वाग्रह में विश्वास नहीं करते थे। इसने अपने संगठन में महिलाओं और शूद्रों दोनों को सम्मिलित किया। यह शक्ति और ऊर्जा के स्रोत के रूप में 'महिलाओं' को महत्व देता है।

5. निम्नलिखित में से छठी शताब्दी से व्यापार में गिरावट के कारण कौन-से थे?

1. रोमन साम्राज्य का पतन।

2. ईरान के साथ रेशम व्यापार बंद कर दिया गया था।

3. अरबों ने व्यावहारिक रूप से भारत के निर्यात व्यापार पर एकाधिकार कर लिया था।

नीचे दिए गए कूट का प्रयोग कर सही उत्तर चुनिए-

(a) केवल 2 और 3 (b) केवल 1 और 2
(c) केवल 1 और 3 (d) 1, 2 और 3

उत्तर (d) **कथन 1 सही है।** रोम साम्राज्य के पतन के कारण पश्चिमी रोमन साम्राज्य के साथ व्यापार पतन हो गया था।

कथन 2 सही है। पाँचवीं सदी के उत्तरार्द्ध में पश्चिमी तट से कई रेशम बुनकर मालवा के मंदसौर की ओर प्रवासित हुए। उन्होंने रेशम बुनाई का कार्य छोड़ दिया और अन्य व्यवसायों को अपना लिया। व्यापार और शहरों के पतन के कारण गांवों को अपने लिए तेल, नमक, मसालों, वस्त्रों (कपड़ों), आदि की आवश्यकताओं को स्वयं ही पूरा करना पड़ता था। इससे उत्पादन की लघु इकाइयों का विकास हुआ तथा प्रत्येक इकाई अपनी आवश्यकताओं की पूर्ति हेतु आत्मनिर्भर थी। इसलिए, छठी शताब्दी के मध्य तक ईरान के साथ रेशम व्यापार का पतन हो गया था।

कथन 3 सही है। चीन और दक्षिण-पूर्व एशिया के साथ व्यापार में अरब मध्यस्थों (बिचौलियों) द्वारा लाभ प्राप्त किया जाता था और अरबों ने अपनी भौगोलिक स्थिति के कारण व्यावहारिक रूप से भारत के निर्यात व्यापार पर एकाधिकार कर लिया था।

6. निम्नलिखित में से ई.पू. छठी शताब्दी में नए धार्मिक संप्रदायों के उदय के पीछे निहित कारण कौन-सा/से था/थे?

1. नई कृषि अर्थव्यवस्था का आरम्भ।
2. दमनकारी ब्राह्मणवादी प्रथाएँ।
3. सामाजिक असमानता की उपस्थिति।

नीचे दिए गए कूट का प्रयोग कर सही उत्तर चुनिए-

(a) केवल 2 (b) केवल 1 और 3
(c) 1, 2 और 3 (d) केवल 1 और 2

उत्तर (c) **सभी कथन सही हैं।**

नए धर्मों के उदय का प्रमुख कारण, उत्तर-पूर्वी भारत में नई कृषि अर्थव्यवस्था के आरम्भ में समाहित है। लौह उपकरणों के उपयोग ने वनों की कटाई, कृषि और बड़ी बस्तियों के अस्तित्व को संभव बनाया है। लौह-फाल पर आधारित कृषि अर्थव्यवस्था को बैलों की आवश्यकता थी और पशु-बलि की वैदिक प्रथा इस उद्देश्य की पूर्ति में बाधक थी। इसलिए, पशुओं के प्रति अहिंसापूर्ण व्यवहार का प्रचार करने वाली एक नई धार्मिक प्रणाली की आवश्यकता थी। साथ ही आहत मुद्राओं (पंच-मार्क करेंसी) के प्रयोग ने ब्राह्मणवादी समाज में तीसरा स्थान प्राप्त वर्ण वैश्यों द्वारा किए जाने वाले व्यापार और वाणिज्य को सुविधाजनक बनाया। स्वाभाविक रूप से वे ऐसा धर्म चाहते थे, जो उनकी स्थिति में सुधार कर सके। उत्तर-वैदिक कालीन समाज (स्पष्ट रूप से वर्ण-विभाजित समाज) में तनाव उत्पन्न हो रहा था। क्षत्रियों ने ब्राह्मणों के कर्मकांडपरक वर्चस्व के प्रति दृढ़तापूर्वक प्रतिक्रिया व्यक्त की, जो नए धर्मों के उदय के मुख्य कारणों में से एक था। महावीर और बुद्ध दोनों क्षत्रिय कुलों से संबधित थे। निजी संपत्ति के नए रूपों ने सामाजिक असमानताएँ उत्पन्न की एवं वह जनता के कई वर्गों के लिए कष्ट एवं संताप का कारण बनी। इसलिए आम लोग तपस्वी आदर्श जीवन की ओर वापस जाना चाहते थे। नए धर्मों ने सरल, नैतिकतावादी और तपस्वी जीवनशैली को वरीयता दी।

7. महाजनपदों एवं संघों के संदर्भ में, निम्नलिखित कथनों पर विचार कीजिए-

1. जहाँ अधिकांश महाजनपद किसी राजा द्वारा शासित राजतंत्र थे, वहीं संघ राजाओं द्वारा सामूहिक रूप से शासित कुलीनतंत्र थे।
2. महावीर, महाजनपद से सम्बन्धित थे जबकि बुद्ध, संघ से सम्बन्धित थे।

उपर्युक्त कथनों में से कौन-सा/से सही है/हैं?

(a) केवल 1
(b) केवल 2
(c) 1 और 2 दानों
(d) न तो 1, न ही 2

उत्तर (a) आरम्भिक बौद्ध और जैन ग्रंथों में अन्य तथ्यों के अतिरिक्त महाजनपदों के रूप में प्रसिद्ध सोलह राज्यों का उल्लेख किया गया है। हालांकि महानजपदों से सम्बंधित विवरणों में भिन्नता पाई जाती है, लेकिन कुछ नाम, जैसे-वज्जि, मगध, कौशल, कुरु, पांचाल, गांधार और अवन्ति का प्रयोग अनेक बार किया गया है।

अधिकांश महाजनपदों का शासन राजाओं (राजतंत्र) द्वारा किया जाता था। लेकिन उनमें से कुछ, जिन्हें गण या संघ के नाम से जाना जाता है, वे कुलीनतंत्र थे। यहाँ सत्ता की साझेदारी कई व्यक्तियों द्वारा की जाती थी, जो सामूहिक रूप से राजा कहलाते थे। इसलिए, कथन 1 सही है।

महावीर और बुद्ध दोनों संघों से सम्बन्धित थे। इसलिए, **कथन 2 सही नहीं है।**

8. निम्नलिखित में से कौन-से कारण ई.पू. छठी शताब्दी में उत्तर-पश्चिम भारत के जरिये विदेशी आक्रमणों के सहायक बने?

1. इस क्षेत्र में शक्तिशाली राज्य का अभाव
2. नंद साम्राज्य का पतन
3. हिन्दूकुश में दर्रों की उपस्थिति

नीचे दिए गए कूट का प्रयोग कर सही उत्तर चुनिए-

(a) केवल 1 और 2 (b) केवल 2 और 3
(c) केवल 1 और 3 (d) 1, 2 और 3

उत्तर (c) उत्तर-पूर्व भारत में छोटे राज्य और गणराज्यों का धीरे-धीरे मगध साम्राज्य में विलय हो गया। लेकिन उत्तर-पश्चिम भारत ने छठी शताब्दी ई.पू. के पूर्वार्ध में एक अलग तस्वीर प्रस्तुत की। कम्बोज और गांधार जैसी छोटी-छोटी रियासतें एक दूसरे से लड़ रहीं थीं। इस क्षेत्र में मगध जैसा कोई अकेला शक्तिशाली राज्य नहीं था, जो इन युद्धरत समुदायों को एक संगठित साम्राज्य के रूप में एक कर सके। यह क्षेत्र समृद्ध था और इसमें हिन्दुकुश के दर्रे के जरिए सरलता से प्रवेश किया जा सकता था।

नंद पूर्वी भारत में थे तथा चौथी शताब्दी ईसा पूर्व के दौरान उनका पतन हो गया।

9. अभिलेखीय साक्ष्य से प्रकट होता है कि नंद राजा के आदेश से एक नहर खोदी गई थी-

(a) अंग में (b) काशी में
(c) कलिंग में (d) मगध में

उत्तर (c) खारवेल की हाथीगुम्फा अभिलेख से नंद शासक महापद्मनंद की कलिंग विजय का पता चलता है। उसने कलिंग में एक नहर का निर्माण करवाया था।

10. प्राचीन भारतीय राजनीतिक इतिहास के संदर्भ में, निम्नलिखित में से कौन-से महाजनपद गणराज्य थे?

1. कपिलपस्तु **2. वैशाली**
3. कौशाम्बी **4. कोशल**
5. अवन्ति

नीचे दिए गए कूट का प्रयोग कर सही उत्तर चुनिए-

(a) केवल 1 और 2
(b) केवल 1, 4 और 5
(c) केवल 3 और 4
(d) केवल 2 और 5

उत्तर (a) गौतम बुद्ध के जीवनकाल में और आरम्भिक छठवीं शताब्दी में 16 महाजनपद थे।

कपिलवस्तु के शाक्य एवं वैशाली के लिच्छवी इनमें अधिक महत्वपूर्ण गणराज्य थे। गणराज्य के अतिरिक्त राजतंत्रीय राज्य भी थे जिनमें से कौशाम्बी (वत्स), मगध, कोशल और अवन्ति प्रमुख थे।

इन राज्यों पर बलशाली व्यक्तियों द्वारा शासन किया जाता था, जिन्होंने विस्तारवादी और पड़ोसी राज्यों को सम्मिलित करने की नीतियों का अनुपालन आरम्भ कर दिया था। यद्यपि गणतंत्रात्मक राज्यों के विशिष्ट चिह्न थे, किन्तु राजतंत्रीय राज्य, राज्य विस्तार करने में लगे हुए थे।

11. ईसा पूर्व छठी शताब्दी के गणों या संघों के सम्बन्ध में निम्नलिखित कथनों पर विचार कीजिए–

1. गण में एक नहीं, बल्कि अनेक शासक होते थे।

2. गणों का चरित्र गणतंत्रात्मक था।

उपर्युक्त कथनों में से कौन-सा/से सही है/हैं?

(a) केवल 1

(b) केवल 2

(c) 1 और 2 दोनों

(d) न तो 1, न ही 2

उत्तर (c) कुछ साहित्यिक स्रोतों जैसे कि पाणिनी के 'अष्टाध्यायी' और 'मज्झिम निकाय' में गण और संघ शब्दों का प्रयोग समान राजनीतिक शब्दों के रूप में हुआ है। गण-संघ या गण-राज्य में गण शब्द निहित है, इसका संदर्भ समान प्रस्थिति के लोगों के समूह से है और संघ का अर्थ सभा या राज्य अर्थात् प्रशासन है। गण या संघ में एक नहीं बल्कि अनेक शासक होते थे। यहां तक कि कभी-कभी जब हजारों लोग एक साथ शासन करते थे तो प्रत्येक व्यक्ति को राजा माना जाता था। मुख्य कार्यकारी अधिकारी या राज्य का प्रमुख एक निर्वाचित नेता होता था, जिसे राजा की पदवी दी जाती थी। वास्तविक प्रशासन निर्वाचित वयोवृद्ध लोगों के हाथों में निहित होता था। ये राजा एक साथ अनुष्ठानों का निष्पादन किया करते थे। वे सभाओं में भी मिलते थे और चर्चा और वाद विवाद के माध्यम से यह निर्णय करते थे कि क्या किया जाना चाहिए और किस प्रकार किया जाना चाहिए।

महाजनपदों के दो संघ - वज्जि और मल्ल थे। अन्य प्रमुख गण जिनमें से कुछ का उल्लेख बौद्ध ग्रंथों में किया गया है, कपिलवस्तु के शाक्य, वैशाली के लिच्छवी, देवदह और रामग्राम (शाक्यों के पूर्व में अवस्थित) के कोलिय, अलकप्प के बुलि, केसपुत्त के कालाम पिप्पलिवन के मोरिय और भग्ग (या विंध्य क्षेत्र में भर्ग) थे। **अतः दोनों कथन सही हैं।**

12. निम्नलिखित वक्तव्यों पर विचार करें और नीचे दिए गए कूट से सही उत्तर चुनें–

कथन (A) : कुशीनगर मल्ल गणराज्य की राजधानी थी।

कारण (R) : महात्मा बुद्ध का महापरिनिर्वाण कुशीनगर में हुआ था

कूट:

(a) A तथा R दोनों सही हैं तथा R, A की सही व्याख्या है।

(b) A और R दोनों सही हैं, परन्तु R, A की सही व्याख्या नहीं है।

(c) A सही है, किन्तु R गलत है।

(d) A गलत है, किन्तु R सही है।

उत्तर (b) बौद्ध ग्रंथ अंगुत्तर निकाय के अनुसार उस समय 16 महाजनपद विद्यमान थे। महाजनपद काल 600 ई॰ पू॰ से 325 ई॰पू॰ तक था। इन 16 महाजनपदों में एक मल्ल राज्य भी था, जिसकी राजधानी कुशीनगर थी। गौतम बुद्ध का निधन (महापरिनिर्वाण) 483 ई॰पू॰ में कुशीनगर में हुआ था। **अतः कथन (A) और कारण (R) दोनों सत्य हैं, परन्तु R,A की सही व्याख्या नहीं है।**

13. सूची-I तथा सूची-II से सुमेलित कीजिए तथा सूचियों के नीचे दिए गए कूट का सही उत्तर चुनिए–

सूची I (राज्य)	सूची II (राज्य)
A. प्रद्योत	1. मगध
B. उदयन	2. वत्स
C. प्रसेनजित	3. अवन्ति
D. अजातशत्रु	4. कोसल

कूट :

	A	B	C	D
(a)	3	2	4	1
(b)	1	2	3	4
(c)	3	1	2	4
(d)	2	1	3	4

उत्तर (a) प्रद्योत, अवन्ति का राजा था। अवन्ति की राजधानी उज्जयिनी थी। उदयन, वत्स का राजा था। बत्स राज्य की राजधानी कौशाम्बी थी। कोसल राज्य का राजा प्रसेनजित था। कोसल की राजधानी श्रावस्ती थी। अजातशत्रु, मगध राज्य का राजा था। मगध राज्य की राजधानी गिरिव्रज थी।

14. सोलह महाजनपदों की सूची उपलब्ध है–

(a) महाभारत में

(b) अंगुत्तर निकाय में

(c) छान्दोग्य उपनिषद् में

(d) संयुक्त निकाय में

उत्तर (b) 'अंगुत्तर निकाय' में सोलह महाजनपदों का क्षेत्र, विस्तार एवं कोशल तथा मगध जनपदों के राजनीतिक संघर्षों का वर्णन है।

15. निम्नलिखित में से किस राजा ने पाटलिपुत्र को बसाया था?

(a) शिशुनाग

(b) बिम्बिसार

(c) अजातशत्रु

(d) उदयन

उत्तर (d) वायुपुराण, परिशिष्टपर्वन और गार्गी के अनुसार उदयन ने गंगा एवं सोन नदी के संगम पर पाटलिपुत्र नगर को बसाया था। पुराणों के अनुसार उदयन ने 33 वर्ष तथा महावंश के अनुसार 16 वर्षों तक शासन किया था।

16. निम्नलिखित पार्थियन शासकों में से किसका शासनकाल प्रसिद्ध शिलालेख 'तख्त-ए-बाही' में निश्चित रूप से निर्धारित किया गया है?

(a) बोनोनीज

(b) माउस

(c) गोण्डोफर्नीज

(d) अपोलोरियस

उत्तर (c) गोण्डोफर्नीज पह्लव वंश का सर्वाधिक शक्तिशाली राजा था। उसके शासनकाल का एक अभिलेख तख्त-ए-बाही (पेशावर जिले में स्थित) से प्राप्त हुआ, जिस पर 103 की तिथि दी गयी है। यदि इसे विक्रम संवत् की तिथि स्वीकार की जाए तो ऐसा निष्कर्ष निकलता है कि वह 103 –57 = 46 ई. में राज्य कर रहा था। यह तिथि उसके शासनकाल के 26वें वर्ष की है, अतः उसने 20 ई. (45-26) में शासन कार्य प्रारम्भ किया था। गोण्डोफर्नीज के सिक्के पंजाब, सिन्ध, कन्धार, सीस्तान तथा काबुल घाटी में पाए जाते हैं। इससे उसके विस्तृत साम्राज्य की सूचना मिलती है।

17. अजातशत्रु ने पूर्वी भारत पर मगध का आधिपत्य स्थापित करने के लिए निम्नलिखित में से किस गणराज्य के साथ 16 वर्षों तक युद्ध किया?

(a) पावा और कुशीनारा के मल्ल

(b) मिथिला के विद्रोह

(c) वैशाली के लिच्छवि

(d) रामग्राम के कोलिय

उत्तर (c) अपने पिता बिम्बिसार की हत्या कर अजातशत्रु (492-460 ई.पू.) मगध का शासक बना। गद्दी पर बैठने के बाद उसने अपने साम्राज्यवादी नीति का प्रसार किया तथा काशी, वज्जिसंघ व मल्ल राज्यों को विजित कर मगध साम्राज्य में मिलाया। इसमें वैशाली के लिच्छिवियों के साथ उसे काफी लम्बे समय तक (16 वर्षों) संघर्ष करना पड़ा। लिच्छिवी उस समय अत्याधिक शक्तिशाली थे। चेटक लिच्छिवी गणराज्य का प्रधान था। उसने लिच्छिवियों, मल्लों, काशी, कोशल के 18 गणराज्यों को मिलाकर अजातशत्रु के विरुद्ध एक सम्मिलित मोर्चा तैयार किया। 'भगवतीसूत्र' में अजातशत्रु को इन सबका विजेता कहा गया है। इन पर विजय प्राप्त करने के लिए अजातशत्रु ने सर्वप्रथम अपनी राजधानी राजगृह में सुदृढ़ दुर्ग का निर्माण करवाया। तत्पश्चात् अपने मंत्री वस्सकार को भेजकर वज्जिसंघ में फूट डलवा दिया। लिच्छिवियों के विरुद्ध युद्ध में ही उसने प्रथम वार रथमूशल तथा महाशिलाकंटक नामक नए हथियारों का प्रयोग किया। लिच्छिवी बुरी तरह पराजित हुए तथा 16 वर्षों तक एक लम्बे युद्ध के पश्चात उनका भू-भाग मगध साम्राज्य में मिला लिया गया।

18. सूची-I (प्राचीन राज्य) को सूची-II (राजधानी) के साथ सुमेलित कीजिए और सूचियों के नीचे दिए गए कूट का प्रयोग करते हुए सही उत्तर चुनिए–

सूची-I (प्राचीन राज्य)	सूची-II (राजधानी)
A. अंग	1. चम्पा
B. वत्स	2. कौशाम्बी
C. मत्स्य	3. विराटनगर
D. शूरसेन	4. मथुरा

कूट :

	A	B	C	D
(a)	1	2	3	4
(b)	3	4	1	2
(c)	1	4	3	2
(d)	3	2	1	4

उत्तर (a) अंग राज्य की राजधानी चंपा थी। आधुनिक बिहार का भागलपुर जिला अंग राज्य का क्षेत्र था। वत्स की राजधानी कौशांबी थी। आधुनिक इलाहाबाद तथा बांदा के क्षेत्र इसमें आते थे। मत्स्य राज्य की राजधानी विराटनगर थी तथा शूरसेन राज्य की राजधानी मथुरा थी।

19. निम्न में से कौन-सा एक युग्म सही सुमेलित है?

(a) **चंड प्रद्योत महासेन : वत्स का राजा**

(b) **दर्शक : अजातशत्रु का उत्तराधिकारी**

(c) **अजातशत्रु : आजीवकों के अनुयायी**

(d) **प्रसेनजित : वज्जि संघ के राजा**

उत्तर (b) मगध में हर्यंक वंश का संस्थापक बिम्बिसार था। बिम्बिसार के बाद अजातशत्रु और उदयिन शासक हुए। बौद्ध ग्रंथों में उदयिन के तीन पुत्रों-अनिरूद्ध, मुण्डक और नागदशक का उल्लेख है। पुराणों एवं जैन ग्रंथ 'परिशिष्टपर्वन' में नागदशक को दर्शक कहा गया है। अतः दर्शक को अजातशत्रु का उत्तराधिकारी माना जा सकता है।

20. निम्न में से कौन-सा एक युग्म सही सुमेलित नहीं है?

(a) श्रावस्ती : कोशल की राजधानी

(b) राजगृह : मगध की राजधानी

(c) वैशाली : चेदि की राजधानी

(d) उज्जैन : अवन्ति की राजधानी

उत्तर (c) बौद्ध ग्रंथ 'अंगुत्तर निकाय' में सोलह महाजनपदों का उल्लेख है। इसमें चेदि महाजनपद आधुनिक बुन्देलखण्ड क्षेत्र में स्थित था। इसकी राजधानी शक्तिमती या सोत्थिवती थी। कोशल की राजधानी श्रावस्ती थी। मगध व मध्य प्रदेश के कुछ भागों से मिलकर अवन्ति जनपद बना था, जिसकी राजधानी उज्जैन थी।

21. निम्नलिखित में से किस मूल पाठ में भारतीय गणितीय लेखन से सम्बन्धित प्राचीनतम साक्ष्य निहित है?

(a) आरण्यक

(b) कल्पसूत्र

(c) निरुक्त

(d) शुल्वसूत्र

उत्तर (d) शुल्वसूत्र सूत्र में भारतीय गणितीय लेखन से सम्बन्धित प्राचीनतम साक्ष्य निहित है। 'शुल्व' का अर्थ नापने की डोरी होता है। इनमें यज्ञीय वेदियों को नापने, उनके स्थान चयन तथा निर्माण आदि का वर्णन है। शुल्व सूत्र से ही रेखागणित (ज्यामिति) की उत्पत्ति मानी जाती है।

22. मगध पर शासन करने वाले दिए गए शासकों का सही कालानुक्रम कौन-सा है?

(a) बृहद्रथ-बिम्बिसार-शिशुनाग-बिन्दुसार

(b) शिशुनाग-बिन्दुसार-बृहद्रथ-बिम्बिसार

(c) बृहद्रथ-बिन्दुसार-शिशुनागं-बिम्बिसार

(d) शिशुनाग-बिन्दुसार-वृहद्रथ-बिम्बिसार

उत्तर (a) महाभारत और पुराणों के अनुसार मगध के प्राचीनतम राजवंश की स्थापना बृहद्रथ द्वारा की गयी। इसके बाद बिम्बिसार ने हर्यंक वंश की स्थापना की तथा (544-492) ई.पू. तक शासन किया। शिशुनाग ने 18 वर्ष (412-394) ई.पू. तक शासन किया। बिन्दुसार ने 25 वर्ष (298-273) ई.पू. तक शासन किया। **अतः विकल्प (a) सही होगा।**

23. प्राचीन भारत के संदर्भ में प्रयुक्त पद 'द्वितीय नगरीकरण' निम्नलिखित में से किसका नगरीय प्रक्रिया को इंगित करता है?

(a) सिन्धु घाटी

(b) गंगा घाटी

(c) नर्मदा घाटी

(d) कावेरी घाटी

उत्तर (b) छठी सदी ई.पू. में लोहे के प्रयोग ने जीवन के सभी क्षेत्रों में (गंगा घाटी क्षेत्र में) क्रांतिकारी परिवर्तन किए, फलतः सामाजिक, आर्थिक और राजनीतिक क्षेत्र में रहे परिवर्तनों ने पुनः एक बार नगरों के उद्भव और विकास को प्रेरित कर द्वितीय नगरीकरण को जन्म दिया। द्वितीय नगरीकरण प्रक्रिया पहले जैसे समाप्त नहीं हो गई। वरन मौर्यकाल और उसके बाद विशेषकर कुषाण काल में नगरों की संख्या में वृद्धि हुई। इसके बाद ह्रास के क्रम में मुगल काल तक चलती रही। बौद्ध साहित्य में इस समय के प्रारम्भिक छः नगरों का उल्लेख मिलता है। ये नगर थे–चम्पा, राजगृह, श्रावस्ती, साकेत कौशाम्बी एवं वाराणसी।

24. कथन (A) : महाजनपद काल में ऋग्वेदकालीन आर्यों के दो राजनैतिक संस्थाओं, सभा और समिति का ह्रास होना शुरू हो गया था।

कारण (R) : यह जनजातीय सभाएँ वृहत भूभागीय राज्यों के संगठनात्मक ढाँचे में उपयुक्त रूप से समायोजित नहीं हो सकी।

कूट :

(a) A और R दोनों सही हैं और R, A की सही व्याख्या है।

(b) A और R दोनों सही हैं और R, A की सही व्याख्या नहीं है।

(c) A सही है, परन्तु R गलत है।

(d) A गलत है, परन्तु R सही है।

उत्तर (a) महाजनपद काल में ऋग्वैदिककालीन महत्वपूर्ण राजनैतिक संस्थाओं सभा और समिति का ह्रास होना शुरू हो गया, क्योंकि अब छोटे-छोटे कबीलों का रूपान्तरण राज्यों में होना शुरू हो गया। विभिन्न जन आपस में मिलकर बड़े-बड़े जनपद का निर्माण करने लगे। अतः जनजातीय सभाएँ वृहत भू-भागीय राज्यों के संगठनात्मक ढांचे में उपयुक्त रूप से समायोजित नहीं हो सकी।

25. नीचे दिए कुछ प्राचीनतम भारतीय राज्यों की सूची दी गयी है–

1. कोशल **2. वज्जि**

3. मगध **4. शाक्य**

इनमें से कौन-सा राज्य प्रशासन की राजतंत्रीय पद्धति का अनुसरण नहीं करते थे?

(a) केवल 1 और 2

(b) केवल 2 और 4

(c) केवल 1 और 4

(d) केवल 2 और 3

उत्तर (b) छठीं शताब्दी ई.पू. में राजतंत्रात्मक राज्यों के अलावा गणतंत्रात्मक राज्य भी थे–वज्जि, कपिलवस्तु के शाक्य, कुशीनगर के मल्ल, पावा के मल्ल, रामग्राम के कोलिय, पिप्पलिवन के मोरिय, अलकप्प के बुलि, केसपुत्त के कलाम, वैशाली के लिच्छवि, सुमसुमारगिरि के भग्ग। इसमें वज्जि आठ राज्यों का संघ था, जिसमें वज्जि के अतिरिक्त वैशाली के लिच्छवि, मिथिला के विदेह तथा कुण्डग्राम के ज्ञातृक विशेष रूप से प्रसिद्ध थे। यहाँ पहले राजतंत्र था, परंतु बाद में गणतंत्र स्थापित हो गया।

❑❑❑

8 यूनानी आक्रमण

1. प्राचीन भारतीय इतिहास के संदर्भ में, 'यवन' कौन थे?

(a) यूनानी आगंतुक
(b) गुप्तकालीन स्वर्णकार
(c) मध्य भारत के शिल्पकार
(d) दक्षिण भारत की योद्धा जनजातियाँ

उत्तर (a) यवन, वह यूनानी थे, जो स्वर्ण के बदले काली मिर्च खरीदने एवं देशवासियों को मदिरा और दासियों की आपूर्ति करने के लिए भारत आए थे। 'संगम साहित्य' में इसका उल्लेख किया गया है।

2. निम्नलिखित में से कौन-सा भारत पर सिकंदर के आक्रमण का परिणाम नहीं था?

(a) भारत और यूनान के मध्य प्रत्यक्ष संपर्क स्थापित हुआ।
(b) उत्तर-पश्चिम भारत में सुस्पष्ट सीमांकित यूनानी साम्राज्य की स्थापना।
(c) विश्व के भौगोलिक ज्ञान का विस्तार।
(d) मौर्य साम्राज्य के विस्तार में सहायता।

उत्तर (b) इस आक्रमण का सबसे महत्वपूर्ण परिणाम, विभिन्न क्षेत्रों में भारत और यूनान के मध्य प्रत्यक्ष संपर्क की स्थापना था। सिकंदर के अभियानों द्वारा चार भूमि एवं समुद्री मार्गों की खोज हुई। इससे यूनानी व्यापारियों और शिल्पकारों के लिए मार्ग प्रशस्त किया एवं व्यापार सम्बन्धी तत्कालीन सुविधाओं में वृद्धि की।

भारत में व्यतीत 19 माह (ई.पू. 326-325) के समय में सिकंदर युद्धरत रहा। उसके पास अपने विजित प्रदेशों को संगठित करने के लिए समय का अभाव था, तथापि उसके द्वारा इससे सम्बन्धित कुछ व्यवस्थाएँ की गयी। अधिकांश विजित राज्यों को सिकंदर ने उनके शासकों को लौटा दिया, जिन्होंने उसकी अधीनता स्वीकार कर ली थी। उसने अपने अधिकृत क्षेत्र को तीन भागों में विभाजित किया, जिन्हें तीन यूनानी गवर्नरों के अधीन कर दिया गया। भारत में अपनी सत्ता बनाए रखने के लिए उसने कई नगरों की भी स्थापना की।

सिकंदर को उस रहस्यमय महासागर के भूगोल में गहन रुचि थी, जिसे उसने प्रथम बार सिन्धु के मुहाने पर देखा था। इसलिए उसने अपने नए बेड़े को अपने मित्र निर्याकस के नेतृत्व में सिन्धु नदी के मुहाने से फरात नदी के मुहाने तक समुद्र तट का पता लगाने और बंदरगाहों की खोज करने के लिए भेजा। इस प्रकार सिकंदर के इतिहासकारों द्वारा मूल्यवान भौगोलिक विवरण प्रस्तुत किए गए। उन्होंने सिकंदर के अभियान का तिथिवार विवरण भी दिया हैं, जो हमें इस काल की घटनाओं का निश्चित आधार पर भारतीय कालक्रम का निर्माण करने में सहायता प्रदान करते हैं।

पश्चिमोत्तर भारत के छोटे-छोटे राज्यों की शक्ति को नष्ट करके सिकंदर के आक्रमण ने उस क्षेत्र में मौर्य साम्राज्य के विस्तार हेतु मार्ग प्रशस्त किया।

3. पहली और दूसरी शताब्दी के यूनानी और रोमन विवरणों के संदर्भ में, निम्नलिखित कथनों पर विचार कीजिए–

1. यूनानी भाषा में लिखी गई टॉलेमी की जिओग्राफी, भारत के भूगोल और वाणिज्य से सम्बन्धित महत्वपूर्ण आँकड़े प्रदान करती है।

2. लैटिन में लिखी गई प्लिनी की नेचुरेलिस हिस्टोरिका, भारत और इटली के बीच व्यापार से सम्बन्धित महत्वपूर्ण आँकड़े प्रदान करती है।

उपर्युक्त कथनों में से कौन-सा/से सही है/हैं?

(a) केवल 1 (b) केवल 2
(c) 1 और 2 दोनों (d) न तो 1, न ही 2

उत्तर (c) **दोनों कथन सत्य हैं।**

पहली और दूसरी शताब्दी के यूनानी और रोमन विवरणों में कई भारतीय पत्तनों का उल्लेख किया गया है तथा इनसे भारत और रोमन साम्राज्य के मध्य होने वाले व्यापार की वस्तुओं का विवरण प्राप्त होता है।

यूनानी भाषा में लिखित 'पेरिप्लस ऑफ द एरिथ्रियन सी' और टॉलेमी की 'जियोग्राफी' में भी भारतीय भूगोल और वाणिज्य के सम्बन्ध में महत्वपूर्ण आँकड़े दिये गये हैं।

लैटिन में लिखित प्लिनी की 'नेचुरेलिस हिस्टोरिका' पहली शताब्दी से सम्बन्धित है, जो कि हमें भारत और इटली के बीच होने वाले व्यापार से अवगत करती है।

4. गांधार कला शैली के संदर्भ में, निम्नलिखित कथनों पर विचार कीजिए–

1. मध्य एशियाई आक्रमणों के कारण गांधार कला शैली का पतन हो गया।

2. यह शैली, यूनानी और रोमन दोनों कला रूपों की विशेषताएँ ग्रहण किये हुए थी।

उपर्युक्त कथनों में से कौन-सा/से सही है/हैं?

(a) केवल 1
(b) केवल 2
(c) 1 और 2 दोनों
(d) न तो 1, न ही 2

उत्तर (b) मध्य एशियाई आक्रमणों द्वारा भारतीय कला और मूर्तिकला का आगे और विकास हुआ। पश्चिमी संसार के साथ निकट संपर्क ने भारतीय कला में अनेक शैलियों को प्रचलित किया। सबसे महत्वपूर्ण विकास कला की गांधार शैली का विकास था। **इसलिए, कथन 1 सही नहीं है।** इस शैली ने यूनानी और रोमन दोनों कला शैलियों की विशेषताएँ ग्रहण की हुई थीं। **इसलिए, कथन 2 सही है।**

मथुरा, जो स्वदेशी कला शैली का केन्द्र था, भी आक्रमणों से प्रभावित हुआ। यहाँ कि टेराकोटा और लाल बलुआ पत्थर की अनेक मूर्तियाँ, जिन पर स्पष्ट शक-कुषाण प्रभाव है, आज तक बनी हुई हैं। मथुरा में बुद्ध की प्रतिमा पुराने समय की यक्ष प्रतिमाओं के आदर्श पर आधारित हैं, जबकि गांधार की मूर्तियों में हेलेनिस्टिक (यूनानी) विशेषताएँ हैं।

5. हाइडेस्पीज का प्रसिद्ध युद्ध किस नदी के किनारे लड़ा गया था?

(a) झेलम
(b) सतलज
(c) कृष्णा
(d) घाघरा

उत्तर (a) हाइडेस्पीज का युद्ध : 327 ईसा पूर्व में सिकंदर ने हिन्दुकुश पर्वत पार किया और यहाँ की जनजातियों से युद्ध करने में लगभग दस महीने व्यतीत कर दिए। उसने फरवरी 326 ईसा पूर्व में नावों के पुल की सहायता से सिन्धु को पार किया। तक्षशिला के शासक आम्भी ने उसका उत्साहपूर्वक स्वागत किया। वहाँ से सिकंदर ने पोरस को अधीनता स्वीकार करने का संदेश भेजा। लेकिन पोरस ने अस्वीकार कर दिया और सिकंदर के विरूद्ध युद्ध करने का निर्णय किया। तब सिकंदर तक्षशिला से हाइडेस्पीज नदी (झेलम) के किनारे तक पहुँचा। नदी के दूसरी ओर उसने पोरस की विशाल सेना देखी। नदी में भारी बाढ़ के कारण, सिकंदर उसे पार करने में सक्षम नहीं था। कुछ दिनों बाद, उसने नदी पार कर ली और करी के मैदान में हाइडेस्पीज का प्रसिद्ध युद्ध लड़ा गया। यह पूरी क्षमता से लड़ा गया युद्ध था। हालांकि पोरस के पास मजबूत सेना थी, लेकिन वह युद्ध हार गया। सिकंदर ने इस भारतीय राजा के साहस और वीरता से प्रभावित होकर, उससे उदारतापूर्वक व्यवहार किया और उसे उसका राज्य पुनः सौंप दिया।

6. उत्तर-पश्चिम भारत की राजनीतिक स्थिति भारतीयों पर आक्रमण करने की सिकंदर की योजनाओं को सफल बनाने के अनुकूल रही क्योंकि–

1. यह क्षेत्र अनेक स्वतंत्र राजतंत्रों एवं जनजातीय गणतंत्रों में विभक्त था।
2. खैबर दर्रे पर सुरक्षा व्यवस्था नहीं थी।
3. वह विशाल सेना लेकर आया था।

उपर्युक्त कथनों में से कौन-सा/से सही है/हैं?

(a) केवल 1 और 2 (b) केवल 2 और 3
(c) केवल 1 और 3 (d) 1, 2 और 3

उत्तर (a) वह विशाल सेना लेकर नहीं आया था, किन्तु इन राजतंत्रों ने सिकंदर के आक्रमण के विरुद्ध संयुक्त प्रयास नहीं किए, इसलिए उन्हें आसानी से पराजित कर दिया गया। इसके अलावा खैबर दर्रे पर उचित सुरक्षा व्यवस्था भी नहीं थी।

मगध की सेना सिकंदर की सेना की तुलना में बहुत विशाल थी। **इसलिए कथन 1 और 2 सही हैं तथा कथन 3 गलत है।**

7. प्राचीन काल के भारत के आक्रामकों के सम्बन्ध में निम्नलिखित में से कौन-सा एक सही कालानुक्रम है?

(a) यूनानी - शक - कुषाण
(b) यूनानी -कुषाण - शक
(c) शक - यूनानी - कुषाण
(d) शक - कुषाण -यूनानी

उत्तर (a) भारत पर आक्रामकों के सम्बन्ध में सही कालानुक्रम-यूनान, शक एवं कुषाण वंश है। यूनानी सम्राट डेरियस ने भारत पर 513 ईसा पूर्व में आक्रमण किया था। पुनः यूनानी सम्राट सिकंदर महान् ने 326 ईसा पूर्व में भारत पर आक्रमण किया। इसके बाद शक (सीथियन) ने पहली एवं दूसरी शताब्दी ईसा पूर्व में भारत पर आक्रमण किया। इसके बाद कुषाणों ने पहली शताब्दी में भारत पर आक्रमण किए थे।

8. निम्नलिखित कथनों पर विचार कीजिए–

1. चीनी तीर्थ यात्री फाह्यान ने कनिष्क द्वारा आयोजित की गई चतुर्थ महान् बौद्ध परिषद् (Fourth Buddhist Council) में भाग लिया।
2. चीनी तीर्थयात्री ह्वेनसांग, हर्ष से मिला और उसे बौद्ध धर्म का प्रतिरोधी (Antagonist) पाया।

उपरोक्त कथनों में से कौन-सा/से सही है/हैं?

(a) केवल 1
(b) केवल 2
(c) 1 और 2 दोनों
(d) न तो 1, न ही 2

उत्तर (d) चीनी यात्री फाह्यान (399 ई॰ से 414 ई॰) चन्द्रगुप्त द्वितीय के समय में भारत आया था। चीनी तीर्थयात्री ह्वेनसांग ने करीब 630 ई॰ से 640 ई॰ के बीच भारत की धरती पर पदार्पण किया। उस समय भारत का राजा हर्षवर्द्धन था। हर्ष के विषय में ह्वेनसांग से विस्तृत जानकारी मिलती है। ह्वेनसांग ने हर्षवर्द्धन को बौद्ध धर्म का प्रतिरोधी नहीं बताया है।

9. सिकंदर के हमले के समय उत्तर भारत पर निम्नलिखित राजवंशों में से किस एक का शासन था?

(a) नंद (b) मौर्य
(c) शुंग (d) कण्व

उत्तर (a) नंदवंश का अंतिम शासक घनानंद सिंकदर के हमले के समय मगध का शासक था। यूनानी स्त्रोतों में इसका नाम एग्रैम्रजि या जैन्ड्रैमीज कहा गया है।

10. निम्नलिखित में से कौन सिकंदर के साथ भारत में नहीं आया था?

(a) नियार्कस (b) आनेसिक्रिटस
(c) डाइमेकस (d) अरिस्टोक्यूलस

उत्तर (c) डाइमेकस सिकंदर के साथ भारत नहीं आया था। सीरिया के शासक एंटियोकसन ने डाइमेकस को अपना राजदूत बनाकर मौर्य शासक बिंदुसार की सभा में भेजा था।

❑❑❑

9 मौर्य साम्राज्य

1. अशोक के शिलालेखों के सम्बन्ध में निम्नलिखित कथनों पर विचार कीजिए-
1. उन्हें केवल पाली तथा संस्कृत में लिखा जाता था।
2. उनका सम्बन्ध अशोक के धम्म से है तथा इनसे उसके अधिकारियों को निर्देश भी प्राप्त होते थे।
3. 13वें शिलालेख में उसके द्वारा किए गए कलिंग युद्ध का वर्णन है।
उपर्युक्त कथनों में से कौन-सा/से सही है/हैं?
(a) केवल 1 और 2
(b) केवल 2 और 3
(c) केवल 3
(d) 1, 2 और 3

उत्तर (b) अशोक के शिलालेखों को सर्वप्रथम 1837 ई. में जेम्स प्रिन्सेप के द्वारा पढ़ा गया था।

उन्हें पाली भाषा में लिखा गया था तथा कुछ जगहों पर प्राकृत का भी प्रयोग किया गया है। कंधार जैसे हिस्सों में यूनानी तथा अरामाइक भाषा का भी प्रयोग किया गया है।

13वें शिलालेख में कलिंग के साथ युद्ध का वर्णन है।

सातवीं राजाज्ञा उसके द्वारा स्वयं के राज्य में धम्म को बढ़ावा देने के उसके प्रयासों का सारांश प्रदान करती है।

2. निम्नलिखित में से कौन-से कथन मौर्य काल के सम्बन्ध में सही हैं?
1. पहली एक बार सुव्यवस्थित राज्य शासन तंत्र की स्थापना।
2. उत्तरी काले पॉलिशदार मृदभाण्डों की बहुलता।
3. तीव्र नगरीकरण दौर।
नीचे दिए गए कूट का प्रयोग कर सही उत्तर चुनिए-
(a) 1, 2 और 3
(b) केवल 1 और 2
(c) केवल 2 और 3
(d) केवल 1 और 3

उत्तर (a) **सभी कथन सही हैं।**

मौर्य शासकों द्वारा प्रथम बार सुव्यवस्थित राज्य शासन तंत्र की स्थापना की गई। इस शासन तंत्र का संचालन साम्राज्य के केन्द्र से किया जाता था। वहीं दूसरी ओर, उनकी विजय ने व्यापार और धर्मप्रचारक गतिविधियों के लिए मार्ग प्रशस्त किया।

प्रशासकों, व्यापारियों और जैन व बौद्ध भिक्षुओं द्वारा स्थापित संपर्क के परिणामस्वरूप गंगा बेसिन की भौतिक संस्कृति का साम्राज्य के सीमावर्ती (Periopery) क्षेत्रों में प्रसार हुआ।

गंगा बेसिन की नई भौतिक संस्कृति की विशेषताओं में लोहे का अत्यधिक उपयोग, पंच-मार्क्ड सिक्कों (आहत सिक्कों) की प्रचुरता, उत्तरी काले पालिशदार मृदभाण्ड नामक सुंदर बर्तनों की बहुलता, पक्की ईंटों और छल्लेदार कुओं (ringwells) का प्रचलन तथा उत्तर-पूर्वी भारत में नगरों का उदय आदि सम्मिलित था। एरियन नामक एक यूनानी लेखक द्वारा कहा गया है कि नगरों की अधिकता के कारण उनकी संख्या का सटीक ब्योरा रखना संभव नहीं है।

3. अशोक की धम्म नीति के संदर्भ में, निम्नलिखित कथनों पर विचार कीजिए-
1. इसने धार्मिक सहिष्णुता का प्रचार किया।
2. इसका उद्देश्य परिवार संस्था को सशक्त बनाना था।
3. इसने पशु बलि पर प्रतिबंध लगाने का आह्वान किया।
उपर्युक्त कथनों में से कौन-सा/से सही है/हैं?
(a) केवल 1
(b) केवल 1 और 3
(c) केवल 2 और 3
(d) 1, 2 और 3

उत्तर (d) **सभी कथन सही हैं।**

अशोक के अभिलेख, धम्म की मूल विशेषताओं -करुणा, दान, सत्यता, शुद्धता और सौम्यता की व्याख्या करते हैं। अशोक का धम्म परिवार और समुदाय दोनों में सामंजस्यपूर्ण जीवन को बढ़ावा देने पर बल देता था। वह धम्म के विकास के लिए परिवार को आदर्श केन्द्र मानता था। अभिलेख तृतीय में प्रजा से हिंसा, क्रूरता, क्रोध और ईर्ष्या पर नियंत्रण रखने के लिए कहा गया है। प्रथम शिलालेख पशु बलि पर प्रतिबंध का आह्वान करता है। धम्म का एक और महत्वपूर्ण पहलू विभिन्न संप्रदायों और धर्मों के लोगों के बीच परस्पर सम्मान पैदा करना था। धम्म किसी एक मत का प्रचार नहीं करता था। धम्म का यह पहलू धार्मिक सहनशीलता प्रदर्शित करता है।

4. मौर्य साम्राज्य के दौरान निम्नलिखित में से कौन राजस्व का/के स्रोत था/थे?
1. कृषि उपज
2. बिक्री के लिए नगर लाई जाने वाली वस्तुओं पर लगाए जाने वाले पथकर (टोल)
3. खनन और मदिरा की बिक्री
नीचे दिए गए कूट का प्रयोग कर सही उत्तर चुनिए-
(a) 1, 2 और 3
(b) केवल 1 और 2
(c) केवल 1
(d) केवल 2 और 3

उत्तर (a) **सभी कथन सही हैं।**

राज्य द्वारा साम्राज्य की लगभग सभी आर्थिक गतिविधियों को नियंत्रित किया जाता था। राज्य ने खेतिहरों और शूद्र मजदूरों की सहायता से कृषि योग्य भूमि में विस्तार किया। कृषि क्षेत्र में विस्तार से राज्य को अधिक आय होने लगी, क्योंकि इस भूमि पर नए बसाये गए कृषकों से अधिक राजस्व प्राप्त होने लगा। ऐसा प्रतीत होता है कि किसानों से संग्रहित किए जाने वाले कर उनकी उपज के चौथे भाग से लेकर छठवें भाग तक होते थे।

जिन्हें राज्य द्वारा सिंचाई की सुविधा उपलब्ध कराई जाती थी, इसके लिए उन्हें भुगतान करना होता था। इसके अतिरिक्त, आपातकालीन समय में किसानों को अधिकाधिक फसल उगाने के लिए विवश किया जाता था। बिक्री के लिए शहर लाई जाने वाली वस्तुओं पर पथकर भी लगाए जाते थे एवं उनका संग्रहण प्रवेश द्वारों पर किया जाता था। इसके अतिरिक्त खनन, मदिरा की बिक्री, हथियारों के निर्माण आदि पर राज्य का एकाधिकार था, जिससे स्वाभाविक रूप से राजकोष में वृद्धि होती थी।

5. अशोक द्वारा नियुक्त अधिकारियों का एक वर्ग रज्जुक, निम्नलिखित में से किस हेतु उत्तरदायी थे?

1. विभिन्न सामाजिक समूहों के बीच धर्म के प्रचार-प्रसार हेतु।

2. इन्हें लोगों को पुरस्कृत और दंडित करने का अधिकार सौंपा गया था।

3. उसके साम्राज्य में न्याय प्रदान करने हेतु।

नीचे दिए गए कूट का प्रयोग कर सही उत्तर चुनिए-

(a) केवल 1 (b) केवल 1 और 2
(c) केवल 2 और 3 (d) 1, 2 और 3

उत्तर (c) विभिन्न सामाजिक समूहों के बीच धर्म (धम्म) का प्रचार करने के लिए अशोक ने धर्ममहामात्रों की नियुक्ति की। जबकि अधिकारियों के एक वर्ग राज्जुक को न केवल लोगों को पुरस्कृत करने अपितु आवश्यकता पड़ने पर उन्हें दण्डित करने तथा उसके साम्राज्य में न्याय का शासन बनाये रखने का अधिकार भी दिया गया था।

6. निम्नलिखित में से कौन-सा/से मौर्य साम्राज्य के पतन के कारण था/थे?

1. प्रांतों में दमनकारी शासन

2. उत्तर-पश्चिम सीमा की उपेक्षा

3. सेना और नौकरशाही पर उच्च व्यय

नीचे दिए गए कूट का प्रयोग कर सही उत्तर चुनिए-

(a) केवल 1 (b) केवल 2 और 3
(c) केवल 1 और 2 (d) 1, 2 और 3

उत्तर (d) **सभी कथन सही हैं।**

सेना और नौकरशाही पर अत्यधिक व्यय ने मौर्य साम्राज्य के लिए वित्तीय संकट उत्पन्न कर दिया था। सभी करों के बावजूद इस विशाल संरचना को बनाये रखना कठिन था।

अशोक की अपने साम्राज्य तथा विदेशों में धर्म-प्रचार सम्बन्धी गतिविधियों में अत्यधिक व्यस्तता के कारण उत्तर-पश्चिम सीमा मार्ग की सुरक्षा पर पर्याप्त ध्यान देना आवश्यक हो गया था।

प्रांतों में दमनकारी शासन की साम्राज्य के विघटन का एक महत्वपूर्ण कारण था। बिन्दुसार के शासन काल में तक्षशिला का प्रशासन दमनात्मक प्रवृत्ति का था। अशोक के काल में भी इस नगर से इसी प्रकार की शिकायतें आती थीं। अत: दमनकारी शासन के कारण अशोक की सेवानिवृत्ति के पश्चात शीघ्र ही तक्षशिला ने राजसी दासता को उखाड़ फेंका।

7. निम्नलिखित में से किस भारतीय शासक को यूनानी ऐतिहासिक स्रोतों में सैंड्रोकोट्स (Sandrokottas) के रूप में वर्णित किया जाता था?

(a) अशोक (b) चंद्रगुप्त मौर्य
(c) समुद्रगुप्त (d) कनिष्क

उत्तर (b) यूनानी लेखकों ने सिकंदर के समकालीन चन्द्रगुप्त मौर्य का उल्लेख राजा सैंड्रोकोट्स के रूप में किया है। सिकंदर ने नन्द के शासनकाल में भारत पर आक्रमण किया था। भारत के किसी भी ऐतिहासिक ग्रंथ में सिकंदर का उल्लेख नहीं है। इसके सम्बन्ध में जानकारी हमें यूनानी ऐतिहासिक स्रोतों से पता चलता है।

8. निम्नलिखित में से कौन-सी मौर्यों के भौतिक जीवन की विशेषता थी/विशेषताएँ थीं?

1. लेखन का प्रचलन

2. लोहे का अत्यधिक उपयोग

3. पक्की ईंटों और वलय कूपों (ring wells) का उपयोग

नीचे दिए गए कूट का प्रयोग कर सही उत्तर चुनिए-

(a) 1, 2 और 3 (b) केवल 2
(c) केवल 2 और 3 (d) केवल 1 और 3

उत्तर (a) **सभी कथन सही हैं।**

मौर्यों ने पहली बार सुव्यवस्थित राज्य मशीनरी का निर्माण किया, जिसका साम्राज्य के केन्द्र से संचालन किया जाता था। उनकी विजयों ने व्यापारिक और धर्मप्रचार सम्बन्धी गतिविधियों हेतु द्वार खोल दिए। ऐसा प्रतीत होता है कि प्रशासकों, व्यापारियों और जैन व बौद्ध भिक्षुओं द्वारा स्थापित संपर्कों से गंगा घाटी की भौतिक संस्कृति का साम्राज्य के समीप स्थित क्षेत्रों में प्रसार हुआ। गंगा घाटी में नई भौतिक संस्कृति लोहे के अत्यधिक उपयोग, लेखन के प्रचलन, आहत सिक्कों, नॉदर्न ब्लैक पॉलिश्ड वेयर नामक सुंदर मृदभाण्डों की प्रचुरता, पक्की ईंटों और वलय कूपों (कुओं) और सबसे बढ़कर पूर्वोत्तर भारत में नगरों के अस्तित्व पर आधारित थी।

9. मौर्यकाल में 'सीता' से तात्पर्य है–

(a) एक देवी
(b) एक धार्मिक संप्रदाय
(c) राजकीय भूमि से प्राप्त आय
(d) ऊसर भूमि

उत्तर (c) मौर्यकाल में 'सीताध्यक्ष' के द्वारा राजकीय भूमि की व्यवस्था की जाती थी। इससे प्राप्त होने वाली आय को 'सीता' कहा जाता था।

10. निम्नलिखित में से कौन-से स्थल, अशोककालीन कला और वास्तुकला/अभिलेखों से जुड़े हुए हैं?

1. धौली 2. मस्की

3. कंधार 4. गिरनार

नीचे दिए गए कूट का प्रयोग कर सही उत्तर चुनिए-

(a) केवल 1 और 2 (b) केवल 2 और 3
(c) केवल 1 और 4 (d) 1, 2, 3 और 4

उत्तर (d) **सभी विकल्प सही हैं।**

धौली में स्मारकीय शैल-कृत हाथी पर अशोक के शिलालेख उत्कीर्ण हैं। सम्राट अशोक को 'देवानामपिय पियदस्सी' (देवताओं का प्रिय) के रूप में संदर्भित किया जाता है। केवल मस्की में प्राप्त शिलालेख सम्राट अशोक को नाम से चिह्नित करता है और इसलिए यह स्पष्ट हो जाता है कि 'देवानामपिय पियदस्सी' सम्राट अशोक की उपाधि थी।

'कंधार शिलालेख', यूनानी और अरामइक भाषा में लिखी गयी प्रसिद्ध द्विभाषी राजाज्ञा है, जिनकी उद्घोषणा मौर्य शासक अशोक ने की थी और शिला पर उल्लिखित करवाया गया था। यह उन मछुआरों और जनजातियों का उल्लेख करता है, जिन्होंने शिकार का परित्याग कर दिया था।

सम्राट अशोक की लगभग 14 राजाज्ञाएँ गिरनार पर्वत के मार्ग पर स्थित हैं। यह शिलालेख एक विशाल शिला है, जो पालि भाषा में और ब्राह्मी लिपि में उत्कीर्ण है। यह लोभ और पशुबलि के प्रतिरोध का उल्लेख करता है। साथ ही यह विचार की पवित्रता, चिंतन में धर्मनिरपेक्षता, दयालुता और कृतज्ञता आदि सिद्धांतों की नैतिक सिद्धांतों के रूप में घोषणा भी करता है।

11. कौटिल्य की सहायता से किस प्रकार चन्द्रगुप्त मौर्य ने नंदों की सत्ता को उखाड़ फेंका, इसका विवरण देने वाली पुस्तक है–

(a) अर्थशास्त्र (b) कल्पसूत्र
(c) मृच्छकटिकम् (d) मुद्राराक्षस

उत्तर (d) 'मुद्राराक्षस' इस बात का विवरण देता है कि किस प्रकार चन्द्रगुप्त मौर्य ने कौटिल्य की सहायता से नंदों की सत्ता को उखाड़ फेंका।

चन्द्रगुप्त मौर्य के जीवन का वर्णन वाले स्रोत में जैन, बौद्ध, ब्राह्मण, लैटिन और ग्रीक स्रोत सम्मिलित हैं। जैन स्रोत में भद्रबाहु का कल्पसूत्र और हेमचंद का परिशिष्टपर्वन हैं। पुराण, चाणक्य का अर्थशास्त्र, विशाखदत्त का मुद्राराक्षस, सोमदेव का कथासरित्सागर और क्षेमेंद्र का बृहत्कथामंजरी प्रमुख ब्राह्मण स्रोत हैं। बौद्ध स्रोत में दीपवंश, महावंश टीका और महाबोधि वंश शामिल हैं।

12. 'अर्थशास्त्र' के संदर्भ में निम्नलिखित कथनों पर विचार कीजिए–

1. यह एक राज्य को परिभाषित करने वाला पहला भारतीय ग्रंथ है।

2. यह मुख्य रूप से शासन के व्यावहारिक मामलों से संबंधित है।

उपर्युक्त कथनों में से कौन-सा/से सही है/हैं?

(a) केवल 1 (b) केवल 2

(c) 1 और 2 दोनों (d) न तो 1, न ही 2

उत्तर (c) अर्थशास्त्र कौटिल्य द्वारा शासन कला, आर्थिक नीति, सैन्य रणनीति आदि के सम्बन्ध में संस्कृत भाषा में लिखा गया प्राचीन भारतीय ग्रंथ है। यह एक राज्य को परिभाषित करने वाला पहला भारतीय ग्रंथ है। **इसलिए, कथन 1 सही है।**

इसकी सप्तांग राज्य की अवधारणा राज्य को अंतर्संबंधित संघटक भागों या तत्वों अर्थात स्वामी (अर्थात् राजा), अमात्य (मंत्रियों), जनपद (प्रादेशिक क्षेत्र एवं जनता), दुर्ग (चाहरदीवारी से घिरी हुई राजधानी), कोश (खजाना), दण्ड (न्याय या शक्ति), एवं मित्र (सहयोगी) से मिलकर बना हुआ मानती है।

'अर्थशास्त्र' प्रमुख रूप से शासन के व्यावहारिक मामले के सम्बन्ध में विचार करता है। सैद्धांतिक मुद्दों को कम वरीयता दी गई थी। **इसलिए, कथन 2 सही है।**

13. अशोक के स्तंभों के निम्नलिखित भागों पर विचार कीजिए–

1. शीर्ष 2. स्तंभ-यष्टि

3. मूर्त पशु आकृति 4. स्तंभ पट्टिका

ऊपर दिए गए भागों को नीचे से ऊपर की ओर उनकी अवस्थिति के क्रम में व्यवस्थित कीजिए -

(a) 2-1-3-4 (b) 2-1-4-3

(c) 4-2-3-1 (d) 4-2-1-3

उत्तर (b) अशोक के एकाश्म स्तंभ महीन बलुआ पत्थर से बने आश्चर्यजनक वास्तुकला और मूर्तिकला के नमूने हैं। ये ऊँचे, मुक्त रूप से पवित्र स्थलों पर खड़े एकाश्म स्तंभ थे। इन स्तंभों के चार प्रमुख भाग हैं–

❖ पत्थर के एक खण्ड से तराशा गया स्तंभ यष्टि (shaft) सादा और चिकना, अनुप्रस्थ परिच्छेद में गोलाकार तथा ऊपर की ओर थोड़ा शंक्वाकार होता जाता है।

❖ स्तंभ के शीर्ष पर कमल की पंखुडियों की आकृतिनुसार हल्के धनुषाकार घंटे के समान आकृति है।

❖ स्तंभ पट्टिका दो प्रकार के हैं - वर्गाकार और सादे तथा गोलाकार और अलंकृत। ये विभिन्न अनुपात के होते हैं।

❖ मूर्त पशु आकृति सामान्यत: गोलाई में या तो बैठे हैं या खड़े हैं। ये शीर्ष पट्टिका के साथ ही एक खण्ड से तराशे गए होते हैं।

अत: सही क्रम : स्तंभ यष्टि-शीर्ष-स्तंभ पट्टिका-मूर्त पशु आकृति है।

14. निम्न कथनों पर विचार कीजिए–

1. अन्तिम मौर्य शासक बृहद्रथ की हत्या उसके प्रधान सेनापति पुष्यमित्र शुंग ने की थी।

2. अन्तिम शुंग राजा देवभूति की हत्या उसके ब्राह्मण मन्त्री वासुदेव कण्व ने की थी, उसके राजसिंहासन को हथिया लिया।

3. आन्ध्र वंश के सिमुक ने कण्व राजवंश के अन्तिम शासक को पदवंचित किया था।

इन कथनों में से कौन-सा/से सही है/हैं?

(a) केवल 1 और 2 (b) केवल 2

(c) केवल 3 (d) 1, 2 और 3

उत्तर (d) अन्तिम मौर्य शासक बृहद्रथ की हत्या पुष्यमित्र शुंग ने कर, शुंग-वंश की स्थापना 185 ई॰पू॰ में की थी। पुष्यमित्र मौर्य सेना का सेनापति था। शुंग वंश ने करीब 112 वर्ष (185 ई॰पू॰ से 73 ई॰पू॰) तक शासन किया। पुन: अन्तिम शुंगवंशी व्यसनी शासक देवभूति की हत्या उसके अमात्य कण्ववंशी वासुदेव ने कर 73 ई॰पू॰ में कण्व वंश की स्थापना की। कण्ववंश के चार शासकों ने करीब 43 वर्ष तक (73 ई॰पू॰ से 28 ई॰पू॰) शासन किया। पुन: आन्ध्र-सातवाहन वंश की स्थापना सिमुक नामक व्यक्ति ने लगभग 60 ई॰पू॰ में अन्तिम कण्ववंशी शासक सुशर्मा की हत्या करके की। इसने गोदावरी नदी के उत्तरी तट पर स्थित प्रतिष्ठान या पैठन को अपनी राजधानी बनाया। इसका शासन काल 60 ई॰पू॰ से 37 ई॰पू॰ के बीच था।

15. कथन (A) : अशोक ने कलिंग को मौर्य साम्राज्य में जोड़ लिया।

कारण (R) : कलिंग दक्षिण भारत से आने वाले स्थलीय एवं समुद्री मार्गों को नियन्त्रित करता था।

कूट :

(a) A तथा R दोनों सही हैं, तथा R, A की सही व्याख्या है।

(b) A और R दोनों सही हैं, किन्तु R, A की सही व्याख्या नहीं है।

(c) A सही है, किन्तु R गलत है।

(d) A गलत है, जबकि R सही है।

उत्तर (a) चूँकि प्राचीन भारत में कलिंग (उड़ीसा) का महत्व भौगोलिक एवं सामुद्रिक व्यापारिक मार्ग की दृष्टि से अत्यधिक था। इसी कारण अशोक के कलिंग अभियान का उद्देश्य स्थलीय और समुद्री व्यापार मार्ग पर अधिकार करना था। अशोक एवं उसके परवर्ती तथा पूर्ववर्ती शासकों ने कलिंग को नियन्त्रित करने के लिए निरन्तर प्रयास किये।

16. इस प्रश्न में दो वक्तव्य हैं, एक को कथन (A) तथा दूसरे को कारण (R) कहा गया है। इन दोनों वक्तव्यों का सावधानीपूर्वक परीक्षण कर इन प्रश्नों का उत्तर नीचे दिए हुए कूट की सहायता से चुनिए–

कथन (A) : अशोक के राजादेशों के अनुसार धार्मिक निष्ठा की अपेक्षा जनता के मध्य सामाजिक समरसता अधिक महत्वपूर्ण थी।

कारण (R) : उसने धर्म संवर्धन के स्थापना पर समदृष्टि के विचारों का प्रसार किया।

कूट :

(a) A तथा R दोनों सही हैं और R, A का सही स्पष्टीकरण है।

(b) A और R दोनों सही हैं, परन्तु R, A का सही स्पष्टीकरण नहीं है।

(c) A सही है, किन्तु R गलत है।

(d) A गलत है, किन्तु R सही है।

उत्तर (a) अशोक के राजादेशों के अनुसार धार्मिक निष्ठा की अपेक्षा जनता के मध्य सामाजिक समरसता अधिक महत्वपूर्ण थी। अशोक जनता की भलाई पर विशेष ध्यान देता था। बौद्ध धर्मावलम्बी होने के कारण वह सत्य, अहिंसा और परोपकार को धर्म का मूल समझता था। उसने धार्मिक निष्ठा की जगह सामाजिक समरसता पर विशेष बल को अपनाने के लिए जनता को सन्देश दिया।

17. **अशोक के जो प्रमुख शिलालेख (Rock Edicts) संगम राज्य के विषय में हमें बताते हैं, उनमें सम्मिलित हैं–**

(a) पहला और दसवाँ शिलालेख
(b) पहला और ग्यारहवाँ शिलालेख
(c) दूसरा और तेरहवाँ शिलालेख
(d) दूसरा और चौदहवाँ शिलालेख

उत्तर (c) अशोक के दूसरे एवं तेरहवें शिलालेख में दक्षिण के राज्यों (संगम राज्य) एवं श्रीलंका के बारे में जानकारी प्राप्त होती है।

18. **सूची-I को सूची-II से सुमेलित कीजिए तथा सूचियों के नीचे दिए गए कूट से सही उत्तर का चयन कीजिए–**

सूची I	सूची II
A. चन्द्रगुप्त	1. प्रियदर्शी
B. बिन्दुसार	2. सेन्ड्रोकोट्टस
C. अशोक	3. अमित्रघात
D. चाणक्य	4. विष्णुगुप्त

कूट :

	A	B	C	D
(a)	2	3	4	1
(b)	1	3	2	4
(c)	2	3	1	4
(d)	3	4	2	1

उत्तर (c)

व्यक्ति	उपनाम
1. चन्द्रगुप्त	सेन्ड्रोकोट्टस
2. बिन्दुसार	अमित्रघात, अमित्रोचेडस
3. अशोक	प्रियदर्शी
4. चाणक्य	विष्णु गुप्त, कौटिल्य

19. **मौर्य साम्राज्य में 'पिंडकर' एक कर था–**

(a) श्रम के रूप में दिया जाने वाला
(b) सिंचाई पर लगाने वाला
(c) गैर-कृषि उत्पाद पर लगाने वाला
(d) एक ग्राम से संयुक्त रूप से संग्रहीत

उत्तर (d) मौर्य प्रशासन के अन्तर्गत 'पिंडकर' एक ग्राम से संयुक्त रूप से वसूल किए जाने वाला कर था। इसके अतिरिक्त कुछ अन्य प्रमुख कर भी थे जैसे–**प्रणम**-संकट काल में प्रजा द्वारा वसूला जाने वाला कर, **विष्ट** – नि:शुल्क श्रम अर्थात् बेगार, **उद्क** – सिंचाईकर, **भाग**– एक उपकर, **प्रतिकर**–अतिरिक्त कर, **बलि**–एक प्रकार का धार्मिक कर तथा विवीत-चारागाह कर आदि।

20. **निम्नलिखित स्थानों पर विचार कीजिए–**

1. **अहरौरा**
2. **धौली**
3. **गिरनार**

उपर्युक्त स्थान/स्थानों में कहाँ पर अशोक के शिलालेख मिलते हैं?

(a) केवल 1
(b) केवल 1 और 2
(c) केवल 2 और 3
(d) 1, 2 और 3

उत्तर (d) अशोक ऐसा प्रथम शासक था जिसने अभिलेखों के माध्यम से अपनी प्रजा को संबोधित किया। इसकी प्रेरणा उसे ईरानी शासक दारा प्रथम (डेरियस) से मिली थी। सर्वप्रथम 1750 ई. में टीफेन्थैलर ने दिल्ली में अशोक के स्तंभ का पता लगाया। अशोक के शिलालेखों को सर्वप्रथम 1837 ई. में **जेम्स प्रिंसप** ने पढ़ा था। मास्की, गुजर्रा, नेत्तुर तथा उदयागोलाम के लेखों में अशोक का व्यक्तिगत नाम मिलता है। अशोक के शिलालेख आठ विभिन्न स्थानों से पाए गए हैं– **1.** शाहबाजगढ़ी (पेशावर) **2.** मानसेहरा (हजारा) **3.** कालसी (उत्तराखंड के देहरादून), **4.** गिरनार (गुजरात), **5.** धौली (उड़ीसा), **6.** नौगढ़ (उड़ीसा), **7.** एर्रगुडि (आन्ध्र प्रदेश) और **8.** सोपारा (महाराष्ट्र)।

इससे अतिरिक्त 13 विभिन्न स्थानों से लघु शिलालेख पाए गए, जिसमें एक अहरौरा (उत्तर प्रदेश के मिर्जापुर जिले में) में है।

21. **निम्नलिखित में से किसने ब्राह्मी लिपि का अर्थ उद्घाटन किया?**

(a) विलियम जोन्स
(b) जेम्स प्रिंसेप
(c) जॉन मार्शल
(d) ई. जे. एच. मैके

उत्तर (b) अब तक अशोक के करीब 40 अभिलेख प्राप्त हुए हैं। इन सभी अभिलेखों में तीन लिपियों का प्रयोग किया गया है, जिसमें ब्राह्मी, खरोष्ठी, ग्रीक तथा अरामाइक शामिल है। 1750 ई. में टीफेन्थेलर ने सर्वप्रथम दिल्ली में अशोक स्तंभ का पता लगाया। 1837 ई. में जेम्स प्रिंसेप ने सर्वप्रथम अशोककालीन लिपि (ब्राह्मी) का अध्ययन प्रस्तुत किया, जिसके फलस्वरूप उसके अभिलेखों का अध्ययन सम्भव हो सका। इस प्रकार ब्राह्मी लिपि को पढ़ने की विधि की सर्वप्रथम खोज जेम्स प्रिंसेप ने की थी।

22. **निम्नलिखित में से कौन-सा एक सम्राट अशोक के शासनकाल से सम्बन्धित प्रशासकीय अधिकारियों का, वरिष्ठ से आरम्भ कर कनिष्ठ स्तर तक, सही अनुक्रम है?**

(a) प्रादेशिक → महामात्र → राज्जक
(b) महामात्र → राज्जक → प्रादेशिक
(c) प्रादेशिक → राज्जक → महामात्र
(d) महामात्र → प्रादेशिक → राज्जक

उत्तर (b) अशोक के शासनकाल से सम्बन्धित प्रशासकीय अधिकारियों का वरिष्ठ से कनिष्ठ स्तर क्रम महामात्र-राज्जक–प्रादेशिक के रूप में था। महामात्र नगर व्यवहारिक के रूप में कार्य सम्पादित करने वाला अधिकारी होता था। यद्यपि कतिपय इतिहासकार इसे सीमावर्ती प्रान्तों का उच्च अधिकारी भी बताते हैं। संभवत यह एक व्यापक संज्ञा थी, जिससे सभी उच्च पदाधिकारियों का बोध होता है। राज्जक वर्तमान बन्दोबस्त अधिकारी की भांति कार्य करते थे। यह एक अति महत्वपूर्ण पद होता था, जिसे कई लाख व्यक्तियों के ऊपर नियुक्त किया जाता था। वस्तुत: इसे आधुनिक शासन प्रणाली के अन्तर्गत विद्यमान जिलाधिकारी मानना सही प्रतीत होता है। ये राजस्व तथा न्याय दोनों ही प्रकार के कार्य करते थे। प्रादेशिक मण्डल का प्रधान अधिकारी होता था, जो कि वर्तमान सभागीय आयुक्त के रूप में कार्य सम्पादित करता था। वह न्याय सम्बन्धी कार्य भी करता था।

23. **सम्राट अशोक के संदर्भ में निम्नलिखित कथनों पर विचार कीजिए–**

1. **अशोक का पुराणों में अंकित पूरा नाम अशोक वर्द्धन है, परन्तु अपने अभिलेखों मे उसने अपने व्यक्तिगत नाम का कभी प्रयोग नहीं किया।**
2. **भारत में उपलब्ध एकमात्र पुरालेखीय दस्तावेज, जिसमें अशोक के नाम का उल्लेख हुआ है, पश्चिमी क्षत्रप रूद्रदामन का अभिलेख है।**

उपर्युक्त कथनों में से कौन-सा/से सही है/हैं?

(a) केवल 1
(b) केवल 2
(c) 1 और 2 दोनों
(d) न तो 1, न ही 2

उत्तर (d) अशोक का पुराणों में अंकित पूरा नाम अशोक वर्द्धन मिलता है। इसके अतिरिक्त अशोक के दक्षिण भारत से प्राप्त मस्की, गुर्जरा, नेन्तूर तथा उदेगोलम अभिलेखों में उसके व्यक्तिगत नाम अशोक का उल्लेख किया गया है। मास्की और उदेगोलम अभिलेख कर्नाटक राज्य के क्रमश: रायचूर तथा बेलारी से प्राप्त हुए हैं, जबकि गुर्जरा अभिलेख मध्य प्रदेश के दतिया जिले से मिला है। यद्यपि शक क्षत्रप रूद्रदामन के जूनागढ़ अभिलेख में अशोक के नाम का

उल्लेख किया गया है, किन्तु यह एकमात्र ऐसा अभिलेख अथवा पुरालेखीय दस्तावेज नहीं है जिसमें अशोक का नाम उल्लिखित है, क्योंकि उसके स्वयं के अभिलेखों में से इस तथ्य के प्रमाण मिलते हैं।

24. अभिलेख जिससे यह प्रमाणित होता है, कि चन्द्रगुप्त का प्रभाव पश्चिम भारत पर था, है–

(a) कलिंग अभिलेख
(b) अशोक का गिरनार अभिलेख
(c) रुद्रदामन का जूनागढ़ अभिलेख
(d) अशोक का सोपारा शिलालेख

उत्तर (c) चन्द्रगुप्त मौर्य का पश्चिम में अधिकार था। इसका प्रमाण उसके किसी अभिलेख में नहीं है बल्कि रुद्रदामन के जूनागढ़ शिलालेख से पता चलता है। जूनागढ़ शिलालेख से ज्ञात होता है कि चन्द्रगुप्त मौर्य ने अपने पश्चिमी प्रांत के गवर्नर पुष्यगुप्त वैश्य को सौराष्ट्र प्रांत में एक झील का निर्माण करने की आज्ञा दी थी। यही झील सुदर्शन झील के नाम से इतिहास में विख्यात है। इस झील का निर्माण कार्य सम्राट अशोक के काल में भी हुआ जब यहां नहर निकाली गई थी। रुद्रदामन के समय में इसका बांध टूट गया था जिसकी मरम्मत रुद्रदामन ने अपने राज्यपाल सुविशाख से करवाई। स्कन्दगुप्त ने भी इस बांध का मरम्मत कार्य किया था।

25. मेगस्थनीज के अनुसार पाटलिपुत्र का नगर एक समिति द्वारा शासित था। इस समिति में कितने सदस्य थे?

(a) 10
(b) 15
(c) 30
(d) 40

उत्तर (c) मेगस्थनीज के अनुसार, पाटलिपुत्र नगर का शासन-प्रबंध 30 सदस्यों का एक मण्डल करता था, जो 6 समितियों में विभक्त था। प्रत्येक समिति में 5 सदस्य होते थे।

❑❑❑

10 मौर्योत्तर काल

1. निम्नलिखित में से कौन-से राजवंश समकालीन थे?

1. सातवाहन 2. मौर्य

3. शक

नीचे दिए गए कूट का प्रयोग कर सही उत्तर चुनिए-

(a) 1, 2 और 3 (b) केवल 2 और 3

(c) केवल 1 और 2 (d) केवल 1 और 3

उत्तर (d) दक्कन और मध्य भारत में सातवाहनों ने 100 वर्षों के अंतराल के बाद मौर्यों का स्थान लिया। मौर्य साम्राज्य के पतन के बाद, इंडो-ग्रीक ने उत्तर-पश्चिम भारत के एक बड़े भाग पर कब्जा कर लिया था। उनके बाद शक आए, जिनके नियंत्रण में इंडो-ग्रीक की तुलना में भारत का अधिक बड़ा भाग था। सातवाहन और शक दोनों ही समकालीन थे। वस्तुत: शक, सातवाहनों के सबसे बड़े प्रतिद्वंद्वी थे।

2. "वह भारत का एक शक शासक था, जो काठियावाड़ की सुदर्शन झील की मरम्मत करवाने के लिए प्रसिद्ध है। वह संस्कृत का महान प्रेमी था और उसने संस्कृत में जूनागढ़ का शिलालेख लिखवाया।" उपर्युक्त परिच्छेद निम्नलिखित में से किस राजा का सबसे अच्छा वर्णन करता है?

(a) रुद्रदामन प्रथम (b) चन्द्रगुप्त द्वितीय

(c) समुद्रगुप्त (d) विक्रमादित्य

उत्तर (a) **विकल्प (a) सही है।**

रुद्रदामन प्रथम (130-150 ईसवी) सर्वाधिक प्रसिद्ध शक शासक था। वह न केवल सिन्ध क्षेत्र अपितु गुजरात, कोंकण, नर्मदा घाटी, मालवा और काठियावाड़ के बड़े भू-भाग पर शासन करता था। वह इतिहास में काठियावाड़ के अर्द्ध-शुष्क क्षेत्र में अवस्थित सुदर्शन झील का जीर्णोद्धार करवाने हेतु प्रसिद्ध है। वह संस्कृत का महान प्रेमी था। हालांकि वह विदेशी था, फिर भी उसने विशुद्ध संस्कृत में सबसे पहला शिलालेख जारी किया था। वह संस्कृत का महान प्रेमी था।

चन्द्रगुप्त द्वितीय गुप्त साम्राज्य से सम्बन्धित है।

विक्रमादित्य उज्जैन का राजा था, जिसने शक-शासकों के विरुद्ध युद्ध किए थे।

समुद्रगुप्त गुप्त साम्राज्य से सम्बन्धित है।

3. भारत में कुषाण वंश के संदर्भ में, निम्नलिखित कथनों पर विचार कीजिए-

1. इनका साम्राज्य केवल भारत के उत्तर-पश्चिमी भाग तक ही सीमित था।

2. शक संवत् का आरम्भ इनके शासनकाल में ही हुआ था।

3. भारत में पहली बार सोने के सिक्के इन्होंने ही जारी किए।

उपर्युक्त कथनों में से कौन-सा/से सही है/हैं?

(a) केवल 1 और 3

(b) केवल 2

(c) 1, 2 और 3

(d) केवल 2 और 3

उत्तर (b) **कथन 1 सही नहीं है।** कुषाण साम्राज्य आमू दरिया (Oxus) से गंगा तक, मध्य एशिया में खुरासान से लेकर उत्तर प्रदेश के वाराणसी तक विस्तारित था। इसमें मध्य एशिया का बड़ा क्षेत्र, ईरान का कुछ भाग, अफगानिस्तान का कुछ भाग, लगभग पूरा पाकिस्तान और लगभग पूरा उत्तर भारत सम्मिलित था। मथुरा में पाए जाने वाले कुषाणकालीन सिक्कों, शिलालेखों और मूर्तियों से पता चलता है कि यह पुरुषपुर या पेशावर के बाद भारत में उनकी दूसरी राजधानी थी।

कथन 2 सही है। सबसे प्रसिद्ध कुषाण शासक कनिष्क ने 78 ईस्वी में शक संवत् आरम्भ किया था।

कथन 3 सही नहीं है। सोने के सिक्के सर्वप्रथम इंडो-ग्रीक शासकों ने जारी किए थे। इनकी संख्या कुषाण शासन काल में निरंतर बढ़ती गयी। इंडो-ग्रीक ही ऐसे प्रथम शासक थे, जिन्होंने भारत में इस प्रकार के सिक्के जारी किए, जिनकी पहचान सुनिश्चित रूप से किसी शासक-विशेष द्वारा जारी किये गए सिक्कों के रूप में की जा सकती है।

4. इंडियन नेशनल कैलेंडर (भारतीय राष्ट्रीय पंचांग) 78 ईस्वी में आरंभ होने वाले शक पंचांग पर आधारित है। इस तिथि का क्या महत्व है?

(a) यह शकों पर राजा विक्रमादित्य की विजय का प्रतीक है।

(b) यह कनिष्क के राज्यारोहण का प्रतीक है।

(c) यह अशोक द्वारा बौद्ध धर्म के अंगीकरण का प्रतीक है।

(d) यह सातवाहन शासन के आरम्भ का प्रतीक है।

उत्तर (b) शक संवत (शालिवाहन संवत, शब्द) का शून्य वर्ष 78 ईसवी से आरम्भ होता है; जब कनिष्क कुषाण साम्राज्य की राजगद्दी पर आसीन हुआ।

यह माना जाता है कि विक्रम संवत (57 ई.पू.) शकों पर राजा विक्रमादित्य की विजय के बाद प्रवर्तित किया गया।

5. ''हालांकि वह एक विदेशी था, किन्तु भारत में बस गया, उसने पहला लंबा शिलालेख (जूनागढ़ शिलालेख) विशुद्ध संस्कृत में जारी किया। यह शिलालेख राजस्थान में यौधेय जनजातियों के विरुद्ध उसकी सफलता एवं सुदर्शन झील के मरम्मत कार्य के अतिरिक्त, नर्मदा घाटी में एवं सातवाहनों के विरुद्ध उसके सामरिक पराक्रमों का लंबा अभिलेख है।''

उपर्युक्त विवरण सर्वोत्तम रूप से निम्नलिखित में से किस शासक/राजा के सम्बन्ध में व्याख्या करता है?

(a) कनिष्क

(b) रुद्रदामन प्रथम

(c) मिनान्डर

(d) गॉन्डोफर्नीज

उत्तर (b) रुद्रदामन-प्रथम (130-150 ईसवी) पश्चिमी क्षत्रप राजवंश का एक शक शासक था। वह राजा चेष्टन का पोता था।

रुद्रदामन-प्रथम ने सातवाहन साम्राज्य के पतन में महत्वपूर्ण भूमिका निभाई थी।

150 ईसवी में निर्मित जूनागढ़ का संस्कृत शिलालेख रुद्रदामन-प्रथम को कला और संस्कृत साहित्य का समर्थन करने एवं मौर्यों द्वारा निर्मित बांध की मरम्मत करने का श्रेय प्रदान करता है। उसने वास्तव में मौर्यों द्वारा बाढ़ नियंत्रण के लिए निर्मित किए गए सुदर्शन झील के तटबंधों की मरम्मत करवाई थी।

रुद्रदामन ने सातवाहनों (या आन्ध्रों) के विरुद्ध कई युद्ध किए और आन्ध्र राजा वशिष्ठीपुत्र पुलुमावी ने शत्रुता को समाप्त करने के प्रयास में रुद्रदामन की बेटी से विवाह किया।

जैसा कि गिरनार शिलालेख में वर्णित किया गया है, रुद्रदामन ने हरियाणा में यौधेय जनजातियों पर भी विजय प्राप्त की।

6. सातवाहनों की सामाजिक प्रणाली के सम्बन्ध में निम्नलिखित कथनों पर विचार कीजिए–

1. सातवाहन शासकों में उत्तराधिकार मातृवंशीय होता था।

2. उन्होंने कभी भी वर्ण-व्यवस्था से इतर विवाह-सम्बन्ध नहीं किए।

उपर्युक्त कथनों में से कौन-सा/से सही है/हैं?

(a) केवल 1 (b) केवल 2

(c) 1 और 2 दोनों (d) न तो 1, न ही 2

उत्तर (d) विशाल मौर्य साम्राज्य के पतन के बाद मगध में शुंग एवं कण्व राजवंशों का उदय हुआ, कलिंग में चेदि महामेघवाहन राजवंश एवं दक्षिण भारत में आन्ध्र क्षेत्र में सातवाहन राजवंश का भी उदय हुआ।

इस दक्षिणी राजवंश का संस्थापक सिमुक नामक राजा था। यद्यपि शिलालेखों में सिमुक नाम प्राप्त होता है, पुराणों में उसका उल्लेख शिसुक और सिन्धुक नाम से किया गया है। यह माना जाता है कि ईसा पूर्व पहली शताब्दी में दक्कन में, विशिष्ट रूप से आन्ध्र में व्यापक क्षेत्र पर विजय प्राप्त करने के बाद सिमुक के शासन का उदय हुआ।

सातवाहन शासकों को मातृनामिक नामों (माता के नाम से व्युत्पन्न नाम) से पहचाना जाता था, लेकिन सिंहासन का उत्तराधिकार पितृवंशीय होता था। **अतः प्रथम कथन सही नहीं है।**

यद्यपि गौतमीपुत्र शातकर्णी ने चार वर्णों के लोगों के मध्य अन्तर्जातीय विवाह की अनुमति नहीं दी, जबकि उसके पुत्र वशिष्ठीपुत्र पुलुमावी ने शकों के साथ भी (शक राजा रुद्रदामन की पुत्री) विवाह-संबंध स्थापित करने में संकोच नहीं किया, जबकि वे विदेशी नस्ल से सम्बन्ध रखते थे। **अतः दूसरा कथन सही नहीं है।**

7. विक्रम एवं शक संवतों में कितना अन्तर (वर्षों में) है?

(a) 57 वर्ष (b) 78 वर्ष

(c) 135 वर्ष (d) 320 वर्ष

उत्तर (c) 57 ई०पू० में उज्जैन के एक स्थानीय राजा ने शकों को पराजित करके बाहर खदेड़ दिया और विक्रमादित्य की उपाधि धारण की। शकों पर विजय के उपलक्ष्य में 57 ई०पू० में एक नया संवत् विक्रम संवत् के नाम से प्रारम्भ हुआ। उसी समय से 'विक्रमादित्य' एक लोकप्रिय उपाधि बन गई, जिसकी संख्या भारतीय इतिहास में 14 तक पहुँच गई। गुप्त सम्राट चन्द्रगुप्त द्वितीय सबसे विख्यात विक्रमादित्य था। कनिष्क ने 78 ई० में एक संवत् चलाया, जो शक-संवत् कहलाता है। शक् संवत् भारत सरकार एवं हिन्दू धर्मावलम्बियों द्वारा प्रयोग में लाया जाता है।

8. निम्नलिखित कथनों पर विचार कीजिए–

1. दक्षिण भारत के इक्ष्वाकु शासक बौद्धमत के विरोधात्मक थे।

2. पूर्वी भारत के पाल शासक बौद्धमत के समर्थक थे।

उपरोक्त कथनों में से कौन-सा/से सही है/हैं?

(a) केवल 1

(b) केवल 2

(c) 1 और 2 दोनों

(d) न तो 1, न ही 2

उत्तर (b) दक्षिण में 225-325 ई० के दौरान आन्ध्र में इक्ष्वाकु वंश का शासन था। ये अयोध्या के प्रमुख इक्ष्वाकु वंश के माने जाते थे। इस वंश के यहाँ कुल 7 शासक हुए, जिनकी लगभग सभी रानियाँ बौद्ध मतावलम्बी थीं। नागार्जुनकोण्डा स्थित मूर्तियों में बौद्ध की विशाल मूर्तियाँ शामिल हैं। यद्यपि इक्ष्वाकुओं ने वैदिक अध्यात्म का पालन किया, किन्तु इन्होंने सदैव बौद्ध धर्म का समर्थन किया।

बंगाल में पाल शासक के दौरान बंगाल महत्वपूर्ण बौद्ध केन्द्र के रूप में उभरा। ऐसा पाल वंश द्वारा बौद्ध मत के समर्थन के कारण हुआ।

स्पष्ट है कि कथन (1) गलत है और कथन (2) सही है।

9. निम्नलिखित व्यक्ति भारत में किसी-न-किसी समय आए–

1. फाह्यान 2. इत्सिंग

3. मेगस्थनीज 4. ह्वेनसांग

इनके आगमन का सही कालानुक्रम है–

(a) 3, 1, 2, 4 (b) 3, 1, 4, 2

(c) 1, 3, 2, 4 (d) 1, 3, 4, 2

उत्तर (b) इनके आगमन का सही कलानुक्रम है–

पुस्तक	यात्री का नाम	देश	शासक	समय
इण्डिका	मेगस्थनीज	यूनानी	चन्द्रगुप्त मौर्य	305 B.C. से 299 B.C.
फो-क्यों-की	फाह्यान	चीन	चन्द्रगुप्त विक्रमादित्य	401 A.D. से 410 A.D. (गुप्तकाल)
सी-यू-की	ह्वेनसांग	चीन	हर्षवर्द्धन	624 A.D. से 643 A.D.
काड-का-काओ-सांग-चुन	इत्सिंग	चीन		सातवीं सदी 671 A.D. से 695 A.D.

10. इस प्रश्न में दो वक्तव्य हैं– एक को कथन (A) तथा दूसरे को कारण (R) कहा गया है, दोनों वक्तव्यों का सावधानीपूर्वक परीक्षण कर इस प्रश्न का उत्तर नीचे दिए हुए कूट की सहायता से चुनिए–

कथन (A) : गान्धार शैली पर यूनानी (हेलोनिस्टिक) प्रभाव के चिह्न हैं।

कारण (R) : उस कला से हीनयान का रूप प्रभावित हुआ।

कूट:

(a) A तथा R दोनों सही हैं और R, A का सही स्पष्टीकरण है।

(b) A और R दोनों सही हैं, परन्तु R, A का सही स्पष्टीकरण नहीं है।

(c) A सही है, किन्तु R गलत है।

(d) A गलत है, किन्तु R सही है।

उत्तर (c) गान्धार शैली पर यूनानी (हेलेनिस्टिक) प्रभाव था। चूँकि इस कला को हिन्द-यूनानी शासकों ने भारत के पश्चिमोत्तर भाग में प्रचलित किया। **अतः कथन (A) सही है।** लेकिन इस कला से बौद्ध धर्म के उपसम्प्रदाय हीनयान का रूप प्रभावित नहीं हुआ, बल्कि महायान का रूप प्रभावित हुआ। **अतः कारण (R) गलत है।**

11. निम्नलिखित में से कौन-सा एक स्थान इक्ष्वाकु शासकों के प्राचीन नगर विजयपुरी को निरूपित करता है?

(a) अमरावती (b) नागार्जुनकोण्डा

(c) विजयवाड़ा (d) विजयनगरम्

उत्तर (b) सातवाहनों के पश्चात नागार्जुनकोण्डा क्षेत्र में ईक्ष्वाकु वंश का शासन स्थापित हुआ। उनके समय में आन्ध्र की राजधानी अमरावती से हटाकर 'नागार्जुनीकोण्डा' में लायी गई तथा इसे 'विजयपुरी' कहा गया। महाभारत में इसका प्रारंभिक नाम 'श्रीपर्वत' मिलता है। इक्ष्वाकु राजाओं ने यहाँ बौद्ध स्तूप तथा विहार का निर्माण करवाया था।

12. यह तथ्य कि सातवाहन समुद्री व्यापार करते थे तथा उनके पास जल सेना थी, एक विशेष 'दोहरे मस्तूल के जहाज' वाले सिक्के की उपलब्धता से सिद्ध होता है। राजवंश के किस तथाकथित शासक ने, ये सिक्के जारी किए थे?

(a) सिमुक
(b) शातकर्णी द्वितीय
(c) गौतमीपुत्र शातकर्णी
(d) यज्ञश्री शातकर्णी

उत्तर (d) सातवाहन वंश का संस्थापक सिमुक था। पुराणों में सातवाहन वंश को 'आन्ध्र जातीय' तथा 'आन्ध्रभृत्य' कहा गया है। शातकर्णी प्रथम इस वंश का प्रथम योग्य शासक था। इसने मलवशैली की गोल मुद्राएँ तथा अपनी पत्नी के नाम पर रजत मुद्राएँ उत्कीर्ण करवायी। हाल, सातवाहन वंश का सर्वाधिक विद्वान शासक था। उसने प्राकृत भाषा में 'गाथाशप्तमी' नामक ग्रंथ की रचना की। उसकी राजभाषा में वृहत्कथा के रचयिता गुणाढ्य तथा कातंत्र नामक संस्कृत व्याकरण के लेखक शर्ववर्मन निवास करते थे। गौतमीपुत्र शातकर्णी सातवाहन वंश का महानतम शासक था। नासिक अभिलेख में उसे 'एकमात्र ब्राह्मण' एवं 'अद्वितीय ब्राह्मण' कहा गया है। इसने 'वेणकटक स्वामी' की उपाधि धारण की तथा 'वेणकटक' नामक नगर की स्थापना की। यज्ञश्री शातकर्णी सातवाहन वंश का अंतिम महान शासक था। वह व्यापार एवं जलयात्रा का प्रेमी था। इसके सिक्कों पर जलयान का चित्र अंकित है, जो जलयात्रा और समुद्री व्यापार के प्रति इसके प्रेम का परिचायक है।

13. निम्नलिखित कथनों पर विचार कीजिए—

1. सातवाहन शासकों द्वारा सिक्के ढालने के लिए उपयोग में लाई जाने वाली प्रमुख धातु स्वर्ण थी।

2. राजराज चोल के शासनकाल में जारी किए गए सिक्कों के अग्रभाग में खड़े हुए राजा तथा पृष्ठ भाग में बैठे हुए राजा की आकृति मुद्रित हैं।

उपर्युक्त कथनों में से कौन-सा/से सही है/हैं।

(a) केवल 1 (b) केवल 2
(c) 1 और 2 दोनों (d) न तो 1, न ही 2

उत्तर (b) सातवाहन शासकों द्वारा सर्वप्रथम सीसे के सिक्के जारी किए। इसके अतिरिक्त उन्होंने चाँदी, तांबा, पोटिन आदि के भी सिक्के चलाए। इस काल में सोने के सिक्के भी जारी किए गए, किन्तु सोना मुख्य धातु के रूप में नहीं था। राजराज चोल के सिक्कों के अग्रभाग पर खड़े हुए राजा तथा पृष्ठ भाग पर बैठे हुए राजा की आकृति मुद्रित है।

14. निम्नलिखित शासकों में से किसके लिए 'एका ब्राह्मण' प्रयुक्त हुआ है?

(a) पुष्यमित्र शुंग
(b) खारवेल
(c) गौतमीपुत्र शातकर्णी
(d) सुशर्मन

उत्तर (c) सातवाहन शासक गौतमीपुत्र शातकर्णी को नासिक अभिलेख में 'एका ब्राह्मण' कहा गया है। गौतमीपुत्र शातकर्णी सातवाहन वंश का 23वां तथा सबसे महान शासक था, जिसके सैनिक विजयों की जानकारी इनकी माता बलश्री के नासिक अभिलेख से प्राप्त होती है।

15. निम्नलिखित कथनों पर विचार कीजिए—

1. गौतमीपुत्र शातकर्णी ने नहपाण को हराया।

2. वशिष्ठीपुत्र पुलुमावि, रुद्रदामन द्वारा हराया गया था।

3. यज्ञश्री शातकर्णी ने स्वयं को एकब्राह्मण का नाम दिया।

उपर्युक्त कथनों में से कौन-से सही है?

(a) केवल 1 और 2 (b) केवल 2 और 3
(c) केवल 1 और 3 (d) 1, 2 और 3

उत्तर (a) नासिक प्रशस्ति से पता चलता है कि अपने राज्यारोहण के 18वें वर्ष में गौतमी पुत्र शातकर्णी ने व्यापक सैनिक तैयारियों के साथ क्षहरातों के राज्य पर आक्रमण किया। युद्ध में नहपान तथा उसका दामाद ऋषभदत्त मार डाले गये। गौतमीपुत्र की शक शासक नहपान के विरुद्ध इस विजय की पुष्टि जोगलथम्बी से मिले सिक्कों से भी होती है, क्योंकि नहपान के इन सिक्कों को गौतमीपुत्र ने पुनरंकित करवाया था। शक शासक रुद्रदामन के जूनागढ़ अभिलेख से ज्ञात होता है कि रुद्रदामन ने सातवाहन शासक वशिष्ठीपुत्र पुलुमावी को दो बार पराजित किया था। सातवाहन शासक गौतमीपुत्र शातकर्णी एक ब्राह्मण कहा गया है। यज्ञश्री शातकर्णी ने यह उपाधि धारण नहीं की थी।

16. प्राचीन भारत का महान वैयाकरण पतंजलि निम्नलिखित में से किसका समकालीन था?

(a) चन्द्रगुप्त मौर्य (b) अशोक
(c) पुष्यमित्र शुंग (d) सुशर्मा कण्व

उत्तर (c) महान वैयाकरण पतंजलि, जिन्होंने पाणिनि की अष्टाध्यायी पर 'महाभाष्य' नामक टीका लिखी, पुष्यमित्र शुंग के समकालीन थे। पुष्यमित्र शुंग ने पतंजलि को अपना राजपुरोहित बनाया था। उनके 'महाभाष्य' में यवन आक्रमण की चर्चा मिलती है, जिसमें बताया गया है कि यवनों ने साकेत तथा माध्यमिका को रौंद डाला था।

17. सुश्रुत के अध्ययन का केन्द्रबिन्दु क्या है—

(a) रोगविज्ञान (b) शल्य-चिकित्सा
(c) आहार-विज्ञान (d) तंत्रिका तंत्र

उत्तर (b) सुश्रुत का काल ई.पू. दूसरी सदी के आस-पास माना जाता है। ये शल्य-चिकित्सा के विशेषज्ञ थे। आयुर्वेद की परम्परा के अनुसार जो स्थान कार्य-चिकित्सा में चरक का था, वही स्थान शल्य-चिकित्सा में सुश्रुत का था। सुश्रुत ने शल्य-चिकित्सा के ऊपर 'सुश्रुत संहिता' नामक ग्रंथ की रचना की थी। इस ग्रंथ का अरबी, फ्रेंच, उर्दू, अंग्रेजी, हिन्दी आदि भाषाओं में अनुवाद किया जा चुका है।

18. निम्न में से किन दो विद्वानों ने कनिष्क के समय में बुलाई गयी बौद्ध धर्म-संगीति में भाग लिया था?

1. वसुमित्र **2. अश्वघोष**
3. उपालि **4. कात्यायन**

नीचे दिए गए कूट का प्रयोग कर सही उत्तर चुनिए-

(a) केवल 1 तथा 2 (b) केवल 1 तथा 3
(c) केवल 2 तथा 3 (d) केवल 2 तथा 4

उत्तर (a) कनिष्क के शासनकाल में (102 ई. में) कश्मीर के कुण्डलवन में चतुर्थ बौद्ध संगीति (पार्श्व के कहने पर) आयोजित की गयी। इस संगीति की अध्यक्षता वसुमित्र ने की, जबकि इसके उपाध्यक्ष अश्वघोष थे। इसी समय बौद्ध धर्म स्पष्ट रूप से हीनयान तथा महायान नामक दो सम्प्रदायों में विभाजित हो गया। आनंद और उपालि बुद्ध के दो प्रमुख शिष्य थे, जो प्रथम बौद्ध संगीति के समय उपस्थित थे। यह संगीति चतुर्थ बौद्ध संगीति से लगभग 600 वर्ष पूर्व हुई थी। कात्यायन की प्रतिष्ठा एक स्मृतिकार के रूप में है। ये बौद्ध विद्वान नहीं थे। कात्यायन को गुप्तकाल से सम्बद्ध किया जाता है।

19. निम्न में से किसने सर्वप्रथम पोटीन मुद्राओं को जारी किया?

(a) मौर्य शासकों ने
(b) मगध शासकों ने
(c) सातवाहन शासकों ने
(d) चेदि शासकों ने

उत्तर (c) मौर्यों के पश्चात् दक्षिणापथ में सातवाहन शासन का उदय हुआ। इन्होंने करीब 300 वर्ष तक शासन किया। सातवाहनों ने सामान्य आर्थिक क्रिया-कलापों को सुचारु रूप से क्रियान्वित करने के लिए अपने सिक्के सीसे, पोटीन, तांबे और चाँदी के चलाए। इन्होंने स्वर्ण सिक्के नहीं चलाए अपितु उनका प्रयोग बहुमूल्य धातु के रूप में किया।

20. गौतमी पुत्र शातकर्णी का प्रमुख विवरण उसकी माता द्वारा उत्कीर्ण करवाए गए अभिलेखों से मिलता है। निम्न में से कौन-सा स्थान इन अभिलेखों से सम्बद्ध है?

(a) हाथीगुम्फा (b) नानाघाट
(c) नासिक (d) कन्हेरी

उत्तर (c) गौतमीपुत्र शातकर्णी सातवाहन कुल का महानतम सम्राट था। उसके पिता का नाम शिवस्वाति एवं माता का नाम गौतमी बलश्री मिलता है। उसकी सैनिक सफलताओं एवं अन्य कार्यों के विषय में हमें उसकी माता गौतमी बलश्री की नासिक प्रशस्ति से महत्वपूर्ण जानकारियाँ प्राप्त होती है। इसने तीनों समुद्रों का जल पीया था। इसी प्रशस्ति में उसे वेदों का आश्रय (आगमननिलय) तथा अद्वितीय ब्राह्मण (एका ब्राह्मण) कहा गया है।

21. निम्न में से कौन-सा एक युग्म सही सुमेलित है?

(a) राष्ट्रकूट - देवगिरि
(b) पल्लव - मदुरै
(c) यादव - मान्यखेत
(d) सातवाहन - प्रतिष्ठान

उत्तर (d) प्राचीन प्रतिष्ठान महाराष्ट्र के औरंगाबाद जिले में गोदावरी नदी के उत्तरी किनारे पर स्थित आधुनिक पैठन ही है। सातवाहन शासक वशिष्ठीपुत्र पुलुमावी ने प्रतिष्ठान को अपनी राजधानी बनाया था। इस प्रकार सातवाहन-प्रतिष्ठान युग्म सही सुमेलित है। जबकि राष्ट्रकूटों की राजधानी मान्यखेत, यादवों की राजधानी देवगिरि तथा पल्लवों की राजधानी कांची थी। मदुरै पाण्ड्य राज्य की राजधानी थी।

22. बेसनगर (विदिशा) स्तम्भ अभिलेख में किस हिन्द ग्रीक शासक का उल्लेख है?

(a) एण्टियाकलीड्स
(b) मिनांडर
(c) डिमिट्रियस
(d) हीलियोडोरस

उत्तर (a) बेसनगर स्तम्भ लेख से ज्ञात होता है कि तक्षशिला के यवन नरेश एण्टियालकीडस या अंतिकेत ने अपने हेलियोडोरस नामक राजदूत को शुंग शासक भागभद्र के विदिशा स्थित दरबार में भेजा था। हेलियोडोरस ने भागवत धर्म ग्रहण कर लिया तथा विदिशा में वासुदेव के सम्मान में गरुड़ स्तम्भ की स्थापना कर भागवत विष्णु की पूजा की। भारतीय धर्म (वैष्णव) ग्रहण करने वाला यह पहला (हिन्द-यवन) विदेशी व्यक्ति था।

23. निम्न में से किसने वह अभिलेख उत्कीर्ण करवाया, जिसमें काठियावाड़ में एक वृहद कृत्रिम झील के पुनर्निमाण का उल्लेख है?

(a) गौतमीपुत्र शातकर्णी
(b) कनिष्क
(c) नहपान
(d) रुद्रदामन

उत्तर (d) शक शासक रुद्रदामन के जूनागढ़ अभिलेख से ज्ञात होता है कि उसके शासन काल में काठियावाड़ में सुदर्शन झील, जिसका निर्माण चन्द्रगुप्त मौर्य के समय हुआ था तथा इसमें से अशोक के समय नहरें निकलवायी गयी थी, का बांध भारी वर्षा के कारण टूट गया और उसमें 24 हाथ लम्बी, 24 हाथ चौड़ी और 75 हाथ गहरी दरार बन गयी। रुद्रदामन ने अपने व्यक्तिगत कोष से धन देकर अपने राज्यपाल सुविशाख के निर्देशन में बाँध की फिर से मरम्मत करवायी।

24. सूची-I (लेखक) को सूची-II (पुस्तक) के साथ सुमेलित कीजिए तथा सूचियों के नीचे दिए गए कूटों का प्रयोग कर सही उत्तर का चयन कीजिए–

सूची-I (लेखक)	सूची-II (पुस्तक)
A. शूद्रक	1. दूत काव्य
B. विशाखदत्त	2. सौंदरानंद
C. महेन्द्रवर्मन प्रथम	3. मृच्छकटिकम्
D. अश्वघोष	4. मुद्राराक्षस
	5. मत्तविलास प्रहसन

कूट :

	A	B	C	D
(a)	3	5	4	2
(b)	2	4	5	1
(c)	3	4	5	2
(d)	2	5	4	1

उत्तर (c) शूद्रक ने 'मृच्छकटिकम' नामक ग्रंथ की रचना की। इस प्रसिद्ध नाटक ग्रंथ में तत्कालीन समाज का यथार्थ चित्रण किया गया है। अश्वघोष की तीन रचनाएँ प्रमुख हैं–बुद्धचरित, सौंदरानंद तथा सारिपुत्र प्रकरण। पल्लववंशीय शासक महेन्द्रवर्मन प्रथम ने 'मतविलास प्रहसन' नामक हास्य ग्रंथ की रचना की। इसमें कापालिको की हँसी उड़ायी गयी है। 'मुद्राराक्षस' नामक पुस्तक के लेखक विशाखदत्त थे।

25. भारत में प्राचीनतम शिलालेख, जिसमें भू-अनुदान की सूचना मिली है, निम्नलिखित में से कौन-से राजा से सम्बन्धित है–

(a) अशोक
(b) करिकाल
(c) गौतमीपुत्र शातकर्णी
(d) कलिंग का खारवेल

उत्तर (c) भूमिदान का सबसे प्राचीन अभिलेखीय साक्ष्य सातवाहन शासक शातकर्णी प्रथम की रानी नागानिका के 'नानाघाट अभिलेख से मिलता है। इस अभिलेख से ज्ञात होता है कि शातकर्णी प्रथम ने पहली शताब्दी ईसा पूर्व में ब्राह्मणों एवं बौद्धों को भूमि दान में दिया था। सातवाहनों के सबसे प्रसिद्ध शासक गौतमीपुत्र शातकर्णी की माता गौतमी बलश्री के नासिक अभिलेखों से भी पता चलता है कि उसने भू-अनुदान दिया।

❑❑❑

11 गुप्तकाल

1. गुप्तकाल में महिलाओं की स्थिति के सम्बन्ध में निम्नलिखित कथनों पर विचार कीजिए–

1. विवाह के आर्ष और असुर रूप लोकप्रिय थे।

2. विधवाएं पुनर्विवाह नहीं कर सकती थीं।

3. अचल संपत्ति में महिलाओं का कोई अधिकार नहीं था।

उपर्युक्त कथनों में से कौन-सा/से सही है/हैं?

(a) केवल 1 और 2 (b) केवल 1 और 3

(c) केवल 2 और 3 (d) 1, 2 और 3

उत्तर (d) गुप्त काल में महिलाओं की स्थिति अत्यंत खराब थी। विवाह के स्वयंवर और गंधर्व रूपों का दुरुपयोग होने लगा और आर्ष और असुर, जिसमें दुल्हन को मूल्य के साथ दिया जाता था, लोकप्रिय हो गए।

विधवाएँ पुनर्विवाह नहीं कर सकती थीं।

अचल संपत्ति में महिलाओं का कोई अधिकार नहीं था।

इसलिए, दिए गए सभी कथन सही हैं।

2. भारत में एक चीनी यात्री ह्वेनसांग द्वारा बिताए गए समय के सम्बन्ध में निम्नलिखित कथनों पर विचार कीजिए–

1. उसने चन्द्रगुप्त II के समय भारत की यात्रा की।

2. उसने तक्षशिला विश्वविद्यालय में बौद्ध धर्म का अध्ययन किया।

3. उसने संस्कृत में लिखे गए ग्रंथों का चीनी भाषा में अनुवाद किया।

उपर्युक्त कथनों में से कौन-सा/से सही है/हैं?

(a) केवल 1 और 2 (b) केवल 2 और 3

(c) केवल 3 (d) 1, 2 और 3

उत्तर (c) **कथन 1 तथा 2 असत्य हैं** क्योंकि ह्वेनसांग की भारत यात्रा हर्ष के शासनकाल में हुई थी। वह भारत में नालंदा के बौद्ध विश्वविद्यालय में अध्ययन करने तथा यहाँ से बौद्ध ग्रंथों का संग्रह करने आया था। उसके प्रभाव में हर्ष बौद्ध मतावलंबी बन गया। जबकि चन्द्रगुप्त-II के शासन काल या गुप्त काल में बौद्ध धर्म को राजसी संरक्षण मिलना बंद हो चुका था तथा उस काल में भारत की यात्रा करने वाला व्यक्ति फाह्यान था। चन्द्रगुप्त ने तक्षशिला विश्वविद्यालय से शिक्षा प्राप्त की थी।

ह्वेनत्सांग ने मुख्यत: महायान बौद्ध कृतियों का चीनी भाषा में अनुवाद किया, जो मूलत: संस्कृत में लिपिबद्ध थीं। **इसलिए, कथन 3 सत्य है।**

3. गुप्त साम्राज्य के पतन के लिए निम्नलिखित में से कौन-सा/से कारक उत्तरदायी था/थे?

1. शकों का आक्रमण

2. निर्बल उत्तराधिकारी

3. सामंतों का उदय

नीचे दिए गए कूट का प्रयोग कर सही उत्तर चुनिए-

(a) केवल 1 (b) केवल 2 और 3

(c) केवल 1 और 2 (d) केवल 1 और 3

उत्तर (b) चंद्रगुप्त द्वितीय के उत्तराधिकारियों को पाँचवीं शताब्दी के उत्तरार्ध में मध्य एशिया से हूणों (न कि शकों) के आक्रमण का सामना करना पड़ा। स्कन्दगुप्त ने प्रभावी ढंग से उनको रोकने का प्रयास किया, परन्तु उसके कमजोर उत्तराधिकारी हूण आक्रमणकारियों का सामना नहीं कर सके। गुप्त साम्राज्य सामंतों के उदय के कारण और अधिक कमजोर हो गया। **इसलिए, केवल कथन 2 और 3 सही है।**

4. निम्नलिखित में से किस/किन विद्वान/विद्वानों को गुप्त शासक चन्द्रगुप्त विक्रमादित्य द्वारा संरक्षण दिया गया था?

1. कालिदास 2. अमर सिंह

3. बाणभट्ट

नीचे दिए गए कूट का प्रयोग कर सही उत्तर चुनिए-

(a) केवल 1 (b) केवल 1 और 2

(c) केवल 2 और 3 (d) 1, 2 और 3

उत्तर (b) चन्द्रगुप्त द्वितीय (विक्रमादित्य का शासनकाल गुप्त साम्राज्य का स्वर्ण युग थ उज्जैन में स्थित उसके राजदरबार को कालिदा और अमर सिंह जैसे कई विद्वान सुशोभित कर थे। बाणभट्ट हर्ष के राजदरबार में एक प्रमु कवि थे।

5. प्राचीन भारत के समय में चीनी य ह्वेनसांग और फाह्यान के संदर्भ निम्नलिखित कथनों पर विचार कीजि

1. ह्वेनसांग, गुप्त काल के दौरान भा आया, जबकि फाह्यान ने हर्षवर्धन शासनकाल में भारत की यात्रा की

2. ह्वेनसांग बौद्ध धर्म का अध्ययन क के लिए भारत आया था, जब फाह्यान ने जैन धर्म का अध्य किया।

उपर्युक्त कथनों में से कौन-सा/से स है/हैं?

(a) केवल 1 (b) केवल 2

(c) 1 और 2 दोनों (d) न तो 1, न ही

उत्तर (d) **कथन 1 सही नहीं है।** ह्वेनसां ने हषवर्धन के शासनकाल (606-647 ईसवी के दौरान एवं फाह्यान ने गुप्तकाल (चन्द्रगु द्वितीय विक्रमादित्य 405-411 ईसवी) के दौरा भारत की यात्रा की थी। फाह्यान भारत की या करने वाला चीनी यात्री था।

कथन 2 सही नहीं है। ह्वेनसांग औ फाह्यान दोनों बौद्ध धर्म स्थलों की यात्रा करने बौद्ध धर्म का अध्ययन करने एवं बौद्ध धर्म क किताबें और स्मृतिचिह्न एकत्र करने के लि भारत आए थे।

6. निम्नलिखित में से किस/किन विद्वा विद्वानों का सम्बन्ध गुप्तकाल से था?

1. आर्यभट्ट 2. वराहमिहिर

3. सुश्रुत

नीचे दिए गए कूट का प्रयोग कर स उत्तर चुनिए-

(a) केवल 1

(b) केवल 2 और 3

(c) केवल 3

(d) केवल 1 और 2

उत्तर (d) गुप्त साम्राज्य 320 से 550 ईस्वी ‍ मध्य उत्तरी, मध्य और दक्षिणी भारत के कुछ ागों में फैला हुआ था। गुप्तकाल गणित, खगोल ज्ञान, ज्योतिषशास्त्र और चिकित्सा के क्षेत्र में त्कृष्ट गतिविधियाँ देखने को मिलती है।

आर्यभट्ट महान गणितज्ञ और खगोलशास्त्री । उन्होंने 499 ईस्वी में आर्यभटीय नामक स्तक की रचना की।

वराहमिहिर (505-587 ईस्वी) ने पाँच गोलीय प्रणालियों पर 'पंचसिद्धांतिका', संस्कृत हित्य पर 'वृहदसंहिता' और ज्योतिष पर ृहज्जातक' नामक पुस्तक की रचना की।

अष्टांगसंग्रह (चिकित्सा की आठ शाखाओं ा सारांश) के लेखक वाग्भट का सम्बन्ध भी ी काल से था।

सुश्रुत गुप्त काल से पूर्व के हैं। वे प्राचीन ारतीय शल्य चिकित्सक थे (जिनका जन्म भवत: ईसा पूर्व छठी शताब्दी में हुआ था) ौर 'सुश्रुत संहिता' ग्रंथ के लेखक हैं, जिसमें नके द्वारा 120 से अधिक शल्य चिकित्सा पकरणों, 300 शल्य चिकित्सा प्रक्रियाओं की ाख्या की गयी हैं और मानव शल्य चिकित्सा ो 8 श्रेणियों में विभाजित किया है।

7. फाह्यान के गुप्त साम्राज्य के विवरण के संबन्ध में निम्नलिखित में से कौन-सा/से कथन सही है/हैं?

1. **प्रशासन सख्त था और दंड कठोर थे।**
2. **गुप्तचर प्रणाली कुशल थी।**
3. **लोगों को अत्यधिक व्यक्तिगत स्वतंत्रता प्राप्त थी और व्यक्ति के जीवन में राज्य का कोई हस्तक्षेप नहीं होता था।**

नीचे दिए गए कूट का प्रयोग कर सही उत्तर चुनिए–

(a) 1, 2 और 3 (b) केवल 1 और 2

(c) केवल 3 (d) कोई नहीं

उत्तर (c) गुप्त कालीन प्रशासन पर फाह्यान ा विवरण महत्वपूर्ण जानकारी प्रदान करता है। ह गुप्त कालीन प्रशासन की व्याख्या सौम्य और दार प्रशासन के रूप में करता है। लोगों की तिविधियों पर कोई प्रतिबंध नहीं थे और वे त्यधिक व्यक्तिगत स्वतंत्रता का आनंद उठाते । व्यक्ति के जीवन में राज्य का कोई हस्तक्षेप हीं था। कठोर दण्ड नहीं दिए जाते थे। अर्थदण्ड एक सामान्य दण्ड होता था। कोई गुप्तचर प्रणाली नहीं थी।

प्रशासन इतना दक्ष था कि सड़कें यात्रियों हेतु सुरक्षित थीं तथा चोरों का कोई भय नहीं था। उसने उल्लेख किया कि जनता सामान्यत: समृद्ध थी और अपराध नगण्य थे।

8. गुप्तों का इतिहास पुनर्निर्मित करने में निम्नलिखित में से किस/किन स्रोत/स्रोतों से सहायता मिलती है?

1. **इलाहाबाद का अशोक स्तंभ**
2. **विशाखदत्त का मुद्राराक्षस**
3. **फाह्यान का वृतांत**

नीचे दिए गए कूट का प्रयोग कर सही उत्तर चुनिए-

(a) 1, 2 और 3 (b) केवल 3

(c) केवल 1 और 2 (d) केवल 2 और 3

उत्तर (a) गुप्त काल के इतिहास को पुनर्निर्मित करने हेतु बहुत सारी स्रोत सामग्रियाँ उपलब्ध हैं। इनमें साहित्यिक, पुरालेखीय और सिक्कों संबधी स्रोत सम्मिलित हैं। पुराणों द्वारा गुप्त राजाओं की शाही वंशावली पर प्रकाश डाला गया है। विशाखदत्त द्वारा लिखित 'देवीचन्द्रगुप्तम' एवं 'मुद्राराक्षस' जैसे समकालीन साहित्यिक ग्रंथ गुप्त शासकों के उदय के सम्बन्ध में जानकारी उपलब्ध कराते हैं।

चंद्रगुप्त द्वितीय के शासनकाल के दौरान भारत की यात्रा करने वाले चीनी यात्री फाह्यान ने गुप्त साम्राज्य की सामाजिक, आर्थिक और धार्मिक परिस्थितियों का मूल्यवान वृतांत प्रस्तुत किया है।

इन साहित्यिक स्रोतों के अतिरिक्त, महरौली लौह स्तम्भ अभिलेख तथा इलाहाबाद स्तम्भ अभिलेख अन्य स्रोत हैं।

इलाहाबाद स्तम्भ अभिलेख, समुद्रगुप्त द्वारा उत्कीर्ण करवाया गया था तथा इनकी रचना हरिषेण द्वारा की गयी थी। यह बहुत ही सरल और परिष्कृत संस्कृत में, चम्पूकाव्य शैली में लिखा गया था तथा इसकी रचना हरिषेण द्वारा की गयी थी। इसमें समुद्रगुप्त की उपलब्धियों का गुणगान किया गया है तथा समुद्रगुप्त की विजयगाथाओं एवं गुप्त साम्राज्य की सीमाओं का भी उल्लेख किया गया है।

9. देश की अर्थव्यवस्था में अत्यंत महत्वपूर्ण भूमिका निभाने वाली, प्राचीन भारत की श्रेणी (गिल्ड) के संदर्भ में निम्नलिखित में से कौन-सा/से कथन सही है/हैं?

1. **श्रेणियाँ, साहूकार (बैंकर), वित्तदाता (फाइनेंसर) और न्यासी (ट्रस्टी) के रूप में कार्य कर सकती थीं।**
2. **श्रेणियाँ विदेशी व्यापार में संलग्न नहीं होती थीं और स्वयं को केवल घरेलू व्यापार तक ही सीमित रखती थीं।**
3. **गुप्तकाल के दौरान श्रेणियों ने विशेष रूप से शहरों में प्रशासनिक कार्यों का निर्वहन किया-**

नीचे दिए गए कूट का प्रयोग कर सही उत्तर चुनिए।

(a) केवल 1 (b) केवल 2 और 3

(c) केवल 1 और 3 (d) 1, 2 और 3

उत्तर (c) **प्रथम कथन सही है।** श्रेणी, साहूकार (बैंकर), वित्तदाता (फाइनेंसर) और न्यासी (ट्रस्टी) के रूप में कार्य कर सकते थे। सामान्य रूप से ये कार्य व्यापारियों की एक भिन्न श्रेणी द्वारा किए जाते थे, जिन्हें उत्तरी भारत में श्रेष्ठिन और दक्षिण भारत में चेट्टियार (Chettyars) कहा जाता था।

दूसरा कथन सही नहीं है। अनेक श्रेष्ठि स्थानीय और साथ ही वृहद रूप से देश स्तर पर कार्य करते थे। कुछ श्रेष्ठि विदेशी व्यापार में भी संलग्न रहते थे। 'अय्यवडले' (Ayyavdle) नामक दक्षिण भारत के श्रेष्ठि लम्बी दूरी के व्यापारों में संलग्न रहते थे। अनेक देशों से सम्बन्ध रखने वाले 'मणिग्रामम' नामक अन्य श्रेष्ठि विदेश व्यापार किया करते थे।

तीसरा कथन सही है। वैशाली से पाये जाने वाले मुद्रांकन प्रदर्शित करते हैं कि कारीगर, सौदागरों एवं श्रेष्ठियों के प्रमुख एक ही निगमित निकाय में सेवा प्रदान करते थे और अपनी इस क्षमता में वे स्पष्ट रूप से शहर के क्रियाकलापों का संचालन करते थे। उत्तरी बंगाल में कोटिवर्ष जिले के प्रशासनिक मण्डल, प्रधान सौदागर, प्रधान व्यापारी और प्रधान कारीगर को सम्मिलित करते थे। कारीगर और बैंकर अपने पृथक संघों में व्यवस्थित थे। भूमि के लेनदेनों के लिए उनकी सहमति अनिवार्य समझी जाती थी।

10. निम्नलिखित कथनों को ध्यानपूर्वक पढ़िए–

1. **गुप्त सम्राट स्वयं के लिए दैवीय अधिकारों का दावा करते थे।**
2. **उनका प्रशासन नितान्त केन्द्रीकृत था।**
3. **उन्होंने भूमिदान की परम्परा को विस्तारित किया।**

उत्तर निम्न कूटों के आधार पर दीजिए–

(a) 1, 2 एवं 3 सही हैं

(b) केवल 1 एवं 2 सही हैं

(c) केवल 1 एवं 3 सही हैं

(d) केवल 2 एवं 3 सही हैं

उत्तर (c) गुप्त सम्राटों के समय में गणतन्त्रीय राजव्यवस्था का ह्रास हुआ। गुप्त प्रशासन राजतन्त्रात्मक व्यवस्था पर आधारित था। देवत्व का सिद्धांत गुप्त शासकों में प्रचलित था। राजपद वंशानुगत सिद्धांतों पर आधारित था। राजा अपने बड़े पुत्र को युवराज घोषित करता था। गुप्त सम्राट न्याय, सेना एवं दीवानी विभाग का प्रधान होता था। प्रजा अपने राजा को पृथ्वी पर ईश्वर के प्रतिनिधि के रूप में स्वीकार करती थी। प्रयाग प्रशस्ति में समुद्रगुप्त को पृथ्वी पर शासन करने वाला ईश्वर का प्रतिनिधि कहा गया है। गुप्त सम्राट परमदेवता, परमभट्टारक, महाराजाधिराज, पृथ्वीपाल, परमेश्वर, सम्राट एकाधिकार एवं चक्रवर्ती जैसी उपाधियाँ धारण करता था। साम्राज्य के अधिकतर भाग सामन्तों के अधीन थे। वे सम्राट के दरबार में स्वयं उपस्थित होकर सम्मान निवेदन करते, नजराना चढ़ाते और विवाहार्थ अपनी पुत्री समर्पित करते। इसके बदले उन्हें अपने क्षेत्र पर अधिकार का सनद मिलता था। गुप्त सम्राट प्रशासन के कुशल संचालन हेतु एक मन्त्रिमण्डल का गठन करता था। इसमें अमात्य, सचिव एवं मन्त्री होते थे। गुप्त सम्राटों ने भूमिदान की परम्परा को विस्तारित किया।

11. नीचे दो वक्तव्य दिए गए हैं। एक को कथन (A) और दूसरे को कारण (R) कहा गया है–

कथन (A) : प्राचीन भारत में सामन्ती व्यवस्था (Feudal system) का अभ्युदय सैनिक अभियानों में देखा जा सकता है।

करण (R) : गुप्तकाल में सामन्ती व्यवस्था का पर्याप्त विस्तार हुआ।

उपरोक्त के संदर्भ में निम्नलिखित में से कौन एक सही है?

(a) A और R दोनों सही हैं और A की सही व्याख्या R है।

(b) A और R दोनों सही हैं, किन्तु R, A की सही व्याख्या नहीं है।

(c) A सही है, किन्तु R गलत है।

(d) A गलत है, किन्तु R सही है।

उत्तर (b) भारत में सर्वप्रथम यूनानी आक्रमणकारी सिकंदर ने विजित भारतीय प्रदेशों में सेनापति फिलिप (प्रान्तीय शासक) की नियुक्ति की थी। इसके उपरान्त प्रायः सभी शासकों ने अपने-अपने विजित क्षेत्रों में प्रान्तीय शासक नियुक्त किये। प्राचीन भारत में प्रान्तीय शासकों की सामन्ती व्यवस्था का विकास कई कारणों से हुआ, जिसमें सर्वप्रथम कारण एक केन्द्रीकृत सत्ता द्वारा विस्तृत भू-भाग पर नियन्त्रण स्थापित करना असम्भव सा था। सामन्ती व्यवस्था में क्षेत्रीय सामन्त अपने केन्द्रीय सम्राट के प्रति अपनी स्वामिभक्ति विभिन्न अवसरों पर उपहारों और करों की भेंट द्वारा व्यक्त करते थे। इस सामन्ती व्यवस्था का गुप्त काल में काफी विस्तार हुआ था।

12. मथुरा स्तंभ शिलालेख के अनुसार, उदिताचार्य ने दो शिव लिंगों को किन नामों से प्रतिष्ठापित किया?

(a) गट्टेश्वर एवं कदम्बेश्वर

(b) नागेश्वर एवं नागनाथ

(c) कपिलेश्वर एवं उपमितेश्वर

(d) नजुन्देश्वर एवं श्रीलैलेश्वर

उत्तर (c) चन्द्रगुप्त विक्रमादित्य के काल (375 ई.-415 ई.) का एक महत्वपूर्ण लेख मथुरा स्तम्भ लेख है। इसकी तिथि गुप्त संवत 61 अर्थात् 380 ई. है। संस्कृत गद्य में लिखा हुआ यह पहला प्रमाणिक गुप्त लेख है। इस अभिलेख में उत्तीर्ण है कि पाशुपत धर्म का लकुलिश सम्प्रदाय चन्द्रगुप्त विक्रमादित्य के काल में विशेष रूप से मथुरा में अत्यधिक लोकप्रिय हुआ। इस अभिलेख में उदिताचार्य का उल्लेख आता है, जिसने अपने पुण्य के विस्तार एवं गुरुओं की ख्याति की अभिवृद्धि के लिए गुहा मंदिर में 'कपिलेश्वर एवं उपमितेश्वर' की मूर्तियों की स्थापना की थी।

13. निम्नलिखित कथनों पर विचार कीजिए–

1. विल्हण ने विक्रमांदेवचरित लिखा।

2. विल्हण को चन्द्रगुप्त द्वितीय का संरक्षण प्राप्त था।

उपर्युक्त कथनों में से कौन-सा/से सही है/हैं?

(a) केवल 1

(b) केवल 2

(c) 1 और 2 दोनों

(d) न तो 1, न ही 2

उत्तर (a) विक्रमादित्य षष्ठ (1076-1126 ई.) कल्याणी के चालुक्य वंश का प्रसिद्ध शासक था। अपने राज्यारोहण के समय उसने एक सम्वत् का प्रवर्तन किया, जिसे चालुक्य-विक्रम संवत् कहा जाता है। एक कुशल योद्धा होने के साथ-साथ साम्राज्य निर्माता तथा साहित्य एवं कला का प्रेमी भी था। उसने विक्रमपुर नामक नया नगर बसाया। उसकी राजसभा में विक्रमादेवचरित के रचयिता विल्हण तथा मिताक्षरा के लेखक विज्ञानेश्वर निवास करते थे। विल्हण उसका राजकवि था।

14. गुप्त राजवंश के शासनकाल के दौरान के समाज के संदर्भ में निम्नलिखित कथनों पर विचार कीजिए–

1. उस समय सती प्रथा, किसी स्त्री का उसके पति की चिता के साथ दाह, अविदित थी।

2. उस समय पान चबाना लोक प्रचलित था।

उपर्युक्त कथनों में से कौन-सा/से सही है/हैं?

(a) केवल 1

(b) केवल 2

(c) 1 और 2 दोनों

(d) न तो 1, न ही 2

उत्तर (b) गुप्तकाल में सती प्रथा का उल्लेख केवल 510 ई. में भानुगुप्त के ऐरण अभिलेख में मिलता है, जिसके अनुसार उसके मित्र गोपराज के मृत्यु के पश्चात् उसकी पत्नी सती हो गयी थी। परन्तु ऐसा प्रतीत होता है कि यह प्रथा न तो समाज में लोकप्रिय हो पायी और न ही इसे कोई शास्त्रीय मान्यता मिल पाई थी। इस काल में पान चबाना लोक प्रचलित प्रथा थी।

15. निम्नलिखित में से कौन-सा एक नाटक एक निर्धन ब्राह्मण चारूदत्त का सदाचारी गणिका वसन्तसेना के प्रति प्रेम का वर्णन करता है?

(a) मालती माधव (b) मृच्छकटिकम

(c) प्रियदर्शिका (d) रत्नावली

उत्तर (b) 'मृच्छकटिकम' गुप्त काल की प्रसिद्ध रचनाओं में एक है। इसके लेखक शूद्रक है। इसमें एक सदाचारी गणिका वसन्तेसना के चारूदत्त नामक ब्राह्मण के प्रति आसन्न प्रेम का वर्णन मिलता है। इस नाटक से गुप्तकालीन समाज का स्पष्ट चित्र प्रस्तुत होता है। इसके अलावा 'प्रियदर्शिका' एवं 'रत्नावली' हर्षवर्धन द्वारा रचित संस्कृत नाटक है।

16. गुप्त राजाओं तथा उनके परवर्ती राजाओं के शासनकाल के संदर्भ में 'विष्टि' क्या है?

(a) भू-उपज में राजा का भाग

(b) बेगार

(c) आपातकालीन कद
(d) स्थानीय प्रमुखों द्वारा उगाहा गया कर

उत्तर (b) इसे करों में सबसे निकृष्टतम कर माना जाता है। गुप्तकाल के समकालीन लेखों में 'विष्टि' का उल्लेख मिलता है। यह एक प्रकार से बिना किसी पारिश्रमिक के बदले किया गया कार्य होता था। अर्थात् इसे 'बेगार' की श्रेणी में रखा जा सकता है। यद्यपि गुप्तकाल में यह भी कर का एक प्रकार था, किन्तु गुप्तवंशी राजाओं के किसी भी अभिलेख में इसका उल्लेख नहीं किया गया है। वात्सायन के 'कामसूत्र' से इंगित होता है कि गांवों में कृषकों की स्त्रियां उच्च वर्गों के घर पर विभिन्न प्रकार के घरेलू कार्यों के अतिरिक्त खेतों आदि स्थानों पर कार्य करने हेतु बाध्य की जाती थी। इसके लिए उन्हें किसी भी प्रकार की मजदूरी अथवा पारिश्रमिक नहीं दिया जाता था। विभिन्न इतिहासकार इसी प्रथा को गुप्तकाल में विष्टि के व्यापक स्वरूप के रूप में इंगित करते हैं।

17. गुप्तकाल के संदर्भ में 'उद्रंग' शब्द क्या निर्दिष्ट करता है?

(a) सेना में नीचे का पद
(b) राजसभा के अधिकारी
(c) मुद्रा इकाइयाँ
(d) भू-राजस्व

उत्तर (d) गुप्तकाल के संदर्भों में उद्रंग एक प्रकार का भू-राजस्व था। इसे भागकर अथवा नकद कर के रूप में भी जाना जाता है। यह प्राय: स्थाई कृषकों (Permanents tenants) पर आरोपित किया जाता था। कालिदास के अनुसार, राजा चारों वर्णों तथा आश्रमों से उस के उपज के अनुसार छठवाँ भाग प्राप्त करता है। स्मृति ग्रंथों में उद्रंग का उल्लेख वृन्ति के रूप में किया गया है। नारद भी इस सम्बन्ध में अपना मत देते हुए लिखते हैं कि राजा प्रजारक्षण के बदले में उपज का षष्ठांग राजस्व के रूप में प्राप्त करने का अधिकारी होता है। इसी प्रकार गुप्त अभिलेखों में भी राजकीय भूमि पर कृषि करने वाले कृषकों के सम्बन्ध में इस कर के आरोपण पर प्रकाश पड़ता है।

18. परम्परा के अनुसार प्रसिद्ध कोशकार अमर सिंह निम्नलिखित में से किसके समकालीन थे?

(a) अश्वघोष
(b) पाणिनि
(c) पतंजलि
(d) कालिदास

उत्तर (d) प्रसिद्ध कोशकार अमर सिंह गुप्त काल की प्रसिद्ध विभूति थे। अनुश्रुति के अनुसार वे चन्द्रगुप्त द्वितीय विक्रमादित्य के राजदरबार में नौ विद्वानों की मण्डली, जिसे 'नवरत्न' की संज्ञा प्रदान की जाती है, के एक सदस्य थे। इस मण्डली में कालिदास के अतिरिक्त स्वयं अमर सिंह, धनवन्तरि, क्षपणक, शंकु, वेतालभट्ट, घटकर्पर, वराहमिहिर तथा वररुचि जैसे प्रसिद्ध विद्वान शामिल थे। इस प्रकार अमर सिंह प्रसिद्ध नाटककार कालिदास के समकालीन थे। अमर सिंह ने तत्कालीन समय का एक प्रसिद्ध कोश (Dictionary) 'अमरकोश' का सृजन किया था। इसकी रचना अत्यन्त वैज्ञानिक पद्धति के आधार पर की गई थी। आज भी यह कोश नितान्त प्रमाणिक स्वीकार किया जाता है। इस पर लिखी गई टीकाओं में क्षीरस्वामी 1050 ई. की टीका सर्वाधिक लोकप्रिय मानी जाती है।

19. निम्नलिखित में से किस एक राजवंश के काल से सम्बन्धित अभिलेख में सर्वप्रथम एक लाख श्लोकों वाली महाभारत का उल्लेख मिलता है?

(a) मौर्य (b) शुंग
(c) सातवाहन (d) गुप्त

उत्तर (d) गुप्तों के समय के 'कलाई कुरै ताम्रलेख' में सर्वप्रथम एक लाख श्लोकों वाली महाभारत का उल्लेख मिलता है। पुलकेशिन-II के राजकवि रविकीर्ति की 'ऐहोल प्रशस्ति' में भी महाभारत का उल्लेख है।

20. निम्नलिखित में से कौन-से दो नाटक कालिदास ने 'अभिज्ञानशाकुंतलम' से पहले रचे थे?

1. विक्रमोर्वशीयम
2. मालविकाग्निमित्र
3. स्वप्नवासवदत्ता
4. कादम्बरी

(a) केवल 1 और 2 (b) केवल 1 और 3
(c) केवल 1 और 4 (d) केवल 3 और 4

उत्तर (a) गुप्तकालीन साहित्यिक कवियों में कालिदास सर्वश्रेष्ठ थे। इन्हें 'भारत का शेक्सपीयर' कहा जाता है। इनकी रचनाओं को नाटक, महाकाव्य एवं खण्डकाव्य में बांटा जाता है। इन रचनाओं में मालविकाग्निमित्रम, विक्रमोर्वशीयम् एवं अभिज्ञानशाकुंतलम नाटक, रघुवंशम् एवं कुमारसम्भवम महाकाव्य तथा मेघदूत एवं ऋतुसंहार खण्डकाव्य की श्रेणी में शामिल है। कालिदास के तीनों नाटकों में सबसे पहला मालविकाग्निमित्रम है, जिसमें शुंगवंशीय राजा अग्निमित्र तथा मालविका, जो रानी की सेविका थी, की प्रणय कथा का वर्णन है। नाटक विक्रमोर्वशीयम में पुरुरवा एवं उर्वशी की प्रणय कथा का वर्णन मिलता है। कालिदास की सर्वश्रेष्ठ रचना अभिज्ञानशाकुंतलम् है, जिसे न केवल भारत में अपितु भारत के बाहर भी प्रसिद्धि प्राप्त है। कालिदास के नाटकों में मालविकाग्निमित्रम एवं विक्रमोर्वशीयम् की रचना अभिज्ञानशाकुंतलम् के पहले हुई थी।

21. अजन्ता की गुफा XVI (गुफा संख्या 16) उत्खनित कराने का श्रेय किसे है?

(a) गौतमीपुत्र शातकर्णी को
(b) नाहपण को
(c) वराहदेव को
(d) विन्ध्यसेन को

उत्तर (d) अजन्ता के गुफाचित्र बौद्ध धर्म से सम्बन्धित है। इनमें बुद्ध तथा बोधिसत्वों का चित्रण मिलता है। बुद्ध के जीवन की विविध घटनाओं तथा जातक कथाओं के दृश्यों का अंकन बहुतायत से किया गया है। अजन्ता में पहले 29 गुफाओं के चित्र बने थे, परन्तु अब केवल सात गुफाओं (1-2, 9-10 तथा 16-17-19) के चित्र ही अवशिष्ट हैं। इनका समय अलग-अलग है। नवीं-दसवीं गुफाओं के चित्र वाकाटक, पहली-दूसरी गुफाओं के चित्र सातवीं शताब्दी ईस्वी के हैं। जबकि 16वीं, 17वीं एवं 18वीं गुफाओं के भित्तिचित्र गुप्तकालीन है। 16वीं गुफा को उत्खनित कराने का श्रेय वाकाटक नरेश विन्ध्यसेन को है। विन्ध्यसेन अपने वंश का पहला शासक था, जिसने सातवाहनों के बाद अपनी शक्ति का विकास किया। अजंता अभिलेख में इसकी तुलना इन्द्र और विष्णु से की गयी है। वंश के संस्थापक के रूप में इसका उल्लेख केवल अजन्ता के अभिलेख में हुआ है।

22. निम्नलिखित अभिलेखों का सही कालानुक्रम क्या है?

1. मेहरौली स्तंभ अभिलेख
2. अफसढ़ अभिलेख
3. इलाहाबाद स्तंभ अभिलेख
4. ऐहोल अभिलेख

नीचे दिए गए कूट का प्रयोग कर सही उत्तर चुनिए-

(a) 4-1-3-2 (b) 3-2-4-1
(c) 4-2-3-1 (d) 3-1-4-2

उत्तर (d) गुप्त शासक समुद्रगुप्त के इतिहास का सर्वप्रथम स्रोत स्वयं उनका अभिलेख है, जिसे 'इलाहाबाद स्तंभ लेख' अथवा 'प्रयाग प्रशस्ति' कहा जाता है। इसकी रचना उसके सन्धिविग्रहिक सचिव हरिषेण ने की थी। इसमें समुद्रगुप्त के उत्तरापथ एवं दक्षिणापथ के विजयों का विषद वर्णन है। वर्तमान में मेहरौली का लौह स्तंभ दिल्ली में कुतुबमीनार के समीप है। इसमें 'चन्द्र' नामक किसी राजा की उपलब्धियों का वर्णन तीन श्लोकों के अंतर्गत किया गया है। इस राजा का समीकरण गुप्तनरेश 'चन्द्रगुप्त विक्रमादित्य' से स्थापित किया गया है। 'अफसढ़ का लेख' उत्तर गुप्त वंश के आठवें शासक आदित्यसेन के समय का है तथा बिहार प्रांत के गया जिले में अफसढ़ नामक स्थान से मिला है। इसमें उत्तर गुप्तवंश के विषद् इतिहास का वर्णन मिलता है। एहोल अभिलेख चालुक्य नरेश पुलकेशिन द्वितीय का है जिसकी तिथि 633-34 ई. है। इसमें हर्ष तथा पुलेकशिन के बीच होने वाले युद्ध का वर्णन है। इस लेख की रचना रवि कीर्ति ने की थी।

23. कथन (A) : गुप्तकाल के संस्कृत नाटकों में एक विशेष लक्षण यह था कि ऊँचे सामाजिक स्तर से सम्बन्धित पात्र संस्कृत बोलते थे, जबकि निम्न सामाजिक स्तर से सम्बन्धित पात्र प्राकृत बोलते थे।

कारण (R) : एक भाषा के रूप में प्राकृत, संस्कृत के शास्त्रीय रूप की तुलना में तत्कालीन बोलचाल की भाषा थी।

नीचे दिए गए कूट से सही उत्तर चुनिए–

कूटः

(a) A और R दोनों सही हैं, और R, A का सही स्पष्टीकरण है।
(b) A और R दोनों सही हैं, परन्तु R, A का सही स्पष्टीकरण नहीं है।
(c) A सही है, परन्तु R गलत है।
(d) A गलत है, परन्तु R सही है।

उत्तर (a) गुप्तकालीन संस्कृत नाटक मुख्यतः प्रेम प्रधान सुखान्त होते थे। इस समय के नाटकों की उल्लेखनीय बात यह है कि उच्च सामाजिक स्तर से सम्बन्धित पात्र संस्कृत बोलते थे, जबकि निम्न स्तर से सम्बन्धित पात्र तथा स्त्रियां प्राकृत भाषा का प्रयोग करती थीं। ऐसा इसलिए था, क्योंकि एक भाषा के रूप में प्राकृत का प्रचलन जनसाधारण में अधिक था। इस समय की अलंकृत दरबारी भाषा को समाज के अन्य वर्गों के लोग नहीं समझ सकते थे। अतः दरबारी, उच्च वर्ग और कुलीन वर्ग ही साहित्य का आनंद उठा सकते थे।

24. कथन (A) : प्रभावती गुप्त ने, जो चन्द्रगुप्त द्वितीय की पुत्री थी, वाकाटक राजा रुद्रसेन द्वितीय से विवाह किया।

कारण (R) : चन्द्रगुप्त द्वितीय वाकाटक राजा से शकों के विरुद्ध सहायता चाहता था।

नीचे दिए गए कूट से सही उत्तर चुनिए–

कूट :

(a) A और R दोनों सही हैं, और R, A का सही स्पष्टीकरण है।
(b) A और R दोनों सही हैं, परन्तु R, A का सही स्पष्टीकरण नहीं है।
(c) A सही है, परन्तु R गलत है।
(d) A गलत है, परन्तु R सही है।

उत्तर (a) गुप्तों की वैदेशिक नीति में वैवाहिक सम्बन्धों का महत्वपूर्ण योगदान रहा है। चन्द्रगुप्त द्वितीय ने शकों के विरुद्ध वाकाटकों का सहयोग लेने के लिए अपनी पुत्री प्रभावती गुप्त का विवाह वाकाटक राजा रुद्रसेन द्वितीय के साथ कर दिया था। वस्तुतः वाकाटक राज्य ऐसी महत्वपूर्ण भौगोलिक स्थिति में था कि वह उत्तर भारत से शकों के काठियावाड़ राज्य पर आक्रमण करने वाले किसी भी राज्य को बहुत बड़ा लाभ या हानि पहुँचा सकते थे।

25. किस अभिलेख में कालिदास एवं भारवि दोनों का उनके नामों से उल्लेख मिलता है–

(a) समुद्रगुप्त की प्रयाग प्रशस्ति
(b) काकुरथवर्मा का तालगुंड प्रशस्ति
(c) पुलेकशिन की एहोल प्रशस्ति
(d) रुद्रदामन की गिरनार प्रशस्ति

उत्तर (c) ऐहोल प्रशस्ति बदामी (वातापी) के चालुक्य वंश का इतिहास जानने का महत्वपूर्ण स्रोत है। यह प्रशस्ति पुलकेशिन द्वितीय के समय उसके राजकवि रविकीर्ति द्वारा संस्कृत भाषा एवं दक्षिणी ब्राह्मी लिपि में लिखी गयी है। इसकी रचना कालिदास तथा भारवि की काव्य शैली पर की गयी है। इसमें लेखक ने यह भी उल्लेख किया है कि इस प्रशस्ति को लिखकर उसने कालिदास तथा भारवि के समान यश प्राप्त किया है। 'विजयता रविकीर्ति कविताश्रित कालिदास भारवि कीर्ति।' इस प्रकार पुलकेशिन के ऐहोल प्रशस्ति में कालिदास एवं भारवि दोनों के नामों का उल्लेख किया गया है।

26. निम्न में से कौन-सा एक सही कालानुक्रम है?

(a) अष्टाध्यायी-बुद्धचरित-कथासरित्सागर-मेघदूत
(b) अष्टाध्यायी-बुद्धचरित-मेघदूत-कथासरित्सागर
(c) बुद्धचरित-अष्टाध्यायी-मेघदूत-कथासरित्सागर
(d) बुद्धचरित-अष्टाध्यायी-कथासरित्सागर-मेघदूत

उत्तर (b) पाणिनी ने अपने प्रसिद्ध ग्रंथ अष्टाध्यायी की रचना 400 ई.पू. के आस-पास की। अश्वघोष ने अपनी पुस्तक बुद्धचरित की रचना पहली शताब्दी ईस्वी में की। कालिदास ने मेघदूत की रचना गुप्तकाल में की तथा 11वीं शताब्दी में सोमदेव ने कथासरित्सागर की रचना की।

27. निम्नलिखित में से किस गुप्त राजा का एक अन्य नाम देवगुप्त था?

(a) समुद्रगुप्त
(b) चन्द्रगुप्त द्वितीय
(c) कुमारगुप्त
(d) उपर्युक्त में से कोई नहीं

उत्तर (b) सांची एवं वाकाटक अभिलेखों से गुप्त शासक चन्द्रगुप्त द्वितीय 'विक्रमादित्य' का अन्य नाम देवगुप्त मिलता है।

28. भारत का नेपोलियन किसे कहा जाता है?

(a) चन्द्रगुप्त मौर्य (b) चन्द्रगुप्त द्वितीय
(c) अशोक (d) समुद्रगुप्त

उत्तर (d) समुद्रगुप्त गुप्त वंश का एक शक्तिशाली राजा था, जो चन्द्रगुप्त प्रथम और कुमारदेवी का पुत्र था। उसने लगभग संपूर्ण भारत पर विजय प्राप्त की थी। इतिहासकार विंसेट आर्थर स्मिथ ने अपनी रचना 'अर्ली हिस्ट्री ऑफ इंडिया' में समुद्रगुप्त की वीरता एवं विजयों से मुग्ध होकर उसे 'भारत का नेपोलियन' की संज्ञा दी।

29. हूणों ने भारत पर आक्रमण किया था–

(a) चन्द्रगुप्त द्वितीय के शासन काल में
(b) कुमारगुप्त प्रथम के शासन काल में
(c) स्कंदगुप्त के शासन काल में
(d) बुधगुप्त के शासन काल में

उत्तर (c) 455 ई. में हूणों का भारत पर पहला आक्रमण गुप्त शासक स्कंदगुप्त के काल में हुआ। इस युद्ध में हूणों की पराजय हुई।

30. निम्नलिखित में से किस गुप्त शासक ने सर्वप्रथम सिक्के जारी किए?

(a) चन्द्रगुप्त प्रथम (b) घटोत्कच ने
(c) समुद्रगुप्त ने (d) श्रीगुप्त ने

उत्तर (a) गुप्तशासकों में चंद्रगुप्त प्रथम द्वारा सर्वप्रथम सिक्के जारी किए गए थे। चंद्रगुप्त प्रथम के पूर्व के शासकों द्वारा जारी सिक्के के साक्ष्य उपलब्ध नहीं है।

❑❑❑

12 गुप्तोत्तर काल

1. राजा हर्षवर्धन के सम्बन्ध में, निम्नलिखित कथनों पर विचार कीजिए–

1. उसने पाटलिपुत्र को अपनी राजधानी बनाया।

2. अपने जीवन के उत्तर काल में उसने धर्म परिवर्तन कर जैन धर्म अपना लिया।

3. उसने पुरोहितों को भूमि-दान देने की प्रथा को समाप्त कर दिया।

उपर्युक्त कथनों में से कौन-सा/से सही है/हैं?

(a) केवल 1 और 2
(b) केवल 2 और 3
(c) केवल 1
(d) उपर्युक्त में से कोई नहीं

उत्तर (d) हर्ष (590-647 ईसवी) एक भारतीय सम्राट था, जिसे राजा हर्षवर्धन भी कहा जाता है। इसने 606 से 647 ईसवी तक उत्तर भारत में अपना शासन किया। वह पुष्यभूति राजवंश से सम्बन्धित था। कन्नौज, हर्ष की राजधानी थी। **इस प्रकार, कथन 1 सही नहीं है।**

हर्ष ने एक धार्मिक सहिष्णु नीति का पालन किया। वह अपने प्रारम्भिक काल में एक शैव था, लेकिन धीरे-धीरे बौद्ध धर्म का महान संरक्षक बन गया था। **इस प्रकार, कथन 2 सही नहीं है।**

राज्य को विशेष सेवाएँ प्रदान करने के एवज में पुरोहितों को भूमि का अनुदान किया जाता रहा था। इसके अतिरिक्त, हर्ष को राजपत्र के माध्यम से अधिकारियों को भूमि का अनुदान देने का श्रेय दिया जाता है। **इस प्रकार, कथन 3 सही नहीं है।**

2. नालंदा विश्वविद्यालय के सम्बन्ध में निम्नलिखित कथनों पर विचार कीजिए–

1. हर्षवर्धन ने सातवीं शताब्दी ईसवी में इसकी स्थापना की थी।

2. यह एक बौद्ध महाविहार था, जहाँ बौद्ध सिद्धांतों की शिक्षा दी जाती थी।

उपर्युक्त कथनों में से कौन-सा/से सही है/हैं?

(a) केवल 1
(b) केवल 2
(c) 1 और 2 दोनों
(d) न तो 1, न ही 2

उत्तर (b) **कथन 1 सही नहीं है।** गुप्त काल में कुमारगुप्त प्रथम द्वारा नालंदा विश्वविद्यालय की स्थापना की गयी थी। उसके उत्तराधिकारियों द्वारा तथा आगे चलकर हर्ष ने इसको संरक्षण प्रदान किया। नालंदा विश्वविद्यालय आवासीय विश्वविद्यालय था और भोजन व ठहरने की व्यवस्था सहित शिक्षा निःशुल्क थी। ह्वेनसांग के अनुसार, नालंदा मठ को 100 गाँवों से राजस्व प्राप्त होता था।

कथन 2 सही है। नालंदा महाविहार था, क्योंकि विभिन्न आकार के अनेक मठों का परिसर था। ऐसे साक्ष्य मिलते हैं कि यहाँ तीनों बौद्ध सिद्धांतों - थेरवाद, महायान और वज्रयान की शिक्षा दी जाती थी और उत्तर में चीन, तिब्बत और मध्य एशिया आदि से भिक्षु, नालंदा और इसके पड़ोस में ही स्थित बोधगया आते रहते थे। विभिन्न प्रकार के धार्मिक विषयों, जैसे कि वेद, सांख्य और योग दर्शन का भी अध्ययन करवाया जाता था।

3. वह सबसे महान हिन्दू राजाओं में से एक था, जिसका दरबारी कवि बाणभट्ट था। चीनी यात्री ह्वेनसांग ने भी उसके दरबार का भ्रमण किया था और उसने जो कुछ भी देखा उसका विस्तृत विवरण छोड़ गया। उसका प्रशासन सामंती और विकेन्द्रीकृत था। मंत्रियों और अधिकारियों को भूमि-अनुदान दिया जाता था। वह बौद्ध धर्म का अनुयायी था।

उपरोक्त विवरण निम्नलिखित में से किस राजा का सबसे अच्छा वर्णन करता है?

(a) चन्द्रगुप्त द्वितीय (b) समुद्रगुप्त
(c) कुमारगुप्त (d) हर्षवर्धन

उत्तर (d) **हर्षवर्धन (606-47 ई.):** हर्ष को भारत का अंतिम महान हिन्दू सम्राट कहा जाता है, लेकिन न तो वह कट्टर हिन्दू था और न ही पूरे देश का शासक था। हर्ष ने कन्नौज को अपनी सत्ता का केन्द्र बनाया और वहां से उसने सभी दिशाओं में अपने प्राधिकार का विस्तार किया।

हर्ष बौद्ध धर्म का महान अनुयायी बन गया और उसके लिए उदारतापूर्वक दान दिया।

बाणभट्ट ने हर्ष चरित, कादम्बरी, चण्डिका शतक और पार्वती परिणय जैसे उपन्यास लिखे।

ह्वेनसांग प्रसिद्ध चीनी यात्री था, जिसने प्राचीन काल में भारत का भ्रमण किया था। इसलिए उसका वर्णन तीर्थयात्रियों के राजकुमार के रूप में किया जाता है। उसकी भारत यात्रा हर्षवर्धन के शासनकाल की एक महत्वपूर्ण घटना थी। उसके पीछे छोड़े गए उस समय की राजनीतिक, धार्मिक, आर्थिक, सामाजिक स्थितियों के कई महत्वपूर्ण विवरणों के लिए भारत इस चीनी यात्री का बहुत आभारी है।

हर्ष का प्रशासन सामंती और विकेन्द्रीकृत दोनों था। हर्ष का साम्राज्य कई प्रांतों में विभाजित था, जिन्हें 'भुक्ति' के रूप में जाना जाता था। इन 'भुक्तियों' को आगे विषय अर्थात् जिलों में विभाजित किया गया था और विषय को कई 'पाठकों' अर्थात् तहसीलों में विभाजित था। गांव प्रशासन की सबसे छोटी इकाई थी। 'विषय' के प्रशासक को 'विषयपति' कहा जाता था। प्रांत और जिले के शासकों की सहायता करने के लिए दण्डिक या जोदवर्णिका, दण्डपाशिक आदि होते थे।

4. निम्नलिखित प्रश्न में दो तथ्य दिये हुए हैं, जिनमें से एक को कथन (A) से निरूपित किया गया है और दूसरे को कारण (R) से निरूपित किया गया है, इन तथ्यों का परीक्षण ध्यानपूर्वक कीजिए तथा नीचे दिए गए कूटों का उपयोग करते हुए सही उत्तर का चयन कीजिए–

कथन (A) : हर्षवर्द्धन ने प्रयाग संसद आयोजित की थी।

कारण (R) : वह बौद्ध धर्म की केवल महायान शाखा को लोकप्रिय बनाना चाहता था।

कूट :

(a) A और R दोनों सही हैं और R, A की सही व्याख्या है।
(b) A और R दोनों सही हैं, परन्तु R, A की सही व्याख्या नहीं है।

(c) A सही है, किन्तु R गलत है।
(d) A गलत है, किन्तु A सही है।

उत्तर (b) हर्षवर्द्धन बौद्ध धर्म की महायान शाखा का समर्थक होने के साथ-साथ विष्णु एवं शिव की भी स्तुति करता था। ऐसा माना जाता है कि हर्ष प्रतिदिन 500 ब्राह्मणों एवं 1000 बौद्ध भिक्षुओं को भोजन कराता था। हर्षवर्द्धन ने महायान के सिद्धान्तों के प्रचार के लिए लगभग 643 ई० में कन्नौज तथा प्रयाग में दो विशाल धार्मिक सभाओं का आयोजन किया। हर्षवर्द्धन द्वारा प्रयाग में आयोजित छठे महामोक्ष परिषद् में प्रसिद्ध बौद्ध चीनी यात्री ह्वेनसांग ने भी भाग लिया था।

5. निम्नलिखित में से किस एक स्मृति में यह कथन मिलता है "राजपत्र कपड़े पर अथवा ताम्र पट्टिका पर लिखे जाते थे"?
(a) मनुस्मृति (b) पराशरस्मृति
(c) याज्ञवल्क्य स्मृति (d) शंखस्मृति

उत्तर (c) याज्ञवल्क्य स्मृति की रचना गुप्तकाल (5वीं शताब्दी ईसवी) में हुई। इसी में यह कथन मिलता है कि, राजपत्र कपड़े पर अथवा ताम्र पट्टिका पर लिखे जाते थे।

6. निम्नलिखित कथनों पर विचार कीजिए–
1. ह्वेनसांग का उल्लेख है कि गन्ना और गेहूँ उत्तर-पश्चिम भारत में उगाए जाते थे और धान मगध में।
2. ह्वेनसांग का उल्लेख है कि हर्षवर्धन ने अपने राज्य की आय को चार हिस्सों में बाँटा। एक चौथाई सरकारी खर्चे के लिए, दूसरी चौथाई राज्य कर्मचारियों के वेतन के लिए, तीसरी चौथाई बौद्धिक उपलब्धियों को पुरस्कृत करने के लिए और अंतिम चौथाई दान के लिए।
उपर्युक्त कथनों में से कौन-सा/से सही है/हैं?
(a) केवल 1
(b) केवल 2
(c) 1 और 2 दोनों
(d) न तो 1, न ही 2

उत्तर (c) चीनी यात्री ह्वेनसांग हर्षवर्धन के शासनकाल (600-647 ई.) में भारत आया। उसकी यात्रा का उद्देश्य बौद्ध धर्म के पवित्र स्थलों का दर्शन तथा पवित्र बौद्ध ग्रंथों का अध्ययन करना था। उसने अपनी यात्रा के ऊपर एक ग्रंथ लिखा, जिसे 'सि-यू-की' कहा जाता है जिसमें भारत के तत्कालीन समय की राजनैतिक, आर्थिक, धार्मिक व सामाजिक स्थितियों का वर्णन है। कृषि व्यवसाय का उल्लेख करते हुए उसने लिखा है कि गन्ना और गेहूँ उत्तर-पश्चिम भारत में तथा धान मगध में उगाए जाते थे। सम्राट हर्ष के विषय में उसने लिखा है कि राजकीय भूमि से जो आमदनी होती थी, उसे चार प्रकार से खर्च किया जाता था। उसका एक भाग धार्मिक और सरकारी कार्यों में, दूसरा भाग राजकीय पदाधिकारियों के ऊपर, तीसरा भाग विद्वानों के पुरस्कार देने में तथा चौथा भाग विविध सम्प्रदायों को दान देने में खर्च होता था।

7. निम्नलिखित में से किस शैलेन्द्र राजा ने नालंदा में एक मठ का निर्माण किया और पाल सम्राट देव पाल से इसके रख-रखाव के लिए पाँच गाँव दान देने का निवेदन किया?
(a) धरणीन्द्रवर्मन
(b) बालपुत्रदेव
(c) चोडामनी वर्मन
(d) श्रीमान विजय हुगवर्मन

उत्तर (b) पालवंश के शासक देवपाल के समय में नालंदा में एक बिहार बनवाने वाला बालपुत्र देव शैलेन्द्र वंशीय (जावा-सुमात्रा का) शासक था। इसने बलवर्मा के नेतृत्व में एक दूतमण्डल भेजकर देवपाल से नालंदा में एक बौद्ध विहार बनावाने की अनुमति मांगी, जिसे देवपाल ने प्रदान की। इसका उद्देश्य नालंदा में जावा के विद्यार्थियों के लिए एक विशेष विद्यालय के निर्माण हेतु मगध के पाँच गाँवों के अनुदान की व्यवस्था करना था।

8. निम्नलिखित में से कौन, 'मत्तविलास प्रहसन' नामक नाटक के लेखक महेन्द्रवर्मन प्रथम का समकालीन है?
(a) पुष्यमित्र शुंग (b) चन्द्रगुप्त प्रथम
(c) समुद्र गुप्त (d) हर्षवर्धन

उत्तर (d) महेन्द्रवर्मन प्रथम पल्लव वंश का महानतम शासक था। इसका काल 600 से 630 ई. था। इसका समकालीन शासक हर्षवर्धन था, जिसका काल 606 से 647 ई. था। पल्लव शासक महेन्द्रवर्मन ने संस्कृत में प्रसिद्ध पुस्तक 'मत्तविलास प्रहसन' लिखी थी, जिसमें कापालिकों और बौद्ध संन्यासियों की आलोचना की गयी है। महेन्द्रवर्मन ने 'मत्तविलास', 'विचित्र चित्र' तथा 'गुणभर' आदि उपाधियाँ धारण की। इसके समय में दक्षिण भारत में प्रभुत्व स्थापित करने हेतु पल्लव चालुक्य तथा पल्लव-पांड्य के मध्य संघर्ष प्रारम्भ हो गया था। इसने एक अन्य ग्रंथ 'भगवदज्जुकीयम' की रचना की थी।

9. ऐहोल अभिलेख निम्नलिखित में से किस एक की कीर्ति का विवरण देता है?
(a) पुलकेशिन द्वितीय
(b) गौतमीपुत्र शातकर्णी
(c) ईशानवर्मन
(d) आदित्यसेन

उत्तर (a) पुलकेशिन द्वितीय चालुक्य वंश का सर्वाधिक योग्य तथा शक्तिशाली शासक था। इसकी उपलब्धियों का विवरण हमें ऐहोल लेख से प्राप्त होता है, जो प्रशस्ति के रूप में है। इस लेख से पता चलता है कि उसने 'सकलोत्तरपथनाथ' कहे जाने वाले उत्तर भारत के सम्राट हर्षवर्धन को नर्मदा नदी के तट पर पराजित कर दिया था।

10. सूची-I को सूची-II से सुमेलित कीजिए तथा सूचियों के नीचे दिए गए कूट का प्रयोग करते हुए सही उत्तर चुनिए–

सूची-I (मध्यकालीन मंदिर)	सूची-II (अवस्थान)
A. चतुर्भुज मंदिर	1. गयासपुर
B. मालादेवी मंदिर	2. खजुराहो
C. ऐरावतेश्वर मंदिर	3. जगत
D. अम्बामाता मंदिर	4. दारासुरम

कूट :

	A	B	C	D
(a)	2	4	1	3
(b)	3	4	1	2
(c)	2	1	4	3
(d)	3	1	4	2

उत्तर (c) खजुराहो बुन्देलखण्ड का प्रसिद्ध स्थल है, जो मध्यप्रदेश के छतरपुर जिले में स्थित है। यहां चन्देल शासकों ने 9वीं शताब्दी से लेकर 12वीं शताब्दी तक अनेक सुन्दर तथा भव्य मंदिरों का निर्माण करवाया। वर्तमान में खजुराहो में 25 मंदिर विद्यमान हैं। इनका निर्माण ग्रेनाइट तथा लाल-बलुआ पत्थरों से किया गया है। ये शैव, वैष्णो तथा जैन धर्मों से सम्बन्धित हैं। खजुराहो के मंदिरों में चतुर्भुज मंदिर महत्वपूर्ण मंदिर है। इसका वास्तु विन्यास कंदरिया महादेव जैसा है। अन्य मंदिरों में मालादेवी मंदिर गयासपुर में, ऐरावतेश्वर मंदिर दारासुरम तथा अम्बामाता मंदिर जगत में स्थित है। ऐरावतेश्वर मंदिर का निर्माण राजराज द्वितीय ने करवाया था।

11. सूची-I को सूची-II से सुमेलित कीजिए तथा सूचियों के नीचे दिए गए कूट का प्रयोग करते हुए सही उत्तर चुनिए–

सूची-I (पाठ)

A. वाग्भट्ट रचित अष्टांग

B. विमलमति रचित भागवृत्ति

C. भास्कराचार्य रचित लीलावती

D. आनन्दवर्धन रचित ध्वन्यालोक

सूची-II (विषय)

1. काव्यशास्त्र

2. व्याकरण शास्त्र

3. गणित शास्त्र

4. औषधि शास्त्र

कूट :

	A	B	C	D
(a)	1	2	3	4
(b)	4	2	3	1
(c)	1	3	2	4
(d)	4	3	2	1

उत्तर (b) वाग्भट्ट द्वारा रचित 'अष्टांग' एक औषधि शास्त्र से सम्बन्धित ग्रंथ है। विमलमति द्वारा 'भागवृत्ति' की रचना व्याकरण शास्त्र के ग्रंथ के रूप में की गई थी। भास्कराचार्य गुप्तोत्तर काल के एक प्रसिद्ध गणितज्ञ थे, जिन्होंने 'लीलावती' नामक ग्रंथ में गणित के विविध सिद्धान्तों का उल्लेख किया है। इसके साथ ही आनन्दवर्धन ने काव्य शास्त्र पर सुप्रसिद्ध ग्रंथ 'ध्वन्यालोक' लिखा। इस ग्रंथ में अलंकार रीति ध्वनि, वक्रोक्ति एवं रस सम्बन्धी पक्षों पर प्रकाश डाला गया है।

12. निम्नलिखित कथनों पर विचार कीजिए–

1. वाकाटक राजवंश की स्थापना विंध्यशक्ति ने की थी।

2. चन्देल राजवंश की स्थापना यशोवर्मन ने की थी।

उपर्युक्त कथनों में से कौन-सा सही है?

(a) केवल 1

(b) केवल 2

(c) 1 और 2 दोनों

(d) न तो 1, न ही 2

उत्तर (a) तीसरी शताब्दी ई. से लेकर छठी शताब्दी ई. तक दक्षिणापथ में शासन करने वाले समस्त राजवंशों में वाकाटक वंश सर्वाधिक सम्मानित तथा सुसंस्कृत था। वाकाटक वंश की स्थापना 255 ई. के लगभग विंध्यशक्ति नामक व्यक्ति ने की थी। इनके पूर्वज सातवाहनों के अधीन बरार के स्थानीय शासक थे।

13. काँची का कैलाश मंदिर, जिसके द्वारा स्थापत्य की द्रविड़ शैली का उद्भव होता है, निम्नलिखित में से किसके द्वारा बनवाया गया था?

(a) महेन्द्रवर्मन 1

(b) नरसिंह वर्मन 1

(c) नरसिंह वर्मन II

(d) नंदिवर्मन II

उत्तर (c) काँची का कैलाश मंदिर नरसिंह वर्मन-II के द्वारा निर्मित है। इस शासक द्वारा द्रविड़ शैली के इस स्थापत्य का विकास किया गया, जिसे राजसिंह शैली भी कहा जाता है। इस शैली के मंदिरों में तीन महाबलीपुरम में निर्मित है–शोर मंदिर, ईश्वर मंदिर तथा मुकुन्द मंदिर। शोर मंदिर इस शैली का प्रथम उदाहरण है। काँची का कैलाश मंदिर राज़सिंह शैली का चरम उत्कर्ष व्यक्त करता है। द्रविड़ शैली की सभी विशेषताएँ एक साथ इसमें प्राप्त होती है, जैसे–परिवेशित प्रांगण, गोपुरम, स्तंभयुक्त मण्डप विमान आदि।

14. निम्नलिखित कथनों पर विचार कीजिए–

1. राष्ट्रकूट वंश से सम्बन्धित दंतिदुर्ग एक समय में चालुक्य विक्रमादित्य द्वितीय के अधीन महासामंत था।

2. चोल वंश से सम्बन्धित विजयालय एक समय में मदुरै के पांड्य शासकों के अधीन था।

उपर्युक्त कथनों में से कौन-सा/से रूप सही है/हैं?

(a) केवल 1

(b) केवल 2

(c) 1 और 2 दोनों

(d) न तो 1, न ही 2

उत्तर (a) दंतिदुर्ग ने बादमी के चालुक्य शासक विक्रमादित्य द्वितीय के सामंत के रूप में अपना जीवन प्रारम्भ किया और राष्ट्रकूट वंश की स्वतन्त्रता का जन्मदाता यह शासक दंतिदुर्ग ही था।

विजयालय एक शक्तिशाली चोल राजा था, जो पल्लवों के सामंत के रूप में उरैयूर 'विचनापल्ली' के समीपवर्ती क्षेत्र में शासक था, न कि पांड्यों के अधीन शासक था। विजयालय ने पांड्यों की निर्बल शक्ति का लाभ उठाकर तंजौर पर अधिकार जमा लिया था।

15. भारतीय मंदिर स्थापत्य के संदर्भ में निम्नलिखित पर विचार कीजिए–

1. आमलक **2. कुंभपंजर**

3. उपपीठ **4. विमान**

उपर्युक्त में कौन-से राजराजेश्वर द्वारा निर्मित तंजावुर मंदिर के संघ तत्व है?

(a) केवल 1, 2 और 3

(b) केवल 1, 2 और 4

(c) केवल 2, 3 और 4

(d) 1, 2, 3 और 4

उत्तर (b) चोल राजा राजराज प्रथम द्वारा तंजावुर का प्रसिद्ध वृहदेश्वर मंदिर का निर्माण करवाया गया था। इसे राजराजेश्वर मंदिर भी कहा जाता है। भारतीय मंदिर स्थापत्य कला की दृष्टि से इस मंदिर में आमलक, कुंभपंजर, विमान का यथेष्ट और सुन्दर प्रयोग किया गया है। ये विशेषताएँ इस मंदिर को विशिष्ट और अत्यन्त आकर्षक स्वरूप प्रदान करती है।

16. सूची-I को सूची-II से सुमेलित कीजिए तथा सूचियों के नीचे दिए गए कूट का प्रयोग करते हुए सही उत्तर चुनिए–

सूची-I (कृति)	सूची-II (रचयिता)
A. मृच्छकटिकम्	1. कालिदास
B. ऋतुसंहार	2. शूद्रक
C. किरातार्जुनीय	3. माघ
D. शिशुपालवध	4. भारवि

कूट :

	A	B	C	D
(a)	2	1	4	3
(b)	3	4	1	2
(c)	2	4	1	3
(d)	3	1	4	2

उत्तर (a) 'मृच्छकटिकम' शूद्रक द्वारा लिखा गया नाटक ग्रंथ है, जिसमें कुल 10 अंक हैं। इसमें चारुदत्त नामक एक निर्धन ब्राह्मण तथा बसन्तसेना नामक वेश्या की प्रणय कथा वर्णित है। 'ऋतुसंहार' कालिदास द्वारा रचित एक खण्ड काव्य है, जिसमें षड्ऋतु (ग्रीष्म, वर्षा, शरद, हेमन्त, शिशिर तथा बसन्त) का क्रमानुसार वर्णन किया गया है। 'किरातार्जुनीयम' भारवि की रचना है। यह 18 सर्गों का एक महाकाव्य है। 'शिशुपालवध' महाकवि माघ की प्रसिद्ध रचना है।

17. निम्नलिखित में से किस एक शासक ने प्रख्यात कैलाश मंदिर का, जो एलोरा में पाषाण काट कर तैयार किया गया है, निर्माण आरम्भ करवाया था?

(a) दंतिवर्मन

(b) नंदिवर्मन तृतीय

(c) कृष्ण प्रथम

(d) श्रीमर श्रीवल्लम

उत्तर (c) महाराष्ट्र प्रांत के औरंगाबाद में स्थित एलोरा नामक पहाड़ी पर राष्ट्रकूट नरेश कृष्ण प्रथम ने कैलाश मंदिर का निर्माण करवाया। यह मंदिर अपनी आश्चर्यजनक शैली के लिए विश्व-प्रसिद्ध है। यह प्राचीन भारतीय वास्तु एवं लक्षण कला का सर्वोत्कृष्ट उदाहरण है। यह सम्पूर्ण मंदिर एक ही पाषाण को काटकर बनाया गया है।

18. कथन (A) : 800-1200 ई. के दौरान हम बहुत सी ऐसी ऐतिहासिक कृतियां पाते हैं जो अपेक्षाकृत छोटे भौगोलिक क्षेत्रों तथा छोटे राजवंशों के पारिवारिक इतिहास से सम्बद्ध है।

कारण (R) : इस काल में राजनैतिक शक्ति से अत्यधिक केन्द्रीयकरण के कारण क्षेत्रीय तथा स्थानीय शासकों में प्रतिक्रिया के तत्व उभरने लगे थे।

कूट :

(a) A और R दोनों सही हैं और R, A का सही स्पष्टीकरण है।

(b) A और R दोनों सही हैं, परन्तु R, A का सही स्पष्टीकरण नहीं है।

(c) A सही है, परन्तु R गलत है।

(d) A गलत है, परन्तु R सही है।

उत्तर (c) राजपूत काल (800-1200 ई.) में भारत में कोई भी मजबूत केन्द्रीय सत्ता नहीं दिखायी पड़ती। जगह-जगह सामंतों ने अपने राज्य कायम कर लिये। इससे क्षेत्रीयता एवं स्थानीयता की भावना दृढ़ होने लगी। ये छोटे-छोटे राज्य प्राय: आपसी संघर्षों में ही उलझे रहे। इस समय के साहित्य भी इसी राजनीतिक दशा का प्रतिनिधित्व करते हुए दिखाई पड़ते हैं। इस दौरान बहुत सी ऐसी साहित्यिक कृतियाँ मिलती हैं, जो अपेक्षाकृत छोटे भौगोलिक क्षेत्रों तथा छोटे राजवंशों के पारिवारिक इतिहास से ही सम्बद्ध है।

19. 11वीं शताब्दी की पुस्तक 'शून्य पुराण' का लेखक कौन था?

(a) परमेश्वर (b) रमई पंडित

(c) पारंगल खां (d) अलओल

उत्तर (b) 'शून्य पुराण' 11वीं शताब्दी की पुस्तक है। इसका लेखक रमई पण्डित था।

20. निम्न में से कौन-सा एक स्थान पूर्व मध्यकालीन भारत में 'प्रभास पट्टन' के नाम से जाना जाता था?

(a) सोमनाथ (b) थानेसर

(c) उज्जैन (d) वाराणसी

उत्तर (a) सोमनाथ गुजरात के काठियावाड़ क्षेत्र में जूनागढ़ जिले में स्थित बंदरगाह क्षेत्र था। मध्यकालीन भारत में यह 'प्रभास पट्टन' नाम से जाना जाता था। यहाँ के पुरातात्विक अवशेषों में गुप्तों तथा वल्लभी के मैत्रकों से सम्बद्ध चाँदी एवं तांबे के सिक्के मिले हैं। सोमनाथ अपने शिव मंदिर के लिए विख्यात था, जिसे महमूद गजनवी ने लूटा था।

21. सूची-I (प्राचीन राज्य) को सूची-II (आधुनिक क्षेत्र) के साथ सुमेलित कीजिए और सूचियों के नीचे दिए गए कूट का प्रयोग करते हुए सही उत्तर चुनिए–

सूची-I (प्राचीन राज्य)	सूची-II (आधुनिक क्षेत्र)
A. दुर्गर	1. असम
B. कामरूप	2. जम्मू
C. त्रिगर्त	3. जालंधर
C. कलिंग	4. उड़ीसा

कूट :

	A	B	C	D
(a)	1	2	3	4
(b)	2	1	3	4
(c)	1	2	4	3
(d)	2	1	4	3

उत्तर (b) आधुनिक जम्मू का क्षेत्र मौर्योत्तर काल में 'दुर्गर' के नाम से जाना जाता था। वर्तमान असम का क्षेत्र प्राचीन काल में 'कामरूप' कहा जाता था। इसी प्रकार आधुनिक रावी एवं सतलुज नदियों के मध्य पंजाब का जालंधर क्षेत्र प्राचीन काल में 'त्रिगर्त' कहलाता था। आधुनिक उड़ीसा को प्राचीन काल में कलिंग कहा जाता था।

22. एलोरा का विख्यात कैलाश मंदिर किस राष्ट्रकूट राजा के अनुदेशों पर पत्थर में काट कर तैयार किया गया था?

(a) कृष्ण-प्रथम (b) ध्रुव-प्रथम

(c) कृष्ण-द्वितीय (d) इन्द्र-तृतीय

उत्तर (a) एलोरा का कैलाश मंदिर राष्ट्रकूट शासक कृष्ण प्रथम द्वारा बनवाया गया। एलोरा महाराष्ट्र के औरंगाबाद जिले में स्थित है। यह प्राचीन भारतीय वास्तु एवं तक्षण कला का सर्वोत्कृष्ट उदाहरण है। यह सम्पूर्ण मंदिर एक ही पाषाण को काटकर बनाया गया है। मंदिर के ऊपर का विशाल शिखर 95 फुट ऊँचा है तथा यह चारतल्ला है। मंदिर में प्रवेश द्वार तथा मण्डप बनाये गये हैं। मंदिर के समीप ही पाषाण काटकर एक लम्बी पंक्ति में हाथियों की मूर्तियाँ बनायी गयी है।

23. निम्नलिखित कथनों पर विचार कीजिए-

1. गुप्तकाल के पहले निर्मित स्वतन्त्र भवन वाले हिन्दू मंदिरों के कोई पुरावशेष नहीं मिले हैं।

2. सभी एलोरा गुफाएं हिन्दू देवी एवं देवताओं से सम्बद्ध है।

3. तंजावुर का विशाल शिव मंदिर महान राजराज द्वारा बनवाया गया था।

उपरोक्त कथनों में से कौन-सा/से सही है/हैं?

(a) 1 और 3

(b) 1, 2 और 3

(c) 1 और 2

(d) केवल 3

उत्तर (a) भारत में मंदिरों का निर्माण गुप्त काल में प्रारम्भ हुआ। अत: गुप्तकाल के पहले निर्मित स्वतंत्र भवन वाले हिन्दू मंदिरों का कोई पुरावशेष नहीं मिलता। तंजौर का वृहदेश्वर मंदिर (शिव मंदिर) चोल शासक राजराज प्रथम ने बनवाया था। परन्तु एलोरा की गुफाएं केवल हिन्दू देवी-देवताओं से सम्बद्ध नहीं है। ये हिन्दू, बौद्ध तथा जैन तीनों धर्मों से सम्बन्धित है।

24. निम्न में से कौन-सा कथन सही नहीं है?

(a) भारत के प्राचीनतम सिक्कों पर कोई अभिलेख नहीं है।

(b) दकन के सातवाहनों ने सीसे के सिक्के ढलवाए थे।

(c) गुप्त शासकों ने रूपक नामक चाँदी के सिक्के ढलवाए थे।

(d) भारत वर्ष में स्वर्ण सिक्कों का चलन हर्षवर्धन द्वारा आरम्भ किया गया था।

उत्तर (d) भारत वर्ष में स्वर्ण सिक्कों का चलन इण्डो-ग्रीक शासकों द्वारा किया गया। उन्होंने ही पहली बार लिखित एवं आकृति युक्त सिक्के चलाये। भारत के प्राचीनतम सिक्के आहत सिक्के कहलाते हैं। ये पाँचवीं शताब्दी ई. पू. के हैं एवं इन पर कोई लेख नहीं है। सातवाहनों ने ही सर्वप्रथम सीसे के सिक्के ढलवाए थे। गुप्तशासक चन्द्रगुप्त विक्रमादित्य ने शकों पर विजय के उपलक्ष्य में चाँदी के सिक्के ढलवाये। इन्हें रूपक या रूप्यक कहा जाता है। इनका वजन 32 से 36 ग्रेन था।

25. सूची-I को (प्राचीन नगर) को सूची-II (आधुनिक राज्य) के साथ सुमेलित कीजिए तथा सूचियों के नीचे दिए गए कूट का प्रयोग कर सही उत्तर चुनिए–

सूची-I	सूची-II
A. अजयमेरु	1. असम
B. भृगुकच्छ	2. गुजरात
C. प्राग्ज्योतिष	3. उड़ीसा
D. शिशुपालगढ़	4. राजस्थान

कूट :

	A	B	C	D
(a)	1	2	4	3
(b)	4	3	1	2
(c)	1	3	4	2
(d)	4	2	1	3

उत्तर (d) प्राचीन कालीन अजयमेरु राजस्थान में स्थित आधुनिक अजमेर है। भृगुकच्छ गुजरात के तटीय किनारे स्थित है तथा शिशुपालगढ़ उड़ीसा में स्थित है। प्रागज्योतिष, असम में स्थित है।

26. निम्नलिखित कथनों पर विचार कीजिए–

1. तिब्बत में बौद्ध धर्म का प्रवेश पाल साम्राज्य से हुआ था

2. बंगाल के सेन बौद्ध विरोधी थे

3. सोलंकी, जिन्होंने गुजरात पर शासन किया, जैन धर्म के संरक्षक थे

उपरोक्त कथनों में से कौन-सा/से सही है/हैं?

(a) केवल 1
(b) केवल 2 और 3
(c) केवल 1 और 3
(d) 1, 2 और 3

उत्तर (d) बंगाल के पाल शासक बौद्ध धर्मानुयायी थे। उन्हीं के समय में तिब्बत में बौद्ध धर्म का प्रवेश हुआ। पालों के बाद बंगाल में सेन वंश का शासन आया। उन्होंने बौद्ध धर्म के स्थान पर शैव एवं वैष्णव धर्म को प्रश्रय दिया। अन्हिलवाड़ के चालुक्य अथवा सोलंकी शासक जैन धर्म के संरक्षक थे।

27. गुप्तोत्तर युग में प्रमुख व्यापारिक केन्द्र था–

(a) कन्नौज (b) उज्जैन
(c) धार (d) देवगिरी

उत्तर (a) गुप्तोत्तर काल में व्यापार का प्रमुख केन्द्र उज्जैन के स्थान पर कन्नौज हो गया। गुप्तोत्तर काल में हर्ष ने अपनी राजधानी थानेश्वर के स्थान पर कन्नौज को बनाया। गंगा-यमुना दोआब में स्थित होने के कारण कन्नौज एक महत्वपूर्ण व्यापारिक केन्द्र के रूप में उभरा।

28. नालंदा विश्वविद्यालय के विनाश का कारण था–

(a) मुसलमान (b) कुषाण
(c) सीथियन्स (d) मुगल

उत्तर (a) नालंदा विश्वविद्यालय गुप्त और गुप्तोत्तर काल में शिक्षा का महत्वपूर्ण केन्द्र था। तुर्क आक्रमणकारी बख्तियार खिलजी के द्वारा 1193 ई. में नालंदा विश्वविद्यालय को नष्ट कर दिया गया।

29. नर्मदा नदी पर सम्राट हर्ष के दक्षिणवर्ती अग्रमन को रोका–

(a) पुलकेशियन I ने (b) पुलकेशियन II ने
(c) विक्रमादित्य I ने (d) विक्रमादित्य II ने

उत्तर (b) हर्षवर्धन ने बंगाल तथा मगध पर आक्रमण कर उस पर विजय हासिल की। अब उसके राज्य की सीमा नर्मदा नदी तट तक पहुँच गई। जब हर्ष दक्कन की तरफ बढ़ा तो चालुक्य वंशीय शासक पुलकेशियन II ने उसका रास्ता रोका, ऐसे में युद्ध अवश्यसंभावी हो गया। नर्मदा तट पर 634 ई. में हर्षवर्धन तथा पुलकेशियन II के मध्य युद्ध हुआ, जिसमें पुलकेशियन II ने हर्षवर्धन को युद्ध में पराजित कर दिया।

30. 'कौशेय' शब्द का प्रयोग किया गया है–

(a) कपास के लिए (b) सन के लिए
(c) रेशम के लिए (d) ऊन के लिए

उत्तर (c) 'कौशेय' शब्द का प्रयोग गुप्त तथा गुप्तोत्तर काल में रेशम के लिए किया जाता था।

❑❑❑

13 संगम युग

1. प्राचीन दक्षिण भारत के इतिहास के संदर्भ में, पांड्य राज्य के सम्बन्ध में निम्नलिखित कथनों पर विचार कीजिए–

1. पांड्यों ने कावेरी नदी के डेल्टा और आसपास के क्षेत्रों पर अधिकार कर लिया था।

2. पांड्यों के अधीन, राजधानी मदुरई और बंदरगाह नगर कोकेई व्यापार और वाणिज्य के महान केन्द्र के रूप में प्रसिद्ध थे।

3. पांड्य राजाओं ने रोमन सम्राट के पास दूत भेजे थे।

नीचे दिए गए कूट का प्रयोग कर सही उत्तर चुनिए-

(a) केवल 1 और 2 (b) केवल 1

(c) केवल 2 और 3 (d) 1, 2 और 3

उत्तर (c) पांड्य राज्य ने मोटे तौर पर आज के तमिलनाडु के आधुनिक जिलों तिरुनेलवेली, रामनाद और मदुरै के क्षेत्र पर अधिकार कर लिया था। इस राज्य की राजधानी, मदुरई थी। चोलों का कावेरी नदी के डेल्टा और आसपास के क्षेत्रों पर अधिकार था। **अतः कथन 1 गलत है।**

पांड्यों के अधीन, राजधानी मदुरई और बंदरगाह नगर कोकेई व्यापार और वाणिज्य के महान केन्द्र थे। **अतः कथन 2 सही है।**

पांड्य राज्य बहुत धनी और समृद्ध था। व्यापारी रोमन साम्राज्य के साथ व्यापार से लाभान्वित होते थे। पांड्य राजाओं ने रोमन सम्राट ऑगस्टस और ट्रोजन के पास दूत भी भेजे थे। **अतः कथन 3 भी सही है।**

2. निम्नलिखित युग्मों पर विचार कीजिए–

तमिल ग्रंथ		सम्बन्धित
1. तोलकाप्पियम	:	व्याकरण और छंदशास्त्र
2. शिलप्पादिकारम	:	रामायण का तमिल संस्करण
3. मणिमेखलै	:	तमिल महाकाव्य

उपर्युक्त युग्मों में से कौन-सा/से सही सुमेलित है/हैं?

(a) केवल 1 और 2 (b) केवल 2

(c) केवल 1 और 3 (d) केवल 2 और 3

उत्तर (c) संगम ग्रंथों के अतिरिक्त अन्य महत्वपूर्ण तमिल ग्रंथ भी हैं। तोलकाप्पियम (तोलकाप्पियर द्वारा लिखित) व्याकरण और छंदशास्त्र से सम्बन्धित है। तिरुक्कुलम (तिरुवल्लुवर द्वारा लिखित) दर्शन और विस्तृत नीति वचनों से सम्बन्धित है। शिलप्पादिकारम (इलांगोआदिगल द्वारा) एवं मणिमेखलै (सत्तानार द्वारा लिखित) जुड़वां तमिल महाकाव्य हैं। रामावतारम को लोकप्रिय रूप से कंब रामायण कहा जाता है और यह एक तमिल महाकाव्य है, जिसे तमिल कवि कम्बन द्वारा 12वीं सदी के दौरान लिखा गया था।

3. निम्नलिखित में से कौन-सा/से कोरोमण डल तट पर स्थित प्राचीन भारत का/के पत्तन नगर है/हैं?

1. अरिकामेडु 2. महाबलीपुरम

3. कावेरीपट्टनम

नीचे दिए गए कूट का प्रयोग कर सही उत्तर चुनिए-

(a) केवल 1 और 2 (b) केवल 2 और 3

(c) केवल 3 (d) 1, 2 और 3

उत्तर (d) प्राचीन भारत के उपर्युक्त सभी पत्तन नगर कोरोमण्डल तट (पूर्वी तट) पर स्थित है।

अरिकामेडु वर्तमान पुडुचेरी में है। इसका उपयोग यवनों या यूनानी व्यापारियों के साथ व्यापार करने के लिए किया जाता था।

महाबलीपुरम तमिलनाडु में स्थित है और यह दक्षिण-पूर्व एशिया के साथ व्यापार करने हेतु प्रसिद्ध पत्तन नगर था। यह पल्लव वंशियों द्वारा निर्मित तट-मंदिरों के लिए भी प्रसिद्ध है।

कावेरीपट्टनम को कावेरीपूमपट्टिनम या पुहार के नाम से भी जाना जाता है। यह आरम्भिक चोल राजाओं के शासन में तमिकलम की राजधानी भी थी।

4. संगम सभाओं के संदर्भ में, निम्नलिखित कथनों पर विचार कीजिए–

1. इन्हें पांड्य राजाओं द्वारा संरक्षण प्रदान किया गया।

2. ये मदुरै में आयोजित की गईं।

3. इनमें प्रयुक्त की गई मुख्य भाषा मलयालम थी।

उपर्युक्त कथनों में से कौन-सा/से सही है/हैं?

(a) केवल 1 और 3 (b) केवल 2

(c) केवल 1 और 2 (d) 1, 2 और 3

उत्तर (c) संगम, मदुराई में संपन्न तमिल कवियों की सभा या बैठक थी, जो पांड्य राजाओं के संरक्षण में हुई। इसकी मुख्य भाषा तमिल थी। संगम युग में तमिल भाषा ने परिपक्वता का स्तर प्राप्त किया। **इसलिए, कथन 1 और 2 सही हैं और कथन 3 सही नहीं है।**

5. निम्नलिखित में से किन ग्रंथों को तमिल वेद के रूप में भी जाना जाता है?

(a) तोल्कप्पियम

(b) एत्तुतौकै

(c) पत्तुपात्तु

(d) नालयिर दिव्य प्रबन्धनम्

उत्तर (d) संगम साहित्य के ग्रंथों के भण्डार में तोल्काप्पियम, एत्तुतौकै, पत्तुपात्तु और पदिनेकिकणक्कु सम्मिलित हैं।

'नलयिर दिव्य प्रबन्धनम्' को तमिल वेद के रूप में भी जाना जाता है। यह ग्रंथ छठी शताब्दी की नयनार परंपरा का है, जो तमिलनाडु में पुष्पित-पल्लवित हुई।

6. निम्नलिखित प्राचीन दक्षिण भारतीय पत्तनों पर विचार कीजिए–

1. मुजिरिस 2. अरिकामेडु

3. कावेरीपट्टिनम

उपर्युक्त में से कौन-सा/से संगम काल से सम्बन्धित है/हैं?

(a) केवल 1 (b) केवल 1 और 2

(c) केवल 3 (d) 1, 2 और 3

उत्तर (d) मुजिरिस केरल में तथा कोरकई, कावेरीपट्टिनम और अरिकामेडु वर्तमान भारत के दक्षिणी सिरे पर (तमिलनाडु में) संगम काल से सम्बन्धित मुख्य व्यापारिक केन्द्र तथा बंदरगाह थे।

7. कथन (A) : पाण्डिनेन किलकनक्कु समूह (Padinen Kilukanakku Group) की अहम (Aham) एवं पुरम (Puram) कविताएँ संगम रचनाओं का अनुवर्तन हैं।
कारण (R) : यह प्रमुख संगम (Sangam) रचनाओं के विपरीत उत्तर संगम रचनाओं का अनुवर्तन हैं।
नीचे दिए गए कूट से सही उत्तर का चयन कीजिए–
(a) A तथा R दोनों सही हैं तथा R, A की सही व्याख्या है।
(b) A और R दोनों सही हैं, किन्तु R, A की सही व्याख्या नहीं है।
(c) A सही है, किन्तु R गलत है।
(d) A गलत है, किन्तु R सही है।

उत्तर (a) संगम रचनाओं में पाण्डिनेन किलकनक्कु समूह की अहम एवं पुरम रचनाएँ हैं। इन्हें प्रमुख संगम रचनाओं के विपरीत उत्तर संगम रचनाओं में सम्मिलित किया गया।

8. निम्नलिखित युग्मों में से कौन-सा एक युग्म सही सुमेलित नहीं है?
(a) शिल्प्पदिकारम : इलांगोआदिगल
(b) मणिमेखलै : तिरुमाजीशी
(c) कुरल : तिरुवल्लुवर
(d) तिरुमदल : तिरुमंगै अलवार

उत्तर (b) 'शिल्पादिकारम' संगमकालीन महाकाव्य है। इसकी रचना शासक इलांगोआदिगल ने की है। 'मणिमेखलै' भी संगमकालीन महाकाव्य है। इसे बौद्ध पुस्तक माना जाता है। इसके लेखक बौद्ध अन्न व्यापारी सीतलै सत्तनार है। 'कुरल' की रचना प्रसिद्ध कवि तिरुवल्लुवर ने की थी तथा 'तिरुमदल' 'तिरुमंगै' अलवार की रचना है।

9. किस संगम साहित्यिक कृति में उल्लेख है कि आर्यों ने विवाह का अनुष्ठान और समारोह प्रारम्भ किया?
(a) तोल्कप्पियम (b) पत्तुप्पट्टु
(c) एत्तुत तोगे (d) मणिमेखलै

उत्तर (a) 'तोल्कप्पियम' द्वितीय संगम का एकमात्र उपलब्ध प्राचीन तमिल साहित्य का ग्रंथ है। इसके रचनाकार तोल्कापियर थे। इसकी रचना सूत्र शैली में की गई थी। इस ग्रंथ में आर्यों द्वारा विवाह का अनुष्ठान और समारोह प्रारम्भ किए जाने का उल्लेख है।

10. सूची-I को सूची-II से सुमेलित कीजिए तथा सूचियों के नीचे दिए गए कूट का प्रयोग करते हुए सही उत्तर चुनिए–

सूची-I (संगम ग्रंथ)	सूची-II (संकलन कर्ता)
A. अन्नगुरुनुरु	1. रुद्र शर्मन
B. अहनानुरु	2. नक्किरर
C. मुरुगरुप्पडै	3. नत्नानार
D. शिरुपुनुर्रूपडै	4. गुडलूर किलार

कूट :

	A	B	C	D
(a)	3	2	1	4
(b)	4	2	1	3
(c)	3	1	2	4
(d)	4	1	2	3

उत्तर (d) 'संगम साहित्य' मुख्य रूप से तमिल भाषा में लिखे गए हैं। तमिल काव्य के आगम वर्ग की कविताएँ मुख्यतया प्रेम सम्बन्धी है। संगम ग्रंथ 'अन्नगुरुनुरु' के संकलनकर्ता गुडलूर किलार है। 'अहनानुरु' मदुरा निवासी रुद्रशर्मन की रचना है। इसकी विषय वस्तु प्रेम प्रसंग है। 'मुरुगरूप्पडै' नक्किरर की रचना है तथा 'शिरूपुनुर्रूपडै' के रचनाकार नत्नानार हैं। इसमें चेर शासक गुट्टवन द्वारा हिमालय पर्वत पर झण्डा गाड़ते दिखाया गया है।

11. निम्न में से किस एक स्थान पर तीनों संगम साहित्य सभाएँ आयोजित की गई थी?
(a) तंजावुर (b) कांचीपुरम
(c) मदुरै (d) वन्जि

उत्तर (c) संगम शब्द से तात्पर्य परिषद अथवा गोष्ठी से है, जिनमें तमिल कवि एवं विद्वान एकत्र होते थे। प्रत्येक कवि अथवा लेखक अपनी रचनाओं को इस संगम से स्वीकृत करवाते थे, तभी किसी रचना का प्रकाशन संभव था। प्रथम संगम का आयोजन पाण्ड्यों की राजधानी मदुरै में हुआ। इसकी अध्यक्षता ऋषि अगस्त्य या अगातियार ने की। द्वितीय संगम का आयोजन तोलकाप्पियर ने की थी। तृतीय संगम का आयोजन पाण्ड्य राजधानी मदुरा (उत्तरी-मदुरा) में किया गया। इसकी अध्यक्षता नक्कीरर ने की थी। इस प्रकार सामान्य रूप से मदुरा को तीनों संगम साहित्य सभाओं का आयोजन स्थल माना जा सकता है।

12. निम्नलिखित कथनों पर विचारक कीजिए–
1. सेनगुट्टुवन, जो इमयवरम्बन का पुत्र था, यज्ञश्री शातकर्णी का समकालीन था।
2. शिलप्पादिकारम् में सेनागुट्टुवन के महाकार्यों का विस्तृत विवरण मिलता है।

उपर्युक्त कथनों में से कौन-सा/से सही है/हैं?
(a) केवल 1
(b) केवल 2
(c) 1 और 2 दोनों
(d) न तो 1, न ही 2

उत्तर (c) चेर वंशीय शासक नेदुंजीरल आदन ने हिमालय तक अपने राज्य का विस्तार करके 'इमयवरम्बन' की उपाधि धारण की थी। नेदुंजीरल का पुत्र सेनगुट्टवन लगभग 180 ई. ने चेर राज्य के सिंहासन पर बैठा। शिलप्पादिकारम् नामक ग्रंथ (जिसका लेखक इलांगोआदिगल था, सेनागुट्टवन का भाई माना जाता है) के अनुसार सेनगुट्टवन लगभग 180 ई. में चेर राज्य के सिंहासन पर बैठा। शिलप्पादिकारम् में सेनागुट्टवन के महाकार्यों का विस्तृत विवरण मिलता है। यह चेर वंश का सबसे प्रतापी शासक था। इसी ने चेर राज्य में पतिनी पूजा या कण्णगी पूजा प्रारम्भ की। सातवाहन शासक यज्ञश्री शातकर्णी का शासनकाल 165-194 ई. तक माना जाता है। इस प्रकार यज्ञश्री शातकर्णी संगमयुगीन चेर शासक सेनगुट्टवन का समकालिक ठहरता है।

13. संगम काल में उरैयूर निम्न में से किस एक की राजधानी थी?
(a) पाण्ड्य शासकों की
(b) पल्लव शासकों की
(c) चालुक्य शासकों की
(d) चोल शासकों की

उत्तर (d) संगम युगीन चोल शासकों की राजधानी उरैयूर थी। इस युग में उरैयूर एक प्रमुख बंदरगाह एवं सूती-वस्त्र उत्पादक केन्द्र था। यहां से रोमन व्यापारिक सम्पर्क के भी प्रमाण मिले हैं। वर्तमान समय में उरैयूर कोरोमण्डल तट पर तमिलनाडु के तिरुचिरापल्ली जिले में स्थित है।

14. प्राचीन दक्षिण भारत के संगम से सम्बन्धित निम्न में से कौन-सा कथन सही है?
(a) उन्हें दास प्रथा का ज्ञान नहीं था।
(b) वहाँ सती प्रथा विद्यमान नहीं थी।
(c) उन्हें पवित्र विवाह सूत्र ताली का ज्ञान नहीं था।
(d) वहाँ स्त्रियों का राजसिंहासन पर कोई अधिकार नहीं था।

उत्तर (a) संगम युग की एक महत्वपूर्ण विशेषता दास-प्रथा का प्रचलित न होना थी। संगम समाज में विवाह एक पवित्र संस्कार माना जाता था। तोलकाप्पियम नामक ग्रंथ में आठ प्रकार के विवाहों का उल्लेख मिलता है। महिलाएँ पवित्र विवाह-सूत्र ताली (मंगलसूत्र) धारण करती थीं, जो उनके सुहाग का प्रतीक होता था। मेगस्थनीज के विवरण से पता चलता है कि पाण्ड्य राज्य में स्त्री का शासन था। अर्थात् संगम युग में स्त्रियों का भी राजसिंहासन पर अधिकार था। समाज में सती प्रथा का प्रचलन था। यद्यपि विधवा विवाह व पुनर्विवाह को भी स्वीकृति थी, किन्तु स्वतंत्र रूप से विधवा जीवन व्यतीत करने वाली स्त्रियों को कई यातनाएँ झेलनी पड़ती थीं।

15. साहित्यिक कृति 'शिलप्पादिकारम' का नायक कौन था?

(a) करिकाल चोल (b) सेनगुट्टुवन चेर
(c) नेडुंजेलियन (d) सेगन्नन चोल

उत्तर (b) शिलप्पादिकारम् (नुपूर की कहानी) संगमयुगीन प्रसिद्ध महाकाव्य हैं इसका लेखक चेर शासक सेनगुट्टवन का भाई इलांगोआदिगल था। इस महाकाव्य का नायक 'कोवलन' एक व्यवसायी तथा नायिका 'कन्नगी' एक व्यापारी की कन्या थी। 'कोवलन' सेनगुट्टवन का ही काल्पनिक नाम माना जाता है।

16. तोलकाप्पियम सम्बन्धित है–

(a) प्रथम संगम काल से
(b) द्वितीय संगम काल से
(c) तृतीय संगम काल से
(d) उत्तर-दक्षिण संगम काल से

उत्तर (b) संगम कालीन व्याकरण ग्रंथ तोलकाप्पियम की रचना तोलकाप्पियर ने की थी, जो ऋषि अगस्त के 12 शिष्यों में एक थे। संगम काल में पांडय शासकों के संरक्षण में आयोजित तीन संगमों में तोलकाप्पियम द्वितीय संगम साहित्य का एकमात्र सुरक्षित ग्रंथ है। यह तमिल व्याकरण ग्रंथ है, जो सूत्र शैली में लिखा गया है। व्याकरण के साथ-साथ इसमें धर्म अर्थ काम एवं मोक्ष की नियमावली भी है।

17. सूची-I (क्षेत्र) को सूची-II (भू-दृश्य) से सुमेलित कीजिए तथा सूचियों के नीचे दिए गए कूट का प्रयोग करते हुए सही उत्तर चुनिए–

सूची-I (क्षेत्र)	सूची-II (भू-दृश्य)
A. कुरुंजि	1. चारागाह
B. मरूदम	2. समुद्रतटवर्ती
C. मुल्लै	3. पहाड़ियाँ
D. नेयतल	4. समतल मैदान

कूट :

	A	B	C	D
(a)	3	2	1	4
(b)	1	4	3	2
(c)	3	4	1	2
(d)	1	2	3	4

उत्तर (c) रुचि के अनुसार तमिल भूमि पाँच क्षेत्रों (तिणै) में बंटी थी– (i) पर्वत या पहाड़ियाँ-(कुरुंजि) (ii) निर्जल स्थान अथवा रेगिस्तानी भू-भाग (पल्लई) (iii) अरण्य भूमि अथवा चारागाह (मुल्लै), (iv) कृषि के लिए जोते गए मैदान (मरूदम) तथा (v) समुद्र तटवर्ती क्षेत्र (न्यदल या नेयतल)। प्रत्येक क्षेत्र को प्रेम अथवा युद्ध के किसी-न-किसी पक्ष से सम्बद्ध किया गया था, यथा–पर्वत विवाह से पूर्व प्रेम तथा पशुओं के आक्रमण से सम्बन्धित कविताओं के लिए था। निर्जल स्थल प्रेमियों के दीर्घकालीन वियोग तथा ग्राम्य जीवन के लिए आरण्य प्रेमियों के अल्पकालिक वियोग तथा साहसिक यात्राओं के लिए कृषि के लिए जोते गए मैदान अवरोध के लिए तथा समुद्रतट मछुआरों की पत्नियों के अपने पतियों से वियोग तथा स्थायी युद्ध के लिए दृश्य बनते थे। एतुतौगै की प्रत्येक कविता इन पाँचों क्षेत्रों में से किसी एक क्षेत्र में वर्गीकृत की गई थी।

18. दक्षिण भारत के संदर्भ में गुहा लिपि से तात्पर्य है–

(a) अपाठ्य भिति आरेख
(b) तमिल ब्राह्मी से
(c) तमिल ग्रंथ से
(d) पल्लव ग्रंथ से

उत्तर (b) तमिल लोग ईसवी सन के आरम्भ से ही लिखना जानते थे। ब्राह्मी लिपि में लिखे 75 से भी अधिक छोटे-छोटे अभिलेख प्राकृतिक गुफाओं में विशेषकर मदुरै प्रदेश में पाए गए हैं।

19. निम्न में से कौन से एक संगमयुगीन कवि ने एक तमिल प्रमुख के विरुद्ध हुए मौर्य अभियान का वर्णन किया है?

(a) परणर (b) अलैयार
(c) इलांगोआदिगल (d) मामूलनार

उत्तर (d) तमिल कवि मामूलनार ने नंदों द्वारा जुटाए गए धन और तमिल प्रमुख के विरुद्ध हुए मौर्य अभियान का वर्णन किया है।

20. परम्परानुसार 'शिलप्पादिकारम' के रचयिता हैं–

(a) सत्तनार (b) कम्बन
(c) इलांगोआदिगल (d) तिरुक्तदेवर

उत्तर (c) 'शिलप्पादिकारम' की गणना संगम कालीन पाँच वृहद महाकाव्यों में की जाती है। अन्य चार वृहद महाकाव्य हैं– (i) मणिमेखलै, (ii) जीवक चिन्तामणि (iii) वलयपलि (iv) कुण्डलकेशी। इनमें से प्रथम तीन अर्थात् शिलप्पादिकारम् (नुपूर की कहानी) की रचना इलांगोआदिगल ने की थी। इलांगोआदिगल चेर शासक सेनगुट्टवन का छोटा भाई था और अनुश्रुति है कि उसके भय से घर-बार छोड़कर संन्यासी हो गया था। इस ग्रंथ में कवि ने पुहार (कावेरी-पट्टनम्) के एक प्रसिद्ध धनी व्यापारी के पुत्र कोवलन तथा एक अन्य व्यापारी की कन्या कन्नगी की लोकप्रिय कहानी का वर्णन किया है। कवि ने कोवलन तथा कन्नगी की कथा के माध्यम से प्रारम्भिक तमिलवासियों की उग्रता तथा उनकी न्याय के प्रति कठोर आदर भावना का यथार्थ चित्रण किया है।

21. निम्न में से कौन-सा दस्तावेज दक्षिण भारत के मुशिरी नामक स्थान पर आंगस्टस के मंदिर का साक्ष्य प्रस्तुत करता है?

(a) पेरप्लस ऑफ दी एरिथ्रियन सी
(b) नियार्कस
(c) वंशावलियाँ
(d) संगम साहित्य

उत्तर (a) 'पेरिप्लस ऑफ द एरिथ्रियन सी' एक अज्ञात लेखक की रचना है। उसके विषय में हमें इतना ज्ञात है कि वह यूनान का रहने वाला था, किन्तु मिस्र में जाकर रहने लगा था। उसने 80 ई. के लगभग भारतीय समुद्रतट की यात्रा की थी। उसने अपने वर्णन में भारतीय बंदरगाहों के नाम तथा इनसे आयात और निर्यात की जाने वाली वस्तुओं के नाम लिखे हैं। इस ग्रंथ में सिन्धु के मुहाने से लेकर कन्याकुमारी के मुहाने तक के 24 बंदरगाहों का उल्लेख किया गया है, जिसमें नौरा (क्लानोर), टिण्डिस (पोन्नति), मुजरिस (मुशिरी) तथा नेलसिण्डा पश्चिमी तट के प्रसिद्ध बंदरगाह थे। मुजिरिस (मुशिरी) में रोमन जहाज रोम का माल भारतीय माल से बदलने के लिए जाते थे। यहाँ रोमन शासक आंगस्टस के सम्मान में एक मंदिर भी बनाया गया था। प्लिनी लिखता है कि यहाँ पहले पहल आने वाले व्यापारी चेरों के साथ बिना वार्तालाप के व्यापार करते थे।

22. निम्न में से किसमें एक नर्तकी के बौद्ध भिक्षुणी में परिवर्तित होने की कथा मिलती है?

(a) शिलप्पादिकारम (b) मणिमेखलै
(c) तोलकाप्पियम (d) मदुरैकाचि

उत्तर (b) मणिमेखलै संगमकालीन एक महाकाव्य है, जिसकी रचना का श्रेय मदुरा के एक अनाज व्यापारी सीतलै सत्तनार (अथवा कूलवनिशन सत्तनार) को प्राप्त है। यह बौद्ध था। इस महाकाव्य की नायिका 'मणिमेखलै' शिल्पादिकारम् के नायक कोवलन की उपपत्नी माधवी से उत्पन्न पुत्री है। माधवी अपने पूर्व प्रेमी की मृत्यु की सूचना पाकर बौद्ध भिक्षुणी हो गई थी। राजकुमार उदयन मणिमेखलै को पाने का प्रयास करता है, किन्तु वह अत्यंत चमत्कारिक ढंग से अपने सतीत्व की रक्षा कर लेती है तथा अपनी माँ के अनुसरण पर वह भी बौद्ध भिक्षुणी हो जाती है। इस महाकाव्य की अधिकांश कविताएँ ब्राह्मण तथा अन्य विरोधी सम्प्रदायों के सदस्यों से वाद-विवाद तथा अन्य धर्मावलम्बियों के मतों के सफलतापूर्वक निराकरण से सम्बन्धित विचारों से परिपूर्ण है। सम्प्रदाय विशेष के प्रति आकर्षण होते हुए भी इसमें मानवता का सर्वोपरि स्थान दिया गया है।

23. निम्नलिखित राजवंशों में किसका उल्लेख संगम साहित्य में नहीं हुआ है?

(a) चोल (b) चेर
(c) पांड्य (d) पल्लव

उत्तर (d) संगम साहित्य में केवल चोल, चेर और पांडय शासकों के विषय में साक्ष्य प्राप्त होते हैं। इन शासकों के उद्भव एवं विकास की जानकारी संगम साहित्य से मिलती है।

24. निम्नलिखित में से कौन-सा एक काकतीय राज्य में अति महत्वपूर्ण समुद्र पत्तन था?

(a) काकिनाडा (b) मोटुपल्ली
(c) मछलीपट्टनम (d) नेल्लुरु

उत्तर (b) इटली यात्री मार्कोपोलो ने काकतीय साम्राज्य की यात्रा कर यहाँ की समृद्धि का उल्लेख किया। काकतीय राज्य का अतिमहत्वपूर्ण समुद्र पत्तन मोटुपल्ली था, जो वर्तमान में आंध्र प्रदेश के कृष्ण जिले में स्थित है।

25. संगम कालीन साहित्य में कोन, को एवं मन्नत किसके लिए प्रयुक्त होते थे?

(a) प्रधानमंत्री (b) राजस्व मंत्री
(c) सेनापति (d) राजा

उत्तर (d) संगम कालीन साहित्य में कोन, को एवं मन्नत शब्द का प्रयोग 'राजा' के लिए किया जाता था।

❑❑❑

14 पूर्व मध्यकाल

1. चोल साम्राज्य में प्रशासन के संदर्भ में, निम्नलिखित कथनों पर विचार कीजिए–
1. नाडु चोल साम्राज्य में प्रशासन की सबसे छोटी इकाई थी।
2. चोल साम्राज्य में गाँवों में स्वशासन प्रणाली प्रचलित थी।
उपर्युक्त कथनों में से कौन-सा/से सही है/हैं?

(a) केवल 1 (b) केवल 2
(c) 1 और 2 दोनों (d) न तो 1, न ही 2

उत्तर (b) उर, जो किसानों की बस्ती के रूप में जानी जाती थी, चोल साम्राज्य में प्रशासन की सबसे छोटी इकाई थी। नाडु, जो कि गाँवों का समूह था और अपेक्षाकृत बड़ी इकाई का गठन करता था। **इसलिए, कथन 1 गलत है।**

चोल साम्राज्य में गाँवों में स्वशासन प्रचलन में था, महासभा जैसी ग्रामसभाएँ न्याय वितरण और कर संग्रह सहित विभिन्न प्रशासनिक कार्यों का संपादन करती थीं। ये नई भूमि का बंदोबस्त कर सकती थीं और उन पर स्वामित्व के अधिकार का उपयोग करती थीं। **इसलिए, कथन 2 सही है।**

2. मध्यकालीन भारत के आर्थिक इतिहास के संदर्भ में 'अरघट्टा' शब्द किसे निरूपित करता है?

(a) बंधुआ मजदूर
(b) सैन्य अधिकारियों को दिए गए भूमि अनुदान
(c) भूमि की सिंचाई के लिए प्रयुक्त जलचक्र (पर्शियन व्हील)
(d) कृषि भूमि में बदली गई बंजर भूमि

उत्तर (c) पूर्व मध्यकाल (12-13वीं शताब्दी) में पश्चिमी राजस्थान के संदर्भ में, जहाँ पानी की कमी थी, कूप अर्थात् अरघट्टा का प्रयोग भूमि की सिंचाई के लिए प्रयुक्त जलचक्र थी।

3. पल्लव राजा, जिसने पुलकेशिन-II को पराजित किया, वह था–

(a) महेन्द्रवर्मन I (b) नरसिंहवर्मन I
(c) नरसिंहवर्मन II (d) नंदीवर्मन II

उत्तर (b) पुलकेशिन-II को महेन्द्रवर्मन-I के पुत्र तथा उत्तराधिकारी नरसिंहवर्मन-I के हांथों पराजित होना पड़ा था। इस जीत के पश्चात, नरसिंहवर्मन ने वातापीकोण्डा की उपाधि धारण की। उसके बारे में ऐसा भी कहा जाता है कि उसने चोलों, चेरों तथा पांड्यों और कालाभ्रों को भी पराजित किया था।

4. निम्नलिखित युग्मों पर विचार कीजिए–

साम्राज्य		संस्थापक
1. राष्ट्रकूट	:	विजयालय
2. चोल	:	दंतिदुर्ग
3. पाल	:	गोपाल

उपर्युक्त युग्मों में से कौन-सा/से सही सुमेलित है/हैं?

(a) 1 और 2 (b) केवल 3
(c) 1 और 3 (d) केवल 1

उत्तर (b) राष्ट्रकूट सत्ता का संस्थापक दंतिवर्मन या दंतिदुर्ग था। राष्ट्रकूट राजा दंतिवर्मन या दंतिदुर्ग चालुक्य राजा पुलकेशिन द्वितीय का समकालीन था। दंतिदुर्ग ने गोदावरी और विमा के बीच सभी प्रदेशों पर कब्जा कर लिया। कहा जाता है कि दंतिदुर्ग ने कलिंग, कोशल, कांची, श्रीशैल, मालवा आदि पर भी विजय प्राप्त की थी। उसने चालुक्य राजा कीर्तिवर्मा को पराजित करके महाराष्ट्र को अपने राज्य में मिला लिया।

चोल साम्राज्य का संस्थापक विजयालय था, जो पहले कांची के पल्लवों का सामंत था। 850 ईसवी में उसने तंजौर पर कब्जा कर लिया। वहां उसने देवी निशुम्भसुदनी (दुर्ग) का मंदिर बनवाया। आदित्य प्रथम, विजयालय का उत्तरधिकारी बना। चोल शक्ति का चरमोत्कर्ष परांतक द्वितीय के उत्तराधिकारी अमोघवर्मन के अधीन हुआ, जिसने 985 ईसवी में राजराज प्रथम के रूप में राज्यारोहण किया। उसके शासन काल के अगले 30 वर्ष चोल साम्राज्य के सर्वाधिक गौरवाशाली वर्ष रहे।

8वीं शताब्दी से लेकर 12वीं शताब्दी तक पाल राजवंश भारत में बिहार और बंगाल का शशाक वंश था। उन्हें पाल इसलिए कहा जाता है, क्योंकि उनके सभी नाम के अंत में पाल, (अर्थात् 'रक्षक') रहता था। इस राजवंश का संस्थापक गोपाल था। गोपाल ने 750-770 तक शासन किया और अपने नियंत्रण का विस्तार संपूर्ण बंगाल तक अपनी स्थिति मजबूत की। उसके उत्तराधिकारी धर्मपाल ने अपने शासन काल (770-781) मे पालों को उत्तर भारत की प्रमुख शक्ति बना दिया।

इसलिए, केवल युग्म 3 सुमेलित है।

5. निम्नलिखित में से कौन शासक 'पृथ्वीराज चौहान' के नाम से प्रसिद्ध है?

(a) पृथ्वीराज प्रथम
(b) पृथ्वीराज द्वितीय
(c) पृथ्वीराज तृतीय
(d) उपर्युक्त में से कोई नहीं

उत्तर (c) पृथ्वीराज तृतीय (1177-1192 ई.) अजमेर का शासक ही 'पृथ्वीराज चौहान' के नाम से प्रसिद्ध है। इसने तराइन के प्रथम युद्ध 1191 ई. में मुहम्मद गोरी को पराजित किया था।

6. मध्ययुगीन भारत के संदर्भ में किस शासक ने 'गंगईकोण्डचोल' की उपाधि धारण की?

(a) राजेन्द्र प्रथम (b) विजयालय
(c) राजराज (d) नरसिम्हा

उत्तर (a) राजेन्द्र चोल प्रथम, चोल राजवंश के महानतम सम्राटों में से एक था। जहाँ तक उसके पिता राजराज I ने साम्राज्य का विस्तार किया था, वहाँ से आगे उसने चोल साम्राज्य का विस्तार किया। उसने उत्तर दिशा में गंगा नदी एवं समुद्र पार मालदीव और श्रीलंका तक पहुँचने के अतिरिक्त मलेशिया, इंडोनेशिया और दक्षिणी थाईलैंड में श्रीविजय राजवंश के दक्षिण-पूर्व एशियाई प्रदेशों पर भी आक्रमण किये। उसने अपने पिता द्वारा चीन के साथ आरम्भ किए गए व्यापारिक सम्बन्धों को बनाए रखा एवं इनमें सुधार किया। उसने गांगेय, चालुक्य, चेर, पाल, पांड्य, कलिंग और अन्य शासकों को पराजित करने के पश्चात् 'गंगईकोण्डचोल' (गांगेय प्रदेश को विजित करने वाला चोल वंशी) की उपाधि धारण की।

7. निम्नलिखित में से संस्कृत का कौन-सा ग्रंथ, वत्स के राजा और अवन्ति के शासक की पुत्री की प्रेम कहानी का वर्णन करता है?

(a) रामचरित

(b) स्वप्नवासदत्ता

(c) मालविकाग्निमित्र

(d) रत्नावली

उत्तर (b) **रामचरित**-12वीं शताब्दी में संध्याकार नंदी द्वारा लिखित, इस ग्रंथ में कैवर्त कृषकों एवं पालवंशी राजकुमार रामपाल के मध्य हुए युद्ध का वर्णन है। जिसमें राजकुमार रामपाल को विजय प्राप्त हुई।

स्वप्नवासवदत्ता-यह प्राचीन कवि भास द्वारा लिखित संस्कृत नाटक है। यह वत्स राजा उदयन एवं अवन्ति के शासक प्रद्योत की पुत्री वासवदत्ता की प्रेमकथा का वर्णन करता है।

मालविकाग्निमित्र–यह कालिदास द्वारा लिखित एक संस्कृत नाटक है। यह अग्निमित्र (शुंग राजवंश के संस्थापक के पत्र) की प्रेम कहानी पर आधारित है।

रत्नावली–यह हर्ष द्वारा लिखित एक संस्कृत नाटक है। यह राजकुमारी रत्नावली और राजा उदयन की प्रेम कहानी पर आधारित है।

8. दक्षिणी भारत का प्रसिद्ध 'तक्कोलम का युद्ध' हुआ था?

(a) चोल एवं उत्तर चालुक्यों के मध्य

(b) चोल एवं राष्ट्रकूटों के मध्य

(c) चोल एवं होयसल के मध्य

(d) चोल एवं पांड्यों के मध्य

उत्तर (b) चोल शासक परान्तक प्रथम (907-955 ई.) को अपने शासनकाल के उत्तरार्द्ध में राष्ट्रकूटों से पराजित होना पड़ा। राष्ट्रकूट नरेश कृष्ण तृतीय ने गंग राज्य को जीतने के बाद चोल राज्य पर आक्रमण किया। तक्कोलम के युद्ध में उसने चोल सेना को बुरी तरह परास्त कर तोंडमंडलम पर अधिकार कर लिया। इससे परांतक की प्रतिष्ठा को गहरा आघात पहुंचा। उसका साम्राज्य छिन्न-भिन्न हो गया क्योंकि उत्तर और दक्षिण के सामंतों ने इस विपत्ति का लाभ उठाते हुए अपनी-अपनी स्वाधीनता घोषित कर दी।

9. चोल शासकों का निम्नलिखित में से किस/किन मंदिर/मंदिरों के भित्ति चित्रों के निर्माण में योगदान है/हैं?

1. बृहदेश्वर मंदिर
2. विरूपाक्ष मंदिर
3. पुंडरीकपुरम कृष्ण मंदिर

नीचे दिए गए कूट का प्रयोग कर सही उत्तर चुनिए-

(a) केवल 1 और 2 (b) केवल 1

(c) केवल 2 और 3 (d) केवल 1 और 3

उत्तर (b) तंजौर में बृहदेश्वर मंदिर, गंगैकोण्ड चोलपुरम और दारासुरम राजराजा चोल एवं उनके पुत्र राजेन्द्र चोल के शासन काल के दौरान बनाए गए थे। यद्यपि नरतामलाई में भी चोल चित्र देखे जा सकते हैं, लेकिन बृहदेश्वर मंदिर के चित्र सर्वाधिक महत्वपूर्ण हैं। इन चित्रों को मंदिर के चारों तरफ संकीर्ण मार्ग (परिक्रमा पथ) की दीवारों पर बनाया गया था। **इसलिए, विकल्प 1 सही है।**

13वीं शताब्दी में चोल राजवंश के पतन के साथ ही, विजयनगर राजवंश ने इसको अधिग्रहित कर लिया और हम्पी से लेकर त्रिची तक के क्षेत्र को अपने नियंत्रण में ले लिया। हम्पी को इसकी राजधानी बनाया गया। कई मंदिरों में अनेक चित्र सुरक्षित पाए गए हैं। त्रिची के निकट तिरूपराकुनरम् में पाए जाने वाले चित्र 14वीं शताब्दी में बनाए गए थे और ये विजयनगर शैली के प्रारम्भिक चरण का प्रतिनिधित्व करते हैं। हम्पी में विरूपाक्ष मंदिर के मण्डप की आंतरिक छत पर राजवंशीय इतिहास, रामायण एवं महाभारत के कथानकों की चित्रकारियाँ की गयी हैं। **अतः, विकल्प 2 सही नहीं है।**

केरल में भित्ति चित्रकला परंपरा की परिपक्व अवस्था पुंडरीकपुरम कृष्ण मंदिर (गोपिकाओं के सान्निध्य में बाँसुरी बजाते हुए कृष्ण), पनयन्नारकावु, थिरुकोडिथानम्, तृप्रयार श्री राम मंदिर एवं त्रिशूर वडक्कुनाथन मंदिर में देखी जा सकती है। **अतः, विकल्प 3 सही नहीं है।**

10. निम्नलिखित राजपूत वंशों में से, आठवीं शताब्दी में दिहिलिका (देहली) शहर की स्थापना की थी?

(a) परमार वंश

(b) सोलंकी वंश

(c) तोमर वंश

(d) चौहान वंश

उत्तर (c) आठवीं शताब्दी में तोमरवंश के अनंगपाल ने दिहिलका (देहली) शहर की स्थापना की। बाद में चौहानों ने देहली पर अपना अधिकार कर लिया।

11. दक्षिण भारत के मध्यकालीन इतिहास में, चोलों के सम्बन्ध में उनकी पूर्ववर्तियों की तुलना में बहुत अधिक ज्ञात और अभिलेखित है। निम्नलिखित में से कौन-सा कारण इसके लिए सबसे अधिक उचित रूप से उत्तरदायी ठहराया जाता है?

(a) चोल दरबारों ने कई कवियों और लेखकों को आश्रय दिया, जिन्होंने राजा और राय के सम्बन्ध में लिखा।

(b) चोल राजाओं द्वारा निर्मित मंदिरों की दीवारों पर विजयों के सम्बन्ध में लंबे-लंबे अभिलेख हैं।

(c) संगम साहित्य राजा और उस समय के समाज के ऐतिहासिक आख्यान का विस्तृत विवरण देता है।

(d) चोल साम्राज्य की यात्रा करने वाले यात्रियों और व्यापारियों ने राज्य के सम्बन्ध में विस्तृत साहित्य लिखा है।

उत्तर (b) चोल शासकों ने अपने द्वारा बनाए मंदिरों पर अपनी विजय गाथाओं को शिलालेखों के रूप में लिखवाने की प्रथा का अनुपालन किया। इसलिए हम चोल शासकों के विषय में उनके पूर्ववर्ती शासकों की तुलना में अधिक जानते हैं। राजराज एवं राजेन्द्र प्रथम द्वारा बनवाये गये, तंजौर स्थित राजराजेश्वर मंदिर इसका एक प्रसिद्ध उदाहरण है।

12. मध्यकाल के दौरान उत्तर भारत में निम्नलिखित में से किस समूहों ने वेदों के अधिकार और ब्राह्मणवादी परंपरा को चुनौती दी थी?

(a) नाथ, जोगी और सिद्ध

(b) अलवार सन्त, नयनार और लिंगायत

(c) लोकायत, आजीवक और हेतुवादी

(d) उपर्युक्त में से कोई नहीं

उत्तर (a) मध्य काल के दौरान उत्तर भारत के नाथ, जोगी और सिद्ध ने वेद की सत्ता एवं ब्राह्मण परंपरा को चुनौती दी। वे रूढ़िवादी ब्राह्मण व्यवस्था को नहीं मानते थे। ये बुनकरों इत्यादि को सम्मिलित करने वाले शिल्पकार समूहों से सम्बन्धित थे, जो संगठित शिल्प उत्पादन के विकास के साथ महत्वपूर्ण होते जा रहे थे।

अलवार और नयनार तमिलनाडु के मध्य काल के दौरान विष्णु और शिव के उपासक थे। लिंगायतों ने हालांकि ब्राह्मणवाद को चुनौती दी किन्तु उनका उदय कर्नाटक में हुआ था। इस प्रकार अलवार और नयनार दक्षिण भारत से थे, उत्तर भारत से नहीं।

आजीविक, लोकायत और अहेतुवाद मध्ययुगीन भारत की नहीं बल्कि प्राचीन भारत की विभिन्न दार्शनिक परंपराओं के उदाहरण हैं।

13. "उसने युद्ध के स्थान पर धर्म और साहित्य के पुरुषार्थ को वरीयता दी। वह स्वयं एक लेखक था और उसे काव्यशास्त्र पर कन्नड़ भाषा की प्रथम पुस्तक लिखने का श्रेय प्राप्त है। वह एक महान निर्माता था और कहा जाता है कि उसने ऐसी राजधानी नगरी का निर्माण किया, जिसकी शोभा इन्द्रपुरी को भी परास्त करती थी।"
उपर्युक्त परिच्छेद निम्नलिखित में से किस प्रसिद्ध राष्ट्रकूट राजा का वर्णन करता है?

(a) दंतिदुर्ग (b) अमोघवर्ष
(c) गोविंद-तृतीय (d) इन्द्र तृतीय

उत्तर (b) अमोघवर्ष ने 68 वर्षों तक शासन किया, किन्तु स्वभाव से वह युद्धप्रिय नहीं था। वह धर्म और साहित्य की खोज में रुचि लेता था। वह स्वयं एक लेखक था और उसे काव्यशास्त्र पर कन्नड़ भाषा की प्रथम पुस्तक लिखने का श्रेय प्राप्त है। वह एक महान निर्माता था और कहा जात है कि उसने ऐसी राजधानी नगरी मान्यखेत का निर्माण किया, जिसकी शोभा इन्द्रपुरी को भी परास्त करती थी।

14. मध्यकालीन इतिहास के त्रिपक्षीय संघर्ष के संदर्भ में नीचे दिए गए कथनों में से कौन-सा/से कथन सही है/हैं?

1. यह संघर्ष प्रतिहार, राष्ट्रकूट एवं पाल राजवंशों के बीच हुआ था।

2. यह संघर्ष गंगा नदी की घाटी में स्थित पाटलिपुत्र नगर के लिए हुआ था।

नीचे दिए गए कूट का प्रयोग कर सही उत्तर चुनिए-

(a) केवल 1 (b) केवल 1 और 2
(c) केवल 2 और 3 (d) 1, 2 और 3

उत्तर (a) उत्तरी भारत पर नियंत्रण प्राप्त करने के लिए नौवीं शताब्दी में त्रिपक्षीय संघर्ष प्रतिहार साम्राज्य, पाल साम्राज्य और राष्ट्रकूट साम्राज्य के बीच हुआ था। **इसलिए, कथन 1 सही है।**

यह युद्ध गंगा नदी की घाटी में स्थित कन्नौज शहर के लिए लड़ा गया था। **इसलिए, कथन 2 सही नहीं है।**

कन्नौज के लिए यह त्रिपक्षीय संघर्ष लगभग दो शताब्दियों तक जारी रहा और अंत में यह संघर्ष गुर्जर-प्रतिहार राजवंश के शासक नागभट्ट द्वितीय के पक्ष में समाप्त हुआ, जिसने इस नगर को गुर्जर-प्रतिहार राज्य की राजधानी बनाया। इस राजवंश ने लगभग दो शताब्दियों तक शासन किया।

15. चोल साम्राज्य के इतिहास के संदर्भ में निम्नलिखित युग्मों पर विचार कीजिए-

शब्द	व्याख्या
1. उर	: किसानों की बस्ती
2. नाडु	: राजा द्वारा संरक्षण प्राप्त शैक्षणिक संस्थान
3. ब्रह्मदेय	: सैन्य कमांडर

उपर्युक्त युग्मों में से कौन-सा/से सही सुमेलित है/हैं?

(a) केवल 1 (b) केवल 2 और 3
(c) केवल 1 और 3 (d) 1, 2 और 3

उत्तर (a) चोल प्रशासन के दौरान, सिंचाई कृषि के प्रसार के साथ किसानों की बस्तियाँ समृद्ध हो गयीं। उन्हें 'उर' कहा जाता था। ऐसे गाँवों के समूहों से मिलकर बड़ी इकाइयों का गठन होता था, जिन्हें 'नाडु' कहा जाता था।

ग्राम परिषद और नाडु के विभिन्न प्रकार के प्रशासनिक कार्य होते थे, जैसे- न्याय प्रदान करना और करों का संग्रह करना। ब्राह्मणों को प्राय: अनुदान में भूमि प्राप्त होती थी, जिसे 'ब्रह्मदेय' कहा जाता था। परिणामस्वरूप दक्षिण भारत के अन्य भागों की भांति कावेरी घाटी में बड़ी संख्या में ब्राह्मण बस्तियाँ विकसित हुईं।

16. प्रारम्भिक मध्यकालीन भारत ने घटिका क्या थे?

(a) केवल कृष्ण-गोदावरी क्षेत्र के धार्मिक केन्द्र
(b) कलिंग क्षेत्र में शिक्षा के केन्द्र और जैन गुफा मठ
(c) दक्षिण भारत में ब्राह्मण-शिक्षा प्रदान करने वाले विद्यालय तथा केन्द्र
(d) व्यापारियों का संघ

उत्तर (c) प्रारम्भिक मध्यकाल में 'घटिका' दक्षिण भारत में ब्राह्मणों द्वारा शिक्षा प्रदान करने वाले विद्यालय तथा केन्द्र थे।

17. उड़ीसा के मंदिर वास्तुशिल्प के संदर्भ में निम्नलिखित कथनों पर विचार कीजिए-

1. भुवनेश्वर के मुक्तेश्वर मंदिर के पूजागृह में प्रवेश ऐसे तोरण से होकर है, जो अभी तक भुवनेश्वर के मंदिरों में ज्ञात अकेला तोरण है।

2. भुवनेश्वर के लिंगराज मंदिर के जगमोहन में दो वेदिकामय गवाक्ष है, जो कि उड़ीसा की अनन्य विशेषता है।

उपर्युक्त कथनों में से कौन-सा/से सही है/हैं?

(a) केवल 1
(b) केवल 2
(c) 1 और 2 दोनों
(d) न तो 1, न ही 2

उत्तर (c) उड़ीसा के मुक्तेश्वर मंदिर के पूजागृह में प्रवेश ऐसे तोरण से होकर है, जो अभी तक भुवनेश्वर के मंदिर में ज्ञात अकेला तोरण है। भुवनेश्वर के मंदिरों में लिंगराज मंदिर उड़ीसा शैली का सबसे अच्छा उदाहरण है। इसमें चार विशाल कक्ष हैं। मुख्य कक्ष के ऊपर अत्यन्त ऊँचा शिखर बनाया गया है। इसकी गोलाकार चोटी के ऊपर पत्थर का आमलक तथा कलश रखा गया है। इस मंदिर के जगमोहन में दो वेदिकामय गवाक्ष है, जो कि उड़ीसा शैली की अनन्य विशेषता है।

18. चोल प्रशासन में राज्य की भौगोलिक-प्रशासनिक इकाइयों का सही घटना क्रम क्या था?

(a) मण्डलम् - कोट्टम - नाडु - कुर्रम
(b) नाडु - मण्डलम् - कोट्टम - कुर्रम
(c) कोट्टम - नाडु - मण्डलम् - कुर्रम
(d) कुर्रम - कोट्टम - मण्डलम् - नाडु

उत्तर (a) चोल काल में प्रशासनिक सुविधा के लिए देश को कई प्रांतों में बाँटा गया था। इसमें प्रांतों को मण्डलम् कहा जाता था। मण्डलम को वलनाडु (कोट्टम) में, वलनाडु को नाडु में तथा नाडु कुर्रम (ग्राम संघ) में विभाजित थे। चोल काल में प्रशासन की सबसे छोटी इकाई उर (ग्राम) थी, जिस अपने कार्यों में पूर्ण स्वायतता प्राप्त थी।

19. निम्नलिखित स्थानों में से कौन-सा स्थान पूर्वमध्य काल में शिक्षा का केन्द्र नहीं था?

(a) नालंदा (b) विक्रमशिला
(c) तक्षशिला (d) ओदंतपुरी

उत्तर (b) प्राचीन काल में तक्षशिला गांधार राज्य की राजधानी थी। यह उस काल में शिक्षा का ख्याति प्राप्त केन्द्र था। प्राचीनकाल के शासक, विद्वान आदि यहीं से शिक्षा प्राप्त करते थे। शस्त्र शिक्षा के लिए यह एक विश्व प्रसिद्ध केन्द्र था। 5वीं सदी में कुमारगुप्त को नालंदा विश्वविद्यालय की स्थापना का श्रेय दिया जाता है। गुप्त शासकों ने नालंदा बौद्ध विहार को दान दिए। 8वीं सदी में पालशासक धर्मपाल ने, विक्रमशिला विश्वविद्यालय की स्थापना की। पालकाल में ही औदंतपुरी एक प्रसिद्ध शिक्षा केन्द्र था।

20. निम्न में से कौन-सा चोल शासक राष्ट्रकूट राजा कृष्ण-तृतीय द्वारा पराजित किया गया था?

(a) परान्तक प्रथम
(b) परान्तक द्वितीय
(c) राजराज प्रथम
(d) राजेन्द्र प्रथम

उत्तर (a) चोल शासक परांतक प्रथम ने 907 ई. से 955 ई. तक शासन किया था। उसने 'वेल्लूर के युद्ध' में पाण्ड्य शासक राजसिंह द्वितीय तथा सिंहल नरेश की सम्मिलित सेना को पराजित किया था। मदुरा विजय के बाद उसने 'मदुरैकोण्ड' की उपाधि धारण की थी, किन्तु अपने शासन काल के उत्तरार्द्ध ने परान्तक प्रथम को राष्ट्रकूट शासक कृष्ण-तृतीय से पराजित होना पड़ा था। राष्ट्रकूट शासक कृष्ण-तृतीय ने तक्कोलम के युद्ध में चोल सेना को बुरी तरह परास्त करके तोण्डमण्डलम पर अधिकार कर लिया था।

21. निम्नलिखित कथनों पर विचार कीजिए-

1. राजराज प्रथम के नौसेना अभियानों द्वारा बर्मा के कुछ भागों, मलाया एवं सुमात्रा पर अधिकार कर लिया गया था।
2. राजेन्द्र प्रथम ने लंका (सीलोन) पर विजय प्राप्त की थी।
3. चोल राजाओं ने उत्तरी लंका पर तब तक अधिकार बनाये रखा, जब तक कि विजयबाहु प्रथम द्वारा उन्हें निष्कासित नहीं किया गया।
4. चोल शक्ति का 13वीं शताब्दी में उस समय ह्रास हुआ, जब उनके क्षेत्र का होयसल एवं पांड्य शक्तियों के मध्य विभाजन हो गया।

उपरोक्त कथनों में से कौन-सा/से सही है/हैं?

(a) केवल 1, 2 और 3
(b) केवल 3 और 4
(c) केवल 2, 3 और 4
(d) केवल 4

उत्तर (c) बर्मा के कुछ भागों एवं मलाया तथा सुमात्रा पर अधिकार राजराज प्रथम ने नहीं किया था, बल्कि राजेन्द्र प्रथम ने 1035 ई. में कडारम के श्रीविजय राज्य के विरुद्ध सफल सैनिक अभियान करके इस भू-भाग पर अधिकार कर लिया था। श्रीविजय साम्राज्य में मलाया प्रायद्वीप, सुमात्रा तथा जावा आदि निकटवर्ती प्रदेश शामिल थे। अतः उपर्युक्त प्रश्न में **विकल्प (1) गलत है, जबकि अन्य तीनों विकल्प सही है।**

22. निम्न में से किस विधि से राजराज प्रथम तथा राजेन्द्र प्रथम ने अपनी विजय का स्मरणोत्सव मनाया?

(a) मंदिर निर्माण
(b) स्तंभ निर्माण
(c) अभिलेख उत्कीर्ण करवाना
(d) सिक्के जारी करना

उत्तर (a) राजराज प्रथम तथा राजेन्द्र प्रथम ने मंदिर निर्माण कराकर अपनी विजय का स्मरणोत्सव मनाया। राजेन्द्र प्रथम ने गंगा घाटी के अभियान की सफलता पर गंगैकोण्ड चोलपुरम् के प्रसिद्ध मंदिर का निर्माण करवाया तथा 'गंगैकोण्डचोल' की उपाधि धारण की। राजराज प्रथम ने तंजौर के बृहदीश्वर मंदिर का निर्माण करवाया था।

23. निम्न में से कौन-सा कल्याणी के चालुक्यों तथा चोलों के मध्य सतत् युद्ध का कारण नहीं था?

(a) आर्थिक कारक
(b) कल्याण के चालुक्यों तथा वेंगी के चालुक्यों के मध्य प्रतिस्पर्धा
(c) भू-राजनैतिक कारक
(d) दक्षिण भारत में चीन तथा दक्षिण-पूर्व एशिया के साथ विदेशी व्यापार को अधिकार में लेने की प्रतिस्पर्धा

उत्तर (d) कल्याणी के चालुक्यों तथा चोलों के मध्य चीन तथा दक्षिण-पूर्वी एशिया के साथ विदेशी व्यापार को अधिकार में लेने की प्रतिस्पर्धा सतत् युद्ध का कारण नहीं था।

24. निम्नलिखित में से कौन-सा एक चोल काल का राजस्व संबंधी शब्द नहीं है?

(a) कदमई
(b) अदिमई
(c) कुदिमई
(d) आलक्काषु

उत्तर (d) चोल काल में करों के लिए कदमई मगमई, कनिक्कई, करै, वारि, कुदिमई, आदिमई आदि शब्द प्रयुक्त हुए हैं। आलुक्काषु करों के लिए नहीं प्रयुक्त होता था। चोल अभिलेखों में भूमिकर के साथ-साथ अनेक प्रकार के करों एवं उपकरों की सूचियाँ मिलती है, जिनमें प्रमुख है—आयम (राजस्व), कुडिमै (लगान), मरमज्जाई (सम्भवतः प्रत्येक उपयोगी वृक्ष पर लिया जाने वाला कर), किजाककाशु (प्रत्येक नर-पशु पर कर), कडमै (शुल्क एवं सुपानी के वृक्षों पर लगने वाला कर) आदि।

25. राजेन्द्र प्रथम के विषय में निम्नलिखित वक्तव्यों पर विचार कीजिए-

1. उसने गंगा घाटी तक एक सैन्य अभियान का नेतृत्व किया।
2. उसने लंका के राजा महेन्द्र पंचम को पराजित किया।
3. उसने 72 व्यापारियों का एक बड़ा दल अपने दूत के रूप में चीन भेजा।

इनमें से कौन-से सही हैं?

(a) केवल 1, 2 और 3
(b) केवल 1 और 2
(c) केवल 2 और 4
(d) केवल 1 और 3

उत्तर (b) राजेन्द्र चोल के पूर्वी भारत के अभियान (गंगाघाटी के अभियान) का विवरण तिरूवालंगाडु ताम्रपत्रों में मिलता है। गंगा घाटी के अभियान की सफलता पर राजेन्द्र चोल ने कावेरी नदी के तट पर गंगैकोण्डचोलपुरम नामक नगर की स्थापना की। करन्दाई ताम्रपत्र से पता चलता है कि अपने शासन के 5वें वर्ष राजेन्द्र चोल ने महेन्द्र पंचम को पराजित कर बंदी बना लिया था। इसने 1016 तथा 1033 ईसवी में दो व्यापारिक मण्डल चीन भेजा था, किन्तु 72 व्यापारियों का बड़ा दल कुलोत्तुंग प्रथम ने चीन भेजा था, जिसका उल्लेख भारतीय ग्रंथों के साथ-साथ चीनी ग्रंथों में भी हुआ है।

26. सर्वप्रथम चोलकालीन स्वर्ण मुद्रा, जिसका हमें ज्ञान है, सम्बन्धित है-

(a) आदित्य चोल द्वितीय के शासन काल से
(b) उत्तम चोल के शासनकाल से
(c) राजराज चोल के शासनकाल से
(d) राजेन्द्र चोल के शासनकाल से

उत्तर (b) सर्वप्रथम चोलकालीन मुद्रा, जिसका हमें ज्ञान है, उत्तम चोल के शासनकाल से सम्बन्धित है। चोल राजाओं द्वारा सोने, चाँदी तथा ताँबे के सिक्के जारी किये गये। चोलों की प्रथम स्वर्ण मुद्रा उत्तम चोल द्वारा चलवायी गयी थी। चोलों के एक विशेष प्रकार के सिक्के पर एक 'छत्र', एक 'व्याघ्र' एवं दो 'द्वीपस्तंभों' का अंकन उनकी पश्चिमी चालुक्यों पर विजय का प्रतीक है। चोल राज्य द्वारा जारी किये गये 11वीं शताब्दी के कुछ सिक्कों पर 'वृक्ष' का अंकन चोल राजनीति के होयसलों पर प्रभुत्व का द्योतक है।

27. मध्यकालीन दक्षिण भारत में बोली जाने वाली 'मणि ग्रामम' से तात्पर्य है-

(a) ग्रामीण श्रमिक संघ
(b) ग्रामीण अधिपतियों का भवन
(c) व्यापारियों का संघ
(d) ज्येष्ठों की स्थानीय सभा

उत्तर(c)मणिग्रामम, नानादेशी, देशसलन्तुगुण्डा आदि चोल कालीन व्यापारिक संघ थे। इनमें नानादशी सर्वप्रथम था। इसका व्यापार दक्षिण-पूर्व एशियाई देशों तक फैला था। मणिग्रामम नामक श्रेणी आंतरिक स्तर पर व्यापार देखती थी। चोलों के समय में अनुवण्णम् तथा वीरवनंजुज प्रमुख श्रेणियां थी। इन व्यापारियों के अपने झण्डे होते थे, जिस पर सांड का चित्र होता था। इन श्रेणियों में अनेक प्रकार के व्यापारी तथा सैनिक होते थे, जैसे- गंवेड, गात्रिग, सेट्टी, सेट्टीयुक्त अकाड वी. वारवणिज आदि। चोल राज्य में इन श्रेणियों की अपनी बस्तियां होती थीं, जो 'वीरपत्तन' कहलाती थी।

28. निम्नलिखित में से कौन-सा बंदरगाह पोडुके नाम से 'दी पेरिप्लस ऑफ दी इरिथ्रियन सी' के लेखक को ज्ञात था?

(a) अरिकामेडु

(b) ताम्रलिप्ति

(c) कोरके

(d) बारबेरिकम

उत्तर (a) 'अरिकामेडु' को 'दी पेरिप्लस ऑफ दी इरिथ्रियन सी' में 'पोडुके' कहा गया है।

29. चोल साम्राज्य को अंततः किसने समाप्त किया?

(a) महमूद गजनवी

(b) बख्तियार खिलजी

(c) मोहम्मद गौरी

(d) मलिक काफूर

उत्तर (d) अलाउद्दीन खिलजी ने अपने दक्षिण अभियान के लिए सेनापति मलिक काफूर को भेजा, जिसने दक्षिण विजय के दौरान चोल साम्राज्य को समाप्त किया।

30. पांड्य राज्य की जीवन रेखा कौन-सी नदी थी?

(a) गोदावरी (b) कृष्णा

(c) तुंगभद्रा (d) वेंगी

उत्तर (d) पांड्य राज्य कावेरी नदी के दक्षिण में स्थित था। इसमें आधुनिक मदुरा तथा तिन्नेवेल्ली के जिले एवं त्रावणकोर का कुछ भाग शामिल था। इसकी राजधानी मदुरा थी। पांड्य राज्य की जीवन रेखा वेंगी नदी थी, जो अपनी उर्वरता के लिए प्रसिद्ध था।

❑❑❑

15 विविध

1. 'श्रेणियों' (गिल्ड) के संदर्भ में, जो शिल्पकारों और व्यापारियों द्वारा गठित संघ थे, निम्नलिखित कथनों पर विचार कीजिए–

1. मंदसौर प्रस्तर शिलालेख में इनका संदर्भ मिलता है।

2. श्रेणियों का कार्य प्रशिक्षण प्रदान करना, कच्चे माल की खरीद एवं तैयार उत्पाद का वितरण करना था।

3. श्रेणियां बैंकों के रूप में भी कार्य करती थीं।

उपर्युक्त कथनों में से कौन-सा/से सही है/हैं?

(a) केवल 1 और 2 (b) केवल 1 और 3
(c) केवल 3 (d) 1, 2 और 3

उत्तर (d) कई शिल्पकारों और व्यापारियों ने संघों का गठन किया था, जिन्हें 'श्रेणियों' के रूप में जाना जाता था। श्रेणियों का कार्य प्रशिक्षण प्रदान करना, कच्चे माल की खरीद करना और तैयार उत्पाद का वितरण करना था। श्रेणियां बैंकों के रूप में भी काम करती थीं, जिसमें समृद्ध लोग अपना धन जमा करते थे। इन धन का निवेश कर दिया जाता था और ब्याज का अंश लौटा दिया जाता था या मठों जैसे धार्मिक संस्थाओं की सहायता करने के लिए प्रयोग किया जाता था।

मंदसौर प्रस्तर शिलालेख (मध्यप्रदेश) से इन श्रेणियों के विषय में जानकारी प्राप्त होती है।

2. हमारे प्राचीन ग्रंथों में, गणित और विज्ञान के संदर्भ में प्रायः 'ब्रह्म गुप्त सिद्धांत' का उल्लेख किया गया है। यह पाठ अनिवार्य रूप से किसके सम्बन्ध में है?

(a) यह मनुष्यों पर प्लास्टिक सर्जरी करने के तरीकों से सम्बन्धित है।
(b) यह आधुनिक पाइथागोरस प्रमेय से सम्बन्धित है।
(c) यह शून्य, सकारात्मक और नकारात्मक संख्याओं, अल्गोरिदम और समीकरणों से सम्बन्धित है।
(d) यह पाई का मान बताने वाला पाठ है।

उत्तर (c) इसे (ब्रम्ह गुप्त सिद्धांत) ब्राह्मगुप्त ने लिखा था। यह शून्य अंक से सम्बन्धित है। जो सकारात्मक संख्याओं को सौभाग्य के रूप में और ऋणात्मक संख्याओं को ऋण के रूप में दर्शाता है।

3. प्राचीन भारत के संदर्भ में, 'चक्रवर्ती' शब्द का क्या अर्थ था?

(a) राज्य में स्थानान्तरण और प्रोन्नति का प्रभारी।
(b) युद्ध की रणनीति के लिए उत्तरदायी मुख्य सेनापति।
(c) भारतीय उपमहाद्वीप के बहुत बड़े भाग पर अपने राज्य की स्थापना करने वाला राजा।
(d) आकाशीय पिंडों के घूर्णन और परिक्रमण का अध्ययन करने वाला शोधकर्ता।

उत्तर (c) चक्रवर्ती वह राजा होता था, जो हिमालय से सुदूर दक्षिण और पूर्व से पश्चिमी तक भारत में अपना अधिकार क्षेत्र स्थापित करने का प्रयास करता था। अशोक और समुद्रगुप्त को प्रायः यह उपाधि दी जाती है, क्योंकि उन्होंने बहुत बड़े क्षेत्र में अपना साम्राज्य स्थापित किया।

4. निम्नलिखित कथनों पर विचार कीजिए–

1. अजंता की चित्रकला की लगभग पूरी विषयवस्तु बौद्ध है।

2. हिन्दू और बौद्ध दोनों साहित्य विभिन्न प्रकार के चित्रों को संदर्भित करते हैं।

3. भित्ति चित्र अधिकांशतः धर्मनिरपेक्ष प्रकृति के हैं।

उपर्युक्त कथनों में से कौन-सा/से सही है/हैं?

(a) केवल 1 (b) केवल 1 और 2
(c) केवल 2 और 3 (d) 1, 2 और 3

उत्तर (b) छत और स्तंभों पर सजावटी पैटर्न को छोड़कर अजंता के चित्रों की विषयवस्तु लगभग पूर्ण रूप से बौद्ध है। इनका सम्बन्ध अधिकांशतः भगवान बुद्ध के पिछले जन्मों के अलग-अलग प्रसंगों का विवरण करने वाली कहानियों के संग्रह जातक कथाओं के साथ है।

हिन्दू और बौद्ध दोनों साहित्य विभिन्न प्रकार और तकनीकी के चित्रों को संदर्भित करते हैं, उदाहरण के लिए लेप्याचित्र, लेखचित्र और धुलितचित्र।

भित्ति चित्र मुख्यतः बुद्ध के जीवन और बौद्ध जातक कथाओं के धार्मिक दृश्यों को दर्शाते हैं, लेकिन कहीं-कहीं हमें धर्मनिरपेक्ष दृश्य भी मिलते हैं।

5. निम्नलिखित कथनों पर विचार कीजिए–

1. सिक्कों के अध्ययन की शाखा को मुद्रा शास्त्र या टंक विज्ञान (न्यूमिस्मैटिक्स) कहा जाता है।

2. पंच मार्क कहे जाने वाले प्राचीनतम प्रचलित सिक्के चांदी तथा तांबे के बने होते थे।

3. पंच मार्क वाले सिक्कों पर अभिलेख उत्कीर्ण का कोई चिह्न नहीं है।

उपर्युक्त कथनों में से कौन-सा/से सही है/हैं?

(a) केवल 1 और 2 (b) केवल 1
(c) केवल 2 और 3 (d) 1, 2 और 3

उत्तर (d) सिक्कों के अध्ययन के विषय में टंक विज्ञान कहा जाता है। **इसलिए, कथन 1 सत्य है।**

सबसे प्राचीन सिक्के (जिन्हें पंच मार्क्ड कहा जाता था) चांदी तथा तांबे के बने होते थे। कुछ स्वर्ण चिह्न युक्त सिक्के भी पाए गए हैं, ऐसी जानकारी है। किन्तु वे बहुत कम मात्रा में ही मिले हैं तथा उनकी प्रामाणिकता को लेकर संदेह व्यक्त किया जाता है। **इसलिए, कथन 2 सत्य है।**

पंच मार्क सिक्के भारत के प्राचीनतम सिक्के हैं तथा उन पर केवल प्रतीक बने हुए हैं। प्रत्येक प्रतीक की खुदाई अलग प्रकार से की गयी है, जो कभी-कभी एक-दूसरे ऊपर भी अंकित है। ये सिक्के तक्षशिला से लेकर मगध और मैसूर तक तथा इसके आगे सुदूर दक्षिण तक पूरे देश में पाए गए हैं। उन पर कोई अभिलेख या आख्यान उत्कीर्ण नहीं है। **इसलिए, कथन 3 सत्य है।**

6. 'राजतरंगिणी' के संदर्भ में, निम्नलिखित कथनों पर विचार कीजिए–
   1. कल्हण द्वारा लिखित 'राजतरंगिणी', गंगा बेसिन के क्षेत्रों में शासन करने वाले विभिन्न राजवंशों का एक ऐतिहासिक विवरण प्रदान करता है।
   2. संस्कृत में लिखित यह पुस्तक सिर्फ विभिन्न राजाओं की प्रशंसा पर केन्द्रित है।

उपर्युक्त कथनों में से कौन-सा/से सही है/हैं?
(a) केवल 1 (b) केवल 2
(c) 1 और 2 दोनों (d) न तो 1, न ही 2

उत्तर (d) 1150 ईसवी में कल्हण द्वारा लिखित 'राजतरंगिणी' से कश्मीर के राजाओं से लेकर 12वीं सदी के ऐतिहासिक शासकों तक का एक सम्बद्ध विवरण प्राप्त होता है। **अत:, कथन 1 गलत है।** 'राजतरंगिणी' में कल्हण ने सिर्फ विभिन्न राजाओं की प्रशंसा ही नहीं की है, बल्कि शासकों और उनकी नीतियों की प्राय: आलोचना भी की है। **अत:, कथन 2 गलत है।**

7. 'सेट्ठी' तथा 'जेट्ठक' प्राचीन समय के निवासी थे जो–
(a) राजाओं के द्वारा निर्गत किए जाने वाले सोने के सिक्कों की ढलाई में संलग्न होते थे।
(b) ग्रामीण क्षेत्रों में विशाल भू-खण्डों के स्वामी होते थे।
(c) राज कोष के प्रभारी थे तथा इसका लेखा कार्य करते थे।
(d) व्यापार संघों या निकायों के प्रमुख होते थे तथा बैंकर या वित्तदाताओं के रूप में कार्य करते थे।

उत्तर (d) विशाल भू-खण्ड के स्वामियों को 'गोपति' कहा जाता था।

'सेट्ठी' तथा 'जेट्ठक' प्राचीन काल के वे लोग थे, जो व्यापार संघों या निकायों के मुखिया होते थे तथा बैंकरों और वित्त पोषकों के रूप में काम करते थे।

8. भारत की कला और पुरातत्व इतिहास के संदर्भ में, निम्नलिखित में से किसका निर्माण सबसे पहले हुआ था?
(a) उदयगिरी की शैलोत्कीर्णित गुफाएँ।
(b) लोथल का बंदरगाह - नगर
(c) सांची का स्तूप
(d) महाबलीपुरम के तटीय मंदिर

उत्तर (b) **लोथल का पत्तन नगर** - हड़प्पा कालीन (लगभग 3700 ईसा पूर्व)

सांची का स्तूप - मौर्य कालीन (निर्माण तीसरी शताब्दी ईसा पूर्व में आरम्भ हुआ)

उदयगिरी की चट्टान को काटकर बनाई गई गुफाएँ - मौर्योत्तर कालीन (5वीं सदी ईसवी के प्रारम्भिक वर्षों में)

महाबलिपुरम का तटीय मंदिर- पल्लव कालीन (5वीं शताब्दी ईसवी)

9. औपनिवेशिक प्रशासन द्वारा हिन्दू कानून समझने के लिए अंग्रेजी में अनुवादित ग्रंथ- 'ए कोड ऑफ जेंटू लाज (A code of Gentoo Laws)' का मूल-स्रोत निम्नलिखित में से कौन है?
(a) धर्मसूत्र (b) अर्थशास्त्र
(c) मनुस्मृति (d) उपनिषद

उत्तर (c) एक कोड ऑफ जेंटू लाज (A Code of Gentoo Laws) मनुस्मृति (मनु की आचार संहिता) का अंग्रेजी अनुवाद है। इसे 1776 में, औपनिवेशिक प्रशासन द्वारा हिन्दू कानून को समझने के लिए अनुवादित किया गया था।

10. निम्नलिखित युग्मों में से कौन-सा/से सही सुमेलित है/हैं?

भित्ति चित्र रूप		क्षेत्र
1. पिथोरा	:	राजस्थान
2. मिथिला	:	बिहार
3. वरली	:	पश्चिम बंगाल

नीचे दिए गए कूट का प्रयोग कर सही उत्तर चुनिए-
(a) केवल 2 (b) केवल 1 और 2
(c) केवल 1 और 3 (d) 1, 2 और 3

उत्तर (b) भित्ति चित्र के परंपरागत रूपों में राजस्थान और गुजरात के कुछ भागों में प्रचलित पिथोरा चित्रकला, उत्तरी बिहार के मिथिला क्षेत्र में प्रचलित मिथिला चित्रकला, महाराष्ट्र की वरली चित्रकला तथा ओडिशा या बंगाल के गाँव में अथवा मध्य प्रदेश या छत्तीसगढ़ में दीवारों पर चित्रित साधारण चित्रकला, शामिल है।

11. निम्नलिखित युग्मों पर विचार कीजिए–

प्राचीन शहर		तटवर्ती नदियाँ
1. हड़प्पा	:	रावी
2. उज्जैन	:	यमुना
3. नागार्जुनकोण्डा	:	गोदावरी

उपर्युक्त युग्मों में से कौन-सा/से सही सुमेलित है/हैं?
(a) केवल 1 और 3 (b) केवल 2
(c) केवल 2 और 3 (d) केवल 1

उत्तर (d) हड़प्पा सिन्धु घाटी सभ्यता का एक पुरातात्विक स्थल है, जो कि पाकिस्तान में रावी नदी के तट पर स्थित है। **इसलिए, युग्म 1 सही सुमेलित है।**

600 ईसा पूर्व के लगभग मध्य भारत में उज्जैन का उद्‌भव एक राजनीतिक केन्द्र के रूप में हुआ। यह 16 महाजनपदों में से एक प्राचीन अवन्ति इस साम्राज्य की राजधानी थी। यह एक प्राचीन नगर है, जो क्षिप्रा नदी के पूर्वी तट पर स्थित था। **इसलिए, युग्म 2 सही सुमेलित नहीं है।**

नागार्जुनकोण्डा एक बौद्ध स्थल है। यह आंध्रप्रदेश में कृष्णा नदी के तट पर स्थित है। **इसलिए, युग्म 3 सही सुमेलित नहीं है।**

12. मध्यकाल के दौरान उपयोग की जाने वाली हुंडियों के संदर्भ में, निम्नलिखित कथनों पर विचार कीजिए–
   1. हुंडियाँ व्यापार और ऋण लेन-देन की सुविधा प्रदान करने वाली वित्तीय प्रपत्र थीं।
   2. इनमें वस्तुओं के आवागमन हेतु बीमा भी सम्मिलित होता था।
   3. इन्हें आंतरिक और बाह्य व्यापार, दोनों हेतु जारी किया जाता था।

उपर्युक्त कथनों में से कौन-सा/से सही है/हैं?
(a) केवल 1 और 2 (b) केवल 2 और 3
(c) केवल 3 (d) 1, 2 और 3

उत्तर (d) मुगल काल के दौरान वस्तुओं के आवागमन को वित्तीय प्रणाली के विकास द्वारा सुविधा मिली। इसने देश के एक भाग से दूसरे भाग तक मुद्रा के सुगम अंतरण को संभव बनाया।

ऐसी हुंडियों के उपयोग के माध्यम से किया जाता था। हुंडियाँ, छूट प्राप्त ऋण पत्र होती थीं, जिनका भुगतान एक निश्चित समयावधि के बाद करना होता था। हुंडियों में प्राय: बीमा सम्मिलित होता था, जिसका शुल्क वस्तु के मूल्य के आधार पर अलग-अलग दरों पर लिया जाता था। **इसलिए, कथन 1 और 2 सही हैं।**

सर्राफ हुंडियों मे व्यापार करने में विशेषज्ञ होते थे। इस प्रक्रिया के दौरान, वे निजी बैंक की भांति कार्य करते थे और प्रचलित मुद्रा को पूरक उपलब्ध कराते थे। कई सर्राफों ने भारत के विभिन्न भागों में और साथ ही पश्चिम और दक्षिण पूर्व एशिया में भी अपनी शाखाएँ स्थापित की हुई थीं। इस प्रकार, वे पड़ोसी देशों के साथ बाह्य व्यापार को बढ़ावा देने में सहायता करते थे। **इसलिए, कथन 3 सही है।**

13. प्राचीन भारतीय इतिहास के संदर्भ में, 'अवदान' थे/थीं–

(a) वंशानुगत भूमियाँ (b) बौद्ध ग्रंथ
(c) ग्राम प्रमुख (d) प्रशासकीय मण्डल

उत्तर (b) अवदान बौद्ध मिश्रित संस्कृत में लिखे गए ग्रंथ थे। इनका उद्देश्य लोगों में महायान बौद्ध धर्म की शिक्षाओं का प्रचार करना था। महावस्तु और दिव्यावदान इस विधा के महत्वपूर्ण ग्रंथ थे।

14. निम्नलिखित में से कौन-से प्राचीन भारत की श्रेणियों (guilds) के कार्य थे?

1. उधारी और वित्तपोषण से सम्बन्धित कार्य

2. प्रशासन और न्यायपालिका से सम्बन्धित कार्य

3. घरेलू और विदेशी व्यापार से सम्बन्धित कार्य

नीचे दिए गए कूट का प्रयोग कर सही उत्तर चुनिए-

(a) केवल 1 और 3 (b) केवल 1 और 2
(c) केवल 2 और 3 (d) 1, 2 और 3

उत्तर (d) **सभी विकल्प सही हैं।**

श्रेणियाँ बैंकर, वित्तपोषक और साथ ही ट्रस्टी के रूप में भी कार्य कर सकती थीं। समान्यत: ये कार्य व्यापारियों के पृथक वर्गों द्वारा किये जाते थे। इन्हें उत्तर भारत में श्रेष्ठिन और दक्षिण भारत में चेट्टियार कहा जाता था।

कई श्रेणियाँ स्थानीय स्तर के साथ सम्पूर्ण देश के स्तर पर कार्य करती थीं और घरेलू व्यापार को भी संचालित करती थीं। कुछ श्रेणियाँ विदेश व्यापार में भी संलग्न थीं। दक्षिण भारत की एक श्रेणी 'अयावद्ले' दूरस्थ क्षेत्रों तक व्यापार किया करती थी। अनेक राष्ट्रयताओं से मिलकर बनी 'मणिग्रामम्' विदेश व्यापार के कार्य में संलग्न थीं।

वैशाली से प्राप्त मुहरों से पता चलता है कि कारीगर, व्यापारी और श्रेणी प्रमुख एक ही निगम निकाय के तहत कार्य करते थे और स्पष्ट रूप से, निहित अधिकारों द्वारा वे नगरीय मामलों का संचालन करते थे। उत्तरी बंगाल (बांग्लादेश) के कोटिवर्ष जिले के प्रशासनिक मण्डल में मुख्य महाजन, मुख्य व्यापारी और मुख्य कारीगर सम्मिलित थे। भूमि लेन-देन हेतु उनकी सहमति आवश्यक मानी जाती थी। कारीगर और बैंकर अपनी अलग श्रेणियों में संगठित थे।

अपने स्वयं के सदस्यों हेतु श्रेणी के पास न्यायिक अधिकार होते थे, जिन्हें राज्य द्वारा मान्यता प्राप्त होती थी। श्रेणी के पास न केवल आर्थिक शक्ति होती थी, बल्कि सामाजिक जीवन से सम्बन्धित शक्ति भी होती थी। उदाहरण के लिए वे दुराग्राही सदस्य को निष्कासित कर सकती थीं। यह अपने सदस्यों की विधवाओं और अनाथों के अभिभावक के रूप में तथा बीमारी से सुरक्षा देने में बीमा की भांति काम करती थीं।

15. 'असुर पराजय' और 'अमृत मंथन' नाटक लिखे गए थे–

(a) कालिदास द्वारा (b) भरत मुनि द्वारा
(c) बाणभट्ट द्वारा (d) आर्यभट्ट द्वारा

उत्तर (b) देशज परंपराओं के साथ आधुनिक अनुसंधानों के द्वारा भी भारतीय नाटक की उत्पत्ति वेदों से मानी जाती है। रामायण में महिलाओं की नाटक मण्डली की चर्चा की गयी है, जबकि कौटिल्य के अर्थशास्त्र में संगीतकारों, नर्तकों और नाटकीय प्रदर्शनों का उल्लेख किया गया है। नाटक एक ऐसी प्रदर्शन कला है, जो अति प्राचीन काल से ही अस्तित्व में रही है। नाटक बच्चों के नाटकों से अस्तित्व में आया होगा। बच्चा अभिनय करता है, नकल उतारता है और कैरीकेचर गढ़ता है, जो निश्चित रूप से नाटक का आरम्भ रहा होगा। प्रारम्भिक काल से ही भगवान, देवी-देवताओं और राक्षसों के मध्य युद्ध की पौराणिक कथाएँ ज्ञात हैं। भरतमुनि ने 'नाट्यशास्त्र' लिखा तथा 'असुर पराजय' और 'अमृत मंथन' नामक नाटकों की रचना की। नाट्यशास्त्र, नाटक और अन्य प्रदर्शन कलाओं के क्षेत्र में लिखे गए सबसे महान ग्रंथों में से एक है।

नाटक का उल्लेख करते हुए, भरत ने नट (पुरुष कलाकार) और नटी (महिला कलाकार), संगीत, नृत्य, संगीत वाद्ययंत्रों, संवादों, विषय-वस्तु (थीम) और मंच का उल्लेख किया है। इस प्रकार हम पाते हैं कि नाटक भरत के काल में परिपूर्णता के उदात्त स्तर पर पहुँच गया था। भरत के लिए, नाटक संचार का उत्तम साधन था। उन्होंने नाटक हेतु परिबद्ध स्थानों (anclosed area) की अवधारणा भी आरम्भ की। 'शैलूश' नामक एक समुदाय का उल्लेख मिलता है, जिनकी पेशेवर नाटक कम्पनियाँ थीं। वीरगाथाओं के गायन की प्रथा लोकप्रिय हो गयी थी। परिणामस्वरूप कुशीलव नामक पेशेवर गायक अस्तित्व में आए।

16. 'राजतरंगिणी' ग्रंथ के संदर्भ में, निम्नलिखित कथनों पर विचार कीजिए–

1. इसकी रचना कल्हण ने की थी।

2. इसे फारसी भाषा में लिखा गया था।

3. यह कश्मीर का ऐतिहासिक विवरण उपलब्ध कराता है।

उपर्युक्त कथनों में से कौन-सा/से सही है/हैं?

(a) केवल 2 और 3 (b) केवल 1
(c) केवल 1 और 3 (d) 1, 2 और 3

उत्तर (c) **कथन 1 सही है और कथन 2 सही नहीं है।** प्रसिद्ध ग्रंथ 'राजतरंगिणी' कल्हण द्वारा संस्कृत में लिखा गया था, जो कश्मीर के शासक जैन-उल-अबिदीन के काल से सम्बन्धित है।

कथन 3 सही है। इसके अंतर्गत प्राचीनतम समय से लेकर इसकी रचना के समय तक की सम्पूर्ण अवधि के कश्मीर क्षेत्र के इतिहास को शामिल किया गया है। 'राजतरंगिणी' के अनुसार, कश्मीर मौर्य साम्राज्य का भाग था, कनिष्क ने कश्मीर पर आक्रमण किया और इस पर अधिकार कर लिया।

17. 'उत्तरापथ' और 'दक्षिणापथ' प्राचीन भारत के दो महत्वपूर्ण व्यापारिक मार्ग थे। इस संदर्भ में निम्नलिखित में से कौन-सी दो नगरीय बस्तियां 'उत्तरापथ' के सन्धि-स्थल पर अवस्थित थीं?

(a) मथुरा से तक्षशिला
(b) पुरुषपुर से मथुरा
(c) उज्जैन से मथुरा
(d) पुरुषपुर से तक्षशिला

उत्तर (a) भारतीय उप-महाद्वीप के दो प्रमुख व्यापार मार्ग थे - उत्तर एवं उत्तर-पश्चिम क्षेत्र का उत्तरापथ और मध्य एवं प्रायद्वीपीय भाग का दक्षिणापथ। उत्तरापथ का प्रयोग प्राय: तक्षशिला से दक्षिण में मथुरा से लेकर उज्जैन तक किया जाता था।

उत्तरापथ के समान ही दक्षिणापक्ष दक्षिणी उच्च मार्ग का नाम था। यह मगध के राजगृह से उज्जैनी एवं नर्मदा घाटी होते हुए अश्मक महाजनपद (वर्तमान महाराष्ट्र में) में स्थित प्रतिष्ठान (पैठन) तक दक्षिण दिशा में चलते हुए भारत के पश्चिमी तट की ओर जाता था। बाद में विंध्य पर्वत- शृंखला के दक्षिण की ओर अवस्थित क्षेत्र को भी दक्षिणापथ का नाम दे दिया गया था। यह वह क्षेत्र है जिससे होकर दक्षिणापथ गुजरता था। भारत के दक्षिणी भाग के लिए दक्कन (डेक्कन) नाम मूल रूप से प्राचीन दक्षिणापथ से व्युत्पन्न हुआ है।

18. प्राचीन भारतीय इतिहास के संदर्भ में, 'तमिझकम' (Tamizhakam) क्या संदर्भित करता है?

(a) प्रथम शताब्दी ईसवी के आसपास अरबों और दक्षिण भारत के लोगों के बीच संपर्क के परिणामस्वरूप विकसित होने वाली एक नई संस्कृति।

(b) अंत्येष्टि के चारों ओर निर्मित महापाषाणिक संरचनाओं के लिए एक अन्य नाम।

(c) दक्षिण में प्रथम शताब्दी ई. पू. के दौरान उत्तर से प्रवास करने वाली जनजातियों के नाम।

(d) व्यापार के परिणामस्वरूप उत्तर और दक्षिण के बीच सांस्कृतिक और आर्थिक संपर्कों को, जो चौथी शताब्दी ई.पू. से महत्वपूर्ण बन गया।

उत्तर (d) 'तमिझकम' (Tamizhakam) लोगों के बीच ईसा पूर्व चौथी शताब्दी से महत्वपूर्ण हो चुके व्यापार के परिणामस्वरूप उत्तर एवं दक्षिण के बीच स्थापित सांस्कृतिक आर्थिक संपर्क को संदर्भित करता है।

19. निम्नलिखित युग्मों पर विचार कीजिए–

मध्यकालीन नगर	राज्य
1. कलिंग	: उड़ीसा
2. मान्यखेत	: कर्नाटक
3. अनार्त	: मध्य प्रदेश

उपर्युक्त युग्मों में से कौन-सा/से सही सुमेलित है/हैं?

(a) केवल 1

(b) केवल 1 और 2

(c) केवल 2 और 3

(d) 1, 2 और 3

उत्तर (b) कलिंग केन्द्रीय पूर्वी भारत में एक आरम्भिक राज्य था, जिसमें लगभग सम्पूर्ण उड़ीसा और साथ ही आंध्र प्रदेश और छत्तीसगढ़ के कुछ भाग सम्मिलित थे। यह क्षेत्र लगभग 265 ईसा पूर्व में मौर्य साम्राज्य के अशोक द्वारा लड़े गए कलिंग युद्ध का स्थल था।

अनार्त वर्तमान समय के गुजरात के उत्तर काठियावाड़ क्षेत्र से मेल खाता है।

मान्यखेट ने तब ख्याति प्राप्त की जब अमोघवर्ष प्रथम के शासनकाल के दौरान राष्ट्रकूटों की राजधानी बीदर जिले में मयूरखण्डी से मान्यखेत स्थानांतरित की गई। राष्ट्रकूटों के पतन के बाद, यह लगभग 1050 ईसवी तक उनके उत्तराधिकरियों, कल्याणी के चालुक्यों या पश्चिमी चालुक्यों की राजधानी बनी रहीं।

20. निम्नलिखित युग्मों पर विचार कीजिए–

लिपि	काल
1. ब्राह्मी	: मौर्य
2. सिद्धमात्रिका	: गुप्त
3. मोडी	: मराठा

उपर्युक्त युग्मों में से कौन-सा/से सही है/हैं?

(a) केवल 1

(b) केवल 2 और 3

(c) केवल 3

(d) 1, 2 और 3

उत्तर (d) ब्राह्म लिपि इसकी प्राचीनता और प्रभाव के आधार पर विश्व की सर्वाधिक महत्वपूर्ण लेखन प्रणालियों में से एक है। यह सिन्धु घाटी सभ्यता के बाद के आरम्भिक ग्रंथों एवं भारत में पाए गए सबसे आरम्भिक ऐतिहासिक शिलालेखों के संग्रह का प्रतिनिधित्व करता है। सबसे महत्वपूर्ण तथ्य यह है कि यह दक्षिण-पूर्व और पूर्वी एशिया में पाई जाने वाली सैकड़ों लिपियों की पूर्वज है। यह मनोहर लिपि भारत में सर्वाधिक निश्चित रूप से ईसा पूर्व पाँचवी शताब्दी में प्रकट हुई। (मौर्य काल)।

गुप्त लिपि (300 ईसवी से 550 ईसवी) उत्तरी भारत में कुषाण लिपि की परवर्ती मानी जाती है।

इस प्रकार, लगभग 6 से 10वीं शताब्दी में उत्तर भारत में एक ऐसी लिपि में शिलालेख लिखे गए थे, जिसे विभिन्न नामों से बुलाया जाता था, जैसे कि सिद्धमात्रिका और कुटियाला। 8वीं शताब्दी से सिद्धमात्रिका लिपि, कश्मीर और पंजाब में शारदा लिपि में, बंगाल और उड़ीसा में आद्य-बंगाली या गौड़ी लिपि में तथा उत्तर भारत के अन्य भागों में नागरी लिपि में विकसित हुई। 10वीं शताब्दी के बाद से उत्तरी भारत में नागरी लिपि का व्यापक रूप से उपयोग किया गया था। नागरी लिपि के एक संस्करण नंदीनागरी का उपयोग अधिकतर कर्नाटक क्षेत्र तक ही सीमित है।

महाराष्ट्र के भारतीय राज्य में बोली जाने वाली मराठी भाषा को लिखने के लिए 'मोडी' लिपि का उपयोग किया जाता था। यह 17वीं शताब्दी में लिपि के प्रवाही संस्करण (cursive variant) के रूप में उत्पन्न हुई। 1950 के दशक तक मोडी लिपि का उपयोग किया जाता रहा जब तक कि देवनागरी लिपि ने मराठी भाषा के लेखन के रूप में इसे प्रतिस्थापित नहीं कर दिया।

❑❑❑

मध्यकालीन भारत

1 भारत पर मुस्लिम आक्रमण

1. अलबरूनी के संदर्भ में, निम्नलिखित कथनों पर विचार कीजिए–

1. वह मोरक्को का यात्री था।

2. भारत के सम्बन्ध में उसका यात्रा वृतांत 'रहेला' नामक पुस्तक में पाया जाता है।

3. उसने बताया कि चार सामाजिक श्रेणियाँ भारत के लिए अद्वितीय नहीं थी।

उपर्युक्त कथनों में से कौन-सा/से सही है/हैं?

(a) केवल 1 और 2
(b) केवल 3
(c) केवल 1 और 3
(d) 1, 2 और 3

उत्तर (b) अलबरूनी उजबेकिस्तान का यात्री था, जिसने 11वीं सदी में पंजाब और भारत के उत्तरी भागों का भ्रमण किया था।

उसने महान यूनानी गणितज्ञ यूक्लिड की रचना का संस्कृत में अनुवाद किया था।

अपने ग्रंथ 'किताब-उल-हिन्द' में उसने भारत का वर्णन करने के लिए एक विशिष्ट संरचना को अपनाया। उसने एक प्रश्न के साथ प्रत्येक अध्याय का आरम्भ किया, उसके बाद संस्कृत परम्परा पर आधारित विवरण दिया और अन्य संस्कृतियों के साथ तुलना के साथ समापन किया।

उसने टिप्पणी की समाज की चार सामाजिक श्रेणियाँ भारत के लिए अद्वितीय नहीं थी, हालांकि उसने सामाजिक विभेद की धारणा की आलोचना की।

इब्नबतूता मोरक्को का यात्री था। जब मुहम्मद बिन तुगलक दिल्ली का सुल्तान था, उसने भारत का भ्रमण किया था। उसने भी अपना यात्रा वृतांत लिखा था, जिसे 'रेहला' के रूप में जाना जाता है।

2. कथन (A) : महमूद गजनवी ने भारत पर 17 बार आक्रमण किए।

कारण (R) : वह भारत में स्थायी मुस्लिम शासन की स्थापना करना चाहता था।

उपरोक्त प्रश्न में दो वक्तव्य दिए गए हैं। जिनमें एक को कथन (A) और दूसरे को कारण कारण (R) कहा गया है। इन दोनों वक्तव्यों का सावधानीपूर्वक परीक्षण कर इन प्रश्नों का उत्तर नीचे दिए गए कूट की सहायता से चुनिए–

कूटः

(a) 'A' तथा 'R' दोनों सही हैं तथा 'R','A' की सही व्याख्या है।
(b) 'A' तथा 'R' दोनों सही हैं तथा 'R','A' की सही व्याख्या नहीं है।
(c) 'A' सही है, परन्तु 'R' गलत है।
(d) 'A' गलत है, परन्तु 'R' सही है।

उत्तर (c) महमूद गजनवी ने भारत पर 17 बार आक्रमण किए थे। ये सभी आक्रमण 1000 ई० से 1026 ई० तक किए गए थे। अपने भारतीय आक्रमणों के समय महमूद ने जेहाद का नारा दिया था और साथ ही अपना नाम 'बुतशिकोन' रखा। महमूद के भारतीय आक्रमण का वास्तविक उद्देश्य धन की प्राप्ति था। वह एक मूर्तिभंजक आक्रमणकारी था। इन सभी आक्रमणों में सोमनाथ के मंदिर पर 1025-26 ई० में किया गया आक्रमण सर्वाधिक प्रसिद्ध है। यह मंदिर गुजरात के तट पर स्थित अपनी अपार सम्पत्ति के लिए प्रसिद्ध था। इस मंदिर को लूटते समय महमूद ने करीब 50000 ब्राह्मणों एवं हिन्दुओं का कत्ल कर दिया था। महमूद गजनवी भारत में स्थायी मुस्लिम शासन की स्थापना नहीं करना चाहता था। **अतः कथन (A) सही** है परन्तु **कारण (R) गलत** है।

3. निम्न में से किस लेखक ने प्रसिद्ध पुस्तक 'किताब-उल हिन्द' का अंग्रेजी अनुवाद किया?

(a) वाल्टर रोपर लारेंस
(b) ई.सी. सचाऊ
(c) अल-मुकदसी
(d) एस.ए. रहीम

उत्तर (b) अलबरूनी (972-1048 ई.) प्रथम महत्वपूर्ण भारतविद् एवं 11वीं शताब्दी के महानतम बुद्धिजीवियों में से एक थे। इनका जन्म ख्वारिज्म के ईरानी परिवार में हुआ था। वे 'सर्वज्ञान सम्पन्न' व्यक्ति थे। वे धर्मशास्त्री, दार्शनिक, गणितज्ञ, खगोलशास्त्री, ज्योतिषी तथा चिकित्सक सभी थे। वे मामुनी वंश के ख्वारिज्म शाह के राजनैतिक सलाहकार थे। 1017 ई. में महमूद गजनवी ने ख्वारिज्म शाह पर विजय कर अलबरूनी को प्राप्त किया था। 1018-19 ई. में वे महमूद गजनवी के साथ भारत आये तथा देश के विभिन्न भागों में भ्रमण कर अपनी यात्रा वृतांत 'किताब-उल-हिन्द' नामक ग्रंथ में संकलित किया। इसने अपनी पुस्तक 'अरबी' भाषा में लिखा था। इसके बाद इसका फारसी में अनुवाद किया गया। फारसी से अंग्रेजी में इस किताब (किताब-उल-हिन्द) का अनुवाद एडवर्ड सी सचाऊ ने 'अलबरुनीज इंडिया, ऐन एकाउंट ऑन द लिजन' नाम से किया है।

4. निम्नलिखित कथनों पर विचार कीजिए–

1. उत्तर-पश्चिमी भारत में जारी किए गए गजनवी सिक्कों पर अरबी व शारदा लिपि में लिखे गए द्विभाषीय लेख हैं।

2. साहित्यकार एवं वृत्ताकार बरनी तथा इसामी समकालीन थे।

3. महमूद गजनी के सोमनाथ आक्रमण के समय जयसिंह सिद्धराज इस क्षेत्र का चालुक्य शासक था।

उपर्युक्त कथनों में से कौन/से सही है/हैं?

(a) केवल 1
(b) केवल 1 और 2
(c) केवल 2 और 3
(d) 1, 2 और 3

उत्तर (b) पंजाब पर अधिकार करने के पश्चात महमूद गजनवी ने पंजाब में प्रचलित शाही सिक्कों को ही अपनाया। उसने अपने सिक्कों पर घुड़सवार तथा नदी चिह्न, जो पहले से ही प्रचलित था, को ही अपनाया और उस पर संस्कृत भाषा में 'अव्यक्तमेक अवतार महमूद' खुदवाया। उसने संस्कृत में अय टंक महमूदपूरे घटित अर्थात् टकसाल का नाम भी खुदवाया। 'तारीखे-फिरोजशाही' के लेखक जियाउद्दीन बरनी (जन्म-1228 ई.) तथा 'फुतूह-उस-सलातीन' के लेखक ख्वाजा अब्दुल मलिक इसामी समकालीन थे। महमूद गजनवी के आक्रमण (1025 ई.) के समय चालुक्य वंश का शासक भीम प्रथम (1022-1064 ई.) था। जयसिंह 'सिद्धराज' का काल 1094 ई. से 1153 ई. के बीच था।

5. सीमान्त क्षेत्र के वह उग्र निवासी, जिन्होंने महमूद गजनवी तथा मुहम्मद गौरी दोनों के लिए समस्याएँ पैदा की, कहलाते थे–

(a) हाजरा
(b) खोखर
(c) युर्तावल
(d) बलूची

उत्तर (b) महमूद गजनवी तथा मुहम्मद गौरी के लिए समस्याएं पैदा करने वाले सीमान्त क्षेत्र के खोखर जाति के लोग थे। महमूद गजनवी सुबुक्तगीन का पुत्र था। उसकी मृत्यु के बाद 998 ई. में गजनी का राजा बना। इस्लाम धर्म के प्रचार तथा धन प्राप्त करने की लालसा से उसने भारत पर अनेक आक्रमण किए। उसका प्रथम भारतीय आक्रमण 1001 ई. में पश्चिमोत्तर भारत के शाही राजा जयपाल पर हुआ। मुहम्मद गौरी ने भी 1175 तथा 1204 ई. के मध्य भारत पर कई आक्रमण किए। उसका पहला आक्रमण मुल्तान तथा सिन्ध पर हुआ था। 1206 ई. में मुहम्मद गौरी भारत से गजनी वापस जाते समय सिन्ध, नदी के तट पर खोखरो द्वारा मार डाला गया।

6. भारत अरब प्रज्ञात्मक सम्बन्धों का सबसे पहला प्रमाण ब्रह्म गुप्त द्वारा रचित 'ब्रह्मसिद्धान्त' का अरबी भाषा में अनुवाद किस नाम से जाना जाता है?

(a) इत्मुलहिसाब हिसाब

(b) सिंद हिन्द

(c) किताबुल सिद्धान्त

(d) ब्रह्म सिद्धान्त

उत्तर (b) 1753-54 ई. में अरब विद्वान भारत से दो पुस्तकें ब्रह्मगुप्त का 'ब्रह्म सिद्धान्त' लेकर गए। भारतीय विद्वानों की सहायता से अरबी विद्वान अलफजारी ने 'ब्रह्म सिद्धान्त' का अरबी भाषा में अनुवाद 'सिंद हिन्द' के नाम से किया।

7. भारत पर महमूद गजनवी के आक्रमण के समय निम्नलिखित में से कौन-सा समुदाय भारत के तत्कालीन राज्यों के शासकों को सूचित करता है?

(a) जयपाल, फतेह दाउद, महिपाल

(b) राजाभोज, मूलराज, शंकरवर्मन

(c) राज्यपाल, महिपाल, पृथ्वीराज

(d) चामुण्डराज, महिपाल, मिहिर भोज

उत्तर (a) महमूद गजनवी का प्रथम सफल भारतीय आक्रमण शाही राजा जयपाल पर 1001 ई. में हुआ, जिसमें जयपाल पराजित हुआ और बन्दी बना लिया गया, परन्तु अपने सम्मान की रक्षा हेतु उसने अग्नि में कूदकर अपने प्राण दे दिए। महमूद गजनवी का चौथा आक्रमण 1004 ई. में मुल्तान राज्य पर हुआ। यहां के शिया शासक फतेह दाउद ने बिना युद्ध के ही आत्मसमर्पण कर दिया। महमूद गजनवी के आक्रमण के समय बंगाल में पाल वंश का शासक महिपाल प्रथम था। महमूद के 1018 ई. में कन्नौज पर आक्रमण के समय यहाँ का शासक प्रतिहारवंशी राज्यपाल था। इस समय मालवा में राजा भोज का शासन था, जिसने महमूद द्वारा सोमनाथ मन्दिर (1025-26 ई.) को ध्वस्त किए जाने के बाद उसका पुनः निर्माण करवाया।

8. तारीख-ए-यामिनी, जिसे 'किताब-उल-यामिनी' भी कहते हैं, का लेखक है-

(a) अबुल फजल वैहाकी

(b) हसन निजामी

(c) उत्बी

(d) अल कारदिली

उत्तर (c) तारीख-ए-यामिनी, जिसे किताब-उल-यामिनी भी कहा जाता है, का लेखक उत्बी था। उत्बी महमूद गजनवी के निजी सहायकों में से एक था। अरबी भाषा में लिखित अपनी इस पुस्तक में उत्बी ने सुबुक्तगीन के अधीन गजनवियों के उत्कर्ष तथा 1020 ई. तक महमूद गजनवी के चरित्र एवं सैन्य अभियानों का वर्णन किया है। वैहाकी भी महमूद गजनवी का समकालीन इतिहासकार था। इसने अरबी भाषा में 'तारीख-ए-सुबुक्तगीन' नामक पुस्तक लिखी। जबकि हसन निजामी ऐबक का समकालीन इतिहासकार था। अरबी और फारसी भाषा में लिखित इसकी पुस्तक 'ताजुल-मासिर' में कुतुबुद्दीन ऐबक के इतिहास का वर्णन है।

9. अलबरूनी ने अपनी पुस्तक किताब-उल-हिन्द में विशेषकर भारतीयों की प्रशंसा की है–

(a) अपनी ज्ञान सम्पदा के विनियम तथा संप्रेषण में उच्च कोटि की प्रवीणता के लिए

(b) एक शक्तिशाली व्यापारी वर्ग के उदयीकरण में उच्च कोटि की प्रवीणता के लिए

(c) पवित्र स्थानों पर तालाबों तथा जल संग्रहण कार्यों के निर्माण में उच्चकोटि की प्रवीणता के लिए

(d) लघुचित्रों की रचना में उच्च कोटि की प्रवीणता के लिए

उत्तर (c) अलबरूनी मात्र इतिहासकार नहीं था, बल्कि उसके ज्ञान एवं खूबियों की व्याप्ति जीवन के अन्य क्षेत्रों तक थी, जैसे-खगोल विज्ञान भूगोल, तर्कशास्त्र, औषधि विज्ञान, गणित, दर्शन, धर्म और धर्म शास्त्र। अलबरूनी का मुख्य उद्देश्य था–भारत के धर्मों और साहित्य तथा विज्ञान की परम्पराओं के बारे में बताना, लेकिन उसने भारत और यहाँ के रीति-रिवाजों और अंध-विश्वास आदि के सम्बन्ध में भी बड़े महत्व की बातें बतायी है। वह पवित्र स्थानों पर तालाबों तथा जल संग्रह कार्यों की प्रशंसा करता है। अलबरूनी लिखता है कि भारत आरम्भ में सागर था, कई शताब्दियों में हिमालय की नदियों द्वारा लायी गयी मिट्टी से वह भर गया। आज के वैज्ञानिक शोध भी यही कहते हैं। अलबरूनी ने हिन्दुओं के धार्मिक कर्मों को बड़े ध्यान से देखा और समझा। इसने लिखा है कि हिन्दू तीर्थ यात्रा के लिए वाराणसी, पुष्कर, थानेश्वर और मुल्तान आदि स्थानों को जाते थे। इसके साथ ही मरे हुए लोगों की अस्थियाँ गंगा में फेंकी जाती थी। इस प्रकार के कई वर्णनों को उसने अपनी पुस्तक 'किताब-उल-हिन्द' में शामिल किया है।

10. 'कलीला व दमना' अरबी भाषान्तर है–

(a) ब्रह्म सिद्धान्त का (b) महाभारत का

(c) पंचतंत्र का (d) सुश्रुत संहिता का

उत्तर (c) विष्णु शर्मा द्वारा रचित ग्रंथ पंचतंत्र का अरबी अनुवाद 'कलीला व दमना' नाम से किया गया था। पंचतंत्र जैसी संस्कृत की कई साहित्यिक कृतियों का अरबी भाषा में अनुवाद किया गया।

11. 'हिन्दुओं का यह विश्वास है कि उनके जैसा कोई देश नहीं है, उनके राष्ट्र जैसा कोई राष्ट्र नहीं है, उनके विज्ञान के समान कोई विज्ञान नहीं है' यह कथन निम्न में से किसका है?

(a) अमीर खुसरो (b) अलबरूनी

(c) जियाउद्दीन बरनी (d) हसन निजामी

उत्तर (b) अलबरूनी मध्य एशिया के खीवा प्रान्त का रहने वाला था। 1018-19 ई. में महमूद गजनवी की सेना के साथ स्वतंत्र पर्यवेक्षक के रूप में वह भारत आया। इसने अरबी भाषा में लिखित अपनी पुस्तक 'तारीख-उल-हिन्द' या 'किताब-उल-हिन्द' में तत्कालीन भारत के पवित्र स्थानों पर तालाबों तथा जल संग्रहण कार्यों के निर्माण में उच्चकोटि की प्रवीणता का उल्लेख किया है। जबकि अपनी पुस्तक में उसने अपनी ज्ञान संपदा के संप्रेषण तथा विनिमय से संकीर्णता के लिए भारतीयों की निंदा की है। उसने लिखा है कि भारतीयों में यह प्रबल धारणा थी कि उनके जैसा कोई देश नहीं है, कोई विज्ञान नहीं है, कोई धर्म नहीं है एवं उनके जैसी कोई जाति नहीं है।

12. वह मुसलमान विजेता, जिसने हिन्दू देवी की आकृति वाले सिक्कों को चलाए रखा था–

(a) कुतुबद्दीन एबक (b) बाबर
(c) मोहम्मद गौरी (d) महमूद गजनवी

उत्तर (c) दिल्ली पर अधिकार स्थापित कर लेने के पश्चात मुहम्मद गौरी ने चौहानों के सिक्कों की ही भांति दिल्ली में भारतीय ढंग की मुद्रा चलवायी। कन्नौज विजय के पश्चात मुहम्मद गौरी ने गहड़वालों के सोने के सिक्कों के ढंग पर अपने सिक्कों पर लक्ष्मी, नदी आदि के चित्र अंकित किए तथा नागरी लिपि को अपनाया। मुसलमान शासकों में सर्वप्रथम महमूद गजनवी ने भारतीय ढंग पर सिक्के तैयार करवाये थे। महमूद के सिक्के 'दिल्लीवाला' के नाम से प्रसिद्ध थे। गौरी ने भी 'दिल्लीवाला' नामक सिक्के (56 ग्रेन) चलवाये थे।

13. अलबरूनी की 'किताब-उल-हिन्द' के संदर्भ में, निम्नलिखित कथनों पर विचार कीजिए–

1. भारतीय सभ्यता का संवेदनशील अध्ययन है
2. मुख्यतः भारत का राजनैतिक इतिहास है
3. महमूद गजनवी के लूटपाट पूर्ण आक्रमणों की समालोचना है
4. मुख्यतः भारत के सांस्कृतिक सामाजिक एवं बौद्धिक इतिहास का अध्ययन है

उपर्युक्त में से कौन-सा कथन सही है?

(a) केवल 1, 3 और 4 (b) केवल 1 और 4
(c) केवल 2 और 3 (d) केवल 4

उत्तर (a) 11वीं शताब्दी के महानतम बुद्धिजीवियों में एक अलबरूनी ने 1018-19 ई. में महमूद गजनवी की सेना के साथ एक स्वतंत्र पर्यवेक्षक के रूप में सिन्धु-गंगा घाटी में प्रवेश किया। उसके द्वारा लिखित पुस्तक 'किताब-उल-हिन्द' भारत की सामाजिक धार्मिक स्थिति से सम्बन्धित सूचना का एक प्रामाणिक स्रोत है। यह विज्ञान एवं साहित्य सहित हिन्दुओं की उन्नत सांस्कृतिक विरासत पर प्रकाश डालता है। यह भारतीय चरित्र की कमजोरियों और भारतीयों की सामाजिक-राजनैतिक व्यवस्था की कमियों, जिनके कारण आक्रमणकारियों के हाथों उन्हें पराजय और अपमान भुगतना पड़ा, का तटस्थ विवरण प्रस्तुत करती है। इस पुस्तक में, भारतीय सभ्यता का संवेदनशील अध्ययन गजनवी के लूटपाटपूर्ण आक्रमणों की समालोचना तथा भारत के सामाजिक एवं बौद्धिक इतिहास का वर्णन है।

14. अलबरूनी कहता है अंत्यज, जो चार वर्णों परिगणित नहीं थे, आठ वर्गों अथवा शिल्पी या व्यावसायिक श्रेणियों में संगठित थे। निम्नांकित में से कौन आठ श्रेणियों में नहीं था?

(a) चमार (b) जुलाहा
(c) मछुआरा (d) लुहार

उत्तर (d) अलबरूनी, महमूद गजनवी के साथ भारत आया था। इसने भारत के कई स्थानों का भ्रमण किया, साथ ही भारतीय स्थिति का अध्ययन भी किया। उसने अपनी पुस्तक 'किताब-उल-हिन्द' एवं 'आहारुल वाकिया' में यात्रा का विवरण क्रमबद्ध रूप से संकलित किया। उसने लिखा है कि भारतीय समाज मुख्यतः चार वर्णों-ब्राह्मण, क्षत्रिय, वैश्य एवं शूद्र में विभक्त था, जो जन्म पर आधारित थे। अलबरूनी के अनुसार इन चार वर्णों के नीचे मानव का एक विशाल समूह था, जिसे अंत्यज कहा जाता था जिनकी गणना किसी भी जाति में नहीं की जाती थी, किन्तु वे किसी विशेष व्यवसाय अथवा कला का अनुसरण करने वाले होते थे। इसके (अंत्यज) आठ वर्ग या संघ होते थे, जो निम्न है–धोबी, मोची, जादूगर, डलिया या डेलि बनाने वाले, नाविक, मछुआरे, जुलाहे तथा बहेलिया (शिकारी)। ये लोग नगरों के बाहर रहा करते थे।

15. गुजरात पर महमूद गजनवी के आक्रमण के समय अन्हिलवाड़ के चालुक्य राज्य का राजा कौन था?

(a) भीम प्रथम (b) मूलराज
(c) कर्ण (d) जयसिंह सिद्धराज

उत्तर (a) चालुक्य अथवा सोलंकी अग्निकुल (चालुक्य, चौहान, परमार, प्रतिहार) से उत्पन्न राजपूत थे। गुजरात के चालुक्य वंश का संस्थापक मूलराज प्रथम था, जिसने गुजरात के एक बड़े भू-भाग को जीतकर अन्हिलवाड़ को अपनी राजधानी बनाया था। ये लोग जैन धर्म के पोषक थे। इस वंश का सबसे शक्तिशाली शासक भीम प्रथम (1022-1064 ई.) था, जिसके शासनकाल में महमूद गजनवी ने सोमनाथ के मंदिर पर आक्रमण (1025 ई.) किया था। इसने सोमनाथ मंदिर को जो पहले लकड़ी और ईंटों से बना था, पत्थर से पुनर्निर्मित कराया था। कुछ साक्ष्यों से पता चलता है कि सोमनाथ मंदिर का पुनर्निर्माण कुमारपाल ने करवाया था।

16. मुहम्मद गौरी के स्वर्ण सिक्कों पर प्रायः निम्नांकित का अंकन है–

(a) पुरोभाग पर देवी लक्ष्मी और पृष्ठभाग पर नागरी अक्षरों में उसका नाम
(b) एक ओर कमला, दूसरी ओर अरबी अक्षरों में उसका नाम
(c) पुरोभाग पर उसका नाम और पृष्ठभाग पर टकसाल का नाम और टंकण का वर्ष
(d) पुरोभाग पर राशियों के चिन्ह और पृष्ठभाग पर फारसी अक्षरों में उसका नाम

उत्तर (a) मुहम्मद गौरी ने दिल्ली पर अपना आधिपत्य स्थापित करने के पश्चात् दिल्ली के चौहान वंश के सिक्कों की नकल पर ही सिक्के जारी किए थे। गौरी ने कन्नौज विजय के पश्चात गहड़वालों के स्वर्ण सिक्कों की अनुकृति पर अपने सिक्कों पर हिन्दू देवताओं, यथा- लक्ष्मी, नंदी आदि के चित्र अंकित करवाये जिनके साथ ही नागरी लिपि का प्रयोग किया। महमूद गजनवी प्रथम मुस्लिम शासक था, जिसने भारतीय ढंग के सिक्के तैयार करवाये थे। महमूद के सिक्के 'दिल्लीवाला' के नाम से प्रसिद्ध थे। मुहम्मद गौरी ने भी 'दिल्लीवाला' सिक्के जारी किए, जो वजन में 56 ग्रेन के होते थे।

17. 'जिम्मी' से क्या तात्पर्य है?

(a) मुगल काल में लगाया गया विद्रोह विशेष कर
(b) मालाबार क्षेत्र की जनजाति
(c) गुजरात में लागू कर व्यवस्था
(d) राज्य द्वारा सुरक्षित नागरिक

उत्तर (d) 'जिम्मी' शब्द मध्यकाल में राज्य द्वारा संरक्षित गैर मुसलमान नागरिकों को कहा जाता था, जिन्हें सैनिक सेवा के बदले 'जजिया' नामक कर देना पड़ता था। 'जजिया' कर भारत में सर्वप्रथम मुहम्मद बिन कासिम ने 712 ई. में सिंध विजय के बाद लगाया। फिरोजशाह तुगलक पहला शासक था, जिसने ब्राह्मणों पर भी जजिया लगाया था। कश्मीर का जैनुल आबिदीन पहला मुसलमान शासक था, जिसने जजिया कर को समाप्त किया। वैसे जजिया के अंतिम रूप से समाप्त करने का श्रेय परवर्ती मुगल शासक मुहम्मद शाह 'रंगीला' को दिया जाता है।

18. मुहम्मद गौरी ने सर्वप्रथम किस राज्य को विजित किया?

(a) गुजरात (b) राजस्थान
(c) पंजाब (d) कन्नौज

उत्तर (c) मुहम्मद गौरी ने सर्वप्रथम 1175 ई. में मुल्तान एवं सिन्ध पर आक्रमण किया और यहां के करमपंथियों शासकों को पराजित किया। 1178 ई. में उसने गुजरात के शासक मूलराज द्वितीय पर आक्रमण किया, परन्तु माउण्ट आबू

के युद्ध में मूलराज द्वितीय के भाई भीम द्वितीय ने मुहम्मद गौरी को पराजित किया। यह मुहम्मद गौरी की भारत में पहली पराजय थी। मुहम्मद गौरी ने जम्मू के राजा विजयराज के साथ मिलकर सुल्तान महमूद के अन्तिम प्रतिनिधि गजनी के शासक खुसरो मलिक को 1186 ई. में पराजित कर लाहौर पर अधिकार कर लिया। इस प्रकार मुहम्मद गौरी ने सर्वप्रथम पंजाब राज्य को विजित किया।

19. सूची-I (वर्ष) को सूची-II (घटनाएँ) से सुमेलित कीजिए तथा सूचियों के नीचे दिए गए कूट का प्रयोग कर सही उत्तर का चयन कीजिए–

	सूची-I	सूची-II
A.	1025	1. तराइन का दूसरा युद्ध
B.	1194	2. गुजरात में गौरी की पराजय
C.	1178	3. महमूद गजनवी द्वारा सोमनाथ मंदिर पर आक्रमण
D.	1192	4. चन्दावर का युद्ध

कूट :

(a) A-2, B-3, C-4, D-1
(b) A-4, B-2, C-3, D-1
(c) A-3, B-4, C-2, D-1
(d) A-1, B-2, C-3, D-4

उत्तर (c) महमूद गजनवी का सर्वाधिक उल्लेखनीय आक्रमण गुजरात में समुद्र तट पर स्थित सोमनाथ मंदिर (1025 ई.) पर हुआ। उस समय वहां का चालुक्य शासक भीम प्रथम था। 1178 ई. में गुजरात पर मुहम्मद गौरी ने आक्रमण किया था, परन्तु भीम द्वितीय ने उसे आबू पर्वत की तलहटी में पराजित कर दिया था। भारत में यह मुहम्मद गौरी की पहली पराजय थी। 1191 ई. में पृथ्वीराज चौहान ने तराइन के प्रथम युद्ध में मुहम्मद गौरी को पराजित किया था, किन्तु 1192 ई. में तराइन के दूसरे युद्ध में मुहम्मद गौरी के हाथों पृथ्वीराज की पराजय हुई थी। 1194 ई. में मुहम्मद गौरी कन्नौज के शासक जयचन्द पर आक्रमण के लिए भारत आया। कन्नौज और इटावा के बीच चन्दावर नामक स्थान पर गौरी से युद्ध हुआ, जिसमें जयचन्द की पराजय हुई और वह युद्धभूमि में मारा गया।

20. निम्नलिखित पुस्तकों में से किसकी रचना अलबरूनी ने की है?

(a) किताब-उल-हिन्द
(b) कुरान-ए-मसूदी
(c) जवाहर-फिल-जवाहिर
(d) उपर्युक्त सभी

उत्तर (a) अलबरूनी 1018-19 ई. में महमूद गजनवी की सेना के साथ एक स्वतंत्र पर्यवेक्षक के रूप में भारत आया था। उसके द्वारा लिखित पुस्तक 'किताब-उल-हिन्द' भारत की सामाजिक-धार्मिक स्थिति में सम्बन्धित सूचना का एक प्रमाणिक श्रोत है। यह विज्ञान एवं साहित्य के साथ हिन्दुओं की उन्नत संस्कृति पर प्रकाश डालती है। यह भारतीय चरित्र की कमजोरियों और भारतीयों की सामाजिक-राजनैतिक व्यवस्था की कमियों, जिनके कारण आक्रमणकारियों के हाथों उन्हें पराजय और अपमान भुगतना पड़ा, का तटस्थ विवरण प्रस्तुत करती है। इस प्रकार इस पुस्तक में भारतीय सभ्यता का संवेदनशील अध्ययन, महमूद के लूट-पाट एवं आक्रमणों की समालोचना तथा भारत के सामाजिक एवं बौद्धिक इतिहास का वर्णन है।

21. मुहम्मद गौरी की भारत विजय तथा नव-स्थापित तुर्की सल्तनत के इतिहास का प्रत्यक्ष विवरण किस ग्रन्थ से मिलता है?

(a) चचनामा
(b) किताब-उल-यामिनी
(c) तबकात-ए-नासिरी
(d) तारीख-उल-हिन्द

उत्तर (c) साहित्यिक स्रोत मध्यकालीन इतिहास जानने का एक प्रमुख साधन है। 'तबकात-ए-नासिरी' में दिल्ली सल्तनत का 1260 ई. तक का इतिहास और मुहम्मद गौरी की भारत विजय का प्रत्यक्ष वर्णन है। इसकी रचना मिनहाजुद्दीन सिराज ने की थी। 'चचनामा' में अरबों द्वारा सिन्ध की विजय का इतिहास मिलता है। 'तारीख-उल-हिन्द' अलबरूनी की पुस्तक है। इस पुस्तक में उसकी यात्रा के समय हिन्दुओं का साहित्यिक, धार्मिक और मनोवैज्ञानिक वृत्तांत मिलता है।

22. निम्नलिखित में से किसने ऐसे सिक्के जारी करने के आदेश दिए, जिन पर हिन्दू देवी की आकृति अंकित हो?

(a) कुतुबुद्दीन ऐबक (b) बाबर
(c) मुहम्मद गौरी (d) महमूद गजनवी

उत्तर (c) मोहम्मद गौरी ने सोने के सिक्के निकाले। उनकी विशेषता यह थी कि उनका भार 64 ग्रेन से 66.5 ग्रेन तक था। उसकी आकृति विभिन्न प्रकार की थी तथा उन पर अंकित अनुश्रुतियाँ भी भिन्न थीं। इन सिक्कों पर हिन्दू देवी लक्ष्मी की आकृति तथा देवनागरी भाषा में मुहम्मद बिन नाम अंकित था। बाबर के चाँदी के सिक्कों पर एक तरफ कलमा और चारों खलीफाओं का नाम था, दूसरी ओर बाबर का नाम व उपाधि अंकित थी। बाबर ने काबुल में चाँदी का 'शाहरुख' तथा कन्धार में 'बाबरी' नाम का सिक्का चलाया। कुतुबुद्दीन ऐबक का कोई सिक्का नहीं मिला है।

23. निम्नलिखित में से किस स्रोत से हमें सिन्ध का विस्तृत वृतान्त प्राप्त होता है?

(a) खजाइनुल फुतुह
(b) तारीख-ए-फिरोजशाही
(c) इंशा-ए-मेहरू
(d) चचनामा

उत्तर (d) अरबों द्वारा सिन्ध की विजय का इतिहास 'चचनामा' नामक ग्रंथ में उल्लिखित है। यह अरबी भाषा में लिखा गया है। मुहम्मद अली बिन अबबकर कूफी ने बाद में नासिरूद्दीन कबाचा के समय में उसका फुतह फारसी में अनुवाद किया। इसके अतिरिक्त खजाइनुल फुतुह अमीर खुसरो तथा 'तारीख-ए-फिरोजशाही' शम्स-ए-सिराज अफीक की रचना है।

24. भारत पर सर्वप्रथम मुस्लिम आक्रमणकारी थे?

(a) गजनी के
(b) गोर के
(c) अरब के
(d) इनमें से कोई नहीं

उत्तर (c) भारत पर 636 ई. में सर्वप्रथम अरब मुसलमानों का आक्रमण हुआ, परंतु यह आक्रमण असफल रहा। 712 ई. में मुहम्मद बिन कासिम द्वारा भारत पर पहला सफल आक्रमण किया गया। इसने सिन्ध तथा मुल्तान पर विजय पायी।

25. निम्न में से कौन चंदेल शासक महमूद गजनवी से पराजित नहीं हुआ था?

(a) धंग
(b) विद्याधर
(c) जयशक्ति
(d) डंग

उत्तर (b) 1019-20 ई. में महमूद गजनवी ने चंदेलों पर पहला आक्रमण किया। उस समय चंदेल शासक विद्याधर था। दोनों के बीच भीषण युद्ध अनिर्णायक रहा और दोनों ने ही अपनी सेना को पीछे हटा लिया। चंदेल शासक विद्याधर एकमात्र ऐसा हिन्दू शासक था, जिसने मुस्लिम आक्रमणकारियों का सफलता पूर्वक प्रतिरोध किया।

❑❑❑

2 दिल्ली सल्तनत

1. दिल्ली सल्तनत काल के दौरान प्रशासन के संदर्भ में, 'बंदगान' के संबंध में निम्नलिखित कथनों पर विचार कीजिए–

1. ये सुल्तानों द्वारा सैन्य सेवाओं के लिए फारस से खरीदे गए विशेष दास थे।

2. इन्हें सेनानायक और राज्यपाल के रूप में कभी भी नियुक्त नहीं किया जाता था।

उपर्युक्त कथनों में से कौन-सा/से सही है/हैं?

(a) केवल 1

(b) केवल 2

(c) 1 और 2 दोनों

(d) न तो 1, न ही 2

उत्तर (a) दिल्ली सल्तनत जैसे विशाल राज्य के सुदृढ़ीकरण के लिए विश्वसनीय राज्यपालों और प्रशासकों की आवश्यकता थी। जबकि आरम्भिक दिल्ली में राज्यपालों के रूप में अभिजातों और भू-स्वामियों को नियुक्त करने का प्रचलन था।

सुल्तानों में, विशेष रूप से इल्तुतमिश ने फारसी में 'बंदगान' कहलाने वाले विशेष दासों को सैन्य सेवा के लिए खरीदा। राज्य के कुछ सबसे महत्वपूर्ण राजनीतिक पदों पर नियुक्त करने के लिए उन्हें सावधानीपूर्वक प्रशिक्षित किया जाता था, चूंकि वे पूर्ण रूप से अपने स्वामी पर निर्भर थे, अतः सुल्तान उन पर भरोसा कर सकता था।

2. दिल्ली सल्तनत के शासन के संदर्भ में, निम्नलिखित युग्मों पर विचार कीजिए–

विभाग	कार्य
1. दीवान-ए-इंशा	धार्मिक मामले
2. दीवान-ए-रिसालत	राज्य पत्राचार
3. दीवान-ए-आरिज	सेना की आवश्यकताओं से सम्बन्धित

उपर्युक्त युग्मों में से कौन-सा/से सही सुमेलित है/हैं?

(a) केवल 1 और 2 (b) केवल 1 और 3

(c) केवल 3 (d) 1, 2 और 3

उत्तर (c) 'दीवान-ए-इंशा' वह विभाग था जो राज्य के पत्राचार का कार्य संभालता था, जबकि 'दीवान-ए-रिसालत' धार्मिक मामले देखता था।

3. जजिया के संदर्भ में, निम्नलिखित कथनों पर विचार कीजिए–

1. यह सल्तनतकालीन शासन के तहत गैर-मुस्लिमों पर लगाया गया तीर्थ-यात्रा कर था।

2. इसे विशेष अधिकारियों के माध्यम से संग्रहित किया जाता था, जिन्हें 'बरीद' कहा जाता था।

उपर्युक्त कथनों में से कौन-सा/से सही है/हैं?

(a) केवल 1

(b) केवल 2

(c) 1 और 2 दोनों

(d) न तो 1, न ही 2

उत्तर (d) जजिया कर प्रारम्भिक इस्लामी शासकों द्वारा अपनी गैर-मुस्लिम प्रजा पर आरोपित कर था। यह सैन्य सेवा के स्थान पर लिया जाने वाला कर था और इस कर का भुगतान आय के अनुसार बढ़ते हुए अनुपात में किया जाता था। यह तीर्थयात्रा कर नहीं था। महिलाएं, बच्चे और अपर्याप्त आय वाले निर्धन व्यक्ति इस कर के भुगतान से मुक्त थे। **इसलिए, कथन 1 सही नहीं है।**

साम्राज्य के विभिन्न भागों में तैनात खुफिया एजेंट को 'बरीद' कहा जाता था। सुल्तान का पूर्ण विश्वासपात्र अमीर ही मुख्य बरीद नियुक्त किया जाता था। **इसलिए, कथन 2 सही नहीं है।**

4. निम्नलिखित में से 13वीं शताब्दी के दौरान दिल्ली के सुल्तानों द्वारा गुजरात पर आक्रमण के कारण कौन-से थे?

1. पत्तनों पर नियंत्रण

2. उपजाऊ भूमि क्षेत्र

3. घोड़ों की आपूर्ति पर नियंत्रण

नीचे दिए गए कूट का प्रयोग कर सही उत्तर चुनिए-

(a) केवल 1 और 2 (b) केवल 2 और 3

(c) केवल 1 और 3 (d) 1, 2 और 3

उत्तर (d) तुर्क शासकों का मालवा और गुजरात के लिए प्रलोभित होने के मजबूत कारण थे। ये क्षेत्र न केवल उपजाऊ और आबाद थे, बल्कि पश्चिम समुद्री बंदरगाहों और गंगा घाटी से उन्हें जोड़ने वाले व्यापार मार्गों को भी नियंत्रित करते थे। दिल्ली के सुल्तानों द्वारा गुजरात पर शासन स्थापित करने का एक और कारण यह था कि यह उन्हें अपनी सेनाओं के लिए घोड़ों की आपूर्ति पर बेहतर नियंत्रण प्रदान करता था। आठवीं शताब्दी के बाद से पश्चिमी बंदरगाहों से भारत में अरबी, ईराकी और तुर्की घोड़ों का आयात, व्यापार की एक महत्वपूर्ण मद बन गया था। **इसलिए, सभी कथन सही हैं।**

5. निम्नलिखित में से कौन-सी पहल/पहले मुहम्मद बिन तुगलक द्वारा की गई थी/थीं?

1. राजधानी को दिल्ली से आगरा स्थानांतरित करना।

2. प्रतीक मुद्रा (टोकन करेंसी) का चलन आरम्भ करना।

3. खुरासान अभियान।

नीचे दिए गए कूट का प्रयोग कर सही उत्तर चुनिए-

(a) केवल 1 और 2 (b) केवल 2 और 3

(c) केवल 1 (d) 1, 2 और 3

उत्तर (b) मुहम्मद बिन तुगलक ने अपनी राजधानी को दिल्ली से दक्कन स्थित देवगिरी (दौलताबाद) स्थानांतरित करने का निर्णय लिया था क्योंकि यह साम्राज्य के केन्द्र में स्थित था। **इसलिए, कथन 1 सही नहीं है।**

मुहम्मद बिन तुगलक मुद्रा प्रणाली में सुधार करना चाहता था। मुहम्मद बिन तुगलक द्वारा प्रतीक मुद्रा (टोकन करेंसी) का चलन प्रारम्भ किया गया था। उसने तांबे और पीतल के सिक्कों का प्रचलन करवाया, जिन्हें चाँदी एवं सोने के सिक्कों के समतुल्य विनिमय के लिए उपयोग में लाया जाता था। प्रतीक मुद्रा प्रणाली

पूर्णतः नई प्रणाली नहीं थी। चीन में कागजी करेंसी का प्रचलन हो चुका था। मंगोल शासक कुबलई खान से अपने शासनकाल के प्रथम वर्ष में प्रतीक मुद्रा का चलन आरम्भ किया था। तुगलक का प्रयोग व्यापक रूप से विफल हो गया था, क्योंकि सुल्तान नकली सिक्कों की ढलाई को रोकने में असमर्थ रहा। **इसलिए, कथन 2 सही है।**

मुहम्मद-बिन-तुगलक द्वारा किए गए प्रयोग केवल आंतरिक मामलों तक ही सीमित नहीं थे बल्कि वह विदेशी मामलों में भी अपनाए गए। इन प्रयोगों में उसकी खुरासान योजना प्रथम थी। महान विजेता बनने की अपनी महत्वाकांक्षा पूरी करने के लिए उसने खुरासान राज्य पर विजय प्राप्त करने की योजना बनाई। उस समय खुरासान पर ईराक का शासन था। उसने इस उद्देश्य के लिए एक लाख सैनिक की भर्ती की एवं उन्हें एक वर्ष के वेतन का अग्रिम भुगतान किया। **इसलिए, कथन 3 सही है।**

6. दिल्ली सल्तनत काल के दौरान प्रशासन के संदर्भ में, 'बंदगानों' के सम्बन्ध में कौन-सा/से कथन सही है/हैं?

(a) वे सैन्य सेवा हेतु क्रय किए गए विशेष दास होते थे।

(b) राज्य के कुछ अत्यधिक महत्वपूर्ण राजनीतिक पदों को भरने हेतु उन्हें प्रशिक्षित किया जाता था।

(c) वे दिल्ली के मुसलमानों के विश्वसनीय अधिकारी होते थे।

(d) सभी कथन (a), (b) और (c) सही हैं।

उत्तर (d) **सभी कथन सत्य हैं।**

दिल्ली सल्तनत जैसे विशाल साम्राज्य के एकीकरण के लिए विश्वसनीय राज्यपालों और प्रबंधकों की आवश्यकता थी। अभिजात्य वर्ग और सामंतों वर्गों को राज्यपाल नियुक्त करने के स्थान पर दिल्ली सल्तनत के आरम्भिक शासकों, विशेष रूप से इल्तुतमिश ने सैन्य सेवा हेतु खरीदे गए विशिष्ट दासों का समर्थन किया था। इन्हें फारसी में 'बंदगान' कहा जाता था। उन्हें राज्य में कुछ अति महत्वपूर्ण राजनीतिक पदों हेतु सावधानीपूर्वक प्रशिक्षित किया गया था। चूँकि वे पूर्ण रूप से अपने मालिक के अधीन होते थे, इसलिए सुल्तान उन पर विश्वास कर सकते थे और उन पर निर्भर रह सकते थे।

7. मध्यकालीन भारतीय इतिहास के संदर्भ में, 'तकावी' शब्द क्या संदर्भित करता है?

(a) मुगल सम्राट द्वारा विद्वानों को दिए गए भूमि अनुदान।

(b) अकबर द्वारा मनसबदारों को दिए गए घोड़ों और हाथियों की संख्या।

(c) पश्चिम एशिया के साथ व्यापार करने हेतु सम्राट द्वारा जारी किए गए विशेष फरमान।

(d) खेती में सुधार लाने के लिए मुगल राज्य द्वारा जारी किए गए कृषि ऋण।

उत्तर (d) मुगल राज्य कृषि के विस्तार और सुधार हेतु कृषकों को 'तकावी' नामक ऋण और प्रोत्साहन राशि प्रदान करता था। हालांकि, इसे मोहम्मद बिन तुगलक द्वारा आरम्भ किया गया था। **इसलिए, विकल्प d सही है।**

8. 14वीं शताब्दी में भारत की यात्रा करने वाले मोरक्को के यात्री इब्नबतूता ने उस समय व्याप्त सामान्य परिस्थितियों का वर्णन किया है। इस संदर्भ में, निम्नलिखित कथनों पर विचार कीजिए-

1. मिट्टी इतनी उपजाऊ थी कि प्रति वर्ष दो फसलों का उत्पादन किया जा सकता था।

2. बाजार में गुलाम बेचे जाते थे और उनका उपयोग घरेलू श्रम के लिए किया जाता था।

3. सती प्रथा का उन्मूलन कर दिया गया था।

उपर्युक्त कथनों में से कौन-सा/से सही है/हैं?

(a) केवल 3 (b) केवल 2 और 3

(c) केवल 1 और 2 (d) 1, 2 और 3

उत्तर (c) **कथन 1 सही है।** 14वीं सदी में मोरक्को का यात्री इब्न-ए-बतूता भारत आया और वह आठ वर्ष तक मुहम्मद बिन तुगलक के दरबार में रहा। उसने पूरे भारत की व्यापक रूप से यात्रा की और देश के उत्पादों, सड़कों की दशाओं और लोगों के जीवन का अत्यधिक रोचक विवरण प्रस्तुत किया। उसका कहना था कि मिट्टी इतनी उपजाऊ थी कि प्रति वर्ष दो फसलों का उत्पादन किया जा सकता था।

धान, तिल, गन्ना और कपास उगाए जाते थे, जो अनेक ग्रामोद्योग जैसे कि तेलघानी, रंगाई, गुड़ निर्माण, बुनाई आदि का आधार तैयार करते थे।

कथन 2 सही है। किसी भी अन्य वस्तु की भाँति दासों का भी खुले बाजार में विक्रय होता था और उपहारों के रूप में उनका नियमित रूप से आदान-प्रदान होता था। एक दृष्टान्त मिलता है कि जब इब्न-ए-बतूता सिन्ध पहुँचा तो उसने सुल्तान मुहम्मद बिन तुगलक के लिए उपहार स्वरूप 'घोड़े, ऊँट और दास' क्रय किए। उनका उपयोग सामान्य रूप से घरेलू श्रम के लिए किया जाता था। इब्न-ए-बतूता ने पाया कि पुरुष दासों का उपयोग धनी महिलाओं एवं पुरुषों की पालकियों को ढोने के लिए किया जाता था। दासों की कीमत अति न्यून थी, विशेष रूप से घरेलू श्रम हेतु महिला दासों की।

कथन 3 सही नहीं है। वह अत्यंत भयाक्रांत होकर, महिलाओं द्वारा स्वयं को अपने पति के साथ चिता में जला देने के दृश्य का उल्लेख करता है। उसके अनुसार सती प्रथा का पालन करने के लिए सुल्तान से अनुमति लेनी पड़ती थी।

9. नीचे दो वक्तव्य दिए गए हैं। एक को कथन (A) तथा दूसरे को कारण (R) कहा गया है। इन दोनों वक्तव्यों का उत्तर नीचे दिए हुए कूट की सहायता से चुनिए-

कथन (A) : मोहम्मद बिन तुगलक ने एक नया स्वर्ण सिक्का जारी किया, जो इब्न-ए-बतूता द्वारा दीनार कहलाया गया।

कारण (R) : मोहम्मद बिन तुगलक पश्चिम एशियाई तथा उत्तरी अफ्रीकी देशों के साथ व्यापार में अभिवृद्धि के लिए स्वर्ण सिक्कों की टोकन मुद्रा जारी करना चाहता था।

कूटः

(a) A और R दोनों सही हैं तथा R, A का सही स्पष्टीकरण है।

(b) A और R दोनों सही हैं तथा R, A का सही स्पष्टीकरण नहीं है।

(c) A सही है, परन्तु R गलत है।

(d) A गलत है, परन्तु R सही है।

उत्तर (c) मोहम्मद बिन तुगलक ने अपने कार्यकाल में मुद्रा के विभिन्न प्रयोग किए थे। इन्होंने चीन के कुबलई खाँ और ईरान के गैखातु खाँ से प्रेरणा प्राप्त कर काँसे की मुद्रा का प्रचलन प्रारम्भ किया। इन्हीं प्रयोगों के दौरान इन्होंने स्वर्ण के सिक्कों को भी जारी किया। इब्नबतूता द्वारा इन्हीं स्वर्ण सिक्कों को दीनार की संज्ञा दी गयी थी। मोहम्मद बिन तुगलक अपनी सैन्य शक्ति में वृद्धि के लिए स्वर्ण सिक्कों की टोकन मुद्रा जारी करना चाहता था। इन्होंने खुरासान अभियान एवं कराचिल अभियान के लिए सैनिकों की भर्ती एवं उनके नकद वेतन एवं अन्य सुविधाएं देने के लिए स्वर्ण सिक्कों की टोकन मुद्रा को जारी किया था। खुरासान अभियान के तहत इन्होंने तीन लाख सत्तर हजार सैनिकों की एक नई सेना का गठन किया था एवं उन्हें एक वर्ष का अग्रिम वेतन दिया था। हालांकि मध्य एशिया में राजनैतिक परिवर्तन के कारण यह अभियान अप्रासंगिक हो गया था। नये स्वर्ण सिक्कों को जारी करने का उद्देश्य मोहम्मद बिन तुगलक द्वारा पश्चिम एशियाई तथा

उत्तरी अफ्रीका देशों के साथ व्यापार में अभिवृद्धि का उद्देश्य कदापि नहीं था। अतः कथन A सत्य है एवं कारण R असत्य है। **अतः उत्तर विकल्प (c) होगा।**

10. कथन (A) : मोहम्मद बिन तुगलक दिल्ली छोड़ने के बाद दो वर्षों तक स्वर्ग-द्वारी नामक शिविर में रहा।

कारण (R) : उस समय दिल्ली एक प्रकार के प्लेग से बर्बाद हो गई थी और बहुत से लोग मर गए थे।

उपरोक्त प्रश्न में दो वक्तव्य दिए गए हैं। जिनमें एक को कथन (A) और दूसरे को कारण कारण (R) कहा गया है। इन दोनों वक्तव्यों का सावधानीपूर्वक परीक्षण कर इन प्रश्नों का उत्तर नीचे दिए गए कूट की सहायता से चुनिए-

कूटः

(a) A और R दोनों सही हैं और R, A का सही स्पष्टीकरण है।

(b) A और R दोनों सही हैं और R, A का सही स्पष्टीकरण नहीं है।

(c) A सही है, लेकिन R गलत है।

(d) A गलत है, लेकिन R सही है।

उत्तर (a) 12 वर्षों तक लगातार दुर्भिक्ष के कारण दिल्ली और उसके आस-पास अधिक लोगों के एकत्रित होने से महामारी फैल गयी। अतः मोहम्मद बिन तुगलक ने दिल्ली एवं आस-पास के क्षेत्रों में महामारी फैलने एवं काफी लोगों के मारे जाने के कारण दिल्ली छोड़ दी और ढाई वर्षों तक कन्नौज के निकट गंगा तट पर स्वर्ग-द्वारी नामक शिविर में निवास किया था।

11. निम्नलिखित युग्मों में से कौन-सा सही रूप में सुमेलित है?

(a) दीवान-ए-बंदगान	तुगलक
(b) दीवान-ए-मुस्तखराज	बलबन
(c) दीवान-ए-कोही	अलाउद्दीन खिलजी
(d) दीवान-ए-अर्ज	मुहम्मद बिन तुगलक

उत्तर (a) 1. दीवान-ए-बंदगान - फिरोज तुगलक - दासों से सम्बन्धित

2. दीवान-ए-मुस्तखराज - अलाउद्दीन खिलजी - भू-राजस्व से सम्बन्धित

3. दीवान-ए-कोही - मुहम्मद बिन तुगलक - कृषि विभाग (दोआब में कृषि सुधार को कार्यान्वित करने के लिए)

4. दीवान-ए-अर्ज - बलबन - सैन्य विभाग

12. ''राजा को अपनी प्रजा से मुक्ति मिली और प्रजा को अपने राजा से।''

किसके निधन पर बदायूँनी ने इस प्रकार टिप्पणी की थी?

(a) बलबन

(b) अलाउद्दीन खिलजी

(c) मोहम्मद बिन तुगलक

(d) फिरोजशाह तुगलक

उत्तर (c) बदायूँनी ने मोहम्मद बिन तुगलक की मृत्यु पर उपरोक्त प्रकार की टिप्पणी की थी। अर्थात् ''राजा को अपनी प्रजा से मुक्ति मिली और प्रजा को अपने राजा से'' बदायूँनी ने उपरोक्त कथन मुहम्मद बिन तुगलक के बारे में इसलिए कहा था, क्योंकि सनकभरी नीतियों से प्रजा को अनेक कष्ट उठाने पड़े। मोहम्मद बिन तुगलक द्वारा 1326 ई० में राजधानी परिवर्तन (दिल्ली से दौलताबाद), 1329-30 में एक अध्यादेश द्वारा मुद्रा परिवर्तन (काँसे की सांकेतिक मुद्रा), दोआब में कर वृद्धि, खुरासान विजय एवं कराचिल विजय की योजना में सारी योजनाएँ असफल सिद्ध हुईं। वस्तुतः मोहम्मद बिन तुगलक के चरित्र में विरोधी गुणों का सम्मिश्रण था, जिससे वह असफल शासक सिद्ध हुआ।

13. इस प्रश्न में दो वक्तव्य हैं, एक को कथन (A) तथा दूसरे को कारण (R) कहा गया है। इन दोनों वक्तव्यों का सावधानीपूर्वक परीक्षण कर इस प्रश्न के उत्तर नीचे दिए हुए कूट की सहायता से चुनिए-

कथन (A) : प्रारम्भ में, तुर्की प्रशासन सैनिक प्रधान था।

कारण (R) : अग्रणी सैनिक नायकों के बीच देश को 'इक्ता' के रूप में खण्ड विभाजित कर दिया गया था।

कूटः

(a) A और R दोनों सही हैं और R,A का सही स्पष्टीकरण है।

(b) A और R दोनों सही हैं और R,A का सही स्पष्टीकरण नहीं है।

(c) A सही है, परन्तु R गलत है।

(d) A गलत है, परन्तु R सही है।

उत्तर (b) A और R दोनों सही हैं और R,A का सही स्पष्टीकरण नहीं है।

14. निम्नलिखित पर विचार करें-

1. तुगलकाबाद किला

2. लोदी गार्डन

3. कुतुबमीनार

4. फतेहपुर-सीकरी

सही कालानुक्रम, जिसमें निर्माण हुआ है-

(a) 3, 1, 4, 2 (b) 3, 1, 2, 4

(c) 1, 3, 2, 4 (d) 1, 3, 4, 2

उत्तर (b) 1. तुगलकाबाद किला- 1414 ई० से 1451 ई० तक ग्यासुद्दीन तुगलक द्वारा

2. लोदी गार्डन - 1451 ई० से 1526 तक - लोदी शासकों द्वारा

3. कुतुबमीनार - 1206 ई० से 1210 तक - कुतुबद्दीन ऐबक द्वारा

4. फतेहपुर-सीकरी - 1569 ई० - अकबर द्वारा

15. सल्तनत काल में 'फवाजिल' का अर्थ था-

(a) अभिजात वर्ग को दिया जाने वाला अतिरिक्त भुगतान

(b) वेतन के बदले में निर्धारित मालगुजारी

(c) इक्तदारों द्वारा सरकारी खजाने में जमा की जाने वाली अतिरिक्त राशि

(d) कृषकों से की जाने वाली गैर कानूनी जबरन वसूली

उत्तर (c) सल्तनतकाल में इक्तदारों द्वारा सरकारी खजाने में जमा की जाने वाली अतिरिक्त राशि को 'फवाजिल' कहा जाता था अर्थात् यह अधिशेष भू-राजस्व था।

16. निम्न वक्तव्यों पर विचार कीजिए-

कथन (A) : मुहम्मद तुगलक की प्रतीक मुद्रा (Token Money) योजना असफल सिद्ध हुई।

कारण (R) : मुहम्मद तुगलक का मुद्रा निर्गमन पर उचित नियंत्रण नहीं था।

सही उत्तर का चयन नीचे दिए गए कूट से कीजिए-

कूट :

(a) A तथा R दोनों सही हैं और R, A की सही व्याख्या है।

(b) A तथा R दोनों सही हैं, परन्तु R, A की सही व्याख्या नहीं है।

(c) A सही है, किन्तु R गलत है।

(d) A गलत है, किन्तु R सही है।

उत्तर (a) अलबरूनी, मुहम्मद बिन तुगलक की पाँच मुख्य योजनाओं का प्रमुख रूप से उल्लेख करता है, जिसमें सांकेतिक मुद्रा जारी करना भी है। मुहम्मद बिन तुगलक ने चीन के 'कुबलई खाँ' और ईरान के 'गैखातु खाँ' से प्रेरणा प्राप्त कर काँसे की मुद्रा का प्रचलन प्रारम्भ किया, किन्तु नकली मुद्रा बाजार को नियंत्रित नहीं करने के कारण यह प्रयोग भी असफल रहा। इसके कारण हर घर टकसाल में परिवर्तित हो

गया और लोग अपने सिक्के बनाने लगे। लोग अपने घरों के ताँबे और काँसे के बर्तनों से सांकेतिक सिक्के निर्मित कर बदले में सुल्तान के खजाने से सोने के सिक्के प्राप्त करने लगे। फलतः सांकेतिक मुद्रा का प्रचलन बन्द करना पड़ा। अतः **कथन A एवं कारण R दोनों सही हैं एवं कारण R, A कथन A की सही व्याख्या** भी करता है, **अतः उत्तर विकल्प (a) होगा।**

17. सूची-I को सूची-II से सुमेलित करें तथा नीचे दिए गए कूट से सही उत्तर चुनिए–

सूची I

A. जियाउद्दीन बरनी
B. हसन निजामी
C. मिनहाज-उस-सिराज
D. याहया-बिन-अहमद

सूची II

1. तारीख-ए-मुबारकशाही
2. तबकाते नासिरी
3. तारीख-ए-फिरोजशाही
4. ताजुल मासिर

कूट :

	A	B	C	D
(a)	1	2	3	4
(b)	3	1	2	4
(c)	1	3	4	2
(d)	3	4	2	1

उत्तर (d) निम्नलिखित सुमेल इस प्रकार हैं–
जियाउद्दीन बरनी — तारीख-ए-फिरोजशाही
हसन निजामी — ताजुल मासिर
मिनहाज-उस-सिराज — तबकात-ए-नासिरी
याहया-बिन-अहमद — तारीख-ए-मुबारकशाही

18. निम्नलिखित वक्तव्यों पर विचार कीजिए-

कथन (A) : अलाउद्दीन के दक्षिणी अभियान धन प्राप्ति के अभियान थे।

कारण (R) : वह दक्षिणी राज्यों को कब्जे में करना चाहता था।

कूट :

(a) A और R दोनों सही हैं तथा R, A की सही व्याख्या करता है।
(b) A और R दोनों सही हैं, परन्तु R, A की सही व्याख्या नहीं करता है।।
(c) A सही है, परन्तु R गलत है।
(d) A गलत है, परन्तु R सही है।

उत्तर (c) अलाउद्दीन के दक्षिणी अभियान धन प्राप्ति के अभियान थे। वह इन दक्षिणी राज्यों को अपने राज्य में मिलाने का इच्छुक नहीं था। वह इन विभिन्न राज्यों से उपहार तथा कर लेकर ही सन्तुष्ट हो जाता था।

19. "शर्ब" कर लगाया जाता था–

(a) व्यापार पर
(b) सिंचाई पर
(c) गैर-मुसलमानों पर
(d) उद्योग पर

उत्तर (b) 'हक-ए-शर्ब' कर था, जिसे सिंचाई सुविधा प्राप्त करने वाले किसानों से वसूला जाता था। इसे फिरोज तुगलक ने प्रारम्भ किया था।

20. निम्नलिखित को कालाक्रमानुसार व्यवस्थित करें एवं सही उत्तर नीचे दिए गये कूट से चुनिए–

1. अहिल्याबाई **2. दुर्गावती**
3. पद्मिनी **4. ताराबाई**

कूट :

(a) 1, 2, 3, 4 (b) 2, 3, 1, 4
(c) 3, 2, 4, 1 (d) 4, 3, 2, 1

उत्तर (c) पद्मिनी–मेवाड़ के शासक राजा रतन सिंह की पत्नी थी। जायसी के 'पद्मावत्' ग्रंथ के अनुसार अलाउद्दीन खिलजी ने पद्मिनी को प्राप्त करने के लिए ही 1303 ई० में मेवाड़ पर आक्रमण किया।

ताराबाई–मराठा शासक राजाराम की पत्नी थी, जिसने 1700 ई० में राजाराम की मृत्यु के बाद मराठा साम्राज्य सम्भाला।

दुर्गावती–चन्देलवंशी, गोण्डवाना की शासिका थी, जिसे 1564 ई० में अकबर ने हराया।

अहिल्याबाई–इन्दौर की होल्कर वंशी, जिसने 1766 ई० में प्रशासन का कार्य सम्भाला।

21. "जब उसने राजत्व प्राप्त किया तो वह शरीयत के नियमों और आदेशों से पूर्णतया स्वतन्त्र था।" बरनी ने यह कथन किस सुल्तान के लिए कहा?

(a) इल्तुतमिश
(b) बलबन
(c) अलाउद्दीन ख़िलजी
(d) मोहम्मद तुगलक

उत्तर (c) बरनी ने यह कथन अलाउद्दीन खिलजी के लिए कहा है। यद्यपि अलाउद्दीन ने खलीफा की सत्ता को मान्यता प्रदान करते हुए 'यामिन-उल-खिलाफत-नासिरी-अमीर-उल-मोमिनीन' की उपाधि ग्रहण की, किन्तु उसने खलीफा से अपने पद की स्वीकृति लेना आवश्यक न समझा। उलेमा वर्ग को भी उसने राज्यकार्य में हस्तक्षेप नहीं करने दिया। उसने शासन में इस्लाम के सिद्धान्तों को प्रमुखता न देकर राज्यहित को सर्वोपरि माना।

22. बलबन के संदर्भ में निम्नलिखित कथनों पर विचार कीजिए-

1. उसने ऐसे लोगों को महत्वपूर्ण पदों पर नियुक्त किया, जो कुलीन परिवारों से सम्बन्धित नहीं थे।

2. उसने सशक्त केन्द्रीकृत सरकार और सेना की स्थापना की।

उपर्युक्त कथनों में से कौन-सा/से सही है/हैं?

(a) केवल 1
(b) केवल 2
(c) 1 और 2 दोनों
(d) न तो 1, न ही 2

उत्तर (b) बलबन का मानना था कि शक्ति और प्रतिष्ठा केवल संभ्रान्त परिवारों में जन्म लेने वालों को प्राप्त होनी चाहिए। बलबन सभी अधिकारियों की नियुक्ति की निगरानी करता था और विशेष रूप से उच्च पदों पर केवल कुलीन परिवार के लोगों को नियुक्त करता था। **इसलिए, कथन 1 सही नहीं है।**

बलबन के सिंहासनरूढ़ होने से सशक्त तथा केन्द्रीकृत सरकार का युग आरम्भ हुआ। उसने आंतरिक अशांति से निपटने एवं साथ ही पंजाब में प्रवेश कर चुके एवं दिल्ली सल्तनत के लिए खतरा बने मंगोलों का सामना करने के लिए मजबूत केन्द्रीकृत सेना का भी गठन किया। **इसलिए, कथन 2 सही है।**

23. बलबन के संदर्भ में निम्नलिखित में से कौन-सा/से कथन सही है/हैं?

1. उसने तुर्की अमीरों के बजाय सत्ता के शीर्ष और प्राधिकार के पदों पर भारतीय मुस्लिमों को सम्मिलित करना आरंभ किया।

2. उसने यह दर्शाने के लिए अमीर उसके बराबर नहीं हैं, सिजदा और पैबोस की प्रथा का प्रचलन किया।

नीचे दिए गए कूट का प्रयोग कर सही उत्तर चुनिए-

(a) केवल 1
(b) केवल 2
(c) 1 और 2 दोनों
(d) न तो 1, न ही 2

उत्तर (b) **कथन 1 सही नहीं है** क्योंकि बलबन तुर्कों की श्रेष्ठता का समर्थक था और उसने भारतीयों को सभी शीर्ष पदों से दूर रखा।

कथन 2 सही है क्योंकि वह प्रदर्शित करना चाहता था कि राजा प्रधान होता है। सिजदा और पैबोस प्रथा का अर्थ दण्डवत प्रणाम एवं सम्राट के चरण-चुम्बन करना होता था।

24. निम्नलिखित में से सल्तनत के किस शासन को उसकी विश्व-स्तरीय बाजार नियंत्रण प्रणाली तथा कृषि-सम्बन्धी नीतियों के लिए जाना जाता था तथा जिसे समकालीन इतिहासकारों द्वारा विश्व के महान विलक्षणताओं में से एक समझा गया था?

(a) इल्तुतमिश
(b) शेरशाह सूरी
(c) अलाउद्दीन खिलजी
(d) फिरोज तुगलक

उत्तर (c) अलाउद्दीन खिलजी अपनी विश्व-स्तरीय बाजार नियंत्रण तथा कृषि सम्बन्धी नीतियों के लिए विख्यात था। उन नीतियों को समकालीन इतिहासकारों के द्वारा महान आश्चर्य के रूप में स्मरण किया जाता था। बाजार पर नियंत्रण करने के लिए उसने तीन बाजारों की स्थापना की, जिनमें से एक खाद्यान्न, दूसरा कपड़ों तथा तीसरा दासों तथा पशु-धन के लिए था। सभी चीजों के अभिलेख को लिखित रूप में दर्ज किया जाता था तथा व्यापारियों को पूरी कठोरता से विनियमित किया जाता था।

25. अलाउद्दीन खिलजी की बाजार नियंत्रण नीति के संदर्भ में, निम्नलिखित कथनों पर विचार कीजिए–

1. उसने गोदाम स्थापित किए और उनमें केवल अकाल के दौरान उपयोग करने हेतु खाद्यान्नों का भंडारण करवाया।

2. उसने सेना के लिए उचित आपूर्ति सुनिश्चित करने हेतु घोड़ों की कीमतों को नियंत्रित किया।

उपर्युक्त कथनों में से कौन-सा/से सही है/हैं?

(a) केवल 1
(b) केवल 2
(c) 1 और 2 दोनों
(d) न तो 1, न ही 2

उत्तर (b) अलाउद्दीन खिलजी द्वारा चीनी, खाद्यान्न, खाद्य तेल आदि वस्तुओं की कीमतों को नियंत्रित करने का प्रयास किया गया था। उसने जमाखोरी पर रोक लगाई और सस्ते मूल्य पर खाद्यान्न की आपूर्ति सुनिश्चित की। राज्य प्रबंधन द्वारा गोदाम स्थापित किए गए और उनमें खाद्यान्नों का भण्डारण किया गया, जिन्हें अकाल के दौरान या खाद्यान्नों की कमी का संकट उपस्थित होने पर जारी किया जाता था। **इसलिए, कथन 1 सही नहीं है।**

अलाउद्दीन खिलजी ने घोड़ों की कीमतें नियंत्रित की। ऐसा इसलिए किया गया था, क्योंकि उचित मूल्य पर अच्छे घोड़ों की आपूर्ति के बिना सेना की कार्यक्षमता को नहीं बनाये रखा जा सकता था। अच्छी गुणवत्ता के घोड़ों की बिक्री केवल राज्य को ही जा सकती थी। अलाउद्दीन द्वारा नियत की गई प्रथम श्रेणी के घोड़े की कीमत 100 से 120 टका थी, जबकि सेना के लिए अनुपयुक्त टट्टू का मूल्य 10 से 20 टका था। **इसलिए, कथन 2 सही है।**

26. दिल्ली-सल्तनतकालीन प्रशासन के संदर्भ में, निम्नलिखित युग्मों पर विचार कीजिए–

विभाग	क्षेत्र
1. दीवान-ए-रिसालत:	धार्मिक मामले
2. दीवान-ए-अर्ज	: सेना
3. दीवान-ए-इंशा	: शाही पत्राचार

उपर्युक्त युग्मों में से कौन-सा/से सही सुमेलित है/हैं?

(a) केवल 1 और 2
(b) केवल 2
(c) केवल 3
(d) 1, 2 और 3

उत्तर (d) दीवान-ए-रिसालत : यह प्रमुख काजी के नेतृत्व में धार्मिक मामलों का विभाग था। **इसलिए, युग्म 1 सही सुमेलित है।**

दीवान-ए-अर्ज : आरिज-ए-मुमालिक के नेतृत्व में सैन्य विभाग। **इसलिए, युग्म 2 सही सुमेलित है।**

दीवान-ए-इंशा : दबिर-ए-इंशा के अंतर्गत शाही पत्राचार विभाग। **इसलिए युग्म 3 सही सुमेलित है।**

27. 13वीं सदी में मंगोलों के सम्बन्ध में निम्नलिखित में से कौन-सा/से कथन सही है/हैं?

1. मंगोल सम्राट चंगेज खान ने बलबन की सेना के भय से सिन्धु को पार नहीं किया।

2. मंगोल शासक अब्दुल्ला भटिंडा में जलालुद्दीन खिलजी द्वारा पराजित किया गया था।

3. अलाउद्दीन खिलजी के शासनकाल के दौरान मंगोल आक्रमण ने मजबूत सल्तनत सेना की नींव रखी।

नीचे दिए गए कूट का प्रयोग कर सही उत्तर चुनिए-

(a) केवल 1
(b) केवल 1 और 3
(c) केवल 2 और 3
(d) 1, 2 और 3

उत्तर (c) **कथन 1 सही नहीं है,** क्योंकि चंगेज खान 1221 ई. में ख्वारिज्म के शहजादे जलालुद्दीन का पीछा करते हुए इल्तुतमिश के शासनकाल के दौरान सिन्धु तक पहुँच गया था।

कथन 2 सही है, क्योंकि मंगोल शासक हलाकू के पोते अब्दुल्ला ने 1.5 लाख घुड़सवारों के साथ दिल्ली की ओर कूच किया था। भटिंडा में वह जलालुद्दीन खिलजी द्वारा पराजित हुआ।

कथन 3 सही है, क्योंकि अलाउद्दीन खिलजी को दिल्ली के निकट कुतलुग ख्वाजा के अधीन 2 लाख की मजबूत मंगोल सेना का सामना करना पड़ा था। इस घटना ने उसे मजबूत सेना खड़ी करने के लिए विवश किया।

28. निम्नलिखित में से किसने दिल्ली को सल्तनत की राजधानी के रूप में स्थापित किया था?

(a) कुतुबुद्दीन ऐबक
(b) इल्तुतमिश
(c) रजिया
(d) मुइज्जुद्दीन गौरी

उत्तर (b) गुलामवंश का संस्थापक कुतुबुद्दीन ऐबक ने भारत पर अपना शासन लाहौर से किया था। इसके पश्चात् इल्तुतमिश ने दिल्ली को सल्तनत की राजधानी के रूप में स्थापित किया। इल्तुतमिश ने सुल्तान के पद की स्वीकृति खलीफा से प्राप्त कर दिल्ली का पहला मुस्लिम शासक बना।

29. सुल्तान, जिसने बढ़ाकर भू-राजस्व उपज का 50% कर दिया, वह था–

(a) मुहम्मद-बिन-तुगलक
(b) अलाउद्दीन खिलजी
(c) फिरोजशाह तुगलक
(d) बलबन

उत्तर (b) अलाउद्दीन खिलजी पहला मुस्लिम शासक था, जिसने भूमि की वास्तविक आय पर राजस्व निश्चित किया था। अलाउद्दीन खिलजी ने उपज का 50% भूमिकर के रूप में निश्चित किया।

30. किस वंश के सुल्तानों ने सबसे अधिक समय तक देश में राज्य किया?

(a) खिलजी वंश
(b) लोदी वंश
(c) गुलाम वंश
(d) तुगलक वंश

उत्तर (d)

गुलाम वंश का शासनकाल → 1206-1290 ई.
खिलजी वंश का शासनकाल → 1290-1320 ई.
तुगलक वंश का शासनकाल → 1320-1414 ई.
लोदी वंश का शासनकाल → 1450-1526 ई.

❑❑❑

3 विजयनगर एवं बहमनी साम्राज्य

1. विजयनगर साम्राज्य के पतन के पीछे के कारणों के संदर्भ में, निम्नलिखित कथनों पर विचार कीजिए–

1. कृष्णदेवराय की मृत्यु के बाद सामाजिक संरचना में तनाव।

2. सैन्य प्रमुखों के बीच सहयोग में कमी।

3. मुगलों का आक्रमण।

उपर्युक्त कथनों में से कौन-सा/से सही है/हैं?

(a) केवल 1 और 2 (b) केवल 2 और 3

(c) केवल 1 और 3 (d) 1, 2 और 3

उत्तर (a) **कथन 3 गलत है**, क्योंकि उस समय तक मुगलों ने दक्षिण में अपने साम्राज्य का विस्तार नहीं किया था।

1529 ई. में कृष्णदेवराय की मृत्यु के बाद विजयनगर साम्राज्य के भीतर तनाव उत्पन्न होने लगा। उनके उत्तराधिकारियों को विद्रोही नायकों या सैन्य प्रमुखों ने परेशान किया। 1542 ई. तक केन्द्र पर नियंत्रण एक और सत्तारूढ़ वंश के पास स्थानांतरित हो गया, जो आरवीडु वंश था। यह 17वीं सदी के अंत तक सत्ता में बना रहा।

2. विजयनगर साम्राज्य के दौरान 'अमर नायक' अधिकारियों के संदर्भ में निम्नलिखित कथनों पर विचार कीजिए–

1. 'अमर नायक' की पदवी केवल सेनापतियों को ही दी जाती थी।

2. उनका दायित्व किसानों से कर संग्रहण था

3. उन्हें अश्वों तथा हाथियों का अनुबंधित दस्ता रखना होता था।

उपर्युक्त कथनों में से कौन-सा/से सही है/हैं?

(a) केवल 1 और 3 (b) केवल 2

(c) केवल 2 और 3 (d) 1, 2 और 3

उत्तर (d) 'अमर नायक' अधिकारी विजयनगर साम्राज्य का प्रमुख राजनीतिक नवोन्मेष थी। अमर नायक वे सेनापति होते थे, जिन्हें राजा के द्वारा शासन के लिए एक क्षेत्र प्रदान किया जाता था। **इसलिए, कथन 1 सत्य है।** वे किसानों, कारीगरों तथा व्यापारियों से करों तथा अन्य महसूलों की उगाही करते थे। वे अपने कर्मचारियों तथा अश्वों और हाथियों के अनुबंधित दस्ते के रख-रखाव के लिए राजस्व का एक भाग अपने पास रख लेते थे।

17वीं शताब्दी के दौरान, इन नायकों में से बहुतों ने स्वतंत्र राज्यों की स्थापना की। इससे केन्द्रीय साम्राज्य की संरचना में शीघ्रता से ह्रास होने लगा। **इसलिए, कथन 3 सत्य है।**

3. बहमनी साम्राज्य के संदर्भ में, निम्नलिखित कथनों पर विचार कीजिए–

1. बहमनी साम्राज्य की स्थापना विजयनगर साम्राज्य के पतन के पश्चात अलाउद्दीन हसन ने की थी।

2. बहमनी साम्राज्य में प्रशासन का नियंत्रण केवल मुस्लिम अधिकारियों के द्वारा किया जाता था।

3. बहमनी साम्राज्य ने उत्तर तथा दक्षिण में एक सांस्कृतिक कड़ी के रूप में कार्य किया।

उपर्युक्त कथनों में से कौन-सा/से सही है/हैं?

(a) केवल 1 और 2 (b) केवल 1 और 3

(c) केवल 2 और 3 (d) इनमें से कोई नहीं

उत्तर (d) बहमनी राज्य दक्षिण में विजयनगर साम्राज्य का समकालीन था। दोनों ही साम्राज्यों ने दक्षिण पर 14वीं से 16वीं शताब्दी तक शासन किया। **इसलिए, कथन 1 असत्य हैं।**

बहमनी शासक फिरोज शाह बहमनी द्वारा उठाये गए सर्वाधिक अनोखे चरणों में से एक था। प्रशासन में बड़े स्तर पर हिन्दुओं का समावेश था। **इसलिए, कथन 2 असत्य है।**

बहमनी राज्य के अवसान का कारण उन अभिजात दरबारियों के बीच कलह को माना जाता है। जो 15वीं शताब्दी में महमूद गवन की मृत्यु के पश्चात स्वतंत्र हो गए थे तथा जिन्होंने राज्य को पाँच रियासतों : गोलकुण्डा, बीजापुर, अहमदनगर, बरार तथा बीदर में विभाजित कर दिया। 17वीं शताब्दी के दौरान इन रियासतों को मुगल साम्राज्य में मिला लिया गया। **इसलिए, कथन 3 असत्य हैं।**

4. 'दक्कन राज्य के इस शासक को अबला बाबा और जगत गुरु के खिताब दिए गए थे। इनकी संगीत में गहन रुचि थी और इन्होंने विभिन्न रागों पर आधारित गीतों की एक पुस्तक किताब-ए-नौरस की रचना की थी।'

उपर्युक्त परिच्छेद से निम्नलिखित में से किसका सर्वाधिक उचित रूप से वर्णन किया गया है?

(a) अलाउद्दीन इमाद शाह

(b) मुहम्मद कुलीकुतुब शाह

(c) इब्राहिम आदिल शाह द्वितीय

(d) मुराहरि राव

उत्तर (c) भारतीय इतिहास में आदिल शाह वंश के पाँचवें बादशाह इब्राहिम आदिल शाह द्वितीय को 'जगदगुरु' और 'अबलाबाबा' के नाम से जाना जाता है। इन्होंने संगीत के माध्यम से हिन्दू तथा मुसलमानों के बीच सांस्कृतिक सद्भाव बनाने की कोशिश की। वे संगीत के बहुत बड़े प्रेमी थे तथा वाद्य यंत्र बजाया करते थे। इन्होंने विभिन्न रागों पर आधारित गीतों की एक पुस्तक किताब-ए-नौरस की रचना की थी।

5. निम्नलिखित विदेशी यात्रियों में से किसने/किन्होंने विजयनगर साम्राज्य का दौरा किया?

1. इब्न-ए-बतूता 2. फर्नाओ नुनिज

3. दुआर्ते बारबोसा

नीचे दिए गए कूट का प्रयोग कर सही उत्तर चुनिए-

(a) केवल 1 और 2 (b) केवल 1

(c) केवल 2 और 3 (d) 1, 2 और 3

उत्तर (c) विजयनगर साम्राज्य का दौरा करने वाले विदेशी यात्री फर्नाओ नुनिज, डोमिंगो पायस, दुआर्ते बारबोसा, निकोलो कोण्टी थे। ये पुर्तगाली यात्री 16वीं शताब्दी के पूर्वार्ध में भारत आए थे। कोण्टी ने विशेष रूप से लोगों के धार्मिक जीवन के विषय में लिखा है। उसने सेना के बारे में भी लिखा है। बारबोसा ने समृद्ध सामाजिक जीवन के सम्बन्ध में लिखा है एवं डोमिंगो पायस ने विजयनगर के समृद्धशाली शहर का वर्णन किया है।

इब्न-ए-बतूता ने 14वीं शताब्दी के पूर्वार्द्ध में मुहम्मद बिन तुगलक के शासनकाल में भारत का दौरा किया।

6. 'अष्ट दिग्गज' किस राजा से सम्बन्धित थे?

(a) शिवाजी
(b) कृष्णदेव राय
(c) राजेंद्र प्रथम
(d) यशोवर्मन

उत्तर (b) कृष्णदेव राय का शासनकाल साहित्य का क्लासिक युग माना जाता है। अवंतिका जनपद के महान राजा विक्रमादित्य ने नवरत्न रखने की परंपरा शुरू की थी। इसी का अनुसरण कर कृष्णदेव राय ने अपने दरबार में तेलुगु साहित्य के 8 सर्वश्रेष्ठ कवि, जिन्हे 'अष्ट दिग्गज' कहा जाता था को शरण दी। इनके नाम हैं-अल्लसानि, पेदन्ना, बातुमुर्ति, धुर्जटि, नंदी तिम्मन, अच्चलराजु, रामचन्द्र दिंगलीसुन्न तथा मादय्यगरि मल्लन मुदुपल्ककु। अष्ट दिग्गजों की मंत्रिपरिषद् समाज के रक्षण कार्य पर भी दृष्टि रखती थी।

7. विजयनगर साम्राज्य के संदर्भ में निम्नलिखित कथनों पर विचार कीजिए-

1. **इसकी स्थापना कृष्णदेव राय द्वारा दी गयी थी।**
2. **विजयनगर के राजा भगवान विरूपाक्ष की ओर से शासन करने का दावा करते थे।**
3. **मुगल सेना द्वारा हम्पी नगर का विनाश करने के बाद इस साम्राज्य का पतन हो गया।**

उपर्युक्त कथनों में से कौन-सा/से सही नहीं है/हैं?

(a) केवल 1 (b) केवल 2 और 3
(c) केवल 1 और 3 (d) 1, 2 और 3

उत्तर (c) **कथन 1 सही नहीं है।** इसे 1636 ई. में संगम राजवंश के हरिहर प्रथम और उनके भाई बुक्का राय प्रथम द्वारा स्थापित किया गया था। कृष्णदेव राय को विजयनगर साम्राज्य का महानतम सम्राट माना गया है, जिन्होंने 1509 ई. से 1530 ई. तक राज्य किया।

कथन 2 सही है। विजयनगर स्थल का चयन विरूपाक्ष और पम्पादेवी के मंदिरों के अस्तित्व से प्रेरित था। वास्तव में, विजयनगर साम्राज्य के राजा भगवान विरुपाक्ष की ओर से शासन करने का दावा करते थे। सभी राज्यादेश पर आमतौर पर कन्नड़ भाषा में 'श्री विरूपाक्ष' अंकित किए जाते थे।

कथन 3 सही नहीं है। 1565 ई. में विजयनगर के प्रधानमंत्री राम राय ने राक्षसी-तंगड़ी (जिसे तालीकोटा के नाम से भी जाना जाता है) के युद्ध में सेना का नेतृत्व किया, जहाँ बीजापुर, अहमदनगर और गोलकुण्डा की संयुक्त सेनाओं से उसकी सेना की घोर पराजय हुई। विजय प्राप्त करने वाले सेनाओं ने हम्पी नगर को विनष्ट कर दिया। कुछ ही वर्षों में यह नगर पूर्ण रूप से वीरान हो गया। **इसलिए सही उत्तर (c) है।**

8. निम्नलिखित कथनों पर विचार कीजिए-

1. **नरसिम्हा सुलुव ने संगम वंश का अंत किया और उसने राजसिंहासन छीनकर सुलुव वंश का आरम्भ किया।**
2. **वीर नरसिम्हा ने अन्तिम सुलुव शासक को गद्दी से उतारकर राजसिंहासन छीना।**
3. **वीर नरसिम्हा के उत्तरवर्ती उनके अनुज कृष्णदेव राय थे।**
4. **कृष्णदेव राय के उत्तरवर्ती उनके अर्द्ध-भाई अचुत्यदेव राय थे।**

उपरोक्त कथनों में से कौन-से सही हैं?

(a) केवल 1, 2 और 3
(b) केवल 2, 3 और 4
(c) केवल 1 और 4
(d) 1, 2, 3 और 4

उत्तर (d) संगम वंश के अन्तिम शासक विरूपाक्ष को हराकर 1485 ई॰ में नरसिम्हा सुलुव ने सुलुव वंश की स्थापना की, जो 'प्रथम बलापहार' कहलाता है। 1505 ई॰ में वीर नरसिम्हा ने तुलुव वंश की स्थापना अन्तिम सुलुव शासक को गद्दी से उतारकर की। सुलुव वंश से इस तरह सत्ता हथियाने को 'द्वितीय बलापहार' की संज्ञा दी गई। कृष्णदेव राय, वीर नरसिम्हा का छोटा भाई था। विजयनगर के राजसिंहासन पर इसका राज्याभिषेक 8 अगस्त, 1509 को हुआ था। कृष्णदेव राय ने अपने भाई अच्युतदेव राय को अपना उत्तराधिकारी मनोनीत किया। अतः प्रश्न में दिया गया **विकल्प (d) सही है।**

9. नीचे दो वक्तव्य दिए गए हैं, जिनमें से एक को कथन (A) तथा दूसरे को कारण (R) कहा गया है।

कथन (A) : सुलुव नरसिम्हा ने प्राचीन राजवंश को समाप्त कर राजवंशी पदवी ग्रहण की।

कारण (R) : वे राज्य को और अधिक पतन तथा विघटन से बचाना चाहते थे।

कूट :

(a) A और R दोनों सही हैं और R, A की सही व्याख्या है।
(b) A और R दोनों सही हैं और R, A की सही व्याख्या नहीं है।
(c) A सही है, किन्तु R गलत है।
(d) A गलत है, किन्तु R सही है।

उत्तर (a) विजयनगर के शासक सुलुव नरसिम्हा ने संगम वंश के अन्तिम शासक विरूपाक्ष द्वितीय को पदच्युत करके दूसरे राजवंश सुलुव वंश की 1485 ई॰ में स्थापना की। इसने अपने शासन के 6 वर्ष में राज्य में व्याप्त आन्तरिक विद्रोहों को समाप्त करने का प्रयास किया। इसने विजयनगर साम्राज्य को सम्भावित विनाश से बचा लिया।

10. सूची-I को सूची-II से सुमेलित करें तथा नीचे दिए गए कूट से सही उत्तर ज्ञात करें-

सूची I	सूची II
A. आदिलशाही	**1. अहमद नगर**
B. कुतुबशाही	**2. बीजापुर**
C. निजामशाही	**3. गोलकुण्डा**
D. इमादशाही	**4. बरार**

कूट:

	A	B	C	D
(a)	1	2	3	4
(b)	2	3	4	1
(c)	3	4	1	2
(d)	2	3	1	4

उत्तर (d) बहमनी साम्राज्य के पतन के बाद पाँच राज्य अस्तित्व में आए। ये राज्य थे- अहमदनगर, बीजापुर, गोलकुण्डा, बरार एवं बीदर। सन् 1490 ई॰ में युसुफ आदिलशाह ने बीजापुर को स्वतंत्र कर वहाँ आदिलशाही वंश की स्थापना की। मोहम्मद आदिलशाह ने बीजापुर को गोल-गुम्बद का निर्माण कराया था। 1490 ई॰ में मलिक अहमद ने स्वतंत्र अहमदनगर राज्य की स्थापना कर निजामशाही वंश की स्थापना की। 1518 ई॰ में कुली कुतुबशाह द्वारा गोलकुण्डा की स्थापना तथा कुतुबशाही वंश की नींव डाली थी। 1490 ई॰ में 'फुतुल्लाह खाँ इमाद उल-मुल्क' ने बरार में स्वतंत्रता की घोषणा की तथा इमादशाही वंश की स्थापना की। 1574 ई॰ में अहमदनगर ने बरार को अपने राज्य में मिला लिया। सन् 1527 ई॰ में 'अमीर-उल-बरीद' द्वारा बीदर में बरीदशाही वंश की स्थापना की गई। 1619 ई॰ में बीजापुर के आदिलशाही शासकों ने इसे अपने राज्य में मिला लिया।

11. विजयनगर साम्राज्य के संदर्भ में निम्नलिखित कथनों पर विचार कीजिए–

1. हरिहर को हस्तिनावती का सम्राट अभिषिक्त किया गया।

2. देवराय प्रथम ने विजयनगर शहर की योजना बनाई और निर्माण किया।

उपर्युक्त कथनों में से कौन-सा/से सही है/हैं?

(a) केवल 1
(b) केवल 2
(c) 1 और 2 दोनों
(d) न तो 1, न ही 2

उत्तर (a) 1336 ई. में विजयनगर साम्राज्य की स्थापना दक्षिण भारत में मुहम्मद तुगलक की सत्ता के विरुद्ध होने वाले विद्रोह का परिणाम था। इस साम्राज्य की स्थापना हरिहर एवं बुक्का नामक दो भाइयों ने की थी, जो वारंगल में काकतियों के सामंत थे और बाद में कंपिल्य राज्य के मंत्री बने। इन्होंने तुंगभद्रा नदी के दक्षिणी तट पर स्थित अनेगोण्डी के सामने विजयनगर शहर की स्थापना की। अपने इस साहसिक कार्य में हरिहर और बुक्का को अपने गुरु विद्यारण्य तथा वेदों के प्रसिद्ध भाष्यकार सायंण से प्रेरणा मिली। 1336 ई. में स्थापित इस साम्राज्य के प्रथम वंश का नाम पिता के नाम पर संगम पड़ा। 18 अप्रैल, 1836 को भगवान विरूपाक्ष को साक्षी मानकर हरिहर को हस्तिनावती (विजयनगर) का सम्राट अभिषिक्त किया गया।

12. निम्नलिखित में से कहाँ के शासक को, तालिकोटा के युद्ध में विजयनगर के विरुद्ध लड़ने के लिए संघ में शामिल होने हेतु आमंत्रित नहीं किया गया?

(a) अहमदनगर
(b) बरार
(c) बीजापुर
(d) गोलकुण्डा

उत्तर (b) विजयनगर की शक्ति से आशंकित होकर दक्षिण भारत के सल्तनतों ने पुराने भेदभावों को भुलाकर आपस में एकजूट होकर विजयनगर की शक्ति को कुचलने का निश्चय किया। इसके लिए 4 दक्षिणी राज्यों ने एक संघ बनाया–जिसमें बीजापुर, गोलकुण्डा, अहमदनगर तथा बीदर शामिल थे। गोलकुण्डा और बरार के मध्य पारस्परिक शत्रुता के कारण बरार इस संघ में नहीं शामिल था। चारों राज्यों की सम्मिलित सेना ने विजयनगर पर आक्रमण किया और 23 जनवरी, 1565 ई. को तालीकोटा के युद्ध में विजयनगर की सेना को भयंकर पराजय दी। विजयनगर का प्रधानमंत्री रामराय पकड़ा गया तथा अहमदनगर के सुल्तान ने स्वयं अपने हाथों से उसका वध कर दिया। कहा जाता है कि इस संकट के समय में विजयनगर के मुस्लिम सैनिक अपने सहधर्मियों से जा मिले। युद्ध में रामराय का भाई वेंकटाद्रि भी मारा गया। यद्यपि तालिकोटा युद्ध के बाद विजयनगर साम्राज्य एक शताब्दी तक जीवित रहा, किन्तु उसकी वैभव एवं शक्ति नष्ट हो गई।

13. निम्नलिखित में से किसने अब्दुर्रजाक को देवराय द्वितीय के दरबार में राजदूत के रूप में भेजा था?

(a) इराक का सुल्तान अलाउद्दीन
(b) मिस्र का सुल्तान बहमन
(c) खुरासान का सुल्तान शाहरुख
(d) तुर्की का सुल्तान बहजाद

उत्तर (c) खुरासान का सुल्तान मिर्जा शाहरुख के दूत के रूप में फारस का राजदूत अब्दुर्रज्जाक देवराय द्वितीय के शासनकाल में 1443 ई. में विजयनगर की यात्रा पर आया। इसने विजयनगर साम्राज्य में 300 बंदरगाहों का उल्लेख किया है।

14. हरिहर द्वितीय ने अपने एक शिलालेख में बुक्का प्रथम की सैन्य उपलब्धियों का विस्तृत विवरण दिया है।
निम्नलिखित में से यह शिलालेख कौन-सा है?

(a) चलरायपट्टन शिलालेख
(b) विट्गुंटा अभिदान
(c) पेनुगोंडा शिलालेख
(d) कोण्डबींड अभिदान

उत्तर (a) हरिहर प्रथम की मृत्यु के बाद उसका भाई बुक्का गद्दी पर बैठा। उसने एक उदयमान राज्य को शक्तिशाली बनाने और विस्तार करने का कार्य प्रारम्भ किया तथा वेदमार्ग प्रतिष्ठापक की उपाधि धारण की। बुक्का ने मदुरा सल्तनत पर अधिकार कर लिया, जो उसकी एक बड़ी सफलता थी। 1367 ई. में सुल्तान मोहम्मद शाह प्रथम के साथ युद्ध किया और उसके साथ एक समझौता भी किया, जिसके द्वारा कृष्णा–तुंगभद्रा दोआब पर विजयनगर का अधिकार हो गया। उसकी सैन्य उपलब्धियों का विस्तृत विवरण हरिहर द्वितीय के 'चलरायपट्टन शिलालेख' में मिलता है।

15. निम्नलिखित कथनों पर विचार कीजिए–

1. जब अलाउद्दीन बहमन शाह को दक्कन का राजा घोषित किया गया, तब इब्न-ए-बतूता भारत की यात्रा पर था।

2. जब अब्दुर्रज्जाक भारत आया, तब खिज्र खान दिल्ली का सुल्तान था।

उपर्युक्त कथनों में से कौन-सा/से सही है/हैं?

(a) केवल 1
(b) केवल 2
(c) 1 और 2 दोनों
(d) न तो 1, न ही 2

उत्तर (a) दक्कन में अमीरान-ए-सादाह के विद्रोह के परिणामस्वरूप मुहम्मद बिन तुगलक के शासनकाल के अन्तिम दिनों में बहमनी साम्राज्य की स्थापना हुई। इस विद्रोह की सफलता के बाद विद्रोही अमीरों ने इस्माइल मुख को अपने सुल्तान के रूप में चुना, जिसने अलाउद्दीन हसन बहमन शाह (1347-58 ई.) की उपाधि धारण की और गुलबर्गा को अपनी नव-संस्थापित साम्राज्य की राजधानी बनाया। मोरक्को मूल का अफ्रीकी यात्री इब्नबतूता (1333-47 ई.) 1333 ई. में मोहम्मद बिन तुगलक के शासनकाल में भारत आया तथा आठ वर्षों तक यहाँ रहा। उस समय दक्कन में अलाउद्दीन बहमनशाह का शासन था। अब्दुर्रज्जाक (1343-44 ई.) ने देवराय द्वितीय के शासनकाल में विजयनगर की यात्रा की थी। यह एक फारसी यात्री था, जो कालीकट के जमोरीन के यहां शाहरुख का राजदूत बनकर आया था। उस समय दिल्ली सल्तनत का सुल्तान सैय्यद वंश का शाक अलाउद्दीन आलम शाह (1445-50 ई.) था।

16. प्रसिद्ध हजारा मंदिर किसके शासनकाल में बना था?

(a) हरिहर प्रथम
(b) देवराय प्रथम
(c) नरसिंह सालुक
(d) कृष्णदेव राय

उत्तर (d) हजारा मंदिर का निर्माण विजयनगर के महानतम शासक कृष्ण देवराय ने कराया था। संभवत: इसका निर्माण राजपरिवार के प्रयोग के लिए कराया गया था। इस मंदिर का निर्माण विट्ठलस्वामी मंदिर की शैली पर ही किया गया था, जो विजयनगर के सभी मंदिरों में सर्वश्रेष्ठ तथा सर्वोत्तम अलंकृत है। इसमें विष्णु (विठोवा-पंढरपुर के प्रसिद्ध देवता) की प्रतिमा स्थापित है। विट्ठलस्वामी मंदिर का निर्माण भी कृष्णदेव राय के शासनकाल में प्रारम्भ हुआ था।

17. मध्यकालीन भारत के निम्नलिखित राज्यों में से कौन सा, सबसे पहले स्थापित हुआ था?

(a) बहमनी
(b) गोलकुण्डा
(c) जौनपुर
(d) खानदेश

उत्तर (a) दक्कन में अमीरान-ए-सराह के विद्रोह के परिणामस्वरूप मुहम्मद तुगलक के शासन के अन्तिम दिनों में बहमनी साम्राज्य की स्थापना हुई। इसके संस्थापक अलाउद्दीन हसन बहमन शाह था, जिसने 1347 ई. में बहमनी साम्राज्य की नींव डाली तथा गुलबर्गा को अपने नव-संस्थापित साम्राज्य की राजधानी बनाया। इसी प्रकार अन्य स्थापित राज्यों में जौनपुर की स्थापना फिरोज तुगलक 1359 ई. में बंगाल के अपने दूसरे अभियान के दौरान अपने चचेरे भाई जौना खां (मुहम्मद तुगलक) की स्मृति में किया था। जौनपुर में स्वतंत्र शर्की राज्य का संस्थापक मलिक सरवर था। खानदेश में स्वतंत्र मुस्लिम राज्य की स्थापना मलिक रजा फारुकी ने 1399 ई. में की थी, जबकि गोलकुण्डा में कुतुबशाही वंश की स्थापना कुली कुतुब शाह ने 1512 ई. में की थी।

18. भारत की सर्वप्रथम कागज पर लिखी गयी 1223-24 ई. की हस्तलिखित पुस्तक कहाँ से उपलब्ध हुई?

(a) पंजाब
(b) राजस्थान
(c) गुजरात
(d) बंगाल

उत्तर (c) भारत में कागज का प्रचलन तुर्कों ने 13वीं शताब्दी में प्रारम्भ किया। कागज पर लिखी गयी प्रथम हस्तलिखित पुस्तक 1223-24 ई. में गुजरात प्रान्त से प्राप्त हुई है।

19. प्रश्न में दो वक्तव्य हैं। एक को कथन (A) और दूसरे को कारण (R) कहा गया है। इन दोनों वक्तव्यों का सावधानीपूर्वक परीक्षण कर प्रश्न का उत्तर कूट की सहायता से दें।

कथन (A) : ताजुद्दीन फिरोज ने बहमनी राज्य की गद्दी संभालने के बाद हिन्दुओं को ऊँचे पदों पर पदोन्नत किया।

कारण (R) : वे प्रोन्नत हिन्दू विजयनगर के लब्ध प्रतिष्ठित मुखिया थे, जिन्होंने देवराज प्रथम के साथ गम्भीर मतभेद के कारण अपनी निष्ठा परिवर्तित कर बहमनी राज्य के साथ जोड़ दी थी।

कूटः

(a) A और R सही हैं और R, A का सही स्पष्टीकरण है।
(b) A और R सही हैं परन्तु R, A का सही स्पष्टीकरण नहीं है।
(c) A सही है, परन्तु R गलत है।
(d) A गलत है, परन्तु R सही है।

उत्तर (b) ताजुद्दीन फिरोज ने बहमनी राज्य की गद्दी प्राप्त करने के बाद हिन्दुओं को ऊँचे पदों पर प्रोन्नत किया। वे प्रोन्नत हिन्दू विजयनगर के लब्धप्रतिष्ठित मुखिया थे, जिन्होंने देवराज प्रथम के साथ गम्भीर मतभेद के कारण अपनी निष्ठा प्रतिष्ठित कर बहमनी राज्य के साथ जोड़ दी थी। यद्यपि कथन और कारण दोनों सही है, परन्तु कारण कथन की व्याख्या नहीं है।

20. सूची-I (मुद्राएँ) को सूची-II (चलन का प्रमुख क्षेत्र) के साथ सुमेलित कीजिए और सूचियों के नीचे दिए गए कूट का प्रयोग करते हुए सही उत्तर चुनिए–

सूची-I (वंशावली)	सूची-II (बहमनी राज्य के विभाजनोपरांत बनी दक्कन की सल्तनतें)
A. आदिल शाही	1. अहमदनगर
B. बरीद शाही	2. बरार
C. इमाद शाही	3. बीदर
D. निजाम शाही	4. बीजापुर
E. कुतुब शाही	5. गोलकुण्डा

कूट :

	A	B	C	D	E
(a)	3	2	4	1	5
(b)	4	3	2	5	1
(c)	3	2	4	5	1
(d)	4	3	2	1	5

उत्तर (d) बहमनी साम्राज्य के विघटन के पश्चात पाँच स्वतंत्र राज्यों–बीजापुर, गोलकुण्डा, अहमदनगर, बीदर और बरार का उदय हुआ। बीदर में अमीर अली बरीद ने बरीद शाही वंश, बरार के फतह उल्ला इमादुलमुल्क ने इमादशाही वंश, अहमदनगर में मलिक अहमद ने निजाम शाही वंश, गोलकुण्डा में कुतुबशाह ने कुतुबशाही वंश और बीजापुर में युसूफ आदिलशाह ने आदिलशाही वंश की स्थापना की।

21. निम्नलिखित में से किसने 'वरदाम्बिका परिणयम' की रचना की थी?

(a) अल्लासानी पेददना
(b) गंगा देवी
(c) कृष्णदेव राय
(d) तिरूमलाम्बा देवी

उत्तर(d) 'वरदाम्बिका परिणयम' तिरूमलाम्बा देवी द्वारा लिखित रचना है। इसमें विजयनगर के शासक अच्युतदेव राय के वरदम्बिका के साथ परिणय एवं विवाह का अत्यन्त मनोरम वर्णन है।

22. निम्नलिखित में से किस एक वंशावली से विजयनगर साम्राज्य का प्रसिद्ध शासक कृष्णदेव राय सम्बन्धित है?

(a) आरवीडु
(b) संगम
(c) सुलुव
(d) तुलुव

उत्तर (d) कृष्णदेव राय (1509-1529) तुलुव वंश का शासक था। वह विजयनगर साम्राज्य का महानतम शासक था। उन्होंने विजयनगर साम्राज्य को समृद्धि और गौरव के चरमोत्कर्ष तक पहुंचाया। तुलुव वंश की स्थापना वीर नरसिंह ने की थी।

23. निम्नलिखित में से किस एक के शासनकाल में पुर्तगाली यात्री नूनिज ने विजयनगर का भ्रमण किया था?

(a) वीर नरसिम्हा
(b) देव राय-I
(c) अच्युत राय
(d) सदाशिव राय

उत्तर (c) अच्युत राय विजयनगर के प्रसिद्ध शासक कृष्णदेवराय (तुलुव वंश) का अनुज था। कृष्णदेव राय ने अपने जीवन की सांध्य बेला पर इसे ही अपना उत्तराधिकारी बना दिया था। इसका शासनकाल 1529 ई. से 1542 ई. तक था। अच्युतदेव राय के दरबारी कवि राजनाथ डिंडिम ने उसके व्यक्तित्व एवं कृतित्व पर आधारित 'अच्युतरायाभ्युदय' नामक संस्कृत काव्य की रचना की थी। इसी के शासनकाल में पुर्तगाली घोड़ों के व्यापारी 'नूनिज' ने विजयनगर की यात्रा की। इसने 'क्रानिकल ऑफ फर्नास (फर्नाओ) नूनिज' पुस्तक में विजय नगर साम्राज्य के प्रारम्भ से लेकर अच्युतदेव राय के शासनकाल के अंतिम वर्षों तक का इतिहास प्रस्तुत किया है।

24. निम्नलिखित में से किसने 'मनुचरित' की रचना की, जिसमें विजयनगर साम्राज्य का विस्तृत विवरण मिलता है?

(a) नंदि मिम्माना
(b) कृष्णदेव राय
(c) बातुमूर्ति
(d) अल्लासानी पेद्दना

उत्तर (d) प्रसिद्ध तेलुगु ग्रंथ 'मनुचरित' की रचना अल्लासानि पेद्दना ने की थी। इसे तेलुगु के पंचमहाकाव्यों में से एक माना जाता है। तेलुगु के पाँच महाकाव्य हैं–कृष्णदेव राय रचित

आमुक्त माल्यद, अल्लासानि पेददन कृत मनुचरित, बात्तुमूर्ति रचित वसुचरित, पिंगलि सूरत रचित राघवपाण्डवीयमु तथा तेनाली रामकृष्ण रचित पाण्डुरंगमाहात्यमु है। ध्यातव्य है कि अल्लासानि पेद्दना कृष्णदेव राय के 'अष्टदिग्गज' में सर्वश्रेष्ठ कवि थे। कृष्णदेव राय ने इन्हें 'आन्ध्रकविता पितामह' की उपाधि से नवाजा था। पेद्दन ने अपने ग्रंथ 'मनुचरित' अथवा 'स्वरोचित संभव' की कथा मार्कण्डेय पुराण से ली थी। कृष्णदेव राय इस ग्रंथ से इतना अधिक प्रभावित हुए थे कि उन्होंने एक बार अपने कन्धे से पेद्दना की पालकी ढोयी थी।

25. मंदिरों से सम्बन्धित निम्न लक्षणों पर विचार कीजिए–

(1) गोपुरम

(2) कल्याणमण्डप

(3) अलंकृत स्तंभ व छतें

(4) स्तंभों के नीचे सज्जा

उपर्युक्त में से कौन-से लक्षण विजयनगर के मंदिरों में पाए जाते हैं?

(a) केवल 1, 2 तथा 3

(b) केवल 3 तथा 4

(c) केवल 1, 2 तथा 4

(d) 1, 2, 3 तथा 4

उत्तर (a) विजयनगर के मंदिरों में स्तंभों के नीचे उनकी सज्जा नहीं होती थी। जबकि गोपुरम कल्याण मण्डप तथा अलंकृत स्तंभ व छतें उनकी विशिष्टता है। गोपुरम एक प्रकार का आयताकार भवन होता था–जिसका शिखर ऊपर की ओर चौड़ाई में क्रमश: कम होता जाता है। विजयनगर के मंदिरों की विशेषता है–इनके स्तंभों तथा पायों का विधिवत अलंकरण, स्तंभों तथा स्थूलों को अत्यन्त निपुणता से तराश कर इन पर मनुष्य, देवी-देवताओं तथा पैर-उठाए पशुओं की अत्यन्त रमणीय मूर्तियाँ अंकित की गई हैं।

❑❑❑

4 उत्तर भारत एवं दक्कन के प्रांतीय राजवंश

1. 'उसने गुजरात के सौराष्ट्र और गिरनार क्षेत्र पर शासन किया। उसने द्वारका पर आक्रमण किया, क्योंकि द्वारका के बंदरगाह समुद्री डाकुओं की शरणस्थल बन गए थे। ये डाकू मक्का की तीर्थ-यात्रा पर जाने वाले लोगों को लूटते थे। उसने पुर्तगाली नौसेना शक्ति पर नियंत्रण करने हेतु मिस्र के शासकों के साथ भी गठबंधन किया, लेकिन इसमें उसे सफलता नहीं मिली। उसका दरबारी कवि उदयराज था, जो संस्कृत में रचनाएँ करता था।'
उपर्युक्त परिच्छेद में निम्नलिखित में से किस शासक की पहचान की जा सकती है?

(a) पृथ्वीराज चौहान
(b) महमूद गजनवी
(c) महमूद बेगड़ा
(d) जैनुल आबदीन

उत्तर (c) महमूद बेगड़ा (1459 ईसवी से 1511 ईसवी) गुजरात के सौराष्ट्र और गिरनार क्षेत्र पर शासन करता था। उसने द्वारका पर आक्रमण किया, क्योंकि इसके बंदरगाह समुद्री डाकुओं का शरणस्थल बन गए थे। ये डाकू मक्का की तीर्थ-यात्रा पर जाने वाले यात्रियों को लूटते थे। उसने पुर्तगाली नौसेना शक्ति पर नियंत्रण करने हेतु मिस्र के शासकों के साथ भी गठबंधन किया, लेकिन इसमें उसे सफलता नहीं मिली। वह अपनी अत्यधिक भूख के लिए भी प्रसिद्ध था। उसका दरबारी कवि उदयराज था, जिसने संस्कृत में कविताएँ लिखीं। **इसलिए, विकल्प c सही है।**

2. निम्नलिखित शासकों में से कौन बंगाल के महान वैष्णव संत चैतन्य का समकालीन था?

(a) शम्सुद्दीन इलियास शाह
(b) सिकंदर शाह
(c) गियासुद्दीन आजम शाह हुसैन शाह
(d) अलाउद्दीन हुसैन शाह

उत्तर (d) अलाउद्दीन हुसैन शाह (1493-1519 ई.) ने बंगाल में हुसैनशाही वंश की नींव डाली। वह इस वंश का प्रमुख शासक था। उसने अपनी राजधानी पाण्डुआ से गौड़ (एकादला) स्थापित की। अलाउद्दीन हुसैनशाह एक धर्म निरपेक्ष शासक था तथा बंगाल के महान वैष्णव संत चैतन्य महाप्रभु का समकालीन था। उसने सत्यपरि नामक आन्दोलन की शुरूआत की जो एक सूफी आन्दोलन था। उसका काल शान्ति और समृद्धि का काल था। हिन्दुओं का उसे इस सीमा तक सम्मान प्राप्त था कि उसे 'कृष्ण का अवतार', 'नृपति तिलक' और 'जगत भूषण' की उपाधि प्रदान की गयी।

3. राजधानी अहमदाबाद का निर्माण अहमद शाह ने निम्नलिखित में से किस पुराने अवस्थल पर किया था?

(a) सारखेज (b) सिद्धपुर
(c) ईडर (d) असावल

उत्तर (d) जफर खां ने मुजफ्फर शाही की उपाधि धारण कर 1407 ई. में गुजरात के स्वतंत्र राज्य की स्थापना की। 1411 ई. में उसकी मृत्यु हो गयी। इसके बाद शिहाबुद्दीन 'अहमदशाह' की उपाधि धारण कर गुजरात का शासक बना। इसे गुजरात राज्य का वास्तविक संस्थापक माना जाता है। अपने शासन के प्रथम वर्ष में इसने असावल के प्राचीन नगर के स्थान पर अपने नाम पर अहमदाबाद नगर की स्थापना की तथा पाटन से गुजरात की राजधानी अहमदाबाद स्थानान्तरित की।

4. श्रीवर ने किस भाषा में 350 पुस्तकों के उद्धरणों की चयनिका संकलित की?

(a) तेलुगु (b) मराठी
(c) संस्कृत (d) कश्मीरी

उत्तर (d) कश्मीर के शासक जैनुल आबिदीन द्वारा संरक्षित दो विद्वानों 'जोनराज एवं श्रीवर' ने कल्हण की 'राजतरंगिणी' का आगे विस्तार किया था। जोनराज ने 'राजतरंगिणी' के द्वितीय भाग की रचना कर उसमें 1458 ई. तक का इतिहास उल्लिखित किया। श्रीवर संस्कृत का विद्वान था, जिसने राजतरंगिणी के तृतीय भाग की रचना की तथा जोनराज के कार्यों को आगे बढ़ाया। श्रीवर ने संस्कृत भाषा में 350 पुस्तकों की उद्धरणों की चयनिका संकलित की थी।

5. निम्न में से किस एक राज्य ने कामता के राज्य को, जो 15वीं शताब्दी में पतनोन्मुख था, प्रतिस्थापित किया?

(a) खासी (b) गारो
(c) अहोम (d) कूच बिहार

उत्तर (d) 12वीं शताब्दी के अंत में मुहम्मद बख्तियार खिलजी द्वारा बंगाल की विजय के समय असम में दो महत्वपूर्ण हिन्दू राज्य थे। पश्चिम के क्षेत्र में कामता (फारसी साहित्य में कामरूप) का साम्राज्य तथा दूसरा राज्य असम के उत्तर-पूर्व में अहोम का राज्य था। 13वीं शताब्दी के अंत में कामता राज्य स्वतंत्र हो गया, परन्तु 14वीं शताब्दी में बंगाल के सुल्तानों ने इस पर आक्रमण करके अधिकार कर लिया। समकालीन मुद्रा सम्बन्धी साक्ष्यों से पता चलता है कि बाद में इलियास शाह ने असम पर भी आक्रमण किया था। अंत: बंगाल के शासक सुल्तान हुसैन शाह ने बर्दनी तक कामता के सम्पूर्ण राज्य पर अधिकार कर लिया। कामरूप के नरेश एवं उसके सामंतों के बीच बढ़ते तनाव के कारण कामरूप नरेश को अपने राज्य को दो भागों–'कूच बिहार' और 'कूच हाजो' में विभाजित करने के लिए बाध्य होना पड़ा।

6. निम्न में से कौन-सा एक क्षेत्र 'तारीख-ए रशीदी' के लेखक मिर्जा हैदर दुगलत द्वारा एक मध्यकालीन सुल्तान के रूप में शासित क्षेत्र था?

(a) बंगाल (b) जौनपुर
(c) कश्मीर (d) बीजापुर

उत्तर (c) 'तारीख-ए-रशीदी' के लेखक मिर्जा हैदर दुगलत बाबर का मौसेरा भाई था। बाबर ने इसकी परवरिश बड़े लाड़-प्यार से की थी। मिर्जा ने 'नाजुकशाह' की उपाधि धारण की। यह एक योग्य सैनिक था तथा उसने कश्मीर पर शासन

किया। योग्यता के बल पर ही 1540 ई. में कश्मीर घाटी पर हमला किया और ग्यारह वर्ष तक हुमायूँ की ओर से केवल नाममात्र के लिए सूबेदार के रूप में कश्मीर पर शासन किया। 'तारीखे-रशीदी' अब्दुल रशीद खाँ बिन अबुल फतह सुल्तान सईद को समर्पित थी। यह किताब मुगलों एवं मध्य एशिया के तुर्कों का इतिहास जानने के लिए अत्यधिक आवश्यक है।

7. कथन (A) : कल्हण की 'राजतरंगिणी' में कश्मीर में रेशम-बुनाई के उल्लेख मिलते हैं।

कारण (R) : रेशम उत्पादन प्राचीन काल से ही कश्मीर में एक सुविकसित प्रथा थी।

कूट :

(a) A और R दोनों सही हैं और R, A का सही स्पष्टीकरण है।

(b) A और R दोनों सही हैं परन्तु R, A का सही स्पष्टीकरण नहीं है।

(c) A सही है, परन्तु R गलत है।

(d) A गलत है, परन्तु R सही है।

उत्तर (a) कल्हण की राजतरंगिणी में कश्मीर के राजवंशों के इतिहास के अतिरिक्त शिल्प एवं उद्योग के बारे में भी महत्वपूर्ण सूचना मिलती है। कश्मीर में रेशम उत्पादन एवं रेशम से बने कपड़ों का उल्लेख राजतरंगिणी में विस्तृत रूप से मिलता है। कश्मीर प्राचीन काल से ही रेशम उत्पादन के लिए विख्यात था। प्राचीन व्यापारी यहाँ से रेशम लेकर पश्चिम के देशों में जाते थे। प्रसिद्ध रेशम मार्ग यहीं से होकर जाता था, जिस पर प्रथम शताब्दी में कुषाणों का अधिकार था। रेशम मार्ग से सम्बन्धित पूर्व कालीन व्यापारिक गतिविधियों का विस्तृत उल्लेख मिलता है। यह मार्ग चीन, भारत तथा पश्चिम के देशों में व्यापार-वाणिज्य में महत्वपूर्ण भूमिका निभाता था।

8. भागवत का बांग्ला भाषा में एक प्रारम्भिक अनुवाद कार्य हुसैन शाह के कालावधि में हुआ। यह अनुवाद कार्य किसने किया?

(a) कवीन्द्र परमेश्वर

(b) मालधर बसु

(c) श्रीकर्ण नंदी

(d) विद्यापति

उत्तर (b) बंगाल के मुस्लिम शासकों ने बांग्ला भाषा के विकास में भी महत्वपूर्ण योगदान दिया था। बंगाल के शासकों में अलाउद्दीन हुसैन शाह का शासनकाल 1493 ई. से 1519 ई. के बीच माना जाता है। इसी के शासनकाल में ही चैतन्य महाप्रभु ने बंगाल एवं उड़ीसा में कृष्ण भक्ति एवं वैष्णव धर्म का मधुर धर्मोपदेश दिया था। अलाउद्दीन हुसैन शाह स्वयं एक महान विद्वान था साथ ही विद्या तथा बंगाली साहित्य का महान संरक्षक था। हिन्दुओं का उसे इस सीमा तक सम्मान प्राप्त था कि उन्होंने हुसैन शाह को 'कृष्ण का अवतार', 'नृपति तिलक' और 'जगत भूषण' जैसी उपाधियाँ प्रदान कर सम्मानित किया था। इसी के शासनकाल में मालधर बसु ने भागवत पुराण का 'श्रीकृष्ण विजय' नाम से बांग्ला में अनुवाद किया था। सुल्तान हुसैन शाह ने मालधर बसु को 'गुणराज खान' तथा उसके पुत्र को 'सत्यराज खाँ की उपाधि से सम्मानित किया।

9. निम्न में से गुजरात के किस शासक को पुर्तगालियों ने धोखे से उस समय डुबो दिया था, जब वह अपने जलयान पर था?

(a) महमूद बेगड़ा

(b) मुहम्मद शाह

(c) बहादुर शाह

(d) हुसैन शाह

उत्तर (c) 1531 ई. में पुर्तगाली गवर्नर नीनू-डी-कुन्हा ने गुजरात के शासनाधीन द्वीप पर आक्रमण किया। इस आक्रमण का बदला लेने के लिए गुजरात के शासक बहादुर शाह ने तुर्की नौसेना की सहायता से पुर्तगाली नौसेना को दीव में पूरी तरह पराजित किया और पुर्तगालियों को क्षतिपूर्ति के लिए बाध्य किया। इसके विपरीत जब बहादुर शाह 1537 ई. में पुर्तगाली गवर्नर नीनू-डी-कुन्हा से भेंट कर रहा था, उसी समय धोखे से उसके सीने में भाला घोंप कर उसे समुद्र में फेंक दिया गया। इसी समय (1535 ई.) हुमायूं ने भी बहादुर शाह पर आक्रमण करके उसे पराजित किया।

10. दक्कन के शासकों द्वारा मध्य काल में 'इस्तवा' उपाय अपनाये गये। इनका क्या अर्थ था?

(a) ब्याज सहित ऋण देना

(b) भू-राजस्व का रियायती मूल्यांकन

(c) सेना के विस्तार हेतु लगाये गये उपकर

(d) भू-राजस्व का यथार्थवादी संग्रह

उत्तर (b) दक्कन के शासकों द्वारा समय-समय पर कृषि के विकास एवं विस्तार के अनेक उपाय किए गये। इन्हीं उपायों में एक था-'इस्तवा'। 'इस्तवा' उपाय से तात्पर्य उन बंजर जमीनों से था, जिस पर खेती करना सम्भव नहीं था। इस बंजर जमीनों को तोड़कर जोत के अंतर्गत लाने का कार्य ही 'इस्तवा उपाय' था। इस उपाय द्वारा दक्कन के शासकों ने हजारों एकड़ भूमि को कृषि योग्य बनाया। इन बंजर भूमियों को कृषि योग्य बनाने के लिए सरकार द्वारा भू-राजस्व का एक न्यून मात्रा निर्धारित किया जाता था, जिससे अधिक-से-अधिक बंजर भूमि को कृषि योग्य बनाया जा सके। प्रारम्भ में ऐसी भूमि पर उपज का एक छोटा भाग ही लिया जाता था।

11. 'प्रत्येक अवस्था में मृत्यु उसका वरण (बालिका का) करने के लिए प्रस्तुत है उषा काल में पोरस के माध्यम से पकी हुई आयु में अग्नि ज्वाला के माध्यम से, निम्न में से किस इतिहासकार द्वारा राजपूत महिलाओं के प्रति यह कथन दिया गया है?

(a) क्रुक (b) उत्बी

(c) अलबरूनी (d) टाड

उत्तर (d) कर्नल टाड राजपूत कालीन प्रसिद्ध इतिहासकार हैं। राजपूत महिलाओं के प्रति यह उक्त कथन उन्होंने अपनी पुस्तक 'राजपूताना का इतिहास' में दिया है।

12. कश्मीर के जैनुल आबिदीन के आदेश पर 'महाभारत' तथा 'राजतरंगिणी' का किस भाषा में अनुवाद किया गया था?

(a) उर्दू (b) फारसी

(c) पश्तू (d) अरबी

उत्तर (b) कश्मीर का महान शासक जैनुल आबिदीन (1420-70 ई.) एक कलाप्रेमी एवं विद्वान शासक था। उसे संगीत, नृत्य और ललित कलाओं से अतिशय प्रेम था। वह हिन्दुओं एवं मुसलमानों दोनों के त्योहारों में भाग लेता था। वह काश्मीरी, संस्कृत, फारसी और अरबी का विद्वान था। उसने जजिया कर को समाप्त कर दिया तथा गो-हत्या निषेध कर दिया था। उसने संस्कृत ग्रंथों का फारसी में और फारसी ग्रंथों का संस्कृत में अनुवाद कराने के लिए अनुवाद विभाग की स्थापना की थी। 'महाभारत' तथा कल्हण की 'राजतरंगिणी' की फारसी में अनुदित ग्रंथ उसकी दो महान उपलब्धियाँ है। इसी के काल में जोनराज ने 'राजतरंगिणी' के द्वितीय भाग की रचना की थी। उसे 'कश्मीर का अकबर' कहा जाता था।

13. निम्न को सुमेलित कीजिए-

A. कुतुबमीनार	**1. राणा कुम्भा**
B. कीर्ति स्तम्भ	**2. इल्तुतमिश**
C. फतेहपुर सीकरी	**3. अकबर**
D. अदीना मस्जिद	**4. सिकंदर शाह**

	A	B	C	D
(a)	3	2	1	4
(b)	2	1	3	4
(c)	4	3	2	1
(d)	1	4	3	2

उत्तर (b) कुतुबमीनार की नींव कुतुबुद्दीन ऐबक ने रखी, किन्तु इसे पूर्ण करवाने का श्रेय इल्तुतमिश को प्राप्त है। कीर्ति स्तंभ या विजय स्तंभ का निर्माण राणा कुम्भा ने 1448 ई. में चित्तौड़ में करवाया। फतेहपुर सीकरी का निर्माण मुगल सम्राट अकबर ने 1472 ई. में प्रारम्भ करवाया था। पाण्डुआ की अदीना मस्जिद का निर्माण सुल्तान सिकंदर शाह ने 1368 ई. में करवाया था। इस मस्जिद को 'बंगाल का आश्चर्य' कहा जाता है।

14. निम्नलिखित में से कौन जहांगीर के चित्रकार थे?

1. अब्दुस्समद　　2. अबुल हसन

3. आका रजा　　4. मीर सैयद अली

नीचे दिए कूट से सही उत्तर चुनिए-

कूट :

(a) 1 एवं 2　　(b) 2 एवं 3

(c) 3 एवं 4　　(d) 4 एवं 1

उत्तर (b) जहांगीर का काल मुगल चित्रकला के चर्मोत्कर्ष का काल था जहांगीर ने हेरात के प्रसिद्ध चित्रकार 'आका रजा' के नेतृत्व में ओरा में एक चित्रणशाला की स्थापना की। जहांगीर के काल में हस्तलिखित ग्रन्थों की विषय-वस्तु को चित्रकारी के लिए प्रयोग की पद्धति को समाप्त करके उसके स्थान पर छवि-चित्र (व्यक्ति चित्र) प्राकृतिक-दृश्यों एवं व्यक्तियों के जीवन से सम्बन्धित चित्रण की परम्परा की शुरूआत हुई। जहांगीर के काल के प्रमुख चित्रकारों में - फारूख बेग, बिसन दास, उस्ताद मंसूर, दौलत, मनोहर तथा अबुल हसन थे। फारूख बेग जिसने अकबर के समय मुगल-चित्रणशाला में प्रवेश किया था, जहांगीर के समय उसने बीजापुर के सुल्तान आदिलशाह का चित्र बनाया था।

15. कश्मीर का अकबर कौन था?

(a) शाम्सुद्दीन शाह

(b) सिकंदर बुत्शिकान

(c) जैन-उल-आबीदीन

(d) युसुफशाह

उत्तर (c) जैनुल आबीदीन कश्मीर का महानतम सुल्तान था। वह इतना उदार, दयालु एवं उज्जवल विचारों का व्यक्ति था कि उसे 'कश्मीर का अकबर' कहा गया है। इसने अपने पिता सिकंदर (बुतशिकन) के सभी अनैतिक कार्यों को बन्द करवा दिया था। इसने कश्मीर का शासन अपने भाई अलीशाह को पदच्युत करके प्राप्त किया था। इसका शासनकाल (1420-1470 ई.) कश्मीर के इतिहास में एक मील का पत्थर साबित हुआ। जैनुल आबीदीन कश्मीरी तथा फारसी में कविताएँ लिखता था। उसने 'शिकायतनामा' नामक ग्रंथ की रचना की थी। इसकी उदार नीतियों के कारण इसे 'कश्मीर का अकबर' तथा मूल्य नियंत्रण व्यवस्था के कारण 'कश्मीर का अलाउद्दीन खिलजी' कहा जाता है।

❑❑❑

5 भक्ति एवं सूफी आंदोलन

1. भारत में सूफी आंदोलन के नक्शबंदी शाखा या संप्रदाय के संदर्भ में, निम्नलिखित कथनों पर विचार कीजिए–
   1. यह संप्रदाय ईश्वर और उसके द्वारा सृजित प्राणियों की एकता की अवधारणा को प्रतिपादित करता था।
   2. इस संप्रदाय में धार्मिक समारोहों में संगीत के प्रयोग और सूफी संतों के दरगाहों के दर्शन का विरोध किया।

   उपर्युक्त कथनों में से कौन-सा/से सही है/हैं?
   (a) केवल 1
   (b) केवल 2
   (c) 1 और 2 दोनों
   (d) न तो 1, न ही 2

उत्तर (b) सूफियों का नक्शबंदी संप्रदाय एक रूढ़िवादी और पुनरुत्थानवादी आंदोलन था, जो ईश्वर और उसके द्वारा सृजित प्राणियों की एकता की अवधारणा का विरोध करता था। **इसलिए, कथन 1 गलत है।**

यह संप्रदाय उन सभी प्रथाओं का भी विरोध करता था, जो हिन्दू धर्म के प्रभाव के कारण थे, जैसे–धार्मिक समारोहों में संगीत का प्रयोग, अत्यधिक ध्यान, सूफी संतों के कब्रों का दर्शन करना आदि। **इसलिए, कथन 2 सही है।**

2. भक्ति संस्कृति का भारत में पुनर्जन्म हुआ–
   (a) वैदिक काल में
   (b) दसवीं शताब्दी ईस्वी में
   (c) बारहवीं शताब्दी ईस्वी में
   (d) पंद्रहवीं और सोलहवीं शताब्दी ईस्वी में

उत्तर (d) भक्ति संस्कृति गीता की देन है, जिसमें ईश्वर के प्रति सम्पूर्ण समर्पण की बात कही गई है। गीता में हमें कर्मयोग एवं भक्तियोग का सुंदर समन्वय देखने को मिलता है। परन्तु भक्ति संस्कृति या भक्ति आंदोलन का पुनर्जन्म पंद्रहवीं एवं सोलहवीं सदी में हुआ, जब कबीर, नानक, सूर, तुलसी, चैतन्य एवं मीरा ने जन्म लेकर भक्ति आंदोलन का व्यापक प्रसार किया। कबीर सिकंदर लोदी के समकालीन थे।

3. कबीर के संदर्भ में, निम्नलिखित कथनों पर विचार कीजिए–
   1. वह एकेश्वरवादी धर्म व्यवस्था में विश्वास रखते थे।
   2. उन्होंने वर्णाश्रम के उन्मूलन का पक्ष लिया।
   3. उन्होंने अपनी शिक्षाओं में इस्लाम के कुछ सिद्धांतों का समावेश किया।
   4. कबीर के भजनों तथा कविताओं के एक संग्रह वाणी के माध्यम से कबीर के दर्शन की झलक मिलती है।

   उपर्युक्त कथनों में से कौन-सा/से सही है/हैं?
   (a) केवल 1, 2 और 3
   (b) केवल 1 और 3
   (c) केवल 2 और 4
   (d) 1, 2, 3 और 4

उत्तर (a) कबीर का सम्बन्ध निर्गुण भक्ति धारा से था। कबीर ने अनिवार्यत: एकेश्वरवादी धार्मिक पंथ का उपदेश दिया, जिसमें वर्णाश्रम के उन्मूलन पर बल दिया गया था तथा वेदों एवं अन्य पवित्र ग्रंथों की श्रेष्ठता एवं सत्ता के विषय में सवाल खड़े किए गए।

कबीर विचारधारा इस विषय पर बल देती है कि इस्लाम को समझा जाना चाहिए तथा इनकी प्रकृति इतनी उदार थी कि इसमें इस्लाम के कुछ आधारभूत सिद्धांतों को सम्मिलित करने में कोई कठिनाई नहीं हुई। इसलिए उनके संदर्भ सूफी साहित्य में भी पाए जाते हैं। अबुल फजल ने कबीर को मुवाहहिद (एकेश्वरवादी) कहा है। **इसलिए, कथन 1, 2 तथा 3 सत्य हैं।**

'बीजक' कबीर के दर्शन का प्रामाणिक विवरण है, जबकि 'वाणी' कबीर के द्वारा प्रेरित दादू के भजनों तथा कविताओं का संग्रह है। **इसलिए, कथन 4 असत्य है।**

4. अद्वैतवाद दर्शन के संदर्भ में निम्नलिखित कथनों पर विचार कीजिए-
   1. यह अद्वैत में आस्था रखता था।
   2. इसने भक्ति मार्ग को अस्वीकार कर दिया।
   3. इसमें ज्ञान के द्वारा मुक्ति का निर्वाण में आस्था व्यक्त की गयी थी।

   उपर्युक्त कथनों में से कौन-सा/से सही है/हैं?
   (a) केवल 1 और 2
   (b) केवल 1 और 3
   (c) केवल 2 और 3
   (d) 1, 2 और 3

उत्तर (b) **द्वितीय कथन असत्य है,** क्योंकि शंकर द्वारा प्रतिपादित अद्वैतवाद दर्शन (जिसे अद्वैतवाद का सिद्धांत भी कहा जाता है) में भक्ति मार्ग को अस्वीकार नहीं किया गया है। इसमें भक्त को पहले अपने हृदय का ज्ञानप्राप्ति द्वारा शुद्धिकरण करना होता है, जो केवल वैदिक ग्रंथों के अध्ययन से ही संभव है। दूसरे शब्दों में, शंकर ने वेदों के सच्चे ज्ञान का स्रोत होने की बात कही है।

उनके अनुसार ईश्वर, आत्मा तथा रचित संसार सब एक ही हैं। व्यावहारिक स्तर पर उनके बीच अंतर प्रतीत हो सकता है, किन्तु पारमार्थिक स्तर पर किसी वास्तविक अंतर का अस्तित्व नहीं होता।

यह सिद्धांत उपनिषदों की व्याख्या पर आधारित है। उपनिषदों में शिक्षक तथा विद्यार्थी के बीच वार्तालाप प्रस्तुत किया गया है तथा इसमें मुक्ति के लिए ज्ञान मार्ग की जानकारी को आवश्यक बताया गया है। भक्ति मार्ग को रामानुज के द्वारा स्वीकार किया गया।

5. भारत में सूफी आंदोलन के संदर्भ में निम्नलिखित कथनों पर विचार कीजिए–
   1. बा-शारा परम्परा इस्लामी कानूनों (शारा) का अनुसरण करने के कारण भारत में महत्वपूर्ण स्थान नहीं प्राप्त कर पायी।
   2. चिश्ती तथा सुहरावर्दी सिलसिले बा-शारा परम्परा के अंग थे।

उपर्युक्त कथनों में से कौन-सा/से सही है/हैं?

(a) केवल 1

(b) केवल 2

(c) 1 और 2 दोनों

(d) न तो 1, न ही 2

उत्तर (b) सूफी सिलसिला व्यापक रूप से दो भागों में विभाजित है : बा-शारा, अर्थात् वे लोग जो इस्लामी कानून (शारा) का अनुसरण करते हैं, तथा बे-शारा, अर्थात् वे लोग जो इसे बाध्यकारी नहीं मानते। बा-शारा आन्दोलन में, दो वर्गों को महत्वपूर्ण प्रभाव प्राप्त हैं। ये हैं चिश्ती तथा सुहरावर्दी सिलसिले। चिश्ती तथा सुहरावर्दी सिलसिले जो बा-शारा परम्परा का अनुसरण करते थे, उन्होंने भारत में महत्वपूर्ण वर्चस्व कायम किया। **इसलिए, कथन 1 असत्य है, जबकि कथन 2 सत्य है।**

6. मध्यकालीन भारत में वीरशैव परम्परा के संदर्भ में निम्नलिखित कथनों पर विचार कीजिए–

1. इस आन्दोलन का नेतृत्व बासवन्ना। नामक एक ब्राह्मण के द्वारा किया गया।

2. इस आंदोलन ने शिव की लिंग रूप में पूजा का विरोध किया।

3. इस आंदोलन में विधवा-विवाह को प्रोत्साहन दिया गया।

उपर्युक्त कथनों में से कौन-सा/से सही है/हैं?

(a) केवल 1 और 2

(b) केवल 1 और 3

(c) केवल 3

(d) केवल 2 और 3

उत्तर. (b) 12वीं शताब्दी में कर्नाटक में आरम्भ हुए आंदोलन का नेतृत्व बासवन्ना नामक एक ब्राह्मण ने किया। **इसलिए, कथन 1 सत्य है।**

इस आंदोलन के अनुयायी वीरशैव या लिंगायत कहे जाते हैं। वे शिव की उपासना लिंगावतार के रूप में करते हैं। **इसलिए, कथन 2 असत्य है।**

लिंगायत समुदाय के सदस्यों ने कुछ प्रथाओं को प्रोत्साहित किया, जो धर्मशास्त्र में वर्जित थे, यथा यौवनारम्भ के पश्चात विवाह तथा विधवाओं का पुनर्विवाह। **इसलिए, कथन 3 सत्य है।**

7. प्रसिद्ध भक्ति संत रामानुज के संदर्भ में, निम्नलिखित कथनों पर विचार कीजिए–

1. उन्होंने उपदेश दिया कि मोक्ष के लिए ईश्वर के सम्बन्ध में ज्ञान से अधिक उनकी कृपा महत्वपूर्ण होती है।

2. उन्होंने भक्ति को वेदों की परंपरा से जोड़ने का प्रयास किया।

उपर्युक्त कथनों में से कौन-सा/से सही है/हैं?

(a) केवल 1

(b) केवल 2

(c) 1 और 2 दोनों

(d) न तो 1, न ही 2

उत्तर (c) श्री रामानुज (1017-1137) वैष्णव संप्रदाय के सबसे महत्वपूर्ण दार्शनिक-संत और हिन्दू धर्म के सबसे सक्रिय व्यक्तियों में से एक थे।

रामानुज ने तर्क दिया कि मोक्ष के लिए, ईश्वर के सम्बन्ध में ज्ञान की तुलना में ईश्वर की कृपा अधिक महत्वपूर्ण है।

उनके अनुसार भक्ति का मार्ग जाति से निरपेक्ष है तथा सभी के लिए खुला है और उन्होंने सभी जातियों के शिष्य बनाये।

नयनार और अलवार पुस्तकीय ज्ञान पर अविश्वास करते थे, जबकि रामानुज ने भक्ति को वेदों की परंपरा से जोड़ने का प्रयास किया। इस प्रकार, रामानुज भक्ति पर आधारित लोकप्रिय आंदोलन और वेदों पर आधारित ऊपरी जाति के आंदोलन के बीच सेतु थे।

8. भक्ति आंदोलन के 'वचन' किससे सम्बन्धित हैं?

(a) मीराबाई द्वारा हिन्दी में रचित गीत

(b) कबीर द्वारा अवधी में रचित कविताएँ

(c) बासवन्ना द्वारा कन्नड़ में रचित कविताएँ

(d) आण्डाल द्वारा तमिल में रचित भजन

उत्तर (c) 'वचन', बासवन्ना द्वारा कन्नड़ में रचित कविताएँ हैं।

9. लिंगायत संप्रदाय के संदर्भ में, निम्नलिखित कथनों पर विचार कीजिए–

1. इसका प्रारम्भ भारत के पूर्वोत्तर क्षेत्र में हुआ था।

2. बसवेश्वर द्वारा इसकी स्थापना की गयी थी।

3. इसने प्रचलित जाति व्यवस्था की कठोर प्रथाओं का विरोध किया।

उपर्युक्त कथनों में से कौन-सा/से सही है/हैं?

(a) केवल 1 और 3

(b) केवल 2

(c) केवल 2 और 3

(d) केवल 3

उत्तर (c) **कथन 1 सही नहीं है।** लिंगायतवाद, जिसे वीरशैववाद भी कहा जाता है, 12वीं शताब्दी ईसवी के दौरान कर्नाटक से सुधार आंदोलन के रूप में आरम्भ हुआ था।

कथन 2 और 3 सही हैं। बसवेश्वर (बासवन्ना) लिंगायतवाद के संस्थापक थे। ब्राह्मण होते हुए भी, उन्होंने तत्कालीन प्रचलित जाति व्यवस्था की कठोर प्रथाओं के विरुद्ध विद्रोह किया और अंतत: अपना स्वयं का दर्शन प्रतिपादित किया, जिसके मूल में जातिविहीन समाज था। हालांकि बासवन्ना ने सामाजिक जाति व्यवस्था को अस्वीकार कर दिया, लेकिन कर्म और अवतार का सिद्धांत अपनाए रखा। इसके अतिरिक्त, उन्होंने महिलाओं के साथ अधीनस्थ के रूप में व्यवहार करने की प्रथा अस्वीकार कर दी।

10. अलवारों और नयनारों के संदर्भ में, निम्नलिखित कथनों पर विचार कीजिए–

1. वे अपनी शिक्षाओं का प्रचार करने और भगवान की स्तुति में भजन गाने हेतु तमिल का उपयोग करते थे।

2. वे तत्कालीन हिन्दू समाज में प्रचलित जाति आधारित भेदभाव में विश्वास नहीं करते थे।

3. महिला संतों ने अपना सामाजिक दायित्व त्याग दिया और भक्त बन गयीं।

उपर्युक्त कथनों में से कौन-से सही हैं?

(a) केवल 1 और 2

(b) केवल 2 और 3

(c) केवल 1 और 3

(d) 1, 2 और 3

उत्तर (a) कुछ प्रारम्भिक भक्ति आन्दोलनों का नेतृत्व अलवारों (शाब्दिक रूप से वे जो विष्णु की भक्ति में पूर्णत: मग्न थे) और नयनारों (शाब्दिक रूप से वे लोग जो शिव के भक्त थे) ने किया था। वे अपने ईश्वर की प्रशंसा में

तमिल में भजन गायन करते हुए एक स्थान से दूसरे स्थान की यात्रा करते थे। **इसलिए, कथन 1 सही है।**

इन्होंने दक्षिण की जाति ग्रस्त व्यवस्था के विरुद्ध विद्रोह किया। **इसलिए, कथन 2 सही है।**

अपनी यात्रा के दौरान अलवारों और नयनारों ने कुछ देवस्थानों की अपने चुने हुए देवताओं के निवासस्थल के रूप में पहचान की। भविष्य में सामान्यत: इन पवित्र स्थानों पर विशाल मंदिरों का निर्माण किया गया।

ये स्थान तीर्थयात्रा के केन्द्र के रूप में विकसित हो गए। इन संत-कवियों की रचनाओं का गायन इन धार्मिक स्थलों में मंदिर अनुष्ठानों का भाग बन गया। इसी प्रकार संतों की प्रतिमाओं की उपासना भी होने लगी।

इन परंपराओं की सबसे प्रमुख विशेषता 'आण्डाल' जैसी महिलाओं की उपस्थित थी। 'आण्डाल' महिला अलवार थीं। शिव की भक्त (नयनार) करइक्कल अम्मइयर ने अपना लक्ष्य प्राप्त करने के लिए अति आत्मसंयम का मार्ग अपनाया। इन महिलाओं ने अपने सामाजिक दायित्वों को त्याग दिया, लेकिन वैकल्पिक व्यवस्था में सम्मिलित नहीं हुई या भिक्षुणी नहीं बनीं। **इसलिए, कथन 3 सही नहीं है।**

11. कबीर के संदर्भ में, निम्नलिखित कथनों पर विचार कीजिए–

1. वह एकेश्वरवादी धार्मिक व्यवस्था में विश्वास करते थे।

2. उन्होंने वर्णाश्रम के उन्मूलन का समर्थन किया।

3. उन्होंने अपनी शिक्षाओं में इस्लाम के कुछ सिद्धांतों का समावेश किया।

उपर्युक्त कथनों में से कौन-सा/से सही है/हैं?

(a) केवल 1 और 2
(b) केवल 2 और 3
(c) केवल 3
(d) 1, 2 और 3

उत्तर (d) **सभी कथन सही है।** कबीर भक्ति की निर्गुण परम्परा से सम्बन्धित थे। कबीर ने वर्णाश्रम के उन्मूलन का समर्थन किया एवं वेदों और अन्य धार्मिक पुस्तकों के एकाधिकारों पर संदेह व्यक्त करते हुए, एकेश्वरवादी धार्मिक व्यवस्था का प्रचार किया।

कबीरपंथियों ने इस्लाम को समझने का प्रयास किया तथा पर्याप्त रूप से व्यापक विचारों वाला होने के कारण इन्होंने इस्लाम के बुनियादी सिद्धांतों को भी समाविष्ट किया। इसलिए इनके संदर्भ सूफी साहित्य में भी उपलब्ध हैं। अबुल फजल के अनुसार कबीर एक मुवाहिद (एकेश्वरवादी) थे।

12. दक्षिण भारत की भक्ति परंपरा के संदर्भ में, निम्नलिखित युग्मों पर विचार कीजिए–

1.	**नालायिर दिव्य प्रबंधम**	**:**	**वेद की आलोचना करने वाली लिंगायतों की रचना**
2.	**आण्डाल**	**:**	**वैष्णव महिला संत**
3.	**तेवाराम**	**:**	**संतों द्वारा कविताओं की रचना**

उपर्युक्त कथनों में से कौन-सा/से युग्म सही सुमेलित है/हैं?

(a) केवल 1 (b) केवल 2 और 3
(c) केवल 1 और 3 (d) 1, 2 और 3

उत्तर (b) 'नालायिर दिव्य प्रबंधम' तमिलनाडु के अलवार संतों की रचना है और इसे तमिल वेद के रूप में जाना जाता है। इस प्रकार इस ग्रंथ के अभिकथन संस्कृत के चार वेदों के समान महत्वपूर्ण हैं। **इस प्रकार युग्म 1 सुमेलित नहीं है।**

'आण्डाल' एक प्रमुख अलवार संत (वैष्णव महिला संत) थीं, जिनकी रचनाएँ तमिलनाडु में व्यापक रूप से गाई जाती थीं। **इस प्रकार युग्म 2 सही सुमेलित है।**

अप्पर, संबंदर और सुंदर की कविताओं का संकलन तेवाराम में है, ये 10वीं सदी में संकलित और वर्गीकृत संग्रह हैं। **इस प्रकार युग्म 3 सही ढंग से सुमेलित है।**

13. निम्न-कथनों पर विचार कीजिए–

1. हिन्दू देवी-देवताओं तथा मुस्लिम संतों की प्रशंसा में रचित गीतों का संग्रह 'किताब-ए-नौरस' इब्राहिम आदिल शाह द्वितीय द्वारा लिखा गया था।

2. भारत में कव्वाली के नाम से जानी जाने वाली संगीत शैली के प्रारम्भिक रूप के जनक अमीर खुसरो थे।

इन कथनों में से कौन-सा/से सही है/हैं?

(a) केवल 1
(b) केवल 2
(c) 1 और 2 दोनों
(d) न तो 1, न ही 2

उत्तर (c) इब्राहिम आदिल शाह द्वितीय को 'अबला बाबा' एवं 'गरीबों का मित्र' कहा जाता था। इसने अपनी रचना 'किताब-ए-नौरस' में मुस्लिम संतों और हिन्दू देवी-देवताओं की प्रशंसा की है। भारत में कटवाली (संगीत शैली) का जनक अमीर खुसरो को माना जाता है।

14. भारतीय इतिहास में सूफीवाद के संदर्भ में निम्नलिखित कथनों पर विचार कीजिए–

1. शेख अहमद सरहिन्दी, इब्राहिम लोदी का समकालीन था।

2. शेख नसीरूद्दीन चिराग-ए-देहलवी शेख निजामुद्दीन औलिया का शिष्य था।

3. औरंगजेब शेख सलीम चिश्ती का समकालीन था।

4. भारत में सूफियों की कादिरी पद्धति सबसे पहले शेख नियामतुल्ला और मखदूम मोहम्मद जिलानी द्वारा शुरू की गई।

उपरोक्त में कौन से कथन सही हैं?

(a) केवल 1 और 2
(b) केवल 1 और 3
(c) केवल 2 और 3
(d) केवल 2 और 4

उत्तर (d) शेख अहमद सरहिन्दी नक्शबन्दी सिलसिला के महत्वपूर्ण संत थे। ये अकबर एवं जहाँगीर के समकालीन थे। शेख नसीरूद्दीन चिराग-ए-देहलवी चिश्ती सिलसिला के प्रसिद्ध संत थे, जिन्हें दिल्ली का चिराग (चिराग-ए-देहलवी) कहा जाता था। वह 25 वर्ष की अवस्था में शेख निजामुद्दीन औलिया से मिलने दिल्ली गये और उनके शिष्य बन गये। शेख सलीम चिश्ती, चिश्ती सम्प्रदाय के संत थे एवं ये अकबर के समकालीन थे। इन्हीं के आशीर्वाद से फतेहपुर सीकरी में स्थित इनकी कुटिया में भारमल की बेटी 'मरियम उज्जमानी' के गर्भ से 30 अगस्त, 1569 को जहाँगीर (सलीम) का जन्म हुआ था।

भारत में कादिरी सिलसिला की स्थापना 15वीं शताब्दी में शेख नियामतुल्ला तथा मखदूम मोहम्मद जिलानी द्वारा की गयी थी।

15. नीचे दो वक्तव्य दिए गए हैं। जिनमें से एक को कथन (A) और दूसरे को कारण (R) कहा गया है।

कथन (A) : भारत में सूफियों के चिश्ती धर्मसंघ के प्रवर्तक और सर्वप्रमुख व्यक्ति ख्वाजा मुइनुद्दीन चिश्ती हैं।

कारण (R) : चिश्ती धर्मसंघ ने अपना नाम अजमेर में स्थित ग्राम चिश्त से लिया है।

ऊपर के दोनों वक्तव्यों के संदर्भ में निम्नलिखित में से कौन-सा एक सही है?

कूट :

(a) A और R दोनों सही हैं तथा R, A की सही व्याख्या करता है।

(b) A और R दोनों सही हैं तथा R, A की सही व्याख्या नहीं करता है।

(c) A सही है, परन्तु R गलत है।

(d) A गलत है, परन्तु R सही है।

उत्तर (c) भारत में सूफियों के चिश्ती धर्म के प्रवर्तक और सर्वप्रमुख व्यक्ति ख्वाजा मुइनुद्दीन चिश्ती थे। भारत में सूफी सिलसिला (चिश्ती) का प्रवेश ख्वाजा मुइनुद्दीन चिश्ती के माध्यम से ही हुआ। ये शिहाबुद्दीन गौरी की सेना के साथ 1192 ई॰ में भारत आये थे। **इस प्रकार कथन (A) सत्य है, जबकि कारण (R) गलत है,** क्योंकि इस सम्प्रदाय का नाम अजमेर स्थित ग्राम चिश्त से नहीं लिया गया है बल्कि यह अफगानिस्तान स्थित चिश्त नाम स्थान से लिया गया है जहाँ ख्वाजा अबू इशाक पलायन करके बस गए थे। **अतः उत्तर विकल्प (c) होगा।**

16. सभी भक्ति संतों के मध्य एक समान विशेषता थी कि उन्होंने–

(a) अपनी वाणी को उसी भाषा में लिखा, जिसे उनके भक्त समझते थे

(b) पुरोहित वर्ग की सत्ता को नकारा

(c) स्त्रियों को मंदिर जाने को प्रोत्साहित किया

(d) मूर्तिपूजा को प्रोत्साहित किया

उत्तर (a) भक्ति आंदोलन मुख्यतः निम्न वर्गों के लोगों द्वारा चलाया गया आंदोलन था। इसके संत क्षेत्रीय समुदायों से निकल कर आये थे। ये संत अपनी शिक्षा को जन सामान्य तक पहुँचाने के लिए उन्हीं की भाषा का प्रयोग करते थे। उदाहरण के तौर पर कबीर ने भोजपुरी, अवधी, पंजाबी आदि का, संत ज्ञानेश्वर ने अपने ज्ञान को मराठी भाषा में तथा गुरु नानक देव ने पंजाबी भाषा का प्रयोग किया।

17. भक्ति का रुद्र संप्रदाय निम्नलिखित में से किससे सम्बद्ध है?

(a) रामदास (b) शंकाचार्य

(c) तुलसीदास (d) वल्लभाचार्य

उत्तर (d) भक्ति का रुद्र सम्प्रदाय 'बल्लभाचार्य' (1479-1531 ई.) से सम्बन्धित था। वे जब केवल 13 वर्ष के थे, तभी इन्होंने वेद, पुराण तथा धर्म-शास्त्रों आदि का ज्ञान अर्जित कर लिया था। इनके व्यक्तित्व पर विष्णु स्वामी के 'रुद्र संप्रदाय' का अत्यधिक प्रभाव पड़ा। इन्होंने दक्षिण के विजयनगर राज्य-सभा में शंकराचार्य के अद्वैतवादी सिद्धांतों वेदान्त तथा मायावाद का खण्डन करके ईश्वर भक्ति पर विशेष बल दिया था। वहाँ इनको 'जगतगुरु महाप्रभु श्रीमदाचार्य' की उपाधि से विभूषित किया गया था। तत्पश्चात् यह दक्षिण से उत्तर भारत चले आये। रामानुजाचार्य की भांति इन्होंने देश के विभिन्न भागों का भ्रमण कर अपने पुष्टि मार्ग का प्रचार किया।

18. निम्नलिखित में से शेख निजामुद्दीन औलिया का जन्मस्थान कौन-सा था?

(a) अजमेर (b) बदायूँ

(c) लाहौर (d) मुल्तान

उत्तर (b) शेख निजामुद्दीन औलिया सूफी सिलसिले की चिश्ती शाखा से सम्बद्ध थे। इनके पूर्वज बुखारा के निवासी थे। इनका जन्म 1236 ई. में बदायूं में हुआ था। भारत में चिश्ती सिलसिले को लोकप्रिय बनाने का श्रेय इन्हीं को प्राप्त है। इन्होंने सूफी सिलसिले में योग की प्राणायामी पद्धति और गीत-संगीत (सभा) का प्रचलन किया। इसी कारण इन्हें 'योगीसिद्ध' के नाम से भी जाना जाता है। निजामुद्दीन औलिया ने दिल्ली के सात सुल्तानों का शासनकाल देखा था, परन्तु शाही संरक्षण स्वीकार नहीं किया।

19. निम्नलिखित कथनों पर विचार कीजिए–

1. पृथ्वीराज चौहान ख्वाजा मुईनुद्दीन चिश्ती के समकालीन थे।

2. गयासुद्दीन तुगलक शेख निजामुद्दीन औलिया के समकालीन थे।

उपर्युक्त कथनों में से कौन-सा/से सही है/हैं?

(a) केवल 1

(b) केवल 2

(c) 1 और 2 दोनों

(d) न तो 1, न ही 2

उत्तर (c) भारत में चिश्ती सिलसिले की स्थापना मुईनुद्दीन चिश्ती ने की थी। ये मुहम्मद गौरी की सेना के साथ भारत आए थे। तराइन का प्रथम युद्ध 1191 ई. में पृथ्वीराज चौहान तथा मुहम्मद गौरी के बीच हुआ था। अतः मुईनुद्दीन चिश्ती तथा पृथ्वीराज चौहान समकालीन थे। मुईनुद्दीन चिश्ती ने अजमेर में अपना स्थायी निवास बनाया। अजमेर में ही, 1236 ई. में इनकी मृत्यु हुई। गयासुद्दीन तुगलक शेख निजामुद्दीन औलिया के समकालीन थे। गयासुद्दीन तुगलक को निजामुद्दीन औलिया की लोकप्रियता पसंद नहीं थी। अतः गयासुद्दीन तुगलक ने निजामुद्दीन औलिया को दिल्ली छोड़ने का आदेश दे दिया। तब निजामुद्दीन औलिया दिल्ली से बाहर था। उसका आदेश सुनने पर निजामुद्दीन ने कहा– हनूज दिल्ली दूरस्त अर्थात् दिल्ली अभी दूर है। वह दिल्ली आने से पहले ही संसार से विदा हो गया।

20. सूची-I को सूची-II से सुमेलित कीजिए और सूचियों के नीचे दिए गए कूट का प्रयोग कर सही उत्तर चुनिए–

सूची-I (आध्यात्मिक मत)

A. चिश्ती सिलसिला

B. नक्शबंदी सिलसिला

C. कादिरी सिलसिला

D. सुहरावर्दी सिलसिला

सूची-II (अध्यात्मिक प्रमुख)

1. शेख अहमद सरहिन्दी

2. शेख बहाउद्दीन जकारिया

3. शेख हमीदुद्दीन

4. सैय्यद मखदूम मुहम्मद

कूट :

	A	B	C	D
(a)	1	4	1	2
(b)	1	4	3	2
(c)	3	1	4	2
(d)	1	3	2	4

उत्तर (c) चिश्ती सिलसिला के आध्यात्मिक प्रमुख शेख हमीदुद्दीन थे। शेख अहमद सरहिन्दी नक्शबंदी सूफी सिलसिले से सम्बन्धित थे। वह अकबर तथा जहांगीर के समकालीन थे। उन्होंने वहदत-उज-वजूद अर्थात् ईश्वर के साथ एकत्व के स्थान पर प्रत्यक्षवादी दर्शन वहदत-उल-शुद्द का प्रतिपादन करने के साथ ही स्वयं को मुजतहिन्द-आलिफसानी या इस्लाम के पुनरुद्धारक की उपाधि को ग्रहण किया था। नक्शबंदी सभी सूफी सिलसिलों में अत्यधिक कट्टर सिलसिला था। सैय्यद मखदूम मुहम्मद जिलानी कादिरी सिलसिला के आध्यात्मिक प्रमुख थे। उन्होंने भारत में इस सिलसिले की स्थापना की थी। सुहरावर्दी सिलसिला ईराक (बगदाद) में स्थापित किया गया था, जिसे भारत में शेख बहाउद्दीन जकारिया द्वारा प्रारम्भ किया गया। इस सिलसिले का प्रमुख केन्द्र मुल्तान था।

21. निम्नलिखित में से किस भक्ति संत ने वेदान्तसूत्र की संस्कृत में टीका लिखी?

(a) रामानन्द

(b) तुलसीदास

(c) लल्लेश्वरी

(d) वल्लभाचार्य

उत्तर (d) वल्लभाचार्य का जन्म 1479 ई. में (दक्षिण के एक तेलुगू ब्राह्मण परिवार) वाराणसी में हुआ था। ये वैष्णव सम्प्रदाय के कृष्ण भक्ति शाखा के महान संत थे। उन्होंने बाल्यकाल से ही चारों वेदों, छ: शास्त्रों एवं अट्ठारह पुराणों पर अधिकार कर लिया था। वल्लभाचार्य संस्कृत एवं ब्रज भाषा के कई विद्वतापूर्ण ग्रंथों के प्रणेता थे। इन्होंने संस्कृत में 17 ग्रंथों की रचना की थी जिसमें 'सुबोधिनी' एवं 'सिद्धांत रहस्य' तो बहुत ही विख्यात है। इनके व्यक्तित्व पर विष्णु स्वामी के 'रुद्र सम्प्रदाय' का अत्यधिक प्रभाव पड़ा। इन्होंने दक्षिण में विजयनगर साम्राज्य में शंकराचार्य के अद्वैतवादी सिद्धांतों वेदान्त तथा मायावाद का खण्डन कर ईश्वर भक्ति पर विशेष बल दिया। उनका मत था कि मनुष्य को सांसारिक जीवन में लिप्त नहीं होना चाहिए, अपितु भक्ति द्वारा अपना कल्याण करना चाहिए। इनकी भक्ति का सिद्धान्त यह था कि ईश्वर के अनुग्रह या कृपा से ही भक्ति उत्पन्न होती है और यह अनुग्रह पुष्टि कहलाता है। इसलिए वल्लभाचार्य का भक्तिवाद पुष्टिमार्ग के नाम से प्रसिद्ध हुआ। इन्होंने शंकराचार्य के 'ब्रह्म सत्य जगत मिथ्या' के सिद्धांत का खण्डन कर संस्कृत में टीका लिखी तथा यह प्रमाणित किया कि जीव भी उतना ही सत्य है, जितना ब्रह्म सत्य है। उनके अनुसार सत्य ब्रह्म का जीव एक अंश है। अत: जीव अपने मूल स्रोत की भक्ति के बिना शक्ति नहीं प्राप्त कर सकता है। इस प्रकार वल्लभाचार्य ने शंकराचार्य के निर्गुण ब्रह्म के स्थान पर सगुण ब्रह्म के भक्ति पर विशेष बल दिया।

22. मध्यकालीन भारत में सिकंदर कलंदर कौन थे?

(a) घुमन्तू दरवेश
(b) इस्लामी विधि के उपदेशक
(c) मस्जिदों के रखवाले
(d) मदरसों के रखवाले

उत्तर (a) भारत में सूफियों के कई सम्प्रदाय थे। अबुल फजल ने 'आइने अकबरी' में 14 का उल्लेख किया है। उसमें चिश्ती, सुहरावर्दी, नक्शबंदी, कादिरी, कलंदरिया और सत्तारी सम्प्रदाय प्रमुख थे। कलंदरिया शाखा के सूफी घुमन्तू प्रवृत्ति के थे। इस शाखा के सूफी अपना सिर, दाढ़ी, मूंछ एवं भौंहें मुँडाते थे। यह हिन्दू नागाओं की भाँति अपने हाथ, पैर, कान तथा शरीर के अन्य अंगों में लोहे के छल्ले पहने रहते थे। कलंदरों को खानकाही जीवन अप्रिय था, अत: वे हमेशा घूमते रहते थे। सर्वप्रथम अब्दुल अजीज मक्की के नाम में कलंदर शब्द का प्रयोग मिलता है। साधारणतया ऐसा माना जाता है कि वह सहाब (मुहम्मद साहब के साथियों) में से थे। सूफी परंपरा के अनुसार वह केवल जीवित ही नहीं अपितु इब्राहिम के काल से अब तक जीवित है। भारत में कलंदरिया शाखा का प्रचार सैय्यद नज्मुद्दीन कलंदर ने किया था। ये पूर्व में निजामुद्दीन औलिया के शिष्य थे। इन्होंने इंग्लैंड और मक्का की 42 बार यात्राएं की थी। ऐसा कहा जाता है कि ये 40 साल तक उपवास तथा 30 वर्षों तक समाधि लगाये रहे। नज्मुद्दीन कलंदर के पश्चात् कुतुबुद्दीन कलंदर उनके उत्तराधिकारी हुए। इनको 'सरंदाज' की संज्ञा दी गयी थी, क्योंकि इनका सिर जिक्र (संस्मरण) की अवस्था में गर्दन से अलग हो जाया करता था। यह अंतिम कलंदरी सूफी थे, जो कि 100 वर्षों तक जीवित रहे तथा इनकी मृत्यु 1518 ई. में हुई थी।

23. सूची-I को सूची-II से सुमेलित कीजिए तथा सूचियों के नीचे दिए गए कूट का प्रयोग कर सही उत्तर चुनिए–

सूची-I (पुस्तक)	सूची-II (लेखक)
A. शाल्वभ्युदय	1. उद्दण्ड कवि
B. तंत्रसारसंग्रह	2. आत्रेय रामानुज
C. कोकिलसंदेश	3. माध्वाचार्य
D. न्यायकुलिश	4. राजनाथ

कूट :

	A	B	C	D
(a)	1	2	4	3
(b)	4	3	1	2
(c)	1	3	4	2
(d)	4	2	1	3

उत्तर (b) माध्वाचार्य को 'आनन्दतीर्थ' एवं 'पूर्णप्रज्ञ' के नामों से भी सम्बोधित किया जाता है। इन्होंने शंकराचार्य के अद्वैतवाद तथा रामानुजाचार्य के विशिष्टाद्वैत का खण्डन किया तथा स्पष्ट द्वैतवाद का प्रचार किया। इन्होंने 37 ग्रंथों की रचना की थी। जिसमें ब्रह्मसूत्र भाषा अमुव्याख्यान, गीताभाष्य, तंत्र सार संग्रह, तंत्रसारसंग्रह आदि प्रमुख थे। 'शाल्वभ्युदय' की रचना राजनाथ ने, 'कोकिल संदेश' की रचना उद्दण्ड कवि तथा 'न्यायकुलिश' की रचना आत्रेय रामानुज ने की थी।

24. निम्नलिखित में से किस सूफी संत ने चिन्तामणि भट्ट की शुक-सप्तति का 'तुतीनामा' नामक फारसी कृति में अनुवाद किया?

(a) शेख हमीदुद्दीन नागौरी
(b) शेख फरीदुद्दीन
(c) ख्वाजा जियाउद्दीन नख्शवी
(d) ख्वाजा कुतुबुद्दीन बख्तियार काकी

उत्तर (c) 10वीं सदी में तुर्कों के भारत आगमन के साथ इस देश में एक नयी भाषा अर्थात् 'फारसी' का प्रवेश हुआ। तुर्कों ने आरम्भ से ही इस देश में साहित्य तथा प्रशासन की भाषा के रूप में फारसी को अपनाया। शेख जियाउद्दीन नख्शवी (1350 ई.) पहला व्यक्ति था, जिसने संस्कृत कथाओं का फारसी में अनुवाद किया। जियाउद्दीन नख्शवी ने चिन्तामणि भट्ट द्वारा संस्कृत भाषा में रचित 'शक-सप्तति' का 'तूतीनामा' नाम से फारसी में अनुवाद किया था। ये कथाएँ एक स्त्री को, जिसका पति लम्बी यात्रा पर गया हुआ है, तोते के मुँह से कहलवायी गयी है। 'तूतीनामा' फिरोजशाह तुगलक के काल में लिखी गयी थी, जो बहुत लोकप्रिय हुई। इसका अनुवाद फारसी से तुर्की और यूरोपीय भाषाओं में भी किया गया। जियाउद्दीन नख्शवी ने कामशास्त्र पर प्राचीन भारतीय रचना 'कोकशास्त्र' का फारसी भाषा में अनुवाद किया।

25. निम्न में से भारत में सुहरावर्दी सिलसिला के संस्थापक शेख बहाउद्दीन जकरिया से सम्बन्धित कौन-सा कथन सही नहीं है?

(a) वह आत्म-संताप में विश्वास करते थे।
(b) वह दरिद्रता को आध्यात्मिक जीवन के लिए एक आवश्यक शर्त नहीं मानते थे।
(c) वह अपनी संपत्ति को यह कहकर न्यायसंगत ठहराते थे कि उन्हें इससे दरिद्रों की बेहतर सेवा करने में मदद मिलती थी।
(d) वह समा के सिद्धांत को अस्वीकृत नहीं करते थे।

उत्तर (a) सूफी सम्प्रदायों में चिश्ती सम्प्रदाय के पश्चात सुहरावर्दी सम्प्रदाय को ही विशेष महत्व दिया जाता है। यह सम्प्रदाय मुख्य रूप से उत्तरी-पश्चिमी भारत में स्थापित हुआ था। बगदाद के शेख शिहाबुद्दीन सुहरावर्दी को इस सम्प्रदाय का प्रणेता माना जाता है। इनके शिष्यों में शेख महीमुद्दीन नागौरी और मुल्तान के शेख बहाउद्दीन जकारिया विशेष प्रसिद्ध थे। बहाउद्दीन जकारिया 13वीं सदी के बहुत ही प्रभावशाली सूफी संत थे। चिश्तियों की तरह वे निर्धनता में और शरीर को यातनाएं देने में विश्वास नहीं करते थे। वे एक संतुलित एवं आरामदेह जीवन व्यतीत करते थे। जितनी वे आत्मा एवं बुद्धि की चिंता करते थे, उतना ही ध्यान वे शरीर पर भी देते थे। ये उपवास एवं आत्मदमन में अधिक विश्वास नहीं करते थे। सुहरावर्दी यह विश्वास करते थे कि यदि हृदय निर्मल है तो धन संचय में कोई दोष नहीं होता।

बहाउद्दीन जकारिया को धन संचय से कोई भी चिढ़ न थी। उनके सम्बन्ध में यह कहा जाता है कि वे मध्ययुगीन भारत के सबसे धनी संत थे। इनका मानना था कि राजनीतिक सत्ता से सम्पर्क बनाकर ये अपने कार्यों को और भी उचित ढंग से पूरा कर सकते हैं। इल्तुतमिश ने इन्हें 'शेख-उल-इस्लाम' की उपाधि से सम्मानित किया था।

26. मध्यकालीन भारत का वह कौन संत कवि था, जिसने षड्-दर्शन के मूल्यों को अस्वीकार किया तथा निपख के मार्ग का अनुमोदन किया?

(a) कबीर
(b) मलूकदास
(c) दादू दयाल
(d) रैदास

उत्तर (c) कबीर तथा नानक के साथ निर्गुण भक्ति परंपरा में दादू दयाल का महत्वपूर्ण स्थान है। इनका जन्म अहमदाबाद में हुआ था। कुछ लोग इन्हें ब्राह्मण और कुछ लोग इन्हें निम्न जाति का मानते थे। दादू कबीरपंथी थे। इन्होंने ईश्वर की एकता, गुरु की महिमा तथा हिन्दू-मुस्लिम एकता पर बल दिया था। निपख मार्ग का अनुमोदन दादू ने किया था। उन्होंने एक असाम्प्रदायिक मार्ग (निपख) का उपदेश दिया। दादू धर्मग्रंथों की सत्ता में नहीं बल्कि आत्म ज्ञान के महत्व में विश्वास करते थे। इन्होंने ईश्वर के सम्मुख संसार के सभी स्त्री-पुरुष को भाई-बहनों की भांति माना। दादू के अनेक शिष्यों में सुन्दर दास रज्जब तथा सूरदास प्रमुख थे। रज्जब ने कहा–'जितने मनुष्य हैं, उतने ही अधिक सम्प्रदाय हैं।' दादू की शिक्षा थी–'विनयशील बनो तथा अहम से मुक्त रहो।' कथन–'यह संसार वेद है यह सृष्टि कुरान है।

27. निम्न में से किसने स्त्रियों द्वारा परिवार एवं समाज में निभाई जाने वाली महत्वपूर्ण भूमिका को अपने उपदेशों में पहचान की?

(a) गुरु नानक
(b) संत रविदास
(c) संत ज्ञानेश्वर
(d) संत तुकाराम

उत्तर (a) सिक्ख संत गुरुनानक पुरुष व नारी की समानता में विश्वास करते थे। उन्होंने अपने उपदेशों में स्त्रियों द्वारा निभाई जाने वाली महत्वपूर्ण भूमिका को पहचाना तथा उससे जनसामान्य को परिचित कराया। इसके साथ ही वे मनुष्य के सार्वभौमत्व में विश्वास रखते थे।

28. निम्न में से कौन-सा एक कथन सही नहीं है?

(a) चैतन्य, वल्लभाचार्य के समकालीन थे।
(b) दादू दयाल ने दिवंगत संतों के समाधि स्थलों पर पूजा करने की पद्धति का प्रारम्भ किया था।
(c) तुकाराम, शिवाजी के समकालीन थे।
(d) वल्लभाचार्य द्वारा प्रायश्चित, आत्म संताप एवं संसार त्याग की प्रथाओं का अनुमोदन किया था।

उत्तर (b) प्रसिद्ध निर्गुण संत कबीर के शिष्य दादू दयाल का समय 1554 ई. में 1603 ई. तक माना जाता है। वे मूर्तिपूजा, अवतारवाद, बाह्य आडम्बरों और कब्रों की पूजा के विरोधी थे। उनका कहना था कि अल्लाह और राम में तथा हिन्दू व तुर्क में कोई अन्तर नहीं है। तुकाराम शिवाजी के समकालीन तथा चैतन्य, वल्लभाचार्य के समकालीन थे। चैतन्य को कृष्ण का अवतार माना जाता है, जबकि वल्लभाचार्य ने प्रायश्चित, आत्म-संताप एवं संसार त्याग की प्रथाओं का अनुमोदन किया था।

29. भारत का इस्लामी रहस्यवाद की प्रथम पाठ्य पुस्तक 'कशफ-उल-महजूब' तैयार करने का श्रेय जाता है–

(a) शेख फरीदुद्दीन गंज-ए-शकर
(b) अता मलिक जुवैनी
(c) याह्या मानेरी
(d) अली हुजवीरी

उत्तर (d) मुस्लिम आक्रमणकारियों के साथ-साथ युद्ध स्थलों पर मुस्लिम संत भी जाया करते थे। इसी क्रम में महमूद गजनवी के भारत आक्रमण के पश्चात बहुत से संत एवं दार्शनिकों का भारत में आगमन हुआ। इसमें अली बिन उस्मान अल हुजवीरी का नाम विशेष उल्लेखनीय है। ये गजनी के निवासी थे। इन्होंने भारत में लाहौर को अपना निवास स्थान बनाया था। हुजवीरी ने प्रसिद्ध ग्रंथ 'कशफ-उल-महजूब' की रचना की थी, जिसे इस्लामी रहस्यवाद की प्रथम पाठ्य पुस्तक माना जाता है। भारत आगमन पर ख्वाजा मुइनुद्दीन चिश्ती सर्वप्रथम लाहौर में अली बिन उस्मान अल हुजवीरी की खानकाह (मठ) में ही रुके थे। हुजवीरी का लाहौर में ही परलोकवास हुआ था। इन्हें 'दाता गंजबख्श' भी कहा जाता था।

30. निम्नलिखित में से कौन इस्लाम से प्रभावित था?

(a) चैतन्य
(b) मीराबाई
(c) नामदेव
(d) वल्लभाचार्य

उत्तर (c) नामदेव बारकारी संप्रदाय से सम्बन्धित थे। भक्ति आंदोलन के संतो में नामदेव इस्लाम से अत्यधिक प्रभावित थे।

❑❑❑

6 मुगल वंश

1. निम्नलिखित युग्मों पर विचार कीजिए–

1. हुमायूँनामा : गुलबदन बेगम
2. आलमगीर नामा : मोहम्मद काजिम
3. अकबरनामा : अबुल फजल

उपर्युक्त युग्मों में से कौन-सा/से सही है/हैं?

(a) केवल 1 और 2 (b) केवल 3
(c) केवल 2 और 3 (d) 1, 2 और 3

उत्तर (d) अकबर ने गुलबदन बेगम (हुमायूँ की बहन) को अपने पिता हुमायूँ की कहानी लिखने के लिए नियुक्त किया था। इसे फारसी में लिखा गया था।

औरंगजेब के शासनकाल के पहले 10 वर्षों के इतिहास का संकलन 'आलमगीर नामा' के नाम से मोहम्मद काजिम ने किया था।

अकबर के शासनकाल का इतिहास जिसे 'अकबरनामा' कहा गया, अबुल फजल ने लिखा था।

2. अकबर के 'सुलह-ए-कुल' नीति के संदर्भ में, निम्नलिखित कथनों पर विचार कीजिए–

1. यह सत्यनिष्ठा, न्याय, शांति पर केन्द्रित था, जो सार्वभौमिक रूप से लागू होने योग्य थे।
2. जहाँगीर और शाहजहाँ ने भी इस सिद्धांत का अनुसरण किया।

उपर्युक्त कथनों में से कौन-सा/से सही नहीं है/हैं?

(a) केवल 1
(b) केवल 2
(c) 1 और 2 दोनों
(d) न तो 1, न ही 2

उत्तर (c) विभिन्न धर्मों की चर्चा अकबर को सुलह-ए-कुल या सार्वभौमिक शांति के विचार की ओर ले गई। सहिष्णुता का यह विचार उसके राज्यक्षेत्र में विभिन्न धर्मों के लोगों के बीच भेदभाव नहीं करता था। इसकी बजाय यह नैतिकता (सत्यनिष्ठा, न्याय, शांति) पर केन्द्रित था, जो सार्वभौमिक रूप से लागू होने योग्य थे। सुलह-ए-कुल के इस विचार के आधार पर शासन की दृष्टि तैयार करने में अबुल फजल ने अकबर की सहायता की थी। साथ ही शासन के इस सिद्धांत का जहाँगीर और शाहजहाँ ने भी अनुसरण किया था।

3. निम्नलिखित कथनों पर विचार कीजिए–

1. अकबर की दहसला प्रणाली के अंतर्गत किसी भूखण्ड विशेष से भू-राजस्व का निर्धारण 10 वर्षों के लिए किया जाता था।
2. गल्ला-बख्शी प्रणाली के अंतर्गत भूमि से प्राप्त उत्पाद को किसान तथा राज्य के बीच नियत अनुपात में विभाजित किया जाता था।

उपर्युक्त कथनों में से कौन-सा/से सही है/हैं?

(a) केवल 1 (b) केवल 2
(c) 1 और 2 दोनों (d) न तो 1, न ही 2

उत्तर (b) दहसला प्रणाली में, पिछले 10 वर्षों के दौरान विभिन्न फसलों का औसत उत्पादन तथा इस दौरान प्रचलित औसत मूल्यों के गणना की जाती थी। राजस्व को 10 वर्षों के लिए निर्धारित नहीं किया जाता था। **इसलिए, कथन 1 असत्य है।**

गल्ला-बख्शी प्रणाली के अंतर्गत, भूमि से प्राप्त उत्पाद को किसानों तथा राज्य के बीच नियत अनुपात में विभाजित कर दिया जाता था।

4. अकबर की राजपूत नीति के संदर्भ में, निम्नलिखित कथनों पर विचार कीजिए–

1. अपनी राजपूत नीति के अनुपालन में, अकबर ने जजिया को समाप्त कर दिया और मुसलमानों पर भी तीर्थ यात्रा कर लगा दिया।
2. अकबर ने मुगल प्रशासन में राजपूत राजाओं को न केवल शामिल किया, बल्कि उनके साथ मुगल अधिकारियों के समान व्यवहार भी किया।
3. अकबर ने स्वामिभक्ति और आत्मसमर्पण की परीक्षा के रूप में राजपूत राजाओं के साथ वैवाहिक सम्बन्ध स्थापित किया।

उपर्युक्त कथनों में से कौन-सा/से सही है/हैं?

(a) केवल 1 और 3
(b) केवल 2 और 3
(c) केवल 2
(d) 1, 2 और 3

उत्तर (c) अकबर ने जजिया और तीर्थ यात्रा कर दोनों समाप्त कर दिया था। **अतः कथन 1 गलत है।**

अकबर राजपूत और मुगल अधिकारियों के साथ एक समान व्यवहार करता था, जैसे मान सिंह और भगवान दास को क्रमश 7000 और 5000 का मनसब पद दिया गया था। **अतः, कथन 2 सही है।**

अकबर ने स्वामिभक्ति और समर्पण की परीक्षा के रूप में वैवाहिक सम्बन्ध स्थापित नहीं किए थे। रणथम्भौर के हाड़ाओं के साथ कोई वैवाहिक सम्बन्ध स्थापित नहीं किया गया, फिर भी सुरजान हाड़ा को गढ-कटंग में जागीरें दी गई थी, उन्होंने गुजरात और अन्यत्र अपनी सेवा प्रदान की और 2000 के पद पर आसीन हुए। एक बार फिर, जब सिरोही और बाँसवाड़ा के शासकों ने समर्पण किया, तब उनके साथ कोई वैवाहिक सम्बन्ध स्थापित नहीं किया गया।

अतः, कथन 3 गलत है।

5. निम्नलिखित में से 17वीं शताब्दी में मुगल शासन के दौरान भारत में व्यापार एवं वाणिज्य के विस्तार के अन्तर्निहित कारक कौन-से थे?

1. मुगलों के अधीन भारत का राजनीतिक एकीकरण।
2. साम्राज्य में वस्तुओं के प्रवेश बिन्दु पर एक समान कर लगाया जाता था।
3. चाँदी के सिक्के के रूप में मानक मुद्रा की ढलाई।

नीचे दिए गए कूट का प्रयोग कर सही उत्तर चुनिए–

(a) केवल 1 और 2 (b) केवल 2 और 3
(c) केवल 1 और 3 (d) 1, 2 और 3

उत्तर (d) 17वीं सदी के दौरान भारत में व्यापार और वाणिज्य के विस्तार के अंतर्निहित कारक:

मुगलों के अधीन भारत का राजनैतिक एकीकरण।

व्यापक क्षेत्र में कानून एवं व्यवस्था की स्थापना।

साम्राज्य में वस्तुओं के प्रवेश बिन्दु पर एक-समान कर लगाया गया था।

पथ-उपकर को अवैध घोषित किया गया था।

चाँदी के सिक्के की ढलाई एवं इसे सम्पूर्ण भारत में मानक सिक्का बनाया जाना।

6. अकबर के शासनकाल के दौरान भूमि वर्गीकरण के निम्नलिखित युग्मों पर विचार कीजिए–

भूमि वर्गीकरण		भूमि के प्रकार
1. पोलज	:	**ऐसी भूमि जिस पर प्रति वर्ष खेती की जाती है और उसे कभी परती नहीं छोड़ा जाता।**
2. चाचर	:	**ऐसी भूमि जिसे 3 या 4 वर्ष के लिए परती छोड़ना पड़ता था।**
3. बंजर	:	**ऐसी भूमि जिस पर 5 वर्ष या उससे अधिक समय से खेती नहीं की गई हो**

उपर्युक्त युग्मों में से कौन-सा/से सही सुमेलित है/हैं?

(a) केवल 1 (b) केवल 1 और 3

(c) केवल 2 और 3 (d) 1, 2 और 3

उत्तर (d) कर निर्धारण के उद्देश्य से अकबर के शासनकाल में भूमि को चार श्रेणियों में वर्गीकृत किया गया था:

पोलज भूमि - जिस भूमि पर प्रतिवर्ष खेती की जाती थी और कभी भी परती नहीं छोड़ी जाती थी।

परती या परौती - ऐसी भूमि जिसे अपनी उर्वरता पुनः प्राप्त करने के लिए कुछ समय के लिए परती छोड़ना पड़ता था।

चाचर भूमि - जिसे तीन या चार वर्ष के लिए परती छोड़ना पड़ता था।

बंजर भूमि - जिस पर पाँच वर्ष या उससे अधिक समय तक खेती न की गई हो।

7. अकबर के शासनकाल के दौरान प्रचलित जब्ती, दहसाला और बटाई क्या थे?

(a) राजस्व प्रशासन के अधिकार

(b) क्रमशः चाँदी, सीसा और तांबे के सिक्कों के नाम

(c) व्यापारी संघों के प्रकार

(d) राजस्व निर्धारण की विभिन्न प्रणालियाँ

उत्तर (d) अकबर और उसके उत्तराधिकारियों के शासनकाल के दौरान राजस्व आकलन के लिए चार मुख्य प्रणालियाँ प्रचलित थीं :

जब्ती या दहसाला प्रणाली।

कानकूत, गल्ला-बक्शी या भाओली।

कंकूत और

नसक

8. अकबर की राजपूत नीति के संदर्भ में, निम्नलिखित कथनों पर विचार कीजिए–

1. उसने युद्ध-बंदियों के बलात्-धर्मान्तरण की प्रथा पर प्रतिबंध लगा दिया।

2. उसने राजपूत अधिकारियों को मुगल अधिकारियों से निम्न पदों पर नियुक्त किया।

उपर्युक्त कथनों में से कौन-सा/से सही है/हैं?

(a) केवल 1 (b) केवल 2

(c) 1 और 2 दोनों (d) न तो 1, न ही 2

उत्तर (a) अकबर ने जजिया और तीर्थ कर दोनों को समाप्त किया। उसने युद्धबंदियों के बलात्-धर्मान्तरण की प्रथा पर भी प्रतिबंध लगाया। राजपूत एवं मुगल अधिकारियों दोनों के प्रति उसका व्यवहार समान था; उदाहरण के लिए मान सिंह एवं भगवान दास का मनसब क्रमशः सात हजारी दर्जे एवं पाँच हजारी दर्जे तक बढ़ा।

9. निम्नलिखित में से किस कारकों ने अकबर को दक्कन के मामलों में रुचि लेने के लिए प्रोत्साहित किया था?

1. दक्कन में कटु साम्प्रदायिक प्रतिद्वंद्विता।

2. पुर्तगालियों का बढ़ता प्रभाव।

3. दक्कन के राज्यों से आमंत्रण।

नीचे दिए गए कूट का प्रयोग कर सही उत्तर चुनिए-

(a) केवल 1 (b) केवल 1 और 2

(c) केवल 2 और 3 (d) 1, 2 और 3

उत्तर (b) अकबर ने दक्कन में साम्प्रदायिक संघर्ष के संदर्भ में अपना सुलह-ए-कुल का विचार रखा था। उसे डर था कि दक्कनी राज्यों में हावी द्वेषपूर्ण सांप्रदायिक प्रतिद्वंद्विता मुगल साम्राज्य तक न पहुँच जाए। अकबर दक्कन में पुर्तगालियों की बढ़ती शक्ति से भी आशंकित था। **इस प्रकार, कथन 1 और 2 सही हैं।** उसने मुख्य भूभाग पर अपनी उपस्थिति को बढ़ाने का प्रयास किया और सूरत पर कब्जा करने की कोशिश भी की। 1593 ई. में, अकबर ने दक्कन प्रदेशों को पराजित करना आरम्भ किया। **इस प्रकार, कथन 3 सही नहीं है।** अहमदनगर में उसे अपने नियंत्रण के विरोध का सामना करना पड़ा तथा 1595 ई. में उसने दक्कन राज्य पर हमला किया। वहाँ की राज अधिकारी रानी चाँद बीबी ने कड़ा विरोध किया, लेकिन अंततः उन्हें विवश होकर पराजय स्वीकार करनी पड़ी तथा बरार छोड़ना पड़ा। 1600 ईसवी तक, अकबर ने बुरहानपुर, असीरगढ़ किले और खानदेश पर कब्जा कर लिया था।

10. निम्नलिखित में से कौन-सा/सी मुगल अभिजात्य वर्ग की विशेषता/विशेषताएँ है/हैं?

1. अभिजात्य परिवारों से सम्बन्धित व्यक्तियों को प्राथमिकता दी जाती थीं।

2. यह मुगल साम्राज्य के विभिन्न क्षेत्रों और धर्मों का प्रतिनिधित्व करता था।

3. यह नौकरशाही सम्बन्धी कार्य करता था।

नीचे दिए गए कूट का प्रयोग कर सही उत्तर चुनिए-

(a) केवल 1 और 2

(b) केवल 1 और 3

(c) केवल 3

(d) 1, 2 और 3

उत्तर (d) सैद्धांतिक रूप से मुगल अभिजात्य वर्ग के द्वार सबके लिए खुले थे, लेकिन कुलीन परिवारों से सम्बन्धित व्यक्तियों को निश्चित ही अधिक लाभ प्राप्त होता था। **इसलिए, कथन 1 सही है।**

मुगल अभिजात्य वर्ग की कई असामान्य विशेषताएँ थीं। हालांकि यह प्रायः नृजातीय विशेषताओं के आधार पर विभाजित रहता था, तथापि यह विभिन्न क्षेत्रों एवं साथ ही विभिन्न धर्मों का प्रतिनिधित्व करने वाले समग्र शासक वर्ग का निर्माण करता था और इसने एक समन्वित संस्कृति को बढ़ावा देने का प्रयास किया। **इसलिए, कथन 2 सही है।**

आय का प्रमुख स्रोत भूमि होने के कारण हालांकि यह सामंती प्रकृति का था, तथापि अभिजात्य वर्ग में नौकरशाही की कई विशेषताओं का विकास हो गया था। यह वर्ग अधिकाधिक वाणिज्य व धन उन्मुखी होता जा रहा था। **इसलिए, कथन 3 सही है।**

11. 'तौहीद-ए-इलाही' के संदर्भ में, निम्नलिखित कथनों पर विचार कीजिए–

1. इसे चौसा के प्रथम युद्ध के पश्चात् हुमायूँ ने आरम्भ किया था।

2. इसके अंतर्गत कोई पवित्र ग्रंथ अथवा कोई धार्मिक समारोह सम्मिलित नहीं था।

3. इसने सम्राट के प्रति कुलीनों की निष्ठा सुनिश्चित की।

उपर्युक्त कथनों में से कौन-सा/से सही है/हैं?

(a) केवल 1 और 2 (b) केवल 3

(c) केवल 2 और 3 (d) 1, 2 और 3

उत्तर (c) 'तौहीद-ए-इलाही' नाम से एक नवीन मत मुगल सम्राट अकबर द्वारा आरम्भ किया गया था। **इसलिए, कथन 1 सही नहीं है।**

यह एक प्रकार का सूफी मत था। जो लोग इसका सदस्य बनने के इच्छुक थे और जिन्हें अकबर स्वीकृति प्रदान कर देता था, वो लोग ही इसके सदस्य बन सकते थे। रविवार को दीक्षा संस्कार के दिन के रूप में स्वीकृत कर दिया गया था। दीक्षित व्यक्तियों को यथासंभव मांसभक्षण से दूर रहना होता था, भव्य दावत देनी होती थी और अपने जन्मदिन पर दान देना होता था। इसकी कोई पवित्र पुस्तक नहीं थी, कोई पुरोहित वर्ग नहीं था और पूजा-स्थल या धार्मिक समारोह भी नहीं था। शिष्य बनाने के लिए अकबर द्वारा धन या बल का प्रयोग नहीं किया जाता था। **इसलिए, कथन 2 सही है।**

बीरबल सहित केवल कुछ अग्रणी कुलीन व्यक्ति ही इसमें सम्मिलित हुए थे या सदस्य बनने हेतु आमंत्रित किए गए थे। राजा मान सिंह को आमंत्रित किया गया था, लेकिन उन्होंने अस्वीकार कर दिया था।

इसमें शामिल होने वाले व्यक्तियों ने अपने आप को सम्राट के साथ घनिष्ठता से जोड़ लिया था। अनेक कुलीन व्यक्ति साम्राज्य के अनुयायी बनने पर गर्व का अनुभव किया करते थे। इसलिए, इसने सम्राट के प्रति उनकी निष्ठा को सुनिश्चित किया। **इसलिए, कथन 3 सही है।**

12. निम्नलिखित में से किन चित्रकारों को जहाँगीर ने अपने दरबार में संरक्षण प्रदान किया था?

1. मीर सैय्यद अली

2. अब्द-अल-समद

3. उस्ताद मंसूर

4. बिशन दास

नीचे दिए गए कूट का प्रयोग कर सही उत्तर चुनिए-

(a) केवल 1, 2 और 3

(b) केवल 1, 2 और 4

(c) केवल 3 और 4

(d) केवल 1 और 2

उत्तर (c) मुगल चित्रकला की नींव फारस में निवास के दौरान हुमायूँ ने रखी थी तथा वह अपने साथ दो चित्रकारों - मीर सैय्यद अली और अब्द-अल-समद को भारत लाया। जहाँगीर के शासनकाल के दौरान मुगल चित्रकला अपने चरमोत्कर्ष पर पहुँच गयी। उसने अबुल हसन, बिसनदास, मधु, अनंत, मनोहर, गोवर्धन और उस्ताद मंसूर जैसे कई चित्रकारों को आश्रय प्रदान किया था। **इसलिए, विकल्प (c) सही है।**

13. भारत के मध्यकालीन इतिहास के संदर्भ में, 'जवाबित' शब्द संदर्भित करता है–

(a) आयतित वस्तुओं पर लगाए गए कर को।

(b) सम्राट द्वारा जारी किए गए धर्मनिरपेक्ष आदेश को।

(c) शरीयत कानून लागू करने वाले प्रभारी अधिकारी के नाम को।

(d) औरंगजेब के शासन के अंतर्गत प्रतिबंधित गतिविधियों को संयुक्त रूप से।

उत्तर (b) 'जवाबित' का संदर्भ सम्राट द्वारा जारी धर्मनिरपेक्ष आदेश से है। **इसलिए, विकल्प (b) सही है।**

मुगल सम्राट औरंगजेब ने हालांकि मुस्लिम कानून के हनाफी पन्थ का पालन किया, लेकिन उसने धर्मनिरपेक्ष आदेश या जवाबित जारी करने में संकोच नहीं किया। उसके आदेशों का संग्रह 'जवाबित-ए-आलमगीर' नामक ग्रंथ में किया गया है।

14. 'सुलह-ए-कुल' के संदर्भ में, निम्नलिखित कथनों पर विचार कीजिए–

1. इसका उद्देश्य सभी वर्गों के धार्मिक विश्वासों के प्रति तटस्थ भाव रखते हुए, उन्हें समान सहिष्णुता एवं सम्मान उपलब्ध कराना था।

2. इसे सम्राट अकबर ने आरंभ किया था।

उपर्युक्त कथनों में से कौन-सा/से सही है/हैं?

(a) केवल 1

(b) केवल 2

(c) 1 और 2 दोनों

(d) न तो 1, न ही 2

उत्तर (c) 'सुलह-ए-कुल' का अर्थ सभी वर्गों को, उनके धार्मिक विश्वासों के प्रति तटस्थ रहते हुए, समान सहिष्णुता एवं समान उपलब्धता कराना था। यह नीति सम्राट अकबर द्वारा आरम्भ की गयी थी और 'तौहीद-ए-इलाही' द्वारा समर्थित थी। इसने राजपूत, जाट आदि सहित कई देशी शासकों को अकबर का सहयोगी बनने हेतु मार्ग प्रशस्त किया। इसलिए, इसने मुगल साम्राज्य के सुदृढ़ीकरण में सहायता की।

इसलिए, दोनों कथन सही हैं।

15. किस मुगल शासक के शासनकाल में कोहिनूर हीरा भारत से फारस ले जाया गया था?

(a) औरंगजेब (b) मुहम्मद शाह

(c) फर्रूखसियर (d) शाह आलम

उत्तर (b) नादिर शाह एक फारसी शासक था, जो 1739 ई. में भारत आया था। औरंगजेब की मृत्यु के बाद तीन दशकों के दौरान उत्तराधिकार के विध्वंसक युद्धों से मुगल साम्राज्य दुर्बल हो गया था। मराठा साम्राज्य के हिन्दू मराठों ने मध्य और उत्तरी भारत के विशाल क्षेत्र पर कब्जा कर लिया था, वहीं कई मुगल सरदारों ने अपनी स्वतंत्रता का दावा किया और छोटे-छोटे राज्यों की स्थापना कर ली।

24 फरवरी 1739 को करनाल के युद्ध में, नादिर शाह की सेना ने मुगलों पर विजय प्राप्त की, मुहम्मद शाह ने आत्मसमर्पण कर दिया और दोनों ने एक साथ दिल्ली में प्रवेश किया। नादिर शाह अपने साथ मयूर सिंहासन, कोहिनूर हीरा (प्रकाश का पहाड़) और दरिया-ए-नूर हीरा (प्रकाश का सागर) फारस ले गया।

16. मुगल शासन के सम्बन्ध में निम्नलिखित में से कौन-सा विकल्प सही है?

(a) मुगल ज्येष्ठाधिकार में विश्वास करते थे जहाँ ज्येष्ठ पुत्र अपने पिता की रियासत उत्तराधिकार के रूप में प्राप्त करता था।

(b) उन्होंने सहदायिकी उत्तराधिकार या सभी बेटों के बीच उत्तराधिकार के बँटवारे की प्रथा का पालन किया।

(c) उन्होंने पुत्रों के साथ पुत्रियों को बराबर उत्तराधिकार प्राप्त करने की अनुमति दी।

(d) उपर्युक्त में से कोई नहीं।

उत्तर (b) मुगल शासक ज्येष्ठाधिकार, जिसमें ज्येष्ठ पुत्र अपने रियासत उत्तराधिकार में प्राप्त करता था, के नियम में विश्वास नहीं करते थे। इसकी बजाय वे सहदायिकी उत्तराधिकार अर्थात् सभी पुत्रों के बीच उत्तराधिकार के विभाजन की मुगल और तैमूरी प्रथा का पालन करते थे।

17. मुगलों की मनसबदारी प्रणाली के संदर्भ में निम्नलिखित कथनों पर विचार कीजिए–

1. यह पद, वेतन और सैन्य उत्तरदायित्व निश्चित करने के लिए मुगलों द्वारा प्रयुक्त श्रेणीकरण की प्रणाली थी।

2. मनसबदार वास्तव में अपनी जागीर में नहीं रहते थे या उनका प्रशासन नहीं करते थे, बल्कि उनका केवल अपने आबंटनों के राजस्व पर अधिकार होता था।

3. पद और वेतन जात नामक संख्यात्मक मूल्य द्वारा निर्धारित किया जाता था।

उपर्युक्त कथनों में से कौन-सा/से सही है/हैं?

(a) केवल 1

(b) केवल 2 और 3

(c) केवल 3

(d) 1, 2 और 3

उत्तर (d) 'मनसबदार' शब्द का संदर्भ ऐसे व्यक्ति से होता था, जो कोई मनसब अर्थात् स्थिति या पद धारण करता था। यह मुगलों द्वारा प्रयोग की जाने वाली एक श्रेणीकरण प्रणाली थी। इसका उपयोग वे (1) पद, (2) वेतन और (3) सैन्य जिम्मेदारियों को निर्धारित करने में किया करते थे। **इसलिए कथन 1 सही है।**

मनसबदार वास्तव में अपनी जागीरों में निवास या उनका प्रशासन नहीं करते थे। उन्हें केवल सौंपी गयी जागीरों से प्राप्त होने वाले राजस्व का अधिकार होता था। यह राजस्व उनके सेवकों द्वारा उनके लिए एकत्रित किया जाता था, जबकि मनसबदार स्वयं देश के किसी अन्य भाग में अपनी सेवा दिया करते थे। **इसलिए कथन 2 भी सही है।**

पद और वेतन एक संख्यात्मक मान द्वारा निर्धारित किए जाते थे, जिसे 'जात' कहा जाता था। 'जात' जितना उच्च होता था, राजदरबार में उस कुलीन व्यक्ति की स्थिति उतनी ही अधिक प्रतिष्ठित होती थी और उसका वेतन भी उतना ही अधिक होता था। **इसलिए कथन 3 भी सही है।**

18. जिस मध्यकालीन भारतीय लेखक ने अमेरिका की खोज का उल्लेख किया है, वह है–

(a) मलिक मोहम्मद जायसी

(b) अमीर खुसरो

(c) रसखान

(d) अबुल फजल

उत्तर (d) अकबर के नवरत्नों में से एक अबुल फजल ने अमेरिका की खोज का उल्लेख किया है।

19. निम्न प्रश्न में दो वक्तव्य हैं, एक को 'कथन (A)' तथा दूसरे को 'कारण (R)' कहा गया है। इन दोनों वक्तव्यों का सावधानीपूर्वक परीक्षण कर इसका उत्तर नीचे दिए हुए कूट की सहायता से चुनिए-

कथन (A) : शाह आलम द्वितीय ने साम्राज्य में प्रारम्भिक वर्ष अपनी राजधानी से दूर व्यतीत किए।

कारण (R) : उत्तर-पश्चिम सीमान्त से विदेशी आक्रमण का भय लगा रहता था

कूट :

(a) A और R दोनों सही हैं और R, A का सही स्पष्टीकरण है।

(b) A और R दोनों सही हैं और R, A का सही स्पष्टीकरण नहीं है।

(c) A सही है, लेकिन R गलत है।

(d) A गलत है, लेकिन R सही है।

उत्तर (c) आलमगीर द्वितीय के बाद 'अली गौहर' गद्दी पर बैठा और 'शाहआलम द्वितीय' की उपाधि धारण की, लेकिन वजीर के डर से कुछ साल तक अपनी राजधानी से दूर दूसरी जगह पर रहा। 1764 ई॰ में बंगाल के मीर कासिम एवं अवध के शुजाउद्दौला के साथ मिलकर अंग्रेजों के खिलाफ बक्सर के युद्ध में भाग लिया। लेकिन इस युद्ध में पराजित होकर अंग्रेजों ने दिल्ली पर कब्जा कर लिया और शाहआलम द्वितीय को बंदी बना लिया। 1806 ई॰ में गुलाम कादिर ने इसकी हत्या करवा दी।

20. निम्न प्रश्न में दो वक्तव्य हैं- एक को कथन (A) तथा दूसरे को कारण (R) कहा गया है। इन दोनों वक्तव्यों का सावधानीपूर्वक परीक्षण कर इन प्रश्नों का उत्तर नीचे दिए हुए कूट की सहायता से चुनिए-

कथन (A) : सम्राट अकबर ने 1581 ई॰ में विशाल सेना सहित अफगानिस्तान की ओर कूच किया।

कारण (R) : वे मध्य एशिया में अपने पैतृक देश फरगना को वापस प्राप्त करने के लिए अग्रसर थे।

कूटः

(a) A और R दोनों सही हैं और R, A का सही स्पष्टीकरण है।

(b) A और R दोनों सही हैं और R, A का सही स्पष्टीकरण नहीं है।

(c) A सही है, लेकिन R गलत है।

(d) A गलत है, लेकिन R सही है।

उत्तर (c) अकबर ने 8 फरवरी, 1581 को एक विशाल सेना के साथ काबुल (अफगानिस्तान) की ओर प्रस्थान किया। मिर्जा हाकिम, जो रिश्ते में अकबर का सौतेला भाई था, काबुल पर स्वतंत्र शासक के रूप में शासन कर रहा था। 10 अगस्त, 1581 ई॰ को अकबर के काबुल पहुँचने पर मिर्जा हाकिम ने उसकी अधीनता स्वीकार कर ली। अकबर मिर्जा हाकिम की बहन बख्तुन्निस्सा बेगम को काबुल का गवर्नर नियुक्त कर स्वयं अपनी राजधानी फतेहपुर सीकरी वापस लौट आया। कालान्तर में अकबर ने काबुल को अपने साम्राज्य में मिलाकर राजा मान सिंह को वहाँ का सूबेदार बनाया। अकबर मध्य एशिया में अपने पैतृक देश फरगना को वापस प्राप्त करने के लिए कभी भी अग्रसर नहीं था एवं फरगना को प्राप्त करना उसका उद्देश्य नहीं था।

21. निम्न प्रश्न में दो वक्तव्य हैं- एक को कथन (A) तथा दूसरे को कारण (R) कहा गया है। इन दोनों वक्तव्यों का सावधानीपूर्वक परीक्षण कर इन प्रश्नों का उत्तर नीचे दिए हुए कूट की सहायता से चुनिए-

कथन (A) : मुगल शासक के ह्रास के पश्चात् भारत में मराठे सर्वाधिक समर्थ देशीय शक्ति के रूप में उभर कर सामने आए।

कारण (R) : संयुक्त भारत देश की स्पष्ट संकल्पना सर्वप्रथम मराठों ने ही की थी।

कूट :

(a) A और R दोनों सही हैं और R, A का सही स्पष्टीकरण है।

(b) A और R दोनों सही हैं और R, A का सही स्पष्टीकरण नहीं है।

(c) A सही है, लेकिन R गलत है।

(d) A गलत है, लेकिन R सही है।

उत्तर (a) चूँकि मुगल शासक के ह्रास के पश्चात् भारत में मराठे सर्वाधिक समर्थ शक्ति के रूप में उभर कर सामने आए। **अतः कथन (A) सही है।** संयुक्त भारत देश की स्पष्ट संकल्पना सर्वप्रथम मराठों ने ही की थी। **अतः कारण (R) भी सही है।**

22. निर्देश- निम्न प्रश्न में दो वक्तव्य हैं, एक को कथन (A) तथा दूसरे को कारण (R) कहा गया है, इन दोनों वक्तव्यों का सावधानीपूर्वक परीक्षण कर इन प्रश्नों का उत्तर नीचे दिए गए कूट की सहायता से चुनिए-

कथन (A) : खानवा का युद्ध निश्चय ही पानीपत के प्रथम युद्ध की अपेक्षा अधिक निर्णायक और महत्वपूर्ण था।

कारण (R) : राजपूत वीर 'राणा सांगा निश्चय ही इब्राहीम लोदी की अपेक्षा अधिक दुर्जेय शत्रु था।

कूट:

(a) A और R दोनों सही हैं और R, A का सही स्पष्टीकरण है।

(b) A और R दोनों सही हैं, परन्तु R, A का सही स्पष्टीकरण नहीं है।

(c) A सही है, परन्तु R गलत है ।

(d) A गलत है, परन्तु R सही है।

उत्तर (a) खानवा का प्रसिद्ध युद्ध 1527 ई० में मुगल साम्राज्य के संस्थापक बाबर और राजपूत शासक राणा सांगा के बीच हुआ। इस युद्ध में बाबर ने राणा सांगा को पराजित कर मुगल साम्राज्य की स्थापना का मार्ग सरल कर दिया। इस युद्ध में बाबर ने जेहाद का नारा दिया था। बाबर ने युद्ध के दौरान ही 'तमगा कर' मुसलमानों से न लेने की घोषणा की एवं अपने सैनिकों का साहस बढ़ाने के लिए शराब पीने एवं बेचने पर प्रतिबंध की घोषणा कर शराब के सभी पात्रों को तुड़वाकर शराब न पीने की कसम दिलवाई। **अतः कथन (A) एवं कारण (R) दोनों सही हैं तथा कारण, कथन का सही स्पष्टीकरण है।**

23. कथन (A) : अकबर के काल में हर 10 घुड़सवार सैनिकों के लिए मनसबदारों को 20 घोड़ों का रखरखाव करना पड़ता था।

कारण (R) : घोड़ों को यात्रा में आराम देना होता था और युद्ध के समय उनको बदलना आवश्यक होता था।

उपरोक्त दो वक्तव्यों के सन्दर्भ में कौन एक सही है?

(a) A और R दोनों सही हैं और A की सही व्याख्या R है।

(b) A और R दोनों सही हैं, किन्तु A की सही व्याख्या R नहीं है।

(c) A सही है, किन्तु R गलत है।

(d) A गलत है, किन्तु R सही है।

उत्तर (d) जहाँगीर द्वारा 'दोअस्पा एवं सिंह-अस्पा' प्रणाली लागू की गयी। दो-अस्पा में मनसबदारों को निर्धारित संख्या में घुड़सवारों के साथ उतने ही कोतल (अतिरिक्त) घोड़े रखने होते थे, जबकि सिंह-अस्पा में मनसबदारों को दुगुने कोतल (अतिरिक्त) घोड़े रखने होते थे। अतः कथन (A) गलत है। पुनः घोड़ों को यात्रा में आराम देना होता था एवं युद्ध के समय उनको बदलना आवश्यक होता था। **अतः कारण (R) सही है। अतः उत्तर विकल्प (d) होगा।**

24. कथन (A) : मुगलकाल में मनसबदारी प्रथा विद्यमान थी।

कारण (R) : मनसबदारों का चयन योग्यता के आधार पर होता था।

कूट :

(a) A और R दोनों सत्य हैं और R, A को स्पष्ट करता है।

(b) A और R दोनों सत्य हैं, किन्तु R, A को स्पष्ट नहीं करता है।

(c) A सही है, परन्तु R गलत है।

(d) A गलत है, परन्तु R सही है।

उत्तर (a) मुगलकालीन सैन्य व्यवस्था पूर्णतः मनसबदारी प्रथा पर आधारित थी। अकबर द्वारा प्रारम्भ की गई इस व्यवस्था में उन व्यक्तियों को सम्राट द्वारा एक पद प्रदान किया जाता था, जो शाही सेना में होते थे। दिए जाने वाले पद को मनसब एवं ग्रहण करने वाले को मनसबदार कहा जाता था। मनसब प्राप्त करने के उपरांत उस व्यक्ति का शाही दरबार में प्रतिष्ठा, स्थान एवं वेतन का ज्ञान होता था। सम्भवतः अकबर की मनसबदारी व्यवस्था मंगोल नेता चंगेज खाँ की 'दशमलव प्रणाली' पर आधारित थी। मनसबदारों का पद वंशानुगत नहीं होता था। अयोग्य एवं अक्षम मनसबदार को सम्राट हटा देता था। मनसबदारों को वेतन नगद एवं जागीर दोनों में ही देने की व्यवस्था थी। मनसबदारी व्यवस्था में कुछ परिवर्तन करते हुए जहाँगीर ने सवार पद में 'दु-अस्पा' एवं 'सिंह-अस्पा' की व्यवस्था की। दु-अस्पा में मनसबदारों को निर्धारित संख्या में घुड़सवारों के साथ उतने ही 'कोतल' (अतिरिक्त) घोड़े रखने होते थे, जबकि सिंह-अस्पा में मनसबदारों को दुगने कोतल घोड़े रखने होते थे। अतः मनसबदारों का चयन योग्यता के आधार पर होता था।

25. कथन (A) : शाहजहाँ के शासनकाल में दारा शिकोह को कन्धार के अभियान पर भेजा गया था।

कारण (R) : शाहजहाँ द्वारा मध्य-पूर्व को भेजा गया अभियान अद्भुत रूप से सफल रहा था।

नीचे दिए गए कूट से सही उत्तर चुनिए-

कूटः

(a) A और R दोनों सही हैं और R, A की सही व्याख्या है।

(b) A और R दोनों सही हैं और R, A की सही व्याख्या नहीं है।

(c) A सही है, किन्तु R गलत है।

(d) A गलत है, किन्तु R सही है।

उत्तर (c) शाहजहाँ के शासनकाल में बल्ख और बदख्शाँ को जीतने के लिए 1646 ई० में शहजादा मुराद और अलीमर्दान को और 1647 ई० में औरंगजेब और शहशुजा को भेजा गया था। प्रश्न में दो अलग अभियानों कन्धार तथा बल्ख को एक साथ दे दिया गया है। दारा शिकोह बल्ख अभियान में नहीं कन्धार के अभियान में था, लेकिन शाहजहाँ द्वारा मध्यपूर्व को भेजा गया अभियान असफल रहा। **अतः विकल्प (c) सही है।**

26. निम्नलिखित में से कौन-सी पुस्तक हुमायूँ के शासन के बारे में सूचना देती है?

(a) तारीख-ए-रशीदी

(b) तबकात-ए-नासिरी

(c) फुतूह-उस-सलातीन

(d) उपर्युक्त में से कोई नहीं

उत्तर (a) मिरजा मोहम्मद हैदर ने फारसी भाषा में 'तारीख-ए-रशीदी' नामक पुस्तक की रचना की थी। इसमें बाबर और हुमायूँ के शासनकाल की घटनाओं का वर्णन मिलता था। मिरजा मोहम्मद हैदर बाबर का सम्बन्धी था और छोटी आयु में ही उसकी सेवा में आ गया था। उसने बाबर और हुमायूँ की घटनाओं को स्वयं देखा था। 'तारीख-ए-रशीदी' को उसने दो भागों में लिखा। पहले भाग में 1527 से 1553 ई. के मध्य उसने बाबर और हुमायूँ की घटनाओं का उल्लेख किया तथा दूसरे भाग में 1541 ई. तक की अपने जीवन की घटनाओं का वर्णन किया है। इसके अतिरिक्त 'तबकात-ए-नासिरी' मिनहाजुद्दीन शिराज तथा 'फुतूह-उस-सलातीन' इसामी की रचना है।

27. निम्नलिखित में से किसने मुगलकाल में अथर्ववेद का फारसी में अनुवाद किया था?

(a) अब्दुल हमीद लाहौरी

(b) हाजी इब्राहिम सरहिन्दी

(c) खफी खाँ

(d) मलिक मुहम्मद जायसी

उत्तर (b) मुगलकाल में 'अथर्ववेद' का फारसी अनुवाद फैजी हाजी इब्राहिम सरहिन्दी द्वारा की गई थी। इसके अतिरिक्त उसने 'लीलावती' का भी फारसी अनुवाद प्रस्तुत किया था। उल्लेखनीय है कि अकबर द्वारा मुगलकाल में एक अनुवाद विभाग की स्थापना की गई थी। इस अनुवाद विभाग ने संस्कृत, तुर्की, अरबी आदि भाषाओं के अनेक ग्रंथों का अन्य भाषाओं में अनुवाद किया गया।

28. निम्नलिखित में से किसने अपनी रचना प्रमुखता से शेरशाह सूरी पर केन्द्रित की?

(a) अब्दुल हमीद लाहौरी

(b) याहमा सरहिन्दी

(c) अब्बास खाँ सरवानी

(d) मुहम्मद कासिम फरिश्ता

उत्तर (c) अब्बास खां सरवानी ने अपनी रचना 'तारीख-ए-शेरशाही' प्रमुख रूप से शेरशाह सूरी नामक अफगान शासक पर केन्द्रित की है। इसे अकबर के आदेश पर लिखा गया था। इसमें शेरशाह के इतिहास से सम्बन्धित तथ्यों पर विस्तृत विवरण उल्लिखित है। इसके अतिरिक्त हुमायूँ व अकबर कालीन कुछ तथ्यों का इस ग्रन्थ में समावेश किया गया है। अब्बास खाँ सरवानी एक प्रतिष्ठित परिवार से सम्बन्धित था।

29. निम्नलिखित में से कौन मखफी उपनाम से रचनाएँ करती थी?

(a) गुलबदन बेगम (b) नूरजहाँ

(c) जहाँआरा (d) रोशनआरा

उत्तर (c) जहाँआरा मुगलकाल में 'मखफी' उपनाम से रचनाएँ करती थी। वह शाहजहाँ की पुत्री थी। उसने मुगल शासक शाहजहाँ के बाद हुए उत्तराधिकार के प्रसिद्ध युद्ध में औरंगजेब को सहायता प्रदान की थीं।

30. निम्न में से किसने औरंगजेब के शासनकाल मे व्यंग्य काव्य की रचना की?

(a) सौदा (b) जाफर जटल्ली

(c) गनी कश्मीरी (d) मुल्ला दाऊद

उत्तर (b) 18वीं शताब्दी में उर्दू का विकास एक महत्वपूर्ण घटना है। यद्यपि इसका विकास दक्कन में हुआ, किन्तु 17वीं शताब्दी के उत्तरार्द्ध में उसकी उपस्थिति मुगल दरबार में भी पाते हैं, उदाहरण के लिये व्यंग्यकार जाफर जटल्ली ने औरंगजेब के शासनकाल में अपने साहित्य की रचना की। दक्कन में लम्बे समय से घर से दूर रहने वाले अमीरों की कठिनाइयों और उत्तर में पीछे छूट गये उनके परिवारों और पत्नियों के अकेलेपन पर लिखते हुए उसने चारों ओर फैली अराजकता के लिए औरंगजेब पर व्यंग्य किया।

31. कथन (A) : अबुल फजल ने, जो कि एक महान विद्वान तथा शैलीकार था तथा अपने काल का अग्रणी इतिहासकार था, गद्य लेखन की एक ऐसी शैली स्थापित की जिसका बहुत वर्षों तक अनुकरण होता रहा।

कारण (R) : अबुल फजल ने यह सब अपने भाई फैजी की सहायतार्थ किया, जिससे वह अपने काल का प्रमुख कवि बन सके।

कूट :

(a) A और R दोनों सही हैं और R, A का सही स्पष्टीकरण है।

(b) A और R दोनों सही हैं, किन्तु R, A की सही स्पष्टीकरण नहीं है।

(c) A सही है, परन्तु R गलत है।

(d) A गलत है, परन्तु R सही है।

उत्तर (c) अबुल फजल का जन्म आगरा में चारबाग नामक स्थान पर हुआ था। उसके पिता शेख मुबारक नागौरी तथा बड़े भाई शेख अबुल फैज थे, जो 'फैजी' के नाम से प्रसिद्ध थे। अबुल फजल एक उच्च कोटि का लेखक था। उसकी अनेक रचनाओं में 'अकबर नामा' सुप्रसिद्ध रचना है। इस ग्रंथ का तीसरा भाग 'आइने अकबरी' है, जो एक पृथक ग्रंथ के रूप में अधिक विख्यात है। इस ग्रंथ की रचना उसने अकबर के आदेशानुसार की थी। अबुल फजल मुगल काल का सर्वप्रथम इतिहासकार है, जिसने विस्तारपूर्वक प्रशासन के विभिन्न आँकड़ों को प्रस्तुत किया है। **अतः कथन A सत्य है। किन्तु कारण R सत्य नहीं है।** क्योंकि फैजी स्वयं ही एक उच्च कोटि का विद्वान था। अकबर फैजी की विद्वता से परिचित था। उसने फैजी को 'मलिक-उश-शोअरा' की उपाधि प्रदान की थी।

32. निम्न में से कौन-सा एक युग्म सही सुमेलित नहीं है?

(a) अहमद शाह बहमनी - हजरत गेसूदराज

(b) महमूद बेगड़ा - फैजी सरहिन्दी

(c) अकबर - अब्दुर्रहीम खान-ए-खाना

(d) शाहजहाँ - मुहम्मद सालेह

उत्तर (b) हजरत गेसूदराज (1320-1422) चिश्ती सिलसिले के एक प्रसिद्ध संत थे। इन्होंने अपने काम-काज का केन्द्र गुलबर्गा को बनाया, जो कि बहमनी राज्य की पहली राजधानी थी। **इस प्रकार युग्म (a) सही सुमेलित है।** महमूद बेगड़ा (1458-1511) गुजरात का शासक था जबकि फैजी सरहिन्दी मुगलकालीन इतिहासकार था जिसने 'अकबरनामा' नामक ग्रंथ की रचना की है। **इस प्रकार युग्म (b) सुमेलित नहीं है।** अब्दुर्रहीम खान-ए-खाना बैरम खाँ का पुत्र था, जिसे अकबर ने 'खानेखाना' की पदवी दी थी। **अतः युग्म (c) सुमेलित है।** मुहम्मद सालेह ने शाहजहाँ के संरक्षण में 'अमल-ए-सालेह' नामक ग्रंथ की रचना की।

33. अयोध्या स्थित बाबरी मस्जिद का निर्माण किसने कराया था?

(a) बाबर

(b) हुमायूँ

(c) निजामुल मुल्क

(d) मीर बाकी

उत्तर (d) ऐसा माना जाता है कि मुगल बादशाह बाबर के सेनापति मीर बाकी ने आयोध्या में बाबरी मस्जिद का निर्माण करवाया था।

34. अकबर ने जिस मनसबदारी प्रणाली को लागू किया, वह किस देश में प्रचलित प्रणाली से उधार ली गई थी?

(a) अफगानिस्तान (b) तुर्की

(c) मंगोलिया (d) फारस

उत्तर (c) मुगल काल में अपनायी गई मनसबदारी प्रथा मंगोलिया से ली गई थी। इस प्रकार का सैन्य विभाजन चंगेज खाँ के नेतृत्व में मंगोल सेना में किया गया था।

35. मुगल प्रशासनिक शब्दावली में 'माल' प्रतिनिधित्व करता है–

(a) भू-राजस्व

(b) वेतन

(c) भत्तों

(d) इनमें से कोई नहीं

उत्तर (a) मुगल प्रशासनिक शब्दावली में 'माल' शब्द भू-राजस्व से सम्बन्धित था।

❑❑❑

7 सूर वंश

1. शेरशाह के द्वारा भू-राजस्व प्रबन्धन में लागू किए गए सुधारों के परिप्रेक्ष्य में निम्नलिखित कथनों पर विचार कीजिए–

1. भू-राजस्व का निर्धारण बोई गई फसल की भूमि के मापन के आधार पर किया जाता था तथा किसान को भुगतान केवल नगद रूप में ही करना होता था।

2. सूखे तथा अन्य प्राकृतिक आपदाओं की दशा में संरक्षण प्रदान करने हेतु एक उपकर भी आरम्भ किया गया था।

उपर्युक्त कथनों में से कौन-सा/से सही है/हैं?

(a) केवल 1

(b) केवल 2

(c) 1 और 2 दोनों

(d) न तो 1, न ही 2

उत्तर (b) भू-राजस्व का निर्धारण भूखण्ड की माप के आधार पर तैयार किया जाता था और किसानों को नगद या उपज के रूप में भुगतान करने की स्वतंत्रता थी। **इसलिए, कथन 1 असत्य है।**

सूखे या अन्य प्राकृतिक आपदाओं की दशा में संरक्षण प्रदान करने के लिए शेरशाह ने प्रति बीघा ढाई सेर की दर से उपकर भी लगाया। **इसलिए, कथन 2 सत्य है।**

2. शेरशाह सूरी के शासनकाल के संदर्भ में, निम्नलिखित कथनों पर विचार कीजिए–

1. उसे ग्रैंड ट्रंक रोड के निर्माण का श्रेय दिया जाता है।

2. उसने सभी नागरिकों के प्रति समान व्यवहार को बढ़ावा दिया, चाहे वे किसी भी धर्म में आस्था रखते हो।

उपर्युक्त कथनों में से कौन-सा/से सही है/हैं?

(a) केवल 1

(b) केवल 2

(c) 1 और 2 दोनों

(d) न तो 1, न ही 2

उत्तर (c) शेरशाह सूरी के शासनकाल के कुछ आयाम हैं : उसने संचार के साधनों में पर्याप्त सुधार किए। उसने बंगाल से पंजाब तक जाने वाली प्रसिद्ध ग्रैंड ट्रंक रोड का निर्माण किया, सड़कों के किनारे पेड़ लगाए और विश्रामस्थलों की स्थापना की।

वह सभी मुस्लिम शासकों में से ऐसा प्रथम शासक था, जिसने इस तथ्य को पहचाना कि भारत समान रूप से हिन्दुओं और मुस्लिमों दोनों का देश है। उसने अपनी ओर से दोनों धर्मों में सामंजस्य स्थापित करने का यथासंभव सर्वोत्तम प्रयास किया।

उसका व्यवहार सभी नागरिकों के प्रति समान था, चाहे वे किसी भी धर्म में आस्था रखते हों। उसके शासनकाल में कुछ अत्यंत जिम्मेदार सैन्य तथा लोक अधिकारी पदों पर हिन्दुओं की नियुक्ति की गई थी।

3. शेरशाह के भूमि प्रशासन के बारे में एक गलत कथन बताएँ–

(a) जमींदारों के साथ बंदोबस्त किया गया था

(b) किराये में छूट दी गई थी

(c) भूमि का विभाजन उत्पादन के आधार पर किया गया था

(d) भूमि के सर्वेक्षण के बाद बंदोबस्त किया जाता था

उत्तर (a) शेरशाह ने लगान व्यवस्था के लिए सीधे किसानों से अनुबन्ध किया था न कि जमींदारों से। शेरशाह की लगान व्यवस्था मुख्य रूप से रैयतवाड़ी थी, जिसमें किसानों से प्रत्यक्ष सम्बन्ध स्थापित किया गया था। भू-राजस्व के रूप में कृषक को अपने उपज का 1/3 भाग लगान के रूप में चुकाना होता था। प्रत्येक किसान को राज्य के लिए एक 'कबूलियत' लिखनी पड़ती थी, जिसमें खेत का विवरण एवं दिए जाने वाले लगान का उल्लेख होता था। इसके बदले राज्य की ओर से प्रत्येक किसान को एक 'पट्टा' दिया जाता था, जिसमें किसान द्वारा दिए जाने वाले गल्ले का उल्लेख होता था। 'कबूलियत' एवं 'पट्टा' राज्य एवं कृषक के बीच एक प्रकार का समझौता था। भू-राजस्व की वसूली प्राय: मुकद्दम द्वारा होती थी, लेकिन शेरशाह ने स्वयं कृषकों को मालगुजारी जमा करने के लिए प्रोत्साहित किया। इसका उद्देश्य था कि जिससे राज्य एवं कृषकों के मध्य सीधा सम्पर्क स्थापित हो सके।

4. शेरशाह के अंतर्गत गुप्तचर विभाग का शीर्ष अधिकारी कौन था?

(a) आरिज-ए-मुमालिक

(b) बरीद-ए-मुमालिक

(c) दबीर-ए-खास

(d) शिकदार-ए-शिकदारान

उत्तर (b) शेरशाह ने अपनी शासन व्यवस्था को सुचारु रूप से चलाने के लिए विभिन्न पदाधिकारियों की नियुक्ति की तथा प्रशासनिक विभागों की स्थापना की थी। जिसके अंतर्गत–

1. दीवान-ए-आरिज : इस विभाग का प्रधान आरिज-ए-मुमालिक था। यह सैनिक विभाग का प्रधान होता था।

2. दीवान-ए-बरीद : इस विभाग का प्रमुख बरीद-ए-मुमालिक था। राज्य की प्रत्येक घटना पर नजर रखना तथा उनकी सूचना सुल्तान तक पहुँचाना इसका प्रमुख कार्य था।

3. शिकदार-ए-शिकदारान : यह सरकार (जिला) का प्रमुख सैनिक अधिकारी था। इसी प्रकार दबीर-ए-खास सल्तनत काल के अंतर्गत शाही-पत्र व्यवहार विभाग (दीवान-ए-इंशा) का प्रधान था। शेरशाह के शासनकाल के अंतर्गत दीवान-ए-इंशा विभाग का प्रमुख दबीर-ए-मुमालिक था।

5. शेरशाह ने अपनी सैनिक शक्ति किस आधार पर संगठित किया?

(a) जनजातियों के आधार पर

(b) बाबर के अनुसार

(c) सुल्तानों के आधार पर

(d) सामंतवादी पद्धति पर

उत्तर (a) यद्यपि शेरशाह ने अपना जीवन एक नागरिक के रूप में ही प्रारम्भ किया था, तथापि एक श्रेष्ठ सैनिक संगठन की स्थापना के महत्व को उसने भली प्रकार से समझा था। अन्य अफगान राजाओं की भांति उसने भी सम्पूर्ण भारत और अफगानिस्तान से अफगानों को बुलवाया और उसकी योग्यता एवं स्थिति के अनुसार उन्हें अपने यहाँ नियुक्त किया था। इसलिए उसकी सेना में अफगानों की संख्या ज्यादा थी, किन्तु अन्य जातियों के लोग, यहाँ तक कि हिन्दू भी उसकी सेना में मौजूद थे। सामंती सेना के ढंग को नापसंद करते हुए उसने अलाउद्दीन खिलजी द्वारा प्रारम्भ स्थायी सेना रखने की नीति को अपनायी थी। उसने सेना में प्रयुक्त घोड़ों पर दाग प्रथा अपनाया तथा सैनिकों का हुलिया भी रजिस्टर में लिखा जाता था। सैनिक को वेतन प्राय: नगद ही दिया जाता था, किन्तु अफसर और सरदार पहले की भांति जागीरों का लाभ प्राप्त करते थे।

❑❑❑

8 सिख सम्प्रदाय

1. सिख धर्म के सम्बन्ध में निम्नलिखित कथनों पर विचार कीजिए–

1. गुरु नानक ने निर्गुण भक्ति का समर्थन किया, जिसमें ईश्वर का कोई रूप या लिंग नहीं होता है।

2. आदि ग्रंथ साहिब में केवल गुरु नानक और सिख गुरुओं की शिक्षाएँ सम्मिलित हैं।

उपर्युक्त कथनों में से कौन-सा/से सही है/हैं?

(a) केवल 1

(b) केवल 2

(c) 1 और 2 दोनों

(d) न तो 1, न ही 2

उत्तर (a) गुरु नानक (1469-1539 ई.) का जन्म एक हिन्दू परिवार में ननकाना साहिब नामक गाँव में हुआ था। गुरु नानक के संदेशों से ज्ञात होता है कि वे निर्गुण भक्ति के समर्थक थे। उन्होंने बलिप्रथा, अनुष्ठानिक स्नान, मूर्ति पूजा, तपस्या और हिन्दुओं तथा मुसलमानों दोनों के ग्रंथों को अस्वीकार कर दिया।

गुरु नानक के अनुसार, निरपेक्ष सत्ता (परमात्मा) या रब का कोई लिंग या रूप नहीं होता है **कथन 1 सही है।** दिव्य सत्ता से जुड़ने के लिए उन्होंने दिव्य नाम का जप करने का सरल तरीका प्रस्तावित किया। उन्होंने क्षेत्र की पंजाबी भाषा मे 'सबद' नामक भजनों के रूप में अपने विचारों को व्यक्त किया।

ऐसा प्रतीत होता है कि गुरु नानक एक नए धर्म की स्थापना करना चाहते थे, किन्तु उनकी मृत्यु के बाद उनके अनुयायियों ने अपनी प्रथाओं को एक समेकित हिन्दू और मुस्लिमों दोनों से ही भिन्न रूप दे दिया।

पाँचवें गुरु, गुरु अर्जुन ने, गुरु नामक के भजनों एवं उनके साथ-साथ अपने पूर्ववर्ती चार गुरुओं के एवं अन्य धार्मिक कवियों जैसे बाबा फरीद, रविदास (जिसे रैदास नाम से भी जाना जाता है) और कबीर के भजनों को 'आदि ग्रंथ साहिब' में संकलित किया। इन भजनों की रचना को 'गुरबानी' कहा जाता है और इन भजनों की रचना विभिन्न भाषाओं में की गयी है। **इस प्रकार कथन 2 सही नहीं है।**

2. सिख गुरुओं से सम्बन्धित निम्नलिखित कथनों पर विचार कीजिए-

1. बन्दा बहादुर को गुरु तेग बहादुर ने सिखों का सैन्य-प्रमुख नियुक्त किया।

2. गुरु अर्जुनदेव सिखों के गुरु, गुरु रामदास के पश्चात् बने।

3. गुरु अर्जुनदेव ने सिखों को उनकी अपनी लिपि-गुरुमुखी दी।

उपरोक्त कथनों में से कौन-सा/से सही है/हैं?

(a) केवल 1 (b) केवल 2 और 3

(c) केवल 1 और 3 (d) केवल 1 और 2

उत्तर (d) **विकल्प (d) सही है।** सिख गुरु अंगद (1538 ई॰ से 1552 ई॰) ने सिखों को उनकी अपनी लिपि गुरुमुखी दी। गुरु अर्जुन देव (1581-1606 ई॰), गुरु रामदास (1574-1581 ई॰) के पश्चात् गुरु बने थे। गुरु तेग बहादुर ने बन्दा बहादुर को सिखों का सैन्य-प्रमुख नियुक्त किया था। मुगल बादशाह फर्रूखशियर ने गुरुदासपुर के पास बन्दा बहादुर को पकड़कर उन्हें 1716 ई॰ में मार डाला था।

3. निम्नलिखित में से किन सिख गुरुओं को तत्कालीन शासकों द्वारा मृत्युदण्ड दिया गया था?

1. गुरु अंगद 2. गुरु अर्जुनदेव

3. गुरु हरगोविन्द 4. गुरु तेग बहादुर

सही उत्तर का चयन निम्नांकित कूट से कीजिए–

कूट:

(a) केवल 2 तथा 4 (b) केवल 2 तथा 3

(c) केवल 1 तथा 3 (d) केवल 1 तथा 2

उत्तर (a) गुरु अर्जुन देव द्वारा विद्रोही राजकुमार खुसरो को सहायता देने के आरोप में जहाँगीर ने इन्हें फाँसी की सजा दी एवं औरंगजेब द्वारा अपने कट्टरवादी चरित्र के कारण गुरु तेग बहादुर को मृत्युदण्ड दिया गया था।

4. "आदि ग्रंथ अथवा गुरु ग्रंथ साहिब" का संकलन निम्नांकित में से किसने किया था?

(a) गुरु नानक देव

(b) गुरु तेग बहादुर

(c) गुरु गोविन्द सिंह

(d) गुरु अर्जुन देव

उत्तर (d) सिख धर्म के 5वें गुरु अर्जुनदेव के समय सिख ग्रंथ 'गुरु ग्रंथ साहिब' का संकलन हुआ और अमृतसर का स्वर्ण मंदिर भी बना, परन्तु शाहजादा खुसरो को प्रश्रय देने के आरोप में जहाँगीर ने उन्हें फाँसी दे दी।

5. निम्नलिखित में से कौन-से सिख गुरु द्वारा 'गुरुमुखी लिपि' का आरम्भ किया गया?

(a) गुरु अर्जुन (b) गुरु रामदास

(c) गुरु तेगबहादुर (d) गुरु अंगद

उत्तर (d) सिख धर्म की स्थापना का श्रेय गुरुनानक को दिया जाता है। उनकी मृत्यु के बाद उनके शिष्य लेहना गुरु अंगद के नाम से द्वितीय गुरु बने। उन्हें गुरुमुखी लिपि को आरम्भ करने का श्रेय प्राप्त है। गुरु रामदास ने अमृतसर शहर बसाया, जबकि गुरु अर्जुनदेव ने स्वर्ण मंदिर का निर्माण कराया। गुरु तेगबहादुर को औरंगजेब ने मृत्युदंड दिया था।

6. पंजाब में बन्दा बहादुर के विद्रोह का कारण था–

(a) मुगल अधिकारियों द्वारा किसानों का शोषण

(b) मुगलों द्वारा सिखों का धार्मिक उत्पीड़न

(c) बन्दा बहादुर की महत्वाकांक्षायें

(d) कराधान (राजस्व) की अधिकता

उत्तर (b) मुगलों द्वारा सिखों के धार्मिक उत्पीड़न के विरोध में गुरु गोविन्द सिंह के बाद बन्दा बहादुर ने सिखों का राजनैतिक नेतृत्व संभाला। इसने अपने सैन्य बल पर सरहिन्द, सोनीपत के कई जिलों पर कब्जा कर लिया तथा गोविन्द सिंह के नाम से सिक्के चलवाये। यह सिखों का पहला राजनैतिक नेता था। पंजाब में प्रथम सिख राज्य की स्थापना के विचार का प्रतिपादन सर्वप्रथम बन्दा बहादुर ने किया था।

7. निम्नलिखित कथनों पर विचार कीजिए – 18वीं शताब्दी में 'खालसा' एक ऐसी संस्था थी, जिसका उद्देश्य था–

1. **सिखों के राष्ट्रमण्डल को केवल एक धार्मिक सैन्य तथा राजनैतिक संगठन बनाना।**
2. **खालसा तथा सिख कुल के प्रशासन को एक जनतांत्रिक स्वरूप देना।**
3. **सभी व्यक्तिगत सदस्यों को समान राजनैतिक, धार्मिक तथा सामाजिक सुविधाएँ देना**
4. **असमानता की छाया वाले प्रत्येक विचार को हतोत्साहित करना।**

इनमें से कौन से कथन सही है?

(a) केवल 1 और 2
(b) केवल 2 और 3
(c) केवल 3 और 4
(d) केवल 1, 2, 3 और 4

उत्तर (d) 18वीं शताब्दी से खालसा एक ऐसी संस्था थी, जिसका उद्देश्य था सिखों के राष्ट्रमण्डल को केवल एक धार्मिक सैन्य तथा राजनैतिक संगठन बनाने के साथ खालसा तथा सिख कुल के प्रशासन को एक जनतांत्रिक स्वरूप देना। इसके अतिरिक्त सभी व्यक्ति सदस्यों को समान राजनैतिक, धार्मिक तथा सामाजिक सुविधाएँ देना तथा असमानता की छाया वाले प्रत्येक विचार को हतोत्साहित करना आदि खालसा के अन्य उद्देश्यों में शामिल थे। खालसा पंथ की स्थापना 1699 ई. में गुरु गोविन्द सिंह ने की थी।

8. श्री गुरु ग्रंथ साहब में भजन नहीं है–

(a) धन्ना के (b) पीपा के
(c) रैदास के (d) सैन के

उत्तर (b) सिखों के पवित्र ग्रंथ श्री गुरु ग्रंथ साहब की रचना का श्रेय सिखों के पाँचवें गुरु श्री अर्जुन देव को प्राप्त है। इन्होंने अपने विश्वासपात्र भाई गुरुदास को गुरुमुखी लिपि में श्री आदि ग्रंथ या श्री गुरु ग्रंथ साहिब जी की रचना का महान कार्य सौंपा था। इस ग्रंथ को अंतिम रूप देने का कार्य 10वें गुरु श्री गोविन्द सिंह ने 1705 ई. में पूरा किया था। उन्होंने आदि ग्रंथ में अपने पिता गुरु तेगबहादुर की वाणियों का भी समावेश किया। इसके अतिरिक्त इस ग्रंथ में गुरु नानक देव जी, गुरु अंगद देव जी, गुरु रामदास जी, गुरु अर्जुन देव जी तथा गुरु तेग बहादुर जी की वाणियाँ संकलित हैं। इसके साथ ही सूफी संत शेख फरीद, जयदेव ब्राह्मण, त्रिलोचन वैश्य, नामदेव साधना कसाई बेनी, रामानंद, कबीर जुलाहा, सेना नाई रैदास, धन्ना, मरदाना आदि के पद भी संकलित है।

9. निम्नलिखित में से कौन-सी एक कृति, गुरु गोविन्द सिंह की नहीं है–

(a) चण्डी-दी-वार (b) विचित्र नाटक
(c) जपजी साहिब (d) जफरनामा

उत्तर (c) 'जपजी साहिब' गुरु गोविन्द सिंह की कृति नहीं है। यह सिखों के प्रथम गुरु नानक (1469-1539 ई.) की शिक्षाओं का संग्रह है, जो आदि ग्रंथ में संकलित है। जबकि चण्डी-दी-वार, चित्रित नाटक और जफरनामा की रचना गुरु गोबिन्द सिंह द्वारा की गई थी। इसमें 'विचित्र नाटक' गुरु गोविन्द सिंह की आत्मकथा है। जबकि 'जफरनामा' औरंगजेब को लिखे गये पत्रों का संकलन है।

10. आदि ग्रंथ का संकलन किया गया–

(a) गुरु नानक देव के काल में
(b) गुरु अमरदास के काल में
(c) गुरु अर्जुनदेव के काल में
(d) गुरु हरगोविन्द के काल में

उत्तर (c) आदि ग्रंथ का संकलन सिखों के पाँचवें गुरु अर्जुनदेव ने किया। इस आदि ग्रंथ साहिब का पहला प्रकाशन 1 सितम्बर, 1604 को हरमंदिर साहिब (स्वर्ण मंदिर अमृतसर) में किया गया। इस ग्रंथ को अंतिम रूप देने का कार्य 10वें गुरु श्री गोविन्द सिंह जी ने 1705 में पूरा किया था।

11. निम्न सेनाध्यक्षों पर विचार कीजिए–

1. **बैप्टिस्ट वैनतुरा** 2. **वेन्जिटार्ट**
3. **देवासिंह** 4. **सूरज सिंह**
5. **इलाही बख्श** 6. **अलार्ड**

इनमें से कौन-कौन रणजीत सिंह के 'फौज-ए-खास' के सदस्य थे?

(a) 1, 2, 3, 4
(b) 1, 3, 5, 6
(c) 2, 3, 4, 5
(d) 2, 4, 5, 6

उत्तर (b) रणजीत सिंह की सेना दो भागों में विभक्त थी– (1) फौज-ए-खास अर्थात् नियमित सेना (2) फौज-ए-वेकवायद अर्थात् अनियमित सेना। रणजीत सिंह ने 1822 ई. में फौज-ए-खास का गठन किया। इसने फौज-ए-खास के घुड़सवार सैनिकों के प्रशिक्षण के लिए फ्रांसीसी सेनापति अलार्ड तथा फौज-ए-खास की पैदल सेना के प्रशिक्षण के लिए इटालियन सेनापति वैनटुरा को नियुक्त किया। इलाही बख्श 'फौज-ए-खास' के तोपखाने का प्रधान था। देवा सिंह एक प्रमुख सरदार था।

12. आदिग्रंथ साहिब के विषय में निम्नलिखित कथनों में से कौन सा एक कथन सही नहीं है?

(a) इसका संकलन 17वीं शताब्दी के प्रथम दशक में हुआ था।
(b) इसमें कबीर के पद्य हैं।
(c) इसमें प्रायः सगुण भक्ति के संतों के पद्य हैं।
(d) इसमें बाबा फरीद की उक्तियाँ हैं।

उत्तर (c) 'गुरु ग्रंथ साहिब' का संकलन सिखों के पाँचवें गुरु अर्जुनदेव ने 17वीं शताब्दी के प्रथम दशक में किया। इसमें सिख गुरुओं के साथ कुछ निर्गुण संतों यथा कबीर (541 शबद) और बाबा फरीद (116 शबद) के वचनों को भी स्थान दिया गया है। परंतु सगुण ब्रह्म की उपासना करने वाले संतों के वचन इसमें नहीं मिलते, क्योंकि यह निराकार ब्रह्म की उपासना पर बल देता है।

13. कथन (A) : अमृतसर की सन्धि रणजीत सिंह और ईस्ट इण्डिया कम्पनी के बीच 25 अप्रैल, 1809 को हस्ताक्षरित हुई।

कारण (R) : रणजीत सिंह अपने साम्राज्य का विस्तार कम्पनी की मदद से करना चाहते थे।

नीचे दिए गए कूट से अपने उत्तर चुनिए–

कूटः

(a) A और R दोनों सही हैं तथा R, A का सही स्पष्टीकरण है।
(b) A तथा R दोनों सही हैं, किन्तु R, A का सही स्पष्टीकरण नहीं है।
(c) A सही है, परन्तु R गलत है।
(d) A गलत है, परन्तु R सही है।

उत्तर (c) अमृतसर की सन्धि 25 अप्रैल, 1809 ई. को रणजीत सिंह और ईस्ट इण्डिया कम्पनी के प्रतिनिधि चार्ल्स मेटकॉफ के मध्य हुई। इसके तहत सतलज नदी दोनों राज्यों की सीमा मान ली गयी। इसे क्रियान्वित करने के लिए लुधियाना में एक अंग्रेजी सेना रखी गयी, जिससे रणजीत सिंह सतलज नदी के पूर्व में आक्रमण न कर सके। किन्तु सतलज नदी के पश्चिम में उन्हें अपने राज्य का विस्तार करने की छूट प्रदान की गयी।

14. निम्नलिखित में से किन-किन का रणजीत सिंह के साथ सम्बन्ध है?

1. **सुकरचकिया मिसल और लाहौर का कब्जा**
2. **अम्बाला का युद्ध और लार्ड लेक की पराजय**
3. **ईस्ट इण्डिया कम्पनी के साथ सहायक सन्धि पर हस्ताक्षर करना**
4. **फकीर अजीजुद्दीन और दीनानाथ को नियुक्त करना**

कूटः

(a) केवल 1, 2 (b) केवल 2, 3

(c) केवल 1, 4 (d) केवल 3, 4

उत्तर (c) रणजीत सिंह सुकरचकिया मिसल के प्रमुख महा सिंह के पुत्र थे। 1799 ई. में इन्होंने लाहौर पर अधिकार कर लिया। फकीर अजीजुद्दीन एवं दीनानाथ इनके मंत्री थे। इनमें फकीर अजीजुद्दीन इनका विदेश मंत्री था, जो कूटनीति कार्यों में दक्ष था।

15. रणजीत सिंह की मृत्यु के बाद उत्तराधिकार के संघर्ष में किसने सत्ता हड़प ली?

(a) ध्यान सिंह (b) नौनिहाल सिंह

(c) शेर सिंह (d) खड्ग सिंह

उत्तर (a) जून 1839 ई. में रणजीत सिंह की मृत्यु के पश्चात् सिंहासन पर उसका मूर्ख पुत्र खड्ग सिंह बैठा, लेकिन वास्तविक सत्ता वजीर ध्यान सिंह के हाथ में पहुँच गई। उसने खड्ग सिंह का वध करवाकर नौनिहाल सिंह को सिंहासन पर बैठा दिया। नौनिहाल सिंह के पश्चात् शेरसिंह और अंत: में दिलीप सिंह शासक बने। दिलीप सिंह को पराजित कर डलहौजी ने सिख राज्य को अंग्रेजी राज्य में मिला लिया।

16. रणजीत सिंह किस मिसल के थे?

(a) कन्हैया (b) सुकरचकिया

(c) अहलुवालिया (d) भंगी

उत्तर (b) रणजीत सिंह सुकरचकिया मिसल के प्रमुख महा सिंह के पुत्र थे। 1792 ई. में अपने पिता महा सिंह की मृत्यु के बाद 12 वर्ष की आयु में वे सुकरचकिया मिसल के प्रमुख बने। 1799 ई. में रणजीत सिंह ने लाहौर पर अधिकार कर लिया। अफगानिस्तान के शासक जमान शाह ने उन्हें 'राजा' की उपाधि दी थी। इसके साथ ही उन्हें लाहौर का सूबेदार स्वीकार कर लिया। 1805 ई. में रणजीत सिंह ने अमृतसर को मांगी मिसल से छीन लिया। इस तरह पंजाब की राजनीतिक राजधानी लाहौर तथा धार्मिक राजधानी अमृतसर दोनों उनके अधीन हो गई थी।

17. हुजूर साहब का गुरुद्वारा किसकी याद में बना था?

(a) गुरु गोविन्द सिंह (b) गुरु नानक

(c) गुरु रामदास (d) गुरु तेगबहादुर

उत्तर (a) हुजूर साहब का गुरुद्वारा (नांदेड़) का निर्माण गुरु गोविन्द सिंह की स्मृति में करवाया गया। औरंगजेब के पुत्रों के उत्तराधिकार के युद्ध में गुरु गोविन्द सिंह ने बहादुरशाह का साथ दिया। नांदेड़ नामक स्थान पर गोदावरी नदी के तट पर एक पठान अजीम खान द्वारा छुरा घोंपने से गुरु गोविन्द सिंह की मृत्यु हो गयी थी।

18. निम्नलिखित का सही कालानुक्रम क्या है? नीचे दिए कूट से सही उत्तर का चयन कीजिए–

(1) अमृतसर की सन्धि

(2) चतुर्थ मैसूर युद्ध

(3) लाहौर की सन्धि

(4) ईस्ट इण्डिया कंपनी की मेवाड़ से सन्धि

कूटः

(a) 1-2-3-4 (b) 3-1-2-4

(c) 2-1-4-3 (d) 2-1-3-4

उत्तर (c) अमृतसर की सन्धि 25 अप्रैल, 1809 ई. को अंग्रेजों और महाराणा रणजीत सिंह के मध्य हुई थी। चतुर्थ आंग्ल मैसूर युद्ध 1799 ई. में अंग्रेज सेनापति वैलेजली तथा टीपू सुल्तान के मध्य हुआ। 9 मार्च, 1846 ई. को सिखों और अंग्रेजों के बीच लाहौर की सन्धि हुई। ईस्ट इण्डिया कंपनी की मेवाड़ से सन्धि 13 जनवरी, 1818 ई. को हुई।

19. किस सिख ने विद्रोही राजकुमार खुसरो की सहायता धन और आशीर्वाद से की थी?

(a) हर गोविन्द (b) गुरु गोविन्द सिंह

(c) गुरु अर्जुनदेव (d) गुरु तेगबहादुर

उत्तर (c) सिखों के पाँचवें गुरु अर्जुनदेव ने जहाँगीर के विद्रोही पुत्र खुसरो को आशीर्वाद और धन देकर सहायता की थी। इससे क्रोधित होकर जहाँगीर ने 1606 ई. में इन्हें मृत्युदण्ड दे दिया। गुरु अर्जुन देव को 'सच्चा पादशाह' भी कहा जाता है। इन्होंने रामदासपुर में अमृतसर एवं संतोषसर नामक तालाब का निर्माण करवाया था। उन्होंने तरनतारन तथा करतारपुर नामक नगर का निर्माण करवाया था। 1604 ई. में इन्होंने 'आदि ग्रंथ' की रचना की थी।

20. 'तरनतारन' नामक नगर की स्थापना करने वाले सिख गुरु कौन थे?

(a) गुरु रामदास (b) गुरु अर्जुनदेव

(c) गुरु गोविन्द सिंह (d) गुरु तेगबहादुर

उत्तर (b) 'तरनतारन' नामक नगर की स्थापना करने वाले सिख गुरु अर्जुनदेव (1581-1606 ई.) थे। इसके अतिरिक्त इन्होंने 'करतारपुर' नामक नगर भी बसाया था। इनको सच्चा पादशाह भी कहा जाता था। इन्होंने रामदासपुर में अमृतसर तथा संतोषसर नामक तालाब का निर्माण करवाया तथा 1604 ई. में 'आदि ग्रंथ' की रचना की।

21. सिखों को एक सैन्य लड़ाकू जाति के रूप में परिणत करना प्रारम्भ किया था–

(a) गुरु हरगोविन्द ने

(b) गुरु गोविन्द सिंह ने

(c) गुरु तेगबहादुर ने

(d) गुरु अर्जुनदेव ने

उत्तर (a) सिखों को लड़ाकू समुदाय में परिवर्तित करने का कार्य गुरु हरगोविन्द (1606-1546 ई.) ने प्रारम्भ किया। इन्होंने सिखों में सैनिक भावना पैदा की, सैनिक शिक्षा प्रारम्भ की तथा स्वयं की रक्षा के लिए शस्त्र धारण करने की आज्ञा दी। इन्होंने अपने शिष्यों से धन के बदले घोड़े और शस्त्र प्राप्त किए।

22. पटना में किस सिख गुरु का जन्म हुआ था?

(a) नानक

(b) तेगबहादुर

(c) हरगोविन्द

(d) गोविन्द सिंह

उत्तर (d) सिखों के 10वें गुरु गोविन्द सिंह का जन्म 1666 ई. में पटना, बिहार में हुआ था।

23. किस सिख गुरु को अकबर ने 500 बीघा जमीन दी थी?

(a) अर्जुन देव (b) रामदास

(c) हरराय (d) तेगबहादुर

उत्तर (b) सिखों के चौथे गुरु रामदास के समय अकबर ने उन्हें 500 बीघा जमीन दान दी थी। इसी भूमि पर अमृतसर शहर को बसाया गया। पूर्व में इसका नाम रामदासपुर रखा गया।

24. गुरुनानक ने किसके शासनकाल में सिख मत की स्थापना की थी?

(a) अकबर (b) बाबर

(c) सिकंदर लोदी (d) फिरोज तुगलक

उत्तर (c) सिख धर्म के संस्थापक गुरु नानक (1469-1539 ई.) थे। इन्होंने सुल्तान सिकंदर लोदी के समय 16वीं सदी में पंजाब में सिख धर्म की नींव रखी। ये सिखों के पहले गुरु थे, इनका जन्म तलवंडी में 1469 ई. में हुआ था। इन्होंने सिख नामक पंथ चलाया। इनके पिता का नाम कालू जी तथा माता का नाम तृप्ता था। इन्हें 'हजरत रब्बुल मजीज' की उपाधि दी गयी थी।

25. सिख साम्राज्य का अंतिम शासक था–

(a) दलीप सिंह (b) नौनिहाल सिंह

(c) रणजीत सिंह (d) शेर सिंह

उत्तर (a) सिख साम्राज्य का अंतिम शासक दलीप सिंह था। द्वितीय आंग्ल-सिख युद्ध के पश्चात् पंजाब का विलय अंग्रेजी साम्राज्य में कर लिया गया।

❑❑❑

9 मराठा राज्य

1. शिवाजी के प्रशासन में उनके अधीनस्थ अष्ट-प्रधान प्रणाली के संदर्भ में निम्नलिखित कथनों पर विचार कीजिए–

1. अष्ट-प्रधान प्रणाली के अंतर्गत आने वाले पद वंशानुगत प्रकृति के थे।

2. अष्ट-प्रधान प्रणाली के अंतर्गत आने वाले सभी पदों को किसी सैन्य अभियान का नेतृत्व करने को कहा जाता था।

3. इस प्रणाली के अंतर्गत आने वाले सभी पदों को भुगतान नकद के साथ-साथ जागीर के रूप में किया जाता था।

उपर्युक्त कथनों में से कौन-सा/से सही है/हैं?

(a) केवल 1 और 3

(b) केवल 1 और 2

(c) केवल 2 और 3

(d) उपर्युक्त में से कोई नहीं

उत्तर (d) शिवाजी के अष्ट-प्रधान में निम्नलिखित 8 पदाधिकारी हुआ करते थे :

- पेशवा, जो सामान्य प्रशासन तथा वित्तीय मामलों की देख-रेख करता था।
- सर-ए-नौबत या सेनापति।
- मजूमदार, जो लेखापाल हुआ करता था।
- वाकयानवीस जो खुफिया विभाग, चौकियों तथा गृहस्थी से संबंधित मामलों में उत्तरदायी था।
- सूरानवीस या चिटनिस, जो पत्राचार कार्य में सहायता करता था।
- दबीर या सुमन्त, जो विदेश विभाग का प्रधान था।
- न्यायधीश पर न्याय व्यवस्था का प्रभार था।
- पंडितराव, दान सम्बन्धी कार्यो का प्रभारी था।

पंडितराव तथा न्यायाधीश को छोड़ कर अन्य सभी अधिकारियों को सैन्य अभियानों का नेतृत्व करने को कहा जाता था। शिवाजी के अधीन ये अधिकारी न तो वंशानुगत व्यवस्था के अंतर्गत आते थे और न ही इन्हें स्थायी रूप से नियुक्त किया जाता था। वे राजा के प्रसादपर्यंत पद पर बने रहते थे तथा प्राय: उनका स्थानान्तरण हुआ करता था। उन्हें सीधे राजकोष से भुगतान किया जाता था तथा किसी भी नागरिक या सैन्य अधिकारी को जागीर नहीं दी जाती थी। बाद में पेशवाओं के अंतर्गत उनके पद की प्रवृत्ति वंशानुगत तथा स्थायी हो गयी। **इसलिए, कथन 1, 2 तथा 3 असत्य हैं।**

2. शिवाजी की राजधानी कहाँ थी?

(a) रायगढ़ (b) सिन्धुदुर्ग

(c) पूना (d) कोल्हापुर

उत्तर (a) 1674 ई. में शिवाजी ने अपना राज्यभिषेक कराया तथा रायगढ़ को अपनी राजधानी बनाया।

3. शिवाजी के 'अष्ट प्रधान' का, जो सदस्य विदेशी मामलों की देख-रेख करता था, वह था-

(a) पेशवा (b) सचिव

(c) पण्डित (d) सुमन्त

उत्तर (d) शासन कार्यों में सहायता के लिए शिवाजी ने मंत्रियों की एक परिषद, जिसे अष्टप्रधान कहते थे, की व्यवस्था की थी। अष्टप्रधान में पेशवा का पद सर्वाधिक महत्वपूर्ण एवं सम्मान का था। यह राजा का विश्वसनीय होता था।

1. पेशवा - मुख्यमंत्री, सम्पूर्ण प्रशासन का पर्यवेक्षण एवं निरीक्षण लोकहित की रक्षा।

2. अमात्य या मजूमदार - वित्तमंत्री।

3. पिटनिस - पत्राचार विभाग की देख-रेख। महलों एवं परगनों के हिसाब-किताब की जाँच।

4. वाकियानवीस - सूचना गुप्तचर विभाग का अध्यक्ष।

5. दबीर या सुमन्त - विदेश विभाग का प्रधान।

6. सेनापति (सर-ए-नौबत) - सेना का नेतृत्व।

7. पण्डितराव (दानाध्यक्ष) - धार्मिक मामलों में छत्रपति का मुख्य परामर्शदाता।

8. न्यायाधीश - न्याय विभाग का प्रधान

4. कथन (A) : राज्य के मामले में शिवाजी एक मंत्रिपरिषद् से परामर्श लेते थे।

कारण (R) : प्रत्येक मंत्री अपने विभाग का स्वतंत्र प्रभार रखता था।

कूट:

(a) A और R दोनों सही हैं तथा R, A की सही व्याख्या करता है।

(b) A और R दोनों सही हैं, परन्तु R, A की सही व्याख्या नहीं करता है।

(c) A सही है, परन्तु R गलत है।

(d) A गलत है, परन्तु R सही है।

उत्तर (b) शिवाजी ने अपने शासन के संचालन के लिए मंत्रियों की एक परिषद् जिसे अष्टप्रधान कहा जाता था, का गठन किया था। परन्तु इसे किसी भी हालत में मंत्रिमण्डल की संज्ञा नहीं दी जा सकती थी। ये मंत्री 'सचिव' के रूप में कार्य करते थे। ये प्रत्यक्ष रूप से कोई निर्णय नहीं ले सकते थे और न ही नीति निर्धारण कर सकते थे। इनकी भूमिका मात्र सलाहकार की होती थी।

5. शिवाजी की प्रशासन व्यवस्था में वाकियानवीस का क्या कार्य था?

(a) राज कर्मचारियों को मिलने वाले भुगतानों तथा लोकलेखाओं की जाँच और प्रतिहस्ताक्षर

(b) राजा की दैनिक गतिविधियों तथा दरबार की घटनाओं की दैनिकी रखना

(c) राजा के पत्राचार की देखभाल करना

(d) धार्मिक उत्सव आयोजित करना तथा लोक नैतिकता का नियंत्रक होना।

उत्तर (b) शिवाजी के शासन का वास्तविक संचालन 'अष्टप्रधान' नामक आठ मंत्री करते थे जिनका कार्य राजा को परामर्श देना मात्र था। इसे किसी भी अर्थ में मंत्रिमण्डल नहीं कहा जा सकता था। प्रत्येक मंत्री राजा के प्रति उत्तरदायी था तथा उसके सचिवों के रूप में कार्य करता था। सामान्यत: मंत्रियों का कार्य शिवाजी के निर्देशों का पालन करना और उनके अपने विभागों की निगरानी करना मात्र था। ये आठ मंत्री निम्न थे– पेशवा (प्रधानमंत्री), अमात्य अथवा मजमूदादार (वित्त एवं राजस्व मंत्री) वाकियानवीस अथवा मंत्री (सूचना, गुप्तचर विभाग का अध्यक्ष), सूरानवीस अथवा पिटनिस (पत्र व्यवहार तथा परगने की हिसाब जाँच करना), दबीर अथवा सुमन्त (विदेश मंत्री), सर-ए-नौबत अथवा सेनापति (सैन्यप्रबंध), पण्डित राव (विद्वानों एवं धार्मिक कार्यों के लिए अनुदान) तथा न्यायाधीश। इस प्रकार शिवाजी के शासनकाल में सुमन्त अथवा दबीर विदेशी मामले देखता था। अष्टप्रधान में

पण्डितराव और न्यायाधीश के अतिरिक्त सभी मंत्रियों को अपने असैनिक कर्त्तव्यों के अतिरिक्त सैनिक सेवा भी करनी पड़ती थी।

6. कथन (A) : शिवाजी की मृत्यु के उपरान्त उसके कनिष्ठ पुत्र का शासक के रूप में राज्याभिषेक किया गया था।

कारण (R) : शिवाजी ने मृत्यु के पूर्व अपने कनिष्ठ पुत्रों को अपना उत्तराधिकारी नामित कर दिया था, क्योंकि उसका ज्येष्ठ पुत्र व्याभिचारी पाया गया था।

नीचे दिए गए कूट से सही उत्तर चुनिए–

कूट:

(a) A और R दोनों सही हैं और R, A का सही स्पष्टीकरण है।

(b) A और R दोनों सही हैं परन्तु R, A का सही स्पष्टीकरण नहीं है।

(c) A सही है, परन्तु R गलत है।

(d) A गलत है, परन्तु R सही है।

उत्तर (a) शिवाजी के ज्येष्ठ पुत्र सम्भाजी तथा कनिष्ठ पुत्र राजाराम थे। परन्तु शिवाजी के अन्तिम समय में सम्भाजी के साथ उनका मतभेद हो गया था, क्योंकि वह व्याभिचारी पाया गया था। फलस्वरूप उसे पनहाला के किले में कैद कर लिया गया। शिवाजी की मृत्यु के पश्चात उसका कनिष्ठ पुत्र राजाराम का शासक के रूप में राज्याभिषेक किया गया, क्योंकि शिवाजी ने अपनी मृत्यु के पूर्व अपने कनिष्ठ पुत्र को ही अपना उत्तराधिकारी नामित कर दिया था। यद्यपि बाद में मराठा सरदारों ने सम्भाजी को पनहाला के किले से मुक्त कर गद्दी पर बैठा दिया।

7. शिवाजी के प्रशासन के अंतर्गत सर-ए-नौबत क्या था?

(a) ग्राम मुखिया

(b) पत्र व्यवहार हेतु क्लर्क

(c) पैदल सेनाधिकारी

(d) राजस्व अभिलेखों का अनुरक्षक

उत्तर (c) शिवाजी ने अपने प्रशासन में सहायता के लिए आठ मंत्रियों को नियुक्त किया। जिसे 'अष्टप्रधान' कहा गया। इसमें सर-ए-नौबत सेनापति था। वह पैदल सेना और घुड़सवार सेना का अधिकारी था।

8. निम्नलिखित युग्मों पर विचार कीजिए–

	सन्धि	अंग्रेजों द्वारा अधिग्रहण
1.	सालबाई की सन्धि	नाना फड़नवीस से सालसेट का अधिग्रहण
2.	श्रीरंगपट्टनम की सन्धि	टीपू सुल्तान से गुंटूर का अधिग्रहण
3.	देवगाँव की सन्धि	भोंसले से कटक का अधिग्रहण

उपर्युक्त युग्मों में से कौन-सा/से सही है/हैं?

(a) केवल 1 (b) केवल 2 और 3

(c) केवल 1 और 3 (d) 1, 2 और 3

उत्तर (d) प्रथम आंग्ल-मराठा युद्ध 1775 ई. से 1782 ई. के बीच अंग्रेजों और मराठों के बीच हुआ। जिसका समापन 1782 ई. की सालबाई की सन्धि से हुआ। इस सन्धि के द्वारा सालसेट और एलिफेन्टा के क्षेत्र अंग्रेजों को प्राप्त हुए। इस सन्धि को करवाने में नाना फड़नवीस और महादजी सिन्धिया की महत्वपूर्ण भूमिका थी। तृतीय आंग्ल-मैसूर युद्ध 1790 ई. से 1792 ई. के बीच हुआ। इस युद्ध का समापन 1792 ई. की श्रीरंगापट्टनम की सन्धि से हुआ। जिसके द्वारा टीपू को अपना आधार राज्य अंग्रेजों को देना पड़ा। इसमें गुंटूर का क्षेत्र शामिल था। पेशवा, बाजीराव द्वारा 1802 ई. में बसीम की अपमानजनक सन्धि के बाद द्वितीय आंग्ल-मराठा युद्ध की शुरुआत हुई। इस युद्ध में भोंसले को पराजित कर उससे देवगाँव की सन्धि पर हस्ताक्षर करवा लिये गये। यह एक सहायक सन्धि थी इसके द्वारा भोंसले ने कटक और वर्धा नदी के पश्चिमी भाग अंग्रेजों को दे दिया।

9. सरंजामी प्रथा किससे सम्बन्धित थी?

(a) मराठा भूराजस्व प्रथा

(b) तालुकदारी प्रथा

(c) कुतुबशाही प्रशासन

(d) इनमें से कोई नहीं

उत्तर (a) सरंजामी व्यवस्था मराठों की भू-राजस्व व्यवस्था थी। यह मराठा जागीरदारों को उनके निर्वहन के लिए प्रदान की जाती थी।

10. बालाजी विश्वनाथ को पेशवा की पदवी किसने प्रदान की?

(a) शिवाजी III (b) शाहू

(c) सम्भाजी (d) धनाजी जादव

उत्तर (b) बालाजी विश्वनाथ (1713–20 ई.) को पेशवा का पद शाहू ने दिया था। बालाजी विश्वनाथ को मराठा साम्राज्य का द्वितीय संस्थापक माना जाता है। 1699 ई. से 1708 ई. में धनाजी की मृत्यु के पश्चात उनके पुत्र चन्द्रसेन यादव के ताराबाई के पक्ष में मिल जाने पर बालाजी विश्वनाथ को शाहू द्वारा सेनाकार्ते का पद प्रदान किया गया। 1713 ई. में पेशवा नियुक्त किए गए बालाजी विश्वनाथ की सबसे महत्वपूर्ण उपलब्धि मुगलों तथा मराठों के बीच एक स्थायी सन्धि की व्यवस्था थी, जिसमें दोनों पक्षों के अधिकारों तथा प्रभाव क्षेत्र की विधिवत व्यवस्था की गयी। बालाजी विश्वनाथ सैयद बन्धुओं की सहायता के लिए दिल्ली गया, जहाँ पर उन्होंने मुगल सम्राट फर्रूखसियर को अपदस्थ करने में महत्वपूर्ण भूमिका निभाई।

11. निम्न में से मराठों से सम्बन्धित कौन-सा एक कथन सही नहीं है–

(a) मराठा आंदोलन ने शाहजी द्वारा उड़ीसा में एक वास्तविक स्वतंत्र राज्य की स्थापना का आरंभ किया।

(b) पेशवा के पद पर बाजीराव 1720 ई. में आरूढ़ हुआ।

(c) मराठों द्वारा राजस्थान, दोआब के कुछ भाग एवं पंजाब पर आधिपत्य का प्रयत्न 1741 ई. में किया गया।

(d) मराठा आंदोलन सरदारों के नेतृत्व में होने वाला एक आंदोलन था।

उत्तर (a) शिवाजी के पूर्वज मराठा जाति के भोंसले वंश के थे। ये लोग प्रारम्भ में अहमदनगर के अधीन पूना जिले के हिन्गानी, बेरडी और दिवालगाँव ग्रामों के मुखिया थे। शिवाजी के पिता शाहजी प्रारम्भ में अहमदनगर के राज्य में थे। बाद में कुछ समय के लिए इन्होंने मुगलों की भी सेवा की थी। इसके बाद वह बीजापुर के अधीन रहकर मैसूर के पठार तथा पूर्वी कर्नाटक में अपनी एक बड़ी रियासत बनाकर बीजापुर सुल्तान का प्रमुख सामंत बन गया था। बाजीराव प्रथम ने 1720 ई. में पेशवा का पद प्राप्त किया था। इसके अधीन मराठा शक्ति अपने चरमोत्कर्ष पर पहुँच गयी। उन्होंने मराठा साम्राज्य का विस्तार के लिए उत्तर दिशा में बढ़ने की नीति का सूत्रपात किया ताकि 'मराठों का पताका कृष्णा से लेकर अटक तक फहराये'। तृतीय पेशवा बालाजी बाजीराव (1704-61 ई.) थे, जिन्होंने मराठा अर्थव्यवस्था को नये सिरे से सुदृढ़ करके राज्य की आय में वृद्धि की थी। इसके काल में मराठों द्वारा राजस्थान, दोआब का कुछ भाग एवं पंजाब पर आधिपत्य का प्रयत्न 1741 ई. में किया गया। मराठा आंदोलन सरदारों के नेतृत्व में होने वाला एक आंदोलन था। उसमें मुख्य रूप से राजाराम, ताराबाई आदि ने अग्रणी भूमिका निभाई थी।

12. आंग्ल-मराठा युद्धों के दौरान निम्न में से कौन-सी सन्धि सबसे अन्त में सम्पादित हुई थी?

(a) सिंधिया के साथ ग्वालियर की सन्धि

(b) होल्कर के साथ मंदसौर की सन्धि

(c) बाजीराव द्वितीय के साथ पूना की सन्धि

(d) सिंधिया के साथ सूरजी-अर्जुनगांव की सन्धि

उत्तर (b) द्वितीय आंग्ल-मराठा युद्ध के दौरान 30 सितम्बर, 1803 ई. को सिन्धिया से स्वतंत्र रूप से सुरजी-अर्जुनगाँव की सन्धि की गयी। इसके अनुसार सिंधिया को गंगा-यमुना के बीच का अपना सारा राज्य तथा जयपुर, जोधपुर एवं गोहद के राजपूत राज्य के उत्तर के अपने किले तथा राज्य अंग्रेजों को देने पड़े। 13 जून, 1817 ई. को अंग्रेजों ने पेशवा बाजीराव द्वितीय से पूना की सन्धि की। जिसके अनुसार पेशवा को मराठा संघ की प्रधानता छोड़ देनी पड़ी। दौलतराव सिंधिया ने अंग्रेजों से 5 नवम्बर, 1817 ई. को ग्वालियर की सन्धि की। इसके अनुसार सिंधिया को पिंडारियों को दबाने में अंग्रेजों की सहायता करने तथा चम्बल के पार के राज्यों से सम्बन्ध स्थापित करने की पूरी स्वतंत्रता दे दी। होल्कर ने 6 जनवरी, 1818 ई. को अंग्रेजों के साथ मंदसौर की संधि पर हस्ताक्षर किया। उसने राजपूत राज्यों पर सभी दावे छोड़ दिए, नर्मदा के दक्षिण के सभी जिले अंग्रेजों को सौंप दिए। राज्य में एक सहायक सेना रखना स्वीकार कर लिया।

13. देवगाँव की सन्धि, जो 1803 के अन्त में सम्पन्न हुई, की मुख्य विषय-वस्तु क्या थी?

(a) बराड़ के भोंसले राजा ने बालासोर सहित कटक का प्रांत तथा वर्धा नदी के पश्चिम का अपना सम्पूर्ण क्षेत्र अंग्रेजों को सौंप दिया था।
(b) सिंधिया ने गंगा तथा यमुना के बीच का अपना सभी क्षेत्र और राजपूत प्रदेश-जयपुर और जोधपुर में अपने किले तथा क्षेत्र अंग्रेजों को सौंप दिए थे।
(c) होल्कर ने चंबल के उत्तर के क्षेत्र तथा टोंक, रामपुरा, बूँदी, कूच और बुन्देलखण्ड पर से अपने अधिकार त्याग दिए थे।
(d) बाजीराव द्वितीय ने पेशवा का पद तथा मराठा राज्य संघ का नेतृत्व त्याग दिया था।

उत्तर (a) द्वितीय आंग्ल-मराठा युद्ध की शुरुआत पेशवा बाजीराव द्वितीय द्वारा अंग्रेजों से 1802 ई. में की गई बेसीन की संधि थी। अंग्रेजों ने नागपुर के रघुजी भोंसले को पराजित कर उन्हें 17 दिसम्बर, 1803 ई. को देवगाँव की सन्धि पर हस्ताक्षर करने को विवश किया। इस सन्धि में बराड़ के भोंसले ने बालासोर सहित कटक का प्रांत तथा वर्धा नदी के पश्चिम का अपना सम्पूर्ण क्षेत्र अंग्रेजों को सौंप दिया। इसके साथ ही नागपुर में एक अंग्रेजी रेजीडेन्ट रखना स्वीकार किया।

14. कथन (A) : आजमशाह ने महाराष्ट्र में अपनी अनुपस्थिति के दौरान शाहू से नर्मदा क्षेत्र का नियंत्रण संभालने की प्रार्थना की।

कारण (R) : यह अनुभव किया था कि उस क्षेत्र में शाहू की उपस्थिति ताराबाई को कमजोर करेगी तथा आजम की अनुपस्थिति के दौरान मुगल अधिकार क्षेत्रों की सुरक्षा करेगी।

नीचे दिए गए कूट से सही उत्तर चुनिए-

कूट:

(a) A तथा R दोनों सही हैं तथा R, A का सही स्पष्टीकरण है।
(b) A तथा R दोनों सही हैं तथा R, A का सही स्पष्टीकरण नहीं है।
(c) A सही है, परन्तु R गलत है।
(d) A गलत है, परन्तु R सही है।

उत्तर (d) औरंगजेब की मृत्यु के पश्चात बहादुर शाह उसका उत्तराधिकारी बना। इसी समय शिवाजी के पोते शाहू को आजमशाह ने मुगल कैद से मुक्त कर दिया। उसके पीछे मुख्य उद्देश्य मराठा संघ में फूट डालना था, क्योंकि महाराष्ट्र में ताराबाई ने शिवाजी द्वितीय को छत्रपति घोषित कर स्वयं सतारा में शासन कर रही थी। शाहू के सतारा पहुँचने पर 12 अक्टूबर, 1707 ई. में शाहू तथा ताराबाई के बीच खेड़ा का युद्ध हुआ, जिसमें शाहू, बालाजी विश्वनाथ के सहयोग से विजयी हुआ। 1708 ई. में शाहू ने सतारा पर अधिकार कर लिया। अब मराठा राज्य दो विरोधी उपराज्यों में विभक्त हो गया। एक राज्य सतारा था, जिसके प्रमुख शाहू थे और दूसरा कोल्हापुर था, जिसके प्रमुख शिवाजी द्वितीय थे, जो ताराबाई के नेतृत्व में शासन कर रहा था। इस प्रकार आजमशाह ने शाहू से कोई प्रार्थना नहीं किया था।

15. दादा जी कोंडदेव के विषय में निम्न में से कौन-सा एक कथन सही है?

(a) वह शिवाजी द्वारा नियुक्त एक जागीदार थे।
(b) वह शिवाजी के आध्यात्मिक मार्गदर्शक तथा दार्शनिक थे।
(c) वह शिवाजी के पिता की संपदा के प्रशासक थे।
(d) वह शिवाजी के मराठा राज्य के धार्मिक प्रमुख थे।

उत्तर (c) दादा कोंडदेव शिवाजी के संरक्षक और उनके पिता की संपदा के प्रशासक थे, जो पूना, सोपा की जागीर की देख-रेख में थे। जबकि समर्थगुरु रामदास शिवाजी के आध्यात्मिक मार्ग-दर्शक और उनके गुरु थे।

16. पानीपत के तृतीय युद्ध में मराठा सेना का संचालन किसने किया था?

(a) दत्ताजी सिंधिया
(b) विश्वास राव
(c) सदाशिव भाऊ
(d) मल्हार राव होल्कर

उत्तर (c) पानीपत का तृतीय युद्ध 14 जनवरी, 1761 ई. को मराठों और अफगान शासक अहमदशाह अब्दाली के मध्य हुआ। इस युद्ध में मराठा सेना का संचालन सदाशिव भाऊ ने किया। इस युद्ध में मराठे पराजित हुए। इतिहासकार यदुनाथ सरकार ने लिखा है कि 'महाराष्ट्र में सम्भवत: ही कोई ऐसा परिवार रहा होगा, जिसने अपना कोई-न-कोई सगा-सम्बन्धी न खोया हो तथा कुछ परिवारों का तो सर्वनाश ही हो गया'। इस समय मराठों का पेशवा बालाजी बाजीराव तथा मुगल शासक शाह आलम द्वितीय था।

17. सूची-I (मराठा शक्तियों) को सूची-II (ईस्ट इण्डिया कम्पनी के साथ सन्धि का स्थान) के साथ सुमेलित कीजिए तथा सूचियों के नीचे दिए गए कूटों का प्रयोग करते हुए सही उत्तर चुनिए-

सूची-I	सूची-II
A. पेशवा	1. बेसीन
B. होल्कर	2. राजपुर घाट
C. भोंसले	3. देवगाँव
D. सिंधिया	4. सुरजी अर्जुन गाँव

कूट:

	A	B	C	D
(a)	1	2	3	4
(b)	1	4	3	2
(c)	3	4	1	2
(d)	3	2	1	4

उत्तर (a) बेसीन की सन्धि (1802 ई.) पेशवा बाजीराव द्वितीय और अंग्रेजों के मध्य हुई। राजपुर घाट की शान्ति सन्धि (1 जनवरी, 1806) होल्कर और अंग्रेजों के बीच, देवगाँव की सन्धि (1 दिसम्बर, 1803) भोंसले और अंग्रेजों के मध्य तथा सुरजी अर्जुन गाँव की सन्धि (30 दिसम्बर, 1803) अंग्रेजों और सिंधिया के बीच हुई।

18. निम्नलिखित आंग्ल-मराठा युद्धों से सम्बन्धित सन्धियों का सही कालानुक्रम है-

1. बडगाँव की सन्धि
2. पुरंदर की सन्धि
3. सूरत की सन्धि
4. सालबाई की सन्धि

कूट :

(a) 3-2-1-4 (b) 2-1-3-4
(c) 4-2-1-3 (d) 1-4-3-2

उत्तर (a) रघुनाथ राव ने 1775 ई. में अंग्रेजों से 'सूरत की सन्धि' की। इस सन्धि के अनुसार अंग्रेजों को रघुनाथ राव को पेशवा बनाने में मदद करनी थी। यह सन्धि रघुनाथ राव ने बम्बई सरकार से की थी। कलकत्ता कौंसिल ने सूरत की सन्धि को अस्वीकार कर दिया तथा कलकत्ता की अंग्रेजी सरकार ने पूना के पेशवा से 1 मार्च, 1776 ई. को 'पुरन्दर की सन्धि' की। यह संधि कार्यान्वित नहीं हुई। बम्बई सरकार पुरन्दर की सन्धि को अस्वीकार कर रघुनाथ राव को संरक्षण देती रही। इस प्रकार प्रथम आंग्ल-मराठा संघर्ष चलता रहा। 1779 ई. में 'बडगांव की सन्धि' द्वारा यह निश्चित हुआ कि 1779 ई. से बम्बई सरकार द्वारा जीती गयी सारी भूमि लौटा दी जायेगी, बंगाल से पहुंचने वाली फौज हटा ली जायेगी तथा सिंधिया को भड़ौच के राजस्व का एक भाग मिलेगा। सिंधिया की मध्यस्थता के कारण प्रथम आंग्ल-मराठा युद्ध समाप्त हुआ तथा 'सालबाई की सन्धि' हुई। इस सन्धि द्वारा माधव-नारायण राव को पेशवा स्वीकार कर लिया गया तथा इस सन्धि ने अंग्रेज कम्पनी को 20 वर्षों की शांति प्रदान की।

19. निम्न में से किसके मध्य 1731 ई. में वार्ना की सन्धि हुई थी?

(a) सतारा के शाह छत्रपति तथा हैदराबाद के निजाम
(b) कोल्हापुर के सम्भाजी छत्रपति तथा सतारा के शाहू छत्रपति
(c) कोल्हापुर के सम्भाजी तथा ईस्ट इंडिया कम्पनी
(d) बाजीराव प्रथम तथा भोपाल के नवाब

उत्तर (b) शाहू को मुगल कैद से मुक्त होने के बाद अपने राज्य पर अधिकार करना था क्योंकि शाहू के कैदी जीवन के दौरान ताराबाई ने शिवाजी द्वितीय को सतारा में छत्रपति घोषित कर दिया था। शाहू के सतारा पहुँचने पर खेड़ा युद्ध में ताराबाई से सामना हुआ, जिसमें ताराबाई पराजित हुई। इस तरह अब मराठा राज्य दो भागों में बंट गया–उत्तर में सतारा राज्य, जो शाहू के अधीन था तथा दक्षिण में कोल्हापुर का राज्य, जो शिवाजी द्वितीय के अधीन था। यह आपसी संघर्ष तब समाप्त हुआ, जब शिवाजी द्वितीय की मृत्यु के बाद राजाराम की दूसरी पत्नी से उत्पन्न पुत्र शम्भाजी द्वितीय गद्दी पर बैठा। 1731 ई. में वार्ना की सन्धि द्वारा शम्भाजी द्वितीय ने शाहू की अधीनता स्वीकार कर ली। उस सन्धि द्वारा यह व्यवस्था की गयी कि शम्भाजी द्वितीय मराठा राज्य के दक्षिणी भाग कोल्हापुर पर शासन करे तथा उत्तरी भाग जिसकी राजधानी थी, पर शाहू शासन करे।

20. रणभूमि में अपने पतियों के साथ स्त्रियों के जाने की प्रथा को किसने बढ़ावा दिया?

(a) सदाशिव राव (b) रघुनाथ राव
(c) बालाजी राव (d) माधव राव

उत्तर (a) रणभूमि में अपने पतियों के साथ स्त्रियों को जाने की प्रथा को सदाशिवराव भाऊ ने बढ़ावा दिया था। पानीपत के पराजय में यह भी एक प्रमुख कारण था। भाऊ, दम्भी तथा शक्ति का दुरुपयोग करने वाला था, जैसा कि काशीराज पंडित कहते हैं, जो पानीपत की लड़ाई के प्रत्यक्षदर्शी थे। राजा सूरजमल जाट ने सदाशिव राव भाऊ को परामर्श दिया था कि वह स्त्रियों और बच्चे, जो सैनिकों के साथ थे तथा भारी तोपें एवं अन्य ऐश्वर्य की सामग्री झांसी अथवा ग्वालियर में ही छोड़ जाये। उसने कहा था कि 'आपकी सेना शेष भारतीय सेना से अधिक हल्की तथा तीव्रगामी है, किन्तु दुर्रानियों की आपसे भी अधिक।' मल्हार राव की राय भी इसी प्रकार थी कि तोपखाना की गाड़ी तो शाही सेना के अनुरूप थी, किन्तु मराठा युद्ध प्रणाली तो लूटमार की थी। उन्हें वही पद्धति अपनानी चाहिए, जो उनके अनुरूप हो। किन्तु भाऊ ने इनमें से किसी की राय को नहीं माना। जिसका परिणाम अत्यंत भयंकर हुआ।

21. 18वीं शताब्दी के उत्तरार्द्ध से सम्बन्धित विख्यात मराठा शासक महादजी का वंश था–

(a) होल्कर (b) सिंधिया
(c) भोंसले (d) गायकवाड़

उत्तर (b) विख्यात मराठा शासक महादजी का वंश सिंधिया था। महादजी सिंधिया ने पेशवा माधवराव नारायण प्रथम के समय में राजनीति का अनुभव प्राप्त किया था। पेशवा माधव राव नारायण द्वितीय के समय महादजी उसकी संरक्षक परिषद का एक महत्वपूर्ण सदस्य था। उसने यूरोपीय शस्त्रों एवं युद्ध नीति को समझकर फ्रांसीसी अधिकारियों की सहायता से अपने सैनिकों को यूरोपीय तरीके से शस्त्र शिक्षा तथा शस्त्र साधनों से युक्त करने का प्रयत्न किया था। प्रथम आंग्ल-मराठा युद्ध में महत्वपूर्ण भूमिका निभायी तथा सालबाई की सन्धि द्वारा उस युद्ध का अंत करवाया। उत्तरी भारत में मराठों की सम्मान की रक्षा उसी ने की। उसने राजपूत शासकों को अपने नियंत्रण में रखा तथा मुगल बादशाह शाहआलम को दिल्ली की गद्दी पर बैठाया। बादशाह शाह आलम ने उसे 'नाइब वकील-ए-मुतकक' की पदवी दी थी। फरवरी, 1794 ई. में अपनी मृत्यु के समय तक महादजी सिंधिया मराठों में ही नहीं, अपितु उत्तरी भारत में सर्वाधिक प्रभावशाली व्यक्ति था।

22. पेशवा बाजीराव प्रथम ने मुगलों से जो सूबेदारियाँ प्राप्त की, वे थीं-

(a) अहमदनगर तथा नागौर
(b) मालवा तथा बीजापुर
(c) गुजरात तथा मालवा
(d) खानदेश तथा बराई

उत्तर (c) गुजरात तथा मालवा की सूबेदारी बाजीराव को मुगलों से प्राप्त हुई थी। गुजरात पर मराठों का आक्रमण 1723 ई. में प्रारम्भ हुआ तथा 1727 ई. में वहाँ पर उनका प्रभुत्व हो गया। मुगल सूबेदार उनको चौथ और सरदेशमुखी वसूल करने का अधिकार दे दिया। बाद में मुगल सूबेदार महाराज अभय सिंह द्वारा पिलाजी गायकवाड़ (यशवंत राव की तरफ से गुजरात की देखभाल करता था) की हत्या कर दी गयी। परिणामतः मराठों ने आक्रमण कर 1735 ई. में सम्पूर्ण गुजरात पर अधिकार कर लिया। 1722 ई. में बाजीराव ने मालवा पर प्रथम आक्रमण किया। इसके बाद से पेशवा की तरफ से मल्हाराव होल्कर, रानोजी सिंधिया और उदय पवार आदि गुजरात की देखभाल करने लगे। 1728 ई. में बाजीराव ने पुनः मालवा पर आक्रमण किया और तब से मालवा पर मराठों के निरंतर आक्रमण हुए। अंत में दुरई-सराय की संधि (1738 ई.) से मुगल बादशाह के वजीर निजामुल-मुल्क ने मराठों को मालवा सौंप दिया।

23. 'मोडी' लिपि का प्रयोग किसके प्रपत्रों में किया जाता था?

(a) वोडेयरों के
(b) जमोरिनों के
(c) होयसलों के
(d) मराठों के

उत्तर (d) 'मोडी' लिपि का प्रयोग मराठा प्रपत्रों के लिए किया जाता था।

24. कथन (A) : शिवाजी ने अधिकतर मलिक अम्बर द्वारा स्थापित भू-राजस्व प्रणाली का अनुसरण किया।

कारण (R) : वह राजस्व वसूली की छोटे जिलों के बिचौलिए अधिकारियों की प्रथा को समाप्त करना चाहता था।

नीचे दिए गए कूट से सही उत्तर का चयन कीजिए–

कूटः

(a) A और R दोनों सही हैं और R, A का सही स्पष्टीकरण है।
(b) A और R दोनों सही हैं परन्तु R, A का सही स्पष्टीकरण नहीं है।
(c) A सही है, परन्तु R गलत है।
(d) A गलत है, परन्तु R सही है।

उत्तर (b) शिवाजी की भू-राजस्व व्यवस्था मलिक अम्बर की भू-राजस्व व्यवस्था पर आधारित था, जिसमें किसानों से सीधे कर वसूल किया जाता था। यद्यपि शिवाजी ने बिचौलियों द्वारा कर वसूली की व्यवस्था को समाप्त करने का प्रयास किया। परन्तु वे न तो जमींदारी (देशमुखी) व्यवस्था को समाप्त कर पाये और न ही अधिकारियों को मोकासा (जागीर) देना बंद किया।

25. शिवाजी और बाजीराव प्रथम के बीच एक उभयनिष्ठ विशेषता, जिसने युद्धों में उनकी सफलता सुनिश्चित की थी–

(a) हिन्दू पर पादशाही

(b) हिन्दू राजाओं का समर्थन

(c) छापामार युद्ध पद्धति

(d) संगठित और प्रशिक्षित सेना

उत्तर (c) शिवाजी और बाजीराव प्रथम के बीच एक उभयनिष्ठ विशेषता, जिसने युद्धों में उनकी सफलता सुनिश्चित की, वह उनके द्वारा अपनायी गयी छापामार या गुरिल्ला युद्ध की पद्धति थी। उल्लेखनीय है कि बाजीराव प्रथम को शिवाजी के बाद गुरिल्ला युद्ध पद्धति का सबसे बड़ा प्रतिपादक माना जाता है। इसीलिए उन्हें द्वितीय शिवाजी भी कहा जाता है।

❑❑❑

10 विविध

1. 16वीं शताब्दी में पुर्तगालियों के आगमन के प्रभाव के संदर्भ में, निम्नलिखित कथनों पर विचार कीजिए–

1. उन्होंने गुजराती और अरब व्यापारियों को प्रतिस्थापित किया तथा एशियाई व्यापार नेटवर्क पर एकाधिकार कर लिया।

2. यूरोप की वैज्ञानिक उपलब्धियाँ भारत में प्रसारित हुई।

3. आलू और मक्का, जैसे मध्य अमेरिकी कृषि उत्पादों के उपयोग से भारतीय परिचित हुए।

उपर्युक्त कथनों में से कौन-सा/से सही है/हैं?

(a) केवल 1 और 2 (b) केवल 2 और 3
(c) केवल 3 (d) 1, 2 और 3

उत्तर (c) पुर्तगालियों के लिए एशियाई व्यापार नेटवर्क के स्थापित प्रतिमान को परिवर्तित करना अत्यंत मुश्किल था। गुजराती और अरब व्यापारियों ने एशियाई व्यापार पर अपना एकाधिकार बनाए रखा, जो कि सबसे लाभकारी व्यापार था। इसमें भारतीय वस्त्रों के व्यापार के साथ-साथ चावल और चीनी शामिल थे। इनके बदले वे दक्षिण पूर्व से मसाले, पश्चिम एशिया से स्वर्ण और घोड़े तथा चीन से रेशम व चीनी मिट्टी के बर्तन प्राप्त करते थे। **इसलिए, कथन 1 सही नहीं है।**

पुर्तगाली, यूरोप में पुनर्जागरण के बाद विकसित विज्ञान और प्रौद्योगिकी को भारत तक नहीं ला सके। आंशिक रूप से इसका कारण यह था कि स्वयं पुनर्जागरण से उतने प्रभावित नहीं हुए, जितने कि इटली और उत्तर यूरोप हुए थे। हालांकि, उन्होंने मध्य अमेरिका के कई कृषि उत्पादों, जैसे–आलू, तम्बाकू, मक्का, मूँगफली आदि का भारत में प्रसार करने में सहायता की। **इसलिए, कथन 2 सही नहीं है तथा कथन 3 सही है।**

2. भारत के सांस्कृतिक इतिहास के संदर्भ में 'पित्रादूरा' शब्द से आशय है–

(a) पुर्तगालियों द्वारा आरम्भ किया गया लघु चित्रकारी का एक प्रकार।

(b) सूफी संतों द्वारा पहनी जाने वाली एक विशेष पोशाक।

(c) सल्तनत कालीन शासन के दौरान गाँव के बुजुर्गों की एक सभा।

(d) अर्द्ध मूल्यवान पत्थरों का उपयोग कर दीवार पर निर्मित सजावटी कला।

उत्तर (d) इंडो-इस्लामिक वास्तुकला युग के सजावटी स्वरूपों में चीरा या अस्तरकारी (गचकारी) द्वारा प्लास्टर पर डिजाइन बनाना सम्मिलित है। डिजाइनों को कोरा (रंगविहीन) या रंगीन बनाया जाता था। रूपांकन (मोटिफ) को पत्थर पर भी रंगा या गोदा जाता था। सतह की सजावट के लिए विशेष रूप से दीवारों के निचले हिस्से में, मोजेक डिजाइन और पित्रादूरा तकनीक को प्रयुक्त किया जाता था।

पित्रादूरा (pietra dura) शब्द इस काम में प्रयुक्त सामग्री की कठोरता और स्थायित्व को दर्शाता है। सामान्यतया प्रयुक्त होने वाले सख्त पत्थर हैं-क्वार्टज, वैल्सेडनी, गोमेद (एगट), सूर्यकांत (जेम्पर), ग्रेनाइट, अश्मीभूत लकड़ी आदि। ये सभी पत्थर अलग-अलग रंगों के होते हैं तथा मिलकर रंगों की एक असीमित रेंज प्रदान करते हैं।

3. 13वीं शताब्दी की निम्नलिखित में से कौन-सी साहित्यिक रचना थी जिसने न केवल नृत्य और नाटक पर प्रभाव डाला बल्कि चित्रकला को भी प्रभावित किया?

(a) गीत-गोविन्द

(b) लीलावती

(c) अभिज्ञानशाकुन्तलम्

(d) चरक संहिता

उत्तर (a) नृत्य और नाटक की सामग्री और विषयगत (thematic) पहलू को समझने के लिए, हमें रचनात्मक साहित्य ग्रंथों का परीक्षण अनिवार्य रूप से करना चाहिए। सबसे महत्वपूर्ण साहित्यिक घटना, जिसने न केवल नृत्य और नाटक अपितु चित्रकला को भी प्रभावित किया, वह थी 13वीं शताब्दी में जयदेव द्वारा गीत-गोविन्द की रचना। पूर्व में मणिपुर और असम से लेकर पश्चिम में गुजरात तक, उत्तर में मथुरा और वृंदावन से लेकर दक्षिण में तमिलनाडु और केरल तक, पूरे भारत में नृत्य और नाट्य-रूपों पर इसका व्यापक प्रभाव देखा जा सकता है। पूरे देश में गीत-गोविन्द पर लिखी असंख्य टीकाएँ उपलब्ध हैं। नृत्य या नाटक हेतु सामग्री के रूप में गीत-गोविन्द से सम्बन्धित पांडुलिपियाँ बड़ी संख्या में विद्यमान हैं और यह ग्रंथ कई क्षेत्रीय नाट्य परंपराओं द्वारा प्रयुक्त मूल साहित्यिक ग्रंथ रहा है। इस अवधि के दौरान वैष्णववाद के प्रसार ने नृत्य, नाटक और संगीत के विभिन्न स्वरूपों के विकास को और अधिक प्रोत्साहन दिया।

4. निम्नलिखित युग्मों पर विचार कीजिए–

मुद्रा (करेंसी)		**जारी करने वाला शासक**
1. रुपया	:	**शेरशाह सूरी**
2. टंका और जीतल	:	**इल्तुतमिश**
3. फनम और तारा	:	**मुहम्मद बिन तुगलक**

उपर्युक्त युग्मों में से कौन-सा/से सही सुमेलित है/हैं?

(a) केवल 1 और 2

(b) केवल 2 और 3

(c) केवल 3

(d) 1, 2 और 3

उत्तर (a) त्रिधातुवाद प्रणाली, जो सिक्कों की ढलाई की मुगल प्रणाली का विशेष अभिलक्षण रही, मुख्य रूप से मुगलों द्वारा नहीं बल्कि दिल्ली पर कुछ समय के लिए शासन करने वाले अफगानी शासक शेरशाह सूरी (1540 से 1545 ईसवी) द्वारा निर्मित की गई थी। शेरशाह ने चाँदी का सिक्का जारी किया, जिसे रुपया कहा जाता था। **इसलिए, युग्म 1 सही सुमेलित है।**

इल्तुतमिश ने 'टंका' नामक चाँदी के सिक्के और 'जीतल' नामक तांबे के सिक्के की शुरुआत की। **इसलिए दूसरा युग्म सही सुमेलित है।**

'फनम' और 'तारा' विजयनगर राजवंश के हरिहर द्वारा जारी किए गए थे। मोहम्मद बिन तुगलक (1325-1351 ईसवी) ने इन सिक्कों की ढलाई में व्यक्तिगत रुचि ली, लेकिन उसके मौद्रिक प्रयोग विफल रहे थे और अत्यधिक दुर्गति का कारण बने थे। उसने पीतल और तांबे के टोकन जारी करने का प्रयास किया। मोहम्मद बिन तुगलक के शासनकाल में बहुत बड़ी संख्या में सोने के सिक्के जारी किए गए थे, उसके बाद सोने के सिक्के दुर्लभ हो गए। **इसलिए, युग्म 3 सही सुमेलित नहीं है।**

5. निम्नलिखित युग्मों पर विचार कीजिए-

यात्री	साम्राज्य (जिसका उन्होंने दौरा किया)
1. मार्को पोलो	: मुगल साम्राज्य
2. इब्न-ए-बतूता	: दिल्ली सल्तनत
3. अब्दुर्रज्जाक	: विजयनगर साम्राज्य

उपर्युक्त युग्मों में से कौन-सा/से सही सुमेलित है/हैं?

(a) केवल 1

(b) केवल 2 और 3

(c) केवल 1 और 3

(d) 1, 2 और 3

उत्तर (b) मार्को पोलो (1292-1294 ईसवी):

- मार्को पोलो एक विदेशी राजदूत और वेनिस यात्री था।
- 1294 ईसवी में उसने दक्षिण भारत का दौरा किया।
- मार्को पोलो ने रुद्रमादेवी के काकतीय राजवंश का दौरा किया।
- उसने अपने अनुभवों को अपनी पुस्तक 'द बुक ऑफ सर मार्को पोलो' में लिखा।
- यह पुस्तक भारत के आर्थिक इतिहास की व्याख्या करती है।

इब्न-ए-बतूता (1333-1347 ईसवी):

- इब्नबतूता मोरक्को का यात्री था, उसने 'रेहला' (यात्रा वृतांत) नामक पुस्तक लिखी।
- अपनी पुस्तक में उसने मुहम्मद-बिन-तुगलक के राजवंश एवं साथ ही उसके समय की आर्थिक, सामाजिक और भौगोलिक स्थिति की व्याख्या की।

अब्दुर्रज्जाक (1442-1445 ईसवी):

तैमूर राजवंश के शाहरुख का राजदूत था।

विजयनगर साम्राज्य के देवराय-द्वितीय के शासनकाल में आया।

विजयनगर साम्राज्य के सम्बन्ध में दिए गए अपने विवरणों के लिए जाना जाता है।

❑❑❑

आधुनिक भारत

1 यूरोपीय कम्पनियों का आगमन

1. अंग्रेजी ईस्ट इंडिया कम्पनी के संदर्भ में, निम्नलिखित कथनों पर विचार कीजिए–

1. रॉयल चार्टर द्वारा इसे जॉइंट (संयुक्त) स्टॉक कम्पनी के रूप में स्थापित किया गया था।

2. इसे इंग्लैंड से पूर्व (East) तक सभी व्यापार पर एकाधिकार दिया गया था।

3. इसने भारत में पहले कारखाने की स्थापना सूरत में की थी।

उपर्युक्त कथनों में से कौन-सा/से सही है/हैं?

(a) केवल 1 और 2

(b) केवल 1 और 3

(c) केवल 2

(d) 1, 2 और 3

उत्तर (d) **कथन 1 सही है।** अंग्रेजी ईस्ट इंडिया कम्पनी की स्थापना पूर्वी व्यापार में डच प्रतिस्पर्धा का मुकाबला करने के लिए एकजुट हुए लंदन के व्यापारियों की संयुक्त स्टॉक कम्पनी के रूप में, 31 दिसम्बर, 1600 ई. को रॉयल चार्टर द्वारा की गई थी।

कथन 2 सही है। इसे इंग्लैंड से पूर्व तक समस्त व्यापार का एकाधिकार दिया गया था और यहाँ तक कि व्यापारिक विचारों की प्रधानता वाले दौर में भी, अपने व्यापार का वित्तपोषण करने के लिए बुलियन देश से बाहर ले जाने की अनुमति दी गई थी। हालांकि, इसे उस समय विजय या उपनिवेशवाद जारी रखने के लिए कोई भी प्रकट अधिदेश नहीं दिया गया था। पुर्तगाली, जो इस दृश्य में पहले ही आ चुके थे, के साथ हिसाब-किताब चुकता करने के बाद कम्पनी ने औपचारिक रूप से 1613 ई. से भारत में व्यापार करना आरंभ किया।

कथन 3 सही है। मुगल बादशाह जहांगीर द्वारा जारी फरमान ने उन्हें भारत में अपनी फैक्ट्री या गोदामों की स्थापना की अनुमति दी। पहली फैक्ट्री पश्चिमी तट पर सूरत में स्थापित की गई।

2. निम्नलिखित युग्मों पर विचार कीजिए–

यूरोपीय		**भारत में प्रभाव का केन्द्र**
1. फ्रांसीसी	:	चन्द्रनगर
2. पुर्तगाली	:	गोवा
3. डैनिश	:	पुलीकट

नीचे दिए गए कूट का प्रयोग कर सही उत्तर चुनिए-

(a) केवल 1 और 2 (b) केवल 2

(c) केवल 2 और 3 (d) 1, 2 और 3

उत्तर (d) तटीय क्षेत्रों पर पुर्तगालियों के नियंत्रण एवं नौसेना के क्षेत्र में उनकी श्रेष्ठता ने उन्हें अत्यधिक सहायता की। 16वीं शताब्दी के अंत तक पुर्तगालियों ने न केवल गोवा, दमन, दीव और साल्सेट को अधिग्रहित कर लिया बल्कि भारतीय तट के निकट अवस्थित विस्तृत क्षेत्र पर भी उनका अधिकार हो गया।

फ्रांसीसी क्षेत्रों में कोरोमण्डल तट पर पुदुचेरी, कराईकल एवं यनम, मालाबार तट पर माहे एवं बंगाल में चन्द्रनगर सम्मिलित थे।

भारत में डच कॉलोनियों में त्रानकेबुर (तमिलनाडु), सरामपुर (पश्चिम बंगाल) के कस्बे एवं निकोबार द्वीप सम्मिलित थे।

भारत में निवास अवधि के दौरान डचों ने सिक्के ढालने की कला पर अपने हाथ आजमाए। अपने व्यापार के विकास के साथ उन्होंने कोचीन, मसूलीपट्टम, नागापट्टम, पांडिचेरी और पुलिकट में अपनी टकसालें स्थापित कीं। इससे भी अधिक, पुलिकट की टकसाल में भगवान वेंकटेश्वर (भगवान विष्णु) की छवि के साथ गोल्ड पैगोडा जारी किया गया था। डचों द्वारा जारी किए गए सभी सिक्के स्थानीय मुद्राकनों के आधार पर ढाले गए थे।

3. निम्नलिखित कथनों पर विचार कीजिए–

1. इन्होंने 16वीं शताब्दी के दौरान भारत में बस्तियों की स्थापना की।

2. मुगलों ने इसके दबाव में अंग्रेजों को व्यापारिक अधिकार प्रदान करने से मना कर दिया।

3. दमन, हुगली और साल्सेट में इनकी बस्तियाँ थीं।

उपर्युक्त विवरण निम्नलिखित में से किस यूरोपीय शक्ति से सम्बन्धित है?

(a) पुर्तगाली (b) डच

(c) फ्रांसीसी (d) डेनिस

उत्तर (a) पुर्तगाली यात्री वास्कोडिगामा 1498 ई. में कालीकट के तट पर पहुँचा और अगले वर्ष पुर्तगाल वापस लौट गया। पेड्रो अल्वरेज केबराल 1500 ई. में आया और वास्कोडिगामा ने भी 1502 ई. में अगला दौरा किया। उन्होंने कालीकट, कैन्नानोर और कोचीन में व्यापारिक केन्द्रों की स्थापना की। भारत में पुर्तगालियों का पहला गवर्नर फ्रांसिस डी अल्मेडा था। बाद में 1509 ई. में अल्बुकर्क को भारत में पुर्तगाली क्षेत्रों का गवर्नर बना दिया गया। 1510 ई. में उसने बीजापुर के शासक से गोवा को अधिकृत करा लिया। उसके पश्चात गोवा भारत में पुर्तगाली बस्तियों की राजधानी बन गया। अल्बुकर्क ने कलक्का और सीलोन पर भी अधिकार कर लिया और उसने कालीकट में एक किला भी बनाया। अल्बुकर्क की मृत्यु के उपरांत उसके उत्तराधिकारियों ने पश्चिमी तट पर दमन, साल्सेट व बॉम्बे में एवं पूर्वी तट पर मद्रास के निकट सैन थोमे एवं बंगाल के हुगली में पुर्तगाली बस्तियों की स्थापना की।

अंग्रेजी ईस्ट इंडिया कम्पनी की स्थापना 1600 ई. में की गयी थी। कैप्टन हॉकिंस जहांगीर के दरबार में, सूरत में अंग्रेजी व्यापारिक केन्द्र स्थापित करने की अनुमति प्राप्त करने के लिए आया; किन्तु पुर्तगाली दबाव में मुगल सम्राट ने उसे अनुमति प्रदान करने से मना कर दिया। बाद में 1612 ई. में जब पुर्तगाली दस्ते को अंग्रेजों द्वारा पराजित कर दिया गया, तब जहांगीर ने अंग्रेजों के लिए फरमान (अनुमति पत्र) जारी किया और उन्होंने 1613 ई. में सूरत में व्यापारिक कारखाना स्थापित किया।

4. अल्फांसो डि अल्बुकर्क के संदर्भ में, निम्नलिखित में से कौन-सा कथन सही है?

(a) वह भारत में प्रथम पुर्तगाली गवर्नर था।

(b) उसने अपने शासन के अधीनं क्षेत्रों में सती प्रथा का उन्मूलन कर दिया।

(c) उसने गोवा को भारत में पुर्तगाली साम्राज्य की राजधानी बनाया।

(d) उसने हैदराबाद के सिंहासन पर मुजफ्फर जंग के दावे का समर्थन किया।

उत्तर (b) **विकल्प (a) सही नहीं है।** भारत में पुर्तगाली गवर्नर के रूप में अल्फांसो डी अल्बुकर्क की नियुक्ति फ्रांसिस्को डी अल्मेडा (जिसे 1505 ई. में गवर्नर के रूप में नियुक्त किया गया था) के पश्चात हुई। उसने समुद्र के सभी प्रवेश द्वारों की निगरानी के उद्देश्य से सैनिक केन्द्रों की स्थापना कर हिन्द महासागर पर पुर्तगाल का रणनीतिक नियंत्रण स्थापित किया। अल्बुकर्क के अधीन पुर्तगालियों ने दूसरों के समुद्री जहाजों हेतु 'अनुमति प्रणाली' की शुरुआत की। इसके अतिरिक्त इन क्षेत्रों में प्रमुख पोत निर्माण केन्द्रों पर भी नियंत्रण स्थापित किया।

विकल्प (b) सही है। कुछ अधिग्रहित क्षेत्रों (गोवा आदि) में सती प्रथा का उन्मूलन इसके शासन की उल्लेखनीय विशेषता थी।

विकल्प (c) सही नहीं है। 1510 ई. में उसने बीजापुर के सुल्तान से गोवा को जीत लिया। उसने इसकी किलेबन्दी की और इसे प्रमुख व्यापारिक केन्द्र तथा भारत में स्थायी नौसैनिक संचालन केन्द्र बनाया। हालांकि, भारत में पुर्तगाली सरकार के मुख्यालय को कोचीन से स्थानांतरित कर गोवा करने का कार्य निनो डी कुन्हा (जो 1529 ई. में भारत में पुर्तगाली हितों का संरक्षण करने हेतु गवर्नर बना) ने किया।

विकल्प (d) सही नहीं है। द्वितीय कर्नाटक युद्ध (1749-54 ई.) के दौरान मुजफ्फर जंग के दावे का समर्थन फ्रांसीसी गवर्नर जनरल डुप्ले ने किया।

5. स्वतंत्रता पूर्व भारत में व्यापारियों के रूप में आने वाले अंतिम यूरोपीय निम्नलिखित में से कौन थे?

(a) डच

(b) ब्रिटिश

(c) फ्रांसीसी

(d) पुर्तगाली

उत्तर (c) भारत में यूरोपीय शक्तियों का प्रवेश : पुर्तगाली-1498 ई., अंग्रेज-1600 ई., डच-1602 ई., डेनिश-1616 ई., फ्रांसीसी-1664 ई.।

6. निम्नलिखित कथनों पर विचार कीजिए–

1. इसने डच ईस्ट इंडिया कंपनी की सेना जैसे विदेशी प्रतिद्वंद्वियों से ब्रिटिश साम्राज्य की सुरक्षा की।

2. इसने आंतरिक विद्रोहों से ब्रिटिश सर्वोच्चता की रक्षा की।

3. अफ्रीका में ब्रिटिश साम्राज्य का विस्तार और रक्षा करने के लिए इसका प्रयोग किया गया।

उपरोक्त कथनों में से कौन-सी भूमिका/भूमिकाएँ भारत में ब्रिटिश शासन के दौरान भारतीय सेना द्वारा निभाई गईं थीं?

(a) केवल 1

(b) केवल 1 और 2

(c) केवल 2 और 3

(d) 1, 2 और 3

उत्तर (d) भारत में ब्रिटिश सेना ने चार महत्वपूर्ण कार्यों को पूरा किया, अर्थात् यह वह साधन थी, जिसके माध्यम से भारतीय शक्तियों पर विजय प्राप्त की गई। इसने विदेशी प्रतिद्वंद्वियों से भारत में ब्रिटिश साम्राज्य की सुरक्षा की **(कथन 1);** इसने सदैव वर्तमान आंतरिक विद्रोह के खतरे से ब्रिटिश सर्वोच्चता की रक्षा की **(कथन 2)** और यह एशिया और अफ्रीका में ब्रिटिश साम्राज्य का विस्तार और रक्षा करने का प्रमुख साधन थी **(कथन 3)।**

7. भारत में यूरोपीय शक्तियों के प्रवेश के संदर्भ में निम्न में से कौन-सा कथन सही नहीं है?

(a) पुर्तगालियों ने 1499 ई० में गोवा पर कब्जा किया था।

(b) अंग्रेजों ने अपना पहला कारखाना दक्षिणी भारत में मसूलीपट्टनम में लगाया।

(c) पूर्वी भारत में अंग्रेजी कम्पनी ने 1633 ई० में उड़ीसा में पहला कारखाना लगाया।

(d) डूप्ले के नेतृत्व में फ्रांसीसियों ने 1746 ई० में मद्रास पर कब्जा किया था।

उत्तर (a) पुर्तगाली गवर्नर अल्फांसो डी अल्बुकर्क ने 1510 ई० में बीजापुर के शासक यूसुफ आदिलशाह से गोवा को छीनकर अपना कब्जा कर लिया था। इसके अलावा **अन्य तीनों कथन सत्य हैं।**

❑❑❑

2 ईस्ट इंडिया कम्पनी एवं बंगाल/पंजाब/महाराष्ट्र/मैसूर

1. निम्नलिखित में से ब्रिटिश सरकार द्वारा भारत के 'द्वैध शासन' (Dyarchy) की कार्यप्रणाली का परीक्षण करने के लिए कौन-सी समिति नियुक्त की गई थी?

(a) मुड्डीमैन आयोग (b) हार्टोग आयोग
(c) बटलर आयोग (d) हंटर आयोग

उत्तर (a) 1919 ई. के अधिनियम की समीक्षा करने के लिए मुड्डीमैन समिति स्वराजवादी प्रयास का परिणाम थी। भारतीय नेताओं की माँगों को पूरा करने के लिए और स्वराज पार्टी द्वारा 1920 के दशक के आरम्भिक वर्षों में अंगीकृत प्रस्ताव को देखते हुए ब्रिटिश सरकार ने सरकार अधिनियम 1919 ई. के प्रावधानों की समीक्षा करने और द्वैध शासन (Dyarchy) के कामकाज की जांच करने के लिए 4 भारतीय सदस्यों के साथ अलेक्जेंडर मुड्डीमैन (मुड्डीमैन समिति) के नेतृत्व में इस समिति का गठन किया था।

हार्टोग समिति (1929 ई.) शिक्षा के विकास पर रिपोर्ट देने के लिए गठित की गई थी।

बटलर समिति (1927) रियासतों और सरकार के बीच सम्बन्धों की प्रकृति का परीक्षण करने के लिए गठित की गई थी।

2. 1757 ई. से पहले बंगाल के नवाबों के प्रशासन के संदर्भ में, निम्नलिखित कथनों पर विचार कीजिए–

1. **नवाबों ने विदेश व्यापार के विस्तार की अनुमति नहीं दी।**
2. **उन्होंने सुरक्षा प्रदान करने के लिए नियमित थानों और चौकियों की स्थापना की।**
3. **उन्होंने हिन्दुओं और मुसलमानों को रोजगार में समान अवसर दिया।**

उपर्युक्त कथनों में से कौन-सा/से सही है/हैं?

(a) केवल 1 और 2 (b) केवल 2 और 3
(c) केवल 1 और 3 (d) 1, 2 और 3

उत्तर (b) मुर्शीद कुली खान और उसके उत्तराधिकारी नवाबों ने हिन्दुओं और मुसलमानों को रोजगार में समान अवसर दिया। उन्होंने उच्चतम दीवानी पदों और कई सैन्य पदों पर बंगालियों को भरा, जिनमें से अधिकांश हिन्दू थे। उन्हें भली-भाँति ज्ञात था कि व्यापार के विस्तार से लोग और सरकार लाभान्वित होते हैं और इसलिए उन्होंने सभी व्यापारियों (चाहे भारतीय हो या विदेशी) को प्रोत्साहन दिया। उन्होंने नियमित थानों और चौकियों की स्थापना करके चोरों और लुटेरों से सड़कों और नदियों की सुरक्षा का प्रबंध किया।

3. 18वीं सदी में बंगाल में प्रचलित प्रशासन की दोहरी प्रणाली (Dual system of administration) के संदर्भ में, निम्नलिखित कथनों पर विचार कीजिए–

1. **ईस्ट इंडिया कम्पनी का उसके वित्त पर नियंत्रण था।**
2. **शक्तियों के इस पृथक्करण का परिणाम कुशल प्रशासन और धन निकासी पर नियंत्रण के रूप में सामने आया।**

उपर्युक्त कथनों में से कौन-सा/से सही है/हैं?

(a) केवल 1 (b) केवल 2
(c) 1 और 2 दोनों (d) न तो 1, न ही 2

उत्तर (d) **कथन 1 सही नहीं है।** ईस्ट इंडिया कम्पनी 1765 ई. से बंगाल की वास्तविक स्वामी बन गई। इसकी सुरक्षा पर EIC (East India Company) की सेना का पूर्ण नियंत्रण था और सर्वोच्च राजनीतिक सत्ता उसके हाथ में थी। नवाब अपनी आंतरिक और बाह्य सुरक्षा के लिए अंग्रेजों पर निर्भर था।

कथन 2 सही नहीं है। नवाब और उसके अधिकारियों पर प्रशासन का उत्तरदायित्व था, लेकिन उसके निर्वहन के लिए शक्ति नहीं थी। सरकार की दुर्बलता के लिए भारतीयों पर दोष मढ़ा जा सकता था। जबकि उसका फल अंग्रेजों द्वारा एकत्रित किया जा रहा था। बंगाल के लोगों के लिए इसका परिणाम विनाशकारी था क्योंकि न तो कम्पनी और न ही नवाब को उनके कल्याण की चिंता थी। अब कम्पनी के सेवकों के हाथ में उनके लिए पूरा बंगाल था और लोगों का उत्पीड़न काफी बढ़ गया।

4. आधुनिक भारत के संदर्भ में, 1750 ई. के दशक में बंगाल की 'ब्लैक होल त्रासदी' निम्नलिखित में से क्या संदर्भित करती है?

(a) बार-बार अकाल के कारण बड़े पैमाने पर मृत्यु।
(b) फोर्ट विलियम में बंगाल के नवाब द्वारा बंदी बनाए गए अंग्रेज युद्धबंदियों की मृत्यु।
(c) प्लासी के युद्ध में बंगाल के नवाब के प्रति उसके सैन्य कमांडरों द्वारा विश्वासघात।
(d) बंगाल से धन की बड़े पैमाने पर निकासी।

उत्तर (b) ब्लैक होल त्रासदी :

15 जून, 1756 ई. को नवाब सिराजुद्दौला ने फोर्ट विलियम पर घेरा डाल दिया। युद्ध की सामान्य प्रथा का पालन करते हुए, कलकत्ता में अंग्रेजों को (जिनमें कुछ महिलाएँ और बच्चे थे) किले की कालकोठरी में बंद कर दिया गया। कैदियों की संख्या 146 बताई जाती है और कालकोठरी 18 फुट लंबी और 14 फुट 10 इंच चौड़ी थी। जब काल कोठरी खोली गई तो 20 जून को बंद किए गए 146 श्वेत कैदियों में से केवल 23 ही अगली सुबह जीवित बचे, शेष खिड़की के निकट स्थान पाने के लिए एक-दूसरे के नीचे कुचल गए।

ईस्ट इंडिया कम्पनी के अधिकारियों ने नवाब को बदनाम करने के लिए इस प्रकरण का प्रचार के साधन के रूप में उपयोग किया और आक्रामक युद्ध के लिए ब्रिटिश जनमत का समर्थन प्राप्त कर लिया।

5. 1765 ई. में दीवानी अधिकार की प्राप्ति के बाद, अंग्रेजों का सर्वप्रथम निम्नलिखित में से किस पहाड़ी जनजाति से टकराव हुआ?

(a) संथाल (b) खासी
(c) गारो (d) कुकी

उत्तर (b) 1765 ई. में सिलहट के बाजार के ब्रिटिश औपनिवेशिक अर्थव्यवस्था में समावेश ने खासी अधीनता का आरंभ किया। 1790 ई. के आसपास, खासी क्षेत्रों में छापे मारे गए और अंत में, अंग्रेजों ने पहाड़ी की तलहटी में किलाबंदी कर ली और सिलहट के बाहर में खासी वस्तुओं का व्यापार बंद कर दिया।

6. अंग्रेजों द्वारा लड़े गए निम्नलिखित युद्धों (सूची-I) को उनके विरोधियों (सूची-II) में सुमेलित कीजिए-

सूची-I	सूची-II
1. बक्सर का युद्ध	: A. सिक्ख
2. वांडीवाश का युद्ध	: B. मैसूर
3. चिलियानवाला का युद्ध	: C. फ्रांसीसी
4. पोल्लिलूर का युद्ध	: D. बंगाल

नीचे दिए गए कूट का प्रयोग कर सही उत्तर चुनिए-

(a) 1-D, 2-C, 3-B, 4-A
(b) 1-C, 2-A, 3-D, 4-B
(c) 1-A, 2-C, 3-D, 4-B
(d) 1-D, 2-C, 3-A, 4-B

उत्तर (d) बक्सर का युद्ध 22 अक्टूबर 1764 ई. को हेक्टर मुनरो के नेतृत्व में ब्रिटिश ईस्ट इंडिया कम्पनी की कमान के अंतर्गत सम्मिलित सेनाओं एवं बंगाल के नवाब मीर कासिम, अवध के नवाब व मुगल राजा शाह आलम द्वितीय की संयुक्त सेनाओं के बीच लड़ा गया था। यह युद्ध बंगाल के प्रादेशिक क्षेत्र के अंतर्गत स्थित बक्सर में हुआ था, जो एक 'छोटा प्राचीरयुक्त नगर' था।

वांडीवाश का युद्ध फ्रांसीसी और अंग्रेजों के बीच लड़ा गया तीसरे कर्नाटक युद्ध का भाग था। यह भारत में दोनों के बीच पिछले 7 वर्षों के दौरान तक लड़े गए युद्ध का निर्णायक युद्ध था। बंगाल और हैदराबाद में पर्याप्त लाभ प्राप्त करने के बाद अंग्रेज अत्यधिक मात्रा में राजस्व संग्रह कर वांडीवाश में फ्रांसीसियों का सामना करने के लिए पूरी तरह से सुसज्जित हो गए थे। इस प्रकार उन्होंने इस युद्ध में फ्रांसीसियों को बुरी तरह से पराजित किया।

चिलियानवाला का युद्ध जनवरी 1849 ई में पंजाब के चिलियानवाला क्षेत्र में द्वितीय आंग्ल-सिक्ख युद्ध के दौरान लड़ा गया था। यह युद्ध ब्रिटिश ईस्ट इंडिया कम्पनी द्वारा लड़े गए सर्वाधिक रक्तरंजित युद्धों में से एक था। युद्ध समाप्त होने पर दोनों सेनाओं ने अपनी स्थिति बनाए रखी और दोनों ही पक्षों ने जीत का दावा किया। यह युद्ध भारत में तत्कालिक ब्रिटिश महत्वाकांक्षाओं पर एक रणनीतिक अंकुश था और ब्रिटिश सेना की प्रतिष्ठा के लिए एक आघात भी था।

पोल्लिलूर का युद्ध, जिसे पोलीलोर का युद्ध या पेराम्बकम का युद्ध भी कहा जाता है, 10 सितम्बर, 1780 ई. को वर्तमान तमिलनाडु राज्य के कांचीपुरम नगर के निकट पोल्लिलूर में द्वितीय आंग्ल-मैसूर युद्ध के भाग के रूप में हुआ था। यह मैसूर राज्य के टीपू सुल्तान एवं कर्नल विलियम बैंले की सेनाओं के बीच लड़ा गया था।

7. दोहरी सरकार (dual government) के अंतर्गत ईस्ट इंडिया कम्पनी के द्वारा बंगाल पर आधिपत्य के दौरान, 'Investments' (निवेश) शब्द निम्नलिखित में से किसे संदर्भित करता है?

(a) बंगाल से प्राप्त राजस्व से भारतीय वस्तुओं की खरीद करना और उन्हें इंग्लैंड भेजना (निर्यात करना)।
(b) बंगाल से प्राप्त राजस्व से सैन्य शक्ति को मजबूत बनाने के लिए हथियार और गोला-बारूद की खरीद करना।
(c) बंगाल में कृषि के विकास के लिए प्रयोग किया गया धन।
(d) बंगाल से प्राप्त राजस्व से अतिरिक्त तोपखाना बटालियन की भर्ती।

उत्तर (a) ईस्ट इंडिया कम्पनी की दोहरी सरकार (dual government) प्रणाली के अंतर्गत 'Investments' (निवेश) शब्द का संदर्भ था-बंगाल से प्राप्त राजस्व से भारतीय वस्तुओं की खरीद करना और उन्हें इंग्लैंड भेजना (निर्यात) करना।

इसने सामान्य रूप से बंगाल और विशेष रूप से भारत की संपत्ति की निकासी के एक आरम्भिक स्रोत के रूप में कार्य किया।

8. निम्नलिखित में से कौन-सा युद्ध था, जिसने भारत में ब्रिटिश प्रभुत्व को प्रारंभ किया?

(a) बक्सर का युद्ध
(b) प्लासी का युद्ध
(c) मैसूर की तीसरी लड़ाई
(d) 1857 ई. का स्वतंत्रता संग्राम

उत्तर (b) भारत में अंग्रेजो के प्रभुत्व की शुरुआत 1757 ई. के प्लासी के युद्ध से हुआ। यह युद्ध राबर्ट क्लाइव और बंगाल के नवाब सिराजुद्दौला के मध्य हुआ, जिसमें अंग्रेजों की विजय हुई। जिससे अंग्रेजों को बंगाल में राजनीतिक प्रभुत्व स्थापित करने का आधार तैयार हुआ। साथ ही तात्कालिक सैनिक व वाणिज्यिक लाभ प्राप्त हुआ।

9. अंग्रेजों द्वारा अपनायी गई प्रशासनिक नीतियों के संदर्भ में, घेरे की नीति (पॉलिसी ऑफ रिंग फेंस) संदर्भित करती है–

(a) भारत में फ्रांसीसी आधिपत्य वाले क्षेत्रों के पड़ोसी शासकों के साथ गठजोड़ करना।
(b) कुछ स्वायत्तता प्रदान करके रियासती शासकों का समर्थन प्राप्त करना।
(c) अपनी सीमाओं की सुरक्षा के उद्देश्य से अपने पड़ोसियों की सीमाओं की रक्षा करना।
(d) मैसूर शासक के विरुद्ध मराठों और निजाम के साथ गठजोड़ करने की नीति।

उत्तर (c) वॉरेन हेस्टिंग्स ने गवर्नर-जनरल के रूप में ब्रिटिश शासन का कार्यभार उस महत्वपूर्ण दौर में संभाला, जब ब्रिटिशों को मराठों, मैसूर और हैदराबाद के शक्तिशाली गठजोड़ का सामना करना था। उसने घेरे की नीति (पॉलिसी ऑफ रिंग फेंस) का पालन किया। जिसका प्रयोजन कम्पनी की सीमाओं की रक्षा के लिए बफर जोन का निर्माण करना था। मोटे तौर पर कहा जाए तो इस नीति का आशय अपने प्रदेशों की सुरक्षा के उद्देश्य से अपनी पड़ोसियों की सीमाओं की रक्षा करना था।

10. भारत में ब्रिटिश शासन के दौरान भारतीय सेना (इंडियन आर्मी) द्वारा निम्नलिखित में से कौन-सी भूमिका/भूमिकाएँ निभायी गई थीं?

1. एशिया और अफ्रीका में ब्रिटिश साम्राज्य का विस्तार और उसकी रक्षा करने के लिए इसका उपयोग किया गया।
2. यही वह साधन था, जिसके बल पर भारतीय शक्तियों और क्षेत्रों को जीता गया।
3. इसने भारतीय समाज और अर्थव्यवस्था के सम्बन्ध में जानकारी एकत्रित की।

नीचे दिए गए कूट का प्रयोग कर सही उत्तर चुनिए-

(a) केवल 2 (b) 1, 2 और 3
(c) केवल 1 और 3 (d) केवल 1 और 2

उत्तर (b) भारत में ब्रिटिश शासन के दौरान भारतीय सेना (इंडियन आर्मी) ने निम्नलिखित महत्वपूर्ण कार्यों को पूरा किया:

- यही वह साधन थी, जिसके बल पर भारतीय शक्तियों और क्षेत्रों को जीता गया। इसने उच्च राजस्व की माँग के विरुद्ध हुए किसान विद्रोहों पर नियंत्रण किया।
- इसने भारत में ब्रिटिश साम्राज्य की विदेशी प्रतिद्वंद्वियों से रक्षा की।
- इसने साम्राज्य की वास्तविक अथवा काल्पनिक आंतरिक खतरों से रक्षा की।
- एशिया और अफ्रीका में ब्रिटिश साम्राज्य का विस्तार और उसकी रक्षा करने का यह एक प्रमुख साधन थी।
- इसने भारतीय समाज और अर्थव्यवस्था के विषय में जानकारी एकत्रित की।

इसलिए, सभी कथन सही हैं।

11. निम्नलिखित युग्मों पर विचार कीजिए–

(सन्धि) (जिसके साथ अंग्रेजों ने सन्धि की)

1. **सुगौली की सन्धि : नेपाल**
2. **यांडबू की सन्धि : बर्मा**
3. **गंडमक की सन्धि : भूटान**

उपर्युक्त युग्मों में से कौन-सा/से सही सुमेलित है/हैं?

(a) केवल 1 और 2 (b) केवल 3

(c) केवल 2 और 3 (d) 1, 2 और 3

उत्तर (a) ब्रिटिश और नेपाल के बीच सुगौली (1816 ई.) की सन्धि: यह संधि अंग्रेजों के पक्ष में थी। नेपाल ने एक ब्रिटिश रेजिडेंट को स्वीकार कर लिया, सिक्किम से वापसी कर ली; गढ़वाल व कुमाऊँ जिले वापस कर दिए और तराई पर अपने दावे छोड़ दिए।

यांडबू की सन्धि (1826 ई.) - यह प्रथम आंग्ल-बर्मा युद्ध के पश्चात ब्रिटेन और बर्मा के मध्य शांति समझौता था। बर्मा सरकार को निम्न शर्तें स्वीकार करनी पड़ी :

- युद्ध के मुआवजे के रूप में 1 करोड़ रुपये का भुगतान;
- अराकान और टेनासेरिम के तटीय प्रांतों में सत्ता हस्तांतरण;
- असम, कछार और तंजानिया पर से अपना दावा छोड़ना;
- मणिपुर को एक स्वतंत्र राज्य के रूप में पहचान प्रदान करना;
- ब्रिटेन के साथ एक व्यापारिक रुचि पर हस्ताक्षर; तथा
- आवा (Ava) में ब्रिटिश रेजिडेंट को स्वीकार करने के साथ ही कलकत्ता में बर्मा का राजदूत नियुक्त करना।

गंडमक की सन्धि (1879 ई.)-यह संधि द्वितीय आंग्ल-अफगान युद्ध के पश्चात हुई। इसके अंतर्गत निम्न प्रावधान किए गए थे :

- अमीर द्वारा अपनी विदेश नीति का संचालन भारत सरकार के परामर्श से करना;
- काबुल में एक ब्रिटिश रेजिडेंट की स्थायी तैनाती;
- भारत सरकार द्वारा अमीर को विदेशी आक्रमण के खिलाफ सभी प्रकार का समर्थन और एक वार्षिक सब्सिडी।

12. व्यपगत के सिद्धांत या हड़पनीति के संदर्भ में निम्नलिखित कथनों पर विचार कीजिए–

1. **यह सिद्धांत लॉर्ड डलहौजी द्वारा लाया गया था।**
2. **इसके अंतर्गत दिवंगत राजाओं के दत्तक पुत्रों को उनके वैध उत्तराधिकारी के रूप में स्वीकृत नहीं किया गया।**
3. **इसके अंतर्गत विलय किया गया प्रथम राज्य अवध था।**

उपर्युक्त कथनों में से कौन-सा/से सही है/हैं?

(a) केवल 1 और 2 (b) केवल 2

(c) केवल 1 और 3 (d) 1, 2 और 3

उत्तर (a) **कथन 1 सही है।** व्यपगत का सिद्धांत लॉर्ड डलहौजी द्वारा लाया गया था। यह उसकी विलय नीति का प्रमुख आधार था।

कथन 2 सही है। इस सिद्धांत के अंतर्गत जब संरक्षित राज्य के शासक की मृत्यु बिना किसी प्राकृतिक उत्तराधिकारी के हो जाती थी, तब देश की परम्परा के विपरीत, उसका राज्य उसके दत्तक उत्तराधिकारी को हस्तांतरित नहीं किया जाता था। इसके अतिरिक्त, यदि ब्रिटिश अधिकारियों द्वारा पहले से दत्तक ग्रहण की स्पष्ट अनुमति प्रदान न की गई हो, तो उस राज्य का ब्रिटिश क्षेत्र में विलय कर दिया जाता था। 1848 ई. में सतारा और 1854 ई. में नागपुर एवं झांसी सहित कई राज्यों का इस सिद्धांत के आधार पर विलय कर लिया गया।1

कथन 3 सही नहीं है। व्यपगत के सिद्धांत के अंतर्गत विलय किया गया प्रथम राज्य सतारा था। अवध के नवाब के अनेक उत्तराधिकारी थे, अतः उसे व्यपगत के सिद्धांत के अंतर्गत नहीं लाया जा सकता था। लॉर्ड डलहौजी अवध राज्य के विलय हेतु बहुत उत्सुक था। उसने नवाब वाजिद अली शाह पर अपने राज्य में कुशासन और सुधारों को लागू न करने आरोप लगाया। परिणामस्वरूप 1856 ई. में उनके राज्य का विलय कर लिया गया।

13. बक्सर के युद्ध (1764 ई.) में निम्नलिखित में से कौन शामिल थे?

1. **रॉबर्ट क्लाइव**
2. **मीर कासिम**
3. **सिराजुद्दौला**
4. **शाह आलम द्वितीय**

नीचे दिए गए कूट का प्रयोग कर सही उत्तर चुनिए-

(a) केवल 1, 2 और 4

(b) केवल 2, 3 और 4

(c) केवल 1 और 3

(d) केवल 2 और 4

उत्तर (d) 22 अक्टूबर 1764 ई. को बक्सर में हुए भीषण युद्ध में मेजर हेक्टर मुनरो के नेतृत्व वाली अंग्रेजी सेना ने मीर कासिम, अवध के नवाब और शाह आलम द्वितीय की संयुक्त सेना को पराजित कर दिया। इस विजय ने अंग्रेजों को उत्तरी भारत में एक महान शक्ति और पूरे देश में आधिपत्य स्थापित करने का दावेदार बना दिया।

14. ब्रिटिश ईस्ट इंडिया कम्पनी के सम्बन्ध में निम्नलिखित कथनों पर विचार कीजिए–

1. **महारानी एलिजाबेथ ने कम्पनी को पूर्व में व्यापार करने का अनन्य विशेषधिकार प्रदान किया।**
2. **कम्पनी ने बंगाल के हुगली में अपनी प्रथम फैक्ट्री स्थापित की।**

उपर्युक्त कथनों में से कौन-सा/से सही है/हैं?

(a) केवल 1

(b) केवल 2

(c) 1 और 2 दोनों

(d) न तो 1, न ही 2

उत्तर (a) 31 दिसम्बर, 1600 ई. को महारानी एलिजाबेथ द्वारा ईस्ट इंडिया कम्पनी को रायल चार्टर और पूर्व में व्यापार करने हेतु अनन्य विशेषाधिकार प्रदान किया गया।

1613 ई. में कम्पनी ने भारत के पश्चिमी तट पर सूरत में 'फैक्ट्री' की स्थापना का निर्णय लिया। जबकि दक्षिण में उनकी पहली फैक्ट्री 1611 ई. में मसुलीपट्टनम में स्थापित हुई। बंगाल के हुगली में व्यापार करने की अनुमति उन्हें 1651 ई. में प्रदान की गई।

15. हैदर अली के संदर्भ में, निम्नलिखित कथनों पर विचार कीजिए–

1. **उसने मैसूर में सिक्कों की नई प्रणाली और बाट व माप के नए पैमानों का प्रचलन किया।**
2. **फ्रांसीसी विशेषज्ञों की सहायता से डिंडीगुल में उसने एक आधुनिक शस्त्रागार की स्थापना की।**

उपर्युक्त कथनों में से कौन-सा/से सही है/हैं?

(a) केवल 1 (b) केवल 2

(c) 1 और 2 दोनों (d) न तो 1, न ही 2

उत्तर (b) **कथन 1 गलत है।** हैदर अली मैसूर राज्य में इस प्रकार के परिवर्तनों के लिए उत्तरदायी नहीं था। नवीन पंचांग, सिक्के और बाट व माप के नए पैमाने की नवीन प्रणाली का प्रवचन करने वाले परिवर्तन टीपू सुल्तान द्वारा लाए गए थे।

कथन 2 सही है। हैदर अली ने आधुनिक पद्धति से अपनी सेना को तैयार करने के लिए फ्रांसीसी विशेषज्ञों की सहायता से डिंडीगुल में आधुनिक शस्त्रागार की स्थापना की थी।

16. वांडीवाश के युद्ध के सम्बन्ध में निम्नलिखित कथनों पर विचार कीजिए–

1. कर्नाटक और हैदराबाद में उत्तराधिकार के विवाद ने युद्ध को तत्कालीन आधार प्रदान किया था।

2. यह युद्ध फ्रांसीसियों और अंग्रेजों के मध्य लड़ा गया था।

3. युद्ध के पश्चात्, अंग्रेज भारत में सर्वोच्च शक्ति के रूप में उभरे।

उपर्युक्त कथनों में से कौन-सा/से सही है/हैं?

(a) केवल 1 और 3 (b) केवल 2 और 3

(c) केवल 1 और 2 (d) 1, 2 और 3

उत्तर (b) 1756 ई. में इंग्लैंड और फ्रांस के मध्य आरम्भ हुए सात वर्षीय युद्ध ने दक्षिण भारत में अंग्रेजों और फ्रांसीसियों के मध्य तीसरे और निर्णायक दौर के युद्ध को आधार प्रदान किया। तीसरे कर्नाटक युद्ध का सबसे निर्णायक संघर्ष 1760 ई. की वांडीवाश की लड़ाई थी। कर्नाटक और हैदराबाद में उत्तराधिकार विवाद ने दूसरे कर्नाटक युद्ध को आधार प्रदान किया था। **इसलिए, कथन 1 सही नहीं है।**

वांडीवाश की लड़ाई में अंग्रेज जनरल आयर कूट ने काउंट थॉमस आर्थर डी लाली के नेतृत्व वाली फ्रांसीसी सेना को पराजित किया और बुस्सी को बंदी बना लिया। फ्रांसीसियों ने पांडिचेरी को भी अंग्रेजों के हाथों गंवा दिया। **इसलिए, कथन 2 सही है।**

तीसरे कर्नाटक युद्ध के दौरान, फ्रांसीसियों ने भारत में स्थित अपने क्षेत्र खो दिए जैसे चन्द्रनगर (बंगाल में), मुसलीपट्टनम, यनम की बस्तियाँ आदि। हालांकि, 1763 ई. की सन्धि से फ्रांस को अपनी वो सभी फैक्ट्रियाँ और बस्तियाँ जो 1749 ई. से पहले उनके अधीन थीं, इस प्रावधान के साथ वापस मिल गई कि वे चन्द्रनगर की और अधिक किलेबंदी नहीं कर सकते। परन्तु अंग्रेजी कम्पनी की सत्ता के निरंतर विस्तार से, भारत में सत्ता संतुलन निर्णायक रूप से बदल गया था। अंततः 1769 ई. में फ्रांसीसी ईस्ट इंडिया कम्पनी की समाप्ति हो गई।

पेरिस के शांति समझौते (1763 ई.) ने फ्रांसीसियों को उनकी फैक्ट्रियाँ वापस तो दिला दीं, परन्तु उन्हें किलेबंदी की अनुमति नहीं थी। वांडीवाश की विजय से अंग्रेजी ईस्ट इंडिया कम्पनी के समक्ष कोई भी यूरोपीय प्रतिद्वंद्वी नहीं बचा था। **इसलिए, कथन 3 सही है।**

17. निम्नलिखित भारतीय शासकों में कौन था, जिसने विदेशों में आधुनिक पद्धति से दूतावास स्थापित किए थे?

(a) हैदर अली

(b) मीर कासिम

(c) शाह आलम II

(d) टीपू सुल्तान

उत्तर (d) टीपू सुल्तान ने आधुनिक पद्धति से विदेशों में दूतावास स्थापित किए थे।

18. प्लासी के युद्ध के सम्बन्ध में निम्नलिखित कथनों पर विचार कीजिए–

1. अंग्रेजी सेना ने लड़ाई में कोई सैन्य श्रेष्ठता नहीं दिखाई।

2. इस युद्ध के परिणामस्वरूप, कम्पनी को कुछ क्षेत्रों पर जमींदारी का अधिकार प्राप्त हुआ।

3. युद्ध के बाद, ब्रिटिश व्यापारियों का निजी व्यापार समाप्त हो गया।

उपर्युक्त कथनों में से कौन-सा/से सही है/हैं?

(a) केवल 1 और 2

(b) केवल 2 और 3

(c) केवल 1 और 3

(d) 1, 2 और 3

उत्तर (a) अंग्रेजी सेना ने युद्ध में कोई सैन्य श्रेष्ठता नहीं दिखाई थी, बल्कि नवाब के लोगों द्वारा नवाब का साथ छोड़ देने के कारण ही क्लाइव को विजय प्राप्त हुई थी।

प्लासी युद्ध में विजय के परिणामस्वरूप, ब्रिटिश व्यापारी और अधिकारी भी उनके निजी व्यापार पर कर देने के लिए बाध्य नहीं रहे।

19. निम्न में से किसने अपनी राजधानी मुर्शिदाबाद से मुंगेर स्थानान्तरित की?

(a) अलीवर्दी खाँ

(b) सिराजुद्दौला

(c) मीर जाफर

(d) मीर कासिम

उत्तर (d) बंगाल का नवाब मीर कासिम अपनी राजधानी मुर्शिदाबाद से मुंगेर ले गया। सम्भवतः वह मुर्शिदाबाद के षड्यन्त्रमय वातावरण तथा कलकत्ता से दूर रहना चाहता था ताकि अंग्रेजों का हस्तक्षेप अधिक न हो।

20. मैसूर के शासक हैदर अली के संदर्भ में, निम्नलिखित कथनों पर विचार कीजिए-

1. वह साहित्यिक विद्वान था और अपने शासनकाल के दौरान उसने साहित्यिक कार्यों को संरक्षण दिया।

2. उसने अपने कमान के अधीन सैनिकों के लिए पश्चिमी सैन्य प्रशिक्षण लागू किया।

3. उसका शासनकाल पड़ोसी शक्तियों के साथ शांतिपूर्ण सम्बन्धों द्वारा चिह्नित किया जाता है।

उपर्युक्त कथनों में से कौन-सा/से सही है/हैं?

(a) केवल 1 और 2

(b) केवल 1 और 3

(c) केवल 2

(d) केवल 2 और 3

उत्तर (c) **कथन 1 सही नहीं है।** हैदर अली अशिक्षित और अनपढ़ था।

कथन 2 सही है। यद्यपि वह अशिक्षित था, लेकिन वह एक उत्कृष्ट सेनानायक (कमांडर) और चतुर राजनयिक था। अपने सामने आए अवसरों का चतुरतापूर्वक उपयोग करते हुए वह धीरे-धीरे मैसूर सेना में उच्च पद प्राप्त करता चला गया। उसने पश्चिमी सैन्य प्रशिक्षण के लाभों को शीघ्र ही पहचान लिया और अपने कमान के अंतर्गत सम्मिलित सैनिकों पर लागू किया। उसने 1755 ई. में फ्रांसीसी विशेषज्ञों की सहायता से डिंडीगुल में एक आधुनिक शस्त्रागार की स्थापना की।

कथन 3 सही नहीं है। अपनी सत्ता की स्थापना के लगभग आरम्भिक समय से ही वह मराठा सरदारों, निजाम और अंग्रेजों के साथ युद्ध में संलग्न रहा। 1769 ई. में, उसने अंग्रेजों की सेना को कई बार पराजित किया। वह 1782 ई. में दूसरे आंग्ल-मैसूर युद्ध के दौरान मारा गया और उसके बाद उसके बेटे टीपू ने शासन संभाला।

21. सिख सुधार आंदोलनों के सम्बन्ध में निम्नलिखित में से कौन-सा/से कथन सही है/हैं?

1. सिंह सभा आंदोलन ने पश्चिमी शिक्षा को बढ़ावा देने के लिए खालसा स्कूल के एक नेटवर्क की स्थापना की।

2. अकाली आंदोलन का उद्देश्य सिख गुरुद्वारा के भ्रष्ट महंतों के नियंत्रण से मुक्त कराना था।

नीचे दिए गए कूट का प्रयोग कर सही उत्तर चुनिए-

(a) केवल 1

(b) केवल 2

(c) 1 और 2 दोनों

(d) न तो 1, न ही 2

उत्तर (c) **कथन 1 सही है।** सिंह सभा आंदोलन की स्थापना अमृतसर में वर्ष 1873 ई. में दोहरे उद्देश्यों से की गई थी : (1) सिखों के लिए आधुनिक पश्चिमी शिक्षा उपलब्ध कराना; (2) ईसाई मिशनरियों की धर्मान्तरणकारी गतिविधियों और साथ ही हिन्दू पुनरुत्थानवादियों का प्रतिरोध करना। पहले उद्देश्य के लिए सभा द्वारा सम्पूर्ण पंजाब में खालसा स्कूलों के एक नेटवर्क की स्थापना की गई थी।

कथन 2 सही है। अकाली आंदोलन, सिंह सभा आंदोलन की एक शाखा थी। इसका उद्देश्य सिख गुरुद्वारों को भ्रष्ट उदासी महंतों के नियंत्रण से मुक्त करना था, जो सरकारी संरक्षण का उपभोग करने वाले एवं सरकार के प्रति निष्ठावान एवं प्रतिक्रियावादी लोग थे। सरकार ने अकालियों द्वारा वर्ष 1921 ई. में प्रारंभ किए गए अहिंसक असहयोग आंदोलन के विरुद्ध अपनी दमनकारी नीतियों का प्रयोग किया, किन्तु उसे जनता की माँगों के समक्ष झुकना पड़ा और उसने 1922 ई. में सिख गुरुद्वारा अधिनियम पारित किया, जिसने गुरुद्वाराओं का नियंत्रण सिख जनता को दे दिया गया, जिसका प्रबंधन शीर्ष संस्था के रूप में शिरोमणि गुरुद्वारा प्रबंधक समिति (SGPC) द्वारा किया जाना था। अकाली आंदोलन एक क्षेत्रीय आंदोलन था, किन्तु यह सांप्रदायिक आंदोलन नहीं था। अकाली नेताओं ने राष्ट्रीय स्वतंत्रता संग्राम में उल्लेखनीय भूमिका निभायी, यद्यपि कभी-कभी कुछ विद्रोही स्वर सुनाई देते रहे।

22. राजा सवाई जय सिंह के सम्बन्ध में निम्नलिखित कथनों पर विचार कीजिए−

1. उन्होंने जयपुर शहर की स्थापना की।

2. उन्होंने राजपूत विवाहों में विलासितापूर्ण अपव्यय को कम करने के लिए कानून लागू करने का प्रयास किया।

3. उन्होंने यूक्लीड के एलिमेंट्स ऑफ ज्योमेट्री का संस्कृत में अनुवाद किया।

उपर्युक्त कथनों में से कौन-सा/से सही है/हैं?

(a) केवल 1 (b) केवल 1 और 3

(c) केवल 2 और 3 (d) 1, 2 और 3

उत्तर (d) राजा सवाई जय सिंह ने जयपुर शहर की स्थापना की और उन्होंने यूक्लिड की पुस्तक 'एलिमेंट्स ऑफ ज्योमेट्री' का संस्कृत में अनुवाद भी किया था।

18वीं शताब्दी के सबसे प्रसिद्ध राजपूत शासक आमेर के राजा सवाई जय सिंह थे। वे एक प्रतिष्ठित राजनेता, विधिनिर्माता और सुधारक थे। उन्होंने जयपुर शहर की स्थापना की एवं उसका निर्माण सटीक सिद्धांतों एवं व्यवस्थित योजना के अनुसार किया। इसकी चौड़ी सड़कें एक दूसरे को समकोण पर प्रतिच्छेदित (काटती) करती हैं। **इसलिए, कथन 1 सही है।**

जय सिंह एक महान खगोल विज्ञानी थे। उन्होंने सटीक और उन्नत उपकरणों से युक्त वेधशालाओं की स्थापना की, जिसमें से कई उपकरण उनके ही आविष्कार थे। इन वेधशालाओं का निर्माण दिल्ली, जयपुर, उज्जैन, वाराणसी और मथुरा में किया गया था। उनके खगोलीय प्रेक्षण उल्लेखनीय रूप से सटीक थे। लोगों को खगोलीय प्रेक्षण करने में सक्षम करने के लिए उन्होंने तालिकाओं का एक समुच्चय बनाया, जिसे जिज मुहम्मदशाही नाम दिया गया। उन्होंने यूक्लिड की पुस्तक 'एलिमेंट्स ऑफ ज्योमेट्री' और त्रिकोणमिति के कई ग्रंथों एवं नेपियर द्वारा निर्माण कला तथा लघुगणक (लागरिथ्म्स) के उपयोग पर लिखे गए ग्रंथ का संस्कृत में अनुवाद किया था। **इसलिए, कथन 3 सही है।**

जय सिंह एक सामाजिक सुधारक भी थे। उन्होंने सामाजिक परंपराओं के कारण राजपूतों द्वारा अपनी बेटियों के विवाह पर वहन किए जाने वाले विलासितापूर्ण अपव्यय को कम करने के लिए कानून लागू करने का प्रयास किया। इसके कारण शिशु-हत्या की दुष्प्रथा (कुप्रथा) का प्रसार हो रहा था। इस उल्लेखनीय राजा ने 1699 से 1743 ई. तक लगभग 44 वर्ष तक जयपुर पर शासन किया। **इसलिए, कथन 2 सही है।**

23. यूरोपीय सैनिक को घायल करते हुए प्रदर्शित करने वाली बाघ की एक प्रतिमा लंदन में विक्टोरिया एंड अल्बर्ट म्यूजियम में रखी गई है। यह एक ऐसे राज्य संबंधित है, जिसके राजा ने भारत में अंग्रेजों द्वारा अपने राज्य का प्रसार करने का तीव्र विरोध किया। इस राजा को बाद में ब्रिटिश सेना ने एक भीषण युद्ध में पराजित कर दिया। इस विजय के बाद, एक शेर द्वारा एक बाघ को पराजित करता हुआ प्रदर्शित करने वाला एक ब्रिटिश मेडल जारी किया गया था।

उपर्युक्त परिच्छेद निम्नलिखित में से किस राजा को संदर्भित करता है?

(a) बालाजी विश्वनाथ

(b) सिराजुद्दौला

(c) रणजीत सिंह

(d) टीपू सुल्तान

उत्तर (d) टीपू का टॉय टाइगर (खिलौना बाघ) यूरोपीय सैनिक को घायल करते एक बाघ को चित्रित करता था। जब इसका हेण्डल घुमाया जाता था और यह टॉय टाइगर दहाड़ मारता था और सैनिक चीखता था। इस टॉय टाइगर को अब लंदन में विक्टोरिया एंड अल्बर्ट म्यूजियम में रखा गया है। जब टीपू सुल्तान 4 मई, 1799 को अपनी राजधानी श्रीरंगपट्नम की रक्षा करते हुए मारा गया तो अंग्रेज इस टॉय टाइगर को अपने साथ ले गए।

ब्रिटिश श्रीरंगपट्नम मेडल युद्ध में बाघ को हराते शेर को दर्शाता है। मेडल पर अरबी भाषा में लिखा गया एक बैनर 'विजेता ईश्वर का शेर' (Lion of God the Conqueror) शब्दों को प्रदर्शित करता है। यह मेडल 1799 ई. में सेरिंगापट्म (अब श्रीरंगपट्नम के नाम से प्रसिद्ध शहर) के युद्ध में टीपू सुल्तान पर ब्रिटिश विजय का अभिनंदन करता है। उल्लेखनीय है कि टीपू सुल्तान द्वारा बाघ को अपने राज्य-चिह्न के रूप में प्रयोग किया जाता था, जबकि ब्रिटिश शेर को राज्य-चिह्न के रूप में प्रयोग करते थे।

24. पंजाब में रणजीत सिंह के प्रशासन के संदर्भ में निम्नलिखित कथनों पर विचार कीजिए−

1. उन्होंने यूरोपीय नमूने पर एक शक्तिशाली और सुसज्जित सेना गठित की।

2. उन्होंने मुगलों द्वारा पहले से लागू प्रख्यापित की गई भू-राजस्व व्यवस्था में रूपांतरणकारी परिवर्तन किए।

3. उनकी धार्मिक नीति की प्रकृति रूढ़िवादी थी।

उपर्युक्त कथनों में से कौन-सा/से सही है/हैं?

(a) केवल 1 (b) केवल 2 और 3

(c) केवल 1 और 3 (d) 1, 2 और 3

उत्तर (a) **कथन 1 सही है।** रणजीत सिंह ने यूरोपीय प्रशिक्षकों की सहायता से यूरोपीयों के समान शक्तिशाली, अनुशासित और भली-भांति सुसज्जित सेना निर्मित की। लाहौर में तोप का निर्माण करने के लिए उन्होंने कई आधुनिक केन्द्र स्थापित किए। कहा जाता है कि उनकी सेना एशिया में दूसरी सर्वाधिक उत्कृष्ट सेना थी; पहला स्थान अंग्रेजी ईस्ट इंडिया कम्पनी की सेना को प्राप्त था।

कथन 2 सही नहीं है। उन्होंने मुगलों द्वारा पहले प्रख्यापित की गई भू-राजस्व व्यवस्था में कोई परिवर्तन नहीं किए। भू-राजस्व की राशि का परिकलन सकल उपज के 50 प्रतिशत के आधार पर किया जाता था।

कथन 3 सही नहीं है। धार्मिक मामलों में वह सहिष्णु और उदार थे। उनके कई महत्वपूर्ण मंत्री और सेनानायक मुसलमान और हिन्दू थे। उनके मंत्रियों में सर्वाधिक प्रमुख और विश्वसनीय फकीर अजीजुद्दीन थे, जबकि उनके वित्त मंत्री दीवान दीनानाथ थे।

25. मराठा साम्राज्य में 'पेशवा' के पद के संदर्भ में, निम्नलिखित कथनों पर विचार कीजिए–

1. इसे आधुनिक समय के प्रधानमंत्री के समकक्ष एक वंशानुगत पद के रूप में निर्मित किया गया था।

2. पेशवा का स्थान पदानुक्रम में छत्रपति या राजा के नीचे होता था।

3. शिवाजी मराठा साम्राज्य के प्रथम पेशवा थे।

उपर्युक्त कथनों में से कौन-सा/से सही है/हैं?

(a) केवल 1 और 2 (b) केवल 2
(c) केवल 1 और 3 (d) 1, 2 और 3

उत्तर (b) **कथन 1 सही नहीं है।** पेशवा मराठा साम्राज्य में आधुनिक समय के प्रधानमंत्री के समकक्ष होता था। यह पद मूल रूप से वंशानुगत पद के रूप में निर्मित नहीं किया गया था, लेकिन चितपावन ब्राह्मण परिवार के सदस्य वास्तव में महासंघ में पेशवा पद के वंशगत प्रशासक बन गए। बाजीराव-प्रथम के काल में पेशवा का पद सर्वाधिक शक्तिशाली था।

कथन 2 सही है। मूल रूप से, पेशवा छत्रपति (मराठा राजा) के अधीनस्थ के रूप में सेवा प्रदान करते थे। किन्तु कालान्तर में वे मराठाओं के वास्तविक नेता बन गए और छत्रपति नाममात्र का शासक रह गए। हालांकि, श्रेणीक्रम की दृष्टि से मराठा साम्राज्य में उनका पदक्रम छत्रपति से नीचे ही होता था।

कथन 3 सही नहीं है। शिवाजी महाराज मराठा राजा या छत्रपति थे। 1674 ई. में शिवाजी महाराज के राज्याभिषेक के बाद उन्होंने मोरोपंत त्रिम्बक पिंगले को प्रथम पेशवा के रूप में नियुक्त किया।

26. निम्नलिखित में से किन कारणों ने अंग्रेजों की सिन्ध विजय का मार्ग प्रशस्त किया?

1. यूरोप और एशिया में बढ़ती आंग्ल-फ्रांसीसी प्रतिद्वंद्विता।

2. सिन्धु नदी की वाणिज्यिक संभावनाएँ।

3. अफगानिस्तान और फारस में ब्रिटिश प्रभाव को बढ़ाने का प्रयास।

नीचे दिए गए कूट का प्रयोग कर सही उत्तर चुनिए-

(a) केवल 1 और 3 (b) केवल 2
(c) केवल 2 और 3 (d) 1, 2 और 3

उत्तर (c) **कथन 1 सही नहीं है।** यूरोप और एशिया में आंग्ल-रूसी प्रतिद्वंद्विता का बढ़ना सिन्ध की विजय का प्रमुख कारण था।

कथन 2 सही है। सिन्धु नदी की वाणिज्यिक संभावनाएँ एक अतिरिक्त आकर्षण थीं। ब्रिटिश व्यापार के लिए सिन्ध की सड़कें और नदी, 1832 में एक सन्धि के माध्यम से खोल दी गईं।

कथन 3 सही है। ब्रिटिश सरकार को आशंका थी कि रूस, अफगानिस्तान या फारस (पर्शिया) के रास्ते भारत पर आक्रमण कर सकता था। रूस के प्रत्युतर में, ब्रिटिश सरकार ने अफगानिस्तान और फारस में अपने प्रभाव को बढ़ाने का निश्चय किया और इस नीति का सफलतापूर्वक अनुकरण सिन्ध को ब्रिटिश नियंत्रण में ला कर ही किया जा सकता था। सर चार्ल्स नेपियर द्वारा एक संक्षिप्त अभियान के बाद 1843 ई. में सिन्ध को हड़प लिया गया।

27. चौथ और सरदेशमुखी के संदर्भ में, निम्नलिखित कथनों पर विचार कीजिए–

1. चौथ व्यापार पर कर था, जबकि सरदेशमुखी भूमि पर कर था।

2. इन्हें केवल मराठा साम्राज्य के अंतर्गत स्थित क्षेत्रों पर ही लगाया जाता था।

उपर्युक्त कथनों में से कौन-सा/से सही है/हैं?

(a) केवल 1
(b) केवल 2
(c) 1 और 2 दोनों
(d) न तो 1, न ही 2

उत्तर (d) **कथन 1 सही नहीं है।** मराठा छापेमारी से बचने के लिए मराठों को दिए जाने वाले भू-राजस्व का चौथा हिस्सा 'चौथ' कहलाता था। सरदेशमुखी उस भूमि पर आरोपित दस प्रतिशत की अतिरिक्त राशि थी, जिन पर मराठे अपने वंशानुगत अधिकार का दावा करते थे।

कथन 2 सही नहीं है। चौथ और सरदेशमुखी मराठों द्वारा कराधान नवाचार नहीं थे। मुगल राज्य के मराठा क्षेत्र से सटे हुए भागों में छापेमारी न करने के आश्वासन के बदले, मुगलों द्वारा मराठों को चौथ और सरदेशमुखी वसूल करने का अधिकार दिया गया था। चौथ और सरदेशमुखी करों की वसूली मराठा साम्राज्य में नहीं की जाती थी, बल्कि पड़ोसी क्षेत्रों के मुगल साम्राज्य का दक्कनी सल्तनत से इनकी वसूली की जाती थी।

28. सिख नेतृत्वकर्ताओं के सम्बन्ध में निम्नलिखित में से कौन-सा कथन सही नहीं है?

(a) सिखों का उग्र लड़ाकू समुदाय में रूपांतरण गुरु हरगोविंद के नेतृत्व में हुआ।
(b) गुरु गोविंद सिंह के नेतृत्व में सिख समुदाय राजनीतिक और सैन्य शक्ति के रूप में स्थापित हुआ।
(c) गुरु गोविन्द सिंह की मृत्यु के बाद 'गुरु' संस्था जारी रही।
(d) गुरु गोविन्द सिंह ने औरंगजेब की सेनाओं के विरूद्ध निरंतर युद्ध किया।

उत्तर (c) गुरु गोविन्द सिंह की मृत्यु के बाद गुरु परंपरा का अंत हो गया और सिखों का नेतृत्व उनके विश्वसनीय शिष्य बंदा बहादुर के पास चला गया।

29. टीपू सुल्तान के सम्बन्ध में, निम्नलिखित कथनों पर विचार कीजिए–

1. उसने मैसूर में एक नया पंचांग व सिक्का ढालने की प्रणाली का आरम्भ किया।

2. उसने फ्रांसीसी विशेषज्ञों की सहायता से डिंडीगुल में एक आधुनिक शस्त्रागार स्थापित किया।

उपर्युक्त कथनों में से कौन-सा/से सही है/हैं?

(a) केवल 1
(b) केवल 2
(c) 1 और 2 दोनों
(d) न तो 1, न ही 2

उत्तर (a) **कथन 1 सही है।** टीपू सुल्तान द्वारा 1784 ई. में नया पंचांग प्रारम्भ किया गया था। उसके द्वारा प्रारम्भ किए गए इस नव संवत् में बारह चन्द्र मासों वाले बारह चन्द्र-सौर वर्षों का समावेश था। इसमें और इस्लामी संवत्, दोनों में ही एक वर्ष में 354 दिन थे। परन्तु जहाँ पारम्परिक इस्लामिक वर्ष में, सौर वर्ष की तुलना में ग्यारह दिनों के कम होने को नियमित नहीं किया गया था, वहीं टीपू ने अपने पंचांग को सौर वर्ष के अनुकूल बनाने के लिए अधिमास का सिद्धांत अपनाया। महत्वपूर्ण बात यह थी कि इस प्रणाली को हिन्दू पंचांग से लिया गया था। उसके द्वारा आकर्षक प्रकार की सिक्कों को जारी किया गया, जो भारत के मुद्राशास्त्रीय इतिहास में अद्वितीय हैं। उसने सिक्का ढालने की प्रणाली में सुधार किए और विभिन्न मूल्यवर्गों, तिथि अंकन प्रणाली और टकसालों वाले सिक्कों के लिए विशिष्ट नामों का अविष्कार किया। टीपू सुल्तान

ने विभिन्न प्रकार के सोने, चाँदी और ताँबे के सिक्के जारी किए। सोने-चाँदी के सिक्कों को अरबी लिपि में अलंकृत विवरणों हेतु विशेष रूप से जाना जाता है। उसके शासन के प्रारम्भिक दिनों में, इन सिक्कों पर हिजरी तिथि अंकित की जाती थी। उसके शासनकाल के उत्तरवर्ती वर्षों में जारी किए गए सिक्कों पर एक नयी पंचांग व्यवस्था या मौलुदी संवत अंकित है। टीपू सुल्तान के सिक्कों की एक प्रमुख विशिष्टता उनको दिए गए नाम हैं। टीपू सुल्तान ने अपने द्वारा जारी किए गए प्रत्येक सिक्के को एक नाम दिया और कोई भी दो नाम एक जैसे नहीं थे। टीपू सुल्तान द्वारा जारी किए गए स्वर्ण और चाँदी के सिक्कों के नाम मुस्लिम संतों और खलीफाओं के नाम पर रखे गए थे, वहीं ताँबे के सिक्कों (दो पैसे के अतिरिक्त) के नाम तारों के नाम पर रखे गए थे।

कथन 2 सही नहीं है। हैदर अली ने अपनी सेना को आधुनिक ढंग से सुसज्जित करने हेतु फ्रांसीसी विशेषज्ञों की सहायता से डिंडीगुल (तमिलनाडु) में आधुनिक शस्त्रागार स्थापित किया था।

30. प्रथम आंग्ल-मैसूर युद्ध के संदर्भ में, निम्नलिखित कथनों पर विचार कीजिए–

1. टीपू सुल्तान और त्रावणकोर राज्य के मध्य विवाद युद्ध का तात्कालिक कारण बना।

2. श्रीरंगपट्नम की सन्धि पर हस्ताक्षर के साथ यह युद्ध समाप्त हुआ।

उपर्युक्त कथनों में से कौन-सा/से सही है/हैं?

(a) केवल 1 (b) केवल 2

(c) 1 और 2 दोनों (d) न तो 1, न ही 2

उत्तर (d) दोनों कथन सही नहीं हैं।

1766 ई. में अंग्रेजों ने हैदराबाद के निजाम के साथ सन्धि कर उसे उत्तरी सरकार (तटीय क्षेत्र) अंग्रेजों को सौंपने के लिए राजी कर लिया तथा बदले में हैदर अली से उसकी रक्षा करने का वचन दिया। प्रथम आंग्ल-मैसूर युद्ध के दौरान निजाम, मराठा और अंग्रेज हैदर अली के विरुद्ध एकजुट हुए। यह युद्ध 1769 ई. की मद्रास की सन्धि के साथ समाप्त हुआ।

टीपू सुल्तान और त्रावणकोर राज्य के मध्य विवाद तीसरे आंग्ल-मैसूर युद्ध का तात्कालिक कारण बना। इस युद्ध के बाद श्रीरंगपट्टनम की सन्धि पर हस्ताक्षर किए गए, जिसके तहत मैसूर के लगभग आधे क्षेत्र का अधिग्रहण कर लिया गया।

31. सबसे अधिक निर्णायक युद्ध, जिसने अंग्रेजो के भारत में प्रभुत्व को संस्थापित किया था–

(a) बक्सर का युद्ध

(b) प्लासी का युद्ध

(c) वांडीवाश का युद्ध

(d) पानीपत का तीसरा युद्ध

उत्तर (a) 22 अक्टूबर, 1764 ई. में बक्सर का युद्ध अंग्रेजों के विरुद्ध मीरकासिम, अवध के नवाब शुजाउद्दौला व मुगल सम्राट शाह आलम द्वितीय की सेनाओं ने सम्मिलित रूप से किया था। इस युद्ध में हेक्टर मुनरो की कमान वाली सेना की जीत हुई और इलाहाबाद तक का क्षेत्र अंग्रेजों के अधिकार में आ गया। इस युद्ध के पश्चात् अंग्रेजों को चुनौती देने वाली और कोई दूसरी शक्ति नहीं बची। इस युद्ध ने प्लासी के निर्णय पर मुहर लगा दी। अत: बक्सर का युद्ध अंग्रेजी सत्ता की स्थापना में निर्णायक सिद्ध हुई।

32. ब्रिटिश जनरल, जिसने हैदर अली को पोर्टोनोवा के युद्ध में हराया–

(a) कैप्टन पौपहोम

(b) सर आयर कूट

(c) सर हेक्टर मुनरो

(d) जनरल गोड्डार्ड

उत्तर (b) 1781 ई. में हैदर अली का सामना अंग्रेज जनरल आयर कूट से पोर्टोनोवा के युद्ध में हुआ जिसमें हैदर अली परास्त हुआ।

33. हैदराबाद के निजाम के सदर्भ में, निम्नलिखित कथनों पर विचार कीजिए–

1. उसकी हिन्दुओं के प्रति सहिष्णु नीति थी।

2. उसने सैयद भाइयों को अपदस्थ करने में प्रमुख भूमिका निभाई थी।

3. उसने खुले तौर पर केन्द्र सरकार से स्वतंत्रता की घोषणा की।

नीचे दिए गए कूट का प्रयोग कर सही उत्तर चुनिए-

(a) केवल 1 और 2

(b) केवल 2

(c) केवल 1 और 3

(d) 1, 2 और 3

उत्तर (a) **कथन 1 सही है।** हैदराबाद के निजाम का हिन्दुओं के प्रति सहिष्णु रवैया था। उदाहरण के लिए, एक हिन्दू पूरनचंद उसका दीवान था।

कथन 2 सही हैं। सैयद भाइयों ने सरदारों के सभी वर्गों में मेल-मिलाप और मित्रता करने के काफी प्रयास किए थे। सरदारों के समूह का प्रमुख, निजाम-उल-मुल्क उनके विरुद्ध षड्यंत्र करने लगा और सैयद भाइयों को अपदस्थ करने में उसने प्रमुख भूमिका निभाई।

कथन 3 गलत है। निजाम-उल-मुल्क ने हैदराबाद राज्य की नींव डाली, जिस पर उसने सशक्त हाथों से शासन किया। उसने कभी भी खुले तौर पर केन्द्र सरकार से अपनी स्वतंत्रता की घोषणा नहीं की। लेकिन व्यवहार में वह स्वतंत्र शासक की भांति कार्य करता था। उसने दिल्ली को सूचित किए बिना युद्ध छेड़ा, शान्ति स्थापित की, पदवियों से सम्मानित किया, जागीर और पद दिए।

❑❑❑

3 गवर्नर जनरल/वायसराय/अधिनियम

1. निम्नलिखित में से कौन-सी घटना लिटन के शासनकाल में घटित हुई थी?

1. भव्य दिल्ली दरबार

2. भारतीय भाषा समाचार पत्र अधिनियम (वर्नाक्यूलर प्रेस एक्ट)

3. भारतीय विश्वविद्यालय अधिनियम

4. सरकारी गोपनीयता अधिनियम

5. शस्त्र अधिनियम

नीचे दिए गए कूट का प्रयोग कर सही उत्तर चुनिए-

(a) केवल 1 और 2

(b) केवल 2, 4 और 5

(c) केवल 1, 2 और 5

(d) 1, 3, 4 और 5

उत्तर (c) लॉर्ड लिटन के समय के दौरान महत्वपूर्ण घटनाएँ (1876-1880 ई.):

मद्रास, बम्बई, मैसूर, हैदराबाद और मध्य भारत के कुछ भागों और पंजाब को प्रभावित करने वाला 1876-78 ई. का अकाल। रिचर्ड स्ट्रेची (1878 ई.) की अध्यक्षता में अकाल आयोग की नियुक्ति।

राज-उपाधि अधिनियम (Royal Titles Act-1876 ई.), महारानी विक्टोरिया ने 'कैसर ए-हिन्द' या भारत की महारानी का पदवी धारण की।

वर्नाकुलर प्रेस एक्ट (1878 ई.)

शस्त्र अधिनियम (1878 ई.)

द्वितीय अफगान युद्ध (1878-1880 ई.)

2. लॉर्ड वेलेजली के संदर्भ में, निम्नलिखित कथनों पर विचार कीजिए-

1. वह भारत का सहायक सन्धि की प्रणाली का उपयोग करने वाला पहला यूरोपीय गवर्नर जनरल था।

2. उसने मराठों के साथ सालबाई की सन्धि संपन्न की।

3. उसने प्रशासन में सुधार किया और सिविल सेवा का सूत्रपात किया।

उपर्युक्त कथनों में से कौन-सा/से सही है/हैं?

(a) केवल 1 और 2

(b) केवल 1 और 3

(c) केवल 2

(d) उपर्युक्त में से कोई नहीं

उत्तर (d) **कथन 1 सही नहीं है।** लॉर्ड वेलेजली ने सहायक सन्धि का उपयोग किया। उसकी सहायक सन्धि की नीति के अंतर्गत, सन्धि करने वाले राज्य के शासक को अपने प्रादेशिक क्षेत्र में ब्रिटिश सेना के पड़ाव हेतु स्थायी व्यवस्था को स्वीकार करने एवं उसके रखरखाव के लिए खर्च का भुगतान करने लिए विवश किया जाता था। हालांकि सहायक सन्धि की नीति का आरम्भ वेलेजली ने नहीं किया था। उससे बहुत पहले फ्रांसीसी प्रमुख डुप्ले ने धन की एक निश्चित राशि के बदले में यूरोपीय सैनिकों को उधार देने की नीति आरम्भ की थी। अंग्रेजों ने भी इसी प्रणाली को अपनाया। क्लाइव की गवर्नरी के बाद से ही लगभग प्रत्येक गवर्नर ने इस प्रणाली को लागू किया, भले ही उन्होंने अपनी-अपनी अंतर्दृष्टि का प्रयोग किया। वेलेजली की विशेष उपलब्धि यह थी कि उसने इस नीति को और अधिक विकसित किया तथा विस्तृत रूप दिया एवं लगभग प्रत्येक भारतीय राज्य में इसे लागू किया।

कथन 2 सही नहीं है। सालबाई की सन्धि प्रथम आंग्ल-मराठा युद्ध के बाद वारेन हेस्टिंग्स के साथ की गई थी।

कथन 3 सही नहीं है। सिविल सेवा की प्रणाली लॉर्ड कार्नवालिस द्वारा आरम्भ की गई थी। कार्नवालिस, 1786 में गवर्नर जनरल के रूप में भारत आया था। वह प्रशासनिक शुद्धिकरण के लिए कृतसंकल्प था। इसलिए उसने निजी व्यापार एवं अधिकारियों द्वारा उपहारों एवं रिश्वत स्वीकार किए जाने के विरूद्ध कठोरतापूर्वक नियम लागू किए। साथ ही साथ उसने कम्पनी के सेवकों के वेतनों में भी बढ़ोत्तरी की। कार्नवालिस ने यह व्यवस्था भी निर्धारित की कि सिविल सेवा में पदोन्नति वरिष्ठता के अनुसार होगी ताकि इसके सदस्य बाहरी प्रभावों से स्वतंत्र रहे।

3. उसने ठाणे (थाने) से बंबई को जोड़ने वाली पहली रेलवे लाइन की नींव रखी और कई जनकल्याण सम्बन्धी कार्य आरंभ किए, जैसे प्रत्येक प्रांत में अलग-अलग लोक निर्माण विभाग। उसके शासन के दौरान हिन्दू विधवा पुनर्विवाह अधिनियम पारित किया गया।

उपर्युक्त विवरण निम्नलिखित में से किस गवर्नर जनरल का सर्वश्रेष्ठ वर्णन करता है?

(a) लॉर्ड विलियम बेंटिक

(b) लॉर्ड कार्नवालिस

(c) लॉर्ड वारेन हेस्टिंग्स

(d) लॉर्ड डलहौजी

उत्तर (d) लॉर्ड डलहौजी ने 1848-1856 ई. के दौरान भारत में गवर्नर-जनरल के रूप में सेवा प्रदान की।

डलहौजी के कार्यकाल के दौरान कई विकासात्मक गतिविधियाँ अस्तित्व में आईं।

प्रत्येक प्रांत में अलग-अलग सार्वजनिक विभागों की स्थापना उनमें से एक थी।

कुछ अन्य गतिविधियों में सम्मिलित हैं : 1853 ई. में ठाणे (थाने) से बंबई को जोड़ने वाला पहली रेल लाइन बिछाना था।

1852 ई. में डलहौजी ने भारत में विद्युत तार प्रणाली का शुभारंभ किया। कलकत्ता से आगरा तक पहली टेलीग्राफ लाइन 1854 ई. में खोली गई, जो 800 मील की दूरी आच्छादित करती थी। 1857 ई. तक इसका लाहौर और पेशावर तक विस्तार कर दिया गया। बर्मा में रंगून से मांडले तक लाइन बिछाई गई। लोग इस टेलीग्राफ प्रणाली द्वारा बहुत आसानी से एक स्थान से दूसरे स्थान तक संदेश भेज सकते थे।

डाक विभाग की स्थापना का श्रेय भी लॉर्ड डलहौजी को जाता है। 1854 ई. में एक नया डाकघर अधिनियम पारित किया गया। इस प्रणाली के अंतर्गत, सभी प्रेसीडेंसी में डाकघरों के काम की निगरानी करने के लिए महानिदेशक की नियुक्ति की गई। प्रति पत्र आधा-आना की दर से एक समान दर प्रचलित की गई और पहली बार डाक टिकट जारी किए गए। पूरे देश के लिए एक डाक विभाग की स्थापना की गई।

वुड डिस्पैच और एंग्लो-वर्नाकुलर स्कूलों और सरकारी कॉलेजों का खोलना।

1855-56 ई. का विधवा पुनर्विवाह अधिनियम पारित किया गया, जिसने हिन्दू विधवाओं के विवाह को विधिमान्य बनाया।

4. लॉर्ड विलियम बेंटिक के कार्यकाल के दौरान निम्नलिखित में से कौन-सी घटना/घटनाएँ घटित हुई थी/थीं?

1. सती प्रथा का उन्मूलन

2. आधिकारिक भाषा के रूप में अंग्रेजी का प्रचलन

3. ठगी प्रथा का दमन

नीचे दिए गए कूट का प्रयोग कर सही उत्तर चुनिए-

(a) केवल 1 (b) केवल 2 और 3

(c) केवल 1 और 3 (d) 1, 2 और 3

उत्तर (d) लॉर्ड विलियम बेंटिक 1828-1835 ई. :

गवर्नर-जनरल के रूप में उसके कार्यकाल के दौरान घटित होने वाली निम्नलिखित विभिन्न घटनाएं थीं :

- सती प्रथा और अन्य क्रूर प्रथाओं (1829 ई.) का उन्मूलन।
- ठगी का दमन (1830 ई.)। 1883 ई. का चार्टर एक्ट
- 1835 ई. का प्रस्ताव और शैक्षिक सुधार और अधिकारिक भाषा के रूप में अंग्रेजी का प्रचलन।
- मैसूर (1831 ई.), कूर्ग (1834 ई.) और केन्द्रीय कछार (1834 ई.) का विलय।
- रंजीत सिंह के साथ 'सतत मित्रता' की सन्धि।

5. लॉर्ड कैनिंग द्वारा पारित किए गए सामान्य सेवा भर्ती अधिनियम 1856 ई. का मुख्य उद्देश्य क्या था?

(a) इसने महिलाओं के विरूद्ध अपराध कर चुके किसी भी व्यक्ति को सेवाओं में प्रवेश से वर्जित कर दिया।

(b) इसने सरकारी सेवा हेतु शैक्षिक योग्यताएँ और शारीरिक मापदंड निर्धारित किए।

(c) इसने प्रांतों को अपना स्वयं का कैडर भर्ती करने का अधिकार दिया।

(d) इसने बंगाल सेना में भर्ती होने वाले सभी सैनिकों को उन सभी स्थानों पर सेवा करने का आदेश दिया, जहाँ उनकी सेवाओं की आवश्यकता हो।

उत्तर (d) 1856 ई. में, लॉर्ड कैनिंग द्वारा सामान्य सेवा भर्ती अधिनियम पारित किया गया। नियम के अंतर्गत यह अनिवार्य बनाया गया कि बंगाल सेना में भविष्य में भर्ती होने वाले सभी सैनिकों को एक प्रतिबद्धता जाहिर करनी होगी कि जहाँ भी सैनिकों को उनकी सेवा की आवश्यकता होगी, वे करेंगे। इससे धार्मिक हिन्दू क्रोधित हुए, क्योंकि उनके लिए समुद्र पार करने का अर्थ था जाति भ्रष्ट हो जाना।

6. द्वैध शासन का जनक किसे माना जाता है?

(a) लॉर्ड क्लाइव

(b) हैक्टर मुनरो

(c) लॉर्ड मैकाले

(d) सर लियोनिल कार्टिस

उत्तर (d) सर लियोनिल कार्टिस को द्वैध शासन का जनक माना जाता है। भारत सरकार अधिनियम, 1919 ई. द्वारा प्रांतो में द्वैध शासन प्रणाली आरम्भ की गई।

7. लॉर्ड मैकाले के सम्बन्ध में निम्नलिखित कथनों पर विचार कीजिए-

1. उसने भारतीय कानूनों को संहिताबद्ध करने हेतु एक विधि आयोग की अध्यक्षता की।

2. वह जिला कलेक्टरों से न्यायिक शक्तियाँ वापस लेने हेतु उत्तरदायी था।

3. उसने भारतीयों को जिला मजिस्ट्रेट और अधीनस्थ न्यायाधीशों के रूप में नियुक्त किया।

उपर्युक्त कथनों में से कौन-सा/से सही है/हैं?

(a) केवल 1

(b) 1, 2 और 3

(c) केवल 3

(d) केवल 1 और 3

उत्तर (a) **कथन 1 सही है।** भारतीय कानूनों को संहिताबद्ध करने हेतु मैकाले की अध्यक्षता में एक विधि आयोग की स्थापना की गई थी। इसके परिणामस्वरूप एक सिविल प्रक्रिया संहिता (1859 ई.), एक भारतीय दंड संहिता (1860 ई.) तथा एक आपराधिक प्रक्रिया संहिता (1861 ई.) का निर्माण किया गया। इन संहिताबद्ध कानूनों ने शासकों द्वारा लागू किए गए धार्मिक और निजी कानूनों को प्रतिस्थापित कर दिया।

कथन 2 सही नहीं है। कॉर्नवालिस द्वारा कलेक्टरों की न्यायिक शक्तियाँ छीन कर, उन्हें राजस्व संग्रह हेतु पूर्ण रूप से उत्तरदायी बना दिया गया। परिणामस्वरूप, जिला न्यायाधीशों की नियुक्ति की गई। इस प्रकार, कॉर्नवॉलिस द्वारा दीवानी न्यायाधीश और कलेक्टर के पदों को पृथक कर दिया गया।

कथन 3 सही नहीं है। 1831 ई. में विलियम बैंटिक ने न्यायिक सेवा में भारतीयों का दर्जा और शक्तियाँ बढ़ा दी तथा उनकी नियुक्ति उप-मजिस्ट्रेटों, अधीनस्थ न्यायाधीशों और प्रधान सदन अमीनों के रूप में की गई।

8. वह एकमात्र वायसरॉय कौन था, जिसकी 1872 में उसके कार्यकाल के दौरान एक पठान कैदी द्वारा अंडमान में हत्या कर दी गई थी?

(a) लॉर्ड मिंटो

(b) लॉर्ड एल्गिन द्वितीय

(c) लॉर्ड मेयो

(d) लॉर्ड लॉरेंस

उत्तर (c) लॉर्ड मेयो एकमात्र ऐसे वायसराय थे, जिनकी पद पर रहते हुए हत्या हो गई थी। अंग्रेजों द्वारा उनकी उत्तरी सीमांत प्रांत के अंडमान में निर्वासित एक क्रांतिकारी शेर अली खान ने 8 फरवरी, 1872 ई. को हत्या कर दी थी।

लॉर्ड मेयो (1869-1872) :

- भारत में वित्तीय विकेन्द्रीकरण की प्रक्रिया आरंभ की।
- भारतीय शाही परिवारों हेतु काठियावाड़ में राजकोट कॉलेज और अजमेर में मेयो कॉलेज की स्थापना की।
- भारतीय इतिहास में पहली बार जनगणना 1871 ई. में हुई थी।
- भारत के सांख्यिकीय सर्वेक्षण का गठन।

9. निम्नलिखित में से किनको लॉर्ड लिटन के कार्यकाल के साथ संबद्ध किया जा सकता है?

1. इल्बर्ट बिल विवाद

2. वर्नाकुलर प्रेस एक्ट

3. बंगाल विभाजन

4. सिविल सेवा परीक्षा हेतु आयु सीमा को कम करना

नीचे दिए गए कूट का प्रयोग कर सही उत्तर चुनिए-

(a) केवल 1, 2 और 3

(b) केवल 1 और 4

(c) केवल 2 और 4

(d) केवल 1 और 3

उत्तर (c) वायसराय के रूप में लॉर्ड लिटन 1876 ई. में भारत आया। 1876 ई. में भारतीय सिविल सेवा की परीक्षा में बैठने की अधिकतम आयु भारतीयों के लिए 21 वर्ष से घटाकर 19 वर्ष कर दी गई। इससे भारतीयों

को हानि हुई। 1878 ई. में उसने अपने ही विधि सदस्य की सलाह के विरुद्ध वर्नाकुलर प्रेस एक्ट पारित किया। यह मूल रूप से भारतीय प्रेस पर प्रतिबंध लगाने हेतु तैयार किया गया था क्योंकि वह औपनिवेशिक नीतियों का आलोचक बन गया था।

इल्बर्ट बिल विवाद लॉर्ड रिपन के कार्यकाल के दौरान हुआ था। बंगाल विभाजन लॉर्ड कर्जन द्वारा किया गया था।

10. वैवेल योजना के संदर्भ में निम्नलिखित कथनों पर विचार कीजिए–

1. गवर्नर जनरल की कार्यकारी परिषद् को 1935 ई. के अधिनियम के ढाँचे के अंतर्गत एक अंतरिम सरकार के रूप में कार्य करना था।

2. इस योजना को मुस्लिम लीग के द्वारा स्वीकार कर लिया गया, किन्तु कांग्रेस द्वारा अस्वीकार कर दिया गया।

उपर्युक्त कथनों में से कौन-सा/से सही है/हैं?

(a) केवल 1 (b) केवल 2
(c) 1 और 2 दोनों (d) न तो 1, न ही 2

उत्तर (a) वैवेल योजना के मुख्य प्रस्ताव है:

गवर्नर जनरल और सेनाध्यक्ष को छोड़ कर कार्यकारी परिषद् के सभी सदस्य भारतीय होंगे।

हिन्दुओं तथा मुसलमानों को एक समान प्रतिनिधित्व प्रदान किया जाना था।

पुनर्गठित परिषद् को 1935 ई. के अधिनियम के अंतर्गत कार्य करना था।

मंत्री के परामर्श पर गवर्नर जनरल को अपनी वीटो शक्ति का प्रयोग करना था।

युद्ध में विजय प्राप्त होने के पश्चात नये संविधान पर मध्यस्थता के लिए संभावनाओं के द्वारा को खुला रखा जाना था।

इस योजना को मुस्लिम लीग तथा कांग्रेस दोनों के द्वारा अस्वीकार कर दिया गया। मुस्लिम लीग को यह भय था कि अन्य अल्पसंख्यकों के कांग्रेस साथ होने से वह अल्पसंख्यक की स्थिति में ही रह जाएगी, जबकि कांग्रेस ने इस योजना को इसलिए अस्वीकार कर दिया कि इससे उसकी हिन्दू छवि बन जाने का खतरा था।

11. निम्नलिखित में से कौन-सा एटली द्वारा 20 फरवरी, 1947 ई. को की गई घोषणा का एक हिस्सा नहीं था?

(a) नए वायसराय के रूप में लॉर्ड माउंटबेटन की नियुक्ति की घोषणा की गई थी।
(b) अंग्रेज सभी शक्तियों को संविधान सभा को हस्तांतरित करेंगे।
(c) भारत को स्वतंत्र करने के लिए एक अंतिम समय सीमा निर्धारित की गई थी।
(d) सत्ता के हस्तांतरण के बाद रियासतों पर ब्रिटिश नियंत्रण समाप्त हो जाएगा।

उत्तर (b) ब्रिटेन के प्रधानमंत्री क्लीमेंट एटली ने 20 फरवरी, 1947 ई. को हॉउस ऑफ कॉमन्स में घोषणा की कि 30 जून, 1948 ई. से पहले सत्ता जिम्मेदारी हाथों में हस्तांतरित करने के बाद अंग्रेज भारत छोड़ देंगे। विचार यह था कि भारतीयों को उस समय से पहले अपने मुद्दों को निपटा लेना चाहिए। उन्होंने लॉर्ड वेवेल के स्थान पर लॉर्ड माउंटबेटन को वायसराय नियुक्त करने की घोषणा भी की थी।

उन्होंने यह घोषणा भी की कि अंग्रेज किसी प्रकार की केन्द्र सरकार को यदि संविधान सभा पूर्ण प्रतिनिधित्व वाली न हो अर्थात् यदि मुस्लिम बहुल राज्य सम्मिलित न हों तो वर्तमान प्रांतीय सरकारों के कुछ क्षेत्रों को सत्ता सौंपेंगे। इसके अतिरिक्त, यह भी घोषणा की गई कि सत्ता हस्तांतरण के साथ रियासतों के प्रति ब्रिटिश सत्ता और दायित्व व्यपगत हो जाएंगे, ये ब्रिटिश भारत में किसी अन्य उत्तराधिकारी सरकार को हस्तांतरित नहीं होंगे।

12. सेवानिवृत्त ब्रिटिश सिविल सेवक ए. ओ. ह्यूम को तात्कालिक नेताओं ने भारतीय राष्ट्रीय कांग्रेस के मुख्य संगठनकर्ता के रूप में स्वीकार कर लिया। इसके लिए सबसे उपर्युक्त कारण क्या है?

(a) ए. ओ. ह्यूम के प्रशासनिक ज्ञान का उपयोग करना।
(b) भारतीय नेताओं के पास संगठनात्मक अनुभव की कमी थी।
(c) प्रारंभिक चरण में सरकार से दुश्मनी मोल लेने से बचना।
(d) भारतीय नेताओं के बीच वैचारिक मतभेद।

उत्तर (c) ए. ओ. ह्यूम उच्च आदर्शों वाले व्यक्ति थे, जिनके साथ सहयोग करना भारतीय नेताओं को असम्मानपूर्ण नहीं प्रतीत होता था। हालांकि, मुख्य आयोजक के रूप में उनका चयन करने का मुख्य कारण उस समय की परिस्थितियों में निहित था। उपमहाद्वीप के आकार को देखते हुए 1880 ई. के दशक के प्रारम्भिक वर्षों में बहुत ही कम राजनीतिक व्यक्ति थे और तब तक शासकों के खुले विरोध की परंपरा सुदृढ़ नहीं हुई थी।

भारतीय नेताओं ने ए. ओ. ह्यूम के साथ सहयोग करने का निर्णय किया, क्योंकि वे अपने कार्य के इस प्रकार के प्रारम्भिक चरण में अधिकारिक शत्रुता को उद्धोधित नहीं करना चाहते थे। उनका मानना था कि यदि इसका मुख्य आयोजन सेवानिवृत्त ब्रिटिश सिविल सेवक होगा तो शासकों को कम संदेह होगा।

13. ठगों के दमन में निम्नलिखित में से कौन संबंद्ध था?

(a) जनरल हेनरी प्रेडरगास्ट
(b) कैप्टन स्लीमैन
(c) एलेक्जेंडर बर्न्स
(d) कैप्टन राबर्ट पेम्बरटन

उत्तर (b) लॉर्ड विलियम बेंटिक ने कैप्टन स्लीमैन को ठगों के विरुद्ध कार्यवाही करने के लिए नियुक्त किया। 1837 ई. के पश्चात् ठगों का अंत हो गया।

14. निम्नलिखित में से किन कारणों से लॉर्ड वेलेजली की विस्तारवादी नीति को ईस्ट इंडिया कम्पनी द्वारा रोक दिया गया था?

1. युद्ध के माध्यम से विस्तार व्यय साध्य था और इससे कम्पनी के लाभ में कमी आ रही थी।

2. उस समय नेपोलियन यूरोप में बड़ा खतरा था।

नीचे दिए गए कूट का प्रयोग कर सही उत्तर चुनिए-

(a) केवल 1 (b) केवल 2
(c) 1 और 2 दोनों (d) न तो 1, न ही 2

उत्तर (c) **कथन 1 सही है।** कम्पनी ने पाया कि युद्ध के माध्यम से विस्तार हुआ और इससे ऋण में वृद्धि हो रही थी, इसलिए उन्होंनें इस नीति को रोक दिया।

कथन 2 भी सही है। इस समय नेपोलियन यूरोप में खतरा बन रहा था, ब्रिटेन की आर्थिक स्थिति मजबूत नहीं थी।

15. सहायक सन्धि के साथ निम्नलिखित में से कौन-सा/से गवर्नर जनरल सम्बद्ध है/हैं?

1. लॉर्ड वेलेजली

2. लॉर्ड डूप्ले

3. लॉर्ड कार्नवालिस

नीचे दिए गए कूट का प्रयोग कर सही उत्तर चुनिए-

(a) केवल 1 और 2
(b) केवल 1
(c) केवल 2 और 3
(d) 1, 2 और 3

उत्तर (d) सहायक सन्धि प्रणाली वेलेज़ली से काफी समय पहले से ही अस्तित्व में आ गई थी। उसने बड़े पैमाने पर इस गठबंधन/सन्धि का प्रयोग किया। डूप्ले संभवत: पहला व्यक्ति था जिसने भारतीय राजाओं के व्यय पर यूरोपीय सैनिकों को भाड़े पर दिया था।

1787 ई. में कर्नाटक के नवाब के साथ कार्नवालिस द्वारा संपन्न की गई सन्धि में पहली बार कम्पनी ने जोर देकर कहा कि सहायक सन्धि वाले राज्य का कोई विदेश सम्बन्ध नहीं होना चाहिए।

16. निम्नलिखित सुधारों में से कौन-सा गवर्नर जनरल विलियम बेंटिक के शासनकाल में नहीं लाया गया?

(a) सती प्रथा तथा क्रूर प्रथाओं का उन्मूलन।
(b) शिशु-हत्या नर-बलि की प्रथा का उन्मूलन।
(c) स्थानीय स्व-शासन पर प्रस्ताव।
(d) ठगी को समाप्त करना।

उत्तर (c) स्थानीय स्व-शासन पर प्रस्ताव लॉर्ड रिपन के शासनकाल में लाया गया था।

गवर्नर जनरल विलियम बेंटिक को भारतीय मूल निवासियों तथा उनके विकास के प्रति सबसे अधिक चिन्ताशील माना जाता है। उनकी कालावधि सतत युद्धों तथा विलयों से राहत की अवधि थी तथा उस दौरान भारतीयों के लिए प्रगतिशील सामाजिक विधानों को लाया गया।

17. निम्नलिखित में से कौन-सी घटनाएँ लॉर्ड लिटन के कार्यकाल के दौरान घटित नहीं हुई थीं?

1. स्वदेशी और बहिष्कार आंदोलन
2. वर्नाकुलर प्रेस एक्ट
3. प्रथम अफगान युद्ध
4. पेशावर की सन्धि

नीचे दिए गए कूट का प्रयोग कर सही उत्तर चुनिए-

(a) केवल 1 और 2
(b) केवल 1 और 3
(c) केवल 2 और 3
(d) केवल 3 और 4

उत्तर (b) बंगाल विभाजन की घोषणा 1905 ई. में की गई थी। इसके फलस्वरूप स्वदेशी और बहिष्कार आंदोलन का जन्म लॉर्ड कर्जन के कार्यकाल के दौरान हुआ था।

वर्नाकुलर प्रेस एक्ट 1878 ई. को ब्रिटिश शासन के विरुद्ध बढ़ते असंतोष को कम करने के लिए लॉर्ड लिटन द्वारा अधिनियमित किया गया था।

प्रथम अफगान युद्ध 1839-1842 ई. में हुआ था। यह लॉर्ड ऑकलैंड और लॉर्ड एलनबरो के कार्यकाल के दौरान हुआ था।

लिटन ने सिविल सेवा में प्रवेश की अधिकतम आयु को 21 से घटाकर 19 कर दिया। लॉर्ड लिटन के कार्यकाल के दौरान निम्नलिखित अन्य महत्वपूर्ण घटनाएँ हुई थीं : रॉयल टाइटल एक्ट 1876, 1876 का भयंकर अकाल, द्वितीय आंग्ल-अफगान युद्ध 1878-1880, पेशावर की सन्धि और गंदमक की सन्धि।

18. निम्नलिखित कथनों पर विचार कीजिए-

1. रॉबर्ट क्लाइव बंगाल के प्रथम गवर्नर जनरल थे।
2. विलियम बेंटिक भारत के प्रथम गवर्नर जनरल थे।

उपर्युक्त कथनों में से कौन-सा/से सही है/हैं?

(a) केवल 1
(b) केवल 2
(c) 1 और 2 दोनों
(d) न तो 1, न ही 2

उत्तर (b) 1773 ई॰ के रेग्यूलेटिंग ऐक्ट के तहत ब्रिटिश संसद के द्वारा बंगाल की पहली बार कॉलेजिएट सरकार की स्थापना की गई। इस सरकार में फोर्ट विलियम के गवर्नर जनरल (अध्यक्ष) तथा चार सदस्यों का प्रावधान किया गया। इस अधिनियम के तहत बंगाल के प्रथम गवर्नर जनरल के रूप में वारेन हेस्टिंग्स की नियुक्ति की गई थी। इन्हें 1774 ई॰ में बंगाल का प्रथम जनरल नियुक्त किया गया था।

पुन: 1833 ई॰ के चार्टर ऐक्ट के तहत बंगाल के गवर्नर जनरल को भारत का गवर्नर जनरल बना दिया गया। इसका उद्देश्य भारतीय प्रशासन को पूर्णत: केन्द्रीकृत करने का प्रयास था। लॉर्ड विलियम बैंटिक को भारत का प्रथम गवर्नर जनरल बनाया गया था।

अत: कथन 1 असत्य एवं कथन 2 सत्य है।

19. निम्नलिखित में से किसने वर्नाक्यूलर प्रेस एक्ट निरस्त किया?

(a) लॉर्ड डफरिन (b) लॉर्ड रिपन
(c) लॉर्ड कर्जन (d) लॉर्ड हार्डिंग

उत्तर (b) वर्नाक्यूलर प्रेस एक्ट को मुँह बन्द करने वाला कानून कह कर काफी आलोचना की गई। इसको 1882 ई॰ में लॉर्ड रिपन ने निरस्त कर दिया।

20. लॉर्ड माउन्टबेटन वायसराय के रूप में भारत आए-

(a) भारतीय उपमहाद्वीप को विभाजित करने की विशेष हिदायत के साथ।
(b) यथासम्भव भारत को संयुक्त रखने की विशेष हिदायत के साथ।
(c) जिन्ना की पाकिस्तान की माँग को स्वीकार करने की विशेष हिदायत के साथ।
(d) कांग्रेस का विभाजन स्वीकार करने हेतु राजी करने की विशेष हिदायत के साथ।

उत्तर (b) कैबिनेट मिशन के अव्यावहारिक हो जाने के बाद ब्रिटिश प्रधानमन्त्री एटली ने लॉर्ड माउन्टबेटन को यथासम्भव भारत को संयुक्त रखने की विशेष हिदायत के साथ भारत भेजा। उन्हें मार्च, 1947 ई. में भारत का गवर्नर जनरल नियुक्त किया गया। मुस्लिम लीग की हठधर्मिता के कारण 3 जून, 1947 ई. को भारत विभाजन की घोषणा लॉर्ड माउन्टबेटन को करनी पड़ी।

21. जिस गवर्नर जनरल ने दास प्रथा को समाप्त किया, वह कौन था?

(a) सर जॉन शोर
(b) लॉर्ड विलियम बेंटिक
(c) लॉड एलनबरो
(d) लॉर्ड कार्नवालिस

उत्तर (c) 1843 ई॰ के इंडिया एक्ट-V के तहत दास प्रथा को अवैधानिक बनाया गया था, उस समय गवर्नर जनरल लॉर्ड एलनबरो था। 1842 ई॰ में एलनबरो की भारत के गवर्नर जनरल के पद पर नियुक्ति हुई। उसके समय में प्रथम आंग्ल-अफगान युद्ध समाप्त हुआ। 'सिन्ध' को अगस्त 1843 ई॰ में पूर्ण रूप से ब्रिटिश साम्राज्य में मिला लिया गया। चार्ल्स नेपियर ने कहा कि 'सिन्ध विजय एक एकाकी घटना नहीं थी, यह तो अफगान तूफान की पूँछ थी'। सिन्ध का ब्रिटिश साम्राज्य में विलय ही अफगान संघर्ष का परिणाम था।

22. निम्नलिखित में से कौन-सी जोड़ी (गवर्नर जनरल और घटना) सुमेलित है?

(a) लॉर्ड कार्नवालिस – रेग्यूलेटिंग एक्ट
(b) लॉर्ड वेलेजली – स्थायी बन्दोबस्त
(c) लॉर्ड एलनबरो – सिन्ध का विलय
(d) लॉर्ड डलहौजी – प्रथम अफगान युद्ध

उत्तर (c) घटना गवर्नर-जनरल

(a) रेग्यूलेटिंग एक्ट – वारेन हेस्टिंग्स (1772-85 ई॰)

(b) स्थायी बन्दोबस्त – लॉर्ड कार्नवालिस (1786-93 ई॰)

(c) सिन्ध का विलय – लॉर्ड एलनबरो (1842-44 ई०)

(d) प्रथम अफगान युद्ध – लॉर्ड ऑकलैण्ड (1836-42 ई०)

23. निम्नलिखित में से किसने लक्ष्मीबाई के पति की मृत्यु के उपरान्त उसके दत्तक पुत्र को उत्तराधिकार से वंचित किया तथा बाद में राज्य को अपने कब्जे में ले लिया?

(a) लॉर्ड कैनिंग
(b) लॉर्ड विलियम बेंटिक
(c) लॉर्ड डलहौजी
(d) लॉर्ड वेलेजली

उत्तर (c) डलहौजी का राज्य हड़पने की नीति का व्यापक सिद्धांत सर्वाधिक चर्चित रहा। इस नीति के द्वारा दत्तक पुत्र के उत्तराधिकारी के रूप में मान्यता देने से इन्कार कर दिया गया। इसी आधार पर झांसी के शासक तथा लक्ष्मीबाई के पति गंगाधर राव की मृत्यु के बाद उनके दत्तक पुत्र को उत्तराधिकार से वंचित कर दिया तथा लॉर्ड डलहौजी ने 1853 ई. में झांसी राज्य को अंग्रेजी साम्राज्य में विलय कर लिया।

24. कथन (A) : लॉर्ड रिपन ने अपना वायसराय का काल पूरा होने से पहले ही त्यागपत्र दे दिया।

कारण (R) : ब्रिटिश सरकार इल्बर्ट बिल के कारण रुष्ट थी तथा इस कारण उनको त्यागपत्र देने पर बाध्य किया गया था।

इस प्रश्न में दो वक्तव्य है। एक को कथन A तथा दूसरे को कारण R कहा गया है। इन वक्तव्यों का सावधानीपूर्वक परीक्षण कर इस प्रश्न का उत्तर नीचे दिए हुए कूट की सहायता से चुनिए–

कूट:

(a) A और R दोनों सही हैं और R, A का सही स्पष्टीकरण है।
(b) A और R दोनों सही हैं और R, A का सही स्पष्टीकरण नहीं है।
(c) A सही है, परन्तु R गलत है।
(d) A गलत है, परन्तु R सही है।

उत्तर (c) लॉर्ड रिपन के समय में इल्बर्ट बिल, 1883 ई. के विरोध स्वरूप अंग्रेजों ने विद्रोह किया। जिसे 'श्वेत विद्रोह' कहा जाता है। लॉर्ड रिपन की परिषद् का एक सदस्य सर पी. सी. इल्बर्ट था, जिसने एक प्रस्ताव प्रस्तुत किया कि 'भारतीय न्यायाधीशों को अंग्रेज न्यायाधीशों के समान अधिकार प्रदान कर दिए जाएं।' (क्योंकि उस समय तक भारतीय न्यायाधीश यूरोपीयन तथा अंग्रेजों के फौजदारी के मुकदमे नहीं देख सकते थे) इस प्रस्ताव का अंग्रेजों ने घोर विरोध किया और इसके लिए एक संस्था यूरोपीय एण्ड इंडियन डिफेंस एसोशिएशन बनाई। इस विरोध के सामने ब्रिटिश सरकार तथा रिपन दोनों को झुकना पड़ा और इल्बर्ट बिल पास तो किया गया परन्तु अनेक संशोधनों के बाद उसका वास्तविक उद्देश्य पूरा न हो सका। इल्बर्ट बिल विवाद से दुःखी होकर लॉर्ड रिपन ने त्याग-पत्र दे दिया।

25. निम्नलिखित कथनों पर विचार कीजिए–

1. लॉर्ड डलहौजी की सरकार ने 'जनरल सर्विस एनलिस्टमेन्ट ऐक्ट' पारित किया जिसने सिपाहियों को सरकार की आवश्यकतानुसार किसी भी स्थान पर सेवा करने के लिए बाध्य किया।

2. लॉर्ड कैनिंग की सरकार द्वारा पारित पोस्ट आफिस एक्ट ने सिपाहियों को उपलब्ध मुक्त डाक-सेवा की सुविधा वापस ले ली।

उपर्युक्त कथनों में से कौन-सा/से सही है/हैं

(a) केवल 1
(b) केवल 2
(c) दोनों 1 व 2
(d) न तो 1, न ही 2

उत्तर (d) लॉर्ड कैनिंग की सरकार ने 1856 ई. में 'जनरल सर्विस एनलिस्टमेन्ट ऐक्ट' पारित किया। इसने सिपाहियों को सरकार की आवश्यकतानुसार किसी भी स्थान पर सेवा करने के लिए बाध्य किया। लॉर्ड डलहौजी की सरकार द्वारा 1854 ई. में पारित 'पोस्ट आफिस एक्ट' ने सिपाहियों को उपलब्ध मुक्त डाक सेवा की सुविधा वापस ले ली थी।

26. निम्नलिखित कथनों पर विचार कीजिए–

1. जब वारेन हेस्टिंग्स गवर्नर जनरल बना तब उसने कोषागार को कलकत्ता में स्थानान्तरित कर दिया।

2. 1780 ई. में नमक का उत्पादन सरकार ने सीधे अपने हाथों में ले लिया।

3. भू-राजस्व का 10 वर्षीय बंदोबस्त 1780 ई. में स्थायी घोषित कर दिया गया।

उपर्युक्त कथनों में से कौन-सा/से सही है/हैं:

(a) केवल 1
(b) केवल 1 और 2
(c) केवल 2 और 3
(d) 1, 2 और 3

उत्तर (a) वारेन हेस्टिंग्स की बंगाल के गवर्नर जनरल के रूप में नियुक्त (1774-85 ई.) ईस्ट इंडिया कम्पनी के इतिहास में एक नया अध्याय जोड़ती है। उसने वास्तविकता की पहचान का प्रयत्न किया। वॉरेन हेस्टिंग्स ने प्रशासनिक भूमि, न्यायिक तथा वाणिज्य सम्बन्धी उच्चकोटि के सुधार किए। वारेन हेस्टिंग्स ने कोषागार को मुर्शिदाबाद से कलकत्ता में स्थानान्तरित कर दिया। कम्पनी के राजस्व स्रोतों में नमक उत्पादन एक महत्वपूर्ण स्रोत था। नमक पर एकाधिकार की स्थापना बंगाल में वर्ष 1772 ई., मद्रास में वर्ष 1805 ई. तथा उड़ीसा में वर्ष 1814 ई. में स्थापित हुई थी। बंगाल में नमक बनाने वाले को 'मोलुंगी' कहा जाता था। कार्नवालिस ने 1790 ई. में जमींदारों को भू-स्वामी मानते हुए उनके साथ दस वर्ष का बन्दोबस्त किया गया। जिसे 1793 ई. में स्थायी कर दिया गया। यह बन्दोबस्त जमींदार को भू-स्वामी मानकर उसके साथ किया गया। इसमें भू-भाटक (लगान) का 89% सरकार का तथा 11% जमींदार का होता था। यह बन्दोबस्त व्यवस्था बंगाल, बिहार, उड़ीसा, बनारस तथा मद्रास के कुछ क्षेत्रों में लागू की गई।

27. लॉर्ड डलहौजी के शासन-काल में निम्न में से क्या एक घटित नहीं हुआ–

(a) द्वितीय आंग्ल-बर्मा युद्ध
(b) कलकत्ता से आगरा तक टेलीग्राफ लाइन का बिछाया जाना
(c) बम्बई से ठाणे तक रेलवे का खोला जाना
(d) दिल्ली विश्वविद्यालय की स्थापना

उत्तर (d) लॉर्ड डलहौजी के समय में द्वितीय आंग्ल-बर्मा युद्ध 1852 ई. में हुआ। डलहौजी ने लोअर बर्मा अर्थात् पेगू का विलय कर लिया। 1853 ई. में डलहौजी के समय प्रथम विद्युत तार सेवा कलकत्ता से आगरा के बीच में आरम्भ हुई। 1853 ई. में डलहौजी के काल में प्रथम रेलवे लाइन बम्बई से थाने के बीच में बिछायी गई।

28. निम्न में से कौन-सा एक कथन सही है?

(a) लॉर्ड लिटन ने ही सर्वप्रथम यह आदेश जारी किया था कि समाचार पत्रों में उनके संपादकों तथा मालिकों के नाम प्रकाशित किए जाने चाहिए।
(b) लॉर्ड वेलेजली के काल में बंगाल गजट एक साप्ताहिक के रूप में आरम्भ हुआ था।
(c) लॉर्ड हेस्टिंग्स के काल में जे. एस. बंकिंघम ने कलकत्ता जनरल आरम्भ किया था।

(d) अखबार-ए-आम एक दैनिक समाचार पत्र के रूप में कराची से आरम्भ हुआ था।

उत्तर (c) वेलेजली के कार्यकाल में 1799 ई. के सेन्सरशिप प्रेस कानून के द्वारा सम्पादक एवं मालिक का नाम समाचार पत्रों में लिखना अनिवार्य किया गया। 'बंगाल गजट' 1780 ई. में वारेन हेस्टिंग्स के समय एक साप्ताहिक के रूप में कलकत्ता से निकलना प्रारम्भ हुआ था। लॉर्ड हेस्टिंग्स का कार्यकाल अक्टूबर, 1813 ई. से जनवरी, 1823 ई. तक था। इन्हीं के कार्यकाल में ब्रिटिश व्यापारी जे. एस. बकिंघम ने 'कलकत्ता जनरल' का प्रारम्भ 1818 ई. में किया था। इसने 'कलकत्ता जनरल' का सम्पादन करके लॉर्ड हेस्टिंग्स तथा जॉन एडम्स को अत्यधिक परेशानी में डाल दिया था। 'अखबार-ए-आम' का प्रकाशन लाहौर से होता था।

29. भारत में ब्रिटिश शासन के दौरान वह कौन-सा प्रथम भारतीय था, जिसे गवर्नर जनरल की काउंसिल का कानूनी सदस्य नियुक्त किया गया था?

(a) राजा किशोरी लाल गोस्वामी
(b) मोतीलाल नेहरू
(c) सत्येन्द्र प्रसाद सिन्हा
(d) तेज बहादुर सप्रू

उत्तर (c) भारत में ब्रिटिश शासनकाल के दौरान सत्येन्द्र प्रसाद सिन्हा को गवर्नर जनरल की काउंसिल का कानूनी सदस्य नियुक्त किया गया। इस पद पर नियुक्त होने वाले वे प्रथम भारतीय थे। वे कांग्रेस से सक्रिय रूप से जुड़े रहे तथा 1815 ई. में इन्हें बिहार एवं उड़ीसा के गवर्नर पद पर नियुक्त किया गया। वे इस पद पर भी पहुँचने वाले प्रथम भारतीय थे। इन्हें 'लॉर्ड' की उपाधि से विभूषित किया गया था।

30. निम्न में से किसने वह प्रशासनिक व्यवस्था लागू की थी, जो कमिश्नर नामक उन अधिकारियों के इर्द-गिर्द केन्द्रित थी, जिनमें से प्रत्येक के अधिकार क्षेत्र में कई जिलों से बना हुआ एक-एक डिवीजन था?

(a) लॉर्ड कार्नवालिस
(b) लॉर्ड वारेन हेस्टिंग्स
(c) लॉर्ड वेलेजली
(d) लॉर्ड विलियम बेंटिक

उत्तर (d) लॉर्ड विलियम बेंटिक ने सर्वप्रथम कमिश्नर नामक अधिकारियों की नियुक्ति की। इन अधिकारियों के अधिकार क्षेत्र में कई जिलों से बना हुआ एक-एक डिवीजन था। कार्नवालिस के सुधारों से प्रांतीय अपीलीय तथा सर्किट न्यायालयों में काम बढ़ गया, परिणामस्वरूप बेंटिक ने इन न्यायालयों को बन्द कर दिया तथा इनका कार्य दण्डनायकों तथा कलक्टरों को दे दिया, जो राजस्व तथा भ्रमणकारी आयुक्तों के अधीन होते थे।

❑❑❑

4 ब्रिटिश शासन की भारतीय अर्थव्यवस्था

1. भारतीय राष्ट्रीय आंदोलन के संदर्भ में, हाली पद्धति पद निम्नलिखित में से क्या संदर्भित करता है?

(a) पश्चिमी भारत में प्रचलित बंधुआ मजदूरी की प्रणाली।

(b) दक्षिण भारत में व्यापारिक लेन-देन की सुविधा जनक बनाने की वित्तीय प्रणाली।

(c) मध्य भारत में प्रचलित भू-राजस्व प्रणाली।

(d) ब्रिटिश भारत में गाँव का मुखिया नियुक्त करने की प्रणाली।

उत्तर (a) बारदोली जिला में उच्च जाति के भू-स्वामियों के लिए कलिप्राज समुदाय द्वारा वंशानुगत रूप बंधुआ श्रम प्रदान करने की प्रथा को 'हाली व्यवस्था' के रूप में जाना जाता है।

असहयोग आंदोलन के पश्चात कांग्रेस कार्यकर्ताओं ने इस क्षेत्र के उत्थान के लिए गहन रचनात्मक कार्य किया।

2. रैयतवाड़ी बंदोबस्त के संदर्भ में, निम्नलिखित कथनों पर विचार कीजिए–

1. कृषक को उसके भूखंड के स्वामी के रूप में मान्यता दिया जाना था।

2. इस प्रणाली के अंतर्गत बंदोबस्त स्थायी नहीं किया गया था।

3. इसे पंजाब और उत्तर-पश्चिम प्रांतों में लागू किया गया था।

उपर्युक्त कथनों में से कौन-सा/से सही है/हैं?

(a) केवल 1 और 2 (b) केवल 2 और 3

(c) केवल 1 (d) केवल 2

उत्तर (a) **कथन 1 सही है।** इस प्रणाली के अंतर्गत कृषक को भू-राजस्व के भुगतान के अधीन उसके भूखंड के स्वामी के रूप में मान्यता दिया जाना था। हालांकि, व्यवहार में रैयतवाड़ी बंदोबस्त से किसान स्वामित्व की प्रणाली अस्तित्व में आई।

कथन 2 सही है। रैयतवाड़ी प्रणाली के अंतर्गत बंदोबस्त स्थायी नहीं किया गया था। इसमें 20 से 30 वर्षों बाद, सामान्यत: राजस्व मांग बढ़ा दिए जाने पर समय-समय पर संशोधन किया जाता था।

कथन 3 सही नहीं है। 19वीं सदी के आरंभ में मद्रास और बंबई प्रेसीडेंसी के कुछ ही भागों में रैयतवाड़ी बंदोबस्त प्रचलित किया गया था। गंगा की घाटी, उत्तर-पश्चिम प्रांत, मध्य भारत और पंजाब के कुछ भागों मे प्रचलित जमींदारी बंदोबस्त का संशोधित संस्करण महालबाड़ी बंदोबस्त के रूप में जाना जाता था।

3. 18वीं सदी के आर्थिक इतिहास के संदर्भ में, 'इजारा' शब्द क्या संदर्भित करता है?

(a) सैन्य अधिकारियों को दिया गया भूमि अनुदान

(b) राजस्व संग्रहण

(c) बंधुआ मजदूर

(d) कारखानों पर कर

उत्तर (b) 18वीं सदी के दौरान इजारा प्रणाली राजस्व निर्धारण और संग्रहण का आम रूप बन गई। 'इजारा' का अर्थ राजस्व ठेका होता है। दिल्ली सुल्तानों के अंतर्गत इजारा भू-राजस्व प्रशासन में सुविदित पद्धति थी। लेकिन शेरशाह और अकबर के अंतर्गत यह प्रणाली बदनाम हो गई। जहांगीर के शासनकाल के दौरान यह प्रणाली फिर से पुनर्जीवित हुई और 17वीं सदी के दौरान काफी व्यापक हो गई।

4. निम्नलिखित में से कौन-सा/से कारक आरम्भिक राष्ट्रवादियों द्वारा उपनिवेशवाद की आर्थिक आलोचना का/के आधार बना/बने?

1. पारंपरिक हस्तशिल्प की बर्बादी

2. गृह प्रभार (Home Charges)

3. रेलवे के विकास का तरीका

नीचे दिए गए कूट का प्रयोग कर सही उत्तर चुनिए–

(a) केवल 1

(b) केवल 2 और 3

(c) केवल 1 और 3

(d) 1, 2 और 3

उत्तर (d) 19वीं शताब्दी के प्रथम अर्द्धांश में भारतीय बुद्धिजीवियों ने ब्रितानी शासन के प्रति इस आशा में सकारात्मक अभिवृत्ति अपनाई थी कि अंग्रेज भारत को आधुनिकीकृत करने में सहायता करेंगे। दादा भाई नौरोजी, न्यायमूर्ति एम. जी. रानाडे और आर.सी. दत्त द्वारा औपनिवेशिक शासन के संबद्ध भारत से सम्पत्ति का अपवाह सिद्धांत प्रतिपादित करने के बाद 1860 ई. के बाद धीरे-धीरे ब्रितानी शासन के मोहभंग की प्रक्रिया आरम्भ हुई।

आरम्भिक नेताओं ने औपनिवेशिक शासन के कारण उत्पन्न निम्नलिखित समस्याओं को उजागर किया।

- भारत के पारंपरिक हस्तशिल्पों का धीरे-धीरे ह्रास एवं विनाश।
- रेलमार्गों को भारत औद्योगिक आवश्यकता के अनुसार समन्वित नहीं किया गया था।
- उन्होंने विदेशी पूँजी को एक दुश्चक्र के रूप में देखा, जिसने भारत का शोषण किया और उसे निर्धन बनाया।
- वित्तपोषण के औपनिवेशिक प्रतिमान की आलोचना की। कर इतने उच्च थे और इस प्रकार निर्धारित किए जाते थे कि निर्धन लोगों पर उनका भार अधिक पड़ता था, जबकि समृद्ध और विशेष रूप से विदेशी पूँजीपति और नौकरशाह कर मुक्त हो जाते थे।
- व्यय पक्ष पर उन्होंने इस तथ्य पर ध्यान आकर्षित किया कि ब्रिटेन की साम्राज्यवादी आवश्यकताओं पर जोर दिया जाता था, जबकि विकास और कल्याण के कार्यों के लिए आवश्यक न्यूनतम व्यय भी नहीं किया जाता था।
- राष्ट्रवादी नेताओं ने इस विषय पर ध्यान आकर्षित किया कि भारत की पूँजी का एक बड़ा भाग गृह प्रभारों (होम चार्जेज) के रूप में भारत में काम कर रहे सिविल और सैन्य अधिकारियों के वेतन और पेंशन के रूप में ब्रिटेन को अपवाह कर दिया जाता था।

5. 1882 ई. का रिपन प्रस्ताव निम्नलिखित में से किससे सम्बन्धित था?

(a) स्थानीय निकायों को वित्तीय हस्तांतरण

(b) श्रमिकों की दशाओं में सुधार

(c) मैसूर का अभ्यर्पण
(d) वर्नाकुलर (भारतीय भाषा) प्रेस

उत्तर (a) 1882 ई. का रिपन का प्रस्ताव : रिपन की सरकार ने चाहा कि प्रांतीय सरकारें स्थानीय निकायों के मामले में वित्तीय विकेन्द्रीकरण के वैसे ही सिद्धांत लागू करें जैसे लॉर्ड मेयो की सरकार ने प्रांतीय सरकारों के लिए आरम्भ किए थे।

इस प्रस्ताव के प्रमुख बिन्दु इस प्रकार से थे:

• प्रशासन में सुधार करने एवं राजनीतिक और लोकप्रिय शिक्षा के साधन के रूप में स्थानीय निकायों के विकास का समर्थन किया गया; निश्चित कर्तव्यों के प्रभाव सौंपे गए एवं राजस्व के उपयुक्त स्रोतों से लैस किए गए। शहरी और ग्रामीण स्थानीय निकायों के माध्यम से स्थानीय मामलों को प्रशासनिक कर की नीति।

• इन निकायों में गैर-अधिकारी वर्ग द्वारा अध्यक्षों के रूप में कार्य किया जाना।

• सरकारी हस्तक्षेप को कम करके न्यूनतम किया जाना एवं इन्हें केवल स्थानीय निकायों के कार्यों की समीक्षा एवं जांच करने के लिए प्रयोग किया जाना किन्तु नीतियों को निर्देशित करने के लिए नहीं।

• ऋण जुटाने, नगर निगम संपत्ति का वि-सम्बन्धन, नए करों का अधिरोपण, निर्धारित राशि से अधिक लागत के कार्यों को सम्पन्न करना, नियम और उपनियमों का गठन इत्यादि जैसे कुछ मामलों के लिए सरकारी कार्यकारी पारित किए गए थे जिन्होंने भारत के संविधान, नगर निकायों की शक्तियों और कार्यों में बहुत परिवर्तन कर दिया। किन्तु प्रभावी स्थानीय स्वशासी निकायों के युग का स्वप्न अभी भी अपूर्ण था।

6. आधुनिक भारत के संदर्भ में 'ददनी' सौदागर (व्यापारी) कौन थे?

(a) बंगाल के व्यापारी जिन्होंने चीन के साथ ब्रिटिश अफीम व्यापार को कार्यान्वित किया।
(b) बंगाल में व्यापारी जिन्होंने अग्रिम भुगतानों के आधार पर कार्य किया।
(c) दक्षिण भारत के व्यापारी जिन्होंने हुण्डी प्रणाली के आधार पर धन-अंतरण करने वाले एजेंटों के रूप में कार्य किया।
(d) दक्षिण भारत में कपास और मसालों का व्यापार करने वाले व्यापारी।

उत्तर (b) ददनी सौदागर (व्यापारी) अग्रिम भुगतानों या ददान के आधार पर कार्य करने वाली व्यापारी थे। भारतीय व्यापारिक समुदाय एवं बंगाल में यूरोपीय व्यापारियों के बीच हितों का एक सहज समन्वय था, क्योंकि कई भारतीय व्यापारी ब्रिटिश कम्पनी एवं निजी व्यापारियों के साथ उनके ददनी व्यापारियों के रूप में अग्रिम धनराशि या ददनी के बदले आंतरिक क्षेत्रों से वस्त्रों की आपूर्ति कर सहयोगपूर्वक व्यापार संचालन कर रहे थे।

7. इंगलैंड में औद्योगिक क्रांति ने कम्पनी के शासन के दौरान भारत के साथ ब्रिटेन के आर्थिक सम्बन्धों को कैसे प्रभावित किया?

1. इससे इंगलैंड में स्थानीय विनिर्माता वर्ग का उद्भव हुआ, जिसने ईस्ट इंडिया कम्पनी की व्यापार गतिविधियों का विरोध किया।
2. 1853 के चार्टर एक्ट द्वारा, ब्रिटिश विनिर्माताओं को लाभ पहुँचाने के लिए एकपक्षीय मुक्त व्यापार की शुरुआत की गई।
3. नील और चाय के भारतीय निर्यात में कमी आई।

नीचे दिए गए कूट का प्रयोग कर सही उत्तर चुनिए-

(a) केवल 1 (b) केवल 1 और 2
(c) केवल 2 और 3 (d) 1, 2 और 3

उत्तर (a) **कथन 1 सही है।** इंग्लैंड में स्थानीय विनिर्माता वर्ग ने कम्पनी के व्यापार एकाधिकार पर आक्रमण किया और भारत को अपने तैयार माल के लिए बाजार बनाना चाहा।

कथन 2 सही नहीं है। वर्ष 1813 के चार्टर एक्ट ने वह प्रक्रिया आरम्भ की, जिसके माध्यम से भारत से किया जाने वाला व्यापार (चाय के अतिरिक्त) सभी के लिए खोल दिया गया।

कथन 3 सही नहीं है। औद्योगिक क्रांति के बाद, कपास और रेशम जैसे कच्चे माल और चाय तथा नील जैसी बागानी वस्तुओं का भारतीय निर्यात बढ़ गया।

8. ब्रिटेन के साथ मुक्त व्यापार के परिणामस्वरूप निम्नलिखित में से किन कारणों के चलते भारत का विऔद्योगीकरण (1880 के दशक तक) हुआ?

1. मुक्त व्यापार केवल एकपक्षीय था क्योंकि भारतीय वस्तुओं पर अभी भी उच्च शुल्क आरोपित किए जाते थे।
2. मशीन आधारित ब्रिटिश वस्तुओं के साथ प्रतिस्पर्धा में भारत की हाथ से निर्मित वस्तुओं को हानि हो रही थी।
3. भारतीय वस्तुएँ कभी भी पश्चिमी बाजार में लोकप्रिय नहीं रहीं और भारतीय बुनकर केवल भारतीय बाजार के बल पर ही फले-फूले थे।

नीचे दिए गए कूट का प्रयोग कर सही उत्तर चुनिए-

(a) केवल 1
(b) केवल 2 और 3
(c) केवल 1 और 2
(d) 1, 2 और 3

उत्तर (c) **कथन 1 सही है।** चूँकि भारत में किया जाने वाला आयात नि:शुल्क था, जबकि ब्रिटेन में भारतीय वस्तुओं पर बहुत उच्च शुल्क (जैसे मलमल पर 66.5%) लगाए गए थे।

कथन 2 सही है। इंग्लैंड में आई औद्योगिक क्रांति ने विदेशी वस्तुओं की कीमत को सस्ता बना दिया था।

कथन 3 सही नहीं है। उच्च मूल्य की होने के बाद भी भारतीय वस्तुएँ (विशेष रूप से मलमल, रेशम आदि) इंग्लैंड में बहुत लोकप्रिय थीं।

9. आधुनिक भारतीय इतिहास के संदर्भ में, 1870 ई. का मेयो प्रस्ताव निम्नलिखित में से किससे सम्बन्धित था?

(a) पुलिस सुधार
(b) वर्नाकुलर प्रेस
(c) शैक्षणिक सुधार
(d) वित्तीय विकेन्द्रीकरण

उत्तर (d) 1870 ई. का मेयो प्रस्ताव : उसका यह प्रस्ताव वित्तीय विकेन्द्रीकरण (एक प्रकार का विधायी हस्तांतरण जिसकी शुरुआत 1861 ई. के भारतीय परिषद् अधिनियम द्वारा की गई थी) से सम्बन्धित था, शहरी सरकार से प्राप्त होने वाली वार्षिक अनुदान के अतिरिक्त प्रांतीय सरकारों को अपने बजट संतुलित करने के लिए स्थानीय कर लगाने की शक्ति दी गई। ऐसा प्रशासन के कुछ विभागों, जैसे–चिकित्सा सेवाओं, शिक्षा और सड़कों आदि के नियंत्रण को प्रांतीय सरकारों को हस्तांतरित किए जाने के आलोक में किया गया था। यह स्थानीय वित्तपोषण की शुरुआत थी। **इसलिए, विकल्प (d) सही है।**

10. 1822 ई. में, अंग्रेजों द्वारा एक व्यवस्था की शुरुआत की गई जिसमें ग्रामीण समुदायों के साथ या जहाँ तालुकेदार थे, वहाँ उनके साथ भू-राजस्व निर्धारित किए जाने थे। भू-स्वामियों के अधिकारों के अतिरिक्त, बंटाईदारों (कृषि करने वाले स्थानीय कृषकों) द्वारा दिए जाने वाले भूमि-कर को सुनिश्चित किया गया तथा इसे अभिलेखित भी किया गया।

उपर्युक्त परिच्छेद में निम्नलिखित में से किस भू-राजस्व व्यवस्था या बंदोबस्त का सही ढंग से वर्णन किया गया है?

(a) रैयतवाड़ी व्यवस्था

(b) जमींदारी व्यवस्था

(c) महालवाड़ी व्यवस्था

(d) उपर्युक्त में से कोई नहीं

उत्तर (c) स्थायी बंदोबस्त की विफलता के पश्चात ब्रिटिश सरकार की प्राथमिकता 'प्रधान जमींदारों' और ग्रामीण समुदायों की ओर स्थानांतरित हो गई। मैकेंजी की संस्तुतियों को 1822 ई. के विनियम VII में सम्मिलित किया गया था, जिसमें राजस्व निर्धारण के क्रम में सभी क्षेत्रों के विस्तृत सर्वेक्षण का प्रावधान था। इसे 'महालवाड़ी व्यवस्था' के नाम से जाना जाता है। ग्रामीण समुदायों के साथ या जहाँ तालुकेदार उपलब्ध थे, वहाँ उनके साथ, भू-राजस्व निर्धारित किए जाने थे। भू-स्वामियों के अधिकारों के अतिरिक्त, बटाइदारों (कृषि करने वाले स्थानीय कृषकों) द्वारा दिए जाने वाले भूमि कर को सुनिश्चित किया गया तथा इसे अभिलेखित भी किया गया। इस प्रकार, तालुकेदारों को पूर्णरूपेण हटाया नहीं गया, परन्तु जहाँ संभव हो सका, भूमि में संयुक्त स्वामित्व अधिकार को ग्रामीण समुदायों के अंतर्गत निहित कर दिया गया। इस व्यवस्था को पंजाब और मध्य भारत तक विस्तारित किया गया।

11. ब्रिटिश शासन के दौरान रेलवे के विकास के संदर्भ में, निम्नलिखित कथनों पर विचार कीजिए–

1. ब्रिटिश बैंकरों और निवेशकों ने भारत में रेलवे के विकास का समर्थन किया।

2. भारत सरकार ने अंग्रेज पूंजीपतियों द्वारा किए गए निवेश पर कम से कम 5% ब्याज की गारंटी प्रदान की।

उपर्युक्त कथनों में से कौन-सा/से सही है/हैं?

(a) केवल 1

(b) केवल 2

(c) 1 और 2 दोनों

(d) न तो 1, न ही 2

उत्तर (c) रेलवे के विकास के माध्यम से ब्रिटिश विनिर्माताओं ने देश के भीतरी क्षेत्रों के विशाल और अब तक अप्रयुक्त बाजार तक पहुँच बनाने और अपनी अप्रयुक्त मशीनों व कारीगरों के भरण-पोषण हेतु भारतीय कच्चे माल व खाद्य पदार्थों के निर्यात को सुविधाजनक बनाने की आशा की। भारत में रेलवे के विकास को ब्रिटिश बैंकरों और निवेशकों द्वारा अपनी अधिशेष पूँजी के सुरक्षित निवेश हेतु एक माध्यम के रूप में देखा गया। इसके अतिरिक्त ब्रिटिश स्टील विनिर्माताओं ने अपने उत्पादों जैसे पटरियों, इंजन, वैगन और अन्य मशीनों व संयंत्रों के लिए इसे एक बाजार माना। **इसलिए, कथन 1 सही है।**

रेलवे कम्पनियों को संयुक्त स्टॉक कम्पनियों के रूप में स्थापित किया गया था। अंग्रेज पूँजीपतियों द्वारा लंदन के शेयर बाजार में इन कम्पनियों के शेयर खरीदे गए। इंग्लैण्ड से दूर किसी व्यापार में शेयर खरीदने हेतु उन्हें प्रोत्साहित करने एवं उनमें विश्वास पैदा करने के क्रम में भारत की सरकार ने उनके निवेश पर कम से कम 5% ब्याज की गारंटी दी। **इसलिए, कथन 2 सही है।**

यह निर्णय लिया गया था कि भारतीय रेलवे, उन्हीं निजी कम्पनियों द्वारा बनायी और संचालित की जाएगी, जिनकी पूँजी पर भारत की सरकार द्वारा कम से कम 5% रिटर्न (लाभ) की गारंटी दी गई थी। बॉम्बे से थाणे तक चलने वाली प्रथम रेलवे लाइन को यातायात हेतु 1853 ई. में खोला गया। 1869 ई. के अंत तक गारंटीयुक्त कंपनियों द्वारा 4000 मील से अधिक दूरी के रेल मार्ग का निर्माण किया जा चुका था; परन्तु यह प्रणाली अत्यधिक महँगी और धीमी साबित हुई, इसलिए 1869 ई. में भारत की सरकार ने स्टेट इंटरप्राइजेज के रूप में नई रेलवे निर्मित करने का निर्णय किया। परन्तु रेल मार्ग के विस्तार की प्रगति ने अब भी भारतीय अधिकारियों और ब्रिटेन में रह रहे व्यापारियों को संतुष्ट नहीं किया। 1880 ई. के पश्चात, रेल मार्ग, निजी उद्यम और राजकीय एजेंसियों, दोनों के माध्यम से निर्मित होने लगे।

12. 1850 के दशक के दौरान अंग्रेजों द्वारा पारित लेक्स लोकी (Lex Loci) अधिनियम के संदर्भ में, निम्नलिखित कथनों पर विचार कीजिए–

1. यह पैतृक संपत्ति के अधिकार से सम्बन्धित था।

2. इसने हिन्दुओं को इस्लाम में धर्मान्तरित होने हेतु प्रोत्साहित किया।

उपर्युक्त कथनों में से कौन-सा/से सही है/हैं?

(a) केवल 1

(b) केवल 2

(c) 1 और 2 दोनों

(d) न तो 1, न ही 2

उत्तर (a) लेक्स लोकी (Lex Loci) अधिनियम, 1850 ई. किसी धर्म परिवर्तन करने वाले व्यक्ति को उसकी पैतृक संपत्ति को विरासत में पाने के अधिकार को सुरक्षित करने के लिए बनाया गया था। इसके द्वारा ईसाई धर्म में परिवर्तित हुए लोगों को उनकी पैतृक संपत्तियों को विरासत में पाने का अधिकार प्रदान किया गया था। हिन्दुओं का व्यापक रूप से यह मानना था कि अधिनियम से ईसाई धर्म में धर्मांतरण को प्रोत्साहन मिलेगा। **इसलिए, कथन 1 सही है जबकि कथन 2 सही नहीं है।**

13. 1856 का समरी सेटलमेंट (Summary Settlement) निम्नलिखित में से किसे संदर्भित करता है?

(a) अवध में प्रथम ब्रिटिश भू-राजस्व बंदोबस्त।

(b) दक्कन क्षेत्र के उन रैयतों के साथ बंदोबस्त, जो रैय्यतवाड़ी व्यवस्था के अंतर्गत अत्यधिक कराधान झेल चुके थे

(c) बंगाल के स्थायी बंदोबस्त के सूर्यास्त खंड का उन्मूलन।

(d) संथाल विद्रोहियों को उनकी मूल भूमियं वापस लौटाना।

उत्तर (a) अवध के पहले ब्रिटिश भू-राजस्व बंदोबस्त ने, जिसे 1856 ई. के समरी सेटलमेंट (Summary Settlement) के रूप में भी जाना जाता है, तालुकेदारों की शक्ति और स्थिति को अत्यधिक कमजोर कर दिया। यह बंदोबस्त इस धारणा के आधार पर लागू किया गया कि तालुकेदार अनाधिकृत व्यक्ति थे, जिनका भूमि पर कोई स्थायी दावा नहीं था। साथ ही उन्होंने अपने बल और धोखे से भूमि पर अधिकार स्थापित कर लिया था। समरी सेटलमेंट द्वारा जहाँ भी सम्भव था, तालुकेदारों को हटा दिया गया। आंकड़ों से पता चलता है कि नवाबों के अधीन इन तालुकेदारों का कुल 67 प्रतिशत गाँवों पर नियंत्रण था। 1856 ई. में बंदोबस्त से यह संख्या कम होकर 38 प्रतिशत हो गई। दक्षिणी अवध के तालुकेदार सबसे अधिक प्रभावित हुए और कुछ मामलों में तो उन्होंने अपने अधिकार वाले आधे से अधिक गाँवों को गँवा दिया।

14. 19वीं शताब्दी के भारत में औद्योगिक विकास के संदर्भ में, निम्नलिखित कथनों पर विचार कीजिए–

1. इस अवधि के दौरान किसी भी मशीन-आधारित भारी उद्योग की स्थापना नहीं की गई थी।

2. सरकार ने भारतीय पूँजी के स्थान पर विदेशी पूँजी को वरीयता देने की सजग नीति का पालन किया।

उपर्युक्त कथनों में से कौन-सा/से सही है/हैं?

(a) केवल 1 (b) केवल 2
(c) 1 और 2 दोनों (d) न तो 1, न ही 2

उत्तर (b) भारत में मशीन-आधारित भारी उद्योगों की स्थापना उन्नीसवीं शताब्दी के उत्तरार्द्ध की महत्वपूर्ण गतिविधि थी। भारत में मशीन युग का सूत्रपात तब हुआ, जब 1850 के दशक में सूती वस्त्र, जूट और कोयला-खान उद्योग प्रारम्भ हुए। **इसलिए, कथन 1 सही नहीं है।**

भारत में स्थित ब्रिटिश उद्यमों ने भी भारतीय आर्थिक क्षेत्र में अपना प्रभुत्व बनाए रखने के लिए मशीनरी और उपकरणों के ब्रिटिश आपूर्तिकर्ताओं, जहाजरानी, बीमा कम्पनियों, विपणन एजेंसियों, एवं सरकारी अधिकारियों और राजनीतिक नेताओं के साथ अपने घनिष्ठ सम्बन्धों का लाभ उठाया। इसके अतिरिक्त, सरकार ने भारतीय पूँजी पर विदेशी पूँजी को वरीयता देने के सजग नीति का अनुसरण किया। **इसलिए, कथन 2 सही है।**

15. ब्रिटिश शासन के दौरान, निम्नलिखित में से कौन-सा/से 'होम चार्जेज' का/के घटक था/थे?

1. **ईस्ट इंडिया कम्पनी के शेयरधारकों का लाभांश।**
2. **विदेशों से लिए गए सार्वजनिक ऋण पर ब्याज।**
3. **विदेशी पूँजी निवेश पर दिया जाने वाला ब्याज।**

नीचे दिए गए कूट का प्रयोग कर सही उत्तर चुनिए-

(a) 1, 2 और 3 (b) केवल 2 और 3
(c) केवल 1 और 2 (d) केवल 3

उत्तर (c) होम-चार्जेज भारत की ओर से भारत सचिव द्वारा इंग्लैंड में किए गए व्यय को संदर्भित करता था। इसके प्रमुख घटक थे :

ईस्ट इंडिया कम्पनी के शेयरधारकों का लाभांश।

विदेशों से लिए गए सार्वजनिक ऋण पर दिया जाने वाला ब्याज।

लन्दन में स्थापित इंडिया ऑफिस पर होने वाला व्यय।

भारतीय नागरिक एवं सैन्य विभागों के अंग्रेज अफसरों की पेंशन और अवकाश वेतन।

ब्रिटिश युद्ध कार्यालय को किया जाने वाला भुगतान।

इंग्लैंड के लिए स्टोर परचेज।

वही आर्थिक निकास (इकोनोमिक ड्रेन) में मुख्य रूप से सम्मलित थे-

सभी होम-चार्जेज

विदेशी पूँजी निवेश पर दिया जाने वाला लाभ और ब्याज

भारत में बैंकिंग, बीमा और नौवहन सेवाओं से सम्बन्धित भुगतान।

16. 17वीं शताब्दी में ईस्ट इंडिया कम्पनी के भारत के साथ वाणिज्यिकी सम्बन्धों के संदर्भ में, निम्नलिखित कथनों पर विचार कीजिए-

1. **कंपनी ने ब्रिटेन और अन्य देशों में भारतीय वस्तुओं के लिए नए बाजार की खोज का निरंतर प्रयास किया।**
2. **भारतीय शासकों द्वारा भारत में कम्पनी की फैक्ट्रियों की स्थापना को हतोत्साहित किया गया।**

उपर्युक्त कथनों में से कौन-सा/से सही है/हैं?

(a) केवल 1
(b) केवल 2
(c) 1 और 2 दोनों
(d) न तो 1, न ही 2

उत्तर (a) 1600 से 1757 ई. तक भारत में ईस्ट इंडिया कम्पनी की भूमिका एक व्यापारिक निगम की थी। यह भारत में वस्तुएँ या मूल्यवान धातुएँ लाती थी और उनसे वस्त्र, मसाले आदि भारतीय वस्तुओं का विनिमय कर विदेशों में उनका विक्रय करती थीं। मुख्य रूप से उन्हें भारतीय वस्तुओं के विदेशों में विक्रय से लाभ प्राप्त होता था। स्वाभाविक रूप से इन्होंने भारतीय वस्तुओं के लिए इंग्लैंड एवं अन्य देशों में नए बाजार की खोज हेतु निरंतर प्रयास किया। इस प्रकार, इसने भारतीय विनिर्माताओं के निर्यात में वृद्धि की और उनके उत्पादन को प्रोत्साहन दिया। यही कारण था कि भारतीय शासकों द्वारा उनका विरोध नहीं किया गया और यहां तक की उन्होंने कम्पनी द्वारा भारत में फैक्ट्रियों की स्थापना को प्रोत्साहन दिया। **इसलिए, कथन 1 सही है और कथन 2 सही नहीं है।**

17. निम्नलिखित में से किन कारणों से अंग्रेजों ने मद्रास में स्थायी बंदोबस्त के स्थान पर रैयतवाड़ी बंदोबस्त का प्रयोग किया?

1. **इस क्षेत्रों में बड़ी संख्या में जमींदारों की उपस्थिति।**
2. **स्थायी बंदोबस्त के अंतर्गत जमींदारों की बढ़ती आय के हिस्सेदारी का दावा करने में असमर्थता।**
3. **मद्रास प्रेसीडेंसी का वित्तीय संकट।**

नीचे दिए गए कूट का प्रयोग कर सही उत्तर चुनिए-

(a) केवल 1 और 2
(b) केवल 1 और 3
(c) केवल 2 और 3
(d) 1, 2 और 3

उत्तर (c) दक्षिण और दक्षिण-पश्चिमी भारत में ब्रिटिश शासन की स्थापना से भू-बंदोबस्त से जुड़े मामलों के निपटान में नई समस्याएँ उत्पन्न हुई। अधिकारियों का मानना था कि इन क्षेत्रों में बड़ी जागीर वाले ऐसे जमींदारों की अनुपस्थिति है, जिनके साथ भू-राजस्व का निपटान या बंदोबस्त किया जा सके। साथ ही उनका यह भी मानना था कि जमींदारी प्रणाली का आरंभ वर्तमान दशाओं में अव्यवस्था उत्पन्न करने वाला होगा। **इसलिए, कथन 1 सही नहीं है।**

रीड और मुनरो के नेतृत्व में मद्रास के कई अधिकारियों ने अनुशंसित किया कि बंदोबस्त वास्तविक किसानों के साथ प्रत्यक्ष रूप से किया जाना चाहिए। उन्होंने यह भी उजागर किया कि स्थायी बंदोबस्त के अंतर्गत कम्पनी को वित्तीय नुकसान उठाना पड़ रहा है, क्योंकि उसे जमींदारों के साथ राजस्व बाँटना पड़ रहा है और भूमि से बढ़ती आय से हिस्से पर भी कम्पनी का कोई दावा नहीं है। **इसलिए, कथन 2 सही है।**

मद्रास प्रेसीडेंसी का स्थायी वित्तीय संकट युद्ध के बढ़ते खर्च से अत्यंत खराब स्थिति में पहुँच चुका था। यह नई बंदोबस्त व्यवस्था का एक महत्वपूर्ण कारण था। **इसलिए, कथन 3 सही है।**

18. भारतीय राष्ट्रीय आंदोलन के दौरान 'बाम्बे प्लान' निम्नलिखित में से किसे संदर्भित करती है?

(a) भारत की आर्थिक स्थिति में सुधार लाने के लिए ब्रिटिश सरकार द्वारा उठाया गया कदम।
(b) भारतीय अर्थव्यवस्था के विकास के लिए अग्रणी भारतीय उद्योगपतियों द्वारा बनाई गई योजना।
(c) भारत की आर्थिक उन्नत करने के लिए बम्बई में आयोजित सर्वदलीय बैठक का परिणाम।
(d) बम्बई को भारत की प्रशासनिक राजधानी बनाने की योजना।

उत्तर (b) बॉम्बे योजना द्वितीय विश्व युद्ध के दौरान भारत की स्वातंत्र्योतर अर्थव्यवस्था के विकास हेतु प्रस्तावों के समूह को दिया गया एक सामान्य नाम था। इसका शीर्षक 'भारत के

आर्थिक विकास की योजना की रूपरेखा देने वाला संक्षिप्त ज्ञापन" (A Brief Memorandum Outlining a Plan of Economic Development for India) था, इस योजना के हस्ताक्षरकर्ता जहांगीर, रतनजी, दादाभाई, टाटा, घनश्याम दास बिड़ला, आर्देशिर दलाल, श्री राम, कस्तूरभाई, लालाभाई, आर्देशिर दराबशॉ श्रॉफ, सर पुरुषोत्तमदास ठाकुरदास और जॉन मथाई थे।

19. भारतीय राष्ट्रीय आन्दोलन के दौरान पूँजीवादी और व्यापारी वर्ग के विषय में निम्नलिखित में से कौन-सा/से कथन सही है/हैं?

1. **पूँजीवादी वर्ग ने स्वदेशी आंदोलन और असहयोग आंदोलन का विरोध किया, लेकिन खुले तौर पर सविनय अवज्ञा आंदोलन का समर्थन किया।**
2. **फिक्की ने 'प्रथम गोलमेज सम्मेलन' में भाग लिया था।**
3. **पूँजीवादियों ने साम्यवादियों को नियंत्रित करने के उद्देश्य से सार्वजनिक सुरक्षा विधेयक पर सरकार का समर्थन किया था।**

नीचे दिए गए कूट का प्रयोग कर सही उत्तर चुनिए-

(a) केवल 1 (b) केवल 1 और 3
(c) केवल 2 और 3 (d) 1, 2 और 3

उत्तर (a) स्वदेशी आंदोलन के दौरान पूँजीपति 'बहिष्कार आंदोलन' के विरोधी बने रहे। यहाँ तक कि असहयोग आंदोलन के दौरान भी, कुछ पूँजीपतियों ने खुले तौर पर स्वयं को असहयोग आंदोलन का शत्रु घोषित किया। हालांकि, 1930 ई. के दशक के सविनय अवज्ञा आंदोलन के दौरान, पूँजीपतियों ने काफी हद तक आंदोलन का समर्थन किया। **इसलिए, कथन 1 सही है।** फिक्की ने पहले गोलमेज सम्मेलन में भाग नहीं लिया था क्योंकि उसके विचार में गोलमेज सम्मेलन में महात्मा गांधी के भाग लिये बिना इसका कोई अर्थ नहीं था। **इसलिए, कथन 2 गलत है।** पूँजीपतियों ने सार्वजनिक सुरक्षा बिल की प्रस्तुति में सरकार का समर्थन नहीं किया था यद्यपि इसका उद्देश्य साम्यवादियों को नियंत्रित करना था। **इसलिए, कथन 3 गलत है।**

20. अंग्रेजों के भू-राजस्व नीति के संदर्भ में निम्नलिखित में से कौन-सा/से कथन सही है/हैं?

1. **भू-राजस्व नीति ने संपूर्ण देश में भूमि को बिक्री योग्य और गिरवी रखने योग्य बना दिया।**
2. **रैयतवाड़ी क्षेत्रों में भू-राजस्व का समय-समय पर संशोधन किया जाता था, लेकिन स्थायी बंदोबस्त और महालवाड़ी इलाकों में भू-राजस्व नियत था।**
3. **महालवाड़ी इलाकों में उत्तर-पश्चिमी प्रांत, पंजाब के कुछ भाग और बनारस के जिले सम्मिलित थे।**

नीचे दिए गए कूट का प्रयोग कर सही उत्तर चुनिए-

(a) केवल 1
(b) केवल 1 और 3
(c) केवल 3
(d) उपर्युक्त में से कोई नहीं

उत्तर (a) **कथन 1 सही है,** क्योंकि भू-राजस्व नीतियों ने संपूर्ण देश में भूमि को बिक्री योग्य, गिरवी रखने योग्य और हस्तांतरणीय (न कि अहस्तांतरणीय) बना दिया। कृषकों को जमींदार या सरकार की दया पर किरायेदार की स्थिति में छोड़ दिया गया, जिसकी समय पर राजस्व का भुगतान करने में विफल रहने पर भूमि अधिकृत की जा सकती थी।

कथन 2 सही नहीं है, क्योंकि महालवाड़ी बंदोबस्त में भी समय पर भू राजस्व का संशोधन किया जाता था।

कथन 3 सही नहीं है, महालवाड़ी बंदोबस्त मुख्य रूप से गंगा घाटी, उत्तरी-पश्चिमी भागों, मध्य भारत और पंजाब में कार्यान्वित किया गया था। बनारस और आसपास के जिलों में स्थायी बंदोबस्त था।

21. निम्नलिखित में से कौन-सा/से गृह व्यय (होम चार्जेज) के घटक थे, जो आर्थिक निकासी का एक तरीका था?

1. **ईस्ट इंडिया कम्पनी के अंशधारकों का लाभांश।**
2. **विदेश में उठाए गए सार्वजनिक ऋण पर ब्याज।**
3. **भारत में नागरिक और सैन्य विभागों में कार्यरत ब्रिटिश अधिकारियों की पेंशन और अवकाश संबंधी व्यय।**
4. **विदेशी पूँजी निवेश पर ब्याज।**

नीचे दिए गए कूट का प्रयोग कर सही उत्तर चुनिए-

(a) केवल 1, 2 और 3
(b) केवल 2 और 3
(c) केवल 3
(d) 1, 2, 3 और 4

उत्तर (d) भारत की ओर से राज्य सचिव द्वारा इंग्लैंड में किए गए व्यय को गृहप्रभार द्वारा संदर्भित किया जाता था, इसके मुख्य घटक थे:

- ईस्ट इंडिया कम्पनी के अंशधारकों का लाभांश।
- विदेशों मे उठाए गए सार्वजनिक ऋण पर ब्याज।
- लंदन में भारत कार्यालय प्रतिष्ठान पर होने वाले व्यय।
- भारत में नागरिक और सैन्य विभागों में कार्यरत ब्रिटिश अधिकारियों की पेंशन और अवकाश सम्बन्धी व्यय।
- ब्रिटिश युद्ध कार्यालय को भुगतान।
- इंग्लैंड में स्टोर खरीद

विदेशी पूँजी निवेश पर ब्याज राष्ट्रीय आय की धारा से होने वाला एक और महत्वपूर्ण रिसाव था।

22. प्रारम्भिक 1860 में, दक्कन के गाँवों में रैयतों के लिए ऋण तक पहुँच में अचानक वृद्धि हो गई। इसका निम्नलिखित में से कौन-सा कारण था?

(a) अंग्रेजों द्वारा ग्रामीण बैंकों की स्थापना करना।
(b) रेलवे और संचार के साधनों के विकास से ब्रिटिश सरकार के राजस्व में वृद्धि हुई।
(c) अमेरिकी गृहयुद्ध और भारत से कपास की मांग में वृद्धि।
(d) उपरोक्त कथन (a), (b) और (c) सही हैं।

उत्तर (c) अमेरिकी गृहयुद्ध 1861 ई. में आरंभ हुआ। इससे अमेरिका से कच्चे कपास के आयात में काफी गिरावट आई और ब्रिटेन ने भारत से कपास निर्यात बढ़ाने के लिए संदेश भेजा। जब कपास की कीमतें आसमान छूने लगीं तो व्यापारियों ने आपूर्ति सुनिश्चित करने के लिए शहरी साहूकारों को अग्रिम राशि दी। उन्होंने बदले में उत्पादन सुनिश्चित करने का वादा करने वाले ग्रामीण साहूकारों के लिए ऋण का विस्तार किया। दक्कन के गाँवों में रैयतों को अचानक प्रतीत रूप से असीम ऋण तक पहुँच प्राप्त हुई। हालांकि, 1865 ई. में अमेरिकी गृहयुद्ध की समाप्ति के साथ यह ऋणस्रोत सूख गया।

23. जमींदारी व्यवस्था के संदर्भ में, निम्नलिखित कथनों पर विचार करें–

1. **जमींदार को भू स्वामी के रूप में मान्यता प्रदान की गई, जो भूमि को बेच सकता था और गिरवी रख सकता था।**
2. **भू-राजस्व का भुगतान न करने के स्थिति में राज्य द्वारा जमींदार को उत्तरदायी ठहराया जाता था।**
3. **बंगाल में, जमींदार से भू-राजस्व के साथ ही कृषक से लिए जाने वाले किराए को राज्य द्वारा निश्चित कर दिया गया था।**

उपर्युक्त कथनों में से कौन-सा/से सही नहीं है/हैं?

(a) केवल 1
(b) केवल 2 और 3
(c) केवल 3
(d) 1, 2 और 3

उत्तर (c) स्थायी बंदोबस्त अधिनियम के माध्यम से 1793 ई. में जमींदारी प्रणाली का प्रचलन कार्नवालिस ने किया था। इसे बंगाल, बिहार, उड़ीसा और वाराणसी प्रांतों में प्रचलित किया गया था।

इसे स्थायी बंदोबस्त प्रणाली/जागीरदारी/मालगुजारी/बिस्वेदारी प्रणाली के रूप में भी जाना जाता है।

जमींदारों को भू-स्वामी के रूप में मान्यता प्रदान की गई। जमींदारों को किसानों से लगान एकत्र करने के अधिकार दिए गए।

वसूल की गई राशि 11 भागों में विभाजित की जाती थी। 1/11 अंश जमींदार के अंतर्गत आता और 10/11 अंश ईस्ट इंडिया कम्पनी के अंतर्गत आता था।

बंगाल के स्थायी बंदोबस्त में एक रोड़ा यह था कि जहां राज्य की भू-राजस्व की राशि निश्चित कर दी गई थी, वहीं जमींदार द्वारा कृषक से वसूल किया जाने वाला लगान अनिश्चित और अनिर्दिष्ट छोड़ दिया गया था। इसकी परिणति लगान के शिकंजे और अपने पारंपरिक जोत से काश्तकार की बार-बार बेदखली में हुई। **इसलिए, केवल कथन 3 गलत है।**

24. ब्रिटिश शासन के दौरान भारत में उद्योगों का कोई स्वतंत्र विकास नहीं हुआ। इसका कारण था–

(a) भारी उद्योगों का अभाव
(b) विदेशी पूँजी की कमी
(c) प्राकृतिक संसाधनों की कमी
(d) धनिक वर्ग द्वारा भू-संपत्ति में निवेश को तरजीह दिया जाना

उत्तर (d) ब्रिटिश काल में भारत में धनिक वर्ग द्वारा भू-संपत्ति में निवेश करने की तरजीह दी जाती थी। जिसके कारण उद्योगो का कोई स्वतंत्र विकास नहीं हो सका।

25. महालवाड़ी व्यवस्था के सम्बन्ध में निम्नलिखित कथनों में से कौन-सा सत्य नहीं है?

(a) राजस्व बंदोबस्ती की इकाई ग्राम होते थे।
(b) राजस्व की मात्रा नियत नहीं थी, तथा इसे निश्चित अन्तराल पर पुनर्संशोधित किया जाना था।
(c) यदि किसी ग्रामीण ने अपनी भूमि का परित्याग कर दिया तो उस पर राज्य का अधिकार हो जाता था।
(d) सभी कथन (a), (b) और (c) सत्य हैं।

उत्तर (c) महालवाड़ी व्यवस्था ब्रिटिश शासन के केन्द्रीय प्रांत, उत्तर-पश्चिमी सीमा प्रान्त, आगरा, पंजाब, गंगा की घाटी आदि में लागू किया गया।

इस प्रणाली में भूमि को महलों में विभाजित किया जाता था। प्रत्येक महल में एक या अधिक गाँव होते थे। राजस्व बंदोबस्ती की इकाई ग्राम थी तथा राजस्व की राशि या मात्रा नियत नहीं थी तथा इसे समय-समय पर संशोधित किया जाना था। तथापि, किसी ग्रामीण द्वारा भूमि का परित्याग कर देने पर इसे राज्य के द्वारा नहीं, बल्कि समग्र रूप में ग्राम समुदाय के द्वारा ले लिया जाता था।

26. भारत में 19वीं शताब्दी के प्रथम चतुर्थांश में पड़ने वाले 5 दुर्भिक्षों का कारण था–

1. भारतीय उद्योग-धन्धों में ह्रास
2. कृषि, मजदूरों में गतिहीनता
3. मानसून की विफलता
4. तैयार माल का आयात

इनमें से कौन से कथन सही है–

(a) केवल 2 और 3
(b) केवल 1 और 4
(c) केवल 1, 2 और 3
(d) केवल 2, 3 और 4

उत्तर (c) भारत में 19वीं शताब्दी के प्रथम चतुर्थांश में पड़ने वाले दुर्भिक्षों का कारण था–भारतीय उद्योग-धन्धों में ह्रास, कृषि मजदूरों में गतिहीनता तथा मानूसन की विफलता। इसका तैयार माल के आयात से कोई सम्बन्ध नहीं था।

27. 1867-68 ई॰ में भारत में प्रति व्यक्ति आय 20 रु॰ थी। यह सर्वप्रथम अभिनिश्चित किया–

(a) एम॰ जी॰ रानाडे ने
(b) सर डब्ल्यू॰ हण्टर ने
(c) आर॰ सी॰ दत्त ने
(d) दादाभाई नौरोजी ने

उत्तर (d) भारत में सबसे पहले 1868 ई॰ में दादाभाई नौरोजी ने राष्ट्रीय आय के अनुमान लगाए थे। धन का निकास सिद्धान्त का प्रतिपादन सर्वप्रथम उन्होंने अपनी पुस्तक 'द पावर्टी एण्ड अनब्रिटिश रूल इन इंडिया' (The poverty and un-British rule in India) में किया था। उन्होंने धन के निकास को भारत की गरीबी का मुख्य कारण बतलाया था। उन्होंने इसी किताब में भारत में प्रति व्यक्ति वार्षिक आय 20 रु॰ बताई थी।

28. मद्रास के रैयतवाड़ी बंदोबस्त में कौन सम्बन्धित रहा था?

(a) मेलकॉम
(b) मेटकॉफ
(c) मुनरो
(d) एलफिंस्टन

उत्तर (c) मद्रास के रैयतवाड़ी बंदोबस्त से मुनरो सम्बन्धित था। रैयतवाड़ी व्यवस्था में प्रत्येक पंजीकृत भूमिदार भूमि का स्वामी होता था, जो सरकार को लगान देने के लिए उत्तरदायी होता था। इसके पास भूमि को रखने एवं बेचने का अधिकार होता था। भूमि कर न देने की स्थिति में उसे भू-स्वामित्व के अधिकार से वंचित होना पड़ता था। इस व्यवस्था के अन्तर्गत सरकार का रैयत से सीधा सम्पर्क होता था। रैयतवाड़ी व्यवस्था को मद्रास, बम्बई तथा असम के अधिकांश भागों में लागू किया गया। पहली बार रैयतवाड़ी भूमि कर व्यवस्था को 1792 ई॰ में मद्रास के 'बारामहल' जिले में लागू किया गया। टॉमस मुनरो उस समय मद्रास का गवर्नर था। ईस्ट इंडिया कम्पनी की भूमि कर की इस नई प्रणाली का परिणाम भारतीय अर्थव्यवस्था के लिए बड़ा भयानक रहा।

29. अंग्रेजों द्वारा रैयतवाड़ी बंदोबस्त लागू किया गया था–

(a) बंगाल प्रेसीडेन्सी
(b) मद्रास प्रेसीडेन्सी
(c) बम्बई प्रेसीडेन्सी
(d) मद्रास प्रेसीडेन्सी एवं बम्बई प्रेसीडेन्सी

उत्तर (d) रैयतवाड़ी बंदोबस्त सबसे पहले मद्रास प्रेसीडेन्सी तथा बम्बई प्रेसीडेन्सी में लागू किया गया था। इस व्यवस्था के अन्दर प्रत्येक भूमिदार भूमि का स्वामी होता था। इसके पास भूमि को रेहन रखने व बेचने का अधिकार होता था। भूमि कर न देने की स्थिति में उसे भू-स्वामित्व के अधिकार से वंचित होना पड़ता था। पहली रैयतवाड़ी व्यवस्था को सन् 1792 ई॰ में मद्रास के गवर्नर द्वारा बारामहल जिले में लागू किया गया। टॉमस मुनरो जिस समय मद्रास का गवर्नर था, उस समय इसने कुल उपज के तीसरे भाग को भूमि कर का आधार मान मद्रास में इस व्यवस्था को लागू किया।

सन् 1864 ई॰ में कम्पनी सरकार ने कुल उपज का 50% ई॰ में रैयतवाड़ी व्यवस्था लागू की गई। वहाँ भी भूमि की उपज की आधी मात्रा कर के रूप में निर्धारित की गई।

30. भारत में अंग्रेजों के राजस्व प्रशासन के संदर्भ में निम्नलिखित में से कौन, रैयतवाड़ी बंदोबस्त तथा इसके कार्यान्वयन से संबद्ध होने के लिए जाना जाता है?

(a) टामस मुनरो
(b) आर एम बर्ड
(c) सर चार्ल्स नेपियर
(d) जोनाथन डंकन

उत्तर (a) किसानों के साथ व्यक्तिगत रूप से किए गए लगान समझौते को 'रैयतवाड़ी व्यवस्था' कहा गया। यह व्यवस्था मद्रास, बम्बई, पूर्वी बंगाल, असम और कुर्ग में लागू की गई। इस व्यवस्था के अंतर्गत ब्रिटिश भारत की 51 प्रतिशत भूमि आयी। इस प्रकार भारत के सबसे अधिक भू-भाग पर यह व्यवस्था लागू की गई। कर्नल रीड तथा मुनरो नामक दो पदाधिकारियों को मद्रास क्षेत्र में नियुक्त किया गया था। इन्होंने जमींदारों से लगान वसूलने के बजाय गाँव के किसानों से लगान वसूल किया। 1792 ई. में 'रैयतवाड़ी' व्यवस्था बारामहल जिले में पहली बार कर्नल रीड द्वारा लागू की गई। मुनरो इसका कट्टर समर्थक था। इस व्यवस्था में भू-स्वामित्व किसानों को दिया गया। इनके बीच कोई बिचौलिया वर्ग नहीं था तथा किसान के पास भूमि को बेचने अथवा गिरवी रखने का अधिकार था। किसानों को भू-राजस्व के रूप में उपज का 1/2 भाग देना पड़ता था तथा लगान अदायगी की प्रत्येक 30 वर्ष बाद पुनर्समीक्षा होती थी। लगान अदायगी न होने पर भूमि जब्त की जा सकती थी।

31. निम्नलिखित कथनों पर विचार कीजिए– लॉर्ड कार्नवालिस के समय में जमींदारी प्रथा के अनुरूप–

1. जमींदारों द्वारा संग्रहीत किए जाने वाले राजस्व में सरकार के नाम 70 प्रतिशत निर्धारित किया गया था।

2. यदि किसी जमींदार द्वारा नियत तिथि पर सरकार का भाग जमा न कराया जा सके तो उसकी जमींदारी नीलाम कर दी जाती थीं।

उपर्युक्त कथनों में से कौन-सा/से सही है/हैं?

(a) केवल 1
(b) केवल 2
(c) 1 और 2 दोनों
(d) न तो 1, न ही 2

उत्तर (b) लॉर्ड कार्नवालिस (1786-93 ई.) के समय स्थायी बंदोबस्त के अंतर्गत वार्षिक लगान के स्थान पर 1790 ई. में 10 वर्षीय लगान व्यवस्था लागू की गई। 1793 ई. में 10 वर्षीय बंदोबस्त को स्थायी कर दिया गया। इस व्यवस्था में लगान का 10/11 भाग सरकार का तथा 1/11 भाग जमींदारों का निश्चित किया गया। 1794 ई. में एक कानून बना, जिसे 'सूर्यास्त कानून' कहा गया। इस कानून के तहत यह घोषित किया गया कि पूर्व निर्धारित तिथि के सूर्यास्त तक सरकार को लगान नहीं दिया गया तो जमींदारी नीलाम कर दी जायेगी। स्थायी बंदोबस्त में ब्रिटिश भारत का 19 प्रतिशत क्षेत्र आता था। यह बंदोबस्त जमींदारों से किया गया था। आर.सी.दत्त ने स्थायी बंदोबस्त का समर्थन किया था।

32. निम्नलिखित में से किसने स्वदेशी स्टीम नेविगेशन कम्पनी की स्थापना की?

(a) एडी श्रॉफ
(b) हरिसर्वोत्तम राव
(c) वी. ओ. चिदम्बरम पिल्लै
(d) वालचन्द हीराचन्द

उत्तर (c) भारत में ब्रिटिश शासन के अंतर्गत आर्थिक क्षेत्र में अनेक परिवर्तन देखने को मिलते हैं। इस समय भारत में लघु उद्योगों का दिनों-दिन विनाश होता जा रहा था और जनता गरीबी की गहराई में डूबती जा रही थी, किन्तु जहाँ एक ओर भारतीय हस्तशिल्प उद्योगों का जन्म भी हो रहा था, वहीं दूसरी ओर कुछ नये उद्योगों का जन्म भी हो रहा था। भारत में आधुनिक उद्योगों का जन्म 1850 ई. में ही हो गया था। पहली बार इस्पात बनाने का प्रयास 1830 ई. के आस-पास किया गया था। लौह उद्योग के क्षेत्र में अगला प्रयास 1907 ई. में टाटा आयरन एंड स्टील कम्पनी की स्थापना के रूप में हुआ था। वी.ओ. चिदम्बरम पिल्लै के द्वारा स्वदेशी स्टीम नेवीगेशन कम्पनी की स्थापना की गई।

33. निम्नलिखित कथनों पर विचार कीजिए– रैयतवाड़ी (भू-राजस्व) प्रथा में,

1. छोटे कृषकों के साथ बंदोबस्त किया जाता था।

2. कृषकों को भूमि पर सभी अधिकार उपलब्ध थे, बशर्ते कि वे एक निश्चित राजस्व का भुगतान करें, जो कि राज्य के लिए ग्राम प्रमुख द्वारा एकत्र किया जाता था।

3. बंदोबस्त का निश्चित समय के लिए नवीकरण किया जाता था, जिस दौरान रैय्यत को भूमि से बेदखल नहीं किया जा सकता था।

उपर्युक्त कथनों में से कौन-सा/से सही है/हैं:

(a) केवल 1 (b) केवल 1 और 2
(c) केवल 2 और 3 (d) 1, 2 और 3

उत्तर (d) किसानों के साथ व्यक्तिगत रूप से किए गए लगान समझौते को 'रैयतवाड़ी व्यवस्था' कहा गया। यह व्यवस्था मद्रास, बम्बई, पूर्वी बंगाल, असम और कूर्ग में लागू की गई। इस व्यवस्था के अंतर्गत ब्रिटिश भारत की 51 प्रतिशत भूमि आयी। इस प्रकार भारत सबसे अधिक भू-भाग पर यह व्यवस्था लागू की गई। कर्नल रीड तथा मुनरो नामक दो पदाधिकारियों को मद्रास क्षेत्र में नियुक्त किया गया था। इन्होंने जमींदारों से लगान वसूलने के बजाय गाँव के किसानों से लगान वसूल किया। 1792 ई. में 'रैयतवाड़ी' व्यवस्था बारामहल जिले में पहली बार कर्नल रीड द्वारा लागू की गई। मुनरो इसका कट्टर समर्थक था। इस व्यवस्था में भू-स्वामित्व किसानों को दिया। इनके बीच कोई बिचौलिया वर्ग नहीं था तथा किसान के पास भूमि को बेचने अथवा गिरवी रखने का अधिकार था। किसानों को भू-राजस्व के रूप में उपज का 1/2 भाग देना पड़ता था तथा लगान अदायगी की प्रत्येक 30 वर्ष बाद पुनर्समीक्षा होती थी। लगान अदायगी न होने पर भूमि जब्त की जा सकती थी।

34. निम्नलिखित कथनों पर विचार कीजिए– भारतीय कृषि पर अंग्रेजी साम्राज्यवादी नीतियों का प्रभाव था–

1. एक नई बाजार अर्थव्यवस्था का निर्माण।

2. भू-स्वामियों एवं जोतने वाले कृषकों के बीच ध्रुवीकरण।

3. भूमि-विहीन मजदूरों की संख्या में वृद्धि।

4. ग्रामीण शिल्पकारों में बेरोजगारी।

इनमें से कौन-से कथन सही है–

(a) केवल 1, 2 और 3
(b) केवल 2, 3 और 4
(c) केवल 1 और 4
(d) 1, 2 3 और 4

उत्तर (d) अंग्रेजी साम्राज्यवादी नीतियों ने भारतीय कृषि को गर्त में पहुचा दिया। कार्नवालिस ने जमींदारी व्यवस्था लागू की, जिससे भू-स्वामियों एवं जोतने वाले कृषकों के बीच ध्रुवीकरण हो गया था। इंग्लैंड की फैक्ट्रियों ने भारतीय कुटीर उद्योगों को बर्बाद कर दिया, जिससे ग्रामीण शिल्पकारों में बेराजगारी बढ़ी। कृषि एवं लघु उद्योग के खत्म होने से भू-विहीन मजदूरों की संख्या में वृद्धि हुई।

35. सूची-I (वर्ष) को सूची-II (अधिनियम) से सुमेलित कीजिए तथा सूचियों के नीचे दिए गए कूट का प्रयोग करते हुए सही उत्तर चुनिए–

सूची-I (वर्ष)	सूची-II (अधिनियम)
A. 1921	1. बम्बई लघु सम्पत्ति-धारक राहत अधिनियम
B. 1926	2. यू.पी. काश्तकारी अधिनियम
C. 1938	3. अवध किराया अधिनियम
D. 1939	4. आगरा काश्तकारी अधिनियम

कूटः

	A	B	C	D
(a)	2	4	1	3
(b)	3	4	1	2
(c)	2	1	4	3
(d)	3	1	4	2

उत्तर (b) अवध काश्तकारी अधिनियम 1921 ई. में, आगरा काश्तकारी अधिनियम 1926 में, बम्बई लघु सम्पत्ति धारक राहत अधिनियम 1938 में एवं यू.पी. काश्तकारी अधिनियम 1939 में पारित किया गया।

36. 'दस्तक' शब्द से तात्पर्य है–

(a) निःशुल्क पारपत्र अथवा शुल्क-मुक्त व्यापार
(b) उपद्रव
(c) हुगली के समीपवर्ती बंदरगाह
(d) बाजार स्थल

उत्तर (a) दस्तक का तात्पर्य निःशुल्क पारपत्र अथवा शुल्क मुक्त व्यापार था, जिस व्यापारी को दस्तक मिल जाता था, उसे कर में छूट प्राप्त होती थी। कम्पनी के अधिकांश कर्मचारी इसका दुरुपयोग करते थे। इसके सहारे वे अपना निजी व्यापार करते थे और इसे धन लेकर भारतीय व्यापारियों को बेच देते थे, जिससे राज्य को राजस्व को हानि होती थी।

37. कथन (A) : आर.सी दत्त द्वारा पुस्तक 'द पावर्टी एण्ड अनब्रिटिश रूल इन इंडिया' लिखी गई।
कारण (R) : वह भारत में बढ़ती हुई गरीबी का पर्दाफाश करना चाहते थे।
नीचे दिए गए कूट से सही उत्तर चुनिए–
कूटः

(a) A और R दोनों सही हैं तथा R, A का सही स्पष्टीकरण है।
(b) A और R दोनों सही हैं, किन्तु R, A का सही स्पष्टीकरण नहीं है।
(c) A सही है, किन्तु R गलत है।
(d) A गलत है, किन्तु R सही है।

उत्तर (d) 'द पावर्टी एण्ड अनब्रिटिश रूल इन इंडिया' दादाभाई नौरोजी ने लिखी थी। आर. सी. दत्त द्वारा लिखी गई पुस्तक 'भारत का आर्थिक इतिहास' है, जिसमें उन्होंने भारत की आर्थिक स्थिति एवं ब्रिटिश आर्थिक नीति का समालोचन किया है। इसके माध्यम से वह भारत में बढ़ती हुई गरीबी का पर्दाफाश करना चाहते थे।

38. कथन (A) : 1916 में भारतीय औद्योगिक कमीशन नियुक्त किया गया।
कारण (R) : ऐसा इस तथ्य के लाभ-स्वरूप हुआ था कि 1914 के युद्ध में टाटा लौह तथा इस्पात ने अंग्रेजों की बहुत सेवा की थी।
कूटः

(a) A और R दोनों सही हैं तथा R, A का सही स्पष्टीकरण है।
(b) A और R दोनों सही हैं, किन्तु R, A का सही स्पष्टीकरण नहीं है।
(c) A सही है, परन्तु R गलत है।
(d) A गलत है, परन्तु R सही है।

उत्तर (a) टाटा एण्ड आयरन स्टील कम्पनी की स्थापना 1907 में जी.एन. टाटा द्वारा की गई थी। 1914 के प्रथम विश्व युद्ध के समय इसके उत्पादन से अंग्रेजों को लाभ प्राप्त हुआ। प्रथम विश्व युद्ध के दौरान ही सर टी.एच. हालैण्ड की अध्यक्षता में 1916 में भारतीय औद्योगिक कमीशन नियुक्त किया गया। इसका उद्देश्य भारतीय उद्योगों तथा व्यापार में भारतीय वित्त प्रयत्नों के लिए उन क्षेत्रों का पता लगाना था, जिसमें सरकार सहायता दे सके।

39. निम्नलिखित में से कौन बम्बई संरचना से सम्बद्ध नहीं था?

(a) लाला श्री राम (b) जी.डी. बिड़ला
(c) भूलाभाई देसाई (d) जे. आर. टी. टाटा

उत्तर (c) 1944 ई. में आठ उद्योगपतियों ने मिलकर एक योजना बनाई, जिसे 'बॉम्बे प्लान' कहा जाता है। इनमें दो प्रमुख उद्योगपति घनश्याम दास बिड़ला एवं जे.आर.डी टाटा भी शामिल थे, इसीलिए इसे टाटा-बिड़ला प्लान भी कहा जाता है। इस 'बाम्बे प्लान' का उद्देश्य भारत की प्रति व्यक्ति आय की 15 वर्षों में दोगुना करना था। भूलाभाई देसाई इस योजना में सम्बन्ध नहीं थे।

❑❑❑

5 1857 की क्रांति

1. 1857 के विद्रोह के बाद पील आयोग के गठन का उद्देश्य क्या था?

(a) भारत के सैन्य प्रशासन की जांच-पड़ताल करना।

(b) आयु कम करके सिविल सेवा में और अधिक भारतीयों के प्रवेश की सुविधा प्रदान करना।

(c) क्राउन (अंग्रेज) और रियासतों के बीच भविष्य के सम्बन्धों का खाका तैयार करना।

(d) भारत में पश्चिम शिक्षा की नींव डालना।

उत्तर (a) भारतीय सेना साम्राज्यिक प्राधिकार के लिए होती थी, न कि केवल भारत में उसका शासन बनाए रखने के लिए। यह रूस, जर्मनी, फ्रांस, आदि जैसी इस क्षेत्र में अन्य साम्राज्यवादी शक्तियों से साम्राज्य के भारतीय क्षेत्र की रक्षा करने के लिए महत्वपूर्ण थी।

कम्पनी की सेना में सेवाएँ और छावनी की दशाएं सिपाहियों की धार्मिक मान्यताओं और पूर्वाग्रहों से उत्तरोत्तर टकराने लगीं। फलस्वरूप सेना में विद्रोह के साथ 1857 का विद्रोह आरम्भ हुआ, जिसने साम्राज्यिक प्राधिकार को-हिलाकर रख दिया। विद्रोह के बाद भारतीय सेना में संविधान और भर्ती रणनीतियों के सम्बन्ध में काफी सोच-विचार किया गया।

भारत के सैन्य प्रशासन की जांच-पड़ताल करने के लिए नियुक्त पील आयोग ने अनुशंसा की कि "देशी सेना विभिन्न राष्ट्रीयताओं और जातियों से मिलकर बनी होनी चाहिए और एक सामान्य नियम के रूप में, प्रत्येक रेजिमेंट के माध्यम से नाना प्रकार का मिश्रण होना चाहिए।"

इसलिए अगले कुछ वर्षों के दौरान विद्रोह करने वाली रेजिमेंट को भंग कर दिया गया, सभी रेजिमेंटों में जातियों का और अधिक समान रूप से मिश्रण किया गया, भर्ती पंजाब पर केन्द्रित बनी रही, जो विद्रोह के दौरान वफादार बना रहा था और पंजाब, बंबई और मद्रास जैसे क्षेत्रीय तत्वों को सावधानीपूर्वक पृथक रखा गया।

1880 के दशक में भर्ती रणनीतियाँ पुन: सुव्यवस्थित बनाई गई, जब 'योद्धा जातियों' का सिद्धांत विकसित करने के लिए भारतीय जातीयता और नस्लीय रूढ़िवाद का औपनिवेशिक ज्ञान प्रभावी ढंग से उपयोग में लाया गया।

2. आधुनिक शिक्षित भारतीयों ने 1857 के विद्रोह का समर्थन नहीं किया था। निम्नलिखित में से कौन-सा/से इसके कारण थे?

1. विद्रोह के दौरान विद्रोहियों का अंधविश्वास की ओर झुकाव।

2. विद्रोहियों द्वारा सामाजिक सुधारों का विरोध।

3. भारत का आधुनिकीकरण करने के लिए आधुनिक शिक्षित भारतीयों का अंग्रेजों में विश्वास।

नीचे दिए गए कूट का प्रयोग कर सही उत्तर चुनिए-

(a) केवल 1 (b) केवल 1 और 2

(c) केवल 2 और 3 (d) 1, 2 और 3

उत्तर (d) आधुनिक शिक्षित भारतीयों ने इस विद्रोह का समर्थन नहीं किया। उन्होंने अंधविश्वास के लिए विद्रोहियों की अपील एवं प्रगतिशील सामाजिक उपायों के लिए उनके विरोध को देखते हुए विद्रोह से दूर रखा है। **इसलिए, कथन 1 और 2 सही है।**

उन्होंने गलती से यह विश्वास कर लिया था कि ब्रिटिश शासन भारत को आधुनिकीकरण का कार्य सम्पन्न करने में सहायता करेगा। जबकि यह कार्य उस समय सामंती मानसिकता से अवरुद्ध था। **इसलिए, कथन 3 सही है।**

3. 1857 के पश्चात् होने वाले कृषक आंदोलनों की प्रकृति के संदर्भ में, निम्नलिखित कथनों पर विचार कीजिए-

1. कृषकों का संघर्ष विशिष्ट उद्देश्यों पर केन्द्रित था, न कि उपनिवेशवाद पर।

2. पीड़ित कृषकों के प्रतिनिधित्वकर्ता के रूप में शिक्षित मध्यम वर्गीय बुद्धिजीवियों की बढ़ती भागीदारी।

3. कृषक आंदोलनों का क्षेत्रीय विस्तार सीमित था।

उपर्युक्त कथनों में से कौन-सा/से सही है/हैं?

(a) केवल 1 और 2

(b) केवल 2 और 3

(c) केवल 1 और 3

(d) 1, 2 और 3

उत्तर (d) **सभी कथन सही हैं।**

1857 के बाद के कृषक आंदोलनों की प्रकृति में स्पष्ट बदलाव देखे जा सकते हैं। राजाओं, प्रमुखों और जमींदारों का दमन होने या अंग्रेजों का सहयोगी बन जाने के उपरांत, कृषक आंदोलनों में कृषक ही मुख्य बल के रूप में उभरे। वे अपनी माँगों के लिए सीधे संघर्ष किया करते थे। उनकी माँगें लगभग पूर्ण रूप से आर्थिक मुद्दों पर केन्द्रित थीं। साथ ही ये आंदोलन कृषकों के प्रत्यक्ष शत्रुओं, विदेशी बागान मालिकों एवं स्वदेशी जमींदारों व साहूकारों के विरुद्ध थे। उनके संघर्ष विशिष्ट व सीमित उद्देश्यों तथा विशेष शिकायतों के निपटान पर केन्द्रित थे। उन्होंने उपनिवेशवाद को कभी अपना निशाना नहीं बनाया और न ही उनका प्रयोजन अपनी अधीनता या शोषण को समाप्त करना था।

इन आंदोलनों की क्षेत्रीय विस्तार भी सीमित था। वे विशेष क्षेत्रों तक सीमित थे, जिनमें कोई आपसी संचार या संपर्क नहीं था।

पीड़ित कृषकों के प्रतिनिधित्वकर्ता के रूप में शिक्षित मध्यम वर्गीय बुद्धिजीवियों की बढ़ती भागीदारी इसकी एक अन्य महत्वपूर्ण विशेषता थी। इससे उनके विरोध अभियानों में नए आयाम जुड़े।

4. निम्नलिखित में से किन घटनाओं ने अंग्रेजों की अजेयता की सामान्य धारणा को छिन्न-भिन्न कर दिया और 1857 में भारतीयों को विद्रोह करने हेतु भी प्रोत्साहित किया?

1. प्रथम अफगान युद्ध

2. क्रीमिया का युद्ध

3. बोअर युद्ध

नीचे दिए गए कूट का प्रयोग कर सही उत्तर चुनिए-

(a) केवल 2
(b) केवल 1 और 3
(c) केवल 1 और 2
(d) उपर्युक्त में से कोई नहीं

उत्तर (c) ब्रिटिश सेना को प्रथम अफगान युद्ध (1838-42) और क्रीमिया के युद्ध (1854-56) में भारी हार का सामना करना पड़ा तथा इस पराजय ने ब्रिटिश शासन की अजेयता अर्थात् कभी न पराजित होने वाले विश्वास को भी छिन्न-भिन्न कर दिया। इन घटनाओं ने भारतीयों को 1857 में ब्रिटिश सरकार के विरुद्ध विद्रोह करने के लिए प्रोत्साहित किया। **इसलिए, कथन 1 और 2 सही हैं।**

बोअर युद्ध (1899-1902) विद्रोह के बाद हुआ। **इसलिए, कथन 3 सही नहीं है।**

5. 1857 के विद्रोह के संदर्भ में निम्नलिखित युग्मों पर विचार कीजिए–

क्षेत्र		**ब्रिटिश कमांडर**
1. कानपुर	:	**कॉलिन कैंपबेल**
2. झांसी	:	**ह्यूरोज**
3. दिल्ली	:	**जेम्स नील**

उपर्युक्त युग्मों में से कौन-सा/से सही सुमेलित है/हैं?

(a) केवल 1 और 2 (b) केवल 3
(c) केवल 2 और 3 (d) 1, 2 और 3

उत्तर (a) दिल्ली : लेफ्टिनेंट विलोबी, जॉन निकोल्सन, लेफ्टिनेंट हडसन
कानपुर : सर ह्यू व्हीलर, सर कॉलिन कैम्पबैल
लखनऊ : हेनरी लारेंस, ब्रिगेडियर इंग्लिस, हेनरी हैवलॉक, जेम्स ऑउट्रम, सर कॉलिन कैम्पबैल
झाँसी : सर ह्यूरोज
बनारस : कर्नल जेम्स नील
इसलिए, युग्म 1 और 2 सही ढंग से सुमेलित हैं।

6. 1857 के विद्रोह के संदर्भ में, निम्नलिखित में से कौन-सा/से अंग्रेजों के विरुद्ध सामाजिक-धार्मिक असंतोष का/के कारण था/थे?

1. बालिकाओं हेतु पश्चिमी शिक्षा का द्वार खोलना
2. मंदिरों एवं मस्जिदों की भूमियों पर करारोपण
3. यूरोपीय विद्वानों द्वारा भारत के अतीत का पुनः अन्वेषण

नीचे दिए गए कूट का प्रयोग कर सही उत्तर चुनिए-

(a) 1, 2 और 3
(b) केवल 1
(c) केवल 3
(d) केवल 1 और 2

उत्तर (d) **कथन 1 सही है।** कई लोगों की रूढ़िवादी धार्मिक और सामाजिक भावनाएँ उन मानवतावादी कार्यवाहियों से आहत हुईं, जिन्हें सरकार द्वारा भारतीय समाज सुधारकों की सलाह पर लागू किया गया था। जैसे कि सती प्रथा का उन्मूलन, विधवा पुनर्विवाह की अनुमति, बालिकाओं के लिए पश्चिमी शिक्षा का द्वारा खोलना आदि।

कथन 2 सही है। लोगों की धार्मिक भावनाएँ मन्दिरों और मस्जिदों की भूमियों पर करारोपण की आधिकारिक नीति से भी आहत हुईं। इन्हें पूर्ववर्ती भारतीय शासकों द्वारा करों से छूट प्रदान की गई थी।

कथन 3 सही नहीं है। आगे चलकर यूरोपीय विद्वानों द्वारा भारत के अतीत की पुनः अन्वेषण ने शिक्षित भारतीयों को मनावैज्ञानिक प्रोत्साहन प्रदान किया और इसका 1857 के विद्रोह से कोई सम्बन्ध नहीं था।

7. 1857 के विद्रोह के निम्नलिखित में से कौन-सा/से परिणाम था/थे?

1. रियासतों के विलय और विस्तार का युग समाप्त हो गया।
2. अंग्रेजों द्वारा नस्लीय घृणा को हतोत्साहित किया गया।
3. इसने ब्रिटिश शासन के विरुद्ध प्रतिरोध की स्थानीय परंपराओं को बढ़ावा दिया।

नीचे दिए गए कूट का प्रयोग कर सही उत्तर चुनिए-

(a) केवल 1 और 3 (b) केवल 2 और 3
(c) 1, 2 और 3 (d) केवल 1

उत्तर (a) 1857 का विद्रोह भारतीय इतिहास में कई प्रकार से महत्वपूर्ण ऐतिहासिक घटना है। विलय और विस्तार का युग समाप्त हो गया और अंग्रेजों ने देशी राजाओं के सम्मान और अधिकारों का आदर करने का वचन दिया। **इसलिए, कथन 1 सही है।**

भारतीयों और अंग्रेजों के मध्य नस्लीय घृणा और संदेह कम होने की अपेक्षा अधिक बढ़ गए। अंग्रेजों ने यूरोपीय लोगों हेतु रेलवे डिब्बों, पार्क, होटल, स्विमिंग पूल आदि को आरक्षित रख, सर्वोच्चता के सिद्धांत और जातीय अभिमान से परिपूर्ण कार्यवाहियाँ आरंभ कर दीं। **इसलिए, कथन 2 सही नहीं है।**

इसने आधुनिक राष्ट्रवाद का मार्ग प्रशस्त किया, क्योंकि विद्रोह ने भारतीयों के मस्तिष्क पर अविस्मरणीय प्रभाव डाला और ब्रिटिश शासन के विरुद्ध प्रतिरोध की मूल्यवान स्थानीय परंपराओं की स्थापना की। इसने बाद में होने वाले स्वतंत्रता संघर्षों के लिए प्रेरणा स्रोत के रूप में कार्य किया। **इसलिए, कथन 3 सही है।**

8. 1857 के स्वाधीनता संग्राम का प्रतीक था–

(a) कमल और रोटी
(b) बाज
(c) रूमाल
(d) दो तलवार

उत्तर (a) 1857 के स्वाधीनता संग्राम का प्रतीक कमल और रोटी था।

9. 1857 के विद्रोह के संदर्भ में निम्नलिखित में से कौन-सा/से युग्म सही ढंग से सुमेलित है/हैं?

स्थान		**नेता**
1. लखनऊ	:	**बेगम हजरत महल**
2. बरेली	:	**कुंवर सिंह**
3. फैजाबाद	:	**अजीमुल्ला**
4. दिल्ली	:	**जनरल बख्त खान**

नीचे दिए गए कूट का प्रयोग कर सही उत्तर चुनिए-

(a) केवल 1
(b) केवल 2 और 3
(c) केवल 1 और 4
(d) 1, 2, 3 और 4

उत्तर (c) सही युग्म इस प्रकार हैं :
लखनऊ - बेगम हजरत महल
बरेली - खान बहादुर
फैजाबाद - मौलवी अहमदुल्ला
दिल्ली - जनरल बख्त खान

10. निम्नलिखित में से कौन-सा/से 1857 के विद्रोह की असफलता का/के कारण था/थे?

1. विद्रोह को दबाने में कश्मीर और नेपाल के राजाओं ने सहायता की थी।
2. इसकी प्रवृत्ति मुख्य रूप से सामंती थी।
3. भारत के विभिन्न भागों में विद्रोह में समन्वय की कमी थी।

नीचे दिए गए कूट का प्रयोग कर सही उत्तर चुनिए-

(a) केवल 1 और 2
(b) केवल 2 और 3
(c) केवल 3
(d) 1, 2 और 3

उत्तर (d) सामंती चरित्र के कारण, कई रजवाड़े अपना लाभ देख रहे थे। कुछ ने विद्रोह का समर्थन किया तो कुछ ने इसे दबाने में सहायता की। 1856 तक क्रीमिया युद्ध और चीनी युद्ध समाप्त हो गया था, इसलिए 1,12,000 ब्रिटिश सैनिक भारत में झोंक दिए गए।

कश्मीर के महाराजा, नेपाल के राणा, कई अन्य सत्तारूढ़ प्रमुखों और कई बड़े जमींदारों ने विद्रोह का दमन करने में अंग्रेजों को सक्रिय सहायता दी।

उपर्युक्त सभी कथन सही है।

11. 1857 के विद्रोह के संदर्भ में निम्नलिखित में से कौन-सा सिपाहियों के बीच असंतोष का कारण नहीं था?

(a) यह आदेश कि उन्हें सिन्ध में तैनाती के दौरान विदेश सेवा भत्ता नहीं दिया जाएगा।
(b) 1856 में सामान्य भर्ती सेवा अधिनियम के अनुसार रंगा-रूटों को विदेश में कहीं भी सेवा देना पड़ सकता था।
(c) सिपाहियों को अपनी जाति तथा साम्प्रदायिक निष्ठा प्रदर्शित करने के लिए पगड़ी धारण करने तथा दाढ़ी रखने पर मजबूर किया जाता था।
(d) प्रथम आंग्ल-अफगान युद्ध में झेला गया विनाश।

उत्तर (c) **कथन (a) सत्य है।** पंजाब या सिन्ध में सेवा देते समय सैनिकों को विदेश सेवा भत्ता नहीं प्रदान किए जाने के निर्णय का परिणाम बड़ी संख्या में सैनिकों के वेतन में कमी के रूप में सामने आया। इससे ब्रिटिश शासन के प्रति उनकी भावनाएँ भड़क उठीं।

कथन (b) सत्य है। 1856 में, एक अधिनियम पारित किया गया, जिसके अंतर्गत कहा गया कि प्रत्येक नए रंगरूट को आवश्यकता पड़ने पर विदेशों में अपनी सेवा देनी होगी। इससे सिपाहियों की भावनाओं को धक्का लगा, क्योंकि हिन्दुओं की तत्कालीन धार्मिक मान्यताओं के कारण समुद्र पर यात्रा निषिद्ध थी तथा इससे उनकी जाति भ्रष्ट हो जाती थी।

कथन (c) असत्य है, क्योंकि सेना ने सिपाहियों को जाति का सम्प्रदाय सूचक चिह्न, दाढ़ी या पगड़ी पहनने की अनुमति नहीं दी तथा उनके जातिगत नियमों में भी हस्तक्षेप किया।

कथन (d) सत्य है। प्रथम अफगान युद्ध की तबाहियों को झेलने के बाद सिपाही विद्रोह के कगार पर थे। प्रथम अफगान युद्ध, ब्रितानी ईस्ट इंडिया कम्पनी और अफगानिस्तान के बीच 1839 से 1842 के बीच लड़ा गया था तथा समग्र रूप से अफगानों की विजय के साथ समाप्त हुआ। यह अफगानिस्तान के कबायली लड़ाकों के हाथों 4,500 ब्रितानी तथा भारतीय सिपाहियों तथा उनकी छावनी के 12,000 समर्थकों की हत्या के लिए जाना जाता है।

12. निम्नलिखित कथनों में से कौन-सा/से कथन 1857 के विद्रोह के बाद सेना के बारे में सत्य है/हैं?

1. सेना के जवानों के बीच जातिगत निष्ठा को प्रोत्साहन दिया गया।

2. भारतीयों को अधिकारी कोर से अलग-थलग रखने की पुरानी नीति का उन्मूलन कर दिया गया।

3. भर्ती के दौरान धर्म के आधार पर भेदभाव किया जाता था।

नीचे दिए गए कूट का प्रयोग कर सही उत्तर चुनिए-

(a) केवल 1 और 2 (b) केवल 2 और 3
(c) केवल 1 और 3 (d) 1, 2 और 3

उत्तर (c) सेना में भर्ती के दौरान जाति, क्षेत्र और धर्म के आधार पर भेद-भाव किया जाता था।

अधिकारी कोर से भारतीयों को बाहर रखने की पुरानी नीति को कठोरतापूर्वक बनाए रख गया।

सैनिकों के बीच साम्प्रदायिक, जातिगत जनजातीय तथा क्षेत्रीय निष्ठाओं को प्रोत्साहित किया गया।

13. 1857 के विद्रोह के बाद, सेना के पुनर्गठन के मामले में निम्नलिखित कथनों पर विचार कीजिए-

1. सेना में यूरोपियन सैनिकों की प्रतिशतता घटा दी गई।

2. सेना में विभिन्न समूहों में फूट डालने के लिए सिखों, गोरखा जैसी कुछ श्रेणियों को गैर-युद्धजीवी घोषित कर दिया गया।

उपर्युक्त कथनों में से कौन-सा/से सही है/हैं?

(a) केवल 1 (b) केवल 2
(c) 1 और 2 दोनों (d) न तो 1, न ही 2

उत्तर (d) सेना के पुनर्गठन के पीछे का मुख्य उद्देश्य किसी अन्य विद्रोह को रोकना था। सेना में यूरोप के सैनिकों की प्रतिशतता बढ़ा दी गई थी। **इसलिए, कथन 1 असत्य है।**

मुख्य भौगोलिक ठिकानों, तोपखाना, टैंकों आदि जैसे महत्वपूर्ण विभागों पर यूरोप के सैनिकों का एकाधिकार महत्वपूर्ण ठिकानों तथा शस्त्र-प्रणालियों को सुरक्षित रखने के लिए बनाए रखा गया।

सेना के भिन्न गुटों के बीच विभाजन की दीवार निर्मित करने के लिए सिखों, गोरखा जैसी कुछ श्रेणियों को रणप्रिय घोषित किया गया तथा 1857 के विद्रोह में भाग लेने वाले अन्य समुदायों, जैसे–अवध, बंगाल आदि को गैर-युद्धजीवी या अरण्यप्रिय घोषित किया गया। **इसलिए, कथन 2 असत्य है।**

14. 1857 के विद्रोह के पश्चात भारतीय सेना में लाए गए परिवर्तनों के सम्बन्ध में निम्नलिखित कथनों पर विचार कीजिए-

1. यूरोपीय सिपाहियों को, मुख्य सैन्य पदों पर रखा गया।

2. भारतीयों के तुष्टीकरण के लिए उन्हें अधिकारी समूह में अवसर प्रदान किए गए।

3. अवध, बिहार तथा केन्द्रीय भारत से भर्ती में वृद्धि हुई।

नीचे दिए गए कूट का प्रयोग कर सही उत्तर चुनिए-

(a) केवल 1 (b) केवल 2 और 3
(c) केवल 3 (d) 1, 2 और 3

उत्तर (a) **कथन 1 सत्य है।** बंगाल की सेना में यूरोप के सैनिकों तथा भारतीय सैनिकों का अनुपात 1 के मुकाबले 2 तय किया गया था। उसी प्रकार, मद्रास तथा बॉम्बे की सेनाओं में भी इस प्रतिशतता को बढ़ाया गया तथा इसे 2 के मुकाबले 5 के अनुपात में रखा गया।

कथन 2 असत्य है। सेना की महत्वपूर्ण शाखाओं, जैसे–तोपखाना, टैंकों, बख्तरबंद कोर विशिष्ट रूप से यूरोपीय सैनिकों के लिए रखे गए।

अधिकारी कोर में भारतीयों की अपेक्षा यूरोप के लोगों को महत्व दिया गया। सिपाही विद्रोह के पूर्व से चली आ रही उसी पुरानी व्यवस्था को कायम रखा गया।

कथन 3 असत्य है। ब्रिटिशों के विरुद्ध 1857 के विद्रोह में भाग लेने के कारण अवध, बिहार तथा मध्य भारत के सैनिकों को असामरिक घोषित कर दिया गया। इसलिए उनकी भर्ती बड़े

पैमाने पर नहीं की गई, जबकि पंजाबियों, गोरखा तथा पठानों को रणप्रिय या सामरिक घोषित किया गया तथा उनकी भर्ती बड़ी संख्या में की गई।

15. 1857 की महारानी की उद्घोषणा के प्रावधानों के संदर्भ में निम्नलिखित कथनों पर विचार कीजिए–

1. 1857 के विद्रोह के सभी विद्रोहियों को एक साधारण माफी दी गई थी।

2. राज्य के सचिव के पद का निर्माण किया गया।

3. अंग्रेजों ने व्यपगत के सिद्धांत के रद्द हो जाने पर विलय की नीति को बंद कर दिया।

4. इसने निदेशक नियंत्रण एवं न्यायालय मण्डल को समाप्त कर दिया।

उपर्युक्त कथनों में से कौन-सा/से सही है/हैं?

(a) केवल 1 (b) केवल 2 और 3

(c) केवल 2 और 4 (d) केवल 4

उत्तर (b) 1 नवम्बर, 1858 को इलाहाबाद में एक शाही दरबार का आयोजन किया गया था। महारानी विक्टोरिया द्वारा एक उद्घोषणा जारी की गई थी, जिसे भारत के अंतिम गवर्नर-जनरल और प्रथम वायसराय लॉर्ड कैनिंग द्वारा दरबार में पढ़ा गया था। रानी की उद्घोषणा की महत्वपूर्ण विशेषताएँ निम्नलिखित थी :

- इस अधिनियम के अनुसार, अब से भारत का शासन रानी द्वारा और रानी के नाम से किया जाएगा।
- इसने बोर्ड ऑफ कंट्रोल और कोर्ट ऑफ डायरेक्टर्स को समाप्त कर दिया।
- राज्य सचिव के पद का निर्माण किया गया।
- उनके सहयोग के लिए एक काउंसिल ऑफ इंडिया थी, जिसमें 15 सदस्य थे।
- हड़प नीति को रद्द कर दिया गया और अंग्रेजों ने विलय की नीति को बंद कर दिया।
- एक आम माफी (क्षमा) सिर्फ उन लोगों को छोड़कर अन्य विद्रोहियों को दी जाती थी, जो प्रत्यक्ष रूप से ब्रिटिश प्रजा की हत्या में सम्मिलित थे।
- गवर्नर-जनरल के कार्यालय को परिवर्तित कर भारत के वायसराय का कार्यालय बना दिया गया।

16. मार्च, 1858 में निम्नलिखित में से किसने 1857 के विद्रोह का संदर्भ लेते हुए झांसी की घेराबंदी की?

(a) मेजर जनरल विन्डहम

(b) मेजर जनरल हैवर्ली

(c) सर कालिन कैम्पबेल

(d) सर ह्यूरोज

उत्तर (d) झांसी में विद्रोह का नेतृत्व गंगाधर राव की विधवा लक्ष्मीबाई ने संभाला। वे अपने दत्तक पुत्र दामोदर राव को गद्दी न दिए जाने से नाराज थी। 23 मार्च, 1858 ई. को सर ह्यूरोज ने झांसी को घेर लिया। रानी वहाँ से निकलकर पहले कालपी और फिर ग्वालियर पहुँची। यहीं पर ह्यूरोज की सेना से मुकाबला करते हुए उन्हें 17 जून, 1858 ई. को वीरगति प्राप्त हुई। ह्यूरोज ने कहा था कि भारतीय क्रान्तिकारियों में रानी लक्ष्मीबाई अकेली मर्द है। इस प्रकार झांसी के विद्रोह का ह्यूरोज ने दबाया।

17. 1857 के विद्रोह के उपरान्त इलाहाबाद में एक दरबार में किसने भारत की सरकार को ग्रेट ब्रिटेन की सर्वोच्च सत्ता द्वारा अधिगृहीत किए जाने की घोषणा की?

(a) लॉर्ड ऑकलैण्ड (b) लॉर्ड कैनिंग

(c) लॉर्ड डलहौजी (d) लॉर्ड हार्डिंग

उत्तर (b) 1857 ई. का विद्रोह असफल रहा। लेकिन इसके तात्कालिक और दूरगामी परिणाम अत्यन्त महत्वपूर्ण सिद्ध हुए। इस विद्रोह के बाद मुगल साम्राज्य सदा-सदा के लिए समाप्त हो गया तथा महरानी विक्टोरिया ने कम्पनी का शासन अपने हाथ में ले लिया। लॉर्ड कैनिंग ने 1 नवम्बर, 1858 ई. को इलाहाबाद के मिण्टो-पार्क में अपना दरबार लगाया और यहीं महारानी विक्टोरिया का घोषणा-पत्र पढ़ा।

18. 1857 के विप्लव के संदर्भ में सिपाही विद्रोह के कारण थे–

1. ब्रिटिश भारतीय सेना में यूरोपीय तथा भारतीय दलों की संख्या में असमानता

2. जनरल सर्विस एनालिस्टमेंट एक्ट के अंतर्गत बंगाल आर्मी के सभी रंगरूटों को भारत के भीतर अथवा बाहर सेवा के लिए तत्पर रहने का आदेश

3. एनफील्ड राइफल का समाविष्ट करना

उपरोक्त में से कौन से सही हैं?

(a) केवल 1 और 2 (b) केवल 2 और 3

(c) केवल 1 और 3 (d) 1, 2 और 3

उत्तर (b) 1857 ई. के सिपाही विद्रोह के अनेक कारण थे। इसकी शुरुआत पुरानी ब्राउन वैस बन्दूक के स्थान पर एनफील्ड राइफल को समाविष्ट करने से हुई। क्योंकि इन्हीं राइफलों में चर्बी वाले कारतूसों का प्रयोग किया गया। जनरल सर्विस एनालिस्टमेंट एक्ट के अंतर्गत बंगाल आर्मी के सभी रंगरूटों को भारत के भीतर अथवा बाहर सेवा के लिए तत्पर रहना पड़ता था। जबकि प्राचीन मान्यता थी कि समुद्र पार यात्रा करने से धर्म भ्रष्ट हो जाता था। इसी कारण भारतीय सैनिकों के एक बटालियन ने बर्मा जाने से इनकार कर दिया था।

19. सूची-I (1857 का विद्रोह-ब्रिटिश सेनापति) को सूची-II (युद्ध स्थल) के साथ सुमेलित कीजिए तथा सूचियों के नीचे दिए गए कूटों का प्रयोग करते हुए सही उत्तर चुनिए–

सूची-I (1857 का विद्रोह)	सूची-II (युद्ध स्थल)
A. जॉन निकोलसन	1. लखनऊ
B. कॉलिन कैम्पबेल	2. झांसी
C. हैवलॉक	3. दिल्ली
D. ह्यूरोज	4. कानपुर

कूट:

(a) A-3, B-4, C-1, D-2

(b) A-1, B-2, C-3, D-4

(c) A-3, B-2, C-1, D-4

(d) A-1, B-4, C-3, D-2

उत्तर (a) 1857 ई. के विद्रोह की शुरुआत मेरठ से हुई। इसके बाद दिल्ली और भारत के अन्य भागों में फैल गया। अंग्रेजों ने सर्वप्रथम 20 सितम्बर, 1857 को दिल्ली पर पुनः अधिकार कर लिया। परंतु इस संघर्ष में ब्रिटिश सेनापति जॉन निकोलसन मारा गया। कानपुर में विद्रोह का नेतृत्व नाना साहब ने किया। 16 दिसम्बर, 1857 को ब्रिटिश सेनापति कैम्पबेल के नेतृत्व में कानपुर पर अंग्रेजों का पुनः अधिकार हो गया। लखनऊ में इस विद्रोह का नेतृत्व बेगम हजरत महल ने संभाला। यहाँ पर ब्रिटिश सेनापति जॉन हैवलॉक था। जिसे कानपुर विद्रोह दबाने के लिए भेजा गया था। ह्यूरोज को झांसी के विद्रोह को दबाने का श्रेय दिया जाता है। रानी लक्ष्मीबाई का पीछा करता हुआ वह ग्वालियर तक जा पहुँचा। उसी से लड़ते हुए रानी लक्ष्मीबाई 17 जून, 1858 को ग्वालियर में वीरगति को प्राप्त हुई।

20. 1857 को विद्रोह से सम्बन्धित निम्नलिखित कथनों पर विचार कीजिए–

1. विद्रोहियों का कोई स्वयं राजनैतिक परिप्रेक्ष्य नहीं था।

2. जीनत महल ने अंग्रेजों से अपनी सुरक्षा के लिए सन्धि वार्ता की।

3. विद्रोहियों को मौलवी अहमद उल्ला द्वारा नेतृत्व प्रदान किया गया।

4. केन्द्रीय नेतृत्व द्वारा विश्वासघात के कारण विद्रोही असफल हो गए।

कूट:

इनमें कौन-से कथन सही हैं?

(a) केवल 1 और 4

(b) केवल 2 और 4

(c) केवल 1, 2 और 3

(d) केवल 1, 2 और 4

उत्तर (c) 1857 ई. का विद्रोह मेरठ से शुरू होकर शीघ्र ही पूरे भारत में फैल गया। विद्रोहियों ने बहादुर शाह को अपना नेता मानते हुए विद्रोह का बिगुल बजा दिया। किन्तु अंग्रेजों ने विद्रोह पर काबू पा लिया। बहादुर शाह की रानी जीनत महल ने अंग्रेजों से अपनी सुरक्षा के लिए सन्धि वार्ता की। फैजाबाद में मौलवी अहमद उल्ला ने विद्रोह का नेतृत्व किया। केन्द्रीय नेतृत्व कमजोर होने के बावजूद विश्वासघाती नहीं था।

21. निम्नलिखित में से किसने बरेली में 1857 के विद्रोह का नेतृत्व किया?

(a) खान बहादुर खान

(b) मौलवी अहमद उल्लाह

(c) बख्त खान

(d) अजीमुल्लाह खान

उत्तर (a) बरेली में खान बहादुर खान ने विद्रोहियों का नेतृत्व किया और अपने आप को नवाब घोषित किया। सम्पूर्ण रुहेलखण्ड का यही प्रमुख नेता था। कैम्पबेल ने यहाँ के विद्रोह को समाप्त किया और खान बहादुर खान को फाँसी दी गई।

22. सूची-I को सूची-II से सुमेलित कीजिए तथा सूचियों के नीचे दिए गए कूट का प्रयोग करते हुए सही उत्तर चुनिए–

सूची-I	सूची-II
A. रानी लक्ष्मीबाई	1. ग्वालियर
B. मौलवी अहमदुल्लाह	2. कानपुर
C. नाना साहेब	3. फैजाबाद
D. कुँवर सिंह	4. जगदीशपुर

कूट:

	A	B	C	D
(a)	3	4	2	1
(b)	1	3	2	4
(c)	2	3	4	1
(d)	1	2	3	4

उत्तर (b) 1857 के विद्रोह का प्रारम्भ मेरठ से हुआ। इसके बाद विद्रोह अन्य भागों में फैल गया। रानी लक्ष्मीबाई ने इसका नेतृत्व झांसी में किया। अंग्रेज सेनापति ह्यूरोज द्वारा झांसी घेर लिए जाने पर पहले ये कालपी, फिर ग्वालियर पहुंची। ग्वालियर में ही ह्यूरोज से लड़ते हुए लक्ष्मीबाई वीरगति को प्राप्ति हुई। फैजाबाद में इस विद्रोह का नेतृत्व मौलवी अहमदुल्लाह ने किया। कानपुर में पेशवा बाजीराव द्वितीय के दत्तक पुत्र नाना साहब ने विद्रोह का नेतृत्व किया। जबकि बिहार में 'जगदीशपुर के 80 वर्षीय जमींदार बाबू कुँवर सिंह ने विद्रोह का नेतृत्व संभाला। वे एकमात्र ऐसे विद्रोही थे, जिन्होंने अंग्रेजों को पराजित किया तथा जिनकी स्वाभाविक मृत्यु हुई।

23. 'इंडियन वार ऑफ इण्डीपेन्डेन्स, 1857' के लेखक है–

(a) एस. एन. सेन

(b) आर. सी. मजूमदार

(c) वी. डी. सावरकर

(d) एस. वी. चौधरी

उत्तर (c) लन्दन के 'इंडिया हाउस' में वीर सावरकर ने 1857 के विद्रोह के पचास वर्ष पूरे होने पर इसकी स्वर्ण जयन्ती मनायी। इस अवसर पर उन्होंने एक पुस्तक 'इंडियन वार ऑफ इंडिपेन्डेन्स, 1857' लिखी। इस पुस्तक में 1857 के विद्रोह को सावरकर ने भारत के प्रथम स्वतंत्रता संग्राम की संज्ञा दी।

24. सूची-I को सूची-II से सुमेलित कीजिए तथा सूचियों के नीचे दिए गए कूट का प्रयोग करते हुए सही उत्तर चुनिए–

सूची-I	सूची-II
A. जेम्स आउट्रम	1. दिल्ली
B. जॉन निकोलसन	2. लखनऊ
C. कोलिन कैम्पबेल	3. झांसी
D. ह्यूरोज	4. कानपुर

कूट:

	A	B	C	D
(a)	1	2	3	4
(b)	2	1	4	3
(c)	2	1	3	4
(d)	1	2	4	3

उत्तर (b) प्रश्नगत सभी व्यक्ति ब्रिटिश सेनानायक हैं, जिन्होंने 1857 के विद्रोह को विभिन्न स्थानों पर दबाया था। जेम्स आउट्रम ने लखनऊ में, जॉन निकोलसन ने दिल्ली में, कोलिन कैम्पबेल ने कानपुर में तथा ह्यूरोज ने झांसी में विद्रोह को दबाया था।

25. सूची-I को सूची-II से सुमेलित कीजिए तथा सूचियों के नीचे दिए गए कूट का प्रयोग करते हुए सही उत्तर चुनिए–

सूची-I	सूची-II
A. नाना साहब	1. दिल्ली
B. नवाब हमीद अलीखान	2. कानपुर
C. मौलवी अहमदुल्लाह	3. अवध
D. मनीराम दीवान	4. असम

कूट:

	A	B	C	D
(a)	1	2	3	4
(b)	1	2	4	3
(c)	2	1	3	4
(d)	2	1	4	3

उत्तर (c) प्रश्नगत सभी व्यक्ति सेनानायक है जिन्होंने 1857 के विद्रोह का नेतृत्व किया। नाना साहब ने कानपुर में, नवाब हामिद अली खाँ दिल्ली में, मौलवी अहमदुल्लाह ने अवध में तथा मनीराम दीवान ने असम में इसका नेतृत्व किया।

26. सूची-I को सूची-II से सुमेलित कीजिए तथा सूचियों के नीचे दिए गए कूट का प्रयोग करते हुए सही उत्तर चुनिए–

सूची-I	सूची-II
A. कुँवर सिंह	1. दिल्ली
B. मौलवी अहमदुल्लाह	2. बिहार
C. मंगल पाण्डेय	3. फैजाबाद
D. जीनत महल	4. बैरकपुर

कूट:

(a) A-3, B-2, C-1, D-4

(b) A-2, B-3, C-1, D-4

(c) A-2, B-3, C-4, D-1

(d) A-3, B-2, C-4, D-1

उत्तर (c) उपरोक्त चारों 1857 के विद्रोह करने वाले नेता हैं। इसमें से कुंवर सिंह ने जगदीशपुर (बिहार), मौलवी अहमदुल्लाह ने फैजाबाद, मंगल पाण्डेय ने बैरकपुर तथा जीनत महल ने दिल्ली में विद्रोहियों का नेतृत्व किया था।

27. वह कौन लेखक था, जिसने 1857 के विद्रोह को 'स्वतंत्रता का प्रथम युद्ध' (First war of Independence) कहा?

(a) अशोक मेहता (b) आर. सी. मेहता

(c) एस. एन. सेन (d) वी. डी. सावरकर

उत्तर (d) वी. डी. सावरकर ने 1857 के विद्रोह को भारत का प्रथम स्वतंत्रता संघर्ष माना है। जबकि आर. सी. मजूमदार ने इसे केवल विद्रोह माना है। एस. एन. सेन इसे स्वतंत्रता संघर्ष तो मानते हैं, किन्तु राष्ट्रीय नहीं। अशोक मेहता ने इसे अपनी पुस्तक The Great Rebellion में राष्ट्रीय विद्रोह कहा है।

28. सूची-I को सूची-II से सुमेलित कीजिए तथा सूचियों के नीचे दिए गए कूट का उपयोग कर सही उत्तर का चयन कीजिए–

सूची-I	सूची-II
A. वी. डी. सावरकर	1. सिपॉय म्यूटिनी एण्ड द रिवोल्ट ऑफ 1857
B. अशोक मेहता	2. द इंडियन वार ऑफ इण्डिपेण्डेन्स
C. एस. एन. सेन	3. 1857 द ग्रेट रिवेलियन
D. आर. सी. मजूमदार	4. एट्टीन फिफ्टी सेवेन

कूटः

	A	B	C	D
(a)	4	3	2	1
(b)	1	2	3	4
(c)	2	3	4	1
(d)	1	4	3	2

उत्तर (c) वी. डी. सावरकर ने 'द इंडियन वार ऑफ इण्डिपेन्डेन्स', एस. एन. सेन ने 'एट्टीन फिफ्टी सेवन', आर. सी. मजूमदार ने 'द सिपॉय म्यूटिनी एण्ड द रिवोल्ट ऑफ 1857' तथा अशोक मेहता ने '1857 द ग्रेट रिबेलियन' नामक पुस्तक की रचना की।

29. नीचे दो वक्तव्य दिए गए हैं, एक को कथन (A) और दूसरे को कारण (R) कहा गया है–

कथन (A) : प्रारम्भिक विजय के बावजूद सिपाही विद्रोह ब्रिटिश राज को पलटने में सफल नहीं हो सका।

कारण (R) : उदीयमान मध्यवर्ग ने राज्य का पक्ष लिया था।

उपर्युक्त दो वक्तव्यों के संदर्भ में निम्नलिखित में से कौन-एक सही है?

(a) A और R दोनों सही हैं तथा R, A का सही स्पष्टीकरण है।

(b) A और R दोनों सही हैं, किन्तु R, A का सही स्पष्टीकरण नहीं है।

(c) A सही है, परन्तु R गलत है।

(d) A गलत है, परन्तु R सही है।

उत्तर (b) किसी भी क्रांति के उद्घटित होने तथा उस क्रांति के प्रसार तथा सफलता के लिए मध्यम वर्ग का सर्वाधिक महत्वपूर्ण योगदान होता है। 1857 ई. की क्रांति की विफलता के अनेक कारण थे। यद्यपि विद्रोहियों को जनसाधारण की सहानुभूति मिल रही थी, लेकिन पूरा देश उनके साथ नहीं था। व्यापारी, पढ़े-लिखे लोग और भारतीय शासक न केवल उनसे अलग थे, बल्कि अंग्रेजों की सक्रिय मदद कर रहे थे। यदि यही सहायता सिपाहियों को मिली होती तो शायद परिणाम कुछ और ही होता। इन्हीं सब कारणों से 1857 ई. की क्रांति असफल रही।

30. सूची-I को सूची-II से सुमेलित कीजिए तथा सूचियों के नीचे दिए गए कूट का प्रयोग करते हुए सही उत्तर चुनिए–

सूची-I (स्थान)	सूची-II (स्मारक)
A. लक्ष्मी बाई	1. रंगून को निर्वासित
B. तात्या टोपे	2. नेपाल पालायित
C. नाना साहब	3. गिरफ्तार हुआ, फाँसी पर लटका
D. बहादुर शाह	4. युद्ध में मृत्यु

कूटः

	A	B	C	D
(a)	1	2	3	4
(b)	2	3	4	1
(c)	4	3	2	1
(d)	4	2	3	1

उत्तर (c) लक्ष्मीबाई ग्वालियर में अंग्रेज जनरल ह्यूरोज से लड़ते हुए शहीद हुई। ग्वालियर में तात्या टोपे को गिरफ्तार किया गया और उन्हें फाँसी दी गई। नाना साहब नेपाल पलायन कर गए, जबकि बहादुरशाह जफर को हुमायूँ के मकबरे से गिरफ्तार कर रंगून निर्वासित कर दिया गया।

❑❑❑

6 अन्य जन आंदोलन

1. "बंगाल के उत्तरी जिलों में प्रभाव रखने वाला अर्द्ध-धार्मिक संप्रदाय, इसके प्रसिद्ध नेताओं में से एक 'टीपू' धार्मिक और राजनीतिक उद्देश्यों से प्रेरित था और उसने जमींदारों के उत्पीड़न के विरुद्ध काश्तकारों का पक्ष लिया था। विद्रोहियों ने अपनी गतिविधियों का विस्तार गारो पहाड़ियों तक किया था।"
उपर्युक्त परिच्छेद में निम्नलिखित में से कौन-सा विद्रोह सम्बन्धित है?

(a) पागल पंथी (b) फरैजी विद्रोह
(c) कच्छ विद्रोह (d) चुआर विद्रोह

उत्तर (a) करमशाह पागल पंथ का संस्थापक था। पागलपंथ एक अर्द्ध-धार्मिक सम्प्रदाय था, जिसका प्रभाव बंगाल के उत्तरी जिलों में था। इस संप्रदाय से टीपू जुड़ा हुआ था। जो करम शाह का पुत्र व उत्तराधिकारी था। टीपू धार्मिक और राजनीतिक दोनों उद्देश्यों से प्रेरित था और उसने जमींदारों के उत्पीड़न के विरुद्ध काश्तकारों का पक्ष लिया। 1825 में टीपू ने शेरपुर पर कब्जा कर लिया और शाही सत्ता अंगीकृत कर ली। विद्रोहियों ने गारो पहाड़ियों तक अपनी गतिविधियों का विस्तार किया। यह क्षेत्र 1830 के दशक और 1840 के दशक में अशांत बना रहा।

2. निम्नलिखित युग्मों पर विचार कीजिए–

प्रसिद्ध विद्रोह	नेता
1. संथाल	: सिद्धू और कान्हू
2. भील विद्रोह	: सेवाराम
3. अहोम विद्रोह	: गोमधर कुँवर

उपर्युक्त युग्मों में से कौन-सा/से सही सुमेलित है/हैं?

(a) केवल 1 (b) केवल 1 और 2
(c) केवल 2 और 3 (d) 1, 2 और 3

उत्तर (d) **सभी युग्म सही सुमेलित हैं।**

संथाल विद्रोह : राजमहल पहाड़ियों के संथालों ने सिद्धू और कान्हू के नेतृत्व में राजस्व अधिकारियों, पुलिस, साहूकारों और जमींदारों जैसे 'बाहरी लोगों' के द्वारा (जिन्हें वे 'दिकु' कहते थे) किए जाने वाले उत्पीड़न का विरोध किया।

भील विद्रोह : यह पश्चिमी भारत का प्रसिद्ध विद्रोह था। भीलों (खानदेश के आसपास संकेद्रित एक आदिवासी जनजाति थी) ने ईस्ट इंडिया कम्पनी के विरुद्ध विद्रोह किया। उनका प्रसिद्ध नेता सेवाराम था। भीलों ने 1817-19 में और फिर 1825, 1836 और 1846 में विद्रोह किया।

अहोम विद्रोह : अंग्रेजों ने पहले बर्मा युद्ध (1824-1826) के बाद वापस चले जाने का वचन दिया था, लेकिन युद्ध के बाद वापस जाने की बजाय अंग्रेजों ने कम्पनी के अधिराज्य में अहोम प्रदेशों को मिलाने का प्रयास किया। इससे गोमधर कुँवर के नेतृत्व में 1828 में विद्रोह भड़क उठा।

3. जुआंग जनजाति के संदर्भ में, निम्नलिखित कथनों पर विचार कीजिए–

1. **ये उड़ीसा में पाए जाने वाले जनजातीय समूह हैं।**
2. **इन्हें विशेष रूप से सुभेद्य जनजातीय समूह (Particularly Volnerable Tribal Groups) माना जाता है।**
3. **इन्हें कढ़ाई की फुलकारी तकनीक से सम्बन्धित किया जाता है।**

उपर्युक्त कथनों में से कौन-सा/से सही है/हैं?

(a) केवल 1 और 2 (b) केवल 1
(c) केवल 2 और 3 (d) 1, 2 और 3

उत्तर (a) जुआंग मुंडा समूह के लोगों का जनजातीय (आदिवासी) समूह है।

वे मुख्य रूप से ओडिशा के क्योंझर, ढेंकानाल, अंगुल और जाजपुर जिलों में निवास करते हैं।

वे मुख्य रूप से जुआंग भाषा बोलते हैं जिसे ऑस्ट्रोएशियाटिक भाषाओं की एक शाखा के रूप में स्वीकार किया जाता है।

इस जनजाति को विशेष रूप से सुभेद्य जनजाति समूह (Particularly Vulnerable Tribal Groups : PVTGs) के रूप में पहचाना गया है।

फुलकारी शब्द का अर्थ "फूलों की कढ़ाई" होता है। फुलकारी की कला का उदय 15वीं शताब्दी में पंजाब में हुआ।

4. 19वीं शताब्दी में रामोसी किसान विद्रोह के संदर्भ में निम्नलिखित में से कौन-सा विकल्प सही नहीं है?

(a) रामोसी महाराष्ट्र के पश्चिमी घाट की पहाड़ी जनजाति के लोग थे।
(b) इसका नेतृत्व वासुदेव बलवंत फड़के द्वारा किया गया था।
(c) रामोसी किसानों ने तिनकठिया प्रणाली के विरुद्ध विद्रोह किया।
(d) रामोसी लोग मराठा सेना और पुलिस में निचली श्रेणियों में सेवा देते थे और बाद में किसान वर्ग में तब्दील हो गए।

उत्तर (c) मराठा सेना और पुलिस में निचली श्रेणियों में सेवा देने वाले रामोसी लोगों ने भू-राजस्व के भारी आकलन एवं उसके संग्रह की कठोर विधियों के विरोध में चित्तूर सिंह के नेतृत्व में वर्ष 1822 में सतारा में विद्रोह कर दिया। रामोसियों ने सतारा के चारों ओर स्थित क्षेत्रों को लूटा और किलों पर आक्रमण किए।

वर्ष 1825-26 में, पुणे में गंभीर अकाल और अभाव के कारण उन्होंने उमाजी के नेतृत्व में पुन: विद्रोह किया। तीन वर्षों तक उन्होंने दक्कन क्षेत्र में लूटपाट की। अंत में, ब्रिटिश सरकार को न केवल उनके अपराधों को क्षमा कर बल्कि इसके अतिरिक्त उन्हें भूमि अनुदान प्रदान कर और पहाड़ी पुलिस में भर्ती कर शांत किया।

महाराष्ट्र में रामोसी किसान विद्रोह (1877-1887), इस क्षेत्र की क्रांतिकारी गतिविधियों में से प्रथम था। यह 1979 में वासुदेव बलवंत फड़के द्वारा संगठित किया गया रामोसी किसान सेना का संगठन था। इसका उद्देश्य सशस्त्र विद्रोह भड़काकर संचार लाइनों को भंग कर देश को अंग्रेजों से मुक्ति दिलाना था। इसने अपनी गतिविधियों के लिए डकैतियों के माध्यम से धन जुटाने में विश्वास किया। बढ़ने से पूर्व ही इस विद्रोह का दमन कर दिया गया था।

तिनकठिया प्रणाली चंपारण के क्षेत्रों में यूरोपीय मालिकों द्वारा प्रयोग की जाती थी। इस प्रणाली के अंतर्गत वे किसानों को अपनी कुल भूमि के 3/20 भाग पर नील की खेती करने के लिए विवश करते थे। चंपारण सत्याग्रह (1917) के बाद, चंपारण कृषि अधिनियम के माध्यम से इस प्रणाली का सफलतापूर्वक उन्मूलन कर दिया गया था। **इसलिए सही उत्तर (c) है।**

5. 'दामन-ए-कोह' क्षेत्र में संथाल या 'हूल' विद्रोह हुआ। 'दामन-ए-कोह' में कौन-सा क्षेत्र आता है?

(a) छोटानागपुर पठार
(b) राजमहल की पहाड़ियों के सटे क्षेत्र
(c) भागलपुर तथा राजमहल के बीच का क्षेत्र
(d) छोटानागपुर के पठारों तथा भागलपुर के बीच का क्षेत्र

उत्तर (c) संथाल या हूल विद्रोह का नेतृत्व सिद्धू तथा कान्हू के द्वारा किया गया था।

यह घटना दामन-ए-कोह में घटी, जो भागलपुर तथा राजमहल के बीच स्थित एक जनजातीय क्षेत्र था।

विद्रोह का विस्तार बहुत अधिक था जिसका उद्देश्य दिकू (गैर-आदिवासी) को निकाल बाहर करना था।

6. भारत में ब्रिटिश सरकार के दौरान जनजातीय विद्रोहों के संदर्भ में निम्नलिखित कथनों पर विचार कीजिए-

1. रम्पा विद्रोह अंग्रेजों द्वारा लागू नवीन प्रतिबंधात्मक वन नियंत्रण सम्बन्धी कानूनों के विरुद्ध था।

2. बंकिम चन्द्र चटर्जी द्वारा लिखित आनंद मठ संन्यासी विद्रोह पर आधारित था।

3. मुंडा विद्रोह के दौरान बिरसा मुंडा ने स्वयं को ईश्वर का प्रतिनिधि घोषित कर दिया था।

उपर्युक्त कथनों में से कौन-सा/से सही है/हैं?

(a) केवल 1 (b) 1 और 2
(c) केवल 2 और 3 (d) 1, 2 और 3

उत्तर (d) तटीय आंध्र प्रदेश में पहाड़ी जनजातियों का रम्पा विद्रोह सरकार समर्थित मनसबदारों के अत्याचार तथा सरकार की नयी प्रतिबंधात्मक वन नियमों के विरुद्ध था।

बंकिम चन्द्र चटर्जी का 'आनंद मठ' संन्यासी विद्रोह के संघर्ष का चित्रण करता है।

मुंडा विद्रोह के दौरान, बिरसा मुंडा ने ईसाइयों, ठेकेदारों, जागीरदारों, राजाओं तथा हाकिमों की हत्या को प्रोत्साहन दिया।

मुंडा विद्रोह 19वीं शताब्दी के प्रमुख जनजातीय विद्रोह में से एक था।

इस विद्रोह का नेतृत्व बिरसा मुंडा ने किया। उन्होंने यह घोषणा की कि ईश्वर ने उन्हें अपने लोगों को परेशानी से बचाने तथा दिकुओं (बाहरी लोगों) की दासता से मुक्त करने के लिए नियुक्त किया है।

परम्परागत रूप से, मुंडा समुदाय के लोग 'खुंटकट्टीदार' नामक एक अधिमान्य कर/शुल्क का लाभ उठाते रहे थे, जिसका अर्थ होता था 'वनों के मूल सफाईकर्मी'। यद्यपि, समय के साथ मुंडा समुदाय के लोगों को अनुभव हुआ कि खुंटकट्टीदार नामक यह प्रणाली महाजनों तथा व्यापारियों के रूप में आए जागीरदारों तथा ठेकेदारों के द्वारा समाप्त किया जा रहा है।

इस प्रकार के भूमि हस्तांतरण का आरम्भ ब्रिटिशों के आगमन से पूर्व हो चुका था। यद्यपि, ब्रिटिश शासन की स्थापना के बाद, गैर-जनजातीय लोगों के द्वारा जनजातीय क्षेत्रों में की जाने वाली गतिविधियों में वृद्धि हुई। इस कारण बेगार या बेथ बेगान की प्रथा में बढ़ोत्तरी हुई।

भ्रष्ट ठेकेदारों ने इस क्षेत्र को बंधुआ मजदूरों के भर्ती क्षेत्र में परिवर्तित कर दिया था। एक और बड़ा परिवर्तन था ब्रिटिश शासन के दौरान बहुत से ऐंग्लिकन, लुथेरन तथा कैथोलिक मिशनों की स्थापना। इस मिशनरियों के द्वारा प्रदत्त शिक्षा के प्रसार के कारण जनजातीय लोग अपने अधिकारों के प्रति अधिक जागरूक हो गए थे।

7. निम्नलिखित में से कौन-से नील विद्रोह 1859-1860 के लक्षण थे?

1. किसानों का बुद्धिजीवियों और प्रेस ने समर्थन किया।

2. इसकी विशेषता हिन्दू-मुस्लिम एकता थी।

3. नील विद्रोह अपने उद्देश्यों को प्राप्त करने में सफल रहा था।

उपर्युक्त कथनों में से कौन-सा/से सही है/हैं?

(a) केवल 1 (b) केवल 1 और 2
(c) केवल 2 और 3 (d) 1, 2 और 3

उत्तर (d) बंगाल में नील की खेती 1777 से आरम्भ हुई। जब ब्रिटिश सत्ता का विस्तार होने लगा तो यूरोप में नीले रंग की डाई की ऊँची माँग के चलते नील की खेती पर बल दिया गया। किसानों को खाद्य फसलों के स्थान पर नील उगाने के लिए विवश किया गया। किसानों को नील की खेती के लिए 'ददन' नामक ऋण प्रदान किया गया, जिसकी बहुत ही उच्च ब्याज दर होती थी। इस ऋण ने लोगों को ऋणी बना दिया और इसकी परिणति विद्रोह में हुई। नील किसानों ने बंगाल प्रेसीडेंसी के नदिया जिले में विद्रोह का शुभारम्भ करके इसका उत्तर दिया। इससे और अधिक आंदोलनों और टकराव का मार्ग प्रशस्त हुआ। आगे चलकर, इस विद्रोह को बुद्धिजीवियों, प्रेस, मिशनरियों और मुसलमानों से समर्थन मिला। इस विद्रोह के नेता दिगंबर और विष्णु विश्वास थे। दीन बंधु मित्र के नाटक 'नील दर्पण' में इस स्थिति को दर्शाया गया है।

यह किसान आंदोलनों में सबसे उग्र और व्यापक था। साथ ही, यह सफल भी रहा था। ऐसा विस्तृत पहल, सहयोग, संगठन और रैयतों के अनुशासन के कारण हुआ था।

परिणाम : सरकार ने अधिसूचना जारी की कि भारतीय किसानों को नील उगाने के लिए विवश नहीं किया जा सकता और कि वह सुनिश्चित करेगी कि सभी विवादों का निपटारा कानूनी साधन द्वारा किया जाए। 1860 के अंत तक, नील बागान मालिक अपने कारखाने बंद करने लगे और नील की खेती लगभग बंगाल से समाप्त हो गई।

8. 'रामोसी विद्रोह' के संदर्भ में निम्नलिखित में से कौन-सा/से कथन सही है/हैं?

1. यह वासुदेव बलवंत फड़के के नेतृत्व में एक जनजातीय विद्रोह था।

2. यह अकाल-विरोधी कदम उठाने में अंग्रेजों की असफलता के विरुद्ध था।

नीचे दिए गए कूट का प्रयोग कर सही उत्तर चुनिए-

(a) केवल 1 (b) केवल 2
(c) 1 और 2 दोनों (d) न तो 1, न ही 2

उत्तर (b) यह अकाल-विरोधी कदम उठाने में अंग्रेजों की असफलता के विरुद्ध एक किसान विद्रोह (1877-1887, महाराष्ट्र) था। इसका नेतृत्व वासुदेव बलवंत फड़के ने किया था।

9. निम्नलिखित युग्मों में कौन-सा सुमेलित नहीं है?

सूची-I	सूची-II
(a) मुंडा	– बिरसा
(b) संथाल	– कान्हू
(c) अहोम	– गोमधर कुँवर
(d) नायक	– ताना भगत

उत्तर (d) बिरसा मुंडा के नेतृत्व में मुंडा आदिवासियों का विद्रोह 1898-1900 ई. में हुआ था। बिरसा ने 'उलगुलान' की उपाधि धारण कर स्वयं को भगवान का दूत घोषित कर दिया और परम्परागत रूप से प्रचलित सामूहिक खेती पर जागीरदारों, ठेकेदारों, बनियों, सूदखोरों के शोषण के कारण विद्रोह का बिगुल बजाया।

आदिवासियों के विद्रोह में सबसे सशक्त विद्रोह संथालों का था। संथाल विद्रोह का नेतृत्व संथालों के नेता 'सिद्धू तथा कान्हू' ने किया।

अहोम विद्रोह 1828 ई. में असम में अंग्रेजों के विरुद्ध हुआ था। इस विद्रोह का नेतृत्व गोमधर कुँवर ने किया था।

ताना भगत आंदोलन की शुरुआत 1914 ई. में संयुक्त बिहार में हुई थी। यह आंदोलन ऊँची लगान की दर तथा चौकीदार कर के विरुद्ध किया गया। इस आंदोलन के प्रवर्तक जतरा भगत थे।

10. निम्नलिखित में से कौन-सी घटना महाराष्ट्र में घटित हुई?

(a) भील विद्रोह (b) कोल विद्रोह
(c) रम्पा विद्रोह (d) संथाल विद्रोह

उत्तर (a) 1818 ई. में खान देश पर अंग्रेजों के आधिपत्य से भीलों में बाहरी लोगों के प्रति अतिक्रमण का भय उत्पन्न हुआ। त्र्यम्बकजी ने इसके लिए भीलों को उकसाया। 1825 ई. में सेवाराम द्वारा इसका नेतृत्व किया गया। अंग्रेजों की बर्मा में हार की सूचना ने भीलों के उत्साह को बढ़ाया। सरकार ने दमनकारी तथा समझौतापूर्ण नीति द्वारा विद्रोह को शांत करने का प्रयास किया, पर वह सफल नहीं हुई।

11. भारत के निम्नलिखित में से किस अंग्रेजी शासन विरोधी नेता को, जनता में भय फैलाने हेतु उसकी मृत्यु हो जाने के बाद भी सार्वजनिक रूप से फाँसी दी गई थी–

(a) अल्लूरी सीताराम राजू
(b) बिरसा मुंडा
(c) चन्द्रशेखर आजाद
(d) दीवान वेलुथम्पी

उत्तर (d) वेलुथम्पी का विद्रोह 1808-09 ई. में त्रावणकोर (केरल) में हुआ था। इस विद्रोह के नेता दीवान वेलुथम्पी थे। लॉर्ड वेलेजली द्वारा दीवान वेलुथम्पी को सहायक सन्धि के लिए विवश कर राज्य पर भारी वित्तीय बोझ लाद दिया गया। वेलेजली के इस कुकृत के विरुद्ध दीवान वेलुथम्पी ने विद्रोह कर दिया। कई बार संघर्ष के बाद अंग्रेज विद्रोह को दबाने में सफल हुए। गोलियों से घायल वेलुथम्पी की मृत्यु के बाद अंग्रेजी सेना ने जनता में भय फैलाने हेतु उसे सार्वजनिक रूप से फाँसी पर लटकाया।

12. भारत के स्वतंत्रता संग्राम के दौरान हुए नागरिक विद्रोह के दो प्रसिद्ध नेता सिद्धू तथा कान्हू कौन से समुदाय के थे?

(a) कोली (b) मुण्डा
(c) संथाल (d) भील

उत्तर (c) संथाल विद्रोह 1855-56 ई. के मध्य पूर्वी भारत के राजमहल जिले के छोटानागपुर क्षेत्र में भूमिकर अधिकारियों के दुर्व्यवहार, पुलिस के दमन तथा जमींदारों एवं साहूकारों की वसूलियों के विरुद्ध हुआ था। इसके दो प्रसिद्ध नेता सिद्धू और कान्हू थे। यह 1857 के पहले का प्रमुख विद्रोह था।

13. नूनिया तथा मलंगी जातियाँ निम्नलिखित में से किसमें दक्ष थी?

(a) खाद्यान्नों का मध्यम दूरी तक व्यापार
(b) चर्म शोधन कार्य
(c) लोह प्रगलन तथा काठ कोयला उत्पादन
(d) नमक तथा शोरा उत्पादन

उत्तर (d) अफगानिस्तान के पहाड़ी क्षेत्रों में रहने वाली नूनिया तथा मलंगी जातियाँ नमक एवं शोरा उत्पादन से सम्बन्धित थी। सविनय अवज्ञा आंदोलन के दौरान गाँधीजी ने नमक कानून तोड़ने के लिए डाण्डी मार्च किया था। इसलिए इस अवसर पर नूनिया एवं मलंगी जातियों ने उनका एक नाम 'मलंग बाबा' रख दिया था।

14. 1865 में बंगाल में घटित नील विद्रोह के नेता का नामोल्लेख कीजिए–

(a) बंकिम चन्द्र चटर्जी
(b) दीनबन्धु
(c) राधाकान्त देव
(d) शिशिर कुमार घोष

उत्तर (d) अपने आर्थिक माँगों के लिए किसानों ने जो संघर्ष किया, उसमें नील आंदोलन सर्वप्रथम और सर्वप्रमुख है। यह आंदोलन बंगाल में (1859-60 ई.) नदियां जिले के गोविन्दपुर गाँव में प्रारम्भ हुआ था। बंगाल का नील विद्रोह शोषण के विरुद्ध किसानों की सीधी लड़ाई थी। बंगाल के काश्तकार, जो अपने खेतों में चावल की खेती करना चाहते थे, उन्हें यूरोपीय नील बागान मालिक नील की खेती करने के लिए मजबूर करते थे। खेती करने से इनकार करने वाले किसानों को नील मालिकों के दमन चक्र का सामना करना पड़ता था। इस आंदोलन के नेताओं दिगम्बर विश्वास और विष्णु विश्वास के नेतृत्व में किसानों ने नील की खेती बन्द कर दी। 1865 ई. में बंगाल में घटित नील विद्रोह के एक नेता शिशिर कुमार घोष थे। नील विद्रोह को बंगाल के बुद्धिजीवियों, प्रचार माध्यमों, धर्म प्रचारकों और कहीं-कहीं छोटे जमींदारों और महाजनों का भी सहयोग प्राप्त हुआ था। नील बागान मालिकों के अत्याचार का खुला चित्रण दीनबन्धु मित्र ने अपने नाटक 'नील दर्पण' में किया है।

15. ब्रितानी (ब्रिटिश) शासन को समाप्त करने के लिए कूका आंदोलन संचरित हुआ?

(a) उत्तर प्रदेश में (b) बिहार में
(c) पंजाब में (d) बम्बई में

उत्तर (c) कूका आंदोलन 1840 ई. में पंजाब में जवाहर मल के नेतृत्व में प्रारम्भ हुआ। आरम्भ में इसका उद्देश्य सिख धर्म का सुधार करना था। किन्तु उसने जल्दी ही ब्रिटिश शासन को समाप्त करना अपना उद्देश्य बना लिया। इस आंदोलन को प्रसिद्धि तब मिली, जब राम सिंह कूका इसमें शामिल हुए। 1872 ई. में राम सिंह को गिरफ्तार कर रंगून भेज दिया तथा वहीं इनकी मृत्यु हो गई।

16. कथन (A) : बंगाल में अंग्रेजों के विरुद्ध संन्यासियों तथा फकीरों ने विद्रोह कर दिया था।

कारण (R) : संन्यासी तथा फकीर अंग्रेजों द्वारा भारत की धार्मिक परम्परा के हस्तक्षेप के विरोधी थे।

कूट:

(a) A और R दोनों सही हैं तथा R, A का सही स्पष्टीकरण है।
(b) A और R दोनों सही हैं, परन्तु R, A की सही स्पष्टीकरण नहीं है।
(c) A सही है, परन्तु R गलत है।
(d) A गलत है, परन्तु R सही है।

उत्तर (a) बंगाल में संन्यासियों का विद्रोह 1763-1800 ई. के मध्य तथा फकीरों का विद्रोह 1776-77 ई. के बीच हुआ। संन्यासी तथा फकीर अंग्रेजों द्वारा भारत की धार्मिक परम्परा के हस्तक्षेप के विरोधी थे। वे तीर्थयात्रा पर लगे कर से असन्तुष्ट थे। बंकिम चन्द्र चटर्जी के एक प्रसिद्ध बांग्ला उपन्यास 'आनंद मठ' का कथानक इसी संन्यासी विद्रोह की घटना पर आधारित है।

17. सूची-I को सूची-II से सुमेलित कीजिए तथा सूचियों के नीचे दिए गए कूट का प्रयोग करके सही उत्तर चुनिए–

सूची-I	सूची-II
A. मैसूर कृषकों का विद्रोह	1. 1846-47

B. विशाखापट्टनम विद्रोह — 2. 1830-31

C. गंजाम विद्रोह — 3. 1830-34

D. कुरनूल विद्रोह — 4. 1835

कूट:

	A	B	C	D
(a)	3	2	4	1
(b)	2	3	1	4
(c)	2	3	4	1
(d)	3	2	1	4

उत्तर (a) मैसूर कृषकों का विद्रोह 1830-34 ई. के बीच, विशाखापट्टनम का विद्रोह 1830-31 ई. के बीच, गंजाम विद्रोह जमींदार धनंजय भंज के नेतृत्व में 1834-35 ई. के बीच में हुआ। आन्ध्र प्रदेश में कुरनूल विद्रोह 1846-47 ई. के बीच हुआ था।

18. सूची-I को सूची-II से सुमेलित कीजिए तथा सूचियों के नीचे दिए गए कूट का प्रयोग कर सही उत्तर चुनिए–

सूची-I	सूची-II
A. भगत जवाहर मल	1. वहाबी आंदोलन
B. विलायत अली	2. कूका आंदोलन
C. सैय्यद फदल	3. मोपला विद्रोह
D. खूदी मल्लाह	4. पावना के दंगे

कूट:

	A	B	C	D
(a)	2	1	4	3
(b)	1	2	3	4
(c)	2	1	3	4
(d)	1	2	4	3

उत्तर (c) भगत जवाहर मल ने पंजाब में कूका आंदोलन का नेतृत्व 1840 ई. में किया था। विलायत अली प्रसिद्ध वहाबी आंदोलन से सम्बन्धित है, जिसके संस्थापक सैय्यद अहमद बरेलवी थे। इसका मुख्य केन्द्र पटना था। यह आंदोलन 1830-60 ई. के बीच हुआ। सैय्यद फदल केरल के मालाबार क्षेत्र में हुए मोपला विद्रोह से सम्बन्धित थे। खूदी मल्लाह पावना आंदोलन से सम्बन्धित थे। यह आंदोलन 1873-76 ई. के बीच संचालित था।

19. सूची-I को सूची-II से सुमेलित कीजिए तथा सूचियों के नीचे दिए गए कूट का प्रयोग कर सही उत्तर चुनिए–

सूची-I

A. चेन्नम्मा

B. हाजी शरियतुल्लाह

C. अल्लूरी सीता रामराजू

D. कृष्णदाजी पंडित

सूची-II

1. गडकरी विद्रोह (1844)
2. फरायजी आंदोलन (1838)
3. रम्पा विप्लव (1922)
4. कित्तूर विप्लव (1824)

कूट:

	A	B	C	D
(a)	4	2	3	1
(b)	2	3	4	1
(c)	1	4	3	2
(d)	3	2	4	1

उत्तर (a) चेन्नम्मा के नेतृत्व में 1824 ई. में कित्तूर का विद्रोह कर्नाटक में हुआ। हाजी शरीयतुल्लाह बंगाल के फरीदपुर के फरायजी आंदोलन के संगठनकर्ता थे। आन्ध्र प्रदेश में अल्लूरी सीताराम राजू के नेतृत्व में रम्पाओं ने विद्रोह किया, जो 1879-1880 ई. तक चलता रहा। कृष्णदाजी पंडित 1844 ई. के गडकरी विद्रोह से सम्बन्धित थे।

20. सूची-I को सूची-II से सुमेलित कीजिए तथा सूचियों के नीचे दिए गए कूट का प्रयोग कर सही उत्तर चुनिए–

सूची-I	सूची-II
A. भील विद्रोह	1. 1841
B. कित्तूर विद्रोह	2. 1844
C. सतारा विद्रोह	3. 1818-1831
D. गडकरी विद्रोह	4. 1824

कूट:

	A	B	C	D
(a)	4	3	1	2
(b)	3	4	1	2
(c)	3	4	2	1
(d)	4	3	2	1

उत्तर (b) खान देश के भीलों ने सेवाराम के नेतृत्व में 1818-1831 ई. के बीच विद्रोह कर दिया। कित्तूर विद्रोह चेन्नम्मा के नेतृत्व में 1824 ई. में, सतारा में विद्रोह 1841 ई. में, महाराष्ट्र का गडकरी जातियों का विद्रोह 1844 ई. में हुआ।

21. निम्नलिखित में से कौन-सा एक विद्रोह सिद्धू और कान्हू से सम्बद्ध है?

(a) संथाल विद्रोह 1855
(b) कोल विद्रोह 1820-37
(c) मुंडा विद्रोह 1899-1900
(d) उड़ीसा जमींदारों का विद्रोह 1804-1819

उत्तर (a) संथाल विद्रोह, 1855-56 ई. के मध्य पूर्वी भारत के राजमहल जिले के छोटानागपुर क्षेत्र में भूमिकर अधिकारियों के दुर्व्यवहार, पुलिस के दमन तथा जमींदारों एवं साहूकारों के अन्यायपूर्ण वसूलियों के विरुद्ध हुआ। इसके नेता सिद्धू और कान्हू थे। यह 1857 ई. के पहले का प्रमुख विद्रोह था।

22. ब्रिटिश शसन के विरुद्ध हुए निम्नलिखित चार लोकप्रिय आंदोलनों पर विचार कीजिए–

1. भील
2. धनंजय भंज की बगावत
3. गुजर विद्रोह
4. कोल्हापुर विद्रोह

इन आंदोलनों का सही कालानुक्रम है–

(a) 1, 3, 4, 2 (b) 3, 1, 4, 2
(c) 3, 1, 2, 4 (d) 1, 3, 2, 4

उत्तर (d) भीलों ने 1819-20 ई. में विद्रोह किया, 1824 में सहारनपुर में गुजरों ने 1834-35 ई. में, गंजाम जिले में जमींदार धनंजय ने विद्रोह किया तथा 1839-45 ई. के बीच कोल्हापुर में विद्रोह हुआ था।

23. सूची-I को सूची-II से सुमेलित कीजिए तथा सूचियों के नीचे दिए गए कूट का प्रयोग कर सही उत्तर चुनिए–

सूची-I	सूची-II
A. बुद्धोभगत	1. संथाल विद्रोह (1855)
B. सिद्धू एवं कान्हू	2. भूमिज विद्रोह (1833)
C. टीटू मीर	3. फरायजी आंदोलन (1836-37)
D. गंगा नारायण	4. कोल बगावत (1831-32)
E. शरियतुल्लाह	5. बरासत विद्रोह (1831)

कूट:

	A	B	C	D	E
(a)	4	5	2	1	3
(b)	5	1	3	2	4
(c)	4	1	5	2	3
(d)	3	2	5	4	1

उत्तर (c) बुद्धो भगत - कोल विद्रोह (1831-32 ई.), सिद्धू एवं कान्हू - संथाल विद्रोह (1855-56 ई.) टीटू मीर-बरासत विद्रोह (1831 ई.) गंगा नारायण - भूमिज विद्रोह (1833 ई.) तथा शरियतुल्ला बंगाल के फरायजी आंदोलन (1836-37 ई.) से सम्बन्धित थे।

24. सूची-I को सूची-II से सुमेलित कीजिए तथा सूचियों के नीचे दिए गए कूटों के उपयोग से सही उत्तर चुनिए–

सूची-I	सूची-II
A. भीलों का विद्रोह	1. 1855-56
B. गुर्जरों का विद्रोह	2. 1817-18
C. कोल्हापुर विप्लव	3. 1839-45
D. संथाल विद्रोह	4. 1824

कूट:

	A	B	C	D
(a)	2	4	1	3
(b)	2	4	3	1
(c)	1	3	2	4
(d)	2	1	3	4

उत्तर (b) भीलों ने 1817-18 ई. में दशरथ तथा हिरिया के नेतृत्व में, 1824 ई. में गुर्जरों ने सहारनपुर में, 1839-45 ई. के बीच कोल्हापुर विद्रोह, 1855-56 ई. के बीच संथाल विद्रोह सिद्धू व कान्हू के नेतृत्व में हुआ।

25. निम्नलिखित युग्मों में से कौन-सा सही सुमेलित है?

(a) उलगुलान — दस पल्ले

(b) वन सत्याग्रह — कडुपा

(c) खोड विप्लव — कुमायूँ

(d) सफा हर आंदोलन — बिरसा मुंडा

उत्तर (b) वन सत्याग्रह कडुप्पा में हुआ था। उलगुलान विद्रोह 1889 ईसवी में झारखण्ड के सिंहभूम जिले में बिरसा मुंडा के नेतृत्व में प्रारम्भ हुआ। खोण्ड विद्रोह 1846 में चक्र बिसोई के नेतृत्व में हुआ था।

26. चंपारण सत्याग्रह के संदर्भ में, निम्नलिखित कथनों पर विचार कीजिए–

1. इसी आंदोलन के दौरान गाँधीजी ने सत्याग्रह की नीति तैयार की थी।

2. चंपारण में, किसानों को तिनकठिया प्रणाली के अंतर्गत खेती करने के लिए विवश किया जाता था।

3. राजेन्द्र प्रसाद और जे.बी. कृपलानी ने इस सत्याग्रह में भाग लिया था।

उपर्युक्त कथनों में से कौन-सा/से सही है/हैं?

(a) केवल 1 और 3 (b) केवल 2

(c) केवल 2 और 3 (d) 1, 2 और 3

उत्तर (c) **कथन 1 सही नहीं है।** गाँधीजी ने दक्षिण अफ्रीका में अपने प्रवास के दौरान सत्याग्रह की तकनीक विकसित की थी। यह सत्य और अहिंसा पर आधारित था। इसके मूल सिद्धांत हैं :

- सत्याग्रही जिसे गलत मानता है उसकी अधीनता उसे स्वीकार नहीं करनी चाहिए, अपितु सदैव सत्यनिष्ठ, अहिंसक और निर्भय रहना चाहिए।
- दुष्ट-दुराचारी के विरुद्ध अपने संघर्ष के दौरान उसे कष्ट-कठिनाइयाँ स्वीकार करने के लिए सहर्ष तैयार रहना चाहिए। ये कष्ट-कठिनाइयाँ सत्य के प्रति प्रेम का अभिन्न अंग माननी चाहिए।
- दुष्ट-दुराचारी के विरुद्ध संघर्षरत रहते हुए भी सत्यनिष्ठ सत्याग्रही को दुष्ट-दुराचारी के प्रति प्रेम की भावना रखनी चाहिए; घृणा और द्वेष को अपनी प्रकृति के विरुद्ध मानना चाहिए।
- सच्चा सत्याग्रही कभी भी बुराई के सामने आत्मसमर्पण नहीं करेगा, परिणाम चाहे जो भी हो।
- केवल साहसी और तेजस्वी व्यक्ति ही सत्याग्रह का अभ्यास कर सकता है, यह मार्ग दुर्बलों और कायरों के लिए नहीं है। यहाँ तक कि कायरता की तुलना में हिंसा अधिक श्रेष्ठ है। विचार और कार्यों में कभी भी भेद नहीं होना चाहिए।

कथन 2 सही है। राजकुमार शुक्ल ने गाँधीजी से बिहार के चंपारण क्षेत्र के नील उत्पादक किसानों की समस्याओं पर ध्यान देने का निवेदन किया था। यूरोपीय बागान मालिक किसानों को कुल भूमि के 3/20 भाग पर नील की खेती करने के लिए विवश करते थे (जिसे तिनकठिया प्रणाली कहा जाता था)। जब इस मामले में जांच करने के लिए गाँधीजी चंपारण पहुंचे तो प्राधिकारियों ने उन्हें तत्काल ही क्षेत्र से चले जाने का आदेश दिया। गाँधीजी ने आदेश की अवहेलना की एवं परिणामस्वरूप मिलने वाले दण्ड का सामना करना गौरवपूर्ण समझा। अन्यायपूर्ण आदेश का यह निष्क्रिय प्रतिरोध या सविनय अवज्ञा उस समय एक अभिनव विधि थी।

कथन 3 सही है। इस आंदोलन में राजेन्द्र प्रसाद, मजहर-उल-हक, महादेव देसाई, नरहरि पारेख, जे.बी. कृपलानी ने गाँधीजी का साथ दिया।

27. 19वीं सदी के उत्तरार्ध में दक्कन के दंगों के संदर्भ में निम्नलिखित कथनों पर विचार कीजिए–

1. यह मुख्य रूप से अंग्रेजों की दमनात्मक भू-राजस्व नीतियों के विरुद्ध निर्देशित था।

2. सिविल न्यायालयों ने किसानों के पक्ष में निर्णय दिया, जिसने दक्कन दंगा आयोग की नियुक्ति का मार्ग प्रशस्त किया।

3. दक्कन के किसानों को राहत प्रदान करने के लिए 1879 का कृषक राहत अधिनियम पारित किया गया।

उपर्युक्त कथनों में से कौन-सा/से स[ही] है/हैं?

(a) केवल 1 और 2

(b) केवल 1 और 3

(c) केवल 3

(d) केवल 2 और 3

उत्तर (c) 1875 ई. के दक्कन के दंगों [में] साहूकारों की ऋणदाता की स्थितियों को लक्षि[त] किया गया। दंगाइयों का एकमात्र उद्देश्य साहूका[रों] के कब्जे में रखे हुए बंधपत्रों, डिक्री और अन[्य] दस्तावेजों को प्राप्त करना और उन्हें नष्ट कर[ना] था। दक्कन के किसानों ने विद्रोह की दि[शा] मुख्य रूप से मारवाड़ी एवं गुजराती साहूका[रों] के अत्याचारों पर केन्द्रित की। **इसलिए कथ[न] 1 सही नहीं है।**

दक्कन के दंगे विभिन्न प्रकार की प्रतिकू[ल] परिस्थितियों के परिणाम थे। सरकार द्वा[रा] अत्यधिक भू-राजस्व का अधिरोपण, अमेरि[की] गृहयुद्ध के अंत में कपास के अंतर्राष्ट्रीय मूल्[य] में गिरावट इत्यादि ने दक्कन के किसानों क[ी] आर्थिक स्थिति को अत्यंत दयनीय बना दिया था[।] वे अत्यधिक ऋणग्रस्त हो गए थे। छल-कपट क[ी] कला में निपुण मारवाड़ी और गुजराती साहूकार[ों] ने किसानों से अन्यायपूर्वक कर और पैसा वसू[ल] किया। निरक्षर होने के कारण किसानों ने बंधपत्[र] की विषयवस्तु के सम्बन्ध में उचित जानकार[ी] प्राप्त किए बिना अनजाने में ही उन पर हस्ताक्ष[र] कर (अंगूठे की छाप लगा) दिए थे। सिवि[ल] न्यायालयों ने सदैव धनी साहूकारों के पक्ष [में] निर्णय दिए।

आरम्भिक रूप से यह अभियान शांतिपू[र्ण] था, जिसमें किसानों ने केवल बाहरी साहूकार[ों] का सामाजिक बहिष्कार करना आरम्भ किय[ा] था। बाद में यह आंदोलन दंगों के रूप में बदल गया और किसानों ने साहूकारों के घरों औ[र] दुकानों पर आक्रमण किए। किसानों का य[ह] विद्रोह अहमदनगर जिले के अधिकतर तालुक[ों] में फैल गया। भारत सरकार ने विद्रोह का दमन करने के लिए सैन्य-सहायता प्राप्त पुलिस बल को नियोजित किया। जून, 1875 तक लगभग एक हजार किसानों को गिरफ्तार किया गया औ[र] विद्रोह कर पूरी तरह से दमन कर दिया गया।

अंततः विद्रोह के कारणों की जाँच करने के लिए भारत सरकार ने दक्कन दंगा आयोग की नियुक्ति की। **इसलिए, कथन 2 सही नहीं है।**

वर्ष 1879 के किसान राहत अधिनियम ने दक्कन के किसानों की बेहतरी के लिए कई उपाय पारित किए। इस अधिनियम

किसानों की उनके भूमि से बेदखल किए जाने पर प्रतिबंध अधिरोपित किए एवं सिविल प्रक्रिया संहिता पर कुछ प्रतिबंध अधिरोपित किए। परिणामस्वरूप किसानों को ऋणों का भुगतान करने में विफल रहने पर गिरफ्तार कर उन्हें सिविल कारागार में नहीं भेजा जा सकता था। **इसलिए, कथन 3 सही है।**

28. ताना भगत आंदोलन (1912-1914) के संदर्भ में, निम्नलिखित कथनों पर विचार कीजिए-

1. यह एक आदिवासी आंदोलन था, जो बिहार के छोटानागपुर क्षेत्र के मुंडाओं और उरांवों के बीच उभरा था।

2. इसकी विशेषता अपनी विचारधारा में बड़े पैमाने पर हिन्दू प्रथाओं का समावेश करना थी।

3. धीरे-धीरे यह स्वतंत्रता संग्राम से जुड़ गया, क्योंकि आदिवासी गाँधीवादी विचारधारा के अनुयायी थे।

उपर्युक्त कथनों में से कौन-सा/से सही है/हैं?

(a) केवल 1 और 2 (b) केवल 1 और 3
(c) केवल 2 और 3 (d) 1, 2 और 3

उत्तर (d) **सभी कथन सही हैं।**

ताना भगत आंदोलन, भगत के रूप में ज्ञात आदिवासी भिक्षुओं के नेतृत्व में बिहार (1912-1914) के छोटानागपुर क्षेत्र के मुंडाओं और उरांवों के बीच उभरा। उनके नाम पर ही इस आन्दोलन को ताना भगत के रूप में जाना जाता है। कई ताना भगत आंदोलन हुए थे, जो आरम्भ में उरांवों का मूल धर्म पुनर्जीवित करने के लिए संस्कृतिकरण आंदोलनों के रूप में आरम्भ हुए थे।

ताना भगत आंदोलन में हिन्दू उच्च जातियों के जीवन का अनुकरण करने का प्रयास किया और इसकी विशेषता अपनी विचारधारा में हिन्दू आस्था-प्रथाओं का बड़े पैमाने पर समावेश था।

असहयोग आंदोलन आरंभ होने के बाद, गाँधीवादी राष्ट्रवादियों ने आदिवासियों के बीच रचनात्मक काम आरम्भ करने में रुचि ली, जिसने स्थानीय शिकायतों के साथ और अंत में राष्ट्रीय आंदोलन के साथ इन आंदोलनों के जुड़ने का मार्ग प्रशस्त किया।

प्रारम्भ में अपने अनुयायियों से मांस और शराब छोड़ने के लिए कहने वाले ताना भगत की अपील के साथ ये आंदोलन आगे बढ़े। दूसरे चरण में यह आंदोलन आंतरिक सुधारों के लिए और अंग्रेजों को उखाड़ फेंकने के लिए शक्तिशाली आंदोलन में परिवर्तित हो गया। 1920 में राष्ट्रवाद से प्रभावित होकर ताना भगत ने शराब की दुकानों के विरुद्ध धरना, विरोध-प्रदर्शनों का आयोजन तथा सत्याग्रह के द्वारा स्वतंत्रता संघर्ष में भाग लिया। इस चरण के दौरान ही भारतमाता के चित्र का सम्मान करने, गाँधीवादी टोपी पहनने एवं कांग्रेस के झंडे का सम्मान करने जैसे राष्ट्रवादी प्रतीक, ताना भगत आंदोलन के अनुयायियों के लिए धार्मिक आस्था का विषय बन गए। यह एक अनूठा आंदोलन था, जिसमें आदिवासियों ने राष्ट्रीय आंदोलन के प्रवाह में सीधे भाग लिया और विभिन्न तरीकों और प्रतीकों के माध्यम से आदिवासियों द्वारा ब्रिटिश विरोधी भावनाएँ व्यक्त की गई।

29. निम्नलिखित में से कौन-सा/से अधिनियम पाबना विद्रोह से सम्बन्धित था/थे?

1. 1859 का लगान अधिनियम (Rent Act)

2. 1885 का बंगाल काश्तकारी अधिनियम (Bengal Tenancy Act)

3. दक्कन कृषक राहत अधिनियम (Deccan Agriculturists Relief Act)

नीचे दिए गए कूट का प्रयोग कर सही उत्तर चुनिए-

(a) केवल 1 (b) केवल 2 और 3
(c) केवल 1 और 2 (d) 1, 2 और 3

उत्तर (c) पाबना विद्रोह : पाबना जूट उत्पादक व व्यापारिक केन्द्र था और अंग्रेजों के समय के दौरान अपेक्षाकृत समृद्ध क्षेत्र था। इस क्षेत्र के जमींदारों ने किसानों को 1859 के लगान अधिनियम (रेंट एक्ट) के अंतर्गत प्राप्त अधिकारों से वंचित करने का प्रयास किया। **इसलिए, कथन 1 सही है।** अधिनियम कहता था कि एक ही भूखण्ड पर 12 वर्ष का सतत पट्टा किसानों को उस भूमि पर अधिभोग करने का अधिकार प्रदान करेगा।

इससे एक ही भूमि पर किसानों को अविच्छिन्न रूप से 12 वर्ष का पट्टी प्राप्त करने से रोकने के लिए जमींदारों ने कठोर तरीके अपनाए। उन्होंने किसानों को पट्ट से बाहर धकेलने के लिए किराए में अत्यधिक वृद्धि कर दी। इसने कृषक संघों के गठन द्वारा किसानों द्वारा आंदोलन का मार्ग प्रशस्त किया। न्यायालय में जमींदारों के विरुद्ध मुकदमा लड़ने के लिए उन्होंने पैसा जमा किया।

अनुवर्ती दबाव ने 1885 के बंगाल काश्तकारी अधिनियम के पारित होने का मार्ग प्रशस्त किया। **इसलिए, कथन 2 सही है,** जिसने कृषकों के एक निश्चित भाग को राहत प्रदान किया, न कि सभी को।

दक्कन के किसानों को राहत प्रदान करने के लिए दक्कन कृषक राहत अधिनियम पारित किया गया था, जिन्होंने 1875 के दक्कन किसान विद्रोह के दौरान जमींदारों के विरुद्ध विरोध प्रदर्शन किया था। इसमें पूना और अहमद नगर जिले सम्मिलित थे और इसका गुजरात में प्रसार किया गया था। अत्यधिक राजस्व अपकर्षण, अनाज और कपास की फसल की कम कीमतें और बेदखली और साहूकारों के पास बंधक भूमि इस विद्रोह के मुख्य कारण थे। **इसलिए, कथन 3 गलत है।**

30. किसी यूरोपीय व्यक्ति द्वारा अध्यक्षता किया जाने वाला कांग्रेस का प्रथम अधिवेशन निम्नलिखित में से कौन-सा था?

(a) मद्रास अधिवेशन, 1887
(b) इलाहाबाद अधिवेशन, 1888
(c) कलकत्ता अधिवेशन, 1890
(d) बनारस अधिवेशन, 1905

उत्तर (b) जॉर्ज यूले इंग्लैंड और भारत में एक स्कॉटिश व्यापारी थे, जिन्होंने वर्ष 1888 में इलाहाबाद में भारतीय राष्ट्रीय कांग्रेस के चौथे अध्यक्ष के रूप में सेवा प्रदान की। वह उस पद पर आसीन होने वाले प्रथम गैर-भारतीय या यूरोपीय थे। उन्होंने कलकत्ता के शेरिफ एवं इंडियन चैंबर ऑफ कॉमर्स के अध्यक्ष के रूप में सेवा प्रदान की।

31. 1859-60 में बंगाल में एक कृषक विद्रोह हुआ और यह उन ब्रिटिश बागान मालिकों के विरुद्ध था, जिनके द्वारा किसानों को ऐसी शर्तों के अंतर्गत एक विशिष्ट प्रकार की फसल उगाने के लिए विवश किया जाता था, जो उनके लिए बहुत कम लाभप्रद होती थीं। बंगाली लेखक दीनबंधु मित्र ने अपने नाटक 'नील दर्पण' में किसानों के इस दमन का चित्रण किया था।

उपर्युक्त अनुच्छेद किस विद्रोह को संदर्भित करता है?

(a) पाबना विद्रोह (b) नील विद्रोह
(c) अहोम विद्रोह (d) मोपला विद्रोह

उत्तर (b) नील विद्रोह बंगाल में ब्रिटिश बागान मालिकों के विरुद्ध किया गया था। ब्रिटिश बागान मालिकों द्वारा किसानों को अग्रिम राशि लेने एवं कपटपूर्ण संविदाओं पर हस्ताक्षर हेतु विवश किया जाता था। इसके अंतर्गत किसानों को उन शर्तों पर नील उगाने के लिए मजबूर किया जाता था, जो उनके लिए बहुत ही कम लाभप्रद होती थीं। 1859 में किसान उत्तेजित हो उठे और उन्होंने दिगम्बर विश्वास और विष्णु

विश्वास के नेतृत्व में नील न उगाने का निर्णय लिया। इस अत्याचार का चित्रण प्रसिद्ध बंगाली लेखक दीनबन्धु मित्र ने अपने नाटक 'नील दर्पण' में किया था।

32. तेभागा आंदोलन के संदर्भ में निम्नलिखित कथनों पर विचार कीजिए–

1. इसे आंध्र प्रदेश और तमिलनाडु में आरम्भ किया गया था।

2. यह बंटाईदारों और जोतदारों (भू-स्वामी) के बीच फसल के हिस्से के भुगतान के लिए किया गया आंदोलन था।

3. फ्लाउड आयोग ने बटाईदारों के पक्ष में अनुशंसाएँ की थीं।

उपर्युक्त कथनों में से कौन-सा/से सही है/हैं?

(a) केवल 1 और 3 (b) केवल 1
(c) केवल 2 और 3 (d) 1, 2 और 3

उत्तर (c) **कथन 1 सही नहीं है।** तेभागा आंदोलन बंगाल में आरम्भ किया गया था, जो वर्ष 1946 के अन्तिम महीनों में चर्चा में आया।

कथन 2 सही है। बटाई पर खेती करने वाले बंगाल के किसानों ने इस तथ्य पर जोर देना आरम्भ कर दिया कि वे अब जोतदारों (जमींदारों) को अपनी फसल में से आधा भाग नहीं देंगे बल्कि केवल एक तिहाई भाग ही देंगे और साथ ही यह भी कि फसल के बंटवारे से पहले फसल का भण्डारण जोतदारों के नहीं बल्कि स्वयं उनके खलिहानों (खमार) में किया जाएगा।

कथन 3 सही है। वे इस तथ्य से प्रोत्साहित थे कि फ्लाउड कमीशन के नाम से लोकप्रिय बंगाल भूमि राजस्व आयोग ने सरकार को सौंपी रिपोर्ट में पहले से ही इसकी अनुशंसा की थी।

33. मोप्पला (मोपला) विद्रोह के सम्बन्ध में निम्नलिखित कथनों पर विचार कीजिए–

1. मुस्लिम काश्तकारों ने हिन्दू जमींदारों के विरुद्ध विद्रोह कर दिया।

2. स्थानीय कांग्रेस समिति द्वारा उनका विरोध किया गया।

3. यह प्रकृति में हिंसक था।

उपर्युक्त कथनों में से कौन-सा/से सही है/हैं?

(a) केवल 1 और 3 (b) केवल 2
(c) केवल 1 और 2 (d) 1, 2 और 3

उत्तर (a) **मोप्पला विद्रोह:** मोपला मालाबार क्षेत्र में रहने वाले काश्तकार थे, जहाँ अधिकांश जमींदार हिन्दू थे। मोप्पलाओं ने 19वीं सदी के दौरान भी जमींदारों के उत्पीड़न के विरुद्ध अपना क्षोभ व्यक्त किया था। उनकी शिकायतें काश्तकारी की सुरक्षा के अभाव, ऊँचे लगान, नवीकरण शुल्क और अन्य दमनकारी महसूलों के चारों ओर केन्द्रित थी।

मोप्पला काश्तकार विशेष रूप से स्थानीय कांग्रेस समिति की काश्तकार जमींदार सम्बन्धों का विनियमन करने वाले सरकारी कानून की माँग से प्रोत्साहित थे। शीघ्र ही, मोप्पला आंदोलन उस समय चल रहे खिलाफत आंदोलन में विलीन हो गया। गाँधीजी, शौकत अली और मौलाना आजाद जैसे खिलाफत-असहयोग आंदोलन के नेताओं ने मोप्पला बैठकों को संबोधित किया। राष्ट्रीय नेताओं की गिरफ्तारी के बाद स्थिति बदतर हो गई, जब सम्मानित मौलवी नेता अली मुसालियार की गिरफ्तारी से बड़े पैमाने पर दंगे भड़क उठे। प्रारम्भ में, ब्रिटिश सत्ता के प्रतीकों-न्यायालयों, पुलिस थानों, राजकोष और कार्यालयों और अलोकप्रिय जमींदारों (जो अधिकांशतः हिन्दू थे) को लक्ष्य बनाया गया। लेकिन जब अंग्रेजों ने मार्शल लॉ की घोषणा की और गम्भीरता के साथ दमन आरंभ हुआ, तो विद्रोह के चरित्र में निश्चित परिवर्तन आ गया।

मोप्पलाओं द्वारा कई हिन्दुओं को ब्रिटिश अधिकारियों की सहायता करने वाला समझा गया। जो आंदोलन कुछ सरकार विरोधी और जमींदार विरोधी प्रकरण के रूप में आरंभ हुआ था, उसने साम्प्रदायिक रूप ग्रहण कर लिया। विद्रोह के साम्प्रदायिकीकरण ने खिलाफत-असहयोग आंदोलन से मोप्पलाओं का पृथक्करण पूरा कर दिया। दिसंबर, 1921 तक सारे प्रतिरोध का अंत हो गया।

34. अखिल भारतीय किसान कांग्रेस (AIKC) के संदर्भ में निम्नलिखित कथनों पर विचार कीजिए–

1. इसकी स्थापना लखनऊ में की गई थी और स्वामी सहजानंद इसके अध्यक्ष बने।

2. जवाहरलाल नेहरू, इंदुलाल यागनिक और जयप्रकाश नारायण AIKC से जुड़े थे।

3. AIKC के किसान घोषणापत्र ने कांग्रेस के फैजपुर सत्र में अंगीकृत कृषि कार्यक्रम को प्रभावित किया था।

उपर्युक्त कथनों में से कौन-सा/से सही है/हैं?

(a) केवल 1 और 2
(b) केवल 2
(c) केवल 1 और 3
(d) 1, 2 और 3

उत्तर (d) **कथन 1 सही है।** अखिल भारत किसान कांग्रेस की स्थापना अप्रैल, 1936 लखनऊ में हुई थी। जिसने आगे चलकर अप नाम बदल कर अखिल भारतीय किसान सभा क लिया। बिहार प्रांतीय किसान सभा (1929) जुझारू संस्थापक स्वामी सहजानंद को अध्य और आंध्र में किसान आंदोलन के अग्रणी कृषि समस्या के प्रसिद्ध विद्वान एन. जी. रंगा क महासचिव निर्वाचित किया गया।

कथन 2 सही है। पहले सत्र की अध्यक्ष जवाहर लाल नेहरू द्वारा की गई थी।

कथन 3 सही है। मुंबई में अखिल भारती किसान समिति के सत्र में एक किसान घोषणाप को अंतिम रूप दिया गया और औपचारि रूप से 1937 के चुनावों के लिए कांग्रेस के आगामी घोषणा पत्र में सम्मिलित किए जा हेतु कांग्रेस कार्य समिति के समक्ष प्रस्तुत किय गया। किसान घोषणा पत्र ने अपने फैजपुर स में कांग्रेस द्वारा अपनाए गए कृषि कार्यक्रम क काफी प्रभावित किया था, जिसमें भू-राजस्व औ लगान में पचास प्रतिशत कटौती, ऋणास्थ गन सामंती उदाग्रहणों के उन्मूलन, काश्तकारों के लिए काश्त की सुरक्षा, कृषि श्रमिकों के लिए निर्वाह योग्य मजदूरी और किसान यूनियनों की मान्यता की मांगें सम्मिलित थीं।

35. किसान सभा आंदोलन के सम्बन्ध निम्नलिखित कथनों पर विचार कीजिए

1. होमरूल लीग के सदस्यों ने किसा को किसान सभा से संगठित कर के लिए लामबंद करने में महत्वपू भूमिका निभाई थी।

2. ऊँची जाति के किसानों की गैर भागीदारी से अंततः यह आंदोल विफल हो गया।

उपर्युक्त कथनों में से कौन-सा/से सह है/हैं?

(a) केवल 1
(b) केवल 2
(c) 1 और 2 दोनों
(d) न तो 1, न ही 2

उत्तर (a) **कथन 1 सही है।** उत्तर प्रदेश में होमरूम लीग के सक्रिय सदस्यों ने प्रांत के किसानों का किसान सभा में संगठन करने की प्रक्रिया आरम्भ की थी।

कथन 2 गलत है। ऊँची जाति और निम्न जाति के किसानों की एकता इस आंदोलन की उल्लेखनीय विशेषता थी।

चंपारण सत्याग्रह का आरम्भ निम्नलिखित में से किसके विरुद्ध किया गया था?

(a) फसल खराब होने की दशा में भू-राजस्व को माफ करने से सरकार के इनकार के विरुद्ध।

(b) यूरोपीय बागान मालिकों द्वारा नील के बागानों में काम करने वाले किसानों के शोषण के विरुद्ध।

(c) कामगारों को दिया गया प्लेग बोनस वापस लेने के विरुद्ध।

(d) जिले में औपनिवेशिक सरकार द्वारा आरोपित भू-राजस्व में वृद्धि के विरुद्ध।

उत्तर (b) सत्याग्रह के सम्बन्ध में गाँधीजी पहला सबसे बड़ा प्रयोग 1917 में बिहार के रण जिले में सामने आया। इस जिले में नील खेती करने वाले किसानों पर यूरोपीय बागान लकों द्वारा बहुत ज्यादा अत्याचार किया जाता उन्हें अपनी जमीन के कम-से-कम 3/20वें से पर नील की खेती करने और बागान लकों द्वारा तय की गई कीमतों पर उसे बेचने लिए मजबूर किया जाता था।

1928 में बारदोली सत्याग्रह के पीछे मुख्य कारण था–

(a) गुजरात में बाढ़ और अकाल की घटना।

(b) ब्रिटिश अधिकारियों द्वारा भू-राजस्व में वृद्धि।

(c) जमींदारों द्वारा किसानों का शोषण।

(d) कारखाने के श्रमिकों के लिए बोनस की घोषणा न करना।

उत्तर (b) बारदोली सत्याग्रह, भू-राजस्व में ावित 30% वृद्धि के विरोध में किया गया किसानों ने सरदार बल्लभभाई पटेल के व में 'कोई कर नहीं' अभियान चलाया और में उनकी माँगें मान ली गईं।

निम्नलिखित में से कौन-सा विकल्प एका आंदोलन के संदर्भ में सही है?

(a) इसने सक्रिय रूप से संयुक्त प्रांत में जमींदारी प्रथा के उन्मूलन का समर्थन किया।

(b) यह जमींदारों की अतिरिक्त भूमि जब्त करना और किसानों के लिए काश्त की सुरक्षा चाहता था।

(c) यह चरित्र में अतिवादी नहीं था और इसने केवल ऊँचे लगान की वसूली रोकने की माँग की।

(d) ब्रिटिश शासन के विरुद्ध घृणा भरने के लिए इसे हिन्दू जमींदारों द्वारा प्रचारित किया गया था।

उत्तर (c) एका आंदोलन, अवध के ग्रामीण क्षेत्रों के लोगों की एक गैर-कट्टरपंथी अनुक्रिया थी। मुख्य शिकायत लगान लेने से सम्बन्धित थी जो दर्ज लगान से सामान्यत: 50 प्रतिशत अधिक थी। कांग्रेस और खिलाफ नेताओं ने किसानों की शिकायतों को आरम्भिक प्रेरणा दी और एका या एकता आंदोलन के नाम से एक आंदोलन आरंभ हो गया।

उन्होंने जमींदारी प्रथा के उन्मूलन की वकालत नहीं की। उन्होंने सिर्फ समय पर वास्तविक लगान देने और जमींदारों की दमनकारी प्रवृत्तियों से बचाव का तर्क दिया। **इसलिए, विकल्प (c) सही उत्तर है।**

39. निम्नलिखित में से किस आदिवासी और किसान आंदोलन में 'मुक्तिदाता' आंदोलन का समावेश था, अर्थात् इनके नेताओं ने अंग्रेजों के विरुद्ध अलौकिक शक्तियाँ होने का दावा किया था?

1. उलगुलान (मुंडाओं) विद्रोह

2. संथाल विद्रोह

3. मोप्पला विद्रोह

4. कूका विद्रोह

नीचे दिए गए कूट का प्रयोग कर सही उत्तर चुनिए-

(a) केवल 1 और 3

(b) केवल 2 और 3

(c) केवल 1, 2 और 4

(d) 1, 2, 3 और 4

उत्तर (c) आदिवासी और किसान विद्रोह बहुधा अंग्रेजों द्वारा किए गए प्रशासनिक परिवर्तन के विरुद्ध और स्थानीय शिकायतों के विरुद्ध थे।

आदिवासी आंदोलन में बहुधा मसीहा थे, अर्थात् उनमें से कुछ नेताओं ने कुछ दिव्य शक्तियों वाला होने का दावा किया, जो स्वयं भगवान द्वारा उन्हें सौंपी गई थीं।

उलगुलान या मुंडाओं का लोकप्रिय विद्रोह, जिसमें बिरसा मुंडा ने स्वयं को भगवान का दिव्य दूत होने का दावा किया था। संथाल विद्रोह जिसमें सिद्धू और कान्हू ने अपने आदिवासी सदस्यों को अलौकिक शक्तियों के अधीन होने की घोषणा की, जो अंग्रेजों की गोलियों को निष्प्रभावी बना देंगे।

बाबा राम सिंह के नेतृत्व में पंजाब में कूका विद्रोह के अपवाद को छोड़कर, शायद ही किसान आंदोलन अपने नेताओं के इन अंधविश्वासी कथनों के प्रभावाधीन थे।

40. 20वीं शताब्दी की किसान सभा के सम्बन्ध में निम्नलिखित में से कौन-से कथन सही हैं?

1. होमरूल लीग के सक्रिय सदस्यों ने आधुनिक ढंग से उत्तर प्रदेश की किसान सभा को संगठित करने में सहायता की।

2. किसान सभा में उच्च तथा निम्न, दोनों ही जातियों के किसान थे।

3. उन्होंने अपने आंदोलन के हथियार के रूप में नाई-धोबी बंद जैसे सामाजिक बहिष्कार के तरीकों का प्रयोग किया।

4. गौरी शंकर मिश्र तथा इन्द्र नारायण द्विवेदी उत्तर प्रदेश में किसान सभा के नेता थे।

नीचे दिए गए कूट का प्रयोग कर सही उत्तर चुनिए-

(a) केवल 1 और 3

(b) केवल 2 और 4

(c) केवल 1, 3 और 4

(d) 1, 2, 3 और 4

उत्तर (d) किसान सभाओं में किसानों को संगठित करने की पहल उत्तर प्रदेश में होमरूल लीग के सक्रिय सदस्यों द्वारा की गई।

गौरी शंकर मिश्र, इन्द्र नारायण द्विवेदी को मदन मोहन मालवीय का समर्थन प्राप्त था।

1918 में स्थापित उत्तर प्रदेश किसान सभा ने 1919 के मध्य तक प्रांत के 173 तहसीलों में 450 शाखाओं की स्थापना की। यहाँ किसान सभा में उच्च तथा निम्न दोनों ही जातियों के किसानों की उपस्थिति थी।

1920 के मध्य में, बाबा रामचन्द्र अवध में किसानों के नेता के रूप में उभरे तथा जौनपुर तथा प्रतापगढ़ के किसानों का नेतृत्व करते हुए इलाहाबाद पहुँचे तथा जवाहरलाल नेहरू को किसानों की दशा से अवगत कराया।

नेहरू ने ग्रामीण क्षेत्रों के कई दौरे किए तथा उन्होंने किसान सभा आंदोलन के साथ निकट संपर्क स्थापित किए।

सभा ने किसानों का आह्वान किया कि वे बेदखली भूमि को नहीं जोतें; हार व बेगार (बिना श्रम-मूल्य के की गई मजदूरी) न करें; जिन्होंने इन शर्तों को स्वीकार नहीं किया उनका बहिष्कार करें तथा अपने विवादों का पंचायत के माध्यम से निपटारा करें।

1921 में, किसान आंदोलन की प्रकृति में स्पष्ट परिवर्तन देखने को मिला। किसान बाजारों, घरों, अनाज के भंडारों की लूट में संलग्न होने लगे तथा पुलिस के साथ उनका टकराव होने लगा।

सरकार ने बहुत आसानी से हिंसा की इन घटनाओं का दमन कर दिया। इसने अवध रेंट (संशोधन) अधिनियम पारित किया, जिससे काश्तकारों को तो कदाचित ही कोई लाभ मिला, इससे सरकार के अवसान का आरम्भ हो गया।

41. बारदोली सत्याग्रह किसके विरुद्ध आरम्भ किया गया था?

(a) प्राधिकरणों द्वारा भू-राजस्व में अनुचित वृद्धि।

(b) राजस्व वसूली के लिए जिम्मेदार ठेकेदारों द्वारा उत्पीड़न।

(c) अनावृष्टि के बावजूद प्राधिकरणों द्वारा भू-राजस्व में छूट प्रदान करने से इनकार।

(d) जबरन बेदखली तथा नवीनीकृत शुल्क प्रणाली।

उत्तर (a) जब प्राधिकरणों ने भू-राजस्व को 30 प्रतिशत तक बढ़ाने का निर्णय लिया तो जनवरी 1926 में आंदोलन छिड़ गया। कांग्रेस द्वारा गठित बारदोली जाँच समिति ने राजस्व बढ़ोतरी को अनुचित पाया। सरदार पटेल के नेतृत्व में, बारदोली के किसान संशोधित निर्धारण का तब तक भुगतान न करने हेतु संकल्पित हो गए, जब तक कि सरकार द्वारा एक निष्पक्ष अधिकरण की नियुक्ति नहीं कर दी जाती या पहले से ही दिए जा रहे लगान को ही लगान का पूरी अदायगी नहीं मानती। जब एक समिति पूरे मामले के तह में पहुँची और उसने राजस्व बढ़ोतरी को अनुचित पाया तो सरकार नरम हुई और सरकार ने अंततः मात्र 6 प्रतिशत की संस्तुत बढ़ोतरी को मान लिया।

अनावृष्टि के बावजूद प्राधिकरणों द्वारा भू-राजस्व में छूट प्रदान करने से इंकार करने के विरोध में खेड़ा सत्याग्रह आरंभ हुआ था।

राजस्व वसूली के लिए उत्तरदायी ठेकेदारों का उत्पीड़न एका आंदोलन के मुख्य मुद्दों में से एक था।

जबरन बेदखली तथा नवीनीकृत शुल्क प्रणाली किसान सभा आंदोलन के कारण थे।

42. तेभागा आंदोलन के संदर्भ में, निम्नलिखित कथनों पर विचार कीजिए–

1. यह उत्तर प्रदेश के अवध क्षेत्र में किसान सभा द्वारा आरंभ किया गया था।

2. इस आंदोलन की मांग जमींदारों को दिए जाने वाले अंश (हिस्से) में कमी करना था।

3. यह सत्याग्रह पर आधारित अहिंसक आंदोलन था।

उपर्युक्त कथनों में से कौन-सा/से सही है/हैं?

(a) केवल 1 और 2

(b) केवल 2 और 3

(c) केवल 1 और 3

(d) 1, 2 और 3

उत्तर (b) तेभागा आंदोलन 1946-1947 में किसान सभा (कम्युनिस्ट पार्टी ऑफ इंडिया के किसान पक्ष) द्वारा बंगाल में आरंभ किया गया एक स्वतंत्रता अभियान था। उस समय बंटाईदार किसानों (अनिवार्य रूप से काश्तकारों) को जमीन के मालिकों को अपनी फसल का आधा भाग देना पड़ता था। तेभागा (तिहाई भाग की बटाई) आंदोलन की मांग थी कि जमींदारों को दिए जाने वाले भाग को घटाकर एक तिहाई किया जाए। कई क्षेत्रों में आंदोलन हिंसक हो गया और जमींदार गाँव के क्षेत्रों को किसान सभा के हाथों में छोड़कर गाँवों से भाग गए। आंदोलन की प्रतिक्रिया में प्रांत में उस समय के मुस्लिम लीग मंत्रालय ने बरगादारी अधिनियम आरम्भ किया, जिसमें प्रावधान किया गया कि जमींदारों को दिया जाने वाला फसल का भाग कुल फसल के एक तिहाई भाग तक सीमित होगा। लेकिन यह कानून पूरी तरह से लागू नहीं हुआ था।

43. इस प्रश्न में दो तथ्य दिए हुए हैं। एक को कथन (A) से निरूपित किया गया है और दूसरे को कारण (R) से निरूपित किया गया है। इन तथ्यों का परीक्षण ध्यानपूर्वक कीजिए तथा नीचे दिए गए कूट का उपयोग करते हुए सही उत्तर का चयन कीजिए–

कथन (A) : लॉर्ड लिनलिथगो ने 1942 ई. के अगस्त आंदोलन को सिपाही विद्रोह के बाद सर्वाधिक गम्भीर विद्रोह कहा था।

कारण (R) : कुछ क्षेत्रों में किसान व्यापक जन-आंदोलन में उठ खड़े हुए थे।

कूट:

(a) A और R दोनों अलग-अलग सही हैं, परन्तु A की सही व्याख्या R है।

(b) A और R दोनों अलग-अलग सही हैं, परन्तु A की सही व्याख्या R नहीं है।

(c) A सही है, परन्तु R गलत है।

(d) A गलत है, परन्तु R सही है।

उत्तर (a) 8 अगस्त, 1942 से प्रारम्भ 'भारत छोड़ो आंदोलन' को 'अगस्त क्रान्ति' के नाम से भी जाना जाता है। यह 'आंदोलन भारती स्वतंत्रता आंदोलन की अन्तिम महान लड़ाई थी'। इस विद्रोह में सभी वर्ग के लोगों ने व्यापक रूप से भाग लिया था। इस आंदोलन में आम जनता एवं किसानों के साथ-साथ महिलाओं की भागीदारी सर्वाधिक थी। पूर्वी उत्तर प्रदेश (बलिया), बिहार (सारण), बंगाल (मिदनापुर), महाराष्ट्र (सतारा) में तो यह आंदोलन सर्वाधिक सक्रिय था। अतः लॉर्ड लिनलिथगो ने इस आंदोलन को सिपाही विद्रोह (1857 ई.) के बाद सर्वाधिक गम्भीर विद्रोह कहा था।

44. जनजातीय लोगो के सम्बन्ध में 'आदिवासी' शब्द का प्रयोग किया था–

(a) महात्मा गाँधी

(b) ठक्कर बापा

(c) ज्योतिबा फुले

(d) बी. आर. अंबेडकर

उत्तर (b) जनजातीय लोगों के सम्बन्ध 'आदिवासी' शब्द का प्रयोग ठक्कर बापा ने किया था। ठक्कर बापा 'सर्वेन्ट्स ऑफ इंडिया सोसाइटी' के सदस्य तथा हरिजन सेवक संघ के महासचिव थे।

45. बंकिमचंद्र चटर्जी के प्रसिद्ध उपन्यास 'आनंदमठ' का कथानक अधारित है–

(a) चुआर विद्रोह पर

(b) रंगपुर तथा दिनाजपुर के विद्रोह पर

(c) विष्णुपुर तथा वीरभूमि में हुए विद्रोह

(d) संन्यासी विद्रोह पर

उत्तर (d) बंकिमचंद्र चटर्जी के प्रसिद्ध उपन्यास 'आनंदमठ' में संन्यासी विद्रोह का उल्लेख किया गया है।

7 आधुनिक भारत में प्रेस/शिक्षा/साहित्य

1. आधारभूत (बेसिक) शिक्षा की वर्धा योजना के संदर्भ में निम्नलिखित कथनों पर विचार कीजिए–

1. यह साप्ताहिक पत्रिका 'हरिजन' में प्रकाशित गांधीवादी विचारों से प्रेरित था।

2. इस शिक्षा के पीछे मूल सिद्धांत 'कार्य के माध्यम से सीखना (learning through activity)' था।

3. इसे आम जनता से भारी समर्थन मिला और बाद के वर्षों में जारी रहा।

उपर्युक्त कथनों में कौन-से सही हैं?

(a) केवल 1 और 2 (b) केवल 2 और 3
(c) केवल 1 और 3 (d) 1, 2 और 3

उत्तर (a) कांग्रेस ने 1937 में वर्धा में शिक्षा र राष्ट्रीय सम्मेलन का आयोजन किया। यहाँ रित किए गए प्रस्तावों के आलोक में, जाकिर सैन समिति ने आधारभूत (बेसिक) शिक्षा हेतु स्तृत राष्ट्रीय योजना तैयार की। इस योजना : पीछे का मुख्य सिद्धांत 'कार्य के माध्यम सीखना (learning through activity)' था। **सलिए, कथन 1 सही है।**

यह 'हरिजन' साप्ताहिक पत्रिका में ालेखों की एक श्रृंखला में प्रकाशित गाँधी जी ; विचारों पर आधारित थी। गाँधी जी का विचार ा कि पश्चिम शिक्षा ने कुछ शिक्षित लोगों और ाम जनता के बीच खाई पैदा कर दी है और ाथ ही शिक्षित अभिजात वर्ग को अप्रभावी बना या है। **इसलिए, कथन 2 सही है।**

वर्धा सम्मेलन के बाद, आधारभूत शिक्षा ी योजना तैयार करने के लिए डॉ. जाकिर सैन की अध्यक्षता में एक समिति नियुक्त ी गई। इस बेसिक शिक्षा का उद्देश्य आदर्श ागरिकता के गुण विकसित करना और साक्षरता ी तुलना में भारतीय संस्कृति को अधिक महत्व ना था। इसके साथ ही इसके पाठ्यक्रम में ंग्रेजी के लिए कोई स्थान नहीं था। इस योजना धार्मिक शिक्षा के लिए भी कोई स्थान नहीं ा। यह योजना 'शारीरिक उत्पादक कार्यों' पर न्द्रित थी, जिससे शिक्षकों के पारिश्रमिक की पूर्ति हो सकती थी। इसमें छात्रों में मातृभाषा के माध्यम से सप्तवर्षीय पाठ्यक्रम की परिकल्पना की गई थी।

द्वितीय विश्व युद्ध और 1939 में कांग्रेस मंत्रिमण्डल के त्यागपत्र के कारण वर्धा योजना द्वारा प्रस्तावित बेसिक शिक्षा के विचार पर बहुत अधिक प्रगति नहीं हो पाई। **इसलिए, कथन 3 सही नहीं है।**

2. भारत में पश्चिमी शिक्षा को प्रोत्साहित करने के लिए ब्रिटिश शासन (1770-1820) के दौरान किए गए प्रयासों के संदर्भ में निम्नलिखित कथनों पर विचार कीजिए–

1. 1793 के चार्टर एक्ट ने ईसाई मिशनरियों को स्वतंत्र रूप से भारत में प्रवेश करने और पश्चिमी शिक्षा का प्रसार करने की अनुमति दी।

2. ईस्ट इंडिया कम्पनी ने कभी भारतीय पारंपरिक शिक्षा का पक्ष नहीं लिया और हमेशा आधुनिक पश्चिमी शिक्षा को प्रोत्साहित किया।

3. 1813 के चार्टर एक्ट ने भारत में विज्ञान की शिक्षा की उन्नति के लिए वित्त प्रदान किया।

उपर्युक्त कथनों में से कौन-सा/से सही है/हैं?

(a) केवल 1 और 2
(b) केवल 1 और 3
(c) केवल 3
(d) उपर्युक्त में से कोई नहीं

उत्तर (c) **कथन 1 सही नहीं है।** 1813 के चार्टर एक्ट ने ईसाई मिशनरियों को भारत की यात्रा करने की अनुमति दी। 1813 के चार्टर एक्ट से पहले ईसाई मिशनरियों की धर्मपरिवर्तन की गतिविधियों के कारण राजनीतिक अशांति पैदा होने के भय से भारत में उनका प्रवेश करना प्रतिबंधित था। प्रतिबंध के बावजूद, मिशनरियों ने भारत में आने और पश्चिमी शिक्षा के प्रचार-प्रसार और फलस्वरूप धर्म परिवर्तन हेतु कार्य करने के लिए विभिन्न सरल साधनों का उपयोग करना जारी रखा।

कथन 2 सही नहीं है। ईस्ट इंडिया कम्पनी की प्रारम्भिक नीति भारतीय सामाजिक विषयों में हस्तक्षेप करने की थी। उसमें वर्तमान प्रणाली जारी रखने की माँग करने वाली व्यावहारिकता के साथ-साथ पारंपरिक भारतीय संस्कृति के लिए भी सम्मान था। यह वॉरेन हेस्टिंग्स की प्राच्यवादी नीति में व्यक्त हुआ था। इस प्रयास का परिणाम बंगाल की एशियाटिक सोसाइटी, कलकत्ता मदरसा और बनारस संस्कृत कॉलेज की स्थापना के रूप में सामने आया था। शासित जनसंख्या, उनके सामाजिक रीति-रिवाजों, शिष्टाचारों और संहिताओं के सम्बन्ध में ज्ञान शासन के स्थायी संस्थानों का विकास करने के लिए आवश्यक पूर्वशर्त माना गया था। हालांकि, हेस्टिंग्स के कार्यकाल के अंत के साथ, इवैंजेलिकलिज्म, उपयोगितावाद और मुक्त व्यापार की सोच जैसे ब्रिटेन से होने वाले वैचारिक प्रभावों के अंतर्गत भारतीय सामाजिक संस्थाओं में सजग हस्तक्षेप आरम्भ हुआ।

कथन 3 सही है। भारत में पश्चिमी शिक्षा का शुभारम्भ 1813 के चार्टर अधिनियम से माना जा सकता है, जिसने दो विशिष्ट प्रयोजनों: पहला, "भारत के विद्वान मूल निवासियों का प्रोत्साहन और साहित्य का पुनरुद्धार और सुधार, दूसरा देश के निवासियों के बीच विज्ञान की उन्नति के लिए प्रति वर्ष एक लाख रुपये के आवंटन का प्रावधान किया। इस अधिनियम में शिक्षा के माध्यम के लिए प्रावधान नहीं किया गया था। अंग्रेजी भाषा के माध्यम से पश्चिमी विज्ञान और साहित्य के शिक्षण का प्रावधान लॉर्ड मैकाले के स्मरणपत्र (lord Macaulay's Minute), 1835 द्वारा किया गया था।

3. 1882 के हंटर आयोग की निम्नलिखित में से कौन-सी अनुशंसा/अनुशंसाएँ थी/थीं?

1. प्राथमिक शिक्षा मातृभाषा के माध्यम से दी जानी चाहिए।

2. जिला और नगरपालिका बोर्ड के हाथ में प्राथमिक शिक्षा के नियंत्रण का हस्तांतरण।

3. विश्वविद्यालय पूर्णतया राज्य के नियंत्रण में लाए जाने चाहिए।

नीचे दिए गए कूट का प्रयोग कर सही उत्तर चुनिए-

(a) केवल 1 (b) केवल 1 और 3
(c) केवल 2 और 3 (d) केवल 1 और 2

उत्तर (d) लॉर्ड रिपन ने 1882 में प्रथम भारतीय शिक्षा आयोग का गठन किया। यह आयोग इसके अध्यक्ष के नाम से हंटर आयोग के रूप में प्रसिद्ध हुआ।

इसने अनुशंसा की कि प्राथमिक शिक्षा को जनशिक्षा माना जाना चाहिए एवं प्राथमिक शिक्षा में भाषा का माध्यम मातृभाषा अर्थात् क्षेत्रीय भाषाएँ होनी चाहिए। इसने नवीन स्थापित जिलों एवं नगर निगम बोर्डों को प्राथमिक शिक्षा के नियंत्रण का हस्तांतरण किए जाने की अनुशंसा की। **इसलिए, कथन 1 और 2 सही है।**

कथन 3 गलत है। हंटर आयोग ने स्वयं को पूर्ण रूप से प्राथमिक एवं माध्यमिक शिक्षा तक ही सीमित रखा। इसने ऐसे किसी कदम की अनुशंसा नहीं की।

4. वुड डिस्पैच के संदर्भ में, निम्नलिखित कथनों पर विचार कीजिए–

1. **इसमें प्राथमिक स्तर की शिक्षा के माध्यम के रूप में अंग्रेजी भाषा की अनुशंसा की गई।**
2. **इसमें प्रत्येक प्रांत में शिक्षा विभाग की स्थापना का सुझाव दिया गया।**

उपर्युक्त कथनों में से कौन-सा/से सही है/हैं?

(a) केवल 1
(b) केवल 2
(c) 1 और 2 दोनों
(d) न तो 1, न ही 2

उत्तर (b) वुड डिस्पैच (रिपोर्ट) 1854- चार्ल्स वुड एक ब्रिटिश उदारवादी राजनीतिज्ञ और सांसद था। उसने वित्तमंत्री (चांसलर ऑफ द एक्सचेकर) के रूप में कार्य किया था और बाद में ईस्ट इंडिया कम्पनी के 'बोर्ड ऑफ कंट्रोल' का अध्यक्ष भी बना। 1854 में उन्होंने गवर्नर-जनरल लॉर्ड डलहौजी को वुड डिस्पैच प्रेषित किया। वुड के डिस्पैच को भारत में अंग्रेजी शिक्षा के मैग्नाकार्टा के रूप में जाना जाता है। इस डिस्पैच के अनुसार :

- प्रत्येक प्रांत में एक शिक्षा विभाग की स्थापना की जानी थी। बम्बई, कलकत्ता और मद्रास जैसे बड़े नगरों में लंदन विश्वविद्यालय की तर्ज पर विश्वविद्यालय स्थापित किए जाने थे। **इसलिए, कथन 2 सही है।**
- भारतीय मूल निवासियों को उनकी मातृभाषा में प्रशिक्षण देने और स्थानीय भाषा में प्राथमिक शिक्षा का विस्तार करने की संस्तुति की गई। **इसलिए, कथन 1 सही नहीं है।**
- उसने अधोमुखी निस्पंदन के सिद्धांत (Downward Filteration Theory) को अस्वीकृत कर दिया और भारत सरकार को जन साधारण की शिक्षा का उत्तरदायित्व वहन करने के लिए कहा।
- प्रत्येक जिले में कम-से-कम एक सरकारी स्कूल खोला जाना चाहिए। सम्बद्ध निजी स्कूलों को सहायता के लिए अनुदान दिया जाना चाहिए।

5. अंग्रेजों द्वारा भारत में आधुनिक शिक्षा प्रारम्भ करने हेतु निम्नलिखित में से कौन-से कारण उत्तरदायी थे?

1. **अंग्रेजों को विश्वास था कि शिक्षित भारतीय ब्रिटिश विनिर्माताओं हेतु बाजार विकसित करने में सहायक होंगे।**
2. **अंग्रेज भारत में अपनी राजनीतिक सत्ता को सुदृढ़ करना चाहते थे।**
3. **अंग्रेज भारत में प्रशासन की लागत को कम करना चाहते थे।**

नीचे दिए गए कूट का प्रयोग कर सही उत्तर चुनिए-

(a) केवल 1 और 3 (b) केवल 1 और 2
(c) केवल 2 और 3 (d) 1, 2 और 3

उत्तर (d) अंग्रेजों द्वारा भारत में आधुनिक शिक्षा प्रारम्भ करने के लिए निम्नलिखित कारण उत्तरदायी थे :

अंग्रेजों को विश्वास था कि शिक्षित भारतीय ब्रिटिश विनिर्माताओं हेतु बाजार विकसित करने में सहायक होंगे। **इसलिए, कथन 1 सही है।**

वे प्रशासन की लागत को कम करना चाहते थे। चूँकि प्रशासन हेतु भारत में अंग्रेजों को नियुक्त करना बहुत महंगा था, इसलिए सस्ते लिपिकों हेतु शिक्षित भारतीयों की आपूर्ति पर बल दिया गया। **इसलिए, कथन 3 सही है।**

वे आधुनिक शिक्षा का उपयोग भारत में अपनी राजनीतिक सत्ता को सुदृढ़ बनाने हेतु करना चाहते थे। **इसलिए, कथन 2 सही है।**

चूँकि प्रशासन में अधीनस्थ स्तर के पदों की संख्या में वृद्धि हो गई थी इसलिए अंग्रेज प्रशासन के पश्चिमीकरण हेतु विवश हो गए थे।

6. 19वीं सदी के भारत में शिक्षा के सम्बन्ध में 'अधोमुखी निस्यन्दन सिद्धांत (downward filtration theory) के सम्बन्ध में निम्नलिखित में से कौन-सा/से कथन सही है/हैं?

1. **शिक्षा के क्षेत्र में इसे लॉर्ड मैकाले प्रवर्तित किया।**
2. **इसका उद्देश्य उच्च और मध्यम व के कुछ भारतीयों को शिक्षित कर था।**

नीचे दिए गए कूट का प्रयोग कर सह उत्तर चुनिए-

(a) केवल 1 (b) केवल 2
(c) 1 और 2 दोनों (d) न तो 1, न ही

उत्तर (c) **दोनों कथन सही हैं।** शिक्षा के क्षेत्र में अधोमुखी निस्यन्दन सिद्धांत (Downward Filtration Theory) को लॉर्ड मैकाले ने प्रवर्तित किया। अंग्रेजों द्वारा यह सिद्धांत धन की कमी के कारण अपनाया गया था। यह निर्णय लिया गया कि व्यय केवल उच्च और मध्यम वर्ग के कुछ लोगों को आधुनिक और उच्च शिक्षा उपलब्ध कराने हेतु किया जाएगा। इससे जन शिक्षा की उपेक्षा हुई।

अंग्रेजों ने उच्च और मध्यम वर्ग के छोटे से वर्ग को शिक्षित करने की योजना बनायी, जिससे एक ऐसी श्रेणी तैयार हो सके, जो 'रक्त और रंग से भारतीय, लेकिन अभिरुचियों, विचारों, नैतिकता और बुद्धि से अंग्रेज' हो। यह वर्ग सरकार और आम जनता के मध्य दुभाषिये के रूप में काम करेगा और स्थानीय भाषाओं को समृद्ध बनाएगा, जिससे पश्चिमी विज्ञान और साहित्य का ज्ञान आम जनता तक पहुँचेगा।

7. निम्नलिखित में से कौन-सी पहलें स्वदेशी आंदोलन के दौरान राष्ट्रीय शिक्षा को प्रोत्साहित करने के लिए की गई थीं?

1. **रवीन्द्रनाथ टैगोर द्वारा शांतिनिकेतन की स्थापना।**
2. **बंगाल नेशनल कॉलेज और बंगाल टेक्निकल इंस्टीट्यूट की स्थापना।**
3. **राष्ट्रीय शिक्षा परिषद की स्थापना**

नीचे दिए गए कूट का प्रयोग कर सही उत्तर चुनिए-

(a) 1, 2 और 3
(b) केवल 1 और 2
(c) केवल 2 और 3
(d) केवल 1 और 4

उत्तर (c) स्वदेशी कार्यक्रम का एक प्रमुख मुद्दा राष्ट्रीय शिक्षा था। स्वदेशी आंदोलन से पहले, 1901 में रवीन्द्रनाथ टैगोर ने आश्रम परिसर के अंदर एक सह-शिक्षा विद्यालय स्थापित किया था।

टैगोर के शांति निकेतन से सूत्र प्राप्त कर, अरविंदो को प्राचार्य नियुक्त कर बंगाल नेशनल कॉलेज की स्थापना की गई थी।

तकनीकी शिक्षा के लिए बंगाल तकनीकी संस्थान स्थापित किया गया और उच्च शिक्षा हेतु छात्रों को जापान भेजने के लिए निधियां जुटाई गईं।

अगस्त 1906 में, राष्ट्रीय शिक्षा परिषद की स्थापना की गई थी, जिसका लक्ष्य राष्ट्रीय तर्ज पर और राष्ट्रीय नियंत्रण में प्राथमिक से विश्वविद्यालय स्तर की साहित्यिक, वैज्ञानिक और तकनीकी शिक्षा प्रणाली को गठित करना था।

वर्धा शिक्षा योजना, 1937 में अखिल भारतीय राष्ट्रीय शिक्षा सम्मेलन में सूत्रबद्ध की गई थी।

8. 1882-1883 के हंटर आयोग के संदर्भ में निम्नलिखित कथनों पर विचार कीजिए–

1. इसे समस्त भारतीय साम्राज्य में प्राथमिक शिक्षा की स्थिति की जांच करने के लिए नियुक्त किया गया था।

2. इसे भारतीय विश्वविद्यालयों के सामान्य कामकाज की जांच करने के लिए नियुक्त किया गया था।

3. इसने साहित्यिक एवं व्यावसायिक शिक्षा का अलग विभाजन करने का प्रस्ताव रखा।

उपर्युक्त कथनों में से कौन-सा/से सही है/हैं?

(a) केवल 1
(b) केवल 1 और 3
(c) केवल 2
(d) केवल 2 और 3

उत्तर (b) 1882 में सरकार ने 1854 के डिस्पैच के बाद से देश में शिक्षा की प्रगति की समीक्षा करने के लिए डब्ल्यू. डब्ल्यू. हंटर की अध्यक्षता में आयोग की नियुक्ति की। इसकी मुख्य अनुशंसाएँ निम्नलिखित थीं :

ऐसे विषयों में जो जीवन में उनकी स्थिति के लिए सर्वाधिक उपयुक्त हों, प्राथमिक शिक्षा स्थानीय भाषा के माध्यम से दी जाएगी। स्थानीय निकायों को प्राथमिक शिक्षा का प्रबंधन करने के लिए उपकर लगाकर प्राथमिक शिक्षा का प्रबंधन करना था।

माध्यमिक शिक्षा स्तर पर दो प्रभाग होने चाहिए–एक विश्वविद्यालय की प्रवेश परीक्षा का मार्ग प्रशस्त करने वाली साहित्यिक शिक्षा और दूसरी व्यावसायिक कैरियर के लिए छात्रों को तैयार करने वाली व्यावहारिक चरित्र की शिक्षा।

शिक्षा के क्षेत्र में निजी उद्यमों को प्रोत्साहित किया जाना चाहिए। इसने सहायता अनुदान प्रणाली का विस्तार और उदारीकरण करने की अनुशंसा की। स्थिति और विशेषाधिकारों आदि के मामले में सहायता प्राप्त स्कूलों को सरकारी संस्थानों के समकक्ष मान्यता प्रदान की और सरकार को माध्यमिक और शिक्षा मण्डल के प्रत्यक्ष प्रबंधन से अपना हाथ पीछे खींचना था।

इसने महिला शिक्षा के लिए अपर्याप्त सुविधाओं की ओर ध्यान आकर्षित किया और महिला शिक्षा के प्रसार के लिए अनुशंसा की।

भारत में विश्वविद्यालयों की स्थिति और संभावनाओं की जाँच करने और इसमें सुधार लाने की अनुशंसा करने के लिए 1902 में रैले आयोग नियुक्त किया गया था।

9. वुड डिस्पैच के संदर्भ में निम्नलिखित कथनों पर विचार कीजिए–

1. इसमें सभी स्तरों पर शिक्षा के माध्यम के रूप में अंग्रेजी को अनिवार्य कर दिया गया।

2. इसमें महिला शिक्षा को प्रोत्साहित करने के प्रावधान भी था।

3. इसमें धर्मनिरपेक्ष शिक्षा का समर्थन किया गया।

उपर्युक्त कथनों में से कौन-सा/से सही है/हैं?

(a) केवल 1 और 2 (b) केवल 1 और 3
(c) केवल 2 और 3 (d) 1, 2 और 3

उत्तर (c) **कथन 1 गलत है।** इसने उच्च शिक्षा के माध्यम के रूप में अंग्रेजी और प्राथमिक (स्कूल) स्तर पर देशी भाषाओं की अनुशंसा की थी।

कथन 2 सही है। इसने महिला शिक्षा एवं व्यावसायिक शिक्षा और शिक्षकों के प्रशिक्षण पर बल दिया।

कथन 3 सही है। इसने निर्धारित किया कि सरकारी संस्थानों में दी जाने वाली शिक्षा धर्मनिरपेक्ष होनी चाहिए।

10. निम्नलिखित आयोगों में से कौन-सा भारत में ब्रिटिश शासन के अंतर्गत शिक्षा से सम्बन्धित नहीं है?

(a) हंटर आयोग
(b) सैडलर आयोग
(c) मैकडोनाल्ड आयोग
(d) उपर्युक्त में से सभी सम्बद्ध हैं

उत्तर (c) **हंटर आयोग** - इसे 1854 के डिस्पैच के बाद से देश में शिक्षा की प्रगति का पुनर्मूल्यांकन करने के लिए 1854 में स्थापित किया गया। आयोग ने यह अनुशंसा की कि प्राथमिक शिक्षा का उत्तरदायित्व अनिवार्य रूप से स्थानीय निगमों तथा नगरपालिका बोर्डों को दे दिया जाना चाहिए। महत्वपूर्ण अनुशंसाएँ निम्नलिखित थीं :

• सरकार को प्राथमिक शिक्षा के प्रसार के लिए विशेष रूप से ध्यान देना चाहिए।

• माध्यमिक शिक्षा के दौरान साहित्यिक तथा व्यावसायिक प्रशिक्षण प्रदान किया जाना चाहिए।

• आयोग ने देश में महिलाओं की शिक्षा की अपर्याप्त व्यवस्था की ओर ध्यान आकर्षित किया।

सैडलर आयोग - इसने कलकत्ता विश्वविद्यालय की स्थिति तथा संभावनाओं का पता लगाने के लिए विद्यालयी शिक्षा से लेकर विश्वविद्यालयी शिक्षा तक सम्पूर्ण क्षेत्र का पुनर्मूल्यांकन किया। यह एक ऐसा सर्वेक्षण था, जिसका प्रसार पूरे देश में था। व्यापक क्षेत्र का निरीक्षण करते हुए आयोग ने एक बोर्ड के गठन की अनुशंसा की, जिसके पास माध्यमिक तथा अंतर्माध्यमिक शिक्षा को नियंत्रित करने का पूरा अधिकार हो। इनमें द्विवर्षी पाठ्यक्रम वाले अंतर्माध्यमिक महाविद्यालयों का आरम्भ, स्नातकोत्तर अध्ययन तथा प्रतिष्ठा पाठ्यक्रमों का आयोजन सम्मिलित थे।

मैकडोनाल्ड आयोग - इसका सम्बन्ध अकाल नीति के विकास से था तथा इसकी नियुक्ति लॉर्ड कर्जन द्वारा 1901 में हुई थी। इस आयोग में एक 'नैतिक रणनीति' तय की गई जिसके अंतर्गत किसानों को अग्रिम राशि तथा ऋणों का वितरण करना तथा सूखे से प्रभावित राज्यों में एक सूखा आयुक्त की नियुक्ति करना थी। इसने बेहतर परिवहन सुविधा, कृषि बैंकों की स्थापना आदि पर भी बल दिया।

11. 1904 के भारतीय विश्वविद्यालय अधिनियम के सम्बन्ध में निम्नलिखित कथनों पर विचार करें–

1. यह राल्फ आयोग की अनुशंसाओं पर आधारित था।

2. इसने विश्वविद्यालयों पर सरकारी नियंत्रण में वृद्धि की।

3. इसने निजी महाविद्यालयों पर विश्वविद्यालय के नियंत्रण में वृद्धि की।

उपर्युक्त कथनों में से कौन-सा/से सही है/हैं?

(a) केवल 1 (b) केवल 2
(c) केवल 2 और 3 (d) 1, 2 और 3

उत्तर (d) विश्वविद्यालयों को नियंत्रण में लाने के विचार से, लॉर्ड कर्जन ने सर टॉमस राल्फ के अधीन राल्फ आयोग की नियुक्ति की। इस आयोग ने 1902 में अपना रिपोर्ट प्रस्तुत किया। इसके बाद राल्फ विधेयक को प्रस्तुत किया गया। अधिनियम बन जाने के बाद राल्फ विधेयक भारतीय विश्वविद्यालय अधिनियम, 1904 कहलाया।

इस अधिनियम ने विश्वविद्यालयों पर सरकार के नियंत्रण में वृद्धि की। सरकार विश्वविद्यालय की सीनेट द्वारा पारित विनियमों को वीटो कर सकती थी। इसने सरकार को विश्वविद्यालय के अधिकांश फेलो की नियुक्ति की अनुमति दे दी। अब गवर्नर-जनरल को किसी विश्वविद्यालय की क्षेत्रीय सीमाओं के निर्धारण की शक्ति प्राप्त थी।

इसके अतिरिक्त, सम्बद्धता तथा सामयिक निरीक्षण के लिए अधिक कठोर शर्तें लागू कर इसने निजी महाविद्यालयों पर विश्वविद्यालय के नियंत्रण में वृद्धि कर दिया। यहाँ भी, महाविद्यालयों को सम्बद्धता प्रदान करने तथा सम्बद्धता समाप्त करने के लिए सरकारी स्वीकृति आवश्यक थी।

यद्यपि बेहतर शिक्षा तथा शोध के लिए 5 वर्षों तक 5 लाख प्रतिवर्ष की दर से एक अनुदान की स्वीकृति की गई।

12. 19वीं शताब्दी के भारत में शिक्षा के क्षेत्र में 'अधोमुखी विप्रवेशन सिद्धांत' (downward filtration theory) के सम्बन्ध में निम्नलिखित में से कौन-सा/से कथन सही है/हैं?

1. यह सिद्धांत निम्न वर्गों के कुछ भारतीयों को शिक्षित कर उनके द्वारा जन-साधारण को शिक्षित करने में विश्वास करता था।

2. इसमें आधुनिक, पाश्चात्य तथा धर्मनिरपेक्ष शिक्षा के साथ-साथ भारतीय दर्शन के शिक्षण की व्यवस्था की गई।

नीचे दिए गए कूट का प्रयोग कर सही उत्तर चुनिए-

(a) केवल 1 (b) केवल 2

(c) 1 और 2 दोनों (d) न तो 1, न ही 2

उत्तर (d) **कथन 1 सही नहीं है।** इस सिद्धांत को अंग्रेजों के द्वारा धन की कमी के कारण अपनाया गया था, इसलिए उन्हें उच्च तथा मध्य वर्ग के कुछ व्यक्तियों को आधुनिक तथा उच्च शिक्षा प्रदान करने के लिए व्यय करने का निश्चय किया गया। इससे जन-साधारण की शिक्षा उपेक्षित हुई। इसलिए, इस सिद्धांत के अनुसार, जन-साधारण की शिक्षा को शिक्षित उच्च तथा मध्य वर्ग के भारतीयों पर छोड़ दिया गया। इसमें मध्य वर्ग को भी सम्मिलित किया गया था। **कथन 2 भी सही नहीं है।** इसने केवल पश्चिमी शिक्षा को ही समर्थन दिया।

13. वर्धा शिक्षा योजना के बारे में निम्नलिखित कथनों पर विचार कीजिए-

1. पाठ्यक्रम में अंग्रेजी के लिए कोई स्थान नहीं था।

2. पाठयक्रम में धार्मिक शिक्षा के लिए कोई स्थान नहीं था।

उपर्युक्त कथनों में से कौन-सा/से सही है/हैं?

(a) केवल 1

(b) केवल 2

(c) 1 और 2 दोनों

(d) न तो 1, न ही 2

उत्तर (c) 31 जुलाई, 1937 को गाँधीजी ने 'हरिजन' में एक लेख प्रकाशित किया था। इस लेख के आधार पर 22 और 23 अक्टूबर, 1937 को एक अखिल भारतीय राष्ट्रीय शिक्षा सम्मेलन का आयोजन किया गया था। इस सम्मेलन को वर्धा शैक्षिक सम्मेलन कहा जाता है और इस सम्मेलन के अध्यक्ष स्वयं गाँधीजी थे।

वर्धा सम्मेलन के बाद, डॉ. जाकिर हुसैन के नेतृत्व में एक समिति को मूल शिक्षा की योजना तैयार करने के लिए गठित किया गया। मूल शिक्षा का उद्देश्य, आदर्श नागरिकता के गुणों को विकसित करना और साक्षरता की तुलना में भारतीय संस्कृति को अधिक महत्व दिया जाना था। इसके अतिरिक्त,

- पाठ्यक्रम में अंग्रेजी के लिए कोई स्थान नहीं था।
- इस योजना में धार्मिक शिक्षा के लिए कोई स्थान नहीं था।

यह योजना 'मैनुअल प्रॉडक्टिव वर्क' (manual productive work) के आसपास केन्द्रित थी, जो शिक्षकों के पारिश्रमिक को कवर कर सकता है। इसने छात्रों की मातृभाषा के माध्यम से एक सात वर्षीय पाठ्यक्रम की परिकल्पना की।

मुस्लिम लीग द्वारा इस योजना का विरोध किया गया था।

14. आधुनिक शिक्षा पर राजा राममोहन राय के विचारों के संदर्भ में, निम्नलिखित कथनों पर विचार कीजिए-

1. उन्होंने वेदांत कॉलेज की स्थापना की।

2. उन्होंने स्कूलों में किसी भी भारतीय शिक्षण को खारिज कर दिया और पश्चिमी विज्ञान को समर्थन किया।

उपर्युक्त कथनों में से कौन-सा/से सही है/हैं?

(a) केवल 1

(b) केवल 2

(c) 1 और 2 दोनों

(d) न तो 1, न ही 2

उत्तर (a) राजा राममोहन राय ने शिक्षा को आधुनिक विचारों के प्रसार का मुख्य साधन माना। 1825 में उन्होंने वेदांत कॉलेज की स्थापना की, जिसमें भारतीय और पश्चिमी दोनों प्रकार की शिक्षा दी जाती थी।

15. हंटर कमीशन की रिपोर्ट में विकास पर विशेष जोर दिया गया था-

(a) बालिकाओं की शिक्षा के

(b) उच्च शिक्षा के

(c) प्राथमिक शिक्षा के

(d) तकनीकी शिक्षा के

उत्तर (c) 1882 ई॰ में लॉर्ड रिपन ने सर विलियम 'हंटर' के नेतृत्व में 1854 ई॰ के बाद शिक्षा के क्षेत्र में हुए विकास के लिए एक शिक्षा आयोग की नियुक्ति की थी। आयोग ने भारतीय प्राथमिक शिक्षा के सम्बन्ध में सिफारिश की। इसने संस्थाओं की सहयोग राशि बढ़ाने एवं स्थानीय भाषाओं में शिक्षा देने की सलाह दी।

16. शिक्षा में सुधार हेतु ब्रिटिश सरकार ने सैडलर विश्वविद्यालय आयोग कब नियुक्त किया?

(a) 1919 ई॰ (b) 1917 ई॰

(c) 1921 ई॰ (d) 1896 ई॰

उत्तर (b) 1917 ई॰ में सरकार ने डॉ॰ माइकल सैडलर के नेतृत्व में कलकत्ता विश्वविद्यालय की समस्याओं के अध्ययन हेतु एक आयोग नियुक्त किया। सैडलर आयोग में आशुतोष मुखर्जी और जियाउद्दीन अहमद भी सदस्य थे। इस आयोग की मुख्यत: सिफारिशें थीं-

- स्नातक स्तर पर त्रिवर्षीय पाठ्यक्रम हो।
- इण्टरमीडिएट कक्षाएँ विश्वविद्यालय से अलग हों।
- प्रत्येक विश्वविद्यालय में एक कुलपति
- नियुक्त किया जाए।
- कलकत्ता विश्वविद्यालय को भारत सरकार के नियन्त्रण से मुक्त कर बंगाल सरकार के अधीन किया जाए।

17. निम्नलिखित युग्मों पर विचार कीजिए -

समाचार पत्र	**सम्बन्धित व्यक्ति**
1. इंडियन मिरर	**दादाभाई नौरोजी**
2. स्वदेशमित्रन	**जी सुब्रह्मण्यम अय्यर**
3. सुधारक	**जी. के. गोखले**

उपर्युक्त युग्मों में कौन-सा/से सही सुमेलित है/हैं?

(a) केवल 1 और 2

(b) केवल 2

(c) केवल 2 और 3

(d) 1, 2 और 3

उत्तर (c) 'इंडियन मिरर' 1861 ई. में केशव चन्द्रसेन के सम्पादकत्व में प्रारम्भ हुआ। यह अंग्रेजी का पहला दैनिक समाचार पत्र था। 'हिन्दुस्तानी' तथा 'एडवोकेट्स ऑफ इंडिया' नामक समाचार-पत्र दादाभाई नौरोजी के सम्पादन में प्रारम्भ हुआ। 'स्वदेशमित्रन' के सम्पादक जी. सुब्रह्मण्यम अय्यर तथा 'सुधारक' के सम्पादक गोपाल कृष्ण गोखले थे।

18. निम्नलिखित में से किसने सर्वप्रथम भारत में 'दि सोशलिस्ट' नामक समाजवादी साप्ताहिक की शुरुआत की?

(a) गुलाम हुसैन
(b) मुजफ्फर अहमद
(c) एस. ए. डांगे
(d) एस. वी. घाटे

उत्तर (c) असहयोग आंदोलन के स्थगन के बाद देश के नौजवानों में एक निराशा-सी दौड़ गई थी। वे गाँधी जी के नीतियों से सन्तुष्ट नहीं थे। ऐसी स्थिति में मार्गदर्शन के लिए उन्होंने अपना रुख समाजवादी विचारों की ओर मोड़ा। उस समय की कुछ पत्रिकायें मार्क्सवादी विचारधारा की प्रचार-प्रसार कर रही थी, जिनमें दि सोशलिस्ट (श्रीपाद अमृत डांगे), नवयुग (मुजफ्फर अहमद), बंगाली (काजी नजरुल हक इस्लाम), इंकलाब (गुलाम हुसैन), लेबर किसान गजट (सिंगारवेलू चेट्टियार), वर्तमान तथा प्राणवीर आदि प्रमुख थे। इसमें श्रीपाद अमृत डांगे द्वारा प्रारम्भ 'दि सोशलिस्ट' भारत की पहली समाजवादी साप्ताहिक पत्रिका थी।

19. 'व्हाई सोशलिज्म' नामक पुस्तक के लेखक कौन है?

(a) जवाहर लाल नेहरू
(b) जयप्रकाश नारायण
(c) एम. एन. राय
(d) पी. सी. जोशी

उत्तर (b) जयप्रकाश नारायण एक प्रमुख स्वतंत्रता सेनानी व समाजवादी नेता थे। इन्होंने कांग्रेस द्वारा संचालित आंदोलनों में भाग लिया। 'समाजवाद ही क्यों' (व्हाई सोशलिज्म) इनकी प्रमुख पुस्तक है। 1934 में जयप्रकाश नारायण, आचार्य नरेन्द्र देव तथा अशोक मेहता ने मिलकर समाजवादी कांग्रेस दल की स्थापना की थी।

20. निम्नलिखित में से कौन-सा एक समाचारपत्र पंडित मदन मोहन मालवीय द्वारा 1909 में प्रारम्भ किया गया था?

(a) फ्री इंडिया (b) नव-भारत
(c) इंडिपेन्डेन्ट (d) लीडर

उत्तर (d) पंडित मदन मोहन मालवीय 1909 ई. में अंग्रेजी भाषा में 'लीडर' नामक समाचार-पत्र के साथ-साथ 'हिन्दुस्तान' नामक समाचार-पत्र भी निकाला। अन्य समाचार-पत्रों में 'नव-भारत' (हिन्दी) का प्रारम्भ रामगोपाल महेश्वरी तथा 'इण्डिपेन्डेंट' (अंग्रेजी) का प्रारम्भ 1919 ई. मोतीलाल नेहरू ने किया था।

21. वारेन हेस्टिंग्स द्वारा 1776 में अमीनी कमीशन की नियुक्ति किस उद्देश्य से की गई?

(a) भारतीय न्याय व्यवस्था के बारे में जानकारी प्राप्त करने के लिए
(b) भारतीय क्षेत्रों पर शासन के लिए उपयुक्त प्रशासनिक संरचना तैयार करने के लिए
(c) नये उपनिवेश के लिए उपयुक्त न्याय संरचना स्थापित करने की रीति तैयार करने के लिए
(d) भारतीय कृषि व्यवस्था में संबंद्ध व्यवस्थित सूचना एकत्र करने के लिए

उत्तर (d) वारेन हेस्टिंग्स ने पंचवर्षीय इजारा प्रणाली के असफल होने पर भूमि के सही आकलन तथा इजारेदारों के हिसाब की विस्तृत जाँच करने एवं रैयतों की सुरक्षा सम्बन्धी समस्याओं हेतु 1778 ई. में अमीनी कमीशन की नियुक्ति की। इस कमीशन ने भू-राजस्व तथा अकाल से सम्बन्धित सिफारिश की।

22. निम्नलिखित कथनों पर विचार कीजिए–

1. लॉर्ड वेलेजली ने ईस्ट इंडिया कम्पनी के कर्मचारियों के निजी व्यापार के लिए दस्तक को अंतिम रूप से समाप्त कर दिया।

2. लॉर्ड वेलेजली ने सदर निजामत अदालत का मुर्शिदाबाद से कलकत्ता स्थानांतरण किया और इसे गवर्नर-जनरल तथा उसकी काउन्सिल के अन्तर्गत किया।

उपर्युक्त में से कौन-सा/से कथन सही है/हैं?

(a) केवल 1 (b) केवल 2
(c) 1 और 2 दोनों (d) न तो 1, न ही 2

उत्तर (d) लॉर्ड कार्नवालिस (1786-93 ई.) ने ईस्ट इंडिया कम्पनी के कर्मचारियों व अधिकारियों के घूस एवं उपहार लेने तथा निजी व्यापार करने पर पूर्णतया प्रतिबंध लगा दिया। कार्नवालिस ने ही मुर्शिदाबाद में स्थित सद्र निजामत अदालत के स्थान पर कलकत्ता में एक न्यायालय की स्थापना की, जो गवर्नर-जनरल तथा उसकी परिषद् के सदस्यों के अन्तर्गत था।

23. निम्नलिखित में से कौन-सी रचना एनी बेसेन्ट ने नहीं की थी?

(a) हाउ इंडिया फॉट फार फ्रीडम
(b) दि फ्यूचर ऑफ इंडियन पॉलिटिक्स
(c) दि केस फॉर इंडिया
(d) इंडिया ओल्ड एंड न्यू

उत्तर (b) श्रीमती एनी बेसेन्ट एक आयरिश महिला थीं, जिन्होंने भारत में थियोसोफिकल सोसाइटी को लोकप्रिय बनाया। उन्होंने 'होमरूल आन्दोलन' भी प्रारम्भ किया। वे अनेक पत्र-पत्रिकाओं से सम्बन्धित थी। जिसमें 'हाऊ इंडिया फॉट फॉर फ्रीडम', 'दि केस फॉर इंडिया' 'इंडिया ओल्ड एंड न्यू', 'कॉमनवील', 'न्यू इंडिया' प्रमुख थी। 'द फ्यूचर ऑफ इंडियन पॉलिटिक्स' नामक पुस्तक कांग्रेस के नरमपंथी नेता बदरूद्दीन तैय्यबजी ने लिखी थी।

24. भारतीय स्वतंत्रता संघर्ष के दौरान निम्नलिखित में से किसने 'दि इंडियन सोशियोलॉजिस्ट' नामक पत्रिका शुरू की?

(a) दादा भाई नौरोजी
(b) भीकाजी कामा
(c) श्यामजी कृष्ण वर्मा
(d) जतीन्द्रनाथ मुखर्जी

उत्तर (c) भारत में प्रारम्भ हुई क्रान्तिकारी गतिविधियों का प्रभाव विदेशों में विशेषकर ब्रिटेन, संयुक्त राज्य अमेरिका, फ्रांस तथा जर्मनी में रह रहे भारतीयों पर पड़ा। विदेशों में क्रान्तिकारी आंदोलन का प्रचार-प्रसार करने का श्रेय श्यामजी कृष्ण वर्मा को जाता है। श्यामजी कृष्ण वर्मा ने लंदन में 1905 में इण्डियन होमरूल सोसायटी की स्थापना की तथा सोसायटी का मुख पत्र 'इंडियन सोशियोलॉजिस्ट' निकाला।

25. भारतीय स्वतंत्रता संघर्ष के दौरान निम्नलिखित में से किसने अप्रैल, 1906 में 'युगान्तर' नामक साप्ताहिक आरम्भ किया?

(a) ज्ञानेन्द्रनाथ बसु तथा विपिन चन्द्र पाल
(b) बारीन्द्र कुमार घोष तथा भूपेन्द्र नाथ दत्त
(c) अश्विनी कुमार दत्त तथा सतीश चन्द्र मुखर्जी
(d) कृष्ण कुमार मिश्र तथा हेमचन्द्र कानूनगो

उत्तर (b) भारतीय स्वतंत्रता संघर्ष के दौरान 1906 में 'युगान्तर' नामक साप्ताहिक पत्र बारीन्द्रकुमार घोष तथा भूपेन्द्रनाथ दत्त ने प्रारम्भ किया। यह पत्र क्रान्ति से सम्बन्धित थे। इन्होंने अपने लेख में लिखा, "उपाय तो स्वयं लोगों के पास है, उत्पीड़न के इस अभिशाप को रोकने के लिए भारत में रहने वाले 30 करोड़ लोगों को अपने 60 करोड़ हाथ उठाने होंगे। बल को बल द्वारा ही रोका जाना चाहिए।"

26. निम्नलिखित में से किसने 'वॉयस ऑफ इंडिया' नामक समाचार पत्र प्रारम्भ किया?

(a) भीकाजी कामा (b) दादाभाई नौरोजी
(c) लाला हरदयाल (d) वी. डी. सावरकर

उत्तर (b) भारतीय राष्ट्रीय कांग्रेस के उदारवादी युग के सर्वप्रथम नेता दादाभाई नौरोजी ने भारतीय राष्ट्रीय कांग्रेस के विचारधारा को इंग्लैण्ड में भी प्रसारित करने का प्रयास किया। उन्होंने 1888 ई. में विलियम डिग्बी की अध्यक्षता में 'इंडियन एजेंसी' की स्थापना की। 1889 ई. में कांग्रेस की ब्रिटिश समिति बनी जिसने 1890 ई. में 'इंडिया' नामक मासिक पत्रिका का प्रकाशन किया। इसके प्रकाशन में दादाभाई नौरोजी ने 'वायस ऑफ इंडिया' नामक समाचार-पत्र का प्रारम्भ किया।

27. निम्नलिखित में से किसने वर्ष 1911 में सोशल सर्विस लीग की स्थापना की, जिसका उद्देश्य आम जनता के लिए जीवनयापन तथा कार्य की बेहतर स्थितियाँ उपलब्ध करवाना था?

(a) जी. के गोखले (b) एम. जी रानाडे
(c) एन. एम. जोशी (d) श्रीनिवास शास्त्री

उत्तर (c) नारायण मल्हार जोशी 20वीं सदी के प्रमुख श्रमिक नेताओं में से एक थे। वे 1909 में भारत सेवक समाज के सदस्य बने तथा कई वर्षों तक इस संस्था से सम्बद्ध रहे। इसके अतिरिक्त बॉम्बे सोशल सर्विस लीग, बॉम्बे प्रेसीडेन्सी सोशल रिफॉर्म एसोसिएशन, इंडियन ट्रेड यूनियन कांग्रेस तथा सिविल यूनियन आदि संस्थाओं से भी वे घनिष्ठ रूप से जुड़े रहे। उन्होंने ऑल इंडिया ट्रेड यूनियन कांग्रेस में लम्बे समय तक नरमपंथी वर्ग का नेतृत्व भी किया।

28. निम्नलिखित कथनों में से कौन-सा एक सही नहीं है? 1823 के प्रेस लाइसेंसिंग विनियमों के उपबंध के अनुसार-

(a) मुद्रक व प्रकाशक को मुद्रणालय प्रारम्भ करने के लिए लाइसेंस लेना होता था।
(b) गैर-लाइसेंसी मुद्रणालय मजिस्ट्रेटों द्वारा जब्त किए जा सकते थे।
(c) प्रत्येक पुस्तक तथा समाचार-पत्र के लिए यह आवश्यक था कि उस पर मुद्रक व प्रकाशक का नाम छपा हो तथा उसकी एक प्रति स्थानीय प्रशासन को निःशुल्क दी जाए।
(d) गवर्नर-जनरल को यह अधिकार था कि वह लाइसेंस रद्द कर दे या उसके लिए नए सिरे से प्रार्थनापत्र आमंत्रित करे।

उत्तर (c) 1823 ई. के लाइसेंसिंग विनियमों (अनुज्ञप्ति नियम) के द्वारा जॉन एडम्स के कार्यवाहक गवर्नर-जनरल बनने पर उसे अपने प्रतिक्रियावादी विचारों को वास्तविक रूप देने का अवसर मिला और ये नियम, उन सभी नियमों से अधिक कठोर थे, जो उस समय तक कभी भी भारत में लागू हुए थे। इस अधिनियम के अनुसार (1) मुद्रक एवं प्रकाशक को मुद्रणालय स्थापित करने के लिए लाइसेंस लेना होता था। (2) अनुज्ञप्ति के बिना किसी भी साहित्य को मुद्रित या प्रकाशित करने पर 400 रुपया जुर्माना अथवा उसके बदले कारावास के दण्ड का प्रावधान था। गैर-लाइसेंसी मुद्रणालय मजिस्ट्रेटों द्वारा जब्त किए जा सकते थे। (3) गवर्नर-जनरल को अधिकार था कि वह किसी अनुज्ञप्ति को रद्द कर दे अथवा नया प्रार्थना पत्र माँग ले।

29. सूची-I (कमीशन/एक्ट/डिस्पैच) को सूची-II (वर्ष) के साथ सुमेलित कीजिए तथा सूचियों के नीचे दिए गए कूट का प्रयोग कर सही उत्तर चुनिए-

सूची-I (कमीशन/एक्ट/डिस्पैच)	सूची-II (वर्ष)
A. वुड डिस्पैच	1. 1917
B. हंटर कमीशन	2. 1904
C. यूनिवर्सिटी एक्ट	3. 1882
D. सैडलर कमीशन	4. 1854

कूट:

	A	B	C	D
(a)	4	3	2	1
(b)	2	1	4	3
(c)	4	1	2	3
(d)	2	3	4	1

उत्तर (a) वुड डिस्पैच 1854 ई. में, हंटर कमीशन का गठन 1882 ई. में तथा सैडलर कमीशन का गठन 1917 ई. में किया गया। रैले आयोग (1902) की सिफारिश के आधार पर भारतीय विश्वविद्यालय अधिनियम (यूनिवर्सिटी एक्ट) 1904 से प्रयुक्त किया गया। इसमें वुड डिस्पैच को भारतीय शिक्षा का मैग्नाकार्टा कहा जाता है।

30. वुड डिस्पैच के संदर्भ में निम्नलिखित कथनों पर विचार कीजिए-

1. **उच्च पाठ्यक्रमों के अध्ययन के लिए मेधावी विद्यार्थियों की सहायता के लिए छात्रवृत्ति की एक नियमित पद्धति की स्थापना।**
2. **निजी प्रयत्नों से स्थापित किए गए शिक्षा संस्थानों को सरकारी कोष से अनुदान दिलाने में सहायता करना।**
3. **नैतिक तथा धार्मिक शिक्षा को पाठ्यक्रम का एक महत्वपूर्ण अंग बनाने का प्रावधान।**

उपरोक्त में से कौन-से वुड डिस्पैच के अभिलक्षण थे?

(a) केवल 1 और 2 (b) केवल 2 और 3
(c) केवल 1 और 3 (d) 1, 2 और 3

उत्तर (a) वुड डिस्पैच का गठन 1854 ई. में किया गया। इसे 'भारतीय शिक्षा का मैग्नाकार्टा' कहा जाता है। इसके फलस्वरूप ब्रिटिश भारत की शिक्षा प्रणाली विकसित हुई। इस योजना की सर्वप्रथम विशेषता थी-निम्नतम से उच्चतम अवस्था तक एक उचित रूप से सूत्रबद्ध शिक्षा प्रणाली की रचना करना। इसके अतिरिक्त इसके द्वारा योग्य विद्यार्थियों के आगे पढ़ने के लिए छात्रवृत्तियों की नियमित प्रणाली आरम्भ की गई तथा निजी प्रयत्नों द्वारा स्थापित शिक्षण की सरकारी कोष से अनुदान देकर सहायता करने की व्यवस्था की गई। जहाँ तक सरकारी संस्थाओं में धार्मिक शिक्षा का प्रश्न है, तो डिस्पैच में स्पष्ट तौर पर कहा गया है कि ये भारत की समग्र जनता के लाभ के लिए कायम की गई थी। वहाँ दी जाने वाली शिक्षा बिल्कुल धर्मनिरपेक्ष होनी चाहिए।

31. 1878 के वर्नाक्यूलर प्रेस एक्ट (भारतीय भाषा समाचार-पत्र अधिनियम) के संदर्भ में निम्नलिखित कथनों पर विचार कीजिए-

1. **इसने अंग्रेजी और देशी भाषा प्रेस के बीच भेदभाव की नीति समाप्त कर दी।**
2. **प्रेस के लिए प्रमाणित और सटीक समाचारों की आपूर्ति करने के लिए एक प्रेस आयुक्त की नियुक्ति की गई।**
3. **जिला मजिस्ट्रेट को किसी भी स्थानीय भाषा के समाचार पत्र के मुद्रक से सरकार के समक्ष बांड भरने की मांग करने का अधिकार दिया गया।**

उपर्युक्त कथनों में से कौन-सा/से सही है/हैं?

(a) केवल 1 (b) केवल 1 और 3
(c) केवल 2 और 3 (d) 1, 2 और 3

उत्तर (c) पहले समाचार-पत्रों का प्रकाशन केवल कलकत्ता, मद्रास, बम्बई, इलाहाबाद में ही किया जाता था, लेकिन बाद में समाचार-पत्र छोटे स्थानों से भी प्रकाशित होने लगे। चूँकि, अधिकांश समाचार पत्र छोटे स्थानों से प्रकाशित

किए जाते थे, अत: वे सभी क्षेत्रीय भाषाओं में होते थे। 1878 में, जब यह अधिनियम पारित किया गया था, तो अंग्रेजी समाचार-पत्रों की संख्या 20 और स्थानीय भाषा के समाचार-पत्रों की संख्या 200 थी। स्थानीय भाषा के ये समाचार-पत्र लोगों को राजनीतिक विषयों के सम्बन्ध में जागरूक बनाते थे और अब धीरे-धीरे लोगों ने अपने अधिकारों के लिए प्रश्न पूछना आरम्भ कर दिया था। इसलिए सरकार के सर्वोत्तम हित में लॉर्ड लिटन ने 1878 में वर्नाकुलर प्रेस एक्ट पारित किया।

वर्नाकुलर प्रेस एक्ट (VPA) स्थानीय भाषा के प्रेस के 'बेहतर नियंत्रण' और राजद्रोहात्मक लेखन को प्रभावी ढंग से दण्डित और दबाने के लिए अभिकल्पित किया गया था।

इस अधिनियम के प्रावधानों में निम्नलिखित थे :

जिला मजिस्ट्रेट को, प्रकाशित सामग्री के माध्यम से सरकार के विरुद्ध असंतोष या विभिन्न धर्मों, जाति, प्रजाति के व्यक्तियों के बीच घृणा न पैदा करने का वचन देने वाला सरकार के पास बंधपत्र हस्ताक्षरित करने के लिए किसी भी स्थानीय भाषा के समाचार-पत्र के मुद्रक या प्रकाशक से मांग करने का अधिकार दिया गया। मुद्रक और प्रकाशक से जमानत राशि जमा करने की भी मांग की गई, जिसे नियमों का उल्लंघन करने पर जब्त किया जा सकता था। यही नहीं, दोबारा अपराध घटित होने पर प्रेस उपकरण भी जब्त किए जा सकते थे।

मजिस्ट्रेट की कार्रवाई अंतिम होती थी और कानून की अदालत में कोई अपील नहीं की जा सकती थी।

स्थानीय भाषा का समाचार-पत्र सरकारी सेंसर के समक्ष प्रमाण प्रस्तुत करके अधिनियम के तहत परिचालन से छूट प्राप्त कर सकता था। इस अधिनियम को 'मुँह बंद करने वाला अधिनियम कहा गया' (The Gagging act)। इस अधिनियम की निम्नलिखित विशेषताओं के लिए आलोचना की गई:

- अंग्रेजी और देशी भाषा के समाचार-पत्रों के बीच भेदभाव।
- अपील का कोई अधिकार नहीं।

32. राष्ट्रवादी प्रेस द्वारा राष्ट्रवादी आंदोलन के दौरान स्वयं पर लगाए गए सरकारी प्रतिबंधों से बचने के लिए उपयोग किया/किए गया/गए माध्यम निम्नलिखित में से कौन-सा/से था/थे?

1. अंग्रेजों एवं महारानी की नीतियों की आलोचना करने से पहले उनके प्रति निष्ठा को खुले आम स्वीकार करना।

2. विदेशी प्रेसों से ऐसे उद्धरण देना जिनमें ब्रिटिश नीतियों का आलोचना की गई हो।

3. आलोचना को अंग्रेजों के लिए सलाह या चेतावनी के रूप में प्रस्तुत करना।

नीचे दिए गए कूट का प्रयोग कर सही उत्तर चुनिए-

(a) केवल 1 और 2 (b) केवल 1 और 3
(c) केवल 2 (d) 1, 2 और 3

उत्तर (d) राष्ट्रीय आंदोलन के दौरान, प्रेस की स्वतंत्रता पर अंकुश लगाने के लिए सरकार ने कई प्रतिबंध लगाए। लेकिन राष्ट्रवादी प्रेस ने सरकार के प्रतिबंधों को नाकाम करने के कई साधनों का उपयोग किया।

कथन 1 सही है। चूँकि धारा 124A ऐसे व्यक्तियों के लेखों को सम्मिलित नहीं करती थी, जिनकी सरकार के प्रति निष्ठा की प्रवाहपूर्ण भावनाओं से परिपूर्ण रखते थे।

कथन 2 सही है। वे लंदन आधारित समाजवादी और आयरिश समाचार-पत्रों से उद्धरण देते थे, क्योंकि वे भली-भांति यह समझते थे कि ऐसे अपराध में संलग्न अंग्रेजों को अछूता छोड़कर सरकार केवल उनके विरुद्ध कार्रवाई करके भेदभाव नहीं कर सकती।

कथन 3 सही है क्योंकि, सरकार की कमियों को उग्र सुधारवादी रूप से उजागर करना प्राय: किसी हितचिन्तक द्वारा दिए जा रहे सलाह और चेतावनी का रूप ले लेता था, जिसके लेखक का मूल प्रयोजन अधिकारियों को उनकी ही गलतियाँ बचाना प्रतीत होता था। बी. जी. तिलक और मोतीलाल घोष इस लेखन के विशेषज्ञ थे।

33. वर्नाकुलर प्रेस एक्ट (देशी भाषा समाचार पत्र अधिनियम) 1878 के संदर्भ में निम्नलिखित कथनों पर विचार कीजिए-

1. यह भारत में सभी समाचार-पत्रों पर लागू था।

2. इसने सरकार को राजद्रोहात्मक प्रकाशन के संदेह के आधार पर प्रिंटिंग प्रेस को जब्त करने की अनुमति प्रदान की।

उपर्युक्त कथनों में से कौन-सा/से सही है/हैं?

(a) केवल 1 (b) केवल 2
(c) 1 और 2 दोनों (d) न तो 1, न ही 2

उत्तर (b) **कथन 1 गलत है,** क्योंकि यह ब्रिटिश प्रयोजन एवं देशी भाषा वाले प्रेस के प्रति इसके भेदभाव को दर्शाते हुए केवल भारतीय भाषाओं के समाचार-पत्रों के लिए लागू थी।

कथन 2 सही है। यदि सरकार का मानना हो कि कोई प्रिंटिंग प्रेस राजद्रोहात्मक प्रकाशन कर रही है और उसने सरकार की आधिकारिक चेतावनी का उल्लंघन किया है, तो यह अधिनियम प्रिंटिंग प्रेस, कागज और समाचार-पत्र की अन्य सामग्रियों को जब्त करने का प्रावधान करता था।

34. प्रारम्भिक 19वीं सदी में राष्ट्रवादी प्रेस की भूमिका थी-

1. आकर्षक मुद्रण कारोबार में हिस्सा पाना।

2. राजनीतिक शिक्षा और सामान्य जन की लामबंदी।

3. सरकार की नीतियों की कड़ी आलोचना करना।

उपर्युक्त कथनों में से कौन-सा/से सही है/हैं?

(a) केवल 1 और 2
(b) केवल 2 और 3
(c) केवल 3
(d) 1, 2 और 3

उत्तर (b) **कथन 1 गलत है।** उन दिनों, समाचार-पत्र, व्यावसायिक उद्यम नहीं थे और न ही उस समय कोई पेशेवर संपादक और पत्रकार होते थे। समाचार-पत्रों का प्रकाशन, एक राष्ट्रीय या सार्वजनिक सेवा के रूप में किया जाता था। उनका वित्तपोषण प्राय: परोपकार की वस्तुओं के रूप में किया जाता था। एक पत्रकार बनने के लिए प्राय: एक राजनीतिक कार्यकर्ता और काफी हद तक अपना बलिदान देने वाला एक आंदोलनकारी बनना पड़ता था। एक समाचारपत्र आरंभ करना बेशक बहुत महंगा नहीं होता था हालांकि संपादक को आमतौर पर आधा भूखा रहना पड़ता था या अपनी रोजी-रोटी कमाने के लिए कोई दूसरा काम-धंधा भी करना पड़ता था।

कथन 2 सही है। प्रेस का प्रभाव उसके पढ़े-लिखे ग्राहकों पर ही नहीं बल्कि बाकी लोगों पर भी पड़ता था और न ही यह सिर्फ शहरों और बड़े नगरों तक ही सीमित रहता था। एक समाचार-पत्र दूरदराज के गाँवों तक भी पहुँच जाता था। जहाँ बाकी लोग भी इसे पढ़ते थे। धीरे-धीरे पुस्तकालय आंदोलन पूरे देश में छा गया। कम-से-कम एक टेबल, एक या दो बेंच या एक चारपाई का इंतजाम किया जाता था। हर एक समाचार या सम्पादकीय टिप्पणी को ध्यान से पढ़ा या सुना जाता था और उस पर अच्छी तरह चर्चा की जाती थी। समाचार-पत्र सिर्फ राजनीतिक शिक्षक ही नहीं, बल्कि इसे पढ़ना या चर्चा करना एक तरह की राजनीतिक भागीदारी बन गई।

कथन 3 सही है। लगभग दिन भर के सभी प्रमुख राज़नीतिक विवादों को प्रेस के माध्यम से लोगों तक पहुँचाया जाता था। यह सरकार के विपक्ष की एक संस्थागत भूमिका भी निभाता था। सरकार की लगभग हर हरकत और हर नीति पर, कई मामलों में बहुत ज्यादा सावधानी और उसके समर्थन में बहुत ज्यादा ज्ञान के साथ, कटु आलोचना की जाती थी।

35. वर्नाकुलर प्रेस एक्ट (1878) के संदर्भ में, निम्नलिखित में से कौन-सा/से कथन सही है/हैं?

1. इस अधिनियम का उद्देश्य भारत में भारतीय भाषा और अंग्रेजी भाषा, दोनों तरह के समाचार-पत्रों की स्वतंत्रता सीमित करना था।

2. इस अधिनियम के अंतर्गत जिला मजिस्ट्रेट को दंडात्मक कार्रवाई करने के लिए पूर्ण रूप से सशक्त बनाया गया था, जिसके विरुद्ध कानून की अदालत में अपील नहीं की जा सकती थी।

3. इस अधिनियम को 1882 में लिटन निरस्त किया था।

नीचे दिए गए कूट का प्रयोग कर सही उत्तर चुनिए-

(a) केवल 1 और 3

(b) केवल 2

(c) केवल 2 और 3

(d) 1, 2 और 3

उत्तर (b) लिटन की साम्राज्यवादी नीतियों के विरुद्ध प्रबल जनमत था, जो एक ओर भयानक अकाल (1876-1877) तो वहीं दूसरी ओर शाही दिल्ली दरबार पर भव्य व्यय से बढ़ता जा रहा था। स्थानीय भाषा के प्रेस सरकार के आलोचक थे।

वर्नाकुलर प्रेस एक्ट स्थानीय भाषा के प्रेस पर 'अधिक अच्छा नियंत्रण' करने और राजद्रोहात्मक लेखन को प्रभाव ढंग से दण्डित करने और दबाने के लिए तैयार किया गया था।

इस अधिनियम के महत्वपूर्ण प्रावधानों में सम्मिलित थे:

- जिलाधिकारी को सरकार के विरुद्ध असंतोष या विभिन्न समूहों के व्यक्तियों के बीच घृणा न पैदा करने का वचन देते हुए सरकार के साथ अनुबंध करने के लिए किसी भी स्थानीय भाषा के समाचार-पत्र के मुद्रक और प्रकाशक को बलाने का अधिकार दिया गया।
- मुद्रक और प्रकाशक के लिए प्रतिभूति जमा करने का प्रावधान किया गया, जिसे नियमों के उल्लंघन की दशा में जब्त किया जा सकता था।
- मजिस्ट्रेट की कार्रवाई अंतिम होती थी और कोई भी अपील कानून की अदालत में नहीं जा सकती थी। वर्नाकुलर प्रेस एक्ट के अंतर्गत सोम प्रकाश के विरुद्ध कार्रवाही की गई थी, लेकिन अधिनियम से बचने के लिए 'अमृत बाजार' पत्रिका रातों-रात अंग्रेजी समाचार-पत्र में परिवर्तित हो गई थी।

इस अधिनियम का कड़ा विरोध किया गया और अंत में रिपन ने 1882 में इसे निरस्त कर दिया।

❑❑❑

8 सामाजिक एवं धार्मिक आन्दोलन

1. प्रारम्भिक 19वीं सदी के सामाजिक-धार्मिक सुधार आंदोलनों के सम्बन्ध में निम्नलिखित में से कौन-सा/से कथन सही है/हैं?
   1. इन आंदोलनों का अधिकांशतः ऊँची जातियों के सदस्यों द्वारा नेतृत्व किया गया।
   2. सुधारक सुधार लागू करने के लिए कानून निर्माण पर निर्भर थे।
   3. इस आंदोलनों ने जमीनी स्तर पर सामाजिक चेतना पैदा की।

   नीचे दिए गए कूट का प्रयोग कर सही उत्तर चुनिए-

   (a) केवल 1 (b) केवल 1 और 2
   (c) केवल 2 और 3 (d) 1, 2 और 3

उत्तर (b) **कथन 1 सही है।** यद्यपि जाति सदस्यता के लिए प्रमुख मानदंड नहीं थी, लेकिन आंदोलन के अधिकतर सदस्य उच्च जातियों यथा- ब्राह्मण, कायस्थ आदि से सम्बन्धित थे। ब्रह्मसमाज आंदोलन लगभग इन्हीं समूहों द्वारा पोषित था और हालांकि यह कलकत्ता से जिला शहरों एवं अन्य प्रान्तों तक फैल गया, किन्तु यह जनसामान्य से विमुख बना रहा। सुधारकों ने कभी भी सुधार को लोगों तक पहुँचाने का प्रयास नहीं किया, क्योंकि सुधार की भाषा राममोहन राय जैसे लोगों द्वारा बोली जाने वाली विशुद्ध संस्कृतनिष्ठ बंगाली भाषा रही, जो अशिक्षित जनता और कारीगरों के लिए समझ से परे बनी रही। इसी प्रकार पश्चिमी भारत में, प्रार्थना समाज के सदस्य अंग्रेजी शिक्षित चितपावन एवं सारस्वत ब्राह्मण, कुछ गुजराती व्यापारी और पारसी समुदाय के कुछ सदस्य थे। आरम्भिक 19वीं शताब्दी के सुधार आंदोलनों का सामान्यतः उच्च जाति से सम्बन्धित होना जाति के प्रश्न पर पर्याप्त सीमा तक व्याप्त मौन की व्याख्या करता है।

कथन 2 सही है। व्यापक सामाजिक आधार के अभाव से ग्रस्त आरम्भिक 19वीं शताब्दी से सुधारकों ने औपनिवेशिक शासन की उदार प्रकृति में एक अंतर्निहित विश्वास प्रदर्शित किया और वे सुधारों को कार्यान्वित करने के लिए अधिकारिक रूप से कानूनों पर निर्भर रहे; उदाहरण के लिए 1829 के विनियमन द्वारा सती प्रथा का उन्मूलन, हिन्दू विधवा पुनर्विवाह अधिनियम 1856, एज ऑफ कंसेंट एक्ट 1891 आदि।

कथन 3 सही नहीं है। आधारभूत स्तर पर सुधारवादी सामाजिक चेतना पैदा करने के लिए बहुत कम या कोई प्रयास नहीं किया गया था। वहीं बाद में धार्मिक पुनरुत्थानवाद के अनुकूल स्थितियाँ प्राप्त कीं। ये आन्दोलन संकीर्ण सामाजिक क्षेत्र तक ही सीमित रहे, क्योंकि सुधारवादी चेतना ने केवल एक छोटे से अभिजात्य वर्ग को ही प्रभावित किया, जो मुख्य रूप से औपनिवेशिक शासन के आर्थिक और सांस्कृतिक लाभार्थी थे।

2. निम्नलिखित में से किन कारकों ने 1893 में आर्य समाज के विभाजन का मार्ग प्रशस्त किया?
   1. मांस का सेवन बनाम शाकाहारवाद
   2. अंग्रेजी शिक्षा बनाम संस्कृत आधारित शिक्षा
   3. कम आयु के विवाह

   नीचे दिए गए कूट का प्रयोग कर सही उत्तर चुनिए-

   (a) केवल 1 और 2 (b) केवल 2 और 3
   (c) केवल 3 (d) 1, 2 और 3

उत्तर (a) आर्य समाज आंदोलन पश्चिमी प्रभावों के लिए प्रतिक्रिया का परिणाम था। इसके संस्थापक दयानंद सरस्वती ने पश्चिमी विचारों को अस्वीकार किया और आर्यों के प्राचीन धर्म को पुनर्जीवित करने की मांग की। उन्होंने उत्तरकालीन हिन्दू धर्मग्रंथों जैसे पुराणों के प्राधिकार की अवहेलना की और उनकी व्याख्या हिन्दू धर्म में मूर्ति पूजा एवं अन्य अंधविश्वासपूर्ण प्रथाओं को प्रश्रय देने वाले निम्न कोटि के व्यक्तियों द्वारा लिखे गए ग्रंथों के रूप में कीं।

आर्य समाज, वर्ष 1893 में मांसाहार बनाम शाकाहार एवं अंग्रेजी शिक्षा बनाम संस्कृत आधारित शिक्षा के दो मुद्दों पर विभाजित हो गया।

ब्रह्म समाज कम आयु में विवाह के मुद्दे पर मतभेद के कारण विभाजित हो गया था।

3. 'आर्य समाज' के संदर्भ में निम्नलिखित कथनों पर विचार कीजिए-
   1. इसका उद्देश्य हिन्दू धर्म का पुनरुद्धार था।
   2. इसमें महिलाओं पर पुरुषों की श्रेष्ठता बनाए रखी।
   3. इसने ईसाई धर्म और इस्लाम में धर्मान्तरितों को हिन्दू धर्मसंघ में पुनर्धर्मान्तरित करने के लिए शुद्धि आंदोलन आरंभ किया।

   उपर्युक्त कथनों में से कौन-सा/से सही है/हैं?

   (a) केवल 1 और 3 (b) केवल 1
   (c) केवल 2 और 3 (d) 1, 2 और 3

उत्तर (a) सुधार आंदोलनों को व्यापक रूप से दो श्रेणियों में वर्गीकृत किया जा सकता है।

सुधारवादी आंदोलन, जैसे-ब्रह्म समाज, प्रार्थना समाज, अलीगढ़ आंदोलन और पुनरुत्थानवादी आंदोलन जैसे आर्य समाज और देवबंद आंदोलन। सुधारवादी और पुनरुत्थानवादी दोनों आंदोलन भिन्न-भिन्न मात्रा में खो चुकी धर्म की शुद्धता हेतु अपील कर रहे थे, जिसमें वे सुधार लाना चाहते थे। सुधारवादी और पुनरुत्थानवादी आंदोलन के बीच एकमात्र अंतर उस हद तक था, जिस हद तक ये परंपरा पर या तर्क पर और अन्तरात्मा पर निर्भर थे।

दयानंद सरस्वती ने आर्य समाज की स्थापना मुंबई में की। यह पुनरुत्थानवादी आंदोलन था। आर्य समाज के मुख्य सिद्धांत और उद्देश्य इस प्रकार थे :

- यह वेदों की अचूकता में विश्वास करता था और उन्हें एकमात्र सत्य और समस्त ज्ञान का स्रोत मानता था। यह मानता था कि पुराणों जैसे उत्तर-वैदिक ग्रंथ वैदिक धर्म के प्रदूषण के लिए उत्तरदायी थे।
- मूर्ति-पूजा और भगवान के पुनर्जन्म के सिद्धांत का विरोध करता था, लेकिन 'कर्म' का सिद्धांत और आत्मा का स्थानांतरगमन स्वीकार करता था।

दयानंद ने नियति/भाग्य का सिद्धांत भी अस्वीकार कर दिया। वह एक ईश्वर में विश्वास करते थे, जिसका कोई भौतिक अस्तित्व नहीं था। हिन्दुओं के आध्यात्मिक और सामाजिक जीवन पर ब्राह्मणों के प्रभुत्व को नकार दिया। मनुष्य और ईश्वर के बीच मध्यस्थ होने के ब्राह्मणों के दावे की निंदा की। चातुर्वर्ण व्यवस्था का समर्थन किया, लेकिन वर्ण व्यवस्था योग्यता पर आधारित होनी चाहिए न कि जन्म पर। समाज में महिलाओं के समकक्ष दर्जे का समर्थन किया।

आर्य समाजियों ने शुद्धि और संगठन आंदोलन आरम्भ किया।

4. 19वीं शताब्दी के दूसरे अर्द्धांश के दौरान थियोसोफिकल आंदोलन के द्वारा भारत में प्रचारित किए गए विचारों के सम्बन्ध में, निम्नलिखित कथनों पर विचार कीजिए–

1. इसका मुख्य उद्देश्य भारत में ईसाई धर्म का प्रसार करना था।

2. इसने विश्व-बंधुत्व (Universal Brotherhood) के विचार को प्रचार किया।

3. इसने पुनर्जन्म एवं कर्म सम्बन्धी हिन्दू विश्वासों को अस्वीकार कर दिया।

उपर्युक्त कथनों में से कौन-सा/से सही है/हैं?

(a) 1, 2 और 3

(b) केवल 1 और 2

(c) केवल 2

(d) उपर्युक्त में से कोई नहीं

उत्तर (c) थियोसोफिकल आंदोलन संयुक्त राज्य अमेरिका एवं भारत में मैडम ब्लावाट्स्की एवं कर्नल ऑल्काट द्वारा स्थापित किया गया था।

थियोसोफिकल सोसायटी का भारतीय अनुभाग थियोसोफिकल सोसाइटी का एक अवयव है। इसकी स्थापना संयुक्त राज्य अमेरिका के न्यूयार्क में 17 नवम्बर, 1875 को हेलेना पेत्रोवा ब्लावाट्स्की, हेनरी स्टली अल्कॉट, विलियम वुण जज एवं अन्य द्वारा की गई थी और इसे 3 अप्रैल, 1905 को ब्रिटिश भारत के कानूनों के अंतर्गत मद्रास के अड्यार में इसके मुख्यालय की स्थापना कर निगमित किया गया था।

इसके उद्देश्यों में सम्मिलित थे –

• नस्ल, पंथ, लिंग, जाति और रंग के भेदभाव से मुक्त मानवता के सार्वभौमिक विश्वबन्धुत्व की भावना से ओत-प्रोत केन्द्र की स्थापना करना। **इसलिए, कथन 2 सही है।**

• तुलनात्मक धर्म, दर्शन और विज्ञान के अध्ययन को प्रोत्साहित करना।

• प्रकृति के रहस्यमय नियमों एवं मनुष्य की अंतर्निहित क्षमताओं का अनुसंधान करना।

इसका उद्देश्य कभी भी भारत में ईसाई धर्म का प्रसार करना नहीं रहा; बल्कि इसका उद्देश्य धर्म, दर्शन और विज्ञान के तुलनात्मक अध्ययन को प्रोत्साहित करना था। इसने पुनर्जन्म और कर्म सम्बन्धी हिन्दू विश्वासों को स्वीकार किया एवं वेद, सांख्य, योग एवं वेदांत विचारधाराओं के दर्शन से प्रेरणा प्राप्त की। थियोसोफिकल आंदोलन हिन्दू पुनर्जागरण के साथ सम्बद्ध हो गया था। **इसलिए, कथन 1 और 3 सही नहीं हैं।**

5. रामकृष्ण मिशन के संदर्भ में, निम्नलिखित कथनों पर विचार कीजिए–

1. यह भक्ति और योग पद्धति में विश्वास करता था।

2. इसने सभी प्राणियों की सेवा के सिद्धांत का समर्थन किया।

3. इसने भगवान की पूजा के लिए मूर्ति के महत्व को मान्यता प्रदान की।

उपर्युक्त कथनों में से कौन-सा/से सही है/हैं?

(a) केवल 1 और 2 (b) केवल 1 और 3

(c) केवल 2 (d) 1, 2 और 3

उत्तर (d) **कथन 1 सही है।** यद्यपि ब्रह्म समाजी राष्ट्रवाद ने बंगाल के बुद्धिजीवियों को आकर्षित किया, लेकिन औसत बंगाली व्यक्ति को भक्ति एवं योग के पंथ का अनुसरण करने में अधिक भावनात्मक संतुष्टि प्राप्त हुई, जो श्री रामकृष्ण परमहंस (1834-86) की शिक्षाओं का आधार था। उन्होंने बेलूर में रामकृष्ण मठ की स्थापना की। बढ़ते पश्चिमीकरण के बीच उन्होंने पारंपरिक पद्धतियों, त्याग और भक्ति के माध्यम से मोक्ष प्राप्त करने के मार्ग का अनुसरण किया।

कथन 2 सही है। परमहंस की आध्यात्मिक और पीड़ित मानवता के लिए करुणा की अगाध भावना ने उनकी बात सुनने वालों को प्रेरित किया। वे कहा करते थे कि "मनुष्य की सेवा ही ईश्वर की सेवा है।" स्वामी विवेकानंद ने सभी प्राणियों की सेवा के सिद्धांत का समर्थन किया। उनके अनुसार जीव (जीवित प्राणियों) की सेवा शिव की पूजा है; जीवन ही धर्म है; सेवा की भावना के रूप में दैवी चेतना मनुष्य के भीतर वास करती है। विवेकानंद ने मानव जाति की सेवा में प्रौद्योगिकी और आधुनिक विज्ञान के उपयोग को प्रोत्साहित किया। अपनी स्थापना के समय से ही इस मिशन द्वारा कई स्कूलों, अस्पतालों, औषधालयों को संचालित किया जाता रहा है। यह प्राकृतिक आपदाओं, जैसे–अकाल, बाढ़ और महामारी के समय में पीड़ितों को सहायता प्रदान करता है। यह मिशन विश्व-व्यापी संगठन के रूप में विकसित हो गया है।

कथन 3 सही है। आर्य समाज के विपरीत, यह मिशन आध्यात्मिक उत्साह विकसित करने एवं शाश्वत सर्वशक्तिमान ईश्वर की उपासना करने में मूर्ति पूजा की उपयोगिता के महत्व को मान्यता प्रदान करता है, लेकिन यह कर्मकाण्ड के प्रतीकों पर नहीं बल्कि उसके मूल भाव के महत्व पर जोर देता है।

6. निम्नलिखित को सुमेलित कीजिए–

आंदोलन	उद्देश्य
1. अहमदिया आंदोलन	A. कुरान की सच्ची शिक्षाओं का प्रचार-प्रसार करना।
2. देवबंद आंदोलन	B. बंगाल में हिन्दू जमींदारों और ब्रिटिश नील-उत्पादक बागान मालिकों के विरुद्ध
3. टीटू मीर का आंदोलन	C. पश्चिम उदारवादी शिक्षा का प्रसार

नीचे दिए गए कूट का प्रयोग कर सही उत्तर चुनिए-

(a) 1-B, 2-C, 3-A (b) 1-A, 2-B, 3-C

(c) 1-C, 2-A, 3-B (d) 1-B, 2-A, 3-C

उत्तर (c) **अहमदिया आंदोलन :** यह आंदोलन मिर्जा गुलाम अहमद द्वारा 1889 में शुरू किया गया था। यह उदारवादी सिद्धांतों पर आधारित था। इसने स्वयं को मुस्लिम पुनर्जागरण आंदोलन के ध्वज-वाहक के रूप में वर्णित किया। इसने जिहाद (गैर-मुसलमानों के विरुद्ध पवित्र युद्ध) का विरोध करते हुए ब्रह्मसमाज के बीच पश्चिमी उदार शिक्षा का प्रसार किया। हालांकि, पश्चिम-एशियाई देशों में फले-फूले बहाई धर्म की भांति 'अहमदिया आंदोलन' रहस्यवाद से बुरी तरह प्रभावित था।

देवबंद संप्रदाय : देवबन्द आंदोलन रूढ़िवादी मुस्लिम उलेमाओं द्वारा एक धार्मिक पुनरुत्थानवादी आंदोलन के रूप में शुरू किया गया था। इसके दो उद्देश्य थे : मुसलमानों के बीच कुरान और हदीस की विशुद्ध शिक्षाओं का प्रचार-प्रसार करना एवं विदेशी शासकों के विरुद्ध जिहाद की भावना को जीवित रखना। देवबंद आंदोलन सहारनपुर जिले (संयुक्त प्रांत) के

वबंद क्षेत्र में मोहम्मद कासिम (1832-80) और रशीद अहमद गंगोही द्वारा मुस्लिम समुदाय के लिए धार्मिक नेताओं को प्रशिक्षित करने के लिए स्थापित किया गया था। पश्चिमी शिक्षा और ब्रिटिश सरकार के समर्थन के माध्यम से मुस्लिमों के कल्याण हेतु आरम्भ अलीगढ़ आंदोलन के विपरीत, देवबंद आंदोलन का उद्देश्य मुस्लिम समुदाय का नैतिक और धार्मिक उत्थान करना था। देवबंद में मूलरूप से इस्लाम की शिक्षा दी जा रही थी।

टीटू मीर का आंदोलन : टीटू मीर (Titu Mir) के नाम से प्रसिद्ध मीर निथार अली, वहावी आंदोलन के संस्थापक सैयद अहमद रायबरेलवी के शार्गिद थे। टीटू मीर ने बंगाल के मुस्लिम किसानों को हिन्दू जमींदारों और अंग्रेज नील बागान के मालिकों के विरुद्ध संगठत किया। आंदोलन का रूप उतना उग्रवादी नहीं था, जितना कि ब्रिटिश रिकॉर्डों ने इसे बना दिया। केवल टीटू के जीवन के अंतिम वर्ष में उनके और ब्रिटिश पुलिस के बीच संघर्ष हुआ था। वह 1831 में हुई एक कार्रवाई में मारे गए।

7. निम्नलिखित में से कौन 'एज ऑफ कंसेंट' बिल से सम्बद्ध थे?

1. बाल गंगाधर तिलक

2. राजा राममोहन राय

3. आर. जी. भंडारकर

4. बहरामजी मालाबारी

नीचे दिए गए कूट का प्रयोग कर सही उत्तर चुनिए-

(a) केवल 1 और 2

(b) केवल 1, 3 और 4

(c) केवल 2, 3 और 4

(d) 1, 2, 3 और 4

उत्तर (b) कांग्रेस में सबसे पहला सार्वजनिक मतभेद 'एज ऑफ कंसेंट' बिल को लेकर उत्पन्न हुआ, जहाँ लड़कियों के विवाह की आयु (सम्मति आयु) को बढ़ाकर 10 से 12 वर्ष किया गया था। विवाह में युवा लड़कियों के साथ बलात्कार को रोकने के लिए यह प्रस्ताव सुधारकों द्वारा पूना में लाया गया था। वर्ष 1881 में पूना सार्वजनिक सभा में राणाडे ने बाल-विवाह की न्यूनतम आयु के मुद्दे पर विचार-विमर्श आरम्भ कर दिए थे। 1884 में मालाबारी ने लड़कियों के लिए विवाह-योग्य आयु को बढ़ाने के लिए विधायी कार्रवाई किए जाने का निवेदन करते हुए, बाल-विवाह और अधिकारी विधवापन के विषय में लॉर्ड रिपन के सामने अपनी टिप्पणियाँ प्रस्तुत कीं। नरपमंथी कांग्रेस नेताओं जैसे रानाडे, के. टी. तेलंग, गोपाल राव आगरकर और आर. जी. भंडारकर ने बढ़चढ़ कर बहरामजी मालाबारी की पहल का समर्थन किया।

प्रधान रूप से ऐसे कानून के विपक्ष में खड़े एक कांग्रेस नेता तिलक थे। सार्वजनिक क्षेत्र में इस अधिनियम पर तीव्र बहस हो रही थी और बंगाल में इसने सर्वाधिक तीव्र रूढ़िवादी प्रतिक्रिया का सामना किया, जिसने 1856 में पारित किए गए विधवा पुनर्विवाह अधिनियम के विरोध में हुई प्रतिक्रियाओं की यादें ताजा कर दीं। लेकिन बंबई प्रेसीडेंसी में तिलक ने हिन्दू समाज के आंतरिक जीवन में हस्तक्षेप करने के रूप में इसकी निंदा करते हुए इसे राष्ट्रीय बहस के मुद्दे में परिवर्तित कर दिया। उन्होंने इसे हिन्दू स्वाभिमान और सम्मान पर औपनिवेशिक आघात के रूप में चित्रित किया, जिसकी सुरक्षा की जानी चाहिए थी। आरम्भिक रूप से तिलक ने तर्क दिया था कि इस प्रकार कट्टरपंथी कानून लागू किए जाने से पूर्व जनता की राय को परिवर्तित किए जाने की आवश्यकता थी, किन्तु क्रमशः उन्होंने अधिक रूढ़िवादी और परम्परावादी दृष्टिकोण अपना लिया।

8. प्रार्थना समाज के सम्बन्ध में, निम्नलिखित कथनों पर विचार कीजिए-

1. उनकी विचारधारा हिन्दू कट्टरपंथियों का सीधा प्रतिरोध करती थी।

2. वे बहुदेववादी आस्था और उपासना के आधार पर एक नया धर्म विकसित करना चाहते थे।

उपर्युक्त कथनों में से कौन-सा/से सही है/हैं?

(a) केवल 1

(b) केवल 2

(c) 1 और 2 दोनों

(d) न तो 1, न ही 2

उत्तर (d) प्रार्थना समाज (अंग्रेज में 'प्रेयर सोसायटी') की स्थापना महाराष्ट्र में वर्ष 1867 में डॉ. आत्माराम पांडुरंग द्वारा ब्रह्म समाज के नेता केशव चन्द्र सेन से प्रभावित होकर की गई। बाद में, न्यायमूर्ति महादेव गोविन्द रानाडे और इतिहासकार रामकृष्ण भंडारकर भी प्रार्थना समाज में सम्मिलित हो गए।

ब्रह्म समाज आंदोलन के अतिरिक्त प्रार्थना समाज के सामाजिक-धार्मिक सुधार आंदोलनों ने भी समाज के कल्याण के लिए योगदान किया।

कथन 1 सही नहीं है। प्रार्थना समाज के सदस्य हिन्दू धर्म के अन्तर्गत शुद्ध हिन्दू बनकर रहे। उन्होंने कभी भी स्वयं को अन्य हिन्दुओं से भिन्न बनाने का प्रयास नहीं किया। उनका दृष्टिकोण हिन्दू धर्मपरायणता का विरोध करना नहीं था, लेकिन वे शिक्षा और प्रबोधन पर निर्भर रहते थे। उनका उद्देश्य समाज की आंतरिक बुराइयों पर आक्रमण करना और उसके निष्ठावान सदस्यों के रूप में समाज का सुधार करना था।

कथन 2 सही नहीं है। वे एक ईश्वर की सत्ता (ऐकेश्वरवाद) में विश्वास करते थे एवं साथ ही धार्मिक निष्ठा की जगह कर्मनिष्ठा के आधार पर समाज सुधार में उनका विश्वास था।

प्रार्थना समाज का पश्चिमी शिक्षा के प्रति अत्यधिक आकर्षण था। उनका विश्वास था कि समाज में यूरोपीय विज्ञान एवं विचारों के प्रसार के बिना वास्तविक परिवर्तन असंभव हैं। इसलिए इसके प्रमुख उद्देश्य अंग्रेजी स्कूलों की स्थापना करना और पश्चिमी शिक्षा को लोकप्रिय बनाना था। मुंबई और महाराष्ट्र के क्षेत्रों में, यह समाज शैक्षिक गतिविधियों में सक्रिय हो गया।

9. परमहंस मण्डली द्वारा निम्नलिखित में से कौन-सा सर्वप्रमुख कार्य किया गया?

(a) उच्च सेवाओं का भारतीयकरण।

(b) भारतीय वस्तुओं पर से उच्च निर्यात शुल्क हटाना।

(c) जातिगत नियमों को तोड़ना।

(d) वेदों की शिक्षाओं का प्रचार करना।

उत्तर (c) परमहंस मण्डली **:** इसकी स्थापना आत्माराम पांडुरंग और बाल शास्त्री जाम्भेकर द्वारा 1849 में महाराष्ट्र में की गई थी। इसके संस्थापकों का एक ईश्वर में विश्वास था और ये मुख्य रूप से जातिगत नियमों को तोड़ने में रुचि रखते थे। इसकी बैठकों में, सदस्यों द्वारा निम्नजाति के सदस्यों द्वारा पकाया गया भोजन ग्रहण किया जाता था। वे महिलाओं के लिए शिक्षा और विधवा पुनर्विवाह में भी विश्वास करते थे।

10. थियोसोफिकल सोसायटी ने मान्यता प्रदान की-

1. आत्मा के पुनर्जन्म को

2. सार्वभौमिक भ्रातृत्व को

3. कर्म के नियम को

नीचे दिए गए कूट का प्रयोग कर सही उत्तर चुनिए-

(a) केवल 1 और 2 (b) केवल 2 और 3
(c) केवल 1 और 3 (d) 1, 2 और 3

उत्तर (d) थिओसोफिस्टों (ब्रह्मविद्यावादियों) ने हिन्दू धर्म, पारसी धर्म और बौद्ध धर्म जैसे प्राचीन धर्मों के पुनरुत्थान और सशक्तिकरण की वकालत की। थिओसोफिस्टों ने आत्मा के पुनर्जन्म (transmigration of the soul) के सिद्धांत को मान्यता दी। उन्होंने मानव के सार्वभौमिक भ्रातृत्व की भी शिक्षा दी।

एच. पी. ब्लैवेत्स्की (थियोसॉफिकल सोसाइटी के संस्थापकों में से एक) के अनुसार, कर्म, सृष्टि का परम नियम है और प्रकृति में विद्यमान अन्य सभी नियमों का मूल, आरम्भ और स्रोत भी यही है। कर्म 'ब्रह्मांड' का एक अचूक नियम है, जो जीवमात्र के शारीरिक, मानसिक और अध्यात्मिक पटलों पर पड़ने वाले प्रभावों के कारणों को समायोजित करता है।

11. स्वामी दयानंद सरस्वती के संदर्भ में, निम्नलिखित कथनों पर विचार कीजिए-

1. दयानंद सरस्वती, चतुर्वर्ण (हिन्दू समाज का चार-स्तरीय वर्ण विभाजन) में विश्वास रखते थे।

2. उन्होंने हिन्दू धर्म विकृत करने वाले पुराणों की आलोचना की।

3. उनका मानना था कि मानव जीवन का उद्देश्य मोक्ष प्राप्त करना है।

उपर्युक्त कथनों में से कौन-सा/से सही है/हैं?

(a) केवल 1 और 2 (b) केवल 2 और 3
(c) केवल 1 और 3 (d) 1, 2 और 3

उत्तर (a) दयानंद सरस्वती, चतुर्वर्ण (हिन्दू समाज का चार-स्तरीय वर्ण विभाजन) में विश्वास रखते थे। उन्होंने इसे सद्गुणों के आधार पर बनाए रखने हेतु प्रयास किया। ऐसा कहा गया था कि 'वह एक ब्राह्मण होने के योग्य है, जिसने सर्वोत्तम ज्ञान और चरित्र को प्राप्त कर लिया है और एक अज्ञानी व्यक्ति का शूद्र के रूप में वर्गीकरण उचित है'। **इसलिए, कथन 1 सही है।**

दयानंद ने समस्त भौतिक अस्तित्व का परिचालन करने वाले सिद्धांत के रूप में 'माया (भ्रम)' में निहित पलायनवादी हिन्दू धारणा की आलोचना की। साथ ही उन्होंने इस धारणा की भी आलोचना की कि मानव जीवन का एकमात्र उद्देश्य संघर्ष करते हुए मोक्ष (निर्वाण) को प्राप्त कर इस कष्टदायक संसार से मुक्त होकर ईश्वर में विलीन हो जाना है। **इसलिए, कथन 3 सही नहीं है।**

बाद में उन्होंने हिन्दू शास्त्रों जैसे पुराणों और हिन्दू धर्म को विकृत करने वाले अज्ञानी पुजारियों की भी निंदा की। **इसलिए, कथन 2 सही है।**

12. 19वीं शताब्दी के सामाजिक और धार्मिक सुधार आंदोलनों की विशेषताएँ, निम्नलिखित में से कौन-सी थीं?

1. इस समय के लगभग सभी नेताओं द्वारा सामाजिक सुधार के मुद्दे के रूप में अस्पृश्यता का मुद्दा उठाया गया।

2. समाज में सुधारवादी सामाजिक चेतना पैदा करने हेतु जमीनी स्तर पर बहुत कम प्रयास किए गए।

3. स्थानीय भाषा में धार्मिक ग्रंथों के अनुवाद के माध्यम से धार्मिक ज्ञान का प्रसार किया गया।

नीचे दिए गए कूट का प्रयोग कर सही उत्तर चुनिए-

(a) केवल 1 और 2 (b) केवल 2 और 3
(c) केवल 1 और 3 (d) 1, 2 और 3

उत्तर (b) 19वीं सदी के प्रारम्भ में सुधार आंदोलनों का आम तौर पर उच्च जाति द्वारा चलाया जाना, उनके जाति पर उठने वाले प्रश्नों के सापेक्ष मौन स्थिति को काफी हद तक स्पष्ट करना है। अस्पृश्यता (छुआछुत) को सामाजिक सुधार के एक मुद्दे के रूप में मान्यता प्राप्त करने हेतु 20वीं सदी के आरम्भ (प्रथम विश्व युद्ध के बाद) अर्थात् महात्मा गाँधी के सार्वजनिक जीवन में आने तक का इंतजार करना पड़ा। **इसलिए, कथन 1 सही नहीं है।**

एक व्यापक सामाजिक आधार की कमी के कारण 19वीं सदी के आरम्भिक दौर के सुधारकर्ताओं ने औपनिवेशिक शासन के उदार स्वभाव में निष्ठा जाहिर की। इसके अतिरिक्त उन्होंने सुधार लागू करने हेतु ब्रिटिश कानूनों पर अधिक भरोसा किया। जमीनी स्तर पर सुधारवादी सामाजिक चेतना जाग्रत करने के लिए कोई भी प्रयास नहीं किए गए। बल्कि बाद में धार्मिक पुनरुत्थान के प्रयासों ने इसी से बल प्राप्त किया। **इसलिए, कथन 2 सही है।**

धार्मिक ग्रंथों का स्थानीय भाषाओं में अनुवाद करके धार्मिक ज्ञान का प्रसार किया गया और अनुष्ठानों के स्पष्टीकरण ने मध्यस्थों को हटाकर पूजा-अर्चना को नितांत रूप से व्यक्तिगत अनुभव पर आधारित बना दिया। **इसलिए, कथन 3 सही है।**

13. निम्नलिखित में से कौन-सा संगठन ब्रह्म समाज के प्रचार का विरोध करने हेतु स्थापित किया गया था?

(a) आत्मीय सभा (b) धर्म सभा
(c) तत्वबोधिनी सभा (d) प्रार्थना समाज

उत्तर (b) राधाकांत देव ने ब्रह्म समाज के प्रचार के प्रत्युत्तर में 1830 में धर्म सभा की स्थापना की। रूढ़िवादी विचारधारा का समर्थक यह संगठन सामाजिक-धार्मिक मामलों में यथास्थिति बनाए रखने के पक्ष में था। यहाँ तक कि यह सती प्रथा के उन्मूलन का भी विरोध कर रहा था।

14. नेशनल सोशल कान्फ्रेंस ने संकल्प आंदोलन आरम्भ किया था-

(a) बाल विवाह के विरुद्ध संकल्प लेने हेतु लोगों को प्रेरित करने के लिए।
(b) लोगों को अस्पृश्यता समाप्त करने की दिशा में कार्य करने हेतु आग्रह करने के लिए।
(c) लोगों को खादी अपनाने हेतु प्रोत्साहित करन के लिए।
(d) उपनिषदों की शिक्षाओं का प्रचार-प्रसार करने के लिए।

उत्तर (a) एम.जी. रानाडे और रघुनाथ राव द्वारा स्थापित नेशनल सोशल कांफ्रेंस, भारतीय राष्ट्रीय कांग्रेस का सामाजिक सुधार प्रकोष्ठ था। इसके द्वारा बाल विवाह निषेध करने की शपथ लेने हेतु लोगों को प्रेरित करने के लिए सुप्रसिद्ध 'संकल्प आंदोलन' आरम्भ किया गया था।

15. सत्यशोधक समाज के संदर्भ में, निम्नलिखित कथनों पर विचार कीजिए-

1. इसकी स्थापना गोपाल कृष्ण गोखले द्वारा की गई थी।

2. इसने ब्राह्मण वर्चस्व का विरोध किया।

3. इसका उद्देश्य तथाकथित 'निम्न जातियों' को शिक्षित करके और उन्हें उनके अधिकारों के प्रति जागरूक बनाकर मुक्ति दिलाना था।

उपर्युक्त कथनों में से कौन-सा/से सही है/हैं?

(a) केवल 1 (b) केवल 1 और 2
(c) केवल 2 और 3 (d) 1, 2 और 3

उत्तर (c) **कथन 1 सही नहीं है, जबकि कथन 2 और 3 सही हैं।** इसे ब्राह्मणों के वर्चस्व को चुनौती देने हेतु 1873 में ज्योतिबा फुले द्वारा स्थापित किया गया था। यह कथित

ाम्न जातियों' को शिक्षित करके और उन्हें उनके धिकारों के प्रति जागरूक बनाकर मुक्ति दिलाने प्रयास था। ज्योतिबा फुले ने अछूत माने जाने ले लोगों के कल्याण की वकालत की।

ज्योतिबा फुले ने अछूतों हेतु एक विद्यालय र विधवाओं के लिए एक विधवा आश्रम की ापना भी की।

उनकी पुस्तकें 'गुलामगिरी' और ार्वजनिक सत्यधर्म पुस्तक' ने पारंपरिक ति-रिवाजों और सामाजिक धारणाओं पर प्रश्न ाए।

. 19वीं शताब्दी के वहाबी आंदोलन के सम्बन्ध में, निम्नलिखित में से कौन-से कथन सही हैं?

1. **यह पंजाब के सिखों के विरुद्ध आरंभ हुआ और बाद में ईस्ट इंडिया कंपनी के विरुद्ध हो गया।**
2. **यह अरब के अब्दुल वहाब की शिक्षाओं से प्रेरित था।**
3. **यह दिल्ली के संत शाह वलीउल्लाह की शिक्षाओं से प्रेरित था।**

नीचे दिए गए कूट का प्रयोग कर सही उत्तर चुनिए-

(a) केवल 1 और 2 (b) केवल 2 और 3
(c) केवल 1 और 3 (d) 1, 2 और 3

उत्तर (d) वहाबी आंदोलन एक पुनरुत्थान ंदोलन था, जिसका लक्ष्य दार-उल-इस्लाम स्लाम की भूमि) था। इसका आरम्भ पंजाब सिख साम्राज्य के विरुद्ध हुआ था और पंजाब ईस्ट इंडिया कम्पनी में समावेश के पश्चात् रत में अंग्रेजी प्रभुत्व का विरोध करना इसका कमात्र लक्ष्य बन गया था। यह अरब के अब्दुल ाब और दिल्ली के संत शाह वलीउल्लाह की क्षाओं से प्रेरित था। **इसलिए, सभी कथन ही हैं।**

. निम्नलिखित युग्मों पर विचार कीजिए-

सामाजिक सुधार		जिसके द्वारा लागू किए गए
1. बालिका शिशु हत्या का उन्मूलन	:	**लॉर्ड हार्डिंग प्रथम**
2. सती प्रथा का उन्मूलन	:	**लॉर्ड विलियम बेंटिक**
3. विधवा पुनर्विवाह को वैध बनाना	:	**लॉर्ड केनिंग**

उपर्युक्त युग्मों में से कौन-सा/से सही सुमेलित है/हैं?

(a) केवल 2 और 3 (b) केवल 3
(c) केवल 1 और 2 (d) 1, 2 और 3

उत्तर (c) **युग्म 1 सही सुमेलित है।** लॉर्ड हार्डिंग प्रथम ने बालिका शिशु हत्या और नरबलि के उन्मूलन सहित अनेक सामाजिक सुधार के कार्य किए।

युग्म 2 सही सुमेलित है। लॉर्ड विलियम बेंटिक की सबसे बड़ी उपलब्धि विधवाओं को उनके मृत पति की चिता के साथ आत्मदाह करने अर्थात् सती होने पर प्रतिबंध लगाना था। इसी के लिए उसे याद किया जाता है। बेंटिक ने 1829 के सरकारी विनियम द्वारा इसे प्रतिबंधित किया था।

युग्म 3 सही सुमेलित नहीं है। विधवा विवाह को कानूनी मान्यता प्रदान करने वाला हिन्दू विधवा पुनर्विवाह अधिनियम लॉर्ड डलहौजी द्वारा पारित किया गया था।

18. निम्नलिखित में से किन समाज सुधारकों ने ब्राह्मणवादी रूढ़िवाद पर प्रहार किया?

1. **बालशास्त्री जाम्भेकर**
2. **ज्योतिबा फुले**
3. **गोपालहरि देशमुख**

नीचे दिए गए कूट का प्रयोग कर सही उत्तर चुनिए-

(a) केवल 1 और 2 (b) केवल 2 और 3
(c) केवल 1 और 3 (d) 1, 2 और 3

उत्तर (d) **विकल्प 1 और 2 सही है।** बम्बई में सामाजिक सुधार के अग्रदूतों में से एक बालशास्त्री जाम्भेकर ने ब्राह्मणवादी रूढ़िवाद पर प्रहार किया और लोकप्रिय हिन्दुत्व में सुधार लाने का प्रयास किया। ज्योतिबा फुले माली समुदाय से सम्बन्धित थे और उन्होंने उच्च जाति के वर्चस्व और ब्राह्मणवादी श्रेष्ठता के विरुद्ध एक सशक्त आंदोलन को संगठित किया।

विकल्प 3 सही है। गोपालहरि देशमुख ने तर्कसंगत सिद्धांतों और आधुनिक मानवीय धर्मनिरपेक्ष मूल्यों पर भारतीय समाज के पुनर्गठन की वकालत की। उन्होंने हिन्दू रूढ़िवाद पर प्रहार किया और सामाजिक व धार्मिक समानता का समर्थन किया। उन्होंने कहा, 'यदि धर्म सामाजिक सुधार को मंजूरी नहीं देता, तो धर्म को बदल डालो।'

19. भारत धर्म महामण्डल के संदर्भ में, निम्नलिखित कथनों पर विचार कीजिए-

1. **इसका उद्देश्य सनातन धर्म और हिन्दू संस्कृति का प्रचार करना था।**
2. **यह आर्यसमाज और रामकृष्ण मिशन की शिक्षाओं के विरुद्ध खड़ा हुआ।**
3. **पंडित मदन मोहन मालवीय इस संगठन के महत्वपूर्ण व्यक्ति थे।**

उपर्युक्त कथनों में से कौन-सा/से सही है/हैं?

(a) केवल 1 और 2 (b) केवल 2 और 3
(c) केवल 1 और 3 (d) 1, 2 और 3

उत्तर (d) **कथन 1 सही है।** सनातन धर्म और हिन्दू संस्कृति का प्रचार-प्रसार करने हेतु 1887 में भारत धर्म महामण्डल की स्थापना की गई थी।

कथन 2 सही है। शिक्षित रूढ़िवादी हिन्दुओं का यह संगठन रूढ़िवादी हिन्दू धर्म के बचाव में आर्यसमाज, थियोसोफिस्टों और रामकृष्ण मिशन की शिक्षाओं के विरुद्ध खड़ा हुआ।

कथन 3 सही है। पंडित मदन मोहन मालवीय इस संगठन के महत्वपूर्ण व्यक्ति थे।

20. निम्नलिखित में से कौन-सा/से आंदोलन प्रकृति में पुनरुत्थानवादी था/थे?

1. **अहमदिया आंदोलन**
2. **देवबंद आंदोलन**
3. **अलीगढ़ आंदोलन**

नीचे दिए गए कूट का प्रयोग कर सही उत्तर चुनिए-

(a) केवल 2 (b) केवल 2 और 3
(c) केवल 1 और 3 (d) 1, 2 और 3

उत्तर (a) **विकल्प 2 सही है।** देवबंद आंदोलन मुस्लिम उलेमाओं के रूढ़िवादी वर्ग द्वारा पुनरुत्थानवादी आंदोलन के रूप में संगठित किया गया था, जिसका दोहरा उद्देश्य मुसलमानों में कुरान और हदीस की शुद्ध शिक्षाओं का प्रचार-प्रसार करना और विदेशी शासकों के विरुद्ध जिहाद की भावना बनाये रखना था।

विकल्प 1 और 3 सही नहीं है। अलीगढ़ और अहमदिया आंदोलन की प्रकृति सुधारवादी थी। अलीगढ़ आंदोलन, मुस्लिम एंग्लो-ओरिएंटल कॉलेज, अलीगढ़ के मुस्लिम बुद्धिजीवियों के बीच एक उदार और आधुनिक प्रवृत्ति के रूप में उभरा। इसका उद्देश्य भारतीय मुसलमानों में इस्लाम के प्रति उनकी निष्ठा को कमजोर किए बिना आधुनिक शिक्षा का प्रसार करना था। 1889 में मिर्जा गुलाम अहमद ने अहमदिया आंदोलन की नींव रखी। यह उदार सिद्धांतों पर आधारित था। इसने अपने आपको मुस्लिम पुनर्जागरण का ध्वज वाहक बताया और जिहाद का विरोध करते हुए ब्रह्म समाज की भांति समस्त मानवता के सार्वभौमिक धर्म के सिद्धांतों को अपना आधार बनाया।

21. समाज और धर्म पर ई. वी. रामास्वामी नायकर के विचारों के संदर्भ में, निम्नलिखित कथनों पर विचार कीजिए–

1. उन्होंने पूंजीवादी और धर्म की क्रूरताओं के विनाश की वकालत की।
2. उन्होंने महिला अधिकारों और विधवा पुनर्विवाह का समर्थन किया, लेकिन तलाक और गर्भ-निरोधक का विरोध किया।
3. उन्होंने हिन्दू पौराणिक मान्यताओं का त्याग कर दिया और जाति पवित्रता के नियमों को अस्वीकार कर दिया।

उपर्युक्त कथनों में से कौन-सा/से सही है/हैं?

(a) केवल 1 और 2
(b) केवल 1 और 3
(c) केवल 2 और 3
(d) केवल 3

उत्तर (b) उन्हें लोकप्रिय रूप से पेरियार के रूप में जाना जाता था। उन्होंने जातिगत पवित्रता के नियमों का विरोध किया और ब्राह्मणों की सर्वोच्चता पर आक्रमण किया। उनका स्वाभिमान आंदोलन परिवार और समाज में महिलाओं की अधीनस्थ स्थिति में परिवर्तन लाना चाहता था। महिलाओं की प्रसन्नता, गरिमा और स्वतंत्रता के लिए उन्होंने दृढ़ता पूर्वक तलाक और गर्भ-निरोध का समर्थन किया। उन्होंने महिलाओं की शुद्धता की पितृसत्तात्मक धारणा पर भी आक्रमण किया। सोवियत संघ की पहली यात्रा के बाद, उन्होंने मार्क्सवाद को अपने विचारों में स्थान दिया और घोषणा की कि पूंजीपतियों और धर्म की क्रूरताओं का विनाश स्वाभिमान आंदोलन के लिए सही मार्ग था।

22. महिलाओं की स्थिति में सुधार लाने के लिए, ईश्वर चन्द्र विद्यासागर निम्नलिखित में से किससे जुड़े थे?

1. विधवा पुनर्विवाह को विधिमान्य बनाने से।
2. बहुविवाह का विरोध करने से।
3. महिलाओं की उच्च शिक्षा की वकालत करने से।
4. बाल विवाह का विरोध करने से।

उपर्युक्त कथनों में से कौन-सा/से सही है/हैं?

(a) केवल 1 और 3
(b) केवल 1 और 2
(c) केवल 2, 3 और 4
(d) 1, 2, 3 और 4

उत्तर (d) **कथन 1 सही है** क्योंकि विधवा विवाह को वैध बनाने के ईश्वर चन्द्र विद्यासागर के आंदोलन के परिणामस्वरूप 1856 में विधवा पुनर्विवाह कानून पारित हुआ।

कथन 2 सही है।

कथन 3 सही है, क्योंकि वह बेथून स्कूल के सचिव थे और महिलाओं की उच्च शिक्षा के पथप्रदर्शक थे।

कथन 4 सही है, क्योंकि उन्होंने बाल-विवाह का भी विरोध किया था।

23. देवबंद आंदोलन का/के उद्देश्य क्या था/थे?

1. कुरान और हदीस की शुद्ध शिक्षाओं का प्रचार करना।
2. मुस्लिम धार्मिक शिक्षा के साथ अंग्रेजी शिक्षा को एकीकृत करना।
3. विदेशी शासन के विरुद्ध जिहाद की भावना जीवित रखना।

नीचे दिए गए कूट का प्रयोग कर सही उत्तर चुनिए-

(a) केवल 1 और 2
(b) केवल 1 और 3
(c) केवल 2 और 3
(d) 1, 2 और 3

उत्तर (b) मुस्लिम उलेमाओं के रूढ़िवादी दल ने देवबंद आंदोलन का आयोजन किया। अपनी प्रकृति में यह पुनरुत्थानवादी था और मुस्लिम समुदाय के धार्मिक नेताओं को प्रशिक्षित करना इसका उद्देश्य था। इस विद्यालय ने अंग्रेजी शिक्षा और पश्चिमी संस्कृति के लिए अपने द्वार बंद रखे। इसका उद्देश्य सरकारी नौकरियों के लिए छात्रों को तैयार करना नहीं था बल्कि मुस्लिम धर्म के प्रचार के लिए छात्रों को तैयार करना था।

24. निम्नलिखित युग्मों पर विचार करें–

	समाज सुधारक		कार्य
1.	ज्योतिबा फुले	:	बालिकाओं की शिक्षा के लिए बेथून विद्यालय का आरम्भ
2.	दादाभाई नौरोजी	:	पारसी महिलाओं को वंशानुगत संपत्ति अर्जित करने तथा उनके कानूनी दर्जे में सुधार की वकालत
3.	बाल शास्त्री जाम्बेकर	:	'दर्पण' नामक एक साप्ताहि का प्रारम्भ, जिस विधवा पुनर्विवा सम्बन्धी मुद्दा उठा

उपर्युक्त युग्मों में से कौन-सा/से स सुमेलित है/हैं?

(a) केवल 1 और 2 (b) केवल 2
(c) केवल 2 और 3 (d) 1, 2 और 3

उत्तर (c) **कथन 1 असत्य है** क्योंकि ज्योतिबा फुले ने पुणे में लड़कियों का एक विद्यालय आरम्भ किया था। बालिकाओं की शिक्षा के लिए बेथून विद्यालय की स्थापना का सम्बन्ध ईश्वर चन्द्र विद्यासागर से है।

शेष सभी सत्य हैं।

25. निम्नलिखित कथनों में से कौन-सा/से आ समाज आन्दोलन के बारे में सत्य है/हैं

1. इसने वेदों की सत्ता को स्वीकार कि किन्तु पुराणों तथा बाद के हिन्दू ग्रं की सत्ता को नकार दिया।
2. इसने कर्म के सिद्धांत को स्वीक किया तथा भाग्य के सिद्धांत क अस्वीकार कर दिया।
3. इसने जाति प्रथा की वैदिक धारण का समर्थन किया।

नीचे दिए गए कूट का प्रयोग कर स उत्तर चुनिए-

(a) केवल 1 और 2 (b) केवल 2 और
(c) केवल 1 और 3 (d) 1, 2 और 3

उत्तर (d) आर्य समाज के संस्थापक स्वामी दयानंद ने पुराणों जैसे बाद के हिन्दू ग्रंथों की सत्ता को नकार दिया तथा उन्हें मूर्ति-पूजा जैसी बुराइयों के लिए दोषी ठहराया। उन्होंने कर्म के सिद्धांत को स्वीकार किया, किन्तु भाग्य के सिद्धांत को अस्वीकार कर दिया।

आर्य समाज ने जन्म आधारित जाति प्रथा को अस्वीकार कर दिया, किन्तु उस वैदिक अवधारणा से सहमति जताई कि किसी व्यक्ति की पहचान उसकी जाति से नहीं बल्कि उसके पेशे से होती थी।

26. थियोसॉफिकल सोसाइटी के सन्दर्भ निम्नलिखित कथनों पर विचार कीजिए-

1. थियोसॉफिस्टों ने प्राचीन हिन्दू, बौ तथा पारसी धर्म के पुनरुत्थान क वकालत की।

2. उन्होंने आत्मा को देहांतरण के सिद्धांत की पहचान की।

3. इसका मुख्यालय बॉम्बे में था।

उपर्युक्त कथनों में से कौन-सा/से सही है/हैं?

(a) केवल 1 और 2
(b) केवल 2
(c) केवल 1 और 3
(d) 1, 2 और 3

उत्तर (a) इस समाज का मुख्यालय मद्रास के समीप अड्यार में था। इसकी स्थापना 1886 में की गई थी। उन्होंने आत्मा के देहांतरण के सिद्धांत को मान्यता दी तथा विश्व बंधुत्व का उपदेश दिया। प्राचीन हिन्दू धर्म तथा अन्य धर्मों के पुनरुत्थान का समर्थन करते हुए इसने अतीत में इन धर्मों की महानता सिद्ध करते हुए भारतीयों में आत्मविश्वास जगाया। इसने भारत की अतीत परम्पराओं का महिमा-मंडन भी किया।

27. वहाबी तथा अहमदिया आंदोलन 19वीं शताब्दी के महत्वपूर्ण मुस्लिम सुधार आंदोलन थे। इन आंदोलनों के संदर्भ में निम्नलिखित में से कौन-सा/से कथन सत्य है/हैं?

1. वहाबी तथा अहमदिया आंदोलन दोनों ही पुनरुत्थान सम्बन्धी आंदोलन थे।

2. वहाबी आंदोलन ने जिहाद का विरोध किया तथा इसका उद्देश्य मुसलमानों के बीच उदार पश्चिमी शिक्षा का प्रसार करना था।

3. अहमदिया आंदोलन का आरम्भिक लक्ष्य सिक्ख थे, किन्तु पंजाब को ब्रिटिश राज्य में मिला लिए जाने के बाद इसका निशाना अंग्रेज हो गए।

नीचे दिए गए कूट का प्रयोग कर सही उत्तर चुनिए-

(a) केवल 1 और 3
(b) केवल 2
(c) केवल 2 और 3
(d) उपर्युक्त में से कोई नहीं

उत्तर (d) एक धार्मिक पुनरुत्थानवादी आंदोलन वह है, जो पूर्ववर्ती समय की प्रथाओं को पुनर्स्थापित करने की इच्छा रखता है या इस दिशा में प्रयासरत है, जबकि एक सुधार आंदोलन समाज के कुछ पहलुओं में क्रमिक सुधार लाने का लक्ष्य रखता है। वहावी आंदोलन का लक्ष्य पाश्चात्य प्रभावों को भारतीय मुसलमानों से दूर करना था। दूसरी ओर अहमदिया आंदोलन इस अर्थ में एक सुधारवादी आंदोलन था कि इसने स्वयं को सम्पूर्ण मानवता के विश्व धर्म पर स्वयं को आधारित रखा तथा भारतीय मुसलमानों के बीच पाश्चात्य उदारवादी शिक्षा का प्रसार किया।

यह अहमदिया आंदोलन ही था जिसने जिहाद का विरोध किया, जबकि वहाबियों ने भारत को दार-उल-हर्ब (काफिरों की भूमि) समझा तथा उनके अनुसार इसे दर-उल-इस्लाम (इस्लाम की भूमि) में परिवर्तित किए जाने की आवश्यकता थी। अहमदिया आंदोलन नहीं बल्कि बहावी आंदोलन सिखों के विरुद्ध प्रेरित था तथा बाद में ब्रिटिशों के विरुद्ध प्रेरित हो गया, जबकि अहमदिया आंदोलन उदार सिद्धांतों पर आधारित था।

28. निम्नलिखित में से कौन ब्रह्म समाज से नहीं जुड़े थे?

1. केशवचन्द्र सेन

2. राजा राममोहन राय

3. देवेन्द्रनाथ टैगोर

नीचे दिए गए कूट का प्रयोग कर सही उत्तर चुनिए-

(a) केवल 1 और 2 (b) केवल 2
(c) केवल 2 और 3 (d) इनमें से कोई नहीं

उत्तर (d) तीनों ही ब्रह्म समाज के साथ जुड़े थे। इसे राजा रामामोहन राय द्वारा स्थापित किया गया था और 1843 के बाद देवेन्द्रनाथ टैगोर और केशव चंद्र सेन (1866 के बाद) द्वारा आगे बढ़ाया गया था।

29. रामकृष्ण मिशन के सम्बन्ध में निम्नलिखित कथनों पर विचार कीजिए-

1. रामकृष्ण मिशन की स्थापना विवेकानंद द्वारा की गई थी।

2. रामकृष्ण मिशन एक अत्यंत धार्मिक निकाय था और स्वयं को हिन्दू धर्म का एक सम्प्रदाय मानता था।

3. स्वामी विवेकानंद ने पश्चिम के भौतिकवाद को अस्वीकार कर दिया और मानव जाति के लिए आनंद का उत्पादन करने के लिए पूर्व के अध्यात्मवाद का समर्थन किया।

उपर्युक्त कथनों में से कौन-सा/से सही है/हैं?

(a) केवल 1 (b) केवल 1 और 2
(c) केवल 2 और 3 (d) केवल 1 और 3

उत्तर (a) रामकृष्ण मिशन की स्थापना विवेकानंद द्वारा की गई थी। **इसलिए, कथन 1 सही है।**

रामकृष्ण मिशन एक अत्यंत धार्मिक संस्था थी, लेकिन यह स्वयं को हिन्दू धर्म का एक सम्प्रदाय नहीं मानती थी।

इसका मुख्य लक्ष्य मानव जाति की सेवा करना था। इस मिशन की सफलता का मुख्य कारण यही था। **इसलिए, कथन 2 गलत है।**

स्वामी विवेकानंद ने मानव जाति के लिए आनंद का उत्पादन करने के लिए पश्चिम में भौतिकवाद और पूर्व के अध्यात्मवाद के एक मिश्रण का समर्थन किया। **इसलिए कथन 3 गलत है।**

30. बाल विवाह प्रथा को नियन्त्रित करने हेतु वर्ष 1872 के सिविल मैरिज एक्ट ने लड़कियों के विवाह की न्यूनतम उम्र निर्धारित की-

(a) 14 वर्ष
(b) 16 वर्ष
(c) 18 वर्ष
(d) उपर्युक्त में से कोई नहीं

उत्तर (a) बाल विवाह को रोकने के लिए केशवचन्द्र सेन ने अथक प्रयास किया। इनके प्रयासों से 1872 ई० में सिविल मैरिज एक्ट बना। इस एक्ट के अनुसार लड़कियों के विवाह की न्यूनतम उम्र 14 वर्ष एवं लड़कों के विवाह की न्यूनतम उम्र 18 वर्ष निर्धारित की गई थी।

❑❑❑

9 भारतीय राष्ट्रीय कांग्रेस/ कांग्रेस से पूर्व की संस्थाएँ

1. भारतीय राष्ट्रीय कांग्रेस के गरमपंथी नेताओं ने प्रथम विश्व युद्ध में सरकार का समर्थन किया क्योंकि –

(a) अंग्रेजों ने मार्ले-मिंटो सुधारों के माध्यम से उनकी अधिकांश मांगें मान ली थीं।

(b) उन्हें आशा थी कि ब्रिटेन स्वशासन के रूप में भारत की इस निष्ठा का भुगतान करेगा।

(c) युद्ध के कारण मांग में हुई वृद्धि से भारत की आर्थिक स्थिति में सुधार हुआ।

(d) ब्रिटेन का युद्ध पक्ष उचित था।

उत्तर (b) लोकमान्य तिलक सहित नरमपंथी और गरमपंथी दोनों भारतीय राष्ट्रवादी नेताओं ने सरकार के युद्ध प्रयासों का समर्थन करने का निर्णय लिया। इन नेताओं को आशा थी कि कृतज्ञ ब्रिटेन, भारत को स्वशासन की दिशा में लंबा रास्ता तय करने में, सक्षम बनाने वाले आर्थिक राजनीतिक अनुदानों से भारत की निष्ठा को पुरस्कृत करेगा।

2. निम्नलिखित में से किन लोगों ने/किसने कभी भी भारतीय राष्ट्रीय कांग्रेस के किसी भी सत्र की अध्यक्षता नहीं की?

1. सरोजिनी नायडू

2. महात्मा गाँधी

3. लाला लाजपत राय

नीचे दिए गए कूट का प्रयोग कर सही उत्तर चुनिए-

(a) केवल 1 और 2

(b) केवल 1 और 3

(c) केवल 3

(d) उपर्युक्त में से कोई नहीं

उत्तर (d) लाला लाजपत राय भारतीय राष्ट्रीय कांग्रेस के 1920 के कलकत्ता विशेष सत्र के अध्यक्ष थे।

सरोजिनी नायडू 1925 में भारतीय राष्ट्रीय कांग्रेस के कानपुर अधिवेशन में पहली भारतीय महिला अध्यक्ष बनीं। उन्होंने सविनय अवज्ञा आंदोलन में एक प्रमुख भूमिका निभाई तथा वह गाँधीजी और अन्य नेताओं सहित जेल भी गईं।

भारतीय राष्ट्रीय कांग्रेस ने 26 और 27 दिसम्बर, 1924 को बेलगाम में अपना 39वां सत्र आयोजित किया। गाँधीजी केवल एक ही अवसर पर कांग्रेस के अध्यक्ष बने और वह अधिवेशन बेलगाम में आयोजित किया गया था।

3. भारतीय राष्ट्रीय कांग्रेस के प्रथम अधिवेशन के संदर्भ में, निम्नलिखित कथनों पर विचार कीजिए–

1. इसका आयोजन 1885 में कलकत्ता में किया गया था।

2. इसकी अध्यक्षता डब्ल्यू. सी. बनर्जी द्वारा की गई थी।

3. इंडियन नेशनल कान्फ्रेंस के समकालिक अधिवेशन के कारण सुरेन्द्रनाथ बनर्जी इस अधिवेशन में उपस्थित नहीं थे।

उपर्युक्त कथनों में से कौन-सा/से सही है/हैं?

(a) केवल 1 और 3

(b) केवल 2

(c) केवल 2 और 3

(d) 1, 2 और 3

उत्तर (c) **कथन 1 सही नहीं है और 2 सही है।** भारतीय राष्ट्रीय कांग्रेस का पहला अधिवेशन 72 प्रतिनिधियों के साथ 28-30 दिसंबर, 1885 को मुंबई में आयोजित किया गया था और व्योमेश चन्द्र बनर्जी द्वारा इसकी अध्यक्षता की गई थी।

एस. एन. बनर्जी के महान योगदानों में से एक इंडियन एसोसिएशन की स्थापना थी, जिसका उद्देश्य अखिल भारतीय राजनीतिक आंदोलन का केन्द्र बनना था। पहली बार वहाँ एक राजनीतिक इकाई के रूप में भारत का विचार उभरा। इस प्रकार इंडियन एसोसिएशन द्वारा प्रायोजित अखिल भारतीय राजनीतिक सम्मेलन के रूप में उन्होंने भारत की राजनीतिक एकता की नव जागृत भावना के अधिक व्यावहारिक प्रदर्शन के लिए मंच तैयार कर दिया था।

कथन 3 सही है। इंडियन नेशनल कान्फ्रेंस का पहला अधिवेशन 28-30 दिसम्बर, 1883 को कलकत्ता में आयोजित किया गया था। कलकत्ता में नेशनल कान्फ्रेंस के दूसरे अधिवेश के समापन के तुरंत बाद, भारतीय राष्ट्रीय कांग्रे का पहला अधिवेशन बंबई (28 दिसम्बर, 1885 मे आयोजित किया गया था। चूंकि वह कलक में नेशनल कांफ्रेंस के दूसरे अधिवेशन में व्य थे, इसलिए वह इसमें उपस्थित नहीं हो सके।

4. कांग्रेस के गठन के समय भारत गवर्नर-जनरल कौन था?

(a) लॉड रिपन (b) लॉर्ड डफरिन

(c) लॉर्ड मेयो (d) लॉर्ड कर्जन

उत्तर (b) कांग्रेस के गठन के समय लॉ डफरिन भारत के गवर्नर-जनरल थे।

5. किसी यूरोपीय व्यक्ति द्वारा अध्यक्षता वि जाने वाला कांग्रेस का प्रथम अधिवे निम्नलिखित में से कौन-सा था?

(a) मद्रास अधिवेशन, 1887

(b) इलाहाबाद अधिवेशन, 1888

(c) कलकत्ता अधिवेशन, 1890

(d) बनारस अधिवेशन, 1905

उत्तर (b) जॉर्ज यूले इंग्लैंड और भारत एक स्कॉटिश व्यापारी थे, जिन्होंने वर्ष 1888 इलाहाबाद में भारतीय राष्ट्रीय कांग्रेस के चौ अध्यक्ष के रूप में सेवा प्रदान की। वह उ पद पर आसीन होने वाले प्रथम गैर-भारती (यूरोपीय) थे। उन्होंने कलकत्ता के शेरिफ ए इंडियन चैंबर ऑफ कॉमर्स के अध्यक्ष के रू में सेवा प्रदान की।

6. भारत में स्वतंत्रता संग्राम के इतिहास संदर्भ में, 'सेफ्टी वाल्व' पद का तात क्या है?

(a) लोगों के बीच अशांति की रोकथाम क के लिए राष्ट्रीय संगठन की स्थापना लिए ब्रिटिश समर्थन।

(b) हिन्दुओं और मुसलमानों के बीच र बनाने के लिए मुसलमानों के प्रति ब्रिटि तुष्टीकरण की नीतियां।

(c) रियासतों के विरुद्ध अपने युद्ध में ब्रिटि सेना द्वारा आदिवासियों का सम्मिलन

(d) साझे शत्रु के विरुद्ध अपने युद्ध में ब्रिटिश सेना द्वारा रियासतों को सम्मिलित करने की नीति।

उत्तर (a) भारतीय राष्ट्रीय कांग्रेस (INC) की स्थापना सेवानिवृत्त सिविल सेवक, ए. ओ. ह्यूम द्वारा की गई थी, न कि किसी भारतीय द्वारा। यह कहा जाता था कि वायसराय लॉर्ड डफरिन द्वारा सिविल सेवा के पूर्व सदस्यों की सहायता से लोकप्रिय असंतोष के विरुद्ध 'सुरक्षा वाल्व' (Safety Valve) के रूप में INC का शुभारम्भ किया गया था। अब इस सिद्धांत को त्याग दिया गया है।

7. प्रारंभिक वर्षों में, निम्नलिखित में से कौन-सा भारतीय राष्ट्रीय कांग्रेस का उद्देश्य नहीं था?

(a) भारतीयों को एक राष्ट्र के रूप में जोड़ना।
(b) ब्रिटिश शासन से स्वतंत्रता प्राप्त करना।
(c) साझा अखिल भारतीय राष्ट्रीय-राजनीतिक नेतृत्व निर्मित करना।
(d) देशवासियों एवं उनकी राजनीतिक गतिविधियों हेतु साझा राजनीतिक मंच या कार्यक्रम तैयार करना।

उत्तर (b) आरंभिक वर्षों में, भारतीय राष्ट्रीय कांग्रेस का ब्रिटिश शासन से स्वतंत्रता प्राप्त करने का एजेंडा नहीं था। भारतीय राष्ट्रीय कांग्रेस ने उद्योगपतियों और जमींदारों का समर्थन खोने के भय से अपने गठन के दौरान अछूतों और किसानों के अधिकारों का समर्थन नहीं किया।

8. नरमपंथियों के नेतृत्व वाली कांग्रेस की निम्नलिखित में से कौन-सी माँगे थीं?

1. **किसानों को साहूकारों से बचाने हेतु कृषि बैंकों का विकास।**
2. **बागान श्रमिकों की कार्य दशाओं में सुधार।**
3. **आम जनता के मध्य प्राथमिक शिक्षा का प्रसार।**

नीचे दिए गए कूट का प्रयोग कर सही उत्तर चुनिए-

(a) केवल 1 और 2 (b) केवल 2 और 3
(c) केवल 1 और 3 (d) 1, 2 और 3

उत्तर (d) **कथन 1 सही है।** उन्होंने किसानों को साहूकारों के चंगुल से बचाने के लिए कृषि बैंकों के विकास की वकालत की। वे चाहते थे कि कृषि के विकास एवं देश को अकालों से बचाने के लिए सरकार सिंचाई सुविधाओं के विस्तार के कार्यक्रम बड़े पैमाने पर शुरू करे।

कथन 2 सही है। उन्होंने बागान मजदूरों की कार्य दशाओं में सुधार के लिए भी आंदोलन किया। उन्होंने उच्च कराधान को भारत की निर्धनता के कारणों में से एक घोषित किया एवं नमक कर को समाप्त करने एवं भू-राजस्व में कमी करने की माँग की। उन्होंने भारत सरकार के उच्च सैन्य व्यय की निन्दा की और इसे कम करने की माँग की।

कथन 3 सही है। राष्ट्रवादियों ने सरकार से आग्रह किया कि वह राज्य की कल्याणकारी गतिविधियों को अपने हाथ में ले और उनका विकास करे। उन्होंने जनता के बीच प्राथमिक शिक्षा के विस्तार पर अत्यधिक जोर दिया। उन्होंने तकनीकी और उच्च शिक्षा के लिए अधिकाधिक सुविधाओं की भी माँग की।

9. निम्नलिखित में से कौन भारतीय राष्ट्रीय कांग्रेस के संस्थापक सदस्य थे?

1. **आर. सी. दत्त**
2. **मदन मोहन मालवीय**
3. **दादाभाई नौरोजी**
4. **जवाहरलाल नेहरू**
5. **मौलाना अबुल कलाम आजाद**

नीचे दिए गए कूट का प्रयोग कर सही उत्तर चुनिए-

(a) केवल 1, 2 और 3
(b) केवल 2, 3, 4 और 5
(c) केवल 3, 4 और 5
(d) 1, 2 और 5

उत्तर (a) भारतीय राष्ट्रीय कांग्रेस की स्थापना सेवानिवृत्त अंग्रेज सिविल सेवक ए. ओ. ह्यूम द्वारा 1885 में की गई थी। ह्यूम का मुख्य उद्देश्य सम्भवत: शिक्षित भारतीयों के मध्य बढ़ते असंतोष के लिए 'सेफ्टी वाल्व' प्रदान करना था। इसकी स्थापना के समय महत्वपूर्ण नेता दादाभाई नौरोजी, बदरूद्दीन तैय्यबजी, आनंद मोहन बोस, आर. सी. दत्त, फिरोजशाह मेहता, जी. के. गोखले, जी. सुब्रह्मण्यम अय्यर, दिनशा वाचा, बालगंगाधर तिलक, महादेव गोविन्द रानाडे, मदनमोहन मालवीय आदि थे।

जवाहर लाल नेहरू का जन्म 14 नवम्बर, 1889 को इलाहाबाद में हुआ था तथा मौलाना अबुल कलाम आजाद का जन्म 1890 में मक्का में हुआ था। इस प्रकार ये दोनों ही भारतीय राष्ट्रीय कांग्रेस के संस्थापक सदस्य नहीं थे।

10. 1885 में भारतीय कांग्रेस के प्रथम अधिवेशन में सुरेंद्रनाथ बनर्जी की अनुपस्थिति के पीछे मुख्य कारण क्या था?

(a) उन्हें कानूनी मुकदमे के सम्बन्ध में विदेश जाना पड़ा था।
(b) वे कांग्रेस में ब्रिटिश लोगों की भागीदारी के विरुद्ध थे।
(c) इसके स्थान पर वे अखिल भारतीय राष्ट्रीय सम्मेलन में सम्मिलित हुए थे।
(d) वैचारिक मतभेदों के कारण उन्होंने 'उपनिवेशवाद के सम्बन्ध में संघर्ष' के स्थान पर 'उपनिवेशवाद के विरुद्ध संघर्ष' को वरीयता दी।

उत्तर (c) 1883 में इंडियन एसोसिएशन द्वारा कलकत्ता में एक अखिल भारतीय राष्ट्रीय सम्मेलन का आयोजन किया और दिसम्बर 1885 में ऐसे ही एक और सम्मेलन के आयोजन का आह्वान किया गया। इसी कारण अखिल भारतीय राष्ट्रीय सम्मेलन में जुड़े सुरेंद्रनाथ बनर्जी, 1885 में राष्ट्रीय कांग्रेस के स्थापना अधिवेशन में सम्मिलित नहीं हो सके थे।

11. निम्नलिखित में से कौन नरमपंथियों और गरमपंथियों के बीच अंतर/अंतरों को दर्शाता है?

1. **नरमपंथी जनता की क्षमता में विश्वास करते थे, जबकि गरमपंथी व्यक्तिगत वीरतापूर्ण कृत्यों में विश्वास करते थे।**
2. **गरमपंथी बहिष्कार और निष्क्रिय प्रतिरोध का प्रयोग करने में विश्वास करते थे, जबकि नरमपंथी संवैधानिक पद्धतियों का उपयोग करते थे।**
3. **नरमपंथियों के विपरीत गरमपंथी प्रत्यक्ष कार्रवाई में विश्वास करते थे।**

नीचे दिए गए कूट का प्रयोग कर सही उत्तर चुनिए-

(a) केवल 1 और 2 (b) केवल 2 और 3
(c) केवल 3 (d) 1, 2 और 3

उत्तर (b) **कथन 1 गलत है।** नरपमंथियों में सामान्य जनता के प्रति निष्ठा का अभाव था, उन्होंने उनके बीच कार्य नहीं किया और परिणामस्वरूप वे उनके बीच जड़ें जमाने में असफल रहे। गरमपंथियों ने नरमपंथियों की तीखी और प्रभावशाली आलोचना की थी। वे जनता की क्षमता में विश्वास करते थे और उन्होंने जनता को लामबंद करने का प्रयास किया, जबकि क्रांतिकारी राष्ट्रवादी व्यक्तिगत वीरतापूर्ण कृत्यों में विश्वास करते थे।

कथन 2 सही है। गरमपंथियों ने आम जनता की भूमिका के साथ-साथ प्रचार तथा आंदोलन से परे जाने की आवश्यकता पर उचित जोर दिया था। उन्होंने सरकार का लगातार विरोध

करने की रणनीति का पक्ष लिया था एवं निष्क्रिय प्रतिरोध एवं विदेशी वस्त्रों, विदेशी न्यायालयों, शिक्षा आदि के बहिष्कार का एक क्रांतिकारी कार्यक्रम प्रस्तुत किया।

कथन 3 सही है। उन्होंने युवाओं से आत्म बलिदान की माँग की थी। उन्होंने प्रत्यक्ष कार्रवाई के विषय में बातें की और लेख लिखे।

12. ए. ओ. ह्यूम को INC का मुख्य संगठनकर्ता बनाने का निम्नलिखित में से कौन-सा/से कारण था/थे?

1. कांग्रेस के नेता बिल्कुल शुरू-शुरू में ही सरकार से दुश्मनी मोल लेना नहीं चाहते थे।

2. ब्रिटिश शासकों के प्रति खुले प्रतिरोध की परंपरा का उस अवधि के दौरान अभी तक मजबूती से पालन नहीं किया गया था।

नीचे दिए गए कूट का प्रयोग कर सही उत्तर चुनिए-

(a) केवल 1 (b) केवल 2

(c) 1 और 2 दोनों (d) न तो 1, न ही 2

उत्तर (c) **कथन 1 सही है।** ए.ओ. ह्यूम सेवानिवृत्त सिविल सेवक और इतने उच्च आदर्शों वाले व्यक्ति थे कि INC में उनकी उपस्थिति से इस प्रकार के प्रारम्भिक चरण में किसी भी प्रकार की शत्रुता से बचने में सहायता मिलती। उनका मानना था कि यदि इसका मुख्य आयोजक एक सेवानिवृत्त ब्रिटिश सिविल सेवक होगा तो निश्चित ही शासकगण इस पर कम संदेह करेंगे और सम्भावित रूप से विध्वंसक संगठन पर हमला करने की कम सम्भावना रहेगी।

कथन 2 सही है। उस समय ऐसे बहुत कम लोग थे, जो पश्चिमी राजनीतिक और उदार विचारधारा से परिचित थे और शासकों के प्रति खुले विरोध की परंपरा अभी तक मजबूती से जम नहीं पाई थी।

13. भारतीय राष्ट्रीय कांग्रेस (INC) के पहले सत्र के सम्बन्ध में निम्नलिखित कथनों पर विचार कीजिए–

1. इसे बम्बई में आयोजित किया गया था।

2. इसकी अध्यक्षता ए. ओ. ह्यूम ने की थी।

3. मुस्लिम लीग ने INC के पहले सत्र में भाग लिया था।

उपर्युक्त कथनों में से कौन-सा/से सही है/हैं?

(a) केवल 1, 2 और 3

(b) केवल 2 और 3

(c) केवल 1

(d) केवल 1 और 3

उत्तर (c) **कथन 1 सही है।** आई. एन. सी. का पहला अधिवेशन 1885 में बम्बई में हुआ था।

कथन 2 गलत है। इसकी अध्यक्षता डब्ल्यू. सी. बनर्जी ने की थी। इसमें 72 प्रतिनिधियों ने भाग लिया था।

कथन 3 गलत है। उस समय मुस्लिम लीग का गठन नहीं हुआ था। इसका गठन 1906 में हुआ था।

14. निम्नलिखित में से कौन स्वतंत्रता संघर्ष के दौरान भारतीय राष्ट्रीय कांग्रेस का/के अध्यक्ष था/थे?

1. एनी बेसेंट

2. सरोजनी नायडू

3. कादम्बिनी गांगुली

नीचे दिए गए कूट का प्रयोग कर सही उत्तर चुनिए-

(a) केवल 1 और 2 (b) केवल 1

(c) केवल 2 और 3 (d) 1, 2 और 3

उत्तर (a) एनी बेसेंट 1917 के कलकत्ता अधिवेशन की अध्यक्षता थीं।

सरोजिनी नायडू 1925 के कानपुर अधिवेशन की अध्यक्षता थीं।

कादम्बिनी गांगुली ने आई. एन. सी. के अधिवेशन की अध्यक्षता नहीं की थीं। उन्होंने 1890 में कांग्रेस अधिवेशन को संबोधित किया था। वह कलकत्ता विश्वविद्यालय की पहली महिला स्नातक थी।

15. 1938 का हरिपुरा कांग्रेस सत्र एक मील का पत्थर माना जाता है, क्योंकि–

(a) जवाहर लाल नेहरू के अधीन राष्ट्रीय योजना समिति स्थापित की गई थी।

(b) रियासतों के आंदोलन ने कांग्रेस के समर्थन प्राप्त किया।

(c) कांग्रेस पार्टी के अध्यक्ष के रूप में विकास के समाजवादी पैटर्न को अपनाया।

(d) सुभाष चन्द्र बोस ने कांग्रेस के चुनावों में गांधीजी के उम्मीदवार पट्टाभि सीतारमैय्या को पराजित किया।

उत्तर (a) 1938 (हरिपुरा सत्र) - जवाहर लाल नेहरू के अधीन में राष्ट्रीय योजना समिति की गई थी।

1955 (अवाड़ी सत्र)- अवाड़ी प्रस्ताव के माध्यम से पार्टी के लक्ष्य के रूप में विकास का एक समाजवादी पैटर्न स्वीकार किया गया था।

1939 (त्रिपुरी सत्र)- कांग्रेस के अध्यक्ष चुनावों में नेताजी सुभाष चन्द्र बोस ने पट्टाभि सीतारमैय्या को पराजित किया।

16. 1929 में कांग्रेस के लाहौर सत्र के संदर्भ निम्नलिखित कथनों पर विचार कीजिए

1. प्रथम गोलमेज सम्मेलन का बहिष्क करने का निर्णय किया गया।

2. कांग्रेस कार्यसमिति को सविनय अव कार्यक्रम आरम्भ करने का अधिक दिया गया।

3. इस सत्र में 26 जनवरी, 1930 व प्रथम स्वतंत्रता दिवस के रूप में नि किया गया।

उपर्युक्त कथनों में से कौन-से सही हैं?

(a) केवल 1 और 2 (b) केवल 1 और

(c) केवल 2 और 3 (d) 1, 2 और 3

उत्तर (d) कांग्रेस के 1929 के लाहौर अधिवेशन में पूर्ण स्वराज्य का लक्ष्य घोषित क दिया गया। इसे प्राप्त करने के लिए कांग्रेस कार्य समिति को सविनय अवज्ञा आंदोलन आरम्भ करने का अधिकार दिया गया। इसके अतिरिक्त, प्रथम गोलमेज सम्मेलन के बहिष्कार का निर्णय भी लिया गया। **इसलिए, सभी विकल्प सत्य हैं।**

17. निम्नलिखित भारतीय नेताओं में से कौ एक, ब्रिटिश द्वारा इंडियन सिविल सर्वि से बर्खास्त किया गया था?

(a) सत्येंद्रनाथ टैगोर

(b) सुरेंद्रनाथ बनर्जी

(c) आर. सी. दत्त

(d) सुभाष चन्द्र बोस

उत्तर (b) सुरेंद्रनाथ बनर्जी आई.सी.एस. परीक्षा उत्तीर्ण करने वाले दूसरे भारतीय थे। उनकी पहली नियुक्ति सिलहट में असिस्टेंट मजिस्ट्रेट के पद पर हुई थी। परंतु उनकी एक मामूली-सी भूल के कारण 1874 ई. में इन्हें पद से हटा दिया गया।

18. निम्नलिखित कथनों पर विचार कीजिए-

1. आरम्भ से ही कांग्रेस का आयोज संसद के समान किया जाता था।

2. कांग्रेस सत्र की कार्यवाही लोकतांत्रि तरीके से संचालित की जाती थी।

3. न्यायिक और कार्यकारी शक्तियों के विभाजन के लिए राष्ट्रीय नेताओं ने संघर्ष किया।

उपर्युक्त कथनों में से कौन-सा/से सही है/हैं?

(a) केवल 1 और 2 (b) केवल 2 और 3

(c) केवल 1 और 3 (d) 1, 2 और 3

उत्तर (d) आरम्भ से ही कांग्रेस का आयोजन संसद के समान किया जाता था। वास्तव में, लोगों की सभा को संप्रेषित करने के लिए कांग्रेस शब्द उत्तरी अमेरिका के इतिहास से उधार लिया गया था। कांग्रेस सत्र की कार्यवाहियां लोकतांत्रिक तरीके से आयोजित की जाती थी। मुद्दों पर निर्णय बहस और चर्चा के माध्यम से और कभी-कभी मतदान के माध्यम से किया जाता था। वास्तव में यह कांग्रेस थी, न कि नौकरशाही और सर्वसत्तावादी औपनिवेशिक राज्य, जैसा कि कुछ लेखक गलत तरीके से तर्क देते हैं, जिसने भारत में संसदीय लोकतंत्र का स्वदेशीकरण किया, लोकप्रिय बनाया और उसकी जड़ें मजबूत की। राष्ट्रीय नेताओं ने न्यायिक और कार्यकारी शक्तियों के विभाजन के लिए संघर्ष किया और नस्लीय भेदभाव के विरुद्ध लड़ाई लड़ी।

19. इंडियन नेशनल कांग्रेस की प्रथम भारतीय महिला अध्यक्ष कौन थी?

(a) श्रीमती एनी बेसेंट
(b) सुचेता कृपलानी
(c) सरोजनी नायडू
(d) इंदिरा गाँधी

उत्तर (c) 1925 ई. में भारतीय राष्ट्रीय कांग्रेस के 48वें वार्षिक अधिवेशन कानपुर में सरोजनी नायडू की अध्यक्षता में हुई। वे कांग्रेस की प्रथम भारतीय महिला अध्यक्ष थी। इससे पूर्व 1917 के कलकत्ता अधिवेशन की महिला अध्यक्ष श्रीमती एनी बेसेंट थी।

20. "उन्होंने राष्ट्रवादियों को विश्वसघाती बाबू, देशद्रोही ब्राह्मण तथा हिंसक खलनायक कहना आरम्भ कर दिया। कांग्रेस को देशद्रोहियों का कारखाना कहा जाने लगा तथा कांग्रेसियों को पद के लिए हताश उम्मीदवार कहा जाने लगा, जो किसी और के नहीं बल्कि स्वयं के प्रतिनिधि थे।" इस कथन में उन्होंने किसके लिए प्रयुक्त है?

(a) गरमपंथी/उग्रपंथी (b) ब्रिटिश अधिकारी
(c) नरमपंथी (d) निष्ठावान मुस्लिम

उत्तर (b) भारतीय राष्ट्रीय कांग्रेस की स्थापना के समय से ही अंग्रेज इसके प्रति संदेहशील थे। किन्तु इसके अस्तित्व के आरम्भिक कुछ वर्षों में वे इसके प्रति खुली शत्रुता का भाव नहीं रखते थे क्योंकि उन्हें विश्वास था कि इसकी गतिविधियाँ शैक्षिक तथा मुट्ठी भर बुद्धिजीवियों तक सीमित बनी रहेगी। परंतु, जैसे ही यह स्पष्ट हुआ कि कांग्रेस के लक्ष्य सीमित नहीं रहेगा और यह भारतीय राष्ट्रवाद का केन्द्र बनती जा रही है, ब्रिटिश अधिकारियों का रुख कांग्रेस, राष्ट्रवादी नेताओं तथा प्रेस के प्रति आलोचक का हो गया। वे राष्ट्रवादियों को 'विश्वसघाती बाबू', 'देशद्रोही ब्राह्मण' तथा 'हिंसक खलनायक' के नाम से प्रचारित करने लगे। कांग्रेस को राजद्रोह का कारखाना कहा गया तथा इसके सदस्यों को पद् के लिए हताश उम्मीदवार तथा असंतुष्ट वकील कहा जाने लगा, जिन्हें किसी अन्य की नहीं बल्कि स्वयं के हितों की ही चिंता थी। 1888 में वायसराय डफरिन ने सार्वजनिक भाषण में कांग्रेस पर हमला किया तथा इसे कुलीन वर्ग के लोगों का प्रतिनिधित्व करने वाला कह कर उसका मजाक उड़ाया। भारत के राज्य सचिव जॉर्ज हैमिल्टन ने कांग्रेस नेताओं को राजद्रोही तथा दोहरे चरित्र के व्यक्तित्व का स्वामी करार दिया।

21. निम्नलिखित में से कौन-से विदेशी कांग्रेस सत्रों के अध्यक्ष रहे हैं?

1. ए. ओ. ह्यूम 2. हेनरी कॉटन
3. एनी बेसेंट 4. जॉर्ज यूल

नीचे दिए गए कूट का प्रयोग कर सही उत्तर चुनिए-

(a) केवल 1 और 4
(b) केवल 2 और 3
(c) केवल 2, 3 और 4
(d) 1, 2, 3 और 4

उत्तर (c) हालांकि ए. ओ. ह्यूम ने भारतीय राष्ट्रीय कांग्रेस की स्थापना में एक प्रमुख भूमिका निभाई थी, लेकिन उन्होंने इसके अध्यक्ष के रूप में कभी अपनी सेवा प्रदान नहीं की।

जॉर्ज यूले (1888), विलियम वेडरबर्न (1889, 1910), अल्फ्रेड वेब (1894), हेनरी कॉटन (1904) और एनी बेसेंट (1917) जैसे विदेशियों ने कांग्रेस सत्रों के अध्यक्षों के रूप में सेवा दी।

22. भारतीय राष्ट्रीय कांग्रेस से पहले के राजनीतिक संगठनों के संदर्भ में, निम्नलिखित में से कौन-सा/से युग्म सही सुमेलित है/हैं?

	राजनीतिक संघ		नेता
1.	ईस्ट इंडिया एसोसिएशन	:	दादा भाई नौरोजी
2.	इंडियन लीग	:	महादेव गोविन्द रानाडे
3.	पूना सार्वजनिक सभा	:	बाल गंगाधर तिलक

नीचे दिए गए कूट का प्रयोग कर सही उत्तर चुनिए-

(a) केवल 1 (b) केवल 2 और 3
(c) केवल 1 और 3 (d) 1, 2 और 3

उत्तर (a) **ईस्ट इंडिया एसोसिएशन :** भारतीय समस्याओं पर चर्चा करने और भारतीय कल्याण को बढ़ावा देने के लिए इंग्लैंड की सार्वजनिक हस्तियों को प्रभावित करने हेतु 1866 में लंदन में दादाभाई नौरोजी ने ईस्ट इंडिया एसोसिएशन का गठन किया। आगे चलकर, इस संघ की शाखाएं प्रमुख भारतीय शहरों में भी स्थापित की गईं।

इंडियन लीग : "लोगों के बीच राष्ट्रवाद की भावना उत्प्रेरित करने" और राजनीतिक शिक्षा प्रोत्साहित करने के उद्देश्य से शिशिर कुमार घोष ने 1875 में इंडियन लीग की स्थापना की थी। कलकत्ता की इंडियन एसोसिएशन ने इंडियन लीग का स्थान ग्रहण कर लिया और सुरेंद्रनाथ बनर्जी और आनंद मोहन बोस के नेतृत्व में बंगाल के युवा राष्ट्रवादियों ने, जो ब्रिटिश इंडियन एसोसिएशन के रूढ़िवादी और जमींदार समर्थक नीतियों से असंतुष्ट हो रहे थे, 1876 में इंडियन एसोसिएशन की स्थापना की। कलकत्ता की इंडियन एसोसिएशन कांग्रेस से पहल से संघों में सबसे अधिक महत्वपूर्ण थी और इसका उद्देश्य (i) राजनीतिक प्रश्नों पर मजबूत जनमत बनाना और (ii) साझा राजनीतिक कार्यक्रम पर भारतीयों को एकजुट करना था।

पूना सार्वजनिक सभा : लोगों और सरकार के बीच सेतु के रूप में कार्य करने के उद्देश्य के साथ महादेव गोविन्द रानाडे और अन्य लोगों ने 1867 में पूना सार्वजनिक सभा की स्थापना की थी।

23. ब्रिटिश इंडियन एसोसिएशन के संदर्भ में, निम्नलिखित कथनों पर विचार कीजिए-

1. इस संगठन के सभी सदस्य भारतीय थे।
2. यह मुख्य रूप से स्थानीय जमींदारों के हितों का प्रतिनिधित्व करता था।
3. यह मुख्य रूप से बॉम्बे और पश्चिमी भारत में सक्रिय था।

उपर्युक्त कथनों में से कौन-सा/से सही है/हैं?

(a) केवल 1 और 2 (b) केवल 2 और 3
(c) केवल 1 और 3 (d) 1, 2 और 3

उत्तर (a) **कथन 1 और 2 सही हैं एवं कथन 3 सही नहीं है।**

ब्रिटिश इंडियन एसोसिएशन भारत में पहला प्रमुख स्वैच्छिक संगठन था। इसकी स्थापना 1851 में कलकत्ता में हुई थी। यह

मुख्य रूप से स्थानीय जमींदारों के हितों का प्रतिनिधित्व करता था। इसे "लैंड होल्डर्स सोसायटी" एवं 'ब्रिटिश इण्डिया सोसायटी' को सम्मिलित करके बनाया गया था।

अपनी पूर्ववर्ती "लैंड होल्डर्स सोसायटी" के विपरीत, ब्रिटिश इंडियन एसोसिएशन अपनी सदस्यता की दृष्टि से अनन्य रूप से भारतीय था। लैंड होल्डर्स सोसाइटी के सदस्य में अनेक गैर-सरकारी आंग्ल-भारतीय भी सम्मिलित थे।

1861 के भारतीय परिषद अधिनियम के पश्चात इसने महत्वपूर्ण भूमिका निभानी प्रारम्भ की। इस अधिनियम ने विधान परिषदों में सीमित भारतीय प्रतिनिधित्व का प्रावधान किया था।

इस संगठन की पहली समिति के अध्यक्ष राजा राधाकांत देव थे, जबकि देवेन्द्रनाथ टैगोर इसके सचिव थे।

24. 1906 में स्वराज को राष्ट्रीय आंदोलन का लक्ष्य घोषित करने वाला भारतीय राष्ट्रीय कांग्रेस का अध्यक्ष निम्नलिखित में कौन था?

(a) दादाभाई नौरोजी (b) पी. आनंद चारुलू
(c) जी. के गोखले (d) बी. जी. तिलक

उत्तर (a) 1906 ई. में कांग्रेस का अधिवेशन कलकत्ता में हुआ, जिसके अध्यक्ष दादाभाई नौरोजी थे। उस समय दादाभाई नौरोजी वृद्ध थे। अत: उनका भाषण उनके पूर्व अध्यक्ष गोपाल कृष्ण गोखले ने पढ़ा। इस समय दादाभाई नौरोजी के सचिव मो. अली जिन्ना थे। इस सम्मेलन में स्वदेशी आंदोलन, बहिष्कार आंदोलन, राष्ट्रीय शिक्षा से सम्बद्ध प्रस्ताव पारित किया गया।

25. राष्ट्रीय आंदोलन के दौरान निम्नलिखित में से किस एक अधिवेशन में कांग्रेस ने मूल अधिकारों तथा आर्थिक नीति पर संकल्प वाम पक्ष को तुष्ट करने वाली प्रमुख रियायत के रूप में पारित किया था?

(a) अमृतसर अधिवेशन
(b) कराची अधिवेशन
(c) लखनऊ अधिवेशन
(d) त्रिपुरी अधिवेशन

उत्तर (b) मार्च 1931 ई. कांग्रेस का अधिवेशन में सरदार वल्लभभाई पटेल की अध्यक्षता में कराची में हुआ। कराची अधिवेशन में पूर्ण स्वराज्य के साथ गाँधी-इरविन पैक्ट को स्वीकार कर लिया गया। यहीं "मौलिक अधिकार और कर्तव्य" शीर्षक प्रस्ताव भी स्वीकार किया गया। इसी अधिवेशन में राष्ट्रीय आर्थिक कार्यक्रम से सम्बद्ध प्रस्ताव भी स्वीकार कर लिया गया। इसी समय गाँधीजी ने कहा था कि "गाँधी मर सकता हैं, परन्तु गाँधीवाद नहीं।"

26. 1907 में सूरत कांग्रेस अधिवेशन में किसका नाम कांग्रेस के अगले अध्यक्ष के रूप में गरम दल द्वारा प्रस्तावित किया गया था?

(a) अरविन्द घोष
(b) बाल गंगाधर तिलक
(c) लाला लाजपत राय
(d) बिपिन चन्द्र पाल

उत्तर (c) 1907 ई. में सूरत कांग्रेस अधिवेशन में गरम दल द्वारा लाला लाजपत राय को अगले अध्यक्ष के रूप में प्रस्तावित किया गया। परन्तु नरम दल वाले रासबिहारी घोष को अध्यक्ष बनाना चाहते थे। इस अधिवेशन में कांग्रेस नरम दल और गरम दल में विभाजित हो गई, फलस्वरूप यह 23वाँ अधिवेशन पूर्ण न हो सका और इसे स्थगित कर दिया गया।

27. वर्ष 1920 में कांग्रेस के नागपुर अधिवेशन में निम्नलिखित में से किसने असहयोग का मुख्य प्रस्ताव प्रस्तुत किया था?

(a) सी. राजगोपालाचारी
(b) सी. आर. दास
(c) मदन मोहन मालवीय
(d) मोतीलाल नेहरू

उत्तर (b) 1920 ई. के भारतीय राष्ट्रीय कांग्रेस के कलकत्ता के विशेष अधिवेशन में गाँधीजी के असहयोग का समर्थन मोती लाल नेहरू ने किया जबकि इसका विरोध सी. आर. दास, मदनमोहन मालवीय और विपिन चन्द्र पाल ने किया। सी. आर. दास ने 1920 ई. के नागपुर के वार्षिक अधिवेशन में अपना विरोध वापस ले लिया और असहयोग प्रस्ताव स्वयं पेश किया जिसे मोतीलाल नेहरू आदि के समर्थन से पारित कर दिया गया। इसके विरोध में जिन्ना, एनी बेसेण्ट, विपिन चन्द्र पाल, जी. एस. खार्पेड आदि नेताओं ने कांग्रेस छोड़ दिया।

28. कथन (A) : भारतीय राष्ट्रीय कांग्रेस के आरम्भिक वर्षों में यह निर्णय लिया गया था कि कांग्रेस का अधिवेशन देश के विभिन्न भागों में बारी-बारी से आयोजित किया जाएगा।

कारण (R) : कांग्रेस का एकदम प्रारम्भिक नेतृत्व देश के विभिन्न भागों से सम्बन्धित सामाजिक सुधार का मुद्दा उठाना चाहता था।

कूट:

(a) A और R दोनों सही हैं और R, A की सही स्पष्टीकरण है।
(b) A और R दोनों सही हैं परन्तु R, A का सही स्पष्टीकरण नहीं है।
(c) A सही है, परन्तु R गलत है।
(d) A गलत है, परन्तु R सही है।

उत्तर (c) तत्कालीन परिस्थितियों में राष्ट्रीय आंदोलन के विकास के लिए आवश्यक था कि देश के विभिन्न भागों में रहने वाले तथा अलग-अलग मतों के लोगों के बीच सम्बन्ध स्थापित कर देश को एक राष्ट्र के रूप में संगठित किया जाए। नरमपंथियों द्वारा इस क्षेत्र में किए गए प्रयासों के फलस्वरूप ही शिक्षित भारतीयों में राष्ट्रयता की भावनाओं का विकास हुआ। कांग्रेस के अधिवेशन बारी-बारी से देश के विभिन्न हिस्सों में आयोजित करने का उद्देश्य देश के विभिन्न हिस्सों में राष्ट्रीय भावना को बल प्रदान करना था। कांग्रेस का प्रारम्भिक नेतृत्व देश के विभिन्न भागों से सम्बन्धित सामाजिक सुधार का मुद्दा उठाना नहीं चाहता था। **अत: कथन (A) सही है, जबकि कारण (R) गलत है।**

29. कांग्रेस के 1916 ई. के लखनऊ अधिवेशन में निम्न में से किसने यह महत्वपूर्ण सुझाव दिया था कि कांग्रेस द्वारा एक कार्यकारी कमेटी बनाई जानी चाहिए, जो कांग्रेस का दिन-प्रतिदिन का कामकाज देखे?

(a) एनी बेसेंट
(b) बाल गंगाधर तिलक
(c) मदन मोहन मालवीय
(d) सुरेन्द्र नाथ बनर्जी

उत्तर (b) कांग्रेस के 1916 के लखनऊ अधिवेशन की अध्यक्षता श्री अम्बिकाचरण मजूमदार ने की थी। कांग्रेस के 1916 ई. के लखनऊ अधिवेशन में बाल गंगाधर तिलक ने महत्वपूर्ण सुझाव दिया था कि कांग्रेस द्वारा एक कार्यकारी कमेटी बनाई जानी चाहिए, जो कांग्रेस का दिन प्रतिदिन का कामकाज देखे, परन्तु नरमपंथियों के विरोध के कारण यह प्रस्ताव मंजूर न हो सका। वास्तव में तिलक चाहते थे कि कांग्रेस अकर्मण्य न रहे, थोड़ा सजीव बने और काम करे।

30. भारतीय राष्ट्रीय कांग्रेस के किस अधिवेशन में गाँधी-इरविन समझौता स्वीकृत किया?

(a) कराची अधिवेशन
(b) लाहौर अधिवेशन
(c) कलकत्ता अधिवेशन
(d) त्रिपुरी अधिवेशन

उत्तर (a) गाँधी-इरविन के बीच प्रसिद्ध दिल्ली समझौता 5 मार्च, 1931 ई. को सम्पन्न हुआ। इस समझौते पर मोहर लगाने के लिए कांग्रेस का अधिवेशन 28-31 मार्च, 1931 ई. के बीच कराची में सरदार वल्लभ भाई पटेल की अध्यक्षता में सम्पन्न हुआ। इसी में मूल अधिकार से सम्बन्धित प्रस्ताव भी पारित किया गया।

31. निम्नलिखित में से कौन-सा एक युग्म सही सुमेलित नहीं है?

(a) 1887 का भारतीय राष्ट्रीय कांग्रेस सत्र, कलकत्ता
(b) 1916 का भारतीय राष्ट्रीय कांग्रेस सत्र, लखनऊ
(c) 1922 का भारतीय राष्ट्रीय कांग्रेस सत्र, गया
(d) 1939 का भारतीय राष्ट्रीय कांग्रेस सत्र, त्रिपुरी

उत्तर (a) 1887 ई. का भारतीय राष्ट्रीय कांग्रेस का अधिवेशन मद्रास में सम्पन्न हुआ। इसकी अध्यक्षता बदरुद्दीन तैय्यब जी (प्रथम मुस्लिम अध्यक्ष) ने की थी। 1916 ई. में लखनऊ में कांग्रेस अधिवेशन हुआ था, जिसके अध्यक्ष अम्बिका चरण मजूमदार थे। 1922 ई. के गया अधिवेशन की अध्यक्षता सी. आर. दास ने की थी। 1939 ई. के त्रिपुरी अधिवेशन के अध्यक्ष सुभाष चन्द्र बोस थे।

32. निम्नलिखित कांग्रेस अधिवेशनों में किस अधिवेशन में मूलभूत अधिकार तथा आर्थिक नीति पर प्रस्ताव पारित किया?

(a) बेलगाँव 1924
(b) कलकत्ता 1928
(c) लाहौर 1929
(d) कराची 1931

उत्तर (d) मार्च, 1931 ई. में सरदार वल्लभभाई पटेल की अध्यक्षता में कांग्रेस का अधिवेशन कराची में सम्पन्न हुआ। इसमें मौलिक अधिकार तथा आर्थिक नीति पर प्रस्ताव पास किए गए।

33. सूची-I (कांग्रेस सत्र) को सूची-II (संकल्प) से सुमेलित कीजिए तथा सूचियों के नीचे दिए गए कूट का प्रयोग करके सही उत्तर चुनिए–

सूची-I	सूची-II
A. लाहौर, 1929	1. मूलभूत कृषि भूमि कार्यक्रम
B. कराची, 1931	2. राष्ट्रीय एकता
C. फैजपुर, 1937	3. मौलिक अधिकार
D. रामगढ़, 1940	4. पूर्ण स्वराज

कूट:

	A	B	C	D
(a)	3	1	4	2
(b)	4	3	1	2
(c)	4	2	1	3
(d)	1	3	2	4

उत्तर (b) मार्च 1931 ई. में कांग्रेस का अधिवेशन सरदार वल्लभभाई पटेल की अध्यक्षता में कराची में हुआ। कराची अधिवेशन में पूर्ण स्वराज्य के साथ गाँधी-इरविन पैक्ट को स्वीकार कर लिया गया। यहीं मौलिक अधिकार और कर्त्तव्य शीर्षक प्रस्ताव भी स्वीकार किया गया। इसी समय गाँधी जी ने कहा था कि 'गाँधी मर सकता हैं, परन्तु गाँधीवाद नहीं।' इसी अधिवेशन में राष्ट्रीय आर्थिक कार्यक्रम से सम्बद्ध प्रस्ताव भी स्वीकार कर लिया गया। 1937 ई. के फैजपुर अधिवेशन (महाराष्ट्र) की अध्यक्षता जवाहर लाल नेहरू ने की। पहली बार कांग्रेस का अधिवेशन एक गाँव में हुआ। इस अधिवेशन में एक 13 सूत्रीय अस्थाई कृषि कार्यक्रम घोषित किया गया।

कांग्रेस द्वारा लाहौर में 1929 ई. के अधिवेशन में पं. जवाहर लाल नेहरू की अध्यक्षता में पहली बार पूर्ण स्वराज की घोषणा हुई। इसी समय रावी नदी के तट पर नेहरू ने तिरंगा फहराया और प्रत्येक 26 जनवरी को पूर्ण स्वाधीनता दिवस के रूप में मनाने की घोषणा की। 1940 ई. में कांग्रेस का अधिवेशन बिहार के रामगढ़ में हुआ। इस अधिवेशन की अध्यक्षता अबुल कलाम आजाद ने की। 1941-45 तक कांग्रेस का कोई अधिवेशन नहीं हुआ। इसलिए लगातार छः वर्षों तक अबुल कलाम आजाद ही कांग्रेस के अध्यक्ष पद पर बने रहे।

34. सूची-I को सूची-II से सुमेलित कीजिए तथा सूचियों के नीचे दिए गए कूट का सही उत्तर का चयन कीजिए–

सूची-I	सूची-II
A. भारतीय राष्ट्रीय कांग्रेस का लाहौर अधिवेशन, जिसमें पूर्ण स्वराज्य के लक्ष्य को अपनाया गया।	1. 1928 ई.
B. नौजवान भारत का गठन	2. 1931 ई.
C. भारतीय राष्ट्रीय कांग्रेस, कराची अधिवेशन, जिसमें मौलिक अधिकारों को अपनाया गया।	3. 1927 ई.
D. उपनिवेशवाद और साम्राज्यवाद के विरुद्ध ब्रुसेल्स सम्मेलन	4. 1929 ई.

कूट:

	A	B	C	D
(a)	1	2	3	4
(b)	4	1	2	3
(c)	4	3	2	1
(d)	3	2	4	1

उत्तर (c) 1929 ई. में पं. जवाहर लाल नेहरू की अध्यक्षता में लाहौर में रावी नदी के तट पर पूर्ण स्वराज की माँग की गई। नौजवान भारत सभा का गठन 1927 ई. में सरदार भगत सिंह के प्रयत्नों से हुआ था। 1931 ई. के कांग्रेस के कराची अधिवेशन में प्रथम बार मौलिक अधिकारों से सम्बन्धित विधेयक पास किया गया। इसकी अध्यक्षता सरदार पटेल ने की थी। उपनिवेशवाद और साम्राज्यवाद के विरुद्ध ब्रुसेल्स सम्मेलन 1928 ई. में हुआ। इसमें जवाहर लाल नेहरू ने भी भाग लिया था एवं समाजवादी विचारधारा से प्रभावित हुए थे।

35. सुभाष चन्द्र बोस ने 1939 में कांग्रेस अध्यक्ष का चुनाव किस आधार पर लड़ा?

(a) उन्हें सीतारमैय्या का नामांकन पसन्द नहीं था।
(b) उन्होंने नामांकन के स्थान पर चुनाव की पैरवी की।
(c) वे गाँधीजी के विरुद्ध थे।
(d) वह एक आक्रामक नीति के पक्ष में थे, जिसका कांग्रेस के नेता विरोध कर रहे थे।

उत्तर (d) सुभाष चन्द्र बोस 1938 ई. के हरिपुरा अधिवेशन की अध्यक्षता कर चुके थे। 1939 ई. में उन्होंने पुनः इस पद पर खड़े होने का निर्णय लिया। उन्हें वामपंथियों का समर्थन प्राप्त था, जबकि गाँधी के नेतृत्व में दक्षिणपंथी पट्टाभि सीतारमैय्या का समर्थन कर रहे थे। सुभाष चन्द्र बोस अंग्रेजों के प्रति एक आक्रामक नीति के पक्ष में थे, जिसका कांग्रेस के दक्षिणपंथी नेता विरोध कर रहे थे। सुभाष चन्द्र बोस का मत था कि अध्यक्ष का पद वामपंथियों के हाथ में रहने से कार्य समिति में वामपंथियों की संख्या बढ़ाई जा सकती थी, ताकि दक्षिणपंथियों को समझौते की तरफ जाने से रोका जा सके।

10 क्रांतिकारी आंदोलन

1. निम्नलिखित में से कौन-सा/से 1930 के दशक के दौरान क्रांतिकारी राष्ट्रवादी आंदोलन के पतन का/के कारण था/थे?

1. जनता के बीच सामाजिक आधार का अभाव।

2. ब्रिटिश सरकार द्वारा दमन।

3. एक केन्द्रीय नेतृत्व का अभाव।

नीचे दिए गए कूट का प्रयोग कर सही उत्तर चुनिए-

(a) केवल 1 और 2 (b) केवल 2

(c) केवल 1 और 3 (d) 1, 2 और 3

उत्तर (d) **कथन 1 सही है।** ये क्रांतिकारी जन-समर्थित संघर्ष का नेतृत्व करने के अपने घोषित उद्देश्य में तथा जनसमुदाय से व्यापक सम्पर्क साधने में भी विफल रहे। इन क्रांतिकारी राष्ट्रवादियों की राजनीति की गम्भीर सीमाएं थीं। यह जनसमूह को संगठित नहीं कर पायी। वास्तव में इनका अपना कोई जनाधार नहीं था। उन सबका अपने व्यक्तिगत पराक्रम में ही विश्वास था।

कथन 2 सही है। सरकार की कठोर कार्रवाई ने क्रांतिकारियों को धीरे-धीरे समाप्त ही कर दिया था। 27 फरवरी, 1931 को चन्द्रशेखर आजाद की इलाहाबाद के एक सार्वजनिक पार्क में एक पुलिस मुठभेड़ में मृत्यु से उत्तर भारत में क्रांतिकारी आंदोलन वास्तविक रूप में समाप्त ही हो गया। सूर्य सेन की शहादत से बंगाल में भी क्रांतिकारी आतंकवाद वास्तव में समाप्त ही हो गया।

कथन 3 सही है। विभिन्न क्रांतिकारी समूहों के भिन्न-भिन्न उद्देश्य थे और वे छिटपुट समूहों में बिना किसी केन्द्रीय नेतृत्व के कार्य करते थे।

2. निम्नलिखित युग्मों पर विचार कीजिए-

	षडयंत्र मुकदमा		**सम्मिलित व्यक्तित्व**
1.	**मुजफ्फरपुर षड्यंत्र**	:	**सचीन्द्रनाथ सान्याल और रास बिहारी बोस**
2.	**दिल्ली षड्यंत्र**	:	**प्रफुल्ल चाकी और खुदीराम बोस**
3.	**लाहौर षड्यंत्र**	:	**भगत सिंह**

उपर्युक्त युग्मों में से कौन-सा/से सही है/हैं?

(a) केवल 1 (b) केवल 2 और 3

(c) केवल 3 (d) 1, 2 और 3

उत्तर (c) मुजफ्फरपुर षड्यंत्र - 1908 में प्रफुल्ल चाकी और खुदीराम बोस द्वारा मुजफ्फरपुर के न्यायाधीश किंग्सफोर्ड पर बम फेंकने का प्रयास।

अलीपुर षड्यंत्र मुकदमा - अरविंद घोष बंदी बनाए गए।

दिल्ली षड्यंत्र मुकदमा (1912)-रास बिहारी बोस पर लॉर्ड हार्डिंग की हत्या का प्रयास करने का आरोप लगाया गया।

कानपुर षड्यंत्र मुकदमा (1924)-ब्रिटिश, सरकार ने चार साम्यवादियों मुजफ्फर अहमद, एम.ए.डांगे, शौकत उस्मानी और नलिनी गुप्ता के विरुद्ध मुकदमा आरम्भ किया। सरकार ने आरोप लगाया कि साम्यवादी ब्रिटिश भारत की सम्प्रभुता से ब्रिटिश सम्राट को वंचित करना चाहते थे।

काकोरी षड्यंत्र मुकदमा - 9 अगस्त, 1925 को दस क्रांतिकारियों ने सहारनपुर से लखनऊ जाने वाली ट्रेन को काकोरी में रोक लिया और उसकी आधिकारिक रेलवे नकदी लूट ली। अश्फाक उल्ला खान, रामप्रसाद बिस्मिल, रोशन सिंह, और राजेन्द्रनाथ लाहिड़ी को फाँसी पर लटका दिया गया।

लाहौर षड्यंत्र मुकदमा - भगत सिंह, सुखदेव, राजगुरु ने लाला लाजपत राय की मृत्यु का प्रतिशोध लेने के लिए लाहौर में पुलिस अधिकारी सॉन्डर्स की हत्या कर दी (दिसम्बर 1928)।

मेरठ षड्यंत्र केस (1929)- मेरठ षड्यंत्र केस एक विवादास्पद कोर्ट केस था। इस केस का आरम्भ मार्च 1929 में हुआ और इसका फैसला जनवरी 1933 में आया। भारतीय रेलवे हड़ताल के आयोजन के लिए तीन अंग्रेजों सहित कई व्यापारिक संघ के कई लोगों को गिरफ्तार किया गया था। ब्रिटिश सरकार द्वारा एक झूठे मुकदमे के तहत 33 वामपंथी ट्रेड यूनियन ने नेताओं को दोषी ठहराया गया।

3. निम्नलिखित संगठनों पर विचार कीजिए-

1. अभिनव भारत

2. अनुशीलन समिति

3. हिन्दुस्तान सोशलिस्ट रिपब्लिकन एसोसिएशन (HSRA)

उपर्युक्त संगठनों में से कौन-सा/से दमनकारी अधिकारियों की हत्या में संलग्न थे?

(a) केवल 1 (b) केवल 1 और 2

(c) केवल 2 और 3 (d) 1, 2 और 3

उत्तर (d) अभिनव भारत समाज (यंग इंडिया सोसायटी) विनायक दामोदर सावरकर और उनके भाई गणेश दामोदर सावरकर द्वारा 1904 में स्थापित किया गया एक गुप्त समाज था। आरम्भिक रूप से नासिक में मित्र-मेला के रूप में स्थापित यह समाज धीरे-धीरे विकसित होता गया और इसमें सैकड़ों क्रांतिकारी एवं राजनीतिक कार्यकर्ता सम्मिलित होते गए।

अनुशीलन समिति, बंगाल में एक सशस्त्र विरोधी संगठन एवं 20वीं शताब्दी के प्रारम्भिक वर्षों में इस क्षेत्र में संचालित प्रमुख गुप्त क्रांतिकारी संगठन था। इसकी गतिविधियों में बम बनाना, हथियार चलाने का प्रशिक्षण देना एवं ब्रिटिश अधिकारियों तथा समिति द्वारा 'गद्दारों' के रूप में चिह्नित भारतीयों की हत्या करना था।

हिन्दुस्तान सोशल रिपब्लिक एसोसिएशन (HSRA) ब्रिटिश अधिकारी - जॉन सॉन्डर्स की हत्या में संलिप्त था।

4. निम्नलिखित में से कौन-से युग्म सही सुमेलित हैं?

	घटना		**सम्बद्ध नेता**
1.	**चटगांव विद्रोह**	:	**सूर्य सेन**
2.	**काकोरी कांड**	:	**रामप्रसाद बिस्मिल**
3.	**मेरठ षड्यंत्र**	:	**एस. ए. डांगे**
4.	**कानपुर षड्यंत्र**	:	**एम. एन. रॉय**

नीचे दिए गए कूट का प्रयोग कर सही उत्तर चुनिए-

(a) केवल 1 और 3
(b) केवल 2 और 4
(c) केवल 1, 2 और 3
(d) 1, 2, 3 और 4

उत्तर (d) युग्म 1 सही सुमेलित है। बंगाल में 1930 में चटगांव विद्रोह का संगठन सूर्य सेन द्वारा किया गया था।

युग्म 2 सही सुमेलित है। रामप्रसाद बिस्मिल इसमें शामिल थे और काकोरी डकैती के अंतर्गत उन पर मुकदमा चलाया गया था।

युग्म 3 और 4 भी सही सुमेलित हैं। मेरठ और कानपुर षड्यंत्र केस में साम्यवादियों के विरुद्ध मुकदमा चलाया गया था। साम्यवादी नेता होने के नाते, एस. ए. डांगे पर मेरठ प्रकरण में मुकदमा चला था। एम. एन. रॉय भी साम्यवादी नेता थे। उन पर कानपुर षड्यंत्र में मुकदमा चला था।

5. निम्नलिखित कथनों पर विचार कीजिए–

1. क्रांतिकारियों की एक गुप्त संस्था अभिनव भारत का गठन वी. डी. सावरकर ने किया था।

2. बंगाल में संध्या और महाराष्ट्र में काल नामक समाचार-पत्रों ने क्रांतिकारी आतंकवाद का समर्थन किया।

3. अनुशीलन समिति बंगाल में सक्रिय एक क्रांतिकारी संगठन थी।

उपर्युक्त कथनों में से कौन-सा/से सही है/हैं?

(a) केवल 1 (b) केवल 1 और 2
(c) केवल 2 और 3 (d) 1, 2 और 3

उत्तर (d) कथन 1 सही है। विनायक दामोदर सावरकर ने 1904 में 'अभिनव भारत' का गठन किया था।

कथन 2 सही है। बंगाल में 'संध्या' और 'युगांतर' और महाराष्ट्र में 'काल' प्रमुख समाचार पत्र थे, जो 20वीं सदी के दौरान क्रांतिकारी आतंकवाद का समर्थन करते थे।

कथन 3 सही है। क्रांतिकारी संगठन अनुशीलन समिति बंगाल में सक्रिय थी। यह प्रारम्भिक 20वीं सदी के सबसे प्रसिद्ध क्रांतिकारी आतंकवादी संगठनों में से एक थी। केवल इसके ढाका अनुभाग की ही 500 शाखाएं थीं।

6. गदर आंदोलन की निम्नलिखित में से कौन-सी कमजोरियां थीं?

1. ब्रिटिश शक्ति को कम करके आंकना और पर्याप्त तैयारियों की कमी।

2. प्रभावी और सतत नेतृत्व उत्पन्न करने में इसकी विफलता।

3. इसकी संगठनात्मक संरचना कमजोर थी।

4. इसके अधिकांश नेतृत्वकर्त्ता सिख समूह से थे और यह मुख्य रूप से धार्मिक प्रकृति का था।

नीचे दिए गए कूट का प्रयोग कर सही उत्तर चुनिए-

(a) केवल 1 और 4
(b) केवल 2 और 3
(c) केवल 1, 3 और 4
(d) केवल 1, 2 और 3

उत्तर (d) कथन 1, 2 और 3 सही है क्योंकि उनकी कमजोरी उनकी तैयारी की कमी में निहित थी। क्योंकि उन्होंने अंग्रेजों की शक्ति कम आंकी। इसके साथ ही लाला हरदयाल प्रेरक होते हुए भी, इतने बड़े पैमाने पर आंदोलन का संगठन करने में निपुण नहीं थे। उनकी संगठनात्मक संरचना भी कमजोर थी।

कथन 4 सही नहीं है। हालांकि गदर आंदोलन के अधिकांश नेता और अधिकांश प्रतिभागी सिख थे, लेकिन गदर के माध्यम से सृजित और प्रसारित विचारधारा और अन्य प्रकाशन दृढ़ता से धर्मनिरपेक्ष थे।

7. 1920 के दशक के युवा क्रांतिकारियों के सम्बन्ध में निम्नलिखित कथनों पर विचार कीजिए–

1. चन्द्रशेखर आजाद समाजवादी विचारों के आलोचक थे।

2. हिन्दुस्तान रिपब्लिकन एसोसिएशन का गठन सशस्त्र क्रांति संगठित करने के लिए किया गया था।

3. भगत सिंह वाद-विवाद और चर्चा-परिचर्चा के मंच के रूप में विधान सभा का उपयोग करना चाहते थे।

उपर्युक्त कथनों में से कौन-सा/से सही नहीं है/हैं?

(a) केवल 1 और 2 (b) केवल 2 और 3
(c) केवल 1 और 3 (d) 1, 2 और 3

उत्तर (c) कथन 1 गलत है। आजाद समाजवादी विचारों के अधिक समर्थक थे।

कथन 2 सही है। हिन्दुस्तान रिपब्लिकन एसोसिएशन का गठन 1924 में एक सशस्त्र क्रांति की योजना बनाने के लिए किया गया था। लेकिन इसके प्रणेता समाजवादी विचारों से प्रभावित हो गए। 1928 में, चन्द्रशेखर आजाद के नेतृत्व में, उन्होंने अपने संगठन का नाम बदलकर हिन्दुस्तान सोशलिस्ट रिपब्लिकन एसोसिएशन कर दिया।

कथन 3 गलत है। भगत सिंह ने जब संसद में बम फेंका था तो वह क्रांतिकारी विचारधारा का प्रचार करने के लिए अदालत का उपयोग एक मंच के रूप में करना चाहते थे। उन्होंने कभी संसद का हिस्सा बनने की कोशिश नहीं की और न ही बहस अथवा चर्चा के लिए एक मंच के रूप में उसका उपयोग करने का कभी कोई प्रयास किया।

8. प्रारम्भिक 20वीं सदी में क्रांतिकारी राष्ट्रवादियों के सम्बन्ध में निम्नलिखित कथनों पर विचार कीजिए–

1. क्रांतिकारी राष्ट्रवाद का विकास स्वदेशी आंदोलन की समाप्ति के बाद हुआ।

2. उन्होंने जन लामबंदी के माध्यम से क्रांति लाने का प्रयास किया।

3. क्रांतिकारी राष्ट्रवादी न केवल विश्व में घटित हो रही घटनाओं से प्रेरित थे बल्कि उन्होंने विदेशों में अपने केन्द्र भी स्थापित किए।

उपर्युक्त कथनों में से कौन-सा/से सही है/हैं?

(a) केवल 1 (b) केवल 1 और 3
(c) केवल 2 और 3 (d) 1, 2 और 3

उत्तर (b) कथन 1 सही है। स्वदेशी आंदोलन को रोकने में सरकार सफल रही, लेकिन राष्ट्रवादी भावनाओं की लहर खत्म न हो सकी। लोग अपनी सदियों की नींद से जाग चुके थे; उन्होंने राजनीति में एक साहसिक और निर्भीक रुख अपनाना सीख लिया था। लोगों को एक सकारात्मक नेतृत्व प्रदान करने के लिए, नेतृत्व की विफलता के कारण निराश और सरकारी दमन के परिणामस्वरूप अंत में क्रांतिकारी आतंकवाद का जन्म हुआ। बंगाल के नवयुवकों ने पाया कि शांतिपूर्ण विरोध और राजनीतिक कार्रवाई के सभी मार्ग बंद हैं और हताश होकर वे व्यक्तिगत साहसिक कार्रवाई और बम का सहारा लेने को विवश हो गए।

कथन 2 गलत है। क्रांतिकारी राष्ट्रवादियों ने एक जन क्रांति पैदा करने की कोशिश की, इसके बजाय उन्होंने आयरिश आतंकवादियों और रूसी निहिलिस्टों का तरीका (यानी व्यक्तिगत कार्रवाई के माध्यम से अलोकप्रिय अधिकारियों की हत्या करने का तरीका) अपनाने की कोशिश की।

कथन 3 सही है। क्रांतिकारी आतंकवादी कई वैश्विक घटनाओं जैसे रूसी क्रांति इत्यादि से प्रेरित थे। क्रांतिकारी आतंकवादियों ने विदेश में भी केन्द्र स्थापित किए। उनमें से अधिक प्रसिद्ध थे। लंदन में श्यामजी कृष्ण वर्मा, वी. डी. सावरकर और हरदयाल तथा यूरोप में मैडम भीकाजी कामा व अजित सिंह।

9. गदर आंदोलन के संदर्भ में, निम्नलिखित कथनों पर विचार कीजिए–

1. गदर पार्टी मानती थी कि ब्रिटिश शासन को केवल सशस्त्र विद्रोह द्वारा उखाड़ फेंका जा सकता है।

2. सैन फ्रांसिस्को आधारित इस आंदोलन का उद्देश्य उत्तरी अमेरिका में भारतीय आप्रवासियों के विरुद्ध किए जाने वाले भेदभाव के विरुद्ध संघर्ष करना था।

3. अंग्रेजों द्वारा आंदोलन का दमन करने के लिए डिफेंस ऑफ इंडिया एक्ट (भारत रक्षा अधिनियम) पारित किया गया था।

उपर्युक्त कथनों में से कौन-सा/से सही है/हैं?

(a) केवल 1 (b) केवल 2 और 3
(c) केवल 1 और 3 (d) 1, 2 और 3

उत्तर (c) गदर पार्टी के लिए लाला हरदयाल द्वारा उल्लिखित राजनीतिक कार्रवाई की योजना इस समझ पर आधारित थी कि ब्रिटिश शासन केवल सशस्त्र विद्रोह द्वारा ही उखाड़ फेंका जा सकता है और ऐसा होने के लिए यह आवश्यक था कि बड़ी संख्या में भारतीय आप्रवासी भारत जाए और आम जनता और भारतीय सेना के सैनिकों तक इस संदेश को ले जाए। इसलिए, **कथन 1 सही है।**

यह माना जाता था कि अमेरिका में उपलब्ध स्वतंत्रता, अमेरिकियों के विरुद्ध लड़ने के लिए प्रयोग करने के लिए नहीं है, क्योंकि किसी भी स्थिति में भारतीयों को विदेशों में तब तक कभी भी समान नहीं स्वीकार किया जाएगा, जब तक वे अपने ही देश में स्वतंत्र नहीं होंगे। **इसलिए, कथन 2 गलत है।**

अंग्रेजों ने मुख्य रूप से गदर आंदोलन को कुचलने के लिए भारत का अधिनियम पारित किया था।

10. भगत सिंह और बटुकेश्वर दत्त ने क्या पारित होने के विरोध में केन्द्रीय विधान सभा में बम फेंका था?

1. व्यापार विवाद अधिनियम

2. अराजक और क्रांतिकारी अपराध विधेयक (Anarchical and Revolutionary Crimes Bill)

3. सार्वजनिक सुरक्षा विधेयक

नीचे दिए गए कूट का प्रयोग कर सही उत्तर चुनिए–

(a) केवल 1 और 2
(b) केवल 1 और 3
(c) केवल 2 और 3
(d) 1, 2 और 3

उत्तर (b) जब ब्रिटिश सरकार द्वारा प्रख्यापित किए जा रहे दो विधेयक 'व्यापार विवाद विधेयक' और 'सार्वजनिक सुरक्षा विधेयक' को भगत सिंह और उनकी पार्टी द्वारा नागरिकों की स्वतंत्रता को रोकने वाला काला कानून माना गया और तब उन्होंने केन्द्रीय विधान सभा हॉल में एक बम फेंक कर इन विधेयकों का विरोध करने का निर्णय किया।

अराजक और क्रांतिकारी अपराध अधिनियम, 1919 लोकप्रिय रूप से रॉलेट एक्ट के नाम से जाना जाता है।

11. क्रांतिकारी गतिविधियों के संदर्भ में, निम्नलिखित में से कौन-से युग्म सही सुमेलित हैं?

घटना	नेता
1. मानिकतला बम षड्यंत्र	अरविंद घोष
2. मुजफ्फरपुर हत्याकांड	खुदीराम बोस
3. रेंड की हत्या	चापेकर बंधु
4. कर्जन वायली की हत्या	वी. डी. सावरकर

नीचे दिए गए कूट का प्रयोग कर सही उत्तर चुनिए–

(a) केवल 1 और 3
(b) केवल 1, 2 और 3
(c) केवल 2 और 4
(d) केवल 2, 3 और 4

उत्तर (b) **अलीपुर षड्यंत्र**– सरकार द्वारा कलकत्ता में मानिकतला बगीचों और अन्य स्थानों पर अवैध हथियारों हेतु की गई खोज के परिणामस्वरूप घोष बंधुओं अरविंद घोष और वारिन्द्र घोष समेत 34 व्यक्तियों को गिरफ्तार किया गया।

मुजफ्फरपुर हत्याकाण्ड– मुजफ्फरपुर के न्यायाधीश श्री किंग फोर्ड की हत्या का प्रयास किया गया था, किन्तु बम फेंकने में हुई गलती के कारण उनके स्थान पर दो महिलाओं की जान चली गई। प्रफुल्ल चाकी और खुदीराम बोस को गिरफ्तार कर लिया गया था; चाकी ने स्वयं को गोली मार ली, जबकि बोस पर मुकदमा चला और उनको फाँसी की सजा दे दी गई।

रेंड की हत्या– यह चापेकर बंधुओं, दामोदर चापेकर और बालकृष्ण चापेकर द्वारा योजनाबद्ध तरीके से की गई थी। उन्होंने प्लेग पीड़ितों की पहचान करने हेतु लोगों के घरों की तलाशी के दौरान सैनिकों द्वारा किए गए अत्याचारों के लिए कथित रूप से जिम्मेदार पूना प्लेग आयोग के अध्यक्ष डब्ल्यू. सी. रेंड की हत्या कर दी

कर्जन वायली की हत्या– यह हत्या मदन लाल ढींगरा द्वारा योजनाबद्ध तरीके से की गई थी। वी. डी. सावरकर, हरदयाल और मदनलाल ढींगरा, श्यामजी कृष्ण वर्मा द्वारा स्थापित की गई 'इंडिया होमरूल सोसायटी' के सदस्य थे। इस घटना के बाद मदनलाल को फाँसी की सजा दे दी गई और इंडिया हाउस की गतिविधियों को समाप्त कर दिया गया।

12. निम्नलिखित में कौन-से हिन्दुस्तान सोशलिस्ट रिपब्लिकन एसोसिएशन (एच. एस. आर. ए.) के उद्देश्य थे?

1. भारत में ब्रिटिश साम्राज्यवाद को एक संघीय गणतंत्र 'संयुक्त राज्य भारत' (यूनाइटेड स्टेट्स ऑफ इंडिया) द्वारा प्रतिस्थापित करना।

2. अहिंसक गाँधीवादी विधियों की निरर्थकता के प्रति लोगों की चेतना का जागृत करना।

3. पूर्ण स्वतंत्रता प्राप्त करने के लिए प्रत्यक्ष कार्रवाई और क्रांति की आवश्यकता और वांछनीयता को प्रदर्शित करना।

नीचे दिए गए कूट का प्रयोग कर सही उत्तर चुनिए–

(a) केवल 1 और 3 (b) केवल 2
(c) केवल 2 और 3 (d) 1, 2 और 3

उत्तर (d) उत्तर प्रदेश के विजय कुमार सिन्हा, शिव वर्मा और जयदेव कुमार जैसे लोगों और पंजाब के भगत सिंह, बी. सी. वोहरा और सुखदेव के द्वारा चन्द्रशेखर आजाद के सम्पूर्ण नेतृत्व में एच. आर. ए. को एच. एस. आर. ए. के रूप में पुनर्गठित किया गया था। इसके त्रि-आयामी उद्देश्य थे–

1. रूसी क्रांति और समाजवादी सोच से वैचारिक रूप से प्रेरित, ब्रिटिश साम्राज्यवाद को एक संघीय गणतंत्र 'संयुक्त राज्य भारत' (यूनाइटेड स्टेट्स ऑफ इंडिया) द्वारा प्रतिस्थापित करना।

2. अहिंसा के गाँधीवादी तरीकों की निरर्थकता के प्रति लोगों की चेतना को जगाना।

3. पूर्ण स्वतंत्रता प्राप्त करने हेतु प्रत्यक्ष कार्रवाई और क्रांति की आवश्यकता और वांछनीयता प्रदर्शित करना।

13. स्वतंत्रता आंदोलन के क्रांतिकारी आतंकवादियों का पहला महत्वपूर्ण साहसिक कार्य बर्रा डकैती का स्थान था–

(a) बम्बई-कर्नाटक में

(b) पंजाब में

(c) पूर्वी बंगाल में

(d) मद्रास प्रेसीडेंसी में

उत्तर (c) पूर्वी बंगाल में 1908 ई. में बर्रा डकैती पुलिन बिहारी दास के नेतृत्व में स्वतंत्रता आंदोलन के क्रांतिकारी आंतकवादियो का पहला महत्वपूर्ण साहसिक कार्य था।

14. 'इंकलाब जिंदाबाद' का नारा किसने दिया?

(a) इकबाल

(b) एम.के. गाँधी

(c) भगत सिंह

(d) एस.सी. बोस

उत्तर (c) भगत सिंह ने पहली बार 'इंकलाब जिंदाबाद' के नारे का प्रयोग किया।

15. 'निष्क्रिय विरोध' के सिद्धांत का प्रतिपादन किसने किया?

(a) महात्मा गाँधी

(b) विपिनचन्द्र पाल

(c) बाल गंगाधर तिलक

(d) अरविंद घोष

उत्तर (d) अरविंद घोष ने अपनी पुस्तक 'वंदे मातरंम' में 'निष्क्रिय विरोध' के सिद्धांत का प्रतिपादन किया था।

11 भारतीय राष्ट्रीय आंदोलन

बंगाल विभाजन एवं स्वदेशी आंदोलन

1. बंगाल विभाजन के बाद नरमपंथियों और गरमपंथियों दोनों को रोकने के लिए अंग्रेजों द्वारा प्रयुक्त निम्नलिखित में से कौन-सी त्रिआयामी रणनीति थी?

(a) उन्मूलन-समझौता-दमन
(b) समझौता-उन्मूलन-दमन
(c) दमन-उन्मूलन-समझौता
(d) दमन-समझौता-उन्मूलन

उत्तर (d) सूरत में विभाजन के पश्चात, ब्रिटिश सरकार ने नरमपंथियों और गरमपंथियों, दोनों से निपटने के लिए एक तीन-सूत्रीय नीति बनाई, जिसमें एक ही समय में दमन-समझौता-उन्मूलन (Repression-Conciliation-Suppression) का प्रयोग किया गया।

पहले चरण में गरमपंथियों का हल्का दमन किया जाना था ताकि नरमपंथियों में भय उत्पन्न हो जाये, फिर नरमपंथियों को कुछ सुविधाओं या छूट का भरोसा देकर उन्हें सांत्वना दी गई। नरमपंथियों द्वारा स्वयं को गरमपंथियों से अलग कर लिए जाने के बाद सरकार द्वारा पूर्ण शक्ति के साथ गरमपंथियों का उन्मूलन किया जाना था।

यह नीति कुछ सीमा तक नरमपंथियों के बीच दरार पैदा करने में सफल भी हुई।

2. निम्नलिखित में से किस/किन राष्ट्रवादी संगठनों की स्वदेशी आंदोलन के दौरान स्थापना की गई थी?

1. बंगाल नेशनल कॉलेज (Bengal National College)
2. राष्ट्रीय शिक्षा परिषद (National Council of Education)
3. बंगाल तकनीकी संस्थान (Bengal Technical Institute)

नीचे दिए गए कूट का प्रयोग कर सही उत्तर चुनिए।

(a) केवल 1
(b) केवल 2 और 3
(c) केवल 1 और 3
(d) 1, 2 और 3

उत्तर (d) स्वदेशी आंदोलन 1905 में बंगाल विभाजन के विरुद्ध आरम्भ किया गया था। इसका नेतृत्व भारतीय राष्ट्रीय कांग्रेस के गरमपंथियों द्वारा किया गया था और इसे नरमपंथियों का भी समर्थन प्राप्त था।

हालांकि, आंदोलन का सर्वाधिक महत्वपूर्ण पहलू आत्मनिर्भरता या आत्म-शक्ति पर ध्यान केन्द्रित किया जाना था। जिसके परिणामस्वरूप स्वदेशी उद्योगों और राष्ट्रवादी संस्थानों का विकास हुआ, जैसे अरविंद घोष द्वारा स्थापित बंगाल नेशनल कॉलेज, बंगाल टेक्निकल इंस्टीट्यूट, नेशनल कौंसिल ऑफ एजुकेशन इत्यादि। छात्रों को उच्च शिक्षण प्राप्त करने के लिए जापान भेजने हेतु धन भी जुटाया गया था।

3. निम्नलिखित में से स्वदेशी आंदोलन की समाप्ति के कारण कौन-से थे?

1. प्रमुख नेताओं की गिरफ्तारी और निर्वासन
2. भारतीय राष्ट्रीय कांग्रेस में विभाजन
3. सरकार द्वारा दमन
4. बंगाल विभाजन का निरसन

नीचे दिए गए कूट का प्रयोग कर सही उत्तर चुनिए-

(a) केवल 2 और 3
(b) केवल 1 और 4
(c) केवल 1, 2 और 3
(d) 1, 2, 3 और 4

उत्तर (c) **कथन 1 सही है।** 1907 और 1908 के बीच बंगाल में अश्विनी कुमार दत्त और कृष्ण कुमार मित्र समेत नौ प्रमुख नेताओं को निर्वासित किया गया था। तिलक को छह वर्ष के कारावास की सजा दी गई थी; अजित सिंह और पंजाब के लाला लाजपत राय को निर्वासित कर दिया गया था और चिदंबरम पिल्लई एवं हरिसर्वोत्तम राव को मद्रास एवं आंध्र से गिरफ्तार कर लिया गया था।

कथन 2 सही है। आंतरिक कलह और विशेष रूप से 1907 में सर्वोच्च अखिल भारतीय संगठन अर्थात् कांग्रेस में हुए विभाजन ने आंदोलन को कमजोर कर दिया।

कथन 3 सही है। आंदोलन की क्रांतिकारी क्षमता को देखकर सरकार ने भारी कार्रवाई की। सरकारी दमन ने जनसभाओं, जुलूसों और प्रेस पर नियंत्रण एवं प्रतिबंधों का रूप ले लिया। छात्र प्रतिभागियों को सरकारी स्कूलों और कॉलेजों ने निष्कासित कर दिया था, उन्हें सरकारी सेवा से वर्जित कर दिया गया, उन पर जुर्माना लगाया गया और कभी-कभी पुलिस द्वारा उन्हें पीटा भी गया।

कथन 4 गलत है। बंगाल विभाजन के 1911 में स्वदेशी आंदोलन के पतन या कमजोर पड़ने के बाद दिल्ली दरबार में रद्द कर दिया गया था।

4. विभिन्न क्षेत्रों में स्वदेशी आंदोलन के नेतृत्वकर्ताओं के सम्बन्ध में निम्नलिखित युग्मों पर विचार कीजिए-

नेतृत्वकर्ता	क्षेत्र
1. सैयद हैदर राजा	: दिल्ली
2. अजीत सिंह	: बिहार
3. चिदंबरम पिल्लई	: मद्रास
4. लाला लाजपत राय	: पंजाब

उपर्युक्त युग्मों में से कौन-सा/से सही सुमेलित है/हैं?

(a) केवल 1, 3 और 4
(b) केवल 1 और 4
(c) केवल 2 और 4
(d) केवल 1, 2 और 3

उत्तर (a) लोकमान्य तिलक ने स्वदेशी आंदोलन को भारत के विभिन्न भागों विशेष रूप से पूना और बम्बई पहुँचाया, सैयद हैदर रजा ने दिल्ली में आंदोलन का नेतृत्व किया; रावलपिंडी, कांगड़ा, जम्मू में सुल्तान और हरिद्वार स्वदेशी आंदोलन में सक्रिय भागीदारी के साझी बने, अजीत सिंह और लाला लाजपत राय ने पंजाब और उत्तरी भारत के अन्य भागों में स्वदेशी का संदेश प्रसारित किया। चिदंबरम पिल्लई ने मद्रास प्रेसीडेंसी में आंदोलन को फैलाया।

5. स्वदेशी आंदोलन के संदर्भ में निम्नलिखित में से कौन-सा कथन सही है?

(a) स्वदेशी आंदोलन की उत्पत्ति बंगाल विभाजन विरोधी आंदोलन से हुई थी और इस प्रकार यह केवल बंगाल तक ही सीमित रहा।

(b) आई. एन. सी. के नेतृत्वकर्त्ताओं के बीच आंदोलन की दिशा-धारा के सम्बन्ध में असहमति के कारण 1907 में सूरत विभाजन हुआ।

(c) इसमें छात्रों और शहरी मध्यम वर्ग ने व्यापक भागीदारी की, किन्तु इसमें महिलाओं और मजदूरों की भागीदारी का अभाव रहा।

(d) बंगाल के विभाजन की घोषणा के समय लॉर्ड रिपन वायसराय थे।

उत्तर (b) **विकल्प 1 सही नहीं है।** बंगाल विभाजन के विरोध के कारण इसकी उत्पत्ति होने पर भी बहिष्कार आंदोलन भारत के कई भागों में फैल गया।

विकल्प 2 सही है। क्योंकि अखिल भारतीय स्तर पर आंदोलन के प्रसार के प्रश्न एवं निष्क्रिय प्रतिरोध के प्रश्न ने आई. एन. सी. को विभाजित कर दिया, जिसके कारण यह 1907 में विभाजित हो गई।

विकल्प 3 सही नहीं है। राष्ट्रीय आंदोलन का सामाजिक आधार पर विस्तारित हो गया और इसने एक खास जमींदारी वर्ग अर्थात् शहरों और छोटे कस्बों में निचले मध्यम वर्ग एवं भारी पैमाने पर स्कूल और कॉलेज के छात्रों को सम्मिलित कर लिया। पहली बार महिलाएँ अपने घरों से बाहर निकलीं और उन्होंने जुलूस व धरना-प्रदर्शनों में भागीदारी की।

विकल्प 4 सही नहीं है। बंगाल विभाजन की घोषणा के समय लॉर्ड कर्जन वायसराय थे।

6. स्वदेशी आंदोलन मुस्लिम किसानों को व्यापक पैमाने पर आकर्षित करने में विफल क्यों हुआ?

1. अंग्रेजों की 'बाँटो और राज करो' की नीति, जिसने बंगाल को साम्प्रदायिक आधार पर विभाजित कर दिया।

2. जनता को लामबंद करने के लिए पारंपरिक रीति-रिवाजों, त्योहारों और संस्थानों का सहारा लेना।

3. अंग्रेजों द्वारा पूर्वी बंगाल में जमींदारी प्रथा के उन्मूलन का वादा।

नीचे दिए गए कूट का प्रयोग कर सही उत्तर चुनिए-

(a) केवल 3 (b) केवल 1

(c) केवल 1 और 2 (d) 1, 2 और 3

उत्तर (c) **कथन 1 सही है।** मुसलमानों को स्वदेशी आंदोलन के विरुद्ध करने हेतु साम्प्रदायिकता का उपयोग करने की ब्रिटिश नीति काफी हद तक इसके लिए उत्तरदायी थी। यह वह अवधि थी, जब सरकार के सक्रिय मार्गदर्शन और समर्थन के साथ ऑल इंडिया मुस्लिम लीग की स्थापना की गई थी। विशेष रूप से बंगाल में, ढाका के नवाब सलीमुल्लाह जैसे लोग स्वदेशी आंदोलन के विरोध में खड़े किए गए। मुल्ला और मौलवियों को दबाव देकर सेवा में लगाया गया और आश्चर्य की बात नहीं कि स्वदेशी आंदोलन के चरम समय पर बंगाल में साम्प्रदायिक दंगे भड़क उठे।

कथन 2 सही है। आम जनता को लामबंद करने के लिए पारंपरिक लोकप्रिय रीति-रिवाजों, त्यौहारों और संस्थानों का उपयोग किया गया जो जन आंदोलन खड़ा करने के लिए, विशेष रूप से प्रारम्भिक चरण के दौरान व्यापक रूप से प्रयुक्त तकनीक की गलत व्याख्या की गई और जिसे राज्य द्वारा समर्थित साम्प्रदायिक लोगों द्वारा विकृत कर दिया गया।

कथन 3 सही नहीं है। अंग्रेजों ने कभी भी किसी भी भूमि-सुधार का आश्वासन नहीं दिया था और वास्तव में मुस्लिम लीग (जिसने विभाजन का समर्थन किया था) का नेतृत्व मुख्य रूप से संपन्न जमींदार और शासक कर रहे थे जो भूस्वामित्व में किसी भी प्रकार के सुधार के विरुद्ध थे।

7. निम्नलिखित में से कौन-सी गतिविधियाँ स्वदेशी आंदोलन से सम्बद्ध थीं?

1. राष्ट्रवाद के लिए पारंपरिक त्योहारों और मेलों का उपयोग

2. 'आत्मशक्ति' या 'आत्म-निर्भरता' पर बल

3. विदेशी वस्तुओं का बहिष्कार

4. समितियों का स्वयंसेवकों के कोर का उपयोग

नीचे दिए गए कूट का प्रयोग कर सही उत्तर चुनिए-

(a) केवल 1, 2 और 3

(b) केवल 1, 3 और 4

(c) केवल 2 और 4

(d) 1, 2, 3 और 4

उत्तर (d) **कथन 1 सही है।** स्वदेशी आंदोलन के समय आम जनता तक पहुँचने के साधन के रूप में पारंपरिक लोकप्रिय त्योहारों और मेलों के रचनात्मक उपयोग देखने को मिले। तिलक द्वारा लोकप्रिय बनाए गए गणपति और शिवाजी उत्सव न केवल पश्चिमी भारत में, बल्कि बंगाल में भी स्वदेशी प्रचार के माध्यम बन गए। जात्रा जैसे पारंपरिक लोक रंगमंच रूपों का बड़े पैमाने पर लोगों के विशाल वर्गों तक सुगम रूप से स्वदेशी के संदेश के प्रसार में उपयोग किया गया, जिनमें से कई पहली बार आधुनिक राजनीतिक विचारों से परिचित हो रहे थे।

कथन 2 सही है। स्वदेशी आंदोलन का एक अन्य महत्वपूर्ण पहलू सरकार के विरुद्ध संघर्ष के आवश्यक अंग के रूप में आत्मनिर्भरता या 'आत्मशक्ति' पर दिया गया बल था। विभिन्न क्षेत्रों में आत्मनिर्भरता का अर्थ राष्ट्रीय गरिमा, सम्मान और विश्वास की फिर से बहाली थी।

कथन 3 सही है। आंदोलन द्वारा प्रक्षेपित संघर्ष कई रूपों में, विदेशी माल का बहिष्कार था, जिसे व्यावसायिक और लोकप्रिय स्तर पर सबसे बड़ी सफलता मिली। बहिष्कार और विदेशी कपड़ों पर सार्वजनिक दहन, विदेशी माल की बिक्री की दुकानों पर धरना आदि सभी बंगाल के दूरस्थ कोनों के साथ ही पूरे देश में कई महत्वपूर्ण कस्बों और शहरों में सामान्य घटना हो गए। महिलाओं ने विदेशी चूड़ियाँ पहनने और विदेशी बर्तनों का उपयोग करने से मना कर दिया, धोबियों ने विदेशी कपड़ा धोने से मना कर दिया और यहाँ तक कि पुजारियों ने ऐसे चढ़ावे को ठुकरा दिया, जिसमें विदेशी चीनी होती थी।

कथन 4 सही है। स्वयंसेवकों के कोर या समितियाँ, जैसा कि उन्हें कहा जाता था, स्वदेशी आंदोलन द्वारा व्यापक रूप से प्रयुक्त बड़े पैमाने पर लामबंदी के अन्य प्रमुख साधन थे। बारीसाल में अश्विनी कुमार दत्त, जो एक विद्यालय शिक्षक थे, द्वारा स्थापित स्वदेश बांधव समिति, इन सभी में से सबसे अधिक सुविदित स्वयंसेवक संगठन था।

8. स्वदेशी आंदोलन के सम्बन्ध में निम्नलिखित कथनों पर विचार कीजिए-

1. नरमपंथियों के विपरीत क्रांतिकारी राष्ट्रवादी आंदोलन को बंगाल तक सीमित रखना चाहते थे।

2. गरमपंथी, जो सरकार के साथ सहयोग के प्रत्येक रूप का बहिष्कार करना चाहते थे, उनके विपरीत नरमपंथी केवल विदेशी माल का बहिष्कार करना चाहते थे।

उपर्युक्त कथनों में से कौन-सा/से सही है/हैं?

(a) केवल 1 (b) केवल 2

(c) 1 और 2 दोनों (d) न तो 1, न ही 2

उत्तर (b) **कथन 1 गलत है।** नरमपंथियों के विपरीत, गरमपंथी इस आंदोलन को बंगाल के बाहर ले जाना चाहते थे, जबकि नरमपंथी इसे बंगाल तक ही सीमित रखना चाहते थे, क्योंकि उन्हें जन समुदाय की क्षमता पर विश्वास नहीं था।

कथन 2 सही है। गरमपंथियों के विपरीत, नरमपंथी सिर्फ विदेशी वस्तुओं का बहिष्कार करना चाहते थे, जो विदेशी वस्तुओं के बहिष्कार से कहीं आगे बढ़कर औपनिवेशिक सरकार के साथ हर प्रकार के सम्बन्ध या सहयोग का बहिष्कार करना चाहते थे।

9. 1905 में बंगाल विभाजन किस वायसराय ने किया?

(a) लॉर्ड हार्डिंग (b) लॉर्ड कर्जन

(c) लॉर्ड लिट्टन (d) लॉर्ड मिंटो

उत्तर (b) बंगाल का विभाजन 1905 ई. में लार्ड कर्जन (1899-1905) के काल में किया गया था। 1911 ई. में दिल्ली दरबार में बंगाल विभाजन को निरस्त कर दिया गया।

10. भारत की प्राचीन कला परंपराओं को पुनर्जीवित करने के लिए एक 'इंडियन सोसायटी ऑफ ओरियंटल आर्ट' की स्थापना की थी–

(a) अवनींद्रनाथ टैगोर

(b) नंदलाल बोस

(c) असित कुमार हलधर

(d) अमृता शेरगिल

उत्तर (a) अवनींद्रनाथ टैगोर ने 1907 ई. में भारत की प्राचीन कला परंपराओं को पुनर्जीवित करने के लिए एक 'इंडियन सोसायटी ऑफ ओरियंटल आर्ट' की स्थापना की।

मुस्लिम लीग एवं जिन्ना

1. निम्नलिखित में से जिन्ना की 14 मांगों के भाग कौन-सा/से थे?

1. बम्बई से सिन्ध का पृथक्करण

2. मुसलमानों के लिए पृथक निर्वाचक मण्डल

3. प्रांतों में अवशिष्ट शक्तियों के साथ संघीय संविधान।

4. केन्द्रीय विधायिका में एक-तिहाई मुस्लिम प्रतिनिधित्व।

नीचे दिए गए कूट का प्रयोग कर सही उत्तर चुनिए-

(a) केवल 1, 2 और 4

(b) केवल 1 और 3

(c) केवल 2 और 3

(d) 1, 2, 3 और 4

उत्तर (d) नेहरू रिपोर्ट की अनुशंसाएँ जिन्ना को स्वीकार्य नहीं थी। जिन्ना ने 1928 में कलकत्ता में आयोजित सर्वदलीय सम्मेलन में नेहरू रिपोर्ट में कुछ संशोधनों का प्रस्ताव रखा लेकिन उनकी माँगों को स्वीकार नहीं किया गया। 1929 में जिन्ना ने 14 माँगें प्रस्तुत की, जो मुस्लिम लीग के भविष्य से सभी प्रचार का आधार बनी।

इनमें माँगों में सम्मिलित था :

❖ प्रांतों में अवशिष्ट शक्तियों के साथ संघीय संविधान।

❖ प्रांतीय स्वायत्तता।

❖ भारतीय महासंघ का गठन करने वाले राज्यों की सहमति के बिना केन्द्र द्वारा कोई भी संवैधानिक संशोधन नहीं।

❖ जिन प्रांतों में मुस्लिमों का बहुमत था, वहाँ उन्हें अल्पसंख्यक बनाए बिना या समानता लाए बिना प्रत्येक प्रांत में सभी विधानसभाओं और निर्वाचित निकायों में मुस्लिमों का पर्याप्त प्रतिनिधित्व।

❖ सेवाओं में और स्वयं शासी निकायों में मुस्लिमों का पर्याप्त प्रतिनिधित्व।

❖ केन्द्रीय विधानमण्डल में एक तिहाई मुस्लिम प्रतिनिधित्व।

❖ केन्द्र में या प्रांतों में किसी भी कैबिनेट में एक तिहाई मुस्लिम हो।

❖ पृथक निर्वाचक मण्डल।

❖ किसी भी विधायिका में कोई भी विधेयक या प्रस्ताव पारित नहीं किया जाये, यदि अल्पसंख्यक समुदाय के तीन-चौथाई सदस्य इस प्रकार का विधेयक या प्रस्ताव अपने हितों के विरुद्ध मानते हैं।

❖ पंजाब, बंगाल और उत्तर-पश्चिम सीमांत प्रांत का ऐसा क्षेत्रीय पुनर्वितरण न हो, जो मुस्लिम बहुमत को प्रभावित करे/कम करे।

❖ बम्बई से सिन्ध का पृथक्करण।

❖ उत्तर-पश्चिम सीमांत प्रांत और ब्लूचिस्तान में संवैधानिक सुधार।

❖ सभी समुदायों के लिए पूर्ण धार्मिक स्वतंत्रता।

❖ धर्म, संस्कृति, शिक्षा और भाषा में मुस्लिम अधिकारों का संरक्षण।

2. निम्नलिखित कथनों पर विचार कीजिए–

1. एम. ए. जिन्ना के निर्देशन में मुस्लिम लीग ने मुस्लिम जनसंपर्क अभियान चलाया।

2. सरोजिनी नायडू ने एम. ए. जिन्ना को 'हिन्दू-मुस्लिम एकता के राजदूत' की उपाधि दी।

3. एम. ए. जिन्ना मुस्लिम लीग के संस्थापक सदस्यों में से एक थे।

उपर्युक्त कथनों में से कौन-सा/से सही है/हैं?

(a) केवल 1 और 2 (b) केवल 2

(c) केवल 2 और 3 (d) 1, 2 और 3

उत्तर (b) **कथन 1 सही नहीं है।** नेहरू जी की अध्यक्षता में आई. एन. सी. ने मुस्लिम जन संपर्क कार्यक्रम चलाया था।

कथन 2 सही है। राष्ट्रीय एकता के लिए जिन्ना के प्रयास के कारण उन्हें यह उपाधि प्राप्त हुई थी।

कथन 3 गलत है। जिन्ना बहुत बाद में मुस्लिम लीग में शामिल हो गए। वस्तुत: आरम्भ में उन्होंने मुस्लिम लीग के निर्माण की निन्दा की थी।

3. भारतीय राष्ट्रीय आंदोलन के दौरान, मुस्लिम लीग के संदर्भ में निम्नलिखित कथनों पर विचार कीजिए–

1. यह 1946 की अंतरिम सरकार में सम्मिलित नहीं हुई थी।

2. लीग ने कैबिनेट मिशन योजना के अनिवार्य समूहीकरण के विचार का समर्थन किया।

3. स्वायत्त मुस्लिम बहुल प्रांत के लिए लीग की माँग को क्रिप्स मिशन द्वारा स्वीकार किया गया था।

नीचे दिए गए कूट का प्रयोग कर सही उत्तर चुनिए-

(a) केवल 1

(b) केवल 2 और 3

(c) केवल 1 और 3

(d) उपर्युक्त में से कोई नहीं

उत्तर (b) **कथन 1 गलत है।** अंतरिम सरकार का गठन आरम्भ में कांग्रेस ने किया था और मुस्लिम लीग बाद में इसमें सम्मिलित हुई। 1946 के दौरान मुस्लिम लीग के एक नेता लियाकत अली खान अंतरिम सरकार में वित्त मंत्री थे। अंतरिम सरकार के निर्णय के पंख कुतरने में उन्होंने महत्वपूर्ण भूमिका निभाई थी।

कथन 2 सही हैं। मुस्लिम लीग अनिवार्य समूहीकरण के विचार के पक्ष में थी और उसने इसके लिए आक्रामक मुखरता प्रकट की।

कथन 3 सही है, क्योंकि क्रिप्स मिशन, 1942 द्वारा स्वायत्त मुस्लिम बहुल प्रांत की अवधारणा को स्वीकार कर लिया गया था।

4. निम्नलिखित में से किन घटनाओं ने ऑल इंडिया मुस्लिम लीग के गठन को प्रभावित किया था?

1. स्वदेशी आंदोलन

2. 1906 का मॉर्ले बजट भाषण

3. हिन्दी-उर्दू भाषा विवाद

4. हिन्दू महासभा का गठन

नीचे दिए गए कूट का प्रयोग कर सही उत्तर चुनिए-

(a) केवल 1, 2 और 3

(b) केवल 1 और 3

(c) केवल 2 और 4

(d) केवल 1, 2 और 4

उत्तर (a) निम्नलिखित घटनाएं ऑल इंडिया मुस्लिम लीग के गठन से पहले घटित हुई हैं-

हिन्दू-उर्दू विवाद : संयुक्त प्रांत (अब उत्तर प्रदेश) में, कार्यालयों और न्यायालयों में याचिकाएँ केवल उर्दू में प्रस्तुत की जाती थी क्योंकि उर्दू न्यायालय की भाषा थी। लंबे समय से हिन्दू इस प्रक्रिया में परिवर्तन की माँग कर रहे थे। अंतत: 8 अप्रैल, 1900 को सरकार ने निर्देश दिया कि देवनागरी लिपि (हिन्दी) में प्रस्तुत याचिकाएँ भी स्वीकार की जाएंगी। मुसलमानों ने इस निर्देश का विरोध किया और संपूर्ण प्रांत में विरोध बैठकों का आह्वान किया गया। हिन्दुओं ने बैठकों का आयोजन किया और यह विवाद महीनों तक जारी रहा, क्योंकि इन दोनों समुदायों के बीच दूरियाँ बढ़ चुकी थी।

बंगाल विभाजन और स्वदेशी आंदोलन : स्वदेशी नेताओं द्वारा मुक्त रूप से हिन्दू धर्म के प्रतीकों का उपयोग करने और मुस्लिम किसानों को बहिष्कार का पालन करने के लिए विवश करने के कारण इन दोनों समुदायों के सामाजिक पृथक्करण का आगे और राजनीतिकरण हुआ। राजनीतिक मुद्दे के प्रति धर्मनिरपेक्ष दृष्टिकोण रखने के स्थान पर, उन्होंने अनभिज्ञता पूर्वक आंदोलन को हिन्दू-मुस्लिम प्रश्न के रूप में विकसित होने दिया। आरम्भ में, सभी मुसलमान अलगाववादी या निष्ठावान नहीं थे लेकिन स्वदेशी आंदोलन ने शीघ्र ही उन पर अलग होने का सुस्पष्ट ठप्पा लगा दिया।

मार्ले का बजट भाषण 1906 : 1906 के मार्ले के भाषण में संकेत दिया गया कि भारत में प्रतिनिधि सरकार अस्तित्व में आने जा रही है। इसने संपूर्ण बोर्ड में मुस्लिम नेताओं को चौकन्ना कर दिया, क्योंकि उन्हें प्रतीत हुआ कि नवीन स्वशासी निकायों में वे हिन्दू बहुमत के तले आ जाएंगे। जो तब कांग्रेस के अधीन सुसंगठित था। इसने गवर्नर-जनरल लॉर्ड मिंटो के समक्ष 1 अक्टूबर 1906 के शिमला प्रतिनिधि मण्डल की उपस्थिति को आधार प्रदान किया।

अप्रैल 1915 में, क्षेत्रीय हिन्दू सभाओं के छतरी संगठन के रूप में हरिद्वार के कुंभ मेले में सर्वदेशक (अखिल भारतीय) हिन्दू महासभा का गठन हुआ। **इसलिए, कथन 4 गलत है।**

5. निम्नलिखित में से आधुनिक भारतीय इतिहास के संदर्भ में 'प्रत्यक्ष कार्यवाही दिवस' (Direct Action Day) क्या है?

(a) कैबिनेट मिशन योजना से अपनी स्वीकृति वापस लेने के बाद, मुस्लिम लीग ने इस दिवस को मनाया था, जिससे साम्प्रदायिक दंगों का मार्ग प्रशस्त हुआ था।

(b) दांडी मार्च का दिन, कर प्रतिरोध की प्रत्यक्ष कार्वाई अभियान, जिसके व्यापक सविनय अवज्ञा आंदोलन का शुभारम्भ हो गया।

(c) व्यक्तिगत सत्याग्रह दिवस, जिसका उद्देश्य वाक् अधिकार की निश्चयपूर्वक पुष्टि करना था, जिसने 1942 के भारत छोड़ो आन्दोलन का मार्ग प्रशस्त किया।

(d) विभाजन का वह दिन, जब ब्रिटिश भारत, भारत और पाकिस्तान में विभाजित हो गया।

उत्तर (a) मुस्लिम लीग ने कैबिनेट मिशन योजना से अपनी स्वीकृति वापस लेने के बाद 16 अगस्त 1946 को प्रत्यक्ष कार्यवाही दिवस मनाया।

6. निम्नलिखित में से कौन अखिल भारतीय मुस्लिम लीग के संस्थापकों में से है/हैं?

1. मोहम्मद अली जिन्ना

2. सर सैयद अहमद खां

3. आगा खान

4. मौलाना अबुल कलाम आजाद

नीचे दिए गए कूट का प्रयोग कर सही उत्तर चुनिए-

(a) केवल 1 और 3

(b) केवल 3

(c) केवल 2 और 3

(d) केवल 1, 2 और 4

उत्तर (b) 1906 के अंत में, अखिल भारतीय मुस्लिम लीग की स्थापना आगा खां, ढाका के नवाब सलीमुल्लाह तथा नवाब मोहसिन-उल-मुल्क जैसे लोगों के द्वारा की गई।

लीग की स्थापना के समय जिन्ना कांग्रेस के सदस्य थे तथा वह बाद में इसमें सम्मिलित हुए।

मौलाना अबुल कलाम आजाद कांग्रेस के सदस्य थे।

सर सैयद अहमद खां की मृत्यु अखिल भारतीय मुस्लिम लीग की स्थापना से पूर्व ही हो गई थी।

7. नेहरू रिपोर्ट (प्रतिवेदन) पर विचार करने हेतु दिसम्बर 1928 में कलकत्ता में आयोजित सर्वदलीय सम्मेलन में मुस्लिम लीग की ओर से, जिन्ना द्वारा प्रस्तावित संशोधन निम्नलिखित में से कौन-से थे?

1. पृथक निर्वाचक मण्डल

2. प्रांतों का अवशिष्ट शक्तियों के साथ संघीय ढाँचा

3. केन्द्रीय विधानमण्डल में मुस्लिम के लिए एक-तिहाई प्रतिनिधित्व

4. बंगाल और पंजाब विधानमण्डल में मुस्लिमों के लिए आरक्षण

5. बॉम्बे से सिन्ध का पृथक्करण

नीचे दिए गए कूट का प्रयोग कर सही उत्तर चुनिए-

(a) केवल 1, 2 और 3

(b) केवल 1, 4 और 5

(c) केवल 2, 3 और 4

(d) केवल 2, 3, 4 और 5

उत्तर (c) पृथक निर्वाचक मण्डल और बॉम्बे से सिन्ध का पृथक्करण जिन्ना के 14 सूत्री माँगों के अंग थे। उनकी माँग तब की गई थी, जब प्रस्तावित 3 संशोधनों का समायोजन नहीं हुआ था।

अवशिष्ट शक्तियों के साथ प्रांतों का संघीय ढाँचा, केन्द्रीय विधान मण्डल में मुस्लिमों का एक-तिहाई प्रतिनिधित्व, बंगाल और पंजाब विधानमण्डल में मुस्लिमों को आरक्षण, जिन्ना के तीन प्रस्तावित संशोधन थे।

8. मुस्लिम लीग के संस्थापक थे-

(a) लियाकत अली

(b) शौकत अली

(c) नवाब सलीमुल्लाह

(d) एम. ए. जिन्ना

उत्तर (c) बंगाल का विभाजन ने साम्प्रदायिक विभाजन को भी जन्म दिया। 30 दिसम्बर, 1906 में ब्रिटिश भारत के दौरान ढाका में ऑल इंडिया मुस्लिम लीग की स्थापना की गई थी। लीग के संस्थापक सदस्यों में आगा खाँ, नवाब सलीमुल्लाह और मोहसिन-उल-मुल्क थे।

9. **मुस्लिम लीग का प्रथम अध्यक्ष कौन था?**
(a) आगा खाँ
(b) हमीद खाँ
(c) हसन खाँ
(d) एम. ए. जिन्ना

उत्तर (a) 1906 ई. में मुस्लिम लीग का गठन नवाब सलीमुल्लाह, आगा खाँ तथा मोहसिन-उल-मुल्क के द्वारा ढाका में किया गया था। मुस्लिम लीग का मुख्यालय लखनऊ बनाया गया तथा इसके पहले अध्यक्ष आगा खाँ थे।

10. **वर्ष 1908 में अखिल भारतीय मुस्लिम लीग की एक लंदन शाखा की स्थापना हुई–**
(a) आगा खाँ की अध्यक्षता में
(b) अमीर अली की अध्यक्षता में
(c) लियाकत अली खान की अध्यक्षता में
(d) एम. ए. जिन्ना की अध्यक्षता में

उत्तर (b) मुस्लिम लीग का गठन 1906 ई. में ढाका में किया गया तथा इसका मुख्यालय लखनऊ बनाया गया। इसकी शाखाएँ अन्य स्थानों पर भी स्थापित की गई थी। 1908 में लंदन में अमीर अली ने इसकी एक शाखा स्थापित की।

होमरूल आंदोलन

1. **निम्नलिखित में से किस/किन कारक/कारकों के परिणामस्वरूप होमरूल लीग को लोकप्रिय समर्थन प्राप्त हुआ?**
   1. **विश्व युद्ध ने औपनिवेशिक शक्तियों की प्रजातिगत श्रेष्ठता का मिथक नष्ट कर दिया।**
   2. **विश्व युद्ध के दौरान भारी कराधान और ऊँची कीमतें।**
   3. **नरमपंथी नेतृत्व में जन आंदोलन आरंभ करने में कांग्रेस की विफलता।**

नीचे दिए गए कूट का प्रयोग कर सही उत्तर चुनिए-
(a) केवल 1
(b) केवल 1 और 3
(c) केवल 2 और 3
(d) 1, 2 और 3

उत्तर (d) **कथन 1 सही है।** शाही ताकतों के बीच आपसी संघर्ष वाले विश्व युद्ध ने नस्लीय श्रेष्ठता के मिथक को नष्ट कर दिया।
कथन 2 सही है। इस युद्ध के फलस्वरूप भारतीयों के गरीब वर्गों का कष्ट बढ़ गया। उनके लिए युद्ध का मतलब था बहुत ज्यादा कर और रोजमर्रा की जरूरत की चीजों की कीमतों में वृद्धि। वे विरोध से सम्बन्धित किसी भी आंदोलन से जुड़ने के लिए तैयार हो रहे थे।
कथन 3 सही है। भारतीय राष्ट्रीय कांग्रेस के नेतृत्व में बड़े पैमाने पर आंदोलन नहीं चलाया जा सका। यह नरमपंथी नेतृत्व में एक निष्क्रिय और अक्रिय राजनीतिक संगठन बनकर रह गया था, जिसके लोग कोई राजनीतिक कार्य नहीं कर रहे थे। इसलिए, एनी बेसेंट और लोकमान्य तिलक के नेतृत्व में 1915-16 में दो होमरूल लीग की शुरुआत की गई।

2. **तिलक के होमरूल के संदर्भ में, निम्नलिखित कथनों पर विचार कीजिए–**
   1. **स्वराज की माँग के साथ-साथ उन्होंने राज्यों के भाषायी पुनर्गठन की भी माँग की थी।**
   2. **होमरूल आंदोलन के दौरान धार्मिक उत्सवों का आयोजन तिलक द्वारा प्रयुक्त की गई एक महत्वपूर्ण रणनीति थी।**

उपर्युक्त कथनों में से कौन-सा/से सही है/हैं?
(a) केवल 1
(b) केवल 2
(c) 1 और 2 दोनों
(d) न तो 1, न ही 2

उत्तर (a) तिलक ने महाराष्ट्र का दौरा कर होमरूल अभियान को बढ़ावा दिया और होम रूल की माँग को लोकप्रिय बनाया। उन्होंने भाषाई राज्यों के गठन और स्थानीय भाषा में शिक्षा की माँग के साथ स्वराज के प्रश्न को भी जोड़ दिया। धार्मिक अपील का कोई लक्षण नहीं था, होमरूल की माँग पूर्णतया धर्मनिरपेक्ष आधार पर की गई थी। स्वदेशी आंदोलन के दौरान गणपति और शिवाजी जैसे धार्मिक उत्सवों का आयोजन तिलक ने जनता को लामबंदी करने हेतु किया था।

3. **होमरूल लीग आंदोलन के संदर्भ में निम्नलिखित कथनों पर विचार कीजिए-**
   1. **तिलक के होमरूल लीग ने सम्पूर्ण भारत को सम्मिलित किया, जबकि बेसेंट का लीग भारत के दक्षिणी भागों तक ही संकुचित था।**
   2. **होमरूल आंदोलन से गरमदलीय एवं नरमदलीय, दोनों प्रकार के नेता जुड़े थे।**
   3. **होमरूल लीग आंदोलन ने युवाओं में राजनीतिक शिक्षा को प्रोत्साहित किया।**

उपर्युक्त कथनों में कौन-से सही हैं?
(a) केवल 1 और 2
(b) केवल 2 और 3
(c) केवल 1 और 3
(d) 1, 2 और 3

उत्तर (b) तिलक का होमरूल लीग केवल महाराष्ट्र तक ही सीमित था, जबकि बेसेन्ट का लीग महाराष्ट्र सहित सम्पूर्ण भारत को आच्छादित करता था। **इसलिए, विकल्प 1 सही नहीं है।**
होमरूल आंदोलन से जुड़ाव वैसे गरमदलीय नेताओं (मोतीलाल नेहरू, सी. आर. दास) के साथ-साथ नरमदलीय नेताओं का था, जिनका कांग्रेस की निष्क्रियता से मोहभंग हो गया था। **इसलिए, विकल्प 2 सही है।**
संगोष्ठी, सार्वजनिक सभा, पुस्तकालय, समाचार-पत्र द्वारा होमरूल लीग आंदोलन ने युवाओं के बीच राजनीतिक शिक्षा को प्रोत्साहित किया। **इसलिए, विकल्प 3 भी सही है।**

4. **महात्मा गाँधी के साथ चम्पारण सत्याग्रह में भाग लेने वालों में सम्मिलित थे–**
(a) वल्लभभाई पटेल और विनोबा भावे
(b) जवाहरलाल नेहरू और राजेन्द्र प्रसाद
(c) राजेन्द्र प्रसाद और अनुग्रह नारायण सिन्हा
(d) महादेव देसाई और मनीबेन पटेल

उत्तर (c) उत्तर बिहार के चम्पारण जिले के यूरोपीय नील के उत्पादक बिहार कृषकों का अनेक रूप से उत्पीड़न करते थे। गाँधीजी ने बाबू राजेन्द्र प्रसाद और अनुग्रह नारायण सिन्हा के अनुरोध पर बिहार जाना स्वीकार किया और बाबू राजेन्द्र प्रसाद की सहायता से कृषकों को अहिंसात्मक असहयोग आंदोलन की शिक्षा दी। बिहार सरकार बहुत क्रुद्ध हुई और गाँधीजी को गिरफ्तार कर लिया गया तथा जाँच समिति नियुक्त की, जिसमें गाँधीजी स्वयं एक सदस्य थे। इसके फलस्वरूप चम्पारण कृषि अधिनियम पारित किया गया, जिसमें नील उत्पादकों द्वारा विशेष प्राप्ति बंद कर दी गई।

5. **होमरूल लीग के सम्बन्ध में निम्नलिखित में से क्या असत्य है?**
(a) सबसे पहले इसकी योजना एनी बेसेंट ने वर्ष 1914-15 में प्रस्तुत की थी।
(b) तिलक की होमरूल लीग महाराष्ट्र, कर्नाटक, मध्य प्रांत एवं बरार तक सीमित थी।

(c) तिलक द्वारा स्थापित होमरूल लीग अधिक शक्तिशाली थी

(d) तिलक और बेसेंट के मतभेद के उपरान्त भी दोनों लीग बनी रहीं।

उत्तर (d) भारत स्वशासन और पूर्ण स्वतंत्रता के उद्देश्य से तिलक ने अप्रैल, 1916 में पूना में होमरूल लीग की स्थापना की तथा बाद में एनी बेसेंट ने 1916 ई॰ में ही एक अन्य होमरूल लीग की स्थापना की, जिसका कार्यक्षेत्र सम्पूर्ण भारत था। तिलक एवं एनी बेसेंट के विचार भले ही भिन्न थे, लेकिन भारतीय स्वतंत्रता के लिए उनके उद्देश्य एक होने के कारण कभी उनके बीच मतभेद उत्पन्न नहीं हुए।

गाँधी एवं प्रारम्भिक आंदोलन

1. निम्नलिखित में से किस गाँधीवादी आंदोलन में, सरकार की कार्रवाई के सम्बन्ध में खुफिया जानकारी जुटाने और अपने विपथगामी (गुमराह) सदस्यों का पता लगाने के लिए एक आंतरिक खुफिया विभाग की स्थापना की गई थी?

(a) बारदोली सत्याग्रह

(b) खेड़ा सत्याग्रह

(c) एका आंदोलन

(d) चंपारण सत्याग्रह

उत्तर (a) बारदोली सत्याग्रह के दौरान सरकार की भावी गतिविधियों के सम्बन्ध में जानकारी एकत्रित करने एवं अपनी देयताओं का भुगतान करने के सम्बन्ध में दुविधा-ग्रस्त साथी किसानों को संरक्षण प्रदान करने के लिए आंतरिक खुफिया विंग का निर्माण किया गया था।

आंदोलन का नेतृत्व सरदार वल्लभभाई पटेल द्वारा किया गया था, जिन्होंने तालुक को 13 श्रमिक कैंपों या छावनियों में विभाजित किया था। इसमें से प्रत्येक छावनी का प्रभाव एक अनुभवी नेता को दिया गया था।

यह आंदोलन सरकार द्वारा बारदोली क्षेत्र में तर्कहीन संशोधित राजस्व आकलन के विरुद्ध आरम्भ किया गया था।

2. अहमदाबाद मिल हड़ताल के संदर्भ में, निम्नलिखित कथनों पर विचार कीजिए–

1. यह काम के घंटे के सम्बन्ध में, श्रमिकों और यूरोपीय मिल मालिकों के बीच विवाद से सम्बन्धित था।

2. यह गाँधीजी द्वारा भारत में भूख-हड़ताल की प्रथम घटना है।

3. इसने टेक्सटाइल लेबर एसोसिएशन के गठन का मार्ग प्रशस्त किया।

उपर्युक्त कथनों में से कौन-सा/से सही है/हैं?

(a) केवल 1 और 3

(b) केवल 2

(c) केवल 2 और 3

(d) 1, 2 और 3

उत्तर (c) **कथन 1 सही नहीं है।** यह प्लेग-बोनस वापसी के सम्बन्ध में श्रमिकों और गुजराती मिल मालिकों के बीच विवाद से सम्बन्धित था, जिसे प्लेग से बढ़ती मौतों के कारण श्रमिकों को शहर छोड़ने से रोकने हेतु दिया जा रहा था। यह वापसी ऐसे समय की गई जब श्रमिक पहले से ही प्रथम विश्व युद्ध के कारण असामान्य ऊँची कीमतों से कठिन समय का सामना कर रहे थे।

कथन 2 सही है। गाँधीजी ने श्रमिकों से हड़ताल पर चले जाने और मजदूरी में 35% वृद्धि की मांग करने के लिए कहा। गाँधीजी ने श्रमिकों को हड़ताल पर रहने के दौरान अहिंसक बने रहने की सलाह दी। उन्होंने श्रमिकों का संकल्प मजबूत बनाने के लिए आमरण अनशन आरम्भ किया। इस अनशन का मिल-मालिकों पर दबाव डालने में महत्वपूर्ण प्रभाव पड़ा जो अंततः श्रमिकों की मजदूरी में 35% वृद्धि करने के लिए सहमत हो गए। यह भारत में गाँधीजी द्वारा भूख-हड़ताल की पहली घटना थी।

कथन 3 सही है। इस आंदोलन ने अहमदाबाद में कामगार वर्ग को लामबंद और संगठित करने में लंबी दूरी तय की। इसने फरवरी, 1920 में टेक्सटाइल लेबर एसोसिएशन के गठन का मार्ग प्रशस्त किया।

3. सत्याग्रह सभा के सम्बन्ध में निम्नलिखित कथनों पर विचार कीजिए–

1. इसका गठन रॉलेट एक्ट का विरोध करने हेतु किया गया था।

2. होमरूल लीग के सदस्य भी सत्याग्रह सभा में सम्मिलित हुए।

3. इसने स्वतंत्रता संग्राम की प्रथम राष्ट्रव्यापी हड़ताल का नेतृत्व किया।

उपर्युक्त कथनों में से कौन-सा/से सही है/हैं?

(a) केवल 1 (b) केवल 1 और 2

(c) केवल 3 (d) 1, 2 और 3

उत्तर (d) जब राष्ट्रवादियों द्वारा युद्ध-पश्चात संवैधानिक रियायतें दिए जाने की अपेक्षा की जा रही थी, तभी सरकार ने दमनकारी रॉलेट एक्ट प्रस्तुत कर दिया, जिसे राष्ट्रवादियों ने अपना अपमान माना। गाँधीजी ने फरवरी 1919 में राष्ट्रव्यापी विरोध का आह्वान किया। लेकिन संवैधानिक विरोध विफल होता अनुभव कर गाँधीजी ने शीघ्र ही एक सत्याग्रह सभा का आयोजन किया और होमरूल लीग के युवा सदस्यों एवं मुस्लिम राष्ट्रवादियों को इसमें भाग लेने के लिए प्रेरित किया। अंततः चुने गए विरोध प्रदर्शन के तरीकों में उपवास और प्रार्थना समेत राष्ट्रव्यापी हड़तालों का आयोजन तथा विशिष्ट कानूनों के विरुद्ध सविनय अवज्ञा, गिरफ्तारी और कैद को सहर्ष स्वीकार करना सम्मिलित था। **इसलिए, सभी कथन सही हैं।**

4. खेड़ा सत्याग्रह के संदर्भ में, निम्नलिखित कथनों पर विचार कीजिए–

1. महात्मा गाँधी को किसानों की शिकायतों का समाधान करने के लिए गठित सरकारी समिति का सदस्य नियुक्त किया गया था।

2. इस आंदोलन में वल्लभभाई पटेल एवं इन्दुलाल याग्निक ने भाग लिया।

3. महात्मा गाँधी द्वारा खेड़ा में किसानों को संगठित करने के लिए गुजरात सभा की स्थापना की गई थी।

उपर्युक्त कथनों में से कौन-सा/से सही है/हैं?

(a) केवल 1 और 2 (b) केवल 2

(c) केवल 1 और 3 (d) 1, 2 और 3

उत्तर (b) **कथन 1 सही नहीं है।** चम्पारण सत्याग्रह हमें महात्मा गाँधी को, इस विषय में जाँच करने के लिए सरकार द्वारा नियुक्त समिति (चम्पारण कृषि समिति) के एक सदस्य के रूप में नियुक्त किया गया था।

कथन 2 सही है। खेड़ा कृषक संघर्ष, जिसे नो-टैक्स कृषक संघर्ष के नाम से भी जाना जाता है। इसे मार्च 1919 में गाँधीजी, सरदार वल्लभभाई पटेल, इन्दुलाल याग्निक, एन. एम. शंकरलाल पारेख और अन्य के नेतृत्व में आरम्भ किया गया था। खेड़ा के किसानों ने सरदार पटेल के नेतृत्व में एक आवेदन पर हस्ताक्षर किए थे और कर समाप्त किए जाने की माँग की।

कथन 3 सही नहीं है। गुजरात सभा की स्थापना महात्मा गाँधी द्वारा नहीं की गई थी। इसकी स्थापना वर्ष 1884 में गुजरात के अहमदाबाद में की गई थी। इसके अधिकांश सदस्य गुजराती वकील और नेता थे, जिसमें वल्लभभाई पटेल, नरहरी पारेख, रविशंकर व्यास और मोहनलाल पांडया जैसे लोग थे, कालान्तर में ये स्वतंत्रता सेनानी और राजनेता के रूप में प्रसिद्ध हुए। भारतीय नेता मोहनदास गाँधी ने वर्ष 1918 से 1919 तक इसके अध्यक्ष पद पर सेवाएँ प्रदान की। इस सभा में 1918-1919 में खेड़ा के कृषक विद्रोह के आयोजन में केन्द्रीय भूमिका निभाई। वर्ष 1920 में इसका इंडियन नेशनल कांग्रेस में विलय हो गया और यह गुजरात प्रदेश कांग्रेस कमिटी बन गई।

5. निम्नलिखित में से गाँधीवादी युग की राष्ट्रवादी आंदोलन संबंधी रणनीति की व्याख्या सर्वोत्तम रूप से किसके द्वारा की जाती है?

(a) संघर्ष-विराम-संघर्ष
(b) स्वतंत्रता प्राप्त होने तक संघर्ष
(c) संवैधानिक दायरे में रहकर संघर्ष
(d) ब्रिटिश शासन को हानि पहुंचाए बिना संघर्ष

उत्तर (a) राष्ट्रवादी रणनीति का एक प्रमुख पहलू दीर्घावधि में विकसित हुआ अभिभावी संघर्ष का चरित्र था। संघर्ष-विराम-संघर्ष के रूप में वर्णित की जा सकने वाली एक रणनीति के अंतर्गत, कानून का उल्लंघन करने वाले एक जोरदार जन-आंदोलन एवं औपनिवेशिक सत्ता के साथ खुले टकराव के चरण के बाद एक ऐसी अवस्था आती थी, जिसके दौरान सीधी मुठभेड़ को टाला जाता था। इस अवस्था में यदि औपनिवेशिक शासन से प्राप्त की गई कोई रियासतें होती थीं, तो उनके आधार पर कार्य किया जाता था और उनकी अपर्याप्तता को दर्शाया जाता था। इस दूसरी अवस्था के दौरान जनता के बीच मौजूदा कानूनी और संवैधानिक ढांचे के अंतर्गत तीव्र राजनीतिक और वैचारिक कार्य सम्पादित करने का अधिक 'धैर्य' की मांग करने वाला चरण समाविष्ट होता था और इसके आधार पर जनता को पहले से अधिक बड़े स्तर पर नया आंदोलन करने के लिए मांग करने वाला चरण समाविष्ट होता था और इसके आधार पर जनता को पहले से अधिक बड़े स्तर पर नया आंदोलन करने के लिए लामबंद किया जाता था। संघर्ष-विराम-संघर्ष के इस रणनीति की परिणति 'भारत छोड़ो' आंदोलन के आह्वान एवं स्वतंत्रता की प्राप्ति के रूप में हुई।

6. गाँधीजी द्वारा राष्ट्रीय आंदोलन के दौरान सत्याग्रह सभा का गठन निम्नलिखित में से किसके विरुद्ध अभियान संचालित करने के लिए किया गया था?

(a) तीनकठिया प्रणाली
(b) रॉलेट एक्ट
(c) जलियाँवाला बाग हत्याकांड
(d) आई. एन. ए. मुकदमा

उत्तर (b) जब राष्ट्रवादी युद्ध-पश्चात संवैधानिक छूटें प्राप्त होने की अपेक्षा कर रहे थे, तभी सरकार ने दमनकारी रॉलेट एक्ट प्रस्तुत किया, जिसे राष्ट्रवादियों ने अपना अपमान माना। फरवरी 1919 में गाँधीजी ने राष्ट्रव्यापी विरोध का आह्वान किया। लेकिन शीघ्र ही, संवैधानिक विरोध को असफल होता देखकर सत्याग्रह आरम्भ करने के लिए गाँधीजी ने एक सत्याग्रह सभा का आयोजन किया।

7. गाँधीवादी विचारधारा के सम्बन्ध में निम्नलिखित कथनों पर विचार कीजए-

1. यह पूरी तरह से औद्योगीकरण के विरुद्ध थी और आत्मनिर्भर ग्रामीण अर्थव्यवस्था का अनुपालन करने वाली थी।

2. भारत के विकास के लिए यह विदेशी पूंजी के निवेश के विरुद्ध थी।

उपर्युक्त कथनों में से कौन-सा/से सही है/हैं?

(a) केवल 1 (b) केवल 2
(c) 1 और 2 दोनों (d) न तो 1, न ही 2

उत्तर (b) **कथन 1 गलत है।** जब तक वृहत स्तरीय आधुनिक उद्योग मानव श्रम को प्रतिस्थापित करने के स्थान पर उसको संवर्धित और उसके बोझ को हल्का करता हो, तब तक गाँधी जी उसके विरोधी नहीं थे। वे यह भी चाहते थे कि वृहत स्तरीय उद्योग का स्वामित्व और नियंत्रण निजी पूँजीपतियों द्वारा नहीं बल्कि राज्य द्वारा किया जाए।

कथन 2 सही है। ब्रिटिश अर्थशास्त्रियों और प्रकाशकों ने भारत के विकास के लिए मुख्य साधन के रूप मे ब्रिटिश पूंजी के निवेश की बार-बार सराहना की। दादाभाई नौरोजी, तिलक, गाँधी और नेहरू इत्यादि भारतीय राष्ट्रवादियों ने इस प्रस्ताव को पूरी तरह से अस्वीकार कर दिया। उनके अनुसार, विदेशी पूंजी देश का विकास करने के स्थान पर देश को विकास से वंचित करती थी। यह स्वदेशी पूंजी का दमन करती और विकास को कठिन बना देती थी। साथ ही, यह राजनीतिक रूप से हानिकारक भी थी, क्योंकि प्रशासन पर इसका प्रभाव पड़ता था।

8. जब गाँधीजी दक्षिण अफ्रीका से भारत लौटे, तब वे होमरूल आंदोलन के पक्ष में नहीं थे, क्योंकि-

1. उनके विचार से सभी स्वराज की मांग करना बहुत जल्दबाजी थी।

2. वे केवल नरमपंथी पद्धतियों में निष्ठा रखते थे।

3. उनके अनुसार ब्रिटेन पूरी तरह युद्ध में संलग्न था, इसलिए वह समय होमरूल आंदोलन करने के लिए उचित नहीं था।

उपर्युक्त कथनों में से कौन-सा/से सही है/हैं?

(a) केवल 1 और 2 (b) केवल 3
(c) केवल 1 और 3 (d) 1, 2 और 3

उत्तर (b) **कथन 1 गलत है।** गाँधीजी जनवरी 1915 में भारत लौटे। उन्होंने कम से कम एक वर्ष तक किसी भी राजनैतिक मामले पर किसी भी रूप में अपना पक्ष नहीं रखने का निर्णय किया। लेकिन उसकी ऐसी राय नहीं थी कि स्वराज की माँग करना बहुत जल्दबाजी थी।

कथन 2 गलत है। वे नरमपंथी राजनीति की सीमाओं को लेकर आश्वस्त थे और उस समय लोकप्रिय हो रहे होमरूल आंदोलन के पक्ष में नहीं थे।

कथन 3 सही है। उन्होंने सोचा कि यह होमरूल के लिए आंदोलन करने का सर्वोत्तम समय नहीं था, क्योंकि उस समय ब्रिटेन युद्ध में संलग्न था। वे आश्वस्त थे कि राष्ट्रवादी उद्देश्यों को पूरा करने की एकमात्र तकनीक अहिंसक सत्याग्रह ही थी।

9. गाँधीजी के हरिजन अभियान के संदर्भ में निम्नलिखित कथनों पर विचार कीजिए-

1. यह अभियान असहयोग आंदोलन के तुरंत बाद आरम्भ किया गया था।

2. गाँधीजी ने बी. आर. अम्बेडकर सहित शिक्षित दलित समुदाय की ओर से आरम्भ किए गए हरिजन सेवक संघ की गतिविधियों का विरोध किया।

3. गाँधीजी ने लोगों से छुआछूत को बढ़ावा देने की स्थिति में पारंपरिक शास्त्रों के विरुद्ध जाने को कहा।

नीचे दिए गए कूट का प्रयोग कर सही उत्तर चुनिए-

(a) केवल 1 और 2
(b) केवल 1 और 3
(c) केवल 3
(d) 1, 2 और 3

उत्तर (c) **कथन 1 गलत है।** हरिजन अभियान का उद्देश्य छुआछूत की प्रथा का जड़ से उन्मूलन करना था। इसे 1932 में पूना समझौते पर हस्ताक्षर होने के बाद गाँधीजी द्वारा आरम्भ किया गया था। असहयोग आंदोलन 1919 से 1922 के दौरान चला था।

कथन 2 गलत है। गाँधीजी ने सक्रिय रूप से हरिजन सेवक संघ की गतिविधियों का समर्थन किया था और यहाँ तक कि उसके लिए दान भी एकत्र किया था।

कथन 3 सही है। गाँधीजी पारंपरिक साहित्य और शास्त्रों को अत्यंत सम्मान देते थे, लेकिन यदि उनके द्वारा छुआछूत की प्रथा का प्रचार हो, तो इसका हर अर्थ में विरोध किया जाना था।

10. निम्नलिखित युग्मों पर विचार कीजिए–

	आंदोलन	गाँधीजी द्वारा प्रतिक्रिया
1.	अहमदाबाद मिल हड़ताल	श्रमिकों को हड़ताल पर जाने की सलाह दी और मजदूरी में बढ़ोत्तरी की माँग की
2.	खेड़ा सत्याग्रह	किसानों को राजस्व का भुगतान रोकने की सलाह दी
3.	रॉलेट सत्याग्रह	सत्याग्रह सभा की स्थापना की जिसके सदस्य अधिनियम और अदालती गिरफ्तारी की अवज्ञा करते

उपर्युक्त युग्मों में से कौन-सा/से सही सुमेलित है/हैं?

(a) केवल 1 और 2 (b) केवल 2
(c) केवल 1 और 3 (d) 1, 2 और 3

उत्तर (d) **सभी युग्म सही सुमेलित हैं।**

अहमदाबाद मिल हड़ताल में गाँधीजी ने कामगारों को अपने मिलस्वामियों के विरुद्ध हड़ताल पर चले जाने और मजदूरी में 35% वृद्धि की माँग करने की सलाह दी थी। उन्होंने स्वयं भी आमरण अनशन किया था।

खेड़ा में, गाँधीजी ने किसानों को छूट की अपनी माँगे पूरी न होने तक राजस्व का भुगतान रोकने की सलाह दी थी।

रॉलेट एक्ट का विरोध करने के लिए गाँधीजी ने सत्याग्रह सभा का गठन किया था, जिसके सदस्य इस अधिनियम की अवज्ञा करते थे और स्वयं गिरफ्तार हो जाते थे।

11. गाँधीजी ने दक्षिण अफ्रीका में निष्क्रिय प्रतिरोध संघ (पैसिव रेजिस्टेंस एसोसिएशन) का गठन निम्नलिखित में से किसके विरुद्ध अभियान चलाने हेतु किया था?

(a) भारतीय प्रवासन (माइग्रेशन) पर प्रतिबंध के विरुद्ध।
(b) भारतीयों के लिए अनिवार्य रूप से पंजीकरण प्रमाण पत्र साथ लेकर चलने के विरुद्ध।
(c) सभी पूर्व अनुबंधित मजदूरों पर आरोपित पॉल टैक्स (व्यक्ति कर) के विरुद्ध।
(d) भारतीय पद्धति से हुए विवाहों को अवैध घोषित करने के विरुद्ध।

उत्तर (b) दक्षिण अफ्रीका में एक नए कानून के अनुसार, वहाँ रहने वाले भारतीयों के लिए हर समय अपने साथ अपनी अंगूठे के निशान वाला पंजीकरण प्रमाणपत्र लेकर अपना अनिवार्य कर दिया गया। गाँधीजी के नेतृत्व में भारतीयों ने इस भेदभावपूर्ण नीति को न मानने का फैसला किया। गाँधीजी ने इस अभियान को चलाने के लिए पैसिव रेजिस्टेंट एसोसिएशन (निष्क्रिय प्रतिरोध संघ) का गठन किया।

12. अफ्रीका में प्रवास के दौरान गाँधीजी द्वारा निम्नलिखित में से कौन-सी पहलें की गईं थीं?

1. भारतीय प्रवासन (माइग्रेशन) पर प्रतिबंध के विरुद्ध अभियान।
2. पॉल टैक्स (व्यक्ति कर) और भारतीय विवाहों को अवैध ठहराए जाने के विरुद्ध अभियान।
3. नटाल इंडियन कांग्रेस की स्थापना।

नीचे दिए गए कूट का प्रयोग कर सही उत्तर चुनिए-

(a) केवल 1 और 2 (b) केवल 2
(c) केवल 1 और 3 (d) 1, 2 और 3

उत्तर (d) संघर्ष (1894-1906) के मध्यम चरण के दौरान गाँधीजी ने 'नटाल इंडियन कांग्रेस' की स्थापना की। दक्षिण अफ्रीका में 1906 में आरम्भ हुए संघर्ष के दूसरे चरण में निष्क्रिय प्रतिरोध या सविनय अवज्ञा के तरीके का उपयोग किया गया। इसे गाँधीजी ने सत्याग्रह नाम दिया। इसका उपयोग सबसे पहले उस समय किया गया जब सरकार ने भारतीयों के लिए अपनी अंगूठे की छाप वाले पंजीकरण प्रमाण-पत्र लेकर चलने का कानून लागू किया।

भारतीयों के प्रवासन पर प्रतिबंध लगाने वाले नए कानून के खिलाफ किए जाने वाले विरोध के कारण यह आंदोलन और बड़ा हो गया।

पूर्व-गिरमिटिया भारतीयों पर तीन पाउंड का पॉल टैक्स (व्यक्ति कर) लगाने और भारतीय विवाहों को अमान्य किए जाने से इस आंदोलन ने और बड़ा रूप धारण कर लिया।

13. 1931 के प्रसिद्ध गाँधी-इरविन समझौते को कुछ लोगों द्वारा 'संघर्ष विराम' और 'अस्थाई करार' के रूप में वर्णित किया गया था। निम्नलिखित में से कौन-सा कथन इस समझौते के विषय में सही हैं?

(a) उपभोग और बिक्री के लिए नमक बनाने का अधिकार सभी तटीय गाँवों को प्रदान किया गया।
(b) इस समझौते के पश्चात सविनय अवज्ञा आंदोलन समाप्त कर दिया।
(c) इस समझौते में सविनय अवज्ञा आंदोलन के राजनैतिक कैदियों के विषय में कोई उल्लेख नहीं किया गया था।
(d) इस समझौते पर गाँधी जी की ओर से जवाहरलाल नेहरू ने हस्ताक्षर किया था।

उत्तर (b) गाँधी-इरविन समझौते पर कांग्रेस की ओर से गाँधीजी ने और सरकार की ओर से लॉर्ड इरविन ने हस्ताक्षर किए।

इस समझौते की शर्तों में हिंसा के लिए दोषी करार नहीं दिए गए सभी राजनीतिक कैदियों की तत्काल रिहाई भी सम्मिलित थी।

सरकार ने समुद्रतट के साथ लगे गाँवों को उपभोग के लिए, नमक बनाने सम्बन्धी अधिकार को भी स्वीकार कर लिया था।

कांग्रेस अपनी ओर से सविनय अवज्ञा आंदोलन को समाप्त करने पर सहमत हो गई।

यह भी समझा गया कि कांग्रेस अगले सम्मेलन में भाग लेगी।

14. गाँधीजी ने 'हिमालय जितनी बड़ी भूल' (Himalayan Blunder) शब्द का प्रयोग किसके संदर्भ में किया था?

(a) रॉलेट एक्ट सत्याग्रह
(b) असहयोग आंदोलन
(c) सविनय अवज्ञा आंदोलन
(d) भारत छोड़ो आंदोलन

उत्तर (a) मध्य अप्रैल, 1919 तक सत्याग्रह ने संवेग खोना आरम्भ कर दिया, जिससे इसे वापस लेने के लिए गाँधी जी विवश हो गए। इस प्रकार, एक राजनीतिक अभियान के रूप में यह प्रकट विफलता थी, क्योंकि यह अपना एकमात्र उद्देश्य अर्थात् रॉलेट एक्ट का निरसन सुनिश्चित करने में विफल रहा था। गाँधीजी ने अपर्याप्त रूप से अहिंसा के

अनुशासन में अप्रशिक्षित लोगों को सत्याग्रह का हथियार देकर हिमालय जितनी बड़ी गलती करने की बात स्वीकार की। तथापि, यह आंदोलन महत्वपूर्ण था, क्योंकि यह पहला राष्ट्रव्यापी लोकप्रिय आंदोलन था, जिसने भारतीय राष्ट्रवादी राजनीति का कुछ सीमित वर्गों की राजनीति से आम जनता की राजनीति में परिवर्तन के शुभारम्भ का अंकन किया।

15. महात्मा गाँधी द्वारा स्थापित सत्याग्रह सभा निम्नलिखित में से किससे सम्बद्ध है?

(a) खेड़ा सत्याग्रह

(b) रॉलेट सत्याग्रह

(c) असहयोग-आन्दोलन

(d) बारदोली सत्याग्रह

उत्तर (b) सत्याग्रह सभा, रॉलेट सत्याग्रह के दौरान महात्मा गाँधी द्वारा स्थापित की गई थी। उन्होंने सत्याग्रह प्रतिज्ञा के निहितार्थ से लोगों को शिक्षित करने हेतु देश का दौरा किया और एक सत्याग्रह सभा नामक नया संगठन स्थापित किया।

16. निम्नलिखित कथनों पर विचार कीजिए–

1. डॉ॰ राजेन्द्र प्रसाद ने महात्मा गाँधी को चम्पारण आने तथा कृषकों की समस्या की जाँच करने के लिए राजी किया।

2. चम्पारण जाँच में आचार्य जे॰ बी॰ कृपलानी महात्मा गाँधी के निकट सहयोगियों में से एक थे।

ऊपर दिए गए कथनों में से कौन-सा/से सही है/हैं?

(a) केवल 1

(b) केवल 2

(c) 1 और 2 दोनों

(d) न तो 1, न ही 2

उत्तर (b) 1917 ई॰ में गाँधीजी, राजकुमार शुक्ल के निमंत्रण पर चम्पारण गए। चम्पारण में उनके सहयोगियों के रूप में ब्रजकिशोर, राजेन्द्र प्रसाद, महादेव देसाई, नरहरि पारिख, जे॰ बी॰ कृपलानी इत्यादि थे। गाँधीजी ने गाँव में घूम-घूम कर वहाँ के किसानों की समस्याओं को समझा। सरकार ने गाँधी जी की बात को मानते हुए जाँच के लिए एक आयोग भी गठित किया, जिसके सदस्य गाँधीजी भी थे। अन्त में बागान मालिक अवैध वसूली का 25 प्रतिशत वापस करने पर राजी हुए। यह गाँधीजी की पहली जीत थी।

चम्पारण में 19वीं सदी के प्रारम्भ में बागान मालिकों ने किसानों से एक करार किया, जिसके तहत किसानों के लिए अपनी भूमि का 3/20वें भाग पर नील की खेती करना अनिवार्य कर दिया गया। इसी पद्धति को कालान्तर में 'तिनकठिया पद्धति' कहा गया। किसान इस करार से मुक्त करने के बदले में भारी लगान की माँग की, जिसके विरोध में किसानों ने बागान मालिकों के खिलाफ आंदोलन किया।

17. महात्मा गाँधी द्वारा चलाया गया प्रथम जन-आंदोलन था–

(a) असहयोग आंदोलन

(b) नमक आंदोलन

(c) भारत छोड़ो आंदोलन

(d) नील आंदोलन

उत्तर (a) महात्मा गाँधी द्वारा चलाया गया प्रथम जन-आंदोलन असहयोग आंदोलन था। रॉलेट एक्ट, जलियाँवाला बाग हत्याकांड तथा खिलाफत आंदोलन ने असहयोग आंदोलन की पृष्ठभूमि तैयार की। सितम्बर, 1920 में लाला लाजपत राय की अध्यक्षता में हुए कांग्रेस के कलकत्ता के विशेष अधिवेशन में गाँधीजी ने असहयोग प्रस्ताव को पारित कराया। गाँधीजी ने 1 अगस्त, 1920 को केसर-ए-हिन्द, जुलू युद्ध पदक तथा बोअर पदक वापस कर दिया। गाँधीजी ने सारे देश का दौरा किया। सी॰ आर॰ दास, मोतीलाल नेहरू, एम॰ आर॰ जयकर, किचलू, वल्लभभाई पटेल, सी॰ राजगोपालाचारी, टी॰ प्रकाशम जैसे वकीलों ने अदालत का पूर्ण बहिष्कार किया। 90,000 विद्यार्थियों ने सहकारी स्कूलों का बहिष्कार किया तथा 800 राष्ट्रीय स्कूलों की स्थापना की गई। 5 फरवरी, 1922 को चौरी-चौरा में 22 पुलिसकर्मियों की हत्या के बाद गाँधीजी ने 12 फरवरी, 1922 को असहयोग आंदोलन को समाप्त घोषित कर दिया।

18. महात्मा गाँधी को सर्वप्रथम 'राष्ट्रपिता' किसने कहा था?

(a) जवाहर लाल नेहरू

(b) वल्लभभाई पटेल

(c) सी. राजगोपालचारी

(d) सुभाष चंद्र बोस

उत्तर (d) सुभाष चन्द्र बोस ने महात्मा गाँधी को सर्वप्रथम 'राष्ट्रपिता' से संबोधित किया।

19. गाँधीवादी विचारधारा किससे प्रभावित रही है?

(a) रस्किन से

(b) थोरो से

(c) टाल्स्टॉय से

(d) उपर्युक्त सभी से

उत्तर (d) गाँधीवादी विचारधारा को टाल्स्टॉय, थोरो तथा रस्किन ने सबसे अधिक प्रभावित किया। टाल्स्टॉय से अहिंसक असहयोग, थोरो से सविनय अवज्ञा व कर देना बंद तथा रस्किन से शारीरिक श्रम की प्रेरणा ली और भारतीय आंदोलन में इसका समुचित प्रयोग किया।

20. महात्मा गाँधी ने भारत में अपना पहला जनभाषण कहाँ दिया था?

(a) बंबई में (b) लखनऊ में

(c) चंपारण में (d) वाराणसी में

उत्तर (d) फरवरी, 1916 ई. में महात्मा गाँधी ने भारत में अपना पहला जनभाषण वाराणसी में बनारस हिन्दू विश्वविद्यालय के उद्घाटन समारोह के अवसर पर दिया था।

रॉलेट एक्ट एवं जलियाँवाला बाग हत्याकांड

1. जलियाँवाला बाग हत्याकांड के संदर्भ में, निम्नलिखित कथनों पर विचार कीजिए–

1. सैफुद्दीन किचलू और सत्यपाल की गिरफ्तारी का विरोध करने के लिए सार्वजनिक सभा का आयोजन किया गया था।

2. ब्रिटिश जनता ने जनरल डायर द्वारा किए गए अत्याचारों का विरोध किया था।

3. स्वर्ण मंदिर के महन्तों ने जनरल डायर का सम्मान किया और उसे सिख घोषित किया।

उपर्युक्त कथनों में से कौन-सा/से सही है/हैं?

(a) केवल 1 और 2

(b) केवल 2 और 3

(c) केवल 1 और 3

(d) 1, 2 और 3

उत्तर (c) **कथन 1 सही है।** वैशाखी के दिन शहर में निषेध आदेशों से अनभिज्ञ, अधिकांशत: समीपवर्ती गाँवों के लोगों का एक बड़ा हुजूम अपने नेताओं सैफुद्दीन किचलू और सत्यपाल की गिरफ्तारी के विरोध में जलियाँवाला बाग के छोटे से पार्क में एकत्रित हुआ।

कथन 2 सही नहीं है। ब्रिटिश संसद के हाउस ऑफ लॉर्ड्स जनरल डायर को कार्यवाही की स्वीकृति दी गई और ब्रिटिश जनता ने जनरल

डायर के लिए 30,000 पाउंड एकत्र करने में 'द मोर्निंग पोस्ट' की सहायता करके उसके साथ एकजुटता प्रदर्शित की।

कथन 3 सही है। अमृतसर में स्वर्ण मंदिर के पुजारियों ने जलियांवाला बाग के नरसंहार के लिए जिम्मेदार जनरल डायर को सरोपा (सम्मान का बाग) से सम्मानित किया और उसे सिख घोषित किया।

2. मार्च 1919 में पारित रॉलेट एक्ट का उद्देश्य क्या था?

(a) भारत में देशी भाषा के समाचार-पत्रों के प्रकाशन पर प्रतिबंध लगाना।

(b) भारतीय न्यायधीशों को जिला स्तर पर आपराधिक मुकदमों में ब्रिटिश अपराधियों पर मुकदमा चलाने की अनुमति प्रदान करना।

(c) मुकदमा चलाए बिना या न्यायालय में दोषसिद्ध के बिना ही सरकार को किसी भी व्यक्ति को बंदी बनाने की शक्ति प्रदान करना।

(d) लोगों के किसी राजनैतिक संगठन में सम्मिलित होने सम्बन्धी स्वतंत्रता में कटौती करना।

उत्तर (c) मार्च 1919 में, सरकार ने केन्द्रीय विधान परिषद के सभी भारतीय सदस्यों के विरोध के बावजूद रॉलेट एक्ट पारित किया। इस अधिनियम ने सरकार को किसी भी व्यक्ति को बिना मुकदमा चलाए एवं न्यायालय में दोषसिद्धि के बगैर बंदी बनाने के लिए अधिकृत किया। इस प्रकार यह अधिनियम सरकार को बंदी प्रत्यक्षीकरण का अधिकार निलम्बित करने में भी सक्षम किया, जो ब्रिटेन में नागरिक स्वतंत्रताओं का आधार था।

3. भारतीय स्वतंत्रता संग्राम के दौरान, रॉलेट एक्ट ने किस कारण से सार्वजनिक रोष उत्पन्न किया?

(a) इसने धर्म की स्वतंत्रता को कम किया

(b) इसने भारतीय परम्परागत शिक्षा को दबाया

(c) इसने लोगों को बिना मुकदमा चलाए जेल भेजने के लिए अधिकृत किया

(d) इसने श्रमिक संघ (ट्रेड यूनियन) की गतिविधियों को नियंत्रित किया

उत्तर (c) रॉलेट एक्ट 'जस्टिस रॉलेट' की अध्यक्षता में स्थापित 'सेडीशन कमेटी' की सिफारिशों पर आधारित था। 18 मार्च, 1919 को निर्वाचित भारतीय सदस्यों के विरोध के बावजूद इम्पीरियल लेजिस्लेटिव काउन्सिल ने इसे पारित कर दिया। इस एक्ट के तहत जिस व्यक्ति से शान्ति भंग होने की सम्भावना हो उसे गिरफ्तार कर बिना मुकदमे के दो वर्ष तक बंदी बनाये रखने का प्रावधान था। इस कारण इस कानून को "बिना वकील, बिना अपील एवं बिना दलील" का कानून कहा गया।

इस एक्ट का विरोध करने के लिए गाँधीजी ने सत्याग्रह करने का निश्चय किया। अपने सत्याग्रह में गाँधीजी ने तीन राजनैतिक संगठनों–होमरूल लीग, अखिल इस्लामिक समूह तथा सत्याग्रह सभा का सहयोग मिला।

4. खिलाफत आंदोलन के सम्बन्ध में निम्नलिखित कथनों पर विचार कीजिए-

1. इसका नेतृत्व मुहम्मद अली और शौकत अली द्वारा किया गया था।

2. इसने शहरी मुसलमानों को राष्ट्रीय आंदोलन के दायरे में ला दिया।

3. इस आंदोलन को कॉमरेड और अल-हिलाल समाचार-पत्रों द्वारा समर्थन किया गया था।

उपर्युक्त कथनों में से कौन-सा/से सही है/हैं?

(a) केवल 1 और 2 (b) केवल 1

(c) केवल 2 और 3 (d) 1, 2 और 3

उत्तर (d) **कथन 1 सही है।** खिलाफत आंदोलन, भारतीय मुसलमानों द्वारा भारतीय राष्ट्रवादियों के साथ सहसम्बद्ध होकर किया गया एक आंदोलन था। इसका उद्देश्य प्रथम विश्व युद्ध के बाद इस्लाम के खलीफा के रूप में तुर्क सुल्तान के अधिकार को बनाए रखने के लिए ब्रिटिश सरकार पर दबाव डालना था। इसके नेतृत्वकर्ता दिल्ली के अखबार 'अली बंधु' मुहम्मद अली (1878-1931) और शौकत अली (1873-1938); उनके आध्यात्मिक मार्गदर्शक फिरंगी महल, लखनऊ के मौलाना अब्दुल बारी; अबुल कलाम आजाद (1888-1958); और उत्तरी भारत में देवबंद स्थित मदरसा के प्रमुख मौलाना महमूद उल हसन थे।

कथन 2 सही है। खिलाफत आंदोलन द्वारा शहरी मुसलमानों को राष्ट्रवादी आंदोलन में लाया गया और इस प्रकार इसने राष्ट्रीय एकता की भावना उत्पन्न करने में योगदान दिया, क्योंकि राष्ट्रीय और खिलाफत आंदोलन दोनों में ही साम्राज्यवाद विरोधी तत्व प्रमुख रूप से विद्यमान था।

कथन 3 सही है। कॉमरेड, जमींदार, अल-हिलाल एवं हमदर्द ने खिलाफत आंदोलन के दौरान मुसलमानों की चिंताओं को प्रतिबिम्बित किया। उन्होंने ब्रिटिश-विरोधी एवं अखिल इस्लामी भावनाओं को बनाए रखने में सहयोग किया। 'कॉमरेड' अंग्रेजी भाषा का एक साप्ताहिक समाचार पत्र था, जिसका प्रकाशन और सम्पादन 1911 और 1914 के बीच मौलाना मोहम्मद अली द्वारा किया जाता था। 'अल-हिलाल' (The Crescent), मौलाना अबुल कलाम आजाद द्वारा स्थापित किया गया साप्ताहिक उर्दू समाचार-पत्र था।

5. खिलाफत आंदोलन को प्रारम्भ करने का प्रमुख कारण क्या था?

(a) विधायिका एवं कार्यपालिका में मुस्लिमों को अधिक राजनैतिक प्रतिनिधित्व देने की माँग।

(b) भारतीय मुसलमानों के साथ किए जाने वाले भेदभाव के विरुद्ध आंदोलन करना।

(c) अंग्रेजों द्वारा ऑटोमन साम्राज्य के साथ किए गए व्यवहार का विरोध करना।

(d) सरकार द्वारा बंगाल विभाजन को निरस्त करने के निर्णय पर असंतोष प्रदर्शित करना।

उत्तर (c) भारतीय मुसलमानों ने सेव्रे की सन्धि के अधीन तुर्की (ऑटोमन साम्राज्य) के साथ हुए व्यवहार की आलोचना की थी। खिलाफत आंदोलन, प्रथम विश्व युद्ध के बाद ऑटोमन साम्राज्य के साथ अंग्रेजों के व्यवहार को प्रभावित करने के लिए आरम्भ किया गया था।

असहयोग आंदोलन

1. निम्नलिखित में से कौन-सा/से असहयोग आंदोलन से सम्बन्धित थे/थे?

1. स्वयंसेवी कोर (Volunteer Corps)

2. समानांतर सरकारें

3. गाँधी-रीडिंग वार्ता

नीचे दिए गए कूट का प्रयोग कर सही उत्तर चुनिए-

(a) केवल 1 (b) केवल 1 और 3

(c) केवल 3 (d) 1, 2 और 3

उत्तर (b) वर्ष 1920 के NCM में कांग्रेस स्वयंसेवी कोर/दल (Congresss volunteer crops) का एक समानांतर पुलिस के रूप में उदय हुआ।

गाँधी और वायसराय रीडिंग के मध्य वार्ता विफल हो गई, क्योंकि सरकार गाँधी से यह चाहती थी कि अली बंधुओं से उनके अपने भाषणों से वैसे अंश हटाने का आग्रह करें, जिनसे हिंसा को बढ़ावा मिलता था। गाँधी को यह आभास हो गया था कि सरकार उनके और खिलाफत नेताओं के बीच दरार डालने का प्रयास कर रही है, इसलिए उन्होंने इस जाल में फंसने से मना कर दिया। दिसम्बर में सरकार ने प्रदर्शनकारियों पर बर्बर बल प्रयोग किया। स्वयंसेवी कोर/दल को अवैध घोषित कर दिया, सार्वजनिक बैठकों, समाचार पत्रों को प्रतिबंधित कर दिया और गाँधी को छोड़ कर अधिकांश सभी नेताओं को गिरफ्तार कर लिया। **इसलिए, 1 और 3 सही हैं।**

वर्ष 1930 के CDM में समान्तर सरकारें गठित की गई थी। 1879 में वासुदेव बलवंत फड़के द्वारा पूना में भी ऐसी सरकारें गठित की गई थी। **इसलिए, कथन 2 गलत है।**

2. असहयोग आंदोलन के संदर्भ में, निम्नलिखित कथनों पर विचार कीजिए–

1. असहयोग की नीति भारतीय राष्ट्रीय कांग्रेस के लाहौर अधिवेशन में अपनाई गई थी।

2. इसने केन्द्रीय और प्रांतीय असेंबलियों के लिए चुनाव के बहिष्कार का आह्वान किया।

3. चौरी-चौरा में हिंसा के कारण इसे निलंबित किया गया था।

उपर्युक्त कथनों में से कौन-सा/से सही है/हैं?

(a) केवल 1 और 2
(b) केवल 1
(c) केवल 2 और 3
(d) 1, 2 और 3

उत्तर (c) **कथन 1 सही नहीं है।** कांग्रेस ने अपने नागपुर सत्र (दिसम्बर, 1920) में अन्यायी सरकार के प्रति अहिंसक असहयोग की नीति का अनुमोदन किया और अभिपुष्टि की। लाहौर पत्र (1929) में कांग्रेस ने पूर्ण स्वराज प्रस्ताव पारित किया।

कथन 2 सही है। भारतीय राष्ट्रीय कांग्रेस ने असहयोग के सप्त-सूत्री कार्यक्रम की रूपरेखा प्रस्तुत की :

- उपाधियों एवं मानद पदों का समर्पण।
- सरकारी अधिकारी एवं गैर-सरकारी कार्यों के लिए उपस्थित होने से इनकार।
- सरकारी एवं सरकारी सहायता प्राप्त स्कूलों और कॉलेजों का बहिष्कार।
- ब्रिटिश अदालतों का बहिष्कार।
- मेसोपोटामिया में सेवा के लिए प्रस्तुत होने के लिए सभी वर्गों का इनकार।
- प्रांतीय और केन्द्रीय विधान सभा हेतु निर्वाचनों का बहिष्कार।
- ब्रिटिश वस्तुओं का बहिष्कार।

3. 1920 के दशक के वामपंथी आंदोलन के सम्बन्ध में, निम्नलिखित में से कौन-सा/से कथन सही है/हैं?

1. इससे स्वराजियों और रचनात्मक कार्य करने वालों, दोनों की आलोचना की।

2. इसने पूर्ण स्वतंत्रता का समर्थन किया।

3. इसने कांग्रेस के भीतर कार्य किया और राष्ट्रीय आंदोलन का अभिन्न अंग बना रहा।

नीचे दिए गए कूट का प्रयोग कर सही उत्तर चुनिए-

(a) केवल 1
(b) केवल 1 और 2
(c) केवल 2 और 3
(d) 1, 2 और 3

उत्तर (d) मार्क्सवादी और समाजवादी विचारों ने कई समाजवादी और साम्यवादी समूहों को अस्तित्व प्राप्ति हेतु प्रेरित किया और फलस्वरूप कांग्रेस के भीतर वामपंथी गुट का उदय हुआ, जिसका प्रतिनिधित्व जवाहर लाल नेहरू और सुभाष चन्द्र बोस ने किया। सोवियत क्रांति से प्रेरित और गाँधीवादी विचारों और राजनीतिक कार्यक्रम से असंतुष्ट इन युवा राष्ट्रवादियों ने देश की आर्थिक, राजनीतिक और सामाजिक बुराइयों के लिए अतिवादी समाधान का समर्थन करना आरम्भ कर दिया;

ये युवा राष्ट्रवादी–

- स्वराजियों और नो-चेंजर्स (परिवर्तन विरोधी) दोनों के आलोचक थे।
- पूर्ण स्वराज (पूर्ण स्वतंत्रता) के नारे के रूप में अधिक सुसंगत साम्राज्यवाद विरोधी मार्ग का समर्थन करते थे।
- जागरूकता से प्रभावित थे, हालांकि अभी भी अंतर्राष्ट्रीय धाराओं को लेकर अस्पष्ट थे।
- राष्ट्रवाद और साम्राज्यवाद का विरोध सामाजिक न्याय के साथ संयुक्त करने की आवश्यकता पर बल देते थे और सामाजिक रूप से पूंजीपतियों और जमींदारों द्वारा आंतरिक वर्गों के उत्पीड़न का प्रश्न उठाते थे।

इसलिए, सभी कथन सही हैं।

4. एक विशेष गाँधीवादी आंदोलन के समर्थन में सुभाष चन्द्र बोस ने सिविल सेवा से त्यागपत्र दे दिया था और आगे चलकर कलकत्ता के नेशनल कॉलेज के प्राचार्य के रूप में नियुक्त किए गए थे।

उपर्युक्त परिच्छेद में, यह आंदोलन निम्नलिखित में से किसे संदर्भित करता है?

(a) असहयोग आंदोलन
(b) सविनय अवज्ञा आंदोलन
(c) व्यक्तिगत सत्याग्रह
(d) भारत छोड़ो आंदोलन

उत्तर (a) महात्मा गाँधी ने अपने अहिंसक असहयोग आंदोलन के सिद्धांत की घोषणा करते हुए मार्च 1920 में एक घोषणापत्र जारी किया। वह इस आंदोलन के पीछे निहित मुख्य शक्ति थे और उन्होंने लोगों को स्वदेशी के सिद्धांतों एवं हाथ से कताई, बुनाई और अस्पृश्यता-निवारण के लिए कार्य करने इत्यादि आदतों को अपनाने का आग्रह किया। सुभाष चन्द्र बोस ने आंदोलन का समर्थन किया एवं सिविल सेवा से त्यागपत्र दे दिया। उन्हें कलकत्ता में नेशनल कॉलेज के प्राचार्य के रूप में नियुक्त किया गया था। कलकत्ता में सुभाष बोस ने हिन्दुओं और मुसलमानों को एकजुट करने में प्रमुख भूमिका निभाई।

5. 'वन्दे मातरम' गीत निम्नलिखित में से किन आंदोलनों के दौरान सर्वाधिक लोकप्रिय हुआ?

(a) स्वदेशी आंदोलन
(b) असहयोग आंदोलन
(c) सविनय अवज्ञा आंदोलन
(d) भारत छोड़ो आंदोलन

उत्तर (a) 'वंदेमातरम्' मातृभूमि के गौरव को समर्पित, भव्य विचारों से सज्जित एक कविता है, जिसकी रचना स्वर्गीय श्री बंकिमचन्द्र चटर्जी ने 7 नवम्बर, 1874 को बंगाल के एक गाँव कांतल पाड़ा में की थी।

स्वदेशी आंदोलन के समय में 'वन्दे मातरम्' न केवल बंगाल अपितु सम्पूर्ण राष्ट्र के लोगों का गीत बन गया था। आत्मा को झकझोर देने वाले इसके शब्द गलियों, विद्यालयों और देश के प्रत्येक भाग और क्षेत्रों में गूंजते थे।

6. असहयोग आंदोलन के कार्यक्रम में निम्नलिखित में से क्या सम्मिलित था?

1. विधान परिषदों का बहिष्कार।

2. आधिकारिक उपाधियों और प्रशस्ति-पत्रों को लौटाना।

3. विदेशी वस्त्रों का बहिष्कार

नीचे दिए गए कूट का प्रयोग कर सही उत्तर चुनिए-

(a) केवल 1 और 2 (b) केवल 2 और 3
(c) केवल 1 और 3 (d) 1, 2 और 3

उत्तर (d) असहयोग आंदोलन का कार्यक्रम सबसे पहले खिलाफत समिति द्वारा आरम्भ किया गया था और बाद में कांग्रेस द्वारा कलकत्ता में अपने विशेष सत्र में इसका समर्थन किया गया था। इसने पंजाब और खिलाफत की गलतियों का समाधान होने और स्वराज की प्राप्ति होने तक विधान परिषदों, विद्यालयों, कॉलेजों, न्यायालयों, आधिकारिक उपाधियों, प्रशस्ति-पत्रों एवं विदेशी वस्त्रों के बहिष्कार की घोषणा की।

7. निम्नलिखित आंदोलनों पर विचार कीजिए–
1. किसान आंदोलन
2. अकाली आंदोलन
3. मोप्पला विद्रोह
4. गुंटूर में कर नहीं अदा करने का आंदोलन
5. दक्कन किसान दंगे
उपर्युक्त आंदोलनों/घटनाओं में से कौन 1920 के दशक के दौरान असहयोग आंदोलन से प्रभावित था?
(a) केवल 1, 4 और 5
(b) केवल 1, 2 और 3
(c) केवल 3, 4 और 5
(d) केवल 1, 2, 3 और 4

उत्तर (d) दक्कन के किसान दंगे 1870 के दशक के दौरान हुए थे। उसका असहयोग आंदोलन के साथ कोई सम्बन्ध नहीं था। 1920 के दशक के दौरान गुंटूर में कर नहीं अदा करने का आंदोलन सरकार के विरुद्ध निर्देशित शांतिपूर्ण आंदोलन था। यह असहयोग आंदोलन का एक भाग था। किसान आंदोलन संयुक्त प्रांत में, अकाली आंदोलन पंजाब में और मोप्पला विद्रोह केरल में आरम्भ हुआ था। तीनों में से सभी असहयोग आंदोलन से प्रेरित भावनाओं से परोक्ष रूप से प्रभावित थे। **इसलिए, विकल्प (d) सही उत्तर है।**

8. निम्नलिखित कथनों में से कौन-सा/से असहयोग आंदोलन को निलंबित किए जाने के पश्चात होने वाली घटनाओं के विषय में सही है/हैं?
1. कांग्रेस के 1922 के गया अधिवेशन में परिवर्तनवादियों ने अपरिवर्तनवादियों को पराजित किया।
2. गाँधीवादी रचनात्मक कार्यों के प्रति प्रतिबद्ध कांग्रेस के एक समूह ने कांग्रेस-खिलाफत स्वराज दल का गठन किया।
3. स्वराज दल ने स्वयं को कांग्रेस से पृथक नहीं किया।
4. स्वराज दल केन्द्रीय विधान मण्डल में उदारवादियों तथा जिन्ना की सहायता से एक आम राजनीतिक मोर्चा बनाने में सक्षम रहा।
नीचे दिए गए कूट का प्रयोग कर सही उत्तर चुनिए-
(a) केवल 1 और 2
(b) केवल 1, 2 और 4
(c) केवल 1, 3 और 4
(d) केवल 3 और 4

उत्तर (d) सी. आर. दास तथा मोतीलाल नेहरू के द्वारा औपनिवेशिक शासन के विरुद्ध प्रतिरोध की भावना जगाए रखने के लिए एक नए प्रकार की राजनीतिक गतिविधि की वकालत की गई। उन्होंने सुझाव दिया कि राष्ट्रवादियों को विधान परिषद् का बहिष्कार छोड़ कर उनमें प्रवेश करना चाहिए, उन्हें नकली या झूठे संसद के रूप में तथा नौकरशाही द्वारा पहने गए नकाब को सबके सामने लाना चाहिए तथा परिषद् के प्रत्येक काम में बाधा डालनी चाहिए। उनका तर्क था कि इसका अर्थ असहयोग को त्यागना नहीं होगा, बल्कि परिषद् में प्रवेश करके इसे और प्रभावी रूप से आगे बढ़ाना होगा। यह लड़ाई के एक नए मोर्चे को आरम्भ करने के समान होगा। कांग्रेस के अध्यक्ष के रूप में सी. आर. दास ने तथा इसके सचिव के रूप में मोतीलाल ने 1922 में कांग्रेस के गया सत्र में 'परिषद् को या तो सुधारने या समाप्त करने' के कार्यक्रम पर प्रस्ताव रखा। वल्लभभाई पटेल, राजेन्द्र प्रसाद तथा सी. गोपालाचारी के नेतृत्व में कांग्रेस के एक धड़े ने नए प्रस्ताव का विरोध किया। प्रस्ताव 890 मतों के मुकाबले 1748 मतों से पराजित हो गया। दास और मोतीलाल ने 1 जनवरी, 1923 को कांग्रेस-खिलाफत स्वराज पार्टी के गठन की घोषणा की, जिसे 'स्वराज पार्टी' के नाम से अधिक पहचान मिली। दास उसके अध्यक्ष थे तथा मोतीलाल उस नयी पार्टी के सचिवों में से एक थे। इस परिषद् सम्बन्धी कार्यक्रम के समर्थक 'प्रो-चेंजर्स' और जो लोग अब भी परिषद का बहिष्कार कर रहे थे 'नो-चेंजर्स' कहलाए। 6 नवम्बर, 1924 को गाँधीजी ने सी.आर. दास तथा मोतीलाल के साथ एक संयुक्त वक्तव्य पर हस्ताक्षर कर स्वराजियों तथा परिवर्तन विरोधियों के विवाद को समाप्त कर दिया और कहा कि स्वराज पार्टी कांग्रेस की ओर से तथा उसके अभिन्न अंग के रूप में विधायिकाओं में कार्य करती रहेगी। इस निर्णय का दिसम्बर में बेलगाम में गाँधी जी की अध्यक्षता वाले अधिवेशन के समर्थन किया गया। जिन्होंने अपनी कार्य-समिति में स्वराजियों को अधिकांश सीटें प्रदान कर दीं। केन्द्रीय विधानमण्डल में स्वराजी एम. ए. जिन्ना, के नेतृत्व वाले स्वतंत्र उम्मीदवारों, उदारवादियों तथा मदन मोहन मालवीय जैसे लोगों के साथ मिलकर एक आम मोर्चा बनाने में सफलता पा ली। अधिकांश प्रांतों में उन्होंने समान परिस्थितियाँ निर्मित कर ली तथा सरकार को एक के बाद एक पराजय स्वीकार करवाने में लग गए।

9. 'एक वर्ष में स्वराज' का नारा गाँधीजी ने कब दिया?
(a) दांडी मार्च के समय
(b) असहयोग आंदोलन के समय
(c) सविनय अवज्ञा आंदोलन के समय
(d) गोलमेज सम्मेलन के समय

उत्तर (b) 1 अगस्त, 1920 ई. से असहयोग आंदोलन की औपचारिक शुरुआत हुई। 5 नवम्बर, 1920 को ऑल इंडिया कांग्रेस कमेटी के अधिवेशन में गाँधीजी ने असहयोग आंदोलन शुरू होने के 'एक वर्ष में स्वराज' प्राप्ति का नारा दिया।

10. निम्नलिखित में से किसने असहयोग आंदोलन के दौरान विदेशी वस्त्रों को जलाये जाने का विरोध किया था?
(a) रवींद्रनाथ टैगोर (b) सुभाष चंद्र बोस
(c) शौकत अली (d) सी. आर. दास

उत्तर (a) रवींद्रनाथ टैगोर ने असहयोग आंदोलन के दौरान विदेशी वस्त्रों के जलाये जाने का विरोध किया तथा गाँधी जी के रचनात्मक कार्यों को अपनाने पर बल दिया।

स्वराज पार्टी/साइमन कमीशन

1. कांग्रेस के स्वराजियों के विचारों के संदर्भ में, निम्नलिखित कथनों पर विचार कीजिए–
1. उन्होंने विधायिका में कांग्रेस की भागीदारी की वकालत की।
2. उन्होंने स्वतंत्रता प्राप्त करने के लिए जन-संघर्ष के विचार का विरोध किया।
3. जवाहर लाल नेहरू ने स्वराजियों के विचारों का समर्थन किया।
उपर्युक्त कथनों में से कौन-सा/से सही है/हैं?
(a) केवल 1 (b) केवल 2 और 3
(c) केवल 1 और 3 (d) 1, 2 और 3

उत्तर (a) **कथन 1 सही है।** स्वराजियों ने संघर्ष के लिए संवैधानिक उपाय और वर्ष 1934 में होने वाले केन्द्रीय विधानसभा के चुनावों में भाग लेने का समर्थन किया। उस समय इनका नेतृत्व कर रहे नये स्वराजी डॉ. एम. ए. अंसारी, आसफ अली, सत्यमूर्ति, भूलाभाई देसाई और बी. सी. रॉय का तर्क था कि राजनीतिक उदासीनता और अवसाद के समय में जब कांग्रेस जन आंदोलन को जीवित रखने की स्थिति में नहीं है, तो यह आवश्यक हो जाता है कि लोगों की राजनीतिक रुचि और मनोबल मनाये रखने के लिए चुनावों और विधान परिषदों के कार्य का उपयोग किया जाये।

कथन 2 सही नहीं है। परन्तु उन्होंने ऐसा (जन-संघर्ष के विचार का विरोध) कुछ नहीं कहा; अपितु उनका कहना था कि इसका यह अर्थ है कि स्वतंत्रता प्राप्ति के लिए संवैधानिक राजनीति की क्षमता पर विश्वास किया जाये। इसका केवल यही अर्थ था कि एक और राजनीतिक मोर्चा खोल दिया जाये, जो कांग्रेस को संगठनात्मक रूप से अपना प्रभाव बढ़ाने में और लोगों को आगामी जन संघर्ष के लिए तैयार करने में सहायक हो सके।

कथन 3 सही नहीं है। नेहरू और वामपंथियों तथा परिषद् में प्रवेश के पूर्व के मुद्दे के बीच काफी अंतर है। नेहरू के विचारों में सविनय अवज्ञा आंदोलन को समाप्त करना और परिषद में प्रवेश या अन्य रचनात्मक कार्यक्रमों का अर्थ वस्तुत: 'नैतिक हार' और अपने आदर्शों का आत्मसमर्पण करना था।

2. निम्नलिखित में से कौन-सा/से नेता स्वराज पार्टी से जुड़े थे?

1. सी. आर. दास 2. मोतीलाल नेहरू
3. विट्ठल भाई पटेल

नीचे दिए गए कूट का प्रयोग कर सही उत्तर चुनिए-

(a) केवल 1 (b) केवल 1 और 3
(c) केवल 2 और 3 (d) 1, 2 और 3

उत्तर (d) दिसम्बर 1922 में चितरंजन दास, नरसिंह चिंतामन केलकर एवं मोतीलाल नेहरू ने कांग्रेस-खिलाफत स्वराज पार्टी का गठन किया। जिसमें चितरंजन दास को अध्यक्ष एवं मोतीलाल नेहरू को सचिव का पद दिया गया। अन्य प्रमुख नेताओं में हुसैन शहीद सुहरावर्दी और सुभाषचन्द्र बोस, विट्ठल भाई पटेल और अन्य कांग्रेस नेता सम्मिलित थे, जो कांग्रेस से असंतुष्ट हो गए थे। विट्ठल भाई पटेल 1925 से 1930 के बीच केन्द्रीय विधानसभा के प्रथम भारतीय स्पीकर थे। स्वराजवादी, कांग्रेस के विभिन्न पदों पर और अधिक प्रतिनिधित्व चाहते थे तथा ऐसे पद के लिए पूर्वापेक्षा के रूप में सदस्यों द्वारा खादी कातने और सामाजिक सेवा करने की अनिवार्य आवश्यकता की समाप्ति भी चाहते थे।

3. स्वराज पार्टी का गठन वर्ष 1922 में निम्नांकित में से किस समूह ने किया था?

(a) डॉ॰ राजेन्द्र प्रसाद, सरदार पटेल, मौलाना अबुल कलाम आजाद
(b) जवाहरलाल नेहरू, सुभाषचन्द्र बोस, गोविन्द वल्लभ पन्त
(c) सी॰ आर॰ दास, मोतीलाल नेहरू
(d) बाल गंगाधर तिलक, सत्यमूर्ति, तेज बहादुर सप्रू

उत्तर (c) गाँधीजी के असहयोग आंदोलन वापस लेने के बाद सी॰ आर॰ दास तथा मोतीलाल नेहरू ने स्वराज पार्टी की स्थापना 1922 ई॰ में की। स्वराज पार्टी ने कांग्रेस में रहकर चुनाव में हिस्सा लेने का निर्णय लिया। 1923 के सेन्ट्रल लेजिस्लेटिव एसेम्बली के चुनाव में निर्वाचित सीटों में से स्वराजियों को 42 स्थानों पर विजय मिली। स्वराजियों ने मदन मोहन मालवीय तथा जिन्ना के साथ मिलकर एक साझा मोर्चा बनाया तथा विट्ठल भाई पटेल को सेन्ट्रल लेजिस्लेटिव असेम्बली का अध्यक्ष बनवाने में उन्हें सफलता मिली।

4. साइमन कमीशन के संदर्भ में, निम्नलिखित कथनों पर विचार कीजिए-

1. इसने द्वैध शासन (कलंतबील) को प्रतिस्थापित कर प्रांतों में उत्तरदायी सरकार की स्थापना की अनुशंसा की।
2. भारत में सभी राजनीतिक दलों द्वारा इसका बहिष्कार किया गया था।
3. साइमन कमीशन का विरोध करने के लिए रवीन्द्रनाथ टैगोर ने अपनी 'नाइटहुड' की पदवी को त्याग दिया।

उपर्युक्त कथनों में से कौन-सा/से सही है/हैं?

(a) केवल 1 (b) केवल 1 और 2
(c) केवल 2 और 3 (d) 1, 2 और 3

उत्तर (a) **कथन 1 सही है।** ब्रिटिश इंडिया के प्रांतों को नियंत्रित करने के लिए 1919 के भारत सरकार अधिनियम द्वारा द्वैध शासन (dyarchy) की शुरुआत की गई। हालांकि, सरकार की जटिल द्वैध शासन में संशोधन हेतु भारतीय जनता ने एक स्वर में आवाज उठाई और स्वयं भारत सरकार अधिनियम 1919 में यह कहा गया था कि शासन की योजनाओं की जाँच और सुधार के नए कदम सुझाने के लिए 10 साल के बाद एक आयोग नियुक्त किया जाएगा। भारतीय वैधानिक आयोग संसद के सात ब्रिटिश सदस्यों का एक समूह था, जिन्हें उपनिवेश में संवैधानिक सुधार का अध्ययन करने के लिए 1927 में भारत भेजा गया था। इसे इसके अध्यक्ष सर जॉन साइमन के नाम पर 'साइमन कमीशन' के रूप में जाना जाता है। साइमन कमीशन ने प्रांतों में द्वैध शासन को एक उत्तरदायी सरकार द्वारा प्रतिस्थापित करने की अनुशंसा की, जिसे 1935 में कार्यान्वित किया गया था।

आयोग के प्रावधान :

- एक संवैधानिक पुनर्निर्माण होना चाहिए।
- यह एक संघीय संविधान होगा।
- प्रांतों को कानून सहित पूर्ण स्वायत्तता दी जानी चाहिए।
- राज्यपाल के पास आंतरिक सुरक्षा से सम्बन्धित विवेकाधीन शक्तियां और विभिन्न समुदायों की रक्षा के लिए प्रशासनिक शक्तियां होनी चाहिए।
- प्रांतीय विधान परिषद् के सदस्यों की संख्या में वृद्धि की जानी चाहिए।
- गवर्नर-जनरल के पास मंत्रिमण्डल के सदस्यों की नियुक्ति का पूर्ण अधिकार होना चाहिए।
- भारत सरकार के पास उच्च न्यायालय पर पूर्ण नियंत्रण होना चाहिए।

कथन 2 सही नहीं है। दिसम्बर 1927 में मद्रास के वार्षिक कांग्रेस अधिवेशन में, एक प्रस्ताव पारित किया गया। जिसने हर स्तर पर तथा हर प्रारूप में साइमन कमीशन के बहिष्कार की वकालत की। अन्य राजनैतिक गुट भी इस अभियोग में सम्मिलित हुए। हालांकि, मुस्लिम लीग में, विचारों को लेकर काफी मतभेद थे। जिन्ना कमीशन का बहिष्कार कर रहे थे; वहीं मुहम्मद शफी ने सरकार का समर्थन किया। हिन्दू महासभा के उदारवादी नेताओं ने भी इस बहिष्कार का समर्थन किया। मद्रास में जस्टिस पार्टी और पंजाब में संघवादी नेताओं ने आयोग का बहिष्कार करने का निर्णय लिया।

कथन 3 सही नहीं है। रवीन्द्रनाथ टैगोर ने जलियांवाला बाग नरसंहार के विरोध में अपनी 'नाइटहुड' की उपाधि त्याग दी।

5. साइमन कमीशन के बहिष्कार के लिए आंदोलन किया गया था, क्योंकि-

(a) अंग्रेजों ने कांग्रेस द्वारा की गई 'पूर्ण स्वराज्य' की माँग को स्वीकार नहीं किया था।
(b) रॉलेट एक्ट का विरोध करने के लिए।
(c) साइमन कमीशन में कोई भारतीय नहीं था।
(d) साइमन कमीशन का अध्यक्ष अपने भारत विरोधी दृष्टिकोण के लिए कुख्यात था।

उत्तर (c) साइमन कमीशन में भारतीयों को सम्मिलित न किए जाने और इससे व्यक्त होने वाले इस अंतर्निहित तथ्य ने भारतीयों को सर्वाधिक क्रोधित किया कि स्वशासन हेतु भारत की योग्यता पर चर्चा और निर्णय विदेशियों द्वारा किए जाएंगे। **इसलिए, विकल्प (c) सही है।**

'पूर्ण स्वराज्य' की मांग कांग्रेस के लाहौर सत्र में की गई थी। यह सत्र 1929 में आयोजित किया गया था और साइमन कमीशन की नियुक्ति 1927 में की गई थी। रॉलेट एक्ट 1919 में आया था।

6. साइमन कमीशन की संस्तुतियों के संदर्भ में निम्नलिखित में से कौन-सा एक कथन सही है?

(a) इसने प्रांतों में द्वैधशासन के उत्तरदायी सरकार द्वारा प्रतिस्थापित करने की संस्तुति की।

(b) इसने गृह विभाग के अधीन अन्तर-प्रान्तीय परिषद् स्थापित करने का सुझाव दिया।

(c) इसने केन्द्र में द्विसदन विधायिका के उन्मूलन का सुझाव दिया।

(d) इसने भारतीय पुलिस सेवा के प्रावधान के साथ सृजित करने की संस्तुति की, कि ब्रिटिश भर्ती का, भारतीय भर्ती की तुलना में वेतन तथा भत्ता अधिक होगा।

उत्तर (a) 8 नवम्बर, 1927 ई० को ब्रिटिश सरकार ने सर जान साइमन की अध्यक्षता में एक आयोग की घोषणा की। जिसका कार्य इस बात का पता लगाना था कि भारत इस योग्य हो गया है कि यहाँ के लोगों को और संवैधानिक अधिकार दिए जाएँ और उनका स्वरूप क्या हो। आयोग में एक भी भारतीय सदस्य नहीं होने के कारण भारतीय जनमानस में व्यापक प्रतिक्रिया हुई तथा दिसम्बर, 1927 ई० में मद्रास में हुए कांग्रेस अधिवेशन में इसके बहिष्कार का फैसला लिया गया। मुस्लिम लीग सहित सभी राजनीतिक दलों ने साइमन कमीशन के बहिष्कार का फैसला लिया। साइमन कमीशन ने प्रांतों में द्वैध शासन के उत्तरदायी सरकार द्वारा प्रतिस्थापित करने की संस्तुति की थी।

7. अभिकथन (A) : 1928 में लाहौर में लाला लाजपत राय के नेतृत्व में साइमन कमीशन का विरोध आयोजित किया गया था।

कारण (R) : साइमन कमीशन में एक भी भारतीय सदस्य शामिल नहीं था।

कूट–

(a) अभिकथन 'A' एवं कारण 'R' दोनों पृथकशः सही है एवं 'R', 'A' का सही स्पष्टीकरण है।

(b) अभिकथन 'A' एवं कारण 'R' दोनों पृथकशः सही है किन्तु 'R', 'A' का सही स्पष्टीकरण नहीं है।

(c) अभिकथन 'A' सही है, लेकिन कारण 'R' गलत है।

(d) अभिकथन 'A' गलत है, लेकिन कारण 'R' सही है।

उत्तर (a) साइमन कमीशन 3 फरवरी, 1928 को इंग्लैण्ड से बम्बई पहुँचा। इस कमीशन में सभी सदस्य अंग्रेज थे, इसलिए इसका देशव्यापी विरोध किया गया। लाहौर में लाला लाजपत राय ने साइमन कमीशन के विरोध में जुलूस का नेतृत्व किया था। इसी दौरान पुलिस की लाठी से घायल होने के कारण उनकी मृत्यु हो गई। सर जॉन साइमन की अध्यक्षता में 8 नवम्बर, 1927 ई० को एक कमीशन का गठन किया गया था। इस कमीशन का एक मुख्य कार्य इस बात का पता लगाना था कि क्या भारत इस योग्य हो गया है कि यहाँ के लोगों को और असवैधानिक अधिकार दिए जाएँ एवं उसका स्वरूप क्या हो।

8. नेहरू रिपोर्ट तैयार की थी–

(a) एम.एल. नेहरू ने

(b) जे. नेहरू ने

(c) आर. के. नेहरू ने

(d) बी. एल. नेहरू ने

उत्तर (a) नेहरू रिपोर्ट तैयार करने वाली समिति के अध्यक्ष एम. नेहरू थे। यह रिपोर्ट 28 अगस्त, 1928 को जारी किया गया। बर्केन हेड नामक अंग्रेज के द्वारा भारतीयों के संविधान बनाने में अयोग्य बताने की चुनौती का भारतीय राष्ट्रीय कांग्रेस के द्वारा सशक्त प्रत्युत्तर था।

9. 'सेंट्रल लेजिस्लेटिव एसेंबली' का प्रथम भारतीय अध्यक्ष कौन था?

(a) सर हरी सिंह गौर

(b) विट्ठलभाई जे. पटेल

(c) वल्लभभाई जे. पटेल

(d) पुरुषोत्तम दास टंडन

उत्तर (b) सेंट्रल लेजिस्लेटिव एसेंबली के प्रथम भारतीय अध्यक्ष विठ्ठलभाई जे. पटेल थे। इन्हें 1925 ई. में इसका अध्यक्ष बनाया गया था।

10. किसके सुझावों पर भारतीयों को साइमन कमीशन से बाहर रखा गया?

(a) लॉर्ड राडिंग

(b) लॉर्ड चेम्सफोर्ड

(c) सर जॉन साइमन

(d) लॉर्ड इरविन

उत्तर (d) लॉर्ड इरविन के सुझावों पर भारतीयों को साइमन कमीशन से बाहर रखा गया था।

सविनय अवज्ञा आंदोलन

1. निम्नलिखित में से किस आंदोलन के दौरान 'स्वतंत्रता प्राप्त करने के लिए शपथ' (Pledge of Independence) की आधिकारिक रूप से घोषणा की गई थी?

(a) स्वदेशी आंदोलन, 1905

(b) असहयोग आंदोलन, 1920

(c) सविनय अवज्ञा आंदोलन, 1930

(d) भारत छोड़ो आंदोलन, 1942

उत्तर (c) 26 जनवरी, 1930 की लाहौर कांग्रेस में पूर्ण स्वराज हेतु 'स्वतंत्रता प्राप्त करने के लिए शपथ' (Pledge of Independence) की घोषणा पढ़ी गई थी।

26 दिसम्बर, 1929 के 'भारतीय स्वतंत्रता घोषणा' में स्पष्ट रूप से कहा गया था–"हम भारतीय, अन्य लोगों की भांति, स्वतंत्र रहने, अपने परिश्रम के फल, जीवन की आवश्यकताओं का आनन्द और विकास के पूर्ण अवसरों का लाभ उठाने के अपरिहार्य अधिकार में विश्वास करते हैं। हमारा यह विश्वास भी है कि यदि कोई सरकार लोगों को उनके इस अधिकार से वंचित करती है और उनका दमन करती है, तो लोगों को यह अधिकार है कि वे उसे बदल दें या समाप्त कर दें। ब्रिटिश भारत सरकार ने न केवल भारतीय लोगों को उनकी स्वतंत्रता से वंचित किया है अपितु अपने आप को उनके शोषण के आधार पर स्थापित भी किया है और भारत को आर्थिक, राजनीतिक, सांस्कृतिक और आध्यात्मिक रूप से बर्बाद कर दिया है। इसलिए हमारा यह मानना है कि भारत को ब्रिटिश से अपने सभी सम्बन्ध तोड़ लेना चाहिए और पूर्ण स्वराज्य या पूर्ण स्वतंत्रता प्राप्त करनी ही चाहिए।"

कांग्रेस ने 26 जनवरी, 1930 को "स्वतंत्रता दिवस" के रूप में घोषणा की, जब स्वतंत्रता की घोषणा को आधिकारिक रूप से घोषित किया गया था।

2. भारत में सविनय अवज्ञा आंदोलन के संदर्भ में, निम्नलिखित कथनों पर विचार कीजिए–

1. इसे भारतीय व्यापारी वर्ग एवं महिलाओं से बड़े पैमाने पर समर्थन प्राप्त हुआ।

2. यह आंदोलन देशभर में शांतिपूर्ण बना रहा।

3. यह सरकार के राजस्वों एवं ब्रिटेन से आयातों को कम करने में सफल रहा।

उपर्युक्त कथनों में से कौन-सा/से सही है/हैं?

(a) केवल 1
(b) केवल 1 और 2
(c) केवल 2 और 3
(d) 1, 2 और 3

उत्तर (b) **कथन 1 सही है।** सविनय अवज्ञा आंदोलन की एक नवीन विशेषता इसे प्राप्त विशाल व्यावसायिक समर्थन था। प्रारम्भिक दिनों में व्यापारी वर्ग ने वित्तीय सहायता प्रदान की और विशेषकर विदेशी वस्त्रों के बहिष्कार का समर्थन किया। इस आंदोलन की दूसरी प्रमुख विशेषता थी, विशाल स्तर पर महिलाओं की भागीदारी। दांडीमार्च के लगभग प्रत्येक विराम स्थल पर हजारों की संख्या में महिलाएं गाँधी को सुनने के लिए जुटती थीं और एक बार आंदोलन प्रारम्भ हुआ तो वे पूरी तरह से इसमें सम्मिलित हो गईं। वे विदेशी वस्त्रों एवं शराब की दुकानों के सामने आयोजित धरनों में भाग लेती थी और कई स्थानों पर तो जूलूसों में एक से दो हजार तक की संख्या में महिलाओं की भागीदारी ने पूरे देश को अचंभित कर दिया और विशेषकर अधिकारियों को हैरान कर दिया।

कथन 2 गलत है। यह केवल शांतिपूर्ण आंदोलन नहीं रहा। चटगांव में सूर्यसेन के विद्रोही समूह ने शस्त्रागार पर हमला किया और एक अस्थाई सरकार की स्थापना की घोषणा कर दी। शोलापुर में लोगों ने शराब की दुकानों और सरकार से सम्बद्ध अन्य प्रतीकों, जैसे– रेलवे स्टेशनों, पुलिस थानों, नगरपालिका भवनों, न्यायालयों आदि को आग लगा दी।

कथन 3 सही है। यह सरकारी राजस्व और इंग्लैण्ड से आयात कम करने में सफल हुआ। ब्रिटेन से वस्त्रों का आयात आधे से भी कम हो गया था; अन्य आयात और सिगरेट का भी यही हाल हुआ। मदिरा उत्पादन शुल्क और भू-राजस्व भी बुरी तरह प्रभावित हुआ।

3. भारतीय पूंजीवादी वर्ग ने व्यापक स्तर पर नागरिक अवज्ञा के स्थान पर संवैधानिक प्रकृति के संघर्ष को वरीयता दी, क्योंकि–

1. सविनय अवज्ञा आंदोलन दीर्घावधि में स्वयं पूंजीवादी वर्ग के लिए खतरा हो सकता था।

2. अपनी शैशवावस्था में होने के कारण भारतीय पूंजीपति वर्ग जनांदोलन करने के लिए पर्याप्त रूप से शक्तिशाली नहीं था।

3. सविनय अवज्ञा आंदोलन ने उनके प्रतिदिन के व्यापार को बाधित कर दिया था।

उपर्युक्त कथनों में से कौन-सा/से सही है/हैं?

(a) केवल 1
(b) केवल 2 और 3
(c) केवल 1 और 3
(d) 1, 2 और 3

उत्तर (c) **कथन 1 सही है।** यदि सविनय अवज्ञा आंदोलन लम्बा खिंच जाता तो सामाजिक दृष्टि से यह एक क्रांतिकारी आंदोलन का रूप ले सकता था और स्वयं पूंजीवाद के लिए खतरा बन सकता था।

कथन 2 गलत है। भारतीय पूंजीवादी वर्ग इतना सशक्त था कि अपने बल पर जन आंदोलन चला सकता था। इस संदर्भ में दिया गया कथन सही नहीं है, भारतीय पूंजीवादी विरोध के लिए संवैधानिक मार्ग अपना रहे थे।

कथन 3 सही है। व्यापक स्तर पर सविनय अवज्ञा आंदोलन की निरंतरता व्यवसाय के लिए ठीक नहीं थी और यह आंदोलन उनकी दैनिक व्यावसायिक गतिविधियों को प्रभावित कर रहा था।

4. सविनय अवज्ञा आंदोलन के दौरान निम्नलिखित में से किस/किन नेता/नेताओं ने ब्रिटिश नमक कर का विरोध करने के लिए पदयात्राओं का नेतृत्व किया?

1. सी. राजगोपालाचारी

2. के. केलप्पन

3. सरोजिनी नायडू

नीचे दिए गए कूट का प्रयोग कर सही उत्तर चुनिए-

(a) केवल 1 और 2
(b) केवल 1 और 3
(c) केवल 2
(d) 1, 2 और 3

उत्तर (d) **वेदारण्यम मार्च या वेदारण्यम सत्याग्रह**–इसका आयोजन भारत में ब्रिटिश राज द्वारा लगाये गए नमक कर के विरोध में किया गया था। इस मार्च का आयोजन 1930 में सी. राजगोपालाचारी के नेतृत्व में किया गया था।

पय्यानुर नमक सत्याग्रह : 21 अप्रैल 1930 को 'केरल के गाँधी' के. केलप्पन के नेतृत्व में स्वयंसेवकों ने नारियल के खोलों की सहायता से जूट के थैलों में नमकीन रेत एकत्रित की और उसे शुद्ध करने के पश्चात संध्या काल में छोटे-छोटे पैकटों में बेचा।

धरासना नमक सत्याग्रह : 21 मई, 1930 को सरोजिनी नायडू, इमाम साहिब और मणिलाल द्वारा धरासना नमक फैक्ट्री पर ब्रिटिश नमक कर के विरुद्ध धावा बोला गया।

5. निम्नलिखित में से सविनय अवज्ञा आंदोलन के दौरान जन लामबंदी के लोकप्रिय साधन कौन-से थे?

1. प्रभातफेरियाँ

2. पत्रिकाएँ

3. जादुई लालटेन

4. राखी बाँधना

नीचे दिए गए कूट का प्रयोग कर सही उत्तर चुनिए-

(a) केवल 1 और 4
(b) केवल 2 और 3
(c) केवल 1, 2 और 3
(d) 1, 2, 3 और 4

उत्तर (c) सविनय अवज्ञा आंदोलन (सी.डी.एम.) की सफलता के पीछे एक सबसे बड़ा कारण राष्ट्रवादी नेताओं द्वारा आम जनता को जोड़ने के लिए परंपरागत साधनों का किया गया उपयोग था।

प्रभातफेरियों में पुरुषों, महिलाओं और बच्चों के समूह का प्रातःकाल सूर्योदय से पूर्व राष्ट्रवादी गीत गाते हुए घूमना, गाँवों और कस्बों में एक नियम बन गया था। कभी-कभी हाथ से लिखी और कभी-कभी प्रेस में छपी पत्रिकाएँ या अवैध सामाचार-पत्र, अत्यधिक नापसन्द किए जाने वाले प्रेस अधिनियम का विरोध जताने के लिए अपनायी गई रणनीति का भाग हुआ करते थे और देश में इनकी बाढ़-सी आ गई थी।

गाँवों में राष्ट्रवादी संदेश प्रसारित करने के लिए जादुई लालटेनों का उपयोग किया जाता था। सार्वजनिक बैठकों ने भी जनता से संपर्क स्थापित करने में सहयोग किया।

राखी बाँधना वस्तुतः बंगाल विभाजन के दौरान सम्बन्धों को प्रगाढ़ करने का एक माध्यम था और स्वदेशी आंदोलन का भाग था। इसलिए, **विकल्प (c) सही उत्तर है।**

6. धरासना सत्याग्रह के सम्बन्ध में निम्नलिखित कथनों पर विचार कीजिए–

1. इसका उद्देश्य नमक कर का विरोध करना था।

2. इसका नेतृत्व सरोजनी नायडू द्वारा किया गया था।

3. इसे सविनय अवज्ञा आंदोलन के दौरान आरम्भ किया गया था।

उपर्युक्त कथनों में से कौन-सा/से सही है/हैं?

(a) केवल 2

(b) केवल 1 और 2

(c) केवल 2 और 3

(d) 1, 2 और 3

उत्तर (d) **कथन 1 सही है।** धरासना सत्याग्रह औपनिवेशिक भारत में मई, 1930 में ब्रिटिश नमक कानून के विरुद्ध किया गया एक आंदोलन था।

कथन 2 सही है। सरोजनी नायडू, इमाम साहब (दक्षिण अफ्रीका के संघर्ष के गाँधीजी के सहयोगी) और गाँधीजी के बेटे मणिलाल ने धरासना नामक सत्याग्रह में भागीदारी की।

कथन 3 सही है। इसका प्रारम्भ सविनय अवज्ञा आंदोलन के दौरान किया गया था।

7. सविनय अवज्ञा आंदोलन के संदर्भ में निम्नलिखित युग्मों पर विचार कीजिए-

नेतृत्वकर्ता	स्थान
1. सी. राजगोपालाचारी	: तमिलनाडु
2. के. केलप्पन	: मालाबार
3. खान अब्दुल गफ्फार खान	: लाहौर

उपर्युक्त युग्मों में से कौन-सा/से सही सुमेलित है/हैं?

(a) केवल 1 और 3 (b) केवल 2

(c) केवल 1 और 2 (d) 1, 2 और 3

उत्तर (c) चक्रवर्ती राजगोपालाचारी ने तमिलनाडु में तंजौर तट पर त्रिचनापल्ली से वेदारण्यम तक नमक मार्च का नेतृत्व किया।

वायकोम सत्याग्रह के नायक के. केलप्पन ने मालाबार अर्थात् आधुनिक समय के केरल नमक कानून तोड़ने के लिए कालीकट से पैंटोन तक यात्रा की।

सीमांत गाँधी उत्तर-पश्चिमी सीमा पर सक्रिय थे, न कि लाहौर में। खान अब्दुल गफ्फार खान ने अहिंसक क्रांतिकारियों के एक दल 'खुदाई खिदमतगारों' का नेतृत्व किया, जो 'रेड शर्ट्स' के नाम से लोकप्रिय था। उस दल ने पेशावर क्षेत्र में सविनय अवज्ञा आंदोलन में अत्यधिक सक्रिय भूमिका निभाई।

8. सविनय अवज्ञा आंदोलन के संदर्भ में निम्नलिखित युग्मों पर विचार कीजिए-

अभियान	स्थान
1. चौकीदारी विरोधी	: पूर्वी भारत
2. वन कानूनों की अवज्ञा	: महाराष्ट्र
3. कर न दो, लगान न दो	: संयुक्त प्रांत

उपर्युक्त युग्मों में से कौन-सा/से सही सुमेलित है/हैं?

(a) केवल 1 और 2 (b) केवल 3

(c) केवल 2 और 3 (d) 1, 2 और 3

उत्तर (d) **तीनों युग्म सही सुमेलित हैं।** बंगाल और बिहार में, सविनय अवज्ञा आंदोलन के दौरान चौकीदारी विरोधी अभियान आरम्भ किया गया था।

वन कानूनों की अवज्ञा ने महाराष्ट्र, कर्नाटक और मध्य प्रांतों में विशेष रूप से विशाल जनजातीय आबादी वाले ऐसे क्षेत्रों में जन आंदोलन का रूप ग्रहण कर लिया था, जो वन के उपयोग पर औपनिवेशिक सरकार द्वारा बनाए गए प्रतिबंधों से सर्वाधिक गंभीरतापूर्वक प्रभावित थे।

'कर न दो, लगान न दो' अभियान उत्तर प्रदेश की विशेषता थीं 'कर न देने' का आह्वान वस्तुतः जमींदारों से की गई अपील थी कि वे सरकार को राजस्व का भुगतान न करें एवं 'लगान न देने' का आग्रह किसानों से लिया गया था कि वे जमींदारों को लगान का भुगतान न करें।

इसलिए, विकल्प (d) सही उत्तर है।

9. सविनय अवज्ञा आंदोलन में आम जनता के निम्नलिखित में से किन वर्गों ने सक्रिय रूप से भाग लिया था?

1. छात्र

2. व्यापारी और वाणिज्यिक संघ

3. श्रमिक

उपर्युक्त कथनों में से कौन-सा/से सही है/हैं?

(a) केवल 1 और 2 (b) केवल 1

(c) केवल 2 और 3 (d) 1, 2 और 3

उत्तर (d) जन समुदाय के दिए गए तीनों वर्गों ने सविनय अवज्ञा आंदोलन में सक्रिय रूप से भाग लिया। नौजवानों, विशेष कर विद्यार्थियों ने विदेशी कपड़ों का बहिष्कार करने में और धरना देने में सबसे प्रमुख भूमिका निभाई थी।

ट्रेडर्स एसोसिएशन और वाणिज्यिक संगठन, बहिष्कार को सफल बनाने में स्वयं काफी सक्रिय थे, क्योंकि ऐसे कई मिल मालिक थे, जिन्होंने विदेशी धागों का उपयोग करने से इनकार कर दिया था और खादी से प्रतिस्पर्धा करने वाले मोटे कपड़ों का निर्माण न करने की प्रतिज्ञा की थी।

मजदूरों ने बम्बई, कलकत्ता और मद्रास में अनगिनत जन प्रदर्शनों में सक्रिय रूप से भाग लिया और शोलापुर में तो ये सबसे आगे थे।

10. सविनय अवज्ञा आंदोलन के दौरान नमक सत्याग्रह के विषय में निम्नलिखित में से कौन-सा/से कथन सही हैं?

1. तमिलनाडु में, त्रिचनापल्ली से लेकर वेदारण्यम तक साल्ट मार्च का नेतृत्व सुब्रह्मण्यम भारती ने किया था।

2. मालाबार में, कालीकट से लेकर पयान्नूर तक साल्ट मार्च का नेतृत्व के. कलप्पन ने किया था।

3. धरासना साल्ट वर्क्स पर छापे का नेतृत्व सरोजिनी नायडू ने किया था।

नीचे दिए गए कूट का प्रयोग कर सही उत्तर चुनिए।

(a) केवल 1 और 2

(b) केवल 2 और 3

(c) केवल 3

(d) 1, 2 और 3

उत्तर (b) तमिलनाडु में त्रिचनापल्ली से लेकर वेदारण्यम तक साल्ट मार्च का नेतृत्व राजगोपालाचारी ने किया था। अन्य दोनों कथन सही हैं। इसके अतिरिक्त, अबुल कलाम आजाद के साथ सरोजिनी नायडू ने धरासना साल्ट वर्क्स पर छापे का नेतृत्व किया था।

गाँधी-इरविन/गोलमेज/साम्प्रदायिक पंचाट

1. निम्नलिखित में से कौन-सा/से 1931 के गाँधी-इरविन समझौते का हिस्सा था/थे?

1. हिंसा का दोषी नहीं पाए गए सभी राजनीतिक कैदियों की रिहाई।

2. पुलिस ज्यादतियों की सार्वजनिक जाँच

3. सविनय अवज्ञा आंदोलन का निलंबन

नीचे दिए गए कूट का प्रयोग कर सही उत्तर चुनिए-

(a) केवल 1

(b) केवल 2 और 3

(c) केवल 1 और 3

(d) 1, 2 और 3

उत्तर (c) गाँधी-इरविन समझौता : 25 जनवरी, 1931 को गाँधी सहित CWC (कांग्रेस कार्यकारी समिति) के सभी सदस्यों को बिना शर्त रिहा कर दिया गया। CWC ने गाँधी को वायसराय से वार्ता आरम्भ करने के लिए अधिकृत कर दिया। इन वार्ताओं के परिणामस्वरूप, ब्रिटिश भारतीय सरकार के प्रतिनिधि के रूप में वायसराय और भारतीय जनमानस के प्रतिनिधि के रूप में गाँधी ने 14 फरवरी, 1931 को दिल्ली में एक समझौते पर हस्ताक्षर किए। इस दिल्ली समझौते ने (जिसे गाँधी-इरविन समझौता भी कहा जाता है) कांग्रेस को सरकार के समकक्ष खड़ा कर दिया। सरकार की ओर से इरविन ने तुरंत प्रभाव में उन सभी राजनैतिक बंदियों को मुक्त करने के लिए सहमति प्रदान कर दी, जिन पर किसी भी प्रकार की हिंसा का आरोप नहीं था।

इसकी कुछ अन्य बातें निम्नलिखित थीं-

- जो आर्थिक दंड अभी तक एकत्र नहीं किया गया था उसकी माफी।
- जिन भूमियों को अभी तक तीसरे पक्ष को विक्रय नहीं किया गया था उसकी वापसी।
- जिन सरकारी कर्मचारियों ने त्यागपत्र दिए थे, उनके साथ उदार व्यवहार।
- व्यक्तिगत उपभोग के लिए (विक्रय के लिए नहीं) तटीय ग्रामीण क्षेत्रों में नमक बनाने का अधिकार।
- शांतिपूर्वक और अहिंसक धरना देने का अधिकार।
- आपातकालीन अध्यादेशों को वापिस लेना।

परन्तु वायसराय ने गाँधी की दो माँगों को अस्वीकार कर दिया (i) पुलिस ज्यादती की सार्वजनिक (जनता द्वारा) जाँच (ii) भगत सिंह और उनके साथियों के मृत्युदंड को आजीवन कारावास में बदलना।

कांग्रेस की ओर से गाँधीजी ने निम्नलिखित के लिए अपनी सहमति में बदलना।

- सविनय अवज्ञा आंदोलन को स्थगित करना और

फेडरेशन की तीन धुरी (three lynch-pins of federation) से जुड़े संविधानिक प्रश्न, भारतीय उत्तरदायित्व और भारत के हितों को सुरक्षित रखने के लिए आवश्यक शर्तों और संरक्षण (रक्षा, विदेशी मामले, अल्पसंख्यकों की स्थिति, भारत के वित्तीय ऋणों और अन्य दायित्वों से मुक्ति जैसे विषयों) पर विचार करने के लिए आगामी गोलमेज सम्मेलन में भाग लेना।

2. गाँधी-इरविन समझौते के परिणाम के सम्बन्ध में निम्नलिखित में से कौन-सा/से कथन सही है/हैं?

1. सरकार ने निजी उपभोग के लिए नमक बनाने के अधिकार को स्वीकार किया।

2. कांग्रेस ने सविनय अवज्ञा आंदोलन को स्थगित कर दिया।

3. कांग्रेस तीसरे गोलमेज सम्मेलन में भागीदारी करने के लिए सहमत हो गई।

नीचे दिए गए कूट का प्रयोग कर सही उत्तर चुनिए-

(a) केवल 1 और 2 (b) केवल 2 और 3

(c) केवल 1 और 3 (d) केवल 2

उत्तर (a) **कथन 1 सही है।** सरकार ने निजी उपभोग के लिए, न कि वाणिज्यिक बिक्री के लिए नमक बनाने का अधिकार स्वीकार किया।

कथन 2 सही है। कांग्रेस ने सविनय अवज्ञा आंदोलन स्थगित कर दिया और दूसरे गोलमेज सम्मेलन में भाग लेने हेतु सहमति जताई। तीसरा गोलमेज सम्मेलन सविनय अवज्ञा आंदोलन के द्वितीय चरण के दौरान बहुत बाद में आयोजित किया गया था। **इसलिए, कथन 3 गलत है।**

3. गाँधीजी द्वारा प्रशासनिक सुधार हेतु लॉर्ड इरविन को दी गई 11 बिन्दुओं वाली अंतिम चेतावनी के संदर्भ में निम्नलिखित कथनों पर विचार कीजिए-

1. उन्होंने घोषित किया कि यदि वे माँगें पूरी कर दी गईं तो सविनय अवज्ञा आंदोलन का आरम्भ नहीं किया जाएगा और कांग्रेस किसी भी सम्मेलन में भाग लेगी।

2. सामान्य माँगों के अतिरिक्त, इसने पूंजीपतियों से सम्बन्धित और किसानों से सम्बन्धित, विशिष्ट मांगें भी प्रस्तुत कीं।

उपर्युक्त कथनों में से कौन-सा/से सही है/हैं?

(a) केवल 1 (b) केवल 2

(c) 1 और 2 दोनों (d) न तो 1, न ही 2

उत्तर (c) गाँधीजी ने प्रशासनिक सुधारों के लिए इरविन के समक्ष 11 सूत्री अल्टीमेटम रखा था। उन्होंने घोषित किया कि यदि इन माँगों को पूरा कर दिया जाता है, तो कोई सविनय अवज्ञा नहीं होगी और कांग्रेस सभी सम्मेलन में भाग लेगी।

यह समझौता करने वाला फार्मूला था जिसमें सम्मिलित थे-

आम हित के मुद्दे :

- सेना और सिविल सेवाओं पर व्यय में कमी।
- पूर्ण निषेध की शुरुआत।
- आपराधिक जाँच विभाग (सी. आई. डी) में सुधार करना।
- लाइसेंस जारी करने पर लोकप्रिय नियंत्रण की अनुमति देने वाला शस्त्र अधिनियम में परिवर्तन।
- राजनीतिक कैदियों को रिहाई।
- डाक आरक्षण विधेयक की स्वीकार्यता।

कुछ विशिष्ट बुर्जुआ माँगें –

रुपया-स्टर्लिंग विनिमय अनुपात में कमी करना।

- वस्त्र संरक्षण का प्रवर्तन।

भारतीयों के लिए तटीय नौवहन का आरक्षण।

किसानों से सम्बन्धित कुछ विशिष्ट माँगे –

भू-राजस्व में कमी।

नमक कर का उन्मूलन।

4. प्रथम गोलमेज सम्मेलन के आयोजन का उद्देश्य क्या था?

(a) मुस्लिम लीग एवं अन्य साम्प्रदायिक संगठनों का तुष्टिकरण।

(b) साइमन कमीशन की रिपोर्ट पर चर्चा करना।

(c) गाँधी-इरविन समझौते का अनुमोदन करना।

(d) सविनय अवज्ञा आंदोलन के दौरान हुए अत्याचारों पर बहस करना।

उत्तर (b) ब्रिटिश सरकार ने 1930 में साइमन आयोग की रिपोर्ट पर चर्चा करने के लिए लंदन में भारतीय नेताओं और ब्रिटिश सरकार के प्रवक्ताओं के पहले गोलमेज सम्मेलन का आह्वान किया। तीसरे गोलमेज सम्मेलन की विफलता के बाद कम्युनल अवार्ड दिया गया था। इसने संभवतः मुस्लिम लीग को संतुष्ट किया हो, लेकिन ये गोलमेज सम्मेलनों का घोषित उद्देश्य नहीं था।

5. निम्नलिखित कथनों पर विचार कीजिए-

1. तृतीय गोलमेज सम्मेलन के विचार-विमर्श की परिणति भारत सरकार अधिनियम, 1935 के पारित होने के रूप में हुई।

2. भारत सरकार अधिनियम, 1935 ने ब्रिटिश भारत के सूबों और भारतीय रियासतों के एक संघ पर आधारित ऑल इंडिया फेडरेशन के गठन का उपबन्ध किया।

उपरोक्त में से कौन-सा/से सही है/हैं?
(a) केवल 1
(b) केवल 2
(c) 1 और 2 दोनों
(d) न तो 1, न ही 2

उत्तर (c) 1932 ई॰ में लंदन में आयोजित तीसरे और अन्तिम गोलमेज सम्मेलन में कांग्रेस ने भाग नहीं लिया था। इस सम्मेलन में भारत सरकार अधिनियम, 1935 के लिए एक ठोस योजना को अन्तिम रूप में पेश किया गया था। इसमें ब्रिटिश भारत के सूबों और भारतीय रियासतों के एक संघ पर आधारित ऑल इंडिया फेडरेशन के गठन का प्रावधान किया गया था।

6. किस भारतीय ने तीनों गोलमेज सम्मेलनों में भाग लिया था?
(a) बी॰ आर॰ अम्बेडकर
(b) महात्मा गाँधी
(c) मुहम्मद अली जिन्ना
(d) तेज बहादुर सप्रू

उत्तर (a) बी॰ आर॰ अम्बेडकर ने तीनों गोलमेज सम्मेलनों में भाग लिया था। तीनों गोलमेज सम्मेलनों (1930-32) में वे अछूतों के प्रतिनिधि बनकर भाग लिए थे। प्रथम गोलमेज सम्मेलन 12 नवम्बर, 1930 ई॰ और दूसरा गोलमेज सम्मेलन 7 सितम्बर, 1931 ई॰ में हुआ था। गाँधीजी ने कांग्रेस के प्रतिनिधि के रूप में दूसरे सम्मेलन में भाग लिया था, परन्तु यह सम्मेलन असफल रहा। तीसरा गोलमेज सम्मेलन 17 नवम्बर,1932 को हुआ था। तीसरा सम्मेलन भी असफल रहा।

7. "भारतीय राजनेता ब्रिटिश सरकार के साथ वह समझौता करने में सफल रहे, जिसमें दलित वर्गों के लिए पृथक निर्वाचक मण्डल के विचार को त्याग कर प्रांतीय विधान मण्डलों एवं केन्द्रीय विधान मण्डल में उनके सीटों की संख्या को बढ़ा दिया गया था।"
उपर्युक्त पंक्तियों में किस समझौते की चर्चा की गई है?
(a) गाँधी-इरविन-समझौता
(b) पूना समझौता
(c) कांग्रेस-लीग समझौता
(d) देसाई-लियाकत संधि

उत्तर (b) **पूना पैक्ट :** गाँधी जी रैम्जे मैकडोनाल्ड के साम्प्रदायिक पंचाट के निर्णय के बाद से निरंतर अनशन पर थे। उनके जीवन की सुरक्षा के उद्देश्य से, राजनीतिक नेता मदनमोहन मालवीय, एस. सी. राजा और बी. आर. अम्बेडकर आगे आए और पूना पैक्ट के रूप में विख्यात एक समझौता कराने में सफलता प्राप्त की। समझौते के अनुसार शोषित वर्ग के पृथक निर्वाचन के विचार को त्याग दिया गया, लेकिन प्रांतीय विधायिकाओं में उनके लिए आरक्षित सीट को 71 से बढ़ाकर 147 कर दिया गया और केन्द्रीय विधानमण्डल में सीटों में कुल 18 प्रतिशत की बढ़ोत्तरी हुई।

1930 के अंत तक (पहले गोलमेज सम्मेलन के बाद), ब्रिटिश सरकार ने यह महसूस किया कि कांग्रेस के समझौते के बिना, कोई राजनैतिक समाधान संभव न था।

गाँधी इरविन सन्धि : गाँधीजी ने दिल्ली में वायसराय लॉर्ड इरविन के साथ बातचीत की और अंत में 5 मार्च, 1931 को एक समझौते पर हस्ताक्षर किए गए, जिसे गाँधी-इरविन पैक्ट या दिल्ली सन्धि के नाम से जाना जाता है।

1916 की, कांग्रेस-लीग पैक्ट के नाम से विख्यात, लखनऊ सन्धि वास्तव में 1907 के सूरत विभाजन के बाद कांग्रेस के एकीकरण के लिए थी और इसी लखनऊ सन्धि में कांग्रेस और लीग के बीच समझौता भी संपन्न हुआ।

8. "उसके समय में कम्युनल अवार्ड की घोषणा की गई थी, जिसके माध्यम से पृथक निर्वाचक मण्डल स्थापित किया गया था। इसके फलस्वरूप बाद में गाँधीजी ने यरवदा जेल में 'आमरण अनशन' समाप्त किया था। उसके कार्यकाल के दौरान अखिल भारतीय किसान सभा एवं कांग्रेस सोशलिस्ट पार्टी की स्थापना की गई थी क्योंकि समाजवादी प्रवृत्तियाँ एवं किसानों की माँगे अपने उच्चतम शिखर पर पहुँच गई थीं।"
दिए गए उपर्युक्त परिच्छेद में 'उसके' शब्द निम्नलिखित में से किस वायसराय से संदर्भित है?
(a) लॉर्ड इरविन (b) लॉर्ड लिनलिथगो
(c) लॉर्ड विलिंग्डन (d) लॉर्ड रीडिंग

उत्तर (c) लॉर्ड विलिंग्डन ने 1931 से 1936 के बीच भारत के वायसराय और गवर्नर-जनरल के रूप में कार्य किया।

इस अवधि की महत्वपूर्ण घटनाओं में दूसरा और तीसरा गोलमेज सम्मेलन, सविनय अवज्ञा आंदोलन को पुनः आरम्भ करना, साम्प्रदायिक अधिनिर्णय, रैम्से मैकडोनाल्ड द्वारा कम्युनल अवॉर्ड (1932), पूना समझौता (1932), भारत सरकार अधिनियम, 1935 एवं भारत से बर्मा का पृथक्करण सम्मिलित हैं।

ऑल इंडिया किसान सभा (AIKS) जिसे अखिल भारतीय किसान सभा एवं ऑल इंडिया पीजेन्ट्स यूनियन के रूप में भी जाना जाता है, पूर्व के अविभाजित कम्युनिस्ट पार्टी ऑफ इंडिया (CPI) के किसान फ्रंट का भारतीय राजनीतिक संघ था। अखिल भारतीय किसान सभा स्वतंत्रता संग्राम और किसान आंदोलन के दौरान भारतीय संगठनों में से एक थी, जिसकी स्थापना स्वामी सहजानंद सरस्वती द्वारा वर्ष 1936 में की गई थी।

कांग्रेस सोशलिस्ट पार्टी की स्थापना सविनय अवज्ञा आंदोलन के दौरान मार्क्सवादी विचारों के संपर्क में आए कट्टरपंथी और युवा कांग्रेसियों द्वारा दी गई थी। उन्हें गाँधीजी के रचनात्मक कार्यक्रमों की सफलता के सम्बन्ध में संदेह थे। अप्रैल 1934 में बनारस में, संपूर्णानंद ने एक पैम्फलेट प्रकाशित किया, जिसने उन्होंने कांग्रेस की एक शाखा के रूप में ऑल इंडिया सोशलिस्ट पार्टी के गठन की आवश्यकता पर जोर दिया था। कांग्रेस के समाजवादी पाश्चात्य मध्य वर्ग से सम्बन्ध रखते थे। वे मार्क्स, गाँधी और पश्चिम के सामाजिक लोकतंत्र के विचार से प्रभावित थे। वे मार्क्सवादी समाजवाद, कांग्रेस के राष्ट्रवाद एवं पश्चिम के उदार लोकतंत्र का अनुपालन करते थे।

9. ब्रिटिश शासल काल के दौरान निम्नलिखित में से किन कारकों ने साम्प्रदायिकता के उदय में योगदान किया?
1. स्वदेशी आंदोलन
2. मार्ले-मिंटो सुधार
3. 1916 का लखनऊ समझौता
नीचे दिए गए कूट का प्रयोग कर सही उत्तर चुनिए-
(a) केवल 1 और 2 (b) केवल 2 और 3
(c) केवल 1 और 3 (d) 1, 2 और 3

उत्तर (d) **कथन 1 सही है।** स्वदेशी आंदोलन के समय मुस्लिम समाज का एक भाग प्रारम्भ से ही विभाजन की योजना का समर्थन कर रहा था। हिन्दुओं के विरुद्ध मुस्लिम समर्थन प्राप्त करने के लिए सरकार बहुत ही उत्सुक थी। इस नीति को लॉर्ड कर्जन ने 1904 में अपने पूर्वी बंगाल के दौरे में प्रारम्भ किया था। उसने ढाका के नवाब सलीमुल्ला को, स्वयं को विभाजन के पक्ष में घोषणा करने के लिए उकसाया।

नवाब सलीमुल्ला विभाजन और स्वदेशी आंदोलन के विरोध का मुस्लिम नेता बन गया। भड़काऊ हिन्दू विरोधी पर्चे बाँटे गए, जिन्हें सरकारी अधिकारियों का संरक्षण प्राप्त था, जिसका परिणाम कई साम्प्रदायिक दंगों के भड़कने के रूप में हुआ, उनमें सबसे गंभीर दंगे फोमिल्ला और जमालपुर के थे।

कथन 2 सही है। मार्ले-मिंटो सुधारों के अंतर्गत मुस्लिम मतदाताओं को (बाद में सिख और अन्य भी) पृथक निर्वाचन क्षेत्रों में रखा गया, जहाँ से केवल मुस्लिम उम्मीदवार ही खड़े हो सकते थे और मुस्लिम ही मतदान कर सकते थे। इन पृथक निर्वाचन क्षेत्रों ने चुनाव और विधान परिषदों को साम्प्रदायिक संघर्ष क्षेत्र में परिवर्तित कर दिया। चूँकि मतदाता अनन्य रूप से एक ही धर्म के अनुयायी थे, प्रत्याशियों को अन्य धर्म के अनुयायियों को वोट के लिए अपील ही नहीं करना पड़ता था। इसलिए वे खुलकर साम्प्रदायिक अपील कर सकते थे।

कथन 3 सही है। लखनऊ समझौते के निम्न प्रावधानों ने देश में साम्प्रदायिकता की वृद्धि में योगदान किया :

- मुस्लिम अल्पसंख्यक के महत्व को मान्यता मिली, इसके परिणामस्वरूप भविष्य की भारतीय राजनीति में साम्प्रदायिकता के पुनरुत्थान के द्वार खुल गए।
- कोई भी विधायिका कार्य नहीं कर सकती थी यदि किसी भी धर्म के 3/4 सदस्य विरोध करते हैं, इसके फलस्वरूप विधायिका में साम्प्रदायिक वीटो आरम्भ हुआ।

10. 1932 में घोषित कम्युनल अवार्ड (साम्प्रदायिक पुरस्कार) के संदर्भ में निम्नलिखित कथनों पर विचार कीजिए-

1. सिखों, ईसाइयों और दलितों के लिए पहली बार पृथक् निर्वाचक मण्डल की शुरुआत की गई।

2. कांग्रेस द्वारा इस अधिनिर्णय (अवार्ड) को अस्वीकार कर दिया गया था।

3. गाँधीजी ने दलित समुदाय को इस प्रस्ताव से सम्बद्ध खतरों का भान करने के लिए आमरण अनशन किया।

नीचे दिए गए कूट का प्रयोग कर सही उत्तर चुनिए-

(a) केवल 1 और 2 (b) केवल 2 और 3
(c) केवल 3 (d) 1, 2 और 3

उत्तर (c) कथन 1 सही नहीं है। 1919 में ही सिखों और ईसाइयों के लिए पृथक निर्वाचक मण्डलों का आरम्भ किया गया था। इस समय दलितों या हरिजनों के लिए पहली बार पृथक निर्वाचनमण्डल का गठन किया गया।

कथन 2 सही नहीं है क्योंकि, कांग्रेस ने इस प्रस्ताव को न तो अस्वीकार किया और न ही स्वीकार किया। यह दुविधा 1916 के लखनऊ सत्र में मुसलमानों के लिए पृथक निर्वाचक मण्डलों हेतु दी गई स्वीकृति के कारण थी।

कथन 3 सही है क्योंकि, इस प्रस्ताव को समाप्त करने के लिए गाँधीजी ने आमरण अनशन किया। उनका मानना था कि ये प्रस्ताव हरिजन समुदाय को आजीवन अलग-थलग और पिछड़ा रखेंगे।

कांग्रेस-समाजवादी पार्टी

1. कांग्रेस सोशलिस्ट पार्टी के संदर्भ में, निम्नलिखित कथनों पर विचार कीजिए-

1. इसकी स्थापना जवाहरलाल नेहरू एवं सुभाष चन्द्र बोस द्वारा की गई थी।

2. यह भारतीय राष्ट्रीय कांग्रेस की प्रतिद्वंद्वी राजनीतिक संगठन के रूप मे उभरी।

3. इसने द्वितीय विश्व युद्ध के दौरान ब्रिटिश युद्ध प्रयासों के लिए सशर्त सहायता का प्रस्ताव रखा।

उपर्युक्त कथनों में से कौन-सा/से सही है/हैं?

(a) केवल 1 और 2
(b) केवल 2 और 3
(c) केवल 3
(d) उपर्युक्त में से कोई नहीं

उत्तर (d) कथन 1 सही नहीं है। कांग्रेस सोशलिस्ट पार्टी की स्थापना 1934 में आचार्य नरेन्द्र देव (अध्यक्ष) और जयप्रकाश नारायण (महासचिव) द्वारा की गई थी।

कथन 2 सही नहीं है। कांग्रेस सोशलिस्ट पार्टी, कांग्रेस की प्रतिद्वंद्वी राजनैतिक संगठन नहीं थी बल्कि इसे कांग्रेस के भीतर रहकर इसकी नीतियों को आकार देने, ढालने और सशक्त बनाने के लिए स्थापित की गई थी। इसके संविधान में यह घोषित था कि इसके सभी सदस्यों को भारतीय राष्ट्रीय कांग्रेस का सदस्य होना आवश्यक है।

कथन 3 सही नहीं है। यह ब्रिटिश युद्ध प्रयासों के लिए कांग्रेस के सशर्त सहयोग के प्रस्ताव से सहमत नहीं था, क्योंकि युद्ध विश्व के पुनर्विभाजन हेतु साम्राज्यवाद के भागीदारों के बीच एक संघर्ष था।

2. निम्नलिखित में से कौन कांग्रेस पर समाजवादी विचारों के प्रभाव को दर्शाता है?

1. कराची सत्र के दौरान मूल अधिकारों पर पारित प्रस्ताव।

2. 1938 में राष्ट्रीय योजना समिति का गठन।

3. 1936 में कांग्रेस का चुनावी घोषणा-पत्र

नीचे दिए गए कूट का प्रयोग कर सही उत्तर चुनिए-

(a) केवल 2 (b) केवल 1 और 2
(c) केवल 1 और 3 (d) 1, 2 और 3

उत्तर (d) राष्ट्रीय आंदोलन पर वामपंथ का प्रभाव कांग्रेस के कराची सत्र द्वारा 1931 में मूल अधिकारों तथा आर्थिक नीति पर पारित प्रस्ताव, 1936 में फैजपुर सत्र में आर्थिक नीति पर पारित प्रस्तावों, 1936 में कांग्रेस के चुनावी घोषणा पत्र, 1938 में राष्ट्रीय योजना समिति की स्थापना, और आर्थिक एवं वर्ग सम्बन्धी मुद्दों पर गाँधीजी की विचारधारा में उग्र सुधारवादी दृष्टिकोण की दिशा में बढ़ने से परिलक्षित हुआ था।

3. निम्नलिखित में से कौन-से नेता कांग्रेस समाजवादी पार्टी (कांग्रेस सोशलिस्ट पार्टी) के संस्थापक थे?

1. जयप्रकाश नारायण

2. आचार्य नरेन्द्र देव

3. जवाहर लाल नेहरू

4. सुभाष चन्द्र बोस

नीचे दिए गए कूट का प्रयोग कर सही उत्तर चुनिए-

(a) केवल 1 और 4
(b) केवल 1 और 2
(c) केवल 3 और 4
(d) केवल 1, 2 और 3

उत्तर (b) कांग्रेस सोशलिस्ट पार्टी (सीएसपी) का गठन, अक्टूबर 1934 में बम्बई में जयप्रकाश नारायण, आचार्य नरेन्द्र देव और मीनू मसानी के नेतृत्व में किया गया था। सुभाष चन्द्र बोस, इसके संस्थापक सदस्यों में शामिल नहीं थे।

4. कांग्रेस सोशलिस्ट पार्टी के उदय के साथ विकसित हुई कांग्रेस की वामपंथी विचारधारा के सम्बन्ध में निम्नलिखित कथनों पर विचार कीजिए-

1. वे पूर्ण स्वतंत्रता के लिए खड़े हुए और वर्गों के लिए नहीं वरन् आम जनता के लिए स्वराज चाहते थे।

2. वे साम्राज्यवाद-विरोध, राष्ट्रवाद और सामाजवाद के लिए खड़े हुए।

3. उनको रूसी निहिलिस्टों (शून्यवादियों) और आयरिश राष्ट्रवादियों से वैचारिक प्रेरणा प्राप्त हुई।

उपर्युक्त कथनों में से कौन-सा/से सही है/हैं?

(a) केवल 1 और 2
(b) केवल 2 और 3
(c) केवल 3
(d) केवल 1 और 3

उत्तर (c) कांग्रेस समाजवादी पार्टी का आरम्भ 1934 में, कांग्रेस के अंतर्गत उसको मजबूत करने, उसकी नीतियों को ढालने और आकार देने हेतु किया गया था। उनकी वैचारिक प्रेरणा मार्क्सवाद और लोकतांत्रिक समाजवाद से उत्पन्न हुई थी और वे साम्राज्यवाद-विरोध, राष्ट्रवाद और समाजवाद के लिए खड़े हुए, जबकि क्रांतिकारी आतंकवादी रूसी शून्यवादियों और आयरिश राष्ट्रवादियों के तरीकों द्वारा प्रेरित थे। **इसलिए केवल तीसरा कथन गलत है।** वे पूर्ण स्वतंत्रता और समाजवाद के लिए खड़े हुए और उन्होंने वर्गों के लिए नहीं वरन् आम जनता के लिए स्वराज का समर्थन किया।

5. जयप्रकाश नारायण किस नाम से पहचाने जाते है?

(a) लोकमान्य (b) लोकनायक
(c) लोकहित वादी (d) लोक नेता

उत्तर (b) जयप्रकाश नारायण को 'लोकनायक' के नाम से भी जाना जाता है।

प्रांतीय चुनाव एवं मंत्रिमण्डल गठन/देशी रियासतें

1. 1945 के आम चुनाव के संदर्भ में, निम्नलिखित कथनों पर विचार कीजिए-

1. चुनाव लड़ने के मुद्दे पर स्वराजियों और नोचेंजर्स (परिवर्तन विरोधी) के बीच बहस चल रही थी।

2. आईएनए मुकदमों का मुद्दा कांग्रेस द्वारा चुनाव अभियान में उठाया गया था।

3. मुस्लिम लीग ने 1937 के चुनावों की तुलना में घटिया प्रदर्शन किया।

उपर्युक्त कथनों में से कौन-सा/से सही है/हैं?

(a) केवल 1 और 2
(b) केवल 2 और 3
(c) केवल 2
(d) केवल 1 और 3

उत्तर (c) **कथन 1 सही नहीं है।** 1945 के चुनाव में ऐसा कोई वाद-विवाद नहीं था। स्वराजियों एवं नो-चेंजर्स (परिवर्तन विरोधी) के बीच विवाद, 1920 के दशक और 1930 के दशक के चुनावों की विशेषता थी।

कथन 2 सही है। देशभर में आयोजित बैठकों में कांग्रेस के मंच से उजागर किए गए मुद्दों में इंडियन नेशनल आर्मी (INA) मुकदमे का प्रश्न मुद्दा था। वस्तुतः कई बार इंडियन नेशनल आर्मी (INA) सम्बन्धी बैठक और चुनावी बैठक में भेद करना कठिन हो जाता था।

कथन 3 गलत है। 1937 के चुनावों की तुलना में मुस्लिम लीग ने बेहतर प्रदर्शन किया। इसे 86.6% मुस्लिम मत प्राप्त हुए और बंगाल और सिन्ध में बहुमत प्राप्त हुआ। 1937 के चुनावों की तुलना में लीग ने स्वयं को मुसलमानों के बीच स्पष्ट रूप से प्रमुख पार्टी के रूप में स्थापित कर लिया।

2. कांग्रेस ने "भारत सरकार अधिनियम, 1935" को पूर्णतः निराशाजनक बताते हुए इसकी निंदा की, परन्तु फिर भी इसने किस उद्देश्य से 1937 के चुनाव में हिस्सा लिया?

(a) नेहरू रिपोर्ट लागू करने हेतु
(b) एक कांग्रेसी को भारत का प्रधानमंत्री बनवाने हेतु
(c) यह दर्शाने हेतु कि उक्त अधिनियम कितना अलोकप्रिय था,
(d) स्वतंत्र भारत के संविधान का निर्माण करने हेतु

उत्तर (c) कांग्रेस ने 1935 के अधिनियम के अंतर्गत चुनाव का निर्णय, यह दर्शाने हेतु लिया कि अधिनियम कितना अलोकप्रिय था। इस अधिनियम में प्रधानमंत्री के लिए कोई प्रावधान नहीं था। प्रांतीय सरकारों के गठन के माध्यम से नेहरू रिपोर्ट के प्रावधानों का कार्यान्वयन नहीं किया गया था, जिसके लिए चुनाव का आयोजन किया गया था।

3. निम्नलिखित में से 1937-39 के दौरान प्रांतों में 28 महीने के शासन की संक्षिप्त अवधि में कांग्रेस मंत्रिमण्डल द्वारा दी गई कार्रवाई/कार्रवाइयाँ कौन-सी थी/थीं?

1. प्रेस पर प्रतिबंध हटा दिया गया था।

2. भूमि सुधार और जमींदारी प्रथा का उन्मूलन।

3. क्रांतिकारियों सहित राजनीतिक कैदियों की रिहाई।

नीचे दिए गए कूट का प्रयोग कर सही उत्तर चुनिए-

(a) केवल 1 (b) केवल 1 और 3
(c) केवल 2 और 3 (d) 1, 2 और 3

उत्तर (b) **कथन 1 सही है।** प्रेस पर लगाए गए सभी प्रतिबंधों को हटा दिया गया था। समाचार-पत्रों एवं प्रेषों से ली गई प्रतिभूतियों को वापस कर दिया गया। सरकारी विज्ञापन के प्रयोजनों के लिए समाचार-पत्रों को काली सूची में डाला जाना बंद कर दिया गया था।

कथन 2 गलत है। कांग्रेस जमींदारी प्रथा को पूरी तरह से नष्ट करके कृषि संरचना का पुनर्निर्माण करने का प्रयास नहीं कर सकी। प्रांतीय मंत्रिमण्डलों के पास ऐसा करने की पर्याप्त शक्ति नहीं थी।

कथन 3 सही है। कांग्रेस सरकार की सबसे पहली कार्रवाइयों में से एक क्रांतिकारियों सहित हजारों राजनीतिक कैदियों की रिहाई थीं

4. निम्नलिखित में से कौन-सा/से कथन 1937-39 में प्रांतों में कांग्रेस द्वारा पद स्वीकार करने के सम्बन्ध में सही है/हैं?

1. कांग्रेस ने सभी प्रांतों में मंत्रालयों का गठन किया।

2. महात्मा गाँधी ने कांग्रेस के सदस्यों द्वारा मंत्रालयों की स्वीकृति का कभी भी समर्थन नहीं किया था।

3. प्रांतीय सरकारों का गठन भारत सरकार अधिनियम, 1935 के प्रावधानों के अनुसार किया गया था।

नीचे दिए गए कूट का प्रयोग कर सही उत्तर चुनिए-

(a) केवल 1 और 2
(b) केवल 2 और 3
(c) केवल 3
(d) उपर्युक्त में से कोई नहीं

उत्तर (c) **कथन 1 सही नहीं है।** 11 प्रांतों में चुनाव आयोजित किए गए, भारतीय राष्ट्रीय कांग्रेस आठ प्रांतों में सत्ता में आई। तीन अपवाद बंगाल, पंजाब और सिन्ध थे। ऑल इंडिया मुस्लिम लीग किसी भी प्रांत में सरकार बनाने में विफल रही।

कथन 2 सही नहीं है। कार्य समिति में विचार-विमर्श के दौरान गाँधीजी ने पदों की स्वीकृति का विरोध किया और सविनय अवज्ञा की बहाली के लिए गांवों में चुपचाप तैयारी का विकल्प सामने रखा। लेकिन 1936 के आरम्भ तक उन्हें लगने लगा कि यह अभी संभव नहीं था, इसलिए वह विशेषतया इस मार्ग के पक्ष में पार्टी की समर्थनकारी भावना के रूप में, कांग्रेस मंत्रिमण्डल के गठन का अवसर देने के लिए तैयार हो गए।

कथन 3 सही है। भारत सरकार अधिनियम, 1935 के आदेशानुसार 11 प्रांतों में चुनाव आयोजित किए गए। इसके साथ ही प्रांतों का आंशिक पुनर्गठन भी किया गया, सिन्ध को बम्बई से अलग कर दिया गया, बिहार और उड़ीसा को अलग-अलग प्रांत बनाया गया।

5. 1945 में भारत में आम चुनावों के संदर्भ में निम्नलिखित कथनों पर विचार कीजिए-

1. कांग्रेस ने मुस्लिम मतों का चुनाव अपने पक्ष में सुरक्षित किया।

2. मुस्लिम लीग ने केन्द्रीय सभा में सभी आरक्षित सीटों पर कब्जा कर लिया।

3. इस चुनाव में साम्प्रदायिक मतदान के ठीक उलट शक्तिशाली ब्रिटिश विरोधी एकता के दर्शन हुए।

उपर्युक्त कथनों में से कौन-सा/से सही है/हैं?

(a) केवल 1 और 3
(b) केवल 2
(c) केवल 2 और 3
(d) उपर्युक्त में से कोई नहीं

उत्तर (b) 15 अगस्त, 1945 को द्वितीय विश्व युद्ध की समाप्ति के पूर्व ब्रिटेन में आम चुनाव हुए। चुनाव की समाप्ति विंस्टन चर्चिल की कंजर्वेटिव पार्टी की हार के साथ हुई, तथा प्रधानमंत्री के रूप में क्लीमेंट एटली के नेतृत्व में लेबर पार्टी की सरकार सत्ता में आयी। सर पैथिक लॉरेंस भारत के नए राज्य सचिव बने।

इस नयी सरकार के द्वारा प्रथम मुख्य कदम भारत में आम चुनावों की घोषणा करना था। पिछले आम चुनाव 1936 में हुए थे और अब लगभग एक दशक के बाद पूरी दुनिया बदल चुकी थी।

दिसम्बर 1945 में चुनावों के परिणाम घोषित हुए।

इन चुनावों में कांग्रेस को 91% गैर-मुस्लिम मत पड़े। **इसलिए, कथन 1 असत्य है।**

मुस्लिम लीग ने केन्द्रीय असेम्बली में सभी आरक्षित मुस्लिम सीटों को अपने कब्जे में कर लिया। **इसलिए, कथन 2 सत्य है।**

कांग्रेस ने मद्रास, संयुक्त प्रान्तों, बिहार, उड़ीसा तथा केन्द्रीय प्रान्तों में पूर्ण बहुमत में सरकारें बनायी। पंजाब में इसने अकाली तथा संघवादियों के साथ मिलकर मिली-जुली सरकार बनायी। सिन्ध तथा बंगाल में मुस्लिम लीग बहुमत में थी।

पृथक निर्वाचन क्षेत्रों तक सीमित मताधिकार के कारण विभिन्न आंदोलनों में ब्रिटिश विरोधी एकता प्रदर्शित करने के ठीक विपरीत इन चुनावों में साम्प्रदायिक मतदान देखने को मिले। **इसलिए, कथन 3 सही नहीं है।**

6. मद्रास प्रान्त में 1920 में सरकार गठित करने वाली जस्टिस पार्टी के संदर्भ में निम्नलिखित कथनों पर विचार कीजिए-

1. यह सी. राजगोपालाचारी द्वारा गठित की गई थी।

2. इसने मोंटेग्यू-चेम्सफोर्ड सुधारों का समर्थन किया।

3. इसने असहयोग आंदोलन का समर्थन नहीं किया, लेकिन सविनय अवज्ञा आंदोलन का समर्थन किया।

4. इसने महिला मताधिकार को पुनर्स्थापित किया और देवदासी प्रथा को समाप्त किया।

उपर्युक्त कथनों में से कौन-सा/से सही है/हैं?

(a) केवल 1
(b) केवल 2 और 4
(c) केवल 3 और 4
(d) 1, 2, 3 और 4

उत्तर (b) जस्टिस पार्टी को औपचारिक रूप से 20 नवम्बर, 1916 को चेन्नई में लांच किया गया था। इसके तीन संस्थापक सदस्य थे- डॉ. टी. एम. नायर, पी. थियागरैया चोट्टियार और डॉ. सी. एन. मुदालियार। जस्टिस पार्टी ने 1920 में मद्रास प्रांत में सरकार का गठन किया। मद्रास ब्राह्मण और गैर-ब्राह्मण के बीच के संघर्ष का स्थल था। इसने 'ब्राह्मण' कांग्रेस और इसके सहयोग आंदोलन के विरुद्ध एक सक्रिय अभियान आरंभ किया और मोंटेग्यू-चेम्सफोर्ड सुधारों का समर्थन किया। यह भी कि, जस्टिस पार्टी ने हिन्दू महासभा और मुस्लिम लीग की तरह सविनय अवज्ञा आंदोलन के लिए स्वयं का विरोध घोषित कर दिया था।

इसने महिला मताधिकार आरंभ किया और देवदासी प्रथा को समाप्त किया। इसने अनेक अन्य समानतावादी पहलें कीं, जैसे तालाबों और कुओं से सार्वजनिक इस्तेमाल के लिए सरकारी आदेश निर्गमन कराना। तब कुछ वर्गों जैसे, आदि द्रविड़ जनों को सार्वजनिक जल स्रोत का उपयोग करने की मनाही थी।

जस्टिस पार्टी की सरकार ने महाविद्यालय में प्रवेश को नियमित करने हेतु एक प्रवेश परिषद का गठन किया, जिसने सिर्फ उच्च जाति के उम्मीदवारों के लिए सुरक्षित सीटों की प्रथा का अंत कर दिया। चिकित्सा शिक्षा के क्षेत्र में सरकार ने चिकित्सा विभाग को भी पूर्ण नियंत्रण में ले लिया। यह तब अंग्रेजों के नियंत्रण में था। इसने यह कार्य भारतीयों को नियुक्त करके किया।

7. भारत में वह प्रांत कौन-सा था, जहाँ 1937 में हुए आम चुनाव के पश्चात् राष्ट्री कांग्रेस ने अपनी सरकार नहीं बनाई?

(a) उड़ीसा
(b) बिहार
(c) मद्रास
(d) बंगाल

उत्तर (d) भारत सरकार अधिनियम, 1935 के द्वारा भारतीयों को प्रांतीय शासन प्रबन्ध का अधिकार मिल गया। परिणामस्वरूप 1937 ई० में प्रांतीय विधानसभाओं के चुनाव हुए। कांग्रेस को संयुक्त प्रांत, मद्रास, मध्य प्रदेश, बरार, उड़ीसा, बिहार में पूर्ण बहुमत प्राप्त हुआ। चुनावी जीत के पश्चात् कांग्रेस ने जुलाई, 1937 में भारत के छह प्रांतों बम्बई, मद्रास, उड़ीसा, बिहार, मध्य प्रांत और संयुक्त प्रांत में मंत्रिमण्डल का गठन किया। **अतः विकल्प (d) सही है।**

8. कथन (A) : वर्ष 1939 में सभी प्रांतों कांग्रेस मंत्रिमण्डलों ने त्यागपत्र दे दिया।

कारण (R) : कांग्रेस ने द्वितीय विश्व युद्ध के संदर्भ में वायसराय के जर्मनी के विरुद्ध युद्ध घोषित कर देने के निर्णय को स्वीकार नहीं किया।

कूट:

(a) A और R दोनों सही हैं और R, A का सही स्पष्टीकरण है।
(b) A और R दोनों सही हैं, परन्तु R, A का सही स्पष्टीकरण नहीं है।
(c) A सही है, परन्तु R गलत है।
(d) A गलत है, परन्तु R सही है।

उत्तर (a) कांग्रेस को फरवरी, 1937 ई० में भारत में हुए चुनावों में पाँच प्रांतों मद्रास, बिहार, उड़ीसा, मध्य प्रांत तथा संयुक्त प्रान्त में स्पष्ट बहुमत मिला, जबकि बम्बई में लगभग पूर्ण बहुमत मिला। कांग्रेस ने जुलाई, 1937 ई० में मद्रास, बम्बई, मध्य प्रांत, उड़ीसा, बिहार तथा संयुक्त प्रांत में अपनी सरकार का गठन

किया। कुछ दिनों के बाद पश्चिमोत्तर प्रांत तथा असम में भी कांग्रेस की सरकार बनी। बंगाल में मुस्लिम लीग ने कृषक प्रजा पार्टी के साथ मिलकर सरकार का गठन किया था, जबकि पंजाब में मुस्लिम लीग ने यूनियनिस्ट पार्टी के साथ मिलकर सरकार का गठन किया था। 1939 ई० में द्वितीय विश्व युद्ध के प्रारम्भ होने पर तत्कालीन वायसराय लॉर्ड लिनलिथगो ने भारतीय विधानमण्डल की सहमति के बिना भारत को युद्ध में शामिल कर लिया। कांग्रेस कार्यकारिणी के आदेश पर 15 नवम्बर, 1939 को प्रांतीय कांग्रेस मंत्रिमण्डलों ने इस्तीफा दे दिया। कांग्रेस मंत्रिमण्डल के त्यागपत्र दिए जाने के बाद मुस्लिम लीग ने 22 दिसम्बर, 1939 को मुक्ति दिवस के रूप में मनाया।

9. हस्तक्षेप न करने की नीति को बदलकर रियासतों में कांग्रेस की भागीदारी पर स्वरोपित किसी भी प्रतिबंध को समाप्त करने की दिशा में, कांग्रेस ने औपचारिक रूप से रियासतों के प्रति अपनी परिवर्तित नीति की घोषणा कब की?

(a) नागपुर सत्र, 1920
(b) लाहौर सत्र, 1929
(c) त्रिपुरी सत्र, 1939
(d) हरिपुरा सत्र, 1938

उत्तर (c) 1939 में रियासतों में राजनीतिक जागरूकता बढ़ने के कारण, कई रियासतों में प्रजा मण्डल के गठन और राजकोट, जम्मू एवं कश्मीर इत्यादि जैसे राज्यों में सुधार के लिए हो रहे बड़े-बड़े संघर्षों को देखते हुए कांग्रेस ने अपने त्रिपुरी अधिवेशन 1939 में रियासतों के प्रति अपनी परिवर्तित नीति की घोषणा की।

10. निम्नलिखित राज्यों में से किन राज्यों का व्यपगत के सिद्धांत के अंतर्गत विलय कर लिया गया था?

1. सतारा 2. तंजौर
3. मैसूर 4. नागपुर

नीचे दिए गए कूट का प्रयोग कर सही उत्तर चुनिए-

(a) केवल 1 और 2
(b) केवल 1, 2 और 3
(c) केवल 1, 2 और 4
(d) केवल 2 और 3

उत्तर (c) व्यपगत के सिद्धांत के अंतर्गत, जब संरक्षित राज्य का शासक प्राकृतिक उत्तराधिकारी के बिना मृत्यु को प्राप्त हो जाता था, तो उसका राज्य यथा देश की सदियों पुरानी परंपरा द्वारा अनुमोदित गोद लिए गए उत्तराधिकारी को प्राप्त नहीं होता था। व्यपगत के सिद्धांत के अंतर्गत निम्नलिखित राज्यों का विलय कर लिया गया था–सतारा, नागपुर, झांसी, अवध, तंजौर, कर्नाटक, सूरत आदि।

व्यक्तिगत सत्याग्रह/क्रिप्स मिशन/भारत छोड़ो आंदोलन

1. व्यक्तिगत सत्याग्रह के सम्बन्ध में निम्नलिखित कथनों पर विचार कीजिए–

1. जवाहरलाल नेहरू पहले और विनोबा भावे दूसरे सत्याग्रही थे।

2. सुभाष चन्द्र बोस ने लोगों को लामबंद करने के लिए इसी आंदोलन के दौरान 'दिल्ली चलो' का नारा दिया था।

3. इसने भारतीय भावनाओं को अभिव्यक्ति दी कि वे द्वितीय विश्व युद्ध में अंग्रेजों का समर्थन नहीं कर रहे थे।

उपर्युक्त कथनों में से कौन-सा/से सही है/हैं?

(a) केवल 2 और 3 (b) केवल 1 और 2
(c) केवल 3 (d) 1, 2 और 3

उत्तर (c) **कथन 1 गलत है।** पहले सत्याग्रही, विनोबा भावे थे, जबकि नेहरू दूसरे सत्याग्रही थे।

कथन 2 गलत है। 'दिल्ली चलो' का नारा, 1944 में सुभाष चन्द्र बोस ने आई. एन. ए. के मार्च के दौरान दिया था। व्यक्तिगत सत्याग्रह के दौरान, सत्याग्रही दिल्ली की ओर लम्बी पैदल यात्रा के दौरान एक स्थान पर भाषण देते थे और दूसरे स्थान की ओर बढ़ जाते थे। इस प्रकार राजधानी की ओर बढ़ने वाले इस आंदोलन को लोगों ने 'दिल्ली चलो' का नाम दिया।

कथन 3 सही है। इस आंदोलन से, युद्ध को लेकर अंग्रेजों के प्रति अपनी गैर-राजनिष्ठा के बारे में भारतीयों की सशक्त राजनीतिक भावना उजागर हुई।

2. निम्नलिखित में से व्यक्तिगत सत्याग्रह आरंभ करने के उद्देश्य/कारण कौन-से माने जा सकते हैं?

(a) कांग्रेस की माँगों को शांतिपूर्वक स्वीकार करने हेतु सरकार को एक और अवसर देना।
(b) यह प्रदर्शित करना कि राष्ट्रवादियों का धैर्य दुर्बलता का परिचायक नहीं था।
(c) कुछ चयनित कांग्रेसियों को अपनी प्रांतीय माँगों को आगे बढ़ाने का अवसर देना।
(d) (a) और (b) दोनों सही हैं।

उत्तर (d) व्यक्तिगत सत्याग्रह आरम्भ करने के उद्देश्य थे (i) लोगों की इन भावनाओं को व्यक्त करना कि युद्ध में उनकी रुचि नहीं थी और यह कि वे नाजीवाद और भारत को शासित करने वाली दोहरी निरंकुशता में कोई अन्तर नहीं समझते थे; (ii) यह प्रदर्शित करना कि राष्ट्रवादी धैर्य कमजोरी के कारण नहीं था (iii) कांग्रेस की माँगों पर शांति से विचार करने के लिए सरकार को एक और मौका देने हेतु।

गाँधी जी ने प्रत्येक इलाके में कुछ चयनित व्यक्तियों द्वारा व्यक्तिगत आधार पर सत्याग्रह आरम्भ करने का निर्णय किया। सत्याग्रही द्वारा युद्ध विरोधी घोषणा के माध्यम से, युद्ध (द्वितीय विश्व युद्ध) विरुद्ध भाषण की स्वतंत्रता की मांग की जानी थी। **इसलिए, विकल्प (c) गलत है।**

3. निम्नलिखित में से किन नेताओं ने 'व्यक्तिगत सत्याग्रह' में भाग लिया?

1. विनोबा भावे
2. सी. राजगोपालाचारी
3. जवाहरलाल नेहरू
4. सरोजिनी नायडू

नीचे दिए गए कूट का प्रयोग कर सही उत्तर चुनिए-

(a) केवल 1, 2 और 3
(b) केवल 1, 3 और 4
(c) केवल 2 और 4
(d) 1, 2, 3 और 4

उत्तर (b) व्यक्तिगत सत्याग्रह अगस्त प्रस्ताव का प्रत्यक्ष परिणाम था। अगस्त प्रस्ताव अंग्रेजों द्वारा 1940 में युद्ध के महत्वपूर्ण काल में लाया गया था। कांग्रेस और मुस्लिम लीग, दोनों ने ही अगस्त प्रस्ताव को अस्वीकार कर दिया। कांग्रेस सविनय अवज्ञा आंदोलन आरम्भ करना चाहती थी, किन्तु गाँधीजी ने अनुभव किया कि वातावरण इस प्रकार के आंदोलन के विरोध में है, इसलिए यह युद्ध के प्रयासों को बाधित नहीं करना चाहते थे। उन्होंने व्यक्तिगत सत्याग्रह आरंभ करने का आह्वान किया।

आचार्य विनोबा भावे प्रथम सत्याग्रही चुने गए, जिन्हें युद्ध के विरोध में बोलने पर जेल भेज दिया गया। दूसरे सत्याग्रही जवाहर लाल नेहरू थे। तीसरे ब्रह्मदत्त थे, जो गाँधी आश्रम के आश्रमवासियों में से एक थे।

सरोजिनी नायडू ने भी व्यक्तिगत सत्याग्रह में भाग लिया था।

4. निम्नलिखित में से कौन-सा द्वितीय विश्व युद्ध के दौरान भारतीयों का सक्रिय सहयोग प्राप्त करने की दिशा में मित्र राष्ट्रों (allied nations) की ओर से पड़ने वाले दबाव का एक परिणाम था?

(a) अगस्त प्रस्ताव (b) क्रिप्स मिशन
(c) वेवेल प्लान (d) कैबिनेट मिशन

उत्तर (b) द्वितीय विश्व युद्ध के दौरान, युद्ध स्थिति बिगड़ने पर संयुक्त राज्य अमेरिका के राष्ट्रपति रूजवेल्ट एवं चीन के राष्ट्रपति चियांग काई-शेक के साथ ही ब्रिटेन के लेबर पार्टी के नेताओं ने युद्ध में भारतीयों का सक्रिय सहयोग प्राप्त करने के लिए चर्चिल पर दबाव डाला। यह सहयोग सुनिश्चित करने के लिए ब्रिटिश सरकार ने मार्च 1942 में कैबिनेट मंत्री स्टैफोर्ड क्रिप्स की अध्यक्षता में एक शिष्टमण्डल भारत भेजा। स्टैफोर्ड क्रिप्स लेबर पार्टी के वामपंथी सदस्य थे, जिन्होंने बीते समय में भारतीय राष्ट्रीय आंदोलन का सक्रिय समर्थन किया था।

5. क्रिप्स मिशन के प्रावधानों के संदर्भ में, निम्नलिखित कथनों पर विचार कीजिए-

1. इसमें भारत को डोमिनियन स्थिति प्रदान करने का प्रावधान था।

2. संविधान सभा में रियासतों का प्रतिनिधित्व नहीं किया जाना था।

3. प्रांतीय विधानसभाओं द्वारा संविधान सभा के लिए अपने प्रतिनिधियों चुनाव किया जाना था।

उपर्युक्त कथनों में से कौन-सा/से सही है/हैं?

(a) केवल 1 और 2 (b) केवल 1 और 3
(c) केवल 2 और 3 (d) केवल 1

उत्तर (b) यद्यपि क्रिप्स मिशन ने घोषित किया कि भारत में ब्रिटिश नीति का लक्ष्य शीघ्रातिशीघ्र स्वशासन लागू करना है, किन्तु यह मिशन जो घोषणा प्रारूप लेकर आया था, वह अत्यंत निराशाजनक था। घोषणा में भारत को डोमिनियन दर्जा प्रदान करने का वचन दिया गया था। **इसलिए, कथन 1 सही है।**

इसमें युद्ध समाप्ति के पश्चात् एक संविधान निर्मात्री सभा के गठन की बात की गई थी, जिसके सदस्य प्रांतीय विधानसभाओं के सदस्यों द्वारा और रियासतों के राजाओं द्वारा नामांकित किए जाने थे। **इसलिए, कथन 2 गलत है, कथन 3 सही है।**

पाकिस्तान की माँग को समायोजित करने के लिए, यह प्रावधान किया गया था कि यदि कोई प्रांत नए संविधान को स्वीकार करने के लिए तैयार नहीं था, तो वह अपनी भावी स्थिति के लिए अंग्रेजों से एक पृथक अनुबंध करने का अधिकारी होगा।

6. "इसमें रियासतों पर ब्रिटिश सरकार के दायित्व के व्यपगत होने के साथ सत्ता के हस्तांतरण के लिए 30 जून, 1948 की समय सीमा घोषित की गई थी, संक्षेप में यह क्रिप्स प्रस्ताव का प्रत्यावर्तन था।" उपर्युक्त पंक्ति निम्नलिखित में से किसकी व्याख्या करती है?

(a) माउंटबेटन योजना
(b) एटली की घोषणा
(c) बाल्कन योजना
(d) कैबिनेट मिशन

उत्तर (b) एटली की घोषणा : 20 फरवरी, 1947 को, ब्रिटेन के प्रधानमंत्री क्लीमेंट एटली ने एक महत्वपूर्ण घोषणा की। उनकी घोषणा में उल्लिखित प्रमुख बिन्दु थे :

❖ भारतीयों को सत्ता के हस्तांतरण के लिए 30 जून, 1948 तक की समय सीमा तय की गई थी।

❖ देश का विभाजन, जिसे कैबिनेट मिशन ने पूर्णत: खारिज कर दिया था और जिसे क्रिप्स द्वारा प्रस्तावित किया गया था।

❖ वाइसराय के रूप में वेवेल की जगह माउंटबेटन।

बाल्कन योजना : इस योजना के अंतर्गत पंजाब और बंगाल को उनके प्रांत के विभाजन के लिए मतदान का विकल्प देने के साथ अलग-अलग प्रांतों (या एक संघ को, यदि हस्तांतरण से पहले इसका गठन हो जाए) को सत्ता के हस्तांतरण की परिकल्पना की गई थी। देशी रियासतों (लैप्स ऑफ पैरामाउंटेसी के द्वारा स्वतंत्रता देने के उपरांत) के साथ-साथ बनने वाली विभिन्न इकाइयों के पास भारत अथवा पाकिस्तान में शामिल होने या अलग रहने का विकल्प मिला। इस पर नेहरू की तीव्र प्रतिक्रिया के बाद इस योजना का त्याग कर दिया गया।

7. क्रिप्स मिशन का मुख्य प्रयोजन क्या था?

(a) भारत के विभाजन के सम्बन्ध में निर्णय करना।
(b) भारत पर ब्रिटिश शासन के जारी रहने की व्यवहार्यता का अध्ययन करना।
(c) गवर्नमेंट ऑफ इंडिया एक्ट (भारत शासन अधिनियम), 1935 की कार्यप्रणाली की समीक्षा करना और यदि कोई परिवर्तन वांछित हो तो उसे प्रस्तावित करना।
(d) युद्ध प्रयासों में भारत का सहयोग प्राप्त करना।

उत्तर (d) **विकल्प (d) सही उत्तर है** - 1942 तक जापान ने रंगून पर कब्जा कर लिया था। ब्रिटेन अब व्यग्रता से युद्ध प्रयासों में भारत का सहयोग चाहता था और इसलिए मार्च 1942 में, सर स्टैफोर्ड क्रिप्स की अध्यक्षता में एक मिशन भारत भेजा गया।

विकल्प (a), (b), और (c) गलत हैं। कथित प्रयोजन के लिए कोई समिति नहीं बनाई गई थी।

8. निम्नलिखित में से कौन-सा/से क्रिप्स प्रस्ताव का/के अंग था/थे?

1. युद्ध समाप्त होने पर भारत को डोमोनियन स्टेटस प्रदान किया जाना था।

2. ब्रिटिश भारतीय प्रांतों तथा देशी रियासतों दोनों के लिए नए सदस्यों से संविधान सभा की स्थापना की जानी थी।

3. भारतीय संघ में सम्मिलित होने की इच्छा न रखने वाला कोई प्रांत अपने लिए पृथक संविधान रख सकता था।

नीचे दिए गए कूट का प्रयोग कर सही उत्तर चुनिए-

(a) केवल 1 और 2 (b) केवल 2
(c) केवल 1 और 3 (d) 1, 2 और 3

उत्तर (d) क्रिप्स मिशन को मार्च 1942 में स्टैफोर्ड क्रिप्स की अध्यक्षता में भारत भेजा गया था। इसका प्रमुख उद्देश्य चल रहे द्वितीय विश्व युद्ध में अंग्रेजों के लिए भारतीय समर्थन प्राप्त करना था। इसमें प्रस्तावित किया गया था कि :

एक भारतीय डोमिनियन, जिसे कॉमनवेल्थ तथा संयुक्त राष्ट्र संघ के साथ अपने रिश्तों के सम्बन्ध में निर्णय लेने की स्वतंत्रता होगी।

नए संविधान की रचना के लिए एक संविधान सभा का गठन।

संघ में सम्मिलित होने से असहमत कोई भी प्रांत अपना स्वयं का पृथक संविधान रख सकता था तथा पृथक राज्य बना सकता था।

प्रस्ताव के अन्य बिन्दु थे-भारतीय संविधान को ब्रिटिश सरकार द्वारा दी जाने वाली स्वीकृति इस शर्त पर आधारित होगी कि किसी भी प्रांत को पृथक संघ बनाने का अधिकार होगा तथा जातीय तथा धार्मिक अल्पसंख्यकों की सुरक्षा के लिए सत्ता हस्तांतरण को लागू करने के लिए एक संधि पर मध्यस्थता की जाएगी।

भारत की प्रतिरक्षा व्यवस्था ब्रिटिश हाथों में रहेगी।

9. निम्नलिखित में से कौन, क्रिप्स मिशन के साथ कांग्रेस के अधिकारिक वार्ताकार थे?

(a) महात्मा गाँधी एवं सरदार पटेल

(b) आचार्य जे॰ बी॰ कृपलानी एवं सी॰ राजगोपालाचारी

(c) पण्डित जवाहरलाल नेहरू एवं मौलाना आजाद

(d) डॉ॰ राजेन्द्र प्रसाद एवं रफी अहमद किदवई

उत्तर (c) भारत का तत्काल द्वितीय विश्व-युद्ध में शामिल करने के लिए ब्रिटिश प्रधानमंत्री चर्चिल ने कैबिनेट मंत्री 'स्टेफोर्ड क्रिप्स' के नेतृत्व में एक सद्भावना मिशन मार्च 1942 में भारत भेजा। पण्डित जवाहरलाल नेहरू एवं मौलाना अबुल कलाम आजाद, क्रिप्स मिशन के साथ कांग्रेस के आधिकारिक वार्ताकार थे। क्रिप्स ने एक प्रस्ताव प्रस्तुत किया, जिसके अनुसार निम्नलिखित प्रावधान थे–

(i) युद्ध समाप्ति के बाद भारत को 'डोमोनियन स्टेट' का दर्जा देना।

(ii) एक संविधान निर्मात्री परिषद् बनाने का वादा किया गया, जिसके कुछ सदस्य प्रांतीय विधायकों द्वारा नामांकित तथा कुछ शासकों द्वारा नामांकित करने का प्रावधान था।

(iii) पाकिस्तान की माँग के लिए इस व्यवस्था के तहत गुंजाइश बनाई गई कि यदि किसी प्रांत को नया संविधान स्वीकार्य नहीं होता तो वह अपने भविष्य के लिए ब्रिटेन से अलग समझौता करेगा।

यह सारा प्रावधान युद्ध के पश्चात् होना था, इसीलिए कांग्रेस, मुस्लिम लीग, हिन्दू सभा, सिख तथा दलित जातियों ने भी क्रिप्स प्रस्ताव का विरोध किया। महात्मा गाँधी ने इस प्रस्ताव को 'उत्तरतिथिय चेक' (Post dated cheque) कहा तथा किसी ने जोड़ दिया कि 'ऐसे बैंक का चेक जो टूट रहा हो'।

10. निम्नलिखित कथनों पर विचार कीजिए– क्रिप्स प्रस्तावों में प्रावधान सम्मिलित हैं

1. भारत की पूर्ण स्वतंत्रता के लिए

2. संविधान-निर्मात्री निकाय की रचना के लिए

उपरोक्त कथनों में से कौन-सा/से सही है/हैं

(a) केवल 1

(b) केवल 2

(c) 1 और 2 दोनों

(d) न तो 1 न ही 2

उत्तर (b) भारत को तत्काल द्वितीय विश्व युद्ध में शामिल करने के लिए ब्रिटिश प्रधानमंत्री चर्चिल ने कैबिनेट मंत्री 'स्टेफोर्ड क्रिप्स' के नेतृत्व में एक सद्भावना मिशन 23 मार्च, 1942 को भारत भेजा। क्रिप्स ने एक प्रस्ताव पेश किया जिसके अनुसार–

1. युद्ध समाप्ति के बाद भारत को 'डोमिनियन स्टेट' का दर्जा दिया जाएगा।

2. एक संविधान निर्मात्री परिषद् बनाने का वादा किया, जिसके कुछ सदस्य प्रांतीय विधायकों द्वारा नामांकित तथा कुछ शासकों द्वारा नामांकित करने का प्रावधान था।

3. पाकिस्तान की माँग के लिए इस व्यवस्था के तहत गुंजाइश बनाई गई कि यदि किसी प्रांत को नया संविधान स्वीकार्य नहीं होता है, तो वह अपने भविष्य के लिए ब्रिटेन से अलग समझौता करेगा।

4. यह संस्था भविष्य में ब्रिटिश राष्ट्रमण्डल से पृथक् होने अर्थात् भारत की पूर्ण स्वतंत्रता के लिए प्रस्ताव कर सकती थी।

यह सारा प्रावधान युद्ध के पश्चात् होना था। इसीलिए कांग्रेस, मुस्लिम लीग, हिन्दू सभा, सिख तथा दलित जातियों ने भी क्रिप्स प्रस्ताव का विरोध किया। महात्मा गाँधी ने इस प्रस्ताव को 'उत्तरतिथीय चेक' कहा। **इस प्रकार केवल कथन 2 सत्य है।**

11. राष्ट्रीय स्वतंत्रता संघर्ष के संदर्भ में, जातीय सरकार क्या संदर्भित करता है?

(a) भूमिगत क्रांतिकारी गतिविधियाँ कार्यान्वित करने वाला एक संगठन।

(b) 'भारत छोड़ो आंदोलन' के दौरान गठित एक समानांतर सरकार।

(c) रियासतों में जन संघर्ष कार्यान्वित करने वाली एक समिति।

(d) 1939 में कांग्रेस मंत्रालयों के त्यागपत्र के बाद गठित एक अंतरिम सरकार।

उत्तर (b) भारत छोड़ो आंदोलन की एक महत्वपूर्ण विशेषता समान्तर सरकार का गठन था, जिसे देश के कुछ भागों में इसी रूप में जाना गया था। ऐसी पहली घोषणा अगस्त 1942 में पूर्वी उत्तर प्रदेश के बलिया में चित्तू पांडे के नेतृत्व में हुई, जो अपने आप को गाँधीवादी कहता था।

बंगाल के मिदनापुर जिले के तामलुक में 17 दिसम्बर, 1942 को एक जातीय सरकार अस्तित्व में आई। जातीय सरकार ने चक्रवात से पीड़ित लोगों के लिए राहत का कार्य किया, विद्यालयों को अनुदान दिए और एक सशस्त्र विद्युत वाहिनी का गठन किया। इसने विवाद निपटारे के लिए मध्यस्थता न्यायालयों की स्थापना की और समृद्ध लोगों से अतिरिक्त धन लेकर निर्धन लोगों में वितरित किया। सुदूर क्षेत्र में स्थित होने के कारण यह अपनी गतिविधियों को तुलनात्मक रूप से लम्बे समय तक सरलता से चलाती रही।

12. निम्नलिखित में से कौन-सी 'भारत छोड़ो आंदोलन' की विशेषता नहीं थी?

(a) देश के कुछ भागों में समानांतर सरकारों का उद्भव (गठन) देखा गया।

(b) इसने राष्ट्रीय आंदोलन में लोकप्रिय भागीदारी के संदर्भ में एक नई ऊँचाई को चिह्नित किया।

(c) ब्रिटिश सरकार ने गंभीर दमन के साथ इस आंदोलन के विरुद्ध प्रतिक्रिया की।

(d) यह पूरे देश में अपनी प्रकृति/स्वरूप में अहिंसक था।

उत्तर (d) 'भारत छोड़ो आंदोलन' में तीन व्यापक चरणों को विशेष रूप से प्रकट किया जा सकता है :

- मुख्य रूप से शहरी चरण;
- देशव्यापी आंदोलन, जिसके अंतर्गत कई स्थानीय 'राष्ट्रीय सरकारों' (तामलुक, सातारा, तलचर और बलिया) की स्थापना देखी गई; और
- शिक्षित युवाओं द्वारा आतंकवादी गतिविधियाँ।

महत्व : 'भारत छोड़ो आंदोलन' ने राष्ट्रीय आंदोलन में सामान्य जनता की भागीदारी की दृष्टि से एक नई ऊँचाई प्राप्त की और इसके दौरान युवाओं को अग्रिम पंक्ति में खड़ा पाया गया था। विशेष रूप से कॉलेज और स्कूल की लड़कियों ने बहुत महत्वपूर्ण भूमिका निभाई। अरुणा आसफ अली और सुचेता कृपलानी भूमिगत नेटवर्क का संचालन करने वाली दो प्रमुख महिला संचालक थीं एवं उषा मेहता कांग्रेस रेडियो का संचालन करने वाले छोटे समूह की महत्वपूर्ण सदस्य थीं।

किसान आंदोलन के महत्वपूर्ण अंग थे। किसानों की गतिविधि में मिदनापुर, महाराष्ट्र में सतारा, आंध्र प्रदेश, गुजरात और केरल में, सभी स्तरों के किसान आंदोलन के महत्वपूर्ण अंग थे। किसानों की गतिविधि के पैटर्न की महत्वपूर्ण विशेषता, ब्रिटिश सत्ता के प्रतीकों पर आक्रमण करने पर इनका पूर्ण रूप से ध्यान केन्द्रित रहना एवं जमींदार-विरोधी हिंसा का पूर्ण रूप से अभाव होना था। इस प्रकार यह अहिंसक आंदोलन नहीं था।

13. 'भारत छोड़ो आंदोलन' के प्रारंभ के लिए निम्नलिखित में से कौन-से तात्कालिक कारण जिम्मेदार थे?

1. गोलमेज सम्मेलनों की विफलता

2. बढ़ते मूल्य एवं विभिन्न क्षेत्रों में युद्धकालिक अभाव

3. दक्षिण एशिया में विभिन्न युद्ध मोर्चों पर ब्रिटिश पराजय।

नीचे दिए गए कूट का प्रयोग कर सही उत्तर चुनिए-

(a) केवल 1 और 2 (b) केवल 1 और 3
(c) केवल 2 और 3 (d) 1, 2 और 3

उत्तर (c) **कथन 1 गलत है।** क्रिप्स मिशन की विफलता के कारण राष्ट्रवादी धारा के नेताओं में अत्यधिक असंतोष व्याप्त हो गया। वास्तव में गोलमेज सम्मेलन 'सविनय अवज्ञा आंदोलन' के दौरान आयोजित किया गया था; भारत छोड़ो आंदोलन इसके बहुत बाद की घटना है।

कथन 2 सही है। द्वितीय विश्व युद्ध के कारण, खाद्य पदार्थों की कमी हो गई और युद्ध के लिए आवश्यक संसाधनों के रूप में कीमतों में वृद्धि का संकट गहरा गया।

कथन 3 सही है। मलाया और बर्मा से ब्रिटिश सेनाओं की निकासी ने जापानी आक्रामकता के समक्ष श्वेत नस्ल की श्रेष्ठता का मिथक तोड़ दिया था।

14. 'भारत छोड़ो आंदोलन' निम्नलिखित में से किसकी विफलता के बाद आरंभ किया गया था?

(a) कैबिनेट मिशन (b) वैवेल योजना
(c) क्रिप्स मिशन (d) साइमन कमीशन

उत्तर (c) 'भारत छोड़ो आंदोलन' अगस्त 1942 में क्रिप्स मिशन (मार्च 1942) और कांग्रेस के बीच वार्ता भंग होने के बाद आरंभ हुआ था। अन्य तथ्य इस प्रकार है- कैबिनेट मिशन-1946, वैवेल योजना-1945 और साइमन कमीशन-1928।

15. 'भारत छोड़ो आंदोलन' के दौरान निम्नलिखित में से किन गतिविधियों को अपनाया गया था?

1. संचार चैनलों को बाधित करना।

2. सरकारी अधिकारियों और पुलिस मुखबिरों पर हमले करना।

3. समाचार प्रसारित करने के लिए भूमिगत रेडियो का प्रयोग

4. देश के विभिन्न भागों में समानांतर सरकारों का गठन।

उपर्युक्त कथनों में से कौन-सा/से सही है/हैं?

(a) केवल 1 और 2
(b) केवल 1 और 3
(c) केवल 2, 3 और 4
(d) 1, 2, 3 और 4

उत्तर (d) **कथन 1 सही है।** 'भारत छोड़ो आंदोलन' के दौरान संचालित गतिविधियों में पुलों को विस्फोट से उड़ाकर, टेलीग्राफ और टेलीफोन के तारों को काटकर और रेलगाड़ियों को पटरियों से उतारकर संचार को बाधित करना सम्मिलित था।

कथन 2 सही है। सरकारी और पुलिस अधिकारियों एवं पुलिस के मुखबिरों पर भी कुछ हमले किए गए थे।

कथन 3 सही है। समाचारों के प्रसार के लिए उन्होंने भूमिगत रेडियो आरम्भ किया था। कांग्रेस रेडियो का संचालन बम्बई में विभिन्न स्थानों से किया जाता था। राम मनोहर लोहिया अपने रेडियो पर नियमित रूप से प्रसारण किया करते थे।

कथन 4 सही है। विभिन्न स्थानों पर जैसे- बलिया (चित्तू पाण्डे के नेतृत्व में), तामलुक, सतारा इत्यादि में अनेक समानांतर सरकारों की स्थापना की गई। उन्होंने अधिकतर गिरफ्तार किए गए स्थानीय नेताओं को मुक्त कराने, मध्यस्थता न्यायालयों की स्थापना करने एवं गाँधीवादी विवाह आयोजित करने आदि में सहयोग किया।

16. 'भारत छोड़ो आंदोलन' के शुभारम्भ की पूर्व संध्या पर महात्मा गाँधी ने लोगों के विभिन्न समूहों के लिए कुछ विशेष निर्देश दिए थे। इन निर्देशों के संदर्भ में निम्नलिखित कथनों पर विचार कीजिए-

1. उन्होंने सरकारी सेवकों से पदत्याग करने के लिए कहा।

2. उन्होंने सैनिकों से अपना पद छोड़ने के लिए कहा।

3. उन्होंने रियासतों के राजाओं से अपने लोगों की सम्प्रभुता स्वीकार करने के लिए कहा।

उपर्युक्त कथनों में से कौन-सा/से सही है/हैं?

(a) केवल 1 और 2 (b) केवल 3
(c) केवल 2 और 3 (d) 1, 2 और 3

उत्तर (b) **कथन 1 गलत है।** गाँधीजी ने सरकारी सेवकों से खुले तौर पर कांग्रेस के प्रति अपनी निष्ठा घोषित करने के लिए कहा था न कि त्यागपत्र देने के लिए।

कथन 2 गलत है। गाँधीजी ने सैनिकों से अपने ही लोगों पर गोलीबारी करने से मना करने, न कि अपना पद छोड़ने के लिए कहा था।

कथन 3 सही है। गाँधीजी ने रियासतों के राजाओं से अपने लोगों की सम्प्रभुता स्वीकार करने के लिए कहा था।

17. 'भारत छोड़ो आंदोलन' आरम्भ करने के क्या कारण थे?

1. आवश्यक वस्तुओं की बढ़ती कीमतें।

2. जापानी आक्रमण का भय।

3. अगस्त प्रस्ताव की विफलता।

नीचे दिए गए कूट का प्रयोग कर सही उत्तर चुनिए-

(a) केवल 1 और 2
(b) केवल 1
(c) केवल 2 और 3
(d) 1, 2 और 3

उत्तर (a) गतिरोध का समाधान निकालने के लिए 'क्रिप्स मिशन' की विफलता ने संवैधानिक प्रगति पर अंग्रेजों के अपरिवर्तित रवैये को प्रकट कर यह स्पष्ट कर दिया कि आगे और अधिक चुप्पी, भारतीयों के भाग्य का निर्णय करने के ब्रिटिश अधिकार को स्वीकार करने के समान होगी।

18. 20वीं शताब्दी में भारत के स्वतंत्रता संग्राम के समय निम्नलिखित राजनीतिक दलों पर विचार कीजिए-

1. कांग्रेस समाजवादी दल

2. मुस्लिम लीग

3. हिन्दू महासभा

उपर्युक्त दलों में से कौन-सा 'भारत छोड़ो आंदोलन' का समर्थक था?

(a) केवल 1
(b) केवल 1 और 2
(c) केवल 2 और 3
(d) 1, 2 और 3

उत्तर (a) कांग्रेस समाजवादी पार्टी कांग्रेस के भीतर कार्य कर रही थी तथा जयप्रकाश नारायण जैसे कई नेताओं ने इस आंदोलन में महत्वपूर्ण तथा सक्रिय भूमिका निभाई। तथापि, मुस्लिम लीग ने स्वयं को इस आंदोलन से अलग रखा, हिन्दू महासभा ने इसकी निंदा की तथा भारतीय कम्युनिस्ट पार्टी ने इसका समर्थन नहीं किया, क्योंकि वह चाहती थी कि भारत विश्व युद्ध में ब्रिटिश युद्ध प्रयासों का समर्थन करे।

19. निम्न कथनों पर विचार कीजिए-

कथन (A) : भारत छोड़ो आंदोलन का तुरन्त कोई परिणाम नहीं निकला।

कारण (R) : इसे भारतीय साम्यवादी दल तथा मुस्लिम लीग का समर्थन प्राप्त नहीं था।

नीचे दिए गए कूटों से सही उत्तर का चयन कीजिए–

(a) 'A' तथा 'R' दोनों सही हैं और 'R', 'A' की सही व्याख्या करता है।

(b) 'A' तथा 'R' दोनों सही हैं, परन्तु 'R', 'A' की सही व्याख्या नहीं करता है।

(c) 'A' सही है, परन्तु 'R' गलत है।

(d) 'A' गलत है, परन्तु 'R' सही है।

उत्तर (a) क्रिप्स मिशन की असफलता ने भारतीय नेताओं में दु:ख के अतिरिक्त क्षोभ भी उत्पन्न कर दिया। महात्मा गाँधी के नेतृत्व में अहिंसक परन्तु व्यापक जन आंदोलन 'भारत छोड़ो आंदोलन' 8 अगस्त, 1942 की रात्रि में शुरू किया गया। इसमें महात्मा गाँधी ने 'करो या मरो' का नारा दिया था। ब्रिटिश सरकार ने गाँधीजी समेत सभी प्रमुख नेताओं को 9 अगस्त, 1942 को गिरफ्तार कर लिया। सरकार के इस बुद्धिहीन कार्य का परिणाम भयंकर हुआ। नेतृत्वविहीन जनता बिना किसी संगठन के अपना असन्तोष विभिन्न तरीकों से व्यक्त करने लगी, जिसमें हिंसा तथा सार्वजनिक सम्पत्ति का नुकसान शामिल था। इसके प्रथम चरण (अगस्त 9 से 15 तक) में आंदोलन मुख्यत: शहरों में केन्द्रित था, परन्तु द्वितीय चरण (15 अगस्त से 30 सितम्बर) में आंदोलन देश के अधिकांश भागों में फैल गया। इसके तहत शहर से भारी संख्या में आंदोलनकारी छात्रों ने ग्रामीण किसानों तथा मजदूरों को नेतृत्व प्रदान करने के लिए गाँव की ओर प्रस्थान किया एवं कई स्थानों पर संचार तथा सन्देशवाहन के साधनों को नष्ट-भ्रष्ट कर दिया गया। आंदोलन के तृतीय चरण में (अक्टूबर से दिसम्बर) जयप्रकाश नारायण, सुभाष चन्द्र बोस, अरुणा आसफ अली तथा नरेन्द्र देव जैसे क्रान्तिकारी नेताओं ने भूमिगत संघर्ष प्रारम्भ किया। परन्तु शीघ्र ही उनका दमन कर दिया गया।

20. 14 जुलाई, 1942 को कांग्रेस कार्यसमिति द्वारा 'भारत छोड़ो आंदोलन' का प्रस्ताव कहाँ पारित किया गया?

(a) बम्बई (b) वर्धा

(c) लखनऊ (d) त्रिपुरा

उत्तर (b) 14 जुलाई, 1942 को कांग्रेस कार्यसमिति की बैठक वर्धा में हुई। इसी सम्मेलन में 'भारत छोड़ो आंदोलन' का प्रस्ताव पास किया गया।

आजाद हिन्द फौज व सुभाष चन्द्र बोस

1. इंडियन नेशनल आर्मी (आई. एन. ए. अर्थात् आजाद हिन्द फौज) के संदर्भ में निम्नलिखित कथनों पर विचार कीजिए–

1. आई. एन. ए. का गठन करने का विचार सर्वप्रथम सुभाष चन्द्र बोस के मन में आया था।

2. आई. एन. ए. का मुख्यालय टोक्यो में था।

3. आई. एन. ए. के अंतर्गत रानी झांसी रेजीमेन्ट पूर्ण रूप से महिलाओं की रेजीमेन्ट थी।

उपर्युक्त कथनों में से कौन-सा/से सही है/हैं?

(a) केवल 1 और 3 (b) केवल 2 और 3

(c) केवल 3 (d) केवल 1 और 2

उत्तर (c) **कथन 1 गलत है।** इसकी अभिकल्पना ब्रिटिश सेना के भूतपूर्व अधिकारी मोहन सिंह द्वारा की गई थी, जिन्होंने दक्षिण-पूर्व एशिया में अपने वादे से मुकरने के बाद अंग्रेजों का समर्थन नहीं करने का निर्णय किया।

कथन 2 गलत हैं। आई. एन. ए. के दूसरे चरण में, जब बोस को जर्मन और जापानी पनडुब्बियों के माध्यम से सिंगापुर लाया गया तो उन्होंने 1943 में स्वतंत्र भारत के लिए अनंतिम सरकार की स्थापना की, जिसे धुरी शक्तियों द्वारा मान्यता प्रदान की गई थी। उन्होंने रंगून एवं सिंगापुर में मुख्यालयों की स्थापना की और आई. एन. ए. का पुनर्गठन आरम्भ किया।

कथन 3 सही है। रानी झांसी रेजीमेन्ट आई. एन. ए. में पूर्ण रूप से महिलाओं की रेजीमेन्ट थी।

2. फॉरवर्ड ब्लॉक के सम्बन्ध में निम्नलिखित कथनों पर विचार कीजिए–

1. इसे सुभाष चन्द्र बोस द्वारा कांग्रेस के भीतर एक नए दल के रूप में स्थापित किया गया था।

2. इस नए दल के गठन ने कांग्रेस से सुभाष चन्द्र बोस के निकाले जाने का मार्ग प्रशस्त किया।

उपर्युक्त कथनों में से कौन-सा/से सही है/हैं?

(a) केवल 1 (b) केवल 2

(c) 1 और 2 दोनों (d) न तो 1, न ही 2

उत्तर (a) **कथन 1 सही हैं।** मई, 1939 में सुभाष चन्द्र बोस और उनके अनुयायियों ने कांग्रेस के भीतर एक नई पार्टी के रूप में फॉरवर्ड ब्लॉक का गठन किया।

कथन 2 गलत है। बोस ने अखिल भारतीय कांग्रेस कमेटी के एक प्रस्ताव के विरुद्ध में अखिल भारतीय विरोध प्रदर्शन की घोषणा की। इसी से अनुशासनात्मक कार्रवाई हुई न कि फॉरवर्ड ब्लॉक के गठन के उनके कदम के कारण उन्हें पार्टी से नहीं निकाला गया था, बल्कि उन्हें बंगाल प्रांतीय कांग्रेस कमेटी से निकाला गया था और 3 साल तक कांग्रेस में कोई भी पद धारण करने से वंचित कर दिया गया था।

3. निम्नलिखित में से कौन आई.एन.ए. युद्धबंदियों की रक्षा के लिए ऐतिहासिक लाल किले के मुकदमें में उपस्थित थे?

1. भूलाभाई देसाई

2. आसफ अली

3. वल्लभभाई पटेल

4. के. एन. काटजू

नीचे दिए गए कूट का प्रयोग कर सही उत्तर चुनिए-

(a) केवल 1 और 2

(b) केवल 3 और 4

(c) केवल 1, 2 और 3

(d) केवल 1, 2 और 4

उत्तर (d) आई. एन. ए. युद्धबंदियों का कांग्रेस द्वारा बचाव किया गया था। भूलाभाई देसाई, तेज बहादुर सप्रू, के. एन. काटजू, नेहरू और आसफ अली ऐतिहासिक लाल किले के मुकदमे में न्यायालय में उपस्थित हुए थे।

4. भारतीय राष्ट्रीय नेता (आई. एन. ए.) के संदर्भ में निम्नलिखित कथनों पर विचार कीजिए–

1. 'भारत छोड़ो आंदोलन' की विफलता के बाद इसका गठन किया गया था।

2. आई.एन.ए. के विचार की कल्पना सबसे पहले सुभाष चन्द्र बोस ने मलाया में की थी।

3. आई.एन.ए. का गठन जापानी सेना ने किया था और भारत की स्वतंत्रता तक उसने (जापानी सेना) इसकी सहायता की।

उपर्युक्त कथनों में से कौन-सा/से सही है/हैं?

(a) केवल 1, 2 और 3

(b) केवल 1

(c) केवल 2 और 3

(d) उपरोक्त में से कोई नहीं

उत्तर (d) मलाया में आई.एन.ए. के विचार की कल्पना सर्वप्रथम मोहन सिंह द्वारा तब की गई थी, जब उन्होंने पीछे हटती ब्रिटिश सेना में सम्मिलित न होने के स्थान पर सहायता के लिए जापानियों के पास जाने का निर्णय किया था। वह ब्रिटिश भारतीय सेना में भारतीय अधिकारी थे। जापानियों ने उस समय तक केवल भारतीय नागरिकों को ब्रिटिश विरोधी संगठन बनाने के लिए प्रोत्साहित किया था, लेकिन भारतीयों को मिलाकर सैन्य शाखा के गठन की। उनके पास कोई अवधारणा नहीं थी। भारतीय युद्धबंदियों को जापानियों ने मोहन सिंह को सौंप दिया। तब उन्होंने भारतीय राष्ट्रीय सेना में इन युद्धबंदियों को भर्ती करने का प्रयास किया। सिंगापुर का पतन महत्वपूर्ण था, क्योंकि इससे मोहन सिंह के प्रभाव की परिधि में 45,000 भारतीय युद्धबंदी आ गए। 1942 के अंत तक, चालीस हजार लोगों ने आई.एन.ए. में सम्मिलित होने की अपनी इच्छा व्यक्त कर दी। कई लोगों द्वारा आई.एन.ए. को दक्षिण-पूर्व एशिया में भारतीयों के विरुद्ध जापानियों का कदाचार रोकने और भविष्य में भारत के जापानी कब्जे के विरुद्ध बांध के रूप में देखा जाता था। साथ ही 'भारत छोड़ो आंदोलन' के प्रादुर्भाव ने आई.एन.ए. को प्रोत्साहित किया। मलाया में ब्रिटिश विरोधी प्रदर्शन आयोजित किए गए। 1 सितम्बर, 1942 को 16,300 लोगों के साथ आई.एन.ए. की पहली डिवीजन खड़ी की गई। जापानी इस समय तक सशस्त्र भारतीय शाखा के विचार और करीब आ चुके थे, क्योंकि वे भारत पर आक्रमण करने का विचार कर रहे थे। लेकिन दिसंबर 1942 तक मोहन सिंह के नेतृत्व में भारतीय सेना के अधिकारियों और जापानियों के बीच आई.एन.ए. द्वारा निभाई जाने वाली भूमिका को लेकर गंभीर मतभेद उभरने लगे थे। मोहन सिंह और आई.एन.ए. में सम्मिलित होने वाले सबसे वरिष्ठ भारतीय अधिकारी निरंजन सिंह गिल को गिरफ्तार कर लिया गया। जापानी केवल 2,000 लोगों का प्रतीकात्मक बल चाहते थे, जबकि मोहन सिंह 20,000 की भारतीय राष्ट्रीय सेना खड़ी करना चाहते थे।

5. निम्नलिखित में से कौन-सा रॉयल इंडियन नेवी (आर.आई.एन) विद्रोह के संदर्भ में सही नहीं है?

(a) यह वेतन भुगतान, भोजन और जातीय भेदभाव के सम्बन्ध में कठिनाइयों के विरुद्ध एक विरोध के रूप में आरम्भ हुआ।

(b) कांग्रेस, मुस्लिम लीग और साम्यवादी (कम्युनिस्ट) झंडे संयुक्त रूप से जहाजों पर फहराये गए।

(c) सरदार पटेल और मोहम्मद अली जिन्ना ने विद्रोहियों को आत्मसमर्पण करने हेतु तैयार करने में सक्रिय भूमिका निभाई।

(d) इस विद्रोह के प्रत्युत्तर में कैबिनेट मिशन भेजा गया था।

उत्तर (d) आर.आई.एन. विद्रोह 18 फरवरी, 1946 को आरम्भ हुआ, जब एच.एम.आई.एस. तलवार के 1100 नौसैनिकों ने अपने साथ किए गए खुले जातीय भेदभाव, अरुचिकर भोजन देने और बूटों से मारने जैसे व्यवहार का विरोध करने के लिए बम्बई में कार्य बाधित कर दिया।

विद्रोहियों ने जिन जहाजों पर कब्जा किया, उन पर तीन झंडों को एक साथ बांध कर फहराया। इन झंडों में एक कांग्रेस का, एक मुस्लिम लीग का और तीसरा भारत की साम्यवाद (कम्युनिस्ट) पार्टी का था।

यह विद्रोह सरदार पटेल द्वारा हस्तक्षेप कर समाप्त किया गया था, जिन्होंने एम. एस. खान से मिलने के बाद विद्रोह समाप्त होने का वक्तव्य दिया। इसी प्रकार का वक्तव्य कलकत्ता में जिन्ना द्वारा दिया गया था। विद्रोहियों ने आत्मसमर्पण कर दिया, किन्तु कांग्रेस और मुस्लिम लीग के आश्वासनों के बाद भी कई विद्रोहियों को गिरफ्तार कर लिया गया, उन पर कोर्ट मार्शल के अधीन कार्यवाही की गई और उनकी सेवाएँ समाप्त कर दी गई। बम्बई में हिंसा भड़क उठी और 200 से अधिक लोगों ने इस अशांति में जान गंवाई। विद्रोह ने ब्रिटिशों में यह धारणा विकसित कर दी कि इस देश को छोड़ना ही बेहतर होगा।

इस विद्रोह के दूसरे दिन अर्थात् फरवरी 19 को कैबिनेट मिशन भारत भेजा गया था। हालांकि, यह इस विद्रोह के प्रत्युत्तर में नहीं था। मिशन भेजने का निर्णय ब्रिटिश कैबिनेट द्वारा 22 जनवरी, 1946 को लिया गया था और यहाँ तक कि इसकी घोषणा 19 फरवरी को किया जाना भी विद्रोह आरम्भ होने के एक सप्ताह पहले से निर्धारित था।

6. आजाद हिन्द फौज में ब्रिगेड्स के नाम अनुप्रतीकात्मक थे। निम्नलिखित में से कौन इसके तहत ब्रिगेड थी?

1. गाँधी **2. नेहरू**
3. आजाद **4. सुभाष**
5. रानी झाँसी

नीचे दिए गए कूट का प्रयोग कर सही उत्तर चुनिए-

(a) केवल 1, 4 और 5
(b) केवल 2, 3 और 4
(c) केवल 1, 2, 3 और 5
(d) 1, 2, 3, 4 और 5

उत्तर (d) फौज के पास गाँधी, नेहरू, आजाद, सुभाष, और रानी झाँसी नाम के ब्रिगेड थे। नेताजी की उनके स्वयं के नाम से ब्रिगेड रखने की स्वार्थापेक्षा नहीं थी, लेकिन जवानों के बढ़ते दबाव को कम करने के लिए उन्होंने ऐसा किया था।

7. निम्नलिखित में से कौन भारतीय राष्ट्रीय सेना (आई. एन. ए.) के साथ सम्बद्ध हैं?

1. शाह नवाज खान
2. रासबिहारी बोस
3. प्रेम कुमार सहगल
4. भूलाभाई देसाई

नीचे दिए गए कूट का प्रयोग कर सही उत्तर चुनिए-

(a) केवल 1 और 2
(b) केवल 1, 2 और 3
(c) केवल 3 और 4
(d) 1, 2, 3 और 4

उत्तर (b) शाह नवाज खाँ ने इम्फाल अभियान में जापानी सेना के साथ आई.एन.ए. बटालियन की कमान संभाली।

रासबिहारी बोस ने सिंगापुर में सुभाष चन्द्र बोस की सहायता की।

प्रेम कुमार सहगल आई.एन.ए. कैदियों में से एक थे।

भूलाभाई देसाई उस टीम में थे, जिसने आई.एन.ए. कैदियों के बचाव पक्ष का गठन किया, लेकिन आई.एन.ए. के साथ नहीं जुड़े थे।

8. सुभाष चन्द्र बोस के राजनीतिक गुरु कौन था?

(a) जी.के. गोखले (b) सी.आर. दास
(c) बी.सी. पाल (d) बी.जी. तिलक

उत्तर (b) सुभाष चन्द्र बोस के राजनीतिक गुरु देशबंधु चितरंजन दास थे।

9. निम्नलिखित में से किस एक ने सुभाष चन्द्र बोस को 'देश नायक' कहा था?

(a) महात्मा गाँधी
(b) राम मनोहर लोहिया
(c) रवींद्रनाथ टैगोर
(d) सरदार वल्लभभाई पटेल

उत्तर (c) सुभाष चन्द्र बोस को भारतीय राष्ट्रीय कांग्रेस का 1938 ई. में अध्यक्ष बनने के बाद रबींद्रनाथ टैगोर द्वारा शांतिनिकेतन में 'देश नायक' की उपाधि दी गई थी।

10. वर्ष 1943 में आजाद हिन्द फौज अस्तित्व में आई-

(a) जापान में
(b) तत्कालीन वर्मा में
(c) सिंगापुर में
(d) तत्कालीन मलाया में

उत्तर (d) वर्ष 1943 में जब सिंगापुर में 'आजाद हिन्द फौज' का गठन हुआ, तब वह मलाया का हिस्सा था।

कैबिनेट मिशन/संविधान सभा

1. कैबिनेट मिशन योजना, 1946 के सम्बन्ध में निम्नलिखित में से कौन-सा कथन सही नहीं है?

(a) इसने अंतरिम सरकार की स्थापना का सुझाव दिया।

(b) इसने पाकिस्तान का निर्माण करने की माँग को अस्वीकार कर दिया और भारत संघ का गठन करने की अनुशंसा की।

(c) इसने प्रांतीय विधान सभाओं द्वारा निर्वाचित संविधान सभा के गठन की अनुशंसा की।

(d) भारतीय राष्ट्रीय कांग्रेस ने राज्यों के समूहीकरण (ग्रुपिंग) के प्रावधानों पर आपत्ति व्यक्त करते हुए योजना को अस्वीकार कर दिया।

उत्तर (c) 16 मई, 1946 को कैबिनेट मिशन ने अपने प्रस्तावों की घोषणा में कहा कि, संविधान निर्मात्री संस्था या संविधान सभा का गठन प्रांतीय विधान सभाओं तथा देशी रियासतों के प्रतिनिधियों द्वारा किया जाएगा।

2. वह कौन-सा कांग्रेस अध्यक्ष था, जिसने क्रिप्स मिशन व लार्ड वेबेल दोनों से वार्ताएँ की?

(a) अबुल कलाम आजाद

(b) जवाहर लाल नेहरू

(c) जे.बी. कृपलानी

(d) सी. राजगोपालाचारी

उत्तर (a) अबुल कलाम आजाद 1940 से 1945 तक कांग्रेस के अध्यक्ष थे। उन्होंने क्रिप्स मिशन (1942) तथा लार्ड वेबेल (1945) दोनों से वार्ताएँ की।

3. कैबिनेट मिशन के संदर्भ में निम्नलिखित में से कौन-सा/से कथन सही है/हैं?

1. इसने पाकिस्तान की माँग को अस्वीकार कर दिया।

2. इसने रियासतों को स्वतंत्रता देने की अनुशंसा की।

3. अंतरिम सरकार का गठन करने के लिए कैबिनेट मिशन के योजना के आधार पर चुनाव आयोजित किए गए थे।

नीचे दिए गए कूट का प्रयोग कर सही उत्तर चुनिए-

(a) केवल 1

(b) केवल 2 और 3

(c) केवल 1 और 3

(d) 1, 2 और 3

उत्तर (c) **कथन 1 सही है।** 1946 में ब्रिटिश नीति ने स्पष्ट रूप से अविभाजित भारत का संकेत दिया था। अंग्रेज संयुक्त या अविभाजित भारतीय उपमहाद्वीप को प्राथमिकता देते थे, क्योंकि यह राष्ट्रमण्डल में सशक्त सहयोगी देश हो सकता था। कैबिनेट मिशन के विचार में पाकिस्तान व्यवहार्य नहीं था और उसकी राय यह भी थी कि अल्पसंख्यकों की स्वायत्तता की किसी भी प्रकार से संयुक्त भारत के ढांचे में ही रक्षा की जानी चाहिए।

कथन 2 गलत है। प्रांतों और रियासतों को स्वतंत्र रहने का विकल्प नहीं दिया गया था, क्योंकि इससे भारत बाल्कन प्रदेश जैसा बन सकता था। उन्हें दो से एक उत्तराधिकारी सरकार में प्रवेश करने या ब्रिटिश सरकार के साथ बने रहने की स्वतंत्रता दी गई, लेकिन स्वतंत्र इकाई बने रहने की नहीं।

कथन 3 सही है। कैबिनेट मिशन योजना की अनुशंसाओं के आधार पर नए संविधान का प्रारूप तैयार करने के लिए संविधान सभा के गठन के लिए चुनावों का आयोजन किया गया।

4. संविधान सभा के संदर्भ में निम्नलिखित कथनों पर विचार कीजिए-

1. डॉ. राजेन्द्र प्रसाद संविधान सभा के प्रथम अध्यक्ष थे।

2. स्वतंत्र भारत में प्रथम आम चुनावों तक संविधान सभा का अस्तित्व रहा।

उपर्युक्त कथनों में से कौन-सा/से सही है/हैं?

(a) केवल 1

(b) केवल 2

(c) 1 और 2 दोनों

(d) न तो 1, न ही 2

उत्तर (d) भारत में संविधान सभा से सम्बन्धित प्रस्ताव सर्वप्रथम 1934 में एम. एन. रॉय के द्वारा प्रस्तुत किया गया था। 1934 में यह भारतीय राष्ट्रीय कांग्रेस की आधिकारिक माँग बन गई। 1940 में अगस्त प्रस्ताव में इसे स्वीकार कर लिया गया, यद्यपि इसका गठन 1946 में कैबिनेट मिशन योजना के अंतर्गत किया गया। पहले इसका निर्वाचन अविभाजित भारत के लिए हुआ, किन्तु बंटवारे के पश्चात इसके कुछ सदस्यों की सदस्यता समाप्त हो गई, क्योंकि पाकिस्तान के लिए एक पृथक संविधान सभा का गठन हुआ। संविधान सभा के सदस्यों को अप्रत्यक्ष रूप से निर्वाचित किया जाता था। ब्रिटिश काल में राज्यों के विधान मण्डलों की भांति प्रांतीय विधान मण्डल होते थे। संविधान सभा के सदस्यों को आनुपातिक प्रतिनिधित्व को एकल हस्तांतरणीय मतदान प्रणाली द्वारा प्रांतीय विधान मण्डलों के सदस्यों के द्वारा अप्रत्यक्ष रूप से चुना जाता था।

भारत की संविधान सभा की पहली बैठक नयी दिल्ली के संविधान सभागृह में 9 दिसम्बर, 1946 को हुई थी। डॉक्टर सच्चिदानन्द सिन्हा संविधान सभा के प्रथम अध्यक्ष थे।

संविधान सभा में कुल 11 सत्रों का होना तय किया गया। भारत के संविधान को 26 नवम्बर, 1949 को स्वीकार किया गया तथा 24 जनवरी, 1950 को सदस्यों ने इस पर अपने हस्ताक्षर कर दिए। भारत का संविधान 26 जनवरी, 1950 को लागू हुआ। इस दिन से ही संविधान सभा का अस्तित्व समाप्त हो गया। यह 1952 में आम चुनावों के माध्यम से नए संसद के गठन के समय तक भारत के अस्थायी संसद के रूप में कार्य करती रही।

5. कैबिनट मिशन भारत में आया-

(a) फरवरी, 1942

(b) मार्च, 1946

(c) अप्रैल, 1942

(d) अप्रैल, 1946

उत्तर (b) कैबिनट मिशन 24 मार्च, 1946 को भारत आया था। इसके अध्यक्ष लॉर्ड पैथिक लॉरेंस थे।

भारत का विभाजन/स्वतन्त्रता

1. माउंटबेटन योजना के संदर्भ में, निम्नलिखित कथनों पर विचार कीजिए–

1. इसमें रियासतों को या तो भारतीय डोमिनियन स्टेट या पाकिस्तान डोमिनियन स्टेट में सम्मिलित होने या स्वतंत्र रहने का अधिकार प्रदान किया गया था।

2. इसमें लोगों के बीच जनमत संग्रह के आधार पर पंजाब और बंगाल के प्रांतों के विभाजन का प्रस्ताव किया गया था।

उपर्युक्त कथनों में से कौन-सा/से सही है/हैं?

(a) केवल 1
(b) केवल 2
(c) 1 और 2 दोनों
(d) न तो 1, न ही 2

उत्तर (d) **कथन 1 सही नहीं है।** कांग्रेस ने एक एकीकृत भारत को स्वीकृति प्रदान की थी, इसलिए तदनुरूप अन्य आवश्यकताओं को पूरा किया जाना था। इस प्रकार माउंटबेटन योजना द्वारा रियासतों को स्वतंत्रता देने से इनकार कर दिया गया था। रियासतों को भारत या पाकिस्तान में से किसी एक में सम्मिलित होना था।

कथन 2 सही नहीं है। बंगाल और पंजाब की विधानसभाओं (यूरोपीय सदस्यों को छोड़कर) को दोनों भागों में से किसी एक में सम्मिलित होना था, अर्थात् मुस्लिम बहुलता वाले जिलों का प्रतिनिधित्व करने वाला एक भाग और प्रांत के शेष क्षेत्र को समाविष्ट करने वाला दूसरा भाग। मुस्लिम बहुलता वाले जिले इस वक्तव्य में निर्दिष्ट किए गए थे। प्रत्येक भाग को साधारण बहुमत से यह निर्धारण करना था कि प्रांत को विभाजित किया जाए या नहीं। यदि कोई भी पक्ष विभाजन का समर्थन करता तो तदनुसार विभाजन प्रभावी किया जाना था। उत्तर-पश्चिमी सीमावर्ती (N.W.F.) प्रान्त में इस विषय पर जनमत संग्रह किया जाना था कि वह प्रान्त पाकिस्तान से संयुक्त होना चाहता है या भारत से। संधि की विधानसभा की विशेष बैठक में यह निर्णय करना था कि क्या सम्पूर्ण सिन्ध को दिल्ली स्थित संविधान सभा में सम्मिलित होना चाहिए या इसमें सम्मिलित न होने वाले क्षेत्रों की नई संविधान सभा में सम्मिलित होना चाहिए। असम में सिलहट के मुस्लिम बहुल क्षेत्र को जनमत संग्रह द्वारा यह निर्णय करना था कि यह जिला असम का भाग रहना चाहता है या पाकिस्तान का भाग निर्मित करने वाले पूर्वी बंगाल से संयुक्त होना चाहिए।

2. निम्नलिखित में से कौन-सा/से कांग्रेस द्वारा माउंटबेटन योजना, 1947 के अंतर्गत डोमिनियन स्टेटस स्वीकार करने के पीछे निहित कारण नहीं था/थे?

(a) इससे सत्ता का शांतिपूर्ण और त्वरित हस्तांतरण सुनिश्चित होता।
(b) इससे नौकरशाही और सेना में कुछ आवश्यक निरंतरता संभव होती।
(c) उस समय की स्थिति पर नियंत्रण रखने के लिए अधिकार ग्रहण करना कांग्रेस के लिए अधिक महत्वपूर्ण था।
(d) उपरोक्त सभी कथन कांग्रेस द्वारा डोमिनियन स्टेटस स्वीकार करने के पीछे निहित कारण थे।

उत्तर (d) माउंटबेटन योजना के अनुसार दो नए डोमिनियन भारत और पाकिस्तान को सत्ता पूर्ण हस्तांतरण किया जाना था तथा नए संविधान के गठन होने तक, सम्बन्धित डोमिनियन के मंत्रिमण्डल की सलाह पर विशिष्ट सम्राट द्वारा नियुक्त गवर्नर-जनरल को शासन व्यवस्था संभालने की जिम्मेदारी दी गई थीं।

हालांकि राष्ट्रवादियों ने भारत के विभाजन की निंदा की थी, लेकिन अखिल भारतीय कांग्रेस समिति ने अंततः माउंटबेटन योजना को निम्नलिखित कारणों से स्वीकार कर लिया :

- सम्पूर्ण देश भारत के विभाजन के मुद्दे पर व्यापक स्तर पर साम्प्रदायिक दंगों से ग्रस्त था। कांग्रेस को दृढ़ विश्वास हो गया था कि सांप्रदायिक समस्या का एकमात्र समाधान भारत और पाकिस्तान में विभाजन में निहित है।
- मुसिलम लीग के साथ कार्य करने के अनुभव में कांग्रेस को दृढ़ मत कर दिया था कि लीग सहयोग करने के लिए नहीं अपितु कार्यों में व्यवधान पहुँचाने के लिए अंतरिम सरकार में सम्मिलित हुई थी और यह कि लीग के साथ संयुक्त प्रशासन संभव नहीं था।
- कांग्रेस को यह भी ज्ञात हो गया कि विभाजन का एकमात्र विकल्प कमजोर केन्द्र युक्त संघ ही हो सकता था। मजबूत केन्द्रीय सत्ता के साथ तुलनात्मक रूप से कम क्षेत्र में विस्तृत भारत, कमजोर केन्द्र के साथ बड़े राज्य-क्षेत्र की तुलना में बेहतर समझा गया।
- कांग्रेस विभाजन के लिए तैयार हो गई, क्योंकि इससे ब्रिटिश शासन से तत्काल स्वतंत्रता प्राप्त हो जाती, फिर ब्रिटिश शासन का और अधिक जारी रहना भारत के लिए और भी बड़ी आपदा सिद्ध होता, क्योंकि ब्रिटिश भारतीय राज्यों के शासकों को स्वतंत्र बने रहने के लिए उकसा रहे थे।
- कांग्रेस नेताओं ने अनुभव किया कि सत्ता हस्तांतरण में अधिक विलम्ब होने से भारत गृह-युद्ध से ग्रस्त हो सकता है।
- नेताओं ने अनुभव किया कि विभाजन होने से भारत सही अर्थों में धर्मनिरपेक्ष और लोकतांत्रिक राजव्यवस्था के रूप में उभरेगा, क्योंकि इसे पृथक निर्वाचक मण्डलों के गठन एवं अन्य अलोकतांत्रिक प्रक्रियाओं से मुक्ति मिल जाएगी।

3. ब्रिटिश शासन के दौरान सत्ता के हस्तांतरण के सम्बन्ध में निम्नलिखित योजनाओं पर विचार कीजिए–

1. वैवेल योजना
2. माउंटबेटन योजना
3. कैबिनेट मिशन योजना

उपर्युक्त को सही कालक्रम में व्यवस्थित कीजिए–

(a) 1-3-2 (b) 1-2-3
(c) 2-3-1 (d) 3-2-1

उत्तर (a) 14 जून, 1945 को, लॉर्ड वैवेल भारत के बाल्कनीकरण की योजना के साथ सामने आए।

कैबिनेट मिशन राष्ट्रीय सरकार की स्थापना हेतु बातचीत करने के लिए और सत्ता के हस्तांतरण के लिए मशीनरी स्थापित करने के लिए मार्च 1946 में भारत आया था। भारतीय डोमिनियन को सत्ता हस्तांतरित करने के लिए मशीनरी स्थापित करना कैबिनेट मिशन के प्रस्ताव के विरुद्ध था।

22 मार्च, 1947 को माउंटबेटन का फार्मूला वस्तुतः भारत का विभाजन करने, लेकिन साथ ही अधिकतम एकता बनाए रखने का था।

4. निम्नलिखित में से कौन-सी भारतीय स्वतंत्रता अधिनियम, 1947 की एक विशेषता नहीं थी?

(a) यह 3 जून, 1947 की माउंटबेटन योजना पर आधारित था।
(b) रियासतों पर ब्रिटिश सत्ता का प्राधिकार संविधान के निर्माण तक जारी रहना था।

(c) संविधान बनाए जाने तक भारत और पाकिस्तान, भारत सरकार अधिनियम 1935 द्वारा प्रशासित होने थे।

(d) लॉर्ड माउंटबेटन भारत के गवर्नर-जनरल बने रहे, लेकिन पाकिस्तान के नहीं।

उत्तर (b) भारतीय स्वतंत्रता अधिनियम 3 जून, 1947 की माउंटबेटन योजना पर आधारित था और ब्रिटिश संसद ने इसे 5 जुलाई, 1947 को पारित किया था। 18 जुलाई, 1947 को इसे राजकीय स्वीकृति प्राप्त हुई थी।

इसमें दो डोमिनियन स्टेटस (अधिराज्य) यथा भारत और पाकिस्तान का प्रावधान किया गया था। इन दोनों डोमिनियन के बीच की सीमाओं का निर्धारण सीमा आयोग द्वारा किया जाना था। जिसके अध्यक्ष सर साइरिल रेडक्लिफ थे। रियासतों पर ब्रिटिश सम्राट का अधिकार समाप्त हो गया और वे भारत या पाकिस्तान में सम्मिलित होने या स्वतंत्र रहने के लिए स्वतंत्र थे। भारत और पाकिस्तान दोनों डोमिनियन के गवर्नर-जनरल ब्रिटिश सम्राट द्वारा नियुक्त किए जाने थे। इस अधिनियम में दोनों डोमिनियन के सहमत होने पर साझा गवर्नर-जनरल ब्रिटिश सम्राट द्वारा नियुक्त किए जाने थे। इस अधिनियम में दोनों डोमिनियन के सहमत होने पर साझा गवर्नर-जनरल का प्रावधान किया गया था। दोनों राज्यों की संविधान सभाएँ अपने-अपने देश के लिए संविधान बनाने के लिए स्वतंत्र थीं। संविधान का निर्माण होने तक दोनों डोमिनियन भारत सरकार अधिनियम 1935 के अनुसार प्रशासित होते थे। 15 अगस्त, 1947 से पहले नियुक्त किए जा चुके सिविल सेवक समान विशेषाधिकारों के साथ सेवा में बने रहेंगे।

5. वैवेल के ब्रेकडाउन प्लान (अनुविभाजन योजना) के मुख्य लक्ष्य निम्नलिखित में से कौन-से थे?

1. भारत में अंग्रेजों की सुरक्षित वापसी।

2. एक भौगोलिक इकाई के रूप में इसे (भारत) बनाए रखने के प्रयास से भारत के विभाजन को टालना।

3. संविधान निर्माण में मुस्लिम लीग के विचारों को समान महत्ता देना।

नीचे दिए गए कूट का प्रयोग कर सही उत्तर चुनिए-

(a) केवल 1
(b) केवल 1 और 2
(c) केवल 2 और 3
(d) 1, 2 और 3

उत्तर (b) लॉर्ड वैवेल और उसके निकटतम सलाहकारों के द्वारा ब्रेकडाउन प्लान को भारत में तेजी से उभरती राजनीतिक परिस्थितियों से निबटने के लिए निर्मित किया गया था। युद्धोपरांत भारत में दो मुख्य राजनीतिक प्रवृत्तियाँ दृष्टिगत थीं। भारत को एकल भौगोलिक ईकाई के रूप में रखना, दूसरा इसके ठीक विपरीत था और मुस्लिमों द्वारा समर्पित था। वे एक स्वतंत्र मुस्लिम-बहुल राष्ट्र चाहते थे।

वैवेल की ब्रेकडाउन प्लान दो मुख्य लक्ष्यों के साथ सूत्रबद्ध की गई थी। प्रथम, भारत से ब्रिटिश सरकार की सुरक्षित वापसी; द्वितीय, एक भौगोलिक इकाई के रूप में इसे (भारत) बनाए रखने के प्रयास से भारत के विभाजन को टालना।

प्रथम लक्ष्य के लिए वेवल ने भारत से 'चरणबद्ध वापसी' का सुझाव दिया, जिसकी शुरुआत दक्षिण के हिन्दू-बहुल प्रांतों से की जानी थी।

द्वितीय लक्ष्य पंजाब और बंगाल, दोनों के विभाजन को प्रस्तावित कर, मुस्लिम लीग के साथ इसे एक सौदेबाजी के औजार के रूप में उसे उसके धर्म आधारित पृथक मुस्लिम-बहुल स्वदेश के उसके एजेंडे को भटकाना था।

वैवेल की समग्र योजना को लंदन में अस्वीकार कर दिया गया था। हालांकि, वैवेल के उत्तराधिकारी माउंटबेटन द्वारा निर्धारित 3 जून की अपनी अंतिम वापसी योजना में इसका कुछ हिस्सा सम्मिलित किया गया था। इसने बंगाल और पंजाब, दोनों के विभाजन का समावेश किया और इस प्रकार उन दोनों प्रांतों में मुस्लिम हितों पर आघात किया।

6. भारत के विभाजन का बाल्कन प्लान (Balkan Plan) उपज थी–

(a) डब्ल्यू॰ चर्चिल के मस्तिष्क की
(b) एम॰ ए॰ जिन्ना के मस्तिष्क की
(c) लॉर्ड माउंटबेटन के मस्तिष्क की
(d) वी॰ पी॰ मेनन के मस्तिष्क की

उत्तर (c) 24 मार्च और 6 मई, 1946 के बीच भारतीय नेताओं के साथ माउंटबेटन ने कई दौर की बातचीत की, जिससे यह बात निकलकर सामने आई कि कैबिनेट मिशन असफल हो चुका है। इसके बाद माउंटबेटन ने एक गुप्त योजना 'प्लान बाल्कन' तैयार की। इसमें विभिन्न प्रांतों की सत्ता का हस्तांतरण करने की बात थी। इस योजना को नेहरू के सामने रखा गया, परन्तु नेहरू ने इस योजना को अस्वीकार कर दिया।

❑❑❑

12 भारत का संवैधानिक विकास

1. भारत सरकार अधिनियम, 1935 निम्नलिखित में से किसका परिणाम था?
   1. साइमन कमीशन की रिपोर्ट
   2. नेहरू रिपोर्ट
   3. तीसरा गोलमेज सम्मेलन

   नीचे दिए गए कूट का प्रयोग कर सही उत्तर चुनिए-

   (a) केवल 1 (b) केवल 1 और 3
   (c) केवल 2 और 3 (d) 1, 2 और 3

उत्तर (d) भारत सरकार अधिनियम, 1935 के प्रमुख स्रोत में सम्मिलित हैं :

भारतीय वैधानिक आयोग की रिपोर्ट (Indian Statutory Commission Report) (साइमन कमीशन रिपोर्ट नाम से लोकप्रिय),

सर्वदलीय सम्मेलन की रिपोर्ट (नेहरू रिपोर्ट),

1933 मे तीनों गोलमेज सम्मेलनों में विचार-विमर्श के पश्चात जारी किया गया श्वेतपत्र, जिसमें भारत में नए संविधान का कार्य के आधार का विवरण अर्थात् केन्द्र में द्वैधशासन और उत्तरदायी सरकार दिया गया था।

संयुक्त प्रवर समिति की रिपोर्ट और लोथियन रिपोर्ट, जिसने अधिनियम के चुनावी प्रावधानों का निर्धारण किया था।

2. 1853 के चार्टर एक्ट के सम्बन्ध में, निम्नलिखित कथनों पर विचार कीजिए-
   1. बंगाल के गवर्नर-जनरल को भारत का गवर्नर-जनरल बनाया गया।
   2. इसने भारतीय व्यापार पर ईस्ट इंडिया कम्पनी को एकाधिकार समाप्त कर दिया।

   उपर्युक्त कथनों में से कौन-सा/से सही है/हैं?

   (a) केवल 1 (b) केवल 2
   (c) 1 और 2 दोनों (d) न तो 1, न ही 2

उत्तर (d) **कथन 1 सही नहीं है।** बंगाल के गवर्नर-जनरल को 1833 के चार्टर एक्ट के माध्यम से भारत का गवर्नर-जनरल बनाया गया था। लॉर्ड विलियम बेंटिक भारत के प्रथम गवर्नर-जनरल थे।

कथन 2 सही नहीं है। 1813 के चार्टर एक्ट ने भारतीय व्यापार पर ईस्ट इंडिया कम्पनी के एकाधिकार को समाप्त किया था, 1853 के चार्टर एक्ट ने नहीं। 1853 के चार्टर एक्ट ने ब्रिटिश ईस्ट इंडिया कम्पनी को भारत में प्रदेशों और राजस्व को ब्रिटिश साम्राज्य के सिंहासन के प्रति विश्वास के अधीन रहते हुए धारण करने का अधिकार प्रदान किया, यह अधिकार पूर्ववर्ती चार्टर एक्ट के समान किसी निर्दिष्ट अवधि के लिए प्रदान नहीं किया गया था, बल्कि संसद द्वारा अन्यथा कोई निर्देश दिए जाने तक के लिए प्रदान किया गया था। इसे 1852 में चयन समितियों की रिपोर्टों के आधार पर गठित किया गया था।

राजा राममोहन राय की इंग्लैंड यात्रा एवं बम्बई एसोसिएशन एवं मद्रास नेटिव एसोसिएशन की याचिका के परिणामस्वरूप 1853 का चार्टर एक्ट अस्तित्व में आया।

3. महारानी विक्टोरिया की घोषणा, 1858 के संदर्भ में निम्नलिखित कथनों पर विचार कीजिए-
   1. इसमें भारत में ब्रिटिश प्रादेशिक अधिग्रहण के और अधिक विस्तार के विरुद्ध घोषणा किया गया।
   2. इसने सिविल सेवा में भारतीयों के प्रवेश का प्रावधान प्रदान किया।

   उपर्युक्त कथनों में से कौन-सा/से सही है/हैं?

   (a) केवल
   (b) केवल 2
   (c) 1 और 2
   (d) न तो 1, न ही 2

उत्तर (c) **कथन 1 सही है।** महारानी की उद्घोषणा ने 'क्षेत्रीय आधिपत्य में विस्तार की किसी आकांक्षा' के विरुद्ध स्पष्टीकरण दिया एवं 'स्थानिक शासकों के अधिकारों, गरिमा और सम्मान का आदर' करने का वादा किया। इसने लॉर्ड डलहौजी द्वारा भारतीय राज्यों को हड़पने के लिए लागू की गई डॉक्ट्रिन ऑफ लैप्स (विलय की नीति) को समाप्त कर दिया।

कथन 2 सही है। 1858 की उद्घोषणा में यह आश्वासन निहित था कि "हमारी प्रजा, चाहे वह किसी भी जाति या पंथ की हो, मुक्त रूप से और निष्पक्ष रूप से हमारे द्वारा सेवायोजित कार्यालयों में भर्ती की पात्र होगी, जिसके लिए वे सम्बन्धित कर्तव्यों का भली-भांति निर्वहन करने योग्य अपनी शिक्षा योग्यता एवं निष्ठा के आधार पर पात्र हो सकते हैं।" इस संकल्प को अभिव्यक्त करने के लिए 1861 का भारतीय सिविल सेवा अधिनियम पारित किया गया था, जो संस्रावित (covenanted) सिविल सेवा में भर्ती के लिए लंदन में वार्षिक प्रतियोगी परीक्षा के आयोजन का प्रावधान करता था।

4. इस अधिवेशन के माध्यम से पहली बार निर्वाचन के तत्व को पुनर्स्थापित किया गया था, परिषद में बजट पर विचार-विमर्श किया जा सकता था और प्रश्न पूछे जा सकते थे।"

   उपर्युक्त प्रावधान निम्नलिखित अधिनियमों में से किससे सम्बद्ध थे?

   (a) भारतीय परिषद अधिनियम, 1892
   (b) पिट्स इंडिया एक्ट, 1784
   (c) चार्टर एक्ट, 1813
   (d) भारतीय परिषद अधिनियम, 1861

उत्तर (a) भारतीय परिषद अधिनियम 1892: इस अधिनियम के मुख्य प्रावधान इस प्रकार थे-

- इंपीरियल लेजिस्लेटिव काउंसिल (केन्द्रीय विधान परिषद) और प्रांतीय विधान परिषदों के अतिरिक्त सदस्यों की संख्या बढ़ायी गई थी। इम्पीरियल लेजिस्लेटिव काउंसिल में, गवर्नर-जनरल अब 10 से 16 गैर-सरकारी लोगों को रख सकता था।
- इनमें से कुछ अतिरिक्त सदस्यों को परोक्ष रूप से निर्वाचित किया जा सकता था। इस प्रकार पहली बार निर्वाचन का तत्व आरम्भ किया गया था।
- बजट पर चर्चा।
- प्रश्न पूछने के लिए प्रावधान

लेकिन इन सुधारों की कुछ सीमाएँ थी-

• परिषद में सरकारी अधिकारियों का बाहुल्य बना रहा, इस प्रकार गैर-सरकारी आवाज प्रभावहीन बनी रही।

• 'पुनर्गठित' इम्पीरियल लेजिस्लेटिव काउंसिल की बैठकें, वर्ष 1909 तक अपने कार्यकाल के दौरान औसतन एक वर्ष में केवल 13 दिन हुईं और उसमें उपस्थित गैर-सरकारी भारतीय सदस्यों की संख्या 24 में से केवल 5 थी।

• बजट पर मतदान नहीं कराया जा सकता था और न ही उसमें कोई संशोधन किया जा सकता था।

• पूरक प्रश्न नहीं पूछे जा सकते थे और न ही उत्तरों पर चर्चा की जा सकती थी।

5. 1833 के चार्टर अधिनियम के सम्बन्ध में, निम्नलिखित कथनों पर विचार कीजिए-

1. इसने ईस्ट इंडिया कम्पनी की वाणिज्यिक गतिविधियाँ समाप्त कर दीं और इसे सीमित करके एक प्रशासनिक निकाय बना दिया।

2. इसने भारत में विज्ञान के ज्ञान को बढ़ावा देने हेतु वित्त प्रदान किया।

3. इसने भारत सरकार को दास-प्रथा की समाप्ति हेतु निर्देश दिया।

उपर्युक्त कथनों में से कौन-सा/से सही है/हैं?

(a) 1, 2 और 3 (b) केवल 1 और 3
(c) केवल 2 (d) केवल 2 और 3

उत्तर (b) 1833 के चार्टर अधिनियम के अंतर्गत निम्नलिखित प्रावधान थे-

इस अधिनियम द्वारा एक वाणिज्यिक निकाय के रूप में ईस्ट इंडिया कम्पनी की गतिविधियों को समाप्त कर दिया गया, जो आगे एक विशुद्ध प्रशासनिक निकाय बन गया। इसने यह प्रावधान किया कि भारत में कम्पनी के इलाकों को ब्रिटिश राजशाही, उनके वारिसों और उत्तराधिकारियों के अधीन रखा जाएगा। **इसलिए, कथन 1 सही है।**

इसने चीन के साथ चाय के व्यापार में कम्पनी के एकाधिकार को समाप्त कर दिया।

इसके द्वारा भारत सरकार को दास-प्रथा समाप्त करने का निर्देश दिया गया। हालांकि, दास-प्रथा 1843 में समाप्त की जा सकी। **इसलिए, कथन 3 सही है।**

किसी भी भारतीय नागरिक को धर्म, रंग, जन्म, वंश आदि के आधार पर कम्पनी के अधीन रोजगार से वंचित नहीं किए जाने का प्रावधान था।

विधि निर्माण पर पेशेवर परामर्श हेतु गवर्नर-जनरल काउंसिल में एक विधि सदस्य को सम्मिलित किया गया।

भारतीय कानूनों को संहिताबद्ध और संगठित किए जाने का निर्देश दिया गया।

यूरोपीय के आप्रवासन (immigratin) और भारत में उनके द्वारा संपत्ति के अधिग्रहण से सभी प्रतिबंध हटा दिए गए।

भारत में विज्ञान के ज्ञान को बढ़ावा देने हेतु वित्त 1813 के चार्टर अधिनियम द्वारा प्रदान किया। **इसलिए, कथन 2 सही नहीं है।**

6. निम्नलिखित में से कौन-सी, भारत सरकार अधिनियम, 1858 की एक प्रमुख विशेषता नहीं थी?

(a) दोहरी प्रशासनिक व्यवस्था को समाप्त करना।

(b) वायसराय के कार्यालय को भारत सचिव के अधीन करना।

(c) भारत के शासन के संचालन का अधिकार ईस्ट इंडिया कम्पनी से ब्रिटिश क्राउन को हस्तांतरित करना।

(d) वायसराय को अपनी कार्यकारी परिषद में 6-12 अतिरिक्त सदस्यों को सम्मिलित करने हेतु अधिकृत करना।

उत्तर (d) भारत सरकार अधिनियम 1858 की प्रमुख विशेषताएँ इस प्रकार थी-

• भारत के शासन का संचालन ईस्ट इंडिया कम्पनी से ब्रिटिश क्राउन को हस्तांतरित कर दिया गया।

• दोहरे प्रशासन की व्यवस्था अर्थात् बोर्ड ऑफ कंट्रोल और बोर्ड ऑफ डायरेक्टर को समाप्त कर दिया गया। अब इस शक्ति का प्रयोग भारत सचिव द्वारा किया जाना था।

• भारत सचिव का पद (लंदन से) सृजित किया गया, जो ब्रिटिश मंत्रिमण्डल का सदस्य होता था और उसकी सहायता हेतु 15 सदस्यीय परिषद गठित की गई थी।

• इस अधिनियम के द्वारा गवर्नर-जनरल को वायसराय की पदवी प्रदान की गई।

हालांकि, भारत सचिव अब प्रशासन सम्बन्धी छोटी से छोटी बात पर नियंत्रण रखता था और वायसराय की स्थिति अधीनस्थ की हो गई। इस प्रकार भारतीय मामलों पर विस्तृत और अंतिम नियंत्रण एवं निर्देशन का प्रयोग करने वाला प्राधिकारी लंदन में निवास करता था।

भारत सरकार अधिनियम 1861 द्वारा वायसराय को अपनी कार्यकारी परिषद में 6-12 अतिरिक्त सदस्यों को सम्मिलित करने का अधिकार दिया गया। **इसलिए, विकल्प (d) सही उत्तर है।**

7. 1813 के चार्टर अधिनियम में निम्नलिखित में से कौन-से प्रावधान किए गए थे?

1. चीन के साथ व्यापार पर कम्पनी के एकाधिकार की समाप्ति।

2. कलकत्ता में सुप्रीम कोर्ट की स्थापना का प्रावधान।

3. शिक्षा का बढ़ावा देने हेतु प्रतिवर्ष 1 लाख रुपये की राशि निर्धारित की गई।

नीचे दिए गए कूट का प्रयोग कर सही उत्तर चुनिए-

(a) केवल 1 और 2 (b) केवल 1 और 3
(c) केवल 2 और 3 (d) 1, 2 और 3

उत्तर (b) 1813 के चार्टर अधिनियम के प्रावधान-

भारत में व्यापार एक कम्पनी का एकाधिकार समाप्त हो गया, किन्तु उसका चीन के साथ व्यापार और चाय के व्यापार पर अधिकार बना रहा।

कम्पनी के भागीदारों को भारत के राजस्व से 10.5 प्रतिशत का लाभांश देने का प्रावधान किया।

क्राउन की संप्रभुता प्रभावित किए बिना, कम्पनी को आगामी 20 वर्षों के लिए भारतीय क्षेत्रों एवं राजस्व पर नियंत्रण का अधिकार प्रदान किया गया।

बोर्ड ऑफ कंट्रोल की शक्तियों का विस्तार किया गया।

भारत के मूल निवासियों के साहित्य, शिक्षा और विज्ञान के क्षेत्र में पुनरुत्थान, उन्नति और प्रोत्साहन हेतु प्रत्येक वर्ष 1 लाख रुपये की राशि निर्धारित की गई।

कलकत्ता में सर्वोच्च न्यायालय (1774) की स्थापना 1773 के रेग्यूलेटिंग एक्ट के अंतर्गत की जानी थी, जिसमें एक मुख्य न्यायाधीश और तीन न्यायाधीश थे। **इसलिए, कथन 2 सही नहीं है।**

8. निम्नलिखित में से किस अधिनियम के द्वारा गवर्नर-जनरल को वायसराय की पदवी मिली?

(a) चार्टर एक्ट, 1853

(b) भारत सरकार अधिनियम, 1858

(c) भारतीय परिषद अधिनियम, 1861

(d) चार्टर एक्ट, 1833

उत्तर (b) भारत सरकार अधिनियम, 1858 के द्वारा गवर्नर-जनरल को वायसराय की पदवी प्रदान की गई। वह भारत सचिव का प्रतिनिधित्व करता था तथा उसे कार्यकारी परिषद द्वारा सहायता प्रदान की जाती थी, जिसमें सरकार के उच्च अधिकारी सम्मिलित थे।

9. ब्रिटिश शासनकाल के दौरान निम्नलिखित में से किस अधिनियम के द्वारा भारतीय सिविल सेवा में खुली प्रतियोगिता का सिद्धांत लागू किया गया?

(a) रेग्युलेटिंग एक्ट, 1773

(b) पिट्स इंडिया एक्ट, 1784

(c) चार्टर एक्ट, 1833

(d) चार्टर एक्ट, 1853

उत्तर (d) 1833 के चार्टर एक्ट के अंतर्गत भर्ती हेतु प्रतियोगिता का आरम्भ हुआ, परन्तु यह निदेशकों द्वारा नामांकित उम्मीदवारों के मध्य सीमित प्रतिस्पर्धा थी, इसलिए स्थिति में सुधार नहीं हो सका। अंततः, सन् 1853 के चार्टर एक्ट ने खुली प्रतियोगिता की अवधारणा प्रस्तुत की। भारत में सिविल सेवकों की भर्ती अब एक परीक्षा के माध्यम से होनी तय हुई, जो कि 'महारानी की प्रजा के रूप में जन्मे प्रत्येक व्यक्ति के लिए' खुली थी।

10. 1793 के कॉर्नवालिस कोड के अंतर्गत निम्नलिखित में से कौन-सा/से प्रावधान थे?

1. दीवानी न्याय प्रशासन से राजस्व संग्रहण का पृथक्करण।

2. फौजदारी अदालतों की स्थापना।

3. न्यायिक व्यवस्था में भारतीयों का समावेश।

नीचे दिए गए कूट का प्रयोग कर सही उत्तर चुनिए-

(a) केवल 1 (b) केवल 2

(c) केवल 2 और 3 (d) केवल 1 और 2

उत्तर (a) कॉर्नवालिस कोड (1793) ने दीवानी न्याय प्रशासन से राजस्व संग्रहण के पृथक्करण का नियम तय किया ताकि राजस्व अधिकारियों और उनके एजेंटों द्वारा बल के दुरुपयोग से संपत्ति के अधिकारों की सुरक्षा की जा सके। **इसलिए, कथन 1 सही है।**

फौजदारी अदालतों को (जो तब तक नायब नाजिम रेखा के अधीन कार्य कर रही थीं) समाप्त कर दिया गया और इनको यूरोपीय न्यायाधीशों की अध्यक्षता वाले सर्किट न्यायालयों द्वारा प्रतिस्थापित कर दिया गया। **इसलिए, कथन 2 सही नहीं है।**

कॉर्नवॉलिस के सम्पूर्ण न्यायिक सुधार में एक ही बात उभरकर सामने आयी और वह थी संपूर्ण व्यवस्था से भारतीयों का पूर्ण अलगाव, जो इस व्यवस्था के सत्तावादी और नस्लीय चरित्र के कारण और भी स्पष्ट हो गया। **इसलिए, कथन 3 सही नहीं है।**

11. भारत सरकार अधिनियम, 1861 के संदर्भ में, निम्नलिखित कथनों पर विचार कीजए-

1. इसने गवर्नर-जनरल की परिषद में भारतीय सदस्यों को सम्मिलित करने का प्रावधान किया।

2. इसने वायसराय को विधान परिषद की सहमति के बिना अध्यादेश जारी करने का अधिकार प्रदान किया।

3. इसने बजट पर मतदान का अधिकार प्रदान किया।

उपर्युक्त कथनों में से कौन-सा/से सही है/हैं?

(a) केवल 1 और 3 (b) 1, 2 और 3

(c) केवल 1 और 2 (d) केवल 3

उत्तर (c) भारतीय परिषद अधिनियम, 1861 की प्रमुख विशेषताएँ थीं :

इस अधिनियम ने विधि निर्माण के उद्देश्य से गवर्नर-जनरल की परिषद का विस्तार किया। इस परिषद् को इम्पीरियल लेजिस्लेटिव काउंसिल के रूप में जाना जाता था। कुल मिलाकर इसके पास कोई शक्ति नहीं थी। यह सरकार के पूर्व-अनुमोदन के बिना बजट या किसी भी वित्तीय मामले या किसी अन्य महत्वपूर्ण विधेयक पर चर्चा नहीं कर सकती थी।

गवर्नर-जनरल को अपनी कार्यकारी परिषद में 6-12 अतिरिक्त सदस्यों को सम्मिलित करने हेतु अधिकृत किया गया। जिनमें से कम-से-कम आधे सदस्यों को गैर-सरकारी होना था जो भारतीय या अंग्रेज, कोई भी कर सकते थे। **इसलिए, कथन 1 सही है।**

इसके द्वारा आपातकाल के दौरान वायसराय को विधायी परिषद की सहमति के बिना अध्यादेश जारी करने का अधिकार दिया गया, क्योंकि यह केवल परामर्शदायी निकाय थी। **इसलिए, कथन 2 सही है।**

हालांकि, भारतीय परिषद संशोधन अधिनियम 1892 द्वारा विधायिकाओं में बजट पर चर्चा का प्रावधान किया गया था, किन्तु मतदान का नहीं। **इसलिए, कथन 3 सही नहीं है।**

12. 1892 के इंडियन काउंसिल एक्ट (भारतीय परिषद अधिनियम) के सम्बन्ध में निम्नलिखित कथनों पर विचार कीजिए-

1. केन्द्रीय (इंपीरियल) और प्रांतीय विधान परिषदों के सदस्यों का निर्वाचन अप्रत्यक्ष रूप से किया जा सकता था।

2. परिषदों के सदस्यों को बजट में संशोधन का प्रस्ताव देने की शक्तियाँ दी गई थीं।

उपर्युक्त कथनों में से कौन-सा/से सही है/हैं?

(a) केवल 1 (b) केवल 2

(c) 1 और 2 दोनों (d) न तो 1, न ही 2

उत्तर (a) **कथन 1 सही है।** राष्ट्रवादी आंदोलन ने भारतीय परिषद अधिनियम, 1892 के द्वारा सरकार को विधायी कामकाज में कुछ परिवर्तन करने के लिए विवश किया। प्रांतीय और केन्द्रीय (इंपीरियल) विधान परिषदों के अतिरिक्त सदस्यों की संख्या को पहले के छह से 10 के स्थान पर बढ़ाकर 10 से 16 कर दिया गया था। इन सदस्यों में से कुछ को नगर निगम, जिला बोर्डों, समितियों आदि के माध्यम से परोक्ष रूप से चुना जा सकता था, किन्तु आधिकारिक बहुमत का नियम जारी रहा।

कथन 2 सही नहीं है। सदस्यों को वार्षिक बजट पर चर्चा करने का अधिकार दिया गया था, किन्तु वे न तो इस पर मतदान कर सकते थे और न ही इसमें संशोधन करने के लिए कोई प्रस्ताव प्रस्तुत कर सकते थे। वे प्रश्न भी पूछ सकते थे, लेकिन उन्हें अनुपूरक प्रश्न करने या उत्तरों पर चर्चा करने की अनुमति नहीं थी।

13. 1909 के मॉर्ले मिंटों सुधारों के संबंध में निम्नलिखित कथनों पर विचार कीजिए-

1. इसने केंद्रीय (इम्पीरियल) विधान परिषद और प्रांतीय परिषदों दोनों के निर्वाचित सदस्यों की संख्या में वृद्धि की।

2. इसने मुसलमानों, सिखों और ईसाइयों के लिए पृथक निर्वाचक मण्डल आरंभ किया।

उपर्युक्त कथनों में से कौन-सा/से सही है/हैं?

(a) केवल 1 (b) केवल 2

(c) 1 और 2 दोनों (d) न तो 1, न ही 2

उत्तर (a) **कथन 1 सही है।** इस सुधार के केन्द्रीय (इम्पीरियल) विधान परिषद और प्रांतीय परिषदों दोनों में ही निर्वाचित सदस्यों की संख्या में वृद्धि की। लेकिन अधिकतर निर्वाचित सदस्यों को परोक्ष रूप से चुना गया था।

कथन 2 सही नहीं है। मॉर्ले मिंटो सुधारों ने मुसलमानों के लिए पृथक निर्वाचक मण्डल का गठन किया, सिखों और ईसाइयों के लिए नहीं।

14. मांटेग्यू-चेम्सफोर्ड सुधारों द्वारा निम्नलिखित में से कौन-सा/से परिवर्तन किया/किए गया/गए था/थे?

1. प्रांतों में आरक्षित विषयों को विधान मण्डल के प्रति उत्तरदायी मंत्रियों द्वारा नियंत्रित किया जाना था।

2. केन्द्र में द्विसदनीय विधानसभा आरम्भ की गई थी।

3. गवर्नर-जनरल और उसकी कार्यकारिणी परिषद् को विधानमण्डल के प्रति उत्तरदायी बनाया गया था।

उपर्युक्त कथनों में से कौन-सा/से सही है/हैं?

(a) केवल 1 और 3 (b) केवल 2

(c) केवल 1 और 2 (d) केवल 2 और 3

उत्तर (b) **कथन 1 गलत है।** मांटेग्यू-चेम्सफोर्ड सुधारों ने प्रांतीय स्तर पर आरक्षित और हस्तांतरित विषयों के साथ दोहरा शासन (क्लंतबील) आरंभ किया। वित्त और कानून व्यवस्था जैसे आरक्षित विषय गवर्नर के नियंत्रण के अंतर्गत बने रहे, जिसका प्रशासन नौकरशाही के माध्यम से किया जाना था। हस्तांतरित विषय विधायिका के प्रति उत्तरदायी मंत्रियों के नियंत्रण में लाए गए।

कथन 2 सही है। केन्द्र में द्विसदनीय विधायिका अर्थात् विधायिका के दो सदन प्रचलित किए गए। विधान सभा निम्न सदन थी और राज्य परिषद ऊपरी सदन था।

कथन 3 गलत है। केन्द्रीय स्तर पर, विधायिका का गवर्नर-जनरल और उसकी कार्यकारी परिषद् पर कोई नियंत्रण नहीं था।

15. गवर्नमेंट ऑफ इंडिया एक्ट (भारत शासन अधिनियम), 1935 के निम्नलिखित प्रावधानों पर विचार कीजिए–

1. अखिल भारतीय परिसंघ की स्थापना

2. प्रांतीय स्वायत्तता

3. केन्द्र में द्वैधशासन (Dyarchy)

उपर्युक्त में से कौन-सी विशेषता कार्यान्वित नहीं की गई?

(a) केवल 1 (b) केवल 1 और 3

(c) केवल 2 और 3 (d) 1, 2 और 3

उत्तर (b) 1935 के भारत शासन अधिनियम के तहत प्रस्तावित केन्द्र में दोहरा शासन (क्लंतबील) और अखिल भारतीय परिसंघ सम्बन्धी प्रावधान वस्तुत: कभी लागू ही नहीं हुए, लेकिन प्रांतों से सम्बन्धित विभिन्न प्रावधान बहुत जल्द लागू हो गए। प्रांतीय स्वायत्तता, 1937 से प्रभाव में आ गई। इस अधिनियम के तहत प्रांतों में पहला चुनाव 1937 में हुआ।

ऑल इंडिया फेडरेशन या अखिल भारतीय परिसंघ के कार्यान्वयन के लिए, शाही रियासतों में से आधे रियासतों की सहमति आवश्यक थी।

16. 1917 के मांटेग्यू घोषणा के परिणामों/प्रावधानों के संदर्भ में निम्नलिखित कथनों पर विचार कीजिए–

1. इसमें भारत में एक उत्तरदायी सरकार की स्थापना हेतु प्रावधान किया गया था।

2. स्वशासन की माँग को राजद्रोहात्मक माँग की संज्ञा नहीं दी जा सकती थी।

3. इसका लक्ष्य प्रशासन की प्रत्येक शाखा में भारतीयों की सम्बद्धता में वृद्धि करना था।

उपर्युक्त कथनों में से कौन-सा/से सही है/हैं?

(a) केवल 1 और 2 (b) केवल 1 और 3

(c) केवल 2 और 3 (d) 1, 2 और 3

उत्तर (d) 20 अगस्त, 1917 को भारत के राज्य सचिव, लॉर्ड मांटेग्यू ने ब्रिटिश संसद में निम्नलिखित घोषणा की : "महामहिम के सरकार की नीति ... ब्रिटिश साम्राज्य के अभिन्न अंग के रूप में, भारत में उत्तरदायी सरकार की प्रगतिशील प्राप्ति के दृष्टिकोण के साथ, प्रशासन की प्रत्येक शाखा में भारतीयों की समयबद्धता में वृद्धि करने और स्वशासी संस्थानों का क्रमिक विकास करने की है।

मांटेग्यू के कथन का महत्व, अब स्वशासन या होमरूल की राष्ट्रवादियों की माँग को राजद्रोहात्मक नहीं कहा जा सकता था, क्योंकि 1909 में, मॉर्ले के कथन के विपरीत सुधारों का उद्देश्य भारत को स्वशासन देना नहीं है, बल्कि भारतीयों के लिए स्वशासन की प्राप्ति अब सरकार की नीति बन गई थी।

17. 1909 के मॉर्ले मिन्टो सुधारों के संदर्भ में निम्नलिखित कथनों पर विचार कीजिए–

1. अब एक भारतीय भी गवर्नर-जनरल की कार्यकारी परिषद् का सदस्य बन सकता था।

2. सुधारों से मुसलमानों तथा सिखों के लिए पृथक निर्वाचन प्रणाली आरम्भ हुई।

3. इसने प्रांतों के विधान परिषदों में निर्वाचित गैर-आधिकारिक बहुमत की प्रथा आरम्भ की।

उपर्युक्त कथनों में से कौन-सा/से सही है/हैं?

(a) केवल 1 (b) केवल 1 और 2

(c) केवल 2 और 3 (d) 1, 2 और 3

उत्तर (a) मॉर्ले मिन्टो सुधार/भारत परिषद् अधिनियम, 1909 में निम्नलिखित प्रावधान थे :

इम्पीरियल विधान परिषद तथा प्रांतीय विधान परिषदों में निर्वाचित सदस्यों की संख्या में वृद्धि की।

किसी भारतीय को गवर्नर-जनरल की कार्यकारी परिषद् का सदस्य नियुक्त किया जाना था।

अधिनियम ने सदस्यों को प्रस्तावों को प्रस्तुत करने की अनुमति दे दी; साथ ही उनके प्रश्न पूछने के अधिकार में वृद्धि कर दी।

पृथक बजट मदों पर वोटिंग की अनुमति दे दी गई।

इसने मुसलमानों के लिए पृथक निर्वाचन प्रणाली की व्यवस्था आरम्भ की।

प्रांतीय परिषदों में, गैर-आधिकारिक बहुमत आरम्भ हो गया, किन्तु इन गैर-आधिकारिक लोगों में से कुछ नामित थे, निर्वाचित नहीं, जिससे समग्र अनिर्वाचित बहुमत कायम रहा।

18. भारत सरकार अधिनियम, 1935 के द्वारा प्रस्तावित संघीय सभा के संदर्भ में निम्नलिखित में से कौन-सा कथन सही है?

(a) ऊपरी सदन को अप्रत्यक्ष रूप से निर्वाचित तथा निम्न सदन को प्रत्यक्ष रूप से निर्वाचित किया जाना था।

(b) ऊपरी सदन को प्रत्यक्ष रूप से निर्वाचित तथा निम्न सदन को अप्रत्यक्ष रूप से निर्वाचित किया जाना था।

(c) दोनों सदनों को प्रत्यक्ष रूप से निर्वाचित किया जाना था।

(d) दोनों सदनों को अप्रत्यक्ष रूप से निर्वाचित किया जाना था।

उत्तर (b) भारत सरकार अधिनियम, 1935 के बाद एक विशिष्ट प्रणाली का आरम्भ हुआ। इस अधिनियम के द्वारा प्रस्तावित संघीय सभा में, अप्रत्यक्ष रूप से निर्वाचित होने वाले एक और लोकप्रिय निम्न सदन की अभिकल्पना की गई। दूसरी ओर, ऊपरी सदन को प्रत्यक्ष रूप से निर्वाचित किया जाना तय हुआ। यह सामान्य व्यवस्था से बिल्कुल अलग प्रावधान था।

19. 1919 के संवैधानिक सुधारों के आरम्भ के लिए 10 वर्ष की नियत अवधि के पूर्व ही भारतीय वैधानिक आयोग की नियुक्ति क्यों की गई?

(a) जलियांवाला बाग हत्याकांड के कारण भारतीयों के बीच के असंतोष को रोकने के लिए।

(b) ब्रिटेन में सरकार के परिवर्तन की संभावना।
(c) भारतीय राष्ट्रीय कांग्रेस के संवैधानिक माँगों को शांत करने के लिए।
(d) क्रांतिकरियों के बढ़ते हुए वर्चस्व को रोकने के लिए।

उत्तर (b) भारतीय राष्ट्रवादियों ने वर्षों 1919 के सुधारों को अपर्याप्त बताते हुए कई वर्षों से संवैधानिक मुद्दों पर शीघ्र पुनर्विचार के लिए आवाज उठाते आए थे, किन्तु सरकार इस बात पर अड़ी हुई थी कि 10 वर्ष की घोषित अवधि के बाद ही किसी नये प्रस्ताव पर विचार किया जाएगा।

यद्यपि, 1927 में ब्रिटेन की कंजर्वेटिव सरकार को लेबर पार्टी के हाथों हार के भय से दो-चार होना पड़ा। उसने अचानक यह निर्णय लिया कि ब्रिटिश साम्राज्य के भविष्य से सम्बन्धित इस मुद्दे को अनुभवहीन लेबर पार्टी की सरकार के हाथ में नहीं छोड़ा जा सकता था। इस प्रकार, भारतीय वैधानिक आयोग की नियुक्ति की गई।

20. भारतीय संवैधानिक सुधारों 1918; से सम्बन्धित मांटेग्यू-चेम्सफोर्ड रिपोर्ट के संदर्भ में निम्नलिखित कथनों पर विचार कीजिए–

1. रिपोर्ट को अंतिम रूप देने से पहले अंग्रेजों द्वारा भारतीयों से परामर्श किया गया था।

2. अंतिम रिपोर्ट नरमदलीय नेताओं द्वारा अस्वीकार कर दी गई थी।

उपर्युक्त कथनों में से कौन-सा/से सही है/हैं?

(a) केवल 1
(b) केवल 2
(c) 1 और 2 दोनों
(d) न तो 1, न ही 2

उत्तर (a) नवम्बर 1917 में लॉर्ड मांटेग्यू ने भारत का दौरा किया और लॉर्ड चेम्सफोर्ड ने केन्द्रीय तथा प्रांतीय सरकारों के अधिकारियों एवं भारतीय नेताओं से चर्चा की। इन विचार-विमर्शों के आधार पर जुलाई 1918 में भारतीय संवैधानिक सुधारों पर रिपोर्ट प्रकाशित की गई, जिसे मांटेग्यू-चेम्सफोर्ड रिपोर्ट के रूप में जाना गया था। इस रिपोर्ट के आधार पर ही भारत सरकार अधिनियम, 1919 का मसौदा तैयार किया गया तथा दिसम्बर, 1919 में ब्रिटिश संसद में प्रस्तुत किया गया था। **इसलिए, कथन 1 सही है।**

अगस्त 1918 में बम्बई में इस रिपोर्ट पर विचार करने के लिए कांग्रेस का एक विशेष सत्र आहूत किया गया था। इस सत्र में कांग्रेस द्वारा इस योजना को 'अपर्याप्त असंतोषजनक और निराशाजनक' बताकर निंदा करते हुए प्रस्ताव पारित किया गया था। नरमपंथी बम्बई कांग्रेस अधिवेशन से दूर रहे, वे आश्वस्त थे कि यह प्रस्ताव उस समय विद्यमान स्थिति में काफी आगे की स्थितियों को चिह्नित करता था और इसमें प्रदर्शित सदभावना की ईमानदारी से प्रशंसा होनी चाहिए। **इसलिए, कथन 2 गलत है।**

21. भारत सरकार अधिनियम, 1935 के प्रावधान, निम्नलिखित में से किन दस्तावेजों से प्रभावित थे?

1. भारतीय वैधानिक आयोग की रिपोर्ट।

2. हर्टोग समिति की रिपोर्ट।

3. गोलमेज सम्मेलनों पर विचार-विमर्श के बाद तैयार श्वेत पत्र।

4. नेहरू रिपोर्ट।

नीचे दिए गए कूट का प्रयोग कर सही उत्तर चुनिए-

(a) केवल 1, 2 और 3
(b) केवल 1, 3 और 4
(c) केवल 1 और 3
(d) केवल 2 और 4

उत्तर (b) सरकार भारत अधिनियम, 1935 ने जिन मुख्य स्रोतों से अपनी सामग्री प्राप्त की, वे थे :

भारतीय वैधानिक आयोग की रिपोर्ट (साइमन कमीशन रिपोर्ट के रूप में प्रसिद्ध),

सर्वदलीय सम्मेलन की रिपोर्ट (नेहरू रिपोर्ट),

1933 में तीन गोलमेज सम्मेलनों पर चर्चाओं के बाद श्वेत पत्र जारी किया गया, जिसने भारत के नए संविधान का कार्य करने के आधार पर अर्थात् केन्द्र में द्वैध शासन तथा उत्तरदायी सरकार का विवरण दिया।

संयुक्त प्रवर समिति रिपोर्ट, और

लोथियन रिपोर्ट, जिसने इस अधिनियम के चुनावी प्रावधानों को निर्धारित किया।

22. निम्नलिखित में से किस अधिनियम में भारत में धर्म का प्रचार-प्रसार करने के लिए ईसाई मिशनरियों को अनुमति देने का प्रावधान किया गया था?

(a) 1784 का पिट्स इंडिया एक्ट
(b) 1813 का चार्टर एक्ट
(c) 1833 का चार्टर एक्ट
(d) 1853 का चार्टर एक्ट

उत्तर (b) 1813 के चार्टर एक्ट ने भारत में ईस्ट इंडिया कम्पनी के एकाधिकार का अंत कर दिया, हालांकि चीन के साथ व्यापार और चाय के व्यापार का कम्पनी का एकाधिकार बना रहा।

1813 के चार्टर एक्ट में, सर्वप्रथम स्पष्ट रूप से भारत में ब्रिटिश प्रदेशों के संवैधानिक स्थिति को परिभाषित किया गया।

इस एक्ट में नैतिक और धार्मिक सुधार को बढ़ावा देने के लिए भारत जाने के इच्छुक लोगों को अनुमति देने का भी प्रावधान किया गया था। (ईसाई मिशनरियाँ)।

इस एक्ट में कम्पनी के क्षेत्रीय राजस्व और वाणिज्यिक लाभ का विनियमन किया गया था।

कम्पनी के ऋण में कमी करनी थी और लाभांश प्रतिवर्ष 10.5% की दर से नियत कर दिया गया।

यह भी प्रावधान किया गया कि कम्पनी को भारतीयों की शिक्षा पर प्रतिवर्ष 1 लाख रुपये का निवेश करना चाहिए। इस एक्ट में सुप्रीम कोर्ट के क्षेत्राधिकार के अधीन लोगों पर एक अधिरोपित करने के लिए स्थानीय सरकारों को समर्थ बनाया गया था।

23. 1784 के पिट्स इंडिया एक्ट के सम्बन्ध में निम्नलिखित कथनों में से कौन-से कथन सही हैं?

1. निदेशक मण्डल के काम का मार्गदर्शन और नियंत्रण करने के लिए इस एक्ट ने बोर्ड ऑफ कंट्रोल के गठन का मार्ग प्रशस्त किया।

2. इसने भारत सरकार का नियंत्रण गवर्नर और तीन सदस्यीय परिषद के हाथ में डाल दिया।

3. इसने युद्ध, कूटनीति और राजस्व के मामलों में बम्बई और मद्रास प्रेसीडेंसी को बंगाल का अधीनस्थ बना दिया।

4. कम्पनी ने चीन में व्यापार पर अपना अधिकार बनाए रखा, लेकिन चाय को छोड़कर भारत में व्यापार पर अपना एकाधिकार खो दिया।

नीचे दिए गए कूट का प्रयोग कर सही उत्तर चुनिए-

(a) केवल 1 और 3
(b) केवल 2 और 4
(c) केवल 1, 2 और 3
(d) 1, 2, 3 और 4

उत्तर (c) कथन 1 सही है। बोर्ड ऑफ कंट्रोल भारत में कम्पनी के मामलों और उसके प्रशासन पर सर्वोच्च नियंत्रण स्थापित करने का साधन था।

कथन 2 सही है। परिषद के तीन सदस्य थे, जिसे 1773 के रेग्यूलेटिंग एक्ट के बाद बनाई गई परिषद में गतिरोध से बचने के लिए बनाया गया था।

कथन 3 सही है। यह एक्ट कम्पनी के प्रशासन में केन्द्रीकरण लाने की शुभारंभ था।

कथन 4 गलत है। कम्पनी के इस एक्ट में भारत और चीन दोनों का एकाधिकार बनाए रखा। यह कथन 1813 के चार्टर एक्ट के लिए सही है।

24. 1773 के रेग्यूलेटिंग एक्ट के लिए मार्ग प्रशस्त करने वाले निम्नलिखित में से कौन-सा/से महत्वपूर्ण कारक था/थे?

1. **कुप्रबंधित वित्त ने कम्पनी को लगभग दिवालिया बना दिया था और कम्पनी को ऋण के लिए ब्रिटिश सरकार से आवेदन करने के लिए विवश होना पड़ा था।**
2. **कम्पनी की सेना को मजबूर बनाने और फ्रांसीसी कम्पनी को बढ़ते प्रभार पर अंकुश लगाना।**

नीचे दिए गए कूट का प्रयोग कर सही उत्तर चुनिए-

(a) केवल 1
(b) केवल 2
(c) 1 और 2 दोनों
(d) न तो 1, न ही 2

उत्तर (a) कुप्रबंधित वित्त ने कम्पनी को लगभग दिवालिया बना दिया और कम्पनी को दस लाख पाउंड स्टर्लिंग के ऋण के लिए ब्रिटिश सरकार से आवेदन करने के लिए विवश होना पड़ा।

अंग्रेजों ने पहले से ही 1760 में वांडीवाश की लड़ाई के बाद से फ्रांसीसी कम्पनी पर सशक्त पकड़ बना ली थी।

25. भारतीय परिषद अधिनियम, 1861 के अंतर्गत गठित साम्राज्यिक विधायी परिषद (Imperial Legislative Council आई. एल. सी.) के संदर्भ में, निम्नलिखित कथनों पर विचार करें-

1. **यह मात्र एक परामर्शदायी निकाय थी।**
2. **इसका बजट पर कोई नियंत्रण नहीं था।**
3. **भारतीयों का अप्रत्यक्ष चुनाव के माध्यम से निर्वाचन होता था।**

उपर्युक्त कथनों में से कौन-सा/से सही है/हैं?

(a) केवल 1
(b) केवल 1 और 2
(c) केवल 2 और 3
(d) 1, 2 और 3

उत्तर (b) कथन 1 सही है। आई.एल.सी. मात्र सलाहकारी निकाय थी और इसके निर्णय कार्यकारी पर बाध्यकारी नहीं थे।

कथन 2 सही है। आई.एल.सी. का बजट पर कोई नियंत्रण नहीं था। इसके पास कोई वास्तविक शक्ति नहीं थी और यह बजट सहित किसी भी महत्वपूर्ण उपाय पर चर्चा नहीं कर सकती थी।

कथन 3 गलत है। परिषद में भारतीय सदस्य मुश्किल से ही थे और गवर्नर-जनरल द्वारा मनोनीत किए जाते थे।

26. निम्नलिखित युग्मों पर विचार करें-

अधिनियम		**वायसराय**
1. पिट्स इंडिया अधिनियम, 1784	:	**लॉर्ड वेलेजली**
2. चार्टर अधिनियम, 1853	:	**लॉर्ड डलहौजी**
3. भारतीय परिषद् अधिनियम 1861	:	**लॉर्ड केनिंग**

उपर्युक्त युग्मों में से कौन-सा/से सही सुमेलित है/हैं?

(a) केवल 1 और 2 (b) केवल 1 और 3
(c) केवल 2 और 3 (d) 1, 2 और 3

उत्तर (c) लॉर्ड वेलेजली सन 1798 से 1805 तक भारत में थे। पिट्स इंडिया अधिनियम को वारेन हेस्टिंग्स के शासनकाल में पारित किया गया था। वह 1773 से 1785 तक भारत में रहे। **इसलिए, युग्म 1 असत्य है।**

डलहौजी सन 1848 से 1856 तक भारत में थे। उन्हीं के कार्यकाल में चार्टर अधिनियम पारित किया गया था।

केनिंग 1856 से 1862 तक भारत में थे। इसी दौरान भारतीय परिषद् अधिनियम, 1853 पारित किया गया।

27. निम्नलिखित में से किस अधिनियम ने ईस्ट इंडिया कम्पनी को 'व्यापारिक/वाणिज्यिक विशेषाधिकारों' से वंचित कर दिया?

(a) रेगुलेटिंग एक्ट 1773
(b) चार्टर एक्ट 1833
(c) चार्टर एक्ट 1813
(d) चार्टर एक्ट 1853

उत्तर (c) 1813 के चार्टर एक्ट ने भारत में ईस्ट इंडिया कम्पनी के व्यापारिक एकाधिकार को समाप्त कर दिया। तथापि, चीन के साथ व्यापार तथा चाय के व्यापार पर कम्पनी का एकाधिकार सुरक्षित रहा।

1813 के चार्टर एक्ट ने प्रथम बार भारत में ब्रिटिश क्षेत्राधिकारों की संवैधानिक स्थिति को विशिष्ट रूप से परिभाषित किया।

इस एक्ट ने नैतिक तथा धार्मिक सुधारों के उद्देश्य से भारत जाने के इच्छुक व्यक्तियों (ईसाई मिशनरियों) को अनुमति देने का प्रावधान किया।

इस एक्ट ने कम्पनी के अधिकार क्षेत्रों के राजस्वों तथा व्यापारिक लाभों का विनियमन किया।

कम्पनी के कर्ज को कम किया जाना तथा लाभांश को 10.5% प्रति वर्ष दर से निर्धारित कर दिया गया।

इसके अतिरिक्त इस एक्ट में यह भी प्रावधान किया गया कि कम्पनी भारतीयों की शिक्षा पर प्रति वर्ष 1 लाख रुपए व्यय करेगी। इस अधिनियम ने स्थानीय शासन को भी यह शक्ति प्रदान की कि वे सर्वोच्च न्यायालय के क्षेत्राधिकार में आने वाले व्यक्तियों पर कर लगा सके।

28. 1858 के बाद हुए प्रशासनिक पुनर्गठन के संदर्भ में, निम्नलिखित कथनों पर विचार कीजिए-

1. **1870 के लॉर्ड मेयो के स्वीकृत प्रस्ताव ने स्थानीय निकायों के लिए वित्त उपलब्ध कराने पर बल दिया।**
2. **1881-1882 के लॉर्ड रिपन के स्वीकृति प्रस्ताव ने स्थानीय निकायों में निर्वाचित सदस्यों की संख्या को कम कर दिया।**
3. **लॉर्ड कर्जन के कार्यकाल के दौरान पारित कलकत्ता निगम अधिनियम 1899 ने स्थानीय निकायों में चुनाव पर बल दिया।**

उपर्युक्त कथनों में से कौन-सा/से सही है/हैं?

(a) केवल 1 और 2 (b) केवल 1
(c) केवल 2 और 3 (d) 1, 2 और 3

उत्तर (b) प्रांतीय वित्त प्रणाली को प्रस्तुत करते समय 1870 के लॉर्ड मेयो के प्रस्ताव ने स्वशासन के साथ नगर निगम संस्थानों को सशक्त बनाने की आवश्यकता पर बल दिया। **अतः, कथन 1 सत्य है।**

1881-1882 के लॉर्ड रिपन के प्रस्ताव ने चुनाव के सिद्धांत और स्थानीय स्वशासन का विस्तार किया। **अतः, कथन 2 गलत है।**

लॉर्ड कर्जन के कार्यकाल के दौरान कलकत्ता निगम अधिनियम, 1889 ने कलकत्ता निगम में निर्वाचित सदस्यों की शक्ति को कम कर दिया। **अतः कथन 3 गलत है।**

29. 1850 के लेक्स लोकी अधिनियम के सम्बन्ध में निम्नलिखित कथनों में से कौन-सा कथन सही है?

(a) इसने 14 से कम आयु के बाल विवाह निषिद्ध कर दिया।

(b) इसने सती प्रथा निषेध को पूरे ब्रिटिश भारत के लिए बढ़ा दिया।

(c) इसने ईसाई धर्म में धर्मान्तरित होने वाले हिन्दू को पैतृक संपत्ति के वारिस का अधिकार प्रदान किया।

(d) इसने विधवा विवाह को कानूनी मान्यता प्रदान की।

उत्तर (c) लेक्स लोकी अधिनियम वर्ष 1845 में प्रस्तावित किया गया था और 1850 में पारित किया गया था। इसने ईसाई धर्म में धर्मान्तरित होने वाले हिन्दू को पैतृक संपत्ति के उत्तराधिकार का अधिकार प्रदान किया। धर्मान्तरण का यह मामला, ईसाई मिशनरियों के लिए महत्वपूर्ण होता जा रहा था, क्योंकि उत्तराधिकार के अधिकार की हानि, धर्मान्तरण की सफलता में बाधा बन रही थी क्योंकि उसका अर्थ यह था कि धर्मान्तरण के परिणामस्वरूप अपनी संपत्ति से वंचित होने के कारण कम हिन्दू धर्मान्तरण करेंगे।

हालांकि, 1832 में लॉर्ड बेंटिक द्वारा इसी तरह का एक कानून पारित किया गया था, जो केवल बंगाल तक ही सीमित रहा था।

30. निम्नलिखित अधिनियमों में से किस अधिनियम के फलस्वरूप भारत के प्रशासन में विधायी केन्द्रीकरण हुआ?

(a) चार्टर अधिनियम, 1833

(b) चार्टर अधिनियम, 1813

(c) चार्टर अधिनियम, 1853

(d) भारत सरकार अधिनियम, 1858

उत्तर (a) 1833 के चार्टर अधिनियम द्वारा मद्रास और बम्बई प्रेसीडेंसी की सरकार की शक्तियों को बहुत कम कर दिया गया। बंगाल का गवर्नर, भारत का गवर्नर-जनरल बन गया और सभी प्रशासनिक और वित्तीय शक्तियाँ उसके हाथों में चली गईं, क्योंकि वह किसी भी निर्णय को स्वीकृत या अस्वीकृत करने वाला उपांत्य प्राधिकारी बन गया।

31. निम्नलिखित कथनों पर विचार कीजिए–

1. चार्टर एक्ट 1853 के द्वारा ईस्ट इंडिया कम्पनी के भारतीय व्यापार के एकाधिकार को उत्सादित कर दिया गया।

2. गवर्नमेन्ट ऑफ इंडिया एक्ट 1858 के अंतर्गत ब्रिटिश संसद ने ईस्ट इंडिया कम्पनी को पूर्णतः समाप्त कर भारत में सीधा शासन करने का उत्तरदायित्व ग्रहण किया।

उपरोक्त कथनों में से कौन-सा/से सही है/हैं?

(a) केवल 1

(b) केवल 2

(c) 1 और 2 दोनों

(d) न ही 1, न ही 2

उत्तर (b) सर्वप्रथम चार्टर एक्ट 1813 के तहत चाय तथा चीन के साथ होने वाले व्यापार को छोड़कर ईस्ट इंडिया कम्पनी के व्यापारिक एकाधिकार को समाप्त कर दिया गया। पुनः चार्टर 1833 के तहत कम्पनी के व्यापारिक अधिकार को पूर्णरूपेण समाप्त कर दिया गया। **अतः कथन 1 गलत है।**

भारत के शासन अधिनियम, 1958 के तहत–

1. इस अधिनियम के द्वारा कम्पनी के शासन को समाप्त कर दिया गया तथा ब्रिटिश साम्राज्ञी का प्रत्यक्ष शासन प्रारम्भ हुआ।

2. बोर्ड ऑफ कन्ट्रोल तथा संचालक मण्डल की समाप्ति।

3. भारत के शासन के लिए भारत के राज्य सचिव नामक पद सृजित किया गया, जो ब्रिटिश कैबिनेट के अंतर्गत होता था। राज्य सचिव परिषद् के 15 सदस्यों में से 8 की नियुक्ति क्राउन के द्वारा की जाती थी तथा शेष की नियुक्ति डायरेक्टरों के द्वारा की जाती थी। इस परिषद् में वही व्यक्ति नियुक्त हो सकते थे, जो 10 वर्षों तक भारत में कार्य कर चुके थे और नियुक्ति के समय उन्हें भारत में आये अधिकतम 10 वर्ष हुए थे। सर्वप्रथम सर चार्ल्स वुड प्रथम राज्य सचिव नियुक्त हुए थे।

4. भारत के गवर्नर-जनरल को वायसराय बना दिया गया तथा उस पर ब्रिटिश सरकार का नियंत्रण बढ़ा दिया गया। **अतः कथन 2 सत्य है।**

32. निम्नलिखित कथनों पर विचार कीजिए–

1. वॉरेन हेस्टिंग्स प्रथम गवर्नर-जनरल थे, जिन्होंने भारत में ब्रिटिश ढाँचे पर आधारित एक नियमित पुलिस बल स्थापित किया।

2. रेग्यूलेटिंग एक्ट, 1773 ई० द्वारा कलकत्ता में उच्चतम न्यायालय (सुप्रीम कोर्ट) स्थापित किया गया।

3. भारतीय दण्ड संहिता वर्ष 1860 में लागू हुई।

उपरोक्त कथनों में से कौन-सा/से सही है/हैं?

(a) केवल 1 और 2 (b) केवल 2 और 3

(c) केवल 1 और 3 (d) 1, 2 और 3

उत्तर (b) रेग्यूलेटिंग एक्ट, 1773 ई० द्वारा कलकत्ता में उच्चतम न्यायालय स्थापित किया गया। भारतीय दण्ड संहिता वर्ष 1860 में लागू की गई। जबकि लॉर्ड कॉर्नवालिस प्रथम गवर्नर जनरल था, जिसने भारत में ब्रिटिश ढाँचे पर आधारित एक नियमित पुलिस बल स्थापित किया था। उन्होंने 1860 ई० में दण्ड संहिता एवं 1861 ई० में पुलिस विभाग का गठन किया।

33. निम्नलिखित कथनों पर विचार कीजिए- 1935 ई० के भारत सरकार अधिनियम (Government of India Act, 1935) की कुछ विशेषताएँ थीं–

1. गवर्नरी प्रांतों में द्वैध-शासन की समाप्ति (Abolition of diarchy in states)

2. गवर्नरों को विधायी क्रियाओं में निषेधाधिकार (Veto) की शक्ति तथा स्वयं द्वारा विधि बनाना।

3. साम्प्रदायिक प्रतिनिधित्व के नियम की समाप्ति (Abolition of the principle of communal representation)।

उपरोक्त कथनों में से कौन-सा/से सही है/हैं?

(a) केवल 1

(b) केवल 1 और 2

(c) केवल 2 और 3

(d) 1, 2 और 3

उत्तर (b) भारत शासन अधिनियम, 1935 द्वारा गवर्नरी प्रांतों में द्वैध-शासन व्यवस्था का अंत कर दिया गया तथा केन्द्र में द्वैध-शासन की की स्थापना की गई। इस अधिनियम द्वारा गवर्नरों की विधायी क्रियाओं में निषेधाधिकार की शक्ति तथा स्वयं द्वारा विधि बनाने का अधिकार दिया गया। इस अधिनियम से साम्प्रदायिक निर्वाचन पद्धति का विस्तार कर इसे हरिजनों तक विस्तृत किया गया। **अतः विकल्प (b) सही है।**

34. 1935 ई॰ के भारत अधिनियम द्वारा प्रस्तावित फैडरल यूनियन में राजसी प्रांतों को शामिल करने के पीछे अंग्रेजों को असली मंशा थी–

(a) राजसी प्रांतों पर अधिक और प्रत्यक्ष राजनैतिक और प्रशासनिक नियंत्रण रखना।

(b) उपनिवेश के प्रशासन में राजाओं को सक्रिय रूप से शामिल करना।

(c) अंग्रेजों द्वारा समस्त राजसी प्रांतों के सम्पूर्ण राजनैतिक और प्रशासनिक अधिग्रहण को अन्तत: प्रभावी बनाना।

(d) राष्ट्रवादी नेताओं के साम्राज्यवाद विरोधी सिद्धांतों को व्यर्थ करने के लिए राजाओं का इस्तेमाल करना।

उत्तर (d) भारत सरकार अधिनियम, 1935 के द्वारा प्रस्तावित फैडरल यूनियन में राजसी प्रांतों को शामिल करने के पीछे अंग्रेजों का असली उद्देश्य राष्ट्रवादी नेताओं के साम्राज्यवाद विरोधी सिद्धांतों को व्यर्थ करने के लिए राजाओं का इस्तेमाल करना था। इसके तहत संघीय विधायिका के लिए रियासतों की नियुक्ति का आधार राजाओं को दिया गया।

35. निम्न में से किसके अंतर्गत भारत में सर्वप्रथम सर्वोच्च न्यायालय की स्थापना हुई?

(a) रेग्यूलेटिंग अधिनियम, 1773 ई॰

(b) चार्टर अधिनियम, 1853 ई॰

(c) भारत सरकार अधिनियम, 1935 ई॰

(d) भारतीय संविधान, 1950 ई॰

उत्तर (a) रेग्यूलेटिंग अधिनियम, 1773 के अंतर्गत कलकत्ता के मुख्य न्यायाधीश तथा तीन सहायक न्यायाधीश वाले सर्वोच्च न्यायालय की स्थापना की गई। 'सर एलिजा इम्पे' पहले मुख्य न्यायाधीश नियुक्त किए गए।

❑❑❑

13 कांग्रेस अधिवेशन

1. 1920 में नागपुर कांग्रेस में पारित प्रस्ताव में प्रतिपादित नीतियों के सम्बन्ध में निम्नलिखित में से कौन सा/से कथन रियासतों के प्रति भारतीय राष्ट्रीय कांग्रेस की नीति का सही वर्णन करता है/करते हैं?
   1. इसमें राजाओं से अपनी रियासतों में उत्तरदायी सरकार को स्वीकृति प्रदान करने को कहा गया।
   2. इसमें बल देकर कहा गया था कि ब्रिटिश भारत और रियासतों के लोगों के बीच कोई भेद नहीं किया जाना चाहिए।
   3. इसने स्थानीय प्रजा मण्डल के सदस्यों के रूप में राजनीतिक गतिविधि आरम्भ करने के लिए राज्यों के लोगों का समर्थन किया।

   नीचे दिए गए कूट का प्रयोग कर सही उत्तर चुनिए-

   (a) केवल 1
   (b) केवल 1 और 3
   (c) केवल 2 और 3
   (d) 1, 2 और 3

उत्तर (b) कांग्रेस ने वर्ष 1920 में अपने नागपुर सत्र में रियासतों में जन-आंदोलन के लिए पहली बार अपनी नीति की घोषणा की। इसने रियासतों के शासकों से अपने राज्य में पूर्ण रूप से उत्तरदायी सरकार की स्थापना का आह्वान किया। **इसलिए, कथन 1 सही है।**

हालांकि इस तथ्य पर ध्यान केन्द्रित किया गया था कि रियासतों से सम्बन्ध रखने वाले व्यक्ति स्वयं को कांग्रेस के सदस्य के रूप में पंजीकृत करवा सकते हैं, किन्तु वे व्यक्ति कांग्रेस के नाम पर राज्य में राजनीतिक गतिविधि आरम्भ नहीं कर सकते हैं। वे व्यक्तिगत रूप से स्थानीय प्रजा मण्डलों के सदस्य के रूप में राजनीतिक गतिविधियां संचालित कर सकते थे। **इसलिए, कथन 3 सही है।**

कांग्रेस द्वारा रियासतों में गैर-हस्तक्षेप की इसी नीति को 1938 तक जारी रखा गया। **इसलिए, कथन 2 गलत है।**

2. कलकत्ता कांग्रेस, 1906 में नरमपंथियों और गरमपंथियों दोनों को स्वीकार्य अध्यक्ष का निर्वाचन कर कांग्रेस में विभाजन टाला गया था। इस सत्र के लिए निम्नलिखित में से किसे अध्यक्ष के रूप में चुना गया था?

   (a) गोपाल कृष्ण गोखले
   (b) दादा भाई नौरोजी
   (c) मदन मोहन मालवीय
   (d) रास बिहारी घोष

उत्तर (b) 1906 में कलकत्ता में कांग्रेस के अधिवेशन की अध्यक्षता दादा भाई नौरोजी द्वारा की गई थी। नरमपंथियों ने कांग्रेस की अध्यक्षता करने के लिए दादा भाई नौरोजी को चुना। भारत के 'ग्रैंड ओल्डमैन' दादा भाई नौरोजी नरमपंथियों और गरमपंथियों द्वारा समान रूप से सम्मानित थे।

3. कांग्रेस के त्रिपुरी अधिवेशन, 1939 के सम्बन्ध में निम्नलिखित में से कौन-सा कथन सही है?

   (a) महात्मा गाँधी ने ब्रिटिश सरकार को स्वतंत्रता प्रदान करने के लिए छह महीने की अन्तिम समय-सीमा (अल्टीमेटम) देने का समर्थन किया।
   (b) इस सत्र में भारतीय राष्ट्रीय कांग्रेस द्वारा कृषि कार्यक्रम अपनाया गया था।
   (c) इस सत्र में मतभेदों के परिणामस्वरूप सुभाष चन्द्र बोस द्वारा फॉरवर्ड ब्लॉक का गठन किया गया था।
   (d) इसने अनिश्चयपूर्वक पोलैंड पर नाजी आक्रमण के साथ-साथ नाजीवाद और फासीवाद की निन्दा की।

उत्तर (c) 1939 में कांग्रेस का त्रिपुरी अधिवेशन: यह अधिवेशन मध्यप्रदेश (केन्द्रीय प्रांत) के जबलपुर जिले के एक छोटे से गाँव त्रिपुरी में हुआ था, इसकी अध्यक्षता सुभाष चंद्र बोस द्वारा की गई थी।

त्रिपुरी अधिवेशन में कांग्रेस का आन्तरिक कलह अपने चरम पर पहुँच गया था। बोस ने त्रिपुरी के अपने अध्यक्षीय भाषण में ब्रिटिश सरकार को भारत की स्वतंत्रता की राष्ट्रीय माँग क[ो] स्वीकार करने के लिए छह महीने की अन्तिम समय-सीमा (अल्टीमेटम) देने के कार्यक्रम क[ा] समर्थन किया और यदि वह ऐसा करने [में] असमर्थ रहती है, तो एक व्यापक सविनय अवज्ञ[ा] आन्दोलन आरम्भ किया जाए। गाँधी भी य[ह] मानते थे कि स्वतंत्रता प्राप्ति के लिए एक औ[र] व्यापक आंदोलन के दौर की आवश्यकता थी[,] परन्तु उनका कहना था कि अभी अल्टीमेट[म] देने के लिए समय उपयुक्त नहीं था, क्योंकि न तो कांग्रेस और न ही जनता इस संघर्ष के लिए तैयार थे। इस आन्तरिक कलह के कारण बोस को अध्यक्ष पद से त्यागपत्र देने के लि[ए] विवश होना पड़ा और उनके स्थान पर राजेन[्द्र] प्रसाद को अध्यक्ष चुना गया। उसके पश्चात बो[स] और उनके सहयोगियों ने कांग्रेस के अंदर ह[ी] एक नए दल फॉरवर्ड ब्लॉक का गठन कि[या] और 9 जुलाई को AICC के प्रस्ताव के विरु[द्ध] अखिल भारतीय विरोध के लिए आहवान क[र] दिया। कांग्रेस कार्यकारी समिति ने उनके विरु[द्ध] अनुशासनिक कार्यवाही करते हुए उन्हें बंगा[ल] की प्रांतीय कांग्रेस कमिटी की अध्यक्षता से ह[टा] दिया और तीन वर्षों तक कांग्रेस के किसी भ[ी] पद ग्रहण करने पर प्रतिबन्ध लगा दिया।

किसान कांग्रेस ने एक किसान घोषणा प[त्र] जारी किया था और इस घोषणा पत्र का प्रभा[व] दिसम्बर 1936 में महाराष्ट्र के फैजपुर अधिवेश[न] में भारतीय नेशनल कांग्रेस द्वारा अपनाये गए कृ[षि] कार्यक्रम में दिखाई दिया। किसान कांग्रेस क[ा] दूसरा अधिवेशन एन. जी. रंगा की अध्यक्षता [में] फैजपुर के भारतीय राष्ट्रीय कांग्रेस अधिवेशन [के] साथ ही हुई। फैजपुर कृषि कार्यक्रम में लग[ान] और मालगुजारी दोनों को अत्यधिक कम कर[ने] की कराची में की गई माँग को फिर से दोहरा[या] गया। **इसलिए, विकल्प (b) गलत है।**

आधिकारिक रूप से कांग्रेस ने स्प[ष्ट] रूप से पोलैंड पर नाजी हमले और इसके सा[थ] नाजीवाद और फासीवाद की भी निन्दा क[ी] और यह घोषणा की कि भारत उस युद्ध [का] पक्षधर नहीं हो सकता, जो दिखने में लोकतांत्रि[क] स्वतंत्रता के लिए लड़ा जा रहा था, जब[कि]

उसी स्वतंत्रता से उसे वंचित किया जा रहा था और उन्होंने वर्धा में हुई कांग्रेस की कार्यकारी समिति की बैठक में एक प्रस्ताव पारित किया था। **इसलिए, विकल्प (d) गलत है।**

4. 1916 में भारतीय राष्ट्रीय कांग्रेस के लखनऊ सत्र के संदर्भ में निम्नलिखित कथनों पर विचार कीजिए-

1. इसकी अध्यक्षता एनी बेसेंट द्वारा की गई थी।

2. इस सत्र में गरमपंथियों को कांग्रेस में वापस स्वीकार किया गया था।

3. कांग्रेस ने मुसलमानों के लिए पृथक निर्वाचन मण्डल की मुस्लिम लीग की माँग का विरोध करने का निर्णय किया।

उपर्युक्त कथनों में से कौन-सा/से सही है/हैं?

(a) केवल 1

(b) केवल 2

(c) केवल 2 और 3

(d) 1, 2 और 3

उत्तर (b) कथन 1 सही नहीं है। इस सत्र की अध्यक्षता अम्बिका चरण मजूमदार ने की थी।

कथन 2 सही है। इस सत्र में नरमपंथी अध्यक्ष अम्बिका चरण मजूमदार द्वारा कांग्रेस में वापस आने के लिए गरमपंथियों का स्वागत किया गया।

कथन 3 सही नहीं है। लखनऊ सत्र ऐतिहासिक कांग्रेस-लीग समझौते के लिए भी जाना जाता है, जो लखनऊ समझौते के रूप में लोकप्रिय है। तिलक और एनी बेसेंट, दोनों ने मदन मोहन मालवीय सहित कई महत्वपूर्ण नेताओं की इच्छाओं के करीब-करीब विरुद्ध जाकर भी कांग्रेस और लीग के बीच समझौते को साकार करने में अग्रणी भूमिका निभाई थी। इस समझौते में मुसलमानों के लिए पृथक निर्वाचित मण्डल के सिद्धांत को स्वीकार किया गया।

5. कांग्रेस के 1905 के बनारस सत्र के सम्बन्ध में निम्नलिखित में से कौन-सा/से कथन सही है/हैं?

1. इसकी अध्यक्षता दादाभाई नौरोजी द्वारा की गई थी।

2. इस सत्र में स्व-शासन या स्वराज को कांग्रेस का लक्ष्य घोषित किया गया था।

3. इस सत्र में स्वदेशी आंदोलन को बंगाल के बाहर तक विस्तारित करने का निर्णय किया गया था।

नीचे दिए गए कूट का प्रयोग कर सही उत्तर चुनिए-

(a) केवल 1

(b) केवल 1 और 2

(c) केवल 2 और 3

(d) उपर्युक्त में से कोई नहीं

उत्तर (d) कथन 1 सही नहीं है। भारतीय राष्ट्रीय कांग्रेस के बनारस सत्र की अध्यक्षता गोपाल कृष्ण गोखले द्वारा की गई थी।

कथन 2 सही नहीं है। कलकत्ता में 1906 के सत्र में 'यूनाइटेड किंगडम या उपनिवेशों की भांति स्वशासन या स्वराज' को भारतीय राष्ट्रीय कांग्रेस का लक्ष्य' घोषित किया गया था। इस सत्र की अध्यक्षता दादाभाई नौरोजी द्वारा की गई थी।

कथन 3 सही नहीं है। भारतीय राष्ट्रीय कांग्रेस ने स्वदेशी के आह्वान को स्वीकार किया एवं गोपाल कृष्ण गोखले की अध्यक्षता में सम्पन्न बनारस सत्र, 1905 ने बंगाल के लिए स्वदेशी अभियान एवं बहिष्कार आंदोलन का समर्थन किया। लेकिन तिलक, विपिनचन्द्र पाल, लाला लाजपत राय और अरविन्द घोष के नेतृत्व में गरमपंथी राष्ट्रवादी शेष भारत में इस आंदोलन को विस्तार देने एवं इसके स्वरूप को एकमात्र स्वदेशी और बहिष्कार कार्यक्रम से परे ले जाकर पूर्ण रूप से राजनीतिक जन संघर्ष का रूप दिए जाने के पक्ष में थे। इसका उद्देश्य अब स्वराज था और विभाजन को रद्द करना 'सबसे तुच्छ और सबसे संकीर्ण राजनीतिक उद्देश्य' रह गया था। किन्तु नरमपंथी सामान्यत: अभी उस सीमा तक जाने के इच्छुक भी नहीं थे।

6. 1929 में कांग्रेस के लाहौर सत्र के सम्बन्ध में निम्नलिखित में से कौन-सा/से कथन सही है/हैं?

1. पूर्ण स्वराज (सम्पूर्ण स्वतंत्रता) को कांग्रेस का लक्ष्य घोषित किया गया।

2. कांग्रेस ने सविनय अवज्ञा आंदोलन के प्रारम्भ की घोषणा की।

3. 26 जनवरी, 1930 को पहले गणतंत्र दिवस के रूप में निर्धारित किया गया।

उपर्युक्त कथनों में से कौन-सा/से सही है/हैं?

(a) केवल 2 और 3 (b) केवल 1 और 2

(c) केवल 1 (d) 1, 2 और 3

उत्तर (b) कथन 1 सही है। 1930 में कांग्रेस के लाहौर सत्र में पूर्ण स्वराज को कांग्रेस का लक्ष्य निर्धारित करने के विषय में एक प्रस्ताव पारित किया गया।

कथन 2 सही है। कांग्रेस ने लाहौर सत्र में सविनय अवज्ञा आंदोलन के शुभारम्भ की भी घोषणा की।

कथन 3 गलत है। लाहौर सत्र में 26 जनवरी, 1930 को पहला स्वतंत्रता दिवस नियत किया गया था, गणतंत्र दिवस नहीं।

7. भारतीय राष्ट्रीय कांग्रेस का 1907 का सूरत सत्र स्वतंत्रता आंदोलन के इतिहास में महत्वपूर्ण है, क्योंकि-

(a) कांग्रेस ने मुसलमानों के लिए पृथक निर्वाचक मण्डल स्वीकार कर लिया।

(b) कांग्रेस नरमपंथी और गरमपंथी समूहों में विभाजित हो गई।

(c) स्वदेशी आंदोलन आरम्भ किया गया था।

(d) 'स्वराज' को भारतीय राष्ट्रीय कांग्रेस के लक्ष्य के रूप में अपनाया गया था।

उत्तर (b) 1907 में सूरत सम्मेलन में, कांग्रेस का विभाजन हो गया। कांग्रेस की मशीनरी पर कब्जा करने वाले नरमपंथी नेताओं ने इससे गरमपंथी अतिवादी तत्वों को बाहर कर दिया।

कांग्रेस नरमपंथियों और गरमपंथियों के रूप में अलग समूहों में विभाजित हो गई।

8. निम्नलिखित में से कौन-से भारतीय राष्ट्रीय कांग्रेस के कराची अधिवेशन में पारित किए गए मूल अधिकारों के प्रस्ताव के भाग थे?

1. भाषण और अभिव्यक्ति की स्वतंत्रता

2. धार्मिक मामलों में राज्य की तटस्थता

3. सार्वभौमिक वयस्क मताधिकार

4. संपत्ति का अधिकार

नीचे दिए गए कूट का प्रयोग कर सही उत्तर चुनिए-

(a) केवल 1 और 4

(b) केवल 2 और 3

(c) केवल 1, 2 और 3

(d) 1, 2, 3 और 4

उत्तर (c) 1931 का कराची अधिवेशन मौलिक अधिकारों से सम्बन्धित अपने प्रस्ताव के लिए यादगार बन गया। इस प्रस्ताव में मुक्त भाषण, स्वतंत्र प्रेस, स्वतंत्र सम्मेलन और संगठन बनाने की स्वाधीनता; जाति, नस्ल या लिंग की परवाह किए बिना कानून के समक्ष समानता; सभी धर्मों से राज्य की तटस्थता; सार्वभौमिक वयस्क मताधिकार के आधार पर चुनाव; और मुफ्त और अनिवार्य प्राथमिक शिक्षा के मूल नागरिक अधिकारों की गारंटी दी गई।

9. कांग्रेस के 1916 के लखनऊ अधिवेशन में निम्नलिखित में से कौन-से निर्णय लिये गए?

1. गरमपंथियों को भारतीय राष्ट्रीय कांग्रेस में पुनः प्रवेश दिया गया।

2. भारतीय राष्ट्रीय कांग्रेस ने मुस्लिम लीग की पृथक निर्वाचक मण्डल की मांग को स्वीकार कर लिया।

3. होमरूल लीग आंदोलन को समाप्त किया जाना था।

नीचे दिए गए कूट का प्रयोग कर सही उत्तर चुनिए-

(a) केवल 1 और 2 (b) केवल 1 और 3
(c) केवल 2 और 3 (d) 1, 2 और 3

उत्तर (a) दिसंबर 1916 में कांग्रेस के लखनऊ अधिवेशन में सूरत विभाजन के लगभग 10 वर्षों बाद गरमपंथियों का नरमपंथी अध्यक्ष अंबिका चरण मज़ूमदार द्वारा वापस कांग्रेस में स्वागत किया गया। **इसलिए, कथन 1 सही है।**

लखनऊ कांग्रेस, प्रसिद्ध कांग्रेस-लीग समझौते के लिए भी महत्वपूर्ण है, इसे लोकप्रिय रूप से लखनऊ समझौते के रूप में भी जाना जाता है। इसके द्वारा मुस्लिम लीग और कांग्रेस पृथक निर्वाचक मण्डल पर सहमत हो गए। **इसलिए, कथन 2 सही है।**

कांग्रेस के लखनऊ अधिवेशन द्वारा होम रूल लीग का समापन नहीं किया गया था। संयुक्त राजनीतिक मोर्चा बनाने के लिए होम रूल लीग का 1920 में भारतीय राष्ट्रीय कांग्रेस में विलय कर दिया गया था। **इसलिए, कथन 3 सही नहीं है।**

10. कांग्रेस के फैजपुर अधिवेशन के संदर्भ में, निम्नलिखित कथनों पर विचार कीजिए-

1. इसने सहकारी कृषि को अपनाने का प्रस्ताव किया।

2. इसने सामंती करों तथा बलात श्रम का उन्मूलन करने का आह्वान किया।

3. यह किसी ग्राम में आयोजित प्रथम कांग्रेस सम्मेलन था।

उपर्युक्त कथनों में से कौन-सा/से सही है/हैं?

(a) केवल 1 और 2
(b) केवल 2
(c) केवल 1 और 3
(d) 1, 2 और 3

उत्तर (d) अपने फैजपुर अधिवेशन में कांग्रेस ने यह संकल्प लिया था कि वह एक कृषि सम्बन्धी कार्यक्रम अपनाएगी। इसकी मुख्य विशेषताएं थीं-लगान तथा भू-राजस्व में 50% की कमी, आर्थिक रूप से अलाभकर जोतों को लगान तथा भू-राजस्व से मुक्ति, कृषि सम्बन्धी आय पर करारोपण, सामंती कर उगाही तथा बेगार का उन्मूलन, सहकारी कृषि, बकाए लगान की समाप्ति, बेदखली कानूनों में सुधार तथा किसान संघों को मान्यता।

11. 1931 में कांग्रेस के कराची सत्र के सम्बन्ध में निम्नलिखित कथनों पर विचार कीजिए-

1. प्रथम बार कांग्रेस के लक्ष्य को पूर्ण स्वराज के रूप में परिभाषित किया गया।

2. मूल अधिकारों पर एक प्रस्ताव को स्वीकार किया गया, जिसमें मूल अधिकार के रूप में निःशुल्क तथा अनिवार्य प्राथमिक शिक्षा के अधिकार को सम्मिलित किया गया।

3. राष्ट्रीय आर्थिक कार्यक्रम पर एक प्रस्ताव पारित किया गया, जिसमें किसानों तथा कामगारों द्वारा संघ बनाने के अधिकार सम्मिलित थे।

उपर्युक्त कथनों में से कौन-सा/से सही है/हैं?

(a) केवल 2
(b) केवल 1 और 3
(c) केवल 2 और 3
(d) 1, 2 और 3

उत्तर (c) 1929 में लाहौर अधिवेशन में पहली बार पूर्ण स्वराज को कांग्रेस का लक्ष्य घोषित किया गया। **इसलिए, कथन 1 असत्य है।**

कराची सत्र में दो बहुत भिन्न महत्वपूर्ण प्रस्ताव पारित किए गए :

- मूल अधिकारों पर प्रस्ताव, जिसमें प्राथमिक शिक्षा को मूल अधिकार के रूप में सम्मिलित किया गया। **इसलिए, विकल्प 2 सत्य है।**
- राष्ट्रीय आर्थिक कार्यक्रम पर एक प्रस्ताव पारित किया गया जिसमें संघ बनाने का अधिकार सम्मिलित था (किसानों तथा कामगारों के द्वारा)। **इसलिए, विकल्प 3 सत्य है।**

कराची सत्र, कांग्रेस के भविष्य के लिए आधारभूत राजनीतिक और आर्थिक कार्यक्रम बना रहा।

12. 1920 में कांग्रेस के नागपुर सत्र के संदर्भ में निम्नलिखित कथनों पर विचार कीजिए-

1. खिलाफत समिति ने असहयोग के सुझाव को स्वीकार कर लिया तथा गांधीजी को इस आंदोलन का नेतृत्व करने को कहा।

2. संवैधानिक तरीकों से स्व-शासन (सेल्फ-गवर्नमेंट) की प्राप्ति की जगह अब अहिंसक तथा उचित तरीकों ने ले लिया।

3. प्रस्ताव में भाषाई आधार पर प्रांतीय कांग्रेस समिति की स्थापना का मार्ग प्रशस्त किया गया।

उपर्युक्त कथनों में से कौन-सा/से सही है/हैं?

(a) केवल 1
(b) केवल 2 और 3
(c) केवल 3
(d) 1, 2 और 3

उत्तर (d) नागपुर सत्र, दिसम्बर 1920:

असहयोग के कार्यक्रम का समर्थन किया गया तथा कांग्रेस के सिद्धांत में एक महत्वपूर्ण परिवर्तन किया गया। अब उसने संवैधानिक साधनों के रूप में स्वशासन की प्राप्ति के स्थान पर शांतिपूर्ण तथा वैधानिक माध्यमों से स्वराज की प्राप्ति को अपना लक्ष्य निश्चित किया। इस प्रकार, कांग्रेस ने स्वयं को संविधान से परे एक जनांदोलन के लिए प्रतिबद्ध किया।

कुछ महत्वपूर्ण सांगठनिक परिवर्तन किए गए। अब वे कांग्रेस का नेतृत्व करने के लिए 15 सदस्यों की एक कांग्रेस कार्यसमिति (सी. डब्ल्यू. सी.) का गठन किया; भाषाई आधार पर प्रांतीय कांग्रेस समितियों का गठन किया गया; वार्ड समितियों का गठन किया गया तथा प्रविष्टि शुल्क कम कर के चार आने कर दिया गया।

गाँधीजी ने यह घोषणा की कि यदि असहयोग कार्यक्रम को पूरी तरह लागू किया गया तो, एक वर्ष के भीतर स्वराज का आगमन हो जाएगा।

गाँधीजी नवम्बर, 1919 में होने वाले खिलाफत सम्मेलन में विशिष्ट आमंत्रित अतिथि थे। उन्होंने खिलाफत समिति को यह सुझाव दिया कि वह खिलाफत के मुद्दे पर सरकार के व्यवहार का विरोध करने के लिए अहिंसा पर आधारित कार्यक्रम अपनाए। जून, 1920 को इलाबाहाद में खिलाफत समिति ने सर्वसम्मति से असहयोग के प्रस्ताव को स्वीकार कर लिया तथा गाँधीजी को इस आंदोलन का नेतृत्व करने को कहा। **इस प्रकार, कथन 1 सत्य है।**

13. सुभाष चन्द्र बोस के त्यागपत्र के बाद भारतीय राष्ट्रीय कांग्रेस का अध्यक्ष कौन था?

(a) मौलाना अबुल कलाम आजाद
(b) राजेंद्र प्रसाद

(c) पट्टाभि सीतारमैया
(d) सरदार पटेल

उत्तर (b) 1939 के त्रिपुरी अधिवेशन में सुभाष चंद्र बोस ने गाँधीजी द्वारा समर्पित पट्टाभि सीतारमैया को पराजित कर कांग्रेस के लगातार दूसरी बार अध्यक्ष नियुक्त हुए, परंतु कार्यकारिणी के गठन के प्रश्न पर गाँधीजी से मतभेद होने के कारण उन्हें इस पद से त्याग-पत्र देना पड़ा। इसके पश्चात् राजेंद्र प्रसाद कांग्रेस के अध्यक्ष बने।

14. कांग्रेस के त्रिपुरी अधिवेशन के पश्चात् सुभाष चन्द्र बोस और दक्षिणपंथी का समस्त झगड़ा किस प्रश्न पर केन्द्रित हो गया?

(a) कांग्रेस कार्यकारिणी समिति का गठन
(b) देशी राज्यों के प्रति नीति
(c) केन्द्र सरकार के प्रति रुख
(d) कांग्रेस समाजवादी दल के सदस्यों की दोहरी सदस्यता

उत्तर (a) सुभाष चन्द्र बोस ने 1938 ई० में भारतीय राष्ट्रीय कांग्रेस की हरिपुरा में आयोजित अधिवेशन की अध्यक्षता की थी। 1939 ई० में गाँधीजी के विरोध के बाद पुनः उन्हें त्रिपुरी कांग्रेस अधिवेशन का अध्यक्ष चुन लिया गया, किन्तु कार्यकारिणी के बहुसंख्यक सदस्यों के गाँधीजी के साथ होने के कारण उन्होंने अध्यक्ष पद से त्याग-पत्र दे दिया। कांग्रेस के त्रिपुरी अधिवेशन के बाद सुभाष चन्द्र बोस ने अखिल भारतीय कांग्रेस समिति के प्रस्ताव के विरुद्ध देशव्यापी प्रतिवाद दिवस मनाने का आह्वान किया। इसके फलस्वरूप कांग्रेस ने उनके विरुद्ध अनुशासन भंग की कार्यवाही करते हुए उन्हें बंगाल प्रांतीय कांग्रेस समिति के पद से हटा दिया गया। उन्हें 3 वर्षों तक के लिए कांग्रेस पार्टी के किसी भी पद के लिए अयोग्य घोषित करते हुए एक तदर्थ कांग्रेस कार्यकारिणी समिति का गठन किया गया।

15. भारतीय राष्ट्रीय कांग्रेस के सन् 1905 ई० के बनारस अधिवेशन का अध्यक्ष कौन था?

(a) सुरेन्द्रनाथ बनर्जी
(b) फिरोजशाह मेहता
(c) गोपालकृष्ण गोखले
(d) दिनशा वाचा

उत्तर (c) भारतीय राष्ट्रीय कांग्रेस के सन् 1905 ई० के बनारस अधिवेशन की अध्यक्षता गोपालकृष्ण गोखले ने की थी। इस अधिवेशन में स्वशासन की माँग रखी गई थी।

❑❑❑

14 महान नेता/क्रांतिकारी

1. लाला लाजपत राय निम्नलिखित में से किससे सम्बन्धित थे?

1. साइमन कमीशन के विरुद्ध आंदोलन

2. सर्वेंटस ऑफ दी पीपुल सोसायटी

3. आर्य समाज

नीचे दिए गए कूट का प्रयोग कर सही उत्तर चुनिए-

(a) केवल 1 (b) केवल 1 और 2

(c) केवल 2 और 3 (d) 1, 2 और 3

उत्तर (d) साइमन कमीशन विरोधी आंदोलन के नेताओं में एक लाला लाजपत राय थे। अक्टूबर, 1928 में आंदोलन के समय लाला लाजपत राय की छाती पर कई प्रहार हुए थे, जो उनके लिए घातक सिद्ध हुए और 17 नवम्बर, 1928 को उनकी मृत्यु हो गई।

सर्वेंट्स ऑफ दी पीपुल सोसायटी की स्थापना वर्ष 1921 में लाला लाजपत राय द्वारा लाहौर में की गई थी, जिसका उद्घाटन महात्मा गाँधी ने किया था।

लाला लाजपत राय आर्य समाज से जुड़े हुए थे और 'गजट' के सम्पादक भी थे, जिसकी स्थापना उनके छात्र जीवन में हुई थी। पंजाब नेशनल बैंक की स्थापना के प्रारम्भिक दिनों में यह उससे सक्रिय रूप से सम्बद्ध थे।

2. सी. राजगोपालाचारी द्वारा प्रस्तावित योजना (प्लान) के संदर्भ में, निम्नलिखित कथनों पर विचार कीजिए–

1. इस योजना का उद्देश्य कांग्रेस और ब्रिटिश सरकार के बीच गतिरोध का समाधान करना था।

2. इस योजना का महात्मा गाँधी द्वारा समर्थन किया गया था।

3. इसने विभाजन के लिए एक योजना प्रस्तुत की थी।

उपर्युक्त कथनों में से कौन-सा/से सही है/हैं?

(a) केवल 1 और 2

(b) केवल 1 और 3

(c) केवल 3

(d) केवल 2 और 3

उत्तर (d) राजगोपालाचारी सूत्र, संवैधानिक सुधारों हेतु कांग्रेस-लीग सहयोग की दिशा में किया गया एक प्रयास था। 1944 में जब यह स्पष्ट हो गया कि मित्र-देशों को विजय प्राप्त होगी, तब भारतीय राष्ट्रवादियों ने अंग्रेजों पर दबाव डाला। लेकिन उस समय कांग्रेस और मुस्लिम लीग के बीच गतिरोध व्याप्त था। राजगोपालाचारी की योजना ने इस गतिरोध को हल करने का प्रयास किया। **इसलिए, कथन 1 सही नहीं है।**

गाँधीजी द्वारा भी इस योजना का समर्थन किया गया था। **इसलिए, कथन 2 सही है।**

युद्ध के अंत बाद, जनमत संग्रह के माध्यम से उत्तर-पश्चिम एवं पूर्वोत्तर भारत में मुस्लिम बहुल क्षेत्रों की संपूर्ण जनसंख्या द्वारा पृथक सम्प्रभु राज्य का निर्माण किए जाने या न किए जाने के सम्बन्ध में निर्धारण किया जाना था। विभाजन की स्वीकृति के मामले में रक्षा, वाणिज्य, संचार इत्यादि की सुरक्षा के लिए संयुक्त रूप से अनुबंध किया जाता था। **इसलिए, कथन 3 सही है।**

जिन्ना चाहते थे कि उत्तर-पश्चिम एवं पूर्वोत्तर भारत के केवल मुस्लिमों द्वारा जनमत संग्रह में मतदान किया जाए, वहाँ से पूरी जनसंख्या द्वारा नहीं। उन्होंने उभयनिष्ठ केन्द्र के विचार का भी विरोध किया।

3. खान अब्दुल गफ्फार खान के सम्बन्ध में निम्नलिखित कथनों पर विचार कीजिए–

1. उन्होंने भारत में ब्रिटिश शासन के विरुद्ध सशस्त्र संघर्ष छेड़ने के लिए खुदाई खिदमतगार आन्दोलन का आरम्भ किया।

2. उन्होंने राजनीतिक मासिक पत्रिका 'पख्तून' का शुभारम्भ किया।

3. उन्होंने पेशावर में खिलाफत आंदोलन का नेतृत्व किया।

उपर्युक्त कथनों में से कौन-सा/से सही है/हैं?

(a) केवल 1 और 2 (b) केवल 2

(c) केवल 1 और 3 (d) 1, 2 और 3

उत्तर (b) **कथन 1 सही नहीं है।** 'बादशाह खान', 'सरहदी गाँधी' एवं 'सीमांत गाँधी' के नाम से प्रसिद्ध खान अब्दुल गफ्फार खान एक पश्तून नेता और महात्मा गाँधी के प्रबल अनुयायी थे। वे ब्रिटिश शासन के प्रति अपने अहिंसक विरोध के लिए जाने जाते थे। उन्होंने खुदाई खिदमतगार (भगवान के सेवक) आंदोलन आरम्भ किया। 'खुदाई खिदमतगार आंदोलन' खान अब्दुल गफ्फार खान के नेतृत्व में उत्तर-पश्चिम सीमांत प्रांत के पश्तूनों या पठानों द्वारा ब्रिटिश साम्राज्य के विरुद्ध एक अहिंसक स्वतंत्रता संघर्ष था। खुदाई खिदमतगार आंदोलन, गाँधीजी की सत्याग्रह की धारणा में निहित सत्य की शक्ति पर विश्वास के आधार पर आरम्भ किया गया था। खुदाई खिदमतगार के कार्यकर्ताओं को 'लाल कुर्ती/रेड शर्ट' के नाम से भी जाना जाता था और आरम्भ में यह शिक्षा एवं अफगान समाज से रक्तरंजित संघर्षों की समाप्ति पर ध्यान केन्द्रित करने वाला सामाजिक सुधार संगठन था। कालांतर में इसने अधिकाधिक राजनीतिक रूप ले लिया।

कथन 2 सही है। उन्होंने 'पख्तून' नाम से पश्तो भाषा की प्रथम राजनीतिक मासिक पत्रिका आरम्भ की। इसका उद्देश्य पख्तूनों में आत्मसम्मान एवं अन्य सभी भयों का निवारण करने वाले भगवान से डरने जैसे गुण विकसित कर उद्योग, अर्थव्यवस्था और आत्म निर्भरता का प्रशिक्षण देना था।

कथन 3 सही नहीं है। वह पेशावर से सविनय अवज्ञा आंदोलन के नेता थे। अप्रैल, 1930 में अब्दुल गफ्फार खान को सविनय अवज्ञा आंदोलन आयोजित करने के लिए गिरफ्तार कर लिया गया था।

4. निम्नलिखित में से कौन-सा/से नेता 'नो-चेंजर्स' (परिवर्तन-विरोधी) समूह के सदस्य था/थे?

1. एम. ए. अंसारी

2. अजमल खान

3. राजेन्द्र प्रसाद

4. सी. राजगोपालाचारी

नीचे दिए गए कूट का प्रयोग कर सही उत्तर चुनिए-

(a) केवल 1 और 3
(b) केवल 2
(c) केवल 1, 3 और 4
(d) केवल 1, 2 और 4

उत्तर (c) गाँधीजी की गिरफ्तारी (मार्च, 1922) के बाद, राष्ट्रवादी हलकों के बीच विघटन, अव्यवस्था और निरूत्साह का माहौल था। संक्रमण काल के दौरान अपनायी जाने वाली रणनीति पर कांग्रेसियों के बीच बहस छिड़ गई। सी. आर. दास, मोतीलाल नेहरू और अजमल खान के नेतृत्व में एक समूह विधान परिषदों का बहिष्कार समाप्त करना चाहता था, ताकि राष्ट्रवादी इन परिषदों का राजनीतिक संघर्ष के मंच के रूप में उपयोग कर सकें। विधान परिषदों में प्रवेश करने की वकालत करने वाले लोग स्वराजियों के रूप में जाने लग गए। जबकि वल्लभभाई पटेल, राजेन्द्र प्रसाद, राजगोपालाचारी और एम. ए. अंसारी के नेतृत्व में दूसरे विचार के समर्थक 'नो-चेंजर्स' (परिवर्तन-विरोधी) के रूप में जाना जाने लगा। 'नो-चेंजर्स' परिषदों में प्रवेश का विरोध करते थे। वे रचनात्मक काम पर एकाग्रता और बहिष्कार तथा असहयोग की निरंतरता एवं निलंबित सविनय अवज्ञा कार्यक्रम के पुनर्रम्भ के लिए चुपचाप तैयारी करने की वकालत करते थे।

5. निम्नलिखित में से कौन-सा कथन रवीन्द्रनाथ टैगोर के विषय में सही नहीं है?

(a) उन्होंने पश्चिमी और भारतीय शिक्षा के सर्वोत्कृष्ट तत्वों के संयोजन का समर्थन किया।
(b) उन्होंने साम्राज्यवाद का विरोध एवं भारतीय राष्ट्रवादियों का समर्थन किया।
(c) उन्होंने विश्वबंधुत्व और मानवतावाद का प्रचार किया।
(d) उन्होंने वर्ष 1898 में कांग्रेस के मद्रास अधिवेशन की अध्यक्षता की।

उत्तर (d) टैगोर विश्व बंधुत्व और मानवतावाद में विश्वास करते थे। टैगोर साम्राज्यवाद का विरोध करते थे और राष्ट्रवादियों का समर्थन करते थे।

उन्होंने आम जनता से विक्टोमोलॉजी से बचने और बदले में स्वयं सहायता और शिक्षा का अन्वेषण करने का आग्रह किया और वह ब्रिटिश प्रशासन की उपस्थिति को 'हमारे सामाजिक रोग के राजनीतिक लक्षण' के रूप में देखते थे। उन्होंने कहा कि, 'यहां तक कि उन लोगों के लिए भी जो चरम गरीबी में हैं "अंधी क्रांति का कोई प्रश्न नहीं हो सकता है-, ऐसा करने के लिए 'स्थिर और उद्देश्यपूर्ण शिक्षा' की जरूरत थी।' वह शैक्षिक रूप से क्रांतिकारी थे और दृढ़तापूर्वक विश्वास करते थे कि भारत के अनुकूल शिक्षा प्रणाली होनी चाहिए, जिसमें पूर्व और पश्चिम की संस्कृतियों को संयुक्त होना चाहिए और जहाँ एक दूसरे को समझने के लिए मंच होना चाहिए। जी.रामचन्द्रन के शब्दों में, गुरुदेव ने कभी भी स्वीकार नहीं किया कि शिक्षा का उद्देश्य केवल ज्ञान का संचय था।

रवींद्रनाथ टैगोर भारतीय राष्ट्रीय कांग्रेस के सदस्य नहीं थे, इस प्रकार उन्होंने किसी भी अधिवेशन की अध्यक्षता कभी नहीं की। 1898 के कांग्रेस के मद्रास अधिवेशन की अध्यक्षता आनंद मोहन बोस द्वारा की गई थी।

6. बदरुद्दीन तैयबजी के सम्बन्ध में निम्नलिखित कथनों पर विचार कीजिए-

1. **वह बॉम्बे प्रेसीडेंसी एसोसिएशन के संस्थापक सदस्य थे।**
2. **वह कांग्रेस के वार्षिक अधिवेशन की अध्यक्षता करने वाले पहले मुस्लिम थे।**
3. **वह मुस्लिम लीग से सम्बद्ध थे।**

उपर्युक्त कथनों में से कौन-सा/से सही है/हैं?

(a) केवल 1 (b) केवल 1 और 2
(c) केवल 2 और 3 (d) 1, 2 और 3

उत्तर (b) 1885 में बॉम्बे प्रेसीडेंसी एसोसिएशन की स्थापना बदरुद्दीन तैयबजी, फिरोजशाह मेहता और के. टी. तेलंग द्वारा की गई थी। **इसलिए, कथन 1 सही है।**

वह भारतीय राष्ट्रीय कांग्रेस के संस्थापक सदस्य और कांग्रेस के वार्षिक अधिवेशन की अध्यक्षता करने वाले पहले मुस्लिम थे। कांग्रेस का तीसरा अधिवेशन मद्रास (1887) में आयोजित किया गया था। **इसलिए, कथन 2 भी सही है।**

वह मुस्लिम लीग से सम्बन्ध नहीं हुए थे। **इसलिए, कथन 3 सही नहीं है।**

7. राजा राममोहन राय के सम्बन्ध में, निम्नलिखित में से कौन-सा/से कथन सही है/हैं?

1. **उन्होंने तत्वबोधिनी पत्रिका में विधवा पुनर्विवाह के पक्ष में अभियान चलाया और लेख लिखा।**
2. **उन्होंने एकेश्वरवाद का प्रचार किया और वैष्णव मत की प्रथाओं के विरुद्ध विद्रोह प्रदर्शन किया।**

नीचे दिए गए कूट का प्रयोग कर सही उत्तर चुनिए-

(a) केवल 1 (b) केवल 2
(c) 1 और 2 दोनों (d) न तो 1, न ही 2

उत्तर (b) **कथन 1 सही नहीं है।** ईश्वर चन्द्र विद्यासागर ने विधवा पुनर्विवाह के पक्ष में अभियान आरम्भ किया था और तत्वबोधिनी पत्रिका में लेख लिखे। राजा राममोहन राय ने अपने लेख -'द मॉर्डन एनक्रोचमेंट ऑन द एन्सिएंट राइट्स ऑफ फीमेल्स' (1822) में विधवाओं की दुर्दशा पर प्रकाश डाला था। वह "भारत में संवैधानिक आंदोलन के जनक" थे। अपने पर्चे (पैम्फलेट) 'एन एक्सपोजिशन ऑफ द रेवेन्यू एंड जूडिशल सिस्टम्स इन इंडिया' में उन्होंने उस समय की प्रशासनिक व्यवस्था पर कुछ बहुत ही महत्वपूर्ण प्रश्न उठाए एवं सरकार से विधायी और न्यायिक शक्तियों को पृथक करने का आग्रह भी किया।

कथन 2 सही है। वह ईश्वरवादी थे। उन्होंने वैष्णव सम्प्रदाय, मूर्ति पूजा, अंध विश्वास, सती प्रथा का विरोध किया; हिन्दू समाज में सुधारों के लिए प्रयास किए। 'संवाद कौमुदी' (1821), 'मिरात-उल अखबार' इत्यादि राममोहन राय द्वारा आरम्भ की गई पत्रिकाएं हैं।

8. राज राममोहन राय के सम्बन्ध में नीचे दिए गए कथनों में से कौन-सा/से कथन सही है/हैं?

1. **उन्होंने कलकत्ता में संस्कृत कॉलेज की स्थापना का विरोध किया।**
2. **वह वेदांत दर्शन की तार्किकता में विश्वास करते थे।**
3. **उन्होंने मूर्ति पूजा और जाति रूढ़िवादिता के विरुद्ध अभियान चलाने के लिए आत्मीय सभा की स्थापना की।**

नीचे दिए गए कूट का प्रयोग कर सही उत्तर चुनिए-

(a) केवल 1 और 2
(b) केवल 2 और 3
(c) केवल 3
(d) 1, 2 और 3

उत्तर (d) **कथन 1 सही है।** राजा राममोहन राय भारतीयों की ऐसी पीढ़ी का प्रतिनिधित्व करते थे जिसका विश्वास था कि भारत का आधुनिकीकरण अंग्रेजी शिक्षा तथा पश्चिम विज्ञानों के प्रसार से होगा। राय ने कलकत्ता में प्रस्तावित संस्कृत कॉलेज की स्थापना का विरोध करते हुए गवर्नर-जनरल को ज्ञापन भेजा था।

कथन 2 सही है। वे तार्किक विचारों से अत्यधिक प्रभावित थे। उन्होंने घोषित किया कि वेदांत तर्क पर आधारित है। उन्होंने तर्क के आधार पर हिन्दू धर्म का सुधार करने का लक्ष्य निर्धारित किया। इसके लिए उन्होंने वेदांत ग्रंथों में निहित पूर्ववर्ती शुद्धतम सिद्धांतों का अनुशीलन करने पर जोर दिया।

कथन 3 सही है। वर्ष 1814 में उन्होंने आत्मीय सभा की स्थापना की, जिसने बंगाल में सामाजिक-धार्मिक सुधार के अग्रदूत की भूमिका निभाई।

9. निम्नलिखित में से किस/किन संगठन/संगठनों की स्थापना दादाभाई नौरोजी द्वारा की गई?

1. ईस्ट इंडिया एसोसिएशन

2. इंडियन एसोसिएशन

3. पूना सार्वजनिक सभा

नीचे दिए गए कूट का प्रयोग कर सही उत्तर चुनिए-

(a) केवल 1
(b) केवल 1 और 3
(c) केवल 2
(d) उपर्युक्त में से कोई नहीं

उत्तर (a) **विकल्प 1 सही है।** ईस्ट इंडिया एसोसिएशन की स्थापना 1866 में दादाभाई नौरोजी द्वारा भारतीयों और सेवानिवृत्त ब्रिटिश अधिकारियों के सहयोग से लंदन में की गई थी। इसने लंदन इंडिया सोसाइटी का स्थान लिया तथा यह भारत से सम्बन्धित मामलों एवं विचारों पर चर्चा करने तथा सरकार तक भारतीयों को प्रतिनिधित्व प्रदान करने का एक मंच था।

विकल्प 2 और 3 सही नहीं है। इंडियन एसोसिएशन की स्थापना सुरेन्द्रनाथ बनर्जी एवं आनंद मोहन बोस द्वारा 1876 में की गई थी। पूना सार्वजनिक सभा की स्थापना एम. जी. रानाडे द्वारा 1870 में की गई थी।

10. निम्नलिखित संगठनों पर विचार कीजिए-

1. रामकृष्ण मिशन

2. सेवा सदन

3. सर्वेंट्स ऑफ इंडिया सोसायटी

स्वामी विवेकानंद उपयुक्त में से किसकी स्थापना से जुड़े थे?

(a) केवल 1 और 3 (b) केवल 2 और 3
(c) केवल 1 (d) केवल 1 और 2

उत्तर (c) **विकल्प 1 सही है।** स्वामी विवेकानंद ने अन्य सुधार आंदोलनों को उच्चवर्गीय कहकर उनकी निंदा की और सामाजिक सेवा के आदर्श को आगे रखा। उन्होंने जोर देकर कहा कि भगवान की सेवा करने का सबसे अच्छा तरीका है निर्धनों की सेवा करना। इस प्रकार, उन्होंने 1897 में एक परोपकारी संगठन के रूप में रामकृष्ण मिशन की स्थापना की।

विकल्प 2 और 3 सही नहीं है। भारतीय राष्ट्रीय कांग्रेस के उदारवादी नेता गोपाल कृष्ण गोखले ने 1905 में सर्वेंट्स ऑफ इंडिया सोसाइटी की स्थापना की। इस संगठन का उद्देश्य भारत की सेवा के लिए राष्ट्रीय मिशनरियों को प्रशिक्षित करना था। एक पारसी समाज सुधारक एम. मालाबारी ने 1885 में 'सेवा सदन' की स्थापना की। संगठन ने उन महिलाओं की देखभाल करने में विशिष्टता हासिल की, जिनका समाज द्वारा शोषण कर त्याग कर दिया गया था।

11. निम्नलिखित में से कौन-सा/से समाचारपत्र एनी बेसेंट द्वारा प्रारम्भ किया/किए गया/गए था/थे?

1. न्यू इंडिया **2. यंग इंडिया**

3. कॉमनवील

नीचे दिए गए कूट का प्रयोग कर सही उत्तर चुनिए-

(a) केवल 3 (b) केवल 1 और 2
(c) केवल 1 और 3 (d) 1, 2 और 3

उत्तर(c) 'यंग इंडिया' का प्रकाशन जमनादास द्वारकादास, शंकरलाल बैंकर एवं इन्दुलाल याज्ञनिक द्वारा आरम्भ किया गया था। अन्य दो एनी बेसेंट द्वारा प्रारम्भ किए गए थे।

12. भगत सिंह के सम्बन्ध में, निम्नलिखित कथनों पर विचारक कीजिए-

1. वे सम्प्रदायवाद को उपनिवेशवाद के समान ही महान शत्रु मानते थे।

2. उन्होंने लाला लाजपत राय के विरुद्ध राजनीतिक-वैचारिक अभियान आरम्भ किया।

3. उन्होंने पंजाब में 'भारत नौजवान सभा' की स्थापना की।

उपर्युक्त कथनों में से कौन-सा/से सही है/हैं?

(a) केवल 1 (b) केवल 2 और 3
(c) केवल 1 और 3 (d) 1, 2 और 3

उत्तर (d) **कथन 1 सही है।** पूर्णतया एवं सचेतन रूप से धर्मनिरपेक्ष होने के कारण उन्होंने अपने अनेक समकालीनों की तुलना में सम्प्रदायवाद द्वारा देश एवं राष्ट्रीय आंदोलन के लिए प्रस्तुत खतरों को अधिक स्पष्ट रूप से समझा। वे प्राय: अपने श्रोतावर्ग से सम्प्रदायवाद को उपनिवेशवाद की भांति ही एक बड़ा शत्रु बताते थे। अप्रैल 1928 में, युवाओं के एक सम्मेलन, जिसमें 'भारत नौजवान सभा' का पुनर्गठन किया गया था, भगत सिंह और उनके साथियों ने धार्मिक साम्प्रदायिक संगठनों से सम्बन्धित युवाओं को सभा का सदस्य बनने की अनुमति प्रदान करने के सुझाव का सार्वजनिक रूप से विरोध किया। भगत सिंह ने तर्क दिया कि धर्म, व्यक्ति का निजी विषय होता है और सम्प्रदायवाद एक ऐसा शत्रु है, जिससे संघर्ष किया जाना वांछित था।

कथन 2 सही है। लाजपत राय पर भगत सिंह की एक नेता के रूप में श्रद्धा थी। किन्तु अपने जीवन के अन्तिम वर्षों में जब लाजपत राय साम्प्रदायिक राजनीति की ओर उन्मुख हो गए, तो उन्होंने लाजपत राय को भी नहीं छोड़ा। तब भगत सिंह ने उनके विरुद्ध राजनीतिक-वैचारिक अभियान आरम्भ किया। लाजपत राय एक सम्मानित नेता थे, इसलिए उन्होंने उनके विरुद्ध तीखे आलोचनात्मक शब्दों का प्रयोग नहीं किया।

कथन 3 सही है। भगत सिंह ने 1926 में क्रांतिकारियों के ओपन विंग के रूप में पंजाब में भारत नौजवान सभा की स्थापना में (इसका संस्थापक सचिव बनकर) सहयोग किया। सभा को युवाओं, किसानों और श्रमिकों के बीच सार्वजनिक, राजनीतिक कार्य करने थे। इसे गांवों में शाखाएँ खोलनी थीं। इसके तत्वावधान में, जादुई लालटेन स्लाइडों के माध्यम से भगत सिंह राजनीतिक व्याख्यान दिया करते थे। छात्रों के बीच सार्वजनिक, विधिक कार्य के लिए भगत सिंह और सुखदेव ने लाहौर छात्र संघ का गठन भी किया।

13. चितरंजन दास के संदर्भ में, निम्नलिखित कथनों पर विचार कीजिए-

1. उन्होंने असहयोग-आंदोलन पर गाँधीजी के प्रस्ताव का विरोध किया।

2. उन्होंने कांग्रेस के भीतर स्वराज पार्टी की स्थापना की।

उपर्युक्त कथनों में से कौन-सा/से सही है/हैं?

(a) केवल 1 (b) केवल 2
(c) 1 और 2 दोनों (d) न तो 1, न ही 2

उत्तर(c) असहयोग-आंदोलन पर गाँधीजी के प्रस्ताव को पुराने रक्षकों, जैसे- सी. आर. दास और विपिन चन्द्र पाल की ओर से कड़े विरोध का सामना करना पड़ा। इसका कारण यह आशंका थी कि इससे हिंसा आरम्भ हो सकती थी, जिससे नए संवैधानिक सुधारों का कार्यान्वियन विलंबित हो सकता था। यह सितम्बर, 1920 में कलकत्ता में आहूत कांग्रेस के विशेष सत्र में हुआ था। इसके बाद में, 1920 में नागपुर सत्र में सी. आर. दास

द्वारा गाँधीजी के प्रस्ताव का विरोध किया गया। यहाँ, उन्होंने गांधीजी की तुलना में एक उग्र सुधारवादी कार्यक्रम प्रस्तावित किया। अंततः एक समझौते पर पहुँचा गया और दास, गाँधीजी के पक्ष में हो गए।

एन.सी.एम. की वापसी के बाद, कांग्रेस जन आंदोलन का एक और दौर आरम्भ करने की स्थिति में नहीं थी। यह 'परिवर्तन विरोधियों' (नो-चेंजर्स) और 'परिवर्तन समर्थकों' (प्रो-चेंजर्स) के बीच विभाजित हो गई। परिवर्तन-विरोधी, गाँधीजी के मार्ग का अनुसरण करते रहना चाहते थे, जबकि परिवर्तन-समर्थक संवैधानिक राजनीति अपनाने को प्राथमिकता दे रहे थे। धीरे-धीरे संविधानवादी अधिक सशक्त होते गए और उन्होंने सी. आर. दास तथा मोतीलाल नेहरू के नेतृत्व में कांग्रेस के अंतर्गत स्वराज पार्टी का आरम्भ किया। उनकी महत्वाकांक्षा विधान परिषदों के स्वरूप को बदलना अथवा उन्हें खत्म करने की थी।

14. सर सैयद अहमद खान ने निम्नलिखित में से किसे स्थापित किया था?

1. मोहम्मडन एंग्लो-ओरिएंटल कॉलेज

2. यूनाइटेड इंडियन पैट्रियोटिक एसोसिएशन (संयुक्त भारत राष्ट्रवादी संगठन)

3. मोहम्मडन एंग्लो-ओरिएंटल डिफेंस एसोसिएशन

नीचे दिए गए कूट का प्रयोग कर सही उत्तर चुनिए-

(a) केवल 1 (b) केवल 1 और 3

(c) केवल 2 और 3 (d) 1, 2 और 3

उत्तर (d) सर सैयद ने 1875 में मोहम्मडन एंग्लो-ओरिएंटल कॉलेज की स्थापना की। कॉलेज की स्थापना के पीछे सर सैयद के उद्देश्य थे : (i) मुसलमानों के बीच वैज्ञानिक और पश्चिमी शिक्षण को लोकप्रिय बनाना और (ii) शासकों के प्रति वफादारी को बढ़ावा देना और उन्हें अपने पक्ष में करना।

1888 में, सर सैयद ने भारत तथा इंग्लैंड में कांग्रेस प्रचार और नीति का सामना करने तथा लोगों को कांग्रेस से दूर करने के लिए 'यूनाइटेड इंडियन पैट्रियोटिक एसोसिएशन' की स्थापना की।

उसके बाद 1893 में उन्होंने मुसलमानों को राजनीतिक आंदोलन के अलग रखने और भारत में ब्रिटिश शासन को सशक्त करने के लिए विशेष रूप से साम्प्रदायिक मोहम्मडन एंग्लो-ओरिएंटल रक्षा संघ स्थापित किया।

15. निम्नलिखित में से कौन-सी/सीं विधि/विधियों को गरपमंथी नेताओं द्वारा 20वीं सदी के आरम्भ में लोगों को लामबंद करने के लिए प्रयोग किया गया था?

1. समितियों के गठन।

2. धार्मिक पुनरुत्थानवाद।

3. मजदूरों की हड़तालों का आयोजन।

4. सामाजिक बहिष्कार।

नीचे दिए गए कूट का प्रयोग कर सही उत्तर चुनिए-

(a) केवल 1, 2 और 3

(b) केवल 1, 3 और 4

(c) केवल 2 और 4

(d) 1, 2, 3 और 4

उत्तर (d) गरमपंथियों के राजनीतिक कार्यक्रम हेतु जनांदोलन आवश्यक था और धर्म को अरविन्द घोष जैसे नेताओं द्वारा जनता तक पहुँचने के लिए एक साधन के रूप में देखा गया था। इसलिए धार्मिक पुनरुत्थानवाद इस नई राजनीति की एक मुख्य विशेषता थी। भगवद्गीता स्वदेशी स्वयंसेवकों के लिए आध्यात्मिक प्रेरणा का स्रोत बन गई और प्रायः हिन्दू धार्मिक प्रतीकों का प्रयोग जनता को आंदोलित करने के लिए किया गया।

जनता को लामबंद करने के लिए विधि समितियों का गठन किया गया। वे विभिन्न प्रकार के लामबंदी प्रयासों, जैसे-नैतिक और शारीरिक प्रशिक्षण, परोपकारी कार्य, स्वदेशी के संदेश को प्रसारित करना, स्वदेशी शिल्प के संगठन, शिक्षा आदि में संलग्न थे।

मुख्य रूप से विदेशी स्वामित्व वाले स्थान में लामबंदी के लिए मजदूरों की हड़तालों का आयोजन किया गया था।

गरमपंथी नेताओं ने विरोधियों का साथ देने वालों (देशद्रोहियों) को दण्ड देने या अनिच्छुक प्रतिभागियों के बीच सहमति विकसित करने के लिए जाति संगठनों, व्यावसायिक और राष्ट्रवादी संगठनों के माध्यम से आरोपित सामाजिक दबाव अथवा सामाजिक बहिष्कार का भी उपयोग किया।

16. डॉ. अम्बेडकर के सम्बन्ध में निम्नलिखित कथनों पर विचार कीजिए-

1. वह दलित वर्गों हेतु पृथक निर्वाचन मण्डल गठित करने के पक्ष में थे।

2. उन्होंने गाँधी के साथ पूना समझौता पर हस्ताक्षर किए, जिसने दलित वर्गों के लिए पृथक निर्वाचक मण्डल का प्रावधान किया।

3. उन्होंने धार्मिक आधारों पर भारत के विभाजन का विरोध किया।

उपर्युक्त कथनों में से कौन-सा/से सही है/हैं?

(a) केवल 1 और 3 (b) केवल 1

(c) केवल 2 और 3 (d) 1, 2 और 3

उत्तर (b) डॉ. अम्बेडकर का विचार था कि पृथक निर्वाचक मण्डल निचले वर्गों के सशक्तिकरण में सहायता कर सकता है। लेकिन गाँधीजी मानते थे कि इससे उच्च वर्ग और निम्न वर्ग के बीच एक स्थायी खाई निर्मित हो सकती है। इसलिए गाँधीजी ने पृथक निर्वाचक मण्डल के इस विचार का विरोध किया और साम्प्रदायिक अधिनिर्णय के विपक्ष में मृत्युपर्यंत उपवास आरंभ कर दिया, जिसने अम्बेडकर को पूना समझौता पर हस्ताक्षर करने तथा पृथक निर्वाचन मण्डल की अपनी माँग को छोड़ने तथा इसके स्थान पर सामान्य निर्वाचन क्षेत्रों में दलित वर्गों के लिए सीटों के आरक्षण का मार्ग प्रशस्त करने हेतु विवश कर दिया। **इसलिए, कथन 1 सही है।** डॉ. अम्बेडकर विभाजन के विरोध में नहीं थे। अम्बेडकर ने अपने ग्रंथ 'थॉट्स ऑन पाकिस्तान' (1941) में यह माना है कि राष्ट्रीय भावना युक्त सशक्त भारत के लिए जनसंख्या के शांतिपूर्ण स्थानांतरण से निर्मित पाकिस्तान वांछनीय है। **इसलिए, कथन 3 गलत है।**

17. राममोहन राय के संदर्भ में निम्नलिखित में से कौन-से कथन सही नहीं हैं?

1. उन्होंने राजनीतिक सुधारों को हाथ में नहीं लिया, क्योंकि भारतीय राष्ट्रीयता अभी तक परिपक्व नहीं हुई थी।

2. उन्होंने केवल आधुनिक पश्चिमी विचारों का समर्थन किया।

3. वह एकेश्वरवाद में विश्वास नहीं करते थे।

4. वह वेदों की प्रमाणिकता में विश्वास करते थे।

नीचे दिए गए कूट का प्रयोग कर सही उत्तर चुनिए-

(a) केवल 1, 3 और 4

(b) केवल 2 और 3

(c) केवल 1 और 4

(d) 1, 2, 3 और 4

उत्तर (d) **कथन 1 सही नहीं है।** क्योंकि, राजा राममोहन राय कार्यपालिका और न्यायपालिका के पृथक्करण, सरकारी सेवाओं के भारतीयकरण आदि जैसे राजनीतिक प्रश्नों पर जन आंदोलन के समर्थक थे।

कथन 2 सही नहीं है। उन्होंने भारतीय दर्शन प्रणालियों और आधुनिक पश्चिमी विचारों, दोनों का अनुसरण और विश्वास किया।

कथन 3 सही नहीं है। वह एकेश्वरवाद में विश्वास रखते थे।

कथन 4 गलत है। यद्यपि वह वेदों में विश्वास करते थे, लेकिन उन्होंने सर्ववादिता को उच्च स्थान पर रखा जिसका आलोचनात्मक रूप से वेदों का मूल्यांकन करने के लिए भी प्रयोग किया जा सकता था। 'वेदों की प्रमाणिकता' का श्रेय स्वामी दयानंद सरस्वती को दिया जाता है।

18. डेरोजियन्स के संदर्भ में निम्नलिखित कथनों पर विचार करें–

1. वे महिलाओं के अधिकारों के उत्साही समर्थक थे।

2. उन्होंने किसानों के हित की वकालत की।

उपर्युक्त कथनों में से कौन-सा/से सही है/हैं?

(a) केवल 1

(b) केवल 2

(c) 1 और 2 दोनों

(d) न तो 1, न ही 2

उत्तर (a) **कथन 1 सत्य है।** डेरोजियनों ने पुराने तथा नष्टप्राय: रिवाजों, अनुष्ठानों तथा परंपराओं पर आक्रमण किए। वे महिला अधिकारों के प्रबल समर्थक थे तथा उन्होंने सबसे लिए शिक्षा की वकालत की।

कथन 2 असत्य है। इस आंदोलन की सबसे बड़ी त्रुटियों में से एक था कि उन्होंने किसानों के सरोकारों में कोई मतलब नहीं रखा, किन्तु अन्य कोई भी ऐसा वर्ग नहीं था, जो उनके उन्नत विचारों का समर्थन करता। वे आदर्श बने रहे तथा भारत की वास्तविक स्थिति को समझने में असफल रहे।

19. सैयद अहमद खान के सम्बन्ध में निम्नलिखित कथनों पर विचार कीजिए–

1. आरम्भ में वह एक रूढ़िवादी थे, किन्तु बाद में उन्होंने हिन्दू-मुस्लिम एकता पर बल दिया।

2. उन्होंने भारतीयों को अंग्रेजी शासन के विरुद्ध शिक्षित करने के लिए अलीगढ़ में एक कॉलेज की स्थापना की।

3. उन्होंने शैक्षिक रूप से पिछड़े मुसलमानों को केवल आधुनिक शिक्षा पर बल देने का परामर्श दिया।

उपर्युक्त कथनों में से कौन-सा/से सही नहीं है/हैं?

(a) केवल 1

(b) केवल 1 और 2

(c) केवल 2 और 3

(d) केवल 1 और 3

उत्तर (b) **कथन 1 सत्य नहीं है।** वस्तुत: तथ्य इसके ठीक उलट थी। अपने आरम्भिक वर्षों में वह हिन्दू-मुस्लिम एकता के समर्थक थे। किन्तु बाद के वर्षों में राष्ट्रीय आंदोलन में हिन्दुओं के वर्चस्व से भयभीत होकर वह सम्प्रदायवाद तथा पृथकतावाद के प्रभाव में आ गए।

कथन 2 भी असत्य है। उन्होंने ब्रिटिश शासन का विरोध नहीं किया तथा उनकी सोच यह थी कि ब्रिटिश इतने शक्तिशाली हैं कि अशिक्षित भारतीय उनके शासन को उखाड़ कर नहीं फेंक सकते।

कथन 3 सत्य है। वह चाहते थे कि भारतीय, राजनीति के बदले आधुनिक वैज्ञानिक शिक्षा पर ध्यान केन्द्रित करें।

20. मैडम भीकाजी कामा से सम्बन्धित निम्नलिखित कथनों पर विचार कीजिए–

1. मैडम कामा ने वर्ष 1907 में पेरिस में आयोजित अंतर्राष्ट्रीय सोशलिस्ट सम्मेलन में राष्ट्रीय ध्वज फहराया।

2. मैडम कामा दादाभाई नौरोजी की निजी सचिव रहीं।

3. मैडम कामा के माता-पिता पारसी थे।

उपरोक्त कथनों में से कौन-सा/से सही है/हैं?

(a) 1, 2 और 3

(b) केवल 2 और 3

(c) केवल 1 और 2

(d) केवल 3

उत्तर (b) मैडम कामा (Madam Cama) का जन्म 24 सितम्बर, 1861 को हुआ था। उनके माता-पिता पारसी थे। इनके पिताजी का नाम सोराबजी फ्रामजी पटेल (Sorabji Framji Patel) था। उनका विवाह रुस्तम के॰आर॰ कामा (Rustam K.R. Cama) से हुआ था, जो एक प्रसिद्ध वकील और सामाजिक कार्यकर्ता थे। मैडम कामा ने राष्ट्रीय आंदोलन के महान् अग्रणी भारतीय दादा भाई नौरोजी की निजी सचिव के रूप में सेवा की। अंत में वे कुछ देशभक्त विद्यार्थियों एवं यूरोपियन बौद्धिक लोगों के सम्पर्क में आकार स्वतंत्रता आंदोलन से जुड़ गईं। 22 अगस्त, 1907 ई॰ को जर्मनी के स्टुट्गार्ड में आयोजित अंतर्राष्ट्रीय सोशलिस्ट सम्मेलन (International Socialist Conference) में उन्होंने भारतीय स्वाधीनता झण्डा (Flag of Indian Independent) फहराया। यहाँ फहराया गया यह झण्डा, कलकत्ता झण्डे (Calcutta Flag) का पुरवर्तित रूप था।

❑❑❑

15 पत्रिकाएँ/पुस्तकें/लेख

1. निम्नलिखिम युग्मों पर विचार कीजिए–

समाचार पत्र		सम्बद्ध व्यक्तित्व
1. इंडियन मिरर	:	देवेन्द्रनाथ टैगोर
2. सुधारक	:	जी. के. गोखले
3. स्वदेशमित्रम	:	जी. सुब्रह्मण्यम अय्यर

उपर्युक्त में से कौन-सा/से युग्म सही सुमेलित है/हैं?

(a) केवल 1 (b) केवल 1 और 3
(c) केवल 2 और 3 (d) 1, 2 और 3

उत्तर (b) 'इंडियन मिरर' एक अंग्रेजी भाषा का समाचार-पत्र था, जिसको 1862 में कलकत्ता में देवेन्द्रनाथ टैगोर द्वारा स्थापित की गई थी।

'स्वदेशमित्रम' एक तमिल भाषा का समाचार-पत्र था। 'स्वदेशमित्रम' जो पहले के तमिल समाचार-पत्रों में सबसे अधिक लम्बे समय तक प्रकाशित होने वाला पत्र था, उसकी स्थापना भारतीय राष्ट्रवादी जी. सुब्रह्मण्यम अय्यर ने 'द हिन्दू' की स्थापना के चार वर्षों के पश्चात की थी।

सुधारक – गोपाल गणेश अगरकर।

2. निम्नलिखित युग्मों पर विचार कीजिए–

लेखक		रचना
1. सचीन्द्रनाथ सान्याल	:	बंदी जीवन
2. प्रफुल्ल चाकी	:	फिलॉसफी ऑफ बम
3. जवाहरलाल नेहरू	:	ऑन द पाथ ऑफ लिबरेशन

उपर्युक्त में से कौन-सा/से युग्म सही सुमेलित है/हैं?

(a) केवल 1 (b) केवल 1 और 3
(c) केवल 2 और 3 (d) 1, 2 और 3

उत्तर (a) **युग्म 1 सही सुमेलित है।** सचीन्द्रनाथ सान्याल प्रसिद्ध भारतीय स्वतंत्रता सेनानी एवं महत्वपूर्ण भारतीय क्रांतिकरियों में से एक थे। वह क्रांतिकारी संगठन, 'हिन्दुस्तान रिपब्लिकन एसोसिएशन' (HRA) के संस्थापक थे, जिसकी स्थापना भारत में ब्रिटिश साम्राज्य के शासन के विरोध और प्रतिरोध के लिए की गई थी। सचीन्द्रनाथ सान्याल को काकोरी ट्रेन डकैती के लिए हिरासत में लिया गया था और मुकदमे के बाद अंततः उन्हें मृत्युदण्ड की सजा सुनाई गई थी। उन्हें अंडमान में सेलुलर जेल में कैद करके रखा गया था। अपने कारावास के दौरान उन्होंने अपनी प्रसिद्ध पुस्तक 'बन्दी जीवन' लिखी थी, जिसका अर्थ है जेल में बिताया गया जीवन।

युग्म 2 सही सुमेलित नहीं है। 'फिलॉसफी ऑफ बम' नामक पुस्तक भगवतीचरण वोहरा द्वारा लिखी गई थी। भगवती चरण वोहरा हिन्दुस्तान सोशलिस्ट रिपब्लिकन एसोसिएशन से संबद्ध थे। प्रफुल्ल चाकी क्रांतिकारियों के युगांतर समूह से सम्बद्ध बंगाली क्रांतिकारी थे जो खुदीराम बोस के साथ मजुफ्फरपुर षड्यंत्र मामले में सम्मिलित थे।

युग्म 3 सही सुमेलित नहीं है। 'ऑन द पाथ ऑफ लिबरेशन' नामक पुस्तक भगत सिंह ने लिखी थी। उन्होंने 'व्हाई आई एॅम एथीइस्ट' नामक पुस्तक भी लिखी।

3. बंगाली, हिमवादी और संजीवनी क्या थे/थीं?

(a) बंगाल के क्रांतिकारी समूह
(b) गाँधीजी द्वारा लिखी गई पुस्तकें
(c) राष्ट्रवादी नेताओं के समाचार-पत्र और पत्रिकाएँ
(d) 'भारत छोड़ो आन्दोलन' के दौरान ग्रामीण उग्रवादी समूह

उत्तर (c) बंगाली, हितवादी और संजीवनी वे पत्रिकाएँ और समाचार-पत्र थे, जिसके माध्यम से नेताओं ने बंगाल विभाजन के विरुद्ध प्रेस का अभियान आरम्भ किया।

4. 'नील दर्पण' नाटक के संदर्भ में, निम्नलिखित कथनों पर विचार कीजिए–

1. इसमें संथाल आदिवासियों की दुर्दशा पर प्रकाश डाला गया था।
2. इसे बंकिमचन्द्र चटर्जी द्वारा लिखा गया था।

उपर्युक्त कथनों में से कौन-सा/से सही है/हैं?

(a) केवल 1 (b) केवल 2
(c) 1 और 2 दोनों (d) न तो 1, न ही 2

उत्तर (d) **दोनों कथन सही नहीं हैं।**

'नील दर्पण' का प्रकाशन दीनबन्धु मित्र द्वारा किया गया था। इसने बंगाल में नील बागान मालिकों के अत्याचारों को दर्शाया।

यह नाटक व्यापक स्तर पर प्रसिद्ध हुआ और माइकल मधुसूदन दत्त द्वारा इसका अंग्रेजी में अनुवाद किया गया था। यह किसानों के मुद्दे को संस्थागत राजनीति के व्यापक रंगमंच पर लाने में सफल रहा और इसके परिणाम से बागान मालिकों पर अपने आचरण को संयत करने के लिए दबाव बढ़ता गया। 1863 तक नील की खेती बंगाल से बिहार स्थानांतरित हो गई।

5. निम्नलिखित युग्मों पर विचार कीजिए–

पुस्तक		लेखक
1. द इकॉनमिक हिस्ट्री ऑफ इंडिया	:	आर. सी. दत्त
2. पावर्टी एंड अनब्रिटिश रूल इन इंडिया	:	जी. सुब्रह्मण्यम अय्यर
3. अ नेशन इन मेकिंग	:	सुरेन्द्रनाथ बनर्जी

उपर्युक्त युग्मों में से कौन-सा/से सही सुमेलित है/हैं?

(a) केवल 1 (b) केवल 2 और 3
(c) केवल 1 और 3 (d) 1, 2 और 3

उत्तर (c) उल्लिखित सभी पुस्तकें उपनिवेशवाद की आर्थिक आलोचना से सम्बंद्ध हैं, जिन्होंने ब्रिटिश शासन की शोषणवादी प्रवृत्तियों को उजागर किया है।

सेवानिवृत्त ICS अधिकारी, रोमेश चन्द्र दत्त, ने 20वीं शताब्दी के आरम्भ में 'द इकॉनमिक हिस्ट्री ऑफ इंडिया' शीर्षक से एक पुस्तक प्रकाशित की। इस पुस्तक में उन्होंने वर्ष 1757 से प्रारम्भ कर औपनिवेशिक शासन के संपूर्ण आर्थिक रिकॉर्ड का सूक्ष्म विवरणों के स्तर पर परीक्षण किया। **इसलिए, युग्म 1 सही सुमेलित है।**

दादा भाई नौरोजी द्वारा लिखी गई पुस्तक 'द पावर्टी एंड अन-ब्रिटिश रूल इन इंडिया' ने भारत की सम्पत्ति को ब्रिटेन की ओर निकास करने पर ध्यान आकर्षित किया। **इसलिए, युग्म 2 सही सुमेलित नहीं है।**

सुरेन्द्रनाथ बैनर्जी ने 'अ नेशन इन मेकिंग' शीर्षक से एक पुस्तक प्रकाशित की। **इसलिए, युग्म 3 सही सुमेलित है।**

6. 19वीं सदी के उत्तरार्ध में लंदन में भारतीय राष्ट्रीय कांग्रेस की ब्रिटिश समिति की स्थापना की गई, जो इस उद्देश्य के साथ साप्ताहिक पत्रिका 'इंडिया' प्रकाशित करती थी–

(a) ब्रिटिश संसद में प्रख्यात भारतीयों के प्रवेश के लिए आंदोलन करने के लिए।

(b) साम्राज्यिक न्यायपालिका में भारतीयों के प्रवेश के लिए अभियान चलाने के लिए।

(c) ब्रिटिश संसद में भारत की स्वतंत्रता पर चर्चा की सुविधा प्रदान करने के लिए।

(d) अंग्रेजों को भारतीय लोगों की शिकायतों के सम्बन्ध में जागरूक बनाने के लिए।

उत्तर (d) नरमपंथी विश्वास करते थे कि अंग्रेज लोग न्यायप्रिय, सदाचारी और स्वतंत्रता प्रेमी थे। इसके साथ ही, वे यह विश्वास करते थे कि अंग्रेज भारत के साथ न्याय करना चाहते थे। यदि भारतीयों की कुछ शिकायतें थीं, तो वे केवल भारत में ब्रिटिश नौकरशाही की प्रतिक्रियावादी नीतियों या इन शिकायतों के सम्बन्ध में ब्रिटिश लोगों की अनभिज्ञता के कारण थीं। राष्ट्रवादी नेता विश्वास करते थे कि उन्हें अपना कारण तैयार करने और उन्हें ब्रिटिश संसद और राष्ट्र के समक्ष प्रस्तुत करने और निवेदन करने की आवश्यकता है, जिससे उनकी शिकायतों का निराकरण और न्याय किया जाएगा और उन्होंने इंग्लैंड में कांग्रेस के प्रचार पर अधिक बल दिया। इस प्रकार, लंदन में भारतीय राष्ट्रीय कांग्रेस की ब्रिटिश समिति की स्थापना हुई, जो कांग्रेस के लिए साप्ताहिक पत्रिका 'इंडिया' प्रकाशित करती थी।

7. निम्नलिखित युग्मों पर विचार कीजिए।

समाचार पत्र		सम्बद्ध व्यक्तित्व
1. अमृत बाजार पत्रिका	:	मोतीलाल घोष
2. सुधारक	:	फिरोजशाह मेहता
3. इंडियन मिरर	:	दादाभाई नौरोजी

उपर्युक्त युग्मों में से कौन-सा/से सही सुमेलित है/हैं?

नीचे दिए गए कूट का प्रयोग कर सही उत्तर चुनिए-

(a) केवल 1 (b) केवल 1 और 3

(c) केवल 2 (d) केवल 2 और 3

उत्तर (a) भारतीय स्वतंत्रता आंदोलन के दौरान प्रतिष्ठित एवं साहसी पत्रकारों के द्वारा सम्पादित समाचार-पत्रों का प्रकाशन आरम्भ हुआ। इनमें जी. सुब्रह्मण्यम अय्यर के सम्पादन में हिन्दू एवं स्वदेशमित्र, बाल गंगाधर तिलक द्वारा सम्पादित केसरी और मराठा, सुरेन्द्रनाथ बनर्जी द्वारा सम्पादित बंगाली, शिशिर कुमार घोष और मोतीलाल घोष द्वारा सम्पादित अमृत बाजार पत्रिका, गोपाल गणेश अगरकर द्वारा सम्पादित सुधारक, देवेन्द्रनाथ टैगोर द्वारा सम्पादित इंडियन मिरर, दादाभाई नौरोजी द्वारा वायस ऑफ इंडिया आदि सम्मिलित हैं।

8. निम्नलिखित युग्मों पर विचार कीजिए–

व्यक्ति		संस्था
1. शिशिर कुमार घोष	:	इंडियन लीग
2. के. टी. तेलंग	:	बॉम्बे प्रेसीडेंसी एसोसिएशन
3. द्वारकानाथ टैगोर	:	बंगाल ब्रिटिश इंडिया सोसाइटी

उपर्युक्त युग्मों में से कौन-सा/से सही सुमेलित है/हैं?

(a) केवल 1 और 2

(b) केवल 1 और 3

(c) केवल 2 और 3

(d) 1, 2 और 3

उत्तर (d) शिशिर कुमार घोष द्वारा 1875 'इंडियन लीग' की स्थापना की गई थी। इसका उद्देश्य लोगों में राष्ट्रवाद की भावना एवं राजनीतिक शिक्षा को प्रोत्साहित करना था। **इसलिए, युग्म 1 सही सुमेलित है।**

बदरुद्दीन तैयबजी, फिरोजशाह मेहता और के. टी. तेलंग द्वारा 1885 में 'बॉम्बे प्रेसीडेंसी एसोसिएशन' की स्थापना की गई थी। **इसलिए, युग्म 2 सही है।**

द्वारकानाथ टैगोर और जॉर्ज थॉम्पसन ने 1843 में 'बंगाल ब्रिटिश इंडिया सोसायटी' की स्थापना की थी। इसका उद्देश्य ब्रिटिश भारत के लोगों की वास्तविक स्थिति से सम्बन्धित सूचनाओं का संग्रह और प्रसार करना तथा शांतिपूर्ण और संवैधानिक साधनों द्वारा प्रजा के सभी वर्गों का कल्याण, न्यायोचित अधिकार उपलब्ध कराना एवं हितों की वृद्धि सुनिश्चित करना था। **इसलिए, युग्म 3 सही है।**

9. 'इंडियन टुडे' नामक पुस्तक जिसमें सेफ्टी वाल्व के मिथक को वामपंथी मान्यता का मुख्य विषय बनाया गया और दावा किया गया कि कांग्रेस, प्रत्यक्ष सरकारी पहल के माध्यम से अस्तित्व में आयी थी, किसके द्वारा लिखी गई थी?

(a) सी. एफ. एंड्रूज (b) रजनी पी. दत्त

(c) गिरिजा मुखर्जी (d) विलियम वेडरबर्न

उत्तर (b) रजनी पाम दत्त ने अपनी प्रामाणिक रचना 'इंडिया टुडे' में सेफ्टी वॉल्व के मिथक को वामपंथी मान्यता का मुख्य विषय बनाया। इस मिथक पर बल देते हुए दत्त ने लिखा कि प्रत्यक्ष सरकारी पहल और मार्गदर्शन तथा गुप्त रूप से वायसराय के साथ पहले से निश्चित की गई योजना के माध्यम से कांग्रेस अस्तित्व में आयी। ऐसा इसलिए किया गया ताकि सरकार लोकप्रिय होती अशांति और अंग्रेज विरोधी भावनाओं की बढ़ती शक्ति के विरुद्ध ब्रिटिश शासन की रक्षा करने हेतु कांग्रेस को एक सोची समझी युक्ति के रूप में उपयोग कर सके। यह आसन्न क्रांति को पराजित करने या प्रारम्भ होने से पहले से ही रोक देने का प्रयास था।

10. निम्नलिखित में से कौन-से संगठन/समाचार पत्र दक्षिण अफ्रीका में महात्मा गाँधी के संघर्ष से सम्बन्धित थे?

1. भारतीय नटाल संगठन

2. इंडियन ओपिनियम

3. निष्क्रिय प्रतिरोध संगठन (Passive Resistance Organization)

4. द इंडियन लीग

5. इंडियन मिरर

नीचे दिए गए कूट का प्रयोग कर सही उत्तर चुनिए-

(a) केवल 1, 2 और 3

(b) केवल 1, 3 और 5

(c) केवल 2, 4 और 5

(d) 1, 2, 3, 4 और 5

उत्तर (a) भारतीयों को नागरिकता से वंचित करने से नटाल सरकार के प्रस्तावित विधेयक के विरुद्ध, नटाल के भारतीय समुदाय में एकजुटता की प्रबल भावना को बढ़ावा देने के लिए महात्मा गाँधी ने 1893 में भारतीय नटाल संगठन का गठन किया था।

'इंडियन ओपिनियन' साप्ताहिक समाचार-पत्र था, जिसे वर्ष 1903 में आरम्भ किया गया था। यह दक्षिण अफ्रीका में गाँधीजी के संघर्ष का मुखपत्र बन गया था।

ट्रांसवाल की विधायिका द्वारा परित किए ए एशियाटिक विधेयक के विरोध में निष्क्रिय तरोध संगठन की स्थापना 1907 में की थी। इसने लोगों से परमिट कार्यालयों का हेष्कार करने का आग्रह किया।

लोगों के बीच राष्ट्रवाद की भावना जित करने और राजनीतिक शिक्षा प्रोत्साहित रने के लिए शिशिर कुमार घोष ने 1877 'इंडियन लीग' की स्थापना की थी। दक्षिण फ्रीका में महात्मा गाँधी के संघर्ष के साथ का सम्बन्ध नहीं था।

इंडियन मिरर एक अंग्रेजी समाचार पत्र । इसकी स्थापना, 1862 में कलकत्ता में न्द्रनाथ टैगोर ने की थी।

. 'नील दर्पण' के विषय में निम्नलिखित कथनों पर विचार कीजिए–

1. **इसे दीनबन्धु मित्र ने लिखा था।**
2. **इसमें बिहार में नील बागान मालिकों के अत्याचारों को दर्शाया गया था।**
3. **यह व्यापक रूप से ध्यान आकर्षित नहीं कर पाया और स्थानीय क्षेत्रों तक ही सीमित रहा।**

उपर्युक्त कथनों में से कौन-सा/से सही है/हैं?

(a) केवल 1
(b) केवल 1 और 3
(c) केवल 2 और 3
(d) 1, 2 और 3

उत्तर (a) 'नील दर्पण' का प्रकाशन दीनबन्धु त्र ने किया था। इसमें बंगाल में नील बागान लिकों के अत्याचारों को दर्शाया गया है। इस टक ने व्यापक रूप से ध्यान आकर्षित किया र माइकल मधुसूदन दत्त ने इसका अंग्रेजी में वाद किया। यह नाटक संस्थागत राजनीति व्यापक पटल पर किसानों का मुद्दा लाने में फल रहा और इससे बागान मालिकों पर दबाव वृद्धि हुई। 1863 में नील की खेती बंगाल से हार में स्थानांतरित हो गई।

. निम्नलिखित युग्मों पर विचार कीजिए–

समाचारपत्र/पत्रिका	संस्थापक/सम्पादक
1. बंगाली	: गिरीशचन्द्र घोष
2. अल हिलाल	: मौलाना अबुल कलाम आजाद
3. युगांतर	: सचीन्द्र सान्याल

उपर्युक्त युग्मों में से कौन-से सही सुमेलित हैं?

(a) केवल 1 और 2 (b) केवल 1 और 3
(c) केवल 2 और 3 (d) 1, 2 और 3

उत्तर (a) 'बंगाली' का प्रकाशन 1862 में कलकत्ता से गिरीशचन्द्र घोष द्वारा किया गया, जिसका उत्तरदायित्व 1879 में सुरेन्द्रनाथ बनर्जी ने संभाल लिया। **इसलिए, कथन 1 सत्य है।**

'अल-हिलाल' एक साप्ताहिक उर्दू भाषी समाचार-पत्र था, जिसे भारतीय नेता मौलाना अबुल कलाम आजाद के द्वारा प्रकाशित किया जाता था। इसका उपयोग भारत में ब्रिटिश राज की आलोचना के माध्यम के रूप में किया गया। प्रथम संस्करण 13 जुलाई, 1912 में छप कर आया।

'युगांतर' पत्रिका एक बंगाली क्रांतिकारी समाचार-पत्र था, जिसे 1906 में कलकत्ता में बारीन्द्र कुमार घोष, अविनाश भट्टाचार्य तथा भूपेन्द्रनाथ दत्त के द्वारा प्रकाशित किया गया था।

13. 'गदर' समाचार-पत्र के संदर्भ में, निम्न कथनों पर विचार कीजिए–

1. **यह समाचार पत्र आरम्भिक रूप से उर्दू में जारी किया गया था।**
2. **यह समाचार-पत्र उत्तरी अमेरिका, फिलीपींस और चीन में भारतीय आप्रवासियों के बीच परिचालित किया गया था।**

उपर्युक्त कथनों में से कौन-सा/से सही है/हैं?

(a) केवल 1 (b) केवल 2
(c) 1 और 2 दोनों (d) न तो 1, न ही 2

उत्तर (c) 'गदर' समाचार-पत्र 1 नवम्बर, 1913 को आरम्भ किया गया था। प्रथम संस्करण उर्दू में था और एक महीने बाद गुरुमुखी संस्करण आरम्भ किया गया। **इसलिए, कथन 1 सही है।**

'गदर' उत्तरी अमेरिका के भारतीय आप्रवासियों के साथ-साथ फिलीपींस, हॉन्गकॉन्ग, चीन, मलय राज्यों, सिंगापुर, त्रिनिदाद और होण्डूरस के आप्रवासियों के बीच व्यापक रूप से प्रसारित किया गया था। **इसलिए, कथन 2 सही है।**

14. 'श्रीमद्‌भगवत् गीता रहस्य' के लेखक थे–

(a) अरविन्द घोष
(b) बालगंगाधर तिलक
(c) गोपालकृष्ण गोखले
(d) मोहनदास करमचंद्र गाँधी

उत्तर (b) 'श्रीमद्‌भगवत् गीता रहस्य' नामक ग्रंथ लोकमान्य बालगंगाधर तिलक ने मांडले जेल में लिखा था।

15. सूची-I को सूची-II से सुमेलित कीजिए और नीचे दिए गए कूट का सही प्रयोग कर उत्तर चुनिए–

सूची- I (पुस्तकें)	सूची-II (लेखक)
A. द फर्स्ट इंडियन वार ऑफ इंडिपेन्डेन्स	**1. रवीन्द्रनाथ टैगोर**
B. आनंद मठ	**2. श्री अरविन्द**
C. लाइफ डिवाइन	**3. बंकिम चन्द्र चटर्जी**
D. साधना	**4. विनायक दामोदर सावरकर**

कूट:

	A	B	C	D
(a)	4	3	2	1
(b)	3	4	1	2
(c)	4	3	1	2
(d)	3	4	2	1

उत्तर (a)

A. द फर्स्ट इंडियन वार ऑफ इंडिपेन्डेन्स - वी. डी. सावरकर
B. आनंद मठ - बंकिम चन्द्र चटर्जी
C. लाइफ डिवाइन - श्री अरविन्द
D. साधना - रवीन्द्रनाथ टैगोर

16. सही जोड़े बनाइए तथा नीचे दिए गए कूट से सही उत्तर चुनिए–

सूची I	सूची II
A. विपिन चन्द्र पाल	**1. न्यू इंडिया**
B. अरविन्द घोष	**2. कॉमरेड**
C. ब्रह्मोबन्धव उपाध्याय	**3. वन्दे मातरम्**
D. मुहम्मद अली	**4. संध्या**

कूट:

	A	B	C	D
(a)	1	3	4	2
(b)	2	1	3	4
(c)	2	1	4	3
(d)	1	3	2	4

उत्तर (a) उपरोक्त प्रश्न का सही सुमेलन इस प्रकार है–

सूची I	सूची II
A. विपिन चन्द्र पाल	न्यू इण्डिया
B. अरविन्द घोष	वन्दे मातरम्
C. ब्रह्मोबन्धव उपाध्याय	संध्या
D. मुहम्मद अली	कॉमरेड

17. निम्नलिखित में से कौन-सा एक सही सुमेलित है?

(a) महात्मा गाँधी – मूक नायक
(b) बालगंगाधर तिलक – यंग इडिया
(c) एनी बेसेंट – कॉमनवील
(d) बी० आर० अम्बेडकर – केसरी

उत्तर (c)

संस्थापक समाचार	पत्र/पत्रिका
(a) महात्मा गाँधी	→ यंग इण्डिया, हरिजन, नवजीवन
(b) बालगंगाधर तिलक	→ मराठा, केसरी
(c) एनी बेसेंट	→ न्यू इण्डिया, कॉमनवील
(d) बी० आर० अम्बेडकर	→ मूक नायक

18. महात्मा गाँधी ने असहयोग आन्दोलन स्थगित कर दिया, क्योंकि–

(a) आम जनता का समर्थन सन्तोषजनक नहीं था
(b) मुसलमानों ने आन्दोलन से अपने आपको अलग रखा
(c) ब्रिटिश सरकार ने कांग्रेस पार्टी की माँगों को सहृदयता पूर्वक विचार करने का आश्वासन दिया
(d) चौरी-चौरा में हिंसा भड़क उठी

उत्तर (d) सितम्बर, 1920 के कलकत्ता के कांग्रेस अधिवेशन में असहयोग आन्दोलन के प्रस्ताव को मंजूर किया गया। 1920 ई० से 1922 ई० के पूर्वार्द्ध तक असहयोग आंदोलन चलता रहा। 1 फरवरी, 1922 को महात्मा गांधी ने घोषणा की कि अगर सात दिनों के अन्दर राजनीतिक बंदी रिहा नहीं किए जाते और प्रेस पर सरकार का नियंत्रणं समाप्त नहीं होता, तो वे एक सामूहिक नागरिक अवज्ञा आंदोलन शुरू करेंगे, परन्तु संयुक्त प्रांत के गोरखपुर जिले में चौरी-चौरा नामक स्थान पर एक क्रुद्ध भीड़ ने 5 फरवरी, 1922 को एक पुलिस थाने को जला दिया फलस्वरूप गाँधीजी ने 12 फरवरी, 1922 को असहयोग आंदोलन समाप्त कर दिया।

19. स्तंभ-I में अंकित पुस्तकों का स्तंभ-II में अंकित लेखक से सुमेल करें –

स्तंभ-I (पुस्तकें)

A. हिस्ट्री ऑफ द फ्रीडम मूवमेन्ट
B. आनंद मठ
C. प्रीसेप्ट्स ऑफ जीसस
D. आवर इंडियन मुसलमान्स

स्तंभ-II (लेखक)

1. ताराचन्द
2. डब्ल्यू० डब्ल्यू० हण्टर
3. राजा राममोहन राय
4. बंकिम चन्द्र चटर्जी

कूट :

	A	B	C	D
(a)	1	4	2	3
(b)	2	4	3	1
(c)	1	4	3	2
(d)	4	1	3	2

उत्तर (c)

(i) हिस्ट्री ऑफ द फ्रीडम मूवमेन्ट इन इंडिया → ताराचंद
(ii) आनंद मठ → बंकिमचन्द्र चटर्जी
(iii) प्रीसेप्ट्स ऑफ जीसस → राजा राममोहन राय
(iv) आवर इण्डियन मुसलमान्स → डब्ल्यू० डब्ल्यू० हण्टर

20. 'इंडिया विन्स फ्रीडम' पुस्तक आत्मकथा है–

(a) राजेंद्र प्रसाद
(b) जवाहर लाल नेहरू
(c) मौलान अबुल कलाम आजाद
(d) हुमायूँ कबीर

उत्तर (c) 'इंडिया विन्स फ्रीडम' मौलाना अबुल कलाम आजाद की आत्मकथा है।

❑❑❑

16 विविध

1. **भारतीय राष्ट्रीय आंदोलन में महिलाओं की भूमिका और उनमें सम्बन्धित सुधारों के संदर्भ में नीचे दिया गया कौन-सा कथन सही नहीं है?**
   (a) औपनिवेशिक पुलिस का प्रतिरोध करने के लिए तेभागा आंदोलन के दौरान नारी वाहिनी या महिला ब्रिगेड का गठन किया गया था।
   (b) भारत सरकार अधिनियम, 1935 में प्रांतीय विधायिकाओं में महिलाओं के लिए आरक्षित सीटों का प्रावधान किया गया था।
   (c) अखिल भारतीय स्तर पर प्रथम महिला संघ 'विमेंस इंडियन एसोसिएशन' की स्थापना विजयलक्ष्मी पंडित के नेतृत्व में की गई थी।
   (d) आजाद हिन्द फौज (इंडियन नेशनल आर्मी) की महिला रेजीमेंट 'रानी झांसी रेजिमेंट' का नेतृत्व लक्ष्मी सहगल द्वारा किया गया था।

उत्तर (c) तेभागा आंदोलन में बड़े पैमाने पर महिलाओं की भागीदारी देखने को मिली। इसके दौरान दलित तथा जनजातीय समूहों से सम्बन्ध रखने वाली सर्वहारा तथा अर्द्ध सर्वहारा वर्ग की महिलाओं द्वारा बड़े पैमाने पर स्वायत्त कार्रवाई की गई। अपनी स्वयं की पहल के माध्यम से उन्होंने नारी वाहिनी या महिलाओं की ब्रिगेड का गठन किया तथा जो भी हथियार उपलब्ध हुए उनके द्वारा औपनिवेशिक पुलिस का विरोध किया।

1935 के भारत सरकार अधिनियम में प्रांतीय विधायिकाओं में महिलाओं के लिए 41 सीटों पर आरक्षण प्रदान किया गया तथा साथ ही केन्द्रीय विधायिका में सीमित रूप में आरक्षण प्रदान किया गया।

वीमेंस इंडियन एसोसिएशन, प्रबुद्ध यूरोपीय एवं भारतीय महिलाओं द्वारा प्रारम्भ किया गया। इनमें सबसे महत्वपूर्ण मार्गरेट बहनें तथा एनी बेसेंट थीं।

2. **राष्ट्रीय आंदोलन के दौरान कांग्रेस की नीतियों के संबंध में निम्नलिखित कथनों पर विचार कीजिए–**
   1. **भारतीय स्वतंत्रता संघर्ष पर ध्यान केन्द्रीत करने के लिए, इसने अन्य एशियाई और अफ्रीकी देशों की स्वतंत्रता का समर्थन करने से दूरी बनाई।**
   2. **इसने अफ्रीका और एशिया में ब्रिटिश हितों की पूर्ति करने के लिए भारतीय सेना और संसाधनों के उपयोग का सदैव विरोध किया।**
   3. **ब्रिटिश साम्राज्यवाद के विरोध में, कांग्रेस ने आरंभ में जापान, इटली और जर्मनी की फासीवादी सरकारों का समर्थन किया।**

   उपर्युक्त कथनों में से कौन-सा/से सही है/हैं?
   (a) केवल 1 और 2 (b) केवल 1 और 3
   (c) केवल 2 (d) 1, 2 और 3

उत्तर (c) **कथन 1 गलत है।** कांग्रेस ने धीरे-धीरे साम्राज्यवादी प्रसार के विरोध पर आधारित विदेश नीति विकसित कर ली थी। इसलिए, इसने अन्य एशियाई और अफ्रीकी देशों की स्वतंत्रता का जोरदार समर्थन किया।

कथन 2 सही है। कांग्रेस ने अफ्रीका और एशिया में ब्रिटिश हितों के परिपोषण के लिए भारतीय सेना एवं भारत के संसाधन के उपयोग का सदैव विरोध किया था। कांग्रेस ने औपनिवेशिक लक्ष्यों की प्राप्ति में इसे भारतीय राजकोष पर भार माना।

कथन 3 गलत है। इसने इटली, जर्मनी और जापान में साम्राज्यवाद और नस्लवाद के चरम रूप में विकसित हुए फासीवाद की निन्दा की एवं फासीवादी शक्तियों द्वारा किए जाने वाले अतिक्रमणों के विरुद्ध इथियोपिया, स्पेन, चेकोस्लोवाकिया और चीन के लोगों के संघर्ष को पूर्ण समर्थन दिया।

3. **1945 की वैवेल योजना के संदर्भ में, निम्नलिखित कथनों पर विचार कीजिए–**
   1. **वायसराय की कार्यकारी परिषद को अंतरिम सरकार में परिवर्तित किया जाना था।**
   2. **हिन्दुओं और मुसलमानों को कार्यकारी परिषद में बराबर का प्रतिनिधित्व दिया जाना था।**
   3. **इसके प्रावधानों पर चर्चा करने हेतु शिमला सम्मेलन बुलाया गया।**

   उपर्युक्त कथनों में से कौन-सा/से सही है/हैं?
   (a) केवल 1 (b) केवल 1 और 2
   (c) केवल 2 और 3 (d) 1, 2 और 3

उत्तर (d) वैवेल योजना का मुख्य प्रस्ताव: गवर्नर-जनरल और कमांडर इन चीफ के अतिरिक्त, कार्यकारी परिषद के सभी सदस्य भारतीय होंगे। हिन्दुओं और मुस्लिमों का समान प्रतिनिधित्व होगा। **इसलिए, दोनों कथन 1 और 2 सही हैं।**

कथन 3 सही है। वैवेल योजना के प्रावधानों पर चर्चा करने हेतु, शिमला सम्मेलन में 21 भारतीय राजनीतिक नेताओं को आमंत्रित किया गया था। इन नेताओं में मौलाना अबुल कलाम आजाद और मोहम्मद अली जिन्ना भी सम्मिलित थे।

4. **'दिल्ली घोषणापत्र' के संदर्भ में, निम्नलिखित कथनों पर विचार कीजिए–**
   1. **इसमें माँग की गई थी कि गोलमेज सम्मेलन में, डोमिनियन स्टेट्स दर्जे के कार्यान्वयन हेतु योजना बनानी चाहिए।**
   2. **इसकी अस्वीकृति ने कांग्रेस के लाहौर अधिवेशन में पूर्ण स्वराज की माँग को प्रोत्साहित किया।**

   उपर्युक्त कथनों में से कौन-सा/से सही है/हैं?
   (a) केवल 1
   (b) केवल 2
   (c) 1 और 2 दोनों
   (d) न तो 1, न ही 2

उत्तर (c) कथन 1 सही है। दिल्ली घोषणा पत्र - 2 नवम्बर, 1929 को प्रमुख राष्ट्रीय नेताओं के सम्मेलन में 'दिल्ली घोषणा पत्र' जारी किया, जिसमें माँग की गई थी कि गोलमेज सम्मेलन का उद्देश्य डोमिनियन स्टेट्स के कार्यान्वयन हेतु योजना तैयार करना होना चाहिए (इस प्रकार इसे संविधान सभा के रूप में कार्य करना चाहिए) और डोमिनियन स्टेट्स का मूलभूत सिद्धांत तुरंत स्वीकार किया जाना चाहिए, कि कांग्रेस का सम्मेलन में बहुमत का प्रतिनिधित्व होना चाहिए; राजनीतिक क्षमा और सुलह की सामान्य नीति होनी चाहिए।

कथन 2 सही है। वायसराय इर्सविन ने 23 दिसम्बर, 1929 को इन माँगों को ठुकरा दिया, जिसने कांग्रेस के लाहौर अधिवेशन में पूर्ण स्वराज की माँग का मार्ग प्रशस्त कर दिया।

5. अंडमान में सेलुलर जेल के संदर्भ में, निम्नलिखित कथनों पर विचार कीजिए–

1. इस जेल की स्थापना के विचार का सूत्रपात 1857 की क्रांति के दौरान हुआ था।

2. लाहौर षड्यंत्र मुकदमे और चटगांव शस्त्रागार छापा मुकदमे में सम्मिलित क्रांतिकारियों को यहीं कैद कर रखा गया था।

3. विदेशों में क्रांतिकारी गतिविधियों में संलिप्तता के कारण, वी.डी. सावरकर को यहाँ कैद कर रखा गया था।

उपर्युक्त कथनों में से कौन-सा/से सही है/हैं?

(a) केवल 1
(b) केवल 2 और 3
(c) केवल 3
(d) 1, 2 और 3

उत्तर (d) कथन 1 सही है। 1857 में ब्रिटिश शासकों के मन में इन द्वीपों में कारावास की स्थापना का विचार, भारत के प्रथम स्वतंत्रता संग्राम के दौरान उनकी सर्वोपरी सत्ता के विरुद्ध विद्रोह करने वाले लोगों से प्रभावी ढंग से निपटने हेतु आया। विशेषज्ञों की एक समिति, जिसमें डॉ एफ. जे. मॉट, डॉ. जी. आर. प्ले फेयर और लेफ्टिनेंट जे. एम. हीटकोट सम्मिलित थे, ने 8 दिसम्बर, 1857 को सर्वेक्षण के लिए इन द्वीपों का दौरा किया और 15 जनवरी, 1858 को भारत सरकार को रिपोर्ट सौंपी और कार्यकारी अभियंता कैप्टन एच. मैन द्वारा 22 जनवरी, 1858 को यहाँ यूनियन जैक फहराया गया, जिसे इन द्वीपों का औपचारिक कब्जा करने के लिए प्रतिनियुक्त किया गया था।

कथन 2 सही है। अलीपुर बम कांड, नासिक षड्यंत्र कांड, लाहौर षड्यंत्र कांड, चटगांव शस्त्रागार छापा कांड, अंतर-प्रांतीय षड्यंत्र कांड, गया षड्यंत्र कांड आदि में सम्मिलित क्रांतिकारियों का समूह कारावास के लंबी सजा के साथ सेल्युलर जेल भेजा गया था।

कथन 3 सही है। सावरकर की क्रांतिकारी गतिविधियाँ भारत और इंग्लैंड में उनके अध्ययन के दौरान आरम्भ हुई, जहाँ वह इंडिया हाउस से जुड़ गए थे और 'अभिनव भारत सोसायटी' और 'फ्री इंडिया सोसाइटी' सहित छात्र सोसायटियों और साथ ही क्रांतिकारी माध्यमों से पूर्ण भारतीय स्वतंत्रता का समर्थन करने वाले प्रकाशनों की स्थापना की। सावरकर ने 1857 के क्रांति के बारे में 'इंडियन वॉर फॉर इंडिपेंडेंस' का प्रकाशन किया, जिसे ब्रिटिश अधिकारियों द्वारा प्रतिबंधित कर दिया गया था। क्रांतिकारी समूह इंडिया हाऊस से सम्बन्ध के कारण उन्हें 1910 में गिरफ्तार कर लिया गया।

6. 1939 में द्वितीय विश्व युद्ध के प्रारम्भ होने पर, निम्नलिखित में से किन नेताओं ने तत्काल जन सत्याग्रह की वकालत की?

1. गाँधीजी

2. सुभाष चन्द्र बोस

3. जवाहर लाल नेहरू

नीचे दिए गए कूट का प्रयोग कर सही उत्तर चुनिए-

(a) केवल 2 (b) केवल 2 और 3
(c) केवल 1 और 3 (d) 1, 2 और 3

उत्तर (a) गाँधीजी और प्रमुख कांग्रेस नेताओं ने अनुभव किया कि तत्काल संघर्ष करने के लिए देश में उपयुक्त वातावरण विद्यमान नहीं था। न तो जनता तैयार थी और न ही कांग्रेस सांगठनिक रूप से संघर्ष आरम्भ करने की स्थिति में थी। इसलिए लोगों को संघर्ष के लिए तैयार करने के लिए लोगों के बीच गहन राजनीतिक कार्य किया जाना आवश्यक था।

सुभाष चन्द्र बोस का विश्वास था कि जनता कार्रवाई के लिए पूरी तरह तैयार थी और केवल नेतृत्व की ओर से आह्वान की प्रतीक्षा कर रही थी। उन्होंने तत्काल जन सत्याग्रह आरम्भ करने का समर्थन किया। उन्होंने यहाँ तक सुझाव दिया कि यदि कांग्रेस का नेतृत्व उनके साथ नहीं चलना चाहता है, तो तत्काल संघर्ष आरंभ करने के लिए समानांतर कांग्रेस की स्थापना की जाए।

नेहरू मित्र-राष्ट्रों को साम्राज्यवादी शक्तियाँ मानते थे। लेकिन उनकी राय में शीघ्र ही संघर्ष आरम्भ करने से फासीवाद के विरुद्ध संघर्ष का महत्व कम हो सकता था। इसलिए वह अंततः गाँधीजी और कांग्रेस बहुमत के साथ चले।

7. सार्वजनिक सुरक्षा विधेयक, 1928 के संदर्भ में, निम्नलिखित कथनों पर विचार कीजिए–

1. इसे ब्रिटिश सरकार द्वारा 'अवांछनीय' विदेशियों को निर्वासित करने की शक्ति प्राप्त करने के लिए प्रस्तावित किया गया था।

2. इसे स्वराजियों की सहायता से विधायिका में पास नहीं होने दिया गया था।

3. पूंजीपति वर्ग द्वारा इसका समर्थन किया गया था, क्योंकि यह विदेशी निवेशकों को भारत में निवेश करने से रोकता था।

उपर्युक्त कथनों में से कौन-सा/से सही है/हैं?

(a) केवल 1 (b) केवल 1 और 2
(c) केवल 2 और 3 (d) 1, 2 और 3

उत्तर (b) कथन 1 सही है। ब्रिटिश सरकार समाजवादी एवं कम्युनिस्ट विचारों के प्रसार से भयभीत थी। इस विधेयक ने 'अवांछनीय' और 'उपद्रवी' विदेशियों के बलात् निष्कासन की शक्ति प्राप्त करने का प्रस्ताव रखा।

कथन 2 सही है। स्वराजियों ने शृंखलाबद्ध स्थगन प्रस्तावों को पारित कर 1928 में सार्वजनिक सुरक्षा विधेयक पर सरकार को पराजित किया।

कथन 3 सही नहीं है। भारतीय पूंजीपति वर्ग द्वारा इस विधेयक का समर्थन नहीं किया गया था। यहां तक कि पूंजीपति वर्ग के दो प्रवक्ताओं पुरुषोत्तमदास ठाकुर दास और जी.डी. बिरला ने इस विधेयक का दृढ़तापूर्वक विरोध किया।

8. निम्नलिखित में से कौन-सा/से 20वीं सदी के दौरान सिविल सेवा में किए गए सुधारों से सम्बन्धित था/थे?

1. मांटेग्यू चेम्सफोर्ड सुधार

2. ली आयोग

3. भारत सरकार अधिनियम, 1935

नीचे दिए गए कूट का प्रयोग कर सही उत्तर चुनिए-

(a) केवल 1 और 2 (b) केवल 2 और 3
(c) केवल 3 (d) 1, 2 और 3

उत्तर (c) भारत शासन अधिनियम, 1919 भारत सरकार में भारतीयों की भागीदारी का आगे और विस्तार करने के लिए ब्रिटिश संसद द्वारा पारित किया गया था। चूँकि इस अधिनियम में

एडविन मांटेग्यू (भारत के राज्य सचिव) और लॉर्ड चेम्सफोर्ड (वायसराय और गवर्नर-जनरल) की रिपोर्ट द्वारा अनुशंसित सुधार सन्निहित थे, इसलिए इसे मांटेग्यू-चेम्सफोर्ड सुधार भी कहा जाता है।

सिविल सेवाओं में सुधार के सम्बन्ध में, इस अधिनियम में पहली बार भारत में लोक सेवा आयोग की स्थापना के लिए प्रावधान किया गया था। इसमें भारत और इंग्लैंड में एक साथ परीक्षाएँ आयोजित करने की अनुशंसा की गई थी। इसमें यह भी अनुशंसा की गई थी कि एक तिहाई भर्तियाँ भारत में ही की जाएँ, जिनमें प्रति वर्ष 1.5% तक की वृद्धि हो।

ली आयोग (1923) : इसकी मुख्य अनुशंसाएँ थीं–

- द्वैध शासन के हस्तांतरित क्षेत्र में प्रांतीय सिविल सेवा पर राजनीतिक नियंत्रण की अनुशंसा।
- सभी सेवाओं का वर्गीकरण किया जाना था।
- केन्द्रीय और अर्ध-न्यायिक सेवाओं में भर्ती के लिए लोक सेवा आयोग स्थापित किया जाना था।
- भारतीयों की सम्बद्धता में संवर्ग वार वृद्धि।
- बेहतर वेतन पैकेज और सेवा शर्तों का सृजन किया जाना।

भारत सरकार अधिनियम, 1935 में संघीय लोक सेवा आयोग और प्रांतीय लोक सेवा आयोगों की स्थापना की अनुशंसा की गई थी। किन्तु नियंत्रण और अधिकार के पद ब्रिटिश हाथों में बने रहे और सिविल सेवा के भारतीयकरण की प्रक्रिया ने भारतीय हाथों में प्रभावी राजनीतिक शक्ति नहीं दी, क्योंकि भारतीय नौकरशाह औपनिवेशिक शासन के एजेंट के रूप में कार्य करते थे।

9. निम्नलिखित युग्मों पर विचार कीजिए–

भारत सरकार के मिशन	**उद्देश्य**
1. अगस्त प्रस्ताव	**: वायसराय की कार्यकारी परिषद का विस्तार**
2. कम्युनल अवार्ड	**: पृथक निर्वाचक मण्डल / साम्प्रदायिक पंचाट नीति**
3. क्रिप्स मिशन	**: डोमिनियन स्टेटस प्रदान करना**

उपर्युक्त युग्मों में से कौन-सा/से सही सुमेलित है/हैं?

(a) केवल 1 (b) केवल 1 और 3

(c) केवल 2 और 3 (d) 1, 2 और 3

उत्तर (d) अगस्त 1940 का प्रस्ताव :

अपने प्रयासों द्वारा भारतीय समर्थन प्राप्त करने के लिए वायसराय ने अगस्त प्रस्ताव (अगस्त 1940) की घोषणा की, जिसमें भारतीयों के समक्ष निम्नलिखित प्रस्ताव रखे गए :

- भारत का लक्ष्य डोमिनियन स्टेटस रहेगा।
- युद्ध समाप्ति के पश्चात संविधान सभा का गठन किया जायेगा।
- वायसराय की कार्यकारी परिषद में भारतीयों की संख्या में वृद्धि की जायेगी।
- एक युद्ध सलाहकार समिति का गठन किया जायेगा।

नेहरू ने कहा, "डोमिनियन स्थिति की अवधारणा, दरवाजे की कील के समान मृत है।" गाँधी ने कहा इस घोषणा ने राष्ट्रवादियों और ब्रिटिश शासकों के बीच खाई को बढ़ा दिया है।

1932 का कम्युनल अवार्ड (साम्प्रदायिक अधिनिर्णय या पंचाट) :

इस निर्णय के द्वारा विधानसभाओं में प्रत्येक अल्पसंख्यक समुदाय के लिए प्रथम निर्वाचन मण्डल के आधार पर चुनाव हेतु सीटों (स्थानों) की एक संख्या निश्चित की गई। उन सीटों पर मुस्लिम केवल मुस्लिमों द्वारा और सिख केवल सिखों द्वारा ही तथा अन्य को भी इसी प्रकार चुना था। मुस्लिम, सिख और ईसाइयों को पहले ही अल्पसंख्यक के रूप में माना जाता था। इस पंचाट में दलित वर्गों को भी अल्पसंख्यक और पृथक निर्वाचनमण्डल के योग्य बना दिया और उन्हें भी सभी हिन्दुओं से पृथक कर दिया। प्रत्यक्ष रूप से मुस्लिम इस निर्णय से अत्यधिक प्रसन्न थे।

1942 का क्रिप्स मिशन :

इस मिशन के प्रमुख प्रस्ताव निम्नलिखित थे :

डोमिनियम स्टेटस प्राप्त एक भारतीय संघ की स्थापना की जाएगी।

युद्ध के पश्चात् नये संविधान के निर्माण के लिए एक संविधान सभा का गठन किया जायेगा। इस सभा के सदस्यों का चुनाव, आंशिक रूप से समानुपातिक प्रतिनिधित्व के माध्यम से प्रांतीय विधान सभाओं द्वारा और शेष सदस्य राजाओं द्वारा नामांकन के माध्यम से चुने जायेंगे।

ब्रिटिश सरकार नए संविधान को दो शर्तों पर स्वीकार करेगी (i) कोई प्रांत यदि संघ में सम्मिलित होने के लिए इच्छुक नहीं है, तो वह अपने लिए संघ से पृथक संविधान बना सकता है। (ii) संविधान निर्मात्री सभा और ब्रिटिश सरकार, शक्ति हस्तांतरण और जातीय तथा धार्मिक अल्पसंख्यकों के हितों की सुरक्षा सुनिश्चित करने के लिए समझौता वार्ता करेंगे।

10. निम्नलिखित में से कौन-सी गतिविधि/गतिविधियाँ 'नो-चेंजर्स' (परिवर्तन विरोधी) द्वारा रचनात्मक कार्य के अंतर्गत कार्यान्वित की गई थी/थीं?

1. हिन्दू-मुस्लिम एकता।

2. अस्पृश्यता का निवारण।

3. राष्ट्रीय विद्यालयों एवं महाविद्यालयों की स्थापना।

नीचे दिए गए कूट का प्रयोग कर सही उत्तर चुनिए-

(a) केवल 1 और 2

(b) केवल 1 और 3

(c) केवल 2

(d) 1, 2 और 3

उत्तर (d) जिन रचनात्मक कार्यों में 'नो-चेंजर्स' (परिवर्तन विरोधी) संलग्न थे, वे हैं :

ऐसे आश्रम उभरकर आए, जिनमें युवा पुरुष और महिलाएँ; आदिवासियों एवं निम्न जाति (मुख्य रूप से गुजरात के खेड़ा और बरदोली क्षेत्रों में) के लोगों के बीच कार्य करते थे और उन्होंने चरखा और खादी को लोकप्रिय बनाया।

राष्ट्रीय स्कूलों और कालेजों की स्थापना की गई थी, जहाँ छात्रों को गैर-औपनिवेशक विचारधारा में प्रशिक्षित किया जाता था।

हिन्दू-मुस्लिम एकता, अस्पृश्यता का निवारण, विदेशी वस्त्रों एवं शराब के बहिष्कार तथा बाढ़ राहत के लिए महत्वपूर्ण कार्य किया जाता था।

रचनात्मक कार्यकर्ताओं ने सक्रिय आयोजकों के रूप में सविनय अवज्ञा आंदोलन के मेरुदण्ड के रूप में कार्य किया।

11. देसाई-लियाकत समझौते का उद्देश्य निम्नलिखित में से क्या था?

(a) मुस्लिम लीग द्वारा प्रस्तावित द्वि-राष्ट्र सिद्धांत पर बातचीत करना।

(b) संविधान निर्माण निकाय के गठन को अंतिम रूप देना।

(c) अंग्रेजों के खिलाफ जन संघर्ष करने हेतु संयुक्त रणनीति विकसित करना।

(d) अंतरिम सरकार का गठन करने हेतु क्रियाविधि निर्धारित करना।

उत्तर (d) केन्द्रीय विधानसभा में कांग्रेस के नेता भूलाभाई देसाई और उसी विधानसभा में मुस्लिम लीग के उप-नेता लियाकत अली खान केन्द्र में एक अंतरिम सरकार बनाने के लिए एक प्रारूप प्रस्ताव तैयार किया। जिसमें यह प्रस्तावित किया गया था :

- केन्द्रीय विधायिका में कांग्रेस और लीग दोनों समान संख्या में सदस्यों को मनोनीत करेंगे।
- अल्पसंख्यकों के लिए 20% सीटों का आरक्षण।

इस समझौते को कांग्रेस अथवा लीग में से कोई भी स्वीकार नहीं किया, परन्तु तथ्य यह है कि इसमें कांग्रेस और लीग के मध्य एक प्रकार से समानता के आधार पर निर्णय हुआ था, जिसके दूरगामी परिणाम हुए।

12. निम्नलिखित युग्मों पर विचार कीजिए–

	संस्थापक		संघ
1.	महेन्द्र लाल सरकार	:	भारतीय विज्ञान संवर्धन संघ
2.	सैय्यद अहमद खान	:	अलीगढ़ साइंटफिक सोसायटी
3.	राजा राममोहन राय	:	सामान्य ज्ञान अभिग्रहण सोसायटी

उपर्युक्त युग्मों में से कौन-सा/से सही सुमेलित है/हैं?

(a) केवल 1 और 2

(b) केवल 1 और 3

(c) केवल 2 और 3

(d) 1, 2 और 3

उत्तर (a) 19वीं सदी ने राष्ट्रीय सुधार की कुंजी के रूप में वैज्ञानिक शिक्षा का बढ़ता महत्व देखा, जैसा कि उस समय के विभिन्न सुधारकों द्वारा प्रोत्साहित किया गया था, विज्ञान को 'आधुनिकता और प्रगति का सार्वभौमिक संकेत' माना गया और 'सुधार की भाषा' के रूप में पहचाना जाने लगा था। वैज्ञानिक शिक्षा की उन्नति के लिए कई संघों का गठन किया गया, जिनमें से कुछ इस प्रकार हैं :

महेन्द्र लाल सरकार ने 1876 में भारतीय विज्ञान संवर्धन संघ (Indian Association for the Cultivation of Science) की स्थापना की। यह संघ पहले कलकत्ता के प्रबुद्ध अभिजात्य वर्ग की एक छोटी-सी मण्डली द्वारा आरम्भ किया गया था, लेकिन जब नवीन मुद्रण संस्कृति के विकास के माध्यम से इसका अन्य प्रांतों में प्रसार होने लगा तो शीघ्र ही इसे सर्वसुलभ बना दिया गया।

सैयद अहमद खान द्वारा 1864 में स्थापित अलीगढ़ साइंटिफिक सोसायटी और 1868 में स्थापित बिहार साइंटिफिक सोसायटी ने विज्ञान की शक्ति पर संवाद में योगदान दिया।

युवा बंगाल समूह (The Young Bengal Group) ने सामान्य ज्ञान अभिग्रहण सोसायटी (Society for the Acquisition of general Knowledge) की स्थापना की। इस बैनर के नीचे वे पश्चिमी विज्ञान के विभिन्न पहलुओं पर विचार-विमर्श करते थे और जाति वर्ज, बाल विवाह, कुलीन बहुविवाह या विधवा पुनर्विवाह पर प्रतिबंध के निषेध जैसे कई सामाजिक सुधारों के पक्ष में खड़े हुए।

13. निम्नलिखित में से किस कार्य को परमहंस मण्डली ने प्राथमिक कार्य के रूप में ग्रहण किया था?

(a) वेदों की शिक्षाओं का प्रचार

(b) स्वतंत्रता संघर्ष के दौरान क्रांतिकारी गतिविधियाँ

(c) ब्रिटिश मिशनरी गतिविधियों पर अंकुश

(d) जाति बंधन का परित्याग करना

उत्तर (d) आत्माराम पांडुरंग शास्त्री और बाल जाम्बेकर द्वारा 1849 में महाराष्ट्र में इसकी स्थापना की गई थी। इसके संस्थापक एक ईश्वर में विश्वास करते थे और मुख्य रूप से जाति नियमों को तोड़ने में रुचि रखते थे। इसकी बैठकों में सदस्य निम्न जाति के लोगों द्वारा पकाया गया भोजन खाते थे।

14. भारतीय राज्य द्वारा सहायक सन्धि की नीति की स्वीकृति का निम्नलिखित में से कौन-सा/से परिणाम होता था/होते थे?

1. भारतीय राज्य अन्य राज्यों के साथ राजनयिक सम्बन्ध रखने का अपना अधिकार खो देते थे।

2. सहायक सन्धि के अंतर्गत भारतीय राज्यों की अर्थव्यवस्था का अधःपतन।

3. राज्य की सेना का विघटन और बेरोजगारी में वृद्धि।

नीचे दिए गए कूट का प्रयोग कर सही उत्तर चुनिए-

(a) केवल 1 और 2 (b) केवल 2

(c) केवल 1 और 3 (d) 1, 2 और 3

उत्तर (d) **कथन 1 सही है।** सहायक सन्धि पर हस्ताक्षर करके भारतीय राज्य वस्तुतः अपनी स्वतंत्रता खो देते थे। वे आत्मरक्षा, राजनयिक सम्बन्ध रखने, विदेशी विशेषज्ञों को नियोजित करने और अपने पड़ोसियों के साथ अपने विवाद के निपटारा करने के अधिकार खो देते थे।

कथन 2 सही है। इस प्रणाली की प्रवृत्ति संरक्षित राज्य का आंतरिक क्षय करने की होती थी। अंग्रेजों द्वारा उपलब्ध कराई गई सहायक सेना की लागत राज्य की भुगतान क्षमता से परे बहुत अधिक होती थी और जो इसकी वसूली के लिए लोगों पर बोझ बढ़ा देती थी और इसलिए यह अर्थव्यवस्था का क्षय करती थी और लोगों को गरीब बनाती थी।

कथन 3 सही है। क्योंकि सहायक सन्धि की नीति राज्य की सेनाओं के विघटन का मार्ग प्रशस्त करती थी और लाखों सैनिक अपनी आजीविका खो देते थे, क्योंकि उनका स्थान ब्रिटिश सैनिक ले लेते थे।

15. भारत में ब्रिटिश शासन के दौरान भारतीय सेना द्वारा निभाई गई निम्नलिखित में से कौन-सा/सी भूमिका/भूमिकाएँ थी/थीं?

1. इसने डच ईस्ट इंडिया कम्पनी की सेना जैसे विदेशी प्रतिद्वंद्वियों से ब्रिटिश साम्राज्य की रक्षा की।

2. इसने आंतरिक विद्रोहों से ब्रिटिश सर्वोच्चता की रक्षा की।

3. इसका अफ्रीका में ब्रिटिश साम्राज्य का विस्तार और रक्षा करने के लिए उपयोग किया गया।

नीचे दिए गए कूट का प्रयोग कर सही उत्तर चुनिए-

(a) केवल 1

(b) केवल 1 और 2

(c) केवल 2 और 3

(d) 1, 2 और 3

उत्तर (d) भारत में ब्रिटिश सेना चार महत्वपूर्ण कार्य संपन्न करती थी अर्थात् यह वह साधन था, जिसके माध्यम से भारतीय शक्तियों पर विजय प्राप्त की गई; यह विदेशी प्रतिद्वंद्वियों से भारत में ब्रिटिश साम्राज्य की रक्षा करती थी; यह सदा वर्तमान रहने वाले आंतरिक विद्रोहों के खतरे से ब्रिटिश सर्वोच्चता की रक्षा करती थी और एशिया और अफ्रीका में ब्रिटिश साम्राज्य का विस्तार और रक्षा करने की प्रमुख साधन थी।

16. अरुविप्पुरम (Aravippuram) आंदोलन के सम्बन्ध में निम्नलिखित कथनों पर विचार कीजिए–
    1. यह मद्रास प्रेसीडेंसी में आरम्भ में विधवा पुनर्विवाह के लिए आंदोलन था।
    2. इसने मद्रास में विधायिका में निम्न जातियों के लिए पृथक प्रतिनिधित्व की माँग की।

उपर्युक्त कथनों में से कौन-सा/से सही है/हैं?

(a) केवल 1 (b) केवल 2
(c) 1 और 2 दोनों (d) न तो 1, न ही 2

उत्तर (d) अरुविप्पुरम आंदोलन : 1888 में शिवरात्रि के अवसर पर श्री नारायण गुरु ने निम्न जाति से सम्बन्धित होने के बावजूद केरल में स्थित अरुविप्पुरम में शिव की एक मूर्ति स्थापित की। इसके माध्यम से उन्होंने यह प्रदर्शित करने का प्रयास किया कि एक सुधार आंदोलनों, विशेष रूप से मंदिर प्रवेश आंदोलन को प्रेरित किया जाए।

कथन 1 सही नहीं है। विधवा पुनर्विवाह के समर्थन के लिए मद्रास प्रेसीडेंसी में वीरेशलिंगम पन्तुलु द्वारा एक आंदोलन आरम्भ किया गया था।

कथन 2 सही नहीं है। जस्टिस मूवमेंट; यह सी. मुदलियार, टी. नायर और पी. त्यागराज द्वारा शुरू किया गया था। इसने 1917 में मद्रास प्रेसीडेंसी एसोसिएशन के माध्यम से विधानमण्डल में निचली जातियों के लिए अलग प्रतिनिधित्व की माँग की।

17. मध्यकालीन भारत में 'सरंजामी प्रणाली' क्या थी?

(a) पंजाब में धार्मिक संप्रदाय
(b) मराठों के अंतर्गत भू-अनुदान प्रणाली
(c) टीपू सुल्तान की सैन्य रणनीति
(d) मुगलों के अधीन राजस्व प्रशासन

उत्तर (b) मराठों के अंतर्गत सरंजामी व्यवस्था मुगलों की जागीरदारी प्रणाली की भांति थी, जिसमें सैनिक रखने के लिए भूमि (गैर-वंशानुगत) दिया जाता था। भूमि अधिकांशत: ग्रामीण वतन (पिछली सेवा या योग्यता के लिए पुरस्कार में दिया गया अधिकार) या जागीर के रूप में होती थी, उसका स्वामी क्षेत्र में सम्मिलित गाँवों के राजस्व निचोड़ने का हकदार होता था। जमींदार या सरंजाम धारक को दी जाने वाली पदवी सरंजामदार की होती थी। सामान्यत: इसे सैन्य क्षेत्र में वीर कर्म के लिए उस व्यक्ति को दिया जाता था, इस प्रकार अधिकांश सरंजामदार पूर्व सैन्य अधिकारी होते थे।

18. व्यपगत सिद्धांत या हड़प नीति के संदर्भ में, निम्नलिखित कथनों पर विचार कीजिए–
    1. इसे लॉर्ड हेस्टिंग्स द्वारा प्रचलित किया गया था।
    2. इसने संरक्षित राज्य के शासक की स्वाभाविक उत्तराधिकारी के बिना मृत्यु हो जाने की स्थिति में अंग्रेजों को उस राज्य का विलय करने की अनुमति दी।
    3. इस सिद्धांत के अंतर्गत विलय किया जाने वाला पहला राज्य अवध था।

उपर्युक्त कथनों में से कौन-सा/से सही है/हैं?

(a) केवल 1 और 2 (b) केवल 1 और 3
(c) केवल 2 (d) 1, 2 और 3

उत्तर (c) **कथन 1 सही नहीं है।** व्यपगत का सिद्धांत या हड़प नीति लॉर्ड डलहौजी द्वारा प्रचलित की गई थी। यह उसकी विलय की नीति का मुख्य साधन था।

कथन 2 सही है। इस नीति के अंतर्गत, स्वाभाविक उत्तराधिकारी के बिना संरक्षित राज्य के शासक के मर जाने पर उसका राज्य दत्तक अधिकारी को नहीं दिया जाता था, जबकि देश की सदियों पुरानी परंपरा के मुताबिक राज्य दत्तक उत्तराधिकारी को दिया जाता था। यदि दत्तक ग्रहण पहले ही स्पष्ट रूप से ब्रिटिश अधिकारियों द्वारा अनुमोदित नहीं होता था तो उसे ब्रिटिश उपनिवेश में मिला लिया जाना था। इस सिद्धांत को लागू कर, 1848 में सतारा और 1854 में नागपुर सहित कई राज्यों का विलय कर लिया गया।

कथन 3 सही नहीं है। व्यपगत के सिद्धांत या हड़प नीति के अंतर्गत विलय किया जाने वाला पहला राज्य सतारा था। लॉर्ड डलहौजी अवध का विलय करने को उत्सुक था। लेकिन इस कार्य में कुछ कठिनाइयाँ थी। पहली, अवध के नवाब बक्सर की लड़ाई के बाद से ही ब्रिटिश सहयोगी रहे थे, इसके अतिरिक्त वे पिछले कई वर्षों से अंग्रेजों के सबसे अधिक आज्ञाकारी रहे थे। अवध के नवाब के कई उत्तराधिकारी थे और इसलिए वे व्यपगत के सिद्धांत या हड़प नीति के अंतर्गत नहीं लाए जा सकते थे। उसे अपने अधिराज्य से वंचित करने के लिए कुछ अन्य बहानों की खोज करनी पड़ी। अंत में, डलहौजी को अवध के लोगों की दुर्दशा समाप्त करने का विचार सूझा। नवाब वाजिद अली शाह पर अपने राज्य पर कुशासन और सुधार लागू करने से मना करने का आरोप लगाया गया। इसलिए 1856 में उसके राज्य का विलय कर लिया गया।

19. निम्नलिखित में से कौन-से मुगल साम्राज्य के पतन के कारण थे?
    1. सिंहासन के उत्तराधिकार के युद्ध
    2. मुगल सैन्य प्रणाली में दुर्बलता
    3. बार-बार होने वाले किसान विद्रोह

नीचे दिए गए कूट का प्रयोग कर सही उत्तर चुनिए-

(a) केवल 1 और 2 (b) केवल 1 और 3
(c) केवल 2 और 3 (d) 1, 2 और 3

उत्तर (d) **कथन 1 सही है।** मुगलों के बीच ज्येष्ठाधिकार के नियम के अभाव का सामान्यत: परिणाम मरने वाले बादशाह के पुत्रों के बीच युद्ध होता था, जिसमें सैन्य सरदार पक्ष ग्रहण कर लेते थे। शाही वंश के राजकुमार पृष्ठभूमि में चले जाते थे, जबकि संघर्ष नाममात्र के नेताओं के रूप में शाही राजकुमारों का उपयोग करते हुए प्रतिद्वंद्वी गुटों के सरदारों द्वारा लड़ा जाता था।

कथन 2 सही है। मुगल सैन्य प्रणाली में अंतर्निहित दोष थे। सेना सामंती आधार पर संगठित थी, जिसमें साधारण सैनिक बादशाह के प्रति नहीं बल्कि मनसबदार के प्रति निष्ठा रखते थे। सैनिक अपने सरदार के रूप में मनसबदार को देखते थे। ऐसी सेनाओं के सरदार मुगल बादशाहों से गद्दारी करने की साजिश रचते हुए निरंतर पाला बदलते रहते थे।

कथन 3 सही है। 17वीं सदी के उत्तरार्ध और 18वीं सदी के पूर्वार्द्ध में बारम्बार होने वाले किसान विद्रोहों को मुगल साम्राज्य के पतन का प्रमुख कारण माना जाता है। ऊपर से थोपा गया साम्राज्य और इसका धीरे-धीरे बढ़ता आर्थिक दबाव, कभी भी ग्रामीण समाज द्वारा पूर्णतया स्वीकार नहीं किया गया था और केन्द्रीकृत सत्ता के विरुद्ध क्षेत्रीय भावनाएँ भी विद्यमान थीं। जब केन्द्रीय सत्ता की कमजोरियाँ स्पष्ट हो गई और मुगल सेना को एक के बाद पराजयों का सामना करना पड़ा और साथ ही मुगल शासक वर्ग का उत्पीड़न बढ़ गया, तो शाही प्राधिकार के प्रति प्रतिरोध भी व्यापक और अधिक दृढ़ हो गया। अधिकांश प्रकरणों में, इन विद्रोहों का नेतृत्व असन्तुष्ट जमींदारों द्वारा किया गया और शोषित किसानों द्वारा पूरा समर्थन दिया गया। अंततोगत्वा जमींदारों और किसानों का संयुक्त दबाव अक्सर मुगल प्राधिकार का सामना करने के लिए बहुत अधिक सिद्ध होता था।

20. मुगल शासक फर्रुखसियर के संदर्भ में, निम्नलिखित कथनों पर विचार कीजिए–

1. वह सैयद बंधुओं की सहायता से सत्ता में आया था।

2. उसने सिक्ख नेता बंदा बहादुर को पराजित किया और मार डाला।

3. उसने बंगाल में शुल्क मुक्त व्यापारिक अधिकारों के लिए ईस्ट इंडिया कम्पनी को 'सुनहरा फरमान' (Golden farman) दिया।

उपर्युक्त कथनों में से कौन-सा/से सही है/हैं?

(a) केवल 1 और 2 (b) केवल 2 और 3
(c) केवल 1 और 3 (d) 1, 2 और 3

उत्तर (d) **कथन 1 सही है।** फर्रुखसियर, जहाँदारशाह की हत्या करने के बाद 1713 से 1719 तक मुगल सम्राट रहा। 10 जनवरी, 1713 को आगरा के निकट सामूगढ़ की दूसरी लड़ाई में जहाँदारशाह को पराजय झेलनी पड़ी थी। इसके बाद सैयद बंधुओं की मदद से फर्रुखसियर सिंहासन प्राप्त करने में सफल रहा था।

कथन 2 सही है। फर्रुखसियर, सिखों के विरुद्ध अपने अभियान में सफल रहा। उसने 1716 में बंदा बहादुर को मार डाला और सिखों से लौहागढ़ छीन लिया।

कथन 3 सही है। फर्रुखसियर के शासनकाल के दौरान 1717 में ईस्ट इंडिया कम्पनी ने मात्र 3,000 रुपये में बंगाल में शुल्क मुक्त व्यापार का अधिकार खरीद लिया। इस अनुग्रह को 'सुनहरे फरमान' (Golden Farman) के रूप में जाना जाता है जिसके बाद के वर्षों में भारत में मजबूती से पैर जमाने में अंग्रेजों की सहायता की। **इसलिए, कथन 3 सही है।**

21. ब्रिटिश शासन के दौरान आरम्भ किए गए न्यायिक सुधारों के सम्बन्ध में निम्नलिखित युग्मों पर विचार कीजिए–

गवर्नर-जनरल		न्यायिक सुधार
1. लॉर्ड वेलेजली	:	**भारतीय कानूनों का संहिताकरण**
2. लॉर्ड कार्नवालिस	:	**कलेक्टरों को न्यायिक शक्तियां**
3. वारेन हेस्टिंग्स	:	**कलकत्ता में सुप्रीम कोर्ट की स्थापना**

उपर्युक्त युग्मों में से कौन-सा/से सही है/हैं?

(a) केवल 1 और 2 (b) केवल 2 और 3
(c) केवल 3 (d) 1, 2 और 3

उत्तर (c) **युग्म 1 सही सुमेलित नहीं है।** भारतीय कानूनों को संहिताबद्ध करने के लिए मैकाले के अधीन विधि आयोग की स्थापना की गई थी। फलस्वरूप, दीवानी प्रक्रिया संहिता (1859), भारतीय दंड संहिता (1860) और दंड प्रक्रिया संहिता (1861) तैयार की गई। इन संहिताबद्ध कानूनों ने धार्मिक और शासकों के निजी कानूनों का स्थान ग्रहण किया।

युग्म 2 सही सुमेलित नहीं है। कार्नवालिस ने कलेक्टरों से उनकी न्यायिक शक्तियां वापस ले ली और उन्हें केवल राजस्व की वसूली के लिए उत्तरदायी बनाया। फलस्वरूप, जिला न्यायाधीशों की नियुक्ति की गई।

युग्म 3 सही सुमेलित है। वारेन हेस्टिंग्स के शासनकाल में, 1773 के रेगुलेटिंग एक्ट के पारित होने के बाद एक मुख्य न्यायधीश और 3 न्यायाधीशों के साथ फोर्ट विलियम, कलकत्ता में सुप्रीम कोर्ट (SC) की स्थापना की गई।

22. "वे जनसामान्य में अधिक आस्था नहीं रखते थे। वे मानते थे कि भारतीय समाज में सभी वर्गों को राजनीति में प्रवेश करने से पहले उन्हें एक राष्ट्र के रूप में एकजुट होना था। केवल शिक्षित बुद्धिजीवियों के उच्च वर्ग का प्रतिनिधित्व करने वाले 'सूक्ष्म अल्पसंख्यक' के रूप में वे आलोचना के शिकार भी हुए।" इस कथन में 'वे' का संदर्भ निम्नलिखित में से किससे है?

(a) गरमपंथी
(b) ब्रिटिश अधिकारी
(c) नरमपंथी
(d) अंग्रेजों के प्रति स्वामिभक्त मुसलमान

उत्तर (c) आरम्भिक राष्ट्रवादियों को नरपमंथियों के रूप में भी जाना जाता है। ये भारत में 1885 से 1905 के बीच सक्रिय राजनीतिक नेताओं के एक समूह थे।

नरमपंथियों द्वारा प्रस्ताव पारित करने एवं याचिका भेजने के लिए उपयोग की जाने वाली विधियों को आलोचकों द्वारा अपर्याप्त माना गया था। आलोचकों का तर्क था कि नरमपंथी अपनी शक्ति पर निर्भर होने एवं साम्राज्यवादी सत्ता को चुनौती देने के स्थान पर अंग्रेजों की उदारता पर निर्भर थे। वे इस वास्तविकता का भान करने में विफल रहे थे कि अंग्रेजों और भारतीयों के हित एक दूसरे के विरोधी थे एवं ब्रिटेन अपनी सम्पत्ति को बढ़ाने के लिए भारत के संसाधनों का उपयोग कर रहा था। आरम्भिक राष्ट्रवादी जन-सामान्य को राष्ट्रीय आंदोलन की मुख्य धारा में लाने में विफल रहे, इस तरह उनका प्रभाव क्षेत्र शहरी शिक्षित भारतीयों तक ही सीमित ब रहा। विशेष रूप से, उनके नेतृत्व में केव वकीलों, डॉक्टरों, पत्रकारों और शिक्षकों जै पेशेवर समूहों के सदस्य सम्मिलित थे।

1887 में डफरिन ने एक भाषण आरम्भिक राष्ट्रवादियों पर आक्रमण करते हुए उ केवल सूक्ष्म अल्पसंख्यक लोगों का प्रतिनिधि करने वाला कहते हुए उपहास किया था। ब्रिटि अधिकारियों ने राष्ट्रवादियों की आलोचना क और इन नेताओं पर 'विश्वासघाती बाबुओ 'हिंसक खलनायकों' आदि का ठप्पा लगाया।

23. ब्रिटिश शासन के अधीन इंडियन सिवि सर्विसेज (ICS) के संदर्भ में, निम्नलिखि कथनों पर विचार कीजिए–

1. सिविल सेवकों को प्रशिक्षित करने लिए कॉर्नवालिस ने फोर्ट विलियम एक कॉलेज की स्थापना की।

2. सत्येन्द्र प्रसाद सिन्हा ICS पास क वाले पहले भारतीय थे।

3. अधिकाधिक भारतीयों को सिवि सेवाओं में शामिल करने के लि एचिसन आयोग (Aitchison Comm sion) ने भारत और इंग्लैंड में एक स परीक्षा आयोजित करने की अनुश की थी।

उपर्युक्त कथनों में से कौन-सा/से स है/हैं?

(a) केवल 1
(b) केवल 1 और 2
(c) केवल 2 और 3
(d) उपर्युक्त में से कोई नहीं

उत्तर (d) **कथन 1 सही नहीं है।** लॉर्ड वेलेजली ने फोर्ट विलियम कॉलेज को व 1800 में नए भर्ती किए गए सिविल सेवक को प्रशिक्षण देने के लिए स्थापित किया था वर्ष 1806 में वेलेजली के कॉलेज को कोर्ट ऑफ डायरेक्टर्स द्वारा अस्वीकार कर दिया गया था और उसके स्थान पर इंग्लैंड में हैलीबरी में नए भर्ती किए गए सिविल सेवकों को दो व का प्रशिक्षण प्रदान करने के लिए ईस्ट इंडिया कॉलेजों की स्थापना की गई थी।

कथन 2 सही नहीं है। सत्येन्द्र नाथ टैगोर, वर्ष 1863 में ICS की अर्हता प्राप्त करने वाले पहले भारतीय थे। सत्येन्द्र प्रसाद सिन्हा वर्ष 1909 के अधिनियम के अंतर्गत पहली बा गवर्नरों एवं वायसराय की कार्यकारी परिषद में भारतीयों की सम्बद्धता का प्रावधान करने वाले सुधारों के बाद वायसराय की कार्यकारी परिषद में सम्मिलित होने वाले प्रथम भारतीय थे।

कथन 3 सही नहीं है। 1886 में भारत सरकार द्वारा सी. यू. एचिसन की अध्यक्षता के अंतर्गत सामान्य रूप से यूरोपियों के लिए आरक्षित रहने वाले पदों पर भारतीयों की नियुक्ति किए जाने की स्थितियों का परीक्षण करने के लिए एक लोक सेवा आयोग की स्थापना की गई थी। इसने योग्य होने पर भारतीयों को लोक सेवाओं में प्रवेश देने की अनुशंसा की, किन्तु इस उद्देश्य के लिए भारत में एक साथ प्रतियोगी परीक्षाएँ आयोजित कराने का समर्थन नहीं किया।

24. 1883 का इल्बर्ट बिल विवाद निम्नलिखित में से किससे सम्बन्धित था?

(a) I.C.S. परीक्षा के लिए अधिकतम आयु सीमा को 21 वर्ष से कम करके 19 वर्ष किया जाना।

(b) यूरोपियों पर मुकदमे की सुनवाई करने के सम्बन्ध में भारतीय मजिस्ट्रेटों (दण्ड नायक) पर आरोपित निर्हताओं को हटाया जाना एवं सिविल सेवा के भारतीय सदस्यों को उनके यूरोपीय समकक्षों के समान शक्तियाँ प्रदान किया जाना।

(c) इंग्लैंड में भारत के लिए विधि आयोग की स्थापना।

(d) इंग्लैंड में भारत के लिए वित्ति आयोग का गठन।

उत्तर (b) इल्बर्ट बिल का नाम काउंसिल ऑफ इंडिया के विधिक परामर्शदाता कोर्टएने पेरेग्रिन इल्बर्ट के नाम पर रखा गया था।

यह विधेयक 1883 में वायसराय रिपन द्वारा लाया गया था, जो वास्तव में भारतीय दण्ड संहिता के नस्लीय भेद समाप्त करना चाहते थे। रिपन ने भारतीय न्यायाधीशों एवं मजिस्ट्रेटों को ब्रिटिश अपराधियों पर आपराधिक मामलों में जिला स्तर पर मुकदमे की सुनवाई करने के सम्बन्ध में न्यायाधिकार की अनुमति देने के लिए तत्कालीन कानूनों में संशोधन प्रस्तावित किया था।

भारत में रहने वाले यूरोपियों ने इसे अपना अपमान समझा और इस विधेयक के पुरस्थापन का ब्रिटेन और साथ ही भारत में (ब्रिटिश निवासियों द्वारा) तीव्र विरोध किया गया। इसलिए इसे वापस ले लिया गया, किन्तु वर्ष 1884 में इसे पुनः पुरस्थापित किया गया और अत्यधिक समझौता ग्रस्त स्थिति में अधिनियमित किया गया। इसके अनुसार प्रतिवादी को सभी मामलों में ऐसी न्यायपीठ द्वारा मुकदमे की सुनवाई करने का दावा किए जाने का अधिकार था जिसके कम-से-कम आधे सदस्य यूरोपीय हों। संशोधित इल्बर्ट विधेयक 25 जनवरी, 1984 को आपराधिक दण्ड प्रक्रिया संशोधन अधिनियम, 1884 के रूप में पारित किया गया था। यह 1 मई, 1884 को प्रवर्तित हुए।

25. 19वीं शताब्दी के दौरान स्वतंत्रता संघर्ष के संदर्भ में आजमगढ़ उद्घोषणा निम्नलिखित में से किससे सम्बद्ध थी?

(a) 1904 का विश्वविद्यालय अधिनियम

(b) 1857 का विद्रोह

(c) मोपला विद्रोह

(d) पाबना विद्रोह

उत्तर (b) आजमगढ़ उद्घोषणा : इस उद्घोषणा या घोषणा-पत्र का प्रकाशन 29 सितम्बर, 1857 को दिल्ली राजपत्र में किया गया था। सर्वाधिक संभावना यह है कि इसका लेखक मुगल सम्राट का पौत्र फिरोज शाह था, जिसने लखनऊ और अवध (औध) में अंग्रेजों के विरुद्ध युद्ध किया।

26. युवा बंगाल आंदोलन (यंग बंगाल मूवमेंट) के संदर्भ में, निम्नलिखित कथनों पर विचार कीजिए–

1. इसका नेतृत्व हेनरी लुई विवियन डेरोजिओ द्वारा किया गया था।

2. अपने उग्र विचारों के कारण यह एक सफल जन-आंदोलन नहीं था।

उपर्युक्त कथनों में से कौन-सा/से सही है/हैं?

(a) केवल 1

(b) केवल 2

(c) 1 और 2 दोनों

(d) न तो 1, न ही 2

उत्तर (c) युवा बंगाल आंदोलन (यंग बंगाल मूवमेंट) हेनरी विलियम डेरोजियो द्वारा शुरू किया गया था। उन्हें भारत का प्रथम राष्ट्रवादी कवि माना जाता है। इस आंदोलन की विषयवस्तु उग्र-सुधारवादी थी, यही कारण था कि इसने सामान्य जनता के बीच इसके आकर्षण को सीमित कर दिया, क्योंकि उनके विचार तत्कालीन भारत की सामाजिक स्थितियों के लिए परिपक्व नहीं थे।

यह आंदोलन किसानों के मुद्दों को उठाने में असफल रहा और इस प्रकार इसे सामाजिक समर्थन का आधार नहीं मिला।

27. निम्नलिखित युग्मों पर विचार कीजिए–

संगठन		संस्थापक
1. तत्वबोधिनी सभा	:	**केशव चन्द्र सेन**
2. सत्यशोधक समाज	:	**ज्योतिबा फुले**
3. सर्वेंट्स ऑफ इंडिया सोसायटी	:	**गोपालकृष्ण गोखले**

उपर्युक्त युग्मों में से कौन-सा/से सही सुमेलित है/हैं?

(a) केवल 1

(b) केवल 2 और 3

(c) केवल 1 और 3

(d) 1, 2 और 3

उत्तर (b) तत्वबोधिनी सभा (सत्य का प्रचार/खोज करने वाला समाज) कलकत्ता में वर्ष 1893 में ब्रह्म समाज से अलग होकर बने समूह के रूप में, हिन्दूधर्म और भारतीय समाज के सुधारवादियों का एक समूह था। इसके संस्थापक सदस्य देवेन्द्रनाथ टैगोर थे। ब्रह्म समाज का दूसरा गुट केशव चंद्र सेन के नेतृत्व में ब्रह्म समाज ऑफ इंडिया बन गया। **इसलिए, युग्म 1 सही सुमेलित नहीं है।**

सत्यशोधक समाज की स्थापना ज्योतिबा फुले द्वारा महाराष्ट्र में 1873 में की गई थी। इसका उद्देश्य शूद्र एवं अछूत जातियों को शोषण एवं उत्पीड़न से मुक्त कराना था। **इसलिए, युग्म 2 सही सुमेलित है।**

सर्वेंट्स ऑफ इंडिया सोसायटी का गठन पुणे में गोपालकृष्ण गोखले द्वारा किया गया था। इसका गठन करने के लिए उन्होंने डेक्कन एजुकेशनल सोसाइटी को छोड़ दिया था। शिक्षा, स्वच्छता, स्वास्थ्य देखभाल को बढ़ावा देने एवं अस्पृश्यता और भेदभाव, शराब का सेवन, निर्धनता, महिलाओं का उत्पीड़न और घरेलू दुर्व्यवहार जैसी सामाजिक बुराइयों से संघर्ष करने के लिए इस सोसायटी ने कई अभियान आयोजित किए। **इसलिए, युग्म 3 सही सुमेलित है।**

28. मुगलों के पतन के कारण उदित भारतीय राज्यों के सम्बन्ध में निम्नलिखित कथनों पर विचार कीजिए–

1. ये शासक सार्वजनिक नियुक्तियों में धार्मिक आधार पर भेदभाव नहीं करते थे।

2. उन्होंने अपने राज्यों की औद्योगिक और वाणिज्यिक संरचना का आधुनिकीकरण किया।

उपर्युक्त कथनों में से कौन-सा/से सही है/हैं?

(a) केवल 1 (b) केवल 2

(c) 1 और 2 दोनों (d) न तो 1, न ही 2

उत्तर (a) 18वीं शताब्दी में बंगाल, अवध, मराठा, पंजाब आदि जैसे अनेक स्वतंत्र और अर्द्ध-स्वतंत्र राज्य उभर आए। इन राज्यों के शासकों ने कानून-व्यवस्था और व्यवहार्य आर्थिक एवं प्रशासनिक राज्यों की स्थापना की।

इन राज्यों की राजनीति सदैव गैर-साम्प्रदायिक या धर्मनिरपेक्ष होती थी, क्योंकि आर्थिक और राजनीतिक संदर्भ में इन शासकों की प्रेरणा एक समान थी। शासकों द्वारा सार्वजनिक नियुक्तियों में धार्मिक आधार पर भेद नहीं किया जाता था। यद्यपि इन राज्यों ने आंतरिक व्यापार में किसी प्रकार के विघटन का विरोध किया और यहाँ तक कि विदेशी व्यापार को बढ़ावा देने का प्रयास भी किया, लेकिन अपने राज्यों की औद्योगिक या वाणिज्यिक संरचना का आधुनिकीकरण करने के लिए उन्होंने कोई प्रयास नहीं किए।

29. नरमपंथियों ने ब्रिटिश सरकार के सम्मुख अपनी शिकायतें/माँगों को याचिकाओं के रूप में प्रस्तुत किया। निम्नलिखित में से कौन-सी एक माँग इन आरम्भिक माँगों में सम्मिलित नहीं थी?

(a) विधानसभा में भारतीयों की भागीदारी में बढ़ोतरी।
(b) सिविल सेवाओं का भारतीयकरण।
(c) वर्नाकुलर (भारतीय) भाषाओं में शिक्षा प्रदान करना।
(d) सैन्य व्यय और कर भार में कमी करना।

उत्तर (c) आरम्भिक नरमपंथियों का विश्वास था कि ब्रिटिश सरकार भारतीय समस्याओं से अनजान थी और यदि उसे भारतीयों की समस्याओं का ज्ञान हो जाए तो वह उन्हें समाप्त करने के उपाय करेगी। उन्होंने भारतीय मामलों के विषय में ब्रिटिश जनमत को अवगत कराने एवं संसद को जानकारी देने का प्रयास किया।

रणनीतिक रूप से, कांग्रेस ने राष्ट्रीय आंदोलन की प्रारम्भिक अवस्था में स्वतंत्रता की मांग नहीं की। नरमपंथियों के नेतृत्व में भारतीय राष्ट्रीय कांग्रेस ने ब्रिटिश सरकार के सामने याचिकाओं के रूप में अपनी शिकायतें प्रस्तुत कीं। इसकी प्रारम्भिक मांगे थीं :

- विधान सभा में भारतीयों की भागीदारी को बढ़ाया जाए।
- सिविल सेवाओं का भारतीयकरण।
- भारतीयों को शिक्षित करने के लिए अधिक निधियाँ उपलब्ध कराना।
- सैन्य व्यय और कर भार में कमी।

ये सभी माँगे बहुत उदार प्रकृति की थीं।

30. भारत में ब्रिटिश शासन के दौरान पुलिस सुधारों के सम्बन्ध में निम्नलिखित कथनों पर विचार कीजिए–

1. लॉर्ड बेंटिक ने जमींदारों को उनके पुलिस व्यवस्था सम्बन्धी कार्यों से मुक्त कर दिया।

2. लॉर्ड कॉर्नवॉलिस ने दरोगा के अंतर्गत थानों की एक प्रणाली स्थापित कर पुलिस बल को नियमित किया।

उपर्युक्त कथनों में से कौन-सा/से सही है/हैं?

(a) केवल 1 (b) केवल 2
(c) 1 और 2 दोनों (d) न तो 1, न ही 2

उत्तर (b) **कथन 1 सही नहीं है।** लॉर्ड कॉर्नवालिस ने जमींदारों को उनके पुलिस व्यवस्था सम्बन्धी कार्यों से मुक्त किया। बेंटिक ने पुलिस अधीक्षक (SP) के पद को समाप्त कर दिया। कलेक्टर/मजिस्ट्रेट को अपने अधिकार क्षेत्र में पुलिस बल का प्रमुख बनाया गया था और प्रत्येक डिवीजन में कमिश्नर को पुलिस अधीक्षक के रूप में कार्य करना था। इस व्यवस्था के परिणामस्वरूप निम्नस्तरीय रूप से संगठित पुलिस बल अस्तित्व में आया, जिसने कलेक्टर/मजिस्ट्रेट पर भारी बोझ डाल दिया था।

कथन 2 सही है। लॉर्ड कॉर्नवालिस ने जिले में दारोगा के अधीन थानों (सर्किल) एवं जिले में शीर्ष अधिकारी के रूप में पुलिस अधीक्षक (SP) की पुरानी भारतीय प्रणाली को अपनाकर और उसे आधुनिकीकृत कर, कानून और व्यवस्था बनाए रखने के लिए व्यवस्थित पुलिस बल संगठित किया।

31. भारत में सिविल सेवाओं के इतिहास के सम्बन्ध में, निम्नलिखित कथनों पर विचार कीजिए–

1. भारत में सिविल सेवाओं का आरंभ एवं उसे संगठित स्वरूप प्रदान करने का कार्य लॉर्ड वेलेजली ने किया।

2. लॉर्ड लिटन ने सिविल सेवा में भारतीयों को कुछ आरक्षित पदों (covenanted posts) पर कार्य करने की अनुमति प्रदान की।

उपर्युक्त कथनों में से कौन-सा/से सही है/हैं?

(a) केवल 1
(b) केवल 2
(c) 1 और 2 दोनों
(d) न तो 1, न ही 2

उत्तर (b) **कथन 1 सही नहीं है।** लॉर्ड कॉर्नवालिस को 'भारतीय सिविल सेवाओं का जन्मदाता' माना जाता है। वह सिविल सैवा को अस्तित्व प्रदान करने एवं संगठित करने वाला प्रथम व्यक्ति था। 1800 में, वेलेजली ने भर्ती हुए नए सदस्यों के प्रशिक्षण हेतु फोर्ट विलियम कॉलेज की स्थापना की। 1806 में इस कॉलेज को कोर्ट ऑफ डायरेक्टर्स (ईस्ट इंडिया कंपनी का शासी निकाय) द्वारा अस्वीकृत कर दिया गया। इसके स्थान पर भर्ती होने वाले नए सदस्यों को दो-वर्षीय प्रशिक्षण प्रदान करने के उद्देश्य से इंग्लैंड के हेलीबरी में ईस्ट इंडिया कॉलेज की स्थापना की गई।

कथन 2 सही है। लॉर्ड लिटन ने आयु सीमा कम करके 19 वर्ष (1878) कर दी थी, लेकिन दूसरी ओर उसने वैधानिक सिविल सेवा आरम्भ की, जिसमें कुल पदों के छठे भाग को भारतीय उच्च परिवारों द्वारा प्रसंविदागत रूप से भरे जाने के लिए रखा गया। इन पदों को स्थानीय सरकारों द्वारा मनोनयन से, सचिव एवं वायसराय की स्वीकृति के बाद भरा जाना था, किन्तु यह तंत्र विफल हो गया और इसे समाप्त कर दिया गया।

32. यंग बंगाल आंदोलन द्वारा निम्नलिखित में से कौन-सी माँगें उठायी गई थीं?

1. उच्च श्रेणी की सेवाओं में भारतीयों का प्रवेश।

2. विधवा पुनर्विवाह पर प्रतिबंध लगाने पर रोक।

3. विदेशी ब्रिटिश कॉलोनियों में रह रहे भारतीय श्रमिकों के साथ बेहतर व्यवहार।

नीचे दिए गए कूट का प्रयोग कर सही उत्तर चुनिए-

(a) केवल 1 और 2 (b) केवल 2 और 3
(c) केवल 1 और 3 (d) 1, 2 और 3

उत्तर (d) 'यंग बंगाल', ने हिन्दू धर्म की धार्मिक और सामाजिक रूढ़िवादिता के समक्ष बौद्धिक चुनौती प्रस्तुत की। उन्होंने अनेक सामाजिक सुधारों का समर्थन किया, जैसे–जातिगत वर्जना का निषेध, बाल विवाह निषेध, कुलीन बहुविवाह निषेध, विधवा पुनर्विवाह पर प्रतिबंध का विरोध आदि। डेरोजियनों ने सामाजिक, आर्थिक और राजनीतिक मुद्दों पर राममोहन राय की परंपरा को आगे बढ़ाया। उदाहरण के लिए, उन्होंने उच्च श्रेणियों की सेवाओं में भारतीयों के प्रवेश, दमनकारी जमींदारों से रैयतों की स्वतंत्रता और मुकदमों की सुनवाई जूरी द्वारा किए जाने की माँग की।

33. 19वीं सदी के पूर्वार्द्ध के दौरान भारतीयों को पूर्ण रूप से सिविल सेवाओं से बाहर रखा गया था, क्योंकि–

1. अंग्रेजों का मानना था कि ब्रिटिश प्रशासन केवल अंग्रेज कर्मियों द्वारा ही दृढ़तापूर्वक स्थापित किया जा सकता था।

2. **इन आकर्षक पदों पर नियुक्ति हेतु यूरोपीय लोगों के मध्य भी उच्च प्रतिस्पर्धा विद्यमान थी।**

नीचे दिए गए कूट का प्रयोग कर सही उत्तर चुनिए-

(a) केवल 1

(b) केवल 2

(c) 1 और 2 दोनों

(d) न तो 1, न ही 2

उत्तर (c) दोनों कथन सही हैं।

कॉर्नवालिस के समय से भारतीय सिविल सेवाओं की विशेषता रही कि भारतीयों को पूर्णरूप से बाहर रखा जाए। इस नीति का पालन निम्नलिखित कारणों से किया गया :

- उनका विश्वास था कि ब्रिटिश शासन केवल ब्रिटिश विचारों, संस्थाओं एवं प्रथाओं पर आधारित हो और इसे केवल अंग्रेज कर्मियों द्वारा ही दृढ़तापूर्वक स्थापित किया जा सकेगा। ये सेवाएँ उस समय भारत में ब्रिटिश शासन को स्थापित करने एवं सुदृढ़ करने की दृष्टि से आवश्यक थीं।
- ब्रिटिश, भारतीयों की योग्यता एवं निष्ठा पर विश्वास नहीं करते थे।
- इन आकर्षक पदों के लिए यूरोपियों के मध्य भी उच्च प्रतिस्पर्धा विद्यमान थी। इसने इन सेवाओं में भारतीयों के प्रवेश को और अधिक हतोत्साहित किया।

34. भारत में ब्रिटिश शासन के दौरान पुलिस व्यवस्था के सम्बन्ध में निम्नलिखित कथनों पर विचार कीजिए-

1. **लॉर्ड हेस्टिंग्स ने जमींदारों को उनके पुलिस सम्बन्धी कर्त्तव्यों से मुक्त कर दिया।**
2. **लॉर्ड कॉर्नवालिस ने दारोगा के अधीन थाना प्रणाली की स्थापना कर पुलिस बल को नियमित बनाया।**
3. **संपूर्ण ब्रिटिश शासनकाल के दौरान भारतीयों को सभी उच्च पदों से बाहर रखा गया था।**

उपर्युक्त कथनों में से कौन-सा/से सही है/हैं?

(a) 1, 2 और 3 (b) केवल 2 और 3

(c) केवल 2 (d) केवल 1 और 3

उत्तर (c) कथन 1 सही नहीं है। लॉर्ड कॉर्नवालिस द्वारा जमींदारों को उनके पुलिस सम्बन्धी कर्तव्यों से मुक्त किया गया, न कि लॉर्ड हेस्टिंग्स द्वारा। बेंटिक के कार्यकाल में कलेक्टर/मजिस्ट्रेट को पुलिस बल का प्रमुख बनाया गया और प्रत्येक डिवीजन से आयुक्त (कमिश्नर) को एस. पी. के रूप में कार्य करना था। यह व्यवस्था अंततः एक अकुशल ढंग से संगठित पुलिस बल में तब्दील हो गई, क्योंकि कलक्टर/मजिस्ट्रेट पर अत्यधिक बोझ पड़ता था।

कथन 2 सही है। लॉर्ड कॉर्नवालिस ने, थानों (सर्कल) की पुरानी भारतीय प्रणाली का आधुनिकीकरण कर, कानून और व्यवस्था बनाए रखने के उद्देश्य से एक नियमित पुलिस बल का गठन किया, जिसके अंतर्गत जिले के थाने दारोगा के अधीन होते थे। पुलिस अधीक्षक (SP) जिला-प्रमुख के रूप में कार्य करता था।

कथन 3 सही नहीं है। भारतीयों को सभी उच्च पदों से बाहर नहीं रखा गया था। दारोगा का पद भारतीय द्वारा ही संभाला जाता था। 1902 के पुलिस कमीशन द्वारा पुलिस बल में अधिकारियों के पद पर शिक्षित भारतीयों की नियुक्ति का प्रावधान किया गया, परन्तु उन्हें 'ओहदे (रैंक) में वहाँ रोक दिया जाता था, जहाँ से यूरोपीय अधिकारियों के रैंक आरम्भ होते थे।

20वीं सदी के आरम्भिक दशकों के दौरान होने वाली अन्य महत्वपूर्ण प्रगतियों में इलिंग्टन आयोग (1912) और ली आयोग (1924) सम्मिलित हैं। इन आयोगों (कमीशनों) की संस्तुतियों के आधार पर पुलिस बल की वरिष्ठ रैंकों का पर्याप्त रूप से भारतीयकरण हुआ। इलिंग्टन आयोग द्वारा, मेधावी भारतीयों की उच्च पदों पर नियुक्ति की अनुशंसा की गई। वर्ष 1919 के अंत में, IPS का 33% कोटा भारतीयों के लिए निर्धारित कर दिया गया। ली कमीशन द्वारा (1824) यह कोटा बढ़ाकर 50% तक कर दिया गया।

35. कारखाना अधिनियम 1891 के संदर्भ में, निम्नलिखित कथनों पर विचार कीजिए-

1. **इस अधिनियम में सभी कामगारों हेतु साप्ताहिक अवकाश की व्यवस्था की गई।**
2. **यह ब्रिटिश स्वामित्व वाले चाय और कॉफी बागानों पर लागू होता था।**
3. **इसने पुरुषों और महिलाओं के काम के घंटों को विनियमित किया।**

उपर्युक्त कथनों में से कौन-सा/से सही है/हैं?

(a) केवल 1 (b) 1, 2 और 3

(c) केवल 2 (d) केवल 2 और 3

उत्तर (a) द्वितीय कारखाना अधिनियम 1891 में निम्नलिखित प्रावधान शामिल थे :

इसमें बच्चों की न्यूनतम आयु और अधिकतम आयु में वृद्धि की गई थी (क्रमशः 7 से बढ़ाकर 9 वर्ष एवं 12 से बढ़ाकर 14 वर्ष)।

सभी कामगारों को साप्ताहिक अवकाश प्रदान किया गया था। **इसलिए, कथन 1 सही है।**

इसमें महिलाओं के लिए काम करने की अवधि 11 घंटे प्रति दिन निर्धारित की गई थी, परन्तु पुरुषों के लिए काम के घंटे विनियमित नहीं किए गए थे। **इसलिए, कथन 3 सही नहीं है।**

यह अधिनियम ब्रिटिश स्वामित्व वाले कॉफी बागानों पर लागू नहीं होता था। **इसलिए, कथन 2 सही नहीं है।**

36. सैयद बंधुओं के संदर्भ में, निम्नलिखित कथनों पर विचार कीजिए-

1. **उन्होंने फर्रुखसियर की मुगल सिंहासन प्राप्त करने में सहायता की।**
2. **उन्होंने धार्मिक सहिष्णुता की नीति अपनायी।**

उपर्युक्त कथनों में से कौन-सा/से सही है/हैं?

(a) केवल 1

(b) केवल 2

(c) 1 और 2 दोनों

(d) न तो 1, न ही 2

उत्तर (c) कथन 1 सही है। औरंगजेब की मृत्यु के पश्चात सैयद बंधु (अब्दुल्ला खान और हुसैन खान), मुगल दरबार में अत्यधिक प्रभावशाली हो गए थे और 1707 में सम्राट औरंगजेब की मृत्यु के पश्चात फैली अराजकता में किंग मेकर बन गए थे। 1710 के दशक में उन्होंने इच्छानुसार मुगल सम्राटों को राजा बनाया और अपदस्थ किया। औरंगजेब के पुत्र बहादुरशाह प्रथम ने सैयद बंधुओं और मुगल दरबार के एक और प्रभावशाली प्रशासक चिन कलिच खान (निजाम-उल-मुल्क) की सहायता से अपने भाइयों को पराजित करके राजगद्दी पर अधिकार किया था। बहादुरशाह प्रथम की मृत्यु 1712 में हो गई और उसके उत्तराधिकारी जहाँदार शाह की सैयद बंधुओं के आदेश पर हत्या कर दी गई। 1713 में जहाँदार शाह का भतीजा फर्रुखसियर सैयद बंधुओं की सहायता से बादशाह बन गया। उसके शासनकाल में इन सैयद बंधुओं का प्रभुत्व स्पष्ट दिखने लगा, राज्य पर उनका एकाधिकार था और बादशाह केवल नाममात्र का शासक बन कर रह गया था। सैयद बंधुओं ने मुगल दरबार में निजाम-उल-मुल्क के प्रभाव को कम करने हेतु, उसे मुगल दरबार से दूर दक्षिण में भेजने

की साजिश की। 1719 में सैयद बंधुओं ने फर्रुखसियर को अंधा एवं अपदस्थ कर, हत्या करा दी।

कथन 2 सही है। सैयद बन्धुओं ने धार्मिक सहिष्णुता की नीति का अनुसरण किया। वे जजिया उन्मूलन और राजपूतों के प्रति समझौतावादी नीति के लिए उत्तरदायी थे। उन्होंने राजा रतन चंद को दीवान नियुक्त किया। वे हिन्दुस्तानी दल के गठन के भी उत्तरदायी थे, जिसमें हिन्दू और मुस्लिम दोनों ही सम्मिलित थे। उनकी मैत्रीपूर्ण नीति के कारण राजपूत सैयद बंधुओं के सशक्त समर्थक थे।

37. शस्त्र अधिनियम, 1878 के संदर्भ में, निम्नलिखित कथनों पर विचार कीजिए–

1. इसका प्राथमिक उद्देश्य भारतीयों और यूरोपीय लोगों को बिना लाइसेंस के शस्त्र (Firearms) रखने से रोकना था।

2. लॉर्ड रिपन के कार्यकाल के दौरान इसे निरस्त कर दिया गया।

उपर्युक्त कथनों में से कौन-सा/से सही है/हैं?

(a) केवल 1

(b) केवल 2

(c) 1 और 2 दोनों

(d) न तो 1, न ही 2

उत्तर (d) **कथन 1 सही नहीं है।** शस्त्र अधिनियम लॉर्ड लिटन के शासनकाल के दौरान पारित किया गया, जिसके अंतर्गत उसने पूरे भारत में शस्त्र (firearms) रखने हेतु लाइसेंस प्रणाली को लागू किया, किन्तु यूरोपीय और युरेशियाई लोगों को इससे छूट प्रदान की गई। इसलिए, इसका प्राथमिक उद्देश्य भारतीय लोगों को बिना लाइसेंस के आग्नेयास्त्र रखने से रोकना था।

कथन 2 सही नहीं है। शस्त्र अधिनियम कभी भी निरस्त नहीं किया गया, बल्कि लॉर्ड रिपन द्वारा इसे अवांछनीय नस्लीय रियायतें समाप्त करने के उद्देश्य से संशोधित किया गया था।

38. सहायक सन्धि की नीति के संदर्भ में, निम्नलिखित कथनों पर विचार कीजिए–

1. अंग्रेजों की स्वीकृति के बिना भारतीय शासकों को किसी भी यूरोपीय को नियोजित करने की अनुमति नहीं थी।

2. भारतीय राज्यों के शासकों को ब्रिटिश सैनिकों की स्थायी रेजिमेंट की नियुक्ति हेतु विवश किया गया।

3. अंग्रेजों ने राज्य के आंतरिक मामलों में हस्तक्षेप न करने का वचन दिया।

उपर्युक्त कथनों में से कौन-सा/से सही है/हैं?

(a) केवल 1 और 2 (b) केवल 1 और 3

(c) केवल 2 (d) 1, 2 और 3

उत्तर (d) सहायक सन्धि की नीति भारत में ब्रिटिश साम्राज्य का विस्तार करने के मुख्य उद्देश्य के साथ आरम्भ की गई थी। हालांकि, भुगतान करने पर ब्रिटिश सेना द्वारा भारतीय शासक की सहायता करने की परंपरा काफी पुरानी थी, लेकिन वेलेजली ने इसे एक निश्चित स्वरूप प्रदान किया। उसने इसका उपयोग भारतीय राज्यों को कम्पनी की सर्वोच्च शक्ति का अधीनस्थ बनाने के लिए किया। उसकी सहायक सन्धि की प्रणाली के अंतर्गत :

- सन्धि करने वाले भारतीय राज्य के शासक को ब्रिटिश सेना की स्थायी रेजिमेंट की नियुक्ति और उसके रख-रखाव के लिए आर्थिक सहायता का भुगतान करने हेतु विवश किया गया।
- गवर्नर-जनरल के परामर्शदाता के बिना कोई भी भारतीय शासक किसी भी अन्य भारतीय शक्ति से बातचीत नहीं कर सकता था।
- अंग्रेजों की स्वीकृति के बिना भारतीय शासक किसी भी यूरोपीय को अपनी सेवा में नियुक्त नहीं कर सकते थे।
- शासकों के आंतरिक मामलों में अंग्रेज हस्तक्षेप नहीं करते थे।
- भारतीय शासक, गवर्नर-जनरल से परामर्श किए बिना किसी भी अन्य भारतीय शासक के साथ समझौता नहीं कर सकते थे।
- अंग्रेजों ने संधि करने वाले राज्यों के आंतरिक विषयों में हस्तक्षेप नहीं करने का वचन दिया।

बदले में अंग्रेज बाह्य खतरों और आंतरिक अव्यवस्था से उनकी रक्षा करते थे।

39. निम्नलिखित में से किसे कम्पनी के 'मैग्नाकार्टा' के रूप में जाना जाता है?

(a) महारानी एलिजाबेथ द्वारा जारी शाही फरमान

(b) फर्रुखसियर का फरमान

(c) बक्सर के युद्ध के पश्चात हुई इलाहाबाद की संधि

(d) 1813 का चार्टर अधिनियम

उत्तर (b) 1717 में मुगल सम्राट फर्रुखसियर के फरमान (जिसे ईस्ट इंडिया कम्पनी का मैग्नाकार्टा कहा जाता है) द्वारा कम्पनी को बंगाल, गुजरात आदि में महत्वपूर्ण विशेषाधिकार प्रदान किया गया। इसकी कुछ महत्वपूर्ण शर्तें थीं :

3,000 रुपए के वार्षिक भुगतान के बदले बंगाल में कम्पनी का आयात और निर्यात, अतिरिक्त सीमा शुल्क से मुक्त कर दिया गया।

कम्पनी को ऐसी वस्तुओं के परिवहन हेतु दस्तक (passes) जारी करने की अनुमति दी गई।

कम्पनी को कलकत्ता के आसपास की भूमि किराए पर लेने की अनुमति दी गई।

सूरत में, 10,000 रुपये वार्षिक भुगतान के बदले कम्पनी को सभी शुल्कों से छूट प्रदान की गई।

यह घोषित किया गया कि बम्बई में निर्मित कम्पनी के सिक्के का प्रचलन पूरे मुगल साम्राज्य में होगा।

40. 19वीं शताब्दी में भारत में राष्ट्रवाद के विस्तार के लिए निम्नलिखित में से किस/किन कारक/कारकों को जिम्मेदार ठहराया जा सकता है?

1. पश्चिमी विचारधारा और शिक्षा का उत्थान

2. राष्ट्रवादी समाचार-पत्रों का विकास

3. उन्नत परिवहन एवं संचार सम्पर्क

नीचे दिए गए कूट का प्रयोग कर सही उत्तर चुनिए-

(a) केवल 1

(b) केवल 1 और 3

(c) केवल 3

(d) 1, 2 और 3

उत्तर (d) **कथन 1 सही है।** 19वीं सदी के दौरान आधुनिक पश्चिमी शिक्षा और विचारों का प्रसार वस्तुत: आधुनिक, तार्किक, धर्मनिरपेक्ष, लोकतांत्रिक और राष्ट्रवादी राजनीतिक दृष्टिकोण को आत्मसात करना था और इसने राष्ट्रवाद का विकास करने में महत्वपूर्ण भूमिका निभाई।

कथन 2 सही है। भारतीय राष्ट्रवादी-विचारधारा वाले भारतीयों द्वारा देशभक्ति व आधुनिक आर्थिक, सामाजिक और राजनीतिक विचारों का संदेश प्रसारित करने के साथ-साथ अखिल भारतीय चेतना का विकास करने का प्रमुख माध्यम प्रेस था। 19वीं सदी की दूसरी छमाही के दौरान राष्ट्रवादी समाचार-पत्रों ने अत्यधिक संख्या में अपनी उपस्थिति दर्ज की।

कथन 3 सही है। इसके अतिरिक्त भारत में राष्ट्रवाद के प्रसार में रेलवे और अन्य संचार प्रणालियों ने भी महत्वपूर्ण भूमिका निभाई।

41. भारत में स्वतंत्रता संघर्ष के दौरान निम्नलिखित घटनाक्रमों पर विचार कीजिए–

1. नेहरू रिपोर्ट

2. साइमन कमीशन

3. डांडी मार्च (डंडी यात्रा)

4. कॉम्युनल अवॉर्ड (साम्प्रदायिक पुरस्कार)

निम्नलिखित में से उपर्युक्त घटनाक्रमों का सही कालक्रम कौन-सा है?

(a) 2-1-3-4 (b) 1-2-3-4

(c) 2-3-1-4 (d) 2-1-4-3

उत्तर (a) नेहरू रिपोर्ट साइमन कमीशन के विकल्प के रूप में तैयार की गई थी। इसे अगस्त, 1928 में अंतिम रूप दिया गया था। सविनय अवज्ञा आंदोलन 12 मार्च, 1930 को दांडी मार्च के साथ आरम्भ हुआ। साम्प्रदायिक पुरस्कार (कॉम्युनल अवॉर्ड) की घोषणा 1932 में की गई थी।

42. भारत में निम्नलिखित में से कौन-सी घटनाएँ द्वितीय विश्व युद्ध के तत्काल बाद घटित हुई?

1. तेलंगाना संघर्ष

2. वर्लि विद्रोह

3. तेभागा आंदोलन

4. पुन्नप्रा-वायलार विद्रोह

नीचे दिए गए कूट का प्रयोग कर सही उत्तर चुनिए-

(a) केवल 1 और 3 (b) केवल 2 और 3

(c) केवल 2 और 4 (d) 1, 2, 3 और 4

उत्तर (d) तेलंगाना संघर्ष 1946 में हुआ था। वर्लि विद्रोह थाने, महाराष्ट्र में 1945-47 के दौरान हुआ, किसान विद्रोह था।

तेभागा आंदोलन 1946 में हुआ था। पुन्नप्रा-वायलार, त्रावणकोर रियासत में 1946 में हुआ एक समाजवादी विद्रोह था।

43. निम्नलिखित कथनों पर विचार कीजिए–

1. इंडियन सिविल लिबर्टीज यूनियन का गठन नागरिक अधिकारों पर होने वाले हमलों के खिलाफ जनमत बनाना था।

2. राष्ट्रीय योजना समिति का गठन सुभाष चन्द्र बोस की अध्यक्षता में आजाद भारत के लिए एक विकास योजना निर्मित करने के लिए की गई थी।

उपर्युक्त कथनों में से कौन-सा/से सही नहीं है/हैं?

(a) केवल 1

(b) केवल 2

(c) 1 और 2 दोनों

(d) न तो 1, न ही 2

उत्तर (b) **कथन 1 सही है।** इंडियन सिविल लिबर्टीज यूनियन का गठन अगस्त, 1936 में नेहरू जी के प्रयासों से किया गया था। इसका गठन नागरिक अधिकारों से सम्बन्धित सभी अतिक्रमणों के विरुद्ध जनता की राय को लामबंद करने हेतु गैर-पार्टी, गैर-साम्प्रदायिक आधार पर किया गया था।

कथन 2 गलत है। राष्ट्रीय योजना समिति का गठन सुभाष चन्द्र बोस द्वारा 1938 में नेहरू जी की अध्यक्षता में स्वतंत्र भारत के लिए विकास योजना निर्मित करने हेतु की गई थी।

44. निम्नलिखित युग्मों पर विचार कीजिए–

संघ		सम्बद्ध नेता
1. बॉम्बे प्रेसिडेंसी एसोसिएशन	:	फिरोजशाह मेहता
2. पूना सार्वजनिक सभा	:	एम. जी. रानाडे
3. मद्रास महाजनसभा	:	सुब्रह्मण्यम अय्यर

उपर्युक्त युग्मों में से कौन-सा/से सही सुमेलित है/हैं?

(a) केवल 1 और 2 (b) केवल 3

(c) केवल 1 और 3 (d) 1, 2 और 3

उत्तर (d) **सभी युग्म सही सुमेलित हैं।** फिरोजशाह मेहता, के. टी. तेलंग और बदरूद्दीन तैयब जी ने 1885 में बॉम्बे प्रेसीडेंसी एसोसिएशन का गठन किया।

पूना सार्वजनिक सभा का गठन न्यायमूर्ति रानाडे और अन्य के द्वारा 1870 में किया गया था।

मद्रास महाजनसभा का गठन वीर राघवचारी, सुब्रह्मण्यम अय्यर, आनंद चारलू और अन्य के द्वारा 1884 में किया गया था।

45. भारतीय राष्ट्रीय आंदोलन के संदर्भ में 'अभिनव भारत' क्या था?

(a) क्रांतिकारियों की एक गुप्त संस्था।

(b) गरमपंथियों द्वारा प्रकाशित समाचार पत्र।

(c) मध्य भारत का एक जनजातीय आंदोलन।

(d) नरमपंथियों द्वारा परिकल्पित स्वराज की अवधारणा।

उत्तर (a) 1904 में वी. डी. सावकर ने क्रांतिकारियों की एक गुप्त संस्था के रूप में 'अभिनव भारत' का गठन किया।

46. रॉयल इंडियन नेवी (RIN) विद्रोह के संदर्भ में निम्नलिखित कथनों पर विचार कीजिए–

1. सरदार पटेल ने बागी सदस्यों को स्वतंत्रता प्राप्त होने तक आंदोलन जारी रखने की सलाह दी।

2. गाँधीजी ने विद्रोहियों के प्रयासों की सराहना की और उनके विद्रोह का पूरी तरह से समर्थन किया।

3. मुहम्मद अली जिन्ना चाहते थे कि RIN के मुस्लिम सदस्य हड़ताल करने के बजाय प्राधिकरण के सामने आत्मसमर्पण कर दें।

उपर्युक्त कथनों में से कौन-सा/से सही है/हैं?

(a) केवल 1 और 2

(b) केवल 2 और 3

(c) 1, 2 और 3

(d) केवल 3

उत्तर (d) **कथन 1 गलत है।** सरदार पटेल ने विद्रोहियों को आत्मसमर्पण करने की सलाह दी थी।

कथन 2 भी गलत है। गाँधीजी ने अपने सामाजिक पत्र 'हरिजन' में लिखा कि यद्यपि उन्होंने भारत की स्वतंत्रता के लिए विद्रोह किया था, फिर भी वे गलत थे। आगे उन्होंने स्वराज के सम्बन्ध में तिलक की अवधारणा को प्रस्तुत किया एवं दोहराया कि बाम्बे, कलकत्ता और कराची में जो अभी हो रहा है, उससे स्वराज नहीं प्राप्त किया जा सकता।

कथन 3 सही है। मुस्लिम सदस्य भावी कार्रवाई के सम्बन्ध में परामर्श प्राप्त करने के लिए लीग के पास गए। जिन्ना ने उन्हें स्वयं को प्राधिकरणों के सामने आत्मसमर्पण करने की सलाह दी।

47. स्वदेश बांधव समिति के सम्बन्ध में निम्नलिखित में से कौन-सा विकल्प सही नहीं हैं?

(a) यह बरिसाल स्थित स्वयंसेवकों का एक लोकप्रिय संगठन था।

(b) इसकी स्थापना सुरेन्द्रनाथ बैनर्जी द्वारा की गई थी।

(c) इसके प्रयासों से मुस्लिम किसानों की बड़ी संख्या स्वदेशी आंदोलन से जुड़ी।

(d) अपनी मध्यस्थता समिति के माध्यम से इसने कई विवादों का निपटारा किया।

उत्तर (b) **विकल्प (a) सही है।** यह स्वयंसेवकों की ओर (या जिन्हें समितियाँ कहा जाता था)। स्वदेशी अभियान द्वारा व्यापक रूप से जनता को लामबंद करने के प्रमुख रूप थे।

विकल्प (b) गलत है। बरिसाल के एक विद्यालय शिक्षक अश्विनी कुमार दत्त द्वारा स्थापित स्वदेश बांधव समिति, उनमें से सर्वाधिक विख्यात स्वयंसेवी संगठन था।

विकल्प (c) सही है। इस समिति की 159 शाखाएँ जिले के सुदूरतम कोनों तक पहुँची हुई थीं। इसकी गतिविधियों के माध्यम से दत्त मुख्य रूप से क्षेत्र के मुस्लिम किसानों के बीच अतुलनीय जन समर्थन प्राप्त करने में सक्षम हुए थे।

विकल्प (d) सही है। बरिसाल समिति ने 89 मध्यस्थता समितियों के माध्यम से कथित रूप से 523 विवादों का निपटारा किया।

48. सार्वजनिक सुरक्षा विधेयक, 1928 का लक्ष्य क्या था?

(a) आग्नेयास्त्रों के विनिर्माण, विक्रय, अधिकार में रखने और वहन करने को विनियमित करना।

(b) ब्रिटिश जनता पर भारतीय न्यायाधीशों द्वारा मुकदमा चलाए जाने की अनुमति प्रदान करना।

(c) समाजवादी और साम्यवादी (कम्युनिस्ट) विचारों का प्रचार-प्रसार करने वाले विदेशियों का प्रत्यार्पण करना।

(d) विभिन्न धार्मिक समूहों के बीच दमनकारी सामाजिक प्रथाओं को समाप्त करना।

उत्तर (c) समाजवादी और साम्यवादी विचारों के प्रसार और प्रभाव से भयभीत होकर और यह मानकर कि इस सम्बन्ध में अहम भूमिका कम्युनिस्ट इंटरनेशनल द्वारा भारत भेजे गए अंग्रेज और अन्य विदेशी आंदोलनकारी निभा रहे थे, सरकार ने सार्वजनिक सुरक्षा विधेयक, 1928 प्रस्तुत करके 'अवांछनीय' और 'विध्वंसक' विदेशियों को निर्वाचित करने की शक्ति प्राप्त करने का प्रस्ताव किया।

49. 1908 में कनाडा में भारतीय आप्रवासन पर प्रतिबंध के निम्नलिखित में से कौन-से कारण थे, जिनके कारणवश कामागाटामारू घटना हुई?

1. प्रतिस्पर्धा की स्थिति उत्पन्न करने वाले भारतीय मजदूरों के विरुद्ध मूल अमेरिकी मजदूरों का असंतोष।

2. गोरों के साथ भारतीयों का मेल-जोल ब्रिटिश अधिकारियों की आशंका।

3. अंग्रेजों को आशंका थी कि भारतीय समाजवादी विचारों के प्रभाव में आ जाएंगें।

नीचे दिए गए कूट का प्रयोग कर सही उत्तर चुनिए-

(a) केवल 1 और 2 (b) केवल 2

(c) केवल 1 और 3 (d) 1, 2 और 3

उत्तर (d) **कथन 1 सही है।** भारतीयों के प्रवेश के विरुद्ध एक आंदोलन देशी अमेरिकी मजदूरों द्वारा आरम्भ किया गया था और लोकप्रिय वोटों की चाह रखने वाले नेताओं द्वारा इनका समर्थन भी किया था। श्वेत श्रम शक्ति और यूनियनें भारतीयों द्वारा प्रस्तुत प्रतियोगिता का विरोध करती थीं।

कथन 2 सही है। भारत के राज्य सचिव ने आप्रवासन पर प्रतिबंध लगाने का आग्रह किया था, क्योंकि उनका मानना था कि श्वेतों के साथ भारतीयां ने निकट परिचय की स्थितियाँ जो अनिवार्य रूप से अमेरिका में होगी, ब्रिटिश प्रतिष्ठा के लिए अच्छी नहीं होगी; केवल प्रतिष्ठा द्वारा न कि बल द्वारा भारत को गिरफ्त में रखा गया था।

कथन 3 सही है। वह आगे इस बात से चिंतित थे कि अप्रवासी, सामाजवादी विचारों और नस्लीय भेदभाव से दूषित हो जाएंगे और अगर ऐसा हुआ तो यह भारत में राष्ट्रवादी आंदोलन का स्रोत बन जाएगा। संयुक्त दबाव का परिणाम 1908 में कनाडा में भारतीय आप्रवासन पर प्रभावी प्रतिबंध के रूप में सामने आया।

50. 1927 के दिल्ली प्रस्ताव के संदर्भ में निम्नलिखित कथनों पर विचार कीजिए-

1. यह मुस्लिम नेताओं द्वारा साइमन आयोग की रिपोर्ट की अनुक्रिया में की गई माँगों का एक सेट (समुच्चय) था।

2. इसने माँग की कि पंजाब और बंगाल में जनसंख्या के अनुसार आनुपातिक प्रतिनिधित्व होना चाहिए।

3. नेहरू रिपोर्ट में दिल्ली प्रस्ताव में उठाई गई सभी माँगें सम्मिलित थीं।

उपर्युक्त कथनों में से कौन-सा/से सही है/हैं?

(a) केवल 1 और 2 (b) केवल 1 और 3

(c) केवल 2 और 3 (d) 1, 2 और 3

उत्तर (a) **कथन 1 सही है।** साइमन कमीशन की चुनौती के प्रत्युत्तर के रूप में, भारतीय राजनीतिक नेताओं ने साम्प्रदायिक मुद्दों का निपटारा करने और भारत के लिए सर्वसम्मत संविधान तैयार करने के लिए कई अखिल भारतीय सम्मेलनों का आयोजन किया। दिसम्बर 1927 में दिल्ली में बड़ी संख्या में मुस्लिम साम्प्रदायिक नेताओं ने मुलाकात की और दिल्ली प्रस्ताव के रूप में ज्ञात चार आधारभूत माँगे प्रस्तुत कीं।

कथन 2 सही है। दिल्ली प्रस्ताव में 4 माँगे निम्नलिखित थीं-

1. सिन्ध को एक अलग निर्वाचन-क्षेत्र (प्रांत) बनाया जाए।

2. उत्तर-पश्चिमी सीमांत प्रांत (एन. डब्ल्यू. एफ. पी.) से संवैधानिक रूप से अन्य प्रांतों की भांति ही व्यवहार किया जाना चाहिए।

3. मुसलमानों का केन्द्रीय विधायिका में 33.3% आरक्षण होना चाहिए।

4. पंजाब और बंगाल में आनुपातिक प्रतिनिधित्व।

कथन 3 सही नहीं है। नेहरू निपोर्ट में सिन्ध और एन. डब्ल्यू. एफ. पी से सम्बन्धित दिल्ली प्रस्ताव की पहली दो माँगों को स्वीकार कर लिया गया, हालांकि अन्य दो माँगों को स्वीकार नहीं किया।

51. राष्ट्रीय आंदोलन के दौरान 'स्वराजियों' और 'नो चेंजर्स' (परिवर्तन विरोधी) के बीच निम्नलिखित में से किस विषय पर मतभेद विद्यमान था?

(a) क्रांतिकारी आंदोलनों के लिए समर्थन।

(b) विधान परिषदों में प्रवेश।

(c) करों का भुगतान न करते हुए सविनय अवज्ञा आंदोलन आरम्भ करना।

(d) असहयोग आंदोलन का स्थगन।

उत्तर (b) सी. आर. दास और मोतीलाल नेहरू जैसे स्वराजवादी, असहयोग आंदोलन के स्थगन के बाद विधान परिषदों के बहिष्कार को समाप्त कर उनका राष्ट्रवादी आंदोलन के लिए एक मंच के रूप में उपयोग करना चाहते थे, जबकि सरदार वल्लभभाई पटेन, डॉ. अंसारी और अन्य परिवर्तन विरोधियों (नो चेंजर्स) ने परिषदों में प्रवेश का विरोध किया, क्योंकि उनका मानना था कि इससे आम जनता के बीच रचनात्मक कार्यों की उपेक्षा का मार्ग प्रशस्त होगा।

52. 1897 में पूना में प्लेग के संदर्भ में, निम्नलिखित कथनों पर विचार कीजिए-

1. बाल गंगाधर तिलक ने प्लेग को नियंत्रित करने के लिए सरकार द्वारा उठाए गए कदमों का समर्थन किया।

2. प्लेग सम्बन्धी उपायों को लेकर सरकारी अफसरों के विरुद्ध असंतोष के परिणामस्वरूप चापेकर बंधुओं ने रैंड और लेफ्टिनेंट अयर्स्ट की हत्या कर दी।

उपर्युक्त कथनों में से कौन-सा/से सही है/हैं?

(a) केवल 1 (b) केवल 2
(c) 1 और 2 दोनों (d) न तो 1, न ही 2

उत्तर (c) कथन 1 सही है। 1897 में पूना में प्लेग फैल गया और सरकार को पृथक्करण और घर-घर तलाशी का गंभीर उपाय करना पड़ा। कई अन्य नेताओं के विपरीत, तिलक पूना में रुके रहे, सरकार का समर्थन किया और प्लेग के विरुद्ध अपने उपायों का आयोजन किया। उन्होंने लोगों को प्लेग रोगियों के पृथक्करण और घर-घर तलाशी का विरोध न करने की सलाह दी।

कथन 2 सही है। अधिकारियों ने कठोर और निर्दयी तरीके से प्लेग से त्रस्त लोगों के साथ व्यवहार किया, जिससे अधिकारियों के विरुद्ध व्यापक असंतोष पैदा हो गया और उसके परिणामस्वरूप 27 जून, 1898 को चापेकर बंधुओं ने पूना में प्लेग समिति के अध्यक्ष रैंड और लेफ्टिनेंट अयर्स्ट की हत्या कर दी।

53. निम्नलिखित युग्मों पर विचार कीजिए-

समिति		उद्देश्य
1. बटलर समिति	:	ब्रिटिश ताज और रियासतों के बीच सम्बन्ध स्पष्ट करने के लिए।
2. हंटर समिति	:	स्थानीय स्वशासन के विकास पर रिपोर्ट देने के लिए
3. हर्टोग समिति	:	पंजाब की गलतियां सुधारने पर विचार करने के लिए

उपर्युक्त युग्मों में से कौन-सा/से सही सुमेलित है/हैं?

(a) केवल 1 (b) केवल 1 और 3
(c) केवल 2 और 3 (d) 1, 2 और 3

उत्तर (a) युग्म 1 सही सुमेलित है। सर्वोच्च सत्ता और राजाओं के बीच सम्बन्धों की जांच और स्पष्टीकरण के लिए 1927 में भारतीय रियासत समिति या बटलर समिति नियुक्त की गई थी।

युग्म 2 और 3 सुमेलित नहीं है। जहाँ पंजाब की गलतियों और जनरल डायर की कार्रवाई की जाँच करने के लिए हंटर समिति का गठन किया गया था, वहीं शिक्षा की स्थिति का आकलन करने के लिए 1929 में हार्टोग समिति का गठन किया गया था।

54. स्वतंत्रता संग्राम के संदर्भ में, बकास्त भूमि थी–

(a) वह भूमि, जो अधिभोगी काश्तकारों ने लगान का भुगतान न कर पाने के कारण जमींदार के हाथों खो दी थी।
(b) वह भूमि, जो भू-राजस्व के भुगतान से मुक्त थी।
(c) वह भूमि, जो नील की खेती के लिए यूरोपियनों को दी गई थी।
(d) वह भूमि, जिसमें खेती करने वाले को स्वामी माना जाता था।

उत्तर (a) बकास्त भूमि वह भूमि थी, जिसे विशेषकर मंदी के समय उनके काश्तकार किराए की अदायगी न होने के कारण, जमींदारों के हाथों खो बैठे थें। उस भूमि पर वे फसल के हिस्सेदार के रूप में प्रायः खेती किया करते थे। कांग्रेस मंत्रालय ने किराए को कम करने और बकास्त भूमि को बहाल करने के लिए कानून बनाने की प्रक्रिया आरम्भ की, लेकिन जमींदारों के साथ एक समझौते के आधार पर कानून में अंततः सम्मिलित फार्मूला किसान सभा के कट्टरपंथी नेताओं को पसंद नहीं आया। इस कानून के तहत काश्तकारों को जमीन का कुछ हिस्सा इस शर्त पर दिया गया कि वे जमीन के नीलामी मूल्य की आधी रकम का भुगतान करेंगे। इसके अतिरिक्त, जमीन की कुछ श्रेणियों को कानून के दायरे से बाहर रखा गया था। बकास्त भूमि का मुद्दा किसान सभा और कांग्रेस मंत्रालय के बीच एक विवादित मुद्दा बन गया।

55. निम्नलिखित में से कौन-सा/से युग्म सही सुमेलित है/हैं?

मिशन/बैठक		उद्देश्य/परिणाम
1. अगस्त प्रस्ताव	:	द्वितीय विश्व युद्ध में ब्रिटेन के लिए भारत का समर्थन प्राप्त करने के लिए
2. शिमला सम्मेलन	:	वैवेल योजना पर चर्चा और उसे मंजूर करने के लिए
3. बम्बई में AICC की बैठक	:	भारत छोड़ो प्रस्ताव 1942 का अनुसमर्थन करने के लिए

नीचे दिए गए कूट का प्रयोग कर सही उत्तर चुनिए-

(a) केवल 1 और 3
(b) केवल 2 और 3
(c) केवल 1
(d) 1, 2 और 3

उत्तर (d) युग्म 1 सही सुमेलित है। 8 अगस्त, 1940 को, भारत के वायसराय लॉर्ड लिनलिथगो ने 'अगस्त प्रस्ताव' नामक एक नया प्रस्ताव सामने रखा, जिसके तहत और अधिक भारतीयों को सम्मिलित करते हुए कार्यकारी परिषद् का विस्तार करने, एक सलाहकारी युद्ध परिषद् की स्थापना करने, अल्पसंख्यकों की राय को भरपूर महत्व देने और अपना खुद का संविधान (युद्ध समाप्त होने के बाद) बनाने के लिए भारतीयों के अधिकार को मान्यता देने का वादा किया गया। बदले में, यह उम्मीद की गई कि भारत की सभी पार्टियाँ और समुदाय, ब्रिटेन के युद्ध प्रयास में सहयोग करेंगे।

युग्म 2 सही सुमेलित है। शिमला सम्मेलन 1945 वस्तुतः शिमला में वायसराय और ब्रिटिश इंडिया के प्रमुख राजनीतिक नेताओं के बीच हुई एक बैठक थी, जो भारतीय स्वशासन के लिए वैवेल योजना पर सहमति व्यक्त करने और मंजूरी देने के लिए बुलाई गई थी।

युग्म 3 सही सुमेलित है। संघर्ष आरम्भ करने का फैसला, सबसे पहली बार जुलाई, 1942 में वर्धा में एक बैठक में लिया गया था, लेकिन बम्बई में ग्वालिया टैंक में अगस्त बैठक में इस फैसले का अनुसमर्थन किया, गया जहाँ गाँधीजी ने भीड़ को सम्बोधित करते हुए 'करो या मरो' का नारा दिया।

56. निम्नलिखित में से कौन-सा/से 19वीं सदी में प्रारम्भिक राष्ट्रवादियों का/के उद्देश्य था/थे?

1. देश की राजनीतिक मुक्ति के लिए प्रत्यक्ष संघर्ष
2. राष्ट्रीय एकता का निर्माण
3. जन लामबंदी

नीचे दिए गए कूट का प्रयोग कर सही उत्तर चुनिए-

(a) केवल 1 और 2 (b) 1, 2 और 3
(c) केवल 2 (d) केवल 1 और 3

उत्तर (c) कथन 1 गलत है। प्रत्यक्ष संघर्ष, आरम्भिक राष्ट्रवादियों के एजेंडे में नहीं था। आरम्भिक राष्ट्रवादी, पहले से स्थापित संवैधानिक ढाँचे के भीतर संवैधानिक रूप से संघर्ष करना चाहते थे।

कथन 2 सही है। राष्ट्रीय एकता कायम करना, आरम्भिक राष्ट्रवादियों के सबसे महत्वपूर्ण लक्ष्यों में से एक था। आरम्भिक राष्ट्रवादी इस बात से अच्छी तरह अवगत थे कि भारत ने बस अभी-अभी एक राष्ट्र बनने की प्रक्रिया में प्रवेश किया है।

कथन 3 गलत है। राजनीतिक माँगें सामान्य प्रकृति की थीं, जिनमें जन लामबंदी का अभाव था।

57. निम्नलिखित में से कौन-सा/से कथन अंग्रेजों द्वारा प्रयुक्त नरमपंथियों को 'दुत्कारने की बजाय उन्हें अपने साथ लेने की नीति' (The policy of the carrot and the stick) के संबंध में सही है/हैं?

1. यह दमन, समझौता और उन्मूलन की नीति थी।

2. कांग्रेस ने नरमपंथियों और गरमपंथियों के बीच विभाजन पैदा करने के लिए इसका उपयोग किया था।

नीचे दिए गए कूट का प्रयोग कर सही उत्तर चुनिए-

(a) केवल 1 (b) केवल 2

(c) 1 और 2 दोनों (d) न तो 1, न ही 2

उत्तर (c) नरमपंथियों को 'दुत्कारने की बजाय उन्हें अपने साथ लेने की नीति' (The policy of the carrot and the stick) 1907 में भारतीय राज्य सचिव जॉन मार्ले द्वारा अपनाई गई थी। नरमपंथियों का मजाक उड़ाने के बजाय, इस नीति के तहत उन्हें 'साथ लेने' का तरीका अपनाया गया। **इसलिए, कथन 1 सही है।**

'दुत्कारने की बजाय उन्हें अपने साथ लेने की नीति' के नाम से मशहूर यह नीति एक त्रिआयामी नीति थी। इसे दमन-समझौता-उन्मूलन की नीति भी कहा जा सकता है।

कथन 2 सही है। पहले चरण में गरमपंथियों का दमन किया जाना था ताकि नरमपंथी भयभीत हो जाएं। उसके बाद नरमपंथियों को कुछ रियायतें और वादों (अर्थात् उनके साथ समझौता) से शांत करना था और यह संकेत देने होते थे कि यदि उन्होंने चरमपंथियों से खुद को अलग कर लिया तो आगे और रियायतें दी जाएंगी।

58. 1940 के अगस्त प्रस्ताव के संदर्भ में निम्नलिखित कथनों पर विचार कीजिए-

1. इसमें पहली बार संविधान बनाने के भारतीयों के अधिकार को मान्यता प्रदान की गई।

2. इसमें भारत के लिए लक्ष्य के रूप में डोमिनियन स्टेट्स की बात की गई।

3. इसने मुसलमानों के लिए अलग राज्य की, मुस्लिम लीग की माँग को सशक्त किया।

उपर्युक्त कथनों में से कौन-सा/से सही है/हैं?

(a) केवल 1 और 2

(b) केवल 2

(c) केवल 1 और 3

(d) 1, 2 और 3

उत्तर (d) अगस्त प्रस्ताव ने संविधान का स्वरूप निर्धारित करने के प्राकृतिक अधिकार को मान्यता देकर और स्पष्ट रूप से डोमिनियन स्टेट्स का वचन देकर वर्तमान स्थिति के ऊपर एक प्रगतिशील कदम को चिह्नित किया। हालांकि, इसमें पुनः पुष्टि की गई कि अल्पमत को पूरा बल दिया जाएगा, जिसने प्रत्यक्ष रूप से मुसलमानों के लिए अलग राज्य की मुस्लिम लीग की माँग का समर्थन किया। इस कारण से कांग्रेस ने इस प्रस्ताव को अस्वीकार कर दिया। स्पष्ट कारणों से मुस्लिम लीग ने इस प्रस्ताव को स्वागत किया।

59. गवर्नर-जनरल की कार्यकारी परिषद को पुर्नसंगठित करने हेतु वैवेल योजना, 1945 में प्रस्तावित की गई थी। इस योजना के अंतर्गत निम्नलिखित में से कौन-से प्रस्ताव थे?

1. अपवाद के रूप में गवर्नर-जनरल को छोड़ कार्यकारी-परिषद के सभी सदस्य भारतीय होने थे।

2. हिन्दुओं और मुसलमानों का समान प्रतिनिधित्व होना था।

3. गवर्नर-जनरल को मंत्रियों की सलाह पर अपने वीटो (निषेधाधिकार) का प्रयोग करना था।

नीचे दिए गए कूट का प्रयोग कर सही उत्तर चुनिए-

(a) केवल 1 और 2 (b) केवल 1 और 3

(c) केवल 2 और 3 (d) 1, 2 और 3

उत्तर (c) 1945 में वैवेल योजना प्रस्तावित की गई ताकि गवर्नर-जनरल की कार्यकारी परिषद का पुनर्निर्माण करके नया संविधान तैयार किया जा सके।

इसके प्रमुख प्रस्ताव थे-

गवर्नर-जनरल और मुख्य सेनापति के अपवाद के साथ, कार्यकारी-परिषद के सभी सदस्य भारतीय होने थे।

हिन्दुओं और मुसलमानों का समान प्रतिनिधित्व होना था।

पुर्नसंगठित परिषद् को 1935 के अधिनियम के ढांचे के भीतर अंतरिम सरकार के रूप में कार्य करना था।

गवर्नर-जनरल को मंत्रियों की सलाह पर अपने निषेधाधिकार का प्रयोग करना था।

कार्यकारी परिषद् में नामांकन के लिए वायसराय के समक्ष विभिन्न दलों के प्रतिनिधियों को संयुक्त सूची प्रस्तुत करनी थी। यदि संयुक्त सूची संभव न हो तो, पृथक सूची प्रस्तुत की जानी थी।

अंतिम रूप से युद्ध जीत लेने के बाद नए संविधान पर वार्ता के लिए संभावनाएं खुली रखी जानी थीं।

60. 1927 के दिल्ली प्रस्ताव के विषय में निम्नलिखित कथनों पर विचार कीजिए-

1. इसमें मुसलमानों की स्थिति पर जाँच करने के लिए विशेष समिति गठित करने की माँग की गई थी।

2. इसमें सिन्ध को अलग प्रांत बनाने की माँग की गई थी।

3. इसमें केन्द्रीय विधानमण्डल में हिन्दुओं की भांति मुसलमानों के लिए समान प्रतिनिधित्व की माँग की गई थी।

उपर्युक्त कथनों में से कौन-से सही हैं?

(a) केवल 1 और 2 (b) केवल 2 और 3

(c) केवल 2 (d) 1, 2 और 3

उत्तर (c) मुस्लिम हितों के विषय में ब्रिटिश सरकार को संयुक्त प्रस्ताव देने हेतु दिसम्बर, 1927 में दिल्ली में बड़ी संख्या में मुस्लिम नेता एकत्र हुए। उन्होंने 4 प्रस्ताव तैयार किए, जिन्हें सामान्यतः 'दिल्ली प्रस्ताव' के रूप में जाना जाता है। ये हैं:

सिन्ध को अलग प्रांत बनाया जाना चाहिए।

उत्तर-पश्चिम सीमांत प्रांत को अन्य प्रांतों के समकक्ष माना जाना चाहिए।

मुसलमानों का केन्द्रीय विधानमण्डल में 33% प्रतिनिधित्व होना चाहिए।

पंजाब और बंगाल में प्रतिनिधित्व का अनुपात, जनसंख्या के अनुसार होना चाहिए।

61. भारतीय स्वतंत्रता संग्राम में महिलाओं की भागीदारी के विषय में निम्नलिखित कथनों पर विचार कीजिए-

1. कल्पना दत्त ने अपनी डिग्री ग्रहण करते समय बंगाल के गवर्नर की गोली मारकर हत्या कर दी।

2. सरोजिनी नायडू ने धरासना सॉल्ट वर्क्स में सविनय अवज्ञा आंदोलन का नेतृत्व किया।

3. उषा मेहता ने 'भारत छोड़ो आंदोलन' के दौरान बम्बई में भूमिगत रेडियो का आरम्भ किया।

उपर्युक्त कथनों में से कौन-सा/से सही है/हैं?

(a) केवल 1 और 3

(b) केवल 1 और 2

(c) केवल 2 और 3

(d) 1, 2 और 3

उत्तर (c) कल्पना दत्त ने क्रांतिकारी तिविधियों में सूर्य सेन की सहायता की थी। मा दास ने अपनी डिग्री ग्रहण करते समय गाल के गवर्नर को बहुत ही निकट से गोली री थी। **इसलिए, विकल्प 1 सही नहीं है।**

मणिलाल गाँधी के साथ सरोजिनी नायडू ने रासना सॉल्ट वर्क्स पर छापे का नेतृत्व करने ा अधूरा काम हाथ में लिया। **अतः विकल्प सही है।**

उषा मेहता ने 'भारत छोड़ो आंदोलन' के रान बम्बई में भूमिगत रेडियो आरम्भ किया। **तः विकल्प 3 सही है।**

2. नेहरू रिपोर्ट 1928, के सम्बन्ध में निम्नलिखित कथनों पर विचार कीजिए–

1. यह केवल ब्रिटिश भारत में सम्बन्धित थी और रियासतों को संबोधित नहीं करती थी।

2. इसमें राज्य का धर्म से पूर्ण पृथक्करण का प्रस्ताव दिया।

3. रिपोर्ट में भारतीयों के लिए मूल अधिकारों की एक सूची थी।

उपर्युक्त कथनों में से कौन-सा/से सही है/हैं?

(a) केवल 1 और 2 (b) केवल 1 और 3
(c) केवल 2 और 3 (d) 1, 2 और 3

उत्तर (d) नेहरू रिपोर्ट ने स्वयं को ब्रिटिश रत तक ही सीमित कर लिया, क्योंकि इसने यासतों के साथ ब्रिटिश भारत के भावी बन्धों को संघीय आधार पर परिकल्पित किया । नेहरू रिपोर्ट के मुख्य बिन्दु निम्नानुसार थे :

भारत को स्वतंत्र-उपनिवेश (डोमिनियन) र्थात् ब्रिटिश राष्ट्रमण्डल के भीतर स्वतंत्रता की थति दी जाएगी।

भारत एक संघ होगा, जिसके केन्द्र में क द्विसदनीय विधान-मण्डल होगा तथा मंत्रालय धानमण्डल के प्रति जिम्मेदार होगा।

भारत का गवर्नर-जनरल भारत का वैधानिक प्रमुख होगा और उसके अधिकार टिश क्राउन (ब्रिटिश सम्राट) के समान ही होंगे।

कोई पृथक निर्वाचक मण्डल नहीं होगा।

मसौदा रिपोर्ट ने नागरिकता तथा संघों निर्माण करने का अधिकार और सार्वभौमिक स्क मताधिकार सहित मौलिक अधिकारों को परिभाषित किया।

राज्य का धर्म से पूर्ण पृथक्करण।

. 'खुदाई खिदमतगार आंदोलन' के संदर्भ में, निम्नलिखित कथनों पर विचार कीजिए–

1. यह खान अब्दुल गफ्फार खान द्वारा आरम्भ किया गया था।

2. यह एक अहिंसक आंदोलन था।

3. यह 'भारत छोड़ो आंदोलन' के दौरान आरम्भ हुआ।

उपर्युक्त कथनों में से कौन-सा/से सही है/हैं?

(a) केवल 1 (b) केवल 1 और 2
(c) केवल 1 और 3 (d) केवल 3

उत्तर (b) 1929 में, खान अब्दुल गफ्फार खान के नेतृत्व में भारत के उत्तर-पश्चिम सीमांत प्रांत में अंग्रेजों का विरोध करने के लिए, अहिंसक रूप से खुदाई खिदमतगार (भगवान के सेवक) आंदोलन आरम्भ किया गया था। गफ्फार खान और खुदाई खिदमतगार आंदोलन ने भयंकर योद्धा माने जाने वाले हजारों पश्तूनों (जिन्हें पठान भी कहा जाता है) तथा अन्य को अपने हथियार डालने तथा ब्रितानी शासन को चुनौती देने के लिए नागरिक प्रतिरोध का प्रयोग करने हेतु प्रेरित किया।

इस प्रकार केवल कथन 3 गलत है।

64. डोमिनियन स्टेटस के संदर्भ में, निम्नलिखित कथनों पर विचार कीजिए–

1. नेहरू रिपोर्ट में डोमिनियन स्टेटस की माँग की गई थी।

2. क्रिप्स मिशन ने डोमिनियन स्टेटस प्रदान करने का प्रस्ताव किया था।

3. स्वतंत्रता प्राप्त करने से पूर्व भारत एक डोमिनियन राज्य बन गया था।

उपर्युक्त कथनों में से कौन-सा/से सही है/हैं?

(a) केवल 1 और 2 (b) केवल 1 और 3
(c) केवल 2 और 3 (d) 1, 2 और 3

उत्तर (a) भारतीय स्वतंत्रता अधिनियम में 15 अगस्त, 1947 को दो स्वतंत्र डोमिनियन भारत और पाकिस्तान के निर्माण का प्रावधान किया गया। 26 जनवरी, 1950 को इसके गणतंत्र बन जाने तक यह एक डोमिनियन बना रहा।

नेहरू रिपोर्ट में भारतीयों की इच्छानुसार सरकार के अंतर्गत शासित डोमिनियन की तर्ज पर डोमिनियन स्टेटस प्रदान किए जाने की अनुशंसा की गई। क्रिप्स मिशन ने डोमिनियन राज्य प्रदान करने का प्रस्ताव किया था।

65. 'तंजीम' तथा 'तब्लीग' आंदोलनों का लक्ष्य क्या था?

(a) मुसलमानों के बीच एक राष्ट्रवादी आक्रामक बल का निर्माण करना।

(b) साम्प्रदायिक संगठन तथा धर्मान्तरण को यथार्थ रूप देना।

(c) मुसलमान युवाओं के बीच उदारवादी विचारधारा की शिक्षा देना।

(d) एक स्वतंत्र पाकिस्तान के निर्माण के लिए संघर्ष करना।

उत्तर (b) तंजीम तथा तब्लीग आंदोलन मुसलमानों द्वारा देश के विभिन्न भागों में किसी-न-किसी रूप से प्रारम्भ किए गए। यह आंदोलन आर्य समाजियों के द्वारा हिन्दुओं के बीच आरम्भ किए गए संगठन तथा शुद्धि आंदोलन का प्रत्युत्तर था। इन आंदोलनों का लक्ष्य मुस्लिम आबादी के मध्य साम्प्रदायिकता को बढ़ावा देना तथा धर्मांतरणों के लिए मार्ग तैयार करना था।

66. माउंटबेटन योजना में सुझाए गए डोमिनियन स्टेटस को आरम्भिक रूप से कांग्रेस द्वारा स्वीकार कर लेने के पीछे मुख्य कारण क्या था?

(a) कांग्रेस, भारत को कॉमनवेल्थ का अंग बनाना चाहती थी।

(b) तत्कालीन विस्फोटक स्थिति से निपटने के लिए कांग्रेस तुरंत सत्ता संभालना चाहती थी।

(c) अंग्रेजों के साथ सुरक्षा सहयोग तथा आर्थिक सम्बन्धों को सुरक्षित रखना।

(d) इस अवस्था में कांग्रेस देश को एक सशक्त नेतृत्व प्रदान करने में सक्षम नहीं थी।

उत्तर (b) माउंटबेटन योजना में भारत और पाकिस्तान को डोमिनियन स्टेटस के आधार पर सत्ता के हस्तांतरण का लक्ष्य रखा गया। कांग्रेस कुछ समय के लिए डोमिनियन स्टेटस को स्वीकार करने को इच्छुक थीं, चूँकि उसे ऐसा लगा कि उसे शीघ्र ही पूर्ण सत्ता ग्रहण कर लेनी चाहिए तथा देश में व्याप्त विस्फोटक स्थिति का सामना करना चाहिए। इसके अतिरिक्त, डोमिनियन स्टेटस से नए प्रशासन को अपना जड़ जमाने का समय प्राप्त हो जाता। चूँकि ब्रिटिश अधिकारी तथा सिविल सेवक कुछ और समय रुक कर तथा भारतीयों को अपनी सत्ता में सुगमता से व्यवस्थित होने में सहायता कर सकते थे।

67. 1911 में आयोजित दिल्ली दरबार, में निम्नलिखित में से कौन-से निर्णय लिए गए?

1. बंगाल का विभाजन निरस्त करने का निर्णय लिया गया था।

2. ब्रिटिश भारत की राजधानी दिल्ली से बदलकर कोलकाता करने का निर्णय लिया गया था।
3. तिलक तथा अन्य कई गरमदलीय नेताओं को मुक्त करने का निर्णय लिया गया था।

नीचे दिए गए कूट का प्रयोग कर सही उत्तर चुनिए-

(a) 1, 2 और 3
(b) केवल 1 और 3
(c) केवल 1
(d) उपर्युक्त में से कोई नहीं

उत्तर (c) 1911 के दिल्ली दरबार में बंगाल के विभाजन निरस्त करने का निर्णय लिया गया।

उसी वर्ष ब्रिटिश राजा जॉर्ज पंचम के ब्रिटिश साम्राज्य के राजा के रूप में राज्याभिषेक को मनाने के लिए 1911 के दिल्ली दरबार को आयोजित किया गया और राजधानी को कोलकाता से बदलकर दिल्ली करने की घोषणा की गई थी।

68. 1940 के दशक में स्वतंत्रता संघर्ष के संदर्भ में, 'प्रति सरकार' शब्द क्या संदर्भित करता है?

(a) यह ब्रिटिश सरकार के साथ एकता प्रदर्शित करने का एक आंदोलन था।
(b) यह बंगाल प्रांत में क्रांतिकारियों के एक समूह को दिया गया खिताब था।
(c) यह सतारा में गठित एक स्वतंत्र सरकार थी।
(d) विश्व युद्ध में भारतीय समर्थन सुनिश्चित करने हेतु यह ब्रिटिश सरकार द्वारा किया गया एक पहल था।

उत्तर (c) 'प्रति सरकार' अनेक भारतीयों के नेतृत्व में स्थापित स्थानीय स्तर की स्वतंत्र सरकारों में से एक थी, जिसका गठन 1942 में राष्ट्रीय स्तर पर छेड़े गए 'भारत छोड़ो आंदोलन' के दौरान किया गया था। 'प्रति सरकार' नाना पाटिल और वाई. बी. चह्वान जैसे नेताओं द्वारा गठित सरकार को दिया गया एक नाम था।

69. आधुनिक भारत के इतिहास में साम्प्रदायिकता के विकास के लिए उत्तरदायी, विभिन्न चरणों में घटित निम्नलिखित घटनाओं को व्यवस्थित (कालानुक्रम में) कीजिए-

1. मुसलमानों के लिए पृथक निर्वाचक मण्डल।
2. प्रत्यक्ष कार्रवाई दिवस
3. मुस्लिम लीग द्वारा लाहौर सत्र में अलग मुस्लिम राज्य का संकल्प।
4. जिन्ना के 14 सूत्र

नीचे दिए गए कूट का प्रयोग कर सही उत्तर चुनिए-

(a) 4-1-3-2 (b) 4-1-2-3
(c) 1-4-3-2 (d) 1-4-2-3

उत्तर (c) 1909 में मॉर्ले-मिंटो सुधार अथवा भारत सरकार अधिनियम 1909 के अंतर्गत, मुसलमानों के लिए पृथक निर्वाचकमण्डल का गठन किया गया था।

संविधान सभा की सम्प्रभुता का निहितार्थ व्यक्त करने वाले नेहरू जी के इस वक्तव्य के कि वे संविधान सभा के अतिरिक्त किसी भी बात से बंधे हुए नहीं हैं, के प्रत्युत्तर में मुस्लिम लीग ने पाकिस्तान प्राप्त करने के लिए 1946 में 16 अगस्त को प्रत्यक्ष कार्रवाई का आह्वान किया।

1940 में मुस्लिम लीग द्वारा लाहौर सत्र में पृथक मुस्लिम राज्य के लिए प्रस्ताव पारित किया गया।

दिसम्बर, 1928 में सभी दलों के सम्मेलन में स्वयं द्वारा प्रस्तावित संशोधनों को सम्मिलित न किए जाने के प्रत्युत्तर में जिन्ना ने अपनी 14 सूत्रीय माँग प्रस्तुत की। यही 14 बिन्दु, मुस्लिम लीग के सभी भावी प्रचार के आधार बने थे।

70. चाबी को लेकर छिड़े विवाद की घटना निम्नलिखित में से किसके साथ सम्बद्ध है?

(a) गुरुद्वारा सुधार आन्दोलन
(b) मांडले जेल में तिलक का कारावास
(c) कामागाटामारू घटना
(d) सिंगापुर विद्रोह

उत्तर (a) अक्टूबर 1921 में, ब्रिटिश सरकार ने स्वर्ण मंदिर के तोशाखानों की चाबियों को अपने अधिकार में रखने का प्रयास किया। परिणामस्वरूप अकालियों द्वारा इसका तत्काल विरोध किया गया। यह विरोध अभियान असहयोग आंदोलन के समकालीन था।

सिंगापुर विद्रोह 1915 में पंजाबी मुस्लिमों, पाँचवी लाइट इन्फेन्ट्री और 26वीं सिख बटालियन द्वारा जमादार चिश्ती खान, जमादार अब्दुल गनी आदि के नेतृत्व में हुआ।

कामागाटामारू घटना, पंजाब के यात्रियों को ले जा रहे कामागाटामारू नामक एक जापानी वाष्पचालित जलयान से सम्बन्धित है। ब्रिटिश भारतीयों को कनाडा में प्रवेश करने की अनुमति नहीं थी, इसलिए इस जलयान को भारत लौटने के लिए विवश कर दिया गया।

71. निर्वाचक ट्रस्ट के संदर्भ में निम्नलिखित कथनों पर विचार कीजिए-

1. निर्वाचक ट्रस्ट, राजनीतिक दलों को वितरित करने हेतु किसी भी व्यक्ति से स्वैच्छिक योगदान प्राप्त करते हैं।
2. निर्वाचक ट्रस्ट की स्थापना लोक प्रतिनिधित्व अधिनियम, 1950 के अंतर्गत की जाती है।
3. भारत का चुनाव आयोग निर्वाचक ट्रस्टों की गतिविधियों हेतु अनुमोदन प्रदान करता है।

उपर्युक्त कथनों में से कौन-सा/से सही है/हैं?

(a) केवल 1 (b) केवल 1 और 2
(c) केवल 2 और 3 (d) 1, 2 और 3

उत्तर (a) निर्वाचक ट्रस्ट, भारत में व्यवस्थित रूप से किसी भी व्यक्ति से स्वैच्छिक योगदान प्राप्त करने और उससे संबंधित राजनीतिक दलों को ही वितरण करने हेतु सेक्शन-25 के अधीन निर्मित या एक गैर-लाभकारी कम्पनी है। निर्वाचक ट्रस्ट का उद्देश्य कोई लाभ कमाना या अपने सदस्यों या योगदानकर्ताओं को किसी प्रत्यक्ष या अप्रत्यक्ष लाभ का अंतरण करना नहीं है। इसका एकमात्र उद्देश्य इसके द्वारा प्राप्त योगदानों को सम्बन्धित राजनीतिक दलों को वितरित करना है। यह राजनीतिक दल के वित्तपोषण में पारदर्शिता और विवेक का समावेश करने हेतु एक तंत्र है। **इसलिए, कथन 1 सही है।**

इस प्रकार के निर्वाचक ट्रस्टों को कम्पनी अधिनियम 2013 के अंतर्गत सेक्शन-8 कम्पनी के रूप में पंजीकृत होना अनिवार्य है। **इसलिए, कथन 2 सही नहीं है।**

केन्द्रीय प्रत्यक्ष कर बोर्ड (सी.बी.डी.टी.) निर्वाचक ट्रस्ट का अनुमोदन करने हेतु प्रक्रिया निर्धारित करता है। अनुमोदन संचार में यथानिर्दिष्ट रूप में, एक वर्ष या लगातार 3 वर्ष के लिए अनुमोदन प्रदान किया जा सकता है। अगर सी. बी.डी.टी. इस तथ्य की प्रामाणिकता के प्रति संतुष्ट है कि निर्वाचक ट्रस्ट का अस्तित्व अब समाप्त हो गया है या यह वास्तविक (यथार्थ) नहीं है या इसने निर्दिष्ट शर्तों का अनुपालन नहीं किया है, तो वह अपना अनुमोदन निरस्त कर सकता है। सी.बी.डी.टी. को सूचना प्राप्त करने हेतु निर्वाचक ट्रस्ट को बुलाने (आह्वान करने) का अधिकार प्राप्त है।

72. औपनिवेशिक शहरों में अवसंरचनात्मक विकास के संदर्भ में निम्नलिखित को कालानुक्रम में व्यवस्थित कीजिए-

1. **बॉम्बे का पहला कताई और बुनाई मिल।**
2. **मद्रास बंदरगाह का विकास।**
3. **कोलकाता में एक सर्वोच्च न्यायालय की स्थापना।**

नीचे दिए गए कूट का प्रयोग कर सही उत्तर चुनिए-

(a) 1-2-3 (b) 2-1-3
(c) 1-3-2 (d) 3-1-2

उत्तर (d) 1773 : कोलकाता में सर्वोच्च न्यायालय की स्थापना।
1857 : बॉम्बे में प्रथम कताई तथा बुनाई मिल।
1881 : मद्रास बंदरगाह का कार्य पूर्ण।

73. निम्नलिखित कथनों पर विचार कीजिए–

1. **गोपाल हरी देशमुख 'लोकहितवादी' ने तर्क संगतता तथा धर्मनिरपेक्षता के सिद्धांत का समर्थन किया।**
2. **'सत्य प्रकाश' का आरम्भ करसनदास मुल्जी के द्वारा किया गया था तथा इसका लक्ष्य जातिगत कट्टरताओं का विरोध करना था।**

नीचे दिए गए कूट का प्रयोग कर सही उत्तर चुनिए-

(a) केवल 1
(b) केवल 2
(c) 1 और 2 दोनों
(d) न तो 1, न ही 2

उत्तर (a) **कथन 1 सत्य है।** 'लोकहितवादी' के नाम से विख्यात गोपाल हरी देशमुख ने तर्क संगतता तथा निरपेक्षता के सिद्धांत की वकालत की।

कथन 2 असत्य है। 'सत्य प्रकाश' नामक पुस्तक को विधवा पुनर्विवाह का समर्थन करने के लिए गुजराती में लिखा गया था।

74. 'कार्लाइल सर्कुलर' का सम्बन्ध था–

(a) शैक्षिक संस्थाओं से सरकारी अनुदानों तथा सम्बद्धता (मान्यता) वापस लिया जाना।
(b) स्वदेशी भाषाओं में प्रकाशित समाचार पत्रों तथा पत्रिकाओं पर प्रतिबन्ध और नियंत्रण।
(c) भारतीय प्रशासनिक सेवा परीक्षा के लिए पात्रता की शर्त के रूप में महत्तम आयु मानदंड को घटाकर 19 वर्ष किया जाना।
(d) प्राथमिक शिक्षा में स्वदेशी भाषा तथा उच्च विद्यालयी शिक्षा में आंग्ल-स्वदेशी भाषा का, शिक्षा के माध्यम के रूप में समर्थन।

उत्तर (a) कार्लाइल सर्कुलर का सम्बन्ध उन संस्थानों से सरकारी अनुदानों तथा सम्बद्धताओं को वापस लेने से था, जिनके विद्यार्थियों ने स्वदेशी तथा बहिष्कार आंदोलनों में भाग लिया था।

स्वदेशी भाषाओं में प्रकाशित समाचार पत्रों तथा पत्रिकाओं पर आरोपित प्रतिबन्ध तथा रोक को लॉर्ड लिट्टन के शासनकाल में स्वदेशी प्रेस अधिनियम, 1778 के अंतर्गत रखा गया था।

उम्मीदवारों के लिए अधिकतम आयु सीमा को कम करके 1860 से 23 से 22 वर्ष, 1866 में 21 वर्ष तथा 1978 में 19 वर्ष कर दिया गया।

वुड्स डिस्पैच में स्वदेशी भाषाओं पर आधारित प्राथमिक विद्यालय तथा आंग्ल-स्वदेशी भाषाओं पर आधारित उच्च विद्यालय तथा जिला स्तर पर एक सम्बद्धता प्राप्त महाविद्यालय स्थापित करने की अनुशंसा की गई थी।

75. बेसीन की सन्धि के संदर्भ में निम्नलिखित कथनों पर विचार कीजिए–

1. **1802 में होल्करों से पराजय के बाद इस सन्धि ने पूना पर पैर जमाने में पेशवा की मदद की।**
2. **इस सन्धि पर हस्ताक्षर करने के बाद अंग्रेजों को बिना किसी प्राकृतिक वारिस के पेशवा की मृत्यु के मामले में प्रशासनिक मामलों के हस्तक्षेप करने का अवसर मिला।**
3. **इस सन्धि ने अंग्रेजों को छोड़कर सभी यूरोपियों को सेवा से निष्कासित कर दिया।**

उपर्युक्त कथनों में से कौन-सा/से सही है/हैं?

(a) केवल 1 और 2 (b) केवल 2 और 3
(c) केवल 2 (d) केवल 1 और 3

उत्तर (d) ईस्ट इंडिया कम्पनी के साथ की गई इस सन्धि के द्वारा पेशवा बाजीराव द्वितीय को 1802 में होल्करों से अपने खोए हुए पद को वापस प्राप्त करने में सहायता मिली। **अतः कथन 1 सही है।**

बेसीन की सन्धि की प्रकृति अनिवार्य रूप से 'सहायक सन्धि', जैसी थी जहाँ अंग्रेजों को स्थायी रूप से पेशवा के पास ब्रिटिश सैनिकों को तैनात करके प्रशासनिक मामलों में प्रत्यक्ष रूप से हस्तक्षेप करने का अवसर प्राप्त हुआ, न कि सिंहासन के किसी प्राकृतिक वारिस के बिना उनकी मृत्यु के बाद, जो कि 'हड़प नीति' का एक प्रमुख कारण था। **अतः कथन 2 गलत है।**

इस सन्धि ने गैर-ब्रिटिश यूरोपियों को पेशवा की सेवा से निकालने की व्यवस्था की जिससे अंग्रेजों की स्थिति फ्रांसिसियों तथा अन्य यूरोपीय शक्तियों की तुलना में बहुत अधिक सशक्त हो गई। **अतः, कथन 3 सही है।**

76. भारत के स्वतंत्रता संग्राम के दौरान घटी निम्नलिखित घटनाओं पर विचार कीजिए–

1. **चौरी-चौरा हिंसा**
2. **मिण्टों-मार्ले सुधार**
3. **दाण्डी यात्रा**
4. **मांटेग्यू-चेम्सफोर्ड सुधार**

उपरोक्त घटनाओं का सही कालानुक्रम है–

(a) 1, 3, 2, 4
(b) 2, 4, 1, 3
(c) 1, 4, 2, 3
(d) 2, 3, 1, 4

उत्तर (b) उपरोक्त घटनाओं का सही कालानुक्रम इस प्रकार है–

1. मिण्टो-मार्ले सुधार: 1909 ई॰
2. मांटेग्यू-चेम्सफोर्ड सुधार: 1919 ई॰
3. चौरी-चौरा हिंसा: 5 फरवरी, 1922 ई॰
4. दाण्डी यात्रा: 1930 ई॰

अतः विकल्प (b) सही है।

77. भारत में औपनिवेशिक काल में ह्विटली आयोग का उद्देश्य था–

(a) राजनीतिक सुधारों के लिए भारत की क्षमता का पुनरीक्षण
(b) श्रमिकों की मौजूदा परिस्थितियों पर प्रतिवेदन कर सिफारिशों प्रस्तुत करना
(c) भारत में वित्तीय सुधारों के लिए योजना को तैयार करना
(d) भारत में प्रशासनिक सेवाओं के लिए विस्तृत पद्धति विकसित करना

उत्तर (b) ह्विटली आयोग का गठन (1929 ई॰) में लॉर्ड इर्विन के शासन-काल में जे॰ एच॰ ह्विटली की अध्यक्षता में हुआ था। इस आयोग का मुख्य उद्देश्य, उद्योगों एवं बागानों में श्रमिकों की स्थिति का अध्ययन करना और रिपोर्ट प्रस्तुत करना था।

78. भारतीय इतिहास के औपनिवेशिक काल के सन्दर्भ में सूची-I (व्यक्ति) को सूची-II (विषय) के साथ सुमेलित कीजिए और सूचियों को नीचे दिए गए कूट का प्रयोग कर सही उत्तर चुनिए–

सूची- I (व्यक्ति)	सूची-II (विषय)
A. मैक्डोनाल्ड	1. डॉक्ट्रिन ऑफ लैप्स
B. लिनलिथगो	2. कॉम्युनल अवार्ड
C. डलहौजी	3. अगस्त ऑफर
D. चेम्सफोर्ड	4. डाइआर्की

कूटः

	A	B	C	D
(a)	3	2	1	4
(b)	3	2	4	1
(c)	2	3	1	4
(d)	2	3	4	1

उत्तर (c) औपनिवेशिक काल में ब्रिटेन के प्रधानमंत्री मैक्डोनाल्ड ने 1932 ई॰ में कॉम्यूनल अवॉर्ड (Communal Award) की घोषणा की थी। भारत में गवर्नर-जनरल लिनलिथगो ने अगस्त, 1940 ई॰ में अगस्त ऑफर की घोषणा की थी। डलहौजी ने 1848 ई॰ में डॉक्ट्रिन ऑफ लैप्स की घोषणा की थी। चेम्सफोर्ड ने 1919 ई॰ में प्रान्तों में डाइआर्की (द्वैध शासन) की घोषणा भारत सरकार अधिनियम, 1919 के तहत की थी।

79. निम्नलिखित घटनाओं का सही अनुक्रम क्या है?

1. अगस्त प्रस्ताव
2. आई॰ एन॰ ए॰ मुकदमा
3. भारत छोड़ो आंदोलन
4. रॉयल इंडियन नैवल म्युटिनी

नीचे दिए गए कूट का प्रयोग कर सही उत्तर चुनिए–

(a) 1, 3, 2, 4
(b) 3, 1, 2, 4
(c) 1, 3, 4, 2
(d) 3, 1, 4, 2

उत्तर (a)

1. अगस्त प्रस्ताव	- अगस्त, 1940 ई॰
2. आई॰ एन॰ ए॰ मुकदमा	- 1945 ई॰
3. भारत छोड़ो आंदोलन	- 8 अगस्त, 1942 ई॰
4. रॉयल इंडियन नैवल म्युटिनी	- 19 फरवरी, 1946ई॰

80. सूची-I को सूची-II से सुमेलित कीजिए और सूचियों के नीचे दिए गए कूट का प्रयोग करते हुए सही उत्तर का चयन कीजिए–

सूची- I

A. बटलर समिति रिपोर्ट
B. हर्टोग समिति रिपोर्ट
C. हंटर जाँच समिति रिपोर्ट
D. मुडिमैन समिति रिपोर्ट

सूची-II

1. जलियाँवाला बाग हत्याकाण्ड
2. भारतीय राज्यों और सर्वोच्च शक्ति के बीच सम्बन्ध
3. मांटेग्यू-चेम्सफोर्ड सुधार
4. ब्रिटिश भारत में शिक्षा की अभिवृद्धि और प्रगति की सम्भावनाएँ

कूटः

	A	B	C	D
(a)	3	2	1	4
(b)	1	4	2	3
(c)	2	1	3	4
(d)	2	4	1	3

उत्तर (d) **बटलर समिति :** वायसराय लॉर्ड इर्विन के शासनकाल में 1927 ई॰ में हरकोर्ट बटलर की अध्यक्षता में गठित। इसका उद्देश्य देशी राज्यों और ब्रिटिश भारत सरकार के सम्बन्धों की जाँच करना और उनके बीच शांतिपूर्ण सम्बन्धों की स्थापना के लिए सुझाव देना।

हर्टोग समिति : वायसराय लॉर्ड इर्विन के शासनकाल में 1929 ई॰ में फिलिप हर्टांग की अध्यक्षता में गठित। इसका उद्देश्य शिक्षा की स्थिति पर अपनी रिपोर्ट देने और उसके विकास के लिए सुझाव देने के लिए।

हंटर समिति : वायसराय लॉर्ड रिपन के शासनकाल में 1882 ई॰ में विलियम हंटर की अध्यक्षता में गठित। इसका उद्देश्य शिक्षा में हुए विकास का अध्ययन करना।

मुडिमैन समिति : वायसराय लॉर्ड चेम्सफोर्ड के शासनकाल में मुडिमैन की अध्यक्षता में 1924 ई॰ में सदस्यीय मुडिमैन समिति का गठन। इसका उद्देश्य भारत सरकार अधिनियम 1919 ई॰ की जाँच करना था। इस समिति ने द्वैध शासन बनाए रखने की सिफारिश की थी।

81. संबलपुर में ब्रिटिश-विरोधी नेता निम्नलिखित में से कौन था?

(a) अतिरत सिंह
(b) सुरेन्द्र साई
(c) कट्टबोम्मन
(d) सईद अहमद बरेवली

उत्तर (b) संबलपुर के आन्तरिक मामले में अंग्रेजों द्वारा किए जा रहे हस्तक्षेपों के कारण सन् 1827 में सुरेन्द्र साई ने विद्रोह का नेतृत्व किया था। उन्हें गिरफ्तार कर विद्रोह को कुचल दिया गया।

82. सही जोड़े बनाइए तथा नीचे दिए गए कूट से सही उत्तर चुनिए–

सूची I

A. चूक का सिद्धांत/हड़प नीति (Doctrine of Lapse)
B. बंगाल का विभाजन
C. बंगाल में दोहरा शासन
D. सामाजिक सुधार

सूची II

1. लॉर्ड कर्जन
2. लॉर्ड क्लाइव
3. लॉर्ड डलहौजी
4. लॉर्ड बेंटिक

कूटः

	A	B	C	D
(a)	2	3	1	4
(b)	3	1	4	2
(c)	3	1	2	4
(d)	2	3	4	1

उत्तर (c) उपरोक्त प्रश्न का सही सुमेलन इस प्रकार है–

सूची I	सूची II
A. चूक का सिद्धांत/हड़प नीति (Doctrine of Lapse)	1. लॉड डलहौजी
B. बंगाल का विभाजन	2. लॉर्ड कर्जन
C. बंगाल में दोहरा शासन	3. लॉर्ड क्लाइव
D. सामाजिक सुधार	4. लॉर्ड बेंटिक

83. सूची-I और सूची-II को सुमेलित कीजिए तथा सूचियों के नीचे दिए गए कूटों का उपयोग करके सही उत्तर चुनिए–

सूची I	सूची II
A. कांग्रेस सोशलिस्ट पार्टी	1. सुभाष चन्द्र बोस
B. स्वराज पार्टी	2. टी. एम. नायर
C. फॉरवर्ड ब्लॉक	3. नरेन्द्र देव
D. जस्टिस पार्टी	4. सी॰ आर॰ दास

कूट:

	A	B	C	D
(a)	1	2	3	4
(b)	3	4	1	2
(c)	2	1	4	3
(d)	4	3	2	1

उत्तर (b) उपरोक्त प्रश्न का सही सुमेलन इस प्रकार है–

सूची I	सूची II
A. कांग्रेस सोशलिस्ट पार्टी	1. नरेन्द्र देव
B. स्वराज पार्टी	2. सी॰ आर॰ दास
C. फॉरवर्ड ब्लॉक	3. सुभाष चन्द्र बोस
D. जस्टिस पार्टी	4. टी. एम. नायर

84. निम्न योजनाओं को तिथि क्रमानुसार कीजिए–

1. क्रिप्स योजना
2. कैबिनेट मिशन योजना
3. माउंटबेटन योजना
4. वैवेल योजना

कूट:

(a) 1, 4, 2, 3 (b) 2, 3, 1, 4
(c) 3, 4, 1, 2 (d) 1, 3, 2, 4

उत्तर (a) तिथि क्रमानुसार–
क्रिप्स योजना: 1942 ई॰
वैवेल योजना: 1945 ई॰
कैबिनेट मिशन: 1946 ई॰
माउंटबेटन योजना: 1947 ई॰

85. नागरिक सेवाओं के लिए प्रतियोगी परीक्षा प्रणाली को सिद्धांततः स्वीकार किया गया–

(a) सन् 1833 ई॰ में
(b) सन् 1853 ई॰ में
(c) सन् 1858 ई॰ में
(d) सन् 1882 ई॰ में

उत्तर (b) सर्वप्रथम चार्टर एक्ट, 1853 ई॰ के तहत सिविल (नागरिक) सेवाओं में नियुक्ति के लिए प्रतियोगी परीक्षा प्रणाली आयोजित करने का प्रावधान रखा गया।

❑❑❑

कला एवं संस्कृति

1 वास्तुकला और स्थापत्य कला

1. शिलालेखों के सम्बन्ध में निम्नलिखित कथनों पर विचार कीजिए–

1. लिपियों के विकास से सम्बन्धित अध्ययन को पुरालेखशास्त्र कहा जाता है।

2. शिलालेखों के अध्ययन को पैलियोग्राफी कहा जाता है।

3. शिलालेख पश्चातवर्ती छेड़छाड़ से मुक्त नहीं है।

उपर्युक्त कथनों में से कौन-सा/से सही नहीं है/हैं?

(a) केवल 1 और 3 (b) केवल 1

(c) केवल 2 और 3 (d) 1, 2 और 3

उत्तर (d) लिपियों के विकास के अध्ययन को पैलियोग्राफी कहा जाता है, जबकि शिलालेखों के अध्ययन को पुरालेख शास्त्र कहा जाता है।

इतिहास लेखन का एक सबसे महत्वपूर्ण और विश्वसनीय स्रोत शिलालेख हैं। समकालीन प्रलेख होने के नाते, शिलालेख पश्चातवर्ती किये जाने वाले परिवर्तन से मुक्त होते हैं। वह उसी रूप में सामने आता है, जिस रूप में यह पहली बार रचित और उत्कीर्ण किया गया था। आगे चलकर इसमें कुछ भी जोड़ना लगभग असंभव होता है।

2. प्राचीन भारत में मंदिर वास्तुकला के संदर्भ में, निम्नलिखित कथनों पर विचार कीजिए–

1. प्रमुख देवी की मूर्ति रखने के लिए अम्मान मंदिर की अवधारणा का उद्भव चोल काल के दौरान हुआ।

2. मंदिर वास्तुकला की बेसर शैली का उद्भव चालुक्य काल के दौरान हुआ था।

उपर्युक्त कथनों में से कौन-सा/से सही है/हैं?

(a) केवल 1 (b) केवल 2

(c) 1 और 2 दोनों (d) न तो 1, न ही 2

उत्तर (b) मुख्य देवी की रखने के लिए अम्मान मंदिर की अवधारणा का उद्भव विजयनगर काल के दौरान हुआ था।

बेसर शैली वास्तव में मंदिर वास्तुकला की नागर और द्रविड़ शैली का संस्करण है और इस शैली को बादामी के चालुक्यों द्वारा अपनाया गया था। बादामी इस वास्तुकला का महत्वपूर्ण स्थल है।

नागर शैली में मंदिर भीतर की ओर वक्राकार होते हुए अत्यधिक ऊँचाईयों तक उठे रहते हैं।

जबकि द्रविड़ शैली में मंदिर का शिखर सीढ़ीदार पिरामिड की भांति सीधी ढलान में ज्यामितीय रूप से ऊपर उठा रहता है। बेसर शैली इन दोनों के बीच में कहीं है।

3. निम्नलिखित में से किस/किन शासक/शासकों का/के शिलालेख इलाहाबाद स्तंभ पर देखा जा सकता है/देखे जा सकते हैं?

1. अशोक **2. समुद्रगुप्त**

3. जहाँगीर

नीचे दिए गए कूट का प्रयोग कर सही उत्तर चुनिए-

(a) केवल 1 और 2 (b) केवल 2

(c) केवल 1 और 3 (d) 1, 2 और 3

उत्तर (d) इलाहाबाद स्तंभ पर तीन प्रमुख शिलालेख हैं। यह पहली बार अशोक द्वारा बौद्ध धर्म के प्रचार के लिए एवं अपने लेख उत्कीर्ण कराने के प्रयोजन से लगवाया गया था।

आगे समुद्रगुप्त द्वारा इसका उपयोग किया गया और यह गुप्तकाल का सबसे महत्वपूर्ण ऐतिहासिक प्रलेख हैं। इसमें समुद्रगुप्त की उपलब्धियों, विजय अभियान और व्यक्तित्व की प्रशंसा की गई है। इसकी रचना हरिषेण ने की थी।

इसके बाद राजगद्दी प्राप्त करने के उपलक्ष्य में जहाँगीर द्वारा इसका उपयोग किया गया था।

किसी समय, इस स्तंभ को उसके मूल स्थान से हटाकर इलाहाबाद (उत्तर प्रदेश) में अकबर के किले में स्थापित किया गया था।

इसलिए, (d) सही उत्तर है।

4. निम्नलिखित तकनीकों में से किन तकनीकों का प्रयोग भारतीय-इस्लामी वास्तुकला में सजावट के लिए किया जाता था?

1. पित्रादुरा **2. टेस्सेलेयान**

3. डैडो पैनल **4. जाली का नाम**

नीचे दिए गए कूट का प्रयोग कर सही उत्तर चुनिए-

(a) केवल 1 और 4

(b) केवल 2, 3 और 4

(c) केवल 3 और 4

(d) 1, 2, 3 और 4

उत्तर (d) भारतीय-इस्लामी वास्तुकला विभिन्न धर्मों की वास्तुशिल्प कलाओं का संश्लेषण थी।

सजावटी प्रयोजनों के लिए इसका उपयोग किया जाता था।

पित्रादुरा: भवन की दीवारों पर मूल्यवान और अर्द्धमूल्यवान पत्थरों की जड़ाई।

टेस्सेलेयान : पच्चीकारी से दीवारों और फर्श पर सजावट।

डैडो पैनल : अन्य दीवारों से अलग ढंग से समाप्त आंतरिक दीवार का निचला भाग।

अरबेस्क : रेखाओं, पत्तियों और फूलों की सजावटी डिजाइन।

जाली का काम : षट्कोण आदि जैसे ज्यामितीय चित्रों के सजावटी स्क्रीन।

5. 'अरबेस्क' भारतीय इस्लामिक वास्तुकला की एक बहुत महत्वपूर्ण तकनीक है। अरबेस्क क्या दर्शाता है?

(a) गुथी हुई प्रवाह रेखा, पत्तियों और फूलों वाला एक सजावटी प्रतिरूप

(b) दीवारों पर अर्द्ध कीमती पत्थरों का उपयोग करके सचित्र पच्चीकारी का काम।

(c) कई रंगों से निर्मित या सजा हुआ एक काम या एक वस्तु।

(d) अभयारण्य या मस्जिद के सामने एक वर्गाकार या अयाताकार हॉल।

उत्तर (a) 'अरबेस्क' गुथी हुई प्रवाह (इंटरवाइंड लाइन) पत्तियों और फूलों से सजावटी प्रतिरूप है।

6. अंड, हर्मिका एवं छतरी निम्नलिखित में से किस वास्तुकला शैली के भाग हैं?

(a) बौद्ध स्तूप

(b) प्रागैतिहासिक शैल-कर्तित गुफाएँ

(c) द्रविड़ मंदिर

(d) इंडो-इस्लामी मकबरा

उत्तर (a) बौद्ध स्तूप में एक गोलाकार आधार पर अर्द्धगोलाकार गुम्बद बनाया जाता है जिसे 'अंड' कहा जाता है। अंड के ऊपर एक और संरचना होती है जिसे 'हर्मिका' कहते हैं तथा हर्मिका के ऊपर एक सीधा खम्भा लगा होता है, जिसे 'यष्टि' कहा जाता है। इसके ऊपर छतरी लगी होती है, जिसे 'छत्रावली' कहा जाता है। स्तूप के ये भाग आकृति और आकार में मामूली बदलावों और परिवर्तन के साथ निरंतर बने रहे।

7. निम्नलिखित युग्मों पर विचार कीजिए–

मंदिर	राज्य
1. कंदारिया महादेव मंदिर	**: मध्य प्रदेश**
2. लिंगराज मंदिर	**: आंध्र प्रदेश**
3. होयसलेश्वर मंदिर	**: महाराष्ट्र**

उपर्युक्त युग्मों में से कौन-सा/से सही सुमेलित है/हैं?

(a) केवल 1 और 2 (b) केवल 2

(c) केवल 1 और 3 (d) केवल 1

उत्तर (d) कंदारिया महादेव मंदिर – कंदारिया महादेव मंदिर खजुराहो (मध्य प्रदेश) में स्थित विशाल और अलंकृत मंदिर है। यह मंदिर शिव को समर्पित है। इसका निर्माण सम्भवत: चन्देल राजा विद्याधर द्वारा सन् 1017 और 1029 ईसवी के मध्य कराया गया था। इस मंदिर को भारत में मध्य काल के संरक्षित मंदिरों के उत्तम उदाहरणों में से एक माना जाता है।

लिंगराज मंदिर- शिव को समर्पित एक हिन्दू मंदिर है तथा यह मंदिर पूर्वी भारतीय राज्य ओडिशा की राजधानी भुवनेश्वर में स्थित प्राचीनतम मंदिरों में से एक है।

होयलेश्वर मंदिर- कर्नाटक के हैलेबिडु में स्थित है। मंदिर (होयसलवंशियों के इष्टदेव) का निर्माण होयसल राजा द्वारा गहरे रंग के स्तरित चट्टान (schist stone) का उपयोग कर 1150 ई. में किया गया था। होयसल मंदिरों को 'बेसर' भी कहते हैं, क्योंकि उनकी विशिष्ट शैली न तो पूर्ण रूप से द्रविड़ है और न ही नागर प्रतीत होती है, बल्कि इन दोनों का मिश्रण लगती है। अपने अत्यधिक मौलिक ताराकार तल-विन्यासों एवं सजावटी नक्काशियों की बहुलता के कारण इन्हें अन्य मध्ययुगीन मंदिरों में सरलता से पहचाना जा सकता है। वे भगवान शिव के नटराज रूप को समर्पित हैं।

8. भारत के सांस्कृतिक इतिहास के संदर्भ में, मंदिर वास्तुकला की द्रविड़ शैली में निम्नलिखित में से कौन-सी विशेषताएँ सम्मिलित हैं?

1. गोपुरम **2. गर्भगृह**

3. मण्डप **4. विमान**

नीचे दिए गए कूट का प्रयोग कर सही उत्तर चुनिए-

(a) केवल 1 और 4

(b) केवल 2, 3 और 4

(c) केवल 1, 2 और 3

(d) 1, 2, 3 और 4

उत्तर (d) द्रविड़ शैली के मंदिर ऊँची दीवारों और भव्य प्रवेश द्वारों से घिरे हुए होते थे। इन भव्य प्रवेश द्वारों को 'गोपुरम' कहा जाता था। मुख्य देवता के कक्ष को गर्भगृह कहा जाता था। स्तंभों से युक्त मण्डप नामक सभाकक्ष का सामान्यत: गर्भगृह के सामने निर्माण किया जाता था। द्रविड़ शैली की मुख्य विशेषता गर्भगृह के ऊपर मंजिल-दर-मंजिल का निर्माण किया जाना है। इसे 'विमान' कहा जाता था।

9. भारत में मंदिर वास्तुकला के संदर्भ में, निम्नलिखित युग्मों पर विचार कीजिए–

मंदिर के प्रकार	विशेषता
1. सांधार	**: प्रदक्षिणापथ युक्त**
2. निरंधार	**: प्रदक्षिणापथ रहित**
3. सर्वतोभद्र	**: जिसमें प्रत्येक दिशा से पहुँचा जा सके**

उपर्युक्त युग्मों में से कौन-सा/से सही सुमेलित है/हैं?

(a) केवल 2 (b) 1, 2 और 3

(c) केवल 1 और 3 (d) केवल 3

उत्तर (b) **सभी युग्म सही सुमेलित हैं।** भारत में मंदिर वास्तुकला के संदर्भ में, मंदिरों के तीर्थ स्थल तीन प्रकार के थे:

- संधार प्रकार – प्रदक्षिणापथ युक्त,
- निरंधार प्रकार – प्रदक्षिणापथ रहित, एवं
- सर्वतोभद्र – जिसमें प्रत्येक दिशा से पहुँचा जा सके।

10. निम्नलिखित में से नागर मंदिरों का/के वास्तुकला सम्बन्धी रूप कौन-सा/से है/हैं?

1. लैटिना **2. फमसाना**

3. वल्लभी

नीचे दिए गए कूट का प्रयोग कर सही उत्तर चुनिए-

(a) केवल 1 (b) केवल 1 और 3

(c) केवल 2 और 3 (d) 1, 2 और 3

उत्तर (d) मंदिर वास्तुकला की नागर शैली की कुछ विशेषताएँ –

लैटिना/रेखाप्रसाद : शिखर के आकार के आधार पर नागर मंदिरों के कई उप विभाजन हैं। भारत के भिन्न-भिन्न क्षेत्रों में मंदिर के विभिन्न भागों के लिए अलग-अलग नाम हैं, लेकिन सामान्य प्रकार के शिखर, जो कि आधार पर वर्गाकार होते हैं तथा जिनकी दीवारें अन्दर की ओर वक्रित होकर या झुककर ऊपर एक बिन्दु पर मिलती हैं, लैटिना या रेखाप्रसाद प्रकार के शिखर कहलाते हैं।

फमसाना : फमसाना भवन, लैटिना भवनों की अपेक्षा अधिक चौड़े एवं कम ऊँचे होते हैं। उनकी छतें कई खण्डों की बनी हुई होती हैं, जो धीरे-धीरे भवन के केन्द्र के ऊपर स्थित एक बिन्दु पर जाकर मिलती है। फमसाना छतें अन्दर की ओर वक्रित नहीं होती हैं। अपितु वे एक सीधी ढलान पर ऊपर की ओर जाती हैं। कई उत्तर भारतीय मंदिरों में फमसाना का उपयोग मण्डपों के लिए किया जाता है, जबकि मुख्य गर्भगृह लैटिना भवन में बनाया जाता है।

वल्लभी : ये आयताकार भवन होते हैं जिनकी छत मेहराबदार प्रकोष्ठ के रूप में ऊपर उठती है। इस गुम्बददार प्रकोष्ठ का किनारा गोल होता है, जैसा कि प्राचीन काल में बैलों द्वारा खींची जाने वाली बाँस या लकड़ी की बनी गाड़ी हुआ करती थी। ऐसे भवनों को आम तौर पर गाड़ी सदृश मेहराबदार भवन (wagonvaulted buildings) कहा जाता है।

11. कर्नाटक में गोल-गुम्बज के संदर्भ में निम्नलिखित कथनों पर विचार कीजिए–

1. यह गोलकुण्डा के कुतुबशाही शासकों के प्रसिद्ध पत्तन मसूलीपट्नम में स्थित है।

2. यह वास्तुकला की मांडू शैली से बनाया गया है।

उपर्युक्त कथनों में से कौन-सा/से सही है/हैं?

(a) केवल 1 (b) केवल 2

(c) 1 और 2 दोनों (d) न तो 1, न ही 2

उत्तर (a) **कथन 1 सही नहीं है।** गोल गुम्बज कर्नाटक के बीजापुर जिले में स्थित है। यह बीजापुर के आदिलशाह वंश (1489-1668) के सातवें सुलतान मुहम्मद आदिलशाह (1626-1656) का मकबरा है।

कथन 2 सही है। गोल गुम्बज को वास्तुकला की मांडू शैली में बनाया गया है। मांडू शैली इंडो-इस्लामिक वास्तुकला की प्रांतीय शैलियों में से एक है। यह मकबरा कई भवनों का एक परिसर है, जिसमें प्रवेश द्वार, नक्करखाना, मस्जिद और बड़ी चारदीवारी से घिरा एक बगीचा भी सम्मिलित है। मकबरे के प्रकोष्ठ (चैम्बर) में सुल्तान, उसकी बीबी और अन्य रिश्तेदारों की कब्र का स्थान भी हैं जबकि उनकी वास्तविक कब्रें एक तहखाने में मेहराब के ठीक नीचे हैं, जहां सीढ़ियों से जाया जाता है।

12. भारत के संस्कृति इतिहास के संदर्भ में, वृत्तायत, आयताम्र और कूट, निम्नलिखित में से किसे संदर्भित करते हैं?

(a) द्रविड़ मंदिरों की शैलियों को

(b) मंदिर निर्माताओं की श्रेणियों को

(c) ग्राम पुजारियों द्वारा ग्रहण की गयी उपाधियों को

(d) चोल साम्राज्य में प्रशासनिक अधिकारियों को

उत्तर (a) द्रविड़ मंदिरों के कुछ उपखण्ड हैं। ये मूल रूप से पाँच विभिन्न आकारों के हैं : 1. वर्ग, जिन्हें आमतौर पर कूट और साथ ही चतुरास्त्र कहा जाता है; 2. आयताकार या शाला या आयतास्त्र; 3. दीर्घवृत्तीय (अंडाकार), जिन्हें गज-पृष्ठ (हाथी की पीठ के सदृश), या साथ ही वृत्तायत भी कहा जाता है, जो बड़े गुम्बद के समान चैत्यों से व्युत्पन्न है, जिनमें आमतौर पर 'नासी' कहा जाने वाला घोड़े की नाल के सदृश प्रवेश मुख पाया जाता है; 4. वृत्त; और 5. अष्ट कोणीय या अष्टास्त्र।

13. निम्नलिखित में से कौन-सी इंडो-इस्लामिक वास्तुकला की विशेषताएँ हैं?

1. जीवित प्राणियों का चित्रण

2. निर्माण में कंक्रीट का उपयोग

3. जालियों का प्रयोग

नीचे दिए गए कूट का प्रयोग कर सही उत्तर चुनिए-

(a) केवल 1 और 2

(b) केवल 2 और 3

(c) केवल 1 और 3

(d) 1, 2 और 3

उत्तर (b) हिन्दू शैली या अलंकरण मुख्य रूप से प्रकृतिवादी है, जो मानव और पशु के रूपों और समृद्ध वनस्पति जीवन को दर्शाती है। मुस्लिमों में सजावट या अलंकरण के माध्यम से सजीव प्राणियों का चित्रण वर्जित था। **इसलिए, 1 सही नहीं है।**

इसलिए इन्होंने ज्यामितीय व अरबस्क पैटर्न, सजावटी लेखन और पादप और पुष्प जीवन के औपचारिक चित्रण का उपयोग किया। अन्य सजावटों में अरबस्क, सुलेखन और अधिक व अल्प उभरी हुई नक्काशी और जालियों पर भरपूर उपयोग शामिल था। **इसलिए, कथन 3 सही है।**

संक्षेप में इंडो-इस्लामिक वास्तुकल में मुस्लिमों का योगदान गहरा है और कम दिलचस्प नहीं है। उनके द्वारा प्रचलित वास्तुशिल्प सम्बन्धी विशेषताओं में मेहराबों, गुम्बदों, छोटी और बड़ी मीनारों, चंपांतर त्रिभुजों, बगली डाटों, आधे गुंबददार दोहरे सिंहद्वारों, कियोस्क (छत्रियों) और निर्माण कारक के रूप में कंक्रीट के उपयोग का उल्लेख किया जा सकता है। **इसलिए, कथन 2 सही है।**

14. भारत में प्रथम मकबरा, जो शुद्ध इस्लामी शैली में निर्मित हुआ था?

(a) हुमायूँ का मकबरा

(b) बलबन का मबबरा

(c) ऐबक का मकबरा

(d) अलाउद्दीन का मकबरा

उत्तर (b) भारत में शुद्ध इस्लामी शैली में निर्मित पहला मकबरा सुल्तान बलबन द्वारा निर्मित दिल्ली में रायपिथौरा के समीप बनवाया गया उसका स्वयं का मकबरा था।

15. खिलजी वास्तुकला की निम्नलिखित में से कौन-सी विशेषता/विशेषताएँ है/हैं?

1. छिद्रित खिड़कियाँ

2. दोहरे गुम्बद

3. चारबाग

नीचे दिए गए कूट का प्रयोग कर सही उत्तर चुनिए-

(a) केवल 1 और 2 (b) केवल 2 और 3

(c) केवल 1 (d) 1, 2 और 3

उत्तर (c) अलाउद्दीन खिलजी ने कुव्वत-उल-इस्लाम मस्जिद के स्तंभों के घेरे का विस्तार कर अलाई-दरवाजे का निर्माण करवाया एवं उनमें दो प्रवेश द्वारों का भी निर्माण करवाया। खिलजियों द्वारा निर्मित भवनों में घोड़े की नालनुमा नुकीली मेहराब, बड़ा गुम्बद, गुम्बद के अंदर धंसी हुई मेहराब, छिद्रित खिड़कियाँ, शिलालेखों का समूह और संगमरमर के स्थान पर लाल बलुआ पत्थर का उपयोग खिलजी वास्तुकला के विशिष्ट लक्षण हैं। **इसलिए, विकल्प 1 सही है।**

16. द्रविड़ और नागर मंदिर वास्तुकला शैली के मध्य निम्नलिखित में से कौन-से अन्तर है?

1. नागर मंदिरों में विस्तृत चारदीवारी है, जबकि द्रविड़ मंदिरों में नहीं हैं।

2. नागर मंदिरों में मिथुन और नदी देवियों के चित्र मिलते हैं, जबकि द्रविड़ मंदिरों में मंदिर की रक्षा करने वाले द्वारपालों की मूर्तियाँ हैं।

3. नागर शैली के मंदिरों में विभिन्न शिखर होते हैं, जो संकुल के रूप में एक साथ ऊपर उठते हैं, जबकि द्रविड़ शैली के मंदिर में ये नहीं पाए जाते हैं।

नीचे दिए गए कूट का प्रयोग कर सही उत्तर चुनिए-

(a) केवल 1 और 2 (b) केवल 2 और 3

(c) केवल 1 और 3 (d) 1, 2 और 3

उत्तर (b) उत्तर भारत की नागर शैली में, पत्थर के चबूतरे पर पूरा मंदिर बनाया जाना सामान्य था, जहाँ ऊपर तक सीढ़ियां जाती थीं। इसके अतिरिक्त, दक्षिण भारत के विपरीत नागर शैली में सामान्यतः विस्तृत चारदीवारी या प्रवेश द्वार नहीं होता था। **इसलिए, कथन 1 सही नहीं है।**

जबकि उत्तर भारत में मंदिरों के गर्भगृह के प्रवेश द्वार पर मिथुन और नदी देवियां गंगा और यमुना की मूर्तियाँ सामान्य रूप से मिलती है, दक्षिण में सामान्यतः मंदिरों में रक्षा करने वाले द्वारपालों की मूर्तियाँ मिलती हैं। **इसलिए, कथन 2 सही है।**

नागर शैली के मंदिरों में विभिन्न शिखर होते हैं, जो संकुल के रूप में एक साथ ऊपर उठे हुए होते हैं, जबकि द्रविड़ मंदिर में ये नहीं पाए जाते हैं। दक्षिण भारत के कुछ सबसे पवित्र मंदिरों में, मुख्य मंदिर जिसमें गर्भगृह स्थित होता है, उसका सबसे छोटा शिखर है। ऐसा इसलिए है, क्योंकि सामान्यतः यह मंदिर सबसे पुराना भाग है। **इसलिए, कथन 3 सही है।**

17. वास्तुकला की सल्तनत और मुगल शैली के बीच निम्नलिखित में से कौन-सा/से अन्तर है/हैं?

1. चारबाग शैली

2. पित्रादुरा अलंकरण

3. लाल बलुआ पत्थर का उपयोग

नीचे दिए गए कूट का प्रयोग कर सही उत्तर चुनिए-

(a) केवल 1 (b) केवल 1 और 3
(c) केवल 2 और 3 (d) केवल 1 और 2

उत्तर (d) चारबाग शैली और पित्रादुरा अलंकरण, सल्तनत और मुगल स्थापत्य कला शैलियों के बीच प्रमुख अन्तर हैं। ये दोनों मुगल शैली की वास्तुकला की विशेषता हैं। चारबाग शैली के केन्द्र में सेतु मार्ग द्वारा 4 मुख्य भागों में विभाजित वर्गाकार बगीचे की उपस्थिति है जिसमें उथली जलधारा बहती है। पित्रादुरा गढ़े गए रंगीन पत्थरों से जटिल जड़ित चित्र बनाने की तकनीक को संदर्भित करता है। यह कलाकृति ताजमहल, बुलंद दरवाजा और लाल किले में प्रमुखता से दिखाई देता है। **अतः कथन 1 और 2 दोनों सही हैं।**

कथन 3 गलत है। लाल बलुआ पत्थर का सल्तनत कालीन और मुगल कालीन वास्तुकारों दोनों द्वारा उपयोग किया गया था।

18. वास्तुकला की द्रविड़ शैली की निम्नलिखित में से कौन-सी विशेषता/विशेषताएँ है/हैं?

1. **उत्तल (उभड़े हुए) वक्र में अंदर की ओर मुड़ने वाले शिखर।**
2. **मंदिर कुण्ड या कुओं की उपस्थिति।**
3. **प्रवेश स्थल की दीवार पर विशाल ऊँचे प्रवेश द्वार।**

नीचे दिए गए कूट का प्रयोग कर सही उत्तर चुनिए-

(a) केवल 1 और 2
(b) केवल 2 और 3
(c) केवल 3
(d) 1, 2 और 3

उत्तर (b) **कथन 1 गलत है।** वास्तुकला की नागर एवं द्रविड़ शैली में प्रमुख रूप से गर्भगृह के ऊपर विद्यमान विमान या शिखर की आकृति में अन्तर होता है। नागर शैली में यह वक्ररेखीय, क्रमिक रूप से उत्तल वक्र के अंदर की ओर मुड़ा होता है। द्रविड़ शैली के मामले में शिखर की आकृति पिरामिड सदृश एवं कई मंजिलों के रूप में ऊँचा होता जाता है।

कथन 2 सही है। द्रविड़ शैली से सम्बन्धित अधिकतर मंदिरों में विशेष रूप से मंदिर के लिए ही उपयोग किए जाने वाले तालाब या कुएँ होते हैं।

कथन 3 सही है। द्रविड़ शैली का एक महत्वपूर्ण लक्षण गोपुरम है, यह मन्दिर के प्रवेश स्थल की दीवार पर बनाए गए विशाल एवं ऊँचे प्रवेश द्वार होते हैं।

19. गांधार कला शैली के सम्बन्ध में निम्नलिखित कथनों पर विचार कीजिए–

1. **यह ग्रीको-रोमन परंपरा से प्रभावित थी।**
2. **इसे सातवाहन शासकों द्वारा संरक्षण दिया गया था।**
3. **बुद्ध की योगी मुद्रा इस शैली की एक प्रमुख मूर्ति है।**

उपर्युक्त कथनों में से कौन-सा/से सही है/हैं?

(a) केवल 1 (b) केवल 2 और 3
(c) केवल 1 और 3 (d) 1, 2 और 3

उत्तर (c) **कथन 1 सही है।** गांधार कला मुख्य रूप से बौद्ध कल्पना और ग्रीक-रोमन कला से प्रभावित थी। अपनी रणनीतिक अवस्थिति के कारण गांधार शैली ने फारसी, ग्रीक, रोमन, शक और कुषाण जैसी सभी प्रकार की विदेशी प्रभावों को आत्मसात किया। गांधार कला शैली की विशिष्ट विशेषताएँ समृद्ध नक्काशी, विस्तृत अलंकरण और जटिल प्रतीक हैं।

कथन 2 सही नहीं है, जबकि कथन 3 सही है। शक और कुषाण दोनों गांधार शैली के संरक्षक थे, जिसे मनुष्य रूप में बुद्ध की पहली मूर्ति कला निरूपण के लिए जाना जाता है। बुद्ध को लहराते बालों के साथ आध्यात्मिक मुद्रा में दिखाया गया है। उन्होंने बहुत कम आभूषण धारण किया है और योगी की मुद्रा में बैठे हैं।

20. मंदिर वास्तुकला की बेसर शैली उत्तरी और दक्षिणी शैली का संयोजन है; इस संदर्भ में निम्नलिखित कथनों पर विचार कीजिए–

1. **मंदिर वास्तुकला की यह शैली विजयनगर साम्राज्य के दौरान उत्पन्न हुई।**
2. **कर्नाटक में हेलबिड का होयसलेश्वर मंदिर बेसर शैली का एक उदाहरण है।**

उपर्युक्त कथनों में से कौन-सा/से सही है/हैं?

(a) केवल 1 (b) केवल 2
(c) 1 और 2 दोनों (d) न तो 1, न ही 2

उत्तर (b) **कथन 1 सही नहीं है।** मंदिर वास्तुकला की बेसर शैली का उद्भव कर्नाटक के चालुक्य राजवंश के शासनकाल में हुआ।

कथन 2 सही है। कर्नाटक में हेलबिड का होयसलेश्वर मंदिर, बेसर शैली का एक उदाहरण है।

21. भारतीय-इस्लामी वास्तुकला के सम्बन्ध में 'सराय' क्या है?

(a) शहर के प्रमुख किलों को जोड़ने वाली सुरंगें।
(b) स्मारक के रूप में बनाए गए नगर द्वार।
(c) लोगों को अस्थाई निवास स्थान प्रदान करने के लिए बनाए गए वृत्ताकार नगर।
(d) शासन के द्वारा स्थानीय बाजारों के लिए निर्धारित किए गए क्षेत्र।

उत्तर (c) 'सराय' मध्ययुगीन भारत की रोचक विशिष्टता है, ये मुख्य रूप से साधारण वर्ग या आयताकार योजना पर निर्मित वृत्ताकार नगर होते थे एवं इनका उद्देश्य भारतीय और विदेशी यात्रियों, तीर्थयात्रियों, सौदागरों, व्यापारियों आदि को अस्थायी आवास प्रदान करना होता था।

22. निम्नलिखित पर विचार कीजिए–

1. **रिलीजियस फिगर्स (धार्मिक आकृति/चित्र)**
2. **वास्तुकलात्मक चाप (मेहराब)**
3. **अर्द्ध-मूल्यवान पत्थरों का उपयोग**
4. **आधार के रूप में चावल के गोंद का उपयोग**

उपर्युक्त लक्षणों में से कौन-सा/से तंजौर चित्रकला के अभिलक्षण नहीं है/हैं?

(a) केवल 1 और 4
(b) केवल 3
(c) केवल 4
(d) केवल 2 और 3

उत्तर (c) तंजौर चित्रकला, तमिलनाडु के तंजावुर क्षेत्र में मराठा प्रभाव के अंतर्गत विकसित कला और शिल्प का रोचक संयोजन है। इसमें मुख्य रूप से लाल, पीले, काले और सफेद रंगों का उपयोग किया जाता है।

कथन 1 और 2 सही हैं। इसके विशिष्ट अभिलक्षण आभूषणों से सुसज्जित एवं विस्तृत वास्तुकलात्मक मेहराबों और दरवाजों से घिरे हुए कुलीन या प्रसिद्ध धार्मिक व्यक्ति थे।

कथन 3 सही है। तंजौर चित्रकला मूल रूप से काष्ठ पर की गयी हैं और उस पर अर्द्ध-मूल्यवान पत्थर/उपरत्न जड़े जाते थे। बाद में यह चित्रकारी काँच पर की जाने लगी। काँच पर की जाने वाली चित्रकारी में बाहर की ओर से आंतरिक पक्ष पर चित्रकारी की जाती थी। काँच की विपरीत सतह पर कलाकार द्वारा चित्रकारी किए जाने के बाद कलाकृति को बाह्य रूपरेखाएँ और अन्तिम परिष्कार प्रदान किए जाते थे।

कथन 4 सही नहीं है। आधार के रूप में चावल के गोंद का उपयोग वर्ली चित्रकला का लक्षण है। वर्ली चित्रकला में घरों की दीवारों पर गोबर का लेप किया जाता है। उर्वरता की देवी एवं वाघदेव को प्रसन्न कर आशीर्वाद प्राप्त करने के लिए लाल गेरू वस्त्र के चूर्ण के साथ चावल के गोंद का उपयोग किया जाता है।

23. स्तूप में निम्नलिखित में से क्या उपस्थित नहीं होता है?

1. मेधी **2. धुरा**

3. अबेकस **4. हर्मिका**

कूट:

(a) केवल 1 और 2 (b) केवल 3

(c) केवल 2 और 3 (d) केवल 4

उत्तर (b) स्तूप का विकास मृतक की चिता के ऊपर या मृतक की अस्थियों को रखने के लिए किया जाता है। गौतम बुद्ध के जीवन की प्रमुख घटनाओं, जन्म, धर्मचक्र प्रवर्तन तथा निर्वाण से सम्बन्धित स्थानों पर भी स्तूप का निर्माण हुआ है। स्तूप के प्रमुख अंग, छत्र, हर्मिका, मेधी, धुरा वेदिका, अंड, यष्टि आदि है। अत: अबेकस स्तूप का अंग नहीं है।

24. निम्नलिखित में से क्या अमरावती शैली की मूर्तिकला की विशेषता नहीं है?

1. बुद्ध के जीवन पर आधारित विषय।

2. बुद्ध योगी की मुद्रा में बैठे हुए हैं।

3. बुद्ध का शरीर सौष्ठव।

कूट:

(a) केवल 1 और 3

(b) केवल 2 और 3

(c) केवल 1 और 2

(d) 1, 2 और 3

उत्तर (a) अमरावती शैली का विकास सातवाहन शासकों के काल में हुआ। इस शैली की मूर्तियों में त्रिभंग आसन का अत्यधिक प्रयोग किया गया है। इस शैली में सफेद संगमरमर के ऊपर मूर्तियों का निर्माण किया जाता है। इस शैली में बुद्ध की व्यक्तिगत विशेषताओं पर कम बल दिया गया है। मूर्तियाँ सामान्यता बुद्ध के जीवन और जातक कथाओं की कहानियों को दर्शाती है। बुद्ध की योगी की मुद्रा गांधार शैली की विशेषता है।

25. 'ऊपर कोट' किसकी प्रमुख विशेषता क्या है?

(a) बाघ गुफा

(b) ऐलोरा की गुफा

(c) जूनागढ़ की गुफा

(d) नासिक की गुफा

उत्तर (c) गुजरात के जूनागढ़ की गुफा की अद्वितीय विशेषता प्रार्थना स्थल के सामने 30-35 फीट ऊँचे नगर दुर्ग की उपस्थिति है, जिसे 'ऊपर कोट' के नाम से जाना जाता है।

❑❑❑

2 मूर्तिकला

1. भारत में कठपुतली कला के सन्दर्भ में, निम्नलिखित कथनों पर विचार कीजिए–

1. कठपुतली कला हड़प्पा युग में विद्यमान थी।

2. नाटयशास्त्र में कठपुतली कला की चर्चा की गयी है।

3. इसका सर्वाधिक प्राचीन उल्लेख तमिल गौरव ग्रंथ शिलप्पादिकारम में पाया जाता है।

उपर्युक्त कथनों में से कौन-सा/से सही है/हैं?

(a) केवल 1 (b) केवल 2 और 3

(c) केवल 3 (d) 1, 2 और 3

उत्तर (d) भारत को कठपुतली कला का घर कहा जाता है, किन्तु इसकी असीमित संभावनाओं को तलाशना अभी शेष है। हड़प्पा तथा मोहनजोदड़ों की खुदाई स्थलों पर छेद युक्त कठपुतलियाँ प्राप्त हुई हैं, जिससे कला के रूप में कठपुतली के खेल की उपस्थिति के संकेत मिलते हैं। कठपुतली कला का सर्वाधिक प्राचीन संदर्भ ईसा पूर्व प्रथम या द्वितीय शताब्दी में रचित तमिल ग्रंथ 'शिलप्पादिकारम' में मिलते हैं।

इससे पूर्व द्वितीय ईसा पूर्व शताब्दी से लेकर दूसरी शताब्दी के बीच रचित ग्रंथ 'नाट्यशास्त्र' में कठपुतली कला के संदर्भ में मिलते हैं, किंतु मानव नाट्यगृह के निर्माता सह निदेशक को 'सूत्रधार' कहा जाता था, जिसका अर्थ होता था 'डोर थामने वाला'। हो सकता है रंगमंच की शब्दावली में इस शब्द को स्थान नाट्य-शास्त्र के लिखे जाने से बहुत पहले मिल चुका हो, किन्तु इसका स्रोत कठपुतली रंगमंच ही होगा। इसलिए, कठपुतली के खेल की उत्पत्ति भारत में ईसा के जन्म से 500 वर्ष पूर्व हुई होगी।

डोर वाली कठपुतलियाँ–कठपुतली

छाया कठपुतलियाँ – तोगालू गोबेयाट्टा

दस्ताने वाली कठपुतलियाँ – पावावुथू

छड़ी वाली कठपुतलियाँ – पुतुल नाच

2. खजुराहो के मंदिरों के सन्दर्भ में, निम्नलिखित कथनों पर विचार कीजिए–

1. वे बलुआ-पत्थर से निर्मित हैं।

2. आंतरिक तथा बाह्य दोनों ही दीवारें बड़ी मात्रा में नक्काशियों से सुसज्जित हैं।

3. मंदिर निर्माण में तारामय योजना शैली का अनुकरण किया गया है।

नीचे दिए गए कूट का प्रयोग कर सही उत्तर चुनिए–

(a) केवल 1 और 2 (b) केवल 1 और 3

(c) केवल 2 और 3 (d) 1, 2 और 3

उत्तर (a) खजुराहो के मंदिरों को चंदेला वंश का संरक्षण प्राप्त था। इन मंदिरों की कुछ विशेषताएँ निम्नलिखित हैं :

ये मंदिर बलुआ-पत्थर से निर्मित हैं।

आंतरिक तथा बाह्य दोनों दीवारें बड़ी मात्रा में नक्काशियों से सज्जित हैं। सोलंकी शासकों के संरक्षण वाले मंदिरों की दीवारों पर किसी प्रकार की नक्काशी नहीं थी।

इसमें मंदिर निर्माण की पंचायतन शैली का अनुकरण किया गया है। तारामय योजना शैली, जिसमें मंदिरों को एक जटिल रूप से अभिकल्पित तारे की आकृति में प्रस्तुत किया जाता है, का अनुकरण होयसल कला शैली में किया जाता था।

इन मंदिरों के द्वार, सामान्यत: उत्तर या पूर्व की ओर होते थे।

इन मंदिरों को अपेक्षाकृत अधिक ऊँचे चबूतरे पर निर्मित किया जाता था।

उदाहरण – लक्ष्मण मंदिर, कंदारिया महादेव मंदिर आदि।

खजुराहो में कुछ जैन मंदिर भी हैं।

3. प्राचीन काल में मंदिरों के बारे में निम्नलिखित कथनों पर विचार कीजिए–

1. निरंधार प्रदक्षिणापथ रहित पवित्र स्थल थे।

2. संधार प्रदक्षिणापथ युक्त पवित्र स्थल थे।

3. सर्वतोभद्र, ऐसे पवित्र स्थल थे जहाँ सभी दिशाओं से पहुँचा जा सकता है।

उपर्युक्त कथनों में से कौन-सा/से सही है/हैं?

(a) केवल 1 और 2 (b) केवल 1 और 3

(c) केवल 3 (d) 1, 2 और 3

उत्तर (d) प्रदक्षिणापथ, परिक्रमा मार्ग या मुख्य मंदिर के चारों तरफ के मार्ग को संदर्भित करता है। पहले ही मंदिर वास्तुकला में, मूल रूप से नागर शैली में तीन प्रकार के मंदिर थे, जिन्हें मुख्य मंदिर के चारों तरफ के मार्ग के आधार पर वर्गीकृत किया गया था।

निरंधार प्रकार में, मुख्य मंदिर के चारों तरफ कोई प्रदक्षिणापथ नहीं था, जबकि संधार प्रकार में मुख्य मंदिर के चारों तरफ 'परिक्रमा' करने के लिए मार्ग होता है।

सर्वतोभद्र में मंदिर में सब तरफ से पहुँचा जा सकता है क्योंकि इसमें अलग-अलग दिशा की तरफ मुँह किए कई देवी-देवता होते हैं, इन देवी-देवताओं को गोलाकार तरीके से विशेष क्रम में रखा जाता है। सर्वतोभद्र मंदिर का उदाहरण 'देवगढ़ का विष्णु मंदिर' है।

अतः (d) सही उत्तर है।

4. निम्नलिखित स्थानों में से कौन-सा दशावतार प्रसंग पर आधारित है?

(a) देवगढ़ मंदिर, झांसी

(b) कैलाश मंदिर, एलोरा

(c) उदयगिरी गुफा, विदिशा

(d) एलिफेन्टा की गुफाएँ, एलिफेन्टा द्वीप

उत्तर (a) दशावतार प्रकरण पर आधारित विष्णु मंदिर देवगढ़ में अवस्थित है। यह मंदिर गुप्त शैली की शिल्पकला के नमूने का एक अच्छा स्रोत है।

एलिफेन्टा की गुफाओं में चट्टानों को काट कर बनायी गयी शिव पत्थर की मूर्तियाँ शैव हिन्दू सम्प्रदाय के भगवान शिव का प्रतिनिधित्व करती हैं।

कैलाश मंदिर चट्टान को काट कर बनाया गया शिल्प है। इस मंदिर को 757 से 783 ई. के बीच राष्ट्रकूट वंश के शासक कृष्ण द्वारा पूर्ण किया गया था। इसे शिव के घर कैलाश पर्वत की स्मृति में बनाया गया था।

उदयगिरी गुफा (विदिशा) धरती को बचाने के क्रम में वराह अवतार में हिन्दु देवता विष्णु के प्राचीन विशाल उच्चावन वास्तुशिल्प के लिए प्रसिद्ध है।

5. मथुरा शैली के संदर्भ में, निम्नलिखित कथनों पर विचार कीजिए–
1. बुद्ध को मानव रूप में चित्रित किया गया था।
2. मूर्तिकला की यह शैली केवल बैक्ट्रिया और पर्शिया की परंपराओं का संगम थी।

उपर्युक्त कथनों में से कौन-सा/से सही है/हैं?

(a) केवल 1 (b) केवल 2
(c) 1 और 2 दोनों (d) न तो 1, न ही 2

उत्तर (a) **कथन 1 सही है।** बुद्ध, पूर्व में जिन्हें प्रतीकात्मक रूप में चित्रित किया जाता था, मथुरा एवं गांधार दोनों कला शैलियों में मानव रूप में चित्रित किया गया।

कथन 2 सही नहीं है। गांधार मूर्तिकला शैली बैक्ट्रिया, पर्शिया और स्थानीय गांधार शैली का मिश्रण थी। मथुरा की स्थानीय मूर्तिकला शैली इतनी महत्वपूर्ण हो गई कि इस शैली का उत्तरी भारत के अन्य भागों में विस्तार होने लगा।

6. केन्द्रीय लघु गर्भगृह की दीवारों पर नक्काशी नहीं की गई है और उन्हें सादा छोड़ दिया गया है, चूँकि मन्दिर का मुख्य द्वार पूर्व दिशा की ओर है, इसलिए प्रतिवर्ष विषुवों के दौरान सूर्य सीधे इस केन्द्रीय गर्भगृह के भीतर तक प्रकाशित होता है। उपर्युक्त वर्णन निम्नलिखित मंदिरों में से किसको संदर्भित करता है?

(a) कामाख्या मंदिर, गुवाहाटी
(b) कैलाशनाथ मंदिर, एलोरा
(c) सूर्य मंदिर, मोढेरा
(d) बृहदेश्वर मंदिर, तंजौर

उत्तर (c) मोढेरा का सूर्य मंदिर 11वीं शताब्दी के आरम्भिक काल का मंदिर है। इसका निर्माण सोलंकी राजवंश के राजा भीमदेव प्रथम द्वारा 1026 ईसवी में करवाया गया था। सोलंकी राजवंश उत्तरकालीन चालुक्यवंश की एक उपशाखा थी। सूर्य मंदिर के सामने विशाल आयताकार सीढ़ीदार कुण्ड है, जिसे सूर्यकुण्ड कहा जाता है। कुण्ड, नदी या तालाब जैसे जल निकायों की धार्मिक स्थापत्य संरचनाओं से निकटता आरम्भिक काल से ही देखी जाती रही है। काष्ठ नक्काशी सम्बन्धी गुजरात की परंपरा का प्रभाव भव्य नक्काशी और मूर्तिकला शिल्पों में स्पष्ट रूप से दृष्टिगोचर होता है। लेकिन केन्द्रीय लघु मंदिर की दीवारें किसी भी प्रकार की नक्काशी से रहित है, क्योंकि मन्दिर का मुख्य द्वार पूर्व दिशा की ओर है, इसलिए प्रति वर्ष विषुवों के दौरान, सूर्य की किरण सीधे गर्भगृह में प्रकाशित करती है।

7. होयसल मंदिर प्रसिद्ध है–
1. वास्तुकला की बेसर शैली के लिए।
2. उनके ताराकार तल-विन्यास के लिए।
3. भवन निर्माण की मुख्य सामग्री के रूप में टेराकोटा के उपयोग के लिए।

नीचे दिए गए कूट का प्रयोग कर सही उत्तर चुनिए-

(a) केवल 1 और 3 (b) केवल 2 और 3
(c) केवल 2 (d) केवल 1 और 2

उत्तर (d) **कथन 1 सही है।** चोल और पांड्य राजवंशों की शक्ति के पतन के पश्चात कर्नाटक के होयसल राजवंश दक्षिण भारत में एक प्रमुख शक्ति के रूप में उभरे तथा मैसूर के मुख्य संरक्षक बने। दक्कन के दक्षिणी भाग में लगभग सौ मंदिरों के अवशेष पाए गए हैं लेकिन इनमें से केवल तीन बेलूर, हैलेबिडु और सोमनाथपुरम में स्थित मंदिरों की ही अधिकांश चर्चा की जाती हैं। होयसल मंदिरों को कभी-कभी हाइब्रिड या बेसर शैली के मंदिर कहा जाता है, क्योंकि इनकी विशिष्ट शैली न तो पूर्णत: द्रविड़ और न ही नागर शैली, अपितु यह इन दोनों का मिश्रित रूप है।

कथन 2 सही है। अति मौलिक ताराकार तल-विन्यासों, जिन्हें तारामय विन्यास भी कहा जाता है तथा अलंकृत नक्काशियों की बहुलता के कारण होयसल मंदिरों की अन्य मध्यकालीन मंदिरों से भिन्न एक विशिष्ट पहचान हैं।

कथन 3 सही नहीं है। चूँकि ये अपेक्षाकृत मुलायम पत्थर सेलखड़ी से निर्मित है, जिसके परिणामस्वरूप कलाकार गहनतापूर्वक इन मंदिरों में मूर्तियाँ उत्कीर्ण करने में सक्षम हो सके। यह तथ्य विशिष्ट रूप से इन मंदिरों की दीवारों को अलंकृत करने वाले देवताओं के आभूषणों के रूप में देखा जा सकता है।

8. नालंदा मूर्तिकला शैली के संदर्भ में, निम्नलिखित कथनों पर विचार कीजिए–
1. यह सारनाथ की गुप्तकालीन बौद्ध कला और बिहार की स्थानीय परंपरा के सम्मिश्रण के रूप में उभरी।
2. नालंदा की मूर्तियाँ हीनयान संप्रदाय के बौद्ध देवताओं का निरूपण करती हैं।

उपर्युक्त कथनों में से कौन-सा/से सही है/हैं?

(a) केवल 1
(b) केवल 2
(c) 1 और 2 दोनों
(d) न तो 1, न ही 2

उत्तर (a) प्लास्टर, पत्थर और कांस्य की नालंदा की मूर्तिकला, सारनाथ की गुप्तकालीन बौद्ध कला पर निर्भरता के कारण विकसित हुई। 9वीं शताब्दी तक मध्य भारत में सारनाथ की बौद्ध गुप्तकला और बिहार की स्थानीय परंपराओं का सम्मिश्रण हुआ, परिणामस्वरूप मूर्तिकला की नालंदा शैली का विकास हुआ, जिसमें विशिष्ट मुखाकृतिक विशेषताएँ, शरीर रूपों और वस्त्र एवं आभूषणों जैसे अभिलक्षण पाए जाते हैं। नालंदा कला अपनी निरन्तरतापूर्ण उच्च गुणवत्ता वाली कारीगरी के कारण प्रसिद्ध है। इसकी अभिलाक्षणिक विशेषता, सटीक रूप से निष्पादित मूर्तियों का सुव्यवस्थित रूप है, जिसमें अल्प मात्रा में क्राउडिंग इफेक्ट भी होता है। इन मूर्तियों का उभार भी सामान्यत: सपाट नहीं होता है, बल्कि इन्हें त्रि-आयामी स्वरूप में निर्मित किया गया है। **इसलिए, कथन 1 सही है।**

प्रारम्भिक नालंदा मूर्तियों में महायान देवालयों के बौद्ध देवताओं, जैसे कि खड़े हुए बुद्ध और बोधिसत्वों जैसे कि मंजुश्री कुमार, कमल पर बैठे हुए अवलोकितेश्वर व नागा-नागार्जुन आदि का चित्रण हुआ है। 11वीं और 12वीं शताब्दियों के उत्तरार्ध में, जब नालंदा तंत्रवाद के एक महत्वपूर्ण केन्द्र के रूप में उभरा तो चित्रण में वज्रयान के देवी-देवताओं जैसे वज्रशारदा का प्रभुत्व हो गया। **इसलिए, कथन 2 सही नहीं है।**

9. खजुराहों के मंदिरों के संदर्भ में, निम्नलिखित कथनों पर विचार कीजिए–
1. खजुराहों में हिन्दू और जैन, दोनों मंदिर हैं।
2. खजुराहो के मंदिर, मंदिर वास्तुकला की बेसर शैली का प्रतिनिधित्व करते हैं।

उपर्युक्त कथनों में से कौन-सा/से सही है/हैं?

(a) केवल 1
(b) केवल 2
(c) 1 और 2 दोनों
(d) न तो 1, न ही 2

उत्तर (a) खजुराहो में स्थित मंदिरों का निर्माण चंदेल वंश के शासन के दौरान हुआ था, जो 950 एवं 1050 ईसवी के मध्य अपने चरमोत्कर्ष पर था। खजुराहो मंदिर, वास्तुकला की नागर शैली के उदाहरण हैं। **इसलिए, कथन 2 सही नहीं है।**

खजुराहो में कई मंदिर हैं, जिनमें से अधिकतर हिन्दू देवी-देवताओं को समर्पित हैं। कुछ जैन मंदिर हैं और साथ ही चौसठ यक्षिणी मंदिर है, जो 10वीं शताब्दी से पूर्व का है। **इसलिए, कथन 1 सही है।**

10. 7वीं सदी में एकाश्म पत्थर पर उत्कीर्णित अर्जुन की तपस्या या गंगा के अवतरण का चित्रण करने वाली मूर्ति निम्नलिखित में से किस स्थान पर पाई गई है?

(a) अजंता (b) महाबलीपुरम

(c) एलोरा (d) अमरावती

उत्तर (b) महाबलीपुरम एक ऐसा स्थान है, जहाँ कांची के पल्लव शासकों के अधीन अत्यधिक महत्वपूर्ण कलात्मक अभियान फला-फूला और उन्हें महाबलीपुरम में एक ही चट्टान से बनाए जाने वाले सप्त पैगोडा अर्थात् रथों, को बनाने का श्रेय दिया जाता है।

अर्जुन की तपस्या और गंगा अवतरण को चित्रित करने वाला मूर्तिशिल्प महाबलीपुरम के सर्वाधिक प्रसिद्ध एवं चर्चित मूर्तिशिल्प हैं। भारतीय कला के इतिहास में संभवत: हाथियों को प्रदर्शित करने का ऐसा उत्कृष्ट उदाहरण अन्यत्र कहीं नहीं मिलता है, जैसा अर्जुन की तपस्या के दृश्य में प्राप्त हुआ है। इसमें पारलौकिक, ऋषि, शिष्य और शेर, बाघ, हाथी एवं भालू जैसे वन्यजीव हैं। इन जीवों का प्रदर्शन अत्यधिक प्राकृतिक रूप से किया गया है। ऋषियों के आभामण्डल से विकीर्ण होती शांति एवं निराकुलता एक ध्यानावस्था में बैठी बिल्ली में परिलक्षित होती है, जिसके चारों तरफ कई चूहे उछल-कूद कर रहे हैं।

❑❑❑

3 चित्रकला

1. औरंगजेब के शासनकाल में चित्रकला को मिलने वाले शाही संरक्षण की समाप्ति ने कलाकारों के विभिन्न स्थानों मे बिखराव और चित्रकला की अलग शैलियों के उद्‌भव का मार्ग प्रशस्त किया। निम्नलिखित में से कौन इस प्रकार की शैली थी?

1. पाल **2. राजस्थान**

3. पहाड़ी **4. अपभ्रंश**

नीचे दिए गए कूट का प्रयोग कर सही उत्तर चुनिए-

(a) केवल 1 और 2

(b) केवल 1, 2 और 3

(c) केवल 2 और 3

(d) केवल 3 और 4

उत्तर (c) मध्यकाल में, औरंगजेब के समय चित्रकला को मिलने वाले शाही संरक्षण की समाप्ति ने देश के विभिन्न स्थानों में कलाकारों के बिखराव का मार्ग प्रशस्त किया। इससे राजस्थान और पंजाब के पहाड़ी क्षेत्रों में चित्रकला के विकास में सहायता मिली, जिससे चित्रकला की विशिष्ट शैलियों यथा राजस्थानी और पहाड़ी शैली का जन्म हुआ। 1191 ई. से 15वीं शताब्दी में अपभ्रंश पश्चिम भारत में विकसित लघु चित्रकला की प्राचीन शैलियां थीं।

2. मणिपुरी नृत्य के संदर्भ में, निम्नलिखित कथनों पर विचार कीजिए–

1. राधा और कृष्ण की उपासना, विशेष रूप से उनकी रासलीला, इसके मूल विषय के केन्द्र में है।

2. इसमें तांडव और लास्य, दोनों का समावेश है।

3. यह तुलसीदास और कबीर द्वारा रचित भक्ति गीतों पर आधारित है।

उपर्युक्त कथनों में से कौन-सा/से सही है/हैं?

(a) केवल 1

(b) केवल 1 और 2

(c) केवल 2 और 3

(d) 1, 2 और 3

उत्तर (b) मणिपुरी नृत्य तांडव और लास्य दोनों का समावेश है। राधा और कृष्ण की उपासना, विशेष रूप से रासलीला, इसके विषयों के केन्द्र में है, लेकिन असामान्य रूप से नृत्य में कीर्तन को प्रदर्शित करने के लिए मंजीरों एवं दो सिरों वाले ढोल का प्रयोग किया जाता था।

मणिपुरी नृत्य में प्रयुक्त बोल सामान्य रूप से जयदेव, विद्यापति, चंडीदास, गोविन्ददास या ज्ञानदास की शास्त्रीय कविता से हैं और संस्कृत, मैथिली, ब्रज भाषा या अन्य में हो सकते हैं।

इसलिए, केवल कथन 1 और 2 सही है।

3. 'पिथौरा', 'मिथिला चित्रकला' तथा 'वर्ली' जैसे शब्द निम्नलिखित में से किसके परम्परागत रूप हैं?

(a) काष्ट चित्रकला

(b) भित्ति चित्र

(c) रंजक चित्रकला

(d) रेखा चित्रकला

उत्तर (b) पिथौरा, मिथिला चित्रकला तथा वरली भित्ति चित्रों के परम्परागत रूप हैं।

पिथौरा का प्रचलन राजस्थान तथा गुजरात में है। मिथिला चित्रकला मिथिला क्षेत्र के स्थानीय भित्तिचित्रों का एक प्रकार है। वर्ली महाराष्ट्र के भित्ति चित्र का एक परम्परागत प्रकार है।

4. भारत में प्रागैतिहासिक चित्रकला के सम्बन्ध में निम्नलिखित कथनों पर विचार कीजिए–

1. मध्यपाषाणयुगीन चित्रकला समूह में शिकार करते व्यक्तियों के दृश्यों को प्रदर्शित करती है।

2. ताम्रपाषाणयुगीन चित्रकला स्थायी कृषि समुदायों की उपस्थिति को प्रकट करती है।

उपर्युक्त कथनों में से कौन-सा/से सही है/हैं?

(a) केवल 1

(b) केवल 2

(c) 1 और 2 दोनों

(d) न तो 1, न ही 2

उत्तर (c) सर्वाधिक चित्र मध्य पाषाणयुगीन चित्रकला से सम्बन्धित हैं। इस अवधि के दौरान विषयों का विस्तार हुआ, परन्तु चित्र अपेक्षाकृत लघु आकार के थे। इसमे मुख्यतया शिकार के दृश्य मिलते हैं। कुछ चित्रों में जानवरों को मनुष्यों का पीछा करते हुए दिखाया गया है। अन्य चित्रों में मनुष्य द्वारा उनका पीछा करने और शिकार करने को दर्शाया गया है। जानवरों के कुछ चित्रों, विशेष रूप से शिकार के दृश्यों में जानवरों का डर प्रदर्शित होता है, लेकिन कई अन्य चित्र उनके प्रति दया और प्रेम की भावना को प्रकट करते हैं। इसमें कुछ चित्र वृक्षों से फल या शहद एकत्रित करते लोगों तथा पिसाई करती एवं भोजन तैयार करती महिलाओं के है। **इसलिए, कथन 1 सही है।**

ताम्रपाषाण काल के चित्रों से मालवा के मैदानों के स्थायी कृषि समुदायों के साथ ही इस क्षेत्र के गुफावासियों के संबंधों, संपर्क और आवश्यकताओं के पारस्परिक आदान-प्रदान का पता चलता है। **इसलिए, कथन 2 सही है।**

5. निम्नलिखित युगमों पर विचार कीजिए–

चित्रकलाएँ	स्थान
1. मार विजय	: अजंता
2. पद्मपाणि बोधिसत्व	: एलोरा
3. किरातार्जुनीय	: लेपाक्षी

उपर्युक्त कथनों में से कौन-सा/से सही सुमेलित है/हैं?

(a) केवल 2 (b) 1, 2 और 3

(c) केवल 1 और 3 (d) केवल 3

उत्तर (c) अजंता की गुफाओं में मार विजय और पद्मपानी बोधिसत्व के विषय से सम्बन्धित चित्र बनाए गए हैं।

लेपाक्षी के स्वामी मंदिर के रंगमंडप की छत पर किरातुर्जनीय का एक दृश्य चित्रित किया गया है। इस चित्र में शिव को सूअर का पीछा करते हुए दिखाया गया है।

6. यमपुरी कठपुतली कला के संदर्भ में निम्नलिखित कथनों पर विचार कीजिए-

1. यह बिहार राज्य की विशिष्टता है।

2. यह छड़ कठपुतली का एक प्रकार है।

उपर्युक्त कथनों में से कौन-सा/से सही है/हैं?

(a) केवल 1

(b) केवल 2

(c) 1 और 2 दोनों

(d) न तो 1, न ही 2

उत्तर (c) बिहार की पारंपरिक छड़ कठपुतली कला को यमपुरी के नाम से जाना जाता है। ये कठपुतली लकड़ी की बनाई जाती है। पश्चिम बंगाल की छड़ कठपुतलियों (पुतुल नाच) एवं उड़ीसा की छड़ कठपुतलियों के विपरीत, ये कठपुतलियाँ एक ही टुकड़े से निर्मित होती हैं और इनमें कोई जोड़ नहीं होते हैं। इन छड़ कठपुतलियों में कोई जोड़ न होने के कारण, इनका संचालन भिन्न प्रकार से किया जाता है तथा इसके लिए अधिक निपुणता की आवश्यकता होती है।

7. नायक चित्रकला के संदर्भ में, निम्नलिखित कथनों पर विचार कीजिए-

1. यह विजयनगर शैली का विस्तार है।

2. इसमें रामायण और महाभारत के दृश्यों का चित्रण किया जाता है।

3. इसमें त्रि-विमीय मानव आकृतियों को प्रदर्शित किया जाता है।

उपर्युक्त कथनों में से कौन-सा/से सही है/हैं?

(a) केवल 1 और 2

(b) केवल 2 और 3

(c) केवल 3

(d) केवल 1 और 3

उत्तर (a) 17वीं और 18वीं शताब्दी की नायक चित्रकलाएँ तिरुपरंकुन्द्रम, श्रीरंगम एवं तिरुवरुर में देखी जाती हैं। तिरुवरुर में दो अलग-अलग काल 14वीं सदी तथा 17वीं सदी की चित्रकलाएं पाई जाती हैं। आरम्भिक चित्र वर्धमान महावीर के जीवन के दृश्यों को चित्रित करते हैं। नायक चित्रकलाएँ महाभारत और रामायण के प्रसंगों एवं साथ ही कृष्ण लीला के दृश्यों को चित्रित करती हैं।

अर्काट जिले में श्री कृष्ण मंदिर में रामायण कथा का वर्णन करती साठ पट्टिकाएं हैं, जो कि नायक चित्रकला की उत्तरकालीन अवस्था को दर्शाती हैं। ऊपर उद्धत किए गए उदाहरण यह सुझाते हैं कि नायक चित्रकला कुल मिलाकर विजयनगर शैली का ही विस्तार थी, जिसमे विभिन्न क्षेत्रों के अनुसार कुछ संशोधन किये जाते थे। **इसलिए, कथन 1 और 2 सही हैं।**

विजयनगर शैली की भांति ही नायक चित्रकला भी द्विआयामी थी। **इसलिए, कथन 3 सही नहीं है।**

8. निम्नलिखित युग्मों पर विचार कीजिए-

चित्रकला		**क्षेत्र**
1. वर्ली	:	**महाराष्ट्र**
2. झरनापटा	:	**पश्चिम बंगाल**
3. पट्टचित्र	:	**उड़ीसा**

उपर्युक्त युग्मों में से कौन-सा/से सही सुमेलित है/हैं?

(a) केवल 1

(b) केवल 1 और 2

(c) केवल 3

(d) 1, 2 और 3

उत्तर (d) सभी युग्म सुमेलित हैं।

महाराष्ट्र में ठाणे जिले के वर्ली आदिवासी अपने घरों की दीवारों को चित्रों से सजाते हैं जिसमें उनके जीवन को दर्शाने वाले दृश्य : पौधारोपण, अनाज ले जाने, नृत्य, बाजार भ्रमण और उनके दैनिक जीवन की अन्य नियमित गतिविधियों का चित्रण होता है।

पश्चिम बंगाल का झरनापटा चित्र उर्ध्वाधर कागज का रोल होता है जिसका धार्मिक महाकाव्यों से कहानियाँ सुनाने के लिए उपयोग किया जाता है। कलाकार गीतों की रचना करते हैं, जिसे वे धीरे-धीरे चित्र का प्रत्येक दृश्य खोलते हुए गाते हैं।

उड़ीसा के पट्टचित्र प्रसिद्ध कविता, गीतगोविन्द और प्राचीन कवियों, लेखकों और गायको के भक्ति पदों की कहानियों का चित्रण करते हैं। पट्ट पहले मंदिर के चढ़ावे के रूप में बनाए जाते हैं। कहानियाँ ताड़ के पत्तों का नक्काशी के रूप में या कागज और रेशम के कपड़ों पर चित्रों के रूप में एक खण्ड में रेखांकित की जाती है।

9. ताजा लगाए गए चूना प्लास्टर पर चित्रित भित्ति चित्र की तकनीक किस नाम से जानी जाती है?

(a) फ्रेस्को (b) गाऊचे (Gauche)

(c) टेम्पेरा (d) क्यूबिज्म

उत्तर (a) ताजा लगाए गए चूना प्लास्टर पर चित्रित भित्ति चित्र की तकनीक को फ्रेस्को के रूप में जाना जाता है। अजंता की गुफाएँ फ्रेस्को के लिए प्रसिद्ध हैं। फ्रेस्को में किसी बंधनकारी या चिपकाने वाले पदार्थ का उपयोग नहीं किया जाता है, क्योंकि इसमें उपयोग किया जाने वाला गीला प्लास्टर रंगों को रोककर रखने में सहायता करता है।

टेम्पेरा शब्द मूल रूप से टेम्पर (Temper) क्रिया अर्थात् 'वांछित स्थिरता लाना' से व्युत्पन्न हुआ है। इसमें सूखे रंजकों (पिगमेंट) को बंधनकारी एवं चिपकाने वाले पदार्थों के साथ स्थिर कर उपयोग करने योग्य बनाया जाता है।

वह चित्रकला तकनीकी, जिसमें अपारदर्शिता उत्पन्न करने के लिए गोंद या अपारदर्शी सफेद रंजक को जल रंगों (वाटर कलर) में मिलाया जाता है। उसे गाऊचे (Gauche) के रूप में जाना जाता है।

क्यूबिज्म एक दृश्य कला है, जो मुख्य रूप से पाब्लो पिकासो चित्रकार द्वारा चित्रित करने के लिए जाना जाता है।

10. भारत की संस्कृति और परंपरा के संदर्भ में, 'पिछवाई' (Pichwai) क्या है?

(a) यह प्राचीन शैली कांसे और पीतल का काम है, जो प्राचीन शैली का कांसे और पीतल का काम है, जो अभी भी मध्य भारत में पाया जाता है।

(b) यह राजस्थान की एक गूढ़ चित्रकला को संदर्भित करता है, जिसमें भगवान कृष्ण का चित्रण किया जाता है।

(c) यह गुजरात की पिछवाई जनजाति की भाषा है।

(d) यह उत्तर-पूर्व भारत का शास्त्रीय गायन है।

उत्तर (b) पिछवाई एक गूढ़ चित्रकला है जिसमें भगवान कृष्ण के जीवन का चित्रण किया जाता है। यह राजस्थान के नाथद्वार कस्बे में विद्यमान है।

बहुधा कपड़े या कागज पर पाई जाने वाले इन चित्रों में कृष्ण को अलग-अलग लीलाओं, शारीरिक मुद्रा और वेशभूषाओं में दिखाया जाता है। यह कला का बहुत ही प्राचीन रूप है, जो पीढ़ी-दर-पीढ़ी आगे बढ़ा है। इसके विषय भगवान कृष्ण के प्रति अत्यधिक भक्तिभावना से युक्त हैं।

अपनी कलात्मक अपील के अतिरिक्त इसका उद्देश्य निरक्षरों को कृष्ण की कहानियाँ बताना है। यह नाथद्वारा की मुख्य निर्यात सामग्री बन गई है और इस क्षेत्र में आने वाले विदेशी पर्यटकों के बीच इसकी काफी माँग है।

❑❑❑

4 नृत्य परम्परा

1. ओडिसी नृत्य के संदर्भ में निम्नलिखित कथनों पर विचार कीजिए–

1. यह अनिवार्य रूप से मंदिर नृत्य था, जहाँ नर्तकियां इसके माध्यम से मुक्ति या मोक्ष की कामना करती थीं।

2. मंदिर में इस नृत्य का प्रदर्शन करने के लिए महरिष और गोतिपुआर को प्रशिक्षित किया जाता था।

3. कथकली के विपरीत, इस नृत्य शैली में चेहरे के भावों की कोई भूमिका नहीं होती है।

उपर्युक्त कथनों में से कौन-सा/से सही है/हैं?

(a) केवल 1 (b) केवल 1 और 2
(c) केवल 1 और 3 (d) केवल 2 और 3

उत्तर (b) सदियों तक महरिष इस नृत्य के मुख्य आधार थे। मूल रूप से मंदिर नर्तकी, महरिषियों द्वारा जब यह शाही दरबारों में नियोजित किया जाने लगा, जिसके परिणामस्वरूप कला के इस रूप का पतन हो गया। इसी समय के आस-पास, गोतिपुआर कहलाने वाले बालकों का वर्ग, जो इस कला में प्रशिक्षित थे, मंदिरों में और साथ ही सामान्य मनोरंजन के लिए नृत्य करता था। इस शैली के आज के कई गुरु गोतिपुआर परंपरा के ही हैं।

इसमें चेहरे की भाव-भंगिमाओं की अभिव्यक्ति, हाथों के संकेत की मुद्राएँ भरतनाट्यम के समान होती है।

2. छऊ नृत्य के संदर्भ में, निम्नलिखित कथनों पर विचार कीजिए–

1. यह मुख्य रूप से पूर्वी भारत में प्रचलित एक नृत्य है।

2. मयूरभंज छऊ में मुखौटे नहीं पहने जाते हैं।

3. छऊ में परी-खन्दा नामक मार्शल आर्ट के चरणों और तकनीकों का उपयोग किया जाता है।

उपर्युक्त कथनों में से कौन-सा/से सही है/हैं?

(a) केवल 1 (b) केवल 1 और 2
(c) केवल 2 और 3 (d) 1, 2 और 3

उत्तर (d) छऊ नृत्य, पूर्वी भारत की परंपरा है, जिसमें महाभारत और रामायण सहित कई महाकाव्यों के प्रकरणों, स्थानीय लोक कथाओं और सार विषयों का अभिनय किया जाता है। इसकी तीन विशिष्ट शैलियों की उत्पत्ति, सरायकेला, पुरुलिया और मयूरभंज क्षेत्रों से हुई है, जिनमें से प्रथम दो में मुखौटों का प्रयोग किया जाता है। छऊ नृत्य, उल्लेखनीय रूप से क्षेत्रीय त्योहारों, विशेष रूप से पारंपरिक चैत्र पर्व वसंत महोत्सव से सम्बन्धित है। छऊ में परी-खन्दा नामक एक प्रकार के मार्शल आर्ट के चरणों और तकनीकों का उपयोग किया जाता है। इसका प्रदर्शन विशेष रूप से पुरुषों द्वारा किया जाता है। इस नृत्य का प्रदर्शन रात में एक खुले स्थान में पारंपरिक और लोक धुन पर किया जाता है, जिसे ईख की पाइप 'नीहरी' और 'शहनाई' पर बजाया जाता है।

इस नृत्य रूप को यूनेस्को की मानवता की अमूर्त सांस्कृतिक विरासत की प्रतिनिधिक सूची में सम्मिलित किया गया है।

3. 'महरिष' और 'गोतिपुआर' निम्नलिखित शास्त्रीय नृत्य रूप में से किससे सम्बन्धित हैं?

(a) कुचिपुड़ी (b) मणिपुरी
(c) ओडिसी (d) भरतनाट्यम

उत्तर (c) ओडिशा, प्रमुख भारतीय शास्त्रीय नृत्यों में से एक 'ओडिसी' का मूलस्थान (home) है। भावमय एवं गीतात्मक ओडिसी नृत्य, प्रेम एवं अनुराग का नृत्य है, जो दिव्यता एवं मानवीयता, अलौकिकता एवं सांसरिकता से सम्बंधित है। 'नाट्य शास्त्र' में इसकी अनेक प्रादेशिक विशेषताओं का उल्लेख किया गया है।

महरिष कई शताब्दियों तक इस नृत्य की मुख्य अधिकारिणी रही। महरिष, मूल रूप से मंदिरों में नृत्य करने वाली नर्तकियाँ (देवदासियाँ) थीं। बाद में वे राजदरबारों में नृत्य करने हेतु नियुक्त की गयी, जिससे इस नृत्य की गुणवत्ता में गिरावट आ गई। इसी समय के आस-पास युवकों का एक वर्ग कला में प्रवीण था तथा यह मंदिर में और लोगों के सामान्य मनोरंजन के लिए भी नृत्य करने लगा, इस वर्ग को 'गोतिपुआर' कहा जाता था। इस शैली के वर्तमान गुरुओं में अनेक गोतिपुआर परंपरा से सम्बन्धित हैं।

4. भारतीय रंगमंच के संदर्भ में निम्नलिखित युग्मों पर विचार कीजिए–

नाट्य रूप		राज्य
1. भांडपाथेर	:	**कश्मीर**
2. भाओना	:	**असम**
3. भवाई	:	**उत्तर प्रदेश**

उपर्युक्त युग्मों में से कौन-सा/से सही सुमेलित है/हैं?

(a) केवल 1 और 3 (b) केवल 2
(c) केवल 1 और 2 (d) 1, 2 और 3

उत्तर (c)

नाटय रूप		**राज्य**
भांड पाथेर	-	कश्मीर
नौटंकी	-	उत्तर प्रदेश
रासलीला	-	उत्तर प्रदेश
मार्च	-	मध्य प्रदेश
भाओना	-	असम, बंगाल, उड़ीसा, उत्तर प्रदेश
भवई	-	गुजरात
जात्रा	-	बंगाल
कृष्णाट्टम, मुडियेट्टू, थेय्यम, तेरुकूत्तु	-	केरल

5. प्राचीन ग्रंथों के अनुसार नृत्य रूपों के सम्बन्ध में, निम्नलिखित कथनों पर विचार कीजिए–

1. नाट्य, नृत्य के नाटकीय तत्व को विशिष्ट रूप से प्रदर्शित करता है।

2. नृत्य, शुद्ध नृत्य है जहां शारीरिक गतिविधियाँ किसी भी मनोदशा या अर्थ को व्यक्त नहीं करती हैं।

3. नृत्य, मूलतः अभिव्यक्तिपरक होता है, विशेष रूप से किसी विषय या विचार के अर्थ को व्यक्त करने हेतु किया जाता है।

उपर्युक्त कथनों में से कौन-सा/से सही है/हैं?

(a) केवल 1 (b) केवल 2 और 3
(c) केवल 1 और 2 (d) 1, 2 और 3

उत्तर (a) प्राचीन ग्रंथों के अनुसार नृत्य के तीन आयाम माने जाते हैं–नाट्य, नृत्य एवं नृत्त।

नाट्य, नृत्य के नाटकीय तत्व को विशिष्ट रूप से प्रदर्शित करता है और अधिकांश नृत्य रूप आजकल इस आयाम पर बल नहीं देते हैं। यद्यपि कथकली जैसे नृत्य-नाटक इसके अपवादस्वरूप हैं। **इसलिए, कथन 1 सही है।**

नृत्य अनिवार्य रूप से अभिव्यक्तिपरक होता है। इसे विशेष रूप से किसी विषय पर विचार के अर्थ को व्यक्त करने के लिए किया जाता है।

दूसरी ओर नृत्त, शुद्ध नृत्य है, जहाँ शरीर की गतिविधियाँ किसी भी मनोदशा (भाव) को अभिव्यक्त नहीं करती हैं और न ही वे किसी अर्थ को संप्रेषित करती हैं। **इसलिए, कथन 2 एवं 3 सही नहीं है।**

नृत्य और नाट्य को प्रभावी रूप से प्रस्तुत करने के लिए, किसी नर्तक/नर्तकी को नवरसों को संप्रेषित करने में प्रशिक्षित होना चाहिए। ये नवरस हैं : श्रृंगार, हास्य, करुणा, वीर, रौद्र, भयानक, वीभत्स, अद्भुत एवं शांत।

6. सत्रिया नृत्य रूप के संदर्भ में, निम्नलिखित कथनों पर विचार कीजिए–

1. यह आंध्र प्रदेश का शास्त्रीय नृत्य रूप है।

2. इसमें शैव और वैष्णव संप्रदाय दोनों से सम्बद्ध प्रसंगों का अभिनय किया जाता है।

उपर्युक्त कथनों में से कौन-सा/से सही है/हैं?

(a) केवल 1 (b) केवल 2
(c) 1 और 2 दोनों (d) न तो 1, न ही 2

उत्तर (d) सत्रिया नृत्य का आरम्भ 15वीं शताब्दी में महान वैष्णव संत एवं समाज सुधारक महापुरुष शंकरदेव द्वारा किया गया था। इसका प्रयोग असम में वैष्णव धर्म के प्रचार के एक प्रभावशाली के रूप में किया गया। असमी नृत्य और नाटक की इस नव-वैष्ण निधि को सत्रों (अर्थात् वैष्णमठों या विहारों) द्वारा कई सदियों से निष्ठापूर्वक पोषित और संरक्षित किया जाता रहा है। इसके धार्मिक चरित्र एवं सत्रों के साथ इसके सम्बन्ध के कारण, इस नृत्य शैली को 'सत्रिया' कहा गया है। सत्रिया नृत्य पर असमिया लोक नृत्यों जैसे– बिहु, बोडो आदि का प्रभाव प्रत्यक्ष रूप से दिखाई पड़ता है। इन नृत्य शैलियों की अनेक हस्त मुद्राओं एवं लयबद्ध अक्षरविन्यास में आश्चर्यजनक रूप से समानता दिखाई पड़ती है।

इसलिए, दोनों कथन सही नहीं है।

7. कथकली नृत्य के संदर्भ में निम्नलिखित कथनों पर विचार कीजिए–

1. कथकली के सिद्धांतों को नाट्य शास्त्र में स्थापित किया गया है।

2. यह पौराणिक महाकाव्यों से ली गई कहानियों पर आधारित है।

3. यह केरल की आरम्भिक युद्ध कला (मार्शल आर्ट्स) परंपराओं से प्रभावित है।

उपर्युक्त कथनों में से कौन-सा/से सही है/हैं?

(a) केवल 1 और 3 (b) केवल 2 और 3
(c) केवल 2 (d) 1, 2 और 3

उत्तर (d) कथकली केरल का एक शास्त्रीय नृत्य है। यह एक दृश्य कला है, जहाँ नाट्यशास्त्र में दिए गए सिद्धांतों के अनुसार आहार्य (पोशाक द्वारा अभिव्यक्ति) और श्रृंगार, चरित्र के अनुकूल होते हैं। **इस प्रकार, कथन 1 सही है।**

कथकली नृत्य, संगी और अभिनय का एक मिश्रण है। इसमें कहानियों का नाटकीय रूपांतरण किया जाता है। ये कहानियाँ अधिकांशतः भारतीय महाकाव्यों से ली गयी होती है। इन्द्र, अर्जुन और अन्य देवों जैसे महान चरित्रों का प्रायः उपयोग किया जाता है। **इस प्रकार, कथन 2 सही है।**

यह कई सामाजिक और धार्मिक नाटकीय विधाओं से विकसित हुई एक कला है। ये नाटकीय विधाएँ प्राचीन काल में दक्षिण क्षेत्र में विद्यमान थी। चाक्यार कुथु, कुडियाट्टम, कृष्णाट्टम और रामानाट्टम केरल के कुछ धार्मिक अनुष्ठान से सम्बन्धित रंगमंच कलाएँ हैं, जिनका कथकली की विधाओं, शरीर की भावभंगिमाओं और नृत्य स्वरूप पर सीधा प्रभाव पड़ा है। इस पर केरल की प्रारम्भिक युद्ध कलाओं (मार्शल आर्ट्स) का प्रभाव भी है। **इस प्रकार, कथन 3 सही है।**

8. केरल के कूडियाट्टम रंगमंच के संदर्भ में, निम्नलिखित कथनों पर विचार कीजिए–

1. यह संस्कृत नाट्य परंपराओं पर आधारित है।

2. इसे यूनेस्को की मानवता की अमूर्त सांस्कृतिक विरासत की प्रतिनिधि सूची में सम्मिलित किया गया है।

उपर्युक्त कथनों में से कौन-सा/से सही है/हैं?

(a) केवल 1
(b) केवल 2
(c) 1 और 2 दोनों
(d) न तो 1, न ही 2

उत्तर (c) केरल की पारंपरिक संस्कृत नाट्य परम्परा, कूडियाट्टम (कुट्टी अट्टम) को यूनेस्को द्वारा 'मानवता की मौखिक और अमूर्त विरासत की श्रेष्ठ कृति' (मास्टरपीस ऑफ द ओरल एंड इनटैन्जिबल हेरिटेज ऑफ ह्यूमैनिटी) घोषित किया गया है। **इस प्रकार, कथन 1 और 2 सही हैं।**

इस रंगकला के चरित्र हैं : चाक्यार या अभिनेता, नाम्बियार (जो वादक होते हैं) तथा नंगियार (जो महिलाओं का किरदार निभाते हैं) सूत्रधार और विदूषक (मसखरे) मुख्य पात्र होते हैं। केवल विदूषक ही मंतव्य व्यक्त करते है।

हाथ की मुद्राएँ एवं आँखों के इशारों की प्रमुखता के कारण यह नृत्य तथा रंगमंच अद्वितीय बन जाता है।

9. निम्नलिखित कथनों पर विचार कीजिए–

1. यह भारत के एक पश्चिमी राज्य की लोक नृत्य की एक शैली है।

2. इसे देश की अमूर्त सांस्कृतिक धरोहर के रूप में मान्यता दी गयी है।

3. इस नृत्य की लयात्मक गतियाँ सर्प के समान होती हैं।

उपर्युक्त कथन निम्नलिखित में से नृत्य के किस प्रकार का सर्वश्रेष्ठ निरूपण करता है?

(a) स्वांग (b) भवाई
(c) कालबेलिया (d) लावणी

उत्तर (c) कालबेलिया राजस्थान का एक लोक नृत्य है, जिसे यूनेस्को द्वारा भारत की अमूर्त सांस्कृतिक विरासत के रूप में मान्यता दी गयी है। इसे कालबेलिया समुदाय द्वारा प्रदर्शित किया जाता है, जो पारंपरिक रूप से पेशेवर सपेरे थे। महिला नर्तक साँप के अंग संचालनों की नकल करती हैं और पुरुष खंजरी एवं पुंगी पर उनका साथ देते हैं। स्वांग हरियाणा का संगीत आधारित नाट्यरूप है। लावणी महाराष्ट्र में मछुआरा समुदाय की महिलाओं द्वारा प्रदर्शित किया जाने वाला लोकनृत्य है। **इसलिए, (c) सही विकल्प है।**

10. 'कठपुतली' के सम्बन्ध में निम्नलिखित कथनों पर विचार कीजिए-

1. यह छाया कठपुतली का एक रूप है।
2. यह भारतीय राज्य राजस्थान की देशज है।
3. इसके साथ क्षेत्रीय संगीत के उच्च नाटकीय संस्करण की संगत की जाती है।

उपर्युक्त कथनों में से कौन-सा/से सही है/हैं?

(a) केवल 1 और 2 (b) केवल 2 और 3
(c) केवल 1 और 3 (d) 1, 2 और 3

उत्तर (b) राजस्थान की पारंपरिक पुतलियों को कठपुतली के नाम से जाना जाता है। लकड़ी के एक ही टुकड़े से तैयार की गयीं ये कठपुतलियाँ बड़ी गुड़ियों के समान होती हैं, जिन्हें रंगीन कपड़े पहनाये जाते हैं। उनकी पोशाकों और टोपियों को मध्यकालीन राजस्थानी शैली में तैयार किया जाता है, जो आज भी प्रचलित है। कठपुतली के साथ क्षेत्रीय संगीत के उच्च नाटकीय संस्करण की संगत की जाती है। इन डोर चढ़ी कठपुतलियों की विशिष्ट मुखाकृति के कुछ लक्षण अंडाकार चेहरे, बड़ी आँखें, धनुषाकार भौहें और उठे होंठ हैं। ये कठपुतलियाँ भूमि तक फैले हुए लम्बे लहंगे पहनती हैं और उनके पैर नहीं होते हैं। कठपुतली का खेल दिखाने वाला कुशलतापूर्वक दो से पाँच धागों का प्रयोग करता है, जो कि आम तौर पर उसकी उँगलियों पर बंधे होते हैं, न कि किसी सहारे या खम्भे पर।

11. लोक नृत्य 'गरबा' और 'घूमर' में क्या समानताएँ हैं?

1. दोनों पश्चिम भारत की लोकप्रिय नृत्य शैलियाँ हैं।
2. दोनों ही केवल महिलाओं द्वारा किए जाते हैं।
3. दोनों ही नृत्य त्योहारों और सामाजिक अनुष्ठानों के दौरान किए जाते हैं।

नीचे दिए गए कूट का प्रयोग कर सही उत्तर चुनिए-

(a) केवल 1 और 2 (b) केवल 3
(c) केवल 1 और 3 (d) 1, 2 और 3

उत्तर (c) 'घूमर' राजस्थान का पारंपरिक लोक नृत्य है। घूमर मूल रूप से भील जनजाति द्वारा विकसित किया गया था और इसे अन्य राजस्थानी समुदायों द्वारा अपना लिया गया। घूमर नृत्य विशेष रूप से महिला नृत्य है और विशेष रूप से महिला समारोहों में महिलाओं द्वारा किया जाता है। घूमर नृत्य में, महिला समूह घूमते हुए नृत्य करते हैं और साथ ही उनके वस्त्र भी घेरेदार चक्कर लेते रहते हैं। इसके साथ महिलाएँ और पुरुष साथ गाते हुए संगत करते हैं। इस शानदार लोक नृत्य ने अपना नाम 'घूमना' से प्राप्त किया है।

'गरबा नृत्य' गुजरात का लोकप्रिय लोक नृत्य है। यह नृत्य को वृत्ताकार रूप से नवरात्रि, शरदपूर्णिमा, वसंतपंचमी, होली और ऐसे ही अन्य त्योहारों के अवसरों पर महिलाओं द्वारा किया जाता। नृत्य में देवी के चारों ओर घूमते हुए लयबद्ध ढंग से गायन और तालियाँ बजाना होता है। गरबा नवरात्रि की नौ रातों में पुरुषों और महिलाओं दोनों द्वारा किया जाता है।

इसलिए, कथन 1 और 3 सही हैं और कथन 2 सही नहीं है।

12. मुडियेट्टू के संदर्भ में निम्नलिखित कथनों पर विचार कीजिए-

1. यह केरल की अनुष्ठानिक नृत्य-नाटक शैली है।
2. इसका प्रदर्शन काली मंदिरों में देवी को भेंट के रूप में किया जाता है।

उपर्युक्त कथनों में से कौन-सा/से सही है/हैं?

(a) केवल 1
(b) केवल 2
(c) 1 और 2 दोनों
(d) न तो 1, न ही 2

उत्तर (c) मुडियेट्टू केरल का पारंपरिक नृत्य-नाटक (लोक रंगमंच) है, जिसे 'वृश्चिकम्' महीने (नवम्बर-दिसम्बर) में मनाया जाता है। यह एक पौराणिक कथा को प्रदर्शित करता है, जो देवी काली की दारिका नामक दानव पर विजय प्राप्त करने की गाथा है। यह आमतौर पर देवी के मंदिर 'भगवती कवूस' में प्रतिवर्ष देवी को भेंट स्वरूप प्रदर्शित किया जाता है। पूरे ग्राम समुदाय के आपसी सहयोग एवं सभी जातियों की सामूहिक भागीदारी के साथ पूरा गाँव इसमें सम्मिलित होता है। **इसलिए, कथन 1 और 2 सही हैं।**

मुडियेट्टू केरल की कला का दूसरा ऐसा स्वरूप है, जिसे संयुक्त राष्ट्र द्वारा मानवता की अमूर्त सांस्कृतिक विरासत की सूची में स्थान प्राप्त हुआ है। इससे पहले 'कूडियाट्टम' को इस सूची में स्थान मिल चुका है।

13. प्रसिद्ध 'छऊ नृत्य' के संदर्भ में निम्नलिखित कथनों पर विचार कीजिए-

1. यह संगीत, नृत्य और मार्शल (युद्ध) कला का संयोजन है।
2. यह दक्षिणी नीलगिरी की पारंपरिक नृत्य शैली है।
3. महुरी और ढोल जैसे संगीत वाद्ययंत्र के साथ इसकी संगत की जाती है।

उपर्युक्त कथनों में से कौन-सा/से सही है/हैं?

(a) केवल 1 और 2
(b) केवल 2
(c) केवल 1 और 3
(d) 1, 2 और 3

उत्तर (c) छऊ नृत्य प्रमुख भारतीय शास्त्रीय नृत्य है, जिसका उद्गम पूर्वी भारतीय राज्यों झारखण्ड, पश्चिम बंगाल और उड़ीसा में हुआ है।

यह नृत्य तीन शैलियों में पाया जाता है, जिनका नाम उस स्थान के नाम पर रखा गया है, जहाँ इनका प्रदर्शन किया जाता है, अर्थात् बंगाल का पुरुलिया छऊ, बिहार का (अब झारखण्ड में) सरायकेला छऊ और उड़ीसा का मयूरभंज छऊ।

इसका आधार मार्शल आर्ट परंपरा में है। नृत्य शैलीबद्ध नकली लड़ाई है, जिसमें तलवार और ढाल से शास्त्र सज्जित नर्तकों के दो समूह बारी-बारी से ओजपूर्ण गति और मनोहर मुद्रा में आक्रमण करते हैं। विशेष रूप से उल्लेखनीय संगत देने वाला संगीत है जो अपनी लयबद्ध जटिलताओं और ओजपूर्ण आघात के लिए उल्लेखनीय है।

वाद्ययंत्रों में 'महुरी' एक दोहरे नरकुल का वाद्ययंत्र, 'ढोल' बैरल के आकार का दो तरफा ड्रम, 'धुम्सा' अर्द्धगोलाकार ड्रम और 'चड़चढ़ी (Chadchadi)' छोटा सा बेलनाकार ड्रम सम्मिलित हैं।

14. 'रास' और 'संकीर्तन' निम्नलिखित में से किन शास्त्रीय नृत्यों के लोकप्रिय रूप है?

(a) ओडिशी
(b) कथक
(c) कथकली
(d) मणिपुरी

उत्तर (d) मणिपुरी, भारत के उत्तर-पूर्वी कोने में अवस्थित सुरम्य एवं एकांत मणिपुर राज्य में विकसित हुई भारतीय कला या शास्त्रीय नृत्यों की एक प्रमुख शैली है।

मणिपुर में नृत्य रीति-रिवाजों एवं पारंपरिक त्योहारों से सम्बद्ध है। इसमें ब्रह्मांड की रचना करने वाले शिव-पार्वती एवं अन्य देवी-देवताओं के नृत्यों के पौराणिक संदर्भ प्राप्त होते हैं।

यूँ तो मणिपुर नृत्य की विस्तृत प्रदर्शन सूची उपलब्ध है, लेकिन इनसे से सबसे महत्वपूर्ण लोकप्रिय शैली रास-लीला, संकीर्तन एवं थांग-ता हैं। इसमें पाँच प्रमुख रास नृत्य हैं, जिनमें से चार विशिष्ट ऋतुओं से सम्बद्ध हैं, जबकि पांचवें शैली को वर्ष में किसी भी समय प्रदर्शित किया जा सकता है। मणिपुरी राम में प्रमुख पात्र राधा, कृष्ण और गोपियाँ होते हैं।

मणिपुर में सामूहिक गायन के संकीन शैली के साथ नृत्य किया जाता है, जिसे संकीर्तन के नाम से जाना जाता है। इसमें पुरुष नर्तक नृत्य करते समय पंग और करताल बजाते हैं। नृत्य का पुरुषत्व से जुड़ा पहलू - चोलम, इस संकीर्तन परंपरा का भाग है। पंग और करताल चोलम सभी सामाजिक और धार्मिक उत्सवों में प्रदर्शित किए जाते हैं।

15. निम्नलिखित में से कौन-सा भारत का शास्त्रीय नृत्य रूप है?

1. मोहिनीअट्टम **2. सत्रीय**
3. छऊ **4. कथक**

कूटः

(a) केवल 1
(b) केवल 1 और 4
(c) केवल 1, 2 और 3
(d) केवल 1, 2 और 4

उत्तर (d) भारत में शास्त्रीय नृत्य के आठ रूप है। जिनमें हैं- भरतनाट्यम, कथकली, कथक, मणिपुरी, ओडिसी, कुचीपुड़ी, सत्रीय और मोहिनीअट्टम।

❑❑❑

5 संगीत परंपरा/ मेले व त्योहार

1. भारतीय शास्त्रीय संगीत के संदर्भ में, निम्नलिखित कथनों पर विचार कीजिए–

1. यद्यपि हिन्दुस्तानी संगीत में गायन की विविध शैलियाँ विद्यमान हैं, कर्नाटक संगीत में गायन की एक ही शैली है।

2. समय की अवधारणा का अवलंबन केवल हिन्दुस्तानी संगीत की ही मुख्य विशेषता है।

3. कर्नाटक संगीत में रागों की संख्या हिन्दुस्तानी संगीत में रागों की संख्या से अधिक है।

उपर्युक्त कथनों में से कौन-सा/से सही है/हैं?

(a) केवल 1 और 2

(b) केवल 1 और 3

(c) केवल 2 और 3

(d) 1, 2 और 3

उत्तर (d) यद्यपि कर्नाटक संगीत को एक ही शैली में गाया तथा प्रस्तुत किया जाता है, हिन्दुस्तानी संगीत में गायन तथा प्रस्तुति की विविध शैलियाँ विद्यमान हैं। विभिन्न शैलियों को घराना कहा जाता है। **इसलिए, कथन 1 सत्य है।**

हिन्दुस्तानी संगीत से ठीक उलट, कर्नाटक संगीत में टाइम या समय की अवधारणा का अवलंबन नहीं लिया जाता। हिन्दुस्तानी शास्त्रीय संगीत में, प्रत्येक राग केवल एक विशिष्ट प्रहर में गाया जाता है। राग के गाए जाने का समय वादी स्वर तथा अनुवादी स्वर पर निर्भर करता है। ऐसा इसलिए है, क्योंकि सभी राग अपने विशिष्ट स्वर के साथ किसी विशिष्ट प्रहर में प्रस्तुत किए जाने पर अधिक प्रभाव सिद्ध होते हैं। माना जाता है कि इससे राग के रस (मूड) में वृद्धि होती है। **इसलिए, कथन 2 सत्य है।**

कर्नाटक शैली में राग उत्पन्न करने के लिए श्रुतियों या अर्द्ध स्वरों का प्रयोग किया जाता है। इस प्रकार इसमें हिन्दुस्तानी संगीत की अपेक्षा बहुत अधिक संख्या में राग होते हैं। कर्नाटक संगीत के राग हिन्दुस्तान संगीत के रागों से भिन्न होते हैं। रागों के नाम भी भिन्न होते हैं। यद्यपि कुछ राग ऐसे भी हैं, हिन्दुस्तानी रागों के समान ही है, किन्तु उनके नाम अलग हैं, जैसे–हिंडोलम तथा मालकोंस, शंकरभारनम तथा बिलावला। रागों की तीसरी श्रेणी भी है, जैसे–हमसाधवनी, चारुकेशी, कलावती इत्यादि। ये अनिर्वायत: कर्नाटक संगीत के राग हैं। उनके नाम भी एक हैं तथा सुर भी एक हैं (एक ही सुर के समुच्चय), किन्तु उन्हें पूरी तरह भिन्न कर्नाटक तथा हिन्दुस्तानी शैलियों में प्रस्तुत किया जा सकता है। **इसलिए, कथन 3 सत्य है।**

2. यह पंजाब क्षेत्र के ऊँट सवारों के लोक गीतों से प्रेरित उपशास्त्रीय गायन संगीत का एक स्वरूप है। इसे पंजाबी और पश्तों दोनों भाषाओं में गाया जाता है। तीव्र एवं लयबद्ध सुरों के साथ असमान एवं आकर्षक तानबद्ध मुद्राएँ, इसकी विशेषता हैं। उपर्युक्त परिच्छेद द्वारा निम्नलिखित में से किस क्षेत्रीय संगीत का वर्णन किया गया है?

(a) कव्वाली (b) टप्पा

(c) पंडवानी (d) कजरी

उत्तर (b) **टप्पा (ऊँट सवारों के लिए) :** यह पंजाब क्षेत्र के ऊँट सवारों का लोक गीतों से प्रेरित उपशास्त्रीय गायन संगीत का एक स्वरूप है। इसे पंजाबी और पश्तो दोनों भाषाओं में गाया जाता है। तीव्र एवं लयबद्ध सुरों के साथ असमान एवं आकर्षक तानबद्ध मुद्राएँ इसकी विशेषता है।

कव्वाली : मूलरूप से कव्वालियों को ईश्वर की प्रशंसा में गाया जाता है। भारत में कव्वाली का आगमन 13वीं शताब्दी के आसपास फारस से हुआ था और सूफियों ने अपना संदेश प्रसारित करने के लिए इसे अपनाया। सूफी संत और प्रवर्तक अमीर खुसरो (1253-1325 ई.) ने कव्वाली के विषय में महत्वपूर्ण योगदान दिया। यह एक गायन शैली है न कि गीत रचना शैली। कव्वाली एकल और सामूहिक विधियों का एक मोहक एवं परस्पर बदलता उपयोग है।

पंडवानी, छत्तीसगढ़ : पंडवानी कथाओं में महाभारत की कहानियों को गाथागीतों के रूप में गाया जाता है और रात भर की प्रस्तुति के लिए एक या दो प्रसंगों को चुना जाता है। मुख्य गायक पूरी प्रस्तुति में बैठा रहता है और सशक्त गायन एवं प्रतीकात्मक संकेतों से प्रसंग के प्रत्येक पात्र को एक-एक कर जीवंत करता है।

कजरी, उत्तर प्रदेश : कजरी उत्तर प्रदेश और आसपास के क्षेत्रों की महिलाओं के द्वारा वर्षा ऋतु में गाया जाने वाला लोकगीत है। भाद्रपद की दूसरे पक्ष के तीसरे दिन महिलाएँ रात भर अर्द्ध-वृत्त बनाकर नृत्य करते हुए कजरी गीत गाती हैं।

3. संगीत की ध्रुपद और खयाल शैली के सम्बन्ध में, निम्नलिखित कथनों पर विचार कीजिए–

1. खयाल और ध्रुपद, दोनों शैलियाँ घरानों से सम्बन्धित हैं।

2. जहाँ ध्रुपद लय पर आधारित है, वहीं खयाल अधिक काव्यात्मक है।

उपर्युक्त कथनों में से कौन-सा/से सही है/हैं?

(a) केवल 1

(b) केवल 2

(c) केवल 1 और 2 दोनों

(d) न तो 1, न ही 2

उत्तर (b) अन्य कई शैलियों के साथ ध्रुपद और खयाल भी हिन्दुस्तानी शास्त्रीय संगीत की अलग-अलग शैलियाँ हैं। गायन की विभिन्न शैलियों की भांति, ध्रुपद शैली हेतु 'वाणी' और ख्याल के लिए 'घराने' हैं। **इसलिए, कथन 1 सही नहीं है।**

ध्रुपद गायन की चार शैलियाँ या वाणियाँ थीं। गौहरवाणी ने राग या सरल रागात्मक शैली को विकसित किया है। डागरवाणी ने रागात्मकता पर अत्यधिक बल दिया। 'खंडरवाणी' की विशेषता सुरों का तेजी से अलंकरण है। 'नोहरवाणी' व्यापक संगीतमय उतार-चढ़ाव के लिए जानी जाती है। किन्तु अब इन वाणियों में अंतर को पहचाना नहीं जा सकता है।

खयाल में घराने विभिन्न व्यक्तियों या राजाओं या सामंतों जैसे संरक्षकों द्वारा स्थापित या विकसित गायन की शैलियाँ हैं, जैसे कि ग्वालियर घराना (सभी घरानों में सबसे पुराना), आगरा घराना, जयपुर, अमरौली घराना आदि।

आज ख्याल जिस रूप में गाया जाता है, इसकी दो विविधाताएँ हैं 'धीमी लय या विलम्बित ख्याल और तेज या द्रुत ख्याल। रूप में ये दोनों एक समान हैं। इनके दो अनुभाग होते हैं–स्थाई और अन्तरा। विलम्बित को धीमी लय में गाया जाता है और द्रुत को तेज लय से तकनीक की दृष्टि से प्रतिपादन ध्रुपद की तुलना में कम महत्वपूर्ण है। अधिक कोमल गमक और अलंकरण होता है। ख्याल शैली ध्रुपद की तुलना में अधिक गीतात्मक और आधुनिक समय में अधिक लोकप्रिय है।

ध्रुपद संरचना के दो भाग हैं–अनिबद्ध अनुभाग और संचारी में ध्रुपद। प्रथम मुक्त आलाप है। ध्रुपद विशिष्टतः चार भागों में गाया जाने वाला एक गीत है–स्थाई, अन्तरा, संचारी और अभोग। ध्रुपद की अनिवार्य विशेषता इसकी गंभीरता और लय पर बल है।

अतः, कथन 2 सही है।

4. निम्नलिखित युग्मों पर विचार कीजिए–

नववर्ष महोत्सव	**राज्य**
1. उगाडी	**: आंध्र प्रदेश**
2. लोसर	**: अरुणाचल प्रदेश**
3. गुड़ी पड़वा	**: महाराष्ट्र**
4. विशु	**: मणिपुर**

उपर्युक्त युग्मों में से कौन-सा/से सही सुमेलित है/हैं?

(a) केवल 1, 2 और 3

(b) केवल 1 और 3

(c) केवल 2, 3 और 4

(d) केवल 2 और 4

उत्तर (b) 'उगाडी' को कर्नाटक तथा आंध्र प्रदेश में नव वर्ष दिवस के रूप में मनाया जाता है। 'उगाडी' नाम 'युग' तथा 'आडी' शब्दों से मिल कर बना है, जिसका अर्थ होता है 'एक नए युग का आरम्भ'। इसे हिन्दू मास चैत्र के पहले दिन मनाया जाता है, जिससे बसंत का आरम्भ माना जाता है।

'लोसर' त्योहार जम्मू और कश्मीर राज्य के लद्दाख क्षेत्र में नव वर्ष के रूप में मनाया जाता है। लोसर 'नव वर्ष' के लिए एक तिब्बती शब्द है।

महाराष्ट्र में 'गुड़ी पर्व' को नव वर्ष दिवस के रूप में मनाया जाता है। इसे उगाही के दिन ही, अर्थात् चैत्र मास के प्रथम दिन मनाया जाता है। इस दिन भगवान ब्रह्मा की पूजा की जाती है तथा 'गुड़ी' अर्थात् ब्रह्मा के ध्वज (जिसे ब्रह्म ध्वज भी कहा जाता है) को हर घर पर रावण के ऊपर राम की विजय के प्रतीक के रूप में फहराया जाता है।

केरल में 'विशु' को नव वर्ष दिवस के रूप में मनाया जाता है। इसे मलयाली मास मेडम (सौर कैलेण्डर में अप्रैल का मध्य) के प्रथम दिवस को मनाया जाता है। इस उत्सव की पूर्व संध्या पर विशुकान्नी देवता को अर्पित करने वाले चढ़ावे को सुन्दर ढंग से सजा कर रखा जाता है। इस चढ़ावे में चावल, सन का कपड़ा, खीरा, पान के पत्ते, पवित्र ग्रंथ, सिक्के तथा कोन्ना (अमलतास) के पीले फूल होते हैं। सुबह में सर्वप्रथम विशुकान्नी के दर्शन करना शुभ माना जाता है। इस दिन लोग रामायण पढ़ते हैं तथा हिन्दू पूजा स्थल मंदिरों में जाते हैं। बच्चे पटाखे छुड़ाते हैं तथा लोग नए वस्त्र पहनते हैं तथा विशिष्ट व्यंजन तैयार किए जाते हैं। घर के बड़े बुजुर्ग, बच्चों, नौकरों तथा काश्तकारों को पैसे देते हैं। दिए जाने वाले इस पैसे को 'विशुकाइनीतम' कहा जाता है।

5. आंध्र प्रदेश राज्य के देवरागट्टू (Devaragattu) मंदिर में मनाया जाने वाला 'बन्नी उत्सव' किसके लिए जाना जाता है?

(a) सर्प पूजा

(b) बड़े पैमाने पर पशु बलि

(c) सांड की लड़ाई

(d) एक दानव पर भगवान शिव की विजय

उत्तर (d) आंध्र प्रदेश के कुरनूल जिले में देवरागट्टू (Devaragattu) मंदिर में मनाया जाने वाला 'बन्नी उत्सव' 100 वर्ष पुराना त्योहार है। इसमें आंध्र प्रदेश और कर्नाटक से भक्त एकत्रित होते हैं और माला मल्लश्वर (शिव) द्वारा एक राक्षस के संहार का हर्ष मनाने के लिए एक दूसरे का आधी रात से ऊषाकाल तक सिर पर लाठियों से प्रहार करने का प्रयास करते हैं, पहले लाठियों के स्थान पर इसमें फरसों और भालों का उपयोग किया जाता था।

सम्पूर्ण भारत और नेपाल में चन्द्र मास श्रावण की पंचमी तिथि को 'नागपंचमी' के रूप में मनाया जाता है। इसमें सर्पों और चींटियों की बांबियों (ant hills) की पूजा की जाती है।

सांड से लड़ाई 'जल्लीकट्टू महोत्सव' का हिस्सा है; सैंकड़ों पुरुष सांड का पीछा कर उसके सींगों में बंधे पुरस्कार को पाने का प्रयास करते हैं। स्पेनिश बुल-फाइटिंग के विपरीत जल्लीकट्टू में सांड को जान से नहीं मारा जाता है। इसमें सांड से लड़ने वाला असुरक्षित रहता है, क्योंकि उसे हथियार रखने की अनुमति नहीं होती है, जबकि सांड के सींग पैने किए गए होते हैं। पिछले दो दशकों में, इस खतरनाक खेल में 200 से अधिक लोग मारे गए हैं। मई 2014 में, भारत के सर्वोच्च न्यायालय ने जल्लीकट्टू को प्रतिबंधित कर दिया।

❑❑❑

6 भाषा/साहित्य/धर्म/दर्शन

1. प्राचीन भारत में साहित्य के इतिहास के संदर्भ में, निम्नलिखित में से कौन-सा एक सही नहीं है?

(a) जूनागढ़ शिलालेख काव्य शैली का आरम्भिक नमूना प्रस्तुत करता है।

(b) स्वप्नवासवदत्तम के लेखक अश्वघोष को कुषाणों का संरक्षण प्राप्त था।

(c) बौद्ध संकर संस्कृत में रचित ग्रंथ अवदान बौद्ध धर्म की महायान शाखा के प्रचार के लिए थे।

(d) वात्स्यायन द्वारा रचित कामसूत्र एक धर्मनिरपेक्ष ग्रंथ है।

उत्तर (b) 'जब भारत मध्य एशियाई शासकों के संपर्क में आया तो विदेशी राजाओं ने संस्कृत साहित्य को संरक्षण प्रदान किया, जिसका प्राचीनतम साक्ष्य काठियावाड़ में स्थित रुद्रदामन के जूनागढ़ अभिलेख में मिलता है, जो लगभग 50 ईसवी सन में संस्कृत में लिखा गया है। काव्य शैली से आशय भारतीय महाकाव्यों से है।

कुषाणों ने बुद्ध की जीवनी, बुद्धचरित को लिखने वाले अश्वघोष को संरक्षण प्रदान किया था। उन्होंने संस्कृत काव्य सौंदरानंद की भी रचना की थी। स्वप्नवासवदत्तम् को भास ने लिखा था।

महायान बौद्ध धर्म की शिक्षाओं पर प्रचार करने के लिए जिस भाषा का प्रयोग किया गया, उसे बौद्ध संकर संस्कृत के रूप में जाना जाता है। इस भाषा में कई अवदान रचे गए थे। कुछ महत्वपूर्ण पुस्तकें 'महावस्तु' और 'दिव्यवदान' हैं। 'दिव्यवदान' उन महान साहित्यिक कृतियों की ओर संकेत करते हैं, जिसमें पूर्वजन्म के अच्छे कर्मों के आधार पर व्यक्ति के वर्तमान जीवन की स्थिति के सम्बन्ध में बुद्ध की व्याख्याएं केन्द्र में है। अवदान के रूप में वर्गीकृत सबसे प्रसिद्ध रचना 'महावस्तु' है।"

2. निम्नलिखित में से कौन-सी जैन तथा बौद्ध दोनों दर्शनों के द्वारा प्रदत्त एकसमान शिक्षा नहीं है?

(a) वेदों की सत्ता को अस्वीकार करना

(b) नास्तिकवाद

(c) त्याग पर बल

(d) पूर्ण अहिंसा

उत्तर (d) बौद्ध धर्म में पूर्ण अहिंसा का अनुसरण नहीं किया गया।

बौद्ध सिद्धांतों के अनुसार, आवश्यक होने पर हत्या की जा सकती है। बौद्ध भिक्षु मांस का सेवन भी किया करते थे।

3. निम्नलिखित कथनों पर विचार कीजिए–

1. वराहमिहिर ने त्रिकोणमिति की अवधारणा दी थी।

2. आर्यभट्ट 'शून्य' को एक संख्या बताने वाली प्रथम पुस्तक थी।

3. ब्रह्मस्फुट शल्य चिकित्सा की चर्चा करने वाली प्रथम पुस्तक थी।

उपर्युक्त कथनों में से कौन-सा/से सही है/हैं?

(a) केवल 1 और 2

(b) केवल 2

(c) केवल 2 और 3

(d) उपर्युक्त में से कोई नहीं

उत्तर (d) आर्यभट्ट ने बीजगणित की खोज की तथा त्रिभुज का क्षेत्रफल करने के सूत्र की रचना की, जिससे त्रिकोणमिति का विकास हुआ।

पंचसिद्धान्तिका नामक ग्रंथ में वराहमिहिर ने अपने समय में विद्यमान खगोल शास्त्र की पांच शाखाओं की जानकारी संक्षेप में प्रस्तुत की है।

शून्य की खोज भारत में ईसा पूर्व दूसरी शताब्दी में हुई थी। ब्रह्मगुप्त का ब्रह्मस्फुट सिद्धांत वह प्रथम पुस्तक है, जिसमें एक संख्या के रूप में शून्य का प्रयोग किया गया।

6ठी शताब्दी में लिखित वाराहमिहिर की वृहत्संहिता खगोलशास्त्र से सम्बन्धित कृति है।

4. संगम साहित्य के संदर्भ में निम्नलिखित कथनों पर विचार कीजिए–

1. इस अवधि में लिखे गए वर्णनात्मक शैली के मुख्य ग्रंथों को मेल्कन्नाक्कू में समाहित किया गया है।

2. तोलकाप्पियम एक वेश्या तथा एक उच्च पदाधिकारी के बीच प्रेम कथा पर केन्द्रित है।

3. शिलप्पादिकारम की विषय-वस्तु व्याकरण तथा काव्यशास्त्र हैं।

उपर्युक्त कथनों में से कौन-सा/से सही है/हैं?

(a) केवल 1 और 2 (b) केवल 1

(c) केवल 2 और 3 (d) 1, 2 और 3

उत्तर (b) अठारह मुख्य कृतियों को 'मेल्कन्नाक्कू' कहा जाता था। कम महत्वपूर्ण अठारह कृतियों को 'किल्कनाक्कू' कहा जाता था। इस साहित्य में बहुत-सी सामाजिक घटनाओं (यथा प्राचीन समय में अर्थव्यवस्था) को प्रस्तुत किया गया है। ये सामाजिक विकास को प्रदर्शित करती हैं। तोलकाप्पियम, शिलप्पादिकारम तथा मणिमेखलई की रचना भी इसी काल में हुई थी।

तोलकाप्पियम की विषय वस्तु व्याकरण तथा काव्यशास्त्र है।

शिलप्पादिकारम में एक प्रेम कथा का वर्णन है, जिसमें कोवलन नामक एक गणमान्य व्यक्ति अपनी ब्याहता और आदर्श पत्नी कन्नगी की उपेक्षा कर कावेरीपट्टनम की माधवी नामक एक वेश्या से प्रेम करने लगता है। मणिमेखलई एक अन्य कहानी है, जिसमें कोवलन तथा माधवी के मिलन से उत्पन्न पुत्री के साहसिक कारनामों का वर्णन है।

5. 'कर्म का सिद्धांत' भारतीय दर्शन शास्त्र की किस शाखा से सम्बन्धित है?

(a) योग (b) वेदांत

(c) वैशेषिक (d) मीमांसा

उत्तर (b) कर्म के सिद्धांत का अर्थ है कि अपने वर्तमान जन्म में एक व्यक्ति को अपने पूर्व जन्म में किए गए अपने कार्यों का परिणाम भुगतना पड़ता है। मुख्य रूप से यह वेदांत शिक्षा से सम्बन्धित है।

6. भारत में दार्शनिक विचारों के इतिहास के संदर्भ में, निम्नलिखित में से कौन-सा कथन सही नहीं है?

(a) सांख्य और वेदांत पद्धति जीवन के भौतिकवादी विचार को प्रस्तुत करते हैं।

(b) न्याय दर्शन के अनुसार, ज्ञान प्राप्त करके मोक्ष प्राप्त किया जा सकता है ।

(c) वैशेषिक सिद्धांत ने परमाणु सिद्धांत का प्रतिपादन किया।

(d) सभी कथन (a), (b) और (c) सही है।

उत्तर (a) सांख्य दर्शन पद्धति के अनुसार, विश्व अपने सृजन एवं विकास के लिए ईश्वर से अधिक प्रकृति का ऋणी है। बाद में, विश्व के सृजन का श्रेय प्रकृति और आत्मा दोनों को दिया गया। इस प्रकार आरम्भ में यह दर्शन भौतिकवादी था और बाद में आध्यात्मिक बन गया।

जबकि, वेदांत दर्शन पद्धति के अनुसार, ब्रह्म वास्तविकता है और अन्य सभी अवास्तविक है। स्वयं का ज्ञान प्राप्त करके व्यक्ति मोक्ष प्राप्त कर सकता है। **अतः कथन (a) सही नहीं है।**

वैशेषिक भी जीवन की भौतिकवादी विचार को सम्मुख रखता है। वैशेषिक के अनुसार, भौतिक वस्तुओं का निर्माण परमाणुओं से हुआ है। अतः इससे परमाणु सिद्धांत का प्रतिपादन हुआ।

न्याय दर्शन का विकास एक तर्क प्रणाली के रूप में किया गया। न्याय दर्शन के अनुसार, ज्ञान प्राप्ति के माध्यम से मोक्ष प्राप्त किया जा सकता है।

7. पाठक के सौन्दर्य-बोध को उभारने के लिए एक या अधिक 'रसों' का प्रयोग प्राचीन संस्कृत काव्य में आधारभूत घटक था। निम्नलिखित में से कौन-सा/से संस्कृत काव्य में प्रयुक्त 'रस' है/हैं?

1. शृंगार 2. वीभत्स

3. हास्य 4. अद्भुत

नीचे दिए गए कूट का प्रयोग कर सही उत्तर चुनिए-

(a) केवल 1 और 4

(b) केवल 1, 2 और 3

(c) केवल 2, 3 और 4

(d) 1, 2, 3 और 4

उत्तर (d) रस से अभिप्राय उस तत्व से है जिसके द्वारा पाठक को किसी भी रचना को पढ़ते समय आनंद की प्राप्ति होती है।

आचार्य भरतमुनि ने रस के 8 प्रकार माने हैं किन्तु वर्तमान में इनकी संख्या ग्यारह है, जो निम्नलिखित है :

1. शृंगार 2. वीर
3. हास्य 4. वीभत्स
5. अद्भुत 6. रौद्र
7. करुण 8. भयानक
9. शांत 10. वात्सल्य
11. भक्ति

8. निम्नलिखित में से कौन-सी रचना खगोलशास्त्र से सम्बन्धित नहीं है?

(a) पंचसिद्धांतिका

(b) ब्रह्मस्फुट सिद्धांत

(c) सिद्धांत शिरोमणि

(d) सभी खगोलशास्त्र से संबंधित हैं।

उत्तर (d) वराहमिहिर ने पंचसिद्धांतिका की रचना की, जिसमें उनके समय में प्रचलित पाँच खगोलशास्त्र संबंधी पुस्तकों का सारांश प्रदान किया गया है।

ब्रह्मगुप्त ने ब्रह्मस्फुट सिद्धांत तथा खंड खाद्यक की रचना की, जिन्हें अरबी भाषा में अनुदित किया गया तथा जिन्होंने अरबी खगोलशास्त्र को प्रभावित किया। भास्कर-II ने 'सिद्धांत शिरोमणि' की रचना की।

इनके अतिरिक्त, अज्ञात लेखकों द्वारा रचित 'सूर्य सिद्धांत' को हिन्दू खगोल-विद्या की सर्वाधिक प्रसिद्ध पुस्तक के रूप में जाना जाता है।

9. सांख्य दर्शन के संदर्भ में, निम्नलिखित कथनों पर विचार कीजिए-

1. यह ईश्वर के अस्तित्व को स्वीकार नहीं करता है।

2. यह आत्मज्ञान के माध्यम से आत्मा की मुक्ति में विश्वास रखता है।

उपर्युक्त कथनों में से कौन-सा/से सही है/हैं?

(a) केवल 1 (b) केवल 2

(c) 1 और 2 दोनों (d) न तो 1, न ही 2

उत्तर (c) सांख्य दर्शन कपिल द्वारा प्रतिपादित किया गया था। इसने न्याय और वैशेषिक के लिए भौतिकवादी तत्वमीमांसा प्रस्तुत की। सामान्यतः यह माना जाता है कि सांख्य दर्शन द्वैतवादी है न कि अद्वैतवादी, क्योंकि इसमें दो सत्ताओं को माना गया है, पहली सत्ता पुरुष (आत्मा) और दूसरी प्रकृति। सांख्य दर्शन के अनुसार इस जगत की उत्पत्ति ईश्वर से नहीं, बल्कि प्रकृति से होती है। साथ ही प्रकृति और मानव जीवन प्राकृतिक शक्तियों द्वारा नियंत्रित होते हैं। इस प्रकार, यह ईश्वर का अस्तित्व स्वीकार नहीं करता है। **इसलिए, कथन 1 सही है।**

सांख्य दर्शन, एकाग्रता और ध्यान के माध्यम से आत्मज्ञान की प्राप्त पर बल देता है। इस दर्शन के अनुसार यह आत्म-ज्ञान है, जो मुक्ति की ओर ले जाता है न कि कोई बाह्य प्रभाव या कोई अभिकर्ता। सांख्य, योग दर्शन के लिए दार्शनिक आधार बनाता है। सांख्य दर्शन में उच्च आत्म रूप, व्यक्तिगत आत्म रूप और हमारे चारों ओर से ब्रह्मांड के बीच परस्पर सम्बन्ध में ज्ञान मीमांसा सम्बन्धी स्पष्टता के लिए ईश्वर की आवश्यकता नहीं होती है। **इसलिए, कथन 2 सही है।**

10. ज्योतिष शास्त्र से सम्बद्ध प्रसिद्ध ग्रंथ वृहत्संहिता की रचना किसके द्वारा की गई है?

(a) आर्यभट्ट (b) वराहमिहिर

(c) पाणिनी (d) कालिदास

उत्तर (b) वृहत्संहिता, वराहमिहिर के सबसे महत्वपूर्ण योगदानों में से एक है। इस महाकाव्य में ज्योतिषशास्त्र, ग्रहों की गतियों, ग्रहण आदि सहित मानव रूचि के अनेक विषयों को समाविष्ट किया गया है।

11. यक्ष पूजा निम्नलिखित धर्मों में से किसकी/किनकी विशेषता है?

1. जैन धर्म 2. बौद्ध धर्म

3. हिन्दू धर्म

नीचे दिए गए कूट का प्रयोग कर सही उत्तर चुनिए-

(a) केवल 1

(b) केवल 2

(c) केवल 1 और 2

(d) 1, 2 और 3

उत्तर (d) यह पूजा तीनों धर्मों की विशेषता है। बौद्ध धर्म की स्थापना से पूर्व एवं पश्चात यक्ष पूजा अत्यधिक लोकप्रिय थी तथा इसका बौद्ध धर्म और जैन धर्म में समावेश हो गया था। इनका उल्लेख हिन्दू धार्मिक ग्रंथों में पाया जाता है। मुख्य देवता की रक्षा करने के लिए यक्षों की मूर्तियों को हिन्दू मंदिरों के प्रवेश द्वार पर स्थापित किया जाता था।

12. कृष्ण और वृन्दावन की गोपियों के बीच सम्बन्ध की व्याख्या करने वाला ग्रंथ 'गीतगोविन्द' किसके द्वारा लिखा गया था

(a) तुलसीदास (b) पद्मावती

(c) जिनसेन (d) जयदेव

उत्तर (d) गीतगोविन्द 12वीं शताब्दी के भारतीय कवि जयदेव द्वारा रचित ग्रंथ है। यह कृष्ण और वृन्दावन की गोपियों तथा विशेष रूप से राधा नामक गोपी और कृष्ण के बीच सम्बन्धों की व्याख्या करता है।

जयदेव द्वारा रचित 'गीतगोविन्द' की लोकप्रियता के कई कारण हैं। पहला कारण स्वाभाविक रूप से इस ग्रंथ का अतुलनीय आंतरिक काव्यात्मक सौंदर्य है।

यह नृत्य और संगीत की किसी भी बोध गम्य शैली के लिए अनुकूल है। इसके साथ ही, यह संस्कृत भाषा में लिखा गया था, जिसकी वजह से यह कई भाषिक अवरोधों से परे था।

13. निम्नलिखित में से प्राचीन भारतीयों द्वारा गणित और खगोल विज्ञान के क्षेत्र में किए गए योगदान कौन-से हैं?

1. अरबों द्वारा भारतीय अंक प्रणाली का अंगीकरण।

2. भारतीयों द्वारा दशमलव प्रणाली का सर्वप्रथम उपयोग।

3. सूर्य और चन्द्र ग्रहण के कारण की खोज।

नीचे दिए गए कूट का प्रयोग कर सही उत्तर चुनिए-

(a) केवल 1 और 2 (b) केवल 2 और 3

(c) केवल 1 और 3 (d) 1, 2 और 3

उत्तर (d) गणित के क्षेत्र में भारतीयों ने विशिष्ट योगदान किए–

संकेतन/अंक प्रणाली - भारतीय अंक प्रणाली को अरबों द्वारा अपनाया गया था। अरबों ने इस अर्जित ज्ञान का प्रसार पश्चिमी विश्व में किया। भारतीय अंक अंग्रेजी में 'अरेबिक' कहे जाते थे, लेकिन स्वयं अरबवासी अपने अंकों को 'हिन्दसा' कहते थे। लेकिन इस बात की पुष्टि नहीं हो सकती कि अंक प्रणाली का उपयोग सर्वप्रथम भारतीयों द्वारा किया गया था।

दशमलव प्रणाली - सर्वप्रथम भारतीयों ने दशमलव प्रणाली का उपयोग किया। दशमलव प्रणाली के उपयोग से आरम्भिक शिलालेखीय प्रमाण पाँचवीं शताब्दी के आरम्भ में देखे जा सकते हैं। आर्यभट्ट इससे परिचित थे।

पृथ्वी द्वारा अपनी धुरी पर घूर्णन करने की खोज, ग्रहण के कारण की खोज तथा पाई (π) के मान का लागभग सही अनुमान लगाने का श्रेय गुप्त काल के महान गणितज्ञ एवं खगोल विज्ञानी आर्यभट्ट को दिया जाता है।

14. भरतमुनि का 'नाट्यशास्त्र' निम्नलिखित में से किसका/किनका स्रोत ग्रंथ है?

1. नृत्य 2. नाटक

3. संगीत

नीचे दिए गए कूट का प्रयोग कर सही उत्तर चुनिए-

(a) केवल 1 (b) केवल 3

(c) केवल 1 और 2 (d) 1, 2 और 3

उत्तर (d) भरत मुनि का 'नाट्यशास्त्र', नाटक, नृत्य और संगीत की कला का मूल ग्रंथ है। सामान्यतः यह माना जाता है कि इस ग्रंथ का समय ईसा पूर्व दूसरी शताब्दी से दूसरी शताब्दी ईसवी के मध्य है। 'नाट्यशास्त्र' को पाँचवें वेद के रूप में भी जाना जाता है।

15. भारत में दार्शनिक विचारों के इतिहास के संदर्भ में, निम्नलिखित में से कौन-सा कथन सही नहीं है?

(a) सांख्य सम्प्रदाय ने जीवन के भौतिकवादी और अध्यात्मवादी दृष्टिकोण, दोनों को आगे बढ़ाया।

(b) वेदांत सम्प्रदाय मोक्ष प्राप्त करने हेतु स्व के बोध (आत्मबोध) पर बल देता है।

(c) वैशेषिक सम्प्रदाय ने परमाणु सिद्धांत प्रतिपादित किया।

(d) न्याय सम्प्रदाय के अनुसार, वैदिक अनुष्ठानों के माध्यम से मोक्ष प्राप्त किया जा सकता है।

उत्तर (d) सांख्य दर्शन के अनुसार, विश्व अपनी रचना और विकास हेतु ईश्वर की अपेक्षा प्रकृति के प्रति अधिक ऋणी है। बाद में, विश्व की रचना का श्रेय प्रकृति और आत्मा दोनों को दिया गया। इस प्रकार, आरम्भ में यह दर्शन भौतिकतावादी था तथा बाद में अध्यात्मवादी हो गया।

जबकि, वेदांत दर्शन के अनुसार, ब्रह्म ही सत्य है, इसके अतिरिक्त सब काल्पनिक (माया है। आत्मज्ञान की प्राप्ति के बाद निर्वाण प्राप्त किया जा सकता है।

वैशेषिक दर्शन भी जीवन के भौतिकवादी दृष्टिकोण को प्रस्तुत करता है। वैशेषिक दर्शन के अनुसार, भौतिक वस्तुएँ परमाणुओं से निर्मित हैं। इस प्रकार इसने परमाणु सिद्धांत का प्रतिपादन किया।

न्याय दर्शन, तर्कशास्त्र की प्रणाली के रूप में विकसित हुआ। न्याय दर्शन के अनुसार, ज्ञान प्राप्ति के माध्यम से निर्वाण प्राप्त किया जा सकता है। **इस प्रकार, विकल्प (d) सही नहीं है।**

मीमांसा दर्शन का उद्देश्य वेदों की सत्ता को स्थापित करना है। उन्होंने वैदिक व्याख्याओं हेतु नियम बनाए। ये मंत्रों और यज्ञों की शक्ति में विश्वास करते थे। उनका यह भी विश्वास था कि यह शक्ति ब्रह्मांड की गतिविधियों को सतत बनाए हुए है। इनका धर्म वैदिक रीति-रिवाजों को संपादित करना है।

16. शंकर के दर्शन के संदर्भ में, निम्नलिखित कथनों पर विचार कीजिए–

1. उन्होंने प्रतिपादित किया कि ईश्वर और सृजित जगत एक ही है और इनमें अन्तर अज्ञानता के कारण उत्पन्न होता है।

2. उन्होंने भक्ति मार्ग को अस्वीकार कर दिया।

3. उन्होंने सत्य ज्ञान के स्रोत के रूप में वेदों का समर्थन किया।

उपर्युक्त कथनों में से कौन-सा/से सही है/हैं?

(a) केवल 1 और 3 (b) केवल 2 और 3

(c) केवल 1 (d) 1, 2 और 3

उत्तर (a) **कथन 1 सही है।** शंकर के दर्शन को अद्वैतवाद या अद्वैत का सिद्धांत कहा जाता है। शंकर के अनुसार ईश्वर और सृजित जगत एक ही हैं। इनमें अन्तर मिथ्या है, यथार्थ नहीं और अज्ञानता के कारण पैदा होता है। मोक्ष का मार्ग ईश्वर के प्रति समर्पण है।

कथन 2 सही नहीं। उन्होंने भक्ति मार्ग को अस्वीकार नहीं किया, लेकिन माना कि भक्त को पहले ज्ञान के माध्यम से अपना हृदय स्वच्छ करना चाहिए। इसके लिए शास्त्रों का अध्ययन आवश्यक माना गया।

कथन 3 सही है। शंकर ने वेदों को यथार्थ ज्ञान का स्रोत माना।

17. प्राचीनकाल में रचित धर्मनिरपेक्ष साहित्य में निम्नलिखित में से कौन-सा/से सम्मिलित है/हैं?

1. महाभारत 2. धर्मसूत्र

3. अर्थशास्त्र 4. अष्टाध्यायी

नीचे दिए गए कूट का प्रयोग कर सही उत्तर चुनिए-

(a) केवल 4

(b) केवल 3 और 4

(c) केवल 2, 3 और 4

(d) केवल 1 और 3

उत्तर (c) कई प्राचीन पुस्तकों में धार्मिक विषय पाए जाते हैं। हिन्दू धार्मिक साहित्य में वेद (ऋग्वेद, अथर्ववेद, यजुर्वेद और सामवेद), रामायण, महाभारत, पुराण, ब्राह्मण, आरण्यक एवं उपनिषद सम्मिलित हैं।

हमारे पास धर्मनिरपेक्ष साहित्य का भी विशाल भंडार विद्यमान है। इस वर्ग से सम्बन्धित ग्रंथों में विधि-ग्रंथ, जिन्हें धर्मसूत्र एवं स्मृति कहा जाता है- कौटिल्य का अर्थशास्त्र, पाणिनी की अष्टाध्यायी, भास, शूद्रक, कालिदास और बाणभट्ट के ग्रंथ सम्मिलित हैं।

18. निम्नलिखित युग्मों पर विचार कीजिए–

कला प्रदर्शन से सम्बन्धित ग्रंथ		लेखक
1. नाट्य शास्त्र	:	भरत
2. गीतगोविन्द	:	जयदेव
3. किताब-ए-नवरस	:	इब्राहिम आदिल शाह द्वितीय

उपर्युक्त में से कौन-सा/से युग्म सही सुमेलित है/हैं?

(a) केवल 1
(b) केवल 1 और 3
(c) केवल 2 और 3
(d) 1, 2 और 3

उत्तर (d) **सभी युग्म सुमेलित हैं।**

भरत द्वारा लिखित 'नाट्यशास्त्र' विशेष रूप से ललित कलाओं से सम्बद्ध प्राचीनतम ग्रंथ है। इसे ईसा पूर्व दूसरी शताब्दी और दूसरी शताब्दी ईसवी के बीच संकलित किया गया था।

12वीं शताब्दी में, ओडिसा के जयदेव ने सर्वाधिक उत्कृष्ट रागकाव्य 'गीत गोविन्द' की रचना की, जिसका प्रत्येक गीत एक राग में बद्ध था तथा राधा एवं कृष्ण प्रेम-प्रसंग पर लिखा गया था।

इब्राहिम आदिल शाह द्वितीय द्वारा 17वीं शताब्दी में लिखी गई 'किताब-ए-नवरस' हिन्दू देवताओं और साथ ही मुस्लिम संतों की प्रशंसा में लिखे गए गीतों का एक संग्रह है।

19. दर्शन के वैशेषिक सम्प्रदाय के सम्बन्ध में निम्नलिखित कथनों पर विचार कीजिए–

1. **वे आत्मा और उसके देहांतरण (transmigration) दोनों में विश्वास करते थे।**
2. **उन्होंने परमाणु सिद्धांत का प्रतिपादन किया और वस्तुओं के निर्माण की व्याख्या करने के लिए इसे लागू किया।**
3. **वैशेषिकों के मूल सिद्धांत कुछ हद बौद्ध धर्म और जैन धर्म के समान हैं।**

उपर्युक्त कथनों में से कौन-सा/से सही है/हैं?

(a) केवल 1
(b) केवल 1 और 3
(c) केवल 2 और 3
(d) 1, 2 और 3

उत्तर (d) वैशेषिक ने परमाणु सिद्धांत का प्रतिपादन किया था इसलिए **कथन 2 सही है।**

उनके अनुसार, परमाणु अनन्त हैं और आत्मा से पृथक हैं। प्रत्येक वस्तु तत्वों से बनी है, कुछ वस्तुओं में अंतर वस्तुत: परमाणुओं के विभिन्न संरेखण के कारण होता है। इसके संस्थापक उलूक कणाद थे। वैशेषिक सिद्धांत के अनुसार आत्मा परमाणुओं से अलग है। लेकिन आत्मा परमाणुओं का उपयोग साधन के रूप में करती है। आत्मा को देहांतरण (transmigration) से गुजरना पड़ता है इसलिए, **कथन 1 सही है।**

उनके आधारभूत सिद्धांत की जैन और बौद्ध सिद्धांतों के साथ कुछ समानताएं हैं इसलिए, **कथन 3 सही है।**

20. निम्नलिखित में से किसने संस्कृत ग्रंथ अष्टाधायी पर 'महाभाष्य' टीका लिखा था?

(a) क्षेमेंद्र (b) कल्हण
(c) चाणक्य (d) पतंजलि

उत्तर (d) 'महाभाष्य' की रचना पतंजलि ने की थी। यह पाणिनी के ग्रंथ 'अष्टाध्यायी' और कात्यायन के 'वार्तिक' से संस्कृत व्याकरण के चयनित नियमों पर एक 'टीका' है।

❑❑❑

7 विविध

1. भारत की परंपरा और संस्कृति के संदर्भ में, 'लाई हरोबा' क्या है?

(a) यह दक्षिण भारत के कुछ भागों में प्रचलित प्राचीन युद्ध कला और एक प्रकार की जीवन शैली है।

(b) यह असम के पूर्वोत्तर भाग में नृत्य-नाटक का प्राचीन रूप है।

(c) यह जल्लीकट्टू के समान सांडों से लड़ने का समारोह है।

(d) लाई हरोबा पारंपरिक देवताओं को प्रसन्न करने हेतु मनाया जाने वाला मणिपुरी त्योहार है।

उत्तर (d) लाई हरोबा, मणिपुर में मनाया जाने वाला एक मुख्य त्योहार है। इसकी जड़ें वैष्णव पूर्व अवधि में पायी जाती हैं। लाई हरोबा नृत्य की आरम्भिक शैली है, जो मणिपुर की सभी नृत्य शैलियों को आधार प्रदान करती है। लाई हरोबा का शाब्दिक अर्थ देवताओं का उत्सव है। इसे गीत और नृत्य की अनुष्ठानिक भेंट के रूप में प्रदर्शित किया जाता है। मुख्य कलाकार माईबस और माईबिस (पुरोहित और पुरोहितिन) होते हैं, जो संसार की रचना सम्बन्धी विषयवस्तु का पुन: प्रदर्शन करते हैं।

2. 'चादर बादर' के संदर्भ में, निम्नलिखित कथनों पर विचार कीजिए-

1. इसे संथाल कठपुतली के नाम से भी जाना जाता है।

2. यह मुख्य रूप से पूर्वी भाग में प्रचलित है।

3. यह मुख्य रूप से प्रवास की कहानियाँ सुनाता है।

उपर्युक्त कथनों में से कौन-सा/से सही है/हैं?

(a) केवल 1 और 2 (b) केवल 2

(c) केवल 1 और 3 (d) 1, 2 और 3

उत्तर (d) चादर, जिन्हें संथाल कठपुतली के नाम से भी जाना जाता था, संथाल लोगों की एक जनजातीय प्रदर्शन कला है, जो मुख्यत: भारत के झारखण्ड, पश्चिम बंगाल, उड़ीसा, बिहार और असम राज्यों में देखने को मिलती है। जीवन और प्रवास के 'संथाल तरीके' की कहानियाँ सुनाने का एक प्राचीन तरीका; चादर एक छोटे से लकड़ी के संदूक की एक दुर्लभ और अद्वितीय संरचना है, जिसके भीतर 7 से 9 इंच लम्बी कठपुतलियों को पारंपरिक गीतों और हस्त निर्मित कच्चे संगीत वाद्य यंत्रों पर कलाकारों द्वारा नचाया जाता है।

दुर्भाग्यवश, केवल मुट्ठी भर चादर-बादर कठपुतली कलाकार ही बचे रह गए हैं।

3. प्राचीन भारत में 'मोम-साँचा विधि' का प्रयोग निम्नलिखित में से किसे बनाने के लिए किया जाता था?

(a) टेराकोटा की मूर्तियाँ (मृण्मूर्ति)

(b) धातु की मूर्तियाँ

(c) गुफाओं में की जाने वाली चित्रकारियाँ

(d) आभूषण

उत्तर (b) मोम-साँचा विधि का उपयोग धातु, विशेषत: कांसे की मूर्तियों की ढलाई के लिए किया जाता था।

4. निम्नलिखित युग्मों पर विचार कीजिए-

	कला शैली		प्रयुक्त पत्थर
1.	गांधार	:	नीला-धूसर अभ्रक शिस्ट/ धूसर बलुआ-पत्थर
2.	मथुरा	:	श्वेत संगमरमर
3.	अमरावती	:	चित्तीदार लाल बलुआ-पत्थर

उपर्युक्त युग्मों में से कौन-सा/से सही सुमेलित है/हैं?

(a) केवल 1

(b) केवल 1 और 2

(c) केवल 2 और 3

(d) 1, 2 और 3

उत्तर (a) **गांधार कला शैली :** यह यूनानी-रोमन मानदंडों पर आधारित थी, जिसमें विदेशी तकनीक तथा विदेशी भावना समाहित थी। इसे यूनानी-बौद्ध कला भी कहते हैं, विदेशी प्रभाव बुद्ध की उन मूर्तियों से स्पष्ट है, जो यूनानी मूर्तिकला के समान हैं। धूसर बलुआ पत्थर (नीला-धूसर अभ्रक शिष्ट) का उपयोग गांधार कला शैली में किया जाता है। अफगानिस्तान के बामियान बुद्ध गांधार कला शैली के उदाहरण थे। अन्य प्रयुक्त सामग्री गीली मिट्टी, चूना और प्लास्टर थे। यद्यपि, गांधार कला शैली में संगमरमर का उपयोग नहीं किया जाता था। टेराकोटा का प्रयोग कदाचित ही किया जाता था। बीमारण कास्केट में गांधार कला के प्राचीनतम नमूने प्राप्त हुए हैं।

मथुरा कला शैली : इस शैली में प्रयुक्त सामग्री थी चित्तीदार लाल पत्थर। अपनी जीवन्तता तथा समावेशी विशेषता के लिए विख्यात मथुरा कला शैली ब्राह्मणवाद, बौद्ध धर्म तथा जैन धर्म के धार्मिक उत्साह का परिणाम थी। विष्णु तथा शिव की प्रतिमाएँ भी मथुरा में पायी जाती हैं, किन्तु बौद्ध प्रतिमाएँ बड़ी संख्या में पायी जाती हैं। बुद्ध,यक्षों, यक्षिणियों, शैव तथा वैष्णव देवी देवताओं तथा रूप चित्र की प्रतिमाएँ बड़ी संख्या में बनाई जाती थीं।

अमरावती कला शैली : शिल्प कला का तृतीय प्रकार, जो कुषाण काल में फली-फूली, वह आंध्र प्रदेश की अमरावती कला शैली थी। इन कला रचनाओं में श्वेत संगमरमर का प्रयोग किया जाता था तथा उनके केन्द्रीय विषय बुद्ध का जीवन तथा जातक कथाएँ थीं। बुद्ध के घुंघराले बाल एक ऐसी विशेषता है, जो यूनानियों से प्रभावित है। इस कला शैली में राजाओं, राजकुमारों, राजप्रासादों आदि को प्रधानता प्रदान की गयी है।

5. व्याकरण के क्षेत्र में सर्वोत्कृष्ट पुस्तक 'महाभाष्य' की रचना किसने की थी?

(a) पतंजलि (b) पाणिनी

(c) सर्ववर्मन (d) अश्वघोष

उत्तर (a) ईसा पूर्व दूसरी शताब्दी में पतंजलि द्वारा लिखा गया 'महाभाष्य' पाणिनी के 'अष्टाध्यायी' पर एक टीका है।

6. दशावतार रंगमंच शैली के संदर्भ में, निम्नलिखित कथनों पर विचार कीजिए–

1. गोवा और कोंकण क्षेत्र में इसका मंचन किया जाता है।

2. कलाकारों द्वारा भगवान विष्णु के 10 अवतारों का अभिनय किया जाता है।

3. कलाकार लकड़ी के बने मुखौटे पहनते हैं।

उपर्युक्त कथनों में से कौन-सा/से सही है/हैं?

(a) केवल 1 और 3 (b) केवल 2

(c) केवल 2 और 3 (d) 1, 2 और 3

उत्तर (d) 'दशावतार' कोंकण और गोवा क्षेत्र का सबसे विकसित रंगमंच रूप है। कलाकार भगवान विष्णु के 10 अवतारों को सुरक्षा और रचनात्मक के देवता के रूप में व्यक्त करते हैं। **इसलिए, कथन 1 सही है।**

विष्णु के 10 अवतार मत्स्य (मछली), कूर्म (कछुआ), वराह (सूअर), नरसिंह (सिंह-मानव), वामन (बौना), परशुराम, राम, कृष्ण (या बलराम), बुद्ध और कल्कि हैं। **इसलिए, कथन 2 सही है।**

शैलीकृत श्रृंगार के अतिरिक्त, दशावतार कलाकार लकड़ी और कागज की लुगदी का मुखौटा पहनते हैं। **इसलिए, कथन 3 सही है।**

7. निम्नलिखित में से कौन-सा/से अजंता एवं एलोरा की गुफाओं का/के सामान्य लक्षण है/हैं?

1. ये दोनों शैलोत्कीर्णित गुफाएँ हैं।

2. दोनों गुफाओं में चैत्य विद्यमान हैं।

3. ये दोनों केवल बौद्ध धर्म के लिए समर्पित हैं।

नीचे दिए गए कूट का प्रयोग कर सही उत्तर चुनिए-

(a) केवल 2 (b) केवल 1 और 3

(c) केवल 1 और 2 (d) 1, 2 और 3

उत्तर (c) **अजंता** - महाराष्ट्र राज्य के औरंगाबाद जिले में स्थित है। यहाँ 29 शैलोत्कीर्णित बौद्ध गुफाएँ हैं। इसमें विशाल चैत्य विहार निर्मित हैं और यह मूर्तियों एवं चित्रों से सुसज्जित है। अजंता की गुफाएँ पहली शताब्दी ईसापूर्व और पाँचवीं सदी ईसवी के जीवित चित्रों का एकमात्र उदाहरण है।

एलोरा - यह अजंता से 100 किलोमीटर की दूरी पर स्थित है और यहाँ बौद्ध धर्म, ब्राह्मण धर्म और जैन धर्म से सम्बन्धित 32 शैलोत्कीर्णित गुफाएँ हैं। यह देश में एक अद्वितीय कलात्मक ऐतिहासिक स्थल है, क्योंकि यहाँ पाँचवी शताब्दी ईसवी से लेकर 11वीं शताब्दी ईसवी तक के तीन धर्मों से सम्बन्धित मठ हैं। इनमें बैठे हुए बुद्ध की मूर्ति के साथ प्रसिद्ध चैत्य सभाकक्ष है। **इसलिए, केवल कथन 1 और 2 सही हैं।**

8. बादामी गुफाओं के संदर्भ में, निम्नलिखित में से कौन-सा/से कथन सही है/हैं?

1. ये वैष्णव परंपरा को समर्पित है।

2. चित्रों के दृश्य गुफा निवासियों के दैनिक जीवन को दर्शाते हैं।

नीचे दिए गए कूट का प्रयोग कर सही उत्तर चुनिए-

(a) केवल 1 (b) केवल 2

(c) 1 और 2 दोनों (d) न तो 1, न ही 2

उत्तर (a) **कथन 1 सही है।** बादामी, गुफा संख्या 4 में प्राप्त शिलालेख में 578-579 ईसवी का उल्लेख किया गया है तथा इस शिलालेख में गुफा की सुंदरता का वर्णन किया गया है। इस शिलालेख पर विष्णु की छवि के प्रति समर्पण का भी वर्णन किया गया है। इस प्रकार यह माना जा सकता है कि इस गुफा का उत्खनन उसी काल में किया गया था एवं इसके संरक्षक ने अपनी वैष्णव सम्बद्धता को अभिलेखीकृत किया था। इसलिए, यह गुफा 'विष्णु गुफा' के रूप में लोकप्रिय है।

कथन 2 सही नहीं है। इस गुफा के चित्र महल के दृश्यों को दर्शाते हैं। एक दृश्य में पुलकेशिन प्रथम के पुत्र एवं मंगलेश के बड़े भाई कीर्तिवर्मन को महल के भीतर अपनी पत्नी और सामंतों के साथ बैठकर नृत्य दृश्य देखते हुए प्रदर्शित किया गया है। चित्र के कोने की ओर इन्द्र और उसके अनुचर वर्ग की आकृतियाँ बनी हुई है।

9. सारनाथ के सिंह शीर्ष पर निम्न में कौन-सा/से पशु पाया/पाए गया/गए है/ हैं?

1. बाघ **2. घोड़ा**

3. हाथी

नीचे दिए गए कूट का प्रयोग कर सही उत्तर चुनिए-

(a) केवल 1 और 2 (b) केवल 2 और 3

(c) केवल 1 और 3 (d) केवल 1

उत्तर (b) सारनाथ के सिंह शीर्ष में मूल रूप से 5 भाग हैं :

1. इसका स्तंभ (जो अब कई भागों में टूट गया है)।

2. शीर्षफलक का घंटी के आकार का आधार, जिसमें धर्मचक्र के साथ एक उल्टा कमल है।

3. गोलाकार शीर्षफलक को चार धर्मचक्रों से अलंकृत किया गया है, जिनके बीच में बारी-बारी से एक हाथी, एक वृषभ, एक घोड़े और एक सिंह को अत्यंत कुशलता से उत्कीर्ण किया गया है।

4. चार दहाड़ते हुए सिंह, जिन्हें चार प्रमुख दिशाओं की ओर मुँह किए हुए और एक दूसरे की ओर पीठ किए हुए दिखाया गया है।

5. शीर्षस्थ भाग (crowing element)।

10. 'यक्षगान' के संदर्भ में, निम्नलिखित कथनों पर विचार कीजिए–

1. यह रंगमंच में नृत्य और संगीत संयोजन की पारंपरिक शैली है।

2. यह रामायण और महाभारत की पौराणिक कहानियों पर आधारित है।

3. यह भारत के मध्य प्रदेश राज्य से सम्बन्धित है।

नीचे दिए गए कूट का प्रयोग कर सही उत्तर चुनिए-

(a) केवल 1 और 3 (b) केवल 1 और 2

(c) केवल 2 और 3 (d) केवल 1

उत्तर (b) कर्नाटक की पारंपरिक रंगकला, यक्षगान, पौराणिक कहानियों और पुराणों पर आधारित है। **अतः, कथन 3 सही नहीं है।**

यह पारंपरिक रंगकला का एक स्वरूप है, जिसमें अनूठी शैली तथा विधि द्वारा नृत्य, संगीत, संवाद, पोशाक, श्रृंगार और मंच की तकनीकों को संयोजित किया जाता है। **अतः, कथन 1 सही है।**

महाभारत के द्रौपदी स्वयंवर, सुभद्रा विवाह, अभिमन्यु-वध, कर्ण-अर्जुन युद्ध आदि प्रसंग और रामायण के राज्याभिषेक, लव-कुश युद्ध, बाली-सुग्रीव युद्ध और पंचवटी आदि इस रंगमंच के सबसे लोकप्रिय प्रसंग हैं। **अतः, कथन 2 सही है।**

यक्षगान को पारंपरिक रूप से शाम से सुबह तक प्रस्तुत किया जाता है। ऐसा माना जाता है कि भक्ति आंदोलन के काल में यह पूर्व-शास्त्रीय संगीत और रंगमंच से विकसित हुआ है।

11. भारत की कला और संस्कृति के इतिहास के संदर्भ में, निम्नलिखित युग्मों पर विचार कीजिए–

प्रसिद्ध कलाकृति — स्थल

1. सामान्य रूप से 'मरणासन्न राजकुमारी' के रूप में प्रसिद्ध कउ जातक का चित्रण : अजंता
2. कैलाश पर्वत को हिलाने की चेष्टा करते हुए रावण का चित्रण : एलोरा
3. भैरव और उमा के रूप में दो दृश्यमान मुखमण्डलों सहित शिव की मूर्ति का चित्रण : एलिफेंटा

उपर्युक्त युग्मों में से कौन-सा/से सही सुमेलित है/हैं?

(a) केवल 1 और 2 (b) केवल 2 और 3
(c) केवल 1 और 3 (d) 1, 2 और 3

उत्तर (d) सभी युग्म सुमेलित हैं।

अजंता चित्रकला का एक सुंदर उदाहरण गुफा सं. 16 का जातक का चित्रण है, जिसे सामान्यत: 'मरणासन्न राजकुमारी' के नाम से जाना जाता है। इसका चित्रण पाँचवीं शताब्दी ईसवी की शुरुआत में किया गया था। कहानी यह बताती है कि कैसे भगवान बुद्ध नन्द को, उस कन्या से छुड़ा कर स्वर्ग में ले जाते हैं, जो उससे भावपूर्ण रूप से प्रेम करती है। अप्सराओं के सौन्दर्य से अभिभूत होकर, नन्द अपने सांसारिक प्यार को भूल गया था और स्वर्ग के एक लघु मार्ग के रूप में बौद्ध धर्मसंघ को अपना लिया था। समय के साथ उसने अपने वास्तविक लक्ष्य के मिथ्याभिमान को देख लिया और उसने बौद्ध धर्म को अपना लिया था, लेकिन उसकी प्रिय राजकुमारी को निर्दयतापूर्वक उसके भाग्य पर बिना किसी सांत्वना को छोड़ दिया गया था। यह अजंता की सर्वाधिक असाधारण चित्रकलाओं में एक है, क्योंकि रेखा का संचलन अचूक और निश्चल है। रेखा का यह अनुकूलन सभी प्राच्य चित्रकलाओं की मुख्य विशेषता है और अजंता के कलाकारों की महानतम उपलब्धियों में से एक है। यहाँ मनोभाव और करुणा को शरीर के नियंत्रित घुमाव तथा संतुलन तथा भुजाओं की भावपूर्ण भंगिमाओं द्वारा व्यक्त किया गया है।

एलोरा में स्थित कई गुफाएँ शैव दर्शन को समर्पित हैं, किन्तु इनमें पौराणिक कथाओं के अनुसार शिव और विष्णु दोनों की छवियों/चित्रों एवं उनके विविध रूपों को चित्रित किया गया है। शैव विषयवस्तु के अंतर्गत कैलाश पर्वत को उठाते हुए रावण, अंधकासुर वध, कल्याण सुन्दर का चित्रण बहुतायत रूप से किया गया है, जबकि वैष्णव विषयवस्तु के अंतर्गत विष्णु के विभिन्न अवतारों को दर्शाया गया है।

एलीफेंटा की महेश मूर्ति के निर्माण का समय छठी शताब्दी है। मूर्ति आकार में बहुत बड़ी है। केन्द्रीय मुखमण्डल शिव का है, जबकि अन्य दो दृश्यमान मुखमण्डल भैरव व उमा के हैं। इस मूर्ति में सौम्य-प्रतिरूपण, चिकनी सतह और बड़े मुखमण्डल के माध्यम से शिव के सर्व-समावेशी पहलू को प्रदर्शित किया गया है। शिव-भैरव मुखमण्डल, उभरे नेत्रों तथा मूँछों के साथ स्पष्ट रूप से अत्यधिक क्रोध की मुद्रा में दर्शाया गया है। स्त्री अभिलक्षणों को प्रदर्शित करने वाला मुखमण्डल शिव की पत्नी उमा का है।

12. आहत सिक्कों के सम्बन्ध में, निम्नलिखित कथनों पर विचार कीजिए–

1. आहत सिक्के चाँदी और ताँबे में जारी किए गए थे।
2. आहत सिक्कों पर केवल प्रतीक होते थे और कोई लेख नहीं होता था।

उपर्युक्त कथनों में से कौन-सा/से सही है/हैं?

(a) केवल 1 (b) केवल 2
(c) 1 और 2 दोनों (d) न तो 1, न ही 2

उत्तर (c) दोनों कथन सही हैं।

आरम्भिक सिक्के, जिन्हें आहत सिक्के कहा गया, चाँदी और ताँबे से निर्मित थे। सोने के कुछ आहत सिक्कों के प्राप्त होने की भी खबर है, लेकिन वे दुर्लभ हैं। और उनकी प्रमाणिकता संदिग्ध है।

उन पर केवल संकेत होते हैं। प्रत्येक चिह्न को पृथक रूप से आहत (पंच) किया जाता था, जो कभी-कभी अन्य चिह्नों को अतिव्याप्त (overlap) कर लेता था। ये तक्षशिला, मगध, मैसूर और यहाँ तक कि उससे भी दक्षिण के क्षेत्रों सहित, संपूर्ण देश में पाये गये हैं। उन पर कोई उत्कीर्णन (inscription) या शासक का चित्र (legend) भी नहीं है।

13. निम्नलिखित युग्मों पर विचार कीजिए–

मंदिर — स्थान

1. दशावतार मंदिर : देवगढ़
2. वडकुनाथन मंदिर : त्रिशूर
3. लदखन मंदिर : ऐहोल

उपर्युक्त युग्मों में से कौन-से सही सुमेलित हैं?

(a) केवल 1 और 2 (b) केवल 2 और 3
(c) केवल 1 और 3 (d) 1, 2 और 3

उत्तर (d) सभी युग्म सही सुमेलित हैं।

देवगढ़ का दशवतार विष्णु मंदिर पाँचवीं सदी ईसवी से सम्बन्धित है। इस मंदिर के अंदर विष्णु को विभिनन रूपों में दर्शाया गया है, जिसके कारण यह मान लिया गया कि चार सहायक मंदिरों में विष्णु के अवतार भी होने चाहिए थे और यह मंदिर गलती से दशावतार मंदिर समझ लिया गया। मंदिर की दीवारों पर विष्णु की तीन मुख्य उभरी हुई प्रतिमाएँ हैं: दक्षिण में शेषशयन, पूर्व में नर-नारायण और पश्चिम में गजेन्द्र मोक्ष। इस मंदिर की दिशा पश्चिम की ओर है, जो कि सामान्यत: देखने को नहीं मिलती, क्योंकि अधिकांश मंदिर पूर्व या उत्तर दिशा वाले हैं।

वडकुनाथन मंदिर केरल के त्रिशूर शहर में स्थित प्राचीन शिव मंदिर है। यह मंदिर केरल की स्थापत्य कला का उत्कृष्ट उदाहरण है। केरल में इस मंदिर के उल्लेखनीय संरक्षण प्रयासों हेतु 2015 में भारत को UNESCO का 'अवॉर्ड ऑफ एक्सिलेंस' मिला था।

ऐहोल का लदखन मंदिर 5वीं सदी ईसवी का है। यहाँ वास्तुकार ने परिक्रमा पथ पर ध्यान देने का प्रयास किया है, जो दीवार के माध्यम से घिरा हुआ है ताकि भक्त गर्भगृह (holy of holies) के चारों ओर परिक्रमा पथ पर परिक्रमा या प्रदक्षिणा कर सकें। यह संरचना हमें लकड़ी के प्रोटोटाइप (मूलरूप) का स्मरण कराती है, जिसमें पत्थरों की दीवारों के सहारे पत्थर की शिलाओं के विशाल बोल्डरों से निर्मित तिर्यक छत है। इस संरचना के शीर्ष पर, बुर्ज बनाने का पहला प्रयास किया गया है, जो भविष्य में बनने वाली ऊँची मीनारों अर्थात् शिखरों का अग्रदूत बना है। इसके पीछे विचार यह रहा होगा कि भगवान का घर होने के कारण मंदिर को दूर और पास से, गाँव या कस्बे के अलग-अलग भागों से दिखाई देना चाहिए, इसलिए इसे आसपास के भवनों से ऊँचा एवं उच्चस्थ होना चाहिए।

14. भारतीय परंपरा और संस्कृति के संदर्भ में, 'थेरूकुट्टु' सम्बन्धित है–

(a) तमिलनाडु की प्रसिद्ध कठपुतली शैली
(b) केरल की एक प्राचीन मार्शल आर्ट (युद्ध कला)
(c) तमिलनाडु का लोकप्रिय लोक नाटक
(d) केरल का एक संरक्षित पुरातात्विक स्थल

उत्तर (c) 'थेरूकुट्टु' (Therukoothu) तमिलनाडु के लोक नाटक का सर्वाधिक 'मरिअम्मन' (वर्षा देवी) के वार्षिक मंदिर उत्सव के समय पर प्रचुर फसल प्राप्त करने के लिए किया जाता है। 'थेरूकुट्टु' के व्यापक प्रदर्शनों की सूची का केन्द्र बिन्दु द्रौपदी के जीवन पर आधारित

आठ नाटकों का एक चक्र विद्यमान है। कट्टियाकरण (Kattiakaran), अर्थात् थेरूकुट्टु प्रदर्शन का सूत्रधार, नाटक का सार दर्शकों को समझाता है और कोमली (Komali) अपने मसखरेपन से दर्शकों का मनोरंजन करता है।

15. राजस्थान के लोग पूजा करने के लिए 'काँवड़' (kavads) बनाते हैं। निम्नलिखित में से कौन-सा कथन काँवड़ों की सर्वोत्तम व्याख्या करता है?

(a) इनका निर्माण लकड़ी पर किया जाता है जिसमें उपरत्न जड़े जाते हैं, जिन्हें बाद में काँच पर चढ़ाया जाता है।

(b) वे लकड़ी से बने वहनीय मन्दिर होते हैं, जिनमें द्वार होते हैं, जिन्हें खोलकर ऐतिहासिक या धार्मिक महत्व की विस्तृत रूप से चित्रित की गयी कथाओं को दर्शाया जा सकता है।

(c) उन्हें मंदिर उत्सवों के लिए फर्श और घरों के प्रवेश स्थलों पर बनाया जाता है।

(d) उन्हें ताड़पत्र पर कई खण्डों में कहानियों को उत्कीर्ण कर या कागज या रेशम पर चित्रकारी द्वारा, मंदिर में चढ़ावे के रूप में बनाया जाता है।

उत्तर (b) चित्तौड़गढ़, राजस्थान में कलाकार द्वारयुक्त लकड़ी के मंदिरों का निर्माण करते हैं, जिन्हें 'कांवड़' कहा जाता है। इन द्वारों को खोलकर ऐतिहासिक या धार्मिक महत्व की विस्तृत रूप से चित्रित की गयी कथाओं को दर्शाया जा सकता है। इन काष्ठनिर्मित कांवड़ों को त्योहारों के अवसर पर पूजा के लिए उपयोग किया जाता है।

16. निम्नलिखित में से कौन-सा/से त्योहार अपने सम्बन्धित राज्य/राज्यों के साथ सही सुमेलित है/हैं?

1. रम्मन - राजस्थान

2. बोइता बंदना - ओडिशा

3. सागा दावा - सिक्किम

नीचे दिए गए कूट का प्रयोग कर सही उत्तर चुनिए-

(a) केवल 1 (b) केवल 2 और 3

(c) केवल 1 और 3 (d) 1, 2 और 3

उत्तर (b) रम्मन का त्योहार उत्तराखण्ड में मनाया जाने वाला 'रामायण' की कहानी पर आधारित त्योहार है। इसमें झांकी के अग्र भाग में नरसिंह देवता (भगवान) होते हैं। यूनेस्को द्वारा इस त्योहार को 2009 में विश्व विरासत घोषित किया गया है। कलाकारों द्वारा झांकी एवं भूम्याल भगवान के मंदिर के मध्य भाग में उत्तराखण्ड का लोक संगीत वाद्ययंत्र 'भंकोर' बजाया जाता है एवं पृष्ठभूमि में हिमालय को प्रदर्शित किया जाता है। रात्रि में भूम्याल भगवान के मंदिर परिसर में मुखौटा पहनकर नृत्य प्रदर्शन किया जाता है। विभिन्न महाकाव्यीय, ऐतिहासिक और काल्पनिक पात्रों के मुखौटे होते हैं। इन मुखौटे के दो प्रकार होते हैं-'ध्यो पत्तर' और 'ख्यालारी पत्तर।'

ओडिशा की 'बोइता बन्दना' नामक गौरवशाली परंपरा, समुद्री गतिविधियों एवं प्राचीन ओडिशा के त्योहारों की गौरवशाली परंपरा को युक्त करती है। प्राचीन ओडिशा, जो लोकप्रिय रूप से कलिंग के नाम से जाना जाता था, अंतर्देशीय और विदेशी व्यापार का उपरिकेन्द्र था। राज्य की विशिष्ट भौगोलिक स्थिति का सहयोग प्राप्त कर इसकी तटरेखा के साथ ताम्रलिपि, चेलितालो, पालुर, पिथण्डा इत्यादि बंदरगाहों का विकास हुआ था। कलिंग के नाविक नौपरिवहन के विशद ज्ञान से संपन्न थे और श्रीलंका, जावा, सुमात्रा, बाली, बोर्नियो, चीन, बर्मा, कम्बोडिया, चम्पा, मलाया और थाईलैंड जैसे दक्षिण-पूर्व एशियाई देशों के साथ उनके वाणिज्यिक, सामाजिक-सांस्कृतिक और राजनीतिक सम्बन्ध थे।

'सागा दावा' सिक्किम में बुद्ध जयंती का उत्सव है, जिसे लोकप्रिय रूप से 'सागा दावा' कहा जाता है। यह एक महत्वपूर्ण अवसर है, जो गौतम बुद्ध के जन्म, ज्ञान प्राप्ति और निर्वाण या मोक्ष प्राप्ति को इंगित करता है। सिक्किम के बौद्ध समुदाय इस दिन अपने कंधे पर गौतम बुद्ध का रथ और पवित्र शास्त्रों को धारण करके एक धार्मिक जुलूस निकालते हैं और 'ओम मणे पद्मे हुम्' मंत्र का जाप करते हैं। इन पवित्र ग्रंथों को 'केनायुर तेनायुर' कहा जाता है।

17. निम्नलिखित में से 'जरदोजी' के संबंध में कौन-सा/से सही है/हैं?

1. यह कढ़ाई की वह कला है जिसे मुगलों द्वारा संरक्षण दिया गया था।

2. इसमें परतदार सोने के धागों का काम सम्मिलित होता है।

3. लखनऊ जरदोजी को भौगोलिक संकेतक का टैग प्रदान किया गया है।

नीचे दिए गए कूट का प्रयोग कर सही उत्तर चुनिए-

(a) केवल 1 और 2 (b) केवल 1 और 3

(c) केवल 2 और 3 (d) 1, 2 और 3

उत्तर (d) 12वीं सदी में, औरंगजेब के शासनकाल के दौरान लखनऊ इस कढ़ाई तकनीक के लिए एक केन्द्रीय गढ़ बन गया, क्योंकि इस कला रूप को लाभार्थी मुगल शासकों द्वारा प्रोत्साहित किया गया था। उनके संरक्षण ने जरदोजी कलाकारों को भारत भर में फैलने हेतु प्रोत्साहित किया। उत्तर प्रदेश के विभिन्न भागों में, पारंपरिक भारतीय कढ़ाई की इस विशिष्ट शैली का अभ्यास और हस्तांतरण कई पीढ़ियों से किया जाता रहा है। लखनऊ और आसपास के अन्य भागों के कारीगरों के लिए जरदोजी आय का मुख्य स्रोत है। ये उत्पाद विदेशों को भी निर्यात् किए जाते हैं।

जरदोजी कढ़ाई प्रभावशाली रूप से सजावटी है और इसमें परतदान सोने के धागों का उपयोग सम्मिलित होता है। आरम्भ में, शुद्ध चाँदी के तारों और असली सोने की पत्तियों से कढ़ाई की जाती थी। बहरहाल, आजकल कारीगर सुनहरे या चाँदी की पॉलिश किए हुए ताँबे के तार एवं रेशम के धागे के एक संयोजन का उपयोग करते हैं।

2013 में भौगोलिक संकेत रजिस्ट्री (जी.आई.आर.) ने लखनऊ की विश्व प्रसिद्ध कपड़ा कढ़ाई 'लखनऊ जरदोजी' को भौगोलिक संकेत (जी. आई.) पंजीकरण प्रदान किया। जरदोजी उत्पादों का विनिर्माण लखनऊ और उसके आसपास के छः जिलों बाराबंकी, उन्नाव, सीतापुर, रायबरेली, हरदोई और अमेठी के क्षेत्रों में किया जाता है।

18. निम्नलिखित युग्मों पर विचार कीजिए-

नृत्य		राज्य
1. पनिहारिन	:	**राजस्थान**
2. जागोर	:	**उत्तर प्रदेश**
3. बिहु	:	**असम**

उपर्युक्त युग्मों में से कौन-सा/से सही सुमेलित है/हैं?

(a) केवल 1

(b) केवल 2 और 3

(c) केवल 1 और 3

(d) 1, 2 और 3

उत्तर (c) 'जागोर' एक पारंपरिक लोक नृत्य-नाटक है। यह गोवा के हिन्दू कुनबी समुदाय और ईसाई गौड़ा समुदाय द्वारा, फसल के संरक्षण और समृद्धि हेतु दैवीय अनुकम्पा प्राप्त करने के लिए किया जाता है। 'जागोर' का शाब्दिक अर्थ 'जागरण' या रात्रियों में जागना है। ऐसा दृढ़ विश्वास है कि रात्रि भर किया गया प्रदर्शन देवी-देवताओं को वर्ष में एक बार जगाता है और वे उसके बाद वर्ष भर जागृत रहकर गाँव की रखवाली करते रहते हैं।

जयपुर का प्रसिद्ध लोक नृत्य 'पनिहारिन' महिलाओं द्वारा किया जाता है।

'रंगोली-बिहु' या 'बोहाग-बिहु' असम राज्य का सबसे महत्वपूर्ण त्योहार है। यह वसंत के मौसम के दौरान अप्रैल के महीने में मनाया जाता है। रंगोली-बिहु त्योहार असमिया नववर्ष के आरम्भ का भी सूचक है। इस अवसर पर पारंपरिक बिहु नृत्य किया जाता है।

❑❑❑